Schattauer

Die digitalen Zusatzmaterialien haben
wir zum Download auf www.klett-cotta.de
bereitgestellt. Geben Sie im Suchfeld auf unserer
Homepage den folgenden Such-Code ein:
OM40083

Christian Schanze | Tanja Sappok (Hrsg.)

Störungen der Intelligenzentwicklung

Grundlagen der psychiatrischen Versorgung, Diagnostik und Therapie

Aktualisiert nach ICD-11

3., überarbeitete und erweiterte Auflage

Schattauer

Dr. med. Christian Schanze
christian.schanze@fobiport.de

Univ.-Prof. Dr. med. habil. Tanja Sappok
tanja.sappok@mara.de

Besonderer Hinweis:
Die Medizin unterliegt einem fortwährenden Entwicklungsprozess, sodass alle Angaben, insbesondere zu diagnostischen und therapeutischen Verfahren, immer nur dem Wissensstand zum Zeitpunkt der Drucklegung des Buches entsprechen können. Hinsichtlich der angegebenen Empfehlungen zur Therapie und der Auswahl sowie Dosierung von Medikamenten wurde die größtmögliche Sorgfalt beachtet. Gleichwohl werden die Benutzer aufgefordert, die Beipackzettel und Fachinformationen der Hersteller zur Kontrolle heranzuziehen und im Zweifelsfall einen Spezialisten zu konsultieren. Fragliche Unstimmigkeiten sollten bitte im allgemeinen Interesse dem Verlag mitgeteilt werden. Der Benutzer selbst bleibt verantwortlich für jede diagnostische oder therapeutische Applikation, Medikation und Dosierung.
In diesem Buch sind eingetragene Warenzeichen (geschützte Warennamen) nicht besonders kenntlich gemacht. Es kann also aus dem Fehlen eines entsprechenden Hinweises nicht geschlossen werden, dass es sich um einen freien Warennamen handelt.

Das vorliegende Buch ist die komplett überarbeitete und erweiterte Neuauflage von:
Schanze, C. (Hrsg.) (2007/2014). Psychiatrische Diagnostik und Therapie bei Menschen mit Intelligenzminderung. Ein Arbeits- und Praxisbuch für Ärzte, Psychologen, Heilerziehungspfleger und -pädagogen. Stuttgart: Schattauer.

Schattauer
www.schattauer.de
© 2007/2024 by J. G. Cotta'sche Buchhandlung Nachfolger GmbH, gegr. 1659, Stuttgart
Alle Rechte inklusive der Nutzung des Werkes für Text und
Data Mining i. S. v. §44b UrhG vorbehalten
Gestaltungskonzept: Farnschläder & Mahlstedt, Hamburg
Cover: Bettina Herrmann, Stuttgart
unter Verwendung einer Abbildung von © sturti/iStock
Gesetzt von Eberl & Koesel Studio, Kempten
Gedruckt und gebunden von CPI – Clausen & Bosse, Leck
Lektorat: Marion Drachsel, Berlin
Projektmanagement: Ulrike Albrecht
ISBN 978-3-608-40083-0
E-Book ISBN 978-3-608-12238-1
PDF-E-Book ISBN 978-3-608-20654-8

Dritte, überarbeitete und erweiterte Auflage

Bibliografische Information der Deutschen Nationalbibliothek
Die Deutsche Nationalbibliothek verzeichnet diese Publikation in der Deutschen Nationalbibliografie; detaillierte bibliografische Daten sind im Internet über http://dnb.d-nb.de abrufbar.

Verzeichnis der Autorinnen und Autoren

Eugenio Abela
Psychiatrische Dienste Aargau AG (PDAG)
Klinik für Konsiliar-, Alters-, und Neuropsychiatrie
Königsfelderstr. 1
5210 Windisch
Schweiz
eugenio.abela@pdag.ch

Trine Lise Bakken
Oslo University Hospital
National Advisory Unit on Mental Health
in ID
Oslo
Norwegen
uxtlba@ous-hf.no

Thomas Bergmann
Evangelisches Krankenhaus Königin Elisabeth Herzberge gGmbH
Behandlungszentrum für psychische Gesundheit bei Entwicklungsstörungen (BHZ)
Herzbergstr. 79
10365 Berlin
bergmann.t@t-online.de

Corinna Bonaccurso
Oberärztin
Zentrum für Menschen mit geistiger Behinderung, Autismus und anderen Entwicklungsstörungen
Ringstr. 16
85540 Haar
corinna.bonaccurso@kbo.de

Dagmar Brosey
Technische Hochschule Köln
Fakultät für Angewandte Sozialwissenschaften
Gustav-Heinemann-Ufer 54
50968 Köln
dagmar.brosey@th-koeln.de

Iancu Bucurenciu
Epilepsiezentrum Kork
Séguin-Klinik
Landstr. 1
77694 Kehl-Kork
ibucurenciu@Diakonie-Kork.de

Daniela Calvano
Forensisch-Therapeutische Ambulanz
Charité Universitätsmedizin Berlin
Seidelstr. 38
13507 Berlin
daniela.calvano@charite.de

Marieke Conty
Stiftung Bethel, Bethel.regional
Regionalleitung Bielefeld-Nord
Herbergsweg 10
33617 Bielefeld
marieke.conty@bethel.de

Ulrich Elbing
Steinäcker 10
73527 Schwäbisch Gmünd
info@dr-u-elbing.de

Samuel Elstner
Praxis-Elstner
Reichenberger Str. 3
13055 Berlin
Praxis-Elstner-mail@t-online.de

Johannes Fellinger
Institut für Sinnes- und Sprachneurologie
Bischofstr. 11
4021 Linz
Österreich
Johannes.Fellinger@bblinz.at

Dan Georgescu
Psychiatrische Dienste Aargau AG (PDAG)
Klinik für Konsiliar-, Alters- und Neuropsychiatrie
Königsfelderstr. 1
5210 Windisch
Schweiz
dan.georgescu@pdag.ch

Hauke Hermann
Krankenhaus Mara gGmbH – Universitätsklinik für Inklusive Medizin
Medizin für Menschen mit Behinderungen
Universitätsklinikum OWL der Universität Bielefeld
Campus Bielefeld-Bethel
Maraweg 21
33617 Bielefeld
hauke.hermann@mara.de

Veronika Hermes
Türkendelder Str. 8e
82269 Geltendorf
supervision@veronika-hermes.de

Kim Hinkelmann
Charité – Universitätsmedizin Berlin
Medizinische Klinik Psychosomatik
Campus Benjamin Franklin
Hindenburgdamm 30
12203 Berlin
kim.hinkelmann@charite.de

Knut Hoffmann
LWL-Universitätsklink Bochum
Klinik für Psychiatrie, Psychotherapie und Präventivmedizin
Alexandrinenstr. 1
44791 Bochum
knut.hoffmann@lwl.org

Daniel Holzinger
Barmherzige Brüder Konventhospital Linz
Institut für Sinnes- und Sprachneurologie
Zentrum für Kommunikation und Sprache
Seilerstätte 2
4021 Linz
Österreich
daniel.Holzinger@bblinz.at

Marie Ilic
Krankenhaus Mara gGmbH
Universitätsklinik für Inklusive Medizin
Maraweg 19–21
33617 Bielefeld
marie.ilic@mara.de

Andrew Jahoda
Institute of Health and Wellbeing
Gartnavel Royal Hospital
1055 Great Western Road
Admin Building
Glasgow G12 0XH
United Kingdom
Andrew.Jahoda@glasgow.ac.uk

Arvid Nikolai Kildahl
a.n.kildahl@psykologi.uio.no
UXARVK@ous-hf.no

Annika Kleischmann
Universität Witten/Herdecke
Zentrum für psychische Gesundheit und Psychotherapie
Alfred-Herrhausen-Str. 44
58455 Witten
Annika.Kleischmann@uni-wh.de

Stefan Koch
Röthenbachstr. 33
86984 Prem
s.koch@kiba-conma.de

Markus Kosel
Hôpitaux universitaires de Genève (HUG)
Département de Psychiatrie
Chemin du petit Bel-Air 2
1226 Thônex
Schweiz
markus.kosel@hcuge.ch

Björn Kruse
Behandlungszentrum für psychische
Gesundheit bei Entwicklungsstörungen
Evangelisches Krankenhaus Königin
Elisabeth Herzberge
Herzbergstr. 79
10365 Berlin
b.kruse@keh-berlin.de

Reinhard Markowetz
Evereststr. 26
81825 München
markowetz@lmu.de

Peter Martin
Séguin-Klinik
Epilepsiezentrum Kork
Landstr. 1
77694 Kehl-Kork
pmartin@epilepsiezentrum.de

Birgit Mayer
Leiterin Agogik/Fachdienst
Alleestr. 51C
8462 Rheinau
Schweiz
birgit.mayer@sa.zh.ch

Paula Moritz
Johannes Kepler Universität Linz
Forschungsinstitut für Entwicklungs-
medizin
Bischofstr. 11
4020 Linz
Österreich
paula.moritz@jku.at
Universität Wien
Institut für Klinische und Gesundheits-
psychologie
Renngasse 6–8/Wächtergasse 1
1010 Wien
Österreich
paula.moritz@univie.ac.at

Emma Poynton-Smith
7 Ludlow Close
Beeston, Nottingham, NG9 3BY
United Kingdom
emma.poynton-smith@nhs.net

Peggy Rösner
Behandlungszentrum für psychische
Gesundheit bei Entwicklungsstörungen
Evangelisches Krankenhaus Königin
Elisabeth Herzberge
Herzbergstr. 79
10365 Berlin
p.roesner@keh-berlin.de

Philipp Sand
Zentrum für Psychiatrie, Psychotherapie
und Heilpädagogik
Bezirkskliniken Schwaben
Bezirkskrankenhaus Kaufbeuren
Kemnater Str. 16
87600 Kaufbeuren
philipp.sand@bkh-kaufbeuren.de

Tanja Sappok
Krankenhaus Mara gGmbH
Universitätsklinik für Inklusive Medizin
Maraweg 21
33617 Bielefeld
tanja.sappok@mara.de

Christian Schanze
Facharzt f. Psychiatrie und Psychotherapie,
M A Pädagogik, Psychologie, Soziologie
Landsberger Str. 6a
86940 Schwifting
christian.schanze@fobiport.de

Corina Schnitzler
Epilepsiezentrum Kork
Séguin-Klinik
Landstr. 1
77694 Kehl-Kork
cschnitzler@Diakonie-Kork.de

Michael Seidel
Milser Str. 13
33729 Bielefeld
seidelm2@t-online.de

Rohit Shankar
Peninsula Medical School
Faculty of Health
University of Plymouth
Devon PL4 8AA
United Kingdom
rohit.shankar@plymouth.ac.uk

Martin Sobanski
Praxis für Psychotherapie und Psycho-
analyse
Kinder- und Jugendpsychiatrie und
-psychotherapie
Wörthstr. 14
81667 München
Praxis-Sobanski@gmx.de

Carolin Steuwe
Universitätsklinik für Psychiatrie und
Psychotherapie
Remterweg 69–71
33617 Bielefeld
Carolin.Steuwe@evkb.de

Jörg Stockmann
Hollensiek 16
33619 Bielefeld
Stockmann@evk-haspe.de

Marlene Tergeist
Universitätsklinik für Inklusive Medizin
Maraweg 21
33617 Bielefeld
marlene.tergeist@mara.de

Samuel Tromans
George Davies Centre
Room 3.48
15 Lancaster Road
Leicester, LE1 7HA
United Kingdom
st386@leicester.ac.uk

Ratnaraj Vaidya
39 Bexley Street
Sunderland, SR47TL
United Kingdom
ratnarajvaidya97@gmail.com

Joanneke van der Nagel
Tactus Verslavingszorg
Keulenstraat 3
7418 ET Deventer
Niederlande
j.vandernagel@tactus.nl

Saskia van Horsen
Tactus Verslavingszorg
Keulenstraat 3
7418 ET Deventer
Niederlande
s.vanhorsen@tactus.nl

Leen Vereenooghe
Baanhofstraat 35
8400 Oostende
Belgien
leen.vereenooghe@gmail.com

Marcus Vogel
Schopketalweg 77
33689 Bielefeld
marcus.vogel@mara.de

Tatjana Voß
Forensisch-Therapeutische Ambulanz
Charité Universitätsmedizin Berlin
Seidelstr. 38
13507 Berlin
tatjana.voss@charite.de

Sebastian Walther
Klinik und Poliklinik für Psychiatrie,
Psychosomatik und Psychotherapie
Universitätsklinikum Würzburg
Margarete-Höppel-Platz 1
97080, Würzburg
sebastian.walther@upd.unibe.ch

Lance Vincent Watkins
Epilepsy Specialist Service
Ty Penfro
Canton
Cardiff
CF5 1QQ
United Kingdom
lance.watkins@wales.nhs.uk

Germain Weber
Georg Siglgasse 12/19
1090 Wien
Österreich
germain.weber@univie.ac.at

Martin Zenker
Universitätsklinikum, Institut für Humangenetik
Leipziger Str. 44
39120 Magdeburg
martin.zenker@med.ovgu.de

Sabine Zepperitz
Heinrich-Roller-Straße 24
10405 Berlin
S.Zepperitz@keh-berlin.de

Vorwort 1

Im Januar 2021 hat der Klett-Cotta Verlag Kontakt mit mir aufgenommen und angefragt, ob ich an der Herausgabe einer 3. Auflage meines Buches »Psychiatrische Diagnostik und Therapie bei Menschen mit Intelligenzminderung« interessiert sei. Das Buch war erstmals 2007 beim Schattauer-Verlag erschienen, und dieser ist 2018 zum Imprint des Klett-Cotta Verlags geworden.

Die Anfrage klang für mich sehr verlockend. Damit würde sich am Ende meiner beruflichen Laufbahn die Chance ergeben, aktualisiertes Wissen mit meinen Erfahrungen aus drei Jahrzehnten der psychiatrischen Arbeit mit Menschen mit geistiger Behinderung zusammenfließen zu lassen.

Darüber hinaus sollte 2021 die neue ICD-11 erstmals öffentlich vorgestellt werden, und es war zu überlegen, in der geplanten Neuauflage auf die zu erwartenden dortigen Änderungen einzugehen. Ich selbst hatte in meiner ersten Anstellung im Bezirkskrankenhaus Kaufbeuren die Systematik der ICD-9 im Jahr 1988 kennengelernt und dann den Übergang zur ICD-10 mitbekommen. Ich kann mich gut an die Skepsis vieler, v. a. älterer Kolleginnen und Kollegen erinnern, die mit der neuen Konzeption der WHO und mit dem so sperrigen »Störungsbegriff« als Ersatz für den bisher verwendeten Begriff der »Krankheit« nicht so recht einverstanden waren. Ganz zu schweigen von der Abschaffung der so etablierten nosologischen Kategorien wie z. B. der endogenen Depression oder der Umbenennung der Oligophrenie in Intelligenzminderung. »Da warten wir doch lieber mal ab, da wird sicherlich noch einiges geändert!«, meinten viele im Kollegenkreis bei der Einführung des neuen Klassifikationssystems im Jahr 1994. In der Tat gab es später auf nationaler Ebene noch einige Ausdifferenzierungen, aber im Grundsatz wurde nichts geändert. Nach einigen Jahren war die ICD-10 etabliert und die 9. Auflage vergessen. Nur einige Nostalgiker murrten noch, dass früher alles besser gewesen sei, und sie konnten (oder wollten) sich mit der neuen deskriptiv-phänomenologischen Ausrichtung der Diagnostik und der »Degradierung« der Ätiologie in Unterdiagnosen nicht anfreunden.

Ich habe aus dieser Zeit für mich die Lehre gezogen, dass es gut ist, sich frühzeitig intensiv mit der Gedankenwelt der überarbeiteten Klassifikationssysteme – sei es ICD oder DSM – auseinanderzusetzen und nicht einfach nur abzuwarten, bis die neue Systematik verpflichtend eingeführt wird und dann die neue Diagnostik ohne tieferes Verständnis von heute auf morgen angewendet werden muss.

Als im Juni 2021 die ICD-11 vorgestellt wurde und in den ersten fachlichen Kommentaren die fundamentalen Änderungen gegenüber der ICD-10 rezipiert wurden, wurden mir zwei Dinge klar:
1. Die Neuerungen bringen für meinen fachlichen Schwerpunkt (psychische Auffälligkeiten bei Menschen mit Intelligenzminderung und Autismus) äußerst interessante und wichtige Änderungen mit sich.
2. Die ICD-11 kann in einer neuen Auflage des Buches nicht einfach in einem Kapitel abgehandelt werden, sondern erfordert eine komplette Überarbeitung, ja Neufassung.

Der damit zu erwartende Umfang einer fachlich adäquaten Berücksichtigung der ICD-11 machte mir schnell deutlich, dass ich allein den zu erwartenden Arbeitsaufwand nicht würde bewältigen können. Es galt einen Co-Herausgeber zu finden. Wobei diese Frage für mich ganz einfach zu klären war. Es kam nämlich eigentlich nur eine Person in Frage: Tanja Sappok. Sie verbindet hohe wissenschaftliche Expertise und internationales Netzwerken mit profunder klinischer Erfahrung, und ich hatte sie aus anderen gemeinsamen Arbeitskreisen und Projekten als äußerst kooperativ kennengelernt. Jedoch, sie war und ist auch heute noch in unzählige fachliche Aktivitäten involviert und so war nicht sicher, ob sie sich für ein so umfängliches Buchprojekt die Zeit nehmen würde können. Als sie jedoch nach kurzer Bedenkzeit glücklicherweise ihre Teilnahme als Co-Herausgeberin zugesagt hatte, konnte die gemeinsame Arbeit beginnen.

In regelmäßigen Videokonferenzen mit den Vertreterinnen und Vertretern des Klett-Cotta Verlags kristallisierte sich bald heraus, dass dieses Buch an den gesamten deutschsprachigen Raum adressiert sein sollte. Einerseits sollte sich dies in der Zusammensetzung der Autorenteams widerspiegeln und andererseits durch drei ausführliche Kapitel zur psychiatrischen Versorgungssituation in Österreich, in der Schweiz und in Deutschland ein fachliches Fundament erhalten. Darüber hinaus sollten die Texte, wenn erforderlich bzw. möglich, dezidiert auf nationale Studien, fachliche Erfahrungen und besondere rechtliche Rahmenbedingungen dieser drei Länder Bezug nehmen.

Außerdem brauchte das Buch natürlich einen neuen Titel, da der alte Begriff der Intelligenzminderung in der ICD-11 verlassen und durch »Störungen der Intelligenzentwicklung« ersetzt wurde. Da dieser neue Terminus so weitreichende Veränderungen mit sich bringt, entschieden wir uns für den programmatischen Titel »Störungen der Intelligenzentwicklung – Grundlagen der psychiatrischen Versorgung, Diagnostik und Therapie«.

Der nächste Schritt war die Zusammenstellung der Autorenteams. Wir wollten hier internationale und Fachkompetenz aus den drei deutschsprachigen Ländern zusammenführen. Dabei erwies sich die hervorragende fachliche Vernetzung von Tanja Sappok als überaus hilfreich, und so konnten für die Neufassung des Buches schnell geeignete Teams zusammengestellt werden.

Wir haben in der Zusammensetzung dieser Teams auch darauf geachtet, junge engagierte Mitarbeitende aus verschiedenen psychiatrischen Versorgungsbereichen und Einrichtungen der Behindertenhilfe und aus unterschiedlichen Berufsgruppen zu integrieren, um ihnen so die Chance zu geben, an der Erstellung eines länderübergreifenden Fachbuchs mitzuwirken und Erfahrungen zu sammeln.

Die über 50 Autorinnen und Autoren mussten sich in ihrer Arbeit ganz neu in die Systematik der ICD-11 einfinden, und erschwerend kam hinzu, dass in der Erstellungszeit unseres Buches nur eine verkürzte und vorläufige Übersetzung der ICD-11 ins Deutsche vorlag. Das war nicht immer einfach, und wir bitten alle Leserinnen und Leser um Verständnis, falls sich in der endgültigen deutschen Version der ICD-11 noch etwas begrifflich geändert haben sollte und eventuell Begrifflichkeiten nicht genau übereinstimmen. Wir haben dabei als Herausgeberteam nach bestem Wissen und Gewissen die bereits übersetzten Termini verwendet und die noch nicht offiziell übersetzen Passagen fachlich und sprachlich korrekt eingearbeitet.

Wir Herausgeber und der Verlag sind davon überzeugt, dass trotz aller Einschränkungen die frühzeitige Berücksichtigung der ICD-11-Einteilung und -Terminologie dem Fachbereich der psychiatrischen Versorgung von Menschen mit Störungen der Intelligenzentwicklung sehr zugute kommen wird und das Buch damit zu einer wichtigen Differenzierung der psychiatrischen Arbeit beitragen kann. Die sich daraus ergebende neue fachliche Perspektive könnte unter folgendes Motto gestellt werden: »Entwicklungssensible Diagnostik und daraus entwicklungslogisch abgeleitete therapeutische Maßnahmen«.

Wir wünschen den Leserinnen und Lesern eine anregende Lektüre und hoffen, dass sie durch die aktualisierte Fachlichkeit und durch die neue entwicklungsdynamische Sicht der ICD-11 viele Impulse für ihren Arbeitsalltag erhalten.

Ihr
Christian Schanze mit Tanja Sappok

Vorwort 2

Am 3. November 2021 erreichte mich – kurz nach dem EAMHID Kongress in Berlin – folgende E-Mail:

Liebe Tanja, ich habe aber noch eine wichtige Frage an dich, die mir schon eine ganze Zeit lang durch den Kopf geht. Du warst während des Kongresses so beschäftigt, dass ich dich nicht damit belästigen wollte. Es geht um »mein« Buch bei Schattauer bzw. jetzt bei Klett-Cotta. Es ist für 2022 eine neue Ausgabe geplant, und ich möchte die einzelnen Kapitel doch nochmal genauer unter die Lupe nehmen und das Buch fit für die nächsten Jahre machen. Dazu bräuchte ich jedoch eine Ko-Herausgeberin/einen Ko-Herausgeber. Natürlich habe ich dabei sofort an dich gedacht, denn sowohl unter fachlichen, wie auch unter persönlichen, kooperativen Gesichtspunkten warst du für mich von Anfang an die erste Wahl ... Da meine berufliche Laufbahn ganz kurz vor ihrem Ende steht, heißt es für mich mein Buch-Baby auch auf die Reise in die Zukunft zu schicken, damit es, unabhängig von meiner Person, weiter seine Position als Fachbuch im Bereich der psychiatrischen Diagnostik und Therapie von Menschen mit intellektuellen Entwicklungsstörungen ausfüllen kann. Und das ist letztlich nicht nur eine fachliche Frage, sondern hat etwas mit Vertrauen zu tun! Und damit bin ich wieder bei dir! Es gibt aus meiner Sicht niemanden, dem ich dieses Buch lieber überantworten würde als dir! Das klingt jetzt alles etwas pathetisch, aber wenn es um etwas geht, das mit Herzblut zu tun hat, dann ist man ganz automatisch mittendrin im Pathos!

Also: Hättest du Lust mit mir das Buch gründlich zu überarbeiten und neu herauszugeben?

Überleg dir die Sache doch bitte mal! Wenn du die Aufgabe reizvoll findest und dir dafür Zeit nehmen willst bzw. kannst, würde ich mich sehr, sehr freuen!
...
Ich bin gespannt auf deine Antwort!
Dein
Christian

Diese Einladung war für mich eine große Ehre. Christian Schanze ist aus meiner Sicht einer der Pioniere in dem Feld der Medizin für Menschen mit Behinderungen und einer der Menschen, die maßgeblich meine Entscheidung beeinflusst haben, mich diesem Fachgebiet näher zuzuwenden. Neben der fachlichen Fundiertheit und mitreißenden Vortragsweise war ich auch immer beeindruckt von seiner persönlichen Tiefe, Nachdenklichkeit und Nahbarkeit. Trotzdem musste ich in der Tat zunächst in mich gehen – wissend um die gewaltige Arbeit, die mit so einem Buchprojekt verbunden ist, insbesondere vor dem Hintergrund meiner schon damals sich abzeichnenden beruflichen Veränderung. Am Ende überwog dann aber die Dankbarkeit, von diesem Wegbereiter für unser Fach eingeladen worden zu sein, und so habe ich es als Geschenk empfunden, dieses Opus magna gemeinsam mit Christian konzipieren und umsetzen zu können. Und so trug es sich zu, dass wir am 1. Dezember 2021 unser erstes Arbeitstreffen hatten, dem noch zahlreiche folgen sollten.

Als wir mit der Arbeit begannen, lag noch nicht einmal die Übersetzung der ICD-11-»Kurzversion« vor, und schnell wurde uns klar, dass wir in vielen Bereichen absolutes Neuland betreten und Störungsbilder darstellen müssen, die in der Form bis dato in der klinischen Praxis nicht diagnostiziert wurden, wie z. B. die Fütter- und Essstörungen oder die Katatonie als eigenständiges, von der Schizophrenie unabhängiges Krankheitsbild. Darüber hinaus war es uns ein Anliegen, konsequent die Entwicklungsperspektive mitzudenken und die jeweiligen Störungsbilder vor dem Hintergrund der neuronalen Entwicklungsstörung durchzudeklinieren. Hier haben wir unserem Autorenteam viel abverlangt, schlussendlich aber Lösungen erarbeitet, die Sie in diesem Buch lesen können!

Etwa zweieinhalb Jahre nach der oben zitierten Mail ist es vollbracht, und unser gemeinsames Buch-Baby darf nun in die Welt hinaus! Die Arbeit daran war mir eine Freude, und ich bin nach wie vor dankbar für den intellektuellen Austausch, das gemeinsame Ringen und die vielen, vielen heiteren Begegnungen in dieser Zeit. Ein herzliches Dankeschön auch an die Lektorinnen des Klett-Cotta-Verlags, die uns auf diesem Weg stets geduldig und konstruktiv unterstützt und immer wieder »eingefangen« haben!

Und nun wünsche ich Ihnen, liebe Leserinnen und Leser, eine spannende und hier und da vergnügliche Lektüre. Wir freuen uns über Ihr Interesse für diesen Personenkreis, der eine große Bereicherung für uns und die Welt, in der wir leben, darstellt. Und wir freuen uns über Ihre Rückmeldungen – gleich welcher Art!

Ihre
Tanja Sappok mit Christian Schanze

Inhalt

I. GRUNDLAGEN

1 Psychische Gesundheit bei Menschen mit Störungen der Intelligenzentwicklung 34
CHRISTIAN SCHANZE & TANJA SAPPOK
1.1 Ein Paradigmenwechsel 34
1.2 Psychische Gesundheit 36
1.3 Das bio-psycho-soziale Krankheitsmodell 40
1.4 Entwicklungssensible Diagnostik – Entwicklungslogische Therapie 41
1.5 Fazit 42

2 Grundlagen der Diagnostik 44
TANJA SAPPOK, MARCUS VOGEL, MARIE ILIC & MARTIN ZENKER
2.1 Allgemeines 44
2.2 Leistungsdiagnostik 45
    2.2.1 Hinweise zur Gestaltung einer Testsituation 45
    2.2.2 Erfassung der intellektuellen Leistungsfähigkeit 46
    2.2.3 Erfassung des adaptiven Verhaltens 48
    2.2.4 Rückmeldung der Ergebnisse 51
2.3 Entwicklungsdiagnostik 51
2.4 Psychopathologische Diagnostik 53
    2.4.1 Die psychopathologische Befunderhebung 53
    2.4.2 Methodische Besonderheiten bei der Befunderhebung 55
    2.4.3 Das AMDP-System 56
2.5 Genetische Diagnostik 61
    2.5.1 Formen kausaler genetischer Veränderungen 62
    2.5.2 Humangenetische diagnostische Verfahren 64
    2.5.3 Identifikation und Bewertung genetischer Varianten 67
    2.5.4 Indikation für eine humangenetische Diagnostik 69
    2.5.5 Hinweise zur Veranlassung einer genetischen Diagnostik 70
    2.5.6 Gesetzliche Bestimmungen 70

3 Grundlagen der Therapie 73
CHRISTIAN SCHANZE, REINHARD MARKOWETZ, ANNIKA KLEISCHMANN,
VERONIKA HERMES, TRINE LISE BAKKEN, THOMAS BERGMANN &
STEFAN KOCH
3.1 Psychopharmakotherapie[6] 73
    CHRISTIAN SCHANZE
    3.1.1 Verordnungshäufigkeit von Psychopharmaka 73
    3.1.2 Psychopharmakologische Verordnungs- und Behandlungspraxis 75

	3.1.3	Besonderheiten in der psychopharmakologischen Behandlung von Menschen mit Störungen der Intelligenzentwicklung	79
	3.1.4	Unterschiede in der Pharmakokinetik	87
	3.1.5	Fazit	89
3.2		Gesprächsführung, Beratung und personzentrierte Gesprächstherapie	90

CHRISTIAN SCHANZE

- 3.2.1 Einleitung ... 90
- 3.2.2 Multiprofessionelle Diagnostik ... 91
- 3.2.3 Kommunikation mit Angehörigen, gesetzlichen Betreuenden und Mitarbeitenden der Behindertenhilfe ... 92
- 3.2.4 Effektivierung der Kommunikation ... 92
- 3.2.5 Personzentrierter Ansatz ... 97
- 3.2.6 Beratungsgespräch und Gesprächstherapie ... 98
- 3.2.7 Fazit ... 100

3.3 Psychotherapie ... 100

ANNIKA KLEISCHMANN & VERONIKA HERMES

- 3.3.1 Einleitung ... 100
- 3.3.2 Versorgungsstrukturen ... 102
- 3.3.3 Anpassung psychotherapeutischer Techniken ... 103
- 3.3.4 Berufs- und sozialrechtliche Rahmenbedingungen ... 107
- 3.3.5 Fazit ... 108

3.4 Pädagogik und Psychiatrie ... 109

CHRISTIAN SCHANZE & REINHARD MARKOWETZ

Vorbemerkung ... 109

- 3.4.1 Psychiatrie und Pädagogik im praktischen Versorgungsalltag ... 109
- 3.4.2 Paradigmenwechsel durch die ICD-11? ... 111
- 3.4.3 Person und Ich-Entwicklung ... 115
- 3.4.4 Entwicklung und Diagnostik – die Norm und das Spezielle ... 117
- 3.4.5 Psychische Störungen und Störungen der Ich-Funktionen ... 120
- 3.4.6 Entwicklungspädagogisches Arbeiten ... 121
- 3.4.7 Pädagogisches und therapeutisches Arbeiten ... 129
- 3.4.8 Resonante Beziehungsarbeit und Kompetenzförderung ... 130
- 3.4.9 Die UN-Behindertenrechtskonvention, Recovery und Entwicklungslogik ... 132
- 3.4.10 Fazit ... 133

3.5 Psychische Gesundheitspflege ... 134

TRINE LISE BAKKEN & CHRISTIAN SCHANZE

- 3.5.1 Einleitung ... 134
- 3.5.2 Beobachtung der Symptome – Verhaltensäquivalente ... 135
- 3.5.3 Symptomsensitive Kommunikation ... 137
- 3.5.4 Teilnahme an der Einzeltherapie ... 139
- 3.5.5 Das vulnerable Gehirn: sensorische Dysfunktion und kognitive Überlastung ... 139
- 3.5.6 Emotionale Entwicklung ... 140
- 3.5.7 Die Perspektive der Patienten ... 141
- 3.5.8 Pflege von Menschen mit vielfältigen, komplexen Bedürfnissen ... 142

	3.5.9	Spezifische Therapeutenfähigkeiten: Schaffung eines guten emotionalen Klimas ..	142
	3.5.10	Fazit	143
3.6	Künstlerische Therapien		144
	THOMAS BERGMANN		
	3.6.1	Einleitung	144
	3.6.2	Kunst in Therapie und Förderung	145
	3.6.3	Kunsttherapie	145
	3.6.4	Musiktherapie	147
	3.6.5	Tanz- und Bewegungstherapie	152
	3.6.6	Dramatherapie	154
	3.6.7	Eklektische Ansätze	155
	3.6.8	Fazit	156
3.7	Deeskalation und Wut-Management		157
	CHRISTIAN SCHANZE & STEFAN KOCH		
	3.7.1	Aggressives Verhalten	157
	3.7.2	Verlauf von aggressivem Verhalten	158
	3.7.3	Zwei therapeutische Ansätze	159
	3.7.4	Deeskalationstechniken	160
	3.7.5	Behinderungsform, emotionale Reife und Deeskalation	164
	3.7.6	Krisenmanagement	165
	3.7.7	Individuelle Krisenpläne	166
	3.7.8	Fazit	171

II. ICD-11-STÖRUNGSBILDER
II.A NEURONALE ENTWICKLUNGSSTÖRUNGEN

4	Störungen der Intelligenzentwicklung (ICD-11 6A00)	176
	TANJA SAPPOK & CHRISTIAN SCHANZE	
4.1	Die Codierung von Störungen der Intelligenzentwicklung in der ICD-11	176
4.2	Definition	178
4.3	Schweregradeinteilung	178
4.4	Prävalenz	181
4.5	Ätiologie	181
4.6	Diagnostik	182

5	Störungen der Sprech- oder Sprachentwicklung (ICD-11 6A01)	184
	DANIEL HOLZINGER & JOHANNES FELLINGER	
5.1	Die Codierung von Störungen der Sprech- oder Sprachentwicklung in der ICD-11	184
5.2	Entwicklungsstörungen der Lautbildung (ICD-11 6A01.0) und des Sprechflusses (ICD-11 6A01.1)	187
5.3	Entwicklungsstörung der Sprache (ICD-11 6A01.2)	189
	5.3.1 Diagnostik von Sprachstörungen	192
	5.3.2 Unterstützende Maßnahmen	195
5.4	Fazit	198

6 Autismus-Spektrum-Störungen (ICD-11 6A02) 199
TANJA SAPPOK, THOMAS BERGMANN & MARIEKE CONTY
6.1 Die Codierung von Autismus-Spektrum-Störungen in der ICD-11 199
6.2 Definition 200
6.3 Ätiologie 200
6.4 Diagnostik 201
6.5 ICD-11-Störungsbilder bei neuronalen Entwicklungsstörungen 203
    6.5.1 Autismus-Spektrum-Störungen ohne Störungen der Intelligenzentwicklung (ICD-11 6A02.0 bzw. 6A02.2) 203
    6.5.2 Autismus-Spektrum-Störungen mit Störungen der Intelligenzentwicklung (ICD-11 6A02.1, 6A02.3, 6A02.5) 214

7 Aufmerksamkeitsdefizit- und Hyperaktivitätsstörung (ADHS) (ICD-11 6A05) 222
TANJA SAPPOK & MARTIN SOBANSKI
7.1 Die Codierung von Aufmerksamkeitsdefizit- und Hyperaktivitätsstörungen in der ICD-11 222
7.2 Definition 222
7.3 Epidemiologie 223
7.4 Ätiologie 224
7.5 Diagnostik 224
7.6 Differenzialdiagnostik 225
7.7 Komorbiditäten 226
7.8 Therapie 227
    7.8.1 Psychopharmakotherapie 227
    7.8.2 Nicht-medikamentöse Verfahren 229
7.9 Prognose und Verlauf 230

8 Stereotype Bewegungsstörung mit/ohne Selbstverletzung; Primäre Tics oder Ticstörungen 231
CHRISTIAN SCHANZE & PETER MARTIN
8.1 Stereotype Bewegungsstörung mit/ohne Selbstverletzung (ICD-11 6A06) 231
CHRISTIAN SCHANZE & PETER MARTIN
    8.1.1 Die Codierung von stereotypen Bewegungsstörungen in der ICD-11 231
    8.1.2 Definition 231
    8.1.3 Epidemiologie und Verlauf 238
    8.1.4 Ätiologie und Pathogenese 240
    8.1.5 Diagnostik 242
    8.1.6 Therapie 243
    8.1.7 Fazit 250
8.2 Ticstörungen (ICD-11 8A05.0) 251
CHRISTIAN SCHANZE
    8.2.1 Die Codierung von Ticstörungen in der ICD-11 251
    8.2.2 Definition 251
    8.2.3 Prävalenz 252
    8.2.4 Ätiologie 253

	8.2.5	Diagnostik	255
	8.2.6	Verlauf	257
	8.2.7	Therapie	257
	8.2.8	Fazit	261

II.B PSYCHISCHE STÖRUNGEN UND VERHALTENSSTÖRUNGEN

9 Schizophrenie (ICD-11 6A20) 264
TRINE LISE BAKKEN, HAUKE HERMANN & ARVID NIKOLAI KILDAHL

9.1	Die Codierung von Schizophrenie in der ICD-11	264
9.2	Definition	264
9.3	Prävalenz	266
9.4	Ätiologie	266
9.5	Diagnostik	267
	9.5.1 Assessment	267
	9.5.2 Identifizierung von Kernsymptomen	268
	9.5.3 Diagnostisches Vorgehen	271
9.6	Differenzialdiagnostik	272
9.7	Interventionen	274
	9.7.1 Pharmakotherapie	274
	9.7.2 Unerwünschte Nebenwirkungen	275
	9.7.3 Psychosoziale Interventionen	276
	9.7.4 Psychotherapie	276
	9.7.5 Familieninterventionen	277
	9.7.6 Psychiatrische Gesundheitspflege	277
	9.7.7 Gemeinschaftsdienste	278
9.8	Fallbeispiel und abschließende Bemerkungen	279

10 Katatonie (ICD-11 6A4) 280
SEBASTIAN WALTHER

10.1	Die Codierung der Katatonie in der ICD-11	280
10.2	Definition	281
10.3	Prävalenz	281
10.4	Ätiologie	281
10.5	Diagnostik	282
	10.5.1 Katatonie in Verbindung mit einer anderen psychischen Störung (ICD-11 6A40)	284
	10.5.2 Katatonie durch Substanzen oder Medikamente (ICD-11 6A41)	284
	10.5.3 Sekundäres katatones Syndrom (ICD-11 6E69)	284
	10.5.4 Katatonie, nicht näher bezeichnet (ICD-11 6A4Z)	285
10.6	Differenzialdiagnostik	285
10.7	Katatonie bei neuronalen Entwicklungsstörungen in der ICD-11	285
10.8	Therapie	287
	10.8.1 Grundprinzipien der Behandlung der Katatonie	287
	10.8.2 Spezifische Behandlung bei Störungen der Intelligenzentwicklung	287

10.9	Verlauf	288
10.10	Fazit	289

11 Affektive Störungen: bipolare und depressive Störungen ... 290
ANDREW JAHODA, LEEN VEREENOOGHE & PHILIPP SAND

11.1	Bipolare oder verwandte Störungen (ICD-11 6A6)	290

PHILIPP SAND

	11.1.1 Die Codierung von bipolaren oder verwandten Störungen in der ICD-11	290
	11.1.2 Neuerungen in der Definition bipolarer Störungen	290
	11.1.3 Prävalenz	291
	11.1.4 Ätiologie	292
	11.1.5 Diagnostik	292
	11.1.6 Therapie	293
	11.1.7 Verlauf und Prognose	295
	11.1.8 Fazit	296
11.2	Depressive Störungen (ICD-11 6A7)	297

ANDREW JAHODA, LEEN VEREENOOGHE & PHILIPP SAND

	11.2.1 Die Codierung von depressiven Störungen in der ICD-11	297
	11.2.2 Definition	298
	11.2.3 Prävalenz	298
	11.2.4 Ätiologie	300
	11.2.5 Diagnostik	301
	11.2.6 Therapie	305
	11.2.7 Verlauf und Prognose	311
	11.2.8 Fazit	312

12 Angst- oder furchtbezogene Störungen (ICD-11 6B0) ... 313
SAMUEL ELSTNER & CORINNA BONACCURSO

12.1	Die Codierung von Angst- oder furchtbezogenen Störungen in der ICD-11	313
12.2	Definition	314
12.3	Prävalenz	315
12.4	Ätiologie	316
12.5	Diagnostik	317
12.6	Therapie	319
12.7	ICD-11-Störungsbilder bei Angst- oder furchtbezogenen Störungen	321
	12.7.1 Generalisierte Angststörung (ICD-11 6B00)	321
	12.7.2 Panikstörung (ICD-11 6B01)	321
	12.7.3 Agoraphobie (ICD-11 6B02)	322
	12.7.4 Spezifische Phobie (ICD-11 6B03)	322
	12.7.5 Soziale Angststörung (ICD-11 6B04)	323
	12.7.6 Trennungsangststörung (ICD-11 6B05)	323
	12.7.7 Selektiver Mutismus (ICD-11 6B06)	324

13 Zwangsstörung oder verwandte Störungen 326
MICHAEL SEIDEL
13.1 Die Codierung der Gruppe Zwangsstörung oder verwandte Störungen in der ICD-11 326
13.2 Allgemeines 327
13.3 ICD-11-Klassifikation Zwangsstörung oder verwandte Störungen 327
    13.3.1 Zwangsstörung (ICD-11 06B20) 327
    13.3.2 Körperdysmorphe Störung (ICD-11 06B21) 334
    13.3.3 Eigengeruchswahn (ICD-11 06B22) 335
    13.3.4 Hypochondrie (ICD-11 06B23) 335
    13.3.5 Pathologisches Horten (ICD-11 6B24) 337
    13.3.6 Körperbezogene repetitive Verhaltensstörungen (ICD-11 6B25) 339
    13.3.7 Sekundäre Zwangs- oder verwandte Störungen (ICD-11 6E64) 340
    13.3.8 Substanzinduzierte Zwangs- oder verwandte Störungen 341
13.4 Fazit 341

14 Spezifisch Stress-assoziierte Störungen (ICD-11 6B4) 342
ULRICH ELBING & BIRGIT MAYER
14.1 Die Codierung von spezifisch Stress-assoziierten Störungen in der ICD-11 342
14.2 Definition 342
14.3 Prävalenz 343
14.4 Ätiologie 344
14.5 Diagnostik 344
14.6 ICD-11-Störungsbilder bei spezifisch Stress-assoziierten Störungen 345
    14.6.1 Posttraumatische Belastungsstörung (ICD-11 6B40) 345
    14.6.2 Komplexe Posttraumatische Belastungsstörung (ICD-11 6B41) 354
    14.6.3 Anhaltende Trauerstörung (ICD-11 6B42) 356
    14.6.4 Anpassungsstörung (ICD-11 6B43) 357
    14.6.5 Reaktive Bindungsstörung (ICD-11 6B44) 357
    14.6.6 Störung der sozialen Bindung mit enthemmtem Verhalten (ICD-11 6B45) 361

15 Dissoziative Störungen (ICD-11 6B6) 362
KIM HINKELMANN & SABINE ZEPPERITZ
15.1 Die Codierung von dissoziativen Störungen in der ICD-11 362
15.2 Definition 363
15.3 Prävalenz 363
15.4 Ätiologie 364
15.5 Diagnostik 365
15.6 ICD-11-Störungsbilder bei dissoziativen Störungen 366
    15.6.1 Dissoziative Störung mit neurologischen Symptomen (ICD-11 6B60) 366
    15.6.2 Dissoziative Amnesie (ICD-11 6B61) 369
    15.6.3 Trance-Störung (ICD-11 6B62) 369
    15.6.4 Besessenheits-Trance-Störung (ICD-11 6B63) 370
    15.6.5 Dissoziative Identitätsstörung (ICD-11 6B64) und Partielle dissoziative Identitätsstörung (ICD-11 6B65) 370
    15.6.6 Depersonalisations- oder Derealisationsstörung (ICD-11 6B66) 371

15.7	Therapie dissoziativer Störungen bei Menschen mit Störungen der Intelligenzentwicklung	372

16 Fütter- oder Essstörungen (ICD-11 6B8) 375
CHRISTIAN SCHANZE

16.1	Die Codierung von Fütter- oder Essstörungen in der ICD-11	375
16.2	Definition	376
16.3	Prävalenz	376
16.4	Ätiologie	377
16.5	Diagnostik	378
16.6	ICD-11-Störungsbilder bei Fütter- und Essstörungen	379
	16.6.1 Anorexia nervosa (ICD-11 6B80)	379
	16.6.2 Bulimia nervosa (ICD-11 6B81)	381
	16.6.3 Binge-eating-Störung (ICD-11 6B82)	382
	16.6.4 Vermeidend-restriktive Ernährungsstörung (ICD-11 6B83)	384
	16.6.5 Pica (ICD-11 6B84)	387
	16.6.6 Ruminations- oder Regurgitationsstörung (ICD-11 6B85)	390
16.7	Zusammenfassung	393

17 Störungen durch Substanzgebrauch oder Verhaltenssüchte (ICD-11 6C4 und 6C5) 394
JOANNEKE VAN DER NAGEL & SASKIA VAN HORSEN

17.1	Die Codierung von Störungen durch Substanzgebrauch oder Verhaltenssüchte in der ICD-11	394
17.2	Definition	395
17.3	Prävalenz	396
17.4	Ätiologie	397
17.5	Diagnostik	399
	17.5.1 Anzeichen	399
	17.5.2 Substanzkonsum besprechen	400
	17.5.3 Psychiatrische, psychologische und somatische Diagnostik	401
17.6	ICD-11-Störungsbilder bei Substanzgebrauchsstörungen oder Verhaltenssüchten	403
	17.6.1 Störungen durch Substanzgebrauch – Störungen durch Alkohol (ICD-11 6C40)	403
	17.6.2 Störungen durch Verhaltenssüchte	409
17.7	Therapie	411
	17.7.1 Entgiftung	411
	17.7.2 Psychotherapie	413
17.8	Fazit	414

18 Verhaltensstörungen 415
TANJA SAPPOK, HAUKE HERMANN & CHRISTIAN SCHANZE

18.1	Die Codierung von Verhaltensstörungen in der ICD-11	415
18.2	Definition	417
18.3	Epidemiologie	418
18.4	Ätiologie	419
18.5	Diagnostik	420

18.6	Differenzialdiagnostik	423
18.7	Therapie	423
18.8	Fazit	426

19 Persönlichkeitsstörungen und zugehörige Persönlichkeitsmerkmale (ICD-11 6D10/6D11) 427
TANJA SAPPOK, CAROLIN STEUWE, MARLENE TERGEIST &
CHRISTIAN SCHANZE

19.1	Die Codierung von Persönlichkeitsstörungen und zugehörigen Persönlichkeitsmerkmalen in der ICD-11	427
19.2	Definition	428
19.3	ICD-11-Klassifikation Persönlichkeitsstörungen und zugehörige Persönlichkeitsmerkmale	429
	19.3.1 Persönlichkeitsstörung (ICD-11 6D10)	430
	19.3.2 Zugehörige Persönlichkeitsmerkmale (ICD-11 6D11)	431
19.4	Ätiologie	434
	19.4.1 Borderline-Muster (6D11.5)	435
	19.4.2 Dissozialität (6D11.2)	435
	19.4.3 Anankasmus (6D11.4)	435
	19.4.4 Andere Konzepte der Persönlichkeitsstörungen	436
19.5	Diagnostik	436
	19.5.1 Selbstbeurteilungsmaße	437
	19.5.2 Diagnostische Interviews	438
	19.5.3 Diagnostik bei Menschen mit Störungen der Intelligenzentwicklung	438
19.6	Therapie	440
	19.6.1 Medikamentöse Therapie	440
	19.6.2 Psychotherapeutische Behandlung	441
19.7	Fazit	442

II.C SOMATISCHE KRANKHEITSBILDER

20 Neurokognitive Störungen (ICD-11 6D7) 446
BJÖRN KRUSE & PEGGY RÖSNER

20.1	Die Codierung von neurokognitiven Störungen in der ICD-11	446
20.2	Definition	446
20.3	ICD-11-Störungsbilder bei neurokognitiven Störungen	447
	20.3.1 Delir (ICD-11 6D70)	447
	20.3.2 Leichte neurokognitive Störung (ICD-11 6D71)	448
	20.3.3 Amnestische Störung (ICD-11 6D72)	448
	20.3.4 Demenz (ICD-11 6D8x)	449

21 Schlaf-Wach-Störungen (ICD-11 07) 460
PETER MARTIN & CORINA SCHNITZLER

| 21.1 | Die Codierung von Schlaf-Wach-Störungen in der ICD-11 | 460 |

21.2 Definition ... 460
21.3 Epidemiologie ... 461
21.4 Ätiologie ... 461
21.5 Diagnostik ... 461
    21.5.1 Erhebung der Anamnese ... 462
    21.5.2 Fragebögen zur strukturierten Erfassung gestörten Schlafs ... 462
    21.5.3 Körperliche und labormedizinische Untersuchungen ... 463
    21.5.4 Klinische und apparative Erfassung von Schlafparametern ... 463
21.6 Komorbiditäten ... 464
21.7 ICD-11-Klassifikation der Schlaf-Wach-Störungen ... 464
    21.7.1 Insomnien (ICD-11 7A0) ... 465
    21.7.2 Hypersomnien (ICD-11 7A2) ... 466
    21.7.3 Schlafbezogene Atmungsstörungen (ICD-11 7A4) ... 467
    21.7.4 Störungen des zirkadianen Schlaf-Wach-Rhythmus (ICD-11 7A6) ... 468
    21.7.5 Schlafbezogene Bewegungsstörungen (ICD-11 7A8) ... 469
    21.7.6 Parasomnien (ICD-11 7B0) ... 472
    21.7.7 Komorbide Störungsbilder ... 473

22 Epilepsieassoziierte psychische Auffälligkeiten (ICD-11 6E6) ... 477
PETER MARTIN & IANCU BUCURENCIU
22.1 Die Codierung von sekundären psychischen oder Verhaltenssyndromen bei Epilepsie in der ICD-11 ... 477
22.2 Definition von sekundären psychischen oder Verhaltenssyndromen ... 478
22.3 Prävalenz ... 478
22.4 Ätiologie ... 479
    22.4.1 Anfallsgebundene Störungen ... 479
    22.4.2 Anfallsunabhängige Störungen ... 480
    22.4.3 Gehirnstrukturelle und genetische Ursachen ... 480
    22.4.4 Psychosoziale Faktoren ... 481
22.5 Antiepileptika-induzierte Enzephalopathie ... 481
    22.5.1 Akute Valproat-Enzephalopathie ... 481
    22.5.2 Chronische Valproat-Enzephalopathie ... 483
22.6 Epilepsie und psychische Störungen ... 483
    22.6.1 Psychische Störungen ... 483
    22.6.2 Autismus-Spektrum-Störungen ... 484
    22.6.3 Verhaltensstörungen ... 485
22.7 Medikamenteneffekte ... 487
    22.7.1 Medikamenteninteraktionen ... 487
    22.7.2 Nebenwirkungen von Antiepileptika ... 488
    22.7.3 Nebenwirkungen von Psychopharmaka ... 489
22.8 Fallbeispiel ... 490

23 Hörbeeinträchtigungen mit und ohne Sehbeeinträchtigung ... 493
JOHANNES FELLINGER & PAULA MORITZ

23.1 Die Codierung der Krankheiten mit Beeinträchtigung des Hörvermögens und Sehbeeinträchtigung in der ICD-11 ... 493
23.2 Prävalenz ... 494
23.3 Multidimensionale Diagnostik ... 494
23.4 Störungen der Intelligenzentwicklung und Hörbeeinträchtigungen ... 495
  23.4.1 Definition ... 495
  23.4.2 Prävalenz ... 495
  23.4.3 Hördiagnostik und Hörgeräte ... 496
23.5 Störungen der Intelligenzentwicklung und die kombinierte Hör- und Sehbeeinträchtigung ... 497
  23.5.1 Definition ... 497
  23.5.2 Prävalenz ... 497
23.6 Störungen der Intelligenzentwicklung, Hörbeeinträchtigungen und Autismus-Spektrum-Störungen ... 498
  23.6.1 Prävalenz ... 498
  23.6.2 Differenzialdiagnostik ... 499
  23.6.3 Die zusätzliche Sehstörung ... 499
23.7 Störungen der Intelligenzentwicklung, Hörbeeinträchtigung und herausforderndes Verhalten ... 501
23.8 Störungen der Intelligenzentwicklung, kombinierte Sinnesbeeinträchtigung und herausforderndes Verhalten ... 503
  23.8.1 Prävalenz ... 503
  23.8.2 Diagnostik ... 504
23.9 Störungen der Intelligenzentwicklung, Gehörlosigkeit und psychiatrische Störungen ... 504
  23.9.1 Prävalenz ... 504
  23.9.2 Diagnostik und Behandlung ... 505
23.10 Therapie ... 506
  23.10.1 Allgemeine Aspekte von Förderung und Betreuung ... 506
  23.10.2 Förderung der sozialen Kommunikationsfähigkeit ... 507
  23.10.3 Modell der therapeutischen Lebensgemeinschaft ... 509
23.11 Universales Recht auf Kommunikation ... 510

24 Schmerzen bei Menschen mit neuronalen Entwicklungsstörungen (ICD-11 MG30, MG31) ... 512
JÖRG STOCKMANN

24.1 Die Codierung von Schmerzen in der ICD-11 ... 512
24.2 Hintergrund ... 513
24.3 Definition ... 514
24.4 Prävalenz ... 515
24.5 Risikofaktoren ... 516
24.6 Folgen des Übersehens von Schmerz und Schmerzursachen ... 517
24.7 Mögliche Strategien zur Unterscheidung von Schmerz und alternativen Ursachen einer Verhaltensauffälligkeit ... 518

24.7.1	Die Reflexion der eigenen Haltung	518
24.7.2	Intuition als wichtige Voraussetzung	518
24.7.3	Unterscheidung von akutem und chronischem Schmerz	519
24.7.4	Schmerzassessment im Team	520
24.7.5	Individuelle Vorerfahrungen mit Schmerzreaktionen der Betroffenen berücksichtigen	522
24.7.6	Systematische Suche nach möglichen Schmerzauslösern	522
24.7.7	Untersuchung in einer ruhigen Atmosphäre	523
24.7.8	Probatorische (diagnostische) Analgetikagabe	524
24.8	Ausgewählte Schmerzsyndrome	524
24.8.1	Chronische tumorassoziierte Schmerzen (ICD-11 MG30.1)	524
24.8.2	Chronische postoperative oder posttraumatische Schmerzen (ICD-11 MG30.2)	525
24.8.3	Chronische sekundäre muskuloskelettale Schmerzen (ICD-11 MG30.3)	526
24.8.4	Chronische sekundäre viszerale Schmerzen (ICD-11 MG30.4)	526
24.8.5	Chronische neuropathische Schmerzen (ICD-11 MG30.5)	527
24.8.6	Chronische sekundäre Kopfschmerzen oder orofaziale Schmerzen (ICD-11 MG30.6)	529
24.9	Labor- und apparative Untersuchungen zur Schmerzdiagnostik	530

25 Auswirkungen der COVID-19-Pandemie auf die psychische Gesundheit von Menschen mit Störungen der Intelligenzentwicklung ... 531
SAMUEL TROMANS, RATNARAJ VAIDYA, EMMA POYNTON-SMITH,
LANCE WATKINS, TANJA SAPPOK & ROHIT SHANKAR

25.1	Einleitung	531
25.2	Epidemiologie sozialer Einschränkungen im Kontext von COVID-19	532
25.3	Verschreibung von Psychopharmaka während der Pandemie	537
25.4	Auswirkungen der Pandemie auf Pflegekräfte	538
25.5	Internationale Effekte der Pandemie	541
25.5.1	Effekte auf das Sozialleben	541
25.5.2	Effekte auf das Alltagsleben	542
25.5.3	Information und Kommunikationspolitik	543
25.5.4	Zugang zu psychosozialen Dienstleistungen	544
25.5.5	Effekte auf das Bildungswesen	544
25.5.6	Effekte auf das Privatleben	545
25.5.7	Schlussfolgerung	546
25.6	Fazit	546

III. SOZIALPOLITISCHE ASPEKTE

26 Psychiatrische Versorgung in Deutschland ... 550
CHRISTIAN SCHANZE & TANJA SAPPOK

26.1	Länderhintergrund	550
26.1.1	Demografische Daten und kulturelle Wahrnehmung	550

	26.1.2 Prävalenz, Identifizierung und frühe Interventionen	552
	26.1.3 Status der sozialen Eingliederung	554
26.2	Psychosoziale Belastungen und aktuelle Versorgungsangebote	559
	26.2.1 Kinder und Heranwachsende	560
	26.2.2 Erwachsene	560
	26.2.3 Herausforderungen in der personenzentrierten Pflege	562
26.3	Prioritäten setzen	562
	26.3.1 Medizinische Ausbildung	562
	26.3.2 Klinische Postgraduiertenausbildung und interdisziplinäre Ausbildung	563
	26.3.3 Forschung und Ausbildungsmöglichkeiten in der Forschung	563
	26.3.4 Möglichkeiten zum Handeln	564
	26.3.5 Kooperationen und Partnerschaften	565
26.4	Fazit	566

27 Psychiatrische Versorgung in Österreich ... 568
JOHANNES FELLINGER, PAULA MORITZ & GERMAIN WEBER

27.1	Länderhintergrund	568
	27.1.1 Demografische Daten und kulturelle Wahrnehmung	568
	27.1.2 Identifikation und frühe Intervention	570
	27.1.3 Zugang zu Schule, Ausbildung und Arbeit	571
27.2	Psychosoziale Belastungen und aktuelle Versorgungsangebote	571
	27.2.1 Kinder und Jugendliche	574
	27.2.2 Erwachsene	574
	27.2.3 Herausforderungen bei der Umsetzung personenzentrierter Versorgung	576
	27.2.4 Möglichkeiten zum Handeln	577
27.3	Prioritäten setzen	579
27.4	Fazit	580

28 Psychiatrische Versorgung in der Schweiz ... 582
DAN GEORGESCU, EUGENIO ABELA & MARKUS KOSEL

28.1	Länderhintergrund	582
	28.1.1 Demografische Daten und kulturelle Wahrnehmung	582
	28.1.2 Prävalenz, Identifizierung und frühzeitige Interventionen	585
28.2	Psychosoziale Belastungen und aktuelle Versorgungsangebote	587
	28.2.1 Kinder und Heranwachsende	587
	28.2.2 Erwachsene	588
	28.2.3 Herausforderungen in der personenzentrierten Pflege	589
	28.2.4 Möglichkeiten zum Handeln	589
28.3	Prioritäten setzen	591
	28.3.1 Medizinische Ausbildung	591
	28.3.2 Klinische Postgraduiertenausbildung und interdisziplinäre Ausbildung	591
	28.3.3 Forschung und Ausbildungsmöglichkeiten in der Forschung	592
	28.3.4 Kooperationen und Partnerschaften	593
28.4	Fazit	594

29	**Rechtliche Aspekte**		596
	DAGMAR BROSEY & KNUT HOFFMANN		
29.1	Einleitung		596
29.2	Grundlegendes zum rechtlichen Handeln und Entscheiden		596
	29.2.1	Die UN-Behindertenrechtskonvention	596
	29.2.2	Die Bedeutung des Grundgesetzes	597
29.3	Rechtsrahmen einer ärztlichen Behandlung		597
	29.3.1	Ärztliche Aufklärung	597
	29.3.2	Einwilligungsfähigkeit	598
29.4	Vertretungsbedarf und Vorsorgemöglichkeiten		599
	29.4.1	Patientenverfügung	599
	29.4.2	Vorsorgevollmacht	600
29.5	Betreuungsrecht		600
	29.5.1	Das neue Betreuungsrecht 2023	601
	29.5.2	Bevor es zu einer rechtlichen Betreuung kommt	601
	29.5.3	Betreuerbestellung durch das Betreuungsgericht	602
	29.5.4	Rechte von betreuten Menschen und Pflichten der Betreuenden	602
	29.5.5	Aufsicht und Handeln bei Gefährdung der Betreuten	603
29.6	Aufgaben im Zusammenhang mit Unterbringung und freiheitsentziehenden Maßnahmen		604
	29.6.1	Entscheidungszuständigkeit der Betroffenen	604
	29.6.2	Entscheidungsberechtigte Vertretung	605
	29.6.3	Kriterien für eine Entscheidung von Betreuenden	605
	29.6.4	Die gerichtliche Genehmigung	606
	29.6.5	Verantwortung von Betreuenden	606
29.7	Zwangsbehandlung und rechtliche Betreuung		607
29.8	Hilfe und Fremdgefährdungen und die Psychisch-Kranken-(Hilfe-)Gesetze der Länder		607
29.9	Handeln im medizinischen Notfall		610
30	**Straffällige Menschen mit Störungen der Intelligenzentwicklung**		611
	DANIELA CALVANO & TATJANA VOSS		
30.1	Einleitung		611
30.2	Soziomoralische Entwicklung		613
30.3	Strafrechtliche Aspekte bei Menschen mit Störungen der Intelligenzentwicklung		615
	30.3.1	Beurteilung der Schuldfähigkeit	615
	30.3.2	Beurteilung der Legalprognose	617
30.4	Diagnostik und Therapie einzelner Störungsbilder		618
	30.4.1	Störungen der Intelligenzentwicklung und Sexualstraftaten	618
	30.4.2	Störungen der Intelligenzentwicklung und paraphile Störungen	621
	30.4.3	Störungen der Intelligenzentwicklung und herausforderndes Verhalten	624
	30.4.4	Störungen der Intelligenzentwicklung und Brandstiftung	624
	30.4.5	Fallbeispiel	626

| 31 | Die NS-Verbrechen an Menschen mit psychischen Erkrankungen oder geistiger Behinderung unter maßgeblicher ärztlicher Mitverantwortung | 628 |

MICHAEL SEIDEL

31.1	Einleitung	628
31.2	Historischer Hintergrund	629
31.3	Die Zwangssterilisationen auf der Grundlage des Gesetzes zur Verhütung erbkranken Nachwuchses von 1933	630
31.4	Die Massenmordaktionen an Menschen mit psychischen Erkrankungen oder geistiger Behinderung	632
	31.4.1 Die Kinder-»Euthanasie« in den Kinderfachabteilungen	632
	31.4.2 Die zentral gesteuerte Aktion T4	634
	31.4.3 Die dezentrale Fortsetzung der Mordaktionen	637
	31.4.4 Die Aktion 14f13	639
	31.4.5 Die Ermordung von Menschen mit psychischen Erkrankungen oder Behinderung in annektierten und besetzten Gebieten	639
31.5	Die Aktion T4 als Vorbereitung des Holocaust	641
31.6	Verbrecherische Menschenversuche an unfreiwilligen Opfern	642
31.7	Die Auseinandersetzungen in der Nachkriegszeit	644
31.8	Fazit	646

Sachverzeichnis 647

I. Grundlagen

CHRISTIAN SCHANZE & TANJA SAPPOK

1 Psychische Gesundheit bei Menschen mit Störungen der Intelligenzentwicklung

1.1 Ein Paradigmenwechsel

Mit der ICD-11 wird die Intelligenzminderung (ICD-10 F7) mit dem neuen Begriff der »Störungen der Intelligenzentwicklung« (SIE) erfasst. Die Ablösung von dieser bisherigen psychiatrischen Diagnose ist jedoch weit mehr als ein bloßer Austausch von Begriffen. Der Begriff SIE steht vielmehr stellvertretend für einen grundsätzlichen Paradigmenwechsel in der medizinischen Sicht von intellektueller Beeinträchtigung. So nimmt der Begriff vor allem die gesamte entwicklungsdynamische Ausrichtung der ICD-11 in den Fokus. Das heißt, in den neu formulierten Diagnosekriterien wird die Symptompräsentation für verschiedene Entwicklungsstufen (Kindesalter – späteres Kindes- und Jugendalter – Erwachsenenalter) unterschiedlich definiert. Damit wird dem Fakt Rechnung getragen, dass sich die intellektuelle Beeinträchtigung unter dem Einfluss des Alterns und den sich damit verändernden individuellen alltäglichen Aufgabenstellungen einerseits unterschiedlich in der Symptomatik darstellt und sich andererseits durch diese neuen Anforderungen Ressourcen entwickeln können, durch die sich für die jeweilige Person neue Möglichkeiten des Lernens und des Problemlösens erschließen.

Es wurde darüber hinaus von der multiprofessionell besetzten Arbeitsgruppe der WHO, die zur Erarbeitung des Kapitels »Störungen der Intelligenzentwicklung« von der WHO zusammengestellt wurde, deutlich gemacht, dass der Begriff der »Disorder of Intellectual Development« (DID bzw. IDD[1]) bzw. »Störung der Intelligenzentwicklung« (SIE) grundsätzlich dem medizinisch-diagnostischen Bereich vorbehalten ist. Der Begriff »Intellectual Disability« (ID) bzw. »Intellektuelle Beeinträchtigung« (IB)[2] soll hingegen das inhaltlich weiter gespannte Konzept von Behinderung umfassen (Bertelli et al. 2016). Deshalb ist in die Bezeichnung auch der ICD-typische Störungsbegriff integriert worden. Die Störungen der Intelligenzentwicklung

---

[1] DID oder IDD: Ob die zukünftige Abkürzung DID die bisherige Abkürzung IDD ersetzen wird, bleibt abzuwarten. In diesem Buch wird vorzugsweise die korrekte ICD-11-Abkürzung »SIE« bzw. im Englischen »DID« verwendet.

[2] Die Übersetzung von »Intellectual Disability« in »Intellektuelle Beeinträchtigung« ist begrifflich im deutschen Sprachgebrauch und in der Terminologie der Behindertenarbeit bislang nicht etabliert. In diesem Zusammenhang wird meist der Begriff »Geistige Behinderung« verwendet.

werden jedoch nicht bei den psychiatrischen Störungsbildern eingeordnet, sondern im Kapitel »Neuronale Entwicklungsstörung«. Damit werden die Störungen der Intelligenzentwicklung – gemeinsam mit Entwicklungsstörungen wie z. B. Autismus-Spektrum-Störungen oder Sprachentwicklungsstörungen – den Entwicklungsstörungen und nicht den psychischen Erkrankungen im engeren Sinne zugeordnet. Das Unterkapitel 6A0 »Neuronale Entwicklungsstörungen« ist den psychischen Störungen des ICD-11-Kapitels 06 »Psychische Störungen, Verhaltensstörungen oder neuronale Entwicklungsstörungen« vorangestellt und wird in der dritten Gliederungsebene durch das Kapitel 6A00 »Störungen der Intelligenzentwicklung« eingeleitet. Es führt somit in die entwicklungsdynamische Systematik und in den in der ICD-11 vollzogenen Paradigmenwechsel der diagnostischen Zuordnung ein.

Außerdem erweitert die ICD-11 das Begriffsverständnis über die Beeinträchtigungen der **intellektuellen Fähigkeiten** hinausgehend auf die **adaptiven Möglichkeiten** der jeweiligen Person. Das adaptive Verhalten umfasst Fähigkeiten und Beeinträchtigungen in folgenden Bereichen:

- konzeptuell (Argumentation, Planung, Organisation, Lesen, Schreiben, Gedächtnis, symbolische/interne Repräsentation, Kommunikationsfähigkeiten)
- sozial (zwischenmenschliche Kompetenz wie z. B. Beziehungen, soziales Urteilsvermögen, Emotionsregulation, Resilienz gegenüber Viktimisierung)
- praktische Fertigkeiten (Selbstversorgung, Erholung, Beschäftigung, Hausarbeit, Gesundheit und Sicherheit, Transport)

Die Schweregradeinteilung der Störungen der Intelligenzentwicklung basiert damit nicht mehr allein auf dem Ergebnis eines IQ-Tests, sondern wird erweitert durch die für das Alltagsleben sowie das berufliche und soziale Leben relevanten adaptiven Fähigkeiten. Dieser Schritt wurde im DSM-5 bereits in noch deutlicherer Weise vollzogen. Die WHO weist in ihrem gegenwärtig nur in Englisch vorliegenden Kriterientext einerseits auf die eventuell schwierig durchzuführende IQ-Testung von Menschen mit Störungen der Intelligenzentwicklung hin und gibt andererseits für den Fall, dass ein Test mit standardisierten Instrumenten nicht vorliegt oder nicht möglich ist, für die klinische Diagnostik verschiedene Kriterien-Tabellen an die Hand. Diese Tabellen umfassen die beobachtbaren Symptompräsentationen für die intellektuellen und adaptiven Fähigkeiten in den verschiedenen Entwicklungsstufen (Kindesalter – späteres Kindes- und Jugendalter – Erwachsenenalter).[3]

Die Diagnostik wird nicht nur, wie bisher, ätiologisch ausgerichtet, sondern erfolgt entwicklungssensibel. Aus diesem Ergebnis lassen sich entsprechend entwicklungslogisch therapeutische Maßnahmen ableiten.

MERKE

- Die Störungen der Intelligenzentwicklung (SIE) sind in der ICD-11 den psychischen Erkrankungen im Kapitel der neuronalen Entwicklungsstörungen vorangestellt.
- Die Störungen der Intelligenzentwicklung werden durch Beeinträchtigungen bzw. Ressourcen der intellektuellen und adaptiven Fähigkeiten definiert.
- Die Schweregradeinteilung ist entwicklungsbasiert entsprechend den für das jeweilige Entwicklungsalter intellektuellen bzw. adaptiven Fähigkeiten.

---

3 Für die bessere Handhabung dieser Tabellen entwickeln die Herausgeber aktuell eine Checkliste für den klinischen Alltag (Check-SIE).

1.2 Psychische Gesundheit

Menschen mit Störungen der Intelligenzentwicklung leiden sowohl unter häufigen Komorbiditäten als auch unter Multimorbidität. Wie eine große repräsentative schottische Studie von Cooper et al. (2015) zu Nutzerinnen und Nutzern psychiatrischer Serviceangebote zeigte, hatten nur 32 % der Personen mit Störungen der Intelligenzentwicklung *keine* zusätzlichen Erkrankungen, während der Prozentsatz bei neurotypischen Personen bei 52 % lag. Typisch für die Gruppe der Menschen mit Störungen der Intelligenzentwicklung war außerdem, dass sie häufiger und viel früher in ihrem Leben mehrere komorbide Erkrankungen hatten. Des Weiteren unterscheidet sich das Profil der häufigsten Erkrankungen deutlich von dem der Allgemeinbevölkerung (Cooper et al. 2015). Bei den körperlichen Krankheiten handelt es sich vor allem um Epilepsien (Prävalenz 18,8 % im Vergleich zu 0,8 %) und Obstipationen (Prävalenz 14 % im Vergleich zu 2,5 %). Aber auch andere Erkrankungen wie Sehbehinderung, Hörverlust, Ekzeme, Dyspepsie und Schilddrüsenerkrankungen waren vergleichsweise häufiger festzustellen (Cooper et al. 2015).

Menschen mit Störungen der Intelligenzentwicklung waren mit einer Prävalenz von 15,8 % (im Vergleich zu 10,1 %) signifikant häufiger psychisch krank (Cooper et al. 2015). In dieser Studie wurden nur die klassischen psychischen Störungsbilder berücksichtigt (Psychosen aus dem schizophrenen Formenkreis, affektive Störungen, Angststörungen bzw. neurotische, Belastungs- und somatoforme Störungen, Suchtkrankheiten, Demenzen, Essstörungen und Suchterkrankungen).

Eine Metaanalyse von Mazza et al. (2020) zu psychischen bzw. schweren Verhaltensstörungen bei Menschen mit Störungen der Intelligenzentwicklung zeigte eine gepoolte Prävalenz von 33,6 %; die Autorinnen und Autoren weisen dabei auf die hohe Heterogenität der Ergebnisse hin. Munir (2016) gibt bei den bisherigen Angaben zur Prävalenz psychischer Störungen zu bedenken, dass bislang keine größeren Studien auf der Basis der aktuellen Diagnosesysteme wie dem DSM-5 und der ICD-11 (vorläufiger Entwurf) vorliegen. Erschwerend kommt hinzu, dass sich die in den aktuellen Diagnosemanualen phänomenologisch definierten psychischen Erkrankungen bei Menschen mit Störungen der Intelligenzentwicklung oft nur schwer von entwicklungs- oder umfeldbedingten Verhaltensstörungen abgrenzen lassen (Hermann et al. 2022).

Da in den beiden neuen Klassifikationssystemen mehr Störungsbilder aufgenommen wurden, die typischerweise bei Menschen mit Störungen der Intelligenzentwicklung auftreten, könnte dies bei zukünftigen Prävalenzstudien zu erhöhten Prozentsätzen psychischer Störungen bei dieser Personengruppe führen. So können jetzt z. B. stereotype Verhaltensweisen in unterschiedlichen Schweregraden (siehe Kap. 8 Stereotype Bewegungsstörung mit/ohne Selbstverletzung; Primäre Tics oder Ticstörungen) oder auch Essstörungen (siehe Kap. 16 Fütter- und Essstörungen) systematisch abgebildet werden.

In der ICD-11 wird darauf hingewiesen, dass psychische Störungen bei Menschen mit Störungen der Intelligenzentwicklung mindestens genauso oft, wenn nicht sogar häufiger auftreten können. Die früher in der ICD-10 getroffene Aussage eines um den Faktor 3 bis 4 gesteigerten Auftretens wird fallen gelassen. Dies ist begrüßenswert, da sich die Prävalenzen der verschiedenen psychischen Störungen bei Menschen mit im Vergleich zu Menschen ohne eine Störung der Intelligenzentwicklung unterscheiden können, aber diese Differenz nicht mit einem generellen Häufigkeitsfaktor beschrieben werden kann.

Die Tendenz zum häufigeren Auftreten

psychischer Störungen kann gut mit dem **Vulnerabilitätskonzept** (Erweiterung des Diathese-Stress-Modells von Sternbach [1966]) erklärt werden. Aus Abbildung 1-1 wird diesbezüglich das komplexe »Ineinander-Wirken« von biologisch-genetischen, psychosozialen und entwicklungsbezogenen Aspekten ersichtlich. Die sich daraus entwickelnde psychische Verletzbarkeit (prämorbide Vulnerabilität) findet im Zusammenspiel dieser Faktoren nicht nur ihre Erklärung, sondern sie weist umgekehrt auch den Weg für eine diagnostischen Zuordnung:

- auffälliges Verhalten bzw. Verhaltensstörung bei einem niedrigen emotionalen Entwicklungsstand
- psychische Störungen in Abhängigkeit vom jeweiligen Entwicklungsstand bzw. dem entsprechenden emotionalen Referenzalter

Einige psychische Störungen setzen ein bestimmtes Maß an Differenziertheit der Persönlichkeitsentwicklung voraus (z. B. Emotionserkennung, Empathiefähigkeit, Theory of Mind bei sozialer Phobie oder Persönlichkeitsstörungen), während andere Krankheitsbilder bei früherem Entwicklungsalter häufiger vorkommen (z. B. Fütterstörungen, Autismus-Spektrum-Störungen oder stereotype Bewegungsstörungen). Wieder andere psychische Erkrankungen sind unabhängig vom Entwicklungsalter über die gesamte Lebensspanne beobachtbar, beispielsweise affektive Störungen oder Posttraumatische Belastungsstörungen.

Neben den Abgrenzungsschwierigkeiten zu Verhaltensstörungen können sich bei Menschen mit Störungen der Intelligenzentwicklung psychische Störungsbilder andersartig zeigen als in den definierenden Kriterien von ICD-11 oder DSM-5. Insbesondere bei Personen ohne Verbalsprache fehlen sämtliche Informationen zum eigenen Erleben bzw. zur Gedankenwelt, wie sie z. B. für die Beschreibung von Halluzinationen

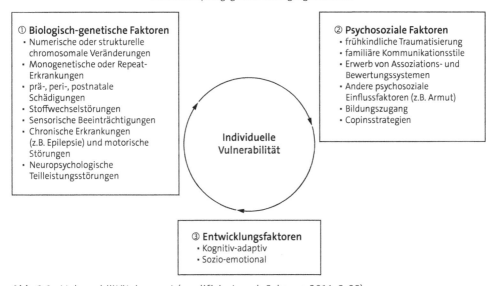

Abb. 1-1: Vulnerabilitätskonzept (modifiziert nach Schanze 2014, S. 28)

oder Ich-Störungen erforderlich sind. In diesen Fällen müssen Verhaltensweisen als Äquivalente (**Verhaltensäquivalente**) typischer störungsspezifischer Symptome als diagnostische Zusatzkriterien herangezogen werden. So kann sich beispielsweise halluzinatorisches Erleben in Verhaltensäquivalenten wie Anstarren bestimmter Punkte im Raum, plötzliches, unmotiviert erscheinendes Schreien, Ohrenzuhalten und gleichzeitig seltsame Geräusche von sich geben, laute Selbstgespräche, Lautieren und Gestikulieren mit Personen, die nicht anwesend sind, oder plötzliche Affektwechsel ohne ersichtlichen äußeren Anlass zeigen (siehe Kap. 9 Schizophrenie). Die Verhaltensäquivalente sind jedoch nicht als verbindliche Entsprechung zu der in der ICD oder im DSM diagnostisch geforderten Symptomatik zu werten, sondern stellen lediglich Annäherungen dar, die bei Menschen mit stark eingeschränkten kommunikativen Fähigkeiten helfen sollen, eine diagnostische Zuordnung treffen zu können.

Schließt man zukünftig anhand der ICD-11 die **neuronalen Entwicklungsstörungen** in Prävalenzstudien zur Häufigkeit prämorbider psychischer Störungen mit ein, so wird allein die Hinzunahme der Diagnose Autismus-Spektrum-Störung, die in Abhängigkeit vom Setting mit Prävalenzen von 20 bis 30 % angegeben wird (Böhm et al. 2019; Bryson et al. 2008; Tonnsen et al. 2016), für einen deutlichen Anstieg der Prävalenzzahlen führen. Dieser Aspekt sollte in zukünftigen Studien berücksichtigt werden. In Prävalenzstudien zur psychischen Gesundheit sind psychische Erkrankungen im engeren Sinne von den im Kapitel der neuronalen Entwicklungsstörungen aufgeführten Störungsbildern und entwicklungs- oder umfeldbedingten Verhaltensstörungen abzugrenzen.

Erweitert man den Blick auf das Gesamtfeld psychischer Auffälligkeiten, steigt die Prävalenz bei Menschen mit Störungen der Intelligenzentwicklung erheblich an (siehe Abb. 1-2). Diese große Häufigkeit wird vor allem durch die Hinzunahme der Gruppe der **Verhaltensstörungen** verursacht.

Das Royal College of Psychiatrists (2015) definiert Verhalten als herausfordernd, wenn es von einer solchen Intensität, Häufigkeit oder Dauer ist, dass die Lebensqualität bzw. die körperliche Sicherheit der Person oder Anderer gefährdet und restriktive oder aversive Reaktionen bzw. Isolation wahrscheinlich sind. Während in der ICD-10 die Verhaltensstörung als Teil der F-Diagnose verschlüsselt wurde (F7x.1: auffällige Verhaltensweisen, die »Beobachtung oder Behandlung erfordern«), können sie in der ICD-11 im Kapitel 21 unter »Symptome oder klinische Befunde, anderenorts nicht klassifiziert« codiert werden. Darunter versteht man unterschiedliche Verhaltensweisen, die klinisch relevant werden können, aber nicht auf eine psychische Erkrankung im engeren Sinne zurückzuführen sind. Diese klinisch relevanten Symptome können sowohl bei Menschen mit wie auch ohne Störungen der Intelligenzentwicklung auftreten und sind somit losgelöst von der kognitiven Beeinträchtigung.

Die Studien der letzten beiden Jahrzehnte zur Häufigkeit von Verhaltensstörungen variieren stark. Größtenteils sind diese erheblichen Unterschiede auf das Fehlen eines einheitlichen Konzeptes von »Verhaltensstörungen«, auf methodologisch uneinheitliche Operationalisierung des diagnostischen Begriffs und unterschiedliche Settings (bevölkerungsbasiert vs. klinischer Kontext) zurückzuführen. Werden in Studien Verhaltensstörungen auf aggressives Verhalten beschränkt und nur dann berücksichtigt, wenn sie schwerwiegend sind (deutliche Verletzungen anderer oder der eigenen Person), dann liegen die Prävalenzzahlen bei ca. 10 % (Crocker et al. 2006: 4,9 %; Holden & Gitlesen 2006: 3,9 %). Neuere bevölkerungsbezogene

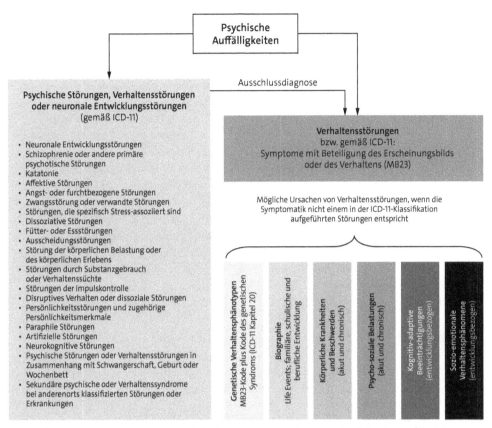

Abb. 1-2: Psychische Auffälligkeiten bei Menschen mit Störungen der Intelligenzentwicklung (SIE)

Stichproben (Bowring et al. 2017; Lundqvist 2013), bei denen psychometrisch evaluierte Instrumente zur Messung und Klassifizierung von Verhaltensstörungen verwendet wurden, zeigen Prävalenzraten von ca. 20–25 % bei Erwachsenen, die psychiatrische bzw. medizinische Serviceleistungen in Anspruch nehmen (Bowring et al. 2017; Cooper et al. 2009). In diesen Studien ist auch schwerwiegendes stereotypes Verhalten als »Challenging Behaviour« integriert worden.

Psychische und Verhaltensstörungen treten bei Menschen mit Störungen der Intelligenzentwicklung also mindestens ebenso häufig wie in der Allgemeinbevölkerung auf. Die WHO schreibt deshalb in der ICD-11 vor, dass diese psychischen Störungen als weitere Diagnosen zu verschlüsseln sind (WHO 2023). Eine Zuordnung zu den sekundären psychischen Störungen wird damit weitgehend ausgeschlossen. Im Kapitel »Sekundäre Störungen, Verhaltensstörungen oder Störungen der neuronalen Entwicklung« weist die WHO dezidiert darauf hin, dass die psychischen Störungen bzw. Verhaltensstörungen für ihre diagnostische Zuordnung zu den »sekundären Störungen« in einem unmittelbaren pathophysiologischen Zusammenhang (zeitlich-anamnestisch, physiologisch und laborchemisch) stehen müssen (WHO 2023). Außer bei bestimmten genetischen Syndromen (Verhaltensphänotypen) und erworbenen Hirnschädigungen im Entwicklungsalter mit unmittelbar danach auftretenden psychischen Störungen ist dies meist nicht der Fall. Psychische Störungen sind diagnostisch also als »primäre« psychische Störung, unabhängig von der eventuell ätiologisch anzunehmenden intellektuellen Beeinträchtigung der Menschen mit Störungen der Intelligenzentwicklung, zu stellen.

BEGRIFFLICHE ERLÄUTERUNGEN
Gemäß der Verwendung des »Störungsbegriffs« in den Klassifikationssystemen ICD-11 und DSM-5 wird in diesem Buch der Begriff der **»Verhaltensstörung«** als Entsprechung zum englischsprachigen Begriff »Challenging Behaviour« verwendet. Er bleibt der diagnostischen Erfassung von klinisch relevanten Verhaltensweisen vorbehalten (siehe Definition des Royal College of Psychiatrists [2015]). Die gegebenenfalls umfeldbedingte Ursache wird durch eine individuelle diagnostische Zuordnung nicht ausgeschlossen.

Challenging Behaviour wird inzwischen im deutschen Sprachgebrauch häufig mit »Herausforderndes Verhalten« übersetzt. Hierbei muss jedoch berücksichtigt werden, dass im Englischen »challenge« ein positiv geprägter Begriff ist und vor allem als berufliche oder sportliche Aufgabenstellung, die eine besondere persönliche Anstrengung und Kompetenz erfordert, gesehen wird. Im deutschen Sprachgebrauch wird die wörtliche Übersetzung »Herausforderung« jedoch häufig mit den Begriffen »Kampf« und »Provokation« konnotiert. Diese negative Zuschreibung ist mit der ursprünglichen Bedeutung von »Challenging Behaviour« jedoch nicht gemeint (siehe hierzu Colins Dictionary und Duden[4]).

1.3 Das bio-psycho-soziale Krankheitsmodell

Ist nun das Verhalten eines Menschen mit Störungen der Intelligenzentwicklung akut verändert und lassen sich in der Exploration (Anamnese und Fremdanamnese) keine klaren Ursachen finden, so ist die Diagnostik anhand einer bio-psycho-sozialen Analyse des Verhaltens durchzuführen.

Die Verhaltensanalyse erfolgt auf der Basis **biografischer Informationen** und muss neben den aktuellen Lebensbedingungen auch besondere Lebensereignisse (*Life Events*) und eventuelle Traumatisierungen erfassen. Dies umso mehr, da Menschen mit Störungen der Intelligenzentwicklung ein hohes Risiko haben, körperliche, emotionale oder sexualisierte Gewalt erleben zu müssen (siehe Kap. 14 Spezifisch Stress-assoziierte Störungen).

Viele Menschen mit Störungen der Intelligenzentwicklung haben schwere Traumatisierungen in ihrem Leben erfahren. Deshalb ist immer auch an das Vorliegen einer Trauma- und Belastungsstörung zu denken. Denn es gilt in der Medizin die Regel: Häufige Krankheiten sind häufig, seltene sind selten! Diesem Umstand wird in der aktuellen Überarbeitung der AWMF-Leitlinien für Posttraumatische Belastungsstörungen durch ein eigenes Kapitel für diesen Personenkreis Rechnung getragen.

Im nächsten Schritt wird das Entwicklungsprofil in den **kognitiv-adaptiven Fähigkeiten** und dem **emotionalen Referenzalter** ermittelt (siehe Kap. 2.2 Leistungsdiagnostik und Kap. 2.3 Entwicklungsdiagnostik).

---

4 Colins Dictionary: www.collinsdictionary.com. Zugriff 15.01.2024.
Duden: www.duden.de. Zugriff 15.01.2024.

Auf dieser Basis erfolgt nun eine dreischrittige Diagnostik:
1. Gibt es Hinweise auf das Bestehen von **körperlichen Beschwerden oder einer körperlichen Erkrankung**?
   Je ausgeprägter die kommunikativen Beeinträchtigungen eines Menschen sind und er infolgedessen seinen Schmerz und sein Leid bezüglich seiner körperlichen Beschwerden nur durch verändertes Verhalten zum Ausdruck bringen kann, desto mehr muss dieser Aspekt berücksichtigt werden (siehe hierzu Kap. 24 Schmerzen bei Menschen mit neuronalen Entwicklungsstörungen).
2. Gibt es Hinweise auf das Bestehen aktueller **psycho-sozialer Belastungen**?
   Hierzu müssen Informationen aus den Lebensbereichen »Wohnen« (Familie, Wohneinrichtung) und »Beschäftigung/Arbeit« (Tagesstruktur, WfbM, anderer Arbeitsplatz) eingeholt werden. Es ist darauf zu achten, dass bei Menschen mit Störungen der Intelligenzentwicklung und gegebenenfalls zusätzlicher Autismus-Spektrum-Störung auch kleinere Belastungen zu erheblichen Irritationen und entsprechenden Verhaltensstörungen führen können, nach dem Prinzip: kleine Ursache – große Wirkung.
3. Gibt es Hinweise auf das Bestehen einer **psychischen Störung**?
   Sind die Punkte 1. und 2. systematisch ausgeschlossen worden, erfolgt eine genauere psychiatrische Diagnostik. Diese hat die intraindividuelle, entwicklungsbezogene Normalität als Referenzpunkt (siehe Abschn. 1.4).

Auf das weite Spektrum an erforderlichen diagnostischen Maßnahmen inklusive eines spezialisierten Assessments von psychischen Störungsbildern oder Verhaltensstörungen und der Erstellung eines individuellen Entwicklungsprofils wird in Kapitel 2 »Grundlagen der Diagnostik« und in Kapitel 18 »Verhaltensstörungen« ausführlich eingegangen.

1.4 Entwicklungssensible Diagnostik – Entwicklungslogische Therapie

In der **Diagnostik** ist gemäß der WHO (2023, ICD-11) neben soziokulturellen Aspekten auch der individuelle Entwicklungsstand der Person zu berücksichtigen. In diesem Zusammenhang wird die große Bedeutung der Fremdanamnese für die Diagnosestellung bei Menschen mit Störungen der Intelligenzentwicklung betont.

Sappok (2019) wies darauf hin, dass in einer entwicklungssensiblen Diagnostik bei Menschen mit Störungen der Intelligenzentwicklung die störungsspezifischen Kriterien der Diagnosesysteme (z. B. ICD-11, DSM-5) an dieser **intraindividuellen Normalität** (kognitiv-adaptiver und sozio-emotionaler Entwicklungsstand) bemessen werden müssen. Die diagnostische Einordnung von psychischen Symptomen ist nur unter Berücksichtigung des individuellen kognitiv-adaptiven und sozio-emotionalen Entwicklungsprofils möglich (Hermann et al. 2022; siehe auch Abb. 1-1). Die Diagnostik bei Menschen mit Störungen der Intelligenzentwicklung muss also entwicklungssensibel sein, da ansonsten keine sinnvolle Einschätzung von »Normalität« und »Störung« möglich ist.

In der **Therapie** von psychischen und Verhaltensstörungen bei Menschen mit Störungen der Intelligenzentwicklung sind je nach Diagnose Maßnahmen zu ergreifen, die dem emotionalen Entwicklungsstand und der kognitiv-adaptiven Leistungsfähigkeit der Person angemessen sind. Die Therapie erfolgt insofern entwicklungslogisch.

Im Weiteren orientiert sich die Therapie an offiziellen Leitlinien, wie z. B. den evidenzbasierten Guidelines 54 (NICE 2016) und 11 (NICE 2015), den S2-Leitlinien (AWMF 2021), den Canadian Consensus Guidelines (Sullivan et al. 2011) oder den Praxisleitlinien der Sektion »Psychiatry of Intellectual Disability« der World Psychiatric Association (WPA; Gardner et al. 2006).

Sprachlich und inhaltlich sind die in den Leitlinien enthaltenen störungsspezifischen Behandlungsansätze an die kognitiven und emotionalen Fähigkeiten der jeweiligen Person anzupassen. Hierfür sind allgemeine didaktische Erkenntnisse aus der Arbeit mit Menschen mit Störungen der Intelligenzentwicklung nutzbar zu machen:
- Leichte Sprache, Integration von Unterstützter Kommunikation (UK)
- kurze Zeiteinheiten
- Ritualisierung von therapeutischen Abläufen
- häufige Wiederholungen
- multisensorisches Lernen, Verankerung von Lerninhalten durch mulitsensorisches Erleben

Neben den leitliniengetreuen Maßnahmen sind spezielle (Therapie-)Verfahren, z. B. *Treatment and Education of Autistic and Related Communication Handicapped Children (TEACCH), Picture Exchange Communication System (PECS)*, Basale Stimulation oder Unterstützte Kommunikation (UK), in den therapeutischen Gesamtplan zu integrieren. Ihre Vermittlung muss an die entwicklungsbezogenen Möglichkeiten der jeweiligen Person angepasst werden.

Bei der Wahl der geeigneten therapeutischen Maßnahmen ist besonders auf den Entwicklungsstand der Theory of Mind (ToM), also auf die Fähigkeit zum Perspektivwechsel, zu achten. Bei Personen mit einem emotionalen Referenzalter von null bis drei Jahren ist diese Fähigkeit nicht entwickelt und so nehmen die Arbeit mit den Bezugspersonen (z. B. externe Affektregulation durch Deeskalationstrainings und Krisenmanagement) und heilpädagogisches Arbeiten einen zentralen Raum ein. Bei Personen mit einem emotionalen Referenzalter über vier Jahren können jedoch didaktisch modifizierte Varianten standardisierter Psychotherapiemanuale für das jeweilige Störungsbild angewandt werden.

Aus der **entwicklungssensiblen Diagnostik** erfolgen also die **entwicklungslogischen therapeutischen Maßnahmen**. Unabhängig vom emotionalen Referenzalter sind die Einbeziehung von Bezugspersonen und systemisches Arbeiten für alle Personen mit einer Störung der Intelligenzentwicklung und Gesundheitsproblemen relevant.

1.5 Fazit

- Psychisch auffälliges Verhalten ist bei Menschen mit Störungen der Intelligenzentwicklung häufig.
- Es ist dabei diagnostisch zwischen psychischen Störungen (neuronale Entwicklungsstörungen, psychiatrische Stö-

rungsbilder) und Verhaltensstörungen (z.B. auffälliges Verhalten bei somatischen Erkrankungen oder psychosozialen Belastungen) zu unterscheiden.
- Bei eingeschränkter oder fehlender Kommunikationsfähigkeit können besondere Verhaltensweisen (Verhaltensäquivalente) Hinweise auf das Bestehen einer diagnoserelevanten Psychopathologie sein.
- Auf der Basis von Biografie, kognitiv-adaptiven Fähigkeiten und emotionalem Entwicklungsstand erfolgt eine dreischrittige bio-psycho-soziale Diagnostik.
- Die Diagnostik muss entwicklungssensibel und die Therapie entwicklungslogisch sein.
- Die richtige Diagnose weist den Weg zur richtigen Therapie.

TANJA SAPPOK, MARCUS VOGEL, MARIE ILIC & MARTIN ZENKER

2 Grundlagen der Diagnostik

2.1 Allgemeines

Die Diagnostik körperlicher und psychischer Erkrankungen gelingt bei Personen mit einer Störung der Intelligenzentwicklung nur in einer guten Kooperation mit den Betroffenen, den Angehörigen und den Betreuenden. Auffälliges Verhalten kann z. B. als Teil der Beeinträchtigung fehlinterpretiert werden (*diagnostic overshadowing*; Reiss & Szyszko 1983). Die Symptome und Krankheitsverläufe können sich atypisch manifestieren und die Abklärung und Behandlung erschweren. Generell wächst die diagnostische Herausforderung mit dem Schweregrad der Beeinträchtigung. Durch die beeinträchtigte Kommunikation kann es zum *under reporting* kommen, dass also diagnostisch relevante Informationen nicht berichtet werden. Eingeschränkte soziale Fähigkeiten führen gegebenenfalls zu ungewöhnlichen Symptompräsentationen (*psychosocial masking*; Sovner 1986). Schwierigkeiten in der Integration der Wahrnehmungen führen zur *cognitive disintegration* (Sturmey 1999), einströmende Reize können nicht mehr in einen sinnvollen Zusammenhang gebracht werden, ein Zerfall kognitiver Prozesse kann als bizarre oder psychosenahe Verhaltensweise imponieren und birgt ein Fehlbeurteilungspotenzial der zu Untersuchenden.

Unter *developmental inappropriation* versteht man das Nicht-Übereinstimmen von erwartetem und tatsächlichem individuellem Entwicklungsstand, bezogen auf das chronologische Alter der Patienten (Cooper et al. 2009). Vorbestehende Verhaltensweisen, z. B. Stereotypien, können im Kontext einer psychischen Störung an Schwere zunehmen (*baseline exaggeration*; Sovner 1986).

Gute soziale und kommunikative Fertigkeiten können größere Einschränkungen in anderen Bereichen maskieren (*cloak of competence*; Edgerton 1967), eine soziale Anpassungs- und Akzeptanzproblematik spielt eine Rolle. Die persönliche Befragung im Rahmen der Anamneseerhebung ist gegebenenfalls eingeschränkt aussagekräftig, insbesondere dann, wenn die Tendenz zur Akquieszenz (Zustimmungsneigung unabhängig vom Inhalt) oder zur sozialen Erwünschtheit besteht. Änderungen im Alltag oder traumatisierende Erfahrungen können u. U. psychische Erkrankungen oder Verhaltensauffälligkeiten triggern. Zusätzliche körperliche Erkrankungen wie z. B. Bewegungsstörungen, sensorische Beeinträchtigungen oder Epilepsie erschweren die diagnostische Einordnung weiter. Klinisch Tätige sind auf zusätzliche Informationen aus dem Lebensumfeld der Personen angewiesen, die – aus welchen Gründen auch immer – qualitativ unterschiedlich reliabel sein können. Die medizinische Diagnostik ist somit komplex und muss teilweise anders gestaltet werden (Sappok et al. 2019b; Schmidt 2007; Schützwohl & Sappok 2020). Darüber hinaus sind barrierefreie Zugänge zum Gesundheitswesen, insbesondere Praxen und

Kliniken notwendig (Dern & Sappok 2016). Diesen besonderen Bedarfen und einem ressourcenorientierten Fallmanagement wird im gegenwärtigen Gesundheitssystem nur unzureichend Rechnung getragen (Sappok & Steinhart 2021). Nur die gelungene Zusammenarbeit aller beteiligten Akteure kann die Gesundheitsversorgung dieses Personenkreises sicherstellen.

2.2 Leistungsdiagnostik

Auch bei der Leistungsdiagnostik ist eine interdisziplinäre Zusammenarbeit und Integration verschiedener Informationsquellen erforderlich, um zu einem realistischen Bild über die Leistungsfähigkeit der betreffenden Person zu kommen (Irblich & Stahl 2005). Anlass für eine Leistungsdiagnostik können sozialmedizinische Fragestellungen sein (Frage nach Kostenträgerschaft z. B. beim Übergang vom Jugend- in den Erwachsenenbereich), Fragen nach angemessener Förderung oder Platzierung, Fragestellungen im Rahmen von weitergehender psychiatrischer Diagnostik (z. B. Fetale Alkoholspektrumstörung [FASD], ätiologisch unklare herausfordernde Verhaltensweisen). Leistungsdiagnostik ist dabei kein Selbstzweck, sondern trägt zur Verbesserung der Lebensqualität der Betroffenen bei (Zentel 2022).

Klassische psychologische Leistungstests können dabei eine sinnvolle Ergänzung zu Fremdbefragungen, Verhaltensbeobachtungen und klinischem Eindruck sein. Dabei gilt es zu beachten, dass das in solchen Tests gezeigte Verhalten nur eine (kurze) Verhaltensstichprobe darstellt (Urbina 2014) und insbesondere Leistungstests stark durch Motivation, Beziehungsgestaltung und psychische Gesundheit beeinflusst werden.

2.2.1 Hinweise zur Gestaltung einer Testsituation

Leistungstests können schlecht nach oben verfälscht werden (abgesehen von Übungseffekten), fehlende Leistungsfähigkeit kann jedoch schnell dazu führen, dass das Leistungspotenzial unterschätzt wird. Dies kann z. B. aufgrund einer psychischen Erkrankung der Fall sein (z. B. psychomotorische Verlangsamung bei einer Depression, Denkstörungen im Rahmen einer psychotischen Erkrankung), aufgrund von zentralnervös wirkender Medikation, einer Epilepsie-Erkrankung oder schlichtweg aufgrund fehlender Motivation. Neben der Kenntnis über die psychische, medizinische und medikamentöse Situation der Testperson ist es wichtig, eine motivierende Testsituation herzustellen. Dies kann in der Regel gefördert werden, indem die Fragestellung (z. B. »Wir wollen herausfinden, was Sie besonders gut können, ob Sie besonders gut in X oder Y sind«) und auch der Zweck der Untersuchung (z. B. »Du bist bald mit der Schule fertig und jetzt überlegen alle, was danach für eine Arbeit/Wohngruppe für dich die richtige sein könnte. Dabei kann der Test uns helfen.«) ehrlich und für die Person verständlich erklärt werden und einen Bezug zu ihren Lebenszielen hergestellt wird. Auf die Nennung abstrakter Konzepte wie z. B.

»Intelligenz« oder »Aufmerksamkeit« kann in der Regel zugunsten einer konkreteren Erklärung verzichtet werden. Darüber hinaus sollten nach Möglichkeit Tests gewählt werden, die auch für untere Leistungsfähigkeiten geeignet sind und eines der folgenden Kriterien erfüllen:

- Sie sind sowohl für Kinder als auch für Erwachsene normiert, wie z. B. der *d2-R Aufmerksamkeits- und Konzentrationstest* (ab 9 Jahre; Brickenkamp et al. 2010) oder der *Verbale Lern- und Merkfähigkeitstest VLMT* (Helmstaedter et al. 2001).
- Sie sind für Menschen mit Einschränkungen konzipiert, wie z. B. der *Test zur Handlungsorganisation und Tagesplanung HOTAP* (Menzel-Begemann 2009) oder die *Werdenfelser Testbatterie* (Peterander et al. 2009).
- Sie verfügen über klare Abbruchkriterien wie z. B. die *Wechsler Adult Intelligence Scale WAIS-IV* (Petermann 2012).

Es ist sowohl ethisch als auch für den Erhalt der Testmotivation (und somit der Aussagekraft der Ergebnisse) wichtig, dass die Testteilnehmenden nicht mit einer Vielzahl von für sie unlösbaren Aufgaben konfrontiert sind. Im Rahmen der Aufklärung über den Test sollte bereits darauf hingewiesen werden, dass der Test so konzipiert ist, dass niemand alle Aufgaben lösen kann und dass dies keine schlechte Testleistung bedeutet. Auch kann es hierzu hilfreich sein, darauf hinzuweisen, dass der Testleiter/die Testleiterin über ein Lösungsbuch verfügt, dies erklärt auch gleich den typischen Aufbau mit einem Sichtschutz zwischen Testperson und Testleitung. Es sollten bei längeren Testbatterien Pausen angekündigt und eingehalten werden, diese können auch zum weiteren motivierenden Beziehungsaufbau genutzt werden.

Die meisten Manuale erlauben keine Rückmeldung zu den gezeigten Testleistungen (eine Ausnahme ist der *Snijders-Oomen Non-verbaler Intelligenztest SON-R*; Tellegen et al. 2012), jedoch ist eine Rückmeldung zur Anstrengungsbereitschaft meist sinnvoll und möglich (»Prima, ich sehe, Sie geben sich richtig Mühe«). Aus fachlicher Sicht sollten vorrangig Tests zum Einsatz kommen, die in einer 1:1-Kontaktsituation durchgeführt werden. So lässt sich neben dem Testergebnis auch die Motivation beurteilen sowie die Beharrlichkeit, mit der z. B. eine schwierigere Aufgabenstellung probiert wird. Zudem erlaubt dies auch eine inhaltliche Analyse der gezeigten Antworten, was wiederum Aufschluss über die Komplexität von Denkprozessen geben kann und für die Rückmeldung an das Bezugssystem hilfreich sein kann.

Da viele Menschen mit Störungen der Intelligenzentwicklung PCs (noch) nicht als selbstverständlich in ihr Leben integriert haben und regelmäßig nutzen, kann die Nutzung von PC-gestützten Testungen erschwert sein. Hier können Touchscreens und der Einsatz von Tablets die Testbedingungen vereinfachen. Je nach Komorbidität und Beschulungsgeschichte ist bei der Testauswahl darüber hinaus darauf zu achten, dass die Testleistungen nicht von (fein-)motorischen Fähigkeiten, visuellen Fähigkeiten oder Fertigkeiten in den erlernten Kulturtechniken abhängen.

2.2.2 Erfassung der intellektuellen Leistungsfähigkeit

Die intellektuelle Leistungsfähigkeit wird in der Regel mittels Intelligenztest erfasst, wobei verschiedene konzeptuelle Vorstellungen und Testverfahren zur Intelligenz bestehen (z. B. Mackintosh 2011). Von praktischer Relevanz ist dabei vor allem die Unterscheidung von fluider Intelligenz (Problemlösefertigkeiten, konzeptuell weitgehend unabhängig von Bildung) und kristalliner Intelligenz (erworbenes Wissen und Fähigkeiten).

Testbatterien. Das wohl bekannteste klinische Testverfahren ist der *Wechsler-Intelligenztest*, gegenwärtig verfügbar in der 4. Auflage für Erwachsene (*WAIS-IV*; siehe Petermann 2012). Neben einem IQ-Wert für die Gesamtintelligenz ermöglicht er die Auswertung von Indizes für Sprachverständnis, wahrnehmungsgebundenes logisches Denken, Arbeitsgedächtnis und Verarbeitungsgeschwindigkeit. Für den Einsatz mit Menschen mit (vermuteter) Störung der Intelligenzentwicklung hat er den Vorteil, dass er eines der wenigen Verfahren ist, die auch im unteren Bereich (ab 16 Jahren von Perzentil < 0,1/IQ < 40 bis Perzentil > 99,9/IQ > 160) genormt sind, zumindest für den Gesamt-IQ. Somit ermöglicht das Verfahren auch nach den statistischen Kriterien der ICD-11 die testdiagnostische Differenzierung zwischen leichtgradiger und mittelgradiger Störung der Intelligenzentwicklung. Darüber hinaus handelt es sich um eine umfassende Testbatterie; die einzelnen Untertests geben einen Einblick in eine Vielzahl verschiedener kognitiver Prozesse (z.B. räumlich-konstruktive Fähigkeiten im Mosaik-Test, Arbeitsgedächtnis im Zahlennachsprechen, sprachliche Fähigkeiten im Wortschatztest, Aufmerksamkeit im optional durchführbaren Durchstreichtest, Rechenfertigkeiten beim Rechen-Untertest).

Für Kinder und junge Erwachsene können alternativ die *Kaufman Assessment Battery for Children* (*KABC-II*; Kaufman & Kaufman 2015) oder die entsprechenden *Kinder-Tests der Wechsler-Familie* (*WISC-V*, *WPPSI-IV*; Wechsler 2017, 2018) genutzt werden.

Ein vergleichsweise neues Verfahren ist die *Reynolds Intellectual Assessment Scales and Screening* (*RIAS*; Hagmann-von Arx & Grob 2014), die zwischen verbaler und nonverbaler Intelligenz unterscheidet und ergänzend zwei Gedächtnistests enthält (Normen ab 3 Jahren von PR < 0,1/IQ < 40 bis PR < 99,9/IQ > 160, zusätzlich Altersäquivalente bis 14;11 Jahre). Das Verfahren wurde mit dem Ziel entwickelt, eine ökonomische Diagnostik (ca. 25 Minuten Dauer) der Intelligenzleistung zu entwickeln, ohne Informationen über andere spezifische Fähigkeiten zu liefern bzw. davon beeinflusst zu sein. Dies kann insbesondere für solche Testpersonen interessant sein, für die die ca. 60- bis 90-minütige Testung mit einer Testbatterie zu belastend wäre oder die Probleme mit der motorischen Koordination/visuomotorischen Geschwindigkeit haben.

Alternativen zu Testbatterien. Ist wegen der individuellen Situation (z.B. Gehörlosigkeit, Fremdsprachigkeit, unzureichende Beschulung) eine solche Testbatterie nicht möglich, empfehlen die aktuellen Leitlinien zum Thema Intelligenzminderung (Caby et al. 2021) den Einsatz anderer Testverfahren.

Hier können insbesondere sprachfreie Tests wie der *SON-R 6-40* zum Einsatz kommen. Der SON-R 6-40 erfasst ein weites Spektrum an kognitiven Leistungen und ist ab dem chronologischen Alter von sechs Jahren einsetzbar. Neben dem IQ-Wert (Normen ab 6 bis 40 Jahre von PR = 1/IQ = 55 bis PR = 99/IQ = 145) ermöglicht er auch die Auswertung eines Referenzalters, das heißt eine Aussage dazu, in welchem Alter durchschnittlich entwickelte Menschen die gleichen kognitiven Leistungen zeigen. Dies kann insbesondere für die anschauliche Vermittlung der Ergebnisse an ein Bezugssystem sehr hilfreich sein. Im unteren Leistungsbereich könnte alternativ der Nonverbale Intelligenztest *SON-R 2-8* (Tellegen et al. 2018) eingesetzt werden, der für Kinder im Alter von 2;0 bis 7;11 Jahren normiert ist und entsprechend einfachere Aufgaben enthält, die auch für Menschen mit einer schwergradigen Störung der Intelligenzentwicklung geeignet sind.

Die *Grundintelligenztest Skala 2 – Revision* (*CFT-20-R*; Weiß 2019) hat ebenfalls den Anspruch, möglichst kultur- und bildungsunabhängig die fluide Intelligenz zu erfassen (IQ-Werte je nach Altersgruppe von ca. 44–172, Angaben von Prozenträngen sind nur für ganze Perzentile verfügbar). Der CFT-20-R bietet in einer PC-gestützten Version neben einer in Leichter Sprache formulierten Instruktion auch die Möglichkeit, die Ergebnisse mit einer bzgl. Repräsentativität nicht näher spezifizierten Gruppe von »Menschen mit geistiger Behinderung« zu vergleichen. Die Qualität dieses Vergleichs ist dabei schwer zu beurteilen, die Median-Testleistung in der Gruppe der »Menschen mit geistiger Behinderung« entspricht schon einem IQ von über 70. Im praktischen Einsatz ist weiterhin zu bedenken, dass die Items nicht speziell angepasst wurden und bei zunehmend schwierigeren Items kein Abbruchkriterium festgelegt wurde.

Ebenfalls eher als orientierendes Screening-Verfahren anzusehen sind die *Raven's Progressive Matrices 2* (NCS Pearson, 2019), ab einem Alter von 4;0 Jahren (Normen ab IQ = 40/PR = < 0,1 bis 160/PR = > 99,9), wobei die Autoren selbst darauf hinweisen, dass bei vermutetem Förderbedarf eine Testbatterie zum Einsatz kommen sollte.

Sollten auch diese Verfahren ungeeignet sein, können einzelne Subtests aus Testbatterien durchgeführt werden. Für ein besseres Verständnis der kognitiven Leistungsfähigkeit von Personen im weit unterdurchschnittlichen Leistungsbereich können auch orientierend Kindertests verwendet werden, sodass ein Altersäquivalent ermittelt werden kann. Hier ist jedoch zu bedenken, dass dies aufgrund fehlender Normen keine wirkliche Intelligenzdiagnostik sein kann, zudem sind manche für Kinder gestaltete Materialien für erwachsene Testpersonen ungeeignet.

Einen differenzierten Überblick über die kognitiven Fähigkeiten einer Testperson bietet die *Werdenfelser Testbatterie* (*WTB*; Peterander et al. 2009), die speziell für Menschen mit Störungen der Intelligenzentwicklung erstellt wurde. Sie ermöglicht den Vergleich mit einer Referenzstichprobe von Menschen mit Störungen der Intelligenzentwicklung, jedoch nicht mit einer repräsentativen Stichprobe, sodass sie eher für Fragen der geeigneten Platzierung oder Verlaufsdiagnostik geeignet ist.

2.2.3 Erfassung des adaptiven Verhaltens

Neben der Erfassung der intellektuellen Leistungsfähigkeit sieht die ICD-11 die Erfassung des adaptiven Verhaltens vor, auch hier können gegebenenfalls Leistungstests der Neuropsychologie zum Einsatz kommen. Darüber hinaus sind spezifische Leistungstests für spezielle Fragestellungen erforderlich, z.B. Erfassung von Konzentration mittels *d2-R Aufmerksamkeits- und Konzentrationstest* oder *Frankfurter Aufmerksamkeits-Inventar* (*FAIR-2*; ab 9 Jahre; Moosbrugger & Oehlschlägel 2011) und/oder Gedächtnisleistung mittels des *Verbalen Lern- und Merkfähigkeitstests* (*VLMT*) bei der Diagnostik der Aufmerksamkeitsdefizit-Hyperaktivitätsstörung (ADHS) oder der Fetalen Alkoholspektrumstörung (FASD) (siehe Kap. 7 Aufmerksamkeitsdefizit- und Hyperaktivitätsstörung). Die Untersuchung von spezifischen Fähigkeiten ist darüber hinaus immer dann sinnvoll, wenn

	Erläuterung	Hinweise zu möglichen Testverfahren
Konzeptuelle Fähigkeiten	• Wissensanwendung (z. B. Lesen, Schreiben, Rechnen, Problemlösen, Entscheidungen treffen) • Kommunikation	• Normierte Schulleistungstests • Tests zur Erfassung der Exekutivfunktionen, z. B. HOTAP (hier ggf. nur Teile A/B) • Subtests Wortschatztest des WAIS-IV, WTB o. A. • Skala Kommunikation der Vineland Adaptive Behavior Scales (Sparrow et al. 2021) • bei stärkeren Einschränkungen Diagnostikinstrumente aus dem Bereich der Unterstützten Kommunikation (z. B. Checkliste Triple C; Kristen & Braun 2006)
Soziale Fähigkeiten	• Bewältigung zwischenmenschlicher Situationen und Beziehungen • soziale Verantwortung • Regeleinhaltung • Gesetzeseinhaltung • Selbstschutz	• Skala Soziale Fertigkeiten der Vineland Adaptive Behavior Scale
Praktische Fähigkeiten	• Selbstpflege • Gesundheitssorge • Sorge für die eigene Sicherheit • berufliche Fertigkeiten • Umgang mit Geld • Mobilität	Für berufsbezogene Fähigkeiten: • Fremdbeurteilungsinstrument Merkmale zur Eingliederung Leistungsgewandelter und Behinderter in Arbeit MELBA (Miro, n. d.) • Diagnostikverfahren Instrumentarium zur Diagnostik von Arbeitsfähigkeiten IDA (Miro, n. d.) • Handwerklich motorischer Eignungstest hamet® – Verfahren mit arbeitsbezogenen Verhaltensproben (Diakonie Stetten, n. d.) • Einzelne Items/Core-Sets der International Classification of Functioning ICF (für eine Übersicht über die Anwendung in der beruflichen Rehabilitation siehe Bundesarbeitsgemeinschaft Rehabilitation 2016)

Tab. 2-1: Dimension adaptiven Verhaltens in der ICD-11: Beschreibung und Testung

bestehende Probleme weder durch eine psychische Erkrankung noch durch das allgemeine kognitive Niveau noch durch den Entwicklungsstand zu erklären sind. Bei der Interpretation ist jeweils das allgemeine intellektuelle Niveau und das Entwicklungsniveau als Referenz für die Interpretation zu berücksichtigen (Deb et al. 2022). Einige der oben vorgestellten umfassenden Testbatterien enthalten Subtests, die auch hier Aufschluss über die Anwendung und Nutzung der intellektuellen Fähigkeiten enthalten. Tabelle 2-1 fasst die Dimensionen adaptiven Verhaltens sowie mögliche hierauf bezogene

Testverfahren (ohne Anspruch auf Vollständigkeit[5]) zusammen.

Weiterhin können einzelne Domänen der *Skala der Emotionalen Entwicklung – Diagnostik (SEED*; siehe Abschn. 2.3) zur Einschätzung praktischer (z.B. Umgang mit Material oder dem eigenen Körper), sozialer (z.B. Umgang mit Bezugspersonen oder Peers) oder konzeptioneller Fähigkeiten (z.B. Kommunikation, Objektpermanenz, Affektregulation, Emotionsdifferenzierung) herangezogen werden.

Fremdbeurteilungsskalen. Diese Skalen dienen dazu, die Schwere einer Störung der Intelligenzentwicklung anhand von beobachtbaren Verhaltensweisen einzuschätzen. Sie benötigen in der Regel deutlich weniger Zeit als eine kognitive Leistungstestung und differenzieren auch bei deutlich erniedrigter Intelligenz und in Situationen, in denen eine Leistungstestung aus praktischen oder motivationalen Gründen nicht möglich ist.

Weite Verbreitung hat hier die *Disability Assessment Scale (DAS*; Holmes et al. 1982; Meins & Süssmann 1993) gefunden. Bezugspersonen geben hier Kompetenzen der Person in den Bereichen Kontinenz, Selbsthilfefertigkeiten, Kommunikation und Kulturtechniken an. Aus der Kombination der Kompetenzen in den Bereichen wird ein Punktwert errechnet, der es erlaubt, die Schwere der Intelligenzminderung – orientiert an den Schweregradeinteilungen nach ICD-10 – abzuschätzen. Durch die konkreten Verhaltensbeschreibungen ist sie für Bezugspersonen leicht auszufüllen.

Im Rahmen eines Forschungsprojektes zur psychopharmakologischen und psychotherapeutischen Behandlung von Menschen mit intellektueller Beeinträchtigung wurde ein *Beurteilungsbogen Schweregrad der Intelligenzminderung* (Koch et al. 2017 nach Gaese 2014) entwickelt. Dieser beschreibt Fähigkeiten in den Bereichen Sprache, Lesen-Schreiben-Rechnen, Selbstbestimmung, Aktivitäten des täglichen Lebens, Berufliche Fertigkeiten und Zwischenmenschliche Fertigkeiten jeweils in den Ausprägungen für Menschen mit Lernbehinderung, leichter bis schwerster Intelligenzminderung. Es soll dann entsprechend eine Zuordnung zu einer Diagnosegruppe (nach ICD-10) erfolgen. Dieses Vorgehen scheint vor allem im klinischen Alltag für erfahrenes Fachpersonal eine geeignete Möglichkeit zu sein, die Vielzahl an Informationen zu systematisieren und zu einer Einschätzung der intellektuellen Fähigkeiten zu kommen.

Es ist davon auszugehen, dass die in der ICD-11 genannten Verhaltensindikatoren für die verschiedenen Schweregrade der Störungen der Intelligenzentwicklung die Entwicklung weiterer Beobachtungsskalen anstoßen werden. Eine interessante Entwicklung stellt dabei das *Modul zur Einschätzung von Entwicklungsalter und -differenzen bei Menschen mit geistiger oder Lernbehinderung (MEED*; Dietrich 2018; Dietrich et al. 2021) dar. Im Rahmen einer systematischen Erhebung werden dabei Informationen aus kognitiver Leistungsdiagnostik (siehe Abschn. 2.2.2), Entwicklungsdiagnostik (siehe Abschn. 2.3) mit einem Assessment von kognitiver Entwicklung nach Piaget, moralischer Entwicklung nach Kohlberg und psychosozialer Entwicklung nach Erikson ergänzt.

---

5 Einen Überblick über die verschiedenen verfügbaren Testverfahren enthalten Kompendien wie z. B. das Brickenkamp-Handbuch (Bräher et al. 2002), aktuellere Informationen und Rezensionen finden sich bei PSYNDEXplus (ZPID, n. d.). Es versteht sich von selbst, Verfahren auszuwählen, die im Hinblick auf Reliabilität und Validität überprüft sind und geeignete Normen, vor allem im unteren Leistungsbereich zur Verfügung stellen (Caby et al. 2021).

2.2.4 Rückmeldung der Ergebnisse

Die differenzierte Rückmeldung der Testergebnisse an die Testperson, das Bezugssystem, Angehörige und gegebenenfalls an weiterbehandelnde Kolleginnen und Kollegen ist durchaus herausfordernd (Krause 2005). Zunächst gilt es, der Testperson eine ehrliche und wertschätzende Rückmeldung über die gezeigten Testleistungen zu geben. Dabei kann es hilfreich sein, zunächst nach einer eigenen Einschätzung zu Stärken und Schwächen zu fragen und diese dann in Bezug zu den Testergebnissen zu setzen. Wenn diagnostische Aussagen (z. B. »Uns ist aufgefallen, dass dir viele Aufgaben schwergefallen sind. Wir Psychologen nennen das ›Störung der Intelligenzentwicklung‹.«) getroffen werden, ist es wichtig, diese sofort in einen konkreten Bezug zur Lebenssituation zu setzen (»Das bedeutet, dass nach dem, was wir mit dem Test herausgefunden haben, du gut in einer WfbM arbeiten könntest. Du hast mir ja erzählt, dass du da auch schon im Praktikum warst. Was denkst du darüber?«). Für ein verbessertes Verständnis des Bezugssystems kann es hilfreich sein, die nummerischen Ergebnisse in Verbindung zu setzen mit konkreten Verhaltensbeispielen aus der Testdurchführung (Was konnte gelöst werden, was nicht?) und orientierend ein Altersäquivalent zu benennen. So wird das Ausmaß der kognitiven Einschränkungen verständlicher als durch reine Zahlenangaben. Dies ist umso wichtiger, wenn es sich um verbal sehr starke Testpersonen handelt, die in der Folge im Alltag häufig kognitiv überschätzt werden. Auch sollte dann parallel eine Entwicklungsdiagnostik (siehe Abschn. 2.3) mit differenzierter Rückmeldung zu günstigen Förderrahmenbedingungen erfolgen.

Wenn erstmalig die Diagnose einer Störung der Intelligenzentwicklung gestellt wird und diese eventuell große Irritation und Sorge auslöst, sollte sowohl den Betroffenen als auch gegebenenfalls dem Bezugssystem ein Folgetermin angeboten werden, um erneut über die Bedeutung der Testergebnisse zu sprechen und konkrete weitere Hilfen zu besprechen.

MERKE

Es steht eine Vielzahl an geeigneten Testverfahren auch für Menschen mit Störungen der Intelligenzentwicklung zur Verfügung. Diese verfügen über klare Abbruchkriterien und Normen unter zwei Standardabweichungen von Mittelwert. Im Bereich der schwergradigen Störung der Intelligenzentwicklung kann orientierend auf Verfahren mit Normen für Kinder zurückgegriffen werden. Leistungsdiagnostik ist kein Selbstzweck, sondern dient der Verbesserung der Lebensqualität, des Verständnisses einer Person, der Behandlungs- oder Platzierungsplanung. Die Ergebnisse der Diagnostik und die sich daraus ergebenden Empfehlungen sollten der Person sowie gegebenenfalls dem Bezugssystem transparent und verständlich vermittelt werden.

2.3 Entwicklungsdiagnostik

Eine Störung der Intelligenzentwicklung beeinträchtig neben den kognitiven Funktionen auch sozio-emotionale Fähigkeiten (Došen 2005; Sappok et al. 2022). Die Kenntnis des emotionalen Entwicklungsstands unterstützt die klinisch oder therapeutisch Tätigen, Einblicke in das innere Erleben und die Verhaltensweisen von Menschen zu bekommen, die Schwierigkeiten haben, ihre eigenen Gedanken und Gefühle auszudrücken (Sappok & Zepperitz 2019). Personen mit einer Entwicklungsverzögerung folgen im Prinzip denselben Entwicklungspfaden wie Personen mit einer neurotypischen Entwicklung; die Entwicklungsmeilensteine können jedoch verzögert oder unvollständig ablaufen. Je nach individuellem Muster können emotionale Kompetenzen wie z. B. Emotionsdifferenzierung, Affektregulierung, Impulskontrolle, Mentalisierungsfähigkeit und Handlungsplanung und -steuerung in unterschiedlichem Ausmaß betroffen sein.

Strukturierte Erhebungsinstrumente können hilfreich sein, um diese sozio-emotionalen Hirnfunktionen systematisch zu erfassen und die Behandlungsplanung darauf abzustimmen.

Auch wenn Entwicklung ein kontinuierlicher Prozess ist, ist für die Feststellung des Entwicklungsstands ein Phasenmodell hilfreich. Es wurden verschiedene Diagnostikinstrumente entwickelt, um die sozio-emotionalen Fertigkeiten einer Person mit einer Störung der Intelligenzentwicklung festzustellen (Došen 2005; Frankish 2013; Gourley & Yates 2022; Hoekman et al. 2007). Die *Skala der Emotionalen Entwicklung – Diagnostik (SEED)* basiert auf dem normativen Entwicklungsverlauf des sozialen Gehirns und erfasst die zentralen Merkmale der sozio-emotionalen Funktionen, die für ein bestimmtes Entwicklungsalter typisch sind (Sappok et al. 2016, 2023). Im Ergebnis wird der emotionale Entwicklungsstand entsprechend dem jeweiligen Referenzalter typisch entwickelter Kinder zwischen 0 und 18 Jahren festgestellt und einer Entwicklungsphase zugeordnet:

- Adaption: 0.–6. Lebensmonat
- Sozialisation: 7.–18. Lebensmonat
- Erste Individuation: 19.–36. Lebensmonat
- Identifikation: 37.–84. Lebensmonat (4.–7. Lebensjahr)
- Realitätsbewusstsein: 85.–144. Lebensmonat (8.–12. Lebensjahr)
- Soziale Individuation: 145.–216. Lebensmonat (13.–17. Lebensjahr; Tarasova et al. 2022)

Die Kriteriumsvalidität wurde auf Item-, Domänen- und Skalenebene an einer Stichprobe von 160 neurotypischen Kindern getestet (Sappok et al. 2019a). Für die Mehrzahl der Items zeigte sich das erwartete Antwortmuster mit den höchsten Antwortwahrscheinlichkeiten in den jeweiligen Zielaltersgruppen. Die Übereinstimmung zwischen der Klassifikation der Skala der Emotionalen Entwicklung – Diagnostik und dem chronologischen Alter der neurotypischen Kinder lag bei 81 %. Die Interrater-Reliabilität auf Domänenebene reichte von κ_ω = 0,98 bis 1,00 und die interne Konsistenz war hoch (α = 0,99). Die Skala ist bei Kindern (Sterkenburg et al. 2021) und Erwachsenen (Sappok et al. 2020) mit Störungen der Intelligenzentwicklung anwendbar und testpsychometrisch validiert (Flachsmeyer et al. 2023; Meinecke et al., eingereicht).

Die emotionale Entwicklungsdiagnostik kann helfen, das adaptive Verhalten besser zu verstehen, das emotionale Wohlbefinden und die psychische Gesundheit zu verbessern und, wenn nötig, eine entwicklungsgerechte Behandlung durchzuführen.

2.4 Psychopathologische Diagnostik

»In der Psychopathologie gibt es eine Reihe von Betrachtungsweisen, eine Reihe von Wegen nebeneinander, die in sich berechtigt sind, sich ergänzen, aber nicht gegenseitig stören.« (Karl Jaspers, 1913)

Der psychopathologische Befund ist zentraler Bestandteil der klinischen Untersuchung und ein wichtiger Beitrag, Symptome und Verhaltensweisen systematisiert zu beschreiben. Es wird der gegenwärtige Befund, der Status praesens, erfasst. Die Lehre von den »Leiden der Seele« (griech. für Psychopathologie) ermöglicht die Erfassung und Verlaufsbeurteilung von psychopathologischen Merkmalen, die auch in den gängigen internationalen Diagnosemanualen DSM und ICD Eingang gefunden haben. Handlungen und motorische Aktivität können beobachtet, die Emotionen und Erlebnisse erfragt und nach klar definierten Vorgaben beschrieben werden.

Die Beschreibung von auffälligen Erlebnis- und Verhaltensweisen bzw. Merkmalen und Symptomen erfordert spezielle Kenntnisse fest definierter Begriffe, gleich den Vokabeln einer Fachsprache. Die Erhebung des psychopathologischen Befundes ist seit Gründung der Fachdisziplin Psychiatrie ein Kernbestandteil der psychiatrischen Diagnostik. Über die Erstellung von Pathografien, als Beschreibung des kranken Menschen im Zusammenhang seines Lebens und seiner Aktivitäten, entwickelte sich eine Lehre zur Erfassung psychischer Zustände, die über eine wissenschaftliche Systematik eine Einteilung von psychischen Störungen ermöglicht. Medizinhistorisch sind Werke von Wilhelm Griesinger (1876), Emil Kraepelin (1920), Karl Jaspers (1973), Kurt Schneider (1976) und Christian Schafetter (2002) bedeutsam.

Der psychopathologische Befund wird auf Symptomebene erhoben, Symptomenkomplexe werden als Syndrome bezeichnet. Gerd Huber (1974) hat gleichartige oder ähnliche Symptome, die aufgrund von ätiologisch und pathogenetisch unterschiedlicher Krankheitsauslösung entstehen, als »Ausdrucksgemeinschaft von Symptomen« bezeichnet.

Syndrome, also in Regelhaftigkeit oder gesetzmäßiger Kombination von Symptomgruppen dienen einer dimensionalen Klassifikation und sind Inhalt mehrdimensionaler Psychopathologieskalen. Beginn, Verlauf, Schweregrad, ätiologische Faktoren und psychosoziale Beeinträchtigungen erlauben eine kategoriale Einordnung. Erhobene operationalisierte Befunde mit Komorbiditätsprinzip und multiaxialer Diagnostik ermöglichen die Zuordnung der Symptomatik in die gängigen Klassifikationssysteme.

In Ergänzung der operationalisierten Kriterien für Diagnosen wurden zur Unterstützung des diagnostischen Prozesses Checklisten sowie strukturierte und standardisierte Interviews entwickelt. Die Neurowissenschaft der Psychopathologie mit begleitenden diagnostischen Maßnahmen (neuropsychologisch, bildgebend und neurophysiologisch) bringt die Ebenen der Hirnfunktionsstörungen ins Spiel.

2.4.1 Die psychopathologische Befunderhebung

Beobachtbares Verhalten und geschildertes subjektives Erleben der Patientinnen und Patienten soll möglichst einfach, strukturiert und überprüfbar benannt und erfasst werden. In der Vorgehensweise werden das äußerlich erkennbare Verhalten, geschildertes subjektives Erleben, Angaben von Zu- und Angehörigen über das Erleben und Verhalten systematisch erfasst. Auch eigene Annahmen über das Erleben, Wahrnehmung und Wertung des Untersuchenden werden berücksichtigt. Deskriptive psychopathologische Befunderhebung meint ein methodenkritisches Vorgehen bei weitgehender Vermeidung impliziter theoretischer Vorannahmen (Saß & Hoff 2008).

Bei Menschen mit Störungen der Intelligenzentwicklung ist der deskriptive Ansatz grundsätzlich durchzuführen, bei der Bewertung der psychopathologischen Merkmale sind jedoch implizite theoretische Annahmen und Kenntnisse wichtig für die korrekte Zuordnung der Symptomatik. Psychopathologische Symptome müssen bei Menschen mit Störungen der Intelligenzentwicklung vor dem Hintergrund des kognitiven Funktionsvermögens, des emotionalen Entwicklungsstands sowie der kommunikativen Fertigkeiten beurteilt werden. Diese Größen haben Einfluss auf Vorhandensein, Präsentation und Ausgestaltung der psychopathologischen Symptome.

Beeinträchtigungen in den Bereichen Kognition, Sprache, motorische und soziale Fertigkeiten manifestieren sich in der Entwicklungsperiode und leisten einen Beitrag zum Intelligenzniveau (Dilling et al. 2011). Einzelne Bereiche können unterschiedlich stark betroffen sein und ein sehr heterogenes Profil ergeben. Diagnostische Instrumente zur Feststellung der kognitiven Leistungsfähigkeit können eine Orientierung bieten. In Abhängigkeit der individuell ausgesuchten und eingesetzten Verfahren (z. B. WAIS-IV) können manchmal unterschiedliche Werte zwischen sprachlichen Fertigkeiten und dem handlungspraktischen Bereich deutlich werden. Fehleinschätzungen in diesem Bereich können zu Überforderung von Menschen mit Störungen der Intelligenzentwicklung führen und konsekutiv Symptome bzw. psychopathologische Merkmale generieren.

Eingesetzte Verfahren und Instrumente sind allerdings in der Aussagekraft limitiert, Unschärfen in Bezug der in den Testverfahren abgebildeten Fähigkeiten sowie Bodeneffekte ergeben bei Menschen mit eine IQ von unter 50 kein differenziertes Ergebnis (Sappok 2018). Die dem Schweregrad zugeordneten Referenzalter ermöglichen Bezüge auf unterschiedliche kognitive Entwicklungstheorien (z. B. Piaget 1953) und auf die psychosoziale Entwicklung (Erikson 1959). Kenntnisse sind wichtig für die Einordnung beobachteter Merkmale des psychopathologischen Befunds. Der Schweregrad samt kognitivem Referenzalter sollte zudem mit den Ergebnissen der emotionalen Entwicklungsdiagnostik abgeglichen werden. Sprachentwicklung und kommunikative Kompetenzen sollten eingeschätzt bzw. evaluiert werden, die sprachliche Ausdrucksfähigkeit, die Fähigkeit zu kommunizieren – mit gesprochener Sprache, gestischem Bedeuten oder mithilfe Unterstützter Kommunikation – muss berücksichtigt werden. Das Vorhandensein psychopathologische Merkmale kann in Kenntnis der emotionalen Entwicklung, des sprachlichen Ausdrucksvermögens und des intellektuellen Funktionsvermögens diskutiert und bewertet werden. Des Weiteren sollten neurobiologische, chronische komorbide Situationen (zirkadianer Rhythmus, Dystonien, sensorische Beeinträchtigungen oder Schmerzen) berücksichtigt werden (Costello & Bouras 2006). Nicht jede Auffälligkeit im psychopathologischen Befund bedeutet das Vorhandensein einer psychischen Erkrankung. Insbesondere bei Personen mit einer Störung der Intelligenzentwicklung sind Verhaltensstörungen häufig, die von einer psychischen Erkrankung im eigentlichen Sinne abzugrenzen sind und einer ursachenspezifischen Behandlung bedürfen (Felce et al. 2009). Für die Beurteilung des psychopathologischen Befunds sollten die normalen, für die Person üblichen Verhaltens- und Reaktionsmuster sowie das Funktionsniveau in unterschiedlichen Bereichen bekannt sein.

2.4.2 Methodische Besonderheiten bei der Befunderhebung

Ein Abstimmen der Kommunikation auf die individuellen Bedürfnisse mithilfe von Leichter Sprache, Vermeidung von Fremdwörtern, erklären schwieriger Begriffe sowie mit dem Gebrauch von Bildern zum Verstehen (Metacom, Mensch zuerst – Netzwerk People First Deutschland e. V.; Kitzinger 2015) sind essenziell und unterstützen eine gelingende Kommunikation und Interaktion. Ausreichend Zeit für das Formulieren von Antworten sollte eingeplant sein, mindestens 6 Sekunden für die Antwort eingerechnet werden (Sechs-Sekunden-Regel, persönliche Mitteilung von Ruth Ryan an Albert Diefenbacher; siehe auch Ryan 2001). Auf Informationsreliabilität und Informationsvalidität ist zu achten. Zu- und Angehörige können insbesondere bei kommunikativen Barrieren wichtige Informationen zum Erleben und Verhalten beitragen (Costello et al. 2007). Ablauf und Dauer der Untersuchung sollten ebenfalls bedürfnisgerecht angepasst sowie unterschiedliche Frage- und Explorationstechniken eingesetzt werden. Einschränkungen in der Kommunikation, im Sprachverständnis und Ausdruck (z. B. Dysarthrie; im Erstkontakt sind manche verbale Äußerungen mitunter schwer zu verstehen und bedürfen einer simultanen Übersetzung eines in der Ausdrucksweise der Menschen kundigen Zu-oder Angehörigen), Introspektionsfähigkeit, Antworten im Sinne der sozialen Erwünschtheit oder das Wiederholen der zuletzt gesprochenen Wörter erschweren die Diagnostik. Reizarmes Setting, gestuftes und transparent mit den Patientinnen und Patienten abgestimmtes Vorgehen, Möglichkeiten der Unterbrechung mit Pausen sowie Untersuchen in An- und Abwesenheit der Betreuenden können notwendige Bedingungen für eine angemessene Untersuchung sein. Eine Reihe unterschiedlicher Faktoren und Gründe, wie kulturelle Aspekte, Sozialisation als Mensch mit Entwicklungsbesonderheiten sowie kommunikative Einschränkungen, verändern Art und Präsentation psychopathologischer Merkmale.

PRAXISTIPP Patientenkontakt
Generell gilt, dass die Befragten so viel wie möglich in den Untersuchungsprozess involviert werden sollten. Die Strukturierung des Gesprächs kann im Zusammenhang vom Erstgespräch bis zum Therapieabschluss konzeptionell variieren. Das Gespräch ist primär an die zu untersuchende Person gerichtet, ein Sprechen über die Person sollte vermieden werden. Die Untersuchung sollte erläutert werden, der Zeitraum bzw. die Dauer verständlich gemacht werden. Falls erforderlich, können Bildmaterial und Timer eingesetzt werden, der Zeit-Erfahrungshorizont sollte berücksichtigt sein. Bedürfnisorientiert kann der Modus der Untersuchung sitzend am Tisch, stehend oder gehend und mit Unterbrechungen erfolgen. Zusammenfassendes Nachfragen, Wiederholen von Antworten von den zu Untersuchenden sowie aktives Zuhören unterstützen die Kommunikation. Soweit möglich, sollten vor allem im Erstgespräch bevorzugt offene Fragen verwendet werden.
Der nonverbale Bereich ist ebenso zu betrachten. Ständiges gleichzeitiges Dokumentieren (im PC oder in handschriftlichen

Notizen) kann irritieren, Lächeln und rückversichernde Gesten (Handgesten, Daumen hoch), intentionale Gesichtsausdrücke (Lächeln, Kopfnicken) sind förderlich. Intonation, Gesten und Körpersprache können die Befragten in ihrer Ausdrucksmöglichkeit unterstützen und ihnen akzeptierende Sicherheit geben. Stimme, Tonfall, Lautstärke und Redegeschwindigkeit sowie der persönliche Raum (zugewandte Körperbewegungen) gestalten und entspannen die Untersuchungs-Atmosphäre. Es sollte versucht werden, eine gute und vertrauensvolle Beziehung aufzubauen. Das Vermeiden-Wollen eines Blickkontakts sollte respektiert werden. Interesse an mitgebrachten Objekten (z. B. Stofftieren) sollte gezeigt werden. Eine warme, herzliche Atmosphäre sowie empathisch-verstehende und von Respekt getragene Grundhaltung sollte deutlich werden.

Distanz kann durch Vereinbarungen und Einverständnis zum Gebrauch von informeller Ansprache abgebaut werden, Nähe durch die Form der Anrede mit »Du« hergestellt werden, wenn das vorher abgestimmt wurde. Einfache Sätze und kurze Wörter sind zu bevorzugen. Es sollte langsamer gesprochen werden, Pausen eingebaut sein. Menschen mit einer kognitiven Beeinträchtigung sollten nicht mit Fragen überfrachtet werden. Es sollte abgestimmt werden, ob bestimmte Fragen unter Beachtung der Privatsphäre gestellt werden dürfen bzw. das Fragen auch zunächst unbeantwortet bleiben können.

Das klinische Interview und die bei Menschen mit Störungen der Intelligenzentwicklung gegebenenfalls mit mehr Aktivität des Untersuchenden erforderliche explorative Untersuchung sind nicht nur diagnostisch, sondern verfolgen parallel eine therapeutische Zielsetzung. Ausbau der Beziehung, Therapiebedürfnisse und therapeutische Ansprechbarkeit werden deutlich.

2.4.3 Das AMDP-System

Der deskriptive psychopathologische Befund erfasst systematisch verschiedene Merkmalsbereiche wie äußeres Erscheinungsbild, Verhalten in der Untersuchungssituation, Sprechverhalten und Sprache sowie Merkmale zu Bewusstsein, Gedächtnis, Denken bis hin zu Sinnestäuschungen, Ich-Störungen, Affektivität und weitere Besonderheiten und Verhaltensmuster.

Das AMDP-System stellt im deutschsprachigen Raum ein allgemein anerkanntes und gut handhabbares System der psychopathologischen Befunderhebung dar. Im Kontext des klinischen Interviews können, basierend auf den Angaben/Selbstberichten der Untersuchten, verschiedene Symptome bzw. Merkmalsbereiche erfasst und differenziert beschrieben werden. Als weitere Datenquellen sind Angaben der Zu- und Angehörigen sowie eigenen Beobachtungen essenziell. Ein Leitfaden zur Erhebung des psychopathologischen Befunds ist bisher nur für neurotypisch entwickelte Menschen konzipiert worden.

Für die Verwendung des Glossars psychopathologischer Symptome der *Arbeitsgemeinschaft für medizinische Dokumentation in der Psychiatrie (AMDP-System)* zur halbstandardisierten Erfassung des Befunds ist eine einheitliche Struktur mit Einteilung nach Begriffen samt Definition sowie Erläuterungen mit Beispielen, Hinweisen zur Graduierung sowie abzugrenzende Merkmale vorgegeben. In der methodisch entwickelten Systematik kann über Syndromskalen psychopathologische Symptomatik beschrieben und voneinander diskriminiert werden (Gebhardt et al. 1983). Die beobachteten Verhaltensweisen und Symptome können standardisiert in Kenntnis des Glossars sprachlich beschrieben und bezeichnet werden. Grundlegende psychopathologische Kenntnisse sind notwendige Voraussetzungen, um später eine zuverlässige Diagnose stellen zu können (Stieglitz & Freyberger 2012).

Merkmale werden in Beobachtungs- oder Verhaltensmerkmale (Fremdbeurteilung) und Erlebnismerkmale (Selbstbeurteilung, Bericht der Patientinnen und Patienten) unterschieden; auch eine Mischung beider Elemente ist möglich. Im Ergebnis wird ein Querschnittsbefund eines definierten Zeitraums (in der Regel drei bis vier Tage) untersucht und bewertet. Via AMDP-Entscheidungsbaum können das Merkmal beurteilt, Entscheidungssicherheit über Vorhandensein bzw. Nicht-Vorhandensein gewonnen sowie die Ausprägung (leicht, mittelgradig oder schwer) quantifiziert werden. Bestimmte Merkmale sind nicht so eindeutig zu bewerten, Übergänge zwischen »Gesund« und »Störung« fließend. Unterscheidungen zwischen »Trait« als stabile, beständige Persönlichkeitseigenschaft und »State« als Ausdruck der aktuellen Zustandsvariable (Kelava & Schermelleh-Engel 2012), also situativ variierenden Zuständen, sollten differenziert erfolgen. In dem Manual wird der psychische Befund auf 100 Items in zwölf Merkmalsbereichen verteilt.

MERKMALSBEREICHE IM AMDP-SYSTEM

Bewusstseinsstörungen
In diesem Bereich wird zwischen quantitativen und qualitativen Bewusstseinsstörungen unterschieden, wobei immer Störungen des gesamten Erlebens und Verhaltens gemeint sind. Eine Störung der Vigilanz – von Somnolenz bis Koma – wird quantitativ unterschieden, bei Veränderungen der Qualität sind Wahrnehmung, Orientierung, Reizverarbeitung, Denken und Handeln unzureichend klar, eingeengt, verschoben oder erweitert.

Orientierungsstörungen
In diesem Bereich wird ein Sich-zurecht-Finden und ein Verständnis der aktuellen persönlichen, zeitlichen und örtlichen Situation bewertet sowie autobiografisches Wissen über die eigene Person dokumentiert und eingeschätzt. Über Angaben zum Wochentag, Datum, Jahr und Jahreszeit kann nicht immer Auskunft gegeben werden. Zeitgitterstörungen in Kombination mit Gedächtnisbesonderheiten (z. B. bildliches Erinnern) können dazu führen, dass bereits Erlebtes geschildert wird, als wäre es erst vor Kurzem geschehen. Die örtliche Orientierung sollte differenziert erfragt werden, etwa, ob eine örtliche Orientierung nur in bestimmten Kontexten besteht, in der Werkstatt, zu Hause oder im Wohnheim. Zeit, Ort und Untersuchungssituation sind den Befragten häufig nicht bekannt. Auch das Nennen von Alter und Geburtsdatum sowie weiterer autobiografischer Züge variiert stark. In diesen Bereichen ist immer auch die Perspektive der An- und Zugehörigen gefragt, ob Veränderungen in den Merkmalsbereichen stattgefunden haben.

Aufmerksamkeits- und Gedächtnisstörungen
Die Fähigkeit, die Bedeutung verschiedener Wahrnehmungsinhalte zu erfassen und zu verknüpfen, wird bei dem Merkmal Auffassungsstörungen codiert. Häufig wird in diesem Zusammenhang die Bedeutung von Sprichwörtern erfragt und um das Erläutern von Gemeinsamkeiten und

Unterschiede bestimmter Begriffe (z. B. Leiter und Treppe oder Kind und Zwerg) gebeten. Fehlende oder eingeschränkte Kulturtechniken bzw. grundlegende Fertigkeiten im Lesen, Schreiben und Rechnen müssen berücksichtigt und die Aufgabenstellungen entsprechend angepasst werden. Einfache Unterschiede wie Banane/Gurke oder Fahrrad/Motorrad bilden im Vergleich alltagsnähere Beispielaufgaben zu Leiter/Treppe oder See/Fluss. Sprichwörter sind schwirig, manchmal nur bekannt und können nicht erläutert werden. Die Fähigkeit, sich mit einer Aufgabe ausdauernd beschäftigen zu können, prüft die Konzentrationsfähigkeit. Serielle Subtraktion (100 – 7 bis 65) oder das Rückwärtsbuchstabieren eines Wortes (zumeist RADIO) zur Prüfung, kann durch Rückwärtsaufzählen der Monate des Jahres oder – noch vereinfacher – der Woche ersetzt werden. Merkfähigkeitsstörungen (das Memoriervermögen dreier Wörter, z. B. Auto, Blume, Kerze, wird geprüft) könnten bei Bedarf auch durch Auswahl und Wiedererkennen von Bildkarten untersucht werden. Unmittelbare Reproduktion prüft das Ultrakurzzeitgedächtnis, Wiedergabe nach zehn Minuten das Kurzzeitgedächtnis. Gedächtnisstörungen können aus dem Interessenfeld der Person erfragt werden, z. B. bei Fußballinteressierten der letzte Fußballweltmeister oder bei politisch Interessierten der vorausgegangene US-Präsident. Mithilfe von Angehörigen können auch personenbezogene Gedächtnisleistungen herangezogen werden, z. B. der Name eines bereits verstorbenen Haustieres.

Formale Denkstörungen
Denkstörungen – Schwierigkeiten des Erfassens, Herstellen, Ordnens von sinnvollen Bedeutungszusammenhängen – können in der Untersuchungssituation beobachtet werden, sprachlich inhaltliche Äußerungen erlauben Aussagen zum inhaltlichen und zum formalen Denken. Bei den formalen Denkstörungen werden Veränderungen der Geschwindigkeit, der Nachvollziehbarkeit und der gedanklichen Geschlossenheit untersucht. Verlangsamtes Denken, Gedankenabreißen, Zerfahrenheit, Haften, Weitschweifigkeit, Perseverationen, Neologismen und Ideenflüchtigkeit gehören zu dieser Kategorie.

Befürchtungen oder Zwänge
Entwicklungspsychologisch können physiologische Angstthemen (Eggers et al. 1994) differenziert werden, die Fragen und Bewertungen der Merkmalsbereiche entsprechend abgeleitet sein. Im sensomotorischen Stadium zeigen sich Trennungsängste und Fremdeln, Ängste vor Gewitter oder imaginären Figuren, im konkret operationalisierten Bereich Phobien, körperbezogene Ängste oder Panikattacken. Ängste haben je nach Auslöser und Schweregrad auch eine vegetative somatische Komponente. Sie werden somit auch teilweise und gar ausschließlich indirekt über körperliche Symptomatik angedeutet. Zwänge finden sich im Mittel ab einem Referenzalter von zehn Jahren (Rapoport et al. 1994), teilweise aber auch schon früher.

Wahn
Bei inhaltlichen Denkstörungen kann zwischen wahnhaften und nicht-wahnhaften Denkstörungen unterschieden werden. Der Inhalt des Denkens, was gedacht wird, wird ebenso wie der Bezug zur Kontrolle der Realität bewertet. Wahngedanken beinhalten verändertes Erleben mit Fehlbeurteilung der Realität. Unkorrigierbarkeit der Überzeugung, subjektive Gewissheit, Unmöglichkeit des Inhalts sowie Unbeeinflussbarkeit durch Erfahrungen determinieren den Begriff des Wahns (Jaspers

1973). Wenn Sprache und kognitive Entwicklung ein bestimmtes Niveau erreicht haben, durch die Bedeutung von Wörtern ein Abbild der Wirklichkeit geschaffen und ein Unterschied zwischen Fantasie und Wirklichkeit ermöglicht werden kann, sind aus entwicklungspsychologischer Sicht mit Bildung einer Hauptrealität (Lempp 2003; Tölle & Windgassen 2014) und sozialer Perspektivübernahme Wahnsymptome möglich. Die Fähigkeit zur Unterscheidung eigener und fremder Gefühle, Gedanken, Wünsche und Intentionen, gemäß des Konzepts der Theory of Mind, entwickelt sich erst ab einem emotionalen Entwicklungsalter von 4 Jahren (Happe & Firth 2014). Die Fähigkeit zur Unterscheidung von Fantasie und Wirklichkeit sollte bei Wahnphänomen berücksichtigt werden. Konkret operationales Denken (Volkmar 1996) ermöglicht Wahnphänomene wie Beziehungs- und Beeinträchtigungsideen sowie abnormes Bedeutungserleben. Wahninhalte sind bei Menschen mit einer Störung der Intelligenzentwicklung weniger komplex. Je leichter die kognitive Beeinträchtigung, desto komplexer kann die Wahnsymptomatik inklusive Systematisierung, der Verknüpfung einzelner Wahnsymptome mit anderen Sinnestäuschungen oder Wahnphänomenen, ausfallen. Von Bedrohungserleben durch Ernie und Bert bis hin zu komplexen wahnhaften Missidentifikationssyndromen oder dem Cotard-Syndrom (wahnhafte Überzeugung, tot zu sein; siehe auch Cotard 1999, 2009) ist eine breite Spannbreite möglich (siehe auch das unten stehende Fallbeispiel).

Sinnestäuschungen
Sinnesbeeinträchtigungen sind aus entwicklungspsychologischer Sicht früh erkennbar, z. B. werden einfache Wahrnehmungsfehler im späten Kleinkindalter (Scharf-Sehen vs. Trüb-Sehen) referiert. Komplexe Wahrnehmungsstörungen und Trugwahrnehmungen können noch nicht mit Sicherheit exploriert werden, im präoperationalen Stadium bleibt die Unterscheidung zwischen Trugwahrnehmung und Wahrnehmungsstörungen schwer. Einfache optische und taktile sowie – selten – akustische Halluzinationen sind, bei intakten Sinnesorganen und -funktionen, denkbar. Ängstliche Betroffenheit, Befangenheit und Unmittelbarkeit des Erlebens bzw. des Beobachtens (Resch et al. 1999) mit plötzlicher Verhaltensänderung (plötzliches grundloses Schreien, Blicke in bestimmte Richtungen, Raptus, Selbstgespräche oder bizarres Verhalten) können richtungsweisend sein. Ab dem Stadium der konkreten Operationen (Piaget 1953) mit einem Referenzalter von sechs bis elf Jahren sind illusionäre Verkennungen, akustische Halluzinationen meist in direkter Rede (Volkmar 1996) möglich. Ab der formal operationalen Entwicklungsstufe sind auch komplexe Halluzinationen zu beobachten.

Ich-Störungen
Im AMDP-System werden die unter Ich-Störungen aufgeführten Merkmale erfasst und beschrieben, eine pathognomonische Bedeutung, z. B. für schizophrene Störungen, wird nicht zugemessen. Es werden Störungen der Ich-Umwelt-Grenze, der Identität im Zeitverlauf sowie Störungen des Einheitserlebens dokumentiert. Neben Fremdbeeinflussungserfahrungen werden Gedankenausbreitung, -entzug und -eingabe sowie Derealisations- und Depersonalisationserleben erfasst. Das Ich-Erleben wird durch das bewusste Erleben der personalen Existenz und Autonomie, der inneren Eigenständigkeit und Abgegrenztheit nach außen (Payk 2021) sowie der bleibenden Identität im zeitlichen Ablauf (Perso-

nalität) repräsentiert. Im anglo-amerikanischen Raum findet sich diese Kategorie nicht. Erst ab dem Stadium der formalen Operationen (Piaget 1953) in voller Ausprägung mit einem hohen Maß an selbstreflexiver Fähigkeit, ist die sichere Erfassung und Beurteilung dieser Kategorie möglich (Resch et al. 1999).

Störungen der Affektivität
Im Bereich Beurteilung affektiver Störungen mit Erfassung der Störungen von Gefühlen, Stimmungen, Emotionalität und Befindlichkeit kann die Grenze zwischen gesundem Erleben und psychopathologischem Merkmal schwer zu beurteilen und unscharf sein. Fähigkeiten zur Affektregulation gemäß Entwicklungsalter, unspezifische Ausdrücke von Befinden sowie psychosomatische Reaktionsweisen sollten mitgedacht und gegebenenfalls fremdanamnestisch exploriert werden. Das AMDP-System zählt verschiedene Merkmale im Bereich der Verstimmungen und Gefühlsstörungen auf. Die dafür vorgesehenen Merkmale wie beispielsweise ratlos, affektarm, affektlabil oder parathym sind definiert und sollten, falls nicht beobachtet oder spontan berichtet, gezielt erfragt werden.

Antriebs- und psychomotorische Störungen
In diesem Bereich werden Veränderungen von Antrieb und Volition erfasst, Abweichungen in den Bereichen Aktivität mit Extremen wie Mutismus und Stupor bis Steigerung und Enthemmung dokumentiert. Der Terminus »Volition« beschreibt die prozesshafte Willensbildung, die Dynamik zielgerichteten Strebens zur Verwirklichung einer Handlung (Lewin 1926).

Weiterhin werden Merkmale von klinischer Relevanz wie zirkadiane Besonderheiten, soziale Rückzügigkeit und Umtriebigkeit, Aggressivität und Suizidalität erfasst, beurteilt und abgebildet.

FALLBEISPIEL
Ein 34-jähriger Mann mit einer mittelgradigen Störung der Intelligenzentwicklung meint, ein Polizist zu sein. Formal handelt es sich hierbei um einen Größenwahn. Die Einschätzung muss vor dem Hintergrund des emotionalen Entwicklungsstands erfolgen, da bei einem Referenzalter von SEED-4 (4–7 Jahren) die Abgrenzung zu Wunschvorstellungen, Fantasiefreunden und Rollenmodellen notwendig ist. Auch Dialoge mit Tieren, Spielsachen und Fantasiefreunden können beobachtet werden, ohne dass es sich hierbei um einen pathologischen Befund handelt. Aufgrund der weiteren Symptome (Antriebssteigerung, gehobener Affekt, Schlafstörung) wurde im vorliegenden Fall die Aussage als Größenwahn gewertet.

Die Beurteilung der psychischen Gesundheit ist unvollständig, wenn der körperliche Untersuchungsbefund nicht ausreichend berücksichtigt wird. In Zusammenschau mit der Anamnese und des Somatostatus können über einen differentialdiagnostischen Entscheidungsprozess Verdachtsdiagnosen und Arbeitshypothesen generiert werden.

Es gibt diagnostisch wegweisende Symptome (bestimmte Arten von Stimmenhören), andere bleiben ohne diagnostische Rückschlüsse. Psychopathologische Symptome sind nicht per se krankhaft, sondern nur im Kontext von Anpassung und Entwicklung zu interpretieren.

2.5 Genetische Diagnostik

Genetische Faktoren spielen eine bedeutende Rolle als Ursache für Störungen der Intelligenzentwicklung. Exakte populationsbasierte Zahlen über den Anteil genetischer Ursachen bei dieser Gruppe von Erkrankungen gibt es nicht; publizierte Kohorten unterscheiden sich stark in der Zusammensetzung und dem Umfang genetischer Untersuchungen. Eine Auswertung von über 15 000 Fällen des Greenwood Genetic Center legt aber nahe, dass in Industrieländern wie den USA exogene Ursachen für eine Störung der Intelligenzentwicklung wie Exposition gegenüber embryo-/fetotoxischer Substanzen in der Schwangerschaft, intrauterine Infektionen, Frühgeburtlichkeit oder perinatale Komplikationen nur für weniger als 20 % der Fälle verantwortlich sind (Srivastava & Schwartz 2014). Mit den modernen umfassenden gendiagnostischen Analysen einschließlich Exom- und Genomsequenzierung kann man heute grob bei der Hälfte der Kinder mit neuropsychologischen Entwicklungsstörungen bzw. bei Menschen mit Störungen der Intelligenzentwicklung eine ursächliche genetische Veränderung identifizieren (Jansen et al. 2023; Vissers et al. 2016; Wright et al. 2023; Zacher et al. 2021). Die Wahrscheinlichkeit einer genetischen Diagnose ist dabei auch abhängig vom Schweregrad der kognitiven Beeinträchtigung, von Komorbiditäten, von der Familienkonstellation und Patientenpräselektion (Jansen et al. 2023; Vissers et al. 2016). Bemerkenswerterweise handelt es sich bei den genetischen Ursachen für Störungen der Intelligenzentwicklung zu einem großen Teil um neu entstandene genetische Veränderungen (Neumutation, de novo, nicht von einem Elternteil vererbt), verbunden mit sporadischem Auftreten der Erkrankung (Deciphering Developmental Disorders Study 2017; Vissers et al. 2016).

Genetisch bedingte Störungen der Intelligenzentwicklung weisen eine enorme klinische und genetische Heterogenität auf: Klinisch nicht unterscheidbare Phänotypen können sehr unterschiedliche genetische Ursachen haben und gleichzeitig können Veränderungen im gleichen Gen zu hochvariabler Krankheitsausprägung, zum Teil sogar zu unterschiedlichen Krankheitsbildern führen. Es gibt im Jahr 2023 über 1500 bekannte Gene, die mit Störungen der Intelligenzentwicklung assoziiert sind (Jansen et al. 2023). Das Down-Syndrom (Trisomie 21) als häufigste genetisch bedingte Form der geistigen Beeinträchtigung ist für etwa 6–8 % der Fälle von Störungen der Intelligenzentwicklung verantwortlich (Vissers et al. 2016). Gut bekannte andere Formen genetisch bedingter Störungen der Intelligenzentwicklung wie das Fragile-X-Syndrom, das Rett-Syndrom oder das Angelman-Syndrom machen hingegen höchstens 1 % der Fälle aus. Der Großteil der vielen anderen genetischen Entitäten ist noch weit seltener. Die Krankheitsbilder können einen syndromalen Charakter haben mit begleitenden Fehlbildungen, organischen Erkrankungen und/oder mehr oder weniger spezifischen morphologischen Stigmata. Aber auch nicht-syndromale Formen geistiger Beeinträchtigung haben oft eine genetische Ursache. Häufige neuropsychologische Komorbiditäten bei genetisch bedingten Störungen der Intelligenzentwicklung sind emotionale oder soziale Störungen, Autismus-Spektrum-Störungen, Verhaltensauffälligkeiten, Aufmerksamkeitsdefizit und Epilepsie.

Die modernen technologischen Methoden der Humangenetik haben nicht nur die diagnostischen Möglichkeiten erheblich verbessert, sie haben in den letzten Jahren auch zur Entdeckung einer Vielzahl neuer Erkrankungen und Syndrome mit Störungen der Intelligenzentwicklung geführt (Jansen et al.

2023; Vissers et al. 2016). Oft handelt es sich bei diesen neuen Entitäten um Erkrankungen, die allein durch den Genotyp definiert werden und deren klinische Erkennung ohne genetische Testung im Gegensatz zu einigen der primär klinisch definierten Syndrome schwer oder gar nicht möglich ist. Vormals klinisch beschriebene und als sehr selten angesehene Entitäten (z. B. Coffin-Siris-Syndrom: *ARID1B*-Gen; Wiedemann-Steiner-Syndrom: *KMT2A*-Gen; KBG-Syndrom: *AKRD11*-Gen) zeigen in der genomischen Ära, dass sie zu den häufigeren Formen genetisch bedingter Störungen der Intelligenzentwicklung gehören und dass der ursprünglich klinisch definierte, spezifische Phänotyp nur einen Teil des phänotypischen Spektrums repräsentiert (McRae et al. 2017).

Der Wert der Feststellung einer genetischen Diagnose bei einer Störung der Intelligenzentwicklung liegt nicht allein in der Klärung ihrer Ursache. Den Betroffenen kann die Diagnosesicherung weitere Untersuchungen zur Ursachenfindung ersparen. Sie kann aber auch Auswirkungen auf die unmittelbare Behandlung haben (Änderung der Medikation oder anderer Therapiemaßnahmen) oder Einfluss auf längerfristige Patientenbetreuung (gezielte spezialisierte Untersuchungen oder Vorsorgemaßnahmen). Eine Meta-Analyse aus dem Jahr 2022 bezifferte die Rate für solche Arten klinischen Nutzens durch Änderungen im kurz- oder langfristigen Management bei Menschen nach Klärung der Ursache angeborener Störungen körperlichen und/oder neurokognitiven Entwicklung auf 8 % bzw. 10 % (Manickam et al. 2021). Für Familien eröffnen sich gegebenenfalls Möglichkeiten des Networking (z. B. Selbsthilfeorganisationen) und die Wahrscheinlichkeit der Wiederholung der Erkrankung bei weiteren Familienangehörigen kann genau angegeben werden.

2.5.1 Formen kausaler genetischer Veränderungen

Numerische Chromosomenaberrationen

Von numerischen Chromosomenaberrationen spricht man, wenn ganze Chromosomen überzählig (**Trisomie**) vorhanden sind oder ein Chromosom fehlt (**Monosomie**). Die zum Down-Syndrom führende Trisomie 21 ist die häufigste mit einer Störung der Intelligenzentwicklung assoziierte numerische Chromosomenaberration. Die meisten autosomalen Trisomien und alle autosomalen Monosomien sind dagegen nicht mit dem Leben vereinbar. Trisomien der Geschlechtschromosomen (Triple-X, Klinefelter-Syndrom XXY, XYY-Mann) wie auch die Monosomie des X-Chromosoms (Ullrich-Turner-Syndrom) sind in der Regel nicht mit stärkeren intellektuellen Einschränkungen verbunden, anders als die seltenen Tetra- oder Pentasomien von Geschlechtschromosomen (Leggett et al. 2010).

Strukturelle Chromosomenaberrationen

Diese umfassen Verluste (**Deletionen**) oder Verdopplungen (**Duplikationen**) chromosomaler Abschnitte sowie Translokationen und andere seltenere Veränderungen (Insertion, Inversion, Ringchromosom, Markerchromosom). Größere Deletionen, Duplikationen oder unbalancierte Translokationen der Nicht-Geschlechtschromosomen, welche zu zytogenetisch sichtbarem Verlust oder Zugewinn chromosomalen Materials (partielle Monosomien, partielle Trisomien) führen, sind bei lebenden Trägern meist mit signifikanten

Störungen der neurokognitiven Entwicklung verbunden. Es gibt definierte Krankheitsbilder wie das Wolf-Hirschhorn-Syndrom (partielle Monosomie 4p) oder das Cri-du-chat-Syndrom (partielle Monosomie 5p), aber auch eine große Vielzahl seltener, nicht mit einem spezifisch definierten und benannten Krankheitsbild verbundene chromosomale Strukturaberrationen, die mit variablen Krankheitsbildern mit Störungen der Intelligenzentwicklung und physischen Anomalien verbunden sind.

Submikroskopische Kopiezahlveränderungen

Submikroskopische Kopiezahlveränderungen *(copy number variations, CNVs)*, die unter der zytogenetischen Auflösungsgrenze von 5–10 Mb (Megabasen) liegen, können je nach Lage, Größe und Gengehalt zu syndromalen oder nicht-syndromalen Krankheitsbildern mit Störungen der Intelligenzentwicklung führen. Es gibt einige rekurrente, gut bekannte Mikrodeletionen/Mikroduplikationen, aber auch eine Vielzahl sehr seltener oder gar privater pathogener CNVs. Zu den bekannten Mikrodeletionssyndromen gehören beispielsweise Erkrankungen wie das DiGeorge-Syndrom (Monosomie 22q11.2), das Williams-Beuren-Syndrom oder das Miller-Dieker-Syndrom. Die pathogene Wirkung von CNVs basiert auf dosissensitiven Genen, die in den betroffenen Abschnitten enthalten sind. Nur bei einem kleineren Teil pathogener CNVs kann aber der Phänotyp auf eine einzelne Erbanlage innerhalb des deletierten/duplizierten Abschnitts zurückgeführt werden (Beispiel: Lissenzephalie durch Verlust einer Genkopie von *LIS1* beim Miller-Dieker-Syndrom). Bei seltenen oder unbekannten CNVs kann nicht grundsätzlich von einer pathogenen Bedeutung ausgegangen werden, da es submikroskopische CNVs auch als benigne Erbgutvarianten gibt. Einschlägige Datenbanken (z.B. DECIPHER, Database of Genomic Variants) und die Untersuchung weiterer Familienangehöriger (Segregationsanalyse) können zur Klärung der Pathogenität beitragen. Es gibt darüber hinaus eine Reihe rekurrenter CNVs mit einer Prävalenz von 1:2000 bis 1:4000 in der Bevölkerung, welche als genetische Suszeptibilitätsfaktoren für Störungen der neuropsychologischen Entwicklung gelten, aber auch bei unauffälligen Personen vorkommen (Smajlagic et al. 2021). Dazu gehören rekurrente Mikrodeletionen/Mikroduplikationen in 1q21.1, 15q11.2, 15q13.3, 16q11.2, 17q12, die häufiger bei Personen mit milderen Störungen der Intelligenzentwicklung gefunden werden.

Varianten in einzelnen Genen

Varianten in einzelnen Genen können zu monogenen Formen von Störungen der Intelligenzentwicklung führen (monogen: die Erkrankung ist durch die Veränderung eines einzelnen Gens bedingt). Die pathogenen Genveränderungen können nur ein einzelnes Nukleotid innerhalb des Gens betreffen *(single nucleotide variant, SNV)*, seltener auch mehrere Nukleotide oder auch größere Abschnitte innerhalb eines Gens. Pathogene Genvarianten können zum Austausch einer einzelnen Aminosäure in dem durch das Gen kodierten Protein führen (Missense-Variante), den vorzeitigen Stopp der Translation bewirken (Nonsense-Variante), das Leseraster verschieben (Frameshift-Variante) oder sich auf das Spleißen der RNA auswirken (Spleiß-Variante). Die Art der pathogenen Veränderungen in einem Gen steht im Zusammenhang mit dem molekularen Pathomechanismus (Funktionsverlust oder abnorme Funktion des mutierten Genprodukts). Zu den zahlreichen monogenen Formen der Störung der Intelligenzentwicklung gehören beispielsweise das Rett-Syndrom, das Cornelia-de-Lange-Syndrom oder das Kabuki-Syndrom.

Seltene Arten pathogener Genveränderungen

Zu den seltenen Arten pathogener Genveränderungen gehören Nukleotid-Repeat-Verlängerungen, wie sie beim Fragilen-X-Syndrom oder bei der myotonen Dystrophie vorkommen, oder epigenetische Veränderungen (Veränderungen des genomischen Imprinting), die beispielsweise beim Prader-Willi-Syndrom und beim Angelman-Syndrom eine Rolle spielen. Veränderungen in regulatorischen Regionen des Genoms, die weit von den eigentlich kodierenden Bereichen entfernt liegen können, sind bisher nur bei einzelnen Erkrankungen als kausale Veränderungen bekannt.

Mosaike

Zu Störungen der Intelligenzentwicklung führende genetische Veränderungen können grundsätzlich auch als Mosaike vorliegen; das bedeutet, dass nur in einem Teil der Zellen, gegebenenfalls nur in bestimmten Organen oder Körperregionen, die kausale Veränderung vorhanden ist. Mosaike können zu einem abgemilderten Phänotyp des entsprechenden Krankheitsbildes führen. Manche genetischen Veränderungen sind nur im Mosaik mit dem Leben vereinbar, wie die meisten autosomalen Trisomien oder auch bestimmte Einzelgenveränderungen, wie sie beispielsweise bei Formen der (Hemi-)Megalenzephalie, Polymikrogyrie und fokaler kortikaler Dysplasie vorkommen (Pirozzi et al. 2022). Der Nachweis von Mosaiken kann schwierig sein, weil sie nicht immer im Blut, dem üblichen Untersuchungsmaterial für genetische Untersuchungen, vorhanden sind.

2.5.2 Humangenetische diagnostische Verfahren

Übersichtsverfahren sind breite, genomweite Analysen, die auch als Screening bei nicht klar zuzuordnender Diagnose eingesetzt werden können:
- **Die Chromosomenanalyse** (konventionelle Karyotypisierung) hat den Charakter eines Übersichtsverfahrens, aber nur eine sehr grobe Auflösung. Erkannt werden numerische Chromosomenanomalien und strukturelle Veränderungen, die oberhalb der mikroskopischen Auflösungsgrenze von etwa 5–10 Mb (Megabasen) liegen (zum Vergleich: das mittelgroße Chromosom 10 umfasst 135 Mb an DNA). Wenn man das Down-Syndrom ausnimmt, gelingt mit der konventionellen Chromosomenanalyse nur bei 3–6,5 % der Menschen mit Störungen der Intelligenzentwicklung eine genetische Diagnose (Vissers et al. 2016).
- **Die Microarray-Analyse** (molekulare Karyotypisierung) erlaubt die Erkennung von Kopiezahlveränderungen (Deletionen, Duplikationen) mit etwa 100-facher Auflösung im Vergleich zur Chromosomenanalyse und damit zum Teil bis auf Einzelgen-Ebene (Deletion eines einzelnen Gens oder größerer Abschnitte eines großen Gens). Sie deckt damit auch den größten Teil pathogener Veränderungen mit ab, die mit der Chromosomenanalyse gefunden werden, und kann die genaue Lage und Ausdehnung solcher Veränderungen bestimmen. Die Microarray-Analyse kann aber keine balancierten Umlagerungen (z. B. balancierte

Translokationen) oder die Lage überschüssigen Chromosomenmaterials nachweisen. Bei Störungen der Intelligenzentwicklung haben mittels Microarray-Analyse erkennbare, kausale chromosomale Kopiezahlveränderungen einen Anteil von 10–20 % (Mefford et al. 2012; Sagoo et al. 2009; Vissers et al. 2016). Es gibt zwei wesentliche Varianten der Array-Technologie: die Array-CGH und SNP-Arrays. Letztere können neben der Kopiezahlanalyse auch erkennen, wenn größere homozygote Abschnitte im Genom vorliegen (als Hinweis auf elterliche Konsanguinität oder Uniparentale Disomie).

- **Die Exom-Sequenzierung** *(whole exome sequencing, WES)* ist ein auf den neuen Sequenzierungstechnologien *(next generation sequencing, NGS)* basierendes Verfahren, mit dem die Sequenz der kodierenden Abschnitte (Exons) aller Gene einschließlich flankierender intronischer Abschnitte bestimmt wird. Mit dieser Untersuchung können genomweit pathogene Varianten entdeckt werden, die einzelne oder wenige Nukleotide in der kodierenden Sequenz oder den Spleißregionen betreffen. Solche Veränderungen machen den größten Teil der pathogenen Varianten bei monogenen Formen der Störungen der Intelligenzentwicklung aus. Mittels bioinformatischer Verfahren können zusätzlich auch größere Kopiezahlvarianten aus den WES-Daten errechnet werden, sodass viele pathogene CNVs, die per Microarray-Analyse nachgewiesen werden, auch bei der WES detektiert werden können. In der genomischen Auflösung insbesondere in genarmen Regionen ist der Microarray aber weiterhin überlegen. Da der WES im ersten Schritt eine Anreicherung der genomischen Zielregionen aus der genomischen DNA des Probanden zugrunde liegt, die nie perfekt ist, gibt es kleine Lücken, die nicht ausreichend abgedeckt sind (ca. 1–3 % der Zielregion). Veränderungen in der mitochondrialen DNA können nur nachgewiesen werden, wenn das verwendete Anreicherungsverfahren auch mitochondriale DNA miteinschließt. Die WES hat deutliche Limitationen in der Erkennung von komplexeren, eine größere Anzahl von Nukleotiden umfassenden Veränderungen; größere Repeat-Expansionen werden in der Regel nicht nachgewiesen. Die Einführung der WES-Analyse in die genetische Abklärung bei Störungen der Intelligenzentwicklung führt zu zusätzlichen genetischen Diagnosen bei etwa 25–35 % der Fälle (Jansen et al. 2023; van der Sanden et al. 2023; Vissers et al. 2016). Unter Trio-Analysen versteht man die gleichzeitige Untersuchung des Indexpatienten und beider biologischer Eltern. Damit können insbesondere Neumutationen (De-novo-Varianten) besonders zuverlässig und leicht identifiziert werden, die als genetische Ursachen von Störungen der Intelligenzentwicklung eine große Rolle spielen (Deciphering Developmental Disorders Study 2017; Vissers et al. 2016).

- **Die Genomsequenzierung** *(whole genome sequencing, WGS)* wird, nachdem durch die technologischen Weiterentwicklungen Sequenzierkosten kontinuierlich gefallen sind und der Sequenz-Output moderner Sequenzierautomaten gestiegen ist, nach und nach an die Stelle der WES treten. Vorteile der WGS sind die vollständigere und homogenere Abdeckung, der bessere, direkte Nachweis von Strukturvarianten (Deletionen, Duplikationen, Inversionen, Translokationen) und die Möglichkeit, auch weiter von den kodierenden Abschnitten entfernt gelegene, für die Genregulation oder das RNA-Spleißen relevante Genvarianten zu erkennen. Im Vergleich zur WES ist die Steigerung der Diagnoserate bei Menschen mit Störungen der Intelligenzentwicklung durch den Übergang zu WGS moderat (+3–8 %; Jansen et al. 2023; Manickam et al. 2021; van der Sanden et al. 2023). Durch ihr Potenzial, die Microarray-Analyse zu ersetzen, ist aber in naher Zukunft die Konvergenz der Methoden auf die WGS als alleinige Untersuchung zu erwarten (Lindstrand et al. 2022).

- **Neue Entwicklungen im Bereich der Übersichtsverfahren** betreffen die Long-Read-Genomsequenzierung, bei der nicht nur kurze Sequenzfragmente von 100–250 bp (Basenpaaren) wie in der heute für Exom- und Genomsequenzierung verbreiteten Short-Read-Technologie, sondern Sequenzen von mehreren 10 000 bp generiert werden. Die Stärke der Long-Read-Sequenzierung liegt in der besseren Auflösung von komplexen Strukturveränderungen und in repetitiven Regionen des Genoms. Die Detektion solcher Veränderungen ist auch die Domäne des *optical genome mapping (OGM)*. Zusätzlich zur WGS eingesetzte Transkriptom-Sequenzierung oder die Analyse genomweiter epigenetischer Veränderungen (Episignaturen) haben im Forschungsrahmen gezeigt, dass sie die diagnostische Rate erhöhen können (Jansen et al. 2023). Die Bedeutung solcher Verfahren in der Diagnostik von Störungen der Intelligenzentwicklung und deren mögliche Position im diagnostischen Procedere sind aber noch nicht bestimmt.

Gezielte humangenetische Diagnostikverfahren geben nur Auskunft über das Vorliegen bestimmter genetischer Veränderungen oder Veränderungen in bestimmten Genen oder genomischen Regionen. Sie setzen stets einen konkreten klinischen Verdacht voraus oder werden dann als Screening eingesetzt, wenn die mit der spezifischen Veränderung assoziierte Erkrankung bei der klinischen Fragestellung relativ häufig ist und nicht zuverlässig durch Übersichtsverfahren nachgewiesen werden kann (Beispiel: Fragiles-X-Syndrom):

- **Die gezielte Sequenzierung** (konventionelle Sequenzierung nach der Sanger-Methode) erlaubt die Sequenzanalyse eines bestimmten Genabschnitts oder der kodierenden Regionen eines einzelnen oder weniger Gene. Sie ist die Methode der Wahl, um gezielt nach Anlageträgerschaft für eine bekannte Genveränderung innerhalb einer Familie zu suchen. Sie kann grundsätzlich auch für die gezielte Abklärung einer konkreten Verdachtsdiagnose eingesetzt werden, wenn das infrage stehende Krankheitsbild keine hohe genetische Heterogenität hat (Beispiel: MECP2-Analyse bei Verdacht auf Rett-Syndrom). Die Sanger-Sequenzierung kann Deletionen oder Duplikationen eines oder mehrerer Exons eines Gens nicht erkennen und muss gegebenenfalls, wenn solche Veränderungen mit zum bekannten Genotyp-Spektrum für eine Erkrankung gehören, durch Zusatzuntersuchungen wie die gezielte MLPA (*multiplex-ligation-dependent probe amplification*) ergänzt werden.
- **Bei der Multigen-Panel-Sequenzierung** werden einige bis mehrere hundert Gene, die für eine klinische Fragestellung relevant sind, mithilfe eines NGS-Verfahrens sequenziert. »Physische« Multigen-Panels, bei denen nur die ausgewählten Gene gezielt angereichert werden, spielen eine immer kleinere Rolle in der Diagnostik, da sich ihr Gen-Content nicht flexibel an den wissenschaftlichen Kenntnisstand anpassen lässt. Sie werden ersetzt durch »virtuelle« Panels, das

bedeutet eine Selektion der für die Fragestellung relevanten Gene aus einem WES- oder WGS-Datensatz.
- **Die Fluoreszenz-in-situ-Hybridisierung (FISH)** ist eine molekular-zytogenetische Methode, mit der an zytogenetischen Präparaten bestimmte Chromosomenabschnitte mit einem Fluoreszenzfarbstoff markiert und mikroskopisch sichtbar gemacht werden können. Sie spielt in der humangenetischen Diagnostik bei Störungen der Intelligenzentwicklung nur noch eine sehr kleine Rolle für den gezielten Nachweis von Mikrodeletionen wie beispielsweise bei einem konkreten Verdacht auf DiGeorge- oder Williams-Beuren-Syndrom. Sie kann ferner zur sekundären Analyse und Spezifizierung chromosomaler Umlagerungen (z. B. Translokationen, Insertionen) eingesetzt werden.
- **Spezielle gezielte diagnostische Verfahren** haben noch dort eine Bedeutung, wo pathogene Varianten aufgrund ihrer Art nicht zuverlässig durch Übersichtsverfahren erfasst werden. Das gilt für bestimmte pathogene Repeat-Expansionen wie die für das Fragile-X-Syndrom ursächliche Veränderung, die mittels spezieller PCR-basierter Verfahren oder durch Southern-Blot nachgewiesen werden kann. Gezielte Spezialverfahren wie die Methylierungs-sensitive-Analyse MLPA spielen auch eine Rolle für die Diagnostik von Erkrankungen, bei denen epigenetische Veränderungen involviert sind (z. B. Prader-Willi- und Angelman-Syndrom).

2.5.3 Identifikation und Bewertung genetischer Varianten

Insbesondere die genomweiten Übersichtsverfahren generieren eine ungeheure Menge an Daten, die große Herausforderungen an die Datenanalyse stellen. In einem durchschnittlichen individuellen Exom findet man etwa 20 000–30 000 Abweichungen von der humanen Referenzsequenz, von denen der größte Teil zwar bekannte häufige Varianten sind, aber auch etwa 400 seltene Missense-Varianten und etwa 20 Varianten, die einen Funktionsverlust des betreffenden Gens vorhersagen (van Hout et al. 2020). Es bleiben häufig mehrere Varianten, die als ursächlich infrage kämen und eine sorgfältige Bewertung unter Einbeziehung des genauen Krankheitsbildes des Patienten bzw. der Patientin erfordern (de Ligt et al. 2012). Nur eine oder zwei Veränderungen sind in der Regel tatsächlich für eine genetisch bedingte Form der Störung der Intelligenzentwicklung verantwortlich. Bei der diagnostischen Analyse von WES- oder WGS-Daten erfolgt üblicherweise eine Vorfilterung hinsichtlich derjenigen Gene, die für die Fragestellung relevant sind (»virtuelles« Multigen-Panel) oder nach bestimmten Phänotyp-Merkmalen (HPO-Terms, *human phenotype ontology*), die wiederum in einschlägigen Datenbanken mit denjenigen Genen verknüpft sind, bei deren assoziierten Erkrankungen diese Phänotyp-Merkmale vorkommen. Somit repräsentiert eine WES- oder WGS-Analyse immer auch nur den Stand des Wissens zum Zeitpunkt der Auswertung. Eine Re-Analyse der Daten zu einem späteren Zeitpunkt kann aufgrund des Fortschreitens des wissenschaftlichen Kenntnisstandes zur Klärung der Diagnose führen, auch wenn bei der Erstauswertung in dem Datensatz keine pathogene Variante identifiziert wurde.

Angesichts der Vielzahl an Varianten, die bei einem Individuum gefunden werden können, wird klar, wie wichtig eine evidenzbasierte Einschätzung der pathogenen Bedeutung von Genvarianten ist. Für die Pathogenitätsbewertung genetischer Varianten hat sich international das Klassifikationssystem der ACMG (American College of Medical Genetics) etabliert (Richards et al. 2015). In dieses Klassifikationssystem gehen verschiedene Kriterien ein wie das Vorkommen der Variante in Populationsdatenbanken, die vorhergesagten Auswirkungen auf das Genprodukt, ihre Assoziation mit der Erkrankung in der Literatur oder Mutationsdatenbanken etc. Nach diesen Kriterien werden Varianten dann in »pathogen« (Klasse 5), »wahrscheinlich pathogen« (Klasse 4), »unklare Signifikanz« (Klasse 3), »wahrscheinlich benigne« (Klasse 2) und »benigne« (Klasse 1) eingeteilt. Im humangenetischen Befundbericht werden typischerweise nur Varianten der Klassen 3 bis 5 mitgeteilt. Bei umfassenden humangenetischen Analysen und einer großen Zahl bezüglich der Fragestellung relevanter Gene, wie das bei Störungen der Intelligenzentwicklung typischerweise der Fall ist, ist das Auffinden einer Variante unklarer Signifikanz *(variant of uncertain significance, VUS)* keine Seltenheit. Eine VUS, selbst in einem Gen, das zum Krankheitsbild des Patienten passen würde, kann nicht als Bestätigung einer genetischen Diagnose angesehen werden, so lange nicht noch weitere Evidenz für die kausale Bedeutung vorliegt. Solche weitere Evidenz kann sich aus der Untersuchung der Vererbung der Variante innerhalb der Familie (Segregationsanalyse) ergeben. Im Kontext mit Störungen der Intelligenzentwicklung sind vor allem der Nachweis, dass eine Variante in einem Gen mit dominanter Wirkung neu entstanden (de novo) ist, oder die Bestätigung der Variante bei mehreren gleichartig Betroffenen in der Familie (z. B. bei X-gebundener Vererbung) Szenarien, die eine Klärung der Pathogenität ermöglichen können.

Genetische Varianten, die bei der Abklärung komplexer Erkrankungen gefunden werden, müssen ferner sorgfältig daraufhin geprüft werden, ob die mit dem Gen assoziierte Erkrankung mit dem Phänotyp des Probanden kompatibel ist und ob sie den Phänotyp vollständig erklären kann. Hierzu ist eine gute Kommunikation zwischen klinisch Tätigen und dem Genetik-Labor hilfreich. Zum Teil können mithilfe eines genetischen Befundes durch anschließende gezielte Re-Evaluation des Phänotyps Elemente der Erkrankung der Untersuchten aufgedeckt werden, welche die Übereinstimmung mit dem bekannten, mit dem Gen assoziierten Phänotyp bestätigen, vorher aber nicht oder nicht als Teil der Grunderkrankung wahrgenommen wurden *(reverse phenotyping)*.

Bei den genomweiten Übersichtsverfahren können Zufallsbefunde *(incidental findings)* erhoben werden, die keinen Zusammenhang mit der Ausgangsfragestellung haben, die aber medizinische Konsequenzen für die untersuchte Person und Familienangehörige haben können. Zu solchen zählen insbesondere genetisch bedingte Krebsdispositionen (z. B. familiärer Brust- oder Darmkrebs), aber auch genetische Veranlagungen für Kardiomyopathie, Herzrhythmusstörungen, Hypercholesterinämie und andere (Green et al. 2013). Die Häufigkeit solcher Zufallsbefunde liegt bei Microarray-Analysen unter 1 % (Innes et al. 2018), bei WES- und WGS-Analysen aber bei 2–3 % (Elfatih et al. 2021). Die Probanden bzw. deren gesetzliche Vertreter müssen in der Aufklärung zu einer humangenetischen Diagnostik auf die Möglichkeit von Zufallsbefunden hingewiesen werden und können in der schriftlichen Einwilligung entscheiden, ob sie eine Mitteilung solcher Befunde wünschen. Die Entscheidung, für welche Zusatzbefunde eine Mitteilung sinnvoll und ethisch gerechtfertigt ist, sollte fallbezogen abgewogen werden (de Wert et al. 2021).

2.5.4 Indikation für eine humangenetische Diagnostik

Für die Frage nach der Indikation für eine humangenetische Diagnostik bei einer Person mit einer Störung der Intelligenzentwicklung sollten zwei wesentliche Überlegungen eine Rolle spielen:
1. die Wahrscheinlichkeit, dass die Störung wirklich eine primär genetische Ursache hat
2. der zu erwartende Nutzen einer gesicherten Diagnose für den Patienten bzw. die Patientin, die Behandlung und gegebenenfalls für Familienangehörige

Hinweise für eine wahrscheinliche genetische Ursache einer Störung der Intelligenzentwicklung können sich aus Krankheitsbild und -vorgeschichte sowie aus der Familienanamnese ergeben, die vor der Veranlassung einer humangenetischen Diagnostik durch eine sorgfältige Anamnese, klinische Untersuchung und Sichtung von Vorbefunden erhoben werden sollten. Das familiäre Auftreten einer Störung der Intelligenzentwicklung (mehrere gleichartig Betroffene innerhalb einer Familie) ist grundsätzlich als starker Hinweis für eine genetische Ursache zu werten. Dabei kann die Stammbaumkonstellation auch konkrete Hinweise auf den wahrscheinlichen Vererbungsweg geben (z. B. X-gebundene oder autosomal-rezessive Vererbung). Eine elterliche Konsanguinität kann Hinweis sein für eine seltene autosomal-rezessiv vererbte Krankheitsursache (Kahrizi et al. 2019). Syndromale Formen von Störungen der Intelligenzentwicklung mit begleitenden angeborenen Fehlbildungen, Wachstumsstörungen, dysmorphologischen Auffälligkeiten oder organischen Erkrankungen sowie progressive neurodegenerative Erscheinungen sprechen ebenfalls eher für eine zugrunde liegende genetische Störung. Wichtig ist aber, dass auch bei Fehlen solcher Hinweise und bei sporadischen, nicht-syndromalen Fällen mit neuropsychologischer Entwicklungsstörung genetische Ursachen eine relevante Rolle spielen, sodass eine mögliche genetische Diagnose immer dann in Betracht zu ziehen ist, wenn die Störung der Intelligenzentwicklung nicht eindeutig und vollständig auf eine andere nicht-genetische Ursache zurückgeführt werden kann. Die Erwartungen, dass es eine einzelne und eindeutige genetische Erklärung für eine Störung der Intelligenzentwicklung gibt, ist aber auch abhängig vom Phänotyp und der Familienkonstellation. Lernbehinderung und milde kognitive Beeinträchtigung haben beispielsweise häufiger komplexe Ursachen, während bei moderater bis schwerer kognitiver Beeinträchtigung die Wahrscheinlichkeit einer einzelnen kausalen genetischen Veränderung größer ist (Wright et al. 2023).

Die humangenetische Abklärung einer Störung der Intelligenzentwicklung ist kein Selbstzweck. Die Indikationsstellung soll immer den erwarteten klinischen Nutzen für die betroffene Person durch die Klärung einer Diagnose berücksichtigen sowie mögliche Interessen der Familie (siehe Abschn. 2.5.1). Mit dem Aufkommen neuer gezielter und kausaler Therapieoptionen für einzelne Erkrankungen wird zukünftig der zuverlässigen Identifikation von Betroffenen mit diesen spezifisch behandelbaren Entitäten und der Sicherung der genetischen Diagnose eine zunehmende Bedeutung zukommen. Mögliche negative Auswirkungen einer genetischen Diagnose wie psychische Belastung der Angehörigen, Stigmatisierung oder Schuldgefühle/Schuldzuweisungen müssen berücksichtigt und durch eine gute Aufklärungsarbeit vermieden werden.

2.5.5 Hinweise zur Veranlassung einer genetischen Diagnostik

Vor einer humangenetischen Diagnostik zur Ursachenklärung einer Störung der Intelligenzentwicklung sollten Indikation und erwarteter Nutzen nach den in Abschnitt 2.5.4 beschriebenen Aspekten geprüft werden. Eine genetische Diagnostik sollte aber grundsätzlich bei nicht durch andere Ursachen eindeutig geklärten Störungen der Intelligenzentwicklung niederschwellig in Betracht gezogen werden. Angesichts der hohen diagnostischen Ausbeute ist es auch sinnvoll, die humangenetische Diagnostik frühzeitig im diagnostischen Duktus einzusetzen. Ihr kommt in der rationellen Ursachenklärung einer unklaren Entwicklungsverzögerung/ Störung der Intelligenzentwicklung höhere Priorität zu als Stoffwechsel- und bildgebenden Untersuchungen, die eine wesentlich geringere diagnostische Ausbeute haben und durch eine gesicherte genetische Diagnose sich gegebenenfalls sogar erübrigen.

Eine differenzierte Phänotypisierung (Grad der intellektuellen Beeinträchtigung, neuropsychologische und allgemeine Komorbiditäten, auxologische Daten, dysmorphologische Stigmata) ist wichtig für die klinische Validierung der genetischen Ergebnisse. Phänotypische Merkmale, Stammbauminformationen und gegebenenfalls konkrete klinische Verdachtsdiagnosen sind an die ausführende humangenetische Einrichtung in geeigneter Form mitzuteilen. Gleiches gilt für mögliche genetische Vorbefunde. Bei bereits früher durchgeführten genomweiten Übersichtsuntersuchungen wie WES (*whole exome sequencing*) oder WGS (*whole genome sequencing*) muss die Möglichkeit der Re-Analyse der Daten vor einer Re-Sequenzierung geprüft werden.

Eine Zieldiagnostik erscheint heute nur noch sehr selten bei einem konkreten und dringenden Verdacht auf eine bestimmte Erkrankung sinnvoll. Selbst für erfahrene klinische Genetiker machen solche Diagnosen, die klinisch mit großer Wahrscheinlichkeit gestellt und mit gezielter Diagnostik rationell gesichert werden können, bei den sehr heterogenen Störungen der Intelligenzentwicklung nur einen geringen Teil aus. Breit angelegte Übersichtsverfahren sind in den meisten Fällen einer stufenweisen gezielten Abklärung verschiedener möglicher Verdachtsdiagnosen vorzuziehen. Die Empfehlungen gehen heute in die Richtung einer primären Exom-Sequenzierung, möglicherweise mit begleitender Microarray-Analyse (Srivastava et al. 2019), bzw. einer primären Genomsequenzierung (Lindstrand et al. 2022).

Molekulargenetische Untersuchungen werden üblicherweise an DNA aus einer EDTA-Blutprobe durchführt. Andere zellhaltige Materialien (z. B. Speichelprobe) sind grundsätzlich ebenso geeignet. Die Chromosomenanalyse erfolgt üblicherweise an kultivierten Lymphozyten aus einer Heparin-Blutprobe. Für den Nachweis von Mosaik-Veränderungen kann eine Gewebeprobe nötig sein.

2.5.6 Gesetzliche Bestimmungen

Humangenetische Untersuchungen unterliegen in vielen Ländern gesonderten gesetzlichen Bestimmungen, in **Deutschland** durch das Gendiagnostikgesetz GenDG (Bundesministerium der Justiz 2009). Dieses regelt unter anderem, dass die genetische Untersuchung bei einer betroffenen Person (diagnostische genetische Untersuchung) nur durch Ärztinnen oder Ärzte nach entsprechender Aufklärung und Einholen einer schriftlichen Einwilligung vorgenommen werden darf. Wesentliche Inhalte der Aufklärung sind im Gesetzestext spezifiziert und finden sich in einschlägigen Formularen für die Aufklärung zu einer genetischen Untersuchung. Bei einer nicht einwilligungsfähigen Person soll neben der Einwilligung durch den gesetzlichen Vertreter auch der betroffenen Person in einer ihr gemäßen Weise so weit wie möglich die Untersuchung verständlich gemacht werden. Die genetische Untersuchung bei einer nicht einwilligungsfähigen Person ist nach den gesetzlichen Regelungen auch daran gebunden, dass ein Nutzen für die Behandlung oder Vorbeugung einer Erkrankung erwartet werden kann, oder dass die Untersuchung zur Klärung von Erkrankungsrisiken bei Nachkommen verwandter Personen erforderlich ist. Es soll nach Vorliegen des Ergebnisses und muss nach Feststellung einer genetisch bedingten Erkrankung eine genetische Beratung angeboten werden. Eine prädiktive genetische Untersuchung, also eine Untersuchung hinsichtlich einer erst zukünftig auftretenden Erkrankung oder einer Anlageträgerschaft für Erkrankungen bei Nachkommen, darf nur durch Fachärztinnen oder Fachärzte für Humangenetik durchgeführt werden oder durch andere Ärztinnen oder Ärzte, die sich beim Erwerb einer Facharzt-, Schwerpunkt- oder Zusatzbezeichnung für genetische Untersuchungen im Rahmen ihres Fachgebietes qualifiziert haben (Zusatzqualifikation »Fachgebundene genetische Beratung«).

In Österreich wird der Umgang mit genetischen Untersuchungen im Gentechnikgesetz GTG geregelt (Bundesgesetz, mit dem Arbeiten mit gentechnisch veränderten Organismen, das Freisetzen und Inverkehrbringen von gentechnisch veränderten Organismen und die Anwendung von Genanalyse und Gentherapie am Menschen geregelt werden, Stammfassung [StF]: BGBl. Nr. 510/1994).

In der **Schweiz** existieren dafür das Bundesgesetz über genetische Untersuchungen beim Menschen (GUMG) sowie die Verordnung über genetische Untersuchungen beim Menschen (GUMV).

HUMANGENETISCHE DATENBANKEN UND ONLINE-RESSOURCEN

- **Orphanet** (www.orpha.net): Europäisches Portal für seltene Krankheiten und Orphan Drugs mit Enzyklopädie der seltenen Krankheiten, Informationen für Arzneimittel für seltene Krankheiten, Verzeichnis der Selbsthilfeorganisationen u. a.
- **NORD – National Organization for Rare Disorders** (https://rarediseases.org): Mit dem Europäischen Orphanet vergleichbares Portal für seltene Erkrankungen mit ausführlichen Krankheitsbeschreibungen (Rare Disease Database)
- **GeneReviews** (www.ncbi.nlm.nih.gov/books/NBK1116): Umfassende, klinisch orientierte und regelmäßig aktualisierte Übersichtsarbeiten zu vielen genetisch bedingten Erkrankungen
- **OMIM – Online Mendelian Inheritance in Man** (www.omim.org): Katalog der humanen, genetisch bedingten Erkrankungen und der Gene für humane Erkrankungen
- **HPO – Human Phenotype Ontology** (www.human-phenotype-ontology.org): Standardisierte Terminologie für phänotypische Auffälligkeiten, deren Beziehungen im Sinne einer Ontologie strukturiert sind; wichtig für eine einheitliche und digital auswertbare Phänotypisierung
- **Phenomizer** (https://compbio.charite.de/phenomizer): Digitales Werkzeug für die Suche nach klinischen Differenzialdiagnosen auf der Basis phänotypischer Merkmale (HPO-basiert) der Patienten

- **Face2gene** (www.face2gene.com): KI-basiertes Werkzeug zur Syndromdiagnose auf der Basis fazialer (Portraitfoto) und anderer klinischer Merkmale; gibt Scores für die Übereinstimmung mit bekannten syndromalen Erkrankungen an
- **SimulConsult** (www.simulconsult.com): KI-unterstütztes digitales Diagnosewerkzeug

CHRISTIAN SCHANZE, REINHARD MARKOWETZ, ANNIKA KLEISCHMANN, VERONIKA HERMES, TRINE LISE BAKKEN, THOMAS BERGMANN & STEFAN KOCH

3 Grundlagen der Therapie

CHRISTIAN SCHANZE

3.1 Psychopharmakotherapie[6]

3.1.1 Verordnungshäufigkeit von Psychopharmaka

In den letzten Jahrzehnten werden in der psychiatrischen Behandlung von Menschen mit Störungen der Intelligenzentwicklung und/oder Autismus-Spektrum-Störungen häufig Psychopharmaka verordnet. Es soll in diesem Kapitel überprüft werden, ob diese Entwicklung Ausdruck evidenzbasierter Erkenntnisse ist oder ob hierfür andere Faktoren wie z. B. das Fehlen von nicht-pharmakologischen Behandlungsalternativen eine viel größere Rolle spielen.

Die Verordnungshäufigkeit von Psychopharmaka schwankt in den nationalen und internationalen Untersuchungen zwischen 10 und 70 % (Koch et al. 2021; O'Dwyer et al. 2018; Sheehan et al. 2015; Tsiouris et al. 2013). Diese große Streuungsbreite der Ergebnisse ist auf verschiedene Faktoren zurückzuführen und spiegelt in vielerlei Hinsicht die Komplexität wissenschaftlicher Untersuchungen bei Menschen mit Störungen der Intelligenzentwicklung und/oder Autismus-Spektrum-Störungen wider. So verändert die Zusammensetzung der untersuchten Stichproben, bezogen auf Alter, Wohnform, Anteil der Menschen mit Störungen der Intelligenzentwicklung und komorbider Autismus-Spektrum-Störung oder die unterschiedlichen Schweregrade der Intelligenzentwicklungsstörung, die ermittelten Ergebnisse in erheblichem Maße. Zudem besteht in der Forschung international keine Einigkeit, welche psychischen Auffälligkeiten im engeren Sinne den psychiatrischen Störungsbildern zugerechnet werden können. Der Einfluss dieser Faktoren soll auf den nächsten Seiten näher erläutert und – sofern dies möglich ist – mit entsprechenden internationalen Untersuchungen und mit Studienergebnissen aus dem deutschsprachigen Raum faktisch hinterlegt werden. So steigen die Zahl der Verordnungen und die Häufigkeit von Polypharmazie mit dem **Alter** der untersuchten Personengruppe deutlich (Koch et al. 2021; O'Dwyer et al. 2018; Schanze 2014b). Außerdem kommt es darauf an, in welcher **Wohn-**

---

6 Dieses Kapitel fasst das gleichlautende Kapitel des Autors in der 2. Auflage dieses Buches (Schanze 2014a, S. 295–313) sowie das Kapitel »Einsatz von Psychopharmaka bei Menschen mit Störungen der Intelligenzentwicklung« (Sappok 2023, S. 383–394) in überarbeiteter und aktualisierter Form zusammen.

form die Teilnehmenden der Studie leben, denn in Großinstitutionen liegt die Prävalenz sehr viel höher als bei Bewohnern von kleinen Wohneinrichtungen. Noch geringer ist die Verordnungshäufigkeit bei ambulant betreuten Menschen mit Störungen der Intelligenzentwicklung und bei denen, die noch in der Ursprungsfamilie leben (Bowring et al. 2017; Schanze 2014b).[7] Da bei Menschen mit Autismus-Spektrum-Störungen die Verordnungshäufigkeit besonders hoch ist, beeinflusst auch der Anteil der Menschen mit Autismus-Spektrum-Störungen in der jeweiligen Untersuchungskohorte die Gesamtprävalenz von verordneten Psychopharmaka in besonderem Maße (die Verordnungsprävalenz bei Menschen mit Autismus-Spektrum-Störungen liegt zwischen 50 und 80 %; Buck et al. 2014; Frazier et al. 2011; van der Plaat et al. 2019).

Für **Deutschland** sind in den letzten zehn Jahren zur Verordnungshäufigkeit von Psychopharmaka bei Menschen mit Störungen der Intelligenzentwicklung mehrere Studien durchgeführt worden.

Hennicke untersuchte 16 Wohnstätten der Behindertenhilfe in Berlin und ermittelte dabei eine durchschnittliche Häufigkeit der Verordnung von Psychopharmaka von 34,4 %. Dabei war die Schwankungsbreite zwischen den einzelnen Wohnstätten zum Teil erheblich (7–62 %; Hennicke 2008, S. 5 f.).

In einer eigenen Studie zu den Risikofaktoren von Übergewicht und Adipositas bei Menschen mit Störungen der Intelligenzentwicklung aus dem Jahr 2014 nahmen 21 % der Besucher von drei verschiedenen Werkstätten (inkl. Förderbereiche[8]) für behinderte Menschen (n = 559) Psychopharmaka ein. Die Verordnungsprävalenz der Heimbewohner (29 % der Befragten) lag bei 41 %, die der in selbstständigen Wohnformen Lebenden (10 % der Befragten) bei 14 % und bei denjenigen, die zu Hause bei ihren Eltern/Angehörigen wohnten (60 % der Befragten), bei 12,7 % (Schanze 2014b).

In einer randomisierten Querschnittsstudie von Koch et al. aus dem Jahr 2021 in Einrichtungen der Behindertenhilfe ergab sich eine Vier-Wochen-Prävalenz von 53,8 %. Die Antipsychotika waren mit 43,7 % die am häufigsten verordneten Substanzen. Eine Polypharmazie und ein Off-Label-Einsatz waren häufig. Das relative Risiko (RR), Antipsychotika verordnet zu bekommen, lag bei denen, die in Heimen lebten (RR = 2,99), besonders hoch. Weitere Risikofaktoren waren das Vorliegen einer Autismus-Spektrum-Störung (RR = 1,89) und einer dokumentierten psychiatrischen Diagnose (RR = 1,61). Das höchste Risiko hatten diejenigen, die (leichtes) aggressives Verhalten zeigten (RR = 4,58). 44,2 % derer, die Antipsychotika einnahmen, erhielten zusätzlich weitere antipsychotisch wirksame Medikamente (Koch et al. 2021).

Eine kleine Studie in der **Schweiz** (Genf; Lonchampt et al. 2021) zu Menschen mit Störungen der Intelligenzentwicklung, die wegen Verhaltensproblemen stationär in einer Universitätsklinik aufgenommen wur-

---

7 Allerdings muss bei diesen Zahlen berücksichtigt werden, dass institutionelle Hospitalisierung zwar durchaus das Entstehen psychischer Instabilität begünstigen kann, aber dass sich in diesen Einrichtungen auch Menschen »ansammeln«, die aufgrund ihrer ausgeprägten psychischen Auffälligkeiten bzw. Verhaltensstörungen vorher in kleineren Wohneinheiten nicht ausreichend betreut werden konnten.

8 Förderbereiche in den WfbMs in Bayern: Menschen mit Störungen der Intelligenzentwicklung, die aus verschiedenen Gründen (schwere Intelligenzentwicklungsstörung bzw. Mehrfachbehinderung, psychische oder massive Verhaltensstörungen) kein Mindestmaß an wirtschaftlich verwertbarer Arbeitsleistung erbringen können und einen erhöhten Betreuungsschlüssel in der alltäglichen Begleitung benötigen.

den (20 stationäre Aufnahmen), bestätigt die Ergebnisse von Koch et al. (2021). Das Autorenteam reflektiert kritisch die im Vorfeld zur stationären Aufnahme erfolgte Behandlung von aggressivem Verhalten durch andere Ärzte. In allen untersuchten Fällen wurden vorher mindestens fünf oder mehr verschiedene psychotrope Substanzen verordnet. Die Antipsychotika waren dabei die am häufigsten verabreichte Medikamentengruppe. Neben dem häufigen Off-Label-Use von Psychopharmaka wurden verschiedene ungeeignete Verordnungspraktiken wie z. B. Doppelverschreibungen gleicher Substanzgruppen, unberücksichtigte Interaktionen und falsche Anwendungen festgestellt.

Für **Österreich** liegen bislang noch keine Studien zur Verordnungspraxis von Psychopharmaka bei der Patientengruppe der Menschen mit Störungen der Intelligenzentwicklung vor.

3.1.2 Psychopharmakologische Verordnungs- und Behandlungspraxis

In den letzten Jahren wurde national und international der übermäßige Gebrauch von Psychopharmaka in der Behandlung von Menschen mit Störungen der Intelligenzentwicklung kritisch diskutiert (Branford et al. 2019; de Kuijper et al. 2014; Ramerman et al. 2019; Sheehan et al. 2015; Tsiouris et al. 2013).

So stellten de Kuijper et al. (2014) für die Verordnungspraxis von Psychopharmaka bei Menschen mit Störungen der Intelligenzentwicklung in den Niederlanden fest, dass in 58 % der Fälle die antipsychotischen Medikamente (Neuroleptika) wegen aggressiver Verhaltensauffälligkeiten verordnet werden. Nur bei 22,5 % lag die Diagnose einer Psychose aus dem schizophrenen Formenkreis vor. In 18,5 % der Fälle war der Grund der Verordnung in den Akten überhaupt nicht angegeben. Sheehan et al. ermittelten 2015 in ihrer bereits erwähnten großen Studie in Großbritannien, dass 21 % derjenigen Menschen mit Störungen der Intelligenzentwicklung, die Dienste der medizinischen Grundversorgung in Anspruch genommen haben, eine psychische Störung im engeren Sinn diagnostiziert hatten (ICD-10 F0–F6). Allerdings hatten 49 % der Gesamtgruppe Antipsychotika (Neuroleptika) verordnet bekommen, das heißt, bei 28 % der Patientinnen und Patienten lag eigentlich keine Indikation für die Verordnung vor.

Antipsychotika werden also insgesamt bei Menschen mit Störungen der Intelligenzentwicklung häufig außerhalb ihres eigentlichen Indikationsbereiches (z. B. Wahn, Halluzinationen, formale Denkstörungen, psychotische Unruhezustände) eingesetzt (Bowring et al. 2017; Koch et al. 2021).

Die Anwendung von Medikamenten außerhalb ihres zugelassenen Indikationsbereiches wird **Off-Label-Gebrauch**[9] genannt und hat definierte rechtliche Rahmenbedingungen (Rahmenbedingungen für den ärztlichen Heilversuch). Diese sind durch die Rechtsprechung des Bundessozialgerichts vom 19.03. 2002 geregelt:

MERKE

Der Off-Label-Einsatz ist nur bei **schwerwiegenden Erkrankungen** zulässig,
- wenn es keine Behandlungsalternative gibt und

---

9 Off-Label-Gebrauch (engl.: off-label-use) = Gebrauch außerhalb des genehmigten Anwendungsbereichs.

- wenn nach dem Stand der wissenschaftlichen Erkenntnisse die **begründete Aussicht** besteht, dass die Behandlung **erfolgversprechend** ist.
- (BfArM 2006)

Außer Risperidon und Zuclopenthixol sind im **deutschsprachigen Raum** keine weiteren Psychopharmaka für die spezielle Behandlung von aggressivem Verhalten bei Menschen mit Störungen der Intelligenzentwicklung zugelassen. Es bestehen jedoch Verordnungseinschränkungen für beide Substanzen in puncto Verordnungsdosis und Verordnungsdauer. Alle anderen Substanzen aus den Stoffgruppen der Antipsychotika, Antidepressiva und Antiepileptika können nur im Off-Label-Gebrauch angewandt werden.

Beim Off-Label-Gebrauch muss bei Menschen mit Störungen der Intelligenzentwicklung berücksichtigt werden, dass es sich in der Regel um nicht einwilligungsfähige Personen handelt. Die Verordnungssituation von zugelassenen Medikamenten in Indikationsbereichen ohne ausdrückliche Zulassung wird dadurch problematisch und erfordert zwingend eine ausführliche Information des gesetzlichen Betreuers über das im Off-Label verordnete Medikament und die gesetzlichen Rahmenbedingungen. Unter diesen Voraussetzungen ist die Ärztin oder der Arzt durch die Definition des Heilversuchs juristisch weitgehend abgesichert. Im Einzelfall kann es aber erforderlich sein, dass sich Behandelnde die pharmakologische Therapie im Off-Label-Use im Rahmen des Betreuungsgesetzes gemäß § 1904 BGB vormundschaftsrechtlich genehmigen lassen müssen (z. B. Clozapin).

In der landesweiten Studie von Sheehan et al. (2015) zur Prävalenz von Psychopharmaka bei Menschen mit Störungen der Intelligenzentwicklung in **Großbritannien** (N = 33 016) zeigte sich, dass Anxiolytika und Hypnotika bei Menschen mit Intelligenzentwicklungsstörungen am häufigsten verordnet wurden. An zweiter Stelle kamen die Antidepressiva und danach die Antipsychotika und Stimmungsstabilisatoren (mood-stabilizer). Bei der Studie fiel darüber hinaus auf, dass sich die Verordnungshäufigkeit von Antipsychotika und Stimmungsstabilisatoren im Untersuchungszeitraum von 1999 bis 2013 kontinuierlich pro Jahr um durchschnittlich 4 % reduzierte (Sheehan et al. 2017).

In einer Querschnittsuntersuchung in **Deutschland** (N = 197) von Koch et al. (2021) standen bei der Verordnung von Psychopharmaka die Antipsychotika mit 43,7 % an erster Stelle. Die Einnahmeprävalenz von Psychopharmaka lag bei dieser Studie insgesamt bei 53,8 %. In einer eigenen Feldstudie (N = 559) lag der Prozentsatz derer, die Psychopharmaka einnahmen, bei 21 %, und davon lag der Anteil von Antipsychotika bei knapp 80 %. Beide Studien ergaben, dass die atypischen Neuroleptika am häufigsten verordnet wurden (Koch et al. 2021; Schanze 2014b). Das Verhältnis von Atypika zu klassischen Antipsychotika lag bei Koch et al. (2021) bei 50,4 zu 49,6 %, in der eigenen Studie bei 54,7 % (Atypika) zu 41,0 % (klassische Antipsychotika) (Schanze 2014b). In beiden Studien ließ sich der erstaunlich hohe Anteil der klassischen Antipsychotika vor allem auf die hohe Verordnungsprävalenz von niederpotenten, psychomotorisch dämpfenden Neuroleptika wie Melperon, Levomepromazin und Pipamperon zurückführen.

In England hat sich in den letzten zehn Jahren – unterstützt durch den Nationalen Gesundheitsdienst – eine Initiative aus medizinischen, psychologischen und pädagogischen Experten formiert, die sich das Ziel gesetzt hat, die Übermedikation von Psychopharmaka bei Menschen mit Störungen der Intelligenzentwicklung und/oder Autismus-Spektrum-Störungen zu stoppen (*STOMP, Stopping over medication of people with a learning disability, autism or both*). Wie mehrere Untersuchungen zeigten (Branford et al. 2019; Sheehan et al. 2017), hat diese in den letzten Jahren zu einer Senkung der Verordnungshäufigkeit und einem insgesamt kritischeren Umgang mit Psychopharmaka bei der Behandlung von Verhaltensstörungen für diese Personengruppe geführt. Eine aktuelle Studie von Deb et al. (2023) kommt allerdings zu einem weniger ermutigenden Ergebnis und die Autoren sehen noch deutlichen Handlungsbedarf, um in der Ärzteschaft das Bewusstsein für einen zurückhaltenden Gebrauch von Psychopharmaka bei Menschen mit Störungen der Intelligenzentwicklung und/oder Autismus-Spektrum-Störungen fest zu verankern.

Im deutschsprachigen Raum besteht nach wie vor ein Mangel an psychotherapeutischen Behandlungsalternativen und geeigneten Konzepten zu einer entwicklungslogischen Milieugestaltung (siehe Abschn. 3.5; siehe auch Kap. 18 Verhaltensstörungen). So werden trotz unzureichender Evidenz weiterhin vor allem Antipsychotika zur Behandlung von aggressivem Verhalten eingesetzt. Die erheblichen gesundheitlichen Langzeitfolgen wie längerfristige diabetische Stoffwechsellage, Adipositas und die damit verbundenen kardiovaskulären Folgeerkrankungen sowie eine erhöhte Mortalität werden bislang nur unzureichend kritisch reflektiert bzw. die Untersuchungsergebnisse werden unterschiedlich ausgelegt (Vermeulen et al. 2017; Weinmann & Aderhold 2010; Yoshida et al. 2022). Diese Aspekte spiegeln sich auch in den Empfehlungen der verschiedenen Leitlinien, die in den vergangenen Jahrzehnten für die psychopharmakologische Behandlung von Menschen mit Störungen der Intelligenzentwicklung entwickelt wurden, wider.

Auf internationaler Ebene gibt es bislang im Wesentlichen fünf **Leitlinienkonzepte**:
- *Clinical Guidelines* von Ji & Findling (2016)
- *The Frith prescribing guidelines for people with intellectual disability* von Bhaumik et al. (2015)
- Internationale Verordnungsleitlinien von Deb et al. (2009)
- Konzept von Reiss & Aman (1997)
- Leitlinien von Einfeld (2001)

Während Reiss & Aman (1997) verschiedene pharmakologische Stoffgruppen und Einzelsubstanzen für ihre Anwendung bei Menschen mit Störungen der Intelligenzentwicklung einer differenzierten und kritischen Betrachtung unterzogen haben, formulierte Einfeld (2001) allgemeine Verordnungsgrundsätze, die heute noch gelten und in der Fachliteratur allgemein anerkannt sind. Deb et al. (2009) haben diese Grundsätze überarbeitet.

Handlungsleitend für die Psychopharmakotherapie ist das **Finden der richtigen Diagnose**. Das gilt natürlich sowohl für Menschen mit als auch ohne Störungen der Intelligenzentwicklung. Da die Diagnostik bei dieser besonderen Patientengruppe methodisch jedoch sehr vielschichtig und zeitaufwendig ist, wird die Diagnosefindung in der ärztlichen Praxis bislang häufig vernachlässigt. Das auffällig gewordene Verhalten des Menschen mit einer Intelligenzentwicklungsstörung wird aufgrund von Zeitmangel und fehlendem Spezialwissen als ohnehin »unverstehbar« oder »undiagnostizierbar« abgetan.

PSYCHOPHARMAKOTHERAPIE BEI MENSCHEN MIT STÖRUNGEN DER INTELLIGENZENTWICKLUNG – HANDLUNGSEMPFEHLUNGEN AUF DER BASIS DER RICHTLINIEN VON EINFELD (2001) UND JI & FINDLING (2016)

- Es gelten die allgemeinen Prinzipien der Psychopharmakotherapie (Compliance, Pharmakodynamik, Pharmakokinetik etc.).
- Vor jeder Behandlung stehen die Diagnostik und die Einschätzung des Erfolgs

der bislang eingesetzten Therapieverfahren.
- Eine Verhaltenskrise sollte nicht zu einem vorschnellen pharmakologischen Handeln verleiten.
- Der rechtliche Rahmen der Medikationsverordnung muss beachtet werden (vor allem Off-Label-Gebrauch).
- Der Wille und die Präferenzen der betroffenen Person muss Berücksichtigung finden (UN-Behindertenrechtskonvention, Art. 12).
- Die betroffene Person muss, soweit dies im Rahmen der Lernschwierigkeiten möglich ist, über die therapeutischen Maßnahmen informiert werden.
- Menschen mit Störungen der Intelligenzentwicklung reagieren häufig sehr vulnerabel auf zentral wirksame Substanzen.
- Die Psychopharmakotherapie ist selten allein wirksam.
- Die Psychopharmakotherapie muss in ein individuelles, multimodales Therapiekonzept integriert sein.
- Das Behandlungsziel bzw. Zielsymptom muss möglichst genau definiert werden.
- Die Effekte auf das definierte Behandlungsziel müssen systematisch dokumentiert werden.
- »Start low, go slow«-Strategie (niedrige Anfangsdosis, langsam steigern).
- Entsprechend den verordneten Medikamenten müssen körperliche Parameter (z. B. Blutwerte, EKG, EEG, Gewicht) regelmäßig kontrolliert werden (Drug Monitoring).
- Das Auftreten von Nebenwirkungen muss laufend und systematisch überprüft werden.
- Nach der psychischen Stabilisierungsphase muss die Medikation auf eine Erhaltungsdosis reduziert werden.
- Lang verordnete Psychopharmaka müssen einer kritischen Überprüfung unterzogen werden (Ramerman et al. 2019).
- Lang verordnete Medikamente nicht zu schnell absetzen. Die Tagesdosis monatlich um ca. 10–15 % reduzieren.

Zu beachten sind auch die eventuellen psychischen Nebenwirkungen von Psychopharmaka. Eine Verschlechterung der psychischen Symptomatik unter Ein- oder Aufdosierung ist für eine solche unerwünschte Arzneimittelwirkung typisch.

Deb et al. (2009) nennen in ihren internationalen Richtlinien zusätzlich noch folgende Punkte, die vor einer Behandlung berücksichtigt werden müssen:
- klare Beschreibung der Verhaltensstörungen, einschließlich Häufigkeit und Schweregrad
- Bewertung der Ursachen, die zu den Verhaltensstörungen geführt haben
- Aufzeichnung der Reaktionen auf das Verhalten und der Ergebnisse
- Bewertung der prädisponierenden, auslösenden und aufrechterhaltenden Risikofaktoren
- Betrachtung aller Behandlungsoptionen und ihrer Ergebnisse
- Begründung für die vorgeschlagene Behandlungsoption
- Risikobewertung für alle beteiligten Parteien
- mögliche Vorteile und unerwünschte Nebenwirkungen der vorgeschlagenen Intervention(en) bedenken und betroffenen Personen mitteilen
- Einbeziehung der wahrscheinlichen Auswirkungen der vorgeschlagenen Intervention(en) auf die Lebensqualität der Person und ihrer Familie

Wie aus den Richtlinien hervorgeht, muss jede psychopharmakologische Behandlung durch ein sinnvolles **Drug Monitoring** begleitet werden. Es umfasst im Allgemeinen bei Psychopharmaka die in Tabelle 3-1 aufgeführten Untersuchungen. Bei der Verordnung ein-

Kontrolluntersuchungen bei Antidepressiva/Antipsychotika			
Vor Therapiebeginn	1, 2 und 3 Monate nach Therapiebeginn	Danach vierteljährlich	Danach halbjährlich
Blutbild, Na, K, Krea, GOT, GPT, γ-GT, Bili, CK, Glc, INR, TSH ggf.: β-HCG EKG, Gewicht, EEG, RR, Puls	Blutbild, Na, K, Krea, GOT, GPT, γ-GT, Glc Gewicht, RR, Puls	Gewicht, RR, Puls	Blutbild, Na, K, Krea, GOT, GPT, γ-GT, Bili, CK, Glc EKG, Gewicht, RR, Puls

Tab. 3-1: Empfohlene Kontrolluntersuchungen bei Antidepressiva und Antipsychotika (Zusammenstellung Routineuntersuchungen aus Benkert et al. 2013); gegebenenfalls arzneimittelspezifische Kontrolluntersuchungen und Anpassungen im Verlauf beachten

zelner Substanzen können noch verschiedene andere Kontrolluntersuchungen zusätzlich erforderlich werden (je nach Stoffgruppe), wie dies z. B. bei Clozapin (monatlich Blutbildkontrollen nach der 16-wöchigen Eindosierungsphase mit wöchentlichen Kontrollen) oder bei Agomelatin (GOT, GPT, γ-GT nach Eindosierungsphase mit drei- bis zwölfwöchentlichen Kontrollen, danach vierteljährliche Kontrollen) der Fall ist. Außerdem hängen die durchzuführenden Kontrolluntersuchungen von den individuellen Komorbiditäten der jeweiligen Person ab (z. B. vorbestehende Herz-Kreislauf-Erkrankungen oder metabolische Störungen).

3.1.3 Besonderheiten in der psychopharmakologischen Behandlung von Menschen mit Störungen der Intelligenzentwicklung

Unerwünschte Arzneimittelwirkungen und typische pharmakologische Interaktionen

Das Zusammenwirken von Medikament und Organismus ist durch zwei grundsätzliche Mechanismen gekennzeichnet:
1. Pharmakodynamik (Wirkung des Medikaments auf den Organismus: Wirkungsweise, Nebenwirkungsprofile, Toxikologie)
2. Pharmakokinetik (Wirkung des Organismus auf das Medikament: Resorption, Verteilung, Metabolisierung, Ausscheidung)

In der Behandlung von Menschen mit Störungen der Intelligenzentwicklung und psychischen Störungen gelten die Grundsätze der allgemeinen Pharmakologie. Im Detail sind jedoch viele wichtige Besonderheiten in der Behandlungspraxis zu berücksichtigen.

Unterschiede in der Pharmakodynamik

Die Wahl eines Medikaments erfolgt in der Medizin nach dem Gesichtspunkt, welche Auswirkungen ein Arzneimittel auf den Organismus hat (Pharmakodynamik). Hierbei steht die erwünschte Wirkung (Behandlung des das Krankheitsbild prägenden Syndroms) im Zentrum. In der Psychiatrie handelt es sich z. B. um die antipsychotische oder antidepressive Wirkung mit einer entsprechenden Stimulation oder Blockade bestimmter Neurotransmittersysteme im limbischen System und im präfrontalen Kortex. Aber auch die Dosis-Wirkungs-Beziehung, das Nebenwirkungsprofil und die Toxikologie einer Substanz gehören zum Bereich der Pharmakodynamik.

Bei Menschen mit Störungen der Intelligenzentwicklung gibt es fünf Aspekte, die in der Praxis der Psychopharmakotherapie besonders zu berücksichtigen sind:

1. Der Anwendungsbereich ist auf das Gebiet der **Verhaltensstörungen** erweitert (z. T. Off-Label-Gebrauch).
2. Es besteht eine erhöhte **Vulnerabilität** gegenüber zentral wirksamen Substanzen mit einer erhöhten Inzidenz extrapyramidaler und anticholinerger Nebenwirkungen.
3. **Häufig** werden bestimmte Pharmaka mit besonders **hohem zentralem und peripherem Nebenwirkungsrisiko** (z. B. die psychomotorisch dämpfenden Neuroleptika Levomepromazin, Chlorprothixen, Thioridazin oder auch das Antiepileptikum Phenobarbital) angewendet.
4. Die Kombination von Symptomen **komorbider Störungen** und **Nebenwirkungssymptomen**.
5. Nebenwirkungen können von verbal **eingeschränkt bzw. nicht kommunikationsfähigen** Menschen mit Störungen der Intelligenzentwicklung nicht mitgeteilt werden.

Psychopharmaka und Verhaltensstörungen

Die Behandlung von Verhaltensstörungen ist ein besonders praxisrelevanter Aspekt der psychopharmakologischen Behandlung von Menschen mit Störungen der Intelligenzentwicklung und/oder Autismus-Spektrum-Störungen. Unter pharmakodynamischen Gesichtspunkten ist dabei vor allem das erweiterte Anwendungsspektrum von Bedeutung. Es bleibt in der Praxis dabei oft völlig unklar, auf welcher Hypothese der neuropsychiatrischen Wirkungsweise die Anwendung von Psychopharmaka bei bestimmten Verhaltensstörungen basiert bzw. basieren soll (rationale Zielsymptomatik). Folge davon ist eine unkritische, »gießkannenartige Polypharmazie« (»Viel hilft viel!«), die wiederum pharmakokinetische und pharmakodynamische Probleme (Medikamenteninteraktion) nach sich zieht (Koch et al. 2021; Lonchampt et al. 2021; McMahon et al. 2020). Dies betrifft aber auch die Polypharmazie von psychotropen Substanzen und Internistika oder anderen Medikamenten, deren Interaktionsproblematik bei der Personengruppe von Menschen mit Störungen der Intelligenzentwicklung nur unzureichend berücksichtigt wird (O'Dwyer et al. 2018). In einem Review von Nabhanizadeh et al. aus dem Jahr 2019 wird darüber hinaus beklagt, dass die Studien zur Polypharmazie bei Menschen mit Störungen der Intelligenzentwicklung keine spezielle Einschätzung der Interaktions- und Nebenwirkungsproblematik enthalten (Nabhanizadeh et al. 2019). Ein Nebenwirkungs-Monitoring fehlt darüber hinaus in den meisten Fällen (Espadas et al. 2020) und Studien zu Langzeiteffekten der Polypharmazie wurden bei dieser Personengruppe bislang nicht durchgeführt.

Zentrale Vulnerabilität

Bei Menschen mit Störungen der Intelligenzentwicklung besteht eine deutlich erhöhte **Vulnerabilität** für zentral wirksame Substanzen (Bhaumik et al. 2015; Fodstad et al. 2010; Matson & Mahan 2010). Das Risiko des Auftretens unerwünschter Arzneimittelwirkungen (motorisch, psychisch und kognitiv) ist bei der Gabe von Psychopharmaka besonders hoch. Diese erhöhte zentrale Verletzbarkeit von Menschen mit Störungen der Intelligenzentwicklung ähnelt der von Patienten mit Krankheiten des zentralen Nervensystems bzw. mit Zuständen nach Schädel-Hirn-Verletzungen oder auch mit den Verhältnissen eines alternden Gehirns (Kim et al. 2007). Man geht heute davon aus, dass die Dichte der Dopaminrezeptoren eine entscheidende Rolle in der kognitiven Entwicklung spielt und dass Menschen mit Störungen der Intelligenzentwicklung eine verringerte Dichte von Dopamin-Rezeptoren haben (Cai et al. 2021). Dies führt speziell bei Menschen mit Störungen der Intelligenzentwicklung und auch bei Menschen mit Intelligenzentwicklungsstörungen und komorbider Autismus-Spektrum-Störung zu einer Dysregulation dieses Rezeptorsystems im präfrontalen Cortex und in den cortico-striatalen Bahnen (Yan & Rein 2022). Je deutlicher die organische Prägung einer Störung der Intelligenzentwicklung zu erkennen ist (z. B. zentralmotorische Begleitsymptome), desto höher ist erfahrungsgemäß das Risiko für das Auftreten von extrapyramidalen und anderen zentralen Nebenwirkungen.

Die Verwendung von Neuroleptika mit geringerer D_2-Bindungskapazität (Atypika) scheint auch bei Menschen mit Störungen der Intelligenzentwicklung seltener zu den typischen motorischen Nebenwirkungen zu führen als dies bei Neuroleptika mit einer hohen Bindungskapazität (klassische Neuroleptika) üblicherweise der Fall ist (Aman & Madrid 1999; Scheifes et al. 2016).

Doch sind auch einige Studien zu erwähnen, die in kritischer Weise diskutieren, ob die Frage des Auftretens von extrapyramidalen Nebenwirkungen unter atypischen Neuroleptika lediglich von der Höhe der verabreichten Dosis abhängt und der Begriff der Atypizität insofern irreführend ist (Soares-Weiser & Fernandez 2007). Darüber hinaus zeigten Stegmayer et al. (2018), dass Atypika durchaus auch zu tardiven Dyskinesien führen können, auch wenn dies seltener als bei klassischen Neuroleptika geschieht.

Aus der erhöhten zentralen Vulnerabilität lässt sich für die psychopharmakologische Behandlung von Menschen mit Störungen der Intelligenzentwicklung schließen, dass aufgrund der anzunehmenden Hypersensitivität des Dopaminrezeptorsystems in der Auf- und Abdosierung ein schnelles Vorgehen zu vermeiden ist. Es gilt das Prinzip: »start low, go slow!«, egal ob das Neuroleptikum eine hohe oder niedrige D_2-Bindungskapazität besitzt. Außerdem sollte die Medikation nach der Akutphase auf eine niedrigere Erhaltungsdosis reduziert werden. Im Falle der Verordnung von Psychopharmaka im Off-Label-Gebrauch weisen verschiedene Studien zu Absetzversuchen darauf hin, dass dies zu einer Verbesserung der Lebensqualität bei der Mehrheit der betroffenen Personen führt (Branford et al. 2019; de Kuijper & Hoekstra 2017; de Kuijper et al. 2014). In der Studie von Sheehan & Hassiotis aus dem Jahr 2017 konnten jedoch keine klaren Prädiktoren dafür ermittelt werden, bei welchen Personen eine Reduktion oder ein Absetzen der Psychopharmaka, die zur Behandlung von Verhaltensstörungen verordnet wurden, möglich ist und bei welchen nicht (Sheehan & Hassiotis 2017).

Nebenwirkungsprofile häufig verwendeter Psychopharmaka

Verschiedenen Untersuchungen zur Häufigkeit der Verordnung von Psychopharmaka bei Menschen mit Störungen der Intelligenzentwicklung zeigen, dass auch heute noch Substanzen mit hoher anticholinerger Last (Symptomatik des anticholinergen Syndroms; siehe Tab. 3-2) verwendet werden, wie z. B. Levomepromazin, Thioridazin, Chlorpromazin und Chlorprothixen (Al Shuhaimi et al. 2022; O'Dwyer et al. 2018; Ward et al. 2021). Gerade Thioridazin galt außerdem über lange Zeit als das ideale Psychopharmakon für Männer mit Störungen der Intelligenzentwicklung und expansiv-aggressivem Verhalten. Das Medikament erlangte diesen Ruf, weil es einerseits psychomotorisch dämpfend wirkt, andererseits Libido und Potenz (vor allem bei Männern) senkt. Der Wirkstoff verursacht jedoch in der Gruppe der Neuroleptika besonders häufig kardiologische Nebenwirkungen (Thioridazin: 5,4 % relevante QTc-Verlängerung im EKG), die unter Umständen zum Tod führen können (Torsade-de-Pointes-Tachykardie). Die Häufigkeit der QTc-Veränderungen steigt dosisabhängig (Reilly et al. 2002). Das bedeutet für die Therapie bei Menschen mit Störungen der Intelligenzentwicklung:

> **MERKE**
> - Bei der Wahl des Medikaments muss die Durchführbarkeit von eventuell notwendigen Labor- bzw. technischen Untersuchungen bedacht werden.
> - Lassen Sie eine Medikation, die mit einem hohem Nebenwirkungsrisiko behaftet ist, nicht unhinterfragt stehen. Denn mit steigendem Alter wächst das kardiologische und zentralnervöse Nebenwirkungsrisiko trotz gleichbleibender Dosis.

Komorbiditäten und Nebenwirkungsprofile

Ein häufig unterschätztes Problem in der psychopharmakologischen Behandlung von Menschen mit Störungen der Intelligenzentwicklung stellt die Beeinflussung von Komorbiditäten durch die speziellen Nebenwirkungsprofile der Psychopharmaka dar. So kann z. B. die in dieser Population extrem verbreitete Problematik der chronischen **Obstipation** vor allem durch die Gabe von anticholinerg wirksamen Medikamenten erheblich verstärkt werden. Vor allem Clozapin, die Phenothiazine und trizyklische Antidepressiva, aber auch Benzodiazepine und Antiepileptika, zeigen häufig in der Anfangsphase diese Nebenwirkung und man muss die Patientinnen und Patienten bzw. die betreuenden Personen ausdrücklich auf dieses Problem aufmerksam machen. Anderenfalls kann es zu massiven Verstopfungssymptomen bis hin zum lebensgefährlichen Ileus (Darmverschluss) kommen. Das kann zu einem bei der Pharmakotherapie von Menschen mit Störungen der Intelligenzentwicklung **typischen Problem** führen: Vielfach ändert sich, vor allem bei schwer beeinträchtigten Menschen, im Rahmen einer Verstopfungssymptomatik das Verhalten. Die Folge können z. B. Unruhe, Schlaflosigkeit, vermehrtes Schreien, selbstverletzendes Verhalten, aber auch Kotschmieren sein.[10]

Wird die Ursache der Verhaltensauffälligkeiten nicht korrekt erkannt, besteht z. B. im geschilderten Fall der Obstipation die Gefahr, dass noch zusätzlich vor allem sedierende Psychopharmaka verordnet werden, wodurch die bestehende Symptomatik gefährlich eskalieren kann.

Die Problematik kann auch durch **additive Effekte** (z. T. auch supra-additiv!) verursacht werden. Diese Effekte entstehen, wenn zwei oder mehr Substanzen am gleichen Rezeptorsystem angreifen und so zu einer gegenseitigen Verstärkung bestimmter, mit diesen Rezeptoren verbundenen (Neben-)Wirkungen führen. Beispielsweise verursacht die Blockade von Rezeptoren, die durch Acetycho-

---

10 Einige Menschen mit Störungen der Intelligenzentwicklung versuchen vor allem beim Vorliegen von Kotsteinen, diese mit den Fingern selbst aus dem terminalen Ileum zu mobilisieren. Dieser Versuch wird für die Betreuer auffällig durch Kotspuren an den Fingern oder aber auch – bedingt durch versehentliche Verletzungen – durch Blutspuren in der Unterwäsche, auf der Bettwäsche oder an den Fingern.

lin stimuliert werden, folgende Nebenwirkungen: Akkommodationsstörungen, Mundtrockenheit, Sinustachykardie, Obstipation, Harnverhalt, Merkfähigkeitsstörungen, Delir, möglicherweise auch zerebrale Krampfanfälle (Benkert & Hippius 2013). Die Verordnung von zwei oder mehreren Substanzen mit anticholinerger Wirkung, die für die Behandlung von Menschen mit Störungen der Intelligenzentwicklung in der Vergangenheit typisch war, erhöht dieses Risiko erheblich. Dies geschieht durch eine gegenseitige Verstärkung (additiver Effekt) der Rezeptorwirkung, ohne dass sich jedoch in der Konzentration der einzelnen Substanzen im Körper oder in ihrer Metabolisierung oder Ausscheidung etwas ändert (Eckermann 2006).

Aus Tabelle 3-2 lassen sich die Symptome eines zentralen anticholinergen Syndroms entnehmen. Auffallend ist die Ähnlichkeit der Symptomatik mit den bei Menschen mit schwerer Störung der Intelligenzentwicklung häufig vorkommenden Verhaltensstörungen (Unruhe, Reizbarkeit, Verwirrtheit etc.). Da Menschen mit Störungen der Intelligenzentwicklung, wie aus verschiedenen Untersuchungen hervorgeht (Al Shuhaimi et al. 2022; O'Dwyer et al. 2018; Ward et al. 2021), sehr häufig anticholinerg wirkende Neuroleptika (z. B. Levomepromazin, Thioridazin, Chlorprothixen) zum Teil in sehr hohen Dosen erhalten, muss bei auftretendem auffälligen Verhalten immer auch an das Bestehen eines zentralen und peripheren anticholinergen Syndroms gedacht werden. Diese Gefahr wird mit wachsendem Alter der betroffenen Menschen mit Störungen der Intelligenzentwicklung aufgrund der Zunahme der zentralen Vulnerabilität immer größer (O'Dwyer et al. 2018).

Eine ebenfalls typische Problematik stellt bei gleichzeitig bestehender Störung der Intelligenzentwicklung, psychischer Auffälligkeit und Epilepsie die **wechselseitige pharmakodynamische Beeinflussung** der verordneten Medikamente dar. So können Psychopharmaka vor allem in höheren Dosen die Anfallshäufigkeit erhöhen. Meist führt das zu einer Dosissteigerung der Antiepileptika, was wiederum – bedingt durch das Nebenwirkungsprofil dieser Substanzen – zu einer Zunahme der Verhaltensauffälligkeiten führen kann. Diese Wechselseitigkeit der Nebenwirkungen kann zu einem gefährlichen Circulus vitiosus in der Behandlung führen (Brodtkorb et al. 1993).

Zentrale Symptomatik	Periphere Symptomatik
Agitiertheit, motorische Unruhe	trockene Haut und Schleimhäute
Dysarthrie	Hyperthermie
delirante Zustandsbilder	Mydriasis
Desorientiertheit, Verwirrtheit	tachykarde Herzrhythmusstörungen
eventuell optische und zum Teil akustische Halluzinationen	Harnverhalt
zerebrale Krampfanfälle	Obstipation
sedative Verlaufsform: • Somnolenz • Koma	

Tab. 3-2: Zentrales anticholinerges Syndrom (Benkert & Hippius 2013)

Die erhöhte Prävalenz von **Übergewicht bzw. Adipositas** bei Menschen mit Störungen der Intelligenzentwicklung muss bei der pharmakologischen Behandlung ebenfalls grundsätzlich berücksichtigt werden (siehe auch Kap. 16 Fütter- und Essstörungen). Besonders die Verordnung einiger atypischer Neuroleptika muss mit Vorsicht erfolgen (siehe Tab. 3-3). Für die Vermutung, dass speziell Psychopharmaka an der stark erhöhten Prävalenz von Übergewicht und Adipositas ursächlich beteiligt sind, gibt es bislang zwar deutliche Hinweise, aber der Verdacht ist wissenschaftlich noch nicht ausreichend belegt und erfordert weitere Untersuchungen (siehe Kap. 16).

Vermutlich spielen bei der Entstehung der Adipositas viele psychosoziale und familiäre Aspekte eine wesentliche Rolle. Auch hier gilt, dass Betroffene und Betreuende auf diese Problematik aufmerksam gemacht werden müssen. Aus Tabelle 3-3 geht hervor, wie stark die Gewichtszunahme durch verschiedene Substanzen in den ersten zwei bis drei Monaten sein kann. Die Höhe der Gewichtszunahme innerhalb der ersten Verordnungszeit kann als orientierendes, prospektives Maß für eine zukünftige Gewichtszunahme unter einer bestimmten, psychopharmakologischen Medikation herangezogen werden. Bedenkt man die fatalen gesundheitlichen Folgen der Fettsucht (Diabetes mellitus, Dys-

Antipsychotikum bzw. Placebo	Mittlere Gewichtszunahme in 2–3 Monaten (kg) (Benkert & Hippius 2013)	Risiko für Gewichtszunahme (Benkert & Hippius 2013; Dayabandara et al. 2017)
Placebo Aripiprazol	0–0,5	kein wesentlich erhöhtes Risiko
Ziprasidon Lurasidon Quetiapin XR	–	kein bis leicht erhöhtes Risiko
Fluphenazin Amisulprid Haloperidol	0,5–1,5	leicht erhöhtes Risiko
Risperidon Paliperidon Quetiapin Sertindol Chlorpromazin	1,5–3,0	deutlich erhöhtes Risiko
Thioridazin Olanzapin Clozapin	3,0–5,0	stark erhöhtes Risiko
Zurzeit liegen Daten aus Reviews und Metaanalysen vor allem für eine Behandlungsdauer von 2–3 Monaten vor.		

Tab. 3-3: Gewichtszunahme unter Antipsychotika (Benkert & Hippius 2013; Dayabandara et al. 2017)

lipidämie, kardiovaskuläre Folgeerkrankungen oder das Vollbild eines metabolischen Syndroms), so kann nicht genügend auf dieses besondere Problem bei Menschen mit Störungen der Intelligenzentwicklung hingewiesen werden.

Eine Meta-Analyse von Dayabandara et al. aus dem Jahr 2017 ergab, dass Antipsychotika im Vergleich zu Placebo zu einer signifikant höheren Gewichtszunahme (mittlerer Unterschied = 0,86 [KI: 0,65; 1,07], p < .001) und zu einem signifikant höheren Risiko einer Gewichtszunahme von ≥ 7% des Ausgangsgewichts (RR = 2,04 [1,54; 2,71], p < .001) nach drei bis zwölf Wochen Behandlung führten. Am häufigsten war die Gewichtszunahme bei Olanzapin zu beobachten, gefolgt von Asenapin, Risperidon, Quetiapin XR, Brexpiprazol, Cariprazin und Lurasidon. Auch relativ neue Wirkstoffe wie Cariprazin und Brexpiprazol führten im Vergleich zu Placebo zu einer signifikanten Gewichtszunahme. Nur Aripiprazol, Lurasidon und Quetiapin XR (retard) führten nicht zu einer klinisch signifikanten Gewichtszunahme von ≥ 7% im Vergleich zum Ausgangsgewicht (Dayabandara et al. 2017). Die Autoren leiten aus ihren Ergebnissen die Forderung ab, dass bei allen Personen, die mit einem Antipsychotikum behandelt werden, unabhängig von ihrer Diagnose oder ihrem Alter, routinemäßig das Gewicht und die Stoffwechselparameter überwacht werden müssen, um relevante Veränderungen rechtzeitig erkennen zu können.

Besonderheiten bei Personen mit eingeschränkter Kommunikation

Verbal nicht kommunikationsfähige Menschen mit Störungen der Intelligenzentwicklung können körperliche Beschwerden nur sehr bedingt mitteilen. Sichtbar werden das Unwohlsein oder die eventuell vorhandenen Schmerzen häufig nur an einem veränderten Verhalten im Alltag. Betreuende Personen müssen daher einerseits ihre Klientinnen und Klienten genau beobachten und deren Verhalten dokumentieren, andererseits das Nebenwirkungsprofil der verordneten Medikamente genau kennen. Meist ist dies nicht der Fall und so werden vielfach unerwünschte Arzneimittelwirkungen übersehen oder gar als pädagogisch zu beeinflussende Verhaltensstörungen missdeutet. Daher sind regelmäßige Fallbesprechungen, der interdisziplinäre Austausch, Supervision sowie Fort- und Weiterbildung wichtig.

Häufig kommt es auf ärztlicher Seite zum Phänomen des *diagnostic overshadowing* und – eigentlich klar erkennbare – extrapyramidale Störungen (EPS; z. B. eine okulogyre Krise) werden nicht erkannt, weil man glaubt, dass es sich beim auffällig häufigen »Nach-oben-Blicken« des Patienten bzw. der Patientin um eine motorische Stereotypie handle.

Noch schwieriger ist es, als behandelnder Arzt oder Ärztin eine Akathisie zu erkennen und zu diagnostizieren, obwohl sie im Grunde genauso geartet ist wie bei Menschen ohne eine Störung der Intelligenzentwicklung (siehe Fallbeispiele). Erschwert wird die Diagnostik dadurch, dass die Akathisie bei Menschen mit Intelligenzentwicklungsstörungen häufig von anderen Verhaltensauffälligkeiten wie fremd-, sach- oder selbstverletzendem Verhalten begleitet wird.

FALLBEISPIEL 1
Ein 32-jähriger Patient mit einer leichten Störung der Intelligenzentwicklung und einer schweren, über viele Jahre unbehandelten gemischten Schizophrenie (paranoid-halluzinatorische und katatone Symptome; mutistisch bis stuporös; wenn er spricht, dann nur mit anscheinend halluzinierten Personen bzw. Stimmen; auf Fragen antwortet er nicht!) zeigt unter 4 mg Haloperidol folgende Symptomatik: Patient läuft auf Station hin und her, bleibt

nirgends mehr sitzen; er spült seinen Mund mit Reinigungsmitteln, die er auf der Station gefunden hat und isst Seife. Die Symptomatik verstärkt sich unter steigender Medikation und verschwindet, als Haloperidol abgesetzt wird. Die gleiche Symptomatik tritt auf, als ein Behandlungsversuch mit einem Atypikum gemacht wird. Hierbei sind die Symptome einer Sitzunruhe (Akathisie mit ständigem Hin- und Hertrippeln beim Stehen; Wippen und Überkreuzen der Füße im Sitzen) und ein beginnender Zungenschlundkrampf deutlicher zu erkennen. Das geschilderte Verhalten des »Mundreinigens« könnte eventuell ein zwar bizarr anmutender, aber äußerst verzweifelter Bewältigungsversuch des im Mundbereich anflutenden unangenehmen Gefühls eines beginnenden Zungenschlundkrampfes gewesen zu sein.

Das Hin- und Herrennen war kein katatoner Erregungszustand, sondern eine Akathisie.

FALLBEISPIEL 2

Ein 20-jähriger Mann mit einer schweren Störung der Intelligenzentwicklung ohne aktive Sprachkompetenz zeigt im Wohnbereich Unruhezustände, Schreien und selbstverletzendes Verhalten (Schläge mit der Hand/Faust gegen den Kopf; Ausprägung gemäß MOAS-D Stufe 3). Es erfolgte eine stationäre Aufnahme.

Nach einer funktionalen Analyse wird er auf ein Atypikum eingestellt. Nach vorsichtiger Aufdosierung quantitative und qualitative Veränderung des selbstverletzendes Verhaltens: Der Patient ist noch unruhiger und schmettert seinen Kopf mehrfach am Tag mit voller Wucht gegen die Wand. Außerdem wird das Gangbild schwankend. Ein leichter Nystagmus ist feststellbar.

Nach Dosisreduktion verschwinden Gangstörung und Nystagmus, eine massive Bewegungsunruhe und deutlich selbstverletzende Handlungen bestehen aber weiterhin. Nach Absetzen der Medikation stabilisiert sich die Situation auf dem alten pathologischen Niveau. Schwerste Selbstverletzungen werden nicht mehr beobachtet.

Die Symptomatik muss insofern im Sinne einer *baseline exaggeration* des chronisch leicht bis mittelschwer vorhandenen, selbstverletzenden Verhaltens gewertet werden. Vermutlich bestanden sowohl Nebenwirkungen im Sinne eines massiven Schwindels als auch eine Akathisie.

Die Interpretation bleibt auch hier hypothetisch. Das Beispiel soll jedoch darauf hinweisen, dass manchmal ein Auslassversuch der verordneten Psychopharmaka erst den richtigen Weg der weiteren Behandlung aufzeigen kann. Gelegentlich ist eine probatorische Gabe von Biperiden i. v. erforderlich, um sich über die Genese der momentan zu beobachtenden, katatton wirkenden Verhaltensauffälligkeiten Klarheit zu verschaffen und das Vorhandensein von EPS entweder zu verifizieren oder auszuschließen.

FALLBEISPIEL 3

Ein 27-jähriger Mann mit einer leichten bis mittelgradigen Störung der Intelligenzentwicklung und einer paranoid-halluzinatorischen Schizophrenie leidet unter akustischen Halluzinationen und massiver Angst. Auch lautes Schreien und Schimpfen und vor allem plötzliches Würgen von Mitbewohnern tritt auf.

Selbst unter hohen Dosen von Neuroleptika bessert sich die floride psychotische Symptomatik nicht ausreichend. Unter der Kombination eines klassischen, hochpotenten Neuroleptikums und eines hochdosierten Atypikums klingt die Symptomatik allmählich ab. Allerdings tritt folgendes, neues Störungsbild in den Vordergrund: Der Patient zieht sich vermehrt zurück, isst kaum noch, schläft schlecht, weint viel, ist völlig verzweifelt, möchte nicht mehr leben. Weder Antidepressiva noch Anxiolytika lindern das Zustandsbild. Im Gegenteil, die Symptomatik verschlechtert sich durch die Hinzugabe eines SSRI. Das Gangbild wirkt nun zunehmend im Sinne eines Parkinsonoids gebunden und der Patient entwickelt einen deutlichen Rigor mit Zahnradphänomen.

Gedacht wird an ein Parkinsonoid und an eine pharmakogene Depression. Der Patient erhält eine Ampulle Akineton® (Biperiden) i. v. und die depressive Symptomatik und das Parkinsonoid verschwinden innerhalb einer Stunde.

MERKE

- Eine Symptomverschlechterung unter Aufdosierung von Psychopharmaka sollte grundsätzlich den Verdacht auf mögliche unerwünschte Nebenwirkungen lenken.
- Extrapyramidale Symptome zeigen sich nicht nur in Form von motorischen Nebenwirkungen, sondern können ebenfalls durch psychische Veränderungen geprägt sein.
- Die unerwartete Verstärkung vorbestehender oder das Neuauftreten von Verhaltensauffälligkeiten kann bei Menschen mit Störungen der Intelligenzentwicklung und/oder Autismus-Spektrum-Störungen zum Teil alleiniger Hinweis auf unerwünschte Arzneimittelwirkungen sein.
- Vor allem bei eingeschränkt kommunikationsfähigen Menschen mit Störungen der Intelligenzentwicklung und/oder Autismus-Spektrum-Störungen muss manchmal probatorisch Biperiden (auch i. v.) verabreicht werden, um das Vorhandensein von extrapyramidalen Symptomen (EPS) auszuschließen.
- Dokumentation von individuell geprägten Nebenwirkungssymptomen (z. B. besondere Verhaltensauffälligkeiten).
- Gewissenhaftes Monitoring von Gewicht und metabolischen Parametern, zusätzlich zu den ohnehin erforderlichen Kontrolluntersuchungen.

3.1.4 Unterschiede in der Pharmakokinetik

Die **Pharmakokinetik**, das heißt die Wirkung des Organismus auf das Arzneimittel (Freisetzung, Resorption, Verteilung, Metabolisierung, Ausscheidung), ist bei Menschen mit Störungen der Intelligenzentwicklung nicht anders als bei der Normalbevölkerung. Sie ist aber im Besonderen durch die Aspekte der **Polypharmazie** und damit durch **Interaktionsprobleme** (z. B. bei der Metabolisierung) gekennzeichnet.

Der gleichzeitige Einsatz von verschiedenen Medikamenten ist bei dieser Patientengruppe einerseits durch die häufig vorhandene Mehrfachbehinderung (z. B. Epilepsie) bzw. Komorbidität (z. B. Autismus-Spektrum-Störungen und Aufmerksamkeitsdefizit-Hyperaktivitätsstörung) bedingt. Andererseits drückt die Polypharmazie gerade bei Menschen mit Störungen der Intelligenzentwicklung oft therapeutische Hilflosigkeit oder ein therapeutisches Vorgehen nach dem »Gießkannenprinzip« aus (häufig aufgrund unzureichender diagnostischer Zuordnung von Verhaltenssymptomen).

Pharmakokinetisch kann bei Menschen mit Störungen der Intelligenzentwicklung durch die sehr häufig auftretende chronische Obstipation die kontinuierliche **Resorption** von Pharmaka beeinträchtigt sein. Außerdem ist die hohe Rate an Übergewicht und Adipositas mit einem veränderten **Verteilungsquotienten** verbunden, der von Fall zu Fall bei der Dosierung berücksichtigt werden muss.

Häufige Interaktionsprobleme

Ein Großteil der Psychopharmaka wird in der Leber über das Cytochrom-P450-Enzym (CYP450) metabolisiert. Für diesen Prozess stehen verschiedene Isoenzyme zur Verfügung. In Tabelle 3-4 sind Neuroleptika und Antidepressiva aufgeführt, die als Substrat der häufigsten CYP-Isoformen nachgewiesen wurden.

Die Aktivität dieser Enzyme kann in unterschiedlichem Maße durch Medikamente beeinflusst werden. Bei Polypharmazie kann es dadurch zu Wechselwirkungsmechanismen kommen, die teilweise erhebliche Folgen für den Organismus haben. So wirken einige selektive Serotonin-Wiederaufnahmehemmer, die in den letzten Jahren immer häufiger bei Menschen mit Störungen der Intelligenzentwicklung und Angstsymptomatik eingesetzt wurden, **hemmend** auf das **Enzymsystem**, und andere, gleichzeitig verabreichte Substanzen können deshalb weniger gut abgebaut werden, wodurch der Plasmaspiegel dieser Wirkstoffe in toxische Bereiche ansteigen kann (z. B. trizyklische Antidepressiva, Fluphenazin).

Carbamazepin (Antiepileptikum, Stimmungsstabilisator) kann, wie z. B. auch Hypericin (Johanniskraut), als **Enzyminduktor** wirken und stimuliert die Aktivität mehrerer Isoenzyme. Trizyklische Antidepressiva und verschiedene Neuroleptika können dadurch in ihrer Konzentration so stark absinken, dass es zu einem Wirkverlust und somit zu einem psychotischen Rezidiv kommen kann.

Außerdem können bestimmte Isoenzyme genetisch bedingt in ihrer Aktivität beeinflusst sein (**genetischer Polymorphismus**). So

Cytochrom-P450-Isoenzym	Substrate	
	Neuroleptika (Beispiele)	Antidepressiva (Beispiele)
CYP 1A2 Hohe Kapazität, niedrige Affinität	Clozapin, Chlorpromazin, Levomepromazin, Fluphenazin, Olanzapin	Agomelatin, Amitryptylin, Clomipramin, Duloxetin, Fluvoxamin, Imipramin, Mirtazapin
CYP 3A4 Hohe Kapazität, niedrige Affinität	Clozapin, Levomepromazin, Aripiprazol, Chlorpromazin, Haloperidol, Perazin, Sertindol	Amitryptylin, Clomipramin, Fluoxetin, Imipramin, Mirtazapin, Nefazodon, Trazodon, Venlafaxin
CYP 2C9 und 2C19 Eher untergeordnete Rolle in der Psychopharmakologie	Perazin	Amitryptylin, Citalopram, Doxepin, Escitalopram, Fluoxetin, Sertralin
CYP 2D6 Geringe Kapazität, hohe Affinität	Aripiprazol, Chlorpromazin, Haloperidol, Risperidon, Zuclopenthixol	Amitryptylin, Fluoxetin, Fluphenazin, Mirtazapin, Paroxetin, Venlafaxin

Tab. 3-4: Stoffwechsel der Psychopharmaka in der Leber durch Cytochrom-P450-Isoenzyme (nach Benkert & Hippius 2007; Greiner 2009)

sind z. B. etwa 5–10 % unserer Bevölkerung *poor metabolizer* (geringe bzw. keine metabolische Aktivität) bezüglich des Isoenzyms CYP2D6. Das kann dazu führen, dass selbst geringe Mengen von Neuroleptika zu Intoxikationserscheinungen führen. Leider gibt es zu diesem Problembereich noch keine Untersuchungen in der Population der Menschen mit Störungen der Intelligenzentwicklung. Umso interessanter wäre dies, da bei dieser Gruppe genetische Veränderungen ohnehin häufiger zu finden sind als in der Normalbevölkerung und deshalb anzunehmen ist, dass auch die genetischen Grundlagen der metabolischen Aktivität des jeweiligen Menschen beeinträchtigt sein könnte.

Antiepileptika

Die Gruppe der Antiepileptika spielt in der medizinischen Behandlung von Menschen mit Störungen der Intelligenzentwicklung eine besondere Rolle (siehe auch Kap. 22 Epilepsieassoziierte psychische Auffälligkeiten).

Sie werden einerseits wegen einer zusätzlich bestehenden Epilepsie häufig eingesetzt, andererseits sind sie bei dieser Patientengruppe als Phasenprophylaktika und Stimmungsstabilisatoren zunehmend von Bedeutung. Weiterhin gibt es verschiedene empirische Hinweise, dass ihr Einsatz bei expansiven Verhaltensstörungen sinnvoll sein kann (Deb et al. 2009; Spiessl & Cording 1999). Auch Pregabalin (ursprünglich als Antiepileptikum entwickelt) wird wegen seiner anxiolytischen Wirkung im Behindertenbereich zunehmend angewendet.

Das Interaktionspotenzial in Bezug auf verschiedene Neuroleptika wurde bereits erläutert (siehe oben, Abschn. Häufige Interaktionsprobleme). Da bei Menschen mit Störungen der Intelligenzentwicklung und komorbider Epilepsie erfahrungsgemäß eine Monotherapie eher die Ausnahme ist, müssen einige wichtige interaktionale Probleme der Antiepileptika untereinander erwähnt werden (Näheres zur Interaktion von Antiepileptika siehe Kap. 22).

3.1.5 Fazit

Insgesamt gesehen obliegt die pharmakologische Behandlung von Menschen mit Störungen der Intelligenzentwicklung den gleichen allgemeinen Regeln der Pharmakologie. Es gibt jedoch spezielle Aspekte in der Pharmakodynamik und -kinetik, die in der Behandlung dieser Personengruppe berücksichtigt werden müssen.

Die Behandlung von psychiatrischen Störungsbildern, sofern sie gut zu diagnostizieren sind, folgt den gleichen Regeln wie sie in den jeweiligen Leitlinien definiert sind. Allerdings sollte aufgrund der erhöhten zentralen Vulnerabilität des Klientels der Grundsatz »start low, go slow« unbedingt beherzigt werden.

Was die psychopharmakologische Behandlung von Verhaltensauffälligkeiten angeht, so kann diese aufgrund der noch unzureichenden Evidenz nicht allgemein empfohlen werden. Auch die heute vor allem Verwendung findenden modernen Neuroleptika mit niedriger D_2-Rezeptoraffinität (Atypika) weisen erhebliche metabolische Nebenwirkungen auf, die in ihren Langzeitfolgen für Menschen mit Störungen der Intelligenzentwicklung noch unzureichend erforscht sind. Es sollte in der Behandlung deshalb ein besonderes Augenmerk auf die genaue Diagnostik der Ursachen des aggressiven oder sozial störenden Verhaltens gelegt werden (funktionale Analyse). Hieraus ergeben sich wesentliche Aspekte für eine adäquate Begleitung und Behandlung der jeweiligen Personen. Psychopharmaka können in diesem Zusammenhang durchaus einen gewissen Stellenwert einnehmen, doch müssen sie in ein Gesamtbehandlungskonzept eingebettet sein.

ZUSAMMENFASSUNG
- Psychopharmaka zeigen in der indikationsgerechten Behandlung von psychischen Störungen eine wissenschaftlich belegte gute Wirkung.
- In der Behandlung von aggressivem Verhalten mit Psychopharmaka (speziell für Antipsychotika) besteht nach dem heutigen Stand der Wissenschaft keine ausreichende Evidenz für deren Wirksamkeit.
- Die Behandlung von Verhaltensauffälligkeiten mit Psychopharmaka vollzieht sich fast immer im Off-Label-Gebrauch.
- In der Behandlung von aggressiven Verhaltensauffälligkeiten hat sich ein multimodaler Therapieansatz (Psychotherapie, Milieugestaltung, heilpädagogische und entwicklungspsychologische Maßnahmen, evtl. auch Psychopharmaka als Bedarfsmedikamente) bewährt.
- Die richtige Diagnose weist den Weg zur richtigen (auch pharmakologischen) Behandlung.

CHRISTIAN SCHANZE

3.2 Gesprächsführung, Beratung und personzentrierte Gesprächstherapie

3.2.1 Einleitung

Die psychiatrische Diagnostik und Behandlung sind – so wie auch viele psychotherapeutische Verfahren – in besonderem Maße auf das Medium »Sprache« angewiesen. Die Kommunikation ersetzt die technischen Hilfsmittel, auf die Ärzte anderer Fachbereiche häufig zurückgreifen können. Die Menschen mit Störungen der Intelligenzentwicklung zeigen jedoch ausgerechnet in diesem Bereich Beeinträchtigungen, welche die Arbeit der behandelnden Ärzte und speziell die der Psychiater erschweren. Gesprächsführung, Beratungsgespräche oder eine Gesprächstherapie müssen auf die speziellen Erfordernisse dieser Klientel abgestimmt werden. Dies geschieht auf struktureller, sprachlicher, kognitiver und methodologischer Art durch

- multiprofessionelle Diagnostik (multiprofessionelles Team),
- intensive Kommunikation mit Angehörigen, gesetzlichen Betreuenden und Mitarbeitenden der Behindertenhilfe (Fremdanamnese),
- Effektivierung der sprachlichen und nichtsprachlichen Kommunikation (z. B. »Unterstützte Kommunikation«, »Leichte Sprache«, vertrauensvolle Gesprächsatmosphäre),
- Integration didaktischer, lerntheoretisch fundierter Elemente in die Kommunikation (z. B. Visualisierung sozialer Prozesse durch geeignete Materialien) und
- Veränderung von Grundelementen psychotherapeutischer Verfahren (z. B. die viel stärkere Aktivität der Therapeutinnen bzw. Therapeuten im Rahmen der Gesprächstherapie).

3.2.2 Multiprofessionelle Diagnostik

Das multiprofessionelle Arbeiten ist in der psychiatrischen Diagnostik und Therapie von Menschen mit Störungen der Intelligenzentwicklung eine der tragenden Säulen (siehe Kap. 2 Grundlagen der Diagnostik). Sie erfordert eine enge Kooperation der verschiedenen Berufsgruppen. Leider tauchen an dieser Stelle immer wieder Schwierigkeiten auf, die nicht nur berufshierarchisch, sondern auch ideologisch geprägt sind. In der psychiatrischen Versorgung von Menschen mit Störungen der Intelligenzentwicklung muss man mit solchen Konflikten in der Kooperation mit Mitarbeitenden unterschiedlichster Berufsgruppen innerhalb der Behindertenhilfe rechnen und versuchen diesen entschlossen zu begegnen.

So haftet zum einen manchen Ärztinnen und Ärzten immer noch ein medizinischer Habitus gegenüber psychologischen und pädagogischen Berufsgruppen und ein akademischer Dünkel gegenüber pädagogischen und pflegerischen Fachkräften an, der eine produktive Zusammenarbeit erschweren kann. Für Mediziner ist es erforderlich, zu erkennen, dass nur ein die Psychologie, Heil-/Pädagogik und andere Professionen integrierendes Diagnose- und Behandlungskonzept überhaupt eine Chance hat, die Botschaften in den manchmal seltsam oder gar bizarr wirkenden Verhaltensweisen von Menschen mit Störungen der Intelligenzentwicklung zu erkennen, sie zu verstehen und somit auch positiv beeinflussen zu können.

Andererseits bestehen oft Berührungsängste von psychologischen und/oder pädagogischen Mitarbeitenden von Behinderteneinrichtungen gegenüber der Psychiatrie. Hier drückt sich die ideologisch geprägte Einstellung aus, dass man Menschen vor der Psychiatrie schützen müsse oder dass vor allem sozialpsychiatrisches Arbeiten eine unzulässige Einmischung in das Leben von Menschen mit Störungen der Intelligenzentwicklung darstelle. Sieht man sich mit einer solchen Auffassung konfrontiert, ist eine professionelle und gute Zusammenarbeit nur schwer zu verwirklichen. Hier ist meist ein langer und mühsamer Prozess der Kooperationsanbahnung erforderlich. Soll jedoch die multiprofessionelle Vielfalt in den Verstehens- und Erkenntnisprozess einziehen, so muss auch die Kommunikation dialogisch und vielfältig sein (Lang-Körsgen 2000).

Ideologien sind in sich geschlossene Systeme, die den dialogischen Austausch und fachlichen Diskurs zwischen den Professionen auf Augenhöhe ausschließen und das Gegenüber zur bloßen Projektionsfläche degradieren. Leidtragende in dem beeinträchtigten Kommunikationsprozess zwischen Ärztinnen und Ärzten und Mitarbeitenden der Behinderteneinrichtungen sind die Patientinnen und Patienten. Zu ihrem Wohl ist es erforderlich, dass alle an der Betreuung von Menschen mit Lernbeeinträchtigungen[11] beteiligten »Profis« in einen dialogischen Prozess eintreten und damit die begrenzte Sicht der eigenen Berufsperspektive zu überwinden lernen.

---

11 Menschen mit Lernbeeinträchtigungen: Begriff, der von den Betroffenen selbst als Ersatz für die – aus ihrer Sicht – diskriminierenden Bezeichnungen wie Menschen mit geistiger Behinderung, Intelligenzminderung oder Störungen der Intelligenzentwicklung gewünscht wird (www.menschzuerst.de).

3.2.3 Kommunikation mit Angehörigen, gesetzlichen Betreuenden und Mitarbeitenden der Behindertenhilfe

Die Wichtigkeit der Kommunikation mit den Eltern, gesetzlichen Betreuenden und Mitarbeitenden von Einrichtungen der Behindertenhilfe (sofern sie an der Betreuung der jeweiligen Person beteiligt sind) kann nicht genügend betont werden. Hierbei geht es nicht nur um den bloßen Austausch notwendiger Informationen, sondern auch darum, Solidarpartner in einem diagnostisch-therapeutischen Gesamtprozess zu finden. Wie Uexküll in seinen Erläuterungen zu einer humanistischen Medizin deutlich macht (Uexküll & Wesiack 1988), ist es notwendig, einen lebenslang andauernden zirkulären Prozess von Diagnostik und Therapie anzustoßen, dessen Ziel es sein muss, die Patientinnen und Patienten so weit wie möglich zu verstehen. Im Falle der Menschen mit einer Störung der Intelligenzentwicklung erfordert dies die Integration derjenigen, die mit der Betreuung der betroffenen Personen besonders befasst sind. Sie liefern nicht nur Informationen zum unmittelbaren Störungs- oder Krankheitsbild, sondern vermitteln Facetten der Persönlichkeit (Ressourcen, Defizite, Biografie), die für das Verstehen und für die Behandlung von auffällig gewordenen Verhaltensweisen unerlässlich sind.

Darüber hinaus haben Mitarbeitende der Behinderteneinrichtungen in ihrer meist pädagogisch ausgerichteten Professionalität oft wichtige sprachliche »Übersetzungsaufgaben« und sind für die Implementierung sozialtherapeutischer oder kognitiver Strategien in den Alltag der Patientinnen und Patienten mit verantwortlich. Sie müssen deshalb in die Diagnostik und Behandlung miteinbezogen werden.

Häufig sind fallbezogene Teambesprechungen erforderlich, um einerseits Diagnostik und therapeutische Konzepte gemeinsam zu entwickeln bzw. zu diskutieren, andererseits, um die notwendigen Hilfen aufeinander abzustimmen und in ihrer Praktikabilität und Wirksamkeit im Alltag zu reflektieren.

PRAXISTIPPS Teambesprechungen und Einbindung der Mitarbeitenden

Tipp 1: Machen Sie sich ein Bild von der Einstellung der Einrichtung bzw. deren Mitarbeitenden gegenüber der Medizin und der Psychiatrie im Speziellen. Dieses Wissen ermöglicht es Ihnen, unnötige Auseinandersetzungen zu vermeiden und die Patientinnen und Patienten nicht zum Spielball zwischen ideologischen Fronten werden zu lassen. Sprechen Sie das Problem gegenüber der Einrichtungsleitung an. Geht es um die Umsetzung von notwendigen diagnostischen oder therapeutischen Schritten, müssen die gesetzlichen Betreuenden in noch stärkerem Maße in die Entscheidungsfindung integriert werden.

Tipp 2: Machen oder vermitteln Sie geeignete Fortbildungsangebote.

3.2.4 Effektivierung der Kommunikation

Damit ein verbaler und/oder nonverbaler Kommunikationsprozess mit Menschen mit einer Störung der Intelligenzentwicklung gelingen kann, muss das Setting der Gesprächssituation einige strukturelle, didaktische, räumliche und inhaltliche Voraussetzungen erfüllen:

PRAXISTIPP Setting einer Gesprächssituation
- Es ist Zeit erforderlich!
- Lassen Sie sich vor dem Gespräch kurz von den Angehörigen/Betreuenden über den Sachverhalt informieren.
- Benutzen Sie diese Informationen während des Explorationsgesprächs, indem Sie Ihre Fragen entsprechend ausrichten.
- Versuchen Sie, eine ruhige (keine Störungen durch Telefonklingeln) und vertrauensvolle Atmosphäre zu schaffen.
- Fragen Sie die Patientinnen und Patienten um Erlaubnis! (Fragen stellen, Berührung, körperliche Untersuchung, Fragen an die Angehörigen oder Wohnheimbetreuenden stellen zu dürfen etc.)
- Erklären Sie, was Sie tun! Eventuell unterstützt durch Visualisierungen.

Wege zur Verbesserung der verbalen Kommunikation

Menschen mit Störungen der Intelligenzentwicklung sind daran gewöhnt, verbale Äußerungen von nicht behinderten Menschen nicht zu verstehen. Sie wollen das aber nicht gerne zeigen, nicken deshalb verstehend und streuen ab und an ein »Ja« auf gestellte Fragen ein. Ein »Nein« schafft aus Sicht des behinderten Menschen nur Probleme, da daraus folgt, dass noch mehr Fragen gestellt werden! Die Kommunikation verläuft vielleicht emotional in entspannter Atmosphäre, aber Inhalte können so nicht vermittelt werden. Es gilt deshalb, die Sprache des Gegenübers zu finden. Das kann bedeuten, dass man den Menschen mit einer Störung der Intelligenzentwicklung aktiv zum Kennenlernen von Worten, die bestimmte Sachverhalte beschreiben, hinführt oder gemeinsam mit ihm Benennungen von Gefühlen findet und ihm somit ermöglicht, soweit als möglich, sein eigenes Verhalten zu begreifen (Pörtner 2000, 2021). Man verwendet auf diesem Weg möglichst eine Leichte Sprache. Der Begriff »Leichte Sprache« hat sich inzwischen in der Behindertenhilfe fest etabliert und bezeichnet verbale Kommunikationstechniken und eine innere Haltung in der Kommunikation mit Menschen mit eingeschränkten Sprachkompetenzen. Ziel ist es, sich verständlich auszudrücken und so Missverständnisse zu vermeiden. Diese Fähigkeit (Kompetenz), Gefühlszustände zu beschreiben oder zu benennen, ist die wesentliche Voraussetzung dafür, dass Patientinnen und Patienten lernen, ihr Verhalten zu kontrollieren bzw. zu korrigieren. Deshalb gibt es einige Tipps, die zum besseren gegenseitigen Verstehen beitragen können:

PRAXISTIPP Gegenseitiges Verstehen
- Verwenden Sie einfache Worte (Leichte Sprache[12])!
- Greifen Sie die Worte/Bezeichnungen der Patientinnen und Patienten auf.
- Sprechen Sie langsam!
- Wiederholen Sie das Gesagte der Patientinnen und Patienten mit Ihren eigenen Worten, um sicherzustellen, dass Sie alles richtig verstanden haben.
- Wiederholen Sie das Gesagte nach kurzer Zeit (vor allem wichtige Inhalte), das heißt berücksichtigen Sie die individuelle Integrationszeit der Informationsverarbeitung (kognitiver Arbeitsspeicher)!
- Sprechen Sie nicht zu laut!
- Richten Sie Ihre Aufmerksamkeit auch auf nonverbale Reaktionen!
- Überfordern Sie die Patientinnen und Patienten nicht durch zu viele Worte!

---

12 Regeln für »Leichte Sprache« siehe einschlägige Webseiten wie z. B.:
www.leichte-sprache.org
www.aktion-mensch.de/dafür-stehen-wir/was-ist-inklusion/was-ist-leichte-sprache/regeln-leichte-sprache

- Machen Sie Pausen und warten Sie auf verbale und/oder nonverbale Reaktionen!
- Visualisieren Sie Gesagtes (Zeichnungen, Symboldateien im PC, Spielfiguren und Gegenstände etc.)!
- Benutzen Sie Gesten und Mimik zur Verdeutlichung Ihrer Aussagen!
- Fassen Sie am Ende die wesentlichen Punkte kurz und prägnant zusammen!
- Lassen Sie das Gesagte durch die Patientinnen und Patienten wiederholen bzw. helfen Sie ihnen, diese Punkte zu memorieren!

Begrüßung – Aufwärmphase – Exploration

Vor dem Gespräch muss zunächst geklärt werden, ob die Patientinnen und Patienten allein mit dem Arzt sprechen möchten oder ob sie Hilfestellungen durch die Eltern oder Wohnheimbetreuer benötigen. Man sollte ihnen auf alle Fälle das Angebot machen, sich allein mit dem Arzt oder der Ärztin unterhalten zu können. Bei Personen mit eingeschränkter oder ohne Sprachkompetenz ist dies vor allem beim Erstkontakt gegebenenfalls nicht sehr ergiebig. Nach dem Kennenlernen kann sich dies jedoch ändern und es wird eventuell möglich, gemeinsam mit den Personen diagnostisch zu malen oder zu spielen.

Ein persönlicher Händedruck bei der Begrüßung stellt nicht nur einen Akt der Höflichkeit dar, sondern liefert Informationen über die (körperliche) Kontaktfähigkeit (reicht nur Fingerspitzen und/oder wendet sich vom Begrüßenden ab; eventuell Hinweis auf autistische Züge, Angstsymptomatik?) und über den Grad der aktuellen Angespanntheit (kalte, schweißnasse Hand?).

Sind die Erregung und innere Anspannung der Patientinnen und Patienten bei aktuell aufgetretenem Konflikt noch zu groß, sollten Sie zunächst dafür sorgen, dass diese zur Ruhe kommen, bevor Worte, Fragen, angesprochene Situationen und Emotionen zur kognitiv-emotionalen Überlastung und damit erneut zum Erregungszustand führen (z. B. ein Glas Wasser, Musik hören, hin- und hergehen, über das Hobby reden, die Eltern oder Wohnheimbetreuer aus dem Raum schicken [!] etc.). Im Kapitel 2.4.1 wird die psychopathologische Befunderhebung ausführlich darstellt.

Fragen Sie am Anfang nach gewohnten Dingen aus dem Alltag Ihrer Patientinnen und Patienten:

PRAXISTIPP Fragen für eine entspannte Aufwärmphase
- Gehen Sie in die Werkstatt?
- Was arbeiten Sie dort?
- Was muss man da genau machen (Bezeichnung der Gegenstände und ihrer Bedeutung)?
- Ist das eine schwere oder leichte Arbeit?
- Macht die Arbeit Spaß?
- Wo wohnen Sie?
- Was für ein Zimmer haben Sie? Wohnen Sie dort allein oder mit jemandem zusammen?
- Wie heißt Ihre Mitbewohnerin oder Ihr Mitbewohner?
- Ist sie/er nett?
- Was ist in dem Zimmer alles drin (Möbel, Bilder, Fernseher, CD-Spieler, Radio)?
- Schauen Sie gerne Fernsehen/hören Sie gerne Musik?
- Was sehen/hören Sie am liebsten?

Die Aufwärmphase soll nicht nur eine vertrauensvolle Atmosphäre erzeugen, sondern der Patientin bzw. dem Patienten vermitteln, dass die Ärztin oder der Arzt an ihm (und nicht nur an dem aktuellen Problem) interessiert ist und die gestellten Fragen leicht zu beantworten sind (keine Prüfungssituation!). Ziel ist es von Anfang an, die Angst vor der unbekannten oder zumeist negativ besetzten Situation des Arztbesuchs abzubauen.

Dann wird zum eigentlichen Gesprächsthema übergegangen, beispielsweise folgendermaßen: »Wissen Sie eigentlich, warum die Eltern (Herr/Frau ...) Sie zu mir gebracht haben?« und weiter: »Hat es vielleicht mit ... zu tun?« Ermutigen Sie die Patienten, die Angelegenheit in eigene Worte zu fassen. Gegebenenfalls muss man gemeinsam die geeigneten Worte finden (Vermittlung von Kompetenz!). Manchmal ist dies nur möglich, wenn man Eltern oder Wohnheimbetreuer bittet, die Patientinnen und Patienten mit dem Arzt oder der Ärztin allein zu lassen. An dieser Stelle soll ein Beispiel aus unserer Ambulanz auf besonders anschauliche Art zeigen, wie negativ sich die Anwesenheit von invalidierenden Begleitpersonen auf die Gesprächssituation auswirken kann.

FALLBEISPIEL

Patientin: Gestern war Sonntag!
Erzieherin: Nein, gestern war nicht Sonntag, was war gestern?
Patientin: Sonntags kommt Mama, Kaffeetrinken, Kuchen essen!
Erzieherin: Sonntags kommt Mama zu Besuch, wenn E. *(Vorname der Patientin)* nicht heimfährt. Aber was war gestern?
(Pause – Die Erzieherin wird gebeten, die Patientin erzählen zu lassen.)
Patientin: Mama muss bügeln, hat keine Zeit – wer kommt heute, Claudia? ... Du Urschel, Du ... *(lacht verlegen, wird unruhig, zupft an den Fingern und Haaren).*
Erzieherin: Du weißt doch, dass heute nicht Claudia kommt, die war gestern da. Wer kommt heute?
(Patientin verstummt und zupft an Fingern und Haaren)

Bei nicht sprachkompetenten Personen müssen diese dazu ermutigt werden, sich so zu verhalten, wie es für sie angenehm ist (hin- und herschaukeln, auf dem Boden sitzen, stehen, hin- und hergehen, etwas in den Händen halten, am Fenster stehen und hinaussehen etc.).

Durch diese Interventionen erhält man eine Fülle von Informationen zum kognitiven, emotionalen und sozialen Entwicklungsstand und über die aktuelle Lebenssituation der Person. So stößt man in einer Exploration meist sehr schnell auf belastende Faktoren im sozialen Umfeld der betroffenen Person. Darüber hinaus erfährt man auch viel über das Verhältnis zwischen den Patientinnen und Patienten und ihren Angehörigen bzw. Betreuenden aus der Behindertenhilfe.

Können die Begleitenden die betroffenen Personen mit einer Störung der Intelligenzentwicklung selbstständig erzählen lassen? Werden ständig Korrekturen angebracht? Wenden sich die Patientinnen und Patienten Hilfe suchend an die Begleitenden oder an die Ärzte?

Über bestimmte Dinge der Lebenswelt von Menschen mit Störungen der Intelligenzentwicklung sollten behandelnde Ärzte unbedingt informiert sein und so im Gespräch mit den Patientinnen und Patienten Verständnis signalisieren können. Auch sollte man den bevorzugten Musik- und Fernsehgeschmack von Menschen mit einer Intelligenzentwicklungsstörung kennen. So stehen Schlager, Volksmusiksendungen und Soap-TV-Serien hoch im Kurs. Davon abweichende Vorlieben sind meist Hinweis auf ein hohes Maß an individueller Persönlichkeitsentwicklung (z. B. differenzierter Musikgeschmack von Menschen mit Autismus-Spektrum-Störungen) bzw. auf den entsprechenden familiären Hintergrund.

FALLBEISPIEL

Ein Patient (27 Jahre) wird wegen plötzlich einsetzenden sozialen Rückzugs, Verweigerungsverhalten und häufigem, scheinbar unmotiviertem Schreien vorgestellt. Er lebt in einem Wohnheim mit angeschlossener Werkstatt für behinderte Menschen (WfbM), die er seit einigen Tagen nur noch nach Anwendung intensiver Überredungskünste besucht. Außerdem isst er kaum noch etwas.

Er spricht grundsätzlich sehr leise und mit rauer, tiefer Stimme, insgesamt aber extrem wenig, ist sehr verschlossen; ein geordneter Tagesablauf ist für ihn sehr wichtig. Er gilt geistig als schwer beeinträchtigt. Seit ca. zwei Wochen zeigt der Patient eine ähnliche Symptomatik wie vor einem Jahr, damals dauerte dies fast drei Monate an und verschwand wieder von allein. Die Betreuenden aus dem Wohnheim machen sich nun Sorgen, dass der Zustand wieder so schlimm wird.

Zur Begrüßung reicht der Patient nur die Fingerspitzen zum Händedruck und wendet sich dabei ab. Er bleibt zunächst stehen und wählt später den Stuhl mit dem meisten Bewegungsraum aus. Er nimmt keinen Blickkontakt auf, starrt vor sich auf den Boden. Er antwortet auf Fragen nur mit sehr leisem »Ja« oder »Nein«, scheint aber aufmerksam dem Gespräch zwischen Arzt und Wohnheimbetreuerin zu folgen. Auf manche direkt an ihn gestellte Fragen antwortet er nicht, scheint aber nicht sonderlich von deren Inhalten berührt zu sein (ruckt nicht hin und her, schnauft nicht auffällig, keine vokalen Reaktionen, hört nicht mit den leichten Schaukelbewegungen des Oberkörpers auf). Auf die Frage nach der Lieblingsmusik antwortet er prompt: »Rolling Stones!«

Befragt zum Namen seines Mitbewohners hält er kurz in seiner Schaukelbewegung inne, wendet seinen Kopf zur Seite, flüstert leise »Nein« und schweigt. Dann verhält er sich wie zuvor.

Ergebnis

Seit drei Wochen hat der Patient nach einer Phase, in der er allein in seinem Zimmer im Wohnheim lebte, einen neuen Zimmerkollegen. Dieser stört ihn, wie sich nach ausführlichem Gespräch mit seiner Betreuerin ergibt, in der Ausübung seiner autoerotischen sexuellen Bedürfnisse. Früher zog er sich hierfür in sein Zimmer zurück, jetzt ist er dort nicht mehr allein. Tagsüber ist der Zimmerkollege in der WfbM und er kann allein im Zimmer sein. Hinweis war nur die kurze verbale und nonverbale Reaktion des Patienten auf die gestellte Frage zum Namen des Zimmerkollegen.

Diagnosen (nach ICD-11 aktualisiert)
- Anpassungsstörung bei Veränderung im sozialen Umfeld (ICD-11 6B43)
  Erläuterung: Die Art des belastenden Ereignisses wird zwar gemäß ICD-11 nicht klar erfüllt, aber die sozialen und beruflichen Folgen sind erheblich; außerdem ist das Verhalten nicht nur situativ, sondern den ganzen Tag über verändert; nach Behebung der Belastungsursache schnelles Abklingen der Verhaltensproblematik.
- Vorläufige Störung der Intelligenzentwicklung (ICD-11 6A00.4)
  Vermutlich keine schwere Störung der Intelligenzentwicklung → Aussage »Rolling Stones« (Kenntnis des Wortes, Aussprache, ungewöhnlicher Musikgeschmack; Fremdanamnese: Eltern keine Rolling-Stones-Fans; später fremdanamnestisch viele Hinweise darauf, dass Patient lesen kann!
- Autismus-Spektrum-Störung mit Störung der Intelligenzentwicklung, mit Beeinträchtigung der funktionellen Sprache (ICD-11 6A02.3).

Maßnahmen
Da ein Einzelzimmer nicht verfügbar war, wurde das Zimmer innenarchitektonisch so verändert, dass zwei voneinander getrennte Bereiche entstanden, was genug Intimsphäre für den Patienten schuf. Außerdem wurden vom Betreuungspersonal kleine gemeinsame Aktionen mit dem Patienten und seinem neuen Mitbewohner im Sinne eines gegenseitigen Kennenlernens durchgeführt (kleiner Ausflug; moderiertes Kennenlerngespräch).
Die Wohnheimbetreuer veränderten ihre Kommunikation mit dem Patienten und versuchten einen seinem eigentlichen kognitiven Entwicklungsstand entsprechenden Umgang mit ihm zu realisieren.
Verlauf: Das auffällige Verhalten klang innerhalb von zehn Tagen ab.

Zwei Jahre später zeigt der Patient eine ähnliche Symptomatik, die jedoch dann, ähnlich wie ein Jahr vor der Erstvorstellung, über mehrere Wochen anhielt und unter der Gabe eines selektiven Serotonin-Wiederaufnahmehemmers (SSRI) vollständig remittierte. Ein auslösender sozialer bzw. interaktionaler Konflikt oder eine Belastungssituation konnte nicht gefunden werden.
Es wurde deshalb zusätzlich die Diagnose einer rezidivierenden depressiven Störung (ICD-10: F33) gestellt. Die Intelligenz des Patienten wurde dann auch im Bereich des Übergangs der Lernbehinderung zur leichten Störung der Intelligenzentwicklung eingeschätzt. Eine testpsychologische Untersuchung erbrachte aufgrund der autistischen Hemmung kein valides Ergebnis.

3.2.5 Personzentrierter Ansatz

Ernstnehmen, Zutrauen und Verstehen sind die Grundbegriffe eines von Pörtner (2000, 2021) an die Notwendigkeiten und Bedürfnisse von Menschen mit Störungen der Intelligenzentwicklung adaptierten Konzeptes der klientenzentrierten Gesprächstherapie.

Das Grundverfahren nach Rogers (1983) basiert auf den folgenden drei Therapievariablen:
1. Empathie (einfühlendes Verstehen)
2. Akzeptanz (nicht an Bedingungen gebundenes Annehmen des Klienten)
3. Kongruenz (sich der eigenen Gefühle in der Interaktion bewusst sein und diese für sich reflektieren; in der Therapie kann es für Klienten hilfreich sein, dies auch unmittelbar auszusprechen)

Diese Variablen sollen die Atmosphäre und die innere Haltung der Therapeutinnen und Therapeuten gegenüber den Klienten prägen.

In vielerlei Hinsicht ist die Rolle der Therapeutin bzw. des Therapeuten innerhalb der personzentrierten Gesprächstherapie die Rolle eines Übersetzers. So geht es um die Verbalisierung emotionaler Inhalte, die die Klienten verbal oder nonverbal zu erkennen geben und die von der Therapeutin bzw. dem Therapeuten aufgrund seiner einfühlenden und verstehenden Haltung erspürt werden.

Die treibende Kraft stellt dabei die von Rogers jedem Menschen zugeschriebene Fähigkeit bzw. das Bedürfnis zur Selbstaktualisierung dar (Rogers 1983). Das heißt, dass jeder Mensch versucht, sich nicht nur physisch selbst zu erhalten, sondern sich geistig-seelisch weiterzuentwickeln. Diese jedem Menschen innewohnende Kraft muss in der Therapie aktiviert werden. Das heißt, alle Klientinnen und Klienten werden mit ihrer individuellen Welt ins Zentrum der Beratung gestellt, ernst genommen und ermutigt, eigene Wege der Bewältigung und der Persönlichkeitsentwicklung zu gehen.

Diese Haltung setzt bei Menschen mit Störungen der Intelligenzentwicklung voraus, dass man ihnen zutraut, ihren Weg finden zu können. Nicht nur in der Lebenswelt der Menschen mit einer Intelligenzentwicklungsstörung, sondern auch innerhalb der Gesprächstherapie muss ein Gleichgewicht zwischen dem Orientierung gebenden Rahmen und dem individuell gestaltbaren Spielraum bestehen (Pörtner 2000, 2021). Neben der Aufgabe, die Sprache des Gegenübers zu finden, muss dieser Prozess begleitet sein von struktureller und inhaltlicher Klarheit und einem ressourcenorientierten Ansatz. Dem kognitiven, emotionalen und sozialen Entwicklungsstand angepasst, muss sich die Therapie in kleinen Schritten vollziehen und ausreichend Möglichkeiten zur Wiederholung beinhalten. Die Therapie kann sowohl in Einzelsitzungen als auch in Gruppen durchgeführt werden. Gruppensitzungen sind bei Menschen mit Lernbehinderung und leichter Störung der Intelligenzentwicklung erstaunlich gut anwendbar. Sie erfordern aber eine aktive und geschickte Moderation durch die Therapeutinnen und Therapeuten. Ist diese gegeben, so können sich produktive Sitzungen entwickeln, die oft ungeahnte soziale Fähigkeiten der Teilnehmenden sichtbar machen. Die Voraussetzung hierfür ist, dass im therapeutischen Setting ein Raum der Begegnung geschaffen wird, der für die betroffenen Menschen mit Störungen der Intelligenzentwicklung Möglichkeiten der persönlichen Entfaltung aufzeigt. Auf diese Weise wird eine Brücke zwischen der Innen- und Außenwelt geschaffen. Es werden dadurch Bedingungen für einen kommunikativen und interaktiven Resonanzraum erstellt, in dem resonante Beziehungen entstehen können (Rosa & Endres 2016; Schanze 2019).

3.2.6 Beratungsgespräch und Gesprächstherapie

In der psychotherapeutischen Arbeit mit Menschen mit Störungen der Intelligenzentwicklung sind das Beratungsgespräch und das Therapiegespräch zu unterscheiden.

Die Beratung wird am häufigsten im Rahmen spezialisierter psychiatrischer Ambulanzen, psychotherapeutischer Praxen oder anderer medizinisch-psychotherapeutischer Serviceangebote durchgeführt. Im Rahmen themenzentrierter Gespräche werden zu einer definierten Fragestellung Lösungs- und/oder Bewältigungsstrategien entwickelt. Der zeitliche Umfang liegt zwischen fünf und zehn Sitzungen (z. B. Adoleszentengespräche[13], Wut-Management; siehe Kap. 18 Verhaltensstörungen). Beratungsgespräche sind bei einer entwickelten Sprachfähigkeit bis zu einer mittelgradigen Störung der Intelligenzentwicklung möglich. Bei zunehmender Beeinträchtigung der Kommunikationsfähigkeit ist die Intensität der Nutzung von Kommunikations- und Visualisierungshilfen (Symbole, Bilder, Fotos etc.) deutlich höher anzusetzen (Schanze 2019).

In Einzelfällen ist es möglich, eine reguläre Gesprächspsychotherapie durchzuführen. Voraussetzung ist eine hohe Bereitschaft der Klienten, das eigene Verhalten und die innere Einstellung zu ändern. Dafür müssen sie

---

13 Adoleszentengespräche: Fokussierte Gespräche über das »Erwachsenwerden«.

Drei Fragen stehen im Zentrum: Was wünsche ich mir, was kann ich und was will ich eigentlich?

sich über eine längere Zeit regelmäßig einem therapeutischen Setting aussetzen und mit Konsequenz und Motivation die auftauchenden Themen bearbeiten. Ein gewisses Maß an Introspektions-, Verbalisations- und Mentalisierungsfähigkeit ist hierfür unbedingt erforderlich. Erfahrungsgemäß ist diese Therapieform nur für Menschen mit einer Lernbehinderung und eventuell einer leichten Störung der Intelligenzentwicklung realisierbar. In der folgenden Übersicht sind die Besonderheiten der therapeutischen Arbeit bei Menschen mit einer Störung der Intelligenzentwicklung kurz zusammengefasst:

BESONDERHEITEN IN DER THERAPEUTISCHEN VORGEHENSWEISE BEI MENSCHEN MIT STÖRUNGEN DER INTELLIGENZENTWICKLUNG
- Insgesamt deutlich aktivere Therapeutenhaltung
- Wortschatz der in der Therapie erforderlichen Begriffe beibringen (Leichte Sprache verwenden!)
- Emotionale Zustände erkennen und benennen lernen (auch hier evtl. Worte finden!)
- Bei Entscheidungen Vorschläge machen; dabei mehrere Möglichkeiten zur Auswahl stellen
- Entscheidungen häufiger auf Konsistenz überprüfen
- Figuren (evtl. Spielfiguren, Bilder, Zeichnungen) zur Visualisierung sozialer Situationen verwenden
- Modelle unterschiedlicher Lösungsstrategien vorstellen (diese visualisieren)
- Auf der Basis der Empathie ein guter Übersetzer in verschiedene Sinnesmodalitäten sein

Da Psychotherapie immer »Entwicklung« zum Ziel hat, ist es erforderlich, dass hierfür der entsprechende Entwicklungsraum im sozialen Umfeld zur Verfügung steht. Die Persönlichkeitsentwicklung im Laufe des therapeutischen Prozesses erzeugt bei Angehörigen und Betreuenden der Menschen mit kognitiv-adaptiven Beeinträchtigungen häufig die Angst vor der Entwicklung von (in ihren Augen) zu viel Autonomiebedürfnis und dadurch eventuell entstehenden Konflikten (geringere Bereitschaft, Fremdbestimmung zu akzeptieren; Konflikte mit institutionellen Grenzen der bislang versorgenden Behinderteneinrichtung; Weckung emanzipatorischer Bestrebungen gegenüber den Angehörigen; Einfordern einer an der Normalität orientierten Entfaltungsmöglichkeit sexueller Bedürfnisse etc.). Auf diese Möglichkeit der Entwicklung muss bereits vor Beginn der Therapie gegenüber den Angehörigen und/oder den Mitarbeitenden der Wohneinrichtung hingewiesen werden. Eine Psychotherapie ohne ausreichend Raum zur Entwicklung im sozialen Umfeld zu beginnen, ist ein hoffnungsloses und für die betroffenen Personen mit Störungen der Intelligenzentwicklung ein frustrierendes Unterfangen (Schanze 2019). Oft hilft es bereits, wenn die Patientinnen und Patienten kleine Bereiche des Alltagslebens für sich erobern und darüber frei bestimmen können. Zum Beispiel zu lernen, eigenständig mit öffentlichen Verkehrsmitteln in die Therapie zu fahren, eine Urlaubsfahrt unabhängig von der Wohngruppe oder den Eltern mit der »offenen Behindertenarbeit« oder erlebnispädagogisch orientierte Ausflüge zu unternehmen, das Zimmer eigenständig neu zu gestalten, mehr Entscheidungen im Alltag selbst treffen zu können bzw. in die Entscheidungsfindung stärker eingebunden zu werden etc. Der Entwicklungsprozess der Persönlichkeit wird jedoch auch durch die kleinsten Schritte in der Realisierung eigener Autonomiewünsche angestoßen und es wird im Rahmen der Therapie zu thematisieren sein, wie man mit Grenzen und Begrenzungen im und durch das soziale Umfeld umzugehen hat.

Es darf aber auch nicht vergessen werden, dass das Erkennen der eigenen Autonomiemöglichkeiten bei den Patientinnen und Patienten selbst Unsicherheit, Angst und regressive Tendenzen auslösen kann (Salzmann 2005).

3.2.7 Fazit

Menschen mit Störungen der Intelligenzentwicklung müssen und möchten ernst genommen werden. Ihr Verhalten mag zwar manchmal unverständlich, kindlich naiv oder gar bizarr wirken, doch ist es Bestandteil einer gewachsenen Persönlichkeit. Das Verstehen dieser Verhaltensweisen durch Angehörige, Betreuende, Ärzte oder andere Therapeutinnen und Therapeuten bahnt den Zugang zur Erlebniswelt der Menschen mit Lernbeeinträchtigungen. Das empathisch geprägte Verstehen ist der Schlüssel zu dieser Welt und lässt keinen Platz für resignatives Schulterzucken. Es stellt für alle Personen des sozialen Umfelds eines Menschen mit einer Störung der Intelligenzentwicklung eine Herausforderung dar. Die adäquate, an die körperlichen, kognitiven, sozialen und emotionalen Bedingungen des behinderten Menschen angepasste verbale und nonverbale Kommunikation ist die Voraussetzung für jeden Schritt auf dem Weg zu einem solchen Verständnis und für die darauf basierende psychotherapeutische Behandlung.

ANNIKA KLEISCHMANN & VERONIKA HERMES

3.3 Psychotherapie

3.3.1 Einleitung

Menschen mit Störungen der Intelligenzentwicklung können an allen bekannten psychischen Störungen leiden. Die Prävalenz ist im Vergleich zu Menschen ohne Störungen der Intelligenzentwicklung erhöht, wobei die angegebenen Schätzungen abhängig von untersuchter Population, Diagnosekriterien und Ein- und Ausschluss von Verhaltensstörungen oder Autismus-Spektrum-Störungen erheblich schwanken (z.B. Cooper et al. 2007; Mazza et al. 2020; Schützwohl et al. 2016). Hinzu kommt, dass Menschen mit Störungen der Intelligenzentwicklung oft nur eingeschränkt über ihre Symptomatik berichten (*underreporting*; Sovner & Hurley 1986) bzw. berichten können (eingeschränkte Sprachkompetenz) und komorbide psychische Störungen diagnostisch häufig nicht als von der Störung der Intelligenzentwicklung getrennt erkannt werden (*diagnostic overshadowing*; Reiss et al. 1982). Zudem können Symptome psychischer Erkrankungen mit zunehmendem Schweregrad der Störung der Intelligenzentwicklung erheblich von den üblichen diagnostischen Kriterien abweichen (AWMF 2021). Entsprechend angepasste Diagnosemanuale, die beobachtbare Verhaltensaspekte einbeziehen, sind das auf dem DSM basierende *Diagnostic Manual – Intellectual Disability 2* (*DM-ID2*; Fletcher et al. 2016) und die *Diagnostic Criteria for Use with Adults with Learning Disabilities/Mental Retardation*

(*DC-LD*; Royal Collage of Psychiatrists 2001) welche auf der ICD-10 basieren.

Die Ursachen der erhöhten Prävalenz sind multifaktoriell (Seidel 2010). Als Erklärung werden nach dem Vulnerabilitäts-Stress-Modell biologische, psychische und soziale Faktoren herangezogen (Schanze 2014). Die erhöhte Vulnerabilität kann unter anderem auf verminderte Copingstrategien infolge eingeschränkter kognitiver Fähigkeiten und unzureichender Lernerfahrungen zurückgeführt werden (Hartley & MacLean 2008). Darüber hinaus sind Menschen mit Störungen der Intelligenzentwicklung jedoch auch vermehrt Stressoren ausgesetzt: Das Risiko einer Traumatisierung durch Fremdbestimmung, Gewalt oder Überforderung ist insbesondere bei Personen, die in Einrichtungen leben, deutlich erhöht (Lingg & Theunissen 2013; Schanze 2014). Zudem können sich die eigene Beeinträchtigung und in diesem Zusammenhang eventuell erlebte Stigmatisierungen und abwertende soziale Vergleiche negativ auf das Selbstwertgefühl auswirken und zu psychischen Störungen führen (Dagnan & Sandhu 1999; Saha et al. 2014).

Zur Behandlung psychischer Störungen sind bei Menschen mit Störungen der Intelligenzentwicklung alle zugelassenen psychotherapeutischen Verfahren geeignet (Werther & Hennicke 2008).[14] Dabei wird angenommen, dass für die Entstehung von psychischen Störungen bei dem Personenkreis die gleichen psychologischen Theorien gelten und daher auch die gleichen Wirkmechanismen wie bei Menschen ohne Störung der Intelligenzentwicklung anzunehmen sind. Allerdings ist der Bedarf für Menschen mit Störungen der Intelligenzentwicklung im Bereich der Psychotherapie nicht gedeckt – und das, obwohl bereits 2009 in der von Deutschland ratifizierten Behindertenrechtskonvention das Recht »auf [das] erreichbare Höchstmaß an Gesundheit ohne Diskriminierung aufgrund von Behinderung« anerkannt und eine Gesundheitsversorgung in »derselben Bandbreite, von derselben Qualität und auf demselben Standard« zugesprochen wurde (Art. 25; BMAS 2011). Auch in den deutschen Psychotherapierichtlinien werden in §1 »Psychotherapie als Leistung der Gesetzlichen Krankenversicherung« Menschen mit Störungen der Intelligenzentwicklung in Absatz 4 Satz 5 explizit benannt (Gemeinsamer Bundesausschuss 2020).

Die herrschende Unterversorgung (Kremitzl et al. 2018) ist zum Teil in äußeren Strukturen wie etwa mangelnder Barrierefreiheit der Praxen zu suchen. Häufig sind jedoch innere Barrieren der Psychotherapeutinnen und -therapeuten, wie beispielsweise Berührungsängste und/oder mangelndes zielgruppenspezifisches Wissen (Glasenapp & Schäpe 2016) sowie Zweifel an der Therapiefähigkeit dieser Patientengruppe ausschlaggebend (Adams & Boyd 2010). Dem steht entgegen, dass eine Reihe von Befunden vorliegen, wonach moderate Effekte erzielt werden können (Beail 2017; Buchner 2012; Vereenooghe & Langdon 2013). In einer aktuellen Metaanalyse verhaltenstherapeutischer Interventionen fanden Graser et al. (2022) ebenfalls mittelgroße Effekte (d = 0.65) für Interventionen bei depressiven Symptomen und aggressivem Verhalten. Ein aktueller Übersichtsartikel fasst die Evidenz der verschiedenen Psychotherapieverfahren bei Menschen mit einer Störung der Intelligenzentwicklung zusammen (Sappok et al. 2023).

---

14 Im deutschsprachigen Raum anerkannt sind derzeit tiefenpsychologisch fundierte, analytische, verhaltenstherapeutische und systemische Psychotherapieverfahren, in Österreich und der Schweiz zudem Verfahren der humanistisch-existenziellen Orientierung.

3.3.2 Versorgungsstrukturen

Die psychotherapeutische bzw. psychologische Versorgung von Menschen mit Störungen der Intelligenzentwicklung findet derzeit im deutschsprachigen Raum in der Regel in folgenden Settings statt (z. B. Buchner 2012):
- in psychiatrischen Kliniken mit Fachabteilungen, die sich auf Menschen mit Störungen der Intelligenzentwicklung spezialisiert haben
- in spezialisierten Beratungsstellen und durch Konsulentendienste, die auf Therapie und Beratung von Menschen mit Störungen der Intelligenzentwicklung und deren Umfeld spezialisiert sind und bei denen psychosoziale Fachkräfte über Honorarverträge mit Leistungsträgern/-erbringern/-nehmern therapeutisch oder beratend tätig werden
- in ambulanten Praxen von niedergelassenen psychologischen oder ärztlichen Psychotherapeutinnen und -therapeuten
- in Einrichtungen der Eingliederungshilfe, wo Psychologinnen und Psychologen als interne »Fachdienste« angestellt sind, zu deren Tätigkeit auch die therapeutische Behandlung der Patientinnen und Patienten zählt

Menschen mit Störungen der Intelligenzentwicklung stellen eine sehr heterogene Gruppe dar. Die Art ihrer Beeinträchtigung weist dabei eine große Bandbreite auf und erstreckt sich von komplexen Mehrfachbeeinträchtigungen mit stark eingeschränkten verbalen Fähigkeiten und hohem Pflegebedarf bis zu leichten Beeinträchtigungen mit einer weitgehend selbstständigen Lebensführung. Um den individuellen Fähigkeiten und Bedürfnissen gerecht zu werden, erscheinen die unterschiedlichen Versorgungsstrukturen wie oben beschrieben folgerichtig und notwendig. So ist bei sehr stark beeinträchtigten Personen die Arbeit mit dem betreuenden Umfeld (Familie, Mitarbeitende der Eingliederungshilfe, Assistenzkräfte) im Sinne von Aufklärung und Supervision äußerst wichtig für den Behandlungserfolg. Für diese Aufgaben haben Fachdienste in Einrichtungen der Eingliederungshilfe oder Beratungsstellen andere finanzielle Rahmenbedingungen als Psychotherapeutinnen und -therapeuten in einer kassenfinanzierten Psychotherapie. So müssen sich Letztere beispielsweise an die von den Krankenkassen festgelegten Stundenkontingente halten und Besuche am Wohnort der Patientinnen und Patienten werden nicht aufwandsgemäß vergütet. Zur Illustration können die beiden folgenden Fallbeispiele dienen, eines aus Sicht einer Psychologin in einem einrichtungsinternen Fachdienst, das andere aus der Sicht einer psychologischen Psychotherapeutin im ambulanten Kontext.

FALLBEISPIEL 1
Aus einer Einrichtung der Eingliederungshilfe
Bei Frau U. liegt eine mittelgradige Störung der Intelligenzentwicklung und ein sozioemotionales Referenzalter von etwa einem Jahr vor, sie kommuniziert mit wenigen Einzelworten. Frau U. wurde mir wegen Sach-, Fremd- und Eigenaggression vorgestellt. Die therapeutischen Sitzungen wurden in einem Nebenraum der Förderstätte durchgeführt. Zu unseren bald entwickelten Ritualen zählte es, dass ich sie in ihrer Förderstättengruppe abholte und auch wieder zurückbrachte und sie mir dort zeigte, womit sie sich gerade beschäftigte. Durch den Verbleib in vertrauten Räumlichkeiten und der niedrigschwelligen Begegnung gelang der Aufbau einer stabilen Bindung, sodass es ihr zunächst in dem begrenzten Zeitraum des Einzelsettings gelang, ihre Impulse zu regulieren und kreative Angebote anzunehmen. Gleichzeitig

erfolgte eine Beratung der Bezugssysteme, die zu einer milieutherapeutisch ausgerichteten Betreuung entsprechend ihrer sozio-emotionalen Entwicklung führte. Bei akuten Krisen konnte ich Frau U. teilweise auch spontan aus dem Gruppenkontext holen und sie und das Team damit unterstützen. Das Zusammenspiel dieser Maßnahmen führte insgesamt zu einer deutlichen Reduzierung ihrer Impulsdurchbrüche.

FALLBEISPIEL 2
Aus der ambulanten Psychotherapie
Herr G. lebt allein, bekommt mehrfach wöchentlich Unterstützung in der eigenen Wohnung durch eine Assistentin (ehemals ambulant betreutes Wohnen) und arbeitet in einer Werkstatt für behinderte Menschen. Bei ihm liegen eine leichte Störung der Intelligenzentwicklung und ein sozio-emotionaler Entwicklungsstand von acht bis zwölf Jahren (SEED-5) vor. Herr G. wurde telefonisch von seiner Assistentin zur Psychotherapie angemeldet. Auf seinen Wunsch hin kamen sie gemeinsam in meine Sprechstunde, die für den Gesundheitsbereich bestellte gesetzliche Betreuerin wurde informiert und stimmte der Behandlung zu.
Herr G. berichtete: »Ich habe Angst im Badezimmer. Es sieht so aus wie das im Krankenhaus früher, in dem ich als Kind war. Ich habe Angst, dass die Wände auf mich zukommen und mich erdrücken, obwohl ich weiß, dass das eigentlich nicht geht.«
In der Therapie erstellten wir zunächst ein verständliches Störungsmodell. Der Teufelskreis der Angst wurde großformatig visualisiert, die unterschiedlichen Elemente mit Symbolen versehen und anhand der Abbildung die Entstehung und Aufrechterhaltung seiner Angst erklärt. Daraus wurde das therapeutische Vorgehen abgeleitet und auf Wunsch von Herrn G. bezogen wir die Assistentin in die Vorbereitungen auf die Konfrontationstherapie mit ein. Einzelne Expositionen fanden vor Ort im Badezimmer von Herrn G. statt. Da die Konfrontation derart angstbesetzt war, wurde zur Unterstützung die Imagination der Heldenfigur »Hulk«, der die Wände aufhielt, geübt und Herr G. nahm zusätzlich Abbildungen der Filmfigur mit ins Bad. Gestärkt durch diese Imagination konnten die Konfrontationsübungen durchgeführt werden. Ich besprach die Ähnlichkeit seines Badezimmers mit dem früheren Bad im Krankenhaus mit Herrn G. und ließ ihm viel Raum, um über die belastenden Erfahrungen zu sprechen. Zur Verhaltensstabilisierung übte Herr G. täglich zunächst mit Unterstützung durch die Assistentin und dann zunehmend eigenständig. Die Angstsymptomatik reduzierte sich und mit der Zeit konnte Herr G. sein Bad angstfrei nutzen.

3.3.3 Anpassung psychotherapeutischer Techniken

Grundsätzlich unterscheidet sich Therapie im Allgemeinen bei Menschen mit Störungen der Intelligenzentwicklung nicht von der bei Menschen ohne eine Intelligenzentwicklungsstörung. Allem voran geht es um den Aufbau einer vertrauensvollen therapeutischen Beziehung und die Klärung der Zusammenarbeit und deren Zielsetzung. Dafür sind unbedingte Wertschätzung, Echtheit und einfühlendes Verstehen (siehe z.B. Landespsychotherapeutenkammer Baden-Württemberg 2019) sowie Interesse an der Lebenswirklichkeit der Patientinnen und Patienten wesentlich. In der Intervision/Supervision sollten Therapeutinnen und Therapeuten besonderes Augenmerk auf Fragen nach Nähe und Distanz, eigenen Hilflosigkeitsgefühlen, Trauer oder Angst oder auch übermäßigem fürsorglichem Verhalten legen, da diese in der Arbeit mit Menschen mit Störungen der Intelligenzentwicklung unter Umständen verstärkt ausgelöst werden.

Darüber hinaus gibt es einige methodologische und didaktische Besonderheiten in der psychotherapeutischen Arbeit mit Menschen mit Störungen der Intelligenzentwicklung (Beail 2017; Hurley et al. 1998; Whitehouse et al. 2006). Im Rahmen der Diagnostik ist es notwendig, sich neben den kognitiven Fähigkeiten einen Überblick über die sprachlichen Fähigkeiten und das sozio-emotionale Entwicklungsalter zu verschaffen. Erst mit diesem Wissen ist die Diagnostik psychischer Störungen und eventueller Verhaltensstörungen sinnvoll und möglich (AWMF 2021). Im therapeutischen Prozess müssen dann entsprechende Anpassungen vorgenommen werden.

Anpassungen der Sprache

Zur erfolgreichen Gestaltung der therapeutischen Beziehung und des gesamten therapeutischen Prozesses ist es wichtig, sich zu Beginn einen Eindruck über die kommunikativen Fertigkeiten (verbal, averbal, rezeptiv, expressiv) der Patientinnen und Patienten zu verschaffen (Whitehouse et al. 2006). Da Sprachverständnis und -ausdruck meist eingeschränkt sind (Barrett 2012), ist es zentral, die Sprache entsprechend den individuellen Fähigkeiten anzupassen und fortlaufend auf Verständnis zu prüfen. Zur besseren Verständlichkeit sollten lange verschachtelte Sätze, die Verwendung von Metaphern und unerklärten Fremdwörtern sowie unübersichtlich gestalteten Dokumenten vermieden werden. Stattdessen können Zusammenhänge in einfacher Sprache und in Form von kurzen, aktiv formulierten Sätzen dargestellt werden. Aussagen oder beschriebene Situationen kann man durch geeignete Visualisierungsmittel (z. B. Zeichnungen, Bildkarten, Spielmaterialien) verdeutlichen. Zur Orientierung sind die Regeln der Leichten Sprache hilfreich (BMAS 2018).

Sitzungsdauer

Da im Rahmen einer Störung der Intelligenzentwicklung in der Regel auch Konzentration und Ausdauer beeinträchtigt sind, ist darauf zu achten, dass die Personen nicht ermüden oder unaufmerksam werden. Dies kann beispielsweise durch kürzere Sitzungen geschehen (Hurley et al. 1998). Rituale wie etwa zu Beginn bei einem Tee über Hobbys oder Alltägliches zu sprechen oder Zeit am Ende der Stunde zu reservieren, um über Vorhaben zu berichten oder gemeinsam zu malen, helfen, die Aufmerksamkeit auch über einen längeren Zeitraum zu halten. Für die Visualisierung der zeitlichen Struktur sind Sanduhren oder Timer hilfreich. Wenn es die Rahmenbedingungen zulassen, kann auch über eine höhere Frequenz der Sitzungen nachgedacht werden, um gegebenenfalls den Transfer in den Alltag zu erleichtern.

Sozio-emotionaler Entwicklungsstand

Auch der sozio-emotionale Entwicklungsstand erfordert ein angepasstes Vorgehen in der Therapie. Es wird davon ausgegangen, dass Menschen mit Störungen der Intelligenzentwicklung die gleichen sozio-emotionalen Entwicklungsphasen durchlaufen wie Menschen ohne eine Intelligenzentwicklungsstörung, dass ihre Entwicklung jedoch zeitlich verzögert oder unvollständig abläuft (Došen et al. 2010; Sappok & Zepperitz 2019). In jeder Entwicklungsphase werden zunehmend komplexere sozio-emotionale Fertigkeiten erlernt, es stehen entsprechende Selbstregulationskompetenzen zur Verfügung und es dominieren bestimmte Grundbedürfnisse.

Ein Blick auf die oben beschriebenen Fallbeispiele 1 und 2 (siehe Abschn. 3.3.2) verdeutlicht auch hier ein angepasstes Vorgehen:

FALLBEISPIEL
(Fortsetzung Fallbeispiel 1)
Bei Frau U. mit einem sozio-emotionalen Entwicklungsstand von einem Jahr sind das Beziehungsangebot im Hier und Jetzt sowie der konkrete Aufbau von Handlungsalternativen im gemeinsamen Tun entscheidend. Um einen Transfer in den Alltag zu erreichen, bedarf es darüber hinaus des engen Einbezugs des Umfeldes. Mit Herrn G. können dagegen das Störungsmodell einer Angststörung und das geplante Vorgehen besprochen werden und er kann sich mental auf die Exposition vorbereiten. Das jeweilige Vorgehen ist demnach nicht nur an den kognitiven, sondern auch auf den sozio-emotionalen Stand der Patientinnen und Patienten angepasst.

Der emotionale Entwicklungsstand kann strukturiert mit verschiedenen Instrumenten erhoben werden, die im Kapitel 2.3 »Entwicklungsdiagnostik« genauer dargestellt sind.

Flexibilität, aktivierende Elemente und Anpassung üblicher Techniken

Entsprechend den bisherigen Ausführungen sind die methodische Flexibilität und Anpassungsfähigkeit der Therapeutinnen und Therapeuten wesentlich (Hurley et al. 1998; Whitehouse et al. 2006). Es bietet sich an, kleinschrittig vorzugehen, parallele Interventionen zu vermeiden und Erarbeitetes häufig zu wiederholen. Aktivierende Elemente wie die Verwendung von Flipchart, Zeichnungen und Collagen sowie die Durchführung von Rollenspielen erleichtern das Verständnis und die Vertiefung der Therapieinhalte (Morin et al. 2010; Whitehouse et al. 2006). Weitere Aktivierungstechniken können handlungsorientierte und alltagsbezogene therapeutische Hausaufgaben und das Anlegen eines Therapiebuchs sein (Geisenberger-Samaras 2014).

Mittlerweile liegen auch die ersten deutschsprachigen Therapiematerialien für die psychotherapeutische Arbeit mit Menschen mit Störungen der Intelligenzentwicklung vor, die wir im Folgenden näher vorstellen:

THERAPIEMATERIALIEN FÜR DIE ARBEIT MIT MENSCHEN MIT STÖRUNGEN DER INTELLIGENZENTWICKLUNG
DBToP-gB-Manual für die Gruppenarbeit (Elstner et al. 2012)
Das Fertigkeitentraining DBToP-gB (an der Dialektisch-Behavioralen Therapie orientiertes Programm zur Behandlung emotionaler Instabilität bei Menschen mit Störungen der Intelligenzentwicklung) ist aus den therapeutischen Methoden der Dialektisch-Behavioralen Therapie nach Marsha Linehan abgeleitet und für die Bedürfnisse von Menschen mit Störungen der Intelligenzentwicklung angepasst worden. Die Arbeitsblätter sind häufig illustriert und überwiegend sprachfrei gehalten. Das Manual besteht aus den Einheiten: Stresstoleranz, innere Achtsamkeit, Emotionsregulation und interpersonelle Kompetenzen.

Therapie-Tools Depression bei Menschen mit geistiger Behinderung (Erretkamps et al. 2017)
Dieser Band beinhaltet Arbeitsmaterialien für die Psychotherapie depressiver Störungen bei Menschen mit Störungen der Intelligenzentwicklung. Die Informations- und Arbeitsblätter richten sich an Therapeutinnen und Therapeuten, Betroffene und Bezugspersonen. Die Arbeitsmaterialien für die Patientinnen und Patienten sind zudem in Leichter Sprache verfasst. Als Themen werden Diagnostik, Besonderhei-

ten zu Beginn der Therapie und bei Therapiebeendigung, Aktivitätenaufbau, Umgang mit alltäglichen Anforderungen und Tagesstrukturierung, Arbeit mit Emotionen und Steigerung von Selbstwirksamkeit behandelt.

Beratung und Therapie bei Erwachsenen mit Lernschwierigkeiten. Das Praxishandbuch mit systemisch-ressourcenorientiertem Hintergrund (Hermes 2023)
Diesem Buch liegt ein systemischer Ansatz zu Grunde, in dem bekannte Methoden dargestellt und Empfehlungen für die Anpassung an die Arbeit mit Menschen mit Störungen der Intelligenzentwicklung gegeben werden.

Verhaltenstherapie bei jungen Menschen mit kognitiven Einschränkungen (Bergmann 2019)
Vor verhaltenstherapeutischem Hintergrund führt Bergmann Besonderheiten der Psychotherapie mit Kindern und Jugendlichen mit einer Störung der Intelligenzentwicklung auf und stellt Interventionsmöglichkeiten dar. Darüber hinaus werden ausgewählte Störungsbilder ausführlich geschildert.

Therapie-Tools Angst bei Menschen mit geistiger Behinderung (Braun et al. 2023)
Die Autoren stellen Arbeitsmaterialien für die psychotherapeutische Behandlung von Angststörungen bei Menschen mit einer Störung der Intelligenzentwicklung zusammen. Die Unterlagen richten sich an Therapeutinnen und Therapeuten, Patientinnen und Patienten und Bezugspersonen. Die Arbeitsmaterialien für die Patientinnen und Patienten sind in Leichter Sprache verfasst. Als Themen werden Diagnostik, Besonderheiten zu Therapiebeginn und -abschluss, Psychoedukation, Expositionsübungen, Achtsamkeits-, Sinnes- und Körperwahrnehmungsübungen und Soziales Kompetenztraining behandelt.

Einbindung des sozialen Umfeldes

Bei Menschen mit Störungen der Intelligenzentwicklung spielen in der Regel die Bezugspersonen im gesamten Therapieprozess eine wichtige Rolle. Wie bereits erwähnt, wird dies umso stärker der Fall sein, je stärker die Beeinträchtigungen sind. Dies beginnt bei der Anmeldung, setzt sich fort bei der Diagnostik und ist auch im Transfer der Therapieinhalte in den Alltag relevant.

Meist werden Menschen mit Störungen der Intelligenzentwicklung durch eine Bezugsperson zur Psychotherapie angemeldet (Janßen 2018). Es ist daher zunächst wichtig, die Eigenmotivation der Patientinnen und Patienten zu klären (Janßen 2018) bzw. in der ersten Kennenlernphase die betroffene Person für die Therapie zu interessieren und so die Motivation zu fördern (Buchner 2012). Da häufig ein hoher Leidensdruck im Bezugssystem besteht, sollte darüber hinaus darauf geachtet werden, ob vorrangig das Bezugssystem Unterstützung wünscht, und sorgfältig geprüft werden, ob Psychotherapie oder eher Teamberatung die passende Intervention ist (Landespsychotherapeutenkammer Baden-Württemberg 2019).

Da bisher kaum Selbstbeurteilungsinstrumente in deutscher Sprache vorliegen (Müller et al. 2019, 2024), findet die Diagnostik bei Menschen mit einer Störung der Intelligenzentwicklung in der Regel per Fremdanamnese durch die Bezugspersonen statt.

Wird die Therapie durchgeführt, sollte bedacht werden, dass Psychotherapeutinnen und -therapeuten in ein Beziehungssystem eingebunden sind, bestehend aus den Menschen mit einer Störung der Intelligenzentwicklung, deren gesetzlicher Betreuung (sofern diese die Zuständigkeit für die Gesundheitssorge hat), Angehörigen, Partnern,

Freunden, pädagogischen Mitarbeitenden aus Wohneinrichtungen oder aus anderen Hilfesystemen. Da eine gelingende psychotherapeutische Behandlung von der Akzeptanz der Bezugspersonen profitiert, ist es wichtig, diese durch Kommunikation mit dem sozialen Umfeld zu verbessern (Landespsychotherapeutenkammer Baden-Württemberg 2019). Das Einverständnis der Patientinnen und Patienten vorausgesetzt (zur Einwilligungsfähigkeit siehe Abschn. 3.3.4 Umgang mir eingeschränkt einwilligungsfähigen Patientinnen und Patienten), ist es ratsam, Bezugspersonen in den Therapieverlauf einzubeziehen und sie über das Störungsbild aufzuklären. Des Weiteren können psychoedukative Interventionen vermittelt und deren Umsetzung besprochen werden. Die Gespräche mit Bezugspersonen sollten, wenn möglich, in Gegenwart der Menschen mit einer Störung der Intelligenzentwicklung durchgeführt werden.

Thematisierung der Störung der Intelligenzentwicklung

Im Rahmen einer Psychotherapie können die Auseinandersetzung mit der eigenen Störung der Intelligenzentwicklung, die daraus resultierenden Einschränkungen und eventuell erlebte Stigmatisierungen relevante Themen sein. Auch können Menschen mit einer Störung der Intelligenzentwicklung darunter leiden, sich im Vergleich mit Menschen, die mehr Fähigkeiten haben als sie selbst, negativ zu bewerten (Bergmann 2019). Falls sie diese Themen nicht selber einbringen, empfiehlt es sich, sie aktiv vorzuschlagen (Kufner & Bengel 2016; Whitehouse et al. 2006), die Auseinandersetzung damit anzuregen sowie den Aufbau eines positiven Selbstbilds zu fördern (Erretkamps et al. 2017).

3.3.4 Berufs- und sozialrechtliche Rahmenbedingungen

Neben den Anpassungen psychotherapeutischer Techniken sind einige Besonderheiten zu den berufs- und sozialrechtlichen Rahmenbedingungen der psychotherapeutischen Behandlung von Menschen mit Störungen der Intelligenzentwicklung zu beachten.

Berufsrecht

Das Berufsrecht von Psychotherapeuten betrifft die Befugnis, heilkundlich tätig zu sein. Die Berufsordnung (BO) für Psychotherapeuten enthält die berufsrechtlichen und ethischen Grundlagen der Berufsausübung (siehe BPtK 2022). Im Zusammenhang mit Menschen mit Intelligenzentwicklungsstörungen erscheinen uns vor allem die folgenden Punkte aus der BO relevant, die inhaltlich sehr ähnlich sind und für Deutschland, Österreich und die Schweiz gelten. Für die genaue Ausführung der gesetzlichen Bestimmungen sei auf die geltenden Verordnungen der jeweiligen Länder verwiesen. In diesem Rahmen wollen wir im Folgenden die uns am bedeutsamsten erscheinenden Punkte aufgreifen.

Schweigepflicht

Die Bestimmungen zur Schweigepflicht gelten für Menschen mit und ohne Störungen der Intelligenzentwicklung. Falls eine gesetzliche Betreuung für den Gesundheitsbereich bestellt wurde, ist diese über wesentliche behandlungsrelevante Informationen aufzuklären. Eine Schweigepflichtentbindung ist einzuholen, wenn weitere Bezugspersonen, beispielsweise Mitarbeitende beteiligter Dienste oder Einrichtungen der Eingliederungshilfe, in die Therapie miteinbezogen werden. Es empfiehlt sich, Gespräche mit Bezugspersonen in Gegenwart der Patientinnen und Patienten durchzuführen.

Umgang mit eingeschränkt einwilligungsfähigen Patientinnen und Patienten

Menschen mit gesetzlicher Vertretung sind nur dann einwilligungsfähig, wenn sie über Einsichtsfähigkeit in die Behandlung verfügen. Da diese schwer zu bestimmen sein kann, sollte sorgsam dokumentiert werden. Es ist ratsam, im Zweifelsfall die gesetzliche Betreuung aufzuklären sowie deren Einverständnis und Unterschrift auf dem Therapieantrag einzuholen.

Sozialrecht

Im Sozialrecht werden die Grundlagen der Psychotherapie für gesetzlich Versicherte beschrieben. In Österreich und der Schweiz gibt es keine Anpassungen der Psychotherapierichtlinien im Hinblick auf Menschen mit Störungen der Intelligenzentwicklung. In Deutschland beschloss der (hierfür verantwortliche) Gemeinsame Bundesausschuss im Oktober 2018 eine Änderung der Richtlinien für Menschen mit Störungen der Intelligenzentwicklung, die eine Erweiterung der Kontingente sowie einen veränderten Einbezug von Bezugspersonen, analog zur Therapie bei Kindern und Jugendlichen, nach sich zog (Gemeinsamer Bundesausschuss 2020). Dies bedeutet konkret folgende Veränderungen:

- Es können fünf (zehn) statt drei (sechs) Sprechstunden je 50 (25) Minuten durchgeführt werden. Zwei Sprechstunden je 50 Minuten (vier je 25 Minuten) können für den Austausch mit Bezugspersonen ohne Anwesenheit der Patientinnen und Patienten (sofern diese einwilligen) genutzt werden.
- Es besteht die Möglichkeit, sechs statt vier probatorische Sitzungen (bei Bedarf unter Einbezug der Bezugspersonen) durchzuführen.
- Für den Einbezug von Bezugspersonen kann ein zusätzliches Stundenkontingent im Verhältnis 1:4 für Sitzungen mit Bezugspersonen beantragt werden.
- Bei einer Langzeittherapie nach 40 oder mehr Stunden können maximal zehn statt acht Stunden als Rezidivprophylaxe genutzt werden. Bei 60 oder mehr Stunden sind es maximal 20 statt 16 Stunden.

Damit wird in Deutschland versucht, den höheren Bedarf an Zeit und Austausch mit Bezugspersonen auch bei Erwachsenen mit Störungen der Intelligenzentwicklung abzubilden. In Verbindung mit einer fundierteren Ausbildung im Hinblick auf Menschen mit Intelligenzentwicklungsstörungen während der Psychotherapieausbildung könnte hier ein Weg liegen, die angesprochene Unterversorgung dieser Patientengruppe zu verbessern.

3.3.5 Fazit

Zur Behandlung psychischer Störungen können bei Menschen mit Störungen der Intelligenzentwicklung die anerkannten Psychotherapieverfahren angewandt werden. Die therapeutischen Grundsätze entsprechen denen von Menschen ohne Störungen der Intelligenzentwicklung, jedoch sind Anpassungen an den kognitiven und sozio-emotionalen Entwicklungsstand sowie ein verstärkter Einbezug des Bezugssystems notwendig.

CHRISTIAN SCHANZE & REINHARD MARKOWETZ

3.4 Pädagogik und Psychiatrie
Pädagogisches Arbeiten im psychiatrischen Kontext –
Versuch einer neuen Standortbestimmung

Vorbemerkung

Bereits in den beiden vorigen Ausgaben dieses Buches gab es jeweils ein Kapitel zur Bedeutung der pädagogischen Arbeit im psychiatrischen Diagnose- und Behandlungskontext. Sie wurden von den Pädagogen bzw. Heilpädagogen Norbert Kittmann und Alois Grüter verfasst (Kittmann & Grüter 2021), die sich selbst viele Jahre ihres Berufslebens dafür engagierten, ressourcenorientiertes Denken und Handeln in einem Umfeld zu implementieren, das durch eine vornehmlich biologisch-genetische Sichtweise von Behinderung geprägt war. Mit ihrer Arbeit skizzierten sie einen Gegenentwurf zur traditionellen, entscheidungsdominanten Defizitorientierung und formulierten in ihren jeweiligen Kapiteln Grundsätze heil-/pädagogischen Arbeitens. Aus dem Bemühen heraus, die Grundlagen der pädagogischen Erziehungswissenschaften für den medizinischen Handlungsbereich nutzbar zu machen, wollten sie vor allem den Mitarbeitenden in der Versorgung von Menschen mit Störungen der Intelligenzentwicklung und psychischen Störungen eine fachliche Orientierung in der Beziehungsgestaltung bieten. Im Zentrum ihres pädagogischen Denkens und Tuns standen dabei – auch ohne dies explizit zu benennen – der Aufbau und die Gestaltung von Beziehungsqualität im Hinblick auf Unterstützung und Förderung von persönlicher Entwicklung. Ihre Texte haben an Aktualität nichts eingebüßt und stecken voller wertvoller praktischer Hinweise.

Wir wollen in diesem Kapitel versuchen, zu ergründen, ob es nicht an der Zeit ist, diese konzeptuellen Widersprüche aufzulösen und die Zusammenarbeit von Psychiatrie und Pädagogik im praktischen Versorgungsalltag auf die Ebene einer komplementären interdisziplinären Fachlichkeit zu heben. Es gilt dabei vor allem zu prüfen, inwieweit hierfür die neue entwicklungsdynamische Ausrichtung der ICD-11 Möglichkeiten einer modernen transdisziplinären Zusammenarbeit eröffnet und die Grundsätze der UN-Behindertenrechtskonvention diesem Gemeinsamen eine übergeordnete Orientierung und damit auch eine gemeinsame Handlungsbasis liefern können.

3.4.1 Psychiatrie und Pädagogik im praktischen Versorgungsalltag

Die Pädagogik bewegt sich sowohl in der wissenschaftlichen Theoriebildung zum Thema Beeinträchtigung als auch in der praktischen Begleitung von Menschen mit Beeinträchtigungen innerhalb eines Feldes, das interdisziplinäre Zusammenarbeit erfordert. So berühren die Fachbereiche Sonder- und Heilpädagogik in Bezug auf Menschen mit Störungen der Intelligenzentwicklung diskursiv und praktisch Fachgebiete wie Medizin, Psychologie, Pflege, Physiotherapie, Logopädie und Ergotherapie. Vor allem mit der Medizin ergeben sich zwar viele gemeinsame Theorie- und Handlungsfelder, doch in der alltäglichen Praxis gibt es im deutschsprachigen Raum – mit Ausnahme der Kinder- und Jugendpsychiatrie – wenig konkrete Zusammenarbeit. Findet sie statt, so ist sie nicht selten von kontroversen Ansichten, Interessen und Handlungsroutinen geprägt (Buscher & Hennicke 2017).

Während sich die Medizin bzw. die Psychiatrie an den Abweichungen von einer angenommenen (z. B. psychische Normalität) und empirisch ermittelten Norm (z. B. Blutwerte und andere körperliche Parameter) ausrichtet, abweichende Symptome in Gruppen (Syndrome) zusammenfasst und kategorisiert (mittels der internationalen Klassifikationssysteme ICD und DSM) sowie deren Ätiologie aufzuklären versucht, ist das Interesse der Pädagogik insbesondere auf die dynamischen Entwicklungsprozesse des Menschen gerichtet.

Die Spielregeln des Gesundheitssystems verpflichten die Medizin bzw. Psychiatrie, vor allem den aktuellen Status der Störung oder des »Krank-Seins« samt der individuellen Beeinträchtigungen zu fokussieren (**Defizitorientierung**). Damit einhergehend besteht ein maßgeblicher Anspruch darin, der identifizierten Symptomatik mit adäquaten therapeutischen Mitteln entgegenzuwirken (Heilung, Linderung). Demgegenüber richtet sich die (Heil-)Pädagogik ausdrücklich an den individuellen Ressourcen des jeweiligen Menschen aus (**Ressourcenorientierung**) und versucht, im Sinne des Schweizer Heilpädagogen Paul Moor (1965), durch pädagogische Unterstützung und Förderung der vorhandenen Fähigkeiten das Fehlende zu kompensieren – gemäß dem handlungsleitenden Motto: »Nicht gegen den Fehler, sondern für das Fehlende« (Moor 1965, o. S.). Deutlich über die im Rahmen der medizinischen Diagnostik anamnestisch zu erhebenden biografischen Daten hinausgehend, betrachtet die Pädagogik den Menschen in seinem soziokulturellen und historischen Kontext – in seinem Geworden-Sein – und behält lebenslange Entwicklungsprozesse und Entwicklungspotenziale für eine ganzheitliche Unterstützung und Förderung konsequent im Blick.

In den letzten drei Jahrzehnten wurden in der psychiatrischen Behandlung von Menschen mit Störungen der Intelligenzentwicklung und psychischen Störungen zwar vermehrt (heil-)pädagogische Maßnahmen integriert, aber ihr Stellenwert im Gesamtbehandlungsplan stand – z. B. im Vergleich zu biomedizinischen bzw. pharmakologischen Behandlungskonzepten – deutlich im Hintergrund. In manchen Fällen wurde die Pädagogik (samt gängiger Methoden wie Basale Stimulation, Snoezelen oder Aromatherapie) mehr oder weniger als »Wohlfühlaccessoire« betrachtet. Mit der verstärkten Berücksichtigung der sozio-emotionalen Entwicklung in Bezug auf Verhaltensstörungen bei Menschen mit Störungen der Intelligenzentwicklung (Došen 2010), mit neuen Forschungsergebnissen und der Implementierung der daraus abgeleiteten praktischen Handlungskonzepte (Barrett et al., im Druck; Sappok et al. 2014), vor allem auch in der Begleitung von Menschen mit Autismus-Spektrum-Störungen (mit und ohne eine Störung der Intelligenzentwicklung), beginnt sich dies in den letzten Jahren im deutschsprachigen Raum zu ändern. In der Annäherung von Pädagogik und Psychiatrie bleibt wissenschaftlich und praktisch jedoch noch vieles offen und ungeklärt. Indes hat die ICD-11 mit ihrem Konzept der »Störungen der Intelligenzentwicklung« ein neues Kapitel aufgeschlagen. In den folgenden Abschnitten gehen wir der Frage nach, inwiefern diese Neuerungen dazu geeignet sind, bestehende Reibungen und Unklarheiten zu beseitigen und zu einer neuartigen gemeinsamen Fachlichkeit beider Disziplinen beizutragen.

3.4.2 Paradigmenwechsel durch die ICD-11?

In der ICD-11 wird die kognitiv-adaptive Beeinträchtigung nach wie vor als Störungsbild definiert. Sie wird damit weiterhin als (defizitärer) **Gesundheitszustand** und nicht als sich prozesshaft entwickelndes Leben mit einer Beeinträchtigung eingestuft. Der Begriff bleibt auf den ersten Blick also in einer defizitorientierten medizinischen Konzeptualisierung verhaftet. Erwähnenswert ist in diesem Zusammenhang jedoch, dass der Entscheidung, die geistige Beeinträchtigung weiterhin als Störung zu definieren, eine intensive und langjährige Diskussion innerhalb eines internationalen Expertengremiums vorausging. Erstmals seit 40 Jahren hatte die WHO als Herausgeberin der ICD diese Arbeitsgruppe multidisziplinär besetzt, um neben medizinischen auch andere fachliche Perspektiven in ein neues Konzept der Störungen der Intelligenzentwicklung miteinfließen zu lassen (Bertelli et al. 2016). Dabei wurden mehrere bedeutsame Korrekturen gegenüber dem inzwischen fachlich überholten Konzept der »Intelligenzminderung« der ICD-10 und ihren Vorläufern vorgenommen, auf die es sich lohnt, einen kurzen Blick zu werfen.

So wird die geistige Beeinträchtigung in der ICD-11 nicht mehr unter der Rubrik »Psychische Störungen« subsumiert, sondern dem neuen, übergeordneten Kapitel der »**neuronalen Entwicklungsstörungen**« zugeordnet (ICD-11 6A00 Störungen der Intelligenzentwicklung). Hiermit sollte von Anfang an deutlich gemacht werden, dass sich der neue Begriff »Störungen der Intelligenzentwicklung« eindeutig auf den Aspekt der Störung und nicht auf der Beeinträchtigung bezieht.

Dies zog eine Differenzierung der englischsprachigen Begrifflichkeiten nach sich. Von der Expertengruppe wurde der Vorschlag der zukünftigen Unterscheidung von **Intellectual and Developmental Disorder (IDD)**[15] und **Intellectual Disability (ID)** eingebracht, um so dem taxonomischen Problem und einer begrifflichen Vermengung (Gesundheitszustand und Behinderung) von vornherein zu begegnen. So soll der Begriff IDD/DID als Gesundheitszustand Verwendung finden, während ID den funktionalen Bereich und damit das Leben mit der Behinderung beschreiben soll (Bertelli et al. 2016). Während mit dem Begriff ID eine inhaltliche Brücke zu der »International Classification of Functioning, Disability and Health« (ICF; WHO 2001) und dem darin enthaltenen bio-psycho-sozialen Behinderungsmodell geschlagen wird, soll der neu implementierte Begriff IDD/DID der medizinischen Erhebung des aktuellen Gesundheitsstatus vorbehalten bleiben. Nach Ansicht der Expertengruppe sind die Begriffe IDD/DID und ID zwar semantisch ähnlich, sollten aber auf keinen Fall synonym als »Spiegelbegriffe« verwendet werden (Bertelli et al. 2016).

Doch was ist mit dieser – zugegebenermaßen wichtigen – begrifflichen Klärung nun kon-

---

15 Bisher etablierter Begriff; eventuell zukünftig in Angleichung an die ICD-11: Disorder of Intellectual Development, entsprechend DID abgekürzt.

kret für die multidisziplinäre Zusammenarbeit gewonnen?

Die Eindeutigkeit der definitorischen Zuschreibungen solle – so die Expertengruppe der WHO – dazu beitragen, polarisierende Debatten, die bislang ohne gemeinsame begriffliche, wissenschaftliche Basis geführt wurden, zukünftig zu vermeiden (Bertelli et al. 2016). So ist durch die ICD-11 eindeutig geklärt, dass die Bezeichnung »Störungen der Intelligenzentwicklung« ein Begriff der neuronalen Entwicklung ist. Er muss also in der Diskussion nicht aufgrund der Tatsache, dass in seiner Versprachlichung der Aspekt der Funktionsfähigkeit und damit auch die **psychosoziale Behinderung** nur unzureichend abgebildet sind, infrage gestellt oder auf andere Weise umschrieben werden, wie das z. B. für den Begriff der »Intelligenzminderung« in der Vergangenheit der Fall war. Zwar ist in der vorläufigen deutschen Übersetzung diese begriffliche Differenzierung noch nicht ausgeführt, aber es böte sich der umfassendere Begriff der »Geistigen Behinderung« an. In ihm war in der deutschen Sprachtradition stets der bio-psycho-soziale Aspekt von Behinderung enthalten.[16] Diese von der Arbeitsgruppe zum ICD-Kapitel »Störungen der Intelligenzentwicklung« angestoßene Diskussion ist jedoch (bei Drucklegung dieses Buches) noch nicht abgeschlossen, sollte aber im Umsetzungsprozess der neuen WHO-Klassifikation in die alltägliche medizinische Alltagspraxis beizeiten geführt werden, um zukünftig eine klare Differenzierung der medizinischen Diagnose »Störung der Intelligenzentwicklung« von dem funktionell ausgerichteten Begriff der Behinderung unterscheiden zu können. So könnten polarisierende Begriffsdiskussionen zwischen den Fachgebieten der Pädagogik und der Medizin bzw. Psychiatrie vermieden werden.

Die entscheidende Wendung in der ICD-11 erfolgt aber vor allem dadurch, dass das bisherige Konzept der Intelligenz – welches sich vor allem auf die **intellektuellen Fähigkeiten (Kognition)** bezog – durch den Aspekt der **Adaption** ergänzt wird. Das adaptive Verhalten erfolgt gemäß ICD-11 auf der Basis der intellektuellen Möglichkeiten und bezieht sich auf Beeinträchtigungen und das »Funktionieren« in alltäglichen Handlungs- und Lernprozessen. Die Anpassungsprozesse werden unter **konzeptuellen** (z. B. Lesen, Schreiben, Rechnen, Lösen von Problemen und Treffen von Entscheidungen), **sozialen** (Umgang mit zwischenmenschlichen Interaktionen und Beziehungen, soziale Verantwortung, Befolgen von Regeln und Gesetzen, Vermeiden von Viktimisierung) und **praktischen** Gesichtspunkten eingeschätzt (Selbstfürsorge, Gesundheit und Sicherheit, berufliche Fähigkeiten, Erholung, Verwendung von Geld, Mobilität und Transport sowie Nutzung von Haushaltsgeräten und technischen Geräten) (WHO 2022; siehe auch Kap. 1 Psychische Gesundheit bei Menschen mit Störungen der Intelligenzentwicklung und Kap. 4 Störungen der Intelligenzentwicklung).

Die Integration des adaptiven Leistungsniveaus wurde seit langer Zeit von verschiedenen Fachverbänden gefordert. Mit deren Berücksichtigung wurde in der ICD-11 nun der Tatsache entsprochen, dass die Architektur der neuronalen Netzwerke im menschlichen Gehirn nicht nur durch biologische Prozesse geformt, sondern auch durch Umweltaspekte und Erfahrungen beeinflusst wird (Bertelli et al. 2016).

Das heißt auch, dass das Konstrukt der »Störungen der Intelligenzentwicklung« eine **entwicklungsdynamische Ausrichtung** ent-

---

16 Im bio-psycho-sozialen Behinderungskonzept des ICF wird in der Codierung für »Geistige Behinderung« der Begriff der Einschränkung der »mentalen Funktionen« verwendet.

hält: »Die Erwartungen an ein adaptives Funktionieren können sich im Spiegel der sich im Laufe des Älterwerdens verändernden Umweltanforderungen selbst ändern« (WHO 2022 [Übers. d. A.]). Auf der Basis lebenslang wirksamer neuronaler Bedingungen (Störung der Intelligenzentwicklung) vollzieht sich Entwicklung und mit den sich im Laufe des Lebens verändernden bio-psycho-sozialen Anforderungen und Entwicklungsaufgaben verändert sich auch die jeweils aktuelle Symptompräsentation der Störungen der Intelligenzentwicklung. In ihr bilden sich somit immer auch historische, soziokulturelle und individuelle Lebens- und Lernerfahrungen ab. Durch die Fokussierung auf dynamische Entwicklungsprozesse stellt sich für die psychiatrische Diagnostik die neue Aufgabe, neben Entwicklungsdefiziten (Status der Störung) und deren Ätiologie ebenso auch Entwicklungsressourcen (Status des Potenzials) in der Diagnostik zu erfassen. Die medizinische Diagnostik eröffnet damit perspektivisch den Blick auf das Mögliche und bleibt nicht allein im Status der Störung verhaftet. Für ihre fachliche Perspektivenerweiterung muss die Psychiatrie also »entwicklungssensibel« werden. Ihre diagnostische Perspektive dehnt sich damit auf das Feld der Gesundheit aus. Es entsteht ein entwicklungsoffener Raum, der multimodal und multidimensional »therapeutisch« gefüllt werden kann. Aber es geht nicht nur um das Erkennen und Nutzen vorhandener Ressourcen, sondern unter therapeutischen Gesichtspunkten vor allem auch um die individuelle Erschließung oder Reaktivierung bislang ungenutzter Ressourcen. Mit den Worten Paul Moors (1965) bedeutet dies für medizinische wie pädagogische Fachkräfte gleichermaßen, aus der Analyse des »neuronalen Fehlers« (also der Art und Ätiologie der Störung) und des kognitiv-adaptiv Vorhandenen (im Sinne bestehender Defizite; vorhandener und entwickelbarer Ressourcen) Möglichkeiten für die Kompensation des Fehlenden herauszuarbeiten.

Darüber hinaus relativiert die ICD-11 mit der Integration des adaptiven Verhaltens die Diagnosehoheit von **standardisierten IQ-Tests**. Tatsächlich verweist sie auf deren eingeschränkte Anwendbarkeit bei Menschen mit mittelgradigen, schweren und tiefgreifenden Störungen der Intelligenzentwicklung: »Stehen keine entsprechend normierten und standardisierten Tests zur Verfügung, muss sich die Diagnose von Störungen der Intelligenzentwicklung stärker auf das klinische Urteil stützen, das auf einer angemessenen Bewertung vergleichbarer Verhaltensindikatoren beruht« (WHO 2022).

Für die Einordnung des Schweregrades einer Intelligenzentwicklungsstörung werden, neben den intellektuellen Möglichkeiten, typische Arten des Adaptionsverhaltens (und zwar sowohl Fähigkeiten als auch Beeinträchtigungen) formuliert, wie etwa: »Kann sich als Fußgänger bzw. Fußgängerin sicher im Straßenverkehr bewegen«, »Versteht die Bedeutung von Ja und Nein« oder »Benötigt erhebliche Unterstützung, um Einkäufe zu planen und zu erledigen«.

Diese praxisnahe Verknüpfung von Kognition und Adaption in einem Gesamtkonzept macht die entwicklungssensible Sichtweise der Pädagogik zum festen Bestandteil einer transdisziplinären, fachlichen Diagnostik. Umfassende, multiprofessionelle Verhaltensbeobachtungen werden dadurch – im Fokus einer adäquaten Entwicklungsdiagnostik – zum Bindeglied von Diagnose und Therapie. Darüber hinaus wird in der ICD-11 mit Bezug auf das Adaptionsverhalten die Anwendung von standardisierten Entwicklungstests (z. B. die Vineland-Skala, *Vineland Adaptive Behavior Scale 3*; Pepperdine & McCrimmon 2018) zur Validierung diagnostischer Befunde empfohlen.

Vor allem die Indikatoren **sozio-emotionaler Entwicklungsdiagnostik** überlappen sich in vielen Bereichen mit den im Rahmen der Störungen der Intelligenzentwicklung beschriebenen adaptiven Fähigkeiten (insbesondere die sozialen und alltagspraktischen Fertigkeiten; siehe Kap. 4 Störungen der Intelligenzentwicklung). Hierbei ist jedoch anzumerken, dass die ICD-11 mit ihren adaptionsbezogenen Indikatoren vom Gedanken der »highest performance« ausgeht, also vom höchsten jemals erreichten Potenzial (Ressource), während in sozio-emotionalen Entwicklungstests die »daily performance« (aktuelles sozio-emotionales Alltagsverhalten) bzw. das beobachtete Verhalten innerhalb eines definierten Zeitraums (z. B. 12 Wochen retrospektiv) beurteilt wird.

In der psychiatrischen Arbeit mit Menschen mit Störungen der Intelligenzentwicklung und psychischen Störungen schließen sich an eine entwicklungssensible Diagnostik pädagogische und therapeutische Maßnahmen an, welche die Erkenntnisse aus der entwicklungssensiblen Diagnostik umsetzen sollen. Sie sind insofern als entwicklungslogisches Handeln zu definieren. Der Pädagoge Georg Feuser prägte bereits im Jahr 1995 für die Allgemeine Pädagogik und Didaktik den Begriff der **Entwicklungslogik** (Feuser 1995). Durch die entwicklungsbezogenen Neuerungen der ICD-11 wird das Konzept der Entwicklungslogik – neben einer symptomatischen Behandlung – gleichsam zur Behandlungsmaxime für Menschen mit Störungen der Intelligenzentwicklung. Das Entwicklungssensible und -logische durchdringt den lebenslangen diagnostisch-therapeutischen Zirkel (v. Uexküll & Wesiack 1988) im Erkennen, Verstehen und Handeln vollständig. Durch diesen zirkulär-reflexiven Ansatz in Verbindung mit einem entwicklungsoffenen Prozess können nicht nur Ressourcen genutzt, sondern auch präventiv Resilienzen aufgebaut werden.

Mit der Einführung des Entwicklungsaspektes im Kapitel der »Störungen der Intelligenzentwicklung« der ICD-11 ergeben sich nicht nur Möglichkeiten, das Verhältnis einer entwicklungssensiblen Pädagogik (v. a. Sonderpädagogik, Heilpädagogik) zur bislang vornehmlich defizitorientierten, dominanten medizinisch-psychiatrischen Diagnose- und Therapiehoheit neu zu justieren; diese Annäherung wird zur Notwendigkeit, um eine **adäquate multidisziplinäre Fachlichkeit** zu erreichen. Auf diese Weise gibt die ICD-11 indirekt den Anstoß für eine neue Qualität von transdisziplinärer Zusammenarbeit. Die Diagnose einer Störung der Intelligenzentwicklung bleibt zwar zunächst eine Statuserhebung, muss aber künftig auch das Mögliche, das Potenzial der Entwicklung beinhalten und das Leben (und die Gesundheit) als dynamischen Entwicklungsprozess begreifen. Deswegen sind im englischsprachigen Kontext die Begriffe IDD/DID und ID weder spiegelbildliche Synonyme noch Widersprüche. Sie sind vielmehr einander ergänzende Beschreibungen von »Moment« (IDD, Statuserhebung) und »Entwicklung« (ID, bio-psycho-soziale Behinderung im Lebensprozess). Diese begriffliche Fassung steht im deutschen Sprachgebrauch noch bevor (»Störung der Intelligenzentwicklung« und »Leben mit geistiger Behinderung«?). Sie wird die begriffliche Basis für eine neue Qualität transdisziplinärer Kooperation darstellen.

3.4.3 Person und Ich-Entwicklung

Person

Wenn die kognitiv-adaptive Entwicklung mit ihren intellektuellen, sozio-emotionalen und alltagspraktischen Ausformulierungen mit der ICD-11 mehr ins Zentrum rückt (siehe Kap. 4 Störungen der Intelligenzentwicklung), dann hat dies unmittelbar Folgen für die Diagnostik und Therapie von psychischen Auffälligkeiten bzw. von psychischen Störungen im engeren Sinn. Die Entwicklungsprozesse des Menschen in den Bereichen der Motorik, Sensorik, Kognition, Sozioemotion und Sprache sind dynamisch und variabel, sie umfassen jederzeit und in allen Bereichen Entfaltungs- und Anpassungsprozesse gleichermaßen. Sie können sich in allen Bereichen beschleunigt bzw. verlangsamt vollziehen oder auch blockiert sein. Das jeweilige Entwicklungsprofil steckt damit den erschließbaren Raum unserer individuellen Möglichkeiten und Grenzen ab; diese wiederum prägen, wie und was wir in der Welt sind, sie umfassen die gesamte Spannweite und damit auch sämtliche Auffälligkeiten unseres Erlebens und Verhaltens.

Psychische Störungen entwickeln sich auf der Basis unserer biologisch-genetischen Dispositionen und der sozio-kulturellen Rahmenbedingungen und individualgeschichtlichen Einflüsse. Mit der Feststellung, dass sich psychische Auffälligkeiten sowohl im äußerlichen Verhalten als auch im inneren Denken und Empfinden vollziehen, sind sie – nach Thomas Fuchs, einem Mediziner und Philosophen – nicht ausreichend beschrieben: »... ihr eigentlicher Ort liegt in der gelebten Beziehung zwischen Subjekt und Welt, die durch den Leib und den Raum vermittelt ist« (Fuchs 2013, S. 2). Während sich der Raum phänomenologisch über die oben erwähnten Entwicklungsdimensionen erstreckt, ist der Leib das Medium, das uns mit der Welt verbindet und verbunden hält. Alles, was wir empfinden, und alles, womit wir tätig in die Welt hineinwirken, ist über den Körper vermittelt. Dabei fällt der Leiblichkeit eine doppelte Rolle zu: Sie ist Instrument der Wahrnehmung und des Handelns und zugleich gerade *nicht* nur Werkzeug, gerade *nicht* etwas rein Äußerliches, von uns Getrenntes; der Mensch besitzt den Körper nicht, sondern er ist der Körper selbst (Fuchs 2013). Der Körper ist das, was uns von Anfang an unverwechselbar macht, er ist unsere erste Identität. So nimmt auch jede Entwicklung am und mit dem Körper ihren Anfang. Über ihn gestalten sich unsere Welterfahrung und unsere Weltbeziehung. In unserer frühesten Entwicklung sind wir uns nach jetzigem Erkenntnisstand des eigenen Körpers noch nicht bewusst. Weder haben wir ein Körperschema, ein inneres Bild, noch können wir den Körper zum Objekt der Selbstreflexion machen oder als Mittel zum Zweck einsetzen: Wir greifen im wörtlichen Sinn ziellos ins Leere.[17] Wir sind das, was unser Körper an physiologischen Bedürfnissen und Erfordernissen aufweist: Wir atmen, wir trinken, wir verdauen, wir scheiden aus, wir nehmen die unmittelbare Umgebung mit offenen Augen wahr und lernen, das »Geräuschliche« der Welt des Hörens zuzuordnen. In dieser frühen Entwicklungsphase existieren wir noch nicht als Ich, sondern als unser leibliches Wohlbefinden und Unwohlsein. Die innere Präferenz für Zustände des körperlichen Wohlbefindens legt

---

17 Wie neuere Forschungen zeigen, entwickelt sich eine sensomotorische Intentionalität bei Kindern bereits ab der Geburt (Delafield-Butt & Gangopadhyay 2013). Frühgeborene zeigen in der sensomotorische Kontrolle ihrer Armbewegungen deutliche Defizite im Vergleich zu Kindern mit voller intrauteriner Reifung (Delafield-Butt et al. 2018).

fest, wie unser Sein ins Gleichgewicht gebracht werden kann. Doch mit dem Fortgang unserer sensomotorischen Entwicklung im ersten Lebensjahr beginnen wir, unser leibliches Sein zu erforschen, und lernen, gezielt in die Welt zu greifen. Die instrumentelle Nutzung unseres Körpers entwickelt sich also, bevor das »sich-seiner-selbst-bewusste Ich« versucht, sich den Körper »zum Untertan zu machen« und sich selbst als Ich zu bezeichnen. Doch wer oder was sind wir, bevor das Ich auf den Plan der Entwicklung tritt? Wir sind Subjekt und wir sind Person. Wir tragen bereits Persönliches in uns, ohne Persönlichkeit zu sein, denn wir kennen uns noch nicht. Wir haben noch kein Ich-Bewusstsein.

Die Entwicklung des Ichs und seiner Unverwechselbarkeit

Das Ich wird in diesem Zusammenhang nicht wie in der Psychoanalyse als der triangulierten Psyche (Über-Ich, Ich, Es) zugehörige Instanz, sondern als Konstrukt der menschlichen Entwicklung betrachtet. Das Ich ist die Instanz, die uns unsere leibliche Weltbeziehung bewusst macht. Sie ist das, was in der Entwicklung der Selbst- und Fremddifferenzierung entsteht, sobald wir erkennen, dass unsere Person von anderen getrennt und unterscheidbar ist. Wir lernen uns selbst kennen (bewusstes Körperschema) und erkennen uns schließlich selbst (Spiegelbilderkennung). Das hier vorgestellte Ich-Konzept steht damit in der Tradition des strukturgenetischen Entwicklungsmodells von Jean Piaget und greift die Impulse anderer Stufenmodelle von Erik H. Erikson, Lawrence Kohlberg und Jane Loevinger auf.

Diese gestaltenden und reflektierenden leiblichen Prozesse ermöglichen uns, persönliche Erfahrungen zu machen und sie als Ich-Erfahrungen in unserem Gedächtnis abzuspeichern. Sie schaffen im weiteren Leben letztlich das, was uns ausmacht: unsere individuelle Weltbeziehung, unsere Identität. In jedem Augenblick, in dem wir uns unser eigenes Sein bewusst machen, gerinnt das Selbst von Neuem zur Momentaufnahme unserer Identität. In dieser Entwicklung wirken dynamische und stabilisierende Prozesse gleichermaßen. Die Identität überdauert und entwickelt sich zugleich. Um uns stabilisieren zu können, braucht sie eine gewisse Konstanz. Um uns nicht in zwanghafte Erstarrung zu führen, muss sie sich fortlaufend an unseren aktuellen Erfahrungen reiben und offen für Erweiterung und Veränderung sein. Sie bietet uns die psycho-soziale Basis und steuert unsere Motive in dem Bemühen, ein gutes Leben zu führen. Unter diesem Aspekt ist die Reflexion dieser Prozesse natürlicher Gegenstand jeder (psychotherapeutischen) Selbstaktualisierung – vor allem, wenn die Identität droht, in strukturlose Flüchtigkeit oder obsessive Erstarrung zu verfallen. Voraussetzung der Selbstreflexion ist die Entwicklung des Ichs als bewusst denkendes, empfindendes, handelndes und sich als Subjekt selbst thematisierendes Wesen.

Erst mit dem Erwerb der Fähigkeit, sich als Selbst, als eigenes Individuum getrennt von anderen zu erkennen (operationalisiert durch das Selbsterkennen im Spiegel ab einem Alter von etwa 1,5 Jahren; Amsterdam 1972), entsteht eine Bewusstheit über die eigene Person. Die Person wird dadurch zum umfassenden, leibhaften Selbst und handelt und reflektiert sich und ihr »In-der-Welt-Sein« als Ich. Das heißt, das bewusste Ich ist Voraussetzung für das erlebte und reflektierte Selbst. Erst jetzt wirkt der eigene Wille, das »Ich will!«, in die Welt hinein. Das Ich ist sich nun nicht nur seiner Selbst bewusst, sondern in jedem Moment seiner gegenwärtig – körperlich, sozial und emotional. Es ist die fortwährende Präsenz seiner selbst, derer sich die Person nicht unbedingt durch bewusste Reflexion vergewissern muss. In seinen Beziehungen zur Welt und seiner tätigen

Auseinandersetzung differenziert sich das Ich im Laufe der eigenen Biografie immer weiter aus. Es vertieft und erweitert sich im Wahrnehmen, Denken, Erforschen und Handeln quantitativ und durchschreitet in seiner Entwicklung (z. B. Pubertät, Adoleszenz, Involution, Alter) qualitative und strukturelle Veränderungsprozesse. Es erweitert seinen Aktions- und Erlebensraum und reichert die universellen Entwicklungsschritte durch persönliches Interagieren, Erleben und Erfahren an. Der Soziologe Hartmut Rosa beschreibt die diesbezüglichen Lernprozesse in seinem gemeinsam mit Wolfgang Endres verfassten Buch »Resonanzpädagogik« als »Anverwandlung«, bei der es darum geht, etwas (einen Lerngegenstand) auf- und anzunehmen, dieses Etwas in diesem Prozess zu verwandeln und damit sich selbst zu verändern. »Anverwandeln« bedeutet in dem Zusammenhang, sich die Dinge oder ein Wissen im wirklichen Sinne »an-zu-eignen« und dadurch zu verwandeln, also »anzuverwandeln« (Rosa & Endres 2016). So erforscht der in Entwicklung befindliche Mensch sensomotorisch immer weiter dinglich-soziale Räume und lernt, Emotionen in sich und an anderen zu erkennen; er entwickelt Empathie und erwirbt schließlich die Fähigkeit, sich in einem kognitiv-emotionalen Prozess in andere Menschen hineinzuversetzen (sog. Theory of Mind; Entwicklung zwischem dem 3. und 6. Jahr; Lohaus & Vierhaus 2015; Wellman et al. 2001). So kann er das eigene Handeln an den beim Gegenüber identifizierten Gedanken, Gefühlen, Stimmungen, Absichten, Bedürfnissen und Motiven ausrichten. Er kann jetzt nicht nur »mitfühlen«, sondern sich aktiv »einfühlen und eindenken«. Im Prozess der typischen motorischen, sensorischen, kognitiven, sozio-emotionalen und sprachlichen Entwicklung des Menschen vollzieht sich hierbei eine individualisierende »Anverwandlung« der Welt. Wie der folgende Abschnitt illustrieren wird, können die Bedingungen hierfür je nach sozio-kulturellem und historischem Kontext und der individuellen biografischen Faktoren günstig, (phasenhaft) hemmend oder blockierend sein.

3.4.4 Entwicklung und Diagnostik – die Norm und das Spezielle

Erwachsene Menschen mit einer Störung der Intelligenzentwicklung zeigen Beeinträchtigungen in ihren intellektuellen und adaptiven Fähigkeiten. Diese Beeinträchtigungen treten in verschiedenen Lebensbereichen bzw. Entwicklungsdimensionen auf. Sind mehrere Dimensionen in ihrer Entfaltung deutlich verzögert oder blockiert, so wird diese Form mit dem Begriff der Mehrfachbeeinträchtigung beschrieben. Dies trifft vor allem auf die Kombination von Störungen der Entwicklungsdimensionen Motorik, Sensorik und Kognition zu. Die erlernten motorischen, sensorischen und kognitiven Fähigkeiten wirken auf körperlicher Ebene: Der Leib stellt das empfangende und sendende Medium dar, das den Menschen mit der Welt verbindet. Der Mensch empfindet immer nur durch den Körper hindurch und handelt in der Welt über den Leib als Instrument. »In dem Maße jedoch, wie er als Körper störend hervortritt, kann er diese Erfahrung auch erschweren und verzerren« (Fuchs 2013, S. 3). Je nach Grad der Beeinträchtigung sind die adaptiven Prozesse mehr oder weniger gestört, sind die persönlichen Ressourcen mehr oder weniger ausgeprägt.

Auch das Sozio-Emotionale entwickelt sich als eigener Bereich unter dem Einfluss dieses leiblichen Zugangs zur Welt. Das Ich als

Instanz der Bewusstwerdung der Weltbeziehungen thematisiert sich selbst in dieser besonderen Weise, trägt demnach die Strukturen seiner besonderen Weltbeziehung in sich. Das Ich ist jedoch nicht nur Akteur, sondern auch Produkt dieser Entwicklungsprozesse. Seine Entfaltung kann auf verschiedenen Stufen (Entstehung, Entfaltung und Differenzierung) stagnieren oder blockiert sein. Das heißt, dass die Möglichkeiten der Selbstreflexion und Selbstaktualisierung vom Grad des erreichten Entwicklungsstandes abhängen. Die körperlich-seelische Selbstwahrnehmung, die Reflexion von Ursache und Wirkung des eigenen Handelns, die Introspektionsfähigkeit sowie die Fähigkeit, sich in andere Menschen einzufühlen und hineinzuversetzen, sind im Rahmen von Entwicklung Ausdruck des sich differenzierenden Ichs und können im Falle einer Entwicklungsstörung auch bei höherem biologischem Alter nicht bedingungslos vorausgesetzt werden.

Lange Zeit fand der Bereich der Ich-Entwicklung in der medizinischen, psychologischen und pädagogischen Behindertenarbeit nur wenig Berücksichtigung. Erst in den letzten beiden Jahrzehnten wurde der **sozio-emotionale Entwicklungsansatz** international durch Anton Došen in die psychiatrische Arbeit mit Menschen mit Störungen der Intelligenzentwicklung eingebracht. Sappok & Zepperitz (2019) haben dann das Konzept durch eine konsequente Verbindung von medizinischen, psychologischen und pädagogischen Aspekten erweitert und in einem europäischen Netzwerk (siehe Sappok et al. 2022) für diagnostisch-therapeutische Zwecke überarbeitet und ausdifferenziert.[18] Mittels Assessment-Instrumenten wie der *SEO-Skala* (*Schaal voor Emotionele Ontwikkeling*; Došen 2005) und seiner überarbeiteten Version der *Skala der Emotionalen Entwicklung – Diagnostik* (*SEED*; Sappok et al. 2018) wurde in verschiedenen Studien festgestellt, dass Verhaltensstörungen aus einem entwicklungsdynamischen, sozio-emotionalen Blickwinkel gut erklärbar sind (Barrett et al., im Druck; Sappok et al. 2014, 2022). Unerfüllte entwicklungstypische und phasenspezifische Bedürfnisse, wie beispielsweise der Wunsch nach umfassendem Versorgt-Sein, nach emotional-körperlicher Geborgenheit und Bindung, nach Autonomie, nach vorbildhafter Orientierung oder nach Möglichkeiten, selbstständig Erfahrungen in und mit der Realität zu machen, führen – in Analogie zu den vorherigen Ausführungen – zu einer Störung der Verbundenheit des Subjekts mit seiner Mitwelt, zu einer speziellen Weltbeziehung. Individuelle Erfahrungen, die durch Unverfügbarkeit des Notwendigen geprägt sind (z. B. durch Vernachlässigung, Hospitalisierung oder eine fehlende entwicklungssensible Begleitung und Milieugestaltung), begünstigen Verhaltensstörungen. In diesen Verhaltensspezifika lassen sich wiederum entwicklungslogische, das heißt typische Problemkonstellationen der jeweilig erreichten Stufe der sozio-emotionalen Entwicklung ablesen (Hermann et al. 2022). So können z. B. charakteristische Schritte (Entwicklungsmeilensteine) fehlen, die eine Weiterentwicklung der Person erschweren oder gar unmöglich machen. Beispielsweise kann das Fehlen kommunikativer Ausdrucksmöglichkeiten zur Störung oder Blockade des sozialen Kontaktverhaltens und zur Störung der Entfaltung der intellektuellen Fähigkeiten führen (siehe van der Schuit et al. 2011). Verhaltensstörungen können quasi das Spiegelbild einer misslingenden, verlangsamten oder blockierten sozio-emotionalen Entwicklung sein.

Menschen mit Störungen der Intelligenz-

---

18 Es soll an dieser Stelle nicht unerwähnt bleiben, dass auch Luxen & Senckel (1999) die sozio-emotionale Entwicklung schon vor über 20 Jahren methodologisch in die deutschsprachige Heilpädagogik integriert haben.

entwicklung zeigen häufig ein im Vergleich zu ihrem realen, biologischen Alter niedrigeres kognitives sowie sozio-emotionales Entwicklungsalter. Das, was normalerweise entwicklungslogisch notwendig ist, darf nicht mit »Normalität des unbehinderten Lebens« verwechselt werden. Die Entwicklungsstufen gelten in unserem Kulturkreis als normativ und beziehen sich jeweils auf einen definierten Zeitraum, in dem statistisch gesehen die meisten Menschen bestimmte Entwicklungsmeilensteine erreichen.

Entwicklungsabweichungen können die Teilhabe am gemeinschaftlichen Leben – je nach Art und Ausprägung – leicht oder stark behindern, sind aber gleichzeitig auch Ausdruck des »Speziellen« und Teil des Individuellen (siehe hierzu Verhaltensbesonderheiten von Menschen mit Autismus-Spektrum-Störungen, Kap. 6[19]). Genau die Berücksichtigung dieses »Speziellen«, des potenziell Behindernden wie auch Ressourcenschaffenden des Entwicklungsalters, ist die Voraussetzung für eine wirkliche Teilhabe am gemeinschaftlichen Leben. Der früher mit Recht kritisierte »Besonderungs-Begriff«, der im Umgang mit Menschen mit Beeinträchtigungen (z. B. in Form des Paradigmas von Schutz durch Ausgrenzung) verwendet wurde, darf deshalb nicht mit der diagnostischen und therapeutischen Berücksichtigung des »Speziellen« verwechselt werden (Nirje 1999; Schanze 2017; Wolfensberger 2011).

In den letzten Jahrzehnten entstand ein zumeist unreflektierter Anpassungsdruck an verschiedene Konstrukte von »Normalität«. Individualität und entwicklungstypische Bedarfe blieben unberücksichtigt. Die Fehlinterpretation des »Normalitätskonzeptes« – d. h. eine unreflektierte Anpassung an soziale gesellschaftliche Vorgaben zu propagieren – schließt ein entwicklungssensibles Erkennen von individuellen Hemmnissen und Möglichkeiten und damit auch eine bedarfsorientierte Assistenz und Begleitung von Menschen mit Störungen der Intelligenzentwicklung aus (Schanze 2017; Wolfensberger 2011).

Anstatt Menschen mit Behinderungen in einer falschen Auslegung des Normalitätskonzeptes an die Normalität anzupassen, gilt es umgekehrt, normale Lebensräume für Menschen mit Behinderung barrierefrei zugänglich zu machen. Auf diese Verfügbarkeit hat mit der im Jahr 2008 in Kraft getretenen UN-Behindertenrechtskonvention jeder Mensch mit Beeinträchtigung in Europa und in weiteren 185 Unterzeichnerstaaten ein Anrecht auf »Teilhabe am bürgerlichen, politischen, wirtschaftlichen, sozialen und kulturellen Leben auf der Grundlage der Chancengleichheit ...« (UN 2006).

MERKE

Es wird oft vergessen, wie schwer es ist, im Alltag einer ökologisch-reflexiven Heilpädagogik (Speck 2008, 2018) die theoretischen Vorstellungen einer »Ethik des anderen« praktisch umzusetzen. Eine derart reflexive Grundhaltung verlangt von Fachkräften, ausdrücklich einer Ethik zu folgen, die jeden Menschen achtet, bedingungslos Verantwortung und Sorge für den Nächsten einfordert, sich dem Prinzip der unbedingten Zugehörigkeit verpflichtet weiß und die sich der Begegnung als Ausgangspunkt, Bedingung und Urform für pädagogisches Handeln bewusst ist.

---

19 Menschen mit einer Autismus-Spektrum-Störung können und wollen nicht lügen. Sie sind insofern äußerst direkt, sprechen Dinge unverblümt an, sind ehrlich und aufrichtig. Das wirkt auf andere mitunter peinlich, kindlich-naiv oder gar beleidigend.

3.4.5 Psychische Störungen und Störungen der Ich-Funktionen

Psychische Störungen sind Störungen, die das Wahrnehmen, Empfinden und Handeln des Ichs nach außen und innen beeinträchtigen. Je nach Art und Schweregrad können sie zu einer Verunsicherung des Selbst führen (geringes Selbstwertgefühl, Selbstzerstörung, Selbstüberschätzung, Selbstzweifel, Selbstmord, verzerrte Selbstwahrnehmung, eingeschränkte oder fehlende Selbstgewissheit etc.). Die bisherige Weltbeziehung des Selbst wird durch diese Beeinträchtigungen infrage gestellt. Der betroffene Mensch kann sich dabei von der Welt vereinnahmt oder ausgegrenzt fühlen, er kann sich als durchlässig und schutzlos oder als erstarrt in der Trennung des Selbst von der Mitwelt erleben (Fuchs 2013). Wenn das Verhältnis zwischen Selbst und Welt gestört ist, kann die Entwicklung einer psychosozialen Beeinträchtigung ihren Anfang nehmen. Durchlässigkeit, Verschiebung oder Verzerrung führen beispielhaft zu einer Fragmentierung des Wahrgenommenen, Empfundenen und Erlebten bzw. zur Infragestellung, zur verunsichernden oder angsteinflößenden Erweiterung des Ich-Erlebens oder auch zu einer Einengung des Ichs durch Verschlossenheit und sozialen Rückzug (z. B. bei Menschen mit psychotischen Störungen oder bei Menschen mit einer Intelligenzentwicklungsstörung und zusätzlicher Autismus-Spektrum-Störung). Die Beziehung zur Welt läuft in der psychischen Krise Gefahr, für die betroffene Person zu zerfallen. Dies gilt nicht nur für primär psychotische Störungen (ICD-11) wie z. B. die Schizophrenie, sondern auch für Angststörungen, Zwangsstörungen oder Depressionen. Je nach Schweregrad der Störung verlieren die davon betroffenen Menschen auf störungsspezifische Art den Bezug zu ihrem realen Selbst und zur Mitwelt. Das Ich bringt in seiner Bewusstwerdung der leiblichen Verbundenheit die innere und äußere Welt immer weniger in Einklang.[20] Das Ich ist in seiner kognitiv-emotionalen Vermittlerrolle von Innen- und Außenwelt überfordert und erschöpft sich zunehmend.

Unsere **Aufgabe in der psychiatrischen Arbeit** ist es deshalb, die Besonderheiten dieses Bruchs zwischen Innen- und Außenwelt zu erkennen und der individuellen Wahrnehmungs- und Empfindungswelt »das Reale« wieder zugänglich zu machen (Bock & Kluge 2017). Es ist aber auch notwendig, durch eine ressourcenorientierte Diagnostik noch vorhandene Zugänge zu identifizieren und vor allem durch (pädagogische oder therapeutische) Maßnahmen nicht zu verstellen (z. B. kognitive Einschränkungen und Affektverflachung durch Psychopharmaka, soziale Ausgrenzung durch wohnortferne Heimunterbringung, Unterdrückung des Affektausdrucks durch Sanktionen). Das Ich muss in seiner verbindenden kognitiven und sozio-emotionalen Kompetenz bestätigt und unterstützt werden (Ciompi 1989). Dies alles geschieht bei Menschen mit Störungen der Intelligenzentwicklung auf der Basis ihres jeweils erreichten motorischen, sensorischen, kognitiven, sozio-emotionalen und sprachlichen Entwicklungsstands. Der Weg zur Wiederherstellung der Gesundheit kann für das Ich und seine Weltbeziehung nur über die entwicklungssensible Berücksichtigung des Besonderen und die entwicklungslogische Unterstützung des Vorhandenen führen.

---

20 Thomas Fuchs weist in seinem Buch »Psychopathologie von Leib und Raum: Phänomenologisch-empirische Untersuchungen zu depressiven und paranoiden Erkrankungen« (2013) darauf hin, dass sich psychische Störungen immer auch auf einer unmittelbar leiblichen Ebene äußern (körperliche Symptompräsentation).

3.4.6 Entwicklungspädagogisches Arbeiten

Aus einer entwicklungssensiblen Perspektive und unter dem Aspekt der Ich-Entwicklung stellen sich in der psychiatrischen Begleitung, Diagnostik und Therapie von Menschen mit Störungen der Intelligenzentwicklung folgende grundlegende Fragen:
1. Wie äußern sich psychischen Störungen, wenn noch kein bewusst handelndes und reflektierendes Ich sowie kein bewusst wahrnehmendes und empfindendes Selbst angenommen werden können? Dies ist z. B. bei Menschen der Fall, die in ihrer kognitiven und/oder sozio-emotionalen Entwicklung vor allem auf die Befriedigung der Grundbedürfnisse fokussiert und auf basale Kompetenzen beschränkt sind (Referenzalter bis 18 Monate).
2. Wie verändern sich die psychiatrische Diagnostik und Therapie bei Menschen mit einer Störung der Intelligenzentwicklung und psychischen Auffälligkeiten bzw. Störungen durch eine entwicklungssensible Sicht?

Wenn sich psychische Störungen, wie geschildert, in einer Störung der kognitiven, sozialen und emotionalen Ich-Funktionen manifestieren, so spiegelt sich die Entwicklung des Menschen umgekehrt in der Symptompräsentation des jeweiligen Störungsbildes wider. Sämtliche Klassifikationssysteme für psychische Störungen im Erwachsenenalter gehen dabei von einer *normgerechten* Entwicklung der jeweiligen Person aus. Da Menschen mit Störungen der Intelligenzentwicklung in den verschiedenen Bereichen (Kognition, Sensorik, Sozio-Emotionalität, Motorik) in ihrer Entwicklung jedoch beeinträchtigt bzw. blockiert sein können, präsentieren sich psychische Störungen im jeweiligen Gewand dieser speziellen Entwicklungsprofile. Wir sehen also in der psychiatrischen Arbeit mit dieser Personengruppe eine große Heterogenität der Symptomrepräsentation der jeweiligen psychischen Störungsbilder. Dies gilt auch für die Unterscheidung der Symptomatik bei Kindern, Jugendlichen und Erwachsenen, die in der ICD-11 jetzt ganzheitlich, das heißt entwicklungssensibel, zu erfassen sind.

Entsprechend gilt für Menschen mit einer Intelligenzentwicklungsstörung und psychischen Auffälligkeiten: Je weiter kognitive und sozio-emotionale Fähigkeiten ausgebildet/entwickelt sind, desto differenzierter und anspruchsvoller werden die Ich-Funktionen. Entsprechend präsentieren sich psychische Störungen dann umso mehr in ihrer »klassischen«, mittels der üblichen Klassifikationssysteme definierten Symptomatik und können etablierte Therapien wie z. B. kognitiv-behaviorale oder tiefenpsychologische Verfahren eingesetzt werden.

Je niedriger der aktuelle kognitive und sozio-emotionale Entwicklungsstand ist, desto stärker wird das psychische Symptombild durch entwicklungstypische Verhaltensmerkmale durchfärbt (Verhaltensäquivalente auf der Basis der jeweilig erreichten Entwicklungsstufe). Diese Verschiebungstendenz der Symptomrepräsentation wird umso deutlicher, je niedriger der Entwicklungsstand ist. Dies führt auch dazu, das sich psychische Störungen immer stärker auf einer unmittelbar körperlichen Symptomebene darstellen (umgrenzte körperliche Symptome bis hin zum diffusen körperlichen Unwohlsein).

Therapeutisch müssen die Einschränkungen der Ich-Funktionen entsprechend durch spezielle kognitive und sozio-emotionale Adaptionen der klassischen Therapieverfahren kompensiert werden (z. B. »Wutmanagement-Training in Leichter Sprache« als Adaption des kognitiv behavioristischen »Anger Management«; siehe Abschn. 3.7). Bei den nicht-pharmakologischen Therapieverfahren überwiegen in den niedrigeren Entwicklungsstufen (eingeschränkte Entwicklung von Ich-Funktionen) milieutherapeutische und heilpädagogische Maßnahmen, die vornehmlich auf entwicklungslogischen Kontextanpassungen beruhen (Sappok & Zepperitz 2019). Im Vergleich dazu können mit wachsenden Ich-Funktionen bei psychischen Störungen (vorübergehende Beeinträchtigung der Ich-Funktionen) klassische Therapieverfahren, deren Ziel eine Wiederherstellung der Ich-Funktionen ist (Vermittlung von Kompetenzen und Bewältigungsstrategien), in Form störungsspezifischer Förder- und Therapiemaßnahmen deutlicher in den Vordergrund treten.

Zusammenfassend kann gesagt werden, dass die ICD-11 mit der entwicklungssensiblen Betrachtungsweise von psychischen Störungen und der Integration von adaptiven Fähigkeiten in das Konzept der Störungen der Intelligenzentwicklung die psychiatrische Arbeit mit Menschen mit einer Intelligenzentwicklungsstörung verändert hat bzw. verändern wird. Die bislang praktizierte Defizitorientierung der Psychiatrie wird durch einen transdisziplinären **entwicklungssensiblen und entwicklungslogischen Ansatz**, welcher bestehende Beeinträchtigungen und Entwicklungspotenziale gleichermaßen berücksichtigt, ersetzt. Daraus ergibt sich, dass die Stärkung der personalen Ressourcen und der Ich-Funktionen bei Menschen mit psychischen Störungen und Störungen der Intelligenzentwicklung im Zentrum des therapeutischen Tuns stehen. Entwicklungslogische Milieugestaltung, Ich-Stabilisierung und Entwicklungsstimulation sind dabei nicht nur symptomatische »Reparaturen« an den aus dem Gleichgewicht geratenen Weltbeziehungen, sondern schaffen im selben Moment neue Räume, die neuartige Erfahrungen ermöglichen und so die individuelle Resilienz stärken.

EXKURS Die Bedeutung des sozio-emotionalen Entwicklungsansatzes für das psychiatrische Arbeiten

In diesem Exkurs soll die Bedeutung der verschiedenen sozio-emotionalen Entwicklungsphasen für das psychiatrische Arbeiten zusammengefasst werden (siehe Tab. 3-5 am Ende dieses Exkurses). Dabei wird auf das entwicklungsdynamische Modell von Anton Došen (2010, 2018), das in den letzten Jahren vor allem von Sappok & Zepperitz (2019) differenziert und erweitert wurde, zurückgegriffen. In diesem Zusammenhang wurde für den deutschsprachigen Raum die *Skala der Emotionalen Entwicklung* – Diagnostik (*SEED*; Sappok et al. 2018) entwickelt, mit der eine Erfassung des sozio-emotionalen Entwicklungsprofils innerhalb von acht verschiedenen Entwicklungsbereichen möglich ist. Das SEED-Konzept kondensiert die komplexen Erkenntnisse von Entwicklungspsychologie und Genetik durch Fokussierung auf phasenspezifische Entwicklungsbedürfnisse und macht das Konzept nicht nur zu einem geeigneten Assessment-Instrument, sondern leitet – abhängig vom Entwicklungsstand – berufsgruppenübergreifende Handlungsleitlinien ab (Sappok & Zepperitz 2019; Zepperitz 2022).

Entwicklungsprofil mit Schwerpunkt im Referenzalter von 0 bis 18 Monaten

Wenn sich Menschen in einer frühen Entwicklungsphase (Referenzalter 0–6 und 7–18 Monate) befinden, in der ein bewusstes Ich noch nicht ausgebildet wurde, zeigen sich psychische Beeinträchtigungen nicht in Form einer Störung der Ich-Funktionen, sondern auf einer sehr viel unmittelbareren leib-seelischen Ebene. Wenn die Empfindungen sich hin zu mehr Unwohlsein verschieben, wird dies in einem körperlich-emotionalen Gesamtbild repräsentiert. Es handelt sich dann nicht um spezifische und charakteristische Symptome einer psychischen *Störung,* sondern um Verhalten, das als Äquivalent zu persönlichem psycho-physiologischem Unwohlsein oder Leid gesehen werden kann (siehe hierzu Verhaltensäquivalente, Abschn. 3.5.2, sowie Kap. 1 Psychische Gesundheit bei Menschen mit Störungen der Intelligenzentwicklung und Kap. 9 Schizophrenie). Im Referenzalter von null bis sechs Monaten stehen der Person zur Affektregulation nur unzureichende sozio-emotionale Bewältigungsstrategien zur Verfügung. Das primäre Medium der eigenständigen Regulation ist dabei der eigene Körper; so kommt es z. B. zu körperlichen Stereotypien, motorischer Unruhe, selbstverletzendem Verhalten. Verhaltensweisen also, die nicht direkt auf die Welt Einfluss nehmen, sondern vor allem als Ausdrucksform (oft auch selbstbeeinträchtigend) von »Unwohlsein« zu verstehen sind. Sie stellen eine frühe, unreife Affektregulation in der menschlichen Entwicklung dar (Ausnahme: Stereotypien[21]; siehe auch Kap. 8 Stereotype Bewegungsstörung mit/ohne Selbstverletzung; Primäre Tics oder Ticstörungen) und sind eher als basale »Fight or flight«-Reaktionen[22] zu interpretieren.

Die »Selbstbezogenheit« des Verhaltens zeigt dabei die »Richtung« an, in der sich die innere Energie (Unwohlsein) entlädt. Eine Linderung des Unwohlseins durch dieses Verhalten erfolgt nur kurzfristig und partiell (z. B. Kompensation von Anpassungsproblemen durch stereotype Selbststimulation; Erhöhung des eigenen β-Endorphin-Spiegels durch selbstverletzendes Verhalten). In dieser ersten Entwicklungsphase obliegt die Modulation des Affekts den begleitenden, engen Bezugspersonen. Sie verändern durch ihr Eingreifen das Unwohlsein in Richtung Wohlbefinden und bieten durch häufigen Kontakt zunehmende Vertrautheit und körperlich-soziale Geborgenheit (Sappok & Zepperitz 2019).

In der Entwicklungsphase, die in ihrem Schwerpunkt dem Referenzalter von sieben bis 18 Monaten entspricht, wird der körperliche und emotionale Kontakt zu den engen Bezugspersonen (bzw. Eltern) zunehmend dialogisch. Menschen, deren Entwicklung vor allem durch diese Phase charakterisiert ist, reagieren nicht nur auf Bindungs- bzw. Kontaktverhalten, sondern initiieren den Kontakt zu den begleitenden Personen auch von sich aus. Es entwickeln sich zunehmend längere Sequenzen von interaktivem und kommunikativem Verhalten. Alles wird nun (zusätzlich zur Befriedigung der körperlichen Grundbedürfnisse, die im Referenzalter von null bis sechs Monaten im Mittelpunkt steht) an diesem sozialen Miteinander ausgerichtet, das im Entwicklungsprozess zunehmend ins Zentrum der Bedürfnisse rückt. Fremdes wird

---

21 Körperliche Stereotypien modulieren über Feedbackschleifen der neuronalen Efferenzen und Afferenzen Zustände innerer Befindlichkeit. Sie haben insofern für die betroffenen Personen eine wichtige affektregulierende Funktion. Nehmen die stereotypen Verhaltensweisen selbstverletzenden Charakter an, so wird dieses Verhalten zunehmend »dysfunktional« (siehe Kap. 8, Exkurs: Überlegungen zum Spektrum stereotyper Verhaltensweisen).

22 »Fight or flight«-Reaktion (Kampf-oder-Flucht-Reaktion): Evolutionär im Menschen (und in Tieren) verankerte Bereitschaft, auf eine akute Bedrohung, die potenziell ihr Leben gefährdet, zu reagieren. Der Körper wird über den Sympathikus und die dadurch evozierte Ausschüttung von Stresshormonen aus der Nebenniere (z. B. Adrenalin, Noradrenalin, Cortisol) in Alarmbereitschaft versetzt.

gemieden und erzeugt Unsicherheit sowie Angst.

Das Abarbeiten von innerpsychischem Stress oder von Frustration richtet sich vermehrt nach außen und entlädt sich jetzt auch an engen Bezugspersonen und Gegenständen. Auch Peers können nun betroffen sein, wenn sie sich in der Nähe der Person befinden. Dabei orientiert sich die Affektmodulation nicht am »Verursacher-Prinzip«, sondern erfolgt nach dem Prinzip der nächstmöglichen »Energie-Entladung« (»Blitzableiter-Prinzip«).

Diese »unreife« Affektmodulation hat insofern nicht nur die Funktion der Entlastung innerpsychischer Anspannung, sondern weist auf ein inneres Unwohlsein hin, für das die betroffene Person weder Worte noch selbstständige Problemlösungen zur Verfügung hat. Vor allem das Verhalten, das dem Referenzalter von null bis sechs Monaten entspricht, dient im Endeffekt der Aktivierung des Bindungssystems der engen Bezugspersonen (bzw. Eltern), wodurch eine externe Affektregulation angeregt wird (v. a. Befriedigung der körperlichen Grundbedürfnisse). Wenn in diesen Fällen keine stabilen Bindungen bestehen, das heißt Betreuende (bzw. Eltern) nicht auf dieses Kommunikationsverhalten reagieren, kann es zu schwerwiegenden Beeinträchtigungen des Menschen (bzw. des Kindes) kommen. Das kann sich im Erwachsenenalter z. B. als Vermeidung durch störendes Verhalten, Rückzugsverhalten oder fremd- und selbstverletzendes Verhalten zeigen (Sappok & Zepperitz 2019); im Kindesalter können massive Trennungsängste, Hospitalismus oder in Extremfällen schwerste Deprivationssyndrome bis hin zur anaklitischen Depression auftreten (Bowlby 1953; Spitz & Wolf 1946).

In der **Behandlung** stehen also – der Entwicklungslogik folgend – in diesen frühen Entwicklungsphasen das körperliche Wohlbefinden und die hochfrequente Befriedigung adäquater[23] körpernaher sozialer Kontaktbedürfnisse im Zentrum. Das therapeutische Arbeiten mit Belohnungsprogrammen stellt ebenso wie eine an der Einhaltung von Regeln orientierte Behandlung bzw. pädagogische Begleitung für diese Menschen eine Überforderung dar und begünstigt Verhaltensstörungen. Die Weltbeziehung ist auf Responsivität ausgerichtet: auf körperliches und soziales Wohlbefinden. Zudem ist für die Entwicklung von Resilienz eine behutsame und reflektierte Heranführung an sensorische und soziale Stimuli erforderlich, denn die sensorische und soziale Adaption ist die vorrangige Aufgabenstellung in dieser Entwicklungsphase. Die Adaption an körpereigene, externe sensorische, motorische und soziale Stimuli und Anforderungen stellt wiederum die Voraussetzung für eine Weiterentwicklung der Person dar.

Eine der wesentlichen Aufgaben der Pädagogik und Psychiatrie liegt in der Sensibilisierung des sozialen Umfelds für die besonderen Bedürfnisse und Nöte der Menschen mit Störungen der Intelligenzentwicklung in dieser Entwicklungsphase. Leitlinien, die einen entwicklungssensiblen und entwicklungslogischen Umgang befördern, können mit folgenden Leitsätzen zusammengefasst werden (siehe Tab. 3-5):

- Ich bin in allem Helfende und Versorgende! *(Referenzalter 0. bis 6. Monat)* Herstellung von physischer Integrität und von Wohlbefinden

---

23 Das heißt, bei erwachsenen Menschen mit einer Störung der Intelligenzentwicklung muss der Körperkontakt erwachsenengemäß sein: Er muss die Intimsphäre für beide Kontaktpersonen wahren und darf zu keiner sexuellen Stimulation beitragen.

- Wenn möglich, bin ich immer da! *(Referenzalter 7. bis 18. Monat)*
  Befriedigung des hohen emotionalen und körperlichen Kontaktbedürfnisses

Zwar stehen milieugestalterische Maßnahmen – die Domäne der Pädagogik – in diesem Entwicklungsbereich im Vordergrund, doch können auf der Basis individueller Vorlieben und von bereits Gelerntem Kompetenzerweiterungen erfolgen (z. B. unterstütztes Zähneputzen; eigenständige Durchführung von körperhygienischen Handlungen oder eigenständiges Essen mit dem Löffel; Unterstützung der kommunikativen Fähigkeiten durch Unterstützte Kommunikation; siehe auch Kap. 5 Störungen der Sprech- oder Sprachentwicklung). So kann eine Entwicklungsstimulation (Došen 2010) angeregt werden. Dabei müssen die jeweils geeigneten Bewältigungsstrategien für alltägliche Angelegenheiten und für die Affektregulation mithilfe von Modulation und Unterstützung eigener Ressourcen durch Begleitende entwickelt werden.

Entwicklungsprofil mit Schwerpunkt im Referenzalter von 1,5 bis 3 Jahren
Auch in der nächsten Entwicklungsphase, in der sich das Ich entwickelt und autonomes Handeln als Bedürfnis ins Zentrum rückt, ist eine Regeleinhaltung nur in sehr ritualisierter Form möglich. Das Regelverhalten entsteht noch nicht über Einsicht, sondern aus dem gleichförmigen Verhaltensmuster, das über eine positive Beziehung repräsentiert wird. Das Wollen des sich entwickelnden Ichs bahnt sich seinen Weg vor allem durch bedürfnisgeleitetes Handeln; eine Hemmung der Handlungsimpulse kann in dieser Entwicklungsphase noch nicht selbstständig erfolgen und es bedarf der strukturierenden und schützenden, verlässlichen Begleitung durch Bezugspersonen. In dieser Entwicklungsphase zeigen sich psychische Störungen zunehmend mit der »klassischen«, mittels ICD definierten Psychopathologie, wenn auch die Symptompräsentation weniger durchgängig ist. Durch die Tatsache, dass die betroffenen Personen stärker im Hier und Jetzt verankert sind und Vergangenheit, Gegenwart und Zukunft im Empfinden und Denken kognitiv-emotional noch wenig verknüpft werden, sind sie durch positive Zuwendung situativ deutlich besser auslenkbar. In der Begleitung von erwachsenen Menschen mit einer Störung der Intelligenzentwicklung, die auf diesem Entwicklungsstand sind, ist es wichtig, dass das entstehende Ich nicht sozial und vor allem nicht emotional isoliert wird und so im trotzigen Beharren auf dem eigenen Willen verhaftet bleibt. Die widersprüchlich nebeneinanderstehenden Bedürfnisse nach Autonomie und Geborgenheit müssen mit der Mitwelt verbunden bleiben und eine emotionale Zurückweisung (v. a. bei trotzigem Verhalten) muss unbedingt vermieden werden (siehe Tab. 3-5). Deswegen lautet der pädagogische Leitsatz:
- Ich bin die Brücke! *(Referenzalter 1,5 bis 3 Jahre)*
  Ich vermittle und halte immer die professionell positive gestimmte Verbindung. Über diese Brücke erschließe ich für das entstehende Ich Handlungsräume und transportiere zunehmend Regeln, deren Einhaltung ich durch den Kontakt begleite.

Entwicklungsprofil mit Schwerpunkt im Referenzalter von 4 bis 7 Jahren
Ist das Ich in der Entwicklung etabliert, dann geht es um die schrittweise Ausdifferenzierung seiner emotionalen und sozialen Kompetenzen. Dies geschieht im Weiteren durch die Orientierung der betroffenen Personen an emotional positiv besetzten

Vorbildern, die die Welt der Regeln repräsentieren. Das Regellernen erweitert sich, braucht aber für die Regeleinhaltung noch Orientierung, das heißt die Anwesenheit einer Identifikations- bzw. Autoritätsperson (siehe Tab. 3-5). Hier lautet der pädagogische Leitsatz im Umgang:

- Ich bin der Leuchtturm! *(Referenzalter 4. bis 7. Jahr)*
  Ich diene als Modell, an dem sich die betroffene Person orientieren kann, und diene gleichermaßen als wohlwollende Autorität, mit der man lernt, sich auseinanderzusetzen.

In dieser Phase werden Freundschaften entwickelt und auf der emotionalen Ebene entsteht Empathie. Aber auch Schuldgefühle und beginnende Scham zeigen sich im Laufe dieser Entwicklungsphase.

Entwicklungsprofil mit Schwerpunkt im Referenzalter von 8 bis 18 Jahren

In den weiteren Entwicklungsschritten erprobt das wachsende Ich die Anwendung des Gelernten (unter anderem auch soziale Regeln) in verschiedenen Situationen/Lebensbereichen und macht dadurch eigenständige Erfahrungen. Die betroffene Person löst sich allmählich von dem Einfluss gewohnter Autoritäten, greift aber zur emotionalen Absicherung von Fall zu Fall (z. B. Anpassung an komplexer werdende soziale Situationen) auf diese zurück. Dieser Prozess der Loslösung bzw. der Abgrenzung wird durch die sich anschließende Pubertät nochmals deutlich intensiviert. Unter dem Einfluss der biologischen Weiterentwicklung des Körpers werden bisher gemachte Erfahrungen überprüft und in die Welt eines erwachsen werdenden Ichs transformiert. Erwachsene Menschen mit einer Störung der Intelligenzentwicklung haben diesen körperlichen Reifeprozess in der Regel abgeschlossen, wodurch die Einschätzung der sozio-emotionalen Entwicklung erschwert wird. Dabei gelingt es jetzt dem Individuum verlässlich, nicht nur mit anderen mitzufühlen, sondern sich aktiv in andere einzufühlen und gedanklich hineinzuversetzen (Entwicklung von Theory of Mind kommt jetzt zum Abschluss). Diese neuen Fähigkeiten befördern eine Neuorientierung im Umfeld der Peers und gestalten durch die Übernahme neuer Rollen (kulturelle Vorlieben und Abgrenzungen, politische und religiöse Überzeugungen, sexuelle Orientierung etc.) das soziale Miteinander und die eigene Stellung in der Gemeinschaft tiefgreifend um. Das Ich erweitert und differenziert sich zu einer neuen, erwachsenen Identität. Entsprechend wird die pädagogische Rolle der Begleitenden in diesen Entwicklungsphasen zunehmend zurückhaltender (siehe Tab. 3-5). Pädagogische Leitsätze könnten lauten:

- Ich stehe als Coach jederzeit zur Verfügung! *(Referenzalter 8. bis 12. Jahr)*
  Ich berate, unterstütze und sichere ab, damit eigene Erfahrungen gemacht werden können; aber nur, wenn die betroffene Person das will!
- Ich bin da, wenn du mich nochmal brauchst! *(Referenzalter 13. bis 18. Jahr)*
  Für die begleitende Rollenumkehr in eine reine, aber verlässliche »On-demand«-Begleitung und Beratung wichtig.

Sozio-emotionale Entwicklung		Grundbedürfnis und pädagogische Haltung (mod. durch Schanze)
Referenzalter/ Entwicklungsphase/ Entwicklungsschwerpunkt	Charakteristikum	
Bis 6. Lebensmonat Phase 1 Adaption	• Regulation körperlicher Prozesse (aus eigener Kraft atmen, Regulation der Körpertemperatur, Nahrungsaufnahme, Verdauen, Schlaf-Wach-Rhythmus) • sensorische Stimuli in allen Sinnesqualitäten integrieren lernen • dadurch allmähliche Strukturierung der Wahrnehmung von Raum und Personen	**Grundbedürfnis:** Wunsch nach physischer Integrität und Wohlbefinden **Haltung:** Ich bin in allem Helfende und Versorgende!
7.–18. Lebensmonat Phase 2 Erste Sozialisation	• erste soziale Interaktionen mit den Eltern/Bezugspersonen, verbunden mit emotionalen Reaktionen • Unterscheidung zwischen fremden und bekannten Personen (Sieben-Monatsangst, »Fremdeln«) • Zunahme der sensomotorischen Aktivitäten in Richtung Bindungsperson • Ausprobieren von Fähigkeiten • gezielter Einsatz des Körpers • beginnende Erkundung der Umgebung • erste Anfänge der Entwicklung von Objektpermanenz	**Grundbedürfnis:** hohes emotionales und körperliches Kontaktbedürfnis **Haltung:** Wenn möglich, dann bin ich immer da!
1,5–3. Lebensjahr Phase 3 Erste Individuation	• Bedürfnis nach körperlichem Kontakt zur Bindungsperson wird geringer • Wunsch nach eigener Aktivität entwickelt sich • Anbahnung von Autonomie (Selbst- und Fremddifferenzierung) • Durchsetzung des eigenen Willens im sozialen Umfeld • erstes logisches Denken • Objekte stabilisieren die Autonomie des Kindes (z. B. Übergangsobjekte) • Objektpermanenz entwickelt sich vollständig	**Grundbedürfnis:** Ich allein und doch ganz geborgen – Autonomie und Geborgenheit **Haltung:** Ich bin die Brücke – ich vermittle Struktur, Halt, gebe Schutz und halte immer die professionelle, positiv gestimmte Verbindung.

Sozio-emotionale Entwicklung		Grundbedürfnis und pädagogische Haltung (mod. durch Schanze)
Referenzalter/ Entwicklungsphase/ Entwicklungs- schwerpunkt	**Charakteristikum**	
4.–7. Lebensjahr Phase 4 Identifikation	• Identifikation mit einem Elternteil/einer Bezugsperson • dadurch Übernahme von sozialen Regeln und Normen • Anwesenheit der Identifikationsfigur erforderlich zur stabilen Umsetzung der Regeln • Entwicklung von Empathiefähigkeit • Schuld- und Schamgefühl entwickeln sich • Beginn der Entwicklung von Theory of Mind (ToM) • Vermischung realer und imaginärer Erfahrungen und Objekte	**Grundbedürfnis:** Über positiv erlebte Identifikationsfiguren erlerne ich Regeln im sozialen Miteinander. **Haltung:** Ich bin der Leuchtturm – ich diene als Modell, Orientierung und als wohlwollende Autorität.
8.–12. Lebensjahr Phase 5 Realitätsbewusstsein	• eigenständige Erfahrungen im sozialen Umfeld • Erfahrung des »Allein-in-der-Welt-Seins« • logisches, rationales Denken und Handeln • Impulse entstehen durch Erfolg und Frustration in der Realität, Aktivität nach Plan, inhaltliches Leistungsdenken • Einsichts- und Kompromissfähigkeit → *moralisches Ich*	**Grundbedürfnis:** Ich mache mir allein und in der Gruppe ein Bild von der realen Welt. **Haltung:** Ich stehe als Coach jederzeit zur Verfügung – ich berate, unterstütze und sichere, wenn du das willst.
13.–18. Lebensjahr Phase 6 Soziale Individuation	• »reflektierte« Identitätsfindung (experimentierende, polarisierend wirkende Entwicklungsprozesse) • Abgrenzung: gegenüber bisherigen Bezugspersonen • Zugehörigkeit: Peergroup als Zentrum der Identitätsentwicklung • Unabhängigkeit, Rollenfindung in der Gesellschaft	**Grundbedürfnis:** Identitätsentwicklung und Unabhängigkeit (Abgrenzung und Zugehörigkeit) **Haltung:** Ich bin da, wenn du mich nochmal brauchst! »Rollenumkehr« in eine reine, aber verlässliche »On-demand«-Begleitung und Beratung

Tab. 3-5: Zusammenfassung der sozio-emotionalen Entwicklung und die entwicklungslogischen Konsequenzen für eine adäquate Assistenz und Begleitung (mod. nach Došen 2010; Sappok et al. 2018)

3.4.7 Pädagogisches und therapeutisches Arbeiten

Auf der Basis der sozio-ökonomischen und historischen Verhältnisse und der sich darin vollziehenden Lebensgeschichte entwickelt jeder Mensch in den Entwicklungsdimensionen (Motorik, Sensorik, Kognition, Sozio-Emotion, Sprache) ein persönliches Profil. Die Analyse des Entwicklungsstandes in allen diesen Entwicklungsbereichen gibt auf der konkreten Handlungsebene (Verhalten) Aufschluss über das Gelingende oder Nicht-Gelingende der individuellen Anpassungsprozesse in der Weltbeziehung. Entsprechend lassen sich aus dem zu ermittelnden **Entwicklungsprofil** eines Menschen die Bedingungsfaktoren von Verhalten und somit auch von auffälligem Verhalten erkennen. Wenn standardisierte Entwicklungstests (z. B. SEED, BEP-KI) zur Bestimmung des sozio-emotionalen Entwicklungsstandes verwendet werden, so bezieht sich das Profil meist auf verschiedene Lebensbereiche, in denen sich die persönlichen Fähigkeiten und Beeinträchtigungen im Verhalten niederschlagen. Das Entwicklungsprofil repräsentiert insofern nicht nur ein universelles Entwicklungskonstrukt, sondern weist phänotypische und biografische Differenzierungen auf (z. B. Heterogenität des Entwicklungsprofils in verschiedenen Lebensbereichen).

In der leiblichen Auseinandersetzung mit der Welt werden das Wahrgenommene und das Objekt der tätigen Auseinandersetzung nicht bloß passiv aufgenommen, sondern verwandeln diese Lernprozesse, den »Gegenstand« des Wahrnehmens und Handelns. Durch diese Verwandlung verändert sich wiederum das tätige Subjekt. In diesem Prozess der Anverwandlung (Rosa & Endres 2016; siehe Abschn. 3.4.3) bildet der Mensch als Ergebnis seiner Weltbeziehungen seine Individualität heraus. Das kann aber nur gelingen, wenn es »**Spielräume**« **für diese Anverwandlung** gibt und nicht allein regulierend, korrigierend oder sanktionierend eingegriffen wird.

Došen (2010) betont in seinem sozio-emotionalen Entwicklungskonzept wiederholt, dass durch geeignete Unterstützung und Hilfestellung und unter Nutzung der vorhandenen Ressourcen die individuelle Entwicklung stimuliert werden kann und somit eventuell bestehende Entwicklungsdefizite oder Entwicklungsblockaden abgeschwächt oder überwunden werden können. Das heißt, dass Verhaltensauffälligkeiten durch geeignete **milieutherapeutische Maßnahmen** gebessert bzw. behoben und die Ich-Entwicklung durch die **Vermittlung von kognitiven und sozio-emotionalen Kompetenzen** unterstützt werden können. Dies hat einerseits protektive Funktionen (Milieugestaltung), andererseits machen Kompetenzen und Bewältigungsstrategien das Ich gegenüber psychosozialem Stress resilienter und erleichtern der Person im weiteren Leben erforderliche Anpassungsprozesse. Entwicklungsprozesse können also durch entwicklungslogische Maßnahmen angestoßen werden.

Werden Entwicklungsprozesse eines Menschen jedoch in ihrer lebensgeschichtlichen Entfaltung nicht erkannt, bleibt das psychiatrisch-pädagogische Arbeiten in einem »Top-Down-Modus« gefangen. Defizitorientierte Betreuungskonzepte werden dann – wie Rezepte – »verordnet«. Ein Perspektivwechsel und eine entsprechende Berücksichtigung persönlicher Bedürfnisse und Notwendigkeiten bleiben aus. Paradoxerweise wird so ausgerechnet von denjenigen Personen, welche Beeinträchtigungen in ihrem Anpassungsverhalten aufweisen, eine übermäßige Anpassung an normative Vorgaben verlangt. Die Herausforderung in der psychiatrischen Arbeit liegt aber genau in der Änderung dieser Sichtweise. Denn nur durch eine **reflektierte entwicklungssensible Sicht** (Perspektivwechsel) folgt entwicklungslogisches Handeln und nur so entsteht für die Medizin und die Pädagogik ein gemeinsames Theorie- und Praxisfeld.

Die Frage, ob Pädagogik »Therapie« ist oder dies auf keinen Fall sein sollte, verkennt in beiden Auslegungsrichtungen die Eingebundenheit pädagogischen Handelns in Entwicklungsprozesse. Pädagogisches Arbeiten hat immer mit Stabilisierung, Stimulation, Ermöglichung, Ermutigung – kurz: mit dem Empowerment und der Stärkung der Ich-Funktionen – zu tun. Erkennen und Handeln sind dabei durchaus normativ und zielgerichtet, aber das pädagogische Handeln ist nicht von den Lebensabläufen getrennt, wie das in einem therapeutischen Setting (Schonraum) der Fall sein kann. Pädagogik ist in ihrem Selbstverständnis und Tun immer Bestandteil des konkreten Lebens. Die Beziehung zu den begleiteten oder assistierten Personen muss positiv gestimmt und zugewandt sein, braucht jedoch auch eine professionelle Distanz. Nur in einem ausgewogenen Verhältnis von empathischer Nähe und professioneller Distanz kann das pädagogische Handeln zielführend und damit auch Gegenstand der eigenen Reflexion sein.

Um eine zu begleitende Person in ihrem »In-der-Welt-Sein« erfassen zu können, muss sie mit ihren sozialen und materiellen Bezügen wahrgenommen werden. Ein systemischer Ansatz ist dabei geeignet, den Blick auf das gesamte Spektrum der erreichten Entwicklung, der perspektivischen Entwicklungsmöglichkeiten, der psychosozialen Behinderung und der Individualität zu weiten (Hennicke 2021; Hermes 2023; Seligman & Darling 2017). Erst so kann umfänglich verstanden und/oder beurteilt werden, ob die Weltbeziehungen für einen Menschen und seine Entwicklung förderlich oder abträglich sind. Dabei stellt sich die Frage, was – jenseits strukturgenetischer Entwicklungsnormen – für die individuelle Entwicklung förderlich oder abträglich ist. Man könnte dies auf die einfache Frage reduzieren: Was braucht der Mensch, um wachsen zu können?

3.4.8 Resonante Beziehungsarbeit und Kompetenzförderung

Auf die zuvor gestellte Frage hat Hartmut Rosa (2016) mit seiner »Soziologie der resonanten Weltbeziehungen« eine begrifflich ebenso unkonventionelle wie fachlich schlüssige Antwort gegeben. Er geht dabei von dem physikalischen Phänomen der Resonanz aus, welches das Mitschwingen eines schwingungsfähigen Körpers mit den periodischen Schwingungen eines anderen Körpers beschreibt. Dabei regen sich die beiden Körper gegenseitig an und bilden somit ein schwingendes System. Rosa überträgt dieses Phänomen auf das menschliche Streben und Handeln sowie auf die sozialen Beziehungen und entwickelt daraus nicht nur ein pädagogisches Konzept des besonderen Lernens, sondern eine gesamte Gesellschaftstheorie. In Bezug auf das in diesem Kapitel skizzierte Thema der menschlichen Entwicklung beschränken wir uns auf die für uns relevanten **Beziehungsaspekte der Resonanztheorie**.

Wenn wir also die Beziehungen des Menschen zu seiner gegenständlichen und sozialen Welt als Ausdrucksform der persönlichen Entwicklung auffassen und sich in diesen Beziehungen damit auch unser eventuell verändertes oder gestörtes Verhalten manifestiert, dann ist in diesem Kontext die Frage nach der entstehenden oder fehlenden Resonanz naheliegend: Wie kann ein schwingungsfähiges Subjekt wie der Mensch durch etwas anderes Schwingendes selbst in Schwingung geraten? Nimmt man die frühkindliche Entwicklung, so haben wir bereits beschrieben, dass diese durch das Bedürfnis nach Herstellung eines Zustands von Wohlbefinden geprägt ist. Zustände des Unwohlseins sind aversive Reize und werden durch Weinen oder Schreien zum Ausdruck gebracht. Die engen Bezugspersonen versuchen nun, die Quelle des Unwohlseins zu identifizieren und zu beheben. Gelingt dies (z. B. durch Essensgabe bei Hunger, durch Windelwechsel, durch Körperkontakt), hört das Weinen oder Schreien auf und das resultierende Wohlbefinden wird durch körperliche Reaktionen wie Entspannung, Lallen oder Gurren zum Ausdruck gebracht. Dies entspannt wiederum die Eltern und sie reagieren mit positiver, bestätigender Zuwendung auf die körperliche Zufriedenheit ihres Kindes. Und so entsteht ein schwingendes System, eine resonante Beziehung, die sich gegenseitig anregt. Diese frühen Erfahrungen sind die Basis unseres Empfindens und erklären hinreichend, warum wir im weiteren Leben nach der Herstellung solcher resonanten Beziehungen suchen. Wenn also unsere innere Schwingungsarchitektur, erbaut aus unserem Wunsch nach Befriedigung körperlicher und sozialer Bedürfnisse – wie dem Wunsch nach Körperkontakt, nach Autonomie, nach Orientierung oder nach Freundschaften – auf keine entsprechende Resonanz in unserem Umfeld trifft, dann bleibt das Schwingungssystem stumm und unsere natürliche Entwicklung kann sich nicht vollziehen. Resonanz ist also nicht nur etwas Angenehmes, nach dem wir in unserem Leben suchen, sondern wir können uns ohne ein solches Resonanzerleben überhaupt nicht entwickeln. Wir sind existenziell als Menschen auf sie angewiesen, da die Welt insgesamt für uns unerfahrbar bleibt, wenn wir keine Antwort aus ihr bekommen. Entwicklung erfordert eine Resonanzachse zwischen uns als Individuum und der Welt.

Es ließe sich nun annehmen, dass sich der Mensch umso besser entwickeln kann, je mehr die Umwelt der eigenen Schwingungsarchitektur entspricht. Doch Resonanz kann nicht allein durch eine 1:1-Spiegelung entstehen. Durch diese würde man nur das Echo der eigenen »Stimme« hören. Es braucht für die Resonanz gleichermaßen die Stimme und die Begegnung mit einem **anderen** Subjekt, welches eine eigene Stimme, Meinung und eigenen Input hat. In der frühen kindlichen Entwicklung wird zunächst in der Bindung zu den Eltern (bzw. zu engen Bezugspersonen) Resonanz erfahren und an diesen anderen Subjekten entwickelt sich das Kind. Es muss sich aber im Weiteren aus diesem gemeinsamen Schwingungskörper herauslösen (Selbst- und Fremddifferenzierung), um sich als eigenes schwingungsfähiges Subjekt zu erleben und so mit anderen in Schwingung gehen zu können. Die resonanten Beziehungen konstituieren die Entwicklung und Differenzierung des eigenen Ichs.

Wenn persönliches Wachsen ermöglicht werden soll, dann muss meine Mitwelt geeignet dafür sein, mit mir in Schwingung zu kommen. Ein entwicklungssensibles und entwicklungslogisches Arbeiten heißt also, Resonanz herzustellen. Zwar kann eine resonante Beziehung nicht konstruiert werden, sie geschieht eher »en passant«, aber es lassen sich Rahmenbedingungen definieren und gestalten, die die Erfahrbarkeit solcher Begegnungen fördern. In der Stimulation von Entwicklung bei Menschen mit sozio-emotionalen Entwicklungsbeeinträchtigungen tun wir nichts anderes, als solche resonanzgeeigneten Bedingungen herzustellen. Anderenfalls würde unsere Stimulation ins Leere laufen. Wir müssen gezielt bestimmte Entwicklungscharakteristika und die individuelle Erfahrungswelt ansprechen, um Gehör zu finden, und wir müssen auf entwicklungslogische Signale der anderen Personen achten, damit wir entwicklungslogische Resonanzräume herstellen bzw. erschließen können. Wenn ich geeignete »Spielräume« schaffe, kann mein Gegenüber in einem geschützten Raum das neu Erfahrene transformieren und sich die Welt »anverwandeln«.

Mit Menschen zu arbeiten, die unter einer Störung der Intelligenzentwicklung leiden, bedeutet daher, resonanzpädagogisch tätig zu sein. Psychische Störungen können die Resonanzfähigkeit beeinträchtigen. Die Weltbeziehung kann so verändert, verzerrt oder auch behindert sein, dass wachstumsfördernde Resonanz nicht entstehen kann. Der Mensch wird durchlässig und schutzlos, wird als Klangkörper porös und schwingt nicht mehr mit (Rosa 2016). In der Art und Intensität der Bruchstelle in der Weltbeziehung liegt das individuelle, körperlich-seelische Geheimnis jedes Menschen mit einer psychischen Störung. Es zu entschlüsseln und ernst zu nehmen, stellt den ersten Schritt in der Wiederherstellung einer resonanten Weltbeziehung dar. Erst jetzt kann sich der Mensch weiterentwickeln, ohne der Welt abhanden zu kommen.

3.4.9 Die UN-Behindertenrechtskonvention, Recovery und Entwicklungslogik

Durch eine entwicklungslogische Stärkung der Ich-Funktionen und der entwicklungslogischen Anpassung des Milieus an die Bedürfnisse und Notwendigkeiten einer personalen Entwicklung werden auch die Genesung, Rehabilitation und Rückfallprävention bei psychiatrischen Störungsbildern entscheidend gestärkt. Der durch Amering & Schmolcke (2012) in die deutschsprachige psychiatrische Diskussion eingebrachte Begriff des »Recovery« beschreibt diesen Prozess von persönlichem und strukturellem »Empowerment« in der Begleitung von Menschen mit psychischen Behinderungen. Die Autorinnen wenden sich mit dem Begriff des »Recovery« gegen die vorherrschende Haltung der Defizitorientierung und gegen die rehabilitationsbehindernde Festschreibung von Unheilbarkeit vieler psychischer Störungen. Für sie ist »Recovery« die Umsetzungspraxis der in der UN-Behindertenrechtskonvention festgeschriebenen Grundsätze – konkret der Nichtdiskriminierung (Artikel 2), der gesellschaftlichen Teilhabe (Artikel 3) und der Miteinbeziehung von Menschen mit Behinderungen (Artikel 4, Abs. 3), der unterstützten Entscheidungsfindung, in der der Wille und die Präferenzen eines Menschen jederzeit berücksichtigt werden müssen, und in der behinderungssensiblen Gesundheitsfürsorge, auf die jeder Mensch mit seiner besonderen Art der Behinderung ein Anrecht hat (Artikel 25). Mit der Definition von psychosozialer Behinderung hat die im Jahr 2008 in Kraft getretene UN-Behindertenrechtskonvention eine entscheidende Weichenstellung vorgenommen, deren Tragweite und Potenzial in vielerlei Hinsicht in den meisten Ländern noch nicht in ihrer Gänze erfasst wurde (Amering & Gmeiner 2019; UN 2006). Dies gilt auch für den deutschsprachigen Raum und für die Arbeit mit Menschen mit einer Störung der Intelligenzentwicklung und im Besonderen für die psychiatrisch-pädagogische Arbeit mit dieser Personengruppe.

EXKURS Gestaltung von resonanten Erlebensräumen
Sozialräume sind Räume des Aufenthalts, in denen wir uns begegnen. In der Interaktion senden wir symbolisierende verbale

und/oder non-verbale Signale aus und nehmen sie von anderen auf.

Enthalten solche Anregungen von außen nicht nur faktische Informationen, sondern für uns emotional Bedeutsames, so weckt dies nicht nur unser Interesse, sondern löst in uns potenziell die Bereitschaft aus, in Schwingung, das heißt in Resonanz zu gehen. Insbesondere auf identitätsrelevante Signale reagieren wir heftiger und die Dichte und Intensität der Resonanz nimmt zu. Positiv formuliert lassen sich Reaktionen z. B. auf wahrgenommene Äußerungen oder erlebte Handlungen als Entwicklungsanreize verstehen, die dazu einladen, uns derart zu verhalten, dass wir bestenfalls vom aktuellen in den weiterführenden Entwicklungsbereich gelangen. Letztlich lässt sich festhalten, dass insbesondere die Entwicklung des menschlichen Selbst erst durch (ursprüngliche) und (prozesshafte) Resonanz entsteht bzw. vollziehen kann.

Hierbei wird deutlich, wie wichtig es ist, Menschen mit Störungen der Intelligenzentwicklung und psychischen Auffälligkeiten bzw. psychiatrischen Diagnosen nicht nur bereichernde, stabile, soziale Beziehungen, sondern eben auch ein anregendes Aufgaben- und Betätigungsfeld anzubieten. Solche »Felder« bzw. »Räume« müssen so ausgestaltet werden, dass die Personen resonanzerzeugende Welterfahrungen machen können. Hartmut Rosa nennt als einen der wesentlichen Bestandteile der Resonanz, dass man Selbstwirksamkeit erfährt und sich als sinnvolles Mitglied einer Gesellschaft erlebt (Rosa & Endres 2016). Diese beiden Aspekte stehen in einer sich gegenseitig verstärkenden Wechselbeziehung.

Pädagogisches Arbeiten, speziell mit Menschen mit Störungen der Intelligenzentwicklung und psychischen Auffälligkeiten, ist also ein Prozess kreativen Gestaltens von Begegnungsräumen, in denen resonante Beziehungen entstehen können. Der Aufbau solcher Räume orientiert sich sowohl an den individuellen Ressourcen und Interessen als auch an den Grundbedürfnissen der betreffenden Person. Die Grundbedürfnisse wiederum leiten sich aus dem jeweils erreichten Entwicklungsprofil ab.

In akuten Phasen einer psychischen Störung kann ein betroffener Mensch sein eigentliches Entwicklungspotenzial nicht erreichen und der Begegnungsraum muss sich an die veränderten Möglichkeiten anpassen. Dieser adaptive, flexible Gestaltungsprozess stellt eine bedeutsame Voraussetzung für jede Genesung und jedes Recovery dar.

3.4.10 Fazit

Georg Feuser wies bereits im Jahr 2011 auf die Gefahr hin, dass eine medizinische Sicht von Behinderung dann in einer defizitorientierten Sichtweise verhaftet bleibt, wenn sie die Ergebnisse der medizinischen Diagnostik nicht in einem dynamischen Entwicklungsprozess der Persönlichkeit eingebettet sieht. Doch sind bis heute weite Teile der Psychiatrie dem alten Modell von Behinderung verbunden geblieben und die transdisziplinäre Zusammenarbeit von Pädagogik und Psychiatrie gelingt in vielen Fällen nur punktuell oder oberflächlich. Der Frage, ob nun die ICD-11 mit ihrer entwicklungsdynamischen Neuausrichtung wirklich einen Paradigmenwechsel einleitet – der eigentlich durch das bio-psycho-soziale Modell von Behinderung in der UN-Behindertenrechtskonvention (2006) und in der ICF (WHO 2001) bereits seit vielen Jahren vorbereitet worden ist –, muss zwar mit gewisser Skepsis, aber darf durchaus auch mit vorsichtigem Optimismus begegnet werden. Das Problem einer kooperativen Zusammenarbeit von Psychiatrie und Pädagogik ist nicht neu, ebenso wenig die Erkenntnis, dass eine entwicklungssensible Diagnostik und ein entwicklungslogisches Handeln bei Menschen mit Störungen der Intelligenzentwicklung und psychischen Auffälligkeiten eine konzeptuelle Brücke zwischen den Disziplinen darstellen können. Es bleibt also abzuwarten, in welchem Maße die vielerorts biomedizinisch orientierte Psychiatrie eine entwicklungssensible Sichtweise auf psychische Störungen allgemein und auf Störungen der Intelligenzentwicklung im Besonderen (mit und ohne psychische Auffälligkeiten) in ihre Arbeit aufnehmen wird. Die 11. Revision des Klassifikationssystems ICD schafft mit ihren Neuerungen zumindest einen Raum, der für eine Annäherung der beiden Disziplinen Psychiatrie und Pädagogik genutzt werden kann. Eine Aufteilung dieses – beide Bereiche auf neuartige Weise zusammenführenden – Konzepts in separate Aufgabenbereiche (so wie das bisher der Fall ist) wäre allerdings eine vertane Chance auf dem Weg zur Realisierung einer modernen transdisziplinären Fachlichkeit und Zusammenarbeit. Zumal mit einer Arbeitsteilung unter dem Motto: »Die einen erheben den Befund, die anderen kümmern sich um die Gestaltung der Lebens- und Lernwelten der Menschen mit Störungen der Intelligenzentwicklung und psychischen Störungen« auch Zuständigkeiten und Verantwortlichkeiten ungleich verteilt und im Bedarfsfall wohl auch in Richtung der seit jeher entscheidungsdominanten medizinischen Seite verschoben blieben. Suchen wir also in einer gemeinsamen Anstrengung das »Richtige« und tun das »Richtige« – das wird unsere Herausforderung in den kommenden Jahren sein!

TRINE LISE BAKKEN & CHRISTIAN SCHANZE

3.5 Psychische Gesundheitspflege

3.5.1 Einleitung

Die Pflege der psychischen Gesundheit bei Menschen mit Störungen der Intelligenzentwicklung umfasst ein weites Spektrum von unterschiedlichen Aufgaben (Stuart 2001). Eine kompetente Pflegekraft für psychische Gesundheit muss insofern neben einer hohen pflegerischen Kompetenz (z. B. die Fähigkeit zur Integration basaler Stimulation in die körperliche Pflege) auch weitreichende Kenntnisse über psychische Störungen allgemein und über die speziellen Aspekte der psychischen Störungen bei Menschen mit Störungen der Intelligenzentwicklung besitzen. Das beinhaltet unter anderem das Wissen, wie die psychischen Symptome und der Funktionsverlust bei den einzelnen Personen innerhalb der diagnostischen Gruppen variieren und wie die Pflegemaßnahmen für psychische Gesundheit entsprechend auf die einzelnen Patientinnen und Patienten abgestimmt werden sollten. Die Symptomlast von Menschen mit psychischen Störungen kann sich während der Krankheitsepisoden im Laufe eines Tages und in akuten Phasen innerhalb von Minuten oder sogar Sekunden ändern (Bakken et al. 2008). Eine fachlich adäquate Begleitung bzw. »therapeutische« Begleitung muss sich also flexibel an die aktuelle Situation und die aktuelle Symptomatik anpassen können. Voraussetzungen hierfür sind die genaue Beobachtung dieser Veränderungen der Psychopathologie und entsprechend gründliche Kenntnisse der Phänomenologie, das heißt der Art und Weise, wie die Symptome auftreten (Taua & Farrow 2009). Denn Menschen mit Störungen der Intelligenzentwicklung, die an einer psychischen Erkrankung leiden, können Schwierigkeiten haben, über ihre innere Befindlichkeit zu berichten (Bakken 2021), selbst wenn sie die Kommunikation über alltägliche Dinge beherrschen. Solche Schwierigkeiten umfassen sowohl die Mentalisierung[24] als auch die Introspektion[25]. Insbesondere bei Menschen mit Autismus-Spektrum-Störungen – mit und ohne Störungen der Intelligenzentwicklung – kann die Berichterstattung über innere körperliche und psychische Zustände erschwert sein (Ribolsi et al. 2022; Robinson et al. 2017).

Im Hinblick auf die oben beschriebenen Beeinträchtigungen bei der Kommunikation und der Berichterstattung der inneren Befindlichkeit wird in diesem Teil des Kapitels 3 der Schwerpunkt auf Beobachtungen von sogenannten Verhaltensäquivalenten und den spezifischen Kommunikationsfähigkeiten in der psychiatrischen Pflege liegen. Darüber hinaus werden Faktoren vorgestellt, die sich auf die allgemeine psychische Gesundheit von Menschen mit Störungen der Intelligenzentwicklung auswirken, wie z. B. kognitive Überlastung, sensorische Wahrnehmungsstörungen und die jeweilige Stufe der emotionalen Entwicklung.

Epidemiologische Studien belegen, dass Menschen mit Störungen der Intelligenzentwicklung im Vergleich zur Allgemeinbevölkerung häufiger psychische Störungen entwickeln (Bakken et al. 2010; Cooper et al. 2007). Obwohl in den letzten Jahren die Forschung wachsendes Interesse an dieser speziellen Personengruppe und den besonderen Ausprägungsformen psychischer Störungsbilder bei dieser Klientel und deren Behandlung zeigte, ist speziell die Pflege der psychischen Gesundheit bei Menschen mit einer Störung der Intelligenzentwicklung immer noch ein wenig erforschtes Thema. In der psychiatrischen Pflege dieser besonderen Patientengruppe werden häufig auch heute noch der kognitive und sozio-emotionale Entwicklungsstand der jeweiligen Patientinnen und Patienten nicht systematisch und wissenschaftlich fundiert berücksichtigt (Bakken et al. 2017).

3.5.2 Beobachtung der Symptome – Verhaltensäquivalente

Auffälliges Verhalten, insbesondere aggressives Verhalten, wurde früher bei Menschen mit Störungen der Intelligenzentwicklung oder einer Störung der Intelligenzentwicklung und zusätzlicher Autismus-Spektrum-Störung unmittelbar als Ausdruck einer zugrunde liegenden psychischen Störung gesehen (Hausman et al. 2020; Painter et al. 2018).

---

24 Mentalisierung: Die Fähigkeit, psychische bzw. mentale Zustände in sich selbst und bei anderen wahrzunehmen und so das Verhalten anderer Menschen durch Zuschreibung dieser mentalen Zustände interpretieren und verstehen zu können.

25 Introspektion: Die Fähigkeit, durch Selbstbeobachtung eigenes Fühlen, Erleben und Verhalten zu erkennen.

Es besteht aber eine komplexe systemische Beziehung zwischen Individuum, Verhalten und sozialem Umfeld. Aus einem dysfunktionalen interaktiven, kommunikativen Beziehungsgeflecht können Verhaltensstörungen entstehen. Psychische Erkrankungen im engeren Sinn sind davon getrennt zu betrachten.

MERKE
Der Begriff »Verhaltensäquivalent« ist dann zu verwenden, wenn **psychisches Leid und Schmerz** im Rahmen verschiedener psychiatrischer Störungsbilder nicht kommuniziert werden können und in **auffälligem Verhalten** zum Ausdruck gebracht werden.

Es handelt sich in diesem Zusammenhang also nicht um herausforderndes Verhalten, sondern um auffälliges Verhalten im Rahmen einer psychischen Störung, was – neben den meist ebenso vorhandenen klassischen Symptomen des Störungsbildes – als nicht spezifisches, aber für Menschen mit Störungen der Intelligenzentwicklung charakteristisches Verhaltensäquivalent zu bewerten ist. Sie sind insofern Produkt der seelischen Verarbeitung innerpsychischen Leids und keine systemisch entstandenen Verhaltensstörungen.

Die Verwendung des Begriffs der »Verhaltensäquivalente« für die Diagnostik bei Patientinnen und Patienten, die nur wenig sprechen oder nonverbal kommunizieren können, ermöglicht ein besseres Verständnis des psychischen Befindens und des Verhaltens des jeweiligen Menschen. Dadurch wird die Weichenstellung für angemessene und fachlich adäquate Betreuungs- und Behandlungsmaßnahmen vorgegeben (Bakken et al. 2007; Fletcher et al. 2016), was entsprechend die psychiatrische Pflege in besonderem Maße betrifft (Sommerstad et al. 2021).

Im Rahmen psychischer Störungen kommt es in den meisten Fällen zu einer fundamentalen Beeinträchtigung der Ich-Funktionen. Diese zeigt sich darin, dass der **emotionale Entwicklungsstand** in den Krankheitsphasen in allen Lebensbereichen (deutlich) absinkt (Sappok et al. 2020). Die betroffenen Patientinnen und Patienten zeigen insofern Verhalten aus unreiferen Entwicklungsstufen und ihre Bedürfnisse nach Kontakt zu Peers und betreuenden Personen verändern sich entsprechend. So wird jemand mit einer Störung der Intelligenzentwicklung, der normalerweise in seinem bekannten sozialen und räumlichen Umfeld weitgehend selbstständig ist, in depressiven Krankheitsphasen ein höheres Kontaktbedürfnis an den Tag legen, als er es üblicherweise tut. Wenn das als Verhaltensstörung oder als psychopathologisches Symptom einer psychischen Störung (z. B. Distanzlosigkeit) ausgelegt wird, kann dies zu einer Fehlbetreuung führen, indem man dem Bedürfnis nach Kontakt nicht nachkommt oder gar mit Distanzierung begegnet. Der diagnostische Prozess muss daher entwicklungssensibel ausgerichtet sein und die veränderten Bedürfnisse der Menschen mit einer Störung der Intelligenzentwicklung berücksichtigen. Erst dies ermöglicht den Aufbau von Beziehungsqualität, einer als wesentlich erachteten Dimension von Pflegequalität (Ackermann et al. 2015).

Ein weiteres Symptom des Absinkens des emotionalen Entwicklungsstands kann sich als Verstärkung und Häufung von bereits vorbestehenden Verhaltensauffälligkeiten darstellen (*baseline exaggeration*; Sovner & Hurley 1986). So kann sich beispielhaft ein schon bestehendes selbstverletzendes Verhalten im Rahmen einer psychischen Störung bei Menschen mit Störungen der Intelligenzentwicklung und eigeschränkter kommunikativer Fähigkeiten deutlich intensivieren und häufen. Dies ist dann aber nicht als herausforderndes Verhalten, sondern als Verhaltensäquivalent zu interpretieren und braucht eine verständnisvolle, das heißt entwicklungslogische Begleitung durch diese Krankheitsepisode.

3.5.3 Symptomsensitive Kommunikation

In der akuten Erkrankungsphase können Menschen mit Störungen der Intelligenzentwicklung und einer Psychose aus dem schizophrenen Formenkreis oder einer affektiven Störung schwerwiegende umfassende Funktionsverschlechterungen und desorganisiertes Verhalten aufweisen. Sie sind dann eventuell nicht mehr in der Lage, grundlegende Selbstversorgungsaufgaben wie Essen, Toilettengang oder Anziehen auszuführen sowie soziale Beziehungen aufrechtzuerhalten, obwohl sie das in Phasen seelischer Gesundheit durchaus können (Bakken 2013). Sie benötigen deshalb eine entwicklungssensible und entwicklungslogische Begleitung, die ihre Unterstützung an das aktuelle Zustandsbild der jeweiligen Person adaptiert und keine Verhaltenskorrekturen durchführt, z. B. durch Isolation oder disziplinarische Grenzsetzungen (solche Maßnahmen werden dann häufig mit dem pseudopädagogischen Argument begründet, verlorengegangene Selbstständigkeit wiederherstellen bzw. erhalten zu wollen).

Eine Übersichtsarbeit über Interventionen der psychischen Gesundheitspflege bei Menschen mit Störungen der Intelligenzentwicklung und zusätzlichen psychischen Störungen kommt zu dem Schluss, dass übliche pflegerische Interventionen bei Patientinnen und Patienten mit einer Störung der Intelligenzentwicklung an den Grad ihrer kognitiv-adaptiven Beeinträchtigung und an ihre sozio-emotionale Entwicklung angepasst werden müssen (Bakken et al. 2017). Die Autoren betonen, wie wichtig es ist, die Symptome in ihrem diagnostischen und systemischen Kontext zu verstehen. Beobachtungen ergaben, dass das Personal erhebliche Probleme hatte, zwischen dem Verhalten, das durch eine psychiatrische Erkrankung verursacht wurde, und dem regulären Verhalten der Betroffenen, das durch eine Störung der Intelligenzentwicklung bedingt war, zu unterscheiden (Taua & Farrow 2009).

Das Wissen über den persönlichen Kommunikationsstil der Betroffenen und die mögliche Verwendung idiosynkratischer Kommunikation sind für die Mitarbeitenden der Pflegeteams äußerst hilfreich (Bakken et al. 2008).[26] Bei der Kommunikation mit dieser speziellen Patientengruppe ist insgesamt auf eine Senkung der Kommunikationsgeschwindigkeit zu achten. Darüber hinaus müssen ausreichend lange Pausen zwischen gesagten/kommunizierten Botschaften gemacht werden, da die ohnehin beeinträchtigte kognitive Verarbeitungsgeschwindigkeit durch die zusätzliche psychische Störung beeinträchtigt ist (Bakken et al. 2008). Die klinische Erfahrung mit dieser Patientengruppe zeigt, dass das zu schnelle Erteilen neuer Anweisungen oder das erneute Stellen derselben Frage, bevor der Patient bzw. die Patientin diese selbst wiederholt hat, kognitive Verwirrung und Überforderung hervorrufen kann, woraus dann möglicherweise Problemverhalten entstehen kann (siehe auch Abschn. 3.2).

Eine norwegische Studie über die Kommunikationsfähigkeiten des Personals in der psychiatrischen Pflege von Menschen mit einer Störung der Intelligenzentwicklung und Schizophrenie zeigte, dass die Unterstützung in der Kommunikation, die sich allgemein in der psychiatrischen Pflege oder in der Behindertenhilfe als nützlich erwies, auch bei Patientinnen und Patienten mit Störungen der

---

26 Hilfreich z. B. durch die Verwendung der gewohnten UK-Materialien (UK = Unterstützte Kommunikation), durch »Ich-Bücher« oder durch eine fremdanamnestische Aufstellung und Erklärung der wichtigsten idiosynkratischen Vokalisierungen oder Gebärden von Patienten mit starken Kommunikationseinschränkungen.

Intelligenzentwicklung und psychischen Störungen zu deutlich weniger desorganisiertem Verhalten oder zu deutlich mehr kommunikativen Initiativen während der Interaktion führte (Bakken et al. 2008). Es gab vier Hauptkategorien unterstützender Maßnahmen, die sich als nützlich erwiesen:
1. sinnvolles Antworten
2. Aufrechterhaltung der Aufmerksamkeit
3. Unterstützung bei zu erfüllenden alltäglichen Aufgaben
4. emotionale Unterstützung

Sinnvolles Antworten schafft reale Kommunikationsbezüge und scheint die Eigeninitiative der Patientinnen und Patienten zu fördern, hat aber die geringsten Auswirkungen auf desorganisiertes Verhalten.

Aufmerksamkeitsunterstützung wirkt sich positiv auf die Desorganisation aus. Die Ergebnisse der Studie bestätigen, wie wichtig es ist, die Aufmerksamkeit der Betroffenen im Kontakt auf Gegenstände oder Personen zu fokussieren und ihnen so zu helfen, sich besser konzentrieren zu können.

Die **Unterstützung bei zu erfüllenden alltäglichen Aufgaben** hatte in dieser Stichprobe den stärksten positiven Einfluss auf desorganisiertes Verhalten. Wenn die Unterstützung eingesetzt wurde, um stark verwirrten Patientinnen und Patienten zu helfen, waren sie weniger frustriert und erlebten das Personal sowohl als emotionale als auch als praktische Unterstützung. Dies trug zu einer effektiven Reduktion des innerpsychischen Stresses bei.

Emotionale Unterstützung scheint ebenfalls starke Auswirkungen auf desorganisiertes Verhalten zu haben. Wenn das Personal in dieser Studie emotionale Unterstützung leistete, lag die Chance auf ein geordnetes Verhalten der Patientinnen und Patienten etwa dreimal so hoch wie die Chance auf desorganisiertes Verhalten. Bakken et al. (2008) fanden heraus, dass die emotionale Unterstützung signifikant mehr Initiativen zur kommunikativen Interaktion mit dem Personal auslöste. Emotionale Unterstützung wurde operationalisiert als Bestätigung der Gefühle (Validation[27]), körperliche Beruhigung und Spiegelung (nonverbale Validation).

Personen mit Störungen der Intelligenzentwicklung, insbesondere solche, bei denen **Angststörungen** diagnostiziert wurden, oder die aufgrund anderer psychischer Störungen, negativer Lebensereignisse, kognitiver Überlastung oder gestörter sensorischer Verarbeitung ein hohes Maß an Stress, innerer Anspannung und Angst erleben, benötigen darüber hinaus Hilfe bei der Regulierung von Stress- und Angstsymptomen. Elemente aus der sensorischen Therapie (z. B. oberflächengebende Reize wie Bäder, Gewichtsdecken oder kinästhetische Reize wie Schaukeln; siehe z. B. Mullen et al. 2008) reduzieren nachweislich Stress und Angst bei Menschen mit und ohne Störungen der Intelligenzentwicklung in stationären Einrichtungen für psychische Gesundheit (Andersen et al. 2017, Gee et al. 2016).

In der psychiatrischen Krankenpflege ist es bei der **Milieugestaltung** wichtig, dass die Patientinnen und Patienten nicht mit ungeplanten Ereignissen oder unbekannten Menschen konfrontiert werden. Ein Rehabilitationsplan sollte bekannte Aktivitäten enthalten und so Stress und Ängste vermeiden. Die Interaktion zwischen Pflegekraft und Patientin oder Patient sollte strukturiert und vorhersehbar sein, ähnlich den Strategien, die typischerweise für Menschen mit Autismus-Spektrum-Störungen empfohlen werden. Pflegekonzepte, die auf der Bezugspflege basieren, sind hier zu favorisieren. Sie sorgen

---

27 Unter Validation versteht man die »**unbedingte Wertschätzung**« eines Gegenübers in der kommunikativen Interaktion. Genaueres siehe später in diesem Kapitel.

bei Menschen mit Störungen der Intelligenzentwicklung für Vorhersehbarkeit und Stabilität im Kontaktverhalten und befriedigen das meist erhöhte Kontaktbedürfnis in psychischen Krisenzeiten.

3.5.4 Teilnahme an der Einzeltherapie

In der psychiatrischen Pflege von Menschen mit Störungen der Intelligenzentwicklung und psychischen Störungen kann es immer wieder sehr hilfreich sein, Mitarbeitende der Behindertenhilfe oder Angehörige in Gespräche oder Therapiesitzungen zu integrieren. Durch das Hinzuziehen von Vertrauenspersonen können Ängste der Patientinnen und Patienten abgebaut und das gegenseitige Verständnis durch Informationen zu den Lebenswelten der Betroffenen gefördert werden. Außerdem führt die Integration von Mitarbeitenden der Behindertenhilfe zu einer nachhaltigeren Umsetzung von eventuell im psychiatrischen Setting neu entwickelten Betreuungsstrategien über den Zeitraum der stationären Behandlung hinaus. Erst das Gelingen dieses Transfers gewährleistet eine Stabilisierung des psychischen Befindens der betroffenen Personen.

Da die Pflegekräfte auf den psychiatrischen Stationen die meiste Zeit mit den Patienten verbringen, sind sie am besten mit den persönlichen Kommunikationsstilen und alltäglichen Verhaltensweisen vertraut. Ihre Integration in einzeltherapeutische Sitzungen kann insofern helfen, schnell eine Vertrauensbasis zwischen den Therapeutinnen und Therapeuten und Menschen mit Störungen der Intelligenzentwicklung und psychischen Störungen herzustellen (Sommerstad et al. 2021). Die Pflegekraft für psychische Gesundheit kann in den Sitzungen als Vermittler und Dolmetscher fungieren. Bei Patientinnen und Patienten, die noch nie an einer Einzeltherapie teilgenommen haben, kann die Pflegekraft vorab über die Therapie informieren und so die Mitwirkungsbereitschaft fördern.

3.5.5 Das vulnerable Gehirn: sensorische Dysfunktion und kognitive Überlastung

Eine dysfunktionale sensorische Wahrnehmungsverarbeitung ist bei Menschen mit neuronalen Entwicklungsstörungen häufig, insbesondere bei Menschen mit Autismus-Spektrum-Störungen (Verhulst et al. 2022). In der psychiatrischen Pflege von Menschen mit Störungen der Intelligenzentwicklung bzw. mit einer Störung der Intelligenzentwicklung und Autismus-Spektrum-Störungen müssen die Mitarbeitenden im Besonderen auf Anzeichen achten, die für eine gestörte Verarbeitungskapazität typisch sind, z.B. sich die Ohren zuhalten, eventuell begleitet durch gleichzeitiges Schreien; sich von bestimmten Geräuschen, Gerüchen oder visuellen Reizen zurückziehen; sich die Augen zuhalten; Ablenkung durch Muster und helle Farben (Kerstein 2008).

Negative Reaktionen auf sensorische Reize wie Lärm, Licht oder Geruch können den Alltagsstress verschlimmern. Im Begriff der sensorischen Desintegration (Schwierigkeiten bei der Verarbeitung sensorischer Informationen) wird sowohl Über- als auch Untersensibilität zusammengefasst. Dies tritt besonders häufig bei Menschen mit Autismus-Spektrum-Störungen auf (Verhulst et al. 2022). Angstreaktionen können besonders bei ihnen auf eine sensorische Überempfindlichkeit zurückgeführt werden (Verhulst et al. 2022).

Menschen mit Störungen der Intelligenzentwicklung sind in ihrer Fähigkeit, kognitive Aufgaben und Stimuli zu bewältigen, beeinträchtigt. Kognitive Überforderung kann bei Menschen mit Störungen der Intelligenzentwicklung im Laufe der Zeit entstehen, wenn sie stresserzeugende Situationen (z. B. schwierige Aufgabenstellungen), sensorische Wahrnehmungsüberlastungen oder überfordernde soziale Situationen häufig durchleben müssen (Colvin & Sheehan 2014).

Kognitive Überlastung ist jedoch keine diagnostische Kategorie, sondern die Bezeichnung für ein »gestresstes Gehirn«. Sowohl das Arbeitsgedächtnis als auch die exekutiven Funktionen sind bei Menschen mit Störungen der Intelligenzentwicklung beeinträchtigt (Willcutt et al. 2013). Daher können zu komplizierte und zu viele Aufgaben über einen längeren Zeitraum zu einer chronischen Überlastung und schließlich zu kognitiven Zusammenbrüchen, sogenannten *meltdowns*, führen. Kognitive Überlastung kann sich durch zusätzliche psychische Störungen verstärken. Es gehört insofern zum Arbeitsfeld der Mitarbeitenden in der psychiatrischen Pflege bei Menschen mit Störungen der Intelligenzentwicklung, kognitive Überforderungen zu vermeiden und die Kommunikation an die aktuellen kognitiven Verarbeitungsmöglichkeiten anzupassen. Die alltäglichen Anforderungen dürfen erst mit wachsender psychischer Stabilisierung wieder allmählich gesteigert werden.

3.5.6 Emotionale Entwicklung

Personen mit Störungen der Intelligenzentwicklung können einen niedrigeren emotionalen Entwicklungsstand (verzögerte, unvollständige oder blockierte emotionale Entwicklung) erreichen, als der kognitive und adaptive Entwicklungsstand vermuten lassen würde. Eine europäische Forschergruppe *(Network of Europeans on Emotional Development, NEED)* hat ermittelt, dass eine verzögerte oder unvollständige emotionale Entwicklung einen Prädiktor für das Auftreten von Verhaltensauffälligkeiten bei Menschen mit Störungen der Intelligenzentwicklung *ohne* und *mit* Autismus-Spektrum-Störungen darstellt (Sappok et al. 2014; siehe hierzu auch Kap. 6 Autismus-Spektrum-Störungen).

In Fällen, in denen die emotionale Entwicklung ein geringeres Entwicklungsalter als die intellektuellen Fähigkeiten erreicht hat, werden die Verhaltensmuster der Personen vor allem dem erreichten emotionalen Entwicklungsstand entsprechen. Wie bereits erwähnt, kann der emotionale Entwicklungsstand durch die Exazerbation einer psychischen Störung während der Krankheitsphase noch zusätzlich beeinträchtigt sein. Dies diagnostisch zu erkennen und das Betreuungskonzept auf die veränderten, besonderen Bedürfnisse, Wünsche, Sorgen und Nöte anzupassen, gehört zu einer der zentralen Aufgaben der Mitarbeitenden in der psychiatrischen Versorgung von Menschen mit Störungen der kognitiv-adaptiven Entwicklung (siehe dazu auch Kap. 2.3 Entwicklungsdiagnostik und Kap. 19 Persönlichkeitsstörungen und zugehörige Persönlichkeitsmerkmale).

3.5.7 Die Perspektive der Patienten

Menschen mit Störungen der Intelligenzentwicklung haben heute – trotz vieler inklusiver Bemühungen – noch immer wenige Möglichkeiten, ihr eigenes Leben aktiv zu gestalten bzw. mitzugestalten. Dies gilt in besonderer Weise für Menschen mit Störungen der Intelligenzentwicklung und zusätzlichen psychischen Störungen. Sie haben kaum Chancen auf eine eigene bedürfnisorientierte, psychische Gesundheitsfürsorge oder darauf, Einfluss auf die Interventionen der psychosozialen Dienste und der psychiatrischen Behandlung zu nehmen (Sommerstad et al. 2021). Zu den allgemeinen Faktoren, die eine Beteiligung verhindern, gehören stigmatisierende und paternalistische Ansätze. Fördernde Faktoren sind ein respektvoller und wertschätzender Umgang, durch den sich die Patientinnen und Patienten als Experten für ihre eigenen Bedürfnisse anerkannt fühlen können (O'Donnell & Gormley 2013). Sommerstad et al. fanden heraus, dass die Erfahrungen der Patienten mit ihren Beziehungen zum Stationspersonal den wichtigsten Faktor dafür darstellen, wie die betroffenen Personen das interaktive und kommunikative Klima im stationären Behandlungsrahmen erleben (Sommerstad et al. 2021). Hierbei ist zu berücksichtigen, dass Menschen mit Störungen der Intelligenzentwicklung mit wachsendem Grad der Störung zunehmende Unterstützung bei der Entscheidungsfindung benötigen. Diese kann sich von einfacher Beratung über die Bereitstellung von Kommunikationshilfen (z. B. Unterstützte Kommunikation mit Gebärden, Piktogrammen oder elektronischen Sprachausgabegeräten) bis hin zur stellvertretenden Entscheidung erstrecken. Aber auch bei Letzterer ist durch eine enge Kooperation mit dem betreuenden Umfeld, der gesetzlichen Vertretung (Betreuungsgesetz) und dem behinderten Menschen eine Entscheidung zu treffen, die den Willen und die Präferenzen der betroffenen Personen so weit wie möglich berücksichtigt (siehe UN-Behindertenrechtskonvention Art. 12) (Schanze 2019).

In den letzten zehn Jahren hat sich darüber hinaus gezeigt, dass patientenbezogene Ergebnismessungen *(Patient-Reported Outcome Measures, PROM)* in Bezug auf Interventionen im Allgemeinen klinisch relevanter sind als Messungen, die von Angehörigen der Gesundheitsberufe berichtet werden (Mercieca-Bebber et al. 2017). Eine Reihe von Arbeiten, die Informanten mit einer Störung der Intelligenzentwicklung einbezogen haben, berichten über Ergebnisse, die mit diesem neuen Ansatz in der klinischen Forschung übereinstimmen. Eine Diskrepanz zwischen den von den Patientinnen und Patienten berichteten Symptomen und denen, welche Familienangehörige oder professionelle Betreuende beschreiben, unterstreicht die Notwendigkeit der Beteiligung der Personen mit einer Störung der Intelligenzentwicklung – sowohl bei der Bewertung diagnostischer Erkenntnisse als auch bei der Entscheidungsfindung (Rose et al. 2013; Schanze 2019). In einer Studie über Wutausbrüche bei Menschen mit Störungen der Intelligenzentwicklung wurde berichtet, dass Nutzer mit leichter und mittelschwerer kognitiv-adaptiver Beeinträchtigung mehr von inneren Emotionen und psychischen Gesundheitsproblemen als Ursachen berichteten, während professionelle Betreuende überwiegend Verhaltensprobleme im Alltag als Ursachen angaben (Rose et al. 2013).

3.5.8 Pflege von Menschen mit vielfältigen, komplexen Bedürfnissen

Personen mit Störungen der Intelligenzentwicklung stellen eine sehr heterogene Gruppe dar, die von Menschen mit kognitiv-adaptiven Fähigkeiten im Grenzbereich zur Normalintelligenz und entsprechend geringen oder nur wenigen Problemen im alltäglichen Leben bis hin zu Dienstleistungsnutzern mit schwerer Störung der Intelligenzentwicklung und zusätzlicher Autismus-Spektrum-Störung, psychischen Störungen, Seh- und/oder Hörbehinderungen sowie multiplen körperlichen Beeinträchtigungen reicht.

Menschen mit Störungen der Intelligenzentwicklung und multiplen, komplexen Bedürfnissen, die in gemeinschaftlichen Wohneinrichtungen leben, werden in der Regel rund um die Uhr betreut. Darüber hinaus nehmen sie häufig Leistungen von spezialisierten medizinischen, psychologischen und heilpädagogischen Diensten in Anspruch (Bakken et al. 2018; Cook & Hole 2021; Rosengard et al. 2007; Winterholler 2022). Diese Nutzer von spezialisierten Diensten für Menschen mit Störungen der Intelligenzentwicklung und mehrfacher Einschränkung zeigen in der Regel eine Kombination aus emotionaler Dysregulation und kognitiver Überlastung, die zusammengenommen die Reizverarbeitung erheblich beeinträchtigen, Stressreaktionen auslösen und sich auf diese Weise als herausforderndes Verhalten manifestieren können (Offernes et al. 2018).

3.5.9 Spezifische Therapeutenfähigkeiten: Schaffung eines guten emotionalen Klimas

Ein gutes emotionales Klima, das auch als **Stationsatmosphäre** bezeichnet werden kann, hat sich als günstig für Menschen mit schweren psychischen Erkrankungen erwiesen, die stationäre Leistungen erhalten. Dies gilt natürlich auch für Menschen mit Störungen der Intelligenzentwicklung (Bakken et al. 2012). Bei stationären Patientinnen und Patienten ohne Störungen der Intelligenzentwicklung haben zwei überschneidende Forschungsbereiche die Literatur zur Stationsatmosphäre dominiert: Gundersons Konzeptualisierung der therapeutischen Komponenten auf psychiatrischen Stationen (Maree 2001) und die Forschung zur Stationsatmosphäre in stationären psychiatrischen Einrichtungen (Bell et al. 2018; Chester et al. 2015; Eklund & Hansson 1997). Die therapeutischen Komponenten von Gunderson (1978) werden als wertvoller Beitrag zur Schaffung von therapeutischen Milieus angesehen und zahlreiche Studien haben ihre klinische Anwendbarkeit untersucht (Maree 2001). Bei den dort herausgearbeiteten fünf wesentlichen Komponenten handelt es sich um:

1. Containment (Versorgung mit Grundbedürfnissen wie Nahrung, Unterkunft)
2. Unterstützung (Hervorhebung von Erfahrungen des Wohlbefindens und des Gefühls der Sicherheit)
3. Struktur (Bereitstellung von Vorhersehbarkeit)
4. Einbeziehung (Unterstützung der Patientinnen und Patienten bei der Verbesserung ihrer sozialen Fähigkeiten)
5. Validation

Die **Validation** ist ein Betreuungs- und Kommunikationskonzept, das durch die Veröffentlichungen von Naomi Feil und Nicole

Richard (funktionelle Validation) im deutschen Sprachraum publik gemacht wurde. Inzwischen ist es fester Bestandteil der Altenhilfe und konzeptualisiert einen wertschätzenden und akzeptierenden Umgang mit an Demenz erkrankten Menschen. Die Validation wird auch vermehrt in der Begleitung von Menschen mit kognitiv-adaptiven Beeinträchtigungen eingesetzt. Zur Validation gehört ebenfalls, dass das Verhalten von verwirrten Menschen als subjektiv sinnvoll und nicht als irrational und unsinnig angesehen wird (Gunderson 1978). In einem validierenden Kontakt werden die Gedanken, Gefühle und die Persönlichkeit eines Menschen durch den Kontaktpartner (z. B. Betreuende oder Familienangehörige) bestätigt. Validierung findet am häufigsten in der Eins-zu-Eins-Interaktion zwischen den Patienten und den Pflegekräften statt. Sie ist das Herzstück der psychiatrischen Pflege (Maree 2001).

In einer qualitativen Studie wurde der Einsatz von Validation in der psychiatrischen Pflege für Menschen mit Störungen der Intelligenzentwicklung und zusätzlichen psychischen Erkrankungen in einer spezialisierten stationären psychiatrischen Einrichtung untersucht (Bakken et al. 2017). Zehn Pflegekräfte/Sozialpädagogen und vier Einzeltherapeuten beschrieben ihre validierende Tätigkeit. Die dort geschilderten klinischen Beispiele unterstützen die Ansicht, dass Interventionen, die für Patientinnen und Patienten in der Allgemeinbevölkerung entwickelt wurden, auch für Menschen mit Störungen der Intelligenzentwicklung durchführbar sind. Die klinischen Implikationen beziehen sich auf den Einsatz von Validierung als wichtigen Faktor in der psychiatrischen Pflege von Erwachsenen mit einer Störung der Intelligenzentwicklung.

Zu den erforderlichen Fähigkeiten gehören:

- die Kompetenz zu einem entwicklungspsychologisch fachlich fundierten Perspektivwechsel
- Verhaltensäquivalente von Symptomen psychischer Erkrankungen zu erkennen und zu interpretieren
- angemessen auf ungewöhnliche Äußerungen zu reagieren
- bei Bedarf auf eine überwiegend nonverbale Weise zu kommunizieren

Die Ergebnisse der Studie ergaben neun Validierungskategorien, die in zwei Hauptfaktoren der Validation unterteilt wurden: Akzeptanz und Anerkennung:

- **Akzeptanz** umfasste die Anpassung der Art und Intensität der Interaktion an die aktuelle Symptombelastung, die Anpassung der Erwartungen des Personals an die Fähigkeit zur Aufgabenlösung und die Vermeidung von Korrekturen, Anweisungen und Aufforderungen zur Realitätsprüfung während der Aufgabenlösung der jeweiligen Patientinnen und Patienten.
- **Anerkennung** umfasste die Wertschätzung von Emotionen, Individualität durch besondere Interessen, Wünsche oder Wahlmöglichkeiten und schließlich die Anerkennung eines angemessenen Verhaltens.

3.5.10 Fazit

Die Forschung im Bereich der psychischen Gesundheitspflege für Menschen mit Störungen der Intelligenzentwicklung steckt noch in den Kinderschuhen. Wir wissen bereits, dass Maßnahmen, die für die Allgemeinbevölkerung entwickelt wurden, bei entsprechender Anpassung auch für Menschen mit Störungen der Intelligenzentwicklung geeignet sind. Eine adäquate psychiatrische Pflege nimmt dabei eine besondere Vermittlerstelle zwischen der alltäglichen Betreuung bzw. Assistenz und der Therapie ein. Die Mitarbeitenden sind für die Patientinnen und Patienten emotionale, kognitive und kommunikative Unterstützende in beiden Bereichen. Auch aufgrund dieser besonderen Stellung und Bedeutung der psychiatrischen Pflege ist mehr klinische Forschung notwendig, die möglichst in enger Zusammenarbeit mit den Mitarbeitenden der Pflege für die psychische Gesundheit von Menschen mit Störungen der Intelligenzentwicklung durchgeführt werden sollte.

THOMAS BERGMANN

3.6 Künstlerische Therapien

3.6.1 Einleitung

Ausgehend von einem erweiterten Kunstbegriff ist jeder Mensch ein Künstler und es stehen mehr die Kreativität in der Situation, Interaktion und der künstlerische Prozess im Fokus als ein abgeschlossenes Kunstwerk (Harlan & Beuys 1986). Damit werden Kunst und künstlerisches Schaffen unabhängig vom individuellen Entwicklungsstand bezogen auf das chronologische Alter oder auf Entwicklungsstörungen betrachtet. Aus dem Blickwinkel der Bildenden Kunst lässt sich die kindliche Entwicklung an Schmierspuren, ungeformten Kritzelknäuel und Schraffuren, ersten Formbildungen mit Linien und Kreisen, Strahlenfiguren und Kopffüßlern hin zur Gegenständlichkeit und Perspektive ablesen. In diesem Sinne begleitet und fördert spielerische Gestaltung die individuelle Entwicklung; würde diese fehlen, wäre von einer Störung mit Krankheitswert auszugehen. Malloch (1999) beschreibt die frühe Interaktion zwischen dem Säugling und seinen primären Bezugspersonen als »communicative musicality« und beschreibt die protoverbale Vokalisation in der sogenannten Babysprache als wesentlich durch musikalische Elemente wie Klang, Rhythmus, Form und Dynamik geprägt. Dies ist in der Prosodie kommunikativer Sprache mit semantischem Symbolgehalt nur noch reduziert vorhanden. Das So-tun-als-ob-Spiel mit Gegenständen markiert Symbolisierungsfähigkeit und Rollenspiele im Alter ab drei Jahren erfordern Perspektivwechsel. Beides sind Grundelemente des Theaters und fördern Sozialkompetenz und Empathiefähigkeit. Auch dem Tanz kommt elementar betrachtet in der kindlichen Entwicklung eine wichtige Rolle zu. Dies betrifft einerseits die Intrasynchronisation, das heißt die Koordination von körperlicher Bewegung mit Sensorik und Affekt, andererseits die Intersynchronisation, also die Bewegungsabstimmung mit einem Partner oder einer Gruppe. So ist eine quasi-tänzerische Bewegungsabstimmung schon in der frühen Interaktion mit den primären Bezugspersonen zu beobachten. Tänzerische Aktivität mit rhythmischer Koordination und interpersoneller Synchronisation wie z. B. bei Kreistänzen zu Musik ist ein wichtiger Baustein, um Motivation, Körperwahrnehmung und Koordinationsfähigkeit zu verbessern, bis hin zu positiven Auswirkungen auf die kognitive Entwicklung (Faber 2017).

3.6.2 Kunst in Therapie und Förderung

Künstlerische Therapien nutzen kreative Medien wie Musik, Bildende Kunst, Tanz und Theater, um die physische, psychische und psychosoziale Gesundheit wiederzuerlangen, zu erhalten und zu fördern. So gibt es innerhalb der künstlerischen Therapien mit Musik-, Kunst-, Drama- sowie Tanz- und Bewegungstherapie verschiedene Disziplinen mit entsprechenden Traditionen, unterschiedlichem Methodenspektrum, universitären Ausbildungsgängen, Fachverbänden und Standards. Übergreifendes Ziel ist die Verbesserung der Lebensqualität bei psychischen und somatischen Erkrankungen sowie bei emotionalen, kognitiven oder sozial bedingten Einschränkungen, Behinderungen oder Leidenszuständen (Wissenschaftliche Fachgesellschaft für Künstlerische Therapien e.V. 2022). Der erlebnisbasierte metaverbale Charakter künstlerischer Medien macht einerseits den Zugang zu präverbalen Inhalten möglich, die in einem sicheren therapeutischen Rahmen bearbeitet werden können. Andererseits können Menschen mit Entwicklungsstörungen erreicht werden, bei denen eine verbale Bezugnahme erschwert ist. Dies ermöglicht Kontaktgestaltung im Sinne einer therapeutischen Beziehung und bietet einen Rahmen für soziale Interaktion und emotionalen Ausdruck, was eng verbunden mit Lebensqualität und psychischer Gesundheit ist. In der S3-Leitlinie zu psychosozialen Therapien bei schweren psychischen Erkrankungen (AWMF 2018) werden künstlerische Therapien im Rahmen eines Gesamtbehandlungsplanes und gemessen an den individuellen Bedürfnissen und Präferenzen der Betroffenen zur Verbesserung der psychopathologischen Symptomatik ausdrücklich empfohlen (Empfehlungsgrad B, Evidenzebene Ia–Ib). Auch die S2k Praxisleitlinie Intelligenzminderung (AWMF 2021) besagt, dass Menschen mit Störungen der Intelligenzentwicklung außerordentlich von Kreativtherapien profitierten, insbesondere wenn andere kommunikative Zugangswege nur eingeschränkt oder nicht zur Verfügung stünden. In einem Scoping-Review zu Musik-, Tanz- und Dramatherapie in diesem Bereich (Mino-Roy et al. 2022) wurden 72 Dokumente ausgewählt und ausgewertet. Je nach Modalität der Therapieform sind verschiedene körperliche, emotionale, kognitive und spirituelle Benefits festgestellt worden. Die meisten Studien wiesen jedoch eine begrenzte Stichprobengröße auf und waren nicht kontrolliert. In Bezug auf Menschen mit einer Störung der Intelligenzentwicklung ist der Übergang zwischen Therapie und Pädagogik fließend. So wird auch in der Heil- und Sonderpädagogik sowie in der Heilerziehungspflege mit kreativen Medien gearbeitet, jedoch weniger spezifisch von einem künstlerischen Medium ausgehend und mehr mit dem Ziel der Förderung des Funktionsniveaus und der Selbstständigkeit.

3.6.3 Kunsttherapie

Kunsttherapie ist die therapeutische Anwendung bildnerisch-künstlerischer Mittel und Medien (Malerei, Plastik, Fotografie, Performance etc.). Sie fördert in besonderem Maße die Fähigkeiten zum bildnerisch-symbolischen Ausdruck, zur visuellen Kommunikation und zur aktiv-gestalterischen Auseinandersetzung mit persönlichen Themen und Problemlagen (Wissenschaftliche Fachgesellschaft für Künstlerische Therapien e.V.

2022). Kunstinterventionen können Menschen mit Beeinträchtigungen der Sprachfähigkeit helfen, indem sie ihnen eine Form der Kommunikation und des kreativen Selbstausdrucks bieten, was Empowerment und soziale Entwicklung fördert (Bailey 2016).

Ergebnisse verschiedener Studien. Eine qualitative Analyse von sechs Dyaden von Müttern und Jugendlichen mit schwerer, mittelschwerer und leichter Störung der Intelligenzentwicklung zeigte drei Schlüsselthemen, die sich aus der Beziehungsdynamik während gemeinsamer künstlerischer Arbeit ergaben (Gavron et al. 2022):
1. von der Abhängigkeit zur Autonomie
2. das gemeinsame Malen als Mittel zur Förderung der verbalen Kommunikation
3. Spiel und Spaß

In einer kontrollierten Studie mit Kindern, welche unter Störungen der Intelligenzentwicklung und zusätzlich unter einer Aufmerksamkeitsdefizit-Hyperaktivitätsstörung litten, konnte Kunsttherapie die Impulsivität verringern (Habib & Ali 2020). In einem pädagogischen Setting untersuchten Jacob et al. (2021) mittels eines kontrollierten, quasi-experimentellen Studiendesigns die Auswirkungen von bildnerischer Gestaltung und musiktherapeutischen Interventionen auf die Aufmerksamkeitsspanne. Im Prä-Post-Test zeigten sich die kunsttherapeutischen Interventionen mit signifikanten Verbesserungen am wirkungsvollsten, gefolgt von den musiktherapeutischen.

Digitale Medien werden als klinisches Interventionsinstrument in der Kunsttherapie bei Menschen mit Entwicklungsstörungen diskutiert. Dabei wurden sechs Themen extrahiert (Darewych et al. 2015):
1. Nutzerfreundlichkeit
2. Unabhängigkeit
3. Zusammenspiel von digitaler Kunst und Musik
4. Computerkenntnisse und kognitive Entwicklung
5. Stimme und Vision
6. digitale Anweisungen

Beim Einsatz von Tablets zum visuellen Storytelling wurden eine verstärkte soziale Interaktion und selbstinitiierte Kommunikation bei Erwachsenen mit Störungen der Intelligenzentwicklung beobachtet (McEwen et al. 2016).

Ein systematisches Review zu Kernelementen der Kunsttherapie bei Kindern aus dem Autismus-Spektrum ohne intellektuelle Beeinträchtigung (Schweizer et al. 2014) identifizierte in 18 Fallstudien, dass Kunsttherapie zu einer flexibleren und entspannteren Haltung, einem besseren Selbstbild sowie zu verbesserten Kommunikations- und Lernfähigkeiten bei Kindern mit Autismus beitragen kann. Typische kunsttherapeutische Elemente wie sensorische Erfahrungen mit Sehen und Berühren könnten das Sozialverhalten, die Flexibilität und die Aufmerksamkeitsfähigkeit verbessern. In Anbetracht der begrenzten Evidenz wird weitere empirische Forschung dringend empfohlen.

Bildnerische Gestaltung im Rahmen der Kunsttherapie kann auch zur Diagnostik beitragen. In einer kontrollierten Studie identifizierte Bergmann (2016; siehe auch Bergmann et al. 2021b) neun formale Charakteristika in Bildern von Erwachsenen mit Störung der Intelligenzentwicklung, wobei Linienstruktur und Repetition signifikante Marker waren (siehe Abb. 3-1).

Eine Literaturübersicht zeigt einen Trend auf, der weg von restriktiven und stigmatisierenden Umgebungen wie Kliniken hin zu öffentlichen Räumen, insbesondere Kunstmuseen, geht. Hier werden zunehmend gemeinschaftsbezogene Programme angeboten, die auf Inklusion, Prävention und ein natürliches Lernen abzielen (Aguilar 2019). Beispielhaft ist ein Community-basiertes Kunstprojekt

3.6 Künstlerische Therapien   147

Abb. 3-1: Bild aus der Kunsttherapie mit autismustypischen Gestaltungsmerkmalen. Mit freundlicher Genehmigung des Patienten und seiner gesetzlichen Betreuung.

mit 15 regelmäßig teilnehmenden Männern mit Lernbehinderung, die eine Reihe visueller und kreativer Methoden einsetzten, um der direkten und indirekten Stigmatisierung zu begegnen (Richards et al. 2019).

Zusammengefasst gibt es Hinweise darauf, dass Kunsttherapie die Impulsivität und Aufmerksamkeitsspanne positiv beeinflusst und bei Kindern aus dem Autismus-Spektrum Selbstbild, Kommunikations- und Lernfähigkeit verbessern kann. Der Einbezug digitaler Medien wird diskutiert und es besteht ein Trend zu inklusiven und präventiven Angeboten jenseits von Therapie im engeren Sinne.

3.6.4 Musiktherapie

Musiktherapie ist der gezielte Einsatz von Musik im Rahmen der therapeutischen Beziehung zur Wiederherstellung, Erhaltung und Förderung seelischer, körperlicher und geistiger Gesundheit. Musiktherapie ist eine praxisorientierte Wissenschaftsdisziplin, die in enger Wechselwirkung zu verschiedenen Wissenschaftsbereichen steht, insbesondere der Medizin, den Gesellschaftswissenschaften, der Psychologie, der Musikwissenschaft und der Pädagogik. Der Begriff »Musiktherapie« ist eine summarische Bezeichnung für unterschiedliche musiktherapeutische Konzeptionen, die ihrem Wesen nach als psychotherapeutisch zu charakterisieren sind, in Abgrenzung zu pharmakologischer und physikalischer Therapie (DMtG 2010). Musiktherapie kann grundsätzlich rezeptiv oder aktiv angeboten werden. In der rezeptiven Musiktherapie steht das Hören von Musik im Mittelpunkt, wobei es sich um ausgewählte Musik vom Tonträger handeln kann oder speziell für Klienten komponierte oder improvisierte Musik. Hier stehen die Selbstwahrnehmung sowie die Aufmerksamkeitsmodulation, Imagination und die Wirkung auf Emotionen im Fokus.

»Musik ist einer dieser Stimmungsstabilisatoren, eine Grundkraft, die mir hilft, meinen Geist wieder in den Fokus zu rücken […]. Es ist fast so, als ob ich von einem Ende des Raumes zum anderen zerrissen wäre und die Musik bringt alle Stücke in eine zusammenhängende Einheit zurück. Sie erlaubt mir mich zu konzentrieren und zu funktionieren. Es ist das Hintergrundgeräusch, das für Rhythmus und Tempo sorgt und meinem unruhigen Geist etwas gibt, an das er sich halten kann.« (Murphy 2011)

Auch vibroakustische Stimulation mittels Klangschalen oder resonierenden Saiteninstrumenten wie Monochord oder Körpertambura sind rezeptive, auf die Sensorik fokussierte Interventionen. Insbesondere für Personen, die durch multiple Einschränkungen kaum handlungsfähig sind, oder nicht zum Nach- und Mitmachen fähige Personen mit Störungen der sozialen Kommunikationsfähigkeit bietet hier Musik als Atmosphäre einen Beziehungs- und Handlungsraum (Bergmann et al. 2011).

Aktive Musiktherapie ist zumeist improvisationsbasiert. Hier wird im Einzel- oder Gruppensetting auf leicht spielbaren Instrumenten musiziert, wobei die Therapeuten dem spontanen Ausdruck der Klienten folgen oder auch einen mehr oder weniger strukturierten Rahmen vorgeben. Wesentliche und grundlegende Prinzipien improvisationsbasierter Musiktherapie sind die Förderung der musikalischen und emotionalen Abstimmung, die musikalische Gestaltung des Interaktionsflusses und das Anknüpfen an die gemeinsame Geschichte der musikalischen Interaktion zwischen Klienten und Therapeutinnen bzw. Therapeuten (Geretsegger et al. 2015).

Musiktherapie ist häufig Bestandteil des therapeutischen Angebotes von Frühförderstellen, Sozialpädiatrischen Zentren (SPZ) oder heil- und sonderpädagogischen Einrichtungen. Darüber hinaus ist Musiktherapie in der psychiatrischen Versorgung verankert und kann durch die nonverbale Qualität musikalischer Interaktion für Personen mit sprachlichen Einschränkungen verbale Therapiekonzepte ergänzen. Das soziale Umfeld (Familie, Betreuungspersonal) wird je nach Bedarf in die Therapie mit eingebunden oder begleitend beraten.

Ergebnisse verschiedener Studien. In ihrer zweiteiligen Übersichtsarbeit beschreiben Hooper et al. (2008a, b) die Geschichte der Musiktherapie im Bereich von Störungen der Intelligenzentwicklung von 1943 bis 2006. Im ersten Teil wird narrative und philosophische Literatur herangezogen, wobei es sich meist um Einzelfallbeobachtungen handelt.

Alvin (1959) berichtet von wiederholten, inklusiven klassischen Konzertbesuchen mit Kindern mit mittelgradiger bis schwerer Störung der Intelligenzentwicklung, welche vokal, körperlich, mit Neugier und Engagement reagiert hätten und bei denen mehr Selbstkontrolle und -sicherheit zu beobachten gewesen sei.

Meadows (1997) postuliert sechs allgemeine musiktherapeutische Ziele:
1. Erfüllung von Grundbedürfnissen
2. Entwicklung eines Selbstbewusstseins
3. Aufbau oder Wiederherstellung zwischenmenschlicher Beziehungen
4. Entwicklung spezifischer Fertigkeiten
5. Abbau pathologischer Verhaltensweisen
6. Entwicklung eines Bewusstseins und einer Sensibilität für die Schönheit der Musik

Er schlägt vor, dass sich die Entwicklung spezifischer Fähigkeiten auf den Erwerb von Fähigkeiten konzentrieren solle, die es dem Individuum ermöglichen, mit größerer Unabhängigkeit zu funktionieren, und dass diese Fähigkeiten körperliche, emotionale, kognitive, soziale oder kommunikative Entwicklung umfassen würden.

Hooper et al. (2008a) gehen weiter auf das Setting ein, welches oftmals halbstrukturiert ist und mit einem Begrüßungslied beginnt. Als Techniken werden nicht-traditionelles Gitarrenspiel, Instrumente mit motorisch einfacher Klangerzeugung, Musiksoftware und digitale Devices, Orff-Instrumentarium, Konzertbesuche, Lernen eines Instrumentes und interdisziplinäre Ansätze, z.B. in Kombination mit Physio- oder Ergotherapie, genannt. Historisch wird auf die zentrale Rolle von Musik in der Sonderpädagogik ab dem späten 19. Jahrhundert hingewiesen. Als Potenziale musiktherapeutischer und -pädagogischer Förderung werden die Umlenkung und Reduktion herausfordernder Verhaltensweisen, die Entwicklung sozialer Kompetenzen inklusive der Motivation, mit Peers zu interagieren, Sprachförderung, die Möglichkeit, in improvisationsbasierter Musiktherapie Gefühle wie Traurigkeit und Ärger auszudrücken, sowie die beziehungsstiftende Funktion des gemeinsamen Singens und Musizierens genannt.

In dem Zusammenhang wird der kreative Ansatz von Nordoff & Robbins (1965) beschrieben, wobei eine Person zumeist vom Klavier aus eine musikalische Beziehung herstellt, während die andere sich auf die Klienten einlässt und deren Reaktionen fördert. Dabei soll eine musikalische Erfahrung gemacht werden, die als solche erfüllend und wirksam sein soll.

Der zweite Teil des Reviews (Hooper et al. 2008b) geht zunächst auf musikalische Begabung ein. Diese sei grundsätzlich in der Gesamtbevölkerung normalverteilt und abhängig von einer komplexen Mischung aus kognitiven, motivationalen, sozialen und kulturellen Faktoren sowie von der Erfahrung, der Ausbildung, den Wünschen und der Einstellung des Einzelnen zur Musik und zur musikalischen Ausbildung. Im therapeutischen Kontext gehe es jedoch um basale musikalische Skills und Vorlieben, die zur Motivation und therapeutischen Beziehungsgestaltung als zentrale methodenunabhängige psychotherapeutische Wirkfaktoren beitragen können. So hätten Personen mit Down-Syndrom einen ausgeprägten Sinn für Timing und Rhythmus, das Williams-Syndrom sei sogar mit musikalischer Begabung assoziiert. Dies zeige sich an einer Leichtigkeit im Umgang mit komplexen Rhythmen, einem starken melodischen Textgedächtnis, einer Leichtigkeit beim Komponieren und einer höheren Prävalenz vom absoluten Gehör. Ähnliches gelte auch für Personen aus dem autistischen Spektrum; hier sei die Häufigkeit musikalischer Hochbegabung im Vergleich zur Normalbevölkerung um das Zehnfache erhöht.

Johnels et al. (2021) haben sich in ihrem Scoping-Review auf musiktherapeutische Interventionen bei Kindern und Jugendlichen mit schwerer und schwerster Störung der Intelligenzentwicklung fokussiert, wobei beschreibende Fallstudien mit kleinen Stichproben am häufigsten vorkamen. Was die Art der musikalischen Interaktion betrifft, so war die aktive Musiktherapie der am häufigsten verwendete Ansatz vor technologievermittelten und multisensorischen musikalischen Aktivitäten. Die Mehrzahl der Studien konzentrierte sich auf soziale Interaktion und Kommunikation, gefolgt von Engagement, Aufmerksamkeit und Affekt. Sechs Kategorien wurden als vielversprechende Komponenten der musikalischen Interaktion identifiziert:
1. die Ansprechbarkeit
2. das Singen von Liedern
3. Struktur und Vorhersagbarkeit der Aktivitäten
4. langfristige Interventionen
5. technologievermittelte und multisensorische musikalische Aktivitäten
6. eine therapeutische Beziehung zwischen den Interaktionspartnern

Ein strukturiertes, auf gemeinsames Singen aufbauendes Konzept (Voices Together®) wird im sonderpädagogischen Setting zur Verbesserung kommunikativer und sprachlicher Fähigkeiten eingesetzt. Bei 15 wöchentlichen Sessions im schulischen Setting zeigten sich signifikante Fortschritte innerhalb der Gruppe von Kindern aus dem Autismus-Spektrum wie auch bei Kindern mit einer Störung der Intelligenzentwicklung (Mendelson et al. 2016).

Hoyle und McKinney (2015) implementierten ein neunwöchiges musiktherapeutisches Programm zur Trauerbegleitung bei drei institutionalisierten erwachsenen Personen, bei denen ein naher Familienangehöriger verstorben war. Bei der Person, die am längsten in der Familie gelebt hatte, reduzierten sich nachhaltig negative Verhaltensweisen.

Icht (2019) hat die auf Rap und Beatboxing beruhende Beatalk-Technik zur Sprachförderung entwickelt. Bei zwölf Erwachsenen mit mittelgradiger Störung der Intelligenzentwicklung und eingeschränktem expressivem Sprachvermögen war Beatalk in Einzelaspekten wie Sprechdynamik traditioneller Sprachtherapie überlegen, es zeigten sich aber insgesamt keine signifikanten Gruppenunterschiede.

Insbesondere im Bereich von Autismus-Spektrum-Störungen hat Musiktherapie eine lange Tradition mit kreativ-improvisationsbasierten, systemisch-familienbasierten, inklusiv-communitybasierten, funktional neurologischen, behavioralen, heilpädagogischen und entwicklungspsychologisch orientierten Konzepten (Bergmann 2016). Zielparameter sind zumeist Verhaltensmerkmale im Bereich der Kernsymptomatik, wobei die interaktive Qualität des aktiven Musizierens als förderlich für soziale Skills, sozialen Affekt und Sprachentwicklung betrachtet wird.

Srinivasan & Bhat (2013) betrachten Autismus als multisystemische Störung und fordern ebensolche Interventionen, bei denen Musik und Bewegung kombiniert werden und die motorische Entwicklung als Outcome mit einbezogen wird.

Wan et al. (2010) erweitern diese Hypothese, indem sie, ausgehend von einer angenommenen abnormen Aktivität des Spiegelneuronensystems bei Autismus, dieses Netzwerk mit der sensorisch-motorischen Integration und der Sprachrepräsentation in Verbindung bringen. So könnten musik- und bewegungsbasierte Interventionen ein erhebliches Potenzial haben, da sie Gehirnregionen aktivieren, die sich mit dem Spiegelneuronensystem überschneiden.

Auch Biomarker können Anhaltspunkte liefern, wie die positive Beeinflussung des Stresslevels durch aktives Musizieren bei Jugendlichen aus dem Autismus-Spektrum (Poquérusse et al. 2018).

Rein rezeptive Interventionen wie das Auditive Integrationstraining zeigten in einem Cochrane Review gemischte Ergebnisse und geringe Studienqualität (Sinha et al. 2011).

Das aktuelle Cochrane-Update zu aktiver Musiktherapie schließt 26 kontrollierte Studien mit N = 1165 ein (Geretsegger et al. 2022). Die Ergebnisse belegen, dass Musiktherapie wahrscheinlich mit einer erhöhten Chance auf eine globale Verbesserung für autistische Menschen verbunden ist, ihnen möglicherweise hilft, den Gesamtschweregrad des Autismus und die Lebensqualität zu verbessern, und vermutlich nicht zu einer Zunahme unerwünschter Ereignisse unmittelbar nach der Intervention führt. Die Sicherheit der Evidenz wurde für diese vier Ergebnisse als moderat eingestuft. Da die meisten Studien aus dem Kinder- und Jugendbereich stammen, sind kaum Hinweise für die Wirksamkeit von Musiktherapie bei Erwachsenen vorhanden.

Eine weitere systematisch Übersichtsarbeit (Applewhite et al. 2022) schließt 81 klinische Studien mit N = 43 353 ein. In diesen Studien wurden die Besonderheiten der Musikwahrnehmung bei Menschen aus dem Autismus-Spektrum sowie die Auswirkungen von Musik und Musiktherapie bei dieser Patientengruppe untersucht. Die meisten musikbasierten Interventionen wirkten sich positiv auf die Verbesserung sozialer, emotionaler und verhaltensbezogener Probleme aus. Es gab jedoch nur wenige Studien mit striktem randomisiertem kontrolliertem Design, die meisten Studien hatten eine kleine Stichprobengröße und die angewandten therapeutischen und wissenschaftlichen Forschungsmethoden waren heterogen.

Marquez-Garcia et al. (2022) schlagen in ihrem Review die Schaffung eines standardisierten Rahmens vor, der Neuroimaging-Instrumente als objektive Marker für die durch die Musiktherapie hervorgerufenen Veränderungen sowie eine Kombination aus funktionellen und verhaltensbezogenen Ergebnissen verwenden sollte. Dies ist in der randomisiert-kontrollierten Studie von Sharda et al. (2018) der Fall, wo improvisationsbasierte Musiktherapie die funktionelle Konnektivität zwischen dem bilateralen primären auditorischen Kortex und den subkortikalen und motorischen Regionen erhöhte, die bei Autismus häufig reduziert sind. Gleichzeitig verringerte sich die autismustypische Überkonnektivität zwischen auditiven und visuell-assoziativen Bereichen. Diese signifikanten Veränderungen der Konnektivitätsmuster waren im Vergleich zur gematchten Kontrollgruppe mit signifikanter Verbesserung der Kommunikation assoziiert, was ein neurobiologisches Modell der Wirkungsweise musiktherapeutischer Interventionen bei Autismus darstellt.[28]

Ein weiteres systematisches Review (Mayer-Benarous et al. 2021) erweiterte das Spektrum auf andere neuronale Entwicklungsstörungen und schloss 39 Studien mit N = 1774 Kindern ein. In den meisten (6/7) kontrollierten Studien wurde eine positive Wirkung der pädagogischen Musiktherapie auf Kinder aus dem Autismus-Spektrum berichtet, insbesondere in Bezug auf die Sprachproduktion. Improvisationsbasierte Musiktherapie verbesserte nachweislich das soziale Verhalten in sechs von acht kontrollierten Studien. Darüber hinaus gab es Hinweise auf eine höhere Ansprechrate in der Subgruppe von Kindern mit zusätzlicher Störung der Intelligenzentwicklung. Für Kinder mit anderen neurologischen Störungen außerhalb des Autismus-Spektrums konnten aufgrund der schwachen Datenlage keine evidenzbasierten Aussagen gemacht werden.

Neben Therapie und Förderung eignet sich das musiktherapeutische Setting auch zur diagnostischen Verhaltensbeobachtung. Die Musikbasierte Skala zur Autismus-Diagnostik (MUSAD; Bergmann et al. 2020) ist ein psychometrisch überprüftes Verfahren, welches sich vor allem für Erwachsene mit eingeschränkter Sprachfähigkeit eignet (siehe Abb. 3-2). Mit dem Prinzip steigender Anforderungen im Ablauf spielerischer, musik- und bewegungsbasierter Situationen ist es zu 95 % durchführbar und damit als angemessen zu betrachten (Bergmann et al. 2015).

Insgesamt betrachtet ist die Studienlage zur Musiktherapie vergleichsweise gut mit positiver und zum Teil gemischter Evidenz zur Wirkung auf Stresslevel, sprachliche

---

28 Es ist immer noch nicht klar, ob eine erhöhte Abhängigkeit von der sensorischen Bottom-up-Verarbeitung und damit eine sensorische Überkonnektivität eine Ursache oder eine Folge der atypischen kortikalen Top-down-Modulation ist. Folglich könnten Beeinträchtigungen der sozialen Kommunikation nicht nur auf Veränderungen im »sozialen« Netzwerk des Gehirns zurückzuführen sein, sondern auch auf bereichsübergreifende Unterbrechungen der sensomotorischen und kognitiven Funktionen, welche die Grundlage für spätere soziale Fähigkeiten bilden. Die Studienergebnisse zur musik- und bewegungsinduzierten Neuroplastizität sprechen eher für eine Bottom-up-Integration sensomotorischer

---

Gehirnnetzwerke, die zu einer verbesserten sozialen Funktionsweise führt, als für eine Top-down-Belohnung durch Musik. Damit könnte neben einer kognitiven Kompensation von Defiziten auch eine Modulation von Strukturen möglich sein, was weiter erforscht werden sollte.

Abb. 3-2: Trommelsituation im Rahmen musikbasierter Autismus-Diagnostik (MUSAD). Foto: G. Kreutner. Mit freundlicher Genehmigung der Patientin und ihrer gesetzlichen Betreuung.

Fähigkeiten und soziales Verhalten. Insbesondere im Bereich Autismus-Spektrum gibt es eine Vielzahl an Konzepten, valide musikbasierte Diagnostik, Forschung unter Einbezug bildgebender Verfahren mit Hinweisen auf neurobiologische Wirkmechanismen und Metaanalysen, die auf die Verbesserung des Gesamtschweregrads autistischer Symptomatik und der Lebensqualität hinweisen.

3.6.5 Tanz- und Bewegungstherapie

Die Integrative Tanztherapie zeichnet sich durch eine Bandbreite differenzierter Konzepte und Behandlungsmethoden aus, die auf modernen tiefenpsychologischen, verhaltens- und gestalttherapeutischen Grundlagen beruhen. Diese ermöglichen eine psycho- und körpertherapeutische Behandlung von Menschen, die in einer wertschätzenden Atmosphäre Heilung, persönliches Wachstum und mehr Lebensqualität suchen (Deutsche Gesellschaft für Tanztherapie e. V. 2023).

Grundlage des Tanzes ist der Leib mit seinen Fähigkeiten der Perzeption, der Memoration, der Reflexion und der Expression (Petzold 1988). Damit spielt Embodiment, das heißt vom Körper ausgehende Interventionen, die Verhalten und Kognition beeinflussen, gerade in der Tanztherapie eine entscheidende Rolle. Als ganzheitliches Lernkonzept ist dies in der Arbeit mit Personen mit eingeschränkten kognitiven Fähigkeiten bedeutsam. Rhythmus, Timing und Synchronisation sind zentrale Momente sowohl in der Tanz- und Bewegungstherapie als auch in der Musiktherapie und beziehen sich auf den Körper und das soziale Interaktionsgeschehen mit dem Potenzial der Modulation kognitiver Prozesse (Koch & Bergmann 2017).

Tanz- und Bewegungstherapie findet vorrangig im Gruppensetting statt, wobei auch Partnerübungen zur Bewegungssynchronisation und Nähe-Distanz-Regulation üblich sind. Der Ablauf ist in der Regel semistrukturiert und beginnt mit einer Aufwärmphase. Settings können psychiatrisch oder heilpädagogisch sein; auch in der medizinischen Rehabilitation, Neurologie und der Gesundheitsvorsorge wird mit Tanz und Bewegung gearbeitet.

Tanz und Bewegung haben therapeutisches Potenzial für Personen im breiten Spektrum der Entwicklungsstörungen. Bei Störungen der Intelligenzentwicklung können das Körperbild, die sozialen Fähigkeiten, die Koordination, die motorischen Fähigkeiten und die Kommunikation adressiert werden. Bei Lernbehinderungen und Teilleistungsschwächen können organisatorische Fähigkeiten entwickelt, Kontrolle und Wahlmöglichkeiten erfahrbar gemacht und das Selbstvertrauen gestärkt werden. Bei sensorischen Einschränkungen kann der ganzkörperliche Ausdruck mit anderen ein Gefühl der Isolation überwinden, beziehungsstiftend sein und ein körperliches Selbstempfinden stärken. Bei körperlichen Beeinträchtigungen können zusätzlich motorische Fertigkeiten spielerisch verbessert werden.

Ergebnisse verschiedener Studien. In einem systematischen Review zur Wirksamkeit von Tanz- und Bewegungstherapie bei Störungen der Intelligenzentwicklung (Takahashi & Kato 2022) wurden fünf Studien selektiert, die ein breites Funktionsspektrum repräsentieren und alle im Gruppensetting durchgeführt wurden. Bei einem niedrigen Evidenzgrad und einem hohen Verzerrungsrisiko berichteten die ausgewählten Studien, dass sich die motorischen Fähigkeiten, das Körperwissen, das emotionale Wohlbefinden, die Hauttemperatur in den Fingern und die Muskelentspannung bei jungen Erwachsenen bis zu Erwachsenen mittleren Alters verbesserten.

Aktuellere Studien aus dem Kinderbereich im pädagogischen Setting zeigten signifikante Gruppenunterschiede bei der auditiven und visuellen Erkennung, bei zwischenmenschlichen Beziehungen und bei der Erkennung von Emotionen (Cofini et al. 2021). Gruppensitzungen im Rahmen eines Vorschulprogramms für Kinder mit Störungen der Intelligenzentwicklung im Alter von 36 bis 72 Monaten trugen in einem Prä-Post-Design dazu bei, ihre Kniestreckmuskulatur und ihr statisches Gleichgewicht zu verbessern und gleichzeitig maladaptive Verhaltensweisen zu reduzieren.

Bezogen auf Personen aus dem Autismus-Spektrum gehen Donellan et al. (2012) davon aus, dass Kommunikation, Beziehung und Teilhabe neurologische Systeme zur Koordinierung und Synchronisierung der Organisation und Regulation von sensorischen Informationen und Bewegungen erfordern. Sensorische Besonderheiten werden mit dem DSM-5 zur Kernsymptomatik gezählt; das relative Risiko für motorische Beeinträchtigungen bei Autismus ist im Vergleich zur Allgemeinbevölkerung über zwanzigmal höher und das Risiko steigt mit zunehmender Einschränkung sozialer Kommunikationsfähigkeit, repetitivem Verhalten sowie kognitiven und funktionellen Beeinträchtigungen an (Bhat 2021). Damit rücken bewegungsbasierte Interventionen in den Vordergrund, um einerseits motorische Koordination direkt zu fokussieren und andererseits Bottom-up die anderen zentralen Störungsbereiche zu beeinflussen.

Mit dem Konzept »Rhythmic Relating« adressieren Daniel et al. (2022) soziales Timing und sozial-motorische Synchronizität, begründen diese neurobiologisch und liefern Beispiele für musik- sowie tanz- und bewegungsbasierte Interventionen. Kontrollierte Studien liegen für Erwachsene mit hochfunktionalem Autismus vor. Interventionen, die vor allem auf dem intersubjektiven Spiegeln von Bewegungsmustern basieren, haben Körperwahrnehmung, Selbst-Andere-Unterscheidung und soziale Skills verbessert (Koch et al. 2015, 2016) sowie Gefühlsdifferenzierung (Koehne et al. 2016).

Zusammengefasst gibt es Hinweise, dass Tanz- und Bewegungstherapie die motorischen Fähigkeiten, Propriozeption und Körperwissen, das emotionale Wohlbefinden und die Emotionserkennung verbessern kann. Im Bereich des autistischen Spektrums gibt es fundierte rhythmus- und synchronisationsbasierte Konzepte sowie empirische Befunde zur Verbesserung von Körper- und Selbstwahrnehmung sowie sozialen Skills bei Erwachsenen ohne kognitive Einschränkungen.

3.6.6 Dramatherapie

Die Drama- oder Theatertherapie stellt eine fruchtbare Verbindung zwischen den heilenden Wurzeln des Theaters sowie Verfahren moderner Psycho- und Sozialtherapien her. Als handlungsorientierte und gegenwartsbezogene künstlerische Therapie legt sie ihren Fokus auf kreative Prozesse, bei denen Zugänge zu vorhandenen Ressourcen gesucht werden. Dabei setzt sie Geschichten, Mythen, Bewegung, Theaterstücke, Texte, Puppenspiel, Masken oder Improvisation als therapeutische Werkzeuge ein. Die Übernahme von Rollen und das Interagieren in den unterschiedlichsten Szenarien eröffnen Zugänge zum kreativen Potenzial und ermöglichen, neue Handlungsoptionen zu erproben und in das Leben zu integrieren (Deutsche Gesellschaft für Theatertherapie e. V. 2023).

Dramatherapie setzt ein gewisses Maß an Mentalisierungsfähigkeit voraus, um auf einer Als-ob-Ebene agieren zu können, sich in Rollen zu versetzen und Perspektiven zu wechseln. Mit Pantomime, Bewegungsinterventionen und Puppenspiel gibt es non- oder metaverbale Interventionsmöglichkeiten, um Menschen mit sprachlichen Einschränkungen erreichen zu können.

Ergebnisse verschiedener Studien. Für Kinder und Jugendliche mit Entwicklungsstörungen sind dramatherapeutische Interventionen Bestandteil des heilpädagogischen Methodenrepertoires im schulischen Kontext. Bei insgesamt 30 regelmäßigen Gruppentherapiesitzungen mit zehn obdachlosen Kindern im Alter von drei bis sechs Jahren mit leichter bis schwerer Störung der Intelligenzentwicklung wurden Sinnesspiele, Körperspiele, Geräusche, Geschichten, Rollenspiele, Improvisation durch die Einbettung von Techniken in dramatische Aktivitäten und die Arbeit mit vielfältigen Materialien angewandt. Dabei wurde beobachtet, dass sich die Kinder zunehmend spontan an der Interaktion mit Gleichaltrigen beteiligten und ihre verbesserte Kommunikations- und Kooperationsfähigkeit auch nach der Intervention anhielt. Einige andere Dimensionen wie Kreativität, Flexibilität, Vorstellungskraft und die Nutzung sozialer Fähigkeiten nahmen ebenfalls zu (Wu et al. 2020).

Ein schulisches Musiktheaterprogramm zur Förderung sozio-emotionaler Fähigkeiten von Kindern mit verschiedenen Ausprägungen von Entwicklungsstörungen wurde in verschiedenen Kontexten überprüft. Die Ergebnisse zeigten in der Prä-Post-Messung signifikante Fortschritte, diese hingen jedoch von schulischen und individuellen Faktoren der Schüler ab, wie z. B. der Klassenstufe, dem Schweregrad der Störung der Intelligenzentwicklung oder den Ausgangsfähigkeiten im Bereich der sozialen Fähigkeiten (Zyga et al. 2018).

In einer kontrollierten Studie (N = 75) verbesserten Videomodellierung und Dramatherapie die Selbsthilfefähigkeiten von Schülern mit mittelschwerer Störung der Intelligenzentwicklung. Das Alter der Einschulung hatte einen signifikanten Haupteffekt auf den Erwerb von Selbsthilfefähigkeiten im Gegensatz zur elterlichen Beteiligung, was auf die Bedeutung früher schulischer Förderung hinweist (Isawumi et al. 2021).

Bei Jugendlichen mit mittelgradiger Störung der Intelligenzentwicklung führte improvisationsbasierte Dramatherapie in der Selbsteinschätzung zu einer verbesserten Selbstwahrnehmung in Bezug auf die Rolle des Körpers in zwischenmenschlichen Beziehungen (Stefańska 2015).

Methoden des Improvisationstheaters zur Förderung von sozialen Kompetenzen und Selbstwertgefühl waren bei Erwachsenen mit leichter bis mittelschwerer Störung der Intelligenzentwicklung und zusätzlicher psychischer Erkrankung gut durchführbar und hatten ein positives Feedback (Fabian et al. 2022).

In dem *Interactive-Behavioral Therapy/ Active Cognitive Treatment(IBT-ACT)*-Modell (Tomasulo & Szucs 2015) werden kreative dramatherapeutische Interventionen in einem verhaltenstherapeutischen Rahmen zur Behandlung von Menschen mit einer Störung der Intelligenzentwicklung und zusätzlicher psychischer Erkrankung genutzt.

Für oftmals digital exkludierte Menschen mit Entwicklungsstörungen können Online-Dramatherapie-Gruppen eine nützliche Alternative sein, wenn die persönliche Teilnahme nicht möglich oder aufgrund von Zugangsschwierigkeiten erschwert ist (Bourne et al. 2022). Der Rahmen ermöglicht es, sich mit Gleichgesinnten zu treffen, Beziehungen aufzubauen, das Selbstvertrauen zu stärken und neue technologische Fähigkeiten zu erlernen.

Jenseits von Therapie im engeren Sinne können auch inklusive Theatergruppen präventiv wirksam sein. Von teilnehmenden Erwachsenen mit Störungen der Intelligenzentwicklung, bedeutsamen Anderen und betreuendem Fachpersonal wurden folgende Themen identifiziert: Die Theatergruppe stärkte die Verbundenheit der Mitglieder, ermöglichte ihnen die Erfahrung von Bereichen des Lebens, von denen sie oft ausgeschlossen sind, und verhalf allen Teilnehmern zu einem persönlichen Wachstum, was zu dem Wunsch führte, das Ethos der Theatergruppe auf andere Bereiche auszuweiten (Dickinson & Hutchinson 2019).

Auch dramatherapeutische Workshops wie die »Lubliner Teatroterapia« dienen dem entscheidenden Zweck der sozialen Teilhabe, indem sie Menschen mit Entwicklungsstörungen, die von der Gesellschaft oft abgelehnt und missverstanden werden, die Möglichkeit geben, sich an kreativen Aktivitäten zu beteiligen. Durch Erfolge in der Theatertherapie könne erlernte Hilflosigkeit verhindert werden (Gindrich & Kazanowski 2015).

Frühe und andauernde Institutionalisierung kann sich auf Sprachentwicklung, soziale Fähigkeiten und kognitive Entwicklung auswirken und zu einer fortschreitenden Persönlichkeitsveränderung führen. Bei langzeithospitalisierten Erwachsenen mit schwerer Störung der Intelligenzentwicklung, die durch Passivität, Apathie und Desinteresse gekennzeichnet waren, wurde die Dramatherapie mit dem Fokus auf Storytelling durchgeführt. Hier konnten ein Anstieg der sozialen und sprachlich-kommunikativen Fähigkeiten sowie ein Rückgang des gestörten Verhaltens beobachtet werden (Foloștină et al. 2015).

Zusammengenommen gibt es Hinweise darauf, dass Dramatherapie die Kommunikations- und Kooperationsfähigkeit, Selbst- und Körperwahrnehmung im Kontakt mit anderen, Selbsthilfefähigkeiten sowie Verhaltensstörungen bei Traumatisierung verbessern kann. Online-Dramatherapie-Gruppen können digital exkludierte Personen integrieren und fördern, inklusive Theaterprojekte können soziale Teilhabe und persönliches Wachstum ermöglichen.

3.6.7 Eklektische Ansätze

Wie in der Kunst selbst werden auch in der Therapie künstlerische Methoden und Modalitäten verknüpft, um ganzheitliches Erleben und eine höhere Wirksamkeit zu erreichen.

In einer Studie mit sechs Kindern im Alter von fünf bis 13 Jahren mit leichter bis mittlerer Störung der Intelligenzentwicklung wurde individualisierte kunstbasierte Therapie mit Musik, Rhythmus, Drama und Bildenden Künsten für neun Monate durchgeführt. Im Bereich Fertigkeiten und Verhalten wurde eine Verbesserung der Kompetenzwerte gemessen und die Post-hoc-Analyse zeigte, dass diese Verbesserungen über die Quartale hinweg konstant waren. In einer randomisierten kontrollierten Studie (N = 109) wurden die Auswirkungen einer expressiven kunstbasierten Intervention (EABI) auf das Verhalten und das emotionale Wohlbefinden von Erwachsenen mit Störungen der Intelligenzentwicklung untersucht. Angesichts der begrenzten Fähigkeit der Teilnehmenden, sich verbal auszudrücken, zielte das Programm darauf ab, Gefühlswahrnehmung und -ausdruck durch verschiedene Kunstformen wie Bildende Kunst, Tanz/Bewegung und Musik zu fördern. In verschiedenen Sitzungen wurden Zusammenhänge zwischen Emotionen und Elementen verschiedener Kunstformen (z. B. Farbe, Form, Klang und Körperbewegung) erkundet. In der EABI-Gruppe wurden keine signifikanten Gesamtverbesserungen in Bezug auf abweichendes Verhalten, Stimmung oder persönliches Wohlbefinden festgestellt. Interviewergebnisse deuten jedoch darauf hin, dass die EABI-Gruppe nach der Intervention emotional ausdrucksstärker und stabiler war (Ho et al. 2020).

In einem neunmonatigen Kompetenztraining für Erwachsene aus dem Autismus-Spektrum und mit leichter bis mittelgradiger Störung der Intelligenzentwicklung (AutCom; Bergmann et al. 2021a) wurden erlebnisbasierte Verfahren aus der Musik-, Tanz- und Dramatherapie mit edukativen verhaltenstherapeutischen Elementen kombiniert. Das semi-strukturierte Training mit Partizipation der Teilnehmenden bei der Zielformulierung wurde sehr gut angenommen und zeigte positive Effekte auf soziale Interaktionsfähigkeit und emotionale Kompetenzen.

3.6.8 Fazit

Künstlerische Therapien nutzen kreative Medien wie Musik, Bildende Kunst, Tanz und Theater, um die physische, psychische und psychosoziale Gesundheit wiederzuerlangen, zu erhalten und zu fördern.

Elementarer künstlerischer Ausdruck ist unabhängig von Alter und Entwicklungsstand, die körperlich-nonverbale Qualität des Mediums inkludiert Menschen mit fehlender oder eingeschränkter Sprache.

In den medizinischen Leitlinien zu schweren psychischen Störungen und zur Störung der Intelligenzentwicklung werden künstlerische Therapien im Rahmen eines Gesamtbehandlungsplans empfohlen.

Künstlerische Interventionen bei Menschen mit Entwicklungsstörungen zielen auf soziale und kommunikative Kompetenz, emotionalen Ausdruck und Affektregulation, Körperwahrnehmung, Reduktion von Problemverhalten sowie allgemeines Wohlbefinden und soziale Teilhabe.

Positive Hinweise zur Wirksamkeit künstlerischer Therapien bei Entwicklungsstörungen liegen mit begrenzter Evidenz vor, wobei empirische Forschung insbesondere auf Musiktherapie und Autismus-Spektrum-Störungen fokussiert.

CHRISTIAN SCHANZE & STEFAN KOCH

3.7 Deeskalation und Wut-Management

3.7.1 Aggressives Verhalten

Menschen mit Störungen der Intelligenzentwicklung zeigen auf verschiedenen Ebenen des Wahrnehmens, der Kommunikation, des emotionalen Erlebens sowie des kognitiven und sensorischen Verarbeitens Besonderheiten, die ihnen die Anpassung an soziale Situationen erschweren und die ihnen Schwierigkeiten bereiten, gesellschaftlich erwünschte Verhaltensweisen zu zeigen. Es kommt in diesem Zusammenhang zu interaktiven und kommunikativen Missverständnissen, die zu einer krisenhaften Eskalation führen können. Oft sind Menschen mit Störungen der Intelligenzentwicklung in solchen Situationen nicht dazu in der Lage, ihr eigentliches Anliegen, ihre Wünsche, ihre Ängste und Nöte mitzuteilen, und sie fühlen sich ungehört und unverstanden. Ihr Anpassungsverhalten wird dann noch zusätzlich erschwert, wenn sie vom sozialen Umfeld in solchen Situationen verbal korrigiert oder zurechtgewiesen werden.

Aggressive Verhaltensweisen (verbal aggressives, sachaggressives, selbstverletzendes, fremdverletzendes Verhalten) von Menschen mit einer Störung der Intelligenzentwicklung stellen in der psychiatrischen Diagnostik und Therapie und vor allem in der begleitenden Assistenz durch Angehörige und Mitarbeitende der Behindertenhilfe eine besondere Herausforderung dar. Sie sind Teil der Gesamtgruppe der Verhaltensstörungen.

Aggressives Verhalten tritt bei Menschen mit nur leichten kognitiv-adaptiven Beeinträchtigungen häufig in Momenten der Interaktion und Kommunikation mit Peers oder Autoritäts- bzw. Bezugspersonen auf. Diese Interaktionen sind ein wichtiger Ausgangspunkt für spätere Interventionen, die präventiv versuchen, konfliktträchtige Situationen zu vermeiden. Eine strukturierte klinische Bewertung und Dokumentation von aggressivem Verhalten kann helfen, die Auswirkungen von Interventionen und deren Effektivität zu überprüfen. Für die Einschätzung der Häufigkeit und Intensität von aggressivem Verhalten werden in den meisten Studien die *Modified Overt Aggression Scale (MOAS*; Sorgi et al. 1991; deutsche Übersetzung: MOAS-D, Schanze et al. 2019) und die *Staff Observation Aggression Scale – Revised, adapted for people with Intellectual Disabilities (SOAS-R-ID*; Nijman & Palmstierna 2005) verwendet.

Je nach untersuchter Stichprobe (Art der Definition von Verhaltensstörungen; mit oder ohne zusätzlich bestehende psychische Störungen; Art der Wohnform: Großinstitutionen, Klein-Wohnheime, Familie; Schanze 2014) beträgt die Prävalenz bei Menschen mit Störungen der Intelligenzentwicklung bis zu 80 % (Bowring et al. 2019; Poppes et al. 2010). Sie sind häufig die Hauptursache für anhaltende soziale Ausgrenzung, Isolation und für die Anwendung aversiver und freiheitsentziehender Maßnahmen (Ali et al. 2015).

In einer Studie von Romani et al. aus dem Jahr 2020 geht hervor, dass die meisten tätlichen Übergriffe von Kindern mit Störungen der Intelligenzentwicklung und anderen Entwicklungsstörungen auf Pflegepersonal vor allem in Situationen der körperlichen Nähe (körperliche Behandlung, Durchführung der Körperhygiene, An- und Auskleiden etc.) erfolgten (Romani et al. 2020).

In einer deutschen Studie (Schanze 2014) lag der Anteil von Verhaltensauffälligkeiten (inkl. stereotypes und hyperaktives Verhalten) bei 559 Menschen mit Störungen der Intelligenzentwicklung in drei Werkstätten für Menschen mit Behinderung bei 38 %. Von diesen 211 Personen zeigten 10 % sachaggressives, 14 % selbstverletzendes und 27 % fremdverletzendes Verhalten.

In der Studie von Crocker et al. (2006) wurden anhand der *Modified Overt Aggression Scale (MOAS)* über zwölf Monate 3165 Menschen mit Störungen der Intelligenzentwicklung untersucht. In dieser Untersuchung zeigte sich im Rückblick auf ein Jahr eine allgemeine Aggressionsrate von 51,8 %. Dabei waren 24,4 % tätlich aggressiv, 24 % sachaggressiv, 37,6 % verbal aggressiv und 24,4 % selbstverletzend. Nur in 4,9 % der Fälle kam es zur Verletzung anderer Personen. In anderen Studien lag der Prozentsatz der schwerwiegenden Aggressionen bei 7 und 10 % (Lowe et al. 2007; Poppes et al. 2010). Die insgesamt hohe Prävalenz für aggressives Verhalten in dieser Studie ist sicherlich auch auf die Berücksichtigung von verbal aggressivem Verhalten zurückzuführen, was in anderen Studien mit niedrigeren Häufigkeiten nicht der Fall war.

Aggressives Verhalten kommt demnach zwar in der Behindertenhilfe vor, die Übergriffe sind aber nur zu einem geringen Prozentsatz erheblich. Hierbei stellen das männliche Geschlecht, der Schweregrad der Störung der Intelligenzentwicklung und institutionalisierte Wohnformen ein erhöhtes Risiko für dessen Auftreten dar.

3.7.2 Verlauf von aggressivem Verhalten

Emotional belastende bzw. kognitiv oder körperlich überfordernde Situationen können zu einem Anstieg der psychischen Anspannung führen. Ausgehend von der neuronalen Aktivierung durch die Formatio reticularis kommt es zu einer Ausschüttung von Stresshormonen (Adrenalin, Noradrenalin und Cortisol) und dadurch zu einer psychischen Erregung, begleitet von verschiedenen körperlichen Stresssymptomen. Dies wird als **Arousal** (physiologische Erregung bzw. Weckreaktion) bezeichnet. Das Diagramm in Abbildung 3-3 zeigt den nach Breakwell (1997) modifizierten **phasenhaften Verlauf von aggressiven Durchbrüchen**. Hierbei kommt es nach einer auslösenden Situation (Phase I) zu einer kontinuierlichen Eskalation (Phase II, Arousal-Reaktion), die schließlich nach dem »Point-of-no-Return« in eine Krisensituation (Phase III) münden kann. Die Krisenphase ist durch ein zu- und abnehmendes Spannungsniveau gekennzeichnet. Dabei kann es durch kleinste Irritationen zu einem psycho-physiologischen Rearousal und somit zu erneutem aggressivem Verhalten kommen. Danach erfolgt allmählich eine Entspannung (Phase IV), an die eine Nach-Krisen-Depression (Phase V) mit Gefühlen von Scham, Reue, Angst oder Depression anschließt. Die gemeinsame Aufarbeitung (Phase VI) der Krisensituation ist emotional und kognitiv erst nach der Phase V sinnvoll. Sie dient nicht nur der eventuell erforderlichen Wiederannäherung der an der Krise beteiligten Personen, sondern sie ist außerdem der wesentliche Ausgangspunkt für eine zukünftige, effiziente Prävention von Eskalationen und Krisensituationen (siehe Krisenplan, Abschn. 3.7.6, Abb. 3-5).

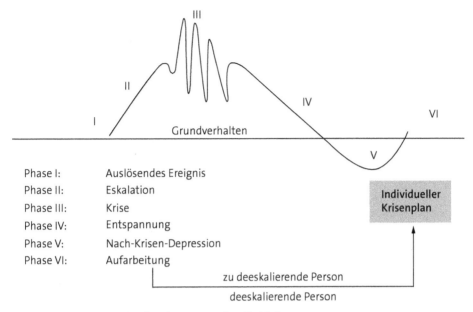

Abb. 3-3: Eskalationsmodell (mod. nach Breakwell 1997)

3.7.3 Zwei therapeutische Ansätze

Man unterscheidet in der Entwicklung von Interventionsstrategien bei aggressivem Verhalten zwischen **akuten Maßnahmen** im Eskalations- und Krisenprozess und **längerfristigen therapeutischen Maßnahmen**.

In der eskalierenden Situation und dem aggressiven Ausagieren in der Krise hat die betroffene Person ihre Fähigkeiten zur Selbstkontrolle verloren und kann das eigene Verhalten kaum regulieren. Deshalb fällt in dieser Phase den begleitenden Personen die Aufgabe zu, für die Interaktion und Kommunikation in der Krisensituation Bedingungen zu schaffen, die das erregte Gegenüber so weit entspannen, dass die Person allmählich wieder in die Lage versetzt wird, die Kontrolle über das eigene Handeln zurückzuerlangen (Richmond et al. 2012). Diese sehr herausfordernde Aufgabenstellung muss durch **spezielle Deeskalationstrainings** erlernt und eingeübt werden. In diesem Training müssen nicht nur allgemeingültige kommunikative Deeskalationstechniken und körperliche Schutzstrategien erlernt werden, sondern vor allem, wie diese an die besonderen, behinderungsspezifischen Erfordernisse von Menschen mit Störungen der Intelligenzentwicklung und die möglicherweise zusätzlich bestehenden körperlichen, neuropsychiatrischen oder sensorischen Beeinträchtigungen adaptiert werden können.

In einer die akute Krisensituation systemisch umfassenden Betrachtung muss versucht werden, anhand einer funktionalen Analyse das Krisengeschehen zu analysieren, um daraus situative Auslöser identifizieren und Hypothesen zu den Handlungsmotiven der erregten bzw. aggressiv handelnden Person erschließen zu können. Aus beidem leiten sich dann adäquate milieutherapeutische, psychotherapeutische oder eventuell auch medikamentöse Maßnahmen ab. Während eine umfassende funktionale Analyse häufig aus Zeitmangel nicht durchgeführt wird, gehören Deeskalationstrainings inzwischen zum Fort- und Weiterbildungsstandard der Behindertenhilfe im deutschsprachigen Raum.

Aktuell wird jedoch kaum davon gesprochen, wie die Selbstkontrollkompetenz des erregten und/oder aggressiv handelnden Gegenüber therapeutisch verbessert werden könnte. Für ein entsprechendes **Wut-Management** bei Menschen mit Störungen der Intelligenzentwicklung werden im angloamerikanischen Raum bereits seit vielen Jahren verschiedene Therapieansätze angewandt. In den meisten Fällen handelt es sich um Trainingskonzepte, die für Menschen ohne eine Störung der Intelligenzentwicklung entwickelt wurden und dann in einem zweiten Schritt an die besonderen kognitiven Möglichkeiten und emotionalen Bedürfnisse von Menschen mit Störungen der Intelligenzentwicklung angepasst worden sind. Ausgehend von Raymond Novacos Wut-Management-Training und seinem darin dargestellten »Wut-Modell« (Novaco 1975) haben später z. B. Benson et al. (1986), Gulbenkoglu & Hagiliassis (2006) sowie Willner et al. (2013) spezielle Gruppentrainings für Menschen mit Störungen der Intelligenzentwicklung entwickelt.

3.7.4 Deeskalationstechniken

In den letzten Jahren wurde dem Bedarf an geeigneten Deeskalationstechniken für Mitarbeitende der Behindertenhilfe zunehmend Aufmerksamkeit geschenkt. So haben verschiedene Anbieter für allgemeine Deeskalationsverfahren, die bislang vor allem in den Bereichen von Polizei und Notfalldiensten, bei Straßensozialarbeitern, in Justizvollzugsanstalten oder forensischen Kliniken Anwendung fanden, ihre Techniken für Mitarbeitende der Behindertenhilfe und deren besondere Klientel in Deutschland schrittweise adaptiert (vor allem durch das *Institut für professionelles Deeskalationsmanagement [ProDeMa®]* und das *Professional Assault Response Training [PART®]*).

Speziell für Menschen mit Störungen der Intelligenzentwicklung und/oder Autismus-Spektrum-Störungen wurde bereits Mitte der 1990er-Jahre in Großbritannien der Low-Arousal-Ansatz von Hutt et al. (1964) für das Deeskalationskonzept *Studio 3* angewandt. Auch im deutschsprachigen Raum sind inzwischen speziell für Menschen mit verschiedenen Behinderungsformen und/oder Störungen der Intelligenzentwicklung Konzepte, z. B. das *Deeskalationstraining und Krisenmanagement bei Menschen mit Intelligenzminderung (DEKIM®)*, entwickelt worden.

Low-Arousal-Ansatz, annehmende Haltung und Prävention

Alle Deeskalationstechniken haben den gemeinsamen Grundsatz, dass die beste deeskalierende Maßnahme die Prävention darstellt. Das heißt, dass auslösende Situationen kontrolliert (situative Vermeidung, milieutherapeutische Umfeldgestaltung, Verbesserung der Stressverarbeitungskompetenz etc.) und eine Eskalation durch die Anwendung geeigneter kommunikativer und stressregulierender Techniken vermieden werden sollen.

Aufgrund der eingeschränkten kognitiv-adaptiven Fähigkeiten können Menschen mit Störungen der Intelligenzentwicklung und Menschen mit einer Intelligenzentwicklungsstörung und Autismus verbal oder nonverbal ihre eigenen Wünsche, Sorgen oder Nöte nur eingeschränkt bzw. manchmal auch gar nicht zum Ausdruck bringen. Vor allem wenn Angehörige oder Mitarbeitende der Behindertenhilfe die kommunikativen Signale nicht zur Kenntnis nehmen, führt diese fehlende Wertschätzung und Akzeptanz zu einem Anstieg der inneren Anspannung der betroffenen Personen. Bereits 1964 haben Hutt et al. für die Gruppe der Menschen mit Autismus diesen Prozess sehr eindrücklich beschrieben. Sie wiesen darauf hin, dass Kinder mit Autismus eine hohe physiologische Reizbarkeit auf externe Stimuli zeigen. Wenn in solchen vulnerablen, psycho-physiologischen Zuständen zusätzlich Anforderungen gestellt werden oder verbale oder nonverbale Konfrontationen erfolgen, führt dies zu einem sogenannten **Hyperarousal** mit einem schnellen und starken Spannungsanstieg (Stress- und Angstreaktion). Wie bereits beschrieben, ist dies durch eine vermehrte Ausschüttung der Katecholamine Adrenalin, Noradrenalin (beide vor allem bei akuter Stresssituation) und Cortisol (besonders bei länger anhaltendem Stress) gekennzeichnet. In Abhängigkeit von der inneren Vorstellung von Erfolg und Erfolglosigkeit des eigenen Handelns kann eine hohe Katecholamin-Ausschüttung zu einer zusätzlichen Verschlechterung der kognitiven Leistungsfähigkeit führen (McMorris 2021). In diesem Fall sind nur noch basale Verhaltensmuster im Sinne einer **»Fight or flight«-Reaktion** (Angriff oder Flucht), begleitet von typischen körperlichen Stresssymptomen (Abb. 3-4), für die betroffenen Personen verfügbar. Sprache und Kognition brechen in solchen Momenten fast vollständig zusammen und die Fähigkeit zur Selbstregulation geht in der situativen, krisenhaften Zuspitzung verloren.

Aus dieser Erkenntnis entwickelte McDonnell bereits in den späten 1980er-Jahren für die Behindertenhilfe **nicht-aversive und nicht-konfrontative Betreuungsansätze** (McDonnell et al. 2015). Diese beinhalten für die Krisenbegleitenden eine selbstreflektierende Grundhaltung im Deeskalationsprozess, eine konsequente Reduktion von Anforderungen in der Krisensituation und einen Ausschluss von restriktiven körperlichen oder mechanischen Techniken. Handlungsziele müssen für die zu deeskalierende Person in der Krisen-

---

Physiologische Symptome der Stressreaktion

Stress
- Hypothalamus stimuliert das Nebenrindenmark: Adrenalinsekretion
  → Erhöhung von Blutzucker, Blutdruck, Herzfrequenz, Atemfrequenz (primäre Notfallreaktion)
- Blutgefäße der Haut, Gehirn, Skelettmuskeln ziehen sich zusammen (Schockreaktion) Blutgefäße des viszeralen Systems ziehen sich zusammen, Peristaltik wird verringert
- Erweiterung der Pupillen, Entspannung der Ziliarmuskeln um Weitsicht zu ermöglichen
- Erweiterung der Bronchien
- Schwitzen
- Bauchspeicheldrüse: Drosselung der Sekretion
- Blase entspannt sich
- analer und urinaler Schließmuskel schließen sich
- Haut und Körperhaare: Gänsehaut (durch Musculi arrector pili)
- Hypothalamus-Hypophysen-Nebenrinden-Stressachse → Cortisol steigt an
- Energiereserven werden mobilisiert

Später:
- Ein hoher Cortisolspiegel führt zur Drosselung der Sekretion von CRH [1] und ACTH [2]
  → Cortisol sinkt
  → Stressreaktion wird »abgeschaltet«

[1] Cortkotropin-releasing Hormone (CRH);
[2] Adrenocorticotropes Hormon (ACTH)

Abb. 3-4: Physiologie der Stressreaktion

situation erreichbar sein, was dann wiederum zu einer Reduktion der inneren Anspannung führt (Katecholamin-Spiegel sinkt). Betreuende Mitarbeitende verursachen häufig durch das Bestreben, in Krisensituationen pädagogisch konsequent zu handeln (Konfrontation mit Regeln, Hinweise auf Sanktionen etc.), einen weiteren Anstieg der Stresshormone beim Gegenüber. Dies führt dann zu einer weiteren Eskalation der Situation (Stressimpuls und Hyperarousal) und es besteht die Gefahr des Überschreitens des »Point-of-no-Return«. Diese wenig sinnvollen, konfrontativen, »erzieherischen« Maßnahmen müssen im Interesse der Deeskalation in den Hintergrund treten. In der Deeskalation muss das Ziel sein, Maßnahmen zu ergreifen, die geeignet sind, das Stressniveau des angespannten Gegenübers – und damit auch den Katecholamin-Spiegel – zu senken.

Kommunikative Deeskalation

In der ersten Phase von Eskalationssituationen erfolgen deeskalierende Maßnahmen durch begleitende bzw. assistierende Personen vorwiegend mit verbalen und nichtsprachlichen kommunikativen Mitteln. Da Menschen mit Störungen der Intelligenzentwicklung im Bereich der Kommunikation jedoch häufig Beeinträchtigungen haben, ist es wichtig, die kommunikativen und kognitiven Fähigkeiten des Gegenübers bei der Deeskalation zu berücksichtigen (Friedman u. Shedlack 2011; Murphy 2006). Wie Marlis Pörtner (2000) bereits für Menschen mit Störungen der Intelligenzentwicklung beschrieben hat, muss sich die Kommunikation genau an dem orientieren, was sich beim Gegenüber in einer eskalierenden Situation unmittelbar zeigt. Das heißt, Situationen oder emotionales Befinden sollte nicht interpretiert werden, sondern es sollte versucht werden, durch sorgfältiges Zuhören, Hinsehen, Ernstnehmen und Einfühlen die andere Person, ihre Welt zu spiegeln und ihr Anliegen besser zu verstehen (Pörtner 2000). In der Untersuchung von Noone & Hastings (2010) wurde die Bedeutung eines solchen verstehenden Betreuungsansatzes für Mitarbeitende der Behindertenhilfe evaluiert. So ist diese Haltung nicht nur sinnvoll für den Deeskalationsprozess, sondern sie wirkt sich auch positiv auf die Arbeitszufriedenheit und Prävention von Überforderungssymptomen bei den Mitarbeitenden der Behindertenhilfe aus.

Bei der Anwendung verbaler Deeskalationstechniken sind einige grundlegende Aspekte zu beachten:

PRAXISTIPP Grundlagen der kommunikativen Deeskalation

- Annehmende Grundhaltung (Akzeptanz).
- Versuchen Sie, die Gefühle und die Situation Ihres Gegenübers zu verstehen (Empathie).
- Achten Sie auf verbale und nonverbale Kommunikation!
- Sprechen Sie die Person mit dem Namen an; verwenden Sie die »Sie«-Anrede (wenn Person Ihnen nicht bekannt ist).
- Bei Menschen mit einer schweren Störung der Intelligenzentwicklung sind häufig eine Anrede mit »Sie« und die Verwendung des Vornamens günstiger.
- Wenn Ihnen die Person bekannt ist, verwenden Sie die übliche Anrede.
- Nehmen Sie Blickkontakt auf (Vorsicht bei Menschen mit Autismus-Spektrum-Störungen) und variieren Sie diesen (Womit fühlt sich Ihr Gegenüber am wohlsten?).
- Verwenden Sie »Leichte Sprache«, das heißt einfache Wortwahl, einfacher Satzbau.
- Setzen Sie bei Bedarf Kommunikationshilfen wie Bilder, Wortkarten etc. ein.
- Vermeiden Sie, lange Fragen zu stellen,

Anweisungen oder Erklärungen zu geben sowie durch moralisierende Bewertungen, Kritik oder Drohungen eine Stressreaktion zu provozieren.
- Validation: Benennen Sie den Affekt Ihres Gegenübers (»Sie sind gerade sehr aufgeregt«) und verbalisieren Sie das Kommunikationsproblem (»Sie können gerade nicht reden, aber Sie wollen etwas ganz Wichtiges sagen«).
- Sprechen Sie ruhig, affektiv neutral und deutlich und geben Sie Ihrem Gegenüber Zeit, zu antworten!
- Bei Menschen mit Störungen der Intelligenzentwicklung ist es manchmal notwendig, dem Gegenüber zu helfen, die passenden Worte zu finden.
- Vermitteln Sie Sicherheit, indem Sie die Person aktiv einbeziehen und bestätigen, dass keine Fremdbestimmung stattfinden wird.
- Sicherheit und Vorhersehbarkeit können auch durch das Spiegeln von motorischen oder verbalen Stereotypien des Gegenübers in einer Krisensituation vermittelt werden (symmetrische Kommunikation).
- Fassen Sie am Ende die wesentlichen Punkte kurz zusammen und lassen Sie diese eventuell vom Klienten nochmals wiederholen.

MERKE

Jede Krisensituation ist in ihrer Form und in ihren systemischen Bezügen immer wieder neu und verlangt in der deeskalierenden Assistenz ein unvoreingenommenes Reagieren.

Körperliche Deeskalationstechniken

Kommt es im Rahmen der kommunikativen Deeskalationsbemühungen nicht zu einer Beruhigung der Situation, kann die Erregung (Arousal) der Person so stark ansteigen, dass der individuell unterschiedlich definierte »Point-of-no-Return« erreicht wird (siehe Abb. 3-3, Abschn. 3.7.2). Damit wird der Zeitpunkt im Krisengeschehen bezeichnet, ab dem die angespannte Person ihr Verhalten nicht mehr kontrollieren kann und es zu aggressivem Ausagieren kommt.

Unter rechtlichen Gesichtspunkten dürfen auf der Grundlage der §§ 32 und 34 StGB (Notwehr/Nothilfe und rechtfertigender Notstand) unter Einhalt der diesbezüglich rechtlichen Vorgaben physische Interventionstechniken zum Einsatz gelangen.

RICHTLINIEN STGB
§ 32 Notwehr
(1) Wer eine Tat begeht, die durch Notwehr geboten ist, handelt nicht rechtswidrig.
(2) Notwehr ist die Verteidigung, die erforderlich ist, um einen gegenwärtigen rechtswidrigen Angriff von sich oder einem anderen abzuwenden.

§ 34 Rechtfertigender Notstand
Wer in einer gegenwärtigen, nicht anders abwendbaren Gefahr für Leben, Leib, Freiheit, Ehre, Eigentum oder ein anderes Rechtsgut eine Tat begeht, um die Gefahr von sich oder einem anderen abzuwenden, handelt nicht rechtswidrig, wenn bei Abwägung der widerstreitenden Interessen, namentlich der betroffenen Rechtsgüter und des Grades der ihnen drohenden Gefahren, das geschützte Interesse das beeinträchtigte wesentlich überwiegt. Dies gilt jedoch nur, soweit die Tat ein angemessenes Mittel ist, die Gefahr abzuwenden.

www.gesetze-im-internet.de/stgb/_34.html; www.gesetze-im-internet.de/stgb/_36.html (Abruf 15.04.2023)

Diese sind aber unter allen Umständen als »Ultima Ratio« anzusehen und dienen lediglich der Situationskontrolle in einer unmittelbar gegenwärtigen Krise. Hinter der Anspannung und eventuell daraus resultierenden körperlichen Übergriffen von Menschen mit Störungen der Intelligenzentwicklung steht meist eine aktuell nicht mehr zu bewältigende Not, die sich auf diese Weise ihren Weg nach außen sucht. Die Menschen benötigen in solchen Momenten Hilfe und Unterstützung in Form eines begleitenden Führens.

Physische Interventionen dürfen also nur für die unmittelbare Situationskontrolle in Krisensituationen benutzt werden. Es sollten dabei nur körperliche Interventionstechniken zum Einsatz kommen, die ein gegenseitiges Verletzungsrisiko minimieren und sportlichkeitsunabhängig von allen Mitarbeitenden in pflegerischen und betreuenden Einrichtungen bei entsprechend leistbarem Trainingsaufwand erlernt und erhalten werden können. Trotz der Fähigkeit, sich körperlicher Interventionstechniken für eine professionelle Krisenbegleitung zu bedienen, muss jeder Mitarbeitende die persönliche Sicherheit an erster Stelle beachten und sich über die eigenen Fähigkeiten und Kompetenzen im Umgang mit körperlich übergriffigen Personen bewusst sein.

Jeglicher Einsatz von körperlichen Interventionstechniken birgt die Risiken von **Re-Traumatisierungen** oder der Aktivierung frühkindlicher Verhaltensmuster (Regression). Die Folge kann ein tief greifender Vertrauensverlust zwischen der angespannten Person und dem Krisenbegleiter sein. Um diesen Risiken vorzubeugen und eine anstehende Krise in eine Chance der Weiterentwicklung umzuwandeln, sind spezielle körperliche Interventionstechniken nötig, die eine Begleitung in derartigen Krisensituationen ermöglichen. Darüber hinaus ist ein ständiges Reflektieren der eigenen Anteile an krisenhaften Verläufen und der eigenen Emotionen, den gesamten Deeskalationsprozess betreffend, in Form von begleitenden Supervisionen ratsam.

Um Mitarbeitende der Behindertenhilfe vor Missbrauch ihrer eigenen Machtposition durch zusätzliche Anwendung körperlicher Gewalt oder Zwangs zu schützen, ist es unabdingbar, dass durch die Einrichtungsträger wirtschaftliche, personelle, räumliche, zeitliche und fachkundige **Ressourcen** zur Verfügung gestellt werden müssen. Dies bezieht sich nicht nur auf das Fortbilden adäquater, das heißt behinderungsspezifischer Deeskalationstechniken, sondern auch darauf, dass diese erworbenen Kompetenzen kontinuierlich weitertrainiert werden und das durchgeführte Krisenmanagement reflektiert wird. Es bietet sich hier an, spezielle Trainingsgruppen oder Gremien zur pädagogischen Reflexion von Krisensituationen in das Qualitätsmanagement der Einrichtungen zu integrieren. Hierdurch wird ein beständiges Überdenken des Handelns in Krisen gewährleistet.

3.7.5 Behinderungsform, emotionale Reife und Deeskalation

In einem deeskalierenden Management müssen nicht nur die **kognitiven** (Grad der intellektuellen Beeinträchtigung), **sensorischen** (zusätzliche Sinnesbehinderungen) und **motorischen Fähigkeiten** (z. B. Zerebralparesen) des Gegenübers berücksichtigt werden, sondern auch der **emotionale Entwicklungsstand** ist von entscheidender Bedeutung. Die emotionale Entwicklungsstufe lässt sich neben dem *BEP-KI* (*Befindlichkeitsorientiertes Entwicklungsprofil für normal begabte Menschen mit Intelligenzminderung*; siehe Luxen &

Senckel [2011, 2020])[29] vor allem mit dem Assessment-Instrument *SEED (Skala der Emotionalen Entwicklung – Diagnostik)* bestimmen (siehe Kap. 2.3 Entwicklungsdiagnostik). Die Skala wurde von einem europaweiten Arbeitskreis (*NEED, Network of Europeans on Emotional Development*) aus dem Konzept von Anton Došen (2010) weiterentwickelt und von Sappok et al. (2018) herausgegeben. Die verschiedenen emotionalen Entwicklungsstufen sind mit sehr spezifischen Bedürfnissen verbunden, die in Eskalations- und Krisensituationen berücksichtigt werden müssen und für das zu wählende deeskalierende Vorgehen eine gute Handlungsorientierung darstellen. Während z.B. emotional reifere Menschen mit einer Störung der Intelligenzentwicklung in Krisenmomenten unbedingt ihre Autonomie und Selbstbestimmung bewahrt und respektiert sehen wollen, suchen diejenigen mit einer niedrigeren emotionalen Entwicklungsstufe Halt und Orientierung. Menschen mit Autismus-Spektrum-Störungen zeigen dagegen initial bei Krisen häufig ein Arousal mit starkem und schnellem Anstieg physiologischer Stresssymptome, die durch externe Reize und/oder unbeabsichtigte Stressimpulse durch Angehörige, Schul- oder Einrichtungsmitarbeitende (z.B. Anforderungen, Überforderung, starre Durchsetzung von Betreuungskonzepten, unzureichender Schutz in der Eskalationssituation) verstärkt werden (Hyperarousal). In Krisensituationen verschließen sie sich häufig in sich selbst. Ihr Verhalten ist dann von ausgeprägter Unruhe und/oder motorischen Stereotypien gekennzeichnet, zu denen auch selbstverletzendes Verhalten gehören kann. Ihr nach außen gerichtetes aggressives Verhalten ist in solchen Momenten oft ungerichtet, kann aber durch Berührungen oder verbale Aufforderungen reaktiv zu gezielterem fremdverletzendem Verhalten führen. Die betroffenen Personen müssen im Krisenverlauf meist vor externen Reizen geschützt werden, die zu einem permanenten Re-Arousal führen können und eine Entspannung deutlich verzögern.

Der emotionale Entwicklungsstand gibt insofern nicht nur Aufschluss darüber, was ein Mensch in einer Eskalations- und Krisensituation braucht, sondern es lässt sich anhand der Entwicklungskriterien an der Art des Krisenverhaltens der betroffenen Person ablesen. So lässt sich daran erkennen, ob die Aggressionen eher ziellos oder gegen die eigene Person gerichtet sein könnte (vor allem bei niedrigen emotionalen Entwicklungsstufen) oder ob eventuell auch eine potenzielle Gefährdung für Dritte und für die Krisenbegleitenden besteht.

3.7.6 Krisenmanagement

Ein adäquates Krisenmanagement lässt sich nicht allein auf die Momente der Krise begrenzen. In solchen Ausnahmesituationen kumulieren ja stets eine Summe von meist negativen Erfahrungen, Ängsten und Nöten, die die betroffene Person in ihrem Leben in der Interaktion mit dem sozialen Umfeld (Familie, Schule, Peergroup, Wohn- und Arbeits-

---

29 Mit diesem komplexen Diagnoseinstrument werden bei Menschen mit Störungen der Intelligenzentwicklung vollzogene und nicht vollzogene sozio-emotionale Entwicklungsschritte ermittelt. Aus dem differenzierten Ergebnis werden dann pädagogische Maßnahmen abgeleitet. Für die Anwendung ist eine umfassende Ausbildung erforderlich.

bereich) gemacht hat bzw. auch machen musste (Vernachlässigung, Misshandlung, Missbrauch). Wie bereits aus den Übersichtsarbeiten von Horner-Johnson & Drum (2006) und Klein & Wawrok (1998) hervorgeht, werden Menschen mit Störungen der Intelligenzentwicklung beunruhigend häufig Opfer sexueller und physischer Gewalt. In den berücksichtigten Studien lag z.B. der Prozentsatz von sexuellem Missbrauch zwischen 25 und 53 % (Horner-Johnson & Drum 2006). Die Häufigkeit bei Frauen war mit 67–83 % nochmals deutlich höher (Horner-Johnson & Drum 2006; Klein & Wawrok 1998). Im Auftrag des Bundesministeriums für Familie, Senioren, Frauen und Jugend wurde eine ausführliche quantitative und qualitative Studie durchgeführt, in welcher diese Ergebnisse auch für Deutschland bestätigt wurden (Helfferich & Kavemann 2013; Schröttle et al. 2013; siehe auch Kap. 14 Spezifisch Stress-assoziierte Störungen).

In einer Krisensituation spiegeln sich also nicht allein die unmittelbaren Auslöser wider, sondern diese stehen häufig in ursächlichem Zusammenhang mit traumatisierenden Missbrauchserlebnissen. Das aggressive Ausagieren verleiht in gewisser Weise auch diesen erlittenen Traumata Ausdruck. Ein restriktives Begegnen durch Betreuungspersonal in den Krisensituationen mit körperlichen und/oder mechanischen Fixierungen stellt entsprechend immer auch eine Retraumatisierung dar und perpetuiert das Problem immer weiter.

Ein adäquates Krisenmanagement muss einem verstehenden Ansatz verpflichtet sein und die gesamte aktuelle und biografische Verhaltenslandschaft betrachten.

Aus einer funktionalen Analyse kann ein **individuelles, multidimensional** ansetzendes **Therapie- und Betreuungskonzept** entwickelt werden. Voraussetzung dafür ist ein **multiprofessionell** besetztes Therapeutenteam. Grundlage für den Erfolg eines solchen Behandlerteams ist eine **dialogische Zusammenarbeit ohne berufshierarchische Abgrenzungskämpfe** (Schanze 2005).

Eine der am häufigsten von Eltern oder Betreuungspersonal gestellten Fragen ist: **»Was sollen wir tun, wenn das aggressive Verhalten wieder auftritt?«** Dahinter verbirgt sich das Problem der sofort erfolgreich anwendbaren, unmittelbaren Reaktionsweise auf ein bestimmtes Verhalten. Dieser zentrale Aspekt eines sinnvollen, zukünftigen Krisenmanagements enthält zwei wesentliche Elemente:

1. Welche Reaktion ist unter individuellen Gesichtspunkten sinnvoll?
2. Wie kann man pädagogisch Unsinniges oder gar Schädliches oder ein unabsichtlich provozierendes Betreuerverhalten (eigene Stressimpulse der Krisenbegleitenden), das zu einer situativen Eskalation führt, verhindern?

3.7.7 Individuelle Krisenpläne

Durch die in einer gründlichen Diagnostik gewonnenen Informationen ist es möglich, konkrete Handlungsweisen für Eskalationssituationen **gemeinsam** mit Patientinnen und Patienten, Eltern und/oder Mitarbeitenden der zwei Lebensbereiche Wohnen und Arbeit zu entwickeln. Am besten formuliert man hierzu einen individuellen **Krisenplan**. Ausgehend vom Modell für Krisensituationen (nach Breakwell 1997; siehe Abb. 3-3, Abschn. 3.7.2) werden in ihm situative Charakteristika und das gemeinsame Vorgehen kurz schriftlich oder anhand von visualisierenden Piktogrammen zusammengefasst:

- Wann (situativ, zeitlich) tritt das Verhalten besonders häufig auf?
- Was kann getan werden, um bereits in dieser Phase I (siehe Abb. 3-3, Abschn. 3.7.2) eine Arousal-Reaktion zu verhindern?
- Welche objektiv beobachtbaren Stresssymptome kann man von außen bei der betroffenen Person in einer Eskalationssituationen (Phase II) erkennen (körperlich-motorische Symptome, verbale Äußerungen bzw. kommunikatives Verhalten etc.)?
- Wünscht die betroffene Person in diesem Moment tröstlichen oder Orientierung schaffenden Körperkontakt? (**Immer** Patientin oder Patient selbst befragen! Wird fast immer mit einem klaren »**Nein**« beantwortet! Im Falle einer Bejahung: Positive Verstärkung der Verhaltensauffälligkeit!)
- Verbale Intervention der Eltern/Betreuenden. (Exakt formulieren, alle sagen das Gleiche! Sehr kurze Formulierung wählen! Leichte Sprache[30] verwenden!)
- Alternatives Verhalten, das zu einer Beruhigung führt, implementieren (Bewältigungsstrategien werden im Wut-Management-Training mit der betroffenen Person eingeübt; siehe unten).
- Eventuell die Gabe einer **Bedarfsmedikation** bei lang anhaltender Anspannung oder sehr langsamer Beruhigung in den Krisenplan integrieren. Exakt beschreiben, bei welcher Symptomatik und zu welchem Zeitpunkt innerhalb des krisenhaften Verlaufs diese verabreicht werden soll!
- Genaue Dokumentation des Ablaufs der Krisensituation.
- **Zu einem späteren Zeitpunkt:** gemeinsame Reflexion des Krisenplans bzw. Aufarbeitung (Phase VI).

Der Krisenplan wird so weit wie möglich **gemeinsam mit der betroffenen** Person erarbeitet. Diese muss das Gefühl haben, an dem Erstellungsprozess beteiligt gewesen zu sein. Der Plan muss später in ruhigen und entspannten Momenten immer wieder gemeinsam besprochen und **memoriert** werden (»Was passiert dann weiter? Was tun wir Betreuenden dann?«; beim Punkt »alternatives Verhalten«: »Was machen Sie/machst du dann?«). Das Bearbeiten soll gewährleisten, dass für den Betroffenen in der krisenhaft eskalierenden Situation (Phase II; siehe Abschn. 3.7.1), in der meist die Kognition und die Impulskontrolle verloren gehen, Strukturen des Handelns der Eltern/Betreuenden wieder erkennbar werden. Dies vermittelt Orientierung, gibt Halt, reduziert Angst durch Vorhersehbarkeit (»Ich weiß ja, was jetzt kommt!«) und führt so zu Beruhigung und Deeskalation.

Andererseits wird das Reagieren der Betreuungsteams konsistenter und gerade die weniger berufserfahrenen Mitarbeitenden gehen mit viel mehr Sicherheit in die Krisensituation, da sie sich nicht spontan und unter dem Druck der Ereignisse entscheiden müssen, was jeweils pädagogisch sinnvoll oder nicht sinnvoll ist. Die so erzeugte **Klarheit und Sicherheit** wirken sich wiederum positiv auf den betreuten Menschen aus. Krisenpläne helfen sowohl der betroffenen Person als auch den Betreuenden und Angehörigen, die Sicherheit und Ruhe in einer eskalierenden Situation gemeinsam zurückzuerlangen.

Auch darf man die positive Wirkung des zu so einem Krisenplan erforderlichen Diskurses innerhalb der Betreuungsteams nicht unterschätzen. Er führt zu mehr Verständnis

---

30 Regeln für »Leichte Sprache« siehe einschlägige Websites, z. B.: www.leichte-sprache.org
www.aktion-mensch.de/dafür-stehen-wir/was-ist-inklusion/was-ist-leichte-sprache/regeln-leichte-sprache

Krisenplan

- **Auslösende Situationen** (Phase I) → Auflistung identifizierter Situationen; Ziel: Stimulus-Kontrolle, Löschung, Vermittlung von Kompetenz und Copingstrategien (Anwendbar auch in Phase II; zusätzlich psychotherapeutische, heilpädagogische Maßnahmen)

Verbale und körperliche Deeskalationstechniken (Phase I-IV) (körperliche Techniken nur bei Angriff der zu deeskalierenden Person)

- **Objektive Anzeichen** (individuelle physiologische Stressmerkmale):
  Körper →
  Sprache →
  Kognitiv →
- **Wichtig:** z. B. Körperberührung möglich (ja/nein), andere individuell zu berücksichtigende Aspekte
- **Anweisung Kommunikation/Interaktion:** Signalfunktion! Initiierung von Routineabläufen!
- **Wenn Anweisung nicht befolgt wird:** je nach Vereinbarung!

- **Bearbeitung:** evtl. Begleitung durch Phase V; nach Phase V Zeit zur Besprechung (Phase VI) des Krisenplans vereinbaren (Was hat Ihnen gefehlt? Was können wir besser machen?)
- **Genaue Dokumentation:** z. B. ABC-Bogen → Auslöser, Verlauf

Abb. 3-5: Struktur eines individuellen Krisenplans (modifiziertes Phasenmodell nach Breakwell 1997)

gegenüber der einzelnen Person und mehrt die fachliche Kompetenz der Mitarbeitenden, in Krisensituationen überlegt und wertschätzend zu handeln.

In Abbildung 3-5 ist die Grundstruktur eines solchen Krisenplans aufgeführt. Hierbei sind auch begleitende und therapeutische Zielsetzungen formuliert, die dabei helfen, der betroffenen Person die Kompetenz und Copingstrategien zu vermitteln, die zukünftig ein Mehr an persönlicher Kontrolle der eigenen aggressiven Impulse ermöglichen.

Wut-Management-Training und andere kognitiv-behavioristische Therapieansätze

In den letzten Jahren sind vermehrt Untersuchungen zur Effektivität kognitiv-behavioristischer Therapien bei Wut und Aggression von Menschen mit Störungen der Intelligenzentwicklung veröffentlicht worden, die in vielerlei Hinsicht noch erhebliche methodologische Mängel aufweisen.

In einem Review der Cochrane Library aus dem Jahr 2015 wurde bemängelt, dass nur wenige Studien randomisiert und kontrolliert durchgeführt wurden (Ali et al. 2015). So erfüllten für diese Analyse nur sechs Studien mit insgesamt 309 Teilnehmenden die erforderlichen methodologischen Kriterien. Von diesen Studien wies lediglich eine Studie Langzeitdaten des Therapieeffekts über zehn Monate aus. Nur für dieses darin untersuchte Wut-Management-Training ermittelten die Autorinnen und Autoren des Reviews eine moderate Evidenz des Therapieeffekts. Alle anderen Studien erreichten, trotz ausgewiesener unmittelbarer Therapieerfolge bei Therapieende, vor allem aufgrund methodologischer Mängel nur eine sehr niedrige bis niedrige Evidenz (Ali et al. 2015).

In einem anderen Review von Browne & Smith aus dem Jahr 2018 wurden alle Untersuchungen und Fallstudien zum Wut- und Aggressionsmanagement, die in forensischen Versorgungsstrukturen bei Menschen mit Störungen der Intelligenzentwicklung im Zeitraum zwischen 2001 und 2016 durchgeführt wurden, zusammengefasst. In diesem Review wird von einer wachsenden Evidenz der angewandten kognitiv-behavioristischen Therapieverfahren gesprochen. Insgesamt fehlt es aber noch an systematischen Untersuchungen zu den Therapieeffekten und zu ihrer Langzeitwirkung.

Außerdem werden im internationalen Vergleich sehr unterschiedlich strukturierte Therapieverfahren angewandt, was einen Vergleich der Daten zusätzlich erschwert (Ali et al. 2015). Es scheint sich jedoch bereits herauszukristallisieren, dass das Wut-Management nach dem therapeutischen Setting im sozialen Umfeld weiter memoriert, geübt und erweitert werden muss. Nur so erscheint es möglich, den Therapieeffekt bei Menschen mit Störungen der Intelligenzentwicklung aufrechtzuerhalten und zu einer anhaltenden Verbesserung der Selbstkontrolle in Stresssituationen beizutragen.

Beispiele für Wut- und Krisenmanagement

1986 begannen Benson et al., ein Programm für ein *Wut-Management-Training*, das Raymond W. Novaco 1975 für Menschen ohne Störungen der Intelligenzentwicklung entwickelt hatte, an die besonderen Bedürfnisse und Möglichkeiten von Menschen mit kognitiv-adaptiven Beeinträchtigungen inhaltlich und didaktisch anzupassen (Benson 1994). Sie modifizierten und evaluierten das Training in den darauffolgenden Jahren und gaben es schließlich 1992 als eigenes kognitiv-behavioristisches Therapieprogramm heraus. Ausgehend von Novacos *Wut-Arousal-Modell* bestand ihr Therapieformat aus vier Komponenten:

1. Identifikation von Gefühlen
2. Entspannungstraining
3. Selbstinstruktionstraining
4. Problemlösungsfertigkeiten

Das Trainingsprogramm fand an 15 aufeinanderfolgenden Wochen statt und dauerte 90 Minuten. Die Gruppengröße betrug sechs bis acht Teilnehmende.

Die in den folgenden Jahren entwickelten Therapieprogramme sind Erweiterungen und Modifizierungen dieses ursprünglichen Formats (siehe z. B. Gulbenkoglu & Hagiliassis 2006; Willner et al. 2013). Außerdem entwickelten sich verschiedene Achtsamkeits-gestützte Verfahren zur Verbesserung von aggressivem Verhalten bei Kindern (z. B. Singh et al. 2003).

Die Trainingsprogramme sind alle als Gruppentherapie konzipiert. Es wird bei Willner et al. (2013) empfohlen, diese durch Einzelbetreuung z. B. für die stets zu erarbeitenden bzw. zu übenden Hausaufgaben zu begleiten.

Alle erwähnten Trainingsprogramme wurden evaluiert. Für das **Assessment** von Wut wurden verschiedene Instrumente herangezogen, z. B. die *Novaco-Anger-Scale* und das *Provocation Inventory*[31] (Novaco 1994, 2003) oder das *Children's Inventory of Anger (ChIA)* (Nelson & Finch 2000).

Aus der klinischen Praxis heraus wurde von Koch & Schanze (nicht veröffentlichte Trainerausbildung Wu-Ki) eine Adaption des Formats von Benson et al. (1986) entwickelt und durch spieltherapeutische Aspekte der Visualisierung sozialer Prozesse und die Implementierung von Krisenplänen ergänzt. Das Vorgehen ist vor allem für eine einzeltherapeutische Begleitung geeignet und integriert

---

[31] Provocation Inventory: Eingeschätzt wird hier die situative Provokation von Wut-Reaktionen (Selbsteinschätzungsbogen).

die ohnehin bei einer gründlichen Anamnese erforderlichen Fragen, wenn eine Patientin bzw. ein Patient nach einem aggressiven Durchbruch in der psychiatrischen Ambulanz vorgestellt wird. Das *Wut- und Krisenmanagement (Wu-Ki-Training)* besteht aus folgenden sechs Schritten:

1. Was ist passiert?
   Verbale Ereignis- und Situationsrekonstruktion; gemeinsam die richtigen Worte finden, eventuell mit fremdanamnestischer Unterstützung; Visualisierung der Interaktionen durch geeignetes Spielmaterial; das »Wording« und die Visualisierung sind Voraussetzungen für die Bewusstwerdung des Eskalationsprozesses, nur dann kann eine Verbesserung der Selbstkontrolle erreicht werden.
2. Was hat mich aufgeregt?
   Auslösende Ereignisse wie z. B. Kritik, Korrektur, unerfüllte Bedürfnisse, Benachteiligung und mögliche kommunikative Missverständnisse herausfinden (evtl. mit fremdanamnestischer Unterstützung).
3. Was habe ich gefühlt?
   Gefühle kennen- und benennen lernen. Kann nur zur unmittelbaren Krisensituation durchgeführt bzw. geleistet werden!
4. Was habe ich in meinem Körper gespürt?
   Vegetative Stresssymptome im eigenen Körper identifizieren. Ebenfalls nur situationsbezogen möglich.
5. Was könnte ich anders machen?
   Handlungsalternativen entwickeln; verschiedene Varianten »durchspielen«; Visualisierung der Interaktionen (szenisch verwendbare Spielmaterialien).
6. Wie wir das in der Zukunft machen werden!
   Krisenplan gemeinsam entwickeln und dann mit ausgesuchten Vertretern des ersten und zweiten Lebensbereichs besprechen, eventuell unter Zuhilfenahme des advokatorischen Assistenzprinzips[32]!

In diesen sechs Sitzungen à 45 Minuten werden anhand von geeigneten Spielfiguren der Ablauf der Eskalations- und Krisensituation nachgestellt und gemeinsam adäquate Worte für das Geschehen gesucht. Die Spielszenen werden fotografisch dokumentiert und bei Bedarf (vor allem Schritt 5: Was könnte ich anders machen?) erneut aufgebaut und weiter daran gearbeitet.

Von Koch & Schanze wird ein erweitertes Konzept auf der Basis von Gulbenkoglu & Hagiliassis (2006) für ein Gruppentherapieprogramm entwickelt. Dabei werden zusätzlich Rollenspiele, Achtsamkeitsübungen und stressreduzierende Körperübungen integriert (unveröffentlichte Trainerausbildung Wi-Ki; https://fobiport.de).

---

32 Advokatorische Assistenz bei der Erstellung eines Krisenplans: Wenn die betroffene Person ihre Interessen und Bedürfnisse nicht selbst artikulieren bzw. argumentativ vertreten kann, wird sie durch eine Vertrauensperson unterstützt. Falls die Teilnahme an dem Abschlussgespräch (interaktive und kommunikative Überforderung) mit mehreren Personen nicht möglich ist, wird sie durch die Assistenz vollständig vertreten. Die Assistenz vertritt **ausschließlich** die Interessen (Wille und Präferenzen; siehe Art. 12 UN-Behindertenrechtskonvention) der betroffenen Person.

3.7.8 Fazit

Das breite Spektrum an aggressiven Verhaltensweisen von Menschen mit kognitiv-adaptiven Beeinträchtigungen stellt in der Behindertenhilfe eine alltägliche Herausforderung dar. Schwerwiegende Aggressionen sind allerdings eher die Ausnahme. Wenn Personen mit diesen Verhaltensweisen jedoch in Wohnheimen versorgt werden müssen, kann dies die personellen, räumlichen, fachlichen und strukturellen Möglichkeiten einer Einrichtung deutlich überschreiten. Dies ist für die betroffenen Personen sehr oft mit sozialer Ausgrenzung und aversiven körperlichen Interventionen sowie Fixierungsmaßnahmen verbunden.

Mitarbeitende bzw. Teams in der Behindertenhilfe, die in ihrer alltäglichen Arbeit häufiger mit aggressiven Verhaltensweisen konfrontiert sind, sollten ein auf die speziellen Bedürfnisse und Notwendigkeiten geistig und/oder mehrfach behinderter Menschen zugeschnittenes Deeskalations- und Krisenmanagement erlernen und kontinuierlich trainieren.

Das Krisenmanagement setzt dabei aber nicht nur auf der Seite der begleitenden Assistenz an, sondern es müssen auch therapeutische Ansätze zur Verbesserung der sozialen Kompetenzen, der Konfliktfähigkeit und der Bewältigungsstrategien bei den betroffenen Personen mit Störungen der Intelligenzentwicklung vermittelt werden. Nur so können präventiv auf beiden Seiten in Eskalationssituationen Sicherheit und Vorhersehbarkeit verankert und aggressive Auseinandersetzungen vermieden werden.

Alle deeskalierenden Maßnahmen sind dabei einer grundsätzlich annehmenden Haltung verpflichtet. Es gilt, die Not des Gegenübers zu erkennen und ihr in der Kommunikation Ausdruck zu verleihen. Krisen stellen immer auch eine Chance dar, einen solchen durch Wertschätzung geprägten Weg gemeinsam neu zu entdecken und zu beschreiten.

II. ICD-11-Störungsbilder

II.A Neuronale Entwicklungsstörungen

TANJA SAPPOK & CHRISTIAN SCHANZE

4 Störungen der Intelligenzentwicklung (ICD-11 6A00)

4.1 Die Codierung von Störungen der Intelligenzentwicklung in der ICD-11

6A00 STÖRUNGEN DER INTELLIGENZENTWICKLUNG

- 6A00.0 Leichtgradige Störung der Intelligenzentwicklung
- 6A00.1 Mittelgradige Störung der Intelligenzentwicklung
- 6A00.2 Schwergradige Störung der Intelligenzentwicklung
- 6A00.3 Tiefgreifende Störung der Intelligenzentwicklung
- 6A00.4 Vorläufige Störung der Intelligenzentwicklung
- 6A00.Z Störungen der Intelligenzentwicklungen, nicht näher bezeichnet

Die »Intelligenzminderung« (ICD-10: F7) wird in der Revision der WHO (ICD-11; WHO 2023) als »Störung der Intelligenzentwicklung« mit 6A00 codiert und im Bereich der neuronalen Entwicklungsstörungen eingeordnet. Die WHO folgt damit der Konzeptualisierung der APA im DSM-5, wo die »Intellectual Disability« unter den »Neurodevelopmental Disorders« aufgeführt wird (APA 2013). Die Störung der Intelligenzentwicklung ist durch deutlich unterdurchschnittliche intellektuelle und adaptive Fähigkeiten gekennzeichnet und manifestiert sich während der Entwicklungsperiode.

Intellektuelle Fähigkeiten werden üblicherweise mit standardisierten Leistungstests erfasst. Sie beziehen sich also auf das kognitive Leistungspotenzial einer Person (z. B. Informationsverarbeitung, Merkfähigkeit).

Mit der **Adaptationsfähigkeit** wird die Nutzbarmachung der intellektuellen Fähigkeiten einer Person zur Lösung alltäglicher Aufgaben bezeichnet und in der ICD-11 für die Bereiche Konzeptualisierungs-, soziale und alltagspraktische Fähigkeiten definiert.

- Unter **Konzeptualisierungsfähigkeiten** werden die Möglichkeiten bzw. Schwierigkeiten in der praktischen Nutzung der kognitiven Fähigkeiten beim Erwerb z. B. des Lesens, Schreibens, Rechnens, aber auch der Problemlösung und Entscheidungsfindung sowie der Kommunikation verstanden.
- **Soziale Fähigkeiten** zeigen sich z. B. in den Möglichkeiten bzw. Schwierigkeiten beim Gestalten der interpersonellen Interaktionen sowie dem Aufbau und der Aufrechterhaltung von Beziehungen, der Übernahme sozialer Verantwortung, dem Befolgen von Regeln und Gesetzen und dem Vermeiden von Viktimisierung.
- Mit den **alltagspraktischen Fähigkeiten** sind die Fähigkeiten auf den Gebieten der

Selbstfürsorge, Gesundheit und Sicherheit, berufliche Fähigkeiten, Erholung, Umgang mit Geld, Mobilität und Transport oder die Nutzung von Haushalts- und technischen Geräten gemeint.

Gegenüber der ICD-10 gewinnen die adaptiven Fähigkeiten in der ICD-11 an Bedeutung und sind durch klar definierte Verhaltensweisen in den unterschiedlichen Schweregraden der Störungen der Intelligenzentwicklung beschrieben.

Die **Schweregrade** der Störungen der Intelligenzentwicklung werden in leicht (6A00.0), mittel (6A00.1), schwer (6A00.2) und tiefgreifend (6A00.3) eingeteilt.

In der Systematik der Einteilung der Störungen der Intelligenzentwicklung stellt die WHO in der ICD-11 den Entwicklungsaspekt in den Vordergrund. So wird die Symptompräsentation in drei Entwicklungsperioden unterschieden: frühe Kindheit, späte Kindheit und Jugendalter und Erwachsenenalter. Diese Unterscheidung betrifft sowohl den Bereich der intellektuellen wie den der Adaptionsfähigkeiten (siehe Tab. 4-1).

Die neue Kategorie 6A00.4 »Vorläufige Störung der Intelligenzentwicklung« wird in der ICD-11 verwendet, wenn es Hinweise auf eine Störung der geistigen Entwicklung gibt, aber die Person noch nicht vier Jahre alt ist. Die valide Feststellung einer Störung der Intelligenzentwicklung vor diesem Alter ist schwierig und könnte auch lediglich auf eine vorübergehende Entwicklungsstörung zurückzuführen sein. Die Diagnose kann auch dann verwendet werden, wenn der Verdacht auf das Bestehen einer intellektuellen Entwicklungsstörung vorliegt, aber es nicht möglich ist, eine valide Beurteilung der intellektuellen Funktion und des anpassungsfähigen Verhaltens vorzunehmen. Dies kann beim zusätzlichen Bestehen von sensorischen oder körperlichen Beeinträchtigungen (z. B. Blindheit, Gehörlosigkeit, schwerwiegende motorische Einschränkungen) oder bei einer andersartigen Beeinträchtigung der kommunikativen Möglichkeiten der Fall sein.

Schweregrad	Intellektuelle Funktionen			Adaptives Verhalten								
	Frühe Kindheit	Späte Kindheit und Jugendalter	Erwachsenenalter	Frühe Kindheit			Späte Kindheit und Jugendalter			Erwachsenenalter		
				konzeptuell	sozial	praktisch	konzeptuell	sozial	praktisch	konzeptuell	sozial	praktisch
Leicht												
Mittelgradig												
Schwer												
Tiefgreifend												

Tab. 4-1: Systematik der Einteilung der Störungen der Intelligenzentwicklung nach der ICD-11

4.2 Definition

DEFINITION
»Bei Störungen der Intelligenzentwicklung handelt es sich um eine Gruppe ätiologisch unterschiedlicher Zustände, die während der Entwicklungsperiode entstehen und durch deutlich unterdurchschnittliche intellektuelle Leistungen und adaptives Verhalten gekennzeichnet sind, die etwa zwei oder mehr Standardabweichungen unter dem Mittelwert liegen (etwas weniger als das 2,3. Perzentil), basierend auf angemessenen normierten, individuell durchgeführten standardisierten Tests. Stehen keine entsprechend normierten und standardisierten Tests zur Verfügung, muss sich die Diagnose von Störungen der Intelligenzentwicklung stärker auf das klinische Urteil stützen, das auf einer angemessenen Bewertung vergleichbarer Verhaltensindikatoren beruht.« (WHO 2023)

Zur Strukturierung der klinischen Beobachtung werden in der ICD-11 ausführliche Symptomtabellen für die intellektuellen und adaptiven Fähigkeiten in den verschiedenen Entwicklungsphasen (frühe Kindheit, späte Kindheit und Jugendalter, Erwachsenenalter) aufgeführt.

Die Störung der Intelligenzentwicklung manifestiert sich in der frühen neuronalen Entwicklungsphase (ICD-11 und DSM-5). Eine genaue Altersgrenze wird weder in der ICD-11 noch im DSM-5 angegeben.

4.3 Schweregradeinteilung

Die WHO empfiehlt, nach Möglichkeit standardisierte Testverfahren zur Einschätzung der intellektuellen und adaptiven Fähigkeiten einzusetzen. Falls diese Verfahren nicht anwendbar oder verfügbar sind, sollte das Fähigkeitsprofil klinisch eingeschätzt werden, wobei die WHO in verschiedenen Tabellen die jeweils typischen Verhaltensweisen sehr genau beschreibt (siehe ICD-11, Tab. 6.1; WHO 2023). Die intellektuellen und adaptiven Fähigkeiten der jeweiligen Schweregrade werden durch unterschiedliche Verhaltensindikatoren in der Phase der frühen Kindheit (0–6 Jahre), der Kindheit und Adoleszenz (6–18 Jahre) und im Erwachsenenalter (> 18 Jahre) beschrieben (siehe ICD-11, Tab. 6.1 bis 6.4; WHO 2023). Durch die Konkretisierung der beobachtbaren Verhaltensweisen wird das sonst sehr vom jeweiligen Erfahrungswissen abhängige klinische Urteil genau beschrieben und fokussiert auf eine entwicklungspsychologische Ausrichtung der ICD-11-Diagnosekriterien.

Der Schweregrad der Störung der Intelligenzentwicklung basiert auf der Summation der intellektuellen und adaptiven Fähigkeiten in den vier Entwicklungsbereichen (1× intellektuell, 3× adaptiv).

DIAGNOSTISCHER SCHWELLENWERT ZU DEN STÖRUNGEN DER INTELLIGENZENTWICKLUNG
Zur Diagnose einer leichten Störung der Intelligenzentwicklung müssen die intellektuelle Beeinträchtigung und mindestens zwei der drei adaptiven Verhaltensdomänen zwei bis drei Standardabweichungen unterhalb des Mittelwertes liegen.

Die Schweregradeinteilung wird in Tabelle 4-2 zusammengefasst.

Schwere-grad	ICD-11-Code	Standardabweichung unter dem Mittelwert (Perzentile)	Allgemeine Symptomatik[1]
Leicht-gradig	6A00.0	2–3 (0,1–2,3)	• **Akademische und motorische Fertigkeiten:** Schwierigkeiten beim Erwerb und Verstehen komplexer sprachlicher Konzepte und akademischer Fähigkeiten • **Aktivitäten des täglichen Lebens:** Beherrschen grundlegender Aktivitäten zur Selbstversorgung sowie häuslicher und praktischer Tätigkeiten; relativ unabhängige Lebensführung und Nachgehen einer Erwerbstätigkeit • **Unterstützungsgrad:** möglicherweise angemessene Unterstützung nötig
Mittel-gradig	6A00.1	3–4 (0,003–0,1)	• **Akademische und motorische Fertigkeiten:** Sprache und Fähigkeit zum Erwerb akademischer Fertigkeiten sind unterschiedlich, beschränken sich jedoch im Allgemeinen auf Grundfertigkeiten • **Aktivitäten des täglichen Lebens:** einige beherrschen grundlegende Selbstversorgungs-, Haushalts- und praktische Tätigkeiten • **Unterstützungsgrad:** meist erhebliche und konsequente Unterstützung nötig, um im Erwachsenenalter ein unabhängiges Leben und eine Beschäftigung zu erreichen
Schwer-gradig*	6A00.2	≥ 4 (< 0,003)*	• **Akademische und motorische Fertigkeiten:** sehr eingeschränkte Sprache und Fähigkeit zum Erwerb akademischer Fertigkeiten, ggf. motorische Beeinträchtigungen • **Aktivitäten des täglichen Lebens:** i. d. R. tägliche Unterstützung in einer beaufsichtigten Umgebung für eine angemessene Pflege nötig • **Unterstützungsgrad:** mit intensivem Training grundlegende Fähigkeiten zur Selbstversorgung erwerbbar

Schwere-grad	ICD-11-Code	Standardabweichung unter dem Mittelwert (Perzentile)	Allgemeine Symptomatik[1]
Tiefgreifend*	6A00.3	≥ 4 (< 0,003)*	- **Akademische und motorische Fertigkeiten:** sehr eingeschränkte kommunikative Fähigkeiten; die Fähigkeit, akademische Fertigkeiten zu erwerben, ist auf grundlegende konkrete Fertigkeiten beschränkt; gleichzeitig motorische und sensorische Beeinträchtigungen möglich - **Aktivitäten des täglichen Lebens:** i. d. R. tägliche Unterstützung in einer beaufsichtigten Umgebung, um angemessen versorgt zu werden - **Unterstützungsgrad:** umfassende Unterstützung bei der Selbstversorgung erforderlich
Vorläufig	6A00.4		Codierung bei Hinweisen auf eine Störung der intellektuellen Entwicklung, wenn »[...] *die betreffende Person jedoch ein Säugling oder ein Kind unter vier Jahren ist oder wenn es aufgrund von sensorischen oder körperlichen Beeinträchtigungen (z. B. Blindheit, vorsprachliche Taubheit), motorischen oder kommunikativen Beeinträchtigungen, schwerwiegenden Problemverhaltensweisen oder gleichzeitig auftretenden psychischen und Verhaltensstörungen nicht möglich ist, eine gültige Beurteilung der intellektuellen Funktion und des adaptiven Verhaltens durchzuführen*« (WHO 2023)

[1] Kurze, Entwicklungsphasen-übergreifende Zusammenfassung der Hauptsymptome der intellektuellen und adaptiven Beeinträchtigungen und ihre Implikationen für den Unterstützungsbedarf
* Die schwere und die tiefgreifende Störung der Intelligenzentwicklung können ausschließlich auf der Basis des adaptiven Verhaltens differenziert werden, da standardisierte Intelligenztests unterhalb der 0,003. Perzentile nicht mehr valide und reliabel angewandt werden können.

Tab. 4-2: Einteilung des Schweregrads der Störung der Intelligenzentwicklung nach ICD-11 (adaptiert aus Tebartz van Elst et al. [2024]; mit freundlicher Genehmigung des Elsevier Verlags)

Die APA ging in der DSM-5 noch einen Schritt weiter und koppelte die Schweregradbestimmung von den IQ-Werten ab. Hier wird das Ausmaß der Beeinträchtigung durch die Schwere der Alltagsbeeinträchtigung eingeschätzt.

4.4 Prävalenz

Nach Angaben des Statistischen Bundesamtes lag die Quote der Schwerbehinderungen in Deutschland 2022 bei 9,4 %, das betrifft 7,8 Millionen Menschen. Interessanterweise waren rund 3 % der Behinderungen angeboren bzw. traten im ersten Lebensjahr auf. Etwa 90 % der schweren Behinderungen sind krankheitsbedingt und nur knapp 1 % waren auf einen Unfall oder eine Berufskrankheit zurückzuführen.

»Geistige oder seelische Behinderungen« hatten insgesamt 14 % der schwerbehinderten Menschen, zerebrale Störungen lagen in 9 % der Fälle vor. Körperliche Behinderungen traten bei 58 % der Menschen mit Schwerbehinderungen auf. In 4 % der Fälle lagen Blindheit oder eine Sehbehinderung vor, ebenfalls 4 % litten unter Schwerhörigkeit, Gleichgewichts- oder Sprachstörungen (Statistisches Bundesamt 2022).

Für die genaue Ermittlung der Prävalenz von Störungen der Intelligenzentwicklung in Deutschland sind die Zahlen derer, bei denen eine »Schwerbehinderung« offiziell festgestellt wurde, jedoch ungeeignet: Einerseits werden leichte Behinderungsformen nicht verlässlich erfasst und andererseits können durch die verschiedenen Gruppierungen vor allem leichtere Störungen der Intelligenzentwicklung in anderen Kategorien der Behinderung subsumiert werden und damit statistisch »verlorengehen«.

Nach Angaben der WHO (2023; GBD 2017 Disease and Injury Incidence and Prevalence Collaborators 2018) beträgt die Prävalenz von Störungen der Intelligenzentwicklung in industrialisierten Ländern etwa 1 %; somit sind weltweit ca. 100 Millionen bzw. deutschlandweit ca. 1 Million Menschen davon betroffen.

Die Prävalenzen reduzieren sich mit zunehmendem Schweregrad der kognitiven Behinderung (Herbst & Baird 1982):
- leichtgradige Störung der Intelligenzentwicklung (IQ 50–69) ca. 80 %
- mittelgradige Störung der Intelligenzentwicklung (IQ 35–49) ca. 12 %
- schwergradige Störung der Intelligenzentwicklung (IQ 20–34) ca. 7 %
- tiefgreifende Störung der Intelligenzentwicklung (IQ < 20) ca. < 1 %

Eine Analyse bundesweiter ambulanter Abrechnungs- und Arzneiverordnungsdaten aller gesetzlich krankenversicherten Erwachsenen mit mindestens einem Praxiskontakt im Jahr 2018 ergab eine Prävalenz von 0,55 %, was unterhalb des erwarteten Wertes von 1–1,2 % aus internationalen Studien liegt (Weih et al. 2022). Gründe hierfür könnten eine fehlende Verschlüsselung der Diagnose bei einer leichten kognitiven Beeinträchtigung, eine Unterversorgung des Personenkreises oder Barrieren im ambulanten Gesundheitswesen sein. Laut McGuire et al. (2019) ist das männliche Geschlecht häufiger betroffen.

4.5 Ätiologie

Störungen der Intelligenzentwicklung sind vor allem genetisch bedingt (ca. 50–60 %), wobei sowohl chromosomale (ca. 20 %) als auch monogenetische (ca. 30–40 %) Ursachen beschrieben sind (siehe Kap. 2.5 Genetische Diagnostik). Eine Störung der Intelligenzentwicklung kann durch exogene Faktoren bedingt sein, z. B. durch Alkoholkonsum während der Schwangerschaft. Auch intrauterine oder perinatale Infektionen (z. B. Röteln-Virus, Herpes- und Zytomegalievirus), Geburtskomplikationen, Stoffwechselstörungen wie eine Hypothyreose oder extreme Mangelernährung können zu Entwicklungsstörungen führen. Bei leichteren kognitiven Beeinträchtigungen finden sich häufig soziokulturelle Faktoren wie Armut, Bildungsferne, Mangelernährung oder Gewalterfahrungen.

URSACHEN DER STÖRUNGEN DER INTELLIGENZENTWICKLUNG

- Kausale genetische Veränderungen (siehe Kap. 2.5)
  - numerische Chromosomenaberration (autosomal: z. B. Trisomie 21; gonosomal: z. B. Klinefelter-Syndrom XXY, XYY-Mann; gonosomale Monosomie: Turner-Syndrom X0)
  - strukturelle Chromosomenaberration (v. a. Deletionen oder Duplikationen; Deletion z. B. Cri-du-chat-Syndrom: partielle Monosomie 5p; Duplikation z. B. Trisomie 5p)
  - submikroskopische Chromosomenaberrationen (Mikrodeletionen und -duplikationen; z. B. DiGeorge-Syndrom: Monosomie 22q11.2)
- Intrauterin Schädigungen durch exogene Noxen (Embryo- und Fetopathien, z. B. Alkohol-, Röteln-, Toxoplasmose-Embryopathie)
- Erworbene Hirnschädigung in der frühen Kindheit (z. B. Meningoenzephalitis, Schädel-Hirn-Trauma, Hirntumoren)
- Psychosoziale und soziokulturelle Faktoren (v. a. bei leichteren Behinderungsformen)

4.6 Diagnostik

Im Gegensatz zur DSM-5 löst sich das Konzept der Störungen der Intelligenzentwicklung in der ICD-11 noch nicht gänzlich von dem Assessment mittels einer kognitiven Leistungsdiagnostik (IQ-Tests). Die standardisierten Testverfahren werden weiterhin als valider Referenzpunkt für Störungen der Intelligenzentwicklung genannt. Die ICD-11 berücksichtigt jedoch erstmals, dass viele Menschen mit einer Störung der Intelligenzentwicklung (v. a. mittelgradige bis tief greifende Störungen der Intelligenzentwicklung sowie Menschen mit Intelligenzentwicklungs- und Autismus-Spektrum-Störung) nur sehr eingeschränkt testbar sind. Für diesen Fall wird eine klinische Gesamtwürdigung der intellektuellen und adaptiven Möglichkeiten und Defizite empfohlen. Zur Objektivierung wurden in der ICD-11 ausführliche Tabellen der entwicklungsspezifischen Symptompräsentation erstellt.

In die klinische Beurteilung sollten neben den aufgeführten Verhaltensindikatoren jedoch zusätzlich unbedingt folgende Grundannahmen einbezogen werden (AAIDD 2010, S.1):

7. Einschränkungen in der gegenwärtigen Funktionsweise wurden im Kontext eines für die Altersgenossen und die Kultur der Person typischen Gemeinschaftsumfelds berücksichtigt.
8. Eine gültige Beurteilung berücksichtigte die kulturelle und sprachliche Vielfalt sowie Unterschiede in der Kommunikation, den sensorischen, motorischen und verhaltensbezogenen Faktoren.
9. Es wird anerkannt, dass bei einer Person Einschränkungen häufig neben Stärken

besteben und beide bei der Beurteilung berücksichtigt wurden.
10. Einschränkungen werden teilweise beschrieben, um ein Profil der benötigten Unterstützung zu entwickeln.
11. Es wird anerkannt, dass sich die Lebensfunktion der betroffenen Person mit angemessener Unterstützung über einen längeren Zeitraum hinweg im Allgemeinen verbessern wird.

Insgesamt versucht die ICD-11, im Gegensatz zu ihren Vorläufern, eine rein defizitorientierte, diagnostische Einschätzung der Störung der Intelligenzentwicklung zu vermeiden, und weist auf entwicklungsspezifische Fähigkeitsprofile in der Verhaltenspräsentation von Menschen mit Störungen der Intelligenzentwicklung hin.

Die Leistungs- und Entwicklungsdiagnostik wird ansonsten in diesem Buch sehr ausführlich im Kapitel 2 beschrieben.

DANIEL HOLZINGER & JOHANNES FELLINGER

5 Störungen der Sprech- oder Sprachentwicklung (ICD-11 6A01)

5.1 Die Codierung von Störungen der Sprech- oder Sprachentwicklung in der ICD-11

6A01 STÖRUNGEN DER SPRECH- ODER SPRACHENTWICKLUNG
- 6A01.0 Entwicklungsstörung der Lautbildung
- 6A01.1 Entwicklungsstörung des Sprechflusses
- 6A01.2 Entwicklungsstörung der Sprache
- 6A01.20 Rezeptive und expressive Sprachentwicklungsstörung
- 6A01.21 Expressive Sprachentwicklungsstörung
- 6A01.22 Pragmatische Sprachentwicklungsstörung
- 6A01.23 Sprachentwicklungsstörung mit einer sonstigen näher bestimmten Sprachstörung
- 6A01.Y Sonstige näher bezeichnete Störungen der Sprech- oder Sprachentwicklung
- 6A01.Z Störungen der Sprech- oder Sprachentwicklung, nicht näher bezeichnet

Menschen mit einer Störung der Intelligenzentwicklung zeigen stets auch Einschränkungen und Besonderheiten ihrer sprachlichen und kommunikativen Fertigkeiten. Dies gilt für alle Altersstufen. Eine Vielzahl der (noch nicht veröffentlichten) Verhaltensindikatoren der WHO (ICD-11 *Clinical Descriptions and Diagnostic Requirements*) für intellektuelle Funktionen aller Schweregrade beziehen sich bereits auf das Sprachverständnis oder die aktive funktionale Kommunikation. Sprachliche Besonderheiten sind somit einer Störung der Intelligenzentwicklung inhärent. Diese betreffen sowohl das Sprachverständnis, die expressive Sprache als auch die Fähigkeit des funktionalen Einsatzes nichtsprachlicher und sprachlicher Signale in der zwischenmenschlichen Kommunikation.

Die diagnostische Einordnung von Störungen der Sprech- und Sprachentwicklung bei Menschen mit einer Störung der Intelligenzentwicklung in der ICD-11 ist aus mehrfacher Hinsicht mit neuen Sichtweisen verbunden. So sind als Voraussetzung für eine Diagnosestellung einer Störung der Intelligenzentwicklung nunmehr nicht nur signifikante Einschränkungen intellektueller Funktionen, sondern auch adaptiver einschließlich konzeptueller Fertigkeiten definiert (siehe Kap. 4 Störungen der Intelligenzentwicklung). Konzeptuelle Fertigkeiten schließen wiederum sprachlich-kommunikative Kompetenzen ein. Insbesondere das Sprachverständnis, unabhängig von motorisch bedingten Einschränkungen der Sprachproduktion, ist daher als ein entscheidender Aspekt intellektueller Fertigkeiten zu verstehen. So-

5.1 Die Codierung von Störungen der Sprech- oder Sprachentwicklung in der ICD-11

mit setzt die der ICD-11 entsprechende Diagnostik einer Störung der Intelligenzentwicklung eine Beurteilung sprachlich-kommunikativer Kompetenzen unabhängig von ihrer Modalität (oral, gebärdet, schriftlich) und hierbei auch des Sprachverständnisses voraus.

Im Übrigen weist die Streichung der in der ICD-10 verwendeten Bezeichnung »umschriebene« darauf hin, dass Störungen der Sprech- und Sprachentwicklung – auch bei Kindern mit intellektuellem Funktionsniveau im Normbereich – häufig mit motorischen und kognitiven Einschränkungen (z. B. der exekutiven Funktionen, des Arbeitsgedächtnisses, der sozialen Kognition) einhergehen. Auch im Rahmen einer Störung der Intelligenzentwicklung mit einem bestimmten Schweregrad kann die Ausprägung kommunikativer und sprachlicher Herausforderungen mit dem intellektuellen/adaptiven Funktionsniveau einhergehen oder aber auch ein spezifisches, das heißt herausragendes Problem darstellen. Hier bringt die revidierte Definition von Störungen der Sprech- oder Sprachentwicklung in der ICD-11 einen deutlichen Fortschritt für den diagnostischen Umgang mit Kommunikationsproblemen bei Menschen mit Störungen der Intelligenzentwicklung. Die 6A01-Diagnose (Sprech- oder Sprachstörung) ist nunmehr (anders als in der ICD-10) für sie nicht ausgeschlossen. Die Codierung erfolgt, wenn die Ausprägung der Sprech- oder Sprachschwierigkeiten außerhalb der angesichts des Alters und des intellektuellen Niveaus erwartbaren Variabilität liegt und sich somit nicht besser durch das Niveau der intellektuellen Funktionen und des adaptiven Verhaltens erklären lässt. Die Stärke der Diskrepanz zwischen dem nonverbalen kognitiven Entwicklungsniveau und dem der Sprech- oder Sprachfertigkeiten wird in der ICD-11 allerdings nicht konkretisiert. Laut Forschungskriterien der Vorgängerversion (ICD-10) lag diese bei mindestens einer Standardabweichung (SA). In einer deutschen Übersichtsarbeit (Freitag et al. 2021) wird für die Praxis in Anlehnung an die AWMF-S3-Leitlinien zu umschriebenen Lernstörungen eine Diskrepanz von 1–1,5 SA (je nach klinischer Konstellation) vorgeschlagen. Aufgrund der erst neuerdings zulässigen Diagnose einer Sprech- oder Sprachstörung bei Vorliegen einer Störung der Intelligenzentwicklung und der in der ICD-11 nicht spezifizierten Diskrepanz zwischen dem Grad der Intelligenzentwicklungsstörung und dem Funktionsniveau der Sprech- und Sprachfertigkeiten liegen noch keine Prävalenzzahlen von Sprech- oder Sprachstörungen im Rahmen der Diagnose einer Störung der Intelligenzentwicklung vor. Eine Untersuchung von 167 Kindern (7–15 Jahre) mit leichter und mittelgradiger Intelligenzminderung in Bosnien-Herzegowina (Memisevic & Hadzic 2013) kommt durch die Beurteilung psychologisch-schulischer Dokumentationen durch Sprachexperten zum Ergebnis, dass bei über 70 % dieser Kinder eine Sprech- oder Sprachstörung vorliegt. In der Studie wird allerdings weder auf die Kriterien für eine Sprech- und Sprachstörung noch auf die Diskrepanz zum Intelligenzniveau eingegangen. So wird eine sehr viel höhere Prävalenz bei Kindern mit mittelgradiger im Vergleich zu leichtgradiger Intelligenzminderung beschrieben. Emerson et al. (2001a) beschreiben bei 80 % der Menschen mit schwerer Intelligenzminderung das Fehlen funktionaler Sprache.

Das Vorliegen einer der Sprech- oder Sprachstörung zugrunde liegenden organischen Erkrankung, z. B. aufgrund einer Hirnverletzung, Epilepsie, Infektion oder einer sensorischen oder strukturellen Abnormalität, schließt eine 6A01-Diagnose aus. Hier bietet die ICD-11 mit dem Sekundären Sprech- oder Sprachsyndrom (6E60.0) jedoch eine eigene Kategorie, die – auch bei Vorliegen einer Störung der Intelligenzentwicklung – auf kommunikative Herausforderungen innerhalb des individuellen diagnostischen Profils und somit spezifischen Interventionsbedarf im Bereich der Sprache/Kommunikation hinweist. Bei Vorliegen einer genetischen Grunderkrankung mit Auswirkungen auf die Sprachentwicklung (z.B. Fragiles-X-Syndrom, Down-Syndrom oder Williams-Syndrom) ist diese zusätzlich zur Sprachstörung zu diagnostizieren.

Die Subklassifikation in Störungen des Sprechens und der Sprache ist eine Weiterführung der ICD-10 (siehe Abb. 5-1). Die Störung der Lautbildung (6A01.0) und die Störung des Sprechflusses (6A01.1; Stottern und Poltern) betreffen die Sprechproduktion (Sprechstörung). Sprachstörungen wiederum werden im Wesentlichen in drei Subgruppen untergliedert. In der ICD-11 wird – unseres Erachtens zu Recht – die Unterscheidung der ICD-10 zwischen gemischt rezeptiv-expressiven Sprachstörungen (Störungen des Sprachverstehens einhergehend mit expressiven Sprachproblemen) und ausschließlich expressiven Sprachstörungen im Gegensatz zum DSM-5® (APA 2013) fortgeführt. Neu und von hoher Relevanz ist die Einführung pragmatischer Sprachentwicklungsstörungen. Zudem schließen sich Sprech- und Sprachstörungen nun nicht mehr aus, sondern können als komorbide Störungen codiert werden.

Sprachstörungen stellen einen erheblichen Risikofaktor für nachteilige Entwicklungsverläufe dar, insbesondere für eingeschränkte soziale Partizipation und Isolation, psychische Gesundheitsprobleme (emotionale und Verhaltensprobleme), Lernschwierigkeiten und anhaltend eingeschränkte Lebensqualität (Law et al. 2009; Lindsay et al. 2007; Rosenbaum et al. 2016; Schoon et al. 2010; Snowling et al. 2006). Hierbei bringen Einschränkungen der rezeptiven Sprache (Sprachverständnis) im Gegensatz zu ausschließlichen Problemen der expressiven Sprache ein deutlich erhöhtes Risiko mit sich. Im Vergleich zu den sprachstrukturellen Fertigkeiten (expressive und rezeptive Sprache auf Ebenen des Wortschatzes und der grammatischen Sprachstrukturen) haben sich in umfassenden populationsbasierten Longitudinalstudien Herausforderungen im Bereich der sozialen Kommunikation (pragmatische Sprachentwicklungsstörung) als stärkster Prädiktor von psychischen Gesundheitsproblemen, sowohl von Verhaltens- als auch emotionalen Problemen und Problemen in der Beziehung mit Gleichaltrigen, nachweisen lassen (Dall et al. 2022). Andererseits wei-

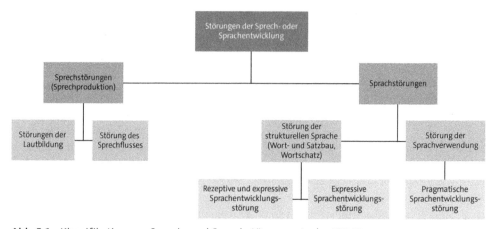

Abb. 5-1: Klassifikation von Sprech- und Sprachstörungen in der ICD-11

sen Studienergebnisse darauf hin, dass selbst bei nachteiligen familiären Umgebungsvoraussetzungen in der frühen Kindheit das Erlangen sozialer Kommunikationskompetenzen im frühen Schulalter einen Schutzfaktor bzgl. psychischer Probleme im Teenageralter darstellt (Law et al. 2015). Für die Gruppe von Menschen mit Störungen der Intelligenzentwicklung liegen nur wenige Studien zu Korrelaten von Kommunikationsproblemen vor. Diese bestätigen jedoch die Zusammenhänge mit erhöhten Raten von Verhaltensproblemen und stärkeren Einschränkungen der sozialen Unabhängigkeit (Bowring et al. 2019; Emerson et al. 2001b). Bei dualen Diagnosen von Störungen der Intelligenzentwicklung und Hörstörung wurde eine starke Häufung von herausforderndem Verhalten beschrieben (Buskermolen et al. 2017; Fellinger et al. 2022). Die Identifikation von Sprach- und Kommunikationsproblemen und davon abzuleitende Interventionen stellen somit in der Begleitung, Förderung und Behandlung von Menschen mit Störungen der Intelligenzentwicklung eine Thematik von hoher praktischer Relevanz für die Betroffenen dar.

MERKE

Sprech- oder Sprachstörungen treten im Laufe der Entwicklung auf und führen zu Schwierigkeiten beim Verstehen, der Produktion und/oder der sozialen Verwendung von Sprache in der zwischenmenschlichen Kommunikation. Diese Schwierigkeiten gehen über die Grenzen der aufgrund des Alters oder der nonverbalen intellektuellen Funktionen erwartbaren Variation hinaus und lassen sich nicht durch organische Ursachen (somit sekundäres Sprech- oder Sprachsyndrom 6E60.0) oder aber eine andere neuronale Entwicklungsstörung erklären. Hierbei ist insbesondere auf den Ausschluss einer Autismus-Spektrum-Störung (ASS) zu achten. Für die Codierung von Autismus-Spektrum-Störungen sind in der ICD-11 eigene, wenn auch nur grobe Spezifikatoren (*specifier* in der ICD-11) (dreistufig) für das sprachliche und intellektuelle Funktionsniveau vorgegeben. Bei Vergabe einer 6A01-Diagnose (Sprech- oder Sprachstörung) ist zudem die Diagnose eines selektiven Mutismus auszuschließen. Dieser Ausschluss ist aufgrund der häufigen klinischen Beobachtung sprachlicher Schwierigkeiten bei Menschen mit selektivem Mutismus (ICD-11 6B06), die diesem oftmals auch zugrunde liegen können, kritisch zu betrachten (Muris & Ollendick 2021).

5.2 Entwicklungsstörungen der Lautbildung (ICD-11 6A01.0) und des Sprechflusses (ICD-11 6A01.1)

Lautbildungsstörungen betreffen die Produktion oder Wahrnehmung von Sprachlauten, die zu Ausspracheschwierigkeiten führen, die außerhalb der aufgrund des Alters und des intellektuellen Funktionsniveaus erwartbaren Variabilität liegen und die Sprechverständlichkeit und somit Kommunikation deutlich einschränken. Die Lautbildungsfehler treten bereits früh in der Entwicklung auf und lassen sich nicht durch eine Hörstörung, strukturelle oder neurologische Erkrankungen erklären. Sowohl die bei Menschen mit Störungen der Intelligenzentwicklung im Rahmen von zentralen Bewegungsstörungen gehäuft auftretende Dysarthrie als auch verbale Apraxie sind somit auszuschließen, wobei in der Praxis durchaus Mischbilder auftreten können. Das Vorliegen einer Störung der Intelligenzentwicklung ist kein Ausschlusskriterium für eine Lautbildungsstörung. Lautbildungsstörungen treten häufig (in ca. 60 % der Fälle) gemeinsam mit Störungen der Sprachentwicklung auf.

Störungen des Sprechflusses betreffen häufige oder ausgeprägte Unterbrechungen des Flusses und der Geschwindigkeit des Sprechens, charakterisiert durch Wiederholungen und Längungen von Lauten, Silben oder Wörtern sowie Blockaden und Wortvermeidungen. Diese führen zu deutlichen Einschränkungen der sozialen Kommunikation. Störungen des Sprechflusses lassen sich wiederum nicht besser durch die Störung der Intelligenzentwicklung selbst, eine neurologische Erkrankung (u. a. Ticstörungen im Gesichtsbereich), Hörstörung oder strukturelle Abweichungen des Vokaltraktes erklären. Störungen des Sprechflusses schließen neben Stottersymptomen auch das sogenannte Poltern mit ein, das durch ein zu schnelles, überhastetes und unrhythmisches Sprechen, verbunden mit der Auslassung von Silben oder Wortendungen, die Sprechverständlichkeit deutlich einschränkt. Störungen des Sprechflusses können mit körperlicher Anspannung und Manierismen einhergehen, sind oftmals mit Sprechangst und -vermeidung verbunden und treten somit insbesondere unter Kommunikationsdruck verstärkt auf.

Bei verbal kommunizierenden Menschen mit Störungen der Intelligenzentwicklung sind Einschränkungen der Sprechverständlichkeit durchaus häufig, was Missverständnisse, Frustration und abnehmendes Interesse von Kommunikationspartnern zur Folge hat. Beschrieben werden für Menschen mit leichter und mittelgradiger Intelligenzentwicklungsstörung weniger Einschränkungen des Lautinventars bei allerdings hohen Fehlerraten bei der Kombination und Sequenzierung von Lautfolgen (z. B. Mehrfachkonsonanz), Inkonsistenzen der Lautbildung und sprechrhythmische Probleme (Coppens-Hofmann et al. 2016). Die vergleichsweise häufig untersuchte Sprechproduktion von Menschen mit Down-Syndrom ist durch Auslassungen von Konsonanten (in Konsonantenclustern, im Wortauslaut) und unbetonten Silben sowie Konsonantenersetzungen (z. B. Reibelaute durch Verschlusslaute; f,s → p,t) charakterisiert. Die Aussprachemängel zeigen sich als inkonsistent, das heißt wechselhaft (Roberts et al. 2007, Coppens-Hofman et al. 2012). Wilson et al. (2019) betonen den starken Anteil sprechmotorischer Störungen (97,8 %) bei Jugendlichen und jungen Erwachsenen mit Down-Syndrom (n = 46), wobei Dysarthrien (37,8 %), sprechmotorische Verzögerungen (26,7 %), Mischbilder von Dysarthrie und Sprechapraxie (22,2 %) und Sprechapraxien (11,1 %) unterschieden werden.

Bei der Untersuchung der Sprechflüssigkeit von Menschen mit leichter bis mittelgradiger Störung der Intelligenzentwicklung und eingeschränkter Sprechverständlichkeit (n = 28) in den Niederlanden ergab sich ein hoher Anteil von Einschränkungen des Sprechflusses (75 %), wobei vorwiegend Poltersymptomatik sowie Mischbilder mit Stottersymptomen, jedoch in keinem Fall eine klassische Stottersymptomatik beobachtet wurde (Coppens-Hofman et al. 2013). Zusammenfassend scheinen somit, auch wenn sprechapraktische Störungen (gekennzeichnet durch deutliche Probleme bei der Bildung von Übergängen zwischen Lauten, Vokalverzerrungen, sprech-rhythmische Auffälligkeiten und oftmals Sprechanstrengung) gesondert zu diagnostizieren sind, oftmals Probleme der zentralen sprechmotorischen Kontrolle den beobachteten Sprechschwierigkeiten zugrunde zu liegen.

Bei deutlich eingeschränkter Sprechverständlichkeit ist somit eine Vorstellung zur diagnostischen Abklärung (insbesondere logopädisch) sehr zu empfehlen. Terband et al. (2018) verweisen auf signifikante Effekte klassischer Artikulationstherapie zur Verbesserung der Sprechverständlichkeit bei Erwachsenen mit Störungen der Intelligenzentwicklung. Zielgerichtete Intervention umfasst neben logopädischer Einzeltherapie damit koordinierte Interventionen im Lebensumfeld. Neben einer oftmals nur eingeschränkt verbesserbaren Artikulation durch die Sprachtherapie kann das Umfeld die Sprechverständlichkeit durch eine Förderung körpersprachlicher Unterstützung, zugewandter und verlangsamter Sprache und ein sensitives, beruhigendes Ersuchen um Wiederholung nicht verständlicher Äußerungen deutlich verbessern. Im Einzelfall hat sich der Einsatz unterstützender Gebärden bewährt.

5.3 Entwicklungsstörung der Sprache (ICD-11 6A01.2)

Entwicklungsstörungen der Sprache betreffen einerseits die Sprachstruktur, das heißt das Verstehen und die Produktion von Sprache auf Wort- und Satzebene und den Erwerb des Wortschatzes. Der Wortaufbau (Morphologie) umfasst den geregelten Aufbau von Wörtern aus sinntragenden Wortteilen (z. B. Perfektbildung: ge-mach-t; Mehrzahlbildung: Auto-s, Mensch-en) und Regeln der Satzgrammatik (z. B. Position des Verbs im deutschen Haupt- oder Nebensatz). Der Erwerb des Wortschatzes betrifft die Zuordnung von Wortformen zu semantischen Konzepten. Störungen der rezeptiven Sprache schließen immer die expressive Sprache mit ein (6A01.20), während expressive Sprachentwicklungsstörungen (6A01.21) auch bei weitgehend unauffälligem Sprachverstehen auftreten. Sprachentwicklungsstörungen können andererseits primär die Verwendung von Sprache in sozialen Kontexten (6A01.22 Pragmatische Sprachentwicklungsstörung) betreffen. In der ICD-11 wird erstmals explizit darauf hingewiesen, dass Sprachentwicklungsstörungen modalitätsunabhängig sind und somit auch in der Gebärdensprache auftreten können.

Bevor auf die Diagnostik und Intervention der Subtypen von Sprachentwicklungsstörungen eingegangen wird, soll als Orientierung ein Stufenmodell der Sprach- und Kommunikationsentwicklung (siehe Abb. 5-2) präsentiert werden, auch wenn Menschen mit Störungen der Intelligenzentwicklung in ihrer Sprachentwicklung nicht zwingend typischen Verläufen folgen. Dieses Modell differenziert bewusst deutlich stärker im frühen Bereich der Sprachentwicklung, um so auch für die Einordnung der kommunikativen Fertigkeiten von Menschen mit schwerer Intelligenzentwicklungsstörung eine Bezugsgröße zu bieten. Die Entwicklungsphasen orientieren sich an Kontinua zwischen vorsprachlichem und sprachlichem Verhalten aus Beobachtungsverfahren der Kommunikationsentwicklung (siehe z. B. Bloomberg et al. 2009; Brady et al. 2018; Rowland & Fried-Oken 2004) bei Menschen mit schwerer Störung der Intelligenzentwicklung und Daten zur Sprachentwicklung im Deutschen. Das vorgeschlagene Modell kann neben dem Einsatz standardisierter Verfahren für Menschen mit mittelgradiger und leichter Störung der Intelligenzentwicklung dazu dienen, das Profil des aktuellen kommunikativen Entwicklungsstandes einzuschätzen und davon ausgehend Interventionsmöglichkeiten abzuleiten. Im vorgeschlagenen Stufen-

5 Störungen der Sprech- oder Sprachentwicklung (ICD-11 6A01)

	1. Prä-intentional	2. Intentional	3. Symbolisch I	4. Symbolisch II	5. Syntaktisch I	6. Syntaktisch II
Expressive Kommunikation	Produziert emotionale Laute	Imitiert Gesten (z. B. Winken) oder auf Aufforderung	Produziert einzelne funktionelle Wörter/ Gebärden/ Bildsymbole	Kombiniert spontane und funktionale Verbindungen von 2–3 Wörtern/Gebärden/Bildsymbolen	Produziert einfache Hauptsätze weitgehend korrekt: Verbflexion, Artikel, Vorwörter, Verneinung, Vergangenheitsbildung	Produziert Haupt- und Nebensätze (z. B. kausal »weil«, konditional »wenn–dann«, temporal »bevor, nachdem«)
	Lacht mit Stimme	Zeigt Fotos/ Objekte für die Kommunikation		Verwendet häufige Zeigegesten		
	Kombiniert Konsonanten und Vokale	Reicht nach Objekten				
	Verstehen von:	Verstehen von:	Verstehen von:	Verstehen von:	Verstehen von:	Verstehen von:
Rezeptive Kommunikation	Zuwendung zu sprechender/ gebärdender Person	»Nein« und »Komm!« mit simultaner Körpersprache	Bezeichnungen von Körperteilen (mind. 3)	In/auf/unter/ neben	Was macht man, wenn? (hungrig, durstig, müde)	Passivsatz
		Gerufen werden beim Namen		Wie heißt du?	Was macht man mit? (Augen, Nase, Ohren ...)	Relativsatz
	Stimmhaftes Lachen	»Wo ist X?« (Aus Auswahl von 2 Objekten)	Kleidungsstücken (mind. 3)	mind. 1 Farbbezeichnung	Wofür/ Warum?	Personalpronomina (er gibt ihr/ ihnen, sie gibt ihm ...)
	Erkennen von Stimmen	Einzelne Personennamen	Tätigkeiten und Objekten (> 30)	Ja/Nein Fragen (eindeutige Ja/ Nein Signale)	4 Farbbezeichnungen	Temporalsatz (während, nachdem)
		Wenige alltägl. Aktivitäten (Essen, Baden, Hinausgehen ...)		zweischrittige Anweisungen	dreischrittige Aufträge	
Soziale Kommunikation	Äußert Empfindungen (Hunger, Müdigkeit, Schmerz, Allein-sein)	Macht auf sich aufmerksam (z. B. stimmlich, Verhalten)	Erbittet Objekte (Zeigen, Lautierung, erste Wörter)	Verlangt Objekte und Aktivitäten (durch die Verwendung von Symbolen)	Produziert längere Dialoge	Macht indirekte Bitten/ Aufforderungen
	Zeigt Interesse am Gegenüber (Annäherung, Ansprache)	Folgt dem Blick (Aufmerksamkeit) des Gegenübers	Bittet um Hilfe (z. B. durch Zureichen eines Gegenstands)	Bittet um Information (Was ist das?, Wo?)	Bleibt beim Thema	
	Macht Blickkontakt	Bittet um Objekt (Reichgeste/Blick/ Laute)	Benennt/ kommentiert Dinge/ Aktivitäten	Drückt Emotionen sprachlich aus	Verwendung von Reparaturstrategien	Löst Konflikte durch die Sprachverwendung
		Wechselt Blickkontakt zwischen Gegenstand und Gegenüber	Imitiert Wörter oder Gesten	Macht 2–3 turns in Folge	Gibt sprachliches Feedback im Dialog (achso, ja, hmm, ojeh, echt ...)	
	Lacht sozial (reaktiv)	Stößt unerwünschter Gegenstände weg	Zeigt Gegenstände	Drückt Besitz »mein« aus	Rollenspiel: Perspektivenübernahme	
	Lacht sozial (initiativ)	Wählt aus 2 Objekten aus	Zeigt deklaratives Zeigen (Interesse teilen)	Drückt Probleme »Weh!«, »Aua!« aus	Verwendet Humor in der Sprache	Folgt den Konversationsregeln
	Nimmt an/ Weist ab durch Zu- und Abwendung	Teilt Gefühle (Mimik)	Schüttelt den Kopf und nickt (Ablehnung und Zustimmung)	Erzählt einfache Geschichten	Passt die Sprache an den Kontext an	
		Zeigt Turn-taking (Vokalisationen, Gesten)	Wählt aus mehreren Objekten aus		Passt die Sprache an Gegenüber an (z. B. Kleinkind)	

Kommunikationsmittel und Interaktionsstrategien						
Kommunikationsmedien	Körperkontakt	Reale Objekte	Gebärden			
	Stimme	Fotos von realen Objekten	Bildsymbole			
	Mimik	frühe Gesten (Winken, Klatschen, Reichgeste)	gesprochene Sprache			
		sprechende Taster				
Interaktionsstrategien	Synchronizität	Routinen aufbauen und unterbrechen	Benennen	Komplexere handlungsbegleitende Sprache	Vertiefte Gespräche (sustained shared thinking): Lösung von der konkreten Situation, Anregung zum Weiterdenken	
	Imitation/Spiegeln	Turn-taking (beginnend Imitation durch Gegenüber)	Einfache handlungsbegleitende Sprache	Erweiterungen		
		Benennen von Dingen und Aktivitäten im Aufmerksamkeitsfokus	Korrektives Feedback (korrekte Wiedergabe)		Verbalisieren von Denkvorgängen und Gefühlen	
	Routinen/Rituale	Auswahl bieten (2 Objekte)	Erweiterungen (Hinzufügen von Informationen)	Offene Fragen		
	strukturierte Umgebung	Ursache-Wirkungs-Aktivitäten		Sprechanteil im Dialog kurz halten	Vermittlung von Kommunikationsstilen: Höfliche Sprache, Konversationsregeln, Anpassung an den Sprecher und die Situation	
		Entwicklung gemeinsamer Aufmerksamkeit	geschlossene Fragen (Ja/Nein)			

Abb. 5-2: Stufenmodell der Sprach- und Kommunikationsentwicklung

modell der Kommunikationsentwicklung werden analog zu den Spezifikatoren von Sprachentwicklungsstörungen in der ICD-11 drei Dimensionen unterschieden: die expressive, rezeptive und soziale (pragmatische) Kommunikation. Letztere umfasst einerseits nonverbale und verbale Funktionen von Kommunikation (Ziel und Zweck der Kommunikation) und andererseits das Interaktionsverhalten (Wechselseitigkeit/Konversationskompetenz).

Die erste Phase (*1. Prä-intentional*) der Kommunikationsentwicklung umfasst die sensorische Phase (vergleichbar mit einem Entwicklungsalter bis ca. 5 Monate), wo unmittelbare Sinneserfahrungen (olfaktorisch, auditiv, visuell, taktil, vestibulär und propriozeptiv) im Vordergrund stehen und Kommunikation oftmals körperbezogen erfolgt, und eine Phase zunehmender Interaktion, in der beispielsweise bei Unterbrechungen von Routinen bereits unbewusst Signale an ein Gegenüber gerichtet werden und ein Annehmen von Objekten sowie ein erstes Abweisen oder »Protestieren« zu beobachten ist. In dieser Phase findet noch keine intentionale (d. h. bewusste und zielgerichtete) Kommunikation statt, weder über Vokalisationen noch Gesten oder andere Kommunikationsmittel.

Die zweite Phase (*2. Intentional*) setzt in der physiologischen Entwicklung ab sechs bis acht Monaten ein (beginnende Intentionalität). Volle Intentionalität entwickelt sich ab etwa dem neunten Lebensmonat. Dieser von Tomasello (1995) als *Neunmonatsrevolution* bezeichnete Entwicklungsschritt schließt insbesondere die Fähigkeit ein, die Aufmerksamkeit auf ein Objekt (oder eine Person) mit einem Gegenüber (über flüssigen Blickwechsel: Triangulieren) zu teilen und somit gemeinsame Aufmerksamkeit (*joint attention*) herzustellen (im Konzept der emotionalen Entwicklung – SEED – wird dies durch die Phase der »Ersten Sozialisation« beschrieben). In Phase 1 wird die Aufmerksamkeit entweder auf einen Gegenstand *oder* aber eine Person gerichtet. Mit der Möglichkeit der Integration von Gegenstand und Gegenüber geht die Entwicklung mit intentionaler, das heißt an ein Gegenüber gerichteter Kommunikation einher. Diese zeigt sich beispielsweise beim Einsatz der Reichgeste (auf einen Gegenstand gerichtete Hand) mit gleichzeitigem Blickkontakt zum Gegenüber oder durch einen wiederholten Blickwechsel zwischen einem Erwachsenen und einem erwünschten Gegenstand. Die Entwicklung von gemeinsamer Aufmerksamkeit und Intentionalität ist wiederum eine wesentliche Voraussetzung für die Entwicklung symbolischer Kommunikation.

Die weiteren Phasen intentionaler Kommunikation zeichnen sich durch die Komplexität der Symbolverwendung (Wörter, Gebärden, Bildsymbole) beginnend mit spontan und sinnvoll eingesetzten Einzelsymbolen (3. *Symbolisch I*; Referenzalter ca. 1–1,5 Jahre), über die Verbindung von zwei bis drei Symbolen (4. *Symbolisch II*; Referenzalter ca. 1,5–3 Jahre), den Einsatz einfacher Äußerungen (5. *Syntaktisch I*; Referenzalter 3–4 Jahre), das heißt die Produktion von Hauptsätzen mit möglicherweise grammatischen Defiziten, und schließlich den Einsatz von Satzverknüpfungen und Erzählkompetenzen (6. *Syntaktisch II*: Einsatz von Satzverknüpfungen und verständliches Berichten chronologischer Abläufe; Referenzalter > 4 Jahre) aus. Parallel dazu nimmt in der typischen Kommunikationsentwicklung die Komplexität des Sprachverstehens und der sozialen Kommunikation (d. h. des zielgerichteten Einsatzes von Sprache in der Interaktion) ständig zu. Im Normalfall entwickeln sich die Dimensionen von Sprache und sozialer Kommunikation über die diversen Entwicklungsstufen hin parallel. Allerdings können sich im Einzelfall spezielle Entwicklungsprofile, wie spezifische Schwächen des Sprachverstehens (im Falle rezeptiver Sprachentwicklungsstörungen) oder der sozialen Kommunikation (bei pragmatischen Sprachentwicklungs- oder Autismus-Spektrum-Störungen) ergeben.

5.3.1 Diagnostik von Sprachstörungen

Die interventionsorientierte Diagnostik von Sprachstörungen bei Menschen mit Störungen der Intelligenzentwicklung setzt zunächst die Beurteilung des nonverbalen kognitiven Entwicklungsstandes voraus (siehe Kap. Grundlagen der Diagnostik [2.1 bis 2.3] und Kap. 4 Störungen der Intelligenzentwicklung). Dadurch lässt sich einerseits eine eventuelle Diskrepanz des sprachlich-kommunikativen Entwicklungsstandes und folglich die Rechtfertigung einer 6A01-Diagnose mit speziellem Interventionsbedarf im Bereich der Kommunikation und Sprache ableiten. Andererseits erfordert der Einsatz gewisser Kommunikationsmedien in der natürlichen oder Unterstützten Kommunikation das Erreichen kognitiver Meilensteine. So setzt die Verwendung von Symbolen neben einer gewissen Intentionalität und gemeinsamen Aufmerksamkeit Imitationsfähigkeit, Objektpermanenz und funktionale Verwendung von Gegenständen (Wetherby & Prizant 2003) voraus. Sind diese Grundlagen nicht gegeben, ist der Einsatz von symbolischer Kommunikation (noch) nicht zielführend und führt zu Frustration und Nichtverwendung von UK-Technologie (Unterstützte Kommunikation).

Zudem sind organische Erkrankungen, z. B. aufgrund einer Hirnverletzung, Epilepsie oder Meningitis sowie signifikante Hörstörungen und Autismus-Spektrum-Störungen zu berücksichtigen. Hörstörungen treten bei 46 bis 60% der Menschen mit einer Störung der Intelligenzentwicklung mit einer deutlichen Häufung bei höheren Schweregraden auf (Emerson et al. 2001a; Fellinger et al. 2009). Verhaltensaudiometrische Kontrollen durch erfahrene Expertinnen und Experten sind auch bei Menschen mit schwerer Störung der Intelligenzentwicklung zumeist möglich (Reflexaudiometrie und Verhaltensaudiometrie mittels Konditionierung). Die Ermittlung otoakustischer Emissionen (OAE-Screening) ermöglicht den Ausschluss einer mittel- oder höhergradigen Schwerhörigkeit, bedarf keiner bewussten Reaktion des Patienten und ist zumeist ohne Sedierung möglich. Eine vorhergehende Otoskopie ist aufgrund von häufigem Cerumen obturans unbedingt erforderlich. Schließlich sind auch motorische Grundlagen für die Steuerung unterstützter Kommunikationstechnik oder den Einsatz von körpereigener Gesten- und Gebärdenkommunikation in der vorausgehenden Diagnostik und Aktenanalyse zu erfassen.

Darüber hinaus gilt es, das aktuelle soziale System des Menschen mit Störungen der Intelligenzentwicklung (z.B. Familie, Tagesstruktur, Wohnen, Freizeit) zu erfassen, um bei der Erhebung der Kommunikation darauf Bezug nehmen zu können. Auch die Erhebung früher und aktuell eingesetzter Verfahren der Unterstützten Kommunikation (UK) und deren Funktionalität im Lebensalltag ist für die Interventionsplanung unerlässlich. Empfehlenswert ist hierbei auch die Frage nach problematischen Kommunikationssituationen (betr. Ausdruck oder Verständnis), das heißt subjektiv durch das Umfeld wahrgenommener Kommunikationsnot.

In der spezifischen Kommunikations- und Sprachdiagnostik gilt es, den aktuellen Entwicklungsstand in den Dimensionen der expressiven und rezeptiven Sprache sowie der sozialen Kommunikation von Bezugspersonen differenziert zu erfragen, in semistrukturierten Situationen zu beobachten oder durch Einsatz von Testverfahren (vorwiegend bei leichter und mittelgradiger Störung der Intelligenzentwicklung) zu erfassen. Die verfügbaren standardisierten Verfahren wurden zumeist für Kinder entwickelt und bieten somit oftmals nicht ausreichenden Bezug zur Lebenswelt erwachsener Menschen mit Störungen der Intelligenzentwicklung. Für die Einschätzung des sprachlich-kommunikativen Entwicklungsstands in der klinischen Praxis bietet sich unser Stufenmodell der Sprach- und Kommunikationsentwicklung (siehe Abb. 5-2) an. Die Zuordnung zu einer der sechs Entwicklungsstufen ist für die Empfehlung von Interventionsmaßnahmen sinnvoll, eine Angabe von Referenzaltern für die verschiedenen sprachlich-kommunikativen Dimensionen ist nicht erforderlich und kann zur Irritation von Bezugspersonen führen. Eine Entwicklungsphase (bezogen auf die jeweilige Dimension von Sprache/Kommunikation) kann dann als erreicht gelten, wenn die Mehrheit der beschriebenen Verhaltensindikatoren zutrifft. In der Praxis zeigen sich mitunter Profile, z.B. spezifische Schwächen im Bereich der expressiven Kommunikation im Vergleich zu besseren rezeptiven Leistungen, was auf spezifische expressive Probleme hinweist. Schwächen der sozialen Kommunikation im Vergleich zu besseren strukturellen Sprachleistungen verweisen wiederum auf spezifische pragmatische Sprachschwierigkeiten.

Zur **Einschätzung** der *expressiven Kommunikation* kann orientierend mit der Frage begonnen werden, ob die Person mit einer Störung der Intelligenzentwicklung Wörter, Gebärden oder Bildsymbole verwendet. Hier ist ein Anführen konkreter Beispiele und Kommunikationskontexte zur Sicherstellung funktionaler Verwendung der berichteten

Symbole empfehlenswert. Wird diese Frage bejaht, wird die Bezugsperson danach gefragt, ob sie den Umfang des Wortschatzes noch abschätzen kann (z. B. mehr oder weniger als 30 Wörter) und ob Symbolkombinationen auftreten. Hierbei ist es wiederum relevant, dass diese spontan und nicht nur als fest wiederkehrende Abfolgen eingesetzt werden. Ab dem Niveau *Symbolisch II* können durchaus Subtests aus Sprachtestverfahren (z. B. *SETK-2*, Grimm et al. 2000; *SETK 3–5*, Grimm 2015; *SET 3–5*, Petermann & Melzer 2018; *WTT 6–10*, Glück 2011; *CELF-5*, Angermaier 2020) zur Erhebung der expressiven Sprache (Wortschatz, Wort- und Satzbildung) eingesetzt werden. Im Falle keiner sicheren funktionalen Verwendung von Symbolen gilt es nach dem intentionalen Einsatz von Gesten zu fragen. Für die Zuordnung zur Stufe 1 oder 2 ist letztlich auch die Bestimmung der kommunikativen Funktionen (z. B. Stufe 2: Bitten um ein Objekt, Auswahl aus zwei Objekten) wesentlich. Zur Entlockung von Wörtern können mitgebrachte ICH-Bücher (individuell ausgefüllte Bücher über Vorlieben, Stressfaktoren, Gewohnheiten, Kommunikations- und Verhaltensweisen etc.) und Fotos von Alltagssituationen verwendet werden. Auch Bildkarten mit Einzelobjekten oder Situationsbilder können hier dienlich sein, sowie ein Kommentieren oder Befragen zu Kleidungsstücken, Mitgebrachtem oder zu Begleitpersonen. Bei höheren Funktionsniveaus bietet die Aufforderung zu deskriptiver Sprache (z. B. Beschreiben des Zimmers oder der eigenen Familie) und zum Berichten von Abläufen (Tagesablauf, besondere Erlebnisse) die Möglichkeit, die strukturelle Sprachenwicklung zu beobachten.

Eine Erhebung des *Sprachverstehens* zählt zu den unbedingt erforderlichen Komponenten der Diagnostik. Das rezeptive Sprachniveau (Sprachverständnis) ist der direkten Beobachtung im Alltag nicht zugänglich und lässt sich lediglich durch beobachtetes Verhalten als Reaktion auf sprachliche Äußerungen beobachten. Aufgrund der kontextuellen Einbettung von Sprache (z. B. in Alltagsroutinen) sowie den begleitenden Einsatz von Körpersprache wird das Sprachverständnis von Menschen mit einer Störung der Intelligenzentwicklung – insbesondere im mittelgradigen Bereich – oftmals überschätzt. Generell kann aus einem Verstehen von Einzelwörtern noch keineswegs auf ein Verstehen von Phrasen- und Satzstrukturen (z. B. Markierungen von Mehrzahl, Vergangenheit, Verneinung, Kausalität etc.) geschlossen werden. Dies kann wiederum dazu führen, dass das Sprachverstehen als möglicher Einflussfaktor auf Verhaltensprobleme unzureichend beachtet wird. Zur Einstufung eignen sich die Verhaltensweisen der Stufen *Symbolisch I* bis *Syntaktisch I*, die im Optimalfall direkt in Frageform an die Person mit einer Störung der Intelligenzentwicklung gerichtet werden können, falls nicht möglich an die Bezugsperson (Erkennt er/sie Emotionen über den stimmlichen Ausdruck? Versteht er/sie Wörter wie »nein« oder »Stopp«, Bezeichnungen von Familienangehörigen, von Körperteilen, Kleidungsstücken, Alltagshandlungen etc.?). Der an einer Gesamtpopulation von Kindern normierte Hörverständnisfragebogen *LittlEARS* bietet sich für die Einschätzung von auditivem Verhalten und einfachem Wortverständnis an (Coninx et al. 2009). Auf niedrigem Funktionsniveau empfiehlt es sich, durch direkte Fragen (bzw. durch Aufforderungen der Bezugsperson) ein Zeigen auf Körperteile oder persönliche wichtige Gegenstände zu entlocken. Auch die Bitte, einzelne Gegenstände aus einer Auswahl von mehreren zuzureichen oder der Bezugsperson zu geben, hilft zur Einschätzung einfachen Sprachverständnisses. Ab etwa einer Zuordnung zur Stufe *Symbolisch II* können wiederum Sprachtestverfahren eingesetzt werden. Zur Ermittlung des passiven Wortschatzes (Wortverständnis) kann der *PPVT-4* (*Peabody Picture*

Vocabulary Test; Lenhard et al. 2015), der für den Altersbereich von 3;0 bis 16;11 Jahren normiert ist, eingesetzt werden. Hier gilt es, aus einer Mehrfeldertafel das benannte Item auszuwählen. Ähnlich aufgebaut ist der *TROG-D* (Test zur Überprüfung des Grammatikverständnisses; Fox-Boyer 2020) mit Normen für 3;0 bis 10;11 Jahren. Er ermittelt das Verständnis von grammatischen Strukturen mit zunehmender Komplexität.

Für die Dimension der *sozialen Kommunikation* gilt es einerseits, kommunikative Funktionen und andererseits das Interaktionsverhalten – wiederum angelehnt an das Stufenmodell (siehe Abb. 5-2) – zu erfragen und zu beobachten. Beide Aspekte der sozialen Kommunikation sind für die Interventionsplanung von hoher Bedeutung. Klinisch praktisch hat sich die Befragung von Bezugspersonen hier sehr bewährt. Bei Hinweisen auf spezifische Schwächen im Bereich der sozialen Kommunikation empfehlen sich als Autismus-Screening die Durchführung der Fremdbeurteilungsfragebögen *DiBAS-R* (Sappok et al. 2015) und *SEAS-M* (Kraijer & Melchers 2007), die für Menschen mit Störungen der Intelligenzentwicklung normiert sind. Zur modalitätsunabhängigen Erfassung sozialer Kommunikationsfertigkeiten bietet sich der *QSC-ID* (Weber et al. 2021) an, für den erste Normen einer Stichprobe gehörloser Menschen mit Störungen der Intelligenzentwicklung vorliegen. Als Grundlage für die Indikation und Auswahl von angepassten Kommunikationsmitteln (z.B. reale Objekte, Fotos, Bildsymbole) bei Erwachsenen mit einer Störung der Intelligenzentwicklung und Autismus empfiehlt sich das Verfahren *ComFor* (Wegbereiter von Kommunikation; Verpoorten et al. 2019).

5.3.2 Unterstützende Maßnahmen

In Abhängigkeit von der erreichten Stufe der Sprach- und Kommunikationsentwicklung gilt es, sowohl die Kommunikationsmittel als auch die Interaktions- und Kommunikations(förder)strategie durch das Umfeld zu wählen. So gilt es, auf Stufe 1 (*Prä-intentional*) der Person mit einer Störung der Intelligenzentwicklung über strukturierte Abläufe und wiederkehrende Routinen Sicherheit zu geben, sprachliche Prosodie und taktile Kommunikation einzusetzen. Ein Imitieren (Spiegeln) von Verhalten durch die Bezugsperson sowie ein Unterbrechen etablierter, angenehmer Routinen und Abwarten von Signalen, um deren Fortführung zu erwirken, unterstützen die Entwicklung intentionaler Kommunikation. Auf Stufe 1 ist der Einsatz von Symbolen (Bilder, Gebärden) oder von Kommunikationstechnik (z.B. sprechende Taster) als alternative Kommunikation nicht sinnvoll. Kommunikation erfolgt über die Stimme, Körpersprache und Körperkontakt.

Auf Stufe 2 (*Intentional*) ist das Angebot realer Alltagsgegenstände (Jausenbox, Ball des Kugelbads, Jacke etc.) angezeigt. Eine Auswahl dieser Gegenstände kann zur Ankündigung und zum Ausdruck von Bedürfnissen angeboten werden. Auch können einfache Gesten (z.B. Winken, Reichgeste, ablehnende Geste) über sensitives Führen der Hand (im Optimalfall von unten: *hand under*) in den konkreten Interaktionssituationen (z.B. beim Essen, Grüßen, Spielen) eingesetzt werden. Handlungsbegleitende einfache Sprache, orientiert am aktuellen Aufmerksamkeitsfokus des Menschen mit einer Störung der Intelligenzentwicklung, ist förderlich. Imitationen von Verhalten des Menschen mit einer Intelligenzentwicklungsstörung können zu mehreren »Turns« (Hin und Her der Kommunikation) entwickelt werden. Austauschspiele und -aktivitäten fördern die Wechselseitigkeit in der Interaktion, einfache Tastenspielzeuge das Erfassen von Ursache-Wirkungsbeziehungen.

Auf Stufe 3 (*Symbolisch I*) lässt sich ein aktiver Einsatz von Symbolen erwarten, das heißt Kommunikation kann mittels Gebärden, Bildsymbolen und Sprachausgabegeräten unterstützt werden. Auf den weiteren Stufen der Kommunikationsentwicklung sind je nach den individuellen Voraussetzungen alltagsintegrierte Förderstrategien, z. B. korrektives Feedback oder Erweiterungen und Ergänzungen einfacher Sprache des Menschen mit einer Störung der Intelligenzentwicklung durch sein Gegenüber förderlich. Für den Spracherwerb essenziell ist es, durch responsives, das heißt zugewandt reagierendes Kommunikationsverhalten dem Menschen mit einer Störung der Intelligenzentwicklung ausreichend im Gespräch die Führung und starke aktive Partizipationsmöglichkeit im Gespräch zu ermöglichen.

Bei Vorliegen einer rezeptiven Sprachentwicklungsstörung bei Menschen mit mittelgradiger oder schwerer Intelligenzentwicklungsstörung empfehlen sich neben einer Anpassung des Sprachniveaus der Kommunikationspartner, der Geschwindigkeit der Sprache und der Begleitung durch eindeutige Köpersprache insbesondere handlungsorientierte Ansätze der Intervention. Hier wird einfache Sprache passgenau zu den aktuellen Interessen und Tätigkeiten des Betroffenen und der Bezugsperson eingesetzt. Alltägliche Routinen (Essen, Körperpflege, Sport, Spiel etc.) eignen sich hervorragend, da sie auch ausreichend Wiederholungsmöglichkeit bieten. In der *Handlungsorientierten Therapie* (H.O.T.; Weigl & Reddemann-Tschaikner 2009) werden Alltagshandlungen in Teilschritte (z. B. Planungen, d. h. Auswahl und Benennung von Materialien und Besprechung der Abläufe, Handlung mit Sprachbegleitung, nochmalige Versprachlichung) strukturiert. Bei Menschen mit Störungen der Intelligenzentwicklung kann darüber hinaus auch logopädische Einzeltherapie hilfreich sein, die z. B. auf Grammatikerwerb abzielt und Strategien vermittelt, wie unzureichendes Sprachverständnis erkannt wird und wie damit umgegangen werden kann. Bei schwerer ausgeprägten Sprachverständnisproblemen, insbesondere bei schweren Graden der Intelligenzentwicklungsstörung und noch nicht vorhandenem Symbolverständnis (Stufe 2) ist neben dem Einsatz natürlicher Gesten und expressiver Mimik als Begleitung zu stimmlich variantenreicher Lautsprache die Verwendung von Referenzobjekten und von Fotos realer Gegenstände oder Situationen empfehlenswert.

Bei eingeschränkter sozialer Kommunikation empfiehlt sich einerseits ein direktes Modellieren und andererseits Einüben kommunikativer Funktionen (z. B. Wie gewinnt man die Aufmerksamkeit des Gegenübers? Wie grüßt man? Wie bittet man um Hilfe? Wie stellt man Fragen?), dies möglichst in konkreten Interaktionssituationen und durchaus vorbereitet in sprachtherapeutischen Einzelsettings. Im Falle eingeschränkter sozialer Kommunikationsinitiativen kann die Schaffung von Kommunikationsanlässen durch die Unterbrechung von oftmals kommunikationslosen Routinen erforderlich sein, um Kommunikationsinitiativen zu fördern.

FALLBEISPIEL

Herr P., ein 25-jähriger Mann mit vermutlich schwerer intellektueller Entwicklungsstörung unklarer Ätiologie, wird aufgrund ausbleibender Entwicklung gesprochener Sprache von seiner Mutter vorgestellt, die die Frage nach dem Einsatz von alternativer Kommunikation inkl. technischer Kommunikation stellt. Zur expressiven Kommunikation kann ergänzend erhoben werden, dass er Gesten (z. B. Klatschen oder Winken) wiederholen kann und vereinzelt Zeigegesten einsetzt. In der Schulzeit sei versucht worden, Gebärden in der Unterstützten Kommunikation einzusetzen, die allerdings nicht für die aktive Kommunikation umgesetzt werden konnten. In der Untersuchungssituation steht er einmal auf und richtet seine offene Hand auf die Tür, um so mitzuteilen, dass er zur Toilette gehen will. Hinsichtlich des Sprachverstehens lässt sich erheben, dass er sehr häufige Alltagswörter verstehe. In der direkten Beobachtung kann er wenige benannte Einzelgegenstände (z. B. Tasse, Ball) aus einer kleinen geschlossenen Menge von Gegenständen zureichen, hier zeigen sich bereits deutliche Unsicherheiten, auf benannte Körperteile wird nicht gezeigt. Hinsichtlich der sozialen Kommunikation werden fast alle Verhaltensweisen der intentionalen Stufe berichtet. Um Bedürfnisse auszudrücken, würden reale Objekte kommunikativ eingesetzt. So würde Herr P. ein Glas oder eine Kaffeetasse bringen, um Wasser oder Kaffee zu bekommen, oder seine Reittasche, um den Wunsch nach Reiten auszudrücken. Ein Antippen erwünschter Gegenstände (nur vereinzelt Zeigen) mit gleichzeitigem Blick zur Bezugsperson werde ebenso eingesetzt. Hinsichtlich kognitiver Voraussetzungen für die Kommunikationsentwicklung lässt sich sicher erworbene Objektpermanenz beobachten, auch ein Erfassen von Ursache-Wirkungs-Zusammenhängen (z. B. gezieltes Betätigen von Schaltern) sowie funktionale Verwendung einiger Alltagsgegenstände. Über Kommunikationsnot im Alltag wird nicht berichtet. Sprechende Taster zum Austausch von Information zwischen der Tagesstruktur und der Familie werden von Herrn P. selbst betätigt. Die Mutter geht davon aus, dass er einzelne Wörter der aufgenommenen Mitteilungen verstehen würde. Insgesamt ergibt sich ein kommunikativer Entwicklungsstand auf der Intentionalen Stufe (2). Für die Intervention lässt sich ableiten, dass die aktuell verwendeten Kommunikationsmittel (reale Objekte, Gesten) dem Entwicklungsstand gut angepasst sind. Zur weiteren Kommunikationsentwicklung ist eine zahlenmäßige Erweiterung der Referenzobjekte und der Einsatz von Fotos dieser realen Objekte zu empfehlen. Auch Fotos von Herrn P. beim Verrichten gewisser Tätigkeiten sollten zunächst zur Ankündigung/Planung nächster Aktivitäten (Tagesplan) eingesetzt werden. Schließlich können diese Fotos auch aus einer Auswahl von zweien (oder mehreren) von Herrn P. ausgewählt werden und so seine Selbstbestimmung steigern. So kann die Selbstbestimmung verbessert werden. Mit Fotos kombinierte Sprachausgabegeräte erscheinen erst sinnvoll, wenn Fotos in höherer Zahl kommunikativ eingesetzt werden können. Auch der Einsatz von Gebärden oder Bildsymbolen wird aufgrund des unzureichenden Symbolverständnisses aktuell nicht empfohlen. In der Interaktion benötigt Herr P. sehr einfache Sprache, er profitiert für die Entwicklung des Sprachverstehens davon, wenn seine aktuellen Interessen und Tätigkeiten versprachlicht werden (einfache handlungsbegleitende Sprache).

5.4 Fazit

Zusammenfassend rückt die ICD-11 die Erkennung und Intervention von Sprach- und Kommunikationsproblemen bei Menschen mit Störungen der Intelligenzentwicklung neu in den Vordergrund. Es gilt, durch den Einsatz praxistauglicher Instrumente die in der ICD-11 eingeschlossenen Dimensionen der Sprechproduktion (Lautbildung), der Expression, des Verstehens und des sozialen Gebrauchs von Sprache zu erfassen und darauf aufbauend die Wahl angepasster Kommunikationsmittel und die Anpassung des Interaktionsverhaltens des Umfelds zu gestalten.

TANJA SAPPOK, THOMAS BERGMANN & MARIEKE CONTY

6 Autismus-Spektrum-Störungen (ICD-11 6A02)

6.1 Die Codierung von Autismus-Spektrum-Störungen in der ICD-11

In der ICD-11 werden die Autismus-Spektrum-Störungen (Code: 6A02; ICD-10: F84) als Subgruppe der »Neuronalen Entwicklungsstörungen« (Code: 6A0) aufgeführt. Damit verbunden ist ein mehrdimensionales Störungsverständnis und ein Abwenden vom kategorialen Ansatz der ICD-10, welches zwischen dem frühkindlichen Autismus, Asperger-Syndrom, atypischem Autismus und dem Rett-Syndrom differenzierte. Analog zu den »specifiern« im DSM-5 (APA 2013) können in der ICD-11 nun Autismus-Spektrum-Störungen mit und ohne Störung der Intelligenzentwicklung bzw. mit und ohne Beeinträchtigung der Sprache verschlüsselt werden (Tab. 6-1).

Die funktionale Sprache kann dabei sowohl gesprochen als auch gebärdet werden. Sie gilt laut ICD-11 als »beeinträchtigt«, wenn die Person im Verhältnis zum Alter nicht in der Lage ist, »mehr als einzelne Wörter oder einfache Sätze für instrumentelle Zwecke zu verwenden, z. B. um persönliche Bedürfnisse und Wünsche auszudrücken«. Eine Störung der Intelligenzentwicklung wird diagnostiziert, wenn die intellektuellen Leistungen und adaptives Verhalten zwei oder mehr Standardabweichungen unter dem Mittelwert liegen, also unter der 2,3 Perzentile. Die Störung der Intelligenzentwicklung sollte zusätzlich separat entsprechend dem Schweregrad klassifiziert werden. Aufgrund der autis-

ICD-11-Code	Autismus-Spektrum-Störung	Störung der Intelligenzentwicklung	Funktionale Sprache
6A02.0	ja	nein	unbeeinträchtigt
6A02.1	ja	ja	unbeeinträchtigt
6A02.2	ja	nein	beeinträchtigt
6A02.3	ja	ja	beeinträchtigt
6A02.5	ja	ja	fehlt

Tab. 6-1: Subgruppen von Autismus-Spektrum-Störungen in der ICD-11

musassoziierten sozialen Beeinträchtigung sollte bei der Beurteilung der intellektuellen Fähigkeiten der Fokus auf den intellektuellen, konzeptionellen und praktischen Bereichen und nicht bei der sozialen Anpassung liegen.

6.2 Definition

Die Autismus-Spektrum-Störung zeigt sich erstens in Schwierigkeiten in der wechselseitigen sozialen Interaktion und Kommunikation und zweitens in eingeschränkten, sich wiederholenden und unflexiblen Verhaltensmustern, Interessen oder Aktivitäten. Zu dieser zweiten Domäne werden erstmals auch sensorische Auffälligkeiten gezählt.

Die Autismus-Spektrum-Störung beginnt typischerweise in der frühen Kindheit und beeinträchtigt die persönlichen, familiären, sozialen und beruflichen Lebensbereiche erheblich. Ein breites Spektrum an intellektuellen Funktionen und Sprachfähigkeiten ist möglich. Die Diagnose wird klinisch aufgrund der Symptomkonstellation gestellt.

MERKE
Autismus-Spektrum-Störungen können mit und ohne eine Störung der Intelligenzentwicklung einhergehen. Die gegebenenfalls vorliegende kognitive Beeinträchtigung muss separat verschlüsselt werden.

6.3 Ätiologie

Eine Autismus-Spektrum-Störung kann vielfältige Ursachen haben, z. B. genetisch, aber auch durch prä-, peri- oder postnatale Schädigung der entsprechenden neuronalen Netzwerke. Dabei spielen diverse Gene eine Rolle und es gibt breite Überlappungen mit anderen neuronalen Entwicklungsstörungen (Wright et al. 2015).

Beim sogenannten syndromalen Autismus liegt eine genetisch umschriebene Ursache vor. Hier werden autosomal rezessive (z. B. Smith-Lemli-Opitz-Syndrom oder Cohen-Syndrom), autosomal dominante (z. B. Tuberöse Sklerose, Angelman-Syndrom oder Phelan-McDermid-Syndrom) und X-chromosomale (z. B. Fragiles-X-Syndrom) Formen beschrieben. Insgesamt sind nach einer Übersicht von de la Torre-Ubieta et al. (2016) ca. 3,4 % der Autismusformen syndromal bedingt. Daneben werden in 1,3 % auch Kopienzahl-Varianten (z. B. NRXN1 del, 16p11.2 del oder 15q11.2q13 dup) und etwa genauso häufig De-novo- (d. h. neu aufgetretene) Singlenucleotid-Varianten (z. B. CHD8, DYRK1A, SCN2A) beschrieben. Trotz dieses geringen Anteils bekannter genetischer Ursachen geht man – aufgrund von poly- und epigenetischen Phänomenen – von einem genetischen Anteil von mind. 60 % aller Autismusfälle aus (de la Torre-Ubieta et al. 2016). Daneben können z. B. Infektionskrankheiten (Rötelnembryopathie, peri- oder postnatale Meningoenzephalitiden z. B. durch Herpes-simplex-Virus, Zytomegalievirus, *Haemophilus influenzae*), perinatale Hypoxie, metabolische Störungen (z. B. Phenylketonurie, Hypothyreose) oder toxische Störungen eine Autismus-Spektrum-Störung verursachen.

Diese genannten genetischen Faktoren, aber auch andere, z. B. hormonelle (Testosteron) oder entzündliche Störungen verändern auf molekularer Ebene die Proteintranskription und -translation (z. B. mTOR bei Tuberöser Sklerose), intrazelluläre Stoffwechselvorgänge (z. B. beta-Catenin) und die synaptische Transmission (z. B. SHANK, UBE3A oder MECP2). Die damit verbundenen zellulären Effekte verändern die Hirnarchitektur, z. B. in Bezug auf die Kortexdicke, die weiße Substanz (z. B. Pruningdefizite mit lokaler Hyperkonnektivität) und synaptische Funktionen (z. B. Imbalancen zwischen exzitatorischen und inhibitorischen Synapsen). Daraus entwickeln sich weitreichende Veränderungen mit Hypo- und Hyperkonnektivität in bestimmten Hirnregionen (Ilioska et al. 2023). Die Hypokonnektivität betraf vor allem sensorische Netzwerke und Aufmerksamkeitsnetzwerke höherer Ordnung und korrelierte mit sozialen Beeinträchtigungen, restriktivem und repetitivem Verhalten und sensorischer Verarbeitung. Hyperkonnektivität wurde vor allem zwischen dem Default-Mode-Netzwerk und dem Rest des Gehirns sowie zwischen kortikalen und subkortikalen Systemen beobachtet. Dieses Muster war stark mit sozialen Beeinträchtigungen und sensorischer Verarbeitung verbunden.

Neuropsychologisch finden sich Veränderungen in der Theory of Mind, der zentralen Kohärenz und den Exekutivfunktionen. Theory of Mind beschreibt die Fähigkeit, sich selbst und anderen mentale Zustände, Gefühle oder Absichten zuzuschreiben. Bei Personen mit Störungen der Intelligenzentwicklung und Autismus sind diese Fähigkeiten beeinträchtigt (Happé 1994). Zentrale Kohärenz beschreibt die Fähigkeit, Teile zu einem Ganzen zusammenzufügen und in einen Gesamtzusammenhang einordnen zu können (Van Lang et al. 2006). Personen mit einer Autismus-Spektrum-Störung nehmen eher Details wahr und können z. B. komplexe Situationen oder Bedingungen schlechter erfassen. Exekutivfunktionen dienen der Handlungsplanung und -steuerung und sind bei Menschen mit Störungen der Intelligenzentwicklung und Autismus stärker bzw. häufiger als bei einer Kontrollgruppe mit vergleichbarem IQ ohne Autismus beeinträchtigt (Hill 2004). Dadurch können einfach erscheinende Handlungsabläufe wie z. B. das Ankleiden oder die Morgenhygiene langfristig unter Umständen nicht allein bewältigt werden und es braucht entsprechende Unterstützung, z. B. durch Visualisierung der Handlungsschritte.

6.4 Diagnostik

Die Diagnostik von Autismus-Spektrum-Störungen ist aufgrund fehlender biologischer Marker, notwendiger Quer- und Längsschnittbetrachtung über die Lebensspanne, häufiger Komorbiditäten, schwieriger differenzialdiagnostischer Abgrenzung zu psychischen Störungen sowie sensorischen Behinderungen und Störungen der Intelligenzentwicklung mit sich überscheidendem Symptombild, komplex. Es handelt sich im Wesentlichen um eine phänomenologische Summationsdiagnose, bei der über die Lebenszeit stabile autismusspezifische Verhaltensmerkmale sowohl im Bereich der sozialen Kommunikation und Interaktion, als auch im Bereich restriktiver, repetitiver Verhaltensmuster, Interessen und Aktivitäten zu beobachten sein müssen.

Die Abgrenzung einer Autismus-Spektrum-Störung zu anderen Entwicklungsstörungen ist herausfordernd (siehe Abschn. 6.5.1 und 6.5.2, Differenzialdiagnostik) und es kann bei Menschen mit und ohne Störungen der Intelligenzentwicklung zu Verzerrungen und Fehldiagnosen kommen. Eine »diagnostic substitution« liegt dann vor, wenn bei Menschen aus dem Autismus-Spektrum spezifische Besonderheiten mit einer Störung der Intelligenzentwicklung in Verbindung gebracht werden, auch wenn die kognitive Entwicklung grundsätzlich nicht beeinträchtigt ist. Bei sich überschneidenden Symptombildern kann dies durch ein oft unebenes kognitives Leistungsprofil (Takayanagi et al. 2022) oder Irritation in Testsituationen aufgrund sozialer und kommunikativer Schwierigkeiten begünstigt werden. Auch die Substitution einer Störung der Intelligenzentwicklung durch eine Autismus-Spektrum-Störung ist gerade im Kinderbereich häufig und kann mit zunehmenden Prävalenzraten in Verbindung gebracht werden (Coo et al. 2007). Als mögliche Erklärungen aus der Elternperspektive kommt eine höhere gesellschaftliche Akzeptanz von »Autismus« versus einer »geistigen Behinderung« infrage oder auch der erleichterte Zugang zu Unterstützungsangeboten, wie z. B. eine Schulbegleitung oder Einzelfallhilfe.

Ein »diagnostic overshadowing« liegt dort vor, wo eine Autismus-Spektrum-Störung nicht erkannt wird und Besonderheiten im Verhalten einer komorbiden Störung der Intelligenzentwicklung zugeschrieben werden. Dies kann dazu führen, dass fehlende autismusspezifische Förder- und Umgangskonzepte sowie ausbleibende Anpassungen der Umwelt an autistische Denk- und Wahrnehmungsbesonderheiten zu erhöhtem Stress, eingeschränkter Lebensqualität, Problemverhalten und einer höheren Vulnerabilität für komorbide psychische Störungen führen kann. So wird vom Europäischen Parlament das Recht autistischer Menschen auf den Zugang zu einer unvoreingenommenen, genauen klinischen Diagnose und Beurteilung anerkannt, verbunden mit dem Recht auf das Angebot und den Zugang zu einer angemessenen pädagogischen Betreuung (Autismus Europa 1992).

Zur zeitnahen, orientierenden Abklärung stehen Screeninginstrumente für verschiedene Altersgruppen und Funktionsniveaus zur Verfügung. Bei Erhärtung des Autismus-Verdachts wird die Abklärung durch eine auf Autismus-Spektrum-Störungen spezialisierte Stelle empfohlen (AWMF 2016). Zur eingehenden Autismus-Abklärung gibt es einen diagnostischen Goldstandard im Kinder- und Jugendbereich, nicht jedoch für Erwachsene und Menschen mit zusätzlicher Störung der Intelligenzentwicklung. Dennoch kann auch hier unterstützt durch angepasste diagnostische Instrumente aus dem Kinder- und Jugendbereich und neu entwickelte Verfahren eine eingehende Autismus-Diagnostik durch interdisziplinäres Expertenurteil erfolgen, was die Basis für weitere Behandlungs- und Unterstützungsmaßnahmen ist.

Unabhängig von der Intelligenzentwicklung sollte der diagnostische Prozess in drei Schritten erfolgen:
1. Symptomatik (Beobachtung von Auffälligkeiten mit Verdacht auf eine Autismus-Spektrum-Störung)
2. Screening (Überprüfung des Verdachts mit ökonomischen Fragebögen zur Selbst- und Fremdbeurteilung)
3. eingehende Diagnostik (Diagnosesicherung mit aufwendigen Verfahren in direktem Kontakt mit den betreffenden Personen und deren Bezugspersonen)

Neben der Erfassung der Autismus spezifischen Symptomatik im Quer- und Längsschnitt sollte die eingehende Diagnostik leitliniengerecht (AWMF 2016) Folgendes umfassen:

- **testpsychologische Untersuchung** – vor allem Leistungstest hinsichtlich Intelligenz- und Sprachniveau
- **Profil von Stärken und Schwächen** – Zusammenfassung der Befunde hinsichtlich weiterer Maßnahmen wie Förderplanung, Unterstützungsbedarf oder berufliche Ausrichtung
- **körperliche Untersuchung** – komplette internistisch-neurologische Untersuchung mit Fokus auf Selbstverletzungen, Waschzwang, Essstörungen, sensorische Besonderheiten sowie körperliche Misshandlungen
- **apparative Diagnostik** – vor allem EEG, MRT nur bei klarer Indikation anderer internistisch-neurologischer Befunde
- Auf Laboruntersuchungen kann verzichtet werden.

Nach Noterdaeme & Hutzelmeyer-Nickels (2010) lag das durchschnittliche Alter zum Zeitpunkt der ersten Diagnose mit 76 Monaten für Autismus und 110 Monaten für das Asperger-Syndrom deutlich über dem internationalen Durchschnitt, was auf eine mangelhafte Versorgungssituation in Deutschland hindeutet. Der Hinweis auf einen dringenden Verbesserungsbedarf bezüglich der frühzeitigen, zeitnahen und korrekten Diagnose von Autismus-Spektrum-Störungen in Deutschland (AWMF 2016) mag zu einer leichten Verbesserung durch mehr spezialisierte Zentren geführt haben, wozu jedoch keine aktuellen Daten vorliegen. Insbesondere für Erwachsene mit Autismus-Verdacht gibt es Barrieren, angefangen bei auf Telefon eingeschränkte Kontaktmöglichkeit für betroffene Menschen, die in Ihrer sozialen Kommunikationsfähig eingeschränkt sind und oft Kontakt per E-Mail bevorzugen. Hinzu kommen das komplexe Überweisungsprocedere zur Ambulanz vom Hausarzt oder einer Ärztin über eine psychiatrische Fachkraft und unzumutbare Wartezeiten, die in Internetforen von Betroffenen mit sechs Monaten bis zu drei Jahren beziffert werden.

6.5 ICD-11-Störungsbilder bei neuronalen Entwicklungsstörungen

6.5.1 Autismus-Spektrum-Störungen ohne Störungen der Intelligenzentwicklung (ICD-11 6A02.0 bzw. 6A02.2)

Definition

Die Autismus-Spektrum-Störung zeigt sich in der oben aufgeführten Symptomdyade mit Beeinträchtigung der sozialen Interaktion und Kommunikation einerseits und eingeschränkten, sich wiederholenden und unflexiblen Verhaltensweisen und Interessen inkl. sensorischer Besonderheiten andererseits. Die intellektuellen Fähigkeiten und das adaptive Verhalten liegen über dem 2,3. Perzentil. Die funktionale Sprache (gesprochen oder gebärdet) ist unauffällig (6A02.0) oder beeinträchtigt (6A02.0).

Prävalenz

Die Prävalenz von Autismus-Spektrum-Störungen unter 8-jährigen Kindern lag nach Angaben des Centers of Disease Control and

Prevention (CDC) der Vereinigten Staaten im Jahr 2018 bei 2,3 %, das bedeutet 1 von 44 Kindern ist betroffen (Maenner et al. 2021). Die Prävalenzraten steigen seit Beginn der Erhebung im Jahr 2000 (0,067 %) stetig an. Bei 35 % der Kinder mit einer Leistungstestung liegt zusätzlich eine kognitive Beeinträchtigung vor. Die Diagnose wird bei Kindern ohne kognitive Beeinträchtigung später gestellt (53 vs. 44 Monate). Die Prävalenzen sind im Erwachsenenalter ähnlich (1,1 %) (Brugha et al. 2016).

Bei Männern werden häufiger Autismus-Spektrum-Störungen diagnostiziert als bei Frauen (ca. 10:1). In der Untersuchung von Brugha et al. (2016) lagen die Prävalenzen im hochfunktionalen Bereich bei 1,9 % bei Männern vs. 0,2 % bei Frauen (siehe Exkurs).

EXKURS Autismus-Spektrum-Störungen bei Frauen

»Ich hatte nur das Gefühl, dass ich anders bin – wusste aber nicht warum«, berichtet eine junge Frau, bei der mit 17 Jahren das Asperger-Syndrom diagnostiziert wurde (Häfner 2022). In spezialisierten Diagnostik Sprechstunden werden oft Mütter vorstellig, die erst durch die Autismusdiagnose ihrer Kinder typische Auffälligkeiten bei sich selbst erkennen und diese in Zusammenhang mit eigenen Belastungen und Problemen sehen können. Diese späte oder auch fehlende Diagnose einer Autismus-Spektrum-Störung bei Mädchen und Frauen vor allem im Bereich der Normintelligenz mag an dem stereotypen Bild eines männlichen Autisten liegen, mit entsprechender Blindheit für einen weiblichen autistischen Phänotyp. Es wird angenommen, dass Frauen im Vergleich zu Männern eine stärkere Fähigkeit haben, sozial akzeptables Verhalten zu imitieren, insbesondere Frauen mit höheren kognitiven Fähigkeiten. Neben dieser Anpassungsleistung gibt es die »Camouflage«-Hypothese, wonach Frauen mit einer Autismus-Spektrum-Störung oberflächliche soziale Fähigkeiten zeigen, die ihre Autismus-Symptomatik maskieren können, was sich auf die Identifizierung der Störung auswirkt. Ein systematisches Review (Alley 2019) identifiziert die Fähigkeit, Schwierigkeiten in sozialen Situationen zu »tarnen« als eines der Hauptmerkmale des weiblichen autistischen Phänotyps. Damit ermöglicht soziale Nachahmung oder Tarnung ein gewisses Maß an Erfolg und Alltagsbewältigung, was dazu führt, dass einige Frauen nie die Diagnose Autismus-Spektrum-Störung erhalten. In der Regel zeigen Frauen mit Autismus keine erkennbaren funktionellen Beeinträchtigungen – unter der Oberfläche der Tarnung können sie jedoch ein hohes Maß an subjektivem Stress, Angst und Erschöpfung empfinden und das Bedürfnis nach Erholung und Regeneration haben. Diese Belastung kann neben einer späten Diagnose und dem entsprechenden Ausbleiben spezifischer Förderung und Unterstützung die Erklärung für die höhere Vulnerabilität für psychische Erkrankungen bei Frauen im Vergleich zu Männern innerhalb des Autismus-Spektrums sein (Martini et al. 2022). Andererseits haben Frauen signifikant mehr psychiatrische Diagnosen vor der Feststellung einer Autismus-Spektrum-Störung erhalten, was auf nicht-zielführende Behandlungsversuche hinweist (Belcher et al. 2023). All dies deutet darauf hin, dass es weiteren Bedarf an der Erforschung von positiven und negativen Auswirkungen des Phänomens der »Tarnung« oder des »Vorgebens, normal zu sein« bei Frauen mit aus dem Autismus-Spektrum gibt, dass ein weiblicher autistischer Phänotyp bei der Diagnostik im Blick sein sollte und dass in Screening- und Diagnoseverfahren geschlechterspezifische Unterschiede berücksichtigt werden sollten.

Diagnostik

Um Menschen mit einer Autismus-Spektrum-Störung frühzeitig unterstützen zu können und ihre Entwicklungsmöglichkeiten zu verbessern, ist eine Früherkennung autismustypischer Besonderheiten notwendig.

Die erste Wahrnehmung von Auffälligkeiten erfolgt meist durch die Eltern, zum Teil bereits im ersten Lebensjahr. Hier sind es vor allem Störungen des Aufmerksamkeitssystems, insbesondere Schwierigkeiten, die Aufmerksamkeit von einem Objekt zu lösen und die verringerte Aufmerksamkeit auf soziale Stimuli im Vergleich zu Objekten, was auf eine Autismus-Spektrum-Störung hinweisen kann (Chawarska et al. 2013). Auch kann bei Säuglingen mit später gesicherter Autismus-Diagnose oft eine Verzögerung der motorischen Entwicklung festgestellt werden (Esposito et al. 2009), die aber im späteren Verlauf noch deutlicher wird (Mohd Nordin et al. 2021). Weitere weniger spezifische frühe Hinweise sind exzessive Passivität oder Aktivität, Fütterstörungen (siehe Kap. 16) und Ablehnung körperlicher Berührungen aufgrund sensorischer Überempfindlichkeit. Da diese Merkmale keine empirisch abgesicherte Vorhersage erlauben, wird im Alter von 16 bis 18 Monaten eine Folgeuntersuchung zur Verlaufskontrolle empfohlen (AWMF 2016).

Etwa mit Beginn des zweiten Lebensjahres zeigen sich Symptome, die eindeutiger auf eine Autismus-Spektrum-Störung hinweisen, wie unmodulierter oder fehlender Blickkontakt, schwache Reaktion auf Rufen des Namens des Kindes, Schwierigkeiten bei gemeinsam gerichteter und geteilter Aufmerksamkeit, fehlende Imitation oder seltenes soziales Lächeln. Es können sich auch schon Auffälligkeiten aus der zweiten Domäne der autistischen Symptomatik zeigen, wie eine ungewöhnliche Exploration von Objekten und eine Vorliebe für geometrische Figuren. Bei Auffälligkeiten in dieser Entwicklungsperiode sollte die Differenzialdiagnose einer Autismus-Spektrum-Störung in Betracht gezogen werden und mit geeigneten Screening Instrumenten überprüft werden. Erhärtet sich der Verdacht, wird die Überweisung an eine auf Autismus-Diagnostik spezialisierte Stelle empfohlen (AWMF 2016).

Ab dem dritten Lebensjahr sind das fehlende Bringen, um etwas zu zeigen, eingeschränkte deutende Gestik, um Interesse zu teilen, und fehlendes »So-tun-als-Ob«-Spiel Marker, die auf eine Autismus-Spektrum-Störung hinweisen. Im Kindergartenalter treten durch die sozialen Anforderungen und dem Vergleich mit anderen Kindern autismustypische Besonderheiten besonders hervor. Ist das der Fall, sollte das Kind umgehend bei einer auf Autismus-Diagnostik spezialisierten Stelle vorgestellt werden. Die Schuleingangsuntersuchung bietet eine weitere Möglichkeit, bei Hinweisen auf eine Autismus-Spektrum-Störung entsprechend tätig zu werden.

Insbesondere Kinder mit höheren kognitiven Fähigkeiten und entsprechender Kompetenz, autismusspezifische Besonderheiten zu kaschieren oder zu kompensieren, können erst im Schulalter auffällig werden. Dies kann sich in Einzelgängertum oder häufigem Mobbing zeigen (Maïano et al. 2016). Die Herausforderungen wachsen für Kinder aus dem Autismus-Spektrum noch einmal ganz besonders mit der Pubertät, wo Sexualität und Zugehörigkeit zu einer Peer-Group ins Zentrum rücken. Hier werden Jugendliche aus dem Autismus-Spektrum oft auffällig, wenn sie diesen komplexen sozialen Anforderungen nicht mehr gerecht werden können. Lehrende und Bezugspersonen sollten auch in diesem Alter eine mögliche Autismus-Spektrum-Störung in Betracht ziehen, um den Betroffenen den Zugang zu einer umfassenden Diagnostik mit entsprechenden Unterstützungsmaßnahmen zu ermöglichen und ihnen letztlich auch ein Erklärungsmodell für ihr Anderssein zu bieten.

Auch im Erwachsenenalter sollte differenzialdiagnostisch an eine Autismus-Spektrum-Störung gedacht werden. So kann es Kindern und Jugendlichen mit hochfunktionalem Autismus gelingen, sich in den geregelten und strukturierten Schulbetrieb zu integrieren und sich gut zu entwickeln. Ein weniger vorstrukturiertes Studium mit lockerem sozialem Gefüge und hohen Anforderungen an Soft-Skills wie Teamfähigkeit und Flexibilität kann überfordernd sein und autismusspezifische Defizite deutlich machen, die hinter einer Belastungsreaktion stehen. Hier sollte auf eine für Diagnostik von Autismus-Spektrum-Störungen im Erwachsenenalter spezialisierte Stelle verwiesen werden, um ursachenspezifische Behandlung und Unterstützung zu gewährleisten. Auch im späteren Erwachsenenleben sollte eine mögliche Autismus-Spektrum-Störung in Betracht gezogen werden. Einerseits gibt es eine Sensibilität für Autismus verbunden mit einem diagnostischen Standard erst seit einigen Jahrzehnten, was nahelegt, dass bei vielen Erwachsenen gerade mit milder autistischer Symptomatik Auffälligkeiten in der Kindheit missinterpretiert wurden. Andererseits kann auch ein erfolgreiches Berufsleben aufgrund hoher fachlicher Expertise dann in eine Krise münden, wenn karrierebedingte zunehmende Leitungsverantwortung hohe soziale Kompetenz bei Mitarbeiterführung und Teamentwicklung erfordert. Dies kann zu Krisen führen, für deren Bewältigung die Kenntnis einer ursächlichen Autismus-Spektrum-Störung notwendig ist.

Insbesondere für den Kinder- und Jugendbereich stehen eine Vielzahl von Skalen und Instrumenten zur Verfügung, um den diagnostischen Prozess zu unterstützen. Im Folgenden werden die in der Leitlinie (AWMF 2021) empfohlenen deutschsprachigen diagnostischen Skalen und Instrumente genannt und kurz vorgestellt. Für das Screening stehen ökonomische Fragebögen zur Selbst- und Fremdbeurteilung für verschiedene Altersgruppen zur Verfügung.

Die *Modified Checklist for Autism in Toddlers, Revised with Follow-Up* (M-CHAT-R/F; Robins et al. 2009) ist ein Elternfragebogen, der als zweistufiges Screeninginstrument das Risiko für eine Autismus-Spektrum-Störung bei Kleinkindern ab dem 2. Lebensjahr erhebt. Der M-CHAT-R/F kann als Teil einer Vorsorgeuntersuchung durchgeführt und ausgewertet werden. Das primäre Ziel der Vorgängerversion (M-CHAT-R) war es, die Sensitivität zu maximieren, das heißt, so viele Verdachtsfälle wie möglich zu entdecken. Um den Anteil falsch auffälliger Kinder zu verringern, sind jedoch für die aktuelle Version (M-CHAT-R/F) zusätzliche Kontrollfragen entwickelt worden. Auch damit bleibt eine geringe Spezifität und die Autorinnen empfehlen eine umfassende Entwicklungsdiagnostik für jedes Kind mit einem auffälligen Screeningergebnis. Der M-CHAT-R/F ist für klinische, wissenschaftliche und Fortbildungszwecke zum freien Download verfügbar.

Der *Fragebogen zur Sozialen Kommunikation* (FSK; Bölte et al. 2006b) ist ein Fragebogen für Eltern von Kindern ab 4 Jahren bzw. einem Entwicklungsalter von 2 Jahren. Die Skala beinhaltet 40 binäre Items, die Bearbeitungsdauer wird mit 20 Minuten angegeben. Es liegen eine Lebenszeitversion und eine Form zur Erfassung des aktuellen Verhaltens vor. Der FSK wurde als komplementäre Skala zu ADOS und ADI-R entwickelt, welche weiter unten vorgestellt werden. Es liegen eine Lebenszeitversion und eine Form zur Erfassung des aktuellen Verhaltens vor. Für den FSK existieren mehrere Grenzwerte. Er kann bei Vorschul- und Grundschulkindern bezüglich aller Autismus-Spektrum-Störungen mit einem Cut-off-Wert von 11 (höhere Sensitivität, niedrigere Spezifität) eingesetzt werden, insbesondere wenn es um die Differenzialdiagnose Aufmerksamkeitsdefizit-Hyperaktivitätsstörung geht. Der Cut-off-Wert von 15 zeigt bei Schulkindern etwas ausgeglichenere Werte für Sensitivität und Spezifität, die aber insgesamt als mäßig zu beurteilen ist. Für Jugendliche und Erwachsene sind viele kindgerechte Items unangemessen, hier kann aber mit der Version »Lebenszeit« ein Screening nach den für die Diagnose entscheidenden frühen Auffälligkeiten durchgeführt werden.

Die *Skala zur Sozialen Reaktivität* (*SRS*; Bölte & Poustka 2008) ist ein 65 Items umfassender Elternfragebogen zur Beurteilung sozialer, kommunikativer und rigider Verhaltensweisen bei Kindern und Jugendlichen im Sinne einer dimensionalen Diagnostik von Autismus-Spektrum-Störungen. Damit eignet sich die SRS besonders zur Schweregradeinschätzung und zur Erfassung komorbider autistischer Merkmale bei anderen klinischen Gruppen. Die SRS enthält 45 Fragen zu reziproker sozialer Interaktion, 12 zu repetitiv-stereotypem Verhalten und 6 zu sozialem Sprachgebrauch, die Bearbeitungszeit wird mit 20 bis 30 Minuten angegeben.

Die aktualisierte Version *Skala zur Erfassung sozialer Reaktivität 2* (*SRS-2*; Rauh et al. 2023) zeichnet sich vor allem durch eine Erweiterung der Altersspanne mit zwei Elternfragebögen (2½- bis 4½-jährige Kleinkinder, 4- bis 18-jährige Kinder und Jugendliche) sowie zwei Fragebögen für Erwachsene zur Selbst- und Fremdbeurteilung. Darüber hinaus erfolgte eine Neunormierung sowie eine Anpassung an DSM-5- und ICD-11-Kriterien. Die Auswertung erfolgt primär über den Summenwert der Itemscores, darüber hinaus werden fünf Subskalen zur Profilanalyse generiert, die vor allem zur Planung und Evaluation von Intervention geeignet sind.

Die *Marburger Beurteilungsskala zum Asperger-Syndrom* (*MBAS*; Kamp-Becker et al. 2005) kann ab dem Grundschul- bis zum Jugendalter bei der Fragestellung einer hochfunktionalen Autismus-Spektrum-Störung eingesetzt werden. Eine enge Bezugsperson schätzt die Symptomatik auf einer fünfstufigen Rating-Skala ein, die 65 Fragen beziehen sich zum Teil auf den aktuellen Zustand, zum Teil auf die Symptomatik des vierten bis fünften Lebensjahres. Aufbau und Inhalt der Skala orientieren sich an den ICD-10- und DSM-IV-Kriterien, wobei auch weitere relevante Verhaltensweisen abgefragt werden.

Der *Autismus-Spektrum-Quotient* (*AQ*; Baron-Cohen et al. 2001) ist ein Selbstbeurteilungs-Fragebogen mit 50 Aussagen, von denen jede in einem Forced-Choice-Format gestellt wird. Der AQ wird in der Forschung vielfach genutzt, um autistische Merkmale bei neurotypischen Erwachsenen zu erfassen. Für das Autismus-Screening wurde zusätzlich eine Version für Kinder und eine für Jugendliche entwickelt. Alle Versionen sind online verfügbar und werden häufig als Selbsttest bei Verdacht auf Asperger-Syndrom bzw. hochfunktionalen Autismus verwendet. Von der deutschsprachigen Version für Erwachsene wurde eine Kurzversion entwickelt (Freitag et al. 2007), welche vorselektierte Stichproben zufriedenstellend trennte. In klinischer Praxis einer Diagnostiksprechstunde für Erwachsene mit Verdacht auf hochfunktionalen Autismus erwies sich der AQ jedoch als nicht ausreichend trennscharf (Sappok et al. 2023a).

Für die eingehende Diagnostik werden aufwendigere Verfahren mit einer Durchführungsdauer von 90 Minuten oder mehr verwendet, die geschultes Fachpersonal für die Durchführung und Auswertung erfordern. Hier gilt es die Hinweise auf eine Autismus-Spektrum-Störung zu objektivieren sowie durch eine angemessene Spezifität der Instrumente eine differenzialdiagnostische Abgrenzung vorzunehmen.

Quer- und Längsschnittdiagnostik ist erforderlich, um Symptomschwere und das Kriterium des frühen Beginns zu erfassen. Dazu eignen sich die beiden im Folgenden vorgestellten Instrumente, die in ihrer Kombination als diagnostischer Goldstandard für den Kinder- und Jugendbereich gelten.

Die *Diagnostische Beobachtungsskala für autistische Störungen 2* (*ADOS-2*; Poustka et al. 2015) ist ein Verfahren, das auf soziale Interaktion, reziproke Kommunikation und Spielverhalten fokussiert und für ein breites Altersspektrum ab zwölf Monaten geeignet ist. In Abhängigkeit vom Alter und Sprachniveau der jeweiligen Testperson wird eine von fünf Untersuchungsstrategien (Module) gewählt, um anhand von gezielt inszenierten spielerischen Elementen, Aktivitäten und Gesprächen diagnostisch relevante Verhaltensweisen auszulösen und im nächsten Schritt zu codieren. Für den Erwachsenenbereich wurde die diagnostische Güte des ADOS-2 unter Laborbedingungen überprüft, in klinischer Praxis zeigte sich jedoch mit einer geringen Spezifität von 57 % eine falsch positive Tendenz (Adamou et al. 2021). Damit sollten die Ergebnisse bei Erwachsenen mit Verdacht auf eine Autismus-Spektrum-Störung mit Vorsicht interpretiert werden.

Das *Diagnostische Interview für Autismus – Revidiert* (*ADI-R*; Bölte et al. 2006a) ist ein umfassendes Elterninterview für Kinder, Jugendliche und Erwachsene mit Verdacht auf eine Störung aus dem autistischen Spektrum ab einem Entwicklungsalter von zwei Jahren. Es eignet sich sowohl zur psychiatrischen Statusdiagnostik als auch zur Interventionsplanung und beinhaltet 93 Items zur frühkindlichen Entwicklung, zu Spracherwerb, verbalen und nonverbalen kommunikativen Fähigkeiten, Spiel- und sozialem Interaktionsverhalten, stereotypen Interessen und Aktivitäten sowie komorbiden Symptomen (Aggression, Selbstverletzung, Epilepsie). Der diagnostische Algorithmus und die Itemauswahl orientieren sich an der klinischen Klassifikation nach ICD-10 und DSM-IV-TR. Vor dem Hintergrund aktueller diagnostischer Richtlinien nach ICD-11 und DSM-5 legen verschiedene internationale Studien eine Überarbeitung nahe.

Differenzialdiagnostik

Zunächst ist eine Autismus-Spektrum-Störung zu anderen Entwicklungsstörungen abzugrenzen, was insbesondere im frühen Entwicklungsalter herausfordernd sein kann.

Bei einer *Sprachentwicklungsstörung* ist per se die soziale Kommunikationsfähigkeit eingeschränkt und es kann zu Echolalie, stereotypem Sprachgebrauch und Neologismen kommen. Dennoch ist die soziale Motivation nicht beeinträchtigt und nonverbale Kommunikationsmittel wie Blickkontakt und Gesten werden oft kompensatorisch genutzt. Weitere autismustypische Merkmale zeigen sich im Spielverhalten, eingeschränkter Theory of Mind (siehe Abschn. 6.3) und Schwierigkeiten in der Emotionserkennung. Zur Abgrenzung beider Störungsbilder ist die genaue Erfassung dieser Fertigkeiten im Entwicklungsverlauf von entscheidender Bedeutung.

Störungen der Intelligenzentwicklung betreffen nicht nur die kognitive Entwicklung, sondern gehen auch mit *verzögertem oder fehlendem Spracherwerb, eingeschränktem Sozialverhalten und reduzierten adaptiven Fähigkeiten, einer verzögerten emotionalen Entwicklung sowie sensorischen und motorischen Einschränkungen und Besonderheiten* einher. All diese Bereiche überschneiden sich mit autistischer Symptomatik, was eine differenzierte Betrachtung im Entwicklungsverlauf erfordert. Hierbei ist insbesondere auf die soziale Motivation und Orientierung (Blickkontakt, geteilte Aufmerksamkeit, nonverbale Kommunikation) zu achten, die entsprechend dem allgemeinen Entwicklungsstand nicht beeinträchtigt ist.

Obwohl *motorische Einschränkungen* bei Menschen aus dem Autismus-Spektrum häufig vorzufinden sind (Bhat 2021), ist eine isolierte entwicklungsbezogene Koordinationsstörung abzugrenzen. Hier finden sich gute kommunikative Fähigkeiten und ein unauffälliges Spielverhalten.

Eine *Aufmerksamkeitsdefizit-Hyperaktivitätsstörung (ADHS)* ist nach ICD-11 auch komorbid zu einer Autismus-Spektrum-Störung zu diagnostizieren, gleichzeitig aber auch von dieser abzugrenzen. Auf Verhaltensebene zeigen Personen mit einer Aufmerksamkeitsdefizit-Hyperaktivitätsstörung auch Defizite in ihrer Sozialkompetenz sowie Schwierigkeiten, Emotionen zu erkennen und richtig zu interpretieren. Dennoch zeigen sich im Vergleich zu Personen aus dem Autismus-Spektrum weniger Einschränkungen in der sozialen Wechselseitigkeit, der nonverbalen Interaktion sowie stereotype und repetitive Verhaltensweisen. Sind beide Störungsbilder im diagnostischen Prozess schwer voneinander zu trennen, soll die Aufmerksamkeitsdefizit-Hyperaktivitätsstörung zunächst leitliniengerecht behandelt werden und die Diagnostik mit Fokus auf eine Autismus-Spektrum-Störung im Verlauf wiederholt werden.

Affektive Störungen können sich in ihrer Symptomatik in akuten Phasen sowie bei chronischem Verlauf mit dem Bild einer Autismus-Spektrum-Störung überschneiden. So ist eine Depression durch sozialen Rückzug mit eingeschränkter verbaler und nonverbaler Kommunikation, Interessenlosigkeit an altersgerechten Aktivitäten und Kontakten, erhöhter Irritabilität mit sozial unangemessenem expansivem Verhalten und exekutiver Dysfunktion mit Problemen bei der Alltagsbewältigung gekennzeichnet. Hier hilft bei der Differenzierung die Längsschnittbetrachtung, da affektive Störungen oft episodisch verlaufen, in Zusammenhang mit Lebensereignissen stehen und sich in der Regel auch erst ab dem späteren Kindesalter etablieren.

Auch *Angststörungen* zeigen häufig Symptome, die autistisch anmuten können. Das betrifft Veränderungsängste mit entsprechenden rigiden Verhaltensweisen sowie kommunikative Aspekte wie bei der sozialen Phobie. Hauptmerkmal sind hier Versagensängste und die Furcht vor Situationen, in denen die Betroffenen im Mittelpunkt stehen. Dies führt in der Regel zu Vermeidungsstrategien mit Rückzug und sozialer Verhaltenshemmung (vermeidender Blickkontakt, reduzierte Mimik und Gestik). Selektive Wahrnehmung sozialer Signale kann zu schwacher Emotionserkennung führen. Dabei ist im vertrauten und sicheren Umfeld eine adäquate emotionale Perspektivübernahme oft möglich, wo Personen aus dem Autismus-Spektrum weitgehend situationsunabhängige sozio-emotionale Schwierigkeiten aufweisen. Dies betrifft auch selektiven Mutismus, bei dem die grundlegende Fähigkeit zur sprachlichen Kommunikation im Gegensatz zu Personen aus dem Autismus-Spektrum nicht eingeschränkt ist. Grundsätzlich ist bei der differenzialdiagnostischen Abgrenzung die Qualität der Auffälligkeiten entscheidend und weniger die Quantität. Dies betrifft beispielsweise ängstlich-vermeidendes Blickverhalten versus eingeschränktem oder unmoduliertem Blickkontakt aufgrund einer autismusspezifischen Reizverarbeitungsstörung. Auch die Vermeidung sozialer Situationen ist bei Personen aus dem Autismus-Spektrum weniger durch Angst geprägt, als durch die eingeschränkte Fähigkeit soziale Signale zu senden und zu interpretieren. So kann beispielsweise eine Person mit hochfunktionalem Autismus einen gut strukturierten Vortrag angstfrei und problemlos vor großem Plenum halten, hätte jedoch Schwierigkeiten in einer Diskussionsrunde mit nicht voraussehbarem Verlauf. Eine Person mit sozialer Phobie hätte umgekehrt in der exponierten

Rolle des Vortragenden größere Probleme, als in der weniger exponierten Rolle bei einem Roundtable. Diese differenzierte Abgrenzung können Autismus-Screeningverfahren nicht leisten, was eine Herausforderung darstellt (AWMF 2016).

Störungen des Sozialverhaltens mit oppositionellem Charakter überschneiden sich mit dem Autismus-Spektrum durch Probleme in der sozialen Interaktion sowie durch Theory-of-Mind-Defizite bzw. eingeschränkter Empathiefähigkeit. Hierbei sind vor allem emotionale Aspekte der Empathie eingeschränkt, wobei im Gegensatz dazu Personen aus dem Autismus-Spektrum im Bereich kognitiver Aspekte Defizite aufweisen und Schwierigkeiten haben, Gedanken und Absichten anderer Menschen zu verstehen und daraus korrekte Schlussfolgerungen zu ihrem Verhalten abzuleiten. Für oppositionelle Störungen ist ein oft provozierendes und Aufmerksamkeit suchendes Verhalten mit instrumenteller, zielgerichteter Aggression typisch, was eine vorhandene soziale Orientierung deutlich macht. Diese ist bei Personen aus dem Autismus-Spektrum deutlich eingeschränkt und Aggressionen zeigen sich meist als Überlastungsreaktion und sind weniger instrumentell. Eine differenzialdiagnostische Abgrenzung ist hier vor allem notwendig, um Störungen des Sozialverhaltens nicht falsch positiv als Autismus-Spektrum-Störung zu verkennen, mit den negativen Konsequenzen einer nicht zielführenden Behandlung (AWMF 2016).

Im Bereich der *Persönlichkeitsstörungen* gibt es differenzialdiagnostische Herausforderungen bei erwachsenen Personen mit hochfunktionalem Autismus (Rinaldi et al. 2021). Cluster-A-Persönlichkeitsstörungen sind durch seltsames, exzentrisches Denken oder Verhalten gekennzeichnet und sind sowohl von einer Autismus-Spektrum-Störung abzugrenzen, als auch als komorbid in Betracht zu ziehen. Dazu gehören die Paranoide, die Schizoide und die Schizotypische Persönlichkeitsstörung, welche alle mit massiven Einschränkungen der sozialen Interaktionsfähigkeit und Theory-of-Mind-Defiziten assoziiert sind. Für die Abgrenzung zur Autismus-Spektrum-Störung sind fremdanamnestische Längsschnittdaten erforderlich, ein weitgehend unauffälliger Verlauf bis ins Jugendalter gilt als Ausschlusskriterium (AWMF 2016). Cluster-B-Persönlichkeitsstörungen sind durch dramatisches, übermäßig emotionales oder unberechenbares Denken oder Verhalten gekennzeichnet und sind von einer Autismus-Spektrum-Störung abzugrenzen. Dazu gehören Antisoziale Persönlichkeitsstörung, Borderline-Persönlichkeitsstörung, Histrionische und Narzisstische Persönlichkeitsstörung. Insbesondere die Borderline-Persönlichkeitsstörung ist als Fehldiagnose bei Frauen aus dem Autismus-Spektrum häufig, da diese auch Borderline-typische Stimmungsschwankungen und selbstverletzendes Verhalten zeigen können und häufig soziale Signale fehleinschätzen (McQuaid et al. 2022). Diese werden von Menschen mit einer Borderline-Persönlichkeitsstörung jedoch überinterpretiert und von Menschen aus dem Autismus-Spektrum nicht – oder nur unzureichend – erkannt, was eine differenzierte Betrachtung dieser Verhaltensweisen erfordert. Für eine zielführende Behandlung ist die differenzialdiagnostische Abgrenzung dringend erforderlich, da die beide Störungsbilder sich ursächlich unterscheiden sowie auch die Bedürfnisse der betroffenen Personen.

Zwangsstörungen überschneiden sich primär mit autismustypischen ritualisierten Verhaltensweisen und repetitiv-restriktiven Denk- und Handlungsmustern mit der autistischen Symptomatik. Dies kann sich an Ordnungssystemen und Sammelgewohnheiten manifestieren, was oft auch bei Personen aus dem Autismus-Spektrum zu beobachten ist. Sekundär führen ausgeprägte Zwänge aber auch zu sozialer Isolation und Rückzug, was sich mit der Domäne sozialer Interaktion und Kommunikation überschneidet. Grundsätzlich haben Menschen mit Zwangserkrankungen jedoch die Fähigkeit sozial zu interagieren, was in der Längsschnittbetrachtung deutlich werden kann. Darüber hinaus werden Zwangshandlungen von betroffenen meist als belastend empfunden, ritualisierte Verhaltensweisen von Personen aus dem Autismus-Spektrum aber eher als stabilisierend und ich-synton.

Bindungsstörungen überlappen stark mit der sozialen Domäne von Autismus-Spektrum-Störungen, 20 % der betroffenen Kinder zeigen auch ausgeprägte repetitive und stereotype Verhaltensweisen (Sadiq et al. 2012). Hier ist die biografische Anamnese entscheidend um bei Vorliegen von körperlichen oder seelischen Misshandlungen sichere Rahmenbedingungen für eine Förderung der sozioemotionalen Entwicklung zu schaffen. Gleichzeitig besteht jedoch bei Kindern aus dem Autismus-Spektrum und deren Eltern ein hohes Risiko für die Entwicklung unsicherer Bindungsmuster. Hier sind Interventionen, die die dyadische Synchronität und die Sensibilität der Eltern verbessern hilfreich, um die weitere Entwicklung aufgrund einer sicheren Bindung zu fördern (McKenzie & Dallos 2017).

Stereotype Bewegungsstörungen bei Kindern sind dadurch von einer Autismus-Spektrum-Störung abzugrenzen, dass im Bereich der sozialen Kommunikation und Interaktion keine grundlegenden Einschränkungen vorliegen.

Störungen aus dem psychotischen Formenkreis überlappen sich stark mit autistischer Symptomatik. Die Negativsymptome einer Schizophrenie können die charakteristischen sozialen Schwierigkeiten und stereotypen Verhaltensweisen abbilden, während die Positivsymptome als eingeschränkte und repetitive Verhaltensweisen wahrgenommen werden können, was den Diagnoseprozess erschwert. Zur Differenzierung ist die Entwicklungsgeschichte entscheidend, da sich eine Psychose frühestens im Jugendalter manifestiert.

Komorbiditäten

Personen aus dem Autismus-Spektrum haben eine erhöhte Vulnerabilität für somatische, neurologische und psychische Störungen, die primär behandlungswürdig sind. So sind diese Komorbiditäten oft auch Anlass einer klinischen Vorstellung und im Falle einer bis dato unerkannten darunter liegenden Autismus-Spektrum-Störung diagnostisch relevant. Eine isolierte Behandlung dieser Komorbiditäten ist nur zum Teil zielführend, da der Autismus als neurologische Entwicklungsstörung ursächlich sein kann und autismusspezifische Besonderheiten und Bedürfnisse berücksichtigt werden sollten.

Ausscheidungsstörungen und Fütterstörungen treten im Vorschulalter vermehrt auf und innerhalb der Gruppe von Jugendlichen und Erwachsenen mit Essstörungen nimmt der Anteil von Personen aus dem Autismus-Spektrum signifikant zu (Baraskewich et al. 2021). In der Gruppe von Mädchen und Frauen mit Anorexia Nervosa sind bis zu 30 % im Autismus-Spektrum (Brown & Stokes 2020). Schlafstörungen sind bei Kindern aus dem Autismus-Spektrum häufig, finden sich aber auch oft im Erwachsenenalter (Devnani & Hedge 2015). Eine Aufmerksamkeitsdefizit-Hyperaktivitätsstörung (ADHS) hat eine Prävalenz von 26 bis 40 % bei Personen aus dem Autismus-Spektrum und sollte insbesondere bei Kindern im Schulalter als behandlungsbedürftige Komorbidität in Betracht gezogen werden (Rong et al. 2021).

Die Prävalenz psychiatrischer Komorbiditäten über das gesamte Autismus-Spektrum wird populationsbasiert mit 20 % für

Angststörungen, 12 % Impulskontroll- und Bindungsstörungen; 11 % Depression; 9 % Zwangsstörungen, 5 % bipolare Störungen und 4 % Störungen aus dem schizophrenen Formenkreis geschätzt (Lai et al. 2019). Mit einer niedrigeren Prävalenz sind alle diese Störungsbilder auch bei Kindern und Jugendlichen zu finden (Mutluer et al. 2022). Bei Inanspruchnahmepopulationen von Personen mit Autismus-Verdacht ist von einer höheren Prävalenz auszugehen. So wurde in einer Diagnostiksprechstunde für Erwachsene ohne Störungen der Intelligenzentwicklung bei 46 % der Personen mit Autismus-Diagnose eine affektive Störung festgestellt, die gleiche Häufigkeit fand sich jedoch auch in der Gruppe außerhalb des Autismus-Spektrums (Sappok et al. 2023a).

Therapie

Therapeutische Ansätze bei Autismus-Spektrum-Störungen sind vielfältig: fokussierte, symptomorientierte Interventionen zielen auf die Veränderung in abgegrenzten Verhaltensbereichen ab, während übergreifende Behandlungsansätze langfristiger auf multiple Entwicklungsbereiche ausgerichtet sind (Boyd et al. 2014). Auch wenn das Angebot an Therapien groß ist, so liegen nur für wenige Verfahren empirisch gesicherte Wirksamkeitsnachweise vor (Sappok 2019).

Die aktuelle S3-Leitlinie *Autismus-Spektrum-Störungen im Kindes-, Jugend- und Erwachsenenalter – Teil 2: Therapie* (AWMF 2021) gibt evidenzbasierte sowie breit konsentierte Empfehlungen zu effektiven Therapiemethoden in Bezug auf spezifische Therapieziele. Grundlage für die Auswahl geeigneter Interventionen ist nach aktuellem Stand die Formulierung individueller, definierter Therapieziele, die dem übergeordneten Ziel der Verbesserung der Lebensqualität und der Teilhabechancen von Menschen mit Autismus-Spektrum-Störungen dienen.

Wesentliche Ziele von Therapien sind die Verbesserung der autistischen Kernsymptomatik, die Förderung von alltagspraktischen Fertigkeiten sowie der maximal möglichen Selbstständigkeit, Förderung der rezeptiven und expressiven sprachlichen Fertigkeiten und die Behandlung möglicher psychischer und/oder somatischer Komorbiditäten (AWMF 2021). Gleichermaßen ist parallel und langfristig eine Anpassung der Umgebungsfaktoren im Sinne einer barrierefreien, autismussensiblen Gestaltung von Situationen, Umgebungen, Lern-, Arbeits- und Lebens- und Wohnbedingungen von großer Bedeutung, um Überforderungssituationen für Menschen im Autismus Spektrum zu vermeiden und Teilhabechancen zu erhöhen.

MERKE
Die Wünsche und Bedürfnisse der Menschen mit Autismus-Spektrum-Störung (und ihrer Angehörigen) sind im Rahmen eines partizipativen Ansatzes in die Formulierung von Therapiezielen, aber auch in die Planung von Maßnahmen und Rahmenbedingungen einzubeziehen.

Therapieempfehlungen zur psychosozialen Behandlung der autistischen Kernsymptomatik variieren je nach Lebensalter; individualisierte, verhaltenstherapeutische, strukturierte pädagogische und entwicklungsbasierte Ansätze anhand wissenschaftlich überprüfter Therapiemanuale sind zu favorisieren (AWMF 2021; Hirota & King 2023; Sappok 2019).

Während im Klein- und Vorschulkindalter die Therapie mit dem Kind einschließlich der Anleitung der Eltern und/oder primären Bezugspersonen hinsichtlich einer förderlichen Eltern-Kind-Interaktion empfohlen wird, werden für Schulkinder, Jugendliche und Erwachsene ohne Störungen der Intelligenzentwicklung zeitlich befristete, manualisierte, wissenschaftlich überprüfte Gruppentherapien empfohlen. Therapieinhalte sind unter anderem Aufbau und Förderung sozial-interaktiver, kognitiver und alltagspraktischer Fertigkeiten sowie die Förderung entwicklungsangemessenen Spiels. Mit steigendem Lebensalter fokussieren Therapiemaßnahmen dann unter anderem die Förderung der Gruppenfähigkeit und sozialer Interaktion, Handlungsplanung, Emotionsregulation und selbstständiger Beschäftigung (AWMF 2021).

Als Beispiele für grundsätzlich anerkannte, weitverbreitete Ansätze zu Förderung, Therapie und Begleitung seien hier beispielhaft *ABA (Applied Behaviour Analysis)*, der TEACCH-Ansatz und Trainings sozialer Fertigkeiten genannt:

- *ABA* ist ein verhaltenstherapeutisches Intensivtraining, das auf Methoden operanter Konditionierung aufbaut. Der Abbau autistischer Verhaltensweisen und der Aufbau funktionaler Verhaltensweisen sind wesentliche Zielsetzungen. Verhaltenstherapeutische Interventionen wie ABA zeigen eine stabile Evidenz (Smith 2012). Es ist allerdings anzumerken, dass die Fachwelt, aber insbesondere autistische Selbstvertreterinnen und -vertreter durchaus Kritik an Grundlagen von ABA üben: Die Programme sind extrem zeit- und damit kostenintensiv, die Zielsetzung des Abbaus autismustypischer Verhaltensweisen wird als ethisch fragwürdig diskutiert und Evidenzstudien weisen nur niedrige Qualität auf (Leaf et al. 2022; Reichow et al. 2018).
- Der *TEACCH-Ansatz* ist ein anerkannter, pädagogisch-therapeutischer Ansatz, der verhaltens-und lerntherapeutische Grundlagen mit kognitiver Psychologie und Neuropsychologie kombiniert (Mesibov & Shea 2010). Er ist als Rahmenkonzept für den Einsatz unterschiedlichster Methoden in therapeutischen Settings, aber auch in allen anderen Lern- um Lebensumfeldern zu verstehen. Besonderer Schwerpunkt liegt auf der Förderung von Fähigkeiten bei Menschen mit Autismus auf der einen Seite, aber ausdrücklich auch der Anpassung und autismussensiblen Gestaltung des Umfelds an die Bedürfnisse und Fähigkeiten der Person auf der anderen Seite, z. B. durch Strukturierung und Visualisierungshilfen (Conty 2019; Häußler 2016).
- Programme zum *Training sozialer Fertigkeiten* bieten in gruppentherapeutischen Settings Möglichkeiten, Lern- und Übungssituationen für soziale Interaktionen zu schaffen. Die Beeinträchtigungen von Menschen mit Autismus in diesem Bereich belasten häufig persönliche soziale Beziehungen und schränken Teilhabemöglichkeiten ein und sind deshalb Schwerpunkt dieser fokussierten, gut belegten Interventionen (Bölte 2011).

MERKE

Interventionsstrategien im Bereich der Autismus-Spektrum-Störungen, für die keine überzeugenden Wirksamkeitsbelege vorliegen, gibt es zahlreich. Dennoch sei hingewiesen auf einige **Interventionsmethoden, die allgemein als umstritten, nicht empfehlenswert oder sogar schädlich eingestuft werden**. Dazu zählen unter anderem die sogenannte *Festhaltetherapie*, bei der das Kind durch Festhalten zur Kontaktaufnahme gezwungen werden soll, die Methode der *Gestützten Kommunikation (Facilitated Communication, FC)* sowie der Einsatz von Irlen-Brillen (Bölte & Poustka 2002).

Medikamentöse Therapieverfahren zur Verbesserung der Kernsymptomatik von Autismus-Spektrum-Störungen existieren zum aktuellen Zeitpunkt nicht. Zur Behandlung repetitiver Verhaltensweisen und sensorischer Hyper- oder Hyporeaktivität können befristete Gaben der Antipsychotika Aripiprazol oder Risperidon ergänzend zu psychosozialen Interventionen erwogen werden, sollten nichtmedikamentöse Therapien und eine entsprechende Umfeldgestaltung nicht ausreichen (AWMF 2021; Hirsch & Pringsheim 2016; McPheeters et al. 2011).

MERKE
Komorbide Erkrankungen und Symptome sind leitliniengetreu zu behandeln.

Prognose und Verlauf

Autismus-Spektrum-Störungen bleiben als Struktur über die Lebensspanne persistent. Die Prognose ist vielfältig und scheint von multiplen Faktoren abzuhängen. Dies könnte mit der heterogenen Symptomatik bei Autismus-Spektrum-Störungen in verschiedenen Bereichen (soziale Kommunikation, sensorische sowie verhaltensbezogene Symptome) zusammenhängen (Brignell et al. 2022; Styles et al. 2020) (siehe Abschn. 6.2).

Während Kinder ohne Störungen der Intelligenzentwicklung, die frühe Förderung erhalten, gute Outcomes zeigen (Anderson et al. 2014), stellen insbesondere Sprachentwicklungsverzögerungen und Störungen der Intelligenzentwicklung deutliche Risiken für eine gute Prognose dar (Poustka 2023; Styles et al. 2020). Positive Einflüsse auf Langzeitergebnisse in Bezug auf Anpassungsleistung, Intelligenz sowie Ausbildung hat außerdem die Beteiligung der Eltern/primären Bezugspersonen an der Therapie der Kinder im Altern von zwei bis drei Jahren (Poustka 2023).

Di Renzo et al. (2021) konnten zeigen, dass ein größeres Verständnis von Absichten sowie stärkere emotionale Ansteckungsfähigkeit und Spielqualität in der frühen Kindheit prognostisch positive Faktoren für ein gutes Outcome darstellen können.

Dennoch bleibt bei vielen Menschen mit Autismus-Spektrum die soziale Teilhabe häufig deutlich eingeschränkt, auch wenn sich die autismusspezifische Symptomatik im Verlauf des Lebens verbessert (Howlin et al. 2013).

Mason et al. (2021) zeigten in einer Metaanalyse, dass nur etwa 20 % der Menschen mit Autismus-Diagnose eine gute Prognose hat, während 26,6 % eine mäßige/mittlere Prognose und sogar knapp 50 % eine schlechte Prognose haben, was Selbstständigkeit in Bezug auf Wohnverhältnisse, Erwerbstätigkeit und enge Beziehungen betrifft.

Personen im Autismus-Spektrum haben eine deutlich niedrigere Lebenserwartung als die Allgemeinbevölkerung und ein signifikant erhöhtes Suizidrisiko (Hedley & Uljarević 2018; Hirvikovski et al. 2016). Über das gesamte Autismus-Spektrum sind selbstverletzende Verhaltensweisen häufig (Steenfeldt-Kristensen et al. 2020). Dies zeigt die Vulnerabilität von autistischen Menschen über die Lebensspanne und deutet darauf hin, dass in Therapie und Förderung auch auf Emotionalität und Affektregulation adressiert werden sollte.

6.5.2 Autismus-Spektrum-Störungen mit Störungen der Intelligenzentwicklung (ICD-11 6A02.1, 6A02.3, 6A02.5)

Definition

Alle Kriterien sowohl für die Autismus-Spektrum-Störung als auch für die Störung der Intelligenzentwicklung sind erfüllt. Ist darüber hinaus die funktionale Sprache beeinträchtigt, wird die Störung unter 6A02.3 codiert. Bei einem (fast) vollständigen Fehlen der funktionalen Sprache wird die Diagnose 6A02.5 vergeben. Bei einer normalen Sprache wird 6A02.1 diagnostiziert.

Prävalenz

Bei Menschen mit Störungen der Intelligenzentwicklung treten deutlich häufiger Autismus-Spektrum-Störungen auf als bei Personen ohne eine kognitive Beeinträchtigung. Dabei steigt die Häufigkeit mit dem Schweregrad der Störung der Intelligenzentwicklung an (Brugha et al. 2016). Eine bevölkerungsbasierte Studie aus dem Vereinigten Königreich (N = 33 016) beschreibt ein Vorkommen von ca. 15 % (Sheehan et al. 2015). In einer klinisch relevanten Population (N = 710) aus Deutschland ist die Prävalenz mit 19 % noch etwas höher (Böhm et al. 2019). Hierbei betrug die Häufigkeit bei Personen mit einer leichten Störung der Intelligenzentwicklung 8 %, bei einer mittelgradigen Beeinträchtigung 17 % und bei einer schwer-schwersten Störung der Intelligenzentwicklung sogar 30 %.

Diagnostik

Das diagnostische Procedere bei Personen mit Störungen der Intelligenzentwicklung entspricht grundsätzlich dem für Personen ohne diese Einschränkung. Auch sind viele der im Abschnitt 6.5.1 (Diagnostik) genannten Skalen und Verfahren für diese Gruppe übertragbar, oft sind jedoch Anpassungen nötig. Insbesondere bei Erwachsenen mit niedrigem Entwicklungsalter sind Skalen aus dem Kinderbereich nicht 1:1 übertragbar, da sich diese Gruppe durch Lebenserfahrung und ein anderes Spektrum an Komorbiditäten in ihrer Symptomkonstellation unterscheidet. Aus diesem Grund sind in den letzten Jahren spezifische altersgerechte Skalen und Verfahren entwickelt und für Erwachsene mit Störungen der Intelligenzentwicklung normiert worden.

Für ein ökonomisches Screening eignen sich die folgenden Skalen.

Der *Fragebogen zur sozialen Kommunikation* (*FSK*; Bölte et al. 2006b) ist ein Fremdbeurteilungsbogen, der für Kinder und Jugendliche entwickelt wurde (siehe Abschn. 6.5.1, Diagnostik). Er wurde für Erwachsene mit Entwicklungsstörungen validiert einschließlich eines schweregradassoziierten Grenzwertes (Sappok et al. 2015b). In zwei Versionen wird entweder aktuelles Verhalten oder Verhalten über die Lebenszeit erfasst.

Der *Social Communication Questionnaire for Adults with ID* (*SCQ-AID*; Derks et al. 2017; siehe auch Sappok et al. 2015a) ist eine für Erwachsene mit intellektueller Entwicklungsstörung spezifische Weiterentwicklung und enthält ein reduziertes Set von validen und erwachsenengerechten Items.

Die *Skala zur Erfassung von Autismusspektrumsstörungen bei Minderbegabten* (*SEAS-M*; Kraijer & Melchers 2007) ist speziell für Menschen mit Störungen der Intelligenzentwicklung entwickelt worden und basiert auf den DSM-III-Kriterien für tiefgreifende Entwicklungsstörungen. Sie eignet sich für eine breite Altersspanne von zwei bis 70 Jahren, die Bearbeitungsdauer wird mit zehn bis 25 Minuten angegeben. Die Beurteilung erfolgt auf Grundlage von Alltagsbeobachtungen durch professionelle Bezugspersonen. Durch viele beispielhaft genannte autismustypische Verhaltensmerkmale eignet sich die Skala auch als strukturierter Interviewleitfaden. Die deutsche Version der SEAS-M wurde an einer klinischen Stichprobe validiert (Böhm et al. 2021).

Die *Autismus-Checkliste* (*ACL*; Sappok et al. 2014b) operationalisiert die Forschungskriterien der ICD-10 für tiefgreifende Entwicklungsstörungen und unterstützt die strukturierte Anamnese und Befunderhebung im Rahmen der ärztlichen Visite. Die ACL ist für Erwachsene mit Störung der Intelligenzentwicklung normiert und Teil des im Hogrefe-Verlag publizierten Diagnostikpakets (Sappok et al. 2015b).

Der *Diagnostische Beobachtungsbogen für Autismus-Spektrum-Störungen – Revidiert* (*DiBAS-R*; Sappok et al. 2015b) ist ein für Angehörige und Betreuungspersonal von Erwachsenen mit Störungen der Intelligenzentwicklung und Autismus-Verdacht entwickelter ICD-10/DSM-5-basierter Fremdbeurteilungsbogen. Die Fragen sind leicht verständlich formuliert und die Bearbeitungsdauer wird mit zehn Minuten angegeben. Der DIBAS-R wurde an einer zweiten, unabhängigen Stichprobe validiert (Heinrich et al. 2018) und liefert in Kombination mit der o. g. Autismus-Checkliste je nach klinischer Fragestellung diagnostische relevante Informationen (Mutsaerts et al. 2016).

Die *Skala der emotionalen Entwicklung – Diagnostik* (*SEED*; Sappok 2018; siehe auch Sappok et al. 2023b) erfasst das individuelle sozio-emotionale Entwicklungsprofil und ist nicht für das Autismus-Screening konzipiert. Dennoch liefert ein im Vergleich zur intellektuellen Entwicklung niedrigerer emotionaler Entwicklungsstand und ein charakteristisch unausgewogenes Profil bei Erwachsenen zusätzliche Hinweise auf das Vorliegen einer Autismus-Spektrum-Störung (Sappok et al. 2020).

Als aufwendigere Verfahren zur Diagnosesicherung eignen sich folgende Instrumente:

Das *Diagnostische Interview für Autismus – Revidiert* (*ADI-R*; Bölte et al. 2006a) ist ein Elterninterview und fokussiert auf die frühkindliche Entwicklung ab einem Entwicklungsalter von zwei Jahren (siehe Abschn. 6.5.1, Diagnostik). Bei guten psychometrischen Eigenschaften ist das ADI-R bei erwachsenen Menschen mit einer Störung der Intelligenzentwicklung jedoch nur in etwa einem Drittel der Fälle durchführbar (Sappok et al. 2013b).

Die *Diagnostische Beobachtungsskala für autistische Störungen 2* (*ADOS-2*; Poustka et al. 2015) ist ein semi-strukturiertes Beobachtungsinstrument zur Erfassung von Kommunikation, Interaktion und Spielverhalten (siehe Abschn. 6.5.1, Diagnostik). Die Vorgängerversion *Diagnostische Beobachtungsskala für Autistische Störungen* (*ADOS*; Rühl % Lord 2004) wurde auf ihre Anwendbarkeit bei Erwachsenen mit einer Störung der Intelligenzentwicklung überprüft (Sappok et al. 2013b), wobei aufgrund geringer Spezifität alternative Auswertalgorithmen vorgeschlagen werden. Bei grundsätzlicher Anwendbarkeit sind die Module 1 und 2 durch kindgerechte Situationen und Materialien für erwachsene Personen mit sprachlichen Einschränkungen zum Teil unpassend.

Die *Musikbasierte Skala zur Autismusdiagnostik* (*MUSAD*; Bergmann et al. 2020) wurde speziell für Erwachsene mit einer Störung der Intelligenzentwicklung entwickelt und nutzt vorrangig musikalische Interaktion mit der Testperson zur strukturierten Erfassung autistischer Verhaltensmerkmale. Durch die nonverbal-interaktive Qualität von Musik und Bewegung ist sie besonders auch für nicht oder wenig sprechende Menschen geeignet und zeigte auch in einer Replikationsstudie gute psychometrische Eigenschaften (Trutzenberg et al. 2021). Eine Pilotstudie zu einer Kurzversion für das Autismus-Screening in einem breiteren Altersspektrum ist vielversprechend (*MUSAD-Short*; Tergeist et al. 2022).

MERKE

Alle genannten Skalen und Verfahren sind geeignet, Autismus-Spektrum-Störungen bei Personen mit Störungen der Intelligenzentwicklung zu erfassen und differenzialdiagnostisch abzugrenzen, bieten jedoch nicht austauschbare und komplementäre Perspektiven auf das individuelle Spektrum der autistischen Symptomatik (Bergmann et al. 2023). Damit sollte eine diagnostische Entscheidung auf Basis aller verfügbaren Informationen als multiprofessionelles Expertenurteil erfolgen.

Über die genannten diagnostischen Maße hinaus kann die Analyse von *Videoaufnahmen* aus dem Alltag aufschlussreich sein, um einen Einblick der sozialen Interaktion und gegebenenfalls stereotypen, repetitiven Verhaltensweisen im gewohnten Lebensumfeld mit vertrauten Personen zu bekommen. Dazu ist sind klassische Alltagssituationen wie Essen, Beschäftigung mit Peers, Kontakt mit Autoritätspersonen oder allein im privaten Umfeld besonders geeignet, um autismustypische Verhaltensweisen in verschiedenen Kontexten zu erfassen. Einen weiteren Hinweis können formale Aspekte in der bildnerischen Gestaltung von Personen mit Störungen der Intelligenzentwicklung liefern, wobei insbesondere repetitive Elemente und Linienanordnung zu den autismustypischen Merkmalen zählen (Bergmann et al. 2021a, b).

Differenzialdiagnostik

Da sich eine intellektuelle Entwicklungsstörung auch auf die soziale Interaktion auswirkt, mit kommunikativen Einschränkungen einhergeht und oft auch stereotype Interessen und Verhaltensweisen zu beobachten sind, ist die Abgrenzung beider Störungsbilder die erste Herausforderung. Hier ist es notwendig, sich an einer dem jeweiligen Entwicklungsstand entsprechenden Referenz zu orientieren, wie bei Kindern ohne intellektuelle Einschränkung, die sich von ihren Peers in der Vorschule auffällig unterscheiden. Mit zunehmender Schwere der intellektuellen Entwicklungsstörung steigt die differenzialdiagnostische Herausforderung, was – analog zur Autismus-Diagnostik im Säuglingsalter – eine sichere Diagnosevergabe verhindern kann. Generell scheint die soziale Reziprozität und nonverbale Kommunikation besser als die verbale Kommunikation und stereotype Verhaltensweisen geeignet, um eine zusätzliche Autismus-Spektrum-Störung von der alleinigen intellektuellen Entwicklungsstörung abzugrenzen (Sappok et al. 2013a). Darüber hinaus ist eher die Qualität als die Quantität der Verhaltensmerkmale zur Differenzierung geeignet, wie in etwas autismustypische Gangmuster im Bereich der komplexen motorischen Stereotypien oder das selbststimulierende Wedeln mit Händen im Bereich der Manierismen. Dies setzt die Kenntnis spezifischer Verhaltensmerkmale im breiten Spektrum der Entwicklungsstörungen voraus.

Ein *syndromaler Autismus* liegt dann vor, wenn die Ursache der Störung mit einer umschriebenen genetischen Ursache assoziiert ist. Da viele genetische Syndrome in ihrem Verhaltensphänotyp typisch autistische Züge aufweisen, ist die Kenntnis dieser Spezifika notwendig um zu entscheiden, ob eine zusätzliche Autismus-Spektrum-Störung diagnostiziert werden kann. Bei der *tuberösen Sklerose* sind Interaktion und Kommunikation sowie Aufmerksamkeit gestört, während sich ritualisierte und stereotype Verhaltensweisen seltener zeigen. Personen mit einem *Fragilen-X-Syndrom* zeigen motorische Hyperaktivität, eine Störung der Aufmerksamkeit und der Selbstregulation sowie repetitive Verhaltensweisen. Die soziale Ängstlichkeit und der scheue Blick bei vorhandenem Interesse an sozialen Beziehungen können auf den ersten Blick eine Autismus-Spektrum-Störung vortäuschen. Personen mit einem *Rett-Syndrom* zeigen ausgeprägte Handstereotypien, einen Verlust an Expressivsprache und einen starren, wenig modulierten Blickkontakt bei weiterhin vorhandenem Interesse an sozialer Interaktion.

Grundsätzlich gilt es, das unter Abschnitt 6.5.1 (Differenzialdiagnostik) genannte Spektrum an psychischen Störungen auch bei Personen mit intellektueller Entwicklungsstörung von einer zusätzlichen Autismus-Spektrum-Störung abzugrenzen. Einschränkend ist, dass insbesondere Persönlichkeitsstörungen einen höheren kognitiven und sozio-emotionalen Entwicklungsstand voraussetzen und damit vor allem bei Personen mit leichter intellektueller Entwicklungsstörung zu finden sind.

Da bei Personen mit eingeschränkter oder fehlender Sprache Denkstörungen und Wahn schwer zu eruieren ist, hat die *Schizophrenie* als Differenzialdiagnose eine besondere Bedeutung. Echolalie und stereotyper Sprachgebrauch, ein situationsinadäquater Affekt, bizarr anmutende Verhaltensweisen und Bewegungsstereotypien im Rahmen einer Autismus-Spektrum-Störung können eine Psychose vortäuschen. Hier ist vor allem eine sorgfältige biografische Anamnese zur Abgrenzung vorzunehmen, um eine psychopharmakologische Fehlbehandlung mit entsprechendem Nebenwirkungsspektrum und Einschränkungen der Lebensqualität zu vermeiden.

Posttraumatische Belastungsstörungen treten bei Personen mit intellektueller Entwicklungsstörung aufgrund hoher Vulnerabilität gehäuft auf (Daveney et al. 2019). Reaktionen auf Deprivation, Hospitalismus und Missbrauchserfahrungen können sozialer Rückzug, vorrangige Beschäftigung mit dem eigenen Körper, Veränderungsangst, ritualisierte und stereotype Verhaltensweisen sein, womit zentrale Kriterien für eine Autismus-Spektrum-Störung erfüllt sind. Die Symptomatik ist jedoch in den meisten Fällen bei sicheren und stabilen Rahmenbedingungen rückläufig. Hier kann die sorgfältige Verlaufsbeurteilung und biografische Betrachtung Hinweise für die Ursache des Verhaltens liefern und die differenzialdiagnostische Abgrenzung unterstützen.

Sensorische Einschränkungen wie Sehbehinderung oder Gehörlosigkeit kommen mit zunehmender Schwere der intellektuellen Entwicklungsstörung gehäuft vor. Auch hier können autismusähnliche Erscheinungsbilder entstehen. Bei häufig anzutreffenden motorischen Stereotypien ist hier jedoch das Sozialverhalten unter Berücksichtigung der vorhandenen sensorischen Defizite angemessen. Schwierig ist hier, dass bei Gehörlosigkeit die verbale Kommunikation beeinträchtigt ist und bei einer Sehbehinderung die Qualität des Blickkontaktes zur Regulierung der sozialen Interaktion als aussagekräftiger Marker fehlt. Da sich sensorische Behinderungen bei der Kombination von Autismus und Störung der Intelligenzentwicklung häufen (Dunn et al. 2020), besteht eine hohe Komorbidität, die eine sorgfältige Abgrenzung erfordert.

EXKURS Autismus und emotionale Entwicklung

Im Rahmen typischer Entwicklung entwickeln sich emotionale Kompetenzen in einem Zusammenspiel aus biologischer Reifung und kognitiver Entwicklung sowie der Stimulation durch soziale Interaktionen (Sappok et al. 2014a). Bei Personen mit einer Störung der Intelligenzentwicklung verläuft diese emotionale Entwicklung verzögert oder unvollständig und nicht notwendigerweise im Einklang mit der kognitiven Entwicklung, was unter Umständen zu schwerwiegenden Verhaltensstörungen führen kann. Die Erhebung des emotionalen Entwicklungsstands von Menschen mit Störungen der Intelligenzentwicklung kann dazu beitragen, Verhaltensweisen, Motivationen und Bedürfnisse sicherer zu interpretieren und ist deshalb wichtiger Baustein in der differenzialdiagnostischen Abklärung und psychiatrischen Behandlung dieser Personengruppe (Došen 2005).
Der besondere kognitive Stil von Personen mit Autismus-Spektrum-Störungen sowie die Auswirkungen der Schwierigkeiten insbesondere in der sozialen Interaktion beein-

flussen die typische, vollständige Entwicklung im emotionalen Bereich. So zeigten Sappok et al. (2014a), dass die Personengruppe von Menschen mit Autismus-Spektrum-Störung und einer Störung der Intelligenzentwicklung im Vergleich zu Personen mit intellektueller Beeinträchtigung ohne Autismus signifikant niedrigere emotionale Entwicklungslevel aufweist. Weiterhin zeigte sich ein unebenes, charakteristisches Muster spezifischer Stärken (lediglich im Entwicklungsbereich Objektpermanenz) und Defizite (unter anderem in den Entwicklungsbereichen Interaktion, verbale Kommunikation, Umgang mit Material, Affektdifferenzierung) (Sappok et al. 2013a).

Komorbiditäten

Grundsätzlich finden sich alle unter Abschnitt 6.5.1 (Komorbiditäten) bereits genannten Komorbiditäten auch bei Menschen mit Autismus-Spektrum-Störung und Störungen der Intelligenzentwicklung.

Auch in dieser Subgruppe sind *depressive Störungen* sehr häufig und darüber hinaus ein Prädiktor für Problemverhalten (Baudewijns et al. 2018). *Herausfordernde Verhaltensweisen* sind signifikant häufiger als bei Personen mit Störungen der Intelligenzentwicklung außerhalb des Autismus-Spektrums zu beobachten (Esteves et al. 2021). *Selbstverletzende Verhaltensweisen* sind von Richards et al. (2012) bei 50 % der Personen im Autismus-Spektrum beobachtet worden, wobei hier ein Zusammenhang mit repetitiven Verhaltensweisen, sensorischen Besonderheiten und dem Grad der intellektuellen Beeinträchtigung gesehen werden kann.

Autismus-Spektrum-Störungen sind bei *genetischen Syndromen* signifikant häufiger anzutreffen als in der Allgemeinbevölkerung. Richards et al. (2015) schätzen die Prävalenz wie folgt: Rett-Syndrom (nur weibliche Personen 61 %), Cohen-Syndrom (54 %), Cornelia-de-Lange-Syndrom (43 %), tuberöse Sklerose-Komplex (36 %), Angelman-Syndrom (34 %), CHARGE-Syndrom (30 %), Fragiles-X-Syndrom (nur männliche Personen 30 %; gemischtes Geschlecht 22 %), Neurofibromatose Typ 1 (18 %), Noonan-Syndrom (15 %), Williams-Syndrom (12 %), 22q11.2-Deletionssyndrom (11 %) und Down-Syndrom (16 %). Entsprechend der differenzialdiagnostischen Abgrenzung ist auch bei der Erwägung einer Komorbidität die Kenntnis des syndromalen Phänotyps entscheidend. So können beispielsweise Personen mit Down-Syndrom und zusätzlicher Autismus-Spektrum-Störung sozial aktiv sein, unterscheiden sich aber in der Qualität der sozialen Annäherung, wie durch unangemessene Nähe-Distanz-Regulation. Neben dem Maß inwieweit autismustypische Verhaltensmerkmale über syndromtypische Verhaltensweisen hinausgehen, können hier auch Alleinstellungsmerkmale wie sensorische oder motorische Besonderheiten zur Diagnose einer Komorbidität herangezogen werden.

Epilepsie und Autismus-Spektrum-Störungen überschneiden sich zu ca. 10 % (Lukmanji et al. 2019). Beide Störungsbilder sind durch komorbide Angst- und Schlafstörungen sowie zusätzlich durch eine Aufmerksamkeitsdefizit-Hyperaktivitätsstörung gekennzeichnet. Eine Störung der Intelligenzentwicklung ist der größte Risikofaktor, was an der erhöhten Prävalenz von Epilepsien bei genetischen Syndromen liegen kann.

Therapie

Wie bei der Personengruppe der Menschen mit Autismus-Spektrum-Störungen ohne Störungen der Intelligenzentwicklungen orientieren sich therapeutische Empfehlungen für Personen mit zusätzlicher Intelligenzentwicklungsstörung nach aktuellem wissenschaftlichen Stand zunächst an der Formulierung geeigneter Therapieziele, die auf Grundlage entsprechender Diagnostik erfolgt. Der Einsatz empirisch abgesicherter, verhaltenstherapeutisch orientierter, entwicklungsbasierter Methoden ist favorisiert (AWMF 2021; Hirota & King 2023) (siehe Abschn. 6.5.1, Therapie).

Während sich die Empfehlungen für sehr junge Kinder mit und ohne Störungen der Intelligenzentwicklung für die Therapie der Kernsymptomatik nicht unterscheiden, ist ab dem Schulalter für die Personengruppe mit Intelligenzentwicklungsstörungen eine übersichtliche Alltagsstrukturierung im Fokus, zudem können unter Berücksichtigung entwicklungs- und kompetenzbezogener Ausrichtung psychosoziale Interventionsmethoden unter Einbeziehung primärer Bezugspersonen und der Schule in Kleingruppen fortgesetzt werden (AWMF 2021).

Mit zunehmendem Alter steht vermehrt die Förderung alltagspraktischer Fertigkeiten und adaptiven Verhaltens im Rahmen sonderpädagogischer Förderung im Vordergrund. Im Erwachsenenalter erfolgt die Unterstützung im Wesentlichen im Rahmen strukturierter Beschäftigungsangebote. Zur Therapie repetitiven Verhaltens, störender Sonderinteressen und sensorischer Hyper- oder Hyporeaktivität können gezielt verschiedene, verhaltenstherapeutische Techniken eingesetzt werden (AWMF 2021). Ein ganzheitlicher Ansatz, der verschiedene Lebensbereiche einbezieht und Förderung im Alltag möglich macht, ist zu favorisieren (Sappok 2019). Für Erwachsene Personen wurde mit der *Autismus-Kompetenzgruppe* (*AutCom*; Bergmann et al. 2021a) ein vielversprechendes Gruppentraining zur Förderung sozialer und emotionaler Kompetenz entwickelt. Dieses berücksichtigt die Wünsche und Bedürfnisse der Teilnehmenden und verbindet pädagogische, verhaltenstherapeutische und kreativ-erlebnisbasierte Verfahren im Sinne einer multimodalen Lernstrategie.

In jedem Alter sollten im Alltag praktische, verhaltenstherapeutisch basierte Übungen durch Bezugspersonen in unterschiedlichen Begleitungssettings durchgeführt werden, um Generalisierung zu befördern. Hierbei ist zu beachten, dass verschiedene Begleitpersonen konsistentes Verhalten in strukturierten Settings zeigen. Übungen und Fördersituationen müssen in jedem Fall individualisiert und der kognitiven Entwicklung der Person angepasst sein. Strukturierende Hilfen wie visuelle Pläne sowie verhaltenstherapeutische Verfahren zum Aufbau von Fertigkeiten sollten genutzt werden (AWMF 2021). Kreativtherapeutische Verfahren gehen im Sinne einer Bottom-up-Strategie vom Körper und Affekt aus. Insbesondere musik- und bewegungsbasierte Interventionen scheinen aufgrund ihrer nonverbal-interaktiven Qualität für Personen mit eingeschränkter Sprache geeignet zu sein (siehe Kap. 3).

Personen im Autismus-Spektrum haben eine hohe Wahrscheinlichkeit, mit Psychopharmaka behandelt zu werden (Esbensen et al. 2009), dieses Risiko ist auch gegenüber der Gruppe von Menschen mit einer Störung der Intelligenzentwicklung erhöht (Sappok 2014a).

Gezielte Sprachförderung ist für Kinder, die nicht sprechen, bis zum späten Grundschulalter empfohlen. Für ältere Kinder, Jugendliche und Erwachsene, die nicht sprechen lernen, sind der gezielte, einheitliche Einsatz von Bildkartensystemen oder von Geräten, die über visuelle Symbole Sprache ausgeben sowie der Einsatz von individuellen Gebärden empfohlen, sofern sie dem kognitiven Entwicklungsstand der Person entsprechen (AWMF 2021).

Prognose und Verlauf

Wie im Abschnitt 6.5.1 (Prognose und Verlauf) bereits erläutert, stellt sich die Befundlage bei Menschen im Autismus-Spektrum so vielfältig wie die Symptomschwere und -ausprägung dar.

Dennoch lässt sich feststellen, dass Menschen, die zusätzlich eine Störung der Intelligenzentwicklung aufweisen, deutlich schlechtere Prognosen haben: Ein hoher IQ gilt als einer der Faktoren, welche die Prognose begünstigen (Mason et al. 2021; Styles et al. 2020). Maguire et al. (2022) legen nahe, dass ältere Menschen im Autismus-Spektrum und zusätzlicher Störung der Intelligenzentwicklung mehr psychiatrische Komorbiditäten aufweisen und in höherem Maße psychotrope Medikation erhalten, während sie weniger funktionale Unabhängigkeit erleben als die Allgemeinbevölkerung oder Menschen mit Störungen der Intelligenzentwicklung.

Viele dieser Personen können langfristig bis in das Erwachsenenalter kaum völlig unabhängig leben und leben häufiger in familiär oder professionell unterstützten Settings (Howlin et al. 2004).

Bisher haben viele Studien ein gutes Outcome an Funktionsfähigkeit, Abwesenheit von Symptomen und kognitiven Maßen gemessen, während Maßstäbe wie Lebenszufriedenheit und -qualität in neueren Studien in den Fokus genommen werden und die Frage aufwerfen, was die erwünschten Outcomes von langfristiger therapeutischer Begleitung sein sollte – insbesondere unter Berücksichtigung der Perspektive der Betroffenen selbst (Eigsti et al. 2023; Pickles et al. 2020).

TANJA SAPPOK & MARTIN SOBANSKI

7 Aufmerksamkeitsdefizit- und Hyperaktivitätsstörung (ADHS) (ICD-11 6A05)

7.1 Die Codierung von Aufmerksamkeitsdefizit- und Hyperaktivitätsstörungen in der ICD-11

6A05 AUFMERKSAMKEITSDEFIZIT- UND HYPERAKTIVITÄTSSTÖRUNG [ADHS]
- 6A05.0 Aufmerksamkeitsdefizit- und Hyperaktivitätsstörung [ADHS], vorwiegend unkonzentriert
- 6A05.1 Aufmerksamkeitsdefizit- und Hyperaktivitätsstörung [ADHS], vorwiegend hyperaktiv-impulsiv
- 6A05.2 Aufmerksamkeitsdefizit- und Hyperaktivitätsstörung [ADHS], kombiniert
- 6A05.Y Sonstige näher bezeichnete Aufmerksamkeitsdefizit- und Hyperaktivitätsstörung [ADHS]
- 6A05.Z Aufmerksamkeitsdefizit- und Hyperaktivitätsstörung [ADHS], nicht näher bezeichnet

In der ICD-11 wird die Aufmerksamkeitsdefizit- und Hyperaktivitätsstörung neben anderen Störungsbildern, z. B. der Störung der Intelligenzentwicklung oder Autismus-Spektrum-Störungen, in der Kategorie der neuronalen Entwicklungsstörungen aufgeführt. Sie folgt den früheren Klassifikationssystemen und unterscheidet den vorwiegend unkonzentrierten Typ, den vorwiegend hyperaktiv-impulsiven Typ und die kombinierte Verlaufsform.

7.2 Definition

Die ICD-11 definiert die Aufmerksamkeitsdefizit- und Hyperaktivitätsstörung als ein anhaltendes Muster (mind. 6 Monate) von Unaufmerksamkeit und/oder Hyperaktivität-Impulsivität, das sich unmittelbar negativ auf die schulischen, beruflichen oder sozialen Leistungen auswirkt. Die Symptomatik manifestiert sich in der frühen bis mittleren Kindheit (< 12 Jahre), auch wenn einige Personen erst später klinisch auffallen können.

Das Ausmaß der Unaufmerksamkeit und Hyperaktivität-Impulsivität liegt außerhalb der für das Alter und die intellektuelle Leistungsfähigkeit erwartbaren Schwankungsbreite.

Unaufmerksamkeit bezieht sich auf erhebliche Schwierigkeiten, die Aufmerksamkeit für Aufgaben aufrechtzuerhalten, die keine hohe Stimulation oder häufige Belohnung bieten, sowie auf Ablenkbarkeit und Probleme bei der Organisation.

Hyperaktivität bezieht sich auf übermäßige motorische Aktivität und Schwierigkeiten mit dem Stillhalten, die vor allem in strukturierten Situationen auftreten, die eine Selbstkontrolle des Verhaltens erfordern.

Impulsivität ist die Tendenz, auf Reize unmittelbar hin zu handeln, ohne zu überlegen oder die Risiken und Folgen zu bedenken.

Unaufmerksamkeit und/oder Hyperaktivität-Impulsivität manifestieren sich in verschiedenen Situationen oder Umgebungen und variieren je nach Struktur und Anforderungen.

Die Symptome lassen sich nicht besser durch eine andere psychische, verhaltensbezogene oder neurologische Entwicklungsstörung erklären und sind nicht auf die Wirkung einer Substanz oder eines Medikaments zurückzuführen.

7.3 Epidemiologie

In Abhängigkeit von der Stichprobe und den Diagnosekriterien schwanken die Prävalenzzahlen von Aufmerksamkeitsdefizit- und Hyperaktivitätsstörungen bei Personen mit einer Störung der Intelligenzentwicklung erheblich zwischen 1,5 und 80 % (Cooper et al. 2007; Frazier et al. 2001). Insgesamt scheint ADHS bei Personen mit einer Störung der Intelligenzentwicklung gegenüber der Allgemeinbevölkerung häufiger vorzukommen (12–15 % vs. 2,8–5 % bei Erwachsenen bzw. Kindern) (Faraone et al. 2017; Fayyad et al. 2017; Fox & Wade 1998; La Malfa et al. 2008; Polanczyk et al. 2014). Die Prävalenz von ADHS steigt mit dem Grad der Beeinträchtigung und ist bei institutionalisiert lebenden Menschen erhöht (30 %; O'Brian 2000). Anders als in der Allgemeinbevölkerung ist die Geschlechterverteilung bei Personen mit einer Störung der Intelligenzentwicklung in etwa gleich (Pearson et al. 1996). Bestimmte Syndrome sind besonders häufig mit ADHS assoziiert:

- Down-Syndrom (34–44 %) (Ekstein et al. 2011; Naerland et al. 2017; Oxelgren et al. 2017)
- Fragiles-X-Syndrom (40–49 %) (Alanay et al. 2007; Haessler et al. 2016; Sullivan et al. 2006; Young et al. 2016)
- Williams-Syndrom (65 %) (Leyfer et al. 2006)
- Fetale Alkoholspektrumstörungen (FASD; 51 %) (Landgren et al. 2010)
- 22q11.2-Syndrom (34 %) (Antshel et al. 2005; Gothelf et al. 2004; Niklasson et al. 2009)
- Smith-Magenis-Syndrom (del17p11.2) (Gnanavel 2014; Poisson et al. 2015)

MERKE

Die Prävalenz von Aufmerksamkeitsdefizit- und Hyperaktivitätsstörungen ist bei Personen mit Störungen der Intelligenzentwicklung erhöht (ca. 13 %).

7.4 Ätiologie

Aufgrund der Fortschritte im Bereich der (Epi-)Genetik hat sich die Datenlage zu den Ursachen und molekularen Mechanismen von Aufmerksamkeitsdefizit- und Hyperaktivitätsstörungen (ADHS) bei Personen mit einer Störung der Intelligenzentwicklung insgesamt deutlich verbessert (Bădescu et al. 2016; Walton et al. 2017). Eine 2017 publizierte Registerstudie aus Schweden zeigte, dass mehr als 90 % der ADHS-Fälle bei dieser Personengruppe genetisch bedingt sind (Faraone et al. 2017; Neece et al. 2013). Daneben stellen auch exogene Noxen wie z. B. Alkohol- oder Nikotinkonsum in der Schwangerschaft, mütterlicher Diabetes mellitus, Frühgeburtlichkeit und frühkindliche Vernachlässigung, Deprivation sowie eine reduzierte mütterliche Sensitivität Risikofaktoren dar (AWMF 2017; Chen et al. 2021). Auch wenn noch keine spezifischen strukturellen und funktionellen Hirnveränderungen festgestellt werden konnten, zeigen Gruppenvergleiche insgesamt ein vermindertes globales Hirnvolumen v. a. in der grauen Substanz, im präfrontalen Kortex, im Nucleus caudatus und im Kleinhirn, eine frontale Hypoaktivität und veränderte Aktivitätsmuster in den Basalganglien, zerebellär und parietal sowie vermehrt langsame und reduziert schnelle Aktivität im EEG (AWMF 2017).

7.5 Diagnostik

Die Diagnose Aufmerksamkeitsdefizit- und Hyperaktivitätsstörung wird bei Erwachsenen mit einer Störung der Intelligenzentwicklung klinisch gestellt, da es kein validiertes Diagnoseinstrument für diesen Personenkreis gibt und klinische Marker fehlen (Perera et al. 2020). Weitere Studien sind erforderlich, um zu verstehen, wie sich die ADHS-Symptomatik bei Menschen mit einer kognitiv-adaptiven Beeinträchtigung gegebenenfalls von der Allgemeinbevölkerung unterscheidet. Die diagnostischen Kriterien für ADHS sollten an den Schweregrad der Störung der Intelligenzentwicklung angepasst werden.

Die klinische Diagnose basiert auf einer ausführlichen Anamnese und Fremdanamnese möglichst mit den Eltern, der Sichtung alter Unterlagen, z. B. Schulzeugnisse oder Kindergartendokumente und einer aktuellen Verhaltensanalyse. An psychodiagnostischen Verfahren können die *Wender Utah Rating Scale* (*WURS*; Ward et al. 1993) und die *Subscala Hyperaktivität* der *Aberrant Behavior Checklist* (*ABC*; Aman et al. 1985) genutzt werden. Bei Menschen mit geringer kognitiver Beeinträchtigung kann auch die *Brown ADD Scale* (Brown 2001) zur Selbstbeurteilung eingesetzt werden. Die *Conners' Adult ADHD Rating Scale* (*CAARS*; Christiansen et al. 2011) wurde bei Kindern untersucht, wobei der Elternfragebogen gegenüber dem Lehrerfragebogen überlegen war und die Grenzwerte für Kinder mit Störungen der Intelligenzentwicklung angepasst werden sollten (Deb et al. 2008). Eine Neuentwicklung, die *Scale of Attention in Intellectual Disability* (*SAID*) ist gegenwärtig nur auf Englisch verfügbar (Freeman et al. 2015). Systematisierte Video- oder Verhaltensanalysen und gegebenenfalls ein probatorischer Behandlungsversuch können diagnostisch genutzt werden. Möglicherweise kann perspektivisch auch die Anwendung von im EEG erfassten Charakteristika (*diagnostic classifiers*) diagnostisch hilfreich sein (Helgadóttir et al. 2015).

Die ADHS-Diagnostik bei Kindern und Jugendlichen mit einer kognitiv-adaptiven Beeinträchtigung unterscheidet sich nicht wesentlich von der bei Kindern und Jugendlichen ohne eine Entwicklungsstörung. Die Diagnose basiert auf Informationen aus unterschiedlichen Lebensbereichen, also von Eltern, Lehrkräften und pädagogischen Betreuungspersonen. Hierdurch soll verhindert werden, dass eine ADHS-Symptomatik, die nur in einem speziellen Umfeld entsteht (z.B. in der Schule bei intellektueller Überforderung oder in der Familie bei innerfamiliären Konflikten), als situationsübergreifende Symptomatik fehlinterpretiert wird. Die Verhaltensbeobachtung durch die Informanten sollte durch standardisierte Fragebögen unterstützt werden. Diese sind zwar zum Teil nach ICD- oder DSM-Kriterien entwickelt (z.B. *DISYPS III, Conners 3, Conners EC*™), differenzieren jedoch nicht nach dem Grad der Intelligenz. Alternative Fragebogeninstrumente, die auf Kinder- und Jugendliche mit einer Störung der Intelligenzentwicklung zugeschnitten sind (z.B. *Nisonger Child Behavior Rating Form*), erfassen wiederum nicht alle Diagnosekriterien (Sarimski 2004).

Ein verbaler oder nonverbaler Intelligenztest gehört zum Standardrepertoire der ADHS-Diagnostik und liefert nicht nur Hinweise für eine eventuelle schulische Überforderung, sondern bietet neben dem Intelligenzquotienten auch die Möglichkeit, Kinder und Jugendliche in einer Leistungs- und gegebenenfalls Frustrationssituation klinisch beurteilen zu können. Zudem kann das Intelligenzalter zusammen mit dem sozioemotionalen Entwicklungsalter die klinische Beurteilung des erwartbaren Verhaltens erleichtern. Eine zusätzliche Verhaltensbeobachtung in Schule und Tagesstätte kann das diagnostische Bild abrunden.

Vor Diagnosestellung sind relevante somatische und psychiatrische Komorbiditäten, insbesondere Schlafstörung, Epilepsie (unter anderem subklinische nächtliche Epilepsieformen) und eine emotionale Störung, unbedingt auszuschließen bzw. differenzialdiagnostisch in Erwägung zu ziehen (siehe Abschn. 7.6 und 7.7).

MERKE

Die Diagnostik ist aufgrund fehlender, auf Intelligenzalter und sozio-emotionales Entwicklungsalter bezogener Referenzgrößen und standardisierter Verfahren sowie der größeren Heterogenität von Symptomen einer Aufmerksamkeitsdefizit- und Hyperaktivitätsstörung bei intelligenzgeminderten Menschen sowie Überlappungen mit Komorbiditäten erschwert. Die Diagnose wird klinisch gestellt.

7.6 Differenzialdiagnostik

Aufgrund einer Überlappung der Kernsymptome ist es eine Herausforderung, eine Aufmerksamkeitsdefizit- und Hyperaktivitätsstörung von der Störung der Intelligenzentwicklung abzugrenzen (Jopp & Keys 2001). Unaufmerksamkeit und Hyperaktivität müssen definitionsgemäß ausgeprägter sein als im Rahmen der bestehenden intellektuellen Beeinträchtigung zu erwarten wäre (siehe Abschn. 7.2). Nicht nur die Störung der Intelligenzentwicklung, auch Autismus-Spektrum-Störungen weisen eine große Symptomüberlappung mit ADHS auf (Frazier et al. 2001). Es gibt Hinweise dafür, dass insbesondere die

Aufmerksamkeitsstörung und weniger die Hyperaktivität geeignet ist, ADHS von einer Autismus-Spektrum-Störung abzugrenzen (Goldstein & Schwebach 2004; Luteijn et al. 2000). Weitere wichtige Differenzialdiagnosen sind *somatische Erkrankungen* (z. B. gastrointestinale Störungen, Obstipation, Meteorismus, chronische Schmerzsyndrome, Delir), aber auch Epilepsien, Schlafstörungen, Ticstörungen, affektive Störungen, Zwangsstörungen, Bindungsstörungen, komplexe Posttraumatische Belastungsstörungen, Schizophrenien oder Demenzen.

EXKURS Aufmerksamkeitsdefizit- und Hyperaktivitätsstörungen und emotionale Entwicklung

Verzögerungen der emotionalen Entwicklung können ein ADHS-artiges Bild, insbesondere die Hyperaktivität und Impulsivität, imitieren. Emotionale Entwicklungsverzögerungen in der Phase der *ersten Individuation* (emotionales Referenzalter: 1,5 – 3 Jahre) führen zu einer *Suche nach Autonomie*, die sich durch folgende Symptome zeigt:
- Aggression (verbal)
- Impulsivität
- trotziges und sozial ungemessenes Verhalten
- unangemessene Vokalisationen
- Irritierbarkeit
- Hyperaktivität
- ärgerliche Unruhe

Ziel der Behandlung ist es, die Individuation zu fördern und die Entwicklung von Autonomie zu unterstützen. Menschen in dieser Entwicklungsphase profitieren von äußerer Strukturierung und Hilfen bei der Affektregulation. Die desorganisierten Verhaltensweisen können zu Angststörungen und Depressionen führen. Mögliche Differenzialdiagnosen sind neben der Aufmerksamkeitsdefizit- und Hyperaktivitätsstörung organisch affektive Störungen oder bipolar affektive Störungen.

7.7 Komorbiditäten

Aufmerksamkeitsdefizit- und Hyperaktivitätsstörungen sind oft mit Autismus vergesellschaftet, wobei etwa jeder Zweite zusätzlich die DSM-Diagnosekriterien für ADHS aufweist (Sinzig et al. 2009). Insgesamt ähneln sich die Verhaltensprofile und Komorbiditäten bei Personen mit bzw. ohne eine Störung der Intelligenzentwicklung (Fee et al. 1994; Ishii et al. 2003; Johnson et al. 1995). Im Erwachsenenalter werden vor allen Dingen Dissoziale Persönlichkeitsstörungen oder -akzentuierungen, Substanzmissbrauch, affektive Störungen, Angsterkrankungen, Schlaf- und Ticstörungen beschrieben. Im Kindesalter kommen vor allem oppositionelle Verhaltensstörungen, Bindungsstörungen, Autismus-Spektrum-, Tic-, Angst- und affektive Störungen vor (Ahuja et al. 2013; Jensen & Steinhausen 2015). Bei Personen mit der Doppeldiagnose ADHS und Störung der Intelligenzentwicklung werden vermehrt Epilepsien oder Enuresis (Einnässen) beschrieben (siehe Coe & Matson 1993). Auch bei der Duchenne-Muskeldystrophie ist eine hohe Koinzidenz von ADHS beschrieben worden (Pane et al. 2012).

Innerhalb der Gruppe von Menschen mit Störungen der Intelligenzentwicklung zeigt die Gruppe mit einer zusätzlichen ADHS deutlich mehr Verhaltensstörungen (80 % vs.

18 %) (Jones et al. 2008; Pearson et al. 2000), Depressionen und Angststörungen (Whitney et al. 2019). Darüber hinaus wurden vermehrte Ängstlichkeit (Fee et al. 1994), mehr Hyperaktivität und delinquentes Verhalten, schlechtere Familienbeziehungen und verminderte soziale Kompetenzen beobachtet (Pearson et al. 2000).

7.8 Therapie

Die Therapie folgt denselben Grundsätzen wie bei Menschen ohne eine intellektuelle Beeinträchtigung. Dabei sollte ein multimodaler Behandlungsplan aufgestellt werden, in dem entsprechend der individuellen Symptomatik, dem Funktionsniveau, der Teilhabe und den Präferenzen der Betroffenen und der Bezugspersonen psychosoziale und medikamentöse Maßnahmen kombiniert werden (AWMF 2017). Die Psychoedukation der Betroffenen und der Bezugspersonen ist ein zentrales Therapieelement. Bei leichten Ausprägungsgraden stehen psychosoziale Methoden, bei schweren Formen zusätzliche medikamentöse Therapien im Vordergrund.

Der Wirkeffekt der eingesetzten Psychopharmaka ist bei Menschen mit Störungen der Intelligenzentwicklung im Vergleich zu Menschen ohne Störung der Intelligenzentwicklung insgesamt niedriger, wobei Nebenwirkungen gehäuft auftreten. Für Aufmerksamkeitsdefizit- und Hyperaktivitätsstörungen bei Fetalen Alkoholspektrumstörungen (FASD) sind im Jahr 2016 Leitlinien zur Diagnostik und Therapie publiziert worden, die sehr spezifische Empfehlungen für diese Konstellation geben (Young et al. 2016). Für die Behandlung von ADHS bei Autismus-Spektrum-Störungen sind im Jahr 2020 AWMF-Therapieleitlinien publiziert worden.

7.8.1 Psychopharmakotherapie

Bei der Behandlung von **Kindern und Jugendlichen** mit Aufmerksamkeitsdefizit- und Hyperaktivitätsstörungen und Störung der Intelligenzentwicklung ist das Stimulans Methylphenidat ebenso wie bei Personen ohne kognitive Beeinträchtigung das Mittel der ersten Wahl. Wichtig ist das langsame Auftitrieren der Tagesdosis nach dem Prinzip »start low, go slow«. Empfehlenswert ist der Beginn mit einem IR(*immediate release*)-Präparat (Medikinet, Ritalin, Equasym, Generika) mit kurzer Wirkdauer und die Ermittlung des Tagesprofils mit zwei bis drei Einzelgaben. Im zweiten Schritt kann dann auf ein ER(*extended release* oder Retard)-Präparat (Ritalin LA, Medikinet retard, Equasym retard, Concerta, MPH-Hydrochlorid), welches einmal täglich gegeben wird, übergegangen werden. Hierbei ist eine genaue Kenntnis der einzelnen Retard-Präparate nötig, da sie sich in der Zusammensetzung der IR/ER-Anteile (z. B. 50/50 oder 30/70) und der Wirkdauer und damit dem Wirkprofil im Tagesverlauf unterscheiden. Andere Stimulanzien wie Dexfetamin (Attentin®) und Lisdexamfetamin (Elvanse®) können Alternativen bei unzureichender Wirkung oder unerwünschten Wirkungen sein. Als Mittel der zweiten Wahl kann auch der selektive Noradrenalin-Wiederaufnahmehemmer Atomoxetin (Strattera®) eingesetzt werden. Darüber hinaus ist in der EU der selektive α-adrenerge Agonist Guanfacin (Intuniv®) zur Behandlung von Kindern und Jugendlichen mit ADHS zugelassen.

Für **Erwachsene** sind in Deutschland retardierte Methylphenidat-Präparate (Medikinet adult® und Ritalin adult®), Atomoxetin (Strattera®) und Lisdexamfetamin (Elvanse Adult®) zugelassen. Für einige Methylphenidat-Präparate besteht die Möglichkeit, eine in der Kindheit oder Jugend begonnene Behandlung über das 18. Lebensjahr hinaus fortzuführen oder off-label bei Erwachsenen auch erstmalig einzusetzen. Bei der Präparatewahl sollten gegebenenfalls vorliegende Komorbiditäten beachtet werden (siehe unten bei Atomoxetin und Guanfacin). Antipsychotika sollten nur indikationsbezogen bei entsprechender Komorbidität eingesetzt werden. Bei Patienten mit ADHS und stark ausgeprägter Impulskontrollstörung und aggressivem Verhalten kann die befristete zusätzliche Gabe von atypischen Neuroleptika (Risperidon bis zu sechs Wochen) in Kombination mit psychosozialen Interventionen zur Reduktion dieser Symptomatik erwogen werden (AWMF 2017).

MERKE

Vor dem Beginn einer medikamentösen Therapie sollte eine körperliche, neurologische und laborchemische Untersuchung (bei Stimulanzien nicht vorgeschrieben; Blutbild, TSH, Leber- und Nierenwerte aber sinnvoll) durchgeführt werden. Dabei sollten insbesondere Symptome, die auf eine Herz-Kreislauf-Erkrankung hinweisen könnten (z. B. Synkopen oder Atemnot), erfragt und gegebenenfalls ein EKG durchgeführt werden. Daneben sollten der Blutdruck, die Herzfrequenz und das Gewicht, bei Kindern auch die Körperlänge gemessen werden. Einmal jährlich soll die Indikation für die Fortführung der medikamentösen Behandlung im Rahmen einer behandlungsfreien Zeit überprüft werden.

Eine Metaanalyse mit insgesamt 181 Teilnehmenden in acht Studien von Sun et al. (2019) zeigt eine signifikante Verbesserung der ADHS-Symptomatik durch Methylphenidat gegenüber Placebo bei Kindern mit einer Lernbeeinträchtigung bzw. einer Störung der Intelligenzentwicklung (Hedges' $g = 0.878$, $p < 0.001$), wobei sich ein dosisabhängiger Effekt fand (slope = 1.334, $p < 0.001$). Interessanterweise konnten keine signifikanten Unterschiede in der Drop-out-Rate [Odds Ratio (OR) = 1.679, $p = 0.260$] oder der Unterbrechung der Medikation wegen Nebenwirkungen (OR = 4.815, $p = 0.053$) zwischen Methylphenidat bzw. Placebo gefunden werden. Methylphenidat verbessert kognitive und Verhaltensprobleme bei Menschen mit Störungen der Intelligenzentwicklung und ADHS (Aman et al. 1991, 1993; Handen et al. 1999; Pearson et al. 2003). Bei überwiegend geringen Gruppengrößen (N = 11–30) finden sich Responseraten zwischen 37 und 75 %, wobei eine mittlere Responserate von etwa 50 % (gegenüber ca. 75 % in der Allgemeinbevölkerung) angegeben wird. Eine Studie zeigt Effektstärken von .39 bis .52, gemessen mit der Conner-Skala bei 122 Kindern und Jugendlichen mit ADHS und Störungen der Intelligenzentwicklung (Simonoff et al. 2013). Für ADHS und Autismus zeigten sich vergleichbare Responseraten um ca. 50 % im Hinblick auf Hyperaktivität und herausfordernde Verhaltensweisen (Ghuman et al. 2009; Handen et al. 2000; Quintana et al. 1995; RUPP 2005). Ein Übersichtsartikel von Miller et al. (2020) schlussfolgert bei insgesamt unbefriedigender Datenlage, dass Methylphenidat und Atomoxetin, insbesondere in höheren Dosen, bei Menschen mit einer kognitiven Beeinträchtigung indiziert sei, da die meisten die ADHS-Medikamente gut vertragen hätten und positive Effekte in verhaltensbezogenen und/oder kognitiven Bereichen beobachtbar seien. Höhere Dosen Methylphenidat (0,6–1,2 mg/kg Körpergewicht) waren wirksamer als niedrigere Dosen (Handen et al. 1999; Pearson et al. 2003), aber auch mit mehr Nebenwirkungen wie Schlafstörungen, Appetitverlust und sozialem Rückzug verbunden. Stimulanzien sind bei leichter Störung der Intelligenzentwicklung besser wirksam als bei schwerer Störung der Intelligenzentwicklung (Jou et al. 2004). Beim Williams-Syndrom ist Methylphenidat als hilfreichste Medikation angegeben worden (74 %; Martens et al. 2013). Bei Stimulanzien ist auf das Auftreten psychotischer Symptome, Verstärkung von Ängsten, Irritabilität, Aggressivität, neu aufgetretene Tachykardien, Arrhythmien, arterielle Hypertonie, Tics und Krampfanfälle zu achten. Gegebenenfalls ist die Dosis zu reduzieren oder auf Atomoxetin oder Guanfacin umzustellen.

Atomoxetin hat bei ADHS und Autismus-Spektrum-Störungen einen positiven Effekt (43–88 %) auf den *Clinical Global Impression of Change (CGI)* und die ADHS-Kernsymptomatik (Arnold et al. 2006; Kilincaslan et al. 2016; Posey et al. 2006; Troost et al. 2006). Hierbei sollte auf Hinweise für eine Leberschädigung, sexuelle Dysfunktionen und Dysmenorrhoe geachtet werden. Bei Kindern und Jugendlichen mit Entwicklungsstörungen soll Atomoxetin eine ebenso hohe Rate an unerwünschten Wirkungen (insbesondere Irritabilität) haben wie Stimulanzien (Aman et al. 2014). Atomoxetin ist bei Kindern und Jugendlichen ohne eine kognitive Beeinträchtigung eine Alternative zu Stimulanzien, insbesondere bei komorbider Ticstörung (Osland et al. 2018) oder Angststörung (AWMF 2017, S. 41).

Für *Guanfacin* ist bei Kindern mit Down-Syndrom und ADHS eine signifikante Verbesserung der Hyperaktivität und Irritierbarkeit beschrieben worden (Capone et al. 2016). Hierbei ist besonders auf Bradykardie und Hypotonie, Müdigkeit und Gewichtszunahme zu achten. Auch Guanfacin ist eine Alternative bei komorbider Ticstörung (Osland et al. 2018).

Eine kleine Studie (N = 6) zeigte Hinweise auf einen positiven Effekt von *Everolimus* auf autistische, hyperaktive und depressive Symptome bei Menschen mit tuberöser Sklerose (Kilincaslan et al. 2017).

MERKE

Selektive Serotonin-Wiederaufnahmehemmer (SSRI), Modafinil, Selegilin und Bupropion sind zur Behandlung der Aufmerksamkeitsdefizit- und Hyperaktivitätsstörung nicht zugelassen. Cannabis soll nicht zur ADHS-Behandlung eingesetzt werden (AWMF 2017). Es gibt gegenwärtig keine eindeutigen Wirksamkeitshinweise für Omega-3-Präparate oder spezifische Diäten (kasein-/glutenfrei).

7.8.2 Nicht-medikamentöse Verfahren

Die Psychoedukation der Betroffenen und des Lebensumfelds ist ein zentraler Baustein der Therapie, unabhängig vom Schweregrad der kognitiven Beeinträchtigung, der ADHS-Symptomatik und gegebenenfalls weiterer Komorbiditäten. Zum Verhaltensmanagement bei Aufmerksamkeitsdefizit- und Hyperaktivitätsstörungen und Störungen der Intelligenzentwicklung ist die Datenlage insgesamt schlecht. Die Menschen profitieren in der Regel von klar strukturierten Angeboten und ritualisierten Abläufen ohne Überforderung, einer Umgebung mit reduzierter Ablenkungsmöglichkeit, einem einheitlichen

Vorgehen im Team und festen Bezugspersonen, klaren Verhaltensregeln, Skills zum Spannungsabbau, ausreichend körperlicher Aktivität und sensorischer Stimulation sowie einer positiven Verstärkung z. B. mit Token-Plänen. Für die Betreuenden sind regelmäßige Teamsupervisionen, ein Deeskalationstraining und ein guter Krisenplan hilfreich. Bei einer Indikation für eine Psychotherapie sollte die Kognitive Verhaltenstherapie (KVT) angewendet werden (AWMF 2017). Durch Ergotherapie oder heilpädagogische Förderung können die sogenannten Exekutivfunktionen unterstützt werden. Hierbei liegt der Fokus auf Techniken zur Verbesserung alltagspraktischer Fähigkeiten, Problemlösefähigkeiten, Techniken zur Reduktion von Ablenkbarkeit und zur Verbesserung der Stressregulation.

7.9 Prognose und Verlauf

Eine landesweite schwedische Untersuchung zeigt, dass Personen mit Aufmerksamkeitsdefizit- und Hyperaktivitätsstörungen im Vergleich zu den Kontrollpersonen im Durchschnitt ein um 17 % niedrigeres Jahreseinkommen (OR = 0,83; 95 %-Konfidenzintervall: 0,83–0,84) und eine höhere Wahrscheinlichkeit hatten, eine Erwerbsunfähigkeitsrente zu erhalten (OR = 19,0; 18,4–19,6) (Jangmo et al. 2021). Die komorbiden Diagnosen von Entwicklungsstörungen, insbesondere einer Störung der Intelligenzentwicklung, erklärten den größten Teil des Zusammenhangs zwischen ADHS und Erwerbsunfähigkeitsrente, während der Bildungsstand teilweise den Zusammenhang zwischen ADHS und dem Einkommen erklärte.

Insbesondere bei Männern nimmt die Prävalenz von ADHS über die Lebensspanne allmählich ab. Man unterscheidet im Verlauf Vollremissionen, Teilremissionen und persistierende Verläufe, die häufig mit der Entwicklung von Komorbiditäten assoziiert sind, wobei im Vergleich zur Allgemeinbevölkerung bei Menschen mit Störungen der Intelligenzentwicklung die ADHS-Symptomatik im Erwachsenenalter häufiger persistiert (Neece et al. 2011; Xenitidis et al. 2010).

CHRISTIAN SCHANZE & PETER MARTIN

8 Stereotype Bewegungsstörung mit/ohne Selbstverletzung; Primäre Tics oder Ticstörungen

CHRISTIAN SCHANZE & PETER MARTIN

8.1 Stereotype Bewegungsstörung mit/ohne Selbstverletzung (ICD-11 6A06)

8.1.1 Die Codierung von stereotypen Bewegungsstörungen in der ICD-11

6A06 STEREOTYPE BEWEGUNGSSTÖRUNG
- 6A06.0 Stereotype Bewegungsstörung ohne Selbstverletzung
- 6A06.1 Stereotype Bewegungsstörung mit Selbstverletzungen
- 6A06.Z Stereotype Bewegungsstörung, nicht näher bezeichnet

In der ICD-11 werden die stereotypen Bewegungsstörungen als eigene Untergruppe des Kapitels »Neuronale Entwicklungsstörungen« aufgeführt und mit 6A06 codiert. Die darin gelisteten motorischen Störungsbilder werden im Gegensatz zur alten ICD-10 diagnostisch nicht mehr nach dem Zeitpunkt ihrer Erstmanifestation, also zumeist dem Kindes- und Jugendalter, zugeordnet, sondern als ein Störungsbild definiert, das in allen Altersgruppen zu beobachten ist.

Im DSM-5 werden die stereotypen Bewegungsstörungen auch im Kapitel »Störungen der neuronalen und mentalen Entwicklung« im Unterkapitel »Motorische Störungen« als Subgruppe »Stereotype Bewegungsstörungen« (F98.4) gelistet. Die in der ICD-11 jetzt unter dem Kapitel »Neuronale Entwicklungsstörungen« genannten Störungsbilder sind im Wesentlichen mit denen des DSM-5 identisch.

8.1.2 Definition

Stereotype Bewegungsstörungen sind gekennzeichnet durch das anhaltende (z. B. mehrere Monate dauernde) Vorhandensein von freiwilligen, sich wiederholenden, stereotypen, scheinbar zwecklosen (und oft rhythmischen) Bewegungen, die während der frühen Entwicklungsphase auftreten, nicht durch die direkten physiologischen Wirkungen einer Substanz oder eines Medikaments (einschließlich Entzug) verursacht werden und normale Aktivitäten deutlich beeinträchtigen oder zu einer selbst zugefügten Körperverletzung führen. Stereotype Bewegungen, die nicht verletzend sind, können Körperschaukeln, Kopfschaukeln, Fingerschnippen und Handflattern umfassen. Stereotype selbstverletzende Verhaltensweisen können wiederholtes Kopfschlagen, Schlagen ins Gesicht, In-die-Augen-Bohren und Beißen in die Hände, Lippen oder andere Körperteile umfassen.

Wie bereits in der ICD-10 wird bei stereotypen Bewegungsstörungen zwischen motorischem Verhalten *ohne* (6A06.0) und *mit* Selbstverletzungen (6A06.1) unterschieden. Die in der ICD-10 etwas missverständliche Kategorie »Stereotype Bewegungsstörung ohne Angabe von Selbstverletzung« (Code: F98.49) wird in der ICD-11 durch »Stereotype Bewegungsstörung, nicht näher bezeichnet« (Code: 6A06.Z) ersetzt.

Die gemäß ICD-11 diagnostizierbaren stereotypen Bewegungen können dabei so häufig oder intensiv sein, dass sie bei den betroffenen Personen zu erheblichen Einschränkungen ihrer funktionalen Fähigkeiten im Alltag führen, oder die stereotypen Selbstverletzungen sind so schwerwiegend, dass sie klinisch relevant werden bzw. die Gesundheit der Person akut oder mittelfristig beeinträchtigen können. Die Einschränkungen der Funktionsfähigkeit werden nun (im Gegensatz zur ICD-10) diagnostisch, neben ihrem charakteristischen repetitiven und meist rhythmischen Ablauf, als wesentliches Kriterium hervorgehoben.

Stereotype Verhaltensweisen treten in der frühen kindlichen Entwicklung häufig auf. Sie unterscheiden sich aber von den stereotypen Bewegungsstörungen dadurch, dass sie die betroffenen Personen weder in ihren alltäglichen Aktivitäten beeinträchtigen noch dass es in ihrem Zusammenhang zu selbstverletzendem Verhalten kommt. Sie sind motorische Phänomene, die kognitive und sozio-emotionale Entwicklungsprozesse in ihrer Entfaltung begleiten und so ganzheitliche Lernprozesse im Sinne einer Verkörperung (embodiment) des Verhältnisses der Person zu seiner Umwelt unterstützen (Fuchs et al. 2022).

Stereotype Bewegungs- und Handlungsmuster treten bei Kindern mit Störungen der Intelligenzentwicklung (SIE) besonders häufig auf. In der ICD-11 wird auch auf die besonders betroffene Personengruppe der Kinder mit deutlichen Störungen der Intelligenzentwicklung und/oder Autismus-Spektrum-Störungen hingewiesen. Bei diesen beiden Personengruppen ist stereotypes Verhalten jedoch nicht nur ein vorübergehendes Symptom der entwicklungsbezogenen Verkörperung, sondern es übernimmt – wie weiter unten noch genauer zu zeigen sein wird – bei beeinträchtigten oder gar blockierten Entwicklungsprozessen kompensatorische Aufgaben (»Anstatt-Funktionen«) (siehe Exkurs »Überlegungen zum Spektrum stereotyper Verhaltensweisen«).

Im Kapitel 21 »Schlaf-Wach-Störungen« sind auch nächtliche stereotype Bewegungsstörungen aufgeführt (ICD-11: 7A84). Bei ihnen handelt es sich um rhythmische Bewegungsstörungen im Schlaf, die große Muskelgruppen beinhalten wie z. B. rhythmische Kopfbewegungen (Jactatio capitis) mit Schlagen gegen das Kissen oder die Matratze, Kopfrollen, Körperschaukeln (Jactatio corporis) oder Körperrollen. Die Symptome müssen diagnostisch so schwerwiegend sein, dass die Symptomatik zu Beeinträchtigungen der Personen selbst oder der Familie und/oder im Sozial-, Bildungs-, beruflichen oder in anderen wichtigen Funktionsbereichen (z. B. häufige Schlafstörungen und daraus resultierende Tagesmüdigkeit und Verminderung der Leistungsfähigkeit) oder zu Körperverletzungen (z. B. wegen Sturz aus dem Bett) führen. Letzteres tritt häufiger bei Menschen mit schwerer und tief greifender Störung der Intelligenzentwicklung auf. Im ICD-11-Kapitel 7A8 »Schlafbezogene Bewegungsstörungen« sind auch andere Störungsbilder gelistet, die zwar periodisch, aber nicht unbedingt rhythmisch verlaufen, wie z. B. »Restless Legs« oder »Bruxismus«.

In den weiteren Ausführungen der ICD-11 werden die Entwicklungsaspekte der stereotypen Störungsbilder aufgezeigt und **differenzialdiagnostische Abgrenzungen** zu Autismus-Spektrum-Störungen, Zwangsstörungen, körperbezogenen repetitiven Verhaltensstörungen, dem Tourette-Syndrom und anderen Ticstörungen, extrapyramidalen Symptomen und anderen Erkrankungen des Nervensystems deutlich gemacht. Es wird im Fall der Autismus-Spektrum-Störung aber auch betont, dass die Diagnose »stereotype Bewegungsstörung« dann zusätzlich gestellt werden kann, wenn dieses Verhalten einen besonderen Schwerpunkt in der klinischen Symptomatik bei der jeweiligen Person mit Autismus-Spektrum-Störung darstellt (vor allem bei stereotypen Selbstverletzungen).

MERKE Differenzialdiagnostischer Grundsatz der ICD-11
Eine Symptomatik, die auch im Rahmen anderer Störungsbilder auftaucht, kann dann als eigenständige Diagnose aufgeführt werden, wenn Schwere oder Dauer ihrer Symptomatik das klinische Erscheinungsbild in besonderem Maße prägen. Dies gilt auch für die stereotypen Bewegungsstörungen, vor allem für stereotype Selbstverletzungen: Sie treten bei verschiedenen neurologischen und psychiatrischen Störungsbildern auf.

Stereotypen Bewegungsstörungen haben viele unterschiedliche Ursachen bzw. treten im Zusammenhang mit verschiedenen neuropsychiatrischen Erkrankungen oder neuronalen Entwicklungsstörungen auf (z. B. Störungen des autistischen Spektrums), aber auch im Zusammenhang mit Sinnesstörungen (Gehörlosigkeit, Erblindung). Solche **sekundären Stereotypien** werden von **primären Stereotypien** unterschieden, denen keine neuropsychiatrische Erkrankung bzw. neuronale oder genetische Entwicklungsstörungen zugrunde liegen (Shukla & Pandey 2020; Singer et al. 2015). In der ICD-11 erfolgt diese Unterteilung im **Kapitel »Bestimmte näher bezeichnete Bewegungsstörungen« (8A07)**, Unterkapitel »Stereotypien« (8A07.0, primär .00 und sekundär .01). Bei den primären Stereotypien handelt es sich um rhythmische repetitive Bewegungen, welche die Funktionsfähigkeit der betroffenen Person nicht beeinträchtigen. Die sekundären Stereotypien sind stereotype Bewegungen in Verbindung mit einer genetischen, metabolischen, neurodegenerativen, paraneoplastischen oder infektiösen Störung.

Allgemein können Menschen, die stereotype Bewegungen zeigen, auf äußere Impulse oder verbale Aufforderungen hin, aber auch durch den eigenen Willen ihre Stereotypien meist unterbrechen. Im Gegensatz zu Tics oder repetitivem Verhalten im Rahmen von Zwangsstörungen tritt bei Stereotypien in der Regel kein innerer Drang der betroffenen Person auf, diese Bewegungen ausführen zu müssen (Shukla & Pandey 2020; Singer et al. 2015). Je stärker die Funktionseinschränkungen durch die stereotypen Bewegungsstörungen jedoch sind und somit den Kriterien der ICD-11 entsprechen, desto mehr nehmen diese zwanghaften Charakter an und die sich wiederholenden Bewegungen können von den betroffenen Personen immer schwerer willentlich unterbrochen oder initial unterdrückt werden.

Unter **stereotypen Selbstverletzungen** versteht man absichtliche, sich wiederholende und anhaltende, gegen den eigenen Körper gerichtete selbstverletzende Verhaltensweisen, die auf den eigenen Körper gerichtet sind und zu körperlichen Verletzungen unterschiedlichen Schweregrades führen können. Sie sind nicht mit sexueller Erregung verbunden und haben motivational keinen suizidalen Hintergrund. Sie gehören insofern auch zur Gruppe der nichtsuizidalen Selbstverletzungen. Sie können mitunter in hoher Frequenz oder clusterförmig und mit ausgeprägtem Schweregrad verlaufen und müssen dann therapeutisch besonders berücksichtigt werden (Huisman et al. 2018).

Die Einteilung der Schweregrade des selbstverletzenden Verhaltens (SVV) wird in den verschiedenen Studien in unterschiedlicher Weise vorgenommen, was ihre Vergleichbarkeit erheblich erschwert (Steenfeld-Kristensen et al. 2020). Sie unterscheiden sich in der Differenziertheit ihrer topografischen Zuordnung (z. B. Handbeißen, Kopfschlagen, Nägel herausreißen, Skin-Picking, sich selbst kratzen) und in der Abstufung des klinischen Ausmaßes der körperlichen Schädigungen. Empfehlenswert ist die Einteilung nach Verletzungsgraden, wie sie in der *Modified Overt Aggression Scale (MOAS)* (Sorgi et al. 1991; deutsche Übersetzung: MOAS-D, siehe Schanze et al. 2019) vorgenommen wird. In Tabelle 8-1 sind die dortigen Kriterien aufgeführt und durch die Codes in der ICD-11 für Schweregrade von Symptomen ergänzt.

Der Umgang mit Selbstverletzungen wird bei diesen Personengruppen im Betreuungsalltag von Angehörigen und Mitarbeitenden der Behindertenhilfe als sehr schwierig und emotional belastend empfunden (Karman et al. 2015). Zwar sind die selbst zugefügten Verletzungen in der Regel eher leichterer Ausprägung und führen nur zu geringen Hautläsionen, sie können jedoch auch zum Ausschluss von Bildungs- oder Berufsaktivitäten, zu schwerwiegenden Verletzungen, Krankenhausaufenthalten oder zum Tod führen.

Schweregrade nach MOAS-D	Schweregrade nach ICD-11 (Kapitel X)	Art des Verhaltens nach MOAS-D
	XS8H nicht vorhanden	
1	XS5W leicht	Zupft oder kratzt sich an der Haut, zieht sich an den Haaren; schlägt sich selbst (ohne bzw. mit leichten Verletzungen)
2	XS0T mittel	Schlägt den Kopf; schlägt mit Faust gegen Wände oder Mobiliar; wirft sich zu Boden oder gegen Wände oder Mobiliar (mit leichten Verletzungen)
3	XS25 schwer	Fügt sich Prellungen, kleine Verbrennungen oder Schnitte zu
4	XS2B schwerst/tief greifend	Verstümmelt sich selbst; verursacht tiefe Schnitte; beißt sich, bis es blutet; innere Verletzungen; Knochenbrüche; Bewusstlosigkeit; Verlust von Zähnen

Tab. 8-1: Schweregrade von selbstverletzendem Verhalten nach der »Modifizierten Skala für Offensichtliche Aggressionen« (MOAS-D, deutsche Übersetzung der *Modified Overt Aggression Scale* von Schanze et al. 2019) und mögliche Zusatzcodierung der Schweregrade gemäß ICD-11 (Zusatzcodes im Kapitel X: allgemeine Schweregrade; WHO 2023)

MERKE
- In der ICD-11 sind die stereotypen Bewegungsstörungen im Kapitel »Neuronale Entwicklungsstörungen« zusammengefasst.
- Sie beginnen häufig bereits im frühen Kindesalter (< 3 Jahre).
- Sie werden in Bewegungsstörungen ohne und mit Selbstverletzung unterteilt.
- Sie sind durch ihr repetitives und meist rhythmisches motorisches Erscheinungsbild charakterisiert.
- Davon sind diagnostisch stereotype Bewegungsmuster abzugrenzen, die bei den betroffenen Personen zu keiner Funktionseinschränkung führen.
- Stereotype Verhaltensweisen können im Rahmen der kindlichen Entwicklung vorübergehend oder bei kognitiven und sozio-emotionalen Entwicklungsstörungen bleibend auftreten und haben einen kompensatorischen Charakter (siehe den folgenden Exkurs).

EXKURS Überlegungen zum Spektrum stereotyper Verhaltensweisen

Primäre bzw. funktionelle Stereotypien (Baizabal-Carvallo & Jankovic 2017) treten in der kindlichen Entwicklung häufig passager auf. Sie können, je nach Entwicklungsphase (ca. 1. bis 2. Lebensjahr), Bestandteil des Erlernens gezielter motorischer und sozialer Handlungen sein. Diese gezielte Interaktion von Körper und Umwelt stellt das Zentrum der kindlichen Entwicklung in den ersten beiden Lebensjahren dar. Sie ist die Basis der weiteren motorischen, kognitiven und sozio-emotionalen Entwicklung, aus der sich das individuelle Bewusstsein eines Menschen formt. Das Bewusstsein ist insofern nicht bloßes Ergebnis eines physiologischen Wahrnehmungs- und Verarbeitungsprozesses äußerer Reize, sondern entsteht aus der tätigen Auseinandersetzung mit der Umwelt. Die Aufmerksamkeit der Kinder ist vom Zeitpunkt ihrer Geburt an auf die multisensorischen Reize der nahen Umwelt gerichtet. Während die ersten motorischen Aktivitäten durch angeborenes Reflexverhalten »motiviert« sind (z. B. Rooting-Reflex, Saugreflex, Greifreflex), entwickeln Kinder zunehmend eigeninitiatives, gezieltes Handeln und zeigen bereits ab dem siebten Lebensmonat ein wachsendes Verständnis von Ursache und Wirkung im einfachen motorischen und sozialen Handeln. Dies führt zu freudvollen Interaktionen mit dem lebendigen und gegenständlichen Umfeld. Der Interaktions- und Aneignungskanal ist dabei der eigene Körper. Bewusstseinsentwicklung stellt insofern eine aktive Verkörperung des Umfelds/der Umwelt dar und erzeugt intrinsische Motive für weiteres Handeln. Im Sinne der philosophischen Theorie der Verkörperung (»Embodiment«) entsteht insofern ein Funktionskreislauf, in dem das Subjekt über seine Wirkorgane (Muskulatur, Effektorgan) auf Objekte der Umwelt einwirkt. Im kindlichen Erforschen werden diese zunächst bloß manipuliert und später zunehmend funktionsgerecht eingesetzt. Das Subjekt hinterlässt durch sein Handeln in seiner Umwelt dingliche und vor allem emotional-motivatorische »Wirkmale«. Diese Veränderungen werden neben den vorbestehenden Merkmalen der Objekte »bemerkt« (wahrgenommen). Dies geschieht über verschiedene Rezeptorsysteme der sinnlichen Wahrnehmung (»Merkmale«). Durch dieses »Bemerken« der Änderungen oder das Bemerken der Emotionen, die es im Umgang mit dem Objekt spürt, verändert sich die intrinsische Repräsentation des Objekts im Bewusstsein des Kindes (Fuchs et al. 2022; siehe Abb. 8-1). Diesen selbstverstärkenden Prozess überschreibt Hartmut Rosa in seiner Resonanztheorie als »Anverwandlung«

Ich-stärkender Funktionskreis der Anverwandlung
(→ Ich-Stärkung durch erfolgreiches und kreatives Handeln)

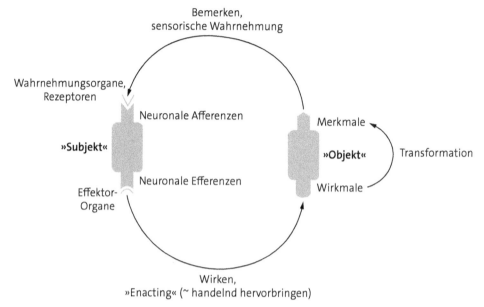

Abb. 8-1: Die handelnde Person im selbstverstärkenden Funktionskreis (modifizierte Abbildung »Funktionskreis des Lebenswesens in seiner Umwelt« nach Fuchs et al. 2022)

(Rosa 2016). Der Begriff umschließt den Funktionskreis des »handelnden Hervorbringens« (enacting) und des Wahrnehmens von »Wirk- und Merkmalen«.
Das handelnde und wahrnehmende Subjekt generiert in diesem Funktionskreis für sich Erfahrungen und aus den Erfahrungen entstehen Gewohnheiten (Habitualisierung). Die Welt wird auf diese Weise nicht bloß erfahren, sondern für das Subjekt im eigenen Handlungsfeld vorhersehbar. Während anfänglich diese Erfahrungswelt für das Kind noch sehr klein ist, erweitert sich das Spektrum der Erfahrungen im Laufe des Heranwachsens und sedimentiert sich als Identität. Bei Kindern mit neurokognitiven Entwicklungsstörungen könnte man sich das Auftreten stereotyper Bewegungen als Kompensationsversuch fehlender neuronaler Funktionskreise vorstellen.

Wie die Abbildung 8-2 zeigt, kann dieser Prozess sowohl auf der Ebene des »Wirkens« (z. B. exekutive Störungen bei Autismus-Spektrum-Störungen) als auch des »Bemerkens« (z. B. Menschen mit sensorischen Einschränkungen und/oder kognitive Verarbeitungsstörungen bei Menschen mit Störungen der Intelligenzentwicklung) beeinträchtigt oder unterbrochen sein. Kompensatorisch werden rhythmisierte elektrische Signale des Motorkortex über efferente Bahnen an das Zielorgan »Muskulatur« weitergeleitet und es kommt zu einer rhythmischen Muskelaktivität. Über sensorische Rezeptoren werden die repetitiven Bewegungen der Muskulatur wahrgenommen und über die sensorischen Afferenzen via Thalamus an den sensorischen Kortex zurückgemeldet. Dies führt zu einer rhythmisierten Aktivität des Gehirns bzw. zur Aufrechterhaltung der

8.1 Stereotype Bewegungsstörung mit/ohne Selbstverletzung (ICD-11 6A06)

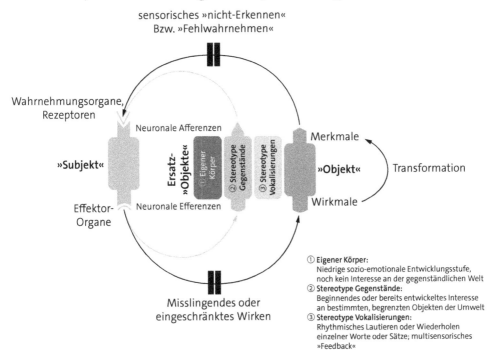

Abb. 8-2: Stereotypien und das Handeln der Person als selbstverstärkender Funktionskreis (modifizierte Abbildung »Funktionskreis des Lebenswesens in seiner Umwelt« nach Fuchs et al. 2022)

rhythmischen Impulse. Diese Rhythmisierung wird von den betroffenen Personen als angenehm und selbstberuhigend bzw. als selbstbestärkend erlebt (McCarthy et al. 2023).

Insofern können Stereotypien auf Hemmnisse (z. B. bei Hospitalismus) oder Defizite (z. B. bei neuronalen Entwicklungsstörungen wie der Störung der Intelligenzentwicklung oder der Autismus-Spektrum-Störung) in allen Entwicklungsdimensionen (Motorik, Sensorik, Kognition, Sozio-Emotion, Sprache) ätiologisch zurückgeführt werden. Über die repetitive Aktivierung (willentlich und unwillentlich) von Schaltkreisen neuronaler Efferenzen und Afferenzen kommt es für die Person zu selbst-beruhigenden Effekten. Bei »ungestörter« Entwicklung befindet sich die Person in einem intrinsischen Handlungs- und Wahrnehmungsprozess mit der Umwelt und erschafft aus Erfolg und Misserfolg ihres Handelns (enacting) innere Motive und Repräsentationen von der Welt. Die bei Menschen mit Störungen der Intelligenzentwicklung und/oder einer Autismus-Spektrum-Störung häufig auftretenden motorischen, vokalen oder sprachlichen Stereotypien, vor allem solche, die nicht durch ihre Durchführung zur Funktionseinschränkung führen, können in diesem Zusammenhang als individuelle Versuche verstanden werden, sich in einen Handlungsprozess mit dem eigenen Körper oder mit bestimmten Gegenständen der Umwelt zu bringen und so ein Gefühl von Selbstwirksamkeit zu erzeugen.

Solche Stereotypien, die nicht die ICD-11-Kriterien der »stereotypen Bewegungsstörungen« erfüllen, können wie folgt codiert werden:
- 8A07 Bestimmte näher bezeichnete Bewegungsstörungen
  - 8A07.0 Stereotypien
  - 8A07.00 Primäre Stereotypien (bei normal entwickelten Kindern auftretend)
  - 8A07.01 Sekundäre Stereotypien (in Verbindung mit neuronalen Entwicklungsstörungen und/oder genetischen, metabolischen, neurodegenerativen, paraneoplastischen oder infektiösen Störungen auftretend)

8.1.3 Epidemiologie und Verlauf

Stereotype Bewegungsstörungen ohne Selbstverletzungen

Motorische Stereotypien sind in der Gesamtbevölkerung ein weitverbreitetes Phänomen: Beinwippen, Haare zwirbeln, stereotype Fingerbewegungen, Nasenbohren, Fingernägel kauen und vieles mehr. Die Verhaltensweisen tauchen in Ruhe, in Wartesituationen oder auch bei Konzentration auf. Sie erfüllen aber, wie bereits erwähnt, nur selten die Kriterien der ICD-11 (Funktionseinschränkung im Alltag). Sie gehen insofern meist im weiten Spektrum von »Normalität« unter. Deshalb gibt es auch kaum verlässliche epidemiologische Daten zur wirklichen Verbreitung dieser stereotypen Phänomene in der Gesamtbevölkerung.

Die stereotypen Bewegungsstörungen finden diagnostisch oft keine Berücksichtigung, da sie als Nebensymptome durch das dominierende Bild verschiedener komorbider neuro-psychiatrischer Störungen überlagert werden, wie z. B. durch Depressionen, Katatonien, Angst- und Zwangsstörungen oder ADHS. Motorische Stereotypien können allerdings auch im Rahmen von Medikamenten-Nebenwirkungen auftreten oder durch Medikamente in ihrem Erscheinungsbild verstärkt werden (Maltête 2016; Oakley et al. 2015). Sie treten außerdem auch bei neurodegenerativen Störungen (z. B. Morbus Alzheimer), nach zerebralen Insulten, autoimmunen und viralen Enzephalitiden auf (Anti-NMDA-Rezeptor-Enzephalitis, Herpessimplex-Enzephalitis, Encephalitis lethargica) (Shukla & Pandey 2020).

Der ICD-11-Systematik folgend, dürfen sie nur dann von diesen neurologischen und psychiatrischen Erkrankungen getrennt diagnostiziert werden, wenn sie in besonderem Maße das Erscheinungsbild prägen.

Komplexe stereotype Bewegungsstörungen beginnen zu 80 % vor dem dritten Lebensjahr. Die Häufigkeit im Kindesalter beträgt ca. 3–4 %. Sie schwächen sich zwar meist mit der weiteren motorischen, kognitiven, sozio-emotionalen und sprachlichen Entwicklung ab, können aber auch bis zur Adoleszenz bestehen bleiben. In dieser Zeit verändern sie sich in ihrer topografischen Verteilung, in ihrer Dauer und in Bezug auf ihr situatives Auftreten z. T. sehr deutlich (WHO 2023). Nach »Abschluss« der neuronalen Entwicklung verschwinden die motorischen Stereotypien bei neurotypischen Personen meist vollständig oder werden in abortive Formen überführt. Augustine et al. (2021) stellen hierzu die Hypothese auf, dass die Ausdifferenzierung der präfrontal-striatalen Bahnen in der Adoleszenz vollendet wird und so die Impulse hemmenden Fähigkeiten stark zunehmen. Bleibt die Entwicklung dieser neuronalen Projektionsbahnen unvollständig, wie das z. B. bei Menschen mit Störungen der Intelligenzentwicklung der Fall ist, so kann dies zum Persistieren der motorischen Stereotypien bis ins Erwachsenenalter hinein führen.

Am häufigsten tritt stereotypes Verhalten bei Menschen mit Störungen der Intelligenzentwicklung auf. In Übersichtsarbeiten wird seine mittlere Prävalenz mit ca. 61 % angegeben (Chebli et al. 2016). Nur bei Menschen, die zusätzlich zu ihren kognitiv-adaptiven Einschränkungen eine Autismus-Spektrum-Störung haben, zeigt sich mit ca. 88 % ein noch höherer Prozentsatz (Lanzarini et al. 2021). Das mediane Mittel bei der Gesamtgruppe der Menschen mit Autismus-Spektrum-Störungen (mit und ohne Störungen der Intelligenzentwicklung) liegt bei ca. 52 % (Melo et al. 2020, 2023).

Für die Gruppe der Menschen mit Störungen der Intelligenzentwicklung ermittelte Lundqvist in seiner Untersuchung aus dem Jahr 2013, wie viele vorhergehende Studien zu diesem Thema, deutliche Unterschiede der Häufigkeit des Auftretens von stereotypem Verhalten je nach Schweregrad der kognitiven Defizite. So lag die Häufigkeit bei Menschen mit leichter Störung der Intelligenzentwicklung bei 27,5 %, bei mittelgradiger Störung der Intelligenzentwicklung bei 44,7 % und bei schwerer und tief greifender Störung der Intelligenzentwicklung bei 72 % (siehe Exkurs »Überlegungen zum Spektrum stereotyper Verhaltensweisen«). Als weitere Risikofaktoren für das Auftreten von stereotypem Verhalten führte er komorbide Autismus-Spektrum-Störungen, nächtliche Schlafstörungen, sensorische Überempfindlichkeit, Kommunikationsprobleme, soziale Defizite und die Einnahme von Psychopharmaka auf (Lundqvist 2013). Er stellte im Umkehrschluss auch fest, dass Menschen mit Störungen der Intelligenzentwicklung, die gute aktive Sprachkompetenz und die Fähigkeiten des Lesens und Schreibens besaßen, deutlich seltener stereotypes Verhalten zeigten.

In den bisherigen Studien wird jedoch nicht zwischen stereotypen Bewegungen, welche die betroffenen Personen in ihrer Funktionsfähigkeit einschränken, und denen, die zu keinerlei bzw. nur zu geringem Funktionsverlust führen, unterschieden. Mit der neuen ICD-11-Diagnose der »Stereotypen Bewegungsstörung« (6A06.0) sollten hierzu weitere Studien erfolgen. Dies umso mehr, da sich aus den Ergebnissen nicht nur bisher fehlende Erkenntnisse zur Prävalenz ergeben würden, sondern sich vor allem klarere Aussagen über die Behandlungsbedürftigkeit dieses Störungsbildes ableiten ließen.

Stereotype Selbstverletzungen

Die Prävalenz von selbstverletzendem Verhalten (SVV) ist entsprechend ihrer variablen Ätiologie weit gestreut: Sie liegt in der Allgemeinbevölkerung zwischen 4 und 6 % (Lim et al. 2019). Die Prävalenz bei Menschen mit Störungen der Intelligenzentwicklung liegt nach verschiedenen Studien zwischen ca. 10 und 30 % (Bowring et al. 2016; Huisman et al. 2018). Die Häufigkeit korreliert positiv mit dem zunehmenden Schweregrad der Störung der Intelligenzentwicklung. Selbstverletzungen treten gehäuft bei Kohorten in größeren stationären Einrichtungen auf (Huisman et al. 2018; Lundqvist 2013).

Bei Menschen mit Autismus-Spektrum-Störungen variiert die Prävalenz zwischen 20 und 70 % (Steenfeldt-Kristensen et al. 2020). Die Häufigkeit hängt dabei sowohl von der Schwere der autistischen Symptomatik als auch vom Schweregrad einer komorbid vorliegenden Störung der Intelligenzentwicklung ab (Moseley et al. 2019).

Inwiefern das selbstverletzende Verhalten

einem stereotypen motorischen Muster folgt, ist noch wenig untersucht. Bislang wurde für den Personenkreis der Menschen mit Störungen der Intelligenzentwicklung und Autismus-Spektrum-Störungen in Untersuchungen lediglich die große Häufigkeit des gemeinsamen Auftretens von stereotypem und selbstverletzendem Verhalten festgestellt (Barnard-Brak et al. 2015; Fischer et al. 2020; Matson et al. 2008).

Geringgradig selbstverletzendes Verhalten und selbstverletzendes Verhalten ohne stereotypen Ablauf werden unter der ICD-11-Kategorie »Nichtsuizidale Selbstverletzung« (MB23.E) zusammengefasst. Bei Jugendlichen in der Allgemeinbevölkerung tritt nichtsuizidales selbstverletzendes Verhalten in ca. 17 %, bei Erwachsen in ca. 6 % der Fälle auf (Lim et al. 2019; Reichl & Kaess 2021). Für Jugendliche und Erwachsene mit einer Borderline-Persönlichkeitsstörung liegt der Prozentsatz mit ca. 90–95 % deutlich höher (Goodman et al. 2017).

MERKE
- Komplexe stereotype Bewegungsstörungen beginnen zu 80 % vor dem dritten Lebensjahr.
- Sie können länger bestehen bleiben, verschwinden dann jedoch in der Adoleszenz oder werden in abortive, für die betroffene Person gut kontrollierbare Formen überführt.
- Bei Menschen mit Störungen der Intelligenzentwicklung liegt die mittlere Prävalenz bei ca. 61 % (Chebli et al. 2016).
- Bei Menschen mit zusätzlicher Autismus-Spektrum-Störung liegt die Prävalenz mit ca. 88 % noch höher (Lanzarini et al. 2021).
- Selbstverletzendes Verhalten tritt bei Menschen mit Störungen der Intelligenzentwicklung in ca. 10–30 % der Fälle auf. Es ist häufig mit motorischen, vokalen, sprachlichen und interaktiven stereotypen Verhaltensweisen kombiniert.
- Bei Menschen mit Störungen der Intelligenzentwicklung und komorbider Autismus-Spektrum-Störung liegt die Prävalenz in Abhängigkeit der Schwere der autistischen Störung zwischen 20 und 70 %.
- Leichte Selbstverletzungen ohne stereotypen Verlauf werden in der ICD-11 unter MB23.E codiert.

8.1.4 Ätiologie und Pathogenese

Stereotype Bewegungsstörungen ohne Selbstverletzungen

Als Entstehungshintergrund für komplexe stereotype Bewegungsstörungen weisen seit Längerem verschiedene Studien auf eine familiäre Belastung hin (Harris et al. 2008; Lotia et al. 2018; Oakley et al. 2015). Es konnten jedoch bislang noch keine eindeutigen genetischen Marker für das gleichförmig-repetitive, motorische Verhalten identifiziert werden (MacKenzie 2018).

Als für die Genese von stereotypen Bewegungsstörungen mitverantwortlich wird seit einiger Zeit pathophysiologisch die Hypothese einer Überaktivität der dopaminergen fronto-striatalen Bahnen und unteraktiver cholinerger und GABAerger inhibitorischer Nervenbahnen diskutiert (Augustine et al. 2021; Langen et al. 2011; Péter et al. 2017).

Es werden aktuell aber auch rhythmogene Prozesse der motorischen Efferenzen und sensorischen Afferenzen als Erklärungsansatz diskutiert. So haben McCarthy et al.

(2023) die Hypothese aufgestellt, dass Menschen mit Autismus-Spektrum-Störungen, die Auffälligkeiten in der motorischen und sensorischen Rhythmisierung ihrer Gehirnaktivität haben (Robertson & Baron-Cohen 2017; Seymour et al. 2019), mittels rhythmischer Bewegungen und über die dadurch entstehende Rhythmisierung der sensorischen Feedback-Schleifen ihre sensorischen Verarbeitungsprozesse und ihre Aufmerksamkeit unterstützen. Diese Hypothese deckt sich mit dem klinisch beobachteten beruhigenden Effekt von motorischen Stereotypien auf die betroffenen Personen und hätte besondere Bedeutung für den therapeutischen Umgang mit stereotypen Bewegungsstörungen allgemein, insbesondere für die Personengruppe der Menschen mit Autismus-Spektrum-Störungen (siehe Exkurs »Überlegungen zum Spektrum stereotyper Verhaltensweisen«).

Vor allem bezüglich der Auslösung und Aufrechterhaltung von stereotypen Bewegungsstörungen spielen stressinduzierende Faktoren und damit auch die neuro-endokrinologischen Bahnen der Hypothalamus-Hypophysen-Nebennierenrinden-Achse (Stressachse) eine besondere Rolle. So konnten de Vaan et al. (2020) zeigen, dass sich bei Menschen mit Störungen der Intelligenzentwicklung und Autismus-Spektrum-Störungen, die deutliches stereotypes Verhalten zeigten, erhöhte Kortisolspiegel einstellen. In anderen Studien wurde festgestellt, dass sich dieser Effekt bei Probanden mit gleicher Diagnose vor allem dann zeigte, wenn zusätzlich selbstverletzendes Verhalten vorlag (Courtemanche et al. 2021).

Stereotype Selbstverletzungen

Die Ätiologie von stereotypen Selbstverletzungen ist sehr variabel. So können neben genetischen Faktoren Entwicklungsaspekte (emotionale Entwicklungsstufe), individuelle körperliche (z.B. Schmerzen) und psychosoziale (z.B. Traumatisierung) Belastungsfaktoren selbstverletzendes Verhalten verursachen oder verstärken. Aber auch im Rahmen von psychiatrischen Störungen (vor allem Depressionen, Psychosen aus dem schizophrenen Formenkreis) können nichtsuizidale, selbstschädigende Verhaltensweisen auftreten.

Neurochemisch werden verschiedene Neurotransmitter-Systeme, wie z.B. überaktive dopaminerge Signalwege im fronto-striatalen Bereich, unteraktive cholinerge und GABAerge hemmende Neuronensysteme oder ein zu niedriger Serotoninspiegel und Auffälligkeiten der körpereigenen Opiate wie des Beta-Endorphins diskutiert (Fischer et al. 2020; Lee et al. 2022; Mackenzie 2018; Störkel et al. 2021), wobei hier sowohl zu niedrige (z.B. Störkel et al. 2021) als auch zu hohe Beta-Endorphin-Spiegel (z.B. Sandman 2009; Symons et al. 2004) diskutiert werden.

Einen Schlüssel zum Verständnis der komplexen Funktionsweisen könnten die genetischen Syndrome darstellen, in deren Rahmen selbstverletzendes Verhalten als Verhaltensphänotyp auftritt. Hier sind vor allem das Lesch-Nyhan-Syndrom (X-chromosomal-rezessive Störung des Purinstoffwechsels), das Smith-Magenis-Syndrom (interstitielle Deletion auf dem Chromosom 17p11.2.), das Cri-du-chat-Syndrom (partielle Deletion des kurzen Arms von Chromosom 5) und das Cornelia-de-Lange-Syndrom (Veränderungen des kurzen Arms von Chromosom 5, Translokation auf Chromosom 3 [q26.3], Mutationen der SMC-1- und -3-Gene auf Chromosom 10) zu nennen.

Einen weiteren Aspekt in der fachlichen Diskussion bei Menschen mit Autismus-Spektrum-Störungen und/oder Störungen der Intelligenzentwicklung stellt der vermutete Zusammenhang von Schmerzen und dem Auftreten selbstverletzenden Verhaltens dar (Kurtz-Nelson et al. 2021; Summers et al. 2017). So wurde zwar in der Vergangenheit immer wieder vermutet, dass besonders Menschen mit Autismus-Spektrum-Störungen eine Hyposensitivität gegenüber Schmerz haben (vor allem zufolge von Berichten durch Betreuende bzw. Angehörige/Eltern), aber Verhaltensbeobachtungen von unmittelbar zugefügten Schmerzen im Rahmen medizinischer Untersuchungen und die Verwendung standardisierter Schmerzeinschätzungsskalen, wie z. B. die *EDAAP* (*L'Echelle d'évaluation de la douleur* adulte *ou adolescent polyhandicapé*; Belot et al. 2012) oder die *Non-communicating Children's Pain Checklist – Revised* (*NCCPC-R*; Breau et al. 2002), zeigten eher ein reguläres bzw. gesteigertes Schmerzempfinden (Courtemanche et al. 2016; Martin 2016). Menschen mit Autismus-Spektrum-Störungen und eingeschränkter kommunikativer Fähigkeit scheinen dabei Schmerzen in untypischer Weise zu präsentieren. Diese atypischen Schmerzzeichen werden häufig vom Umfeld übersehen (Courtemanche et al. 2016; Martin 2016).

8.1.5 Diagnostik

Motorische Stereotypien und stereotypes Verhalten werden üblicherweise in zweierlei Beurteilungsskalen erfasst:
1. Diagnostische Tools als Bestandteil umfassender Assessment-Instrumente, z. B. der *Verhaltensfragebogen bei Entwicklungsstörungen* (*VFE*; *Developmental Behaviour Checklist*; Einfeld et al. 2007), das *Inventar für Verhaltensprobleme* (*IVP*; *Behavior Problems Inventory*; Rojahn et al. 2001) oder die *Autism Diagnostic Observation Scale* (*ADOS*; Lord et al. 2012). Diese Verfahren sind auf fremdanamnestische Angaben angewiesen und werden durch die klinische Beobachtung ergänzt. Sie sind fast ausnahmslos für die Erhebung von stereotypem Verhalten bei Menschen mit Störungen der Intelligenzentwicklung und/oder Autismus-Spektrum-Störung konzipiert. Nur einzelne Fragebögen, z. B. der *Leg Stereotypy Syndrome Questionnaire* von Lotia et al. (2018), sind für neurotypische Menschen ohne Störungen der Intelligenzentwicklung und/oder Autismus-Spektrum-Störung entwickelt worden.
2. Zur Erfassung von motorischen Stereotypien wurden in den vergangenen Jahren auch zunehmend Videoanalysen durchgeführt. Hierbei erwies sich die die *ADOS* begleitende Videoaufzeichnung als geeignetes Tool zur Erkennung des gesamten Spektrums stereotypen Verhaltens bei Menschen mit Autismus-Spektrum-Störung (Lanzarini et al. 2021). In anderen Fällen wurden Videoanalysen von Bewegungsstörungen durchgeführt, um z. B. eine differenzialdiagnostische Unterscheidung von frontolobären zerebralen Anfällen und stereotypen Bewegungsstörungen (Hou et al. 2020) oder motorischen Tics und motorischen Stereotypien (Termine et al. 2021) vorzunehmen.

Zur Erfassung von **stereotypen Selbstverletzungen** muss auch zwischen Assessment-Instrumenten unterschieden werden, die für Menschen mit Störungen der Intelligenzentwicklung und/oder Autismus-Spektrum-Störungen und für die neurotypische Personengruppe entwickelt wurden.

Bei Letzteren fäll die Selbstverletzung in die Kategorie des »nichtsuizidalen selbstverletzenden Verhaltens (NSSV)«. Diese wird im DSM-5 in Kategorie III aufgeführt und in der ICD-11 unter MB23.E »Nichtsuizidale Selbstverletzung« codiert. Erhebungsinstrumente wären hierfür z. B. das *Functional Assessment of Self-Mutilation* (*FASM*; Lloyd et al. 1997) sowie das *Self-Injurious Thoughts and Behaviors Interview* (*SITBI-Short*; Nock et al. 2007). In beiden Instrumenten werden stereotype Ablaufmuster bei der Erfassung des selbstverletzenden Verhaltens nur unzureichend untersucht. Werden diese Diagnose-Tools verwendet, so muss dies also durch zusätzliche Fragen ergänzt werden.

Für Menschen mit Störungen der Intelligenzentwicklung und/oder Autismus-Spektrum-Störungen und selbstverletzendem Verhalten sind folgende Assessment-Instrumente geeignet:
- *Challenging Behavior Interview* (*CBI*; Oliver et al. 2003)
- *Inventar für Verhaltensprobleme* (*IVP*; *Behavior Problems Inventory, BPI*; Rojahn et al. 2001)
- *Inventar zur funktionellen Erfassung selbstverletzenden Verhaltens bei Menschen mit intellektueller Beeinträchtigung* (*IfES*; Bienstein & Nußbeck 2010)

Dies ist ein deutschsprachiger, motivational-funktionaler Fragebogen mit fünf Subskalen:
1. Situative Überforderung
2. Erhalt eines beliebten Objekts
3. Vermeidung von Anforderungen
4. Körperliches Unwohlsein
5. Stimulation

Grundsätzlich sollten die verwendeten Assessment-Instrumente in eine umfassende funktionale Verhaltensanalyse eingebettet sein. In ihr werden die physiologischen und situativen Auslöser und die aufrechterhaltenden Bedingungsfaktoren des Problemverhaltens im sozialen Umfeld ermittelt und Hypothesen zu dessen Entstehung gebildet. Orientiert am SORKC-Schema ist sie seit Langem fester Bestandteil jeder Verhaltenstherapie und hilft, Verhalten von Menschen mit Störungen der Intelligenzentwicklung zu verstehen und daraus adäquate Behandlungsmaßnahmen abzuleiten.

8.1.6 Therapie

Stereotype Bewegungsstörungen ohne Selbstverletzungen

> **MERKE**
> Eine Therapie stereotyper Bewegungen erfolgt nur, wenn durch diese erhebliche soziale Funktionseinschränkungen oder Gefährdungen der physischen Gesundheit der Person verursacht werden.

Diese funktionelle und gesundheitliche Beeinträchtigung ist dabei auch das differenzialdiagnostische Kriterium, wodurch – gemäß ICD-11 – stereotype Bewegungsstörungen von anderen repetitiven motorischen Bewegungen im Rahmen des weiten Spektrums stereotyper Verhaltensweisen abgegrenzt werden.

Bei der Behandlung muss berücksichtigt werden, dass motorische Stereotypien zwar mitunter sozial störend sein können und dazu führen, dass jemandem die Teilhabe am gesellschaftlichen Leben verwehrt wird (soziale Funktionseinschränkung), aber sie sind für die betroffenen Personen fast immer von großer Bedeutung. Sie dienen der Adaption an alltägliche Anforderungen sowie der Verbesserung der sensorischen und emotionalen Reizverarbeitung. Der Gedanke, diese eigentlichen Bewältigungsstrategien »wegtherapieren« zu wollen, ist nicht zielführend und muss durch den Erwerb **alternativer Bewältigungsstrategien** unbedingt begleitet werden.

Man könnte insofern therapeutisch zu einem pragmatischen Grundsatz raten: Sozial störende oder beeinträchtigende Stereotypien müssen durch sozial kompatible und nicht beeinträchtigende Stereotypien ersetzt werden. Dabei werden der meist unbewusste Beginn und Ablauf der stereotypen Bewegungen durch bewusst initiierte, alternative Bewegungen (andere sozial und physiologisch kompatible repetitive Bewegungen), Handlungen (z. B. Rituale), kognitive Selbstberuhigungsstrategien (z. B. kognitive Distanzierung) oder die Nutzung von Gerätschaften, die zu einer psychomotorischen Beruhigung führen (z. B. Gewichtskissen, Gewichtsdecken, Ganzkörperbäder, Schaukeln, Trampolinspringen), ersetzt. Diese Techniken müssen jedoch über längere Zeit eingeübt und initiatorisch unterstützt werden, bevor sie in das Repertoire unwillkürlicher, stereotyper Handlungsmuster übergehen und die selbstberuhigende Funktion der alten, sozial oder gesundheitlich dysfunktionalen Stereotypien vollständig übernehmen können. Dieser Lernprozess kann durch verhaltenstherapeutische Programme (z. B. Löschung, differenzielle Verstärkerprogramme, nicht-kontingente Verstärkung) unterstützt werden (Butler et al. 2021; Singer et al. 2018).

Zur »symptomatischen Unterdrückung« von Stereotypien werden seit vielen Jahren immer wieder **Psychopharmaka** (vor allem Antipsychotika) verwendet. Ihr Einsatz ist jedoch zum Teil mit erheblichen Nebenwirkungen verbunden, was vor allem bei Menschen mit Störungen der Intelligenzentwicklung und/oder Autismus-Spektrum-Störungen kritisch reflektiert werden muss (in beiden Fällen besteht häufig eingeschränkte Einwilligungsfähigkeit). So stellen sich vor allem folgende Fragen:

- Treten die stereotypen Bewegungsstörungen isoliert auf oder sind sie Teilsymptom einer anderen neuro-psychiatrischen Störung?
Dann sollte entsprechend leitliniengetreu primär die Grundstörung behandelt werden.
- Sind die stereotypen Bewegungen wirklich in erheblichem Maße für die Person funktionseinschränkend oder gar selbstgefährdend?

In einer Metaanalyse von Zou et al. (2021) ergaben sich für die pharmakologische Behandlung von stereotypen Verhaltensweisen bei Kindern mit Autismus-Spektrum-Störungen keine klaren Evidenzen für irgendeine pharmakologische Stoffgruppe. Am ehesten zeigten Neuroleptika eine gewisse Besserungstendenz (Zou et al. 2021). Andere Stoffgruppen mit positiven, signifikanten Ergebnissen wurden aufgrund zu geringer Fallzahlen oder rein kasuistischer Therapieschilderungen in der Analyse nicht berücksichtigt.

Nur nach sorgfältiger Nutzen-Risiko-Abwägung erscheint der Einsatz von Psychopharmaka gerechtfertigt (Maltête 2016; Walsh et al. 2018). Dies gilt vor allem, wenn die Funktionseinschränkungen und die Selbstgefährdung erheblich sind sowie der kompensatorische und selbstberuhigende Aspekt der motorischen Stereotypie nicht zu erkennen ist.

Der Einsatz von Psychopharmaka geschieht für alle Substanzgruppen im **Off-Label-Gebrauch**. Es müssen auch deshalb eine besonders genaue Verlaufsdokumentation der Zielsymptomatik und ein gewissenhaftes Drug-Monitoring erfolgen.

Die Substanzen, die für einen pharmakologischen Behandlungsversuch infrage kommen, sind in ihren Wirkmechanismen sehr unterschiedlich und verfügen alle über eingeschränkte bis geringe Evidenz. Für die Auswahl der einzelnen Wirkgruppen kann unter ätiologischen Gesichtspunkten die psychische Begleitsymptomatik herangezogen werden; die Auswahl des Medikaments erfolgt je nachdem, ob eine ängstliche Symptomatik, stressbezogene Irritierbarkeit, Überlastung der Informationsverarbeitung, erkennbare Stimmungsschwankungen oder eine komorbide Epilepsie im Vordergrund des Zustandsbildes stehen.

Stereotype Selbstverletzungen

Für das selbstverletzende Verhalten werden psychosoziale Belastungen, überaktives dopaminerges oder unteraktives serotonerges Rezeptorsystem, strukturell-funktionelle Veränderungen der Opiat-Rezeptoren, komorbide neuro-psychiatrische Störungen und genetische Faktoren verantwortlich gemacht. Entsprechend kommen auch verschiedene therapeutische Behandlungsstrategien im klinischen Alltag zum Tragen. Darüber hinaus muss einschränkend bemerkt werden, dass die vorliegenden Studien zur Therapie von selbstverletzendem Verhalten nur unzureichend zwischen stereotypen und anderen nichtsuizidalen Selbstverletzungen unterscheiden. Dies könnte aber durchaus von Bedeutung sein, da es sich bei stereotypen Selbstverletzungen um zeitlich längeres, gleichförmig verlaufendes Verhalten handelt, das nicht nur ein bloßes kurzfristiges Reagieren auf innere oder äußere Reize darstellt. Man muss insofern von zeitlichen Phasen des stereotyp ablaufenden Selbstverletzens ausgehen.

Am häufigsten wurde die Wirksamkeit der **Antipsychotika** in Studien zu selbst-/fremdverletzendem Verhalten bei Menschen mit Störungen der Intelligenzentwicklung und Autismus-Spektrum-Störungen untersucht. Die Ergebnisse sind jedoch bislang sehr heterogen und insofern von eingeschränkter Evidenz.

Darüber hinaus wurde in vielen Studien das selbstverletzende Verhalten nicht spezifisch, sondern als ein Bestandteil von Symptomgruppen untersucht, die beispielsweise Irritabilität, Reizbarkeit, allgemein aggressives Verhalten oder Wutausbrüche enthielten (z. B. Read & Rendall 2007). Die Studien wurden vor allem bei Kindern und Jugendlichen durchgeführt; die Personengruppe der erwachsenen Menschen mit Störungen der Intelligenzentwicklung und/oder Autismus-Spektrum-Störungen findet noch unzureichend wissenschaftliche Berücksichtigung (Deb et al. 2023; Maneeton et al. 2018; Genaueres zur psychopharmakologischen Behandlung von Verhaltensauffälligkeiten siehe Kap. 3.1 Psychopharmakotherapie).

Die systematische Überprüfung und Meta-Analyse von D'Alò et al. aus dem Jahr 2021 ergab eine gute Wirksamkeit von Antipsychotika bei verschiedenen Symptomen wie Hyperaktivität, Unaufmerksamkeit, Wutausbrüchen oder stereotypen Verhaltensweisen, aber nicht für selbstverletzendes Verhalten (D'Alò et al. 2021).

Für Substanzen aus anderen Stoffgruppen (klassische Neuroleptika, Antidepressiva, Phasenprophylaktika, Opiatrezeptor-Antagonisten, indirekte GABAerge Wirkung) gibt es vereinzelte Daten, die jedoch aufgrund unzureichender Fallzahlen in den maßgeblichen Reviews keine Berücksichtigung fanden.

Für den **Opiat-Antagonisten Naltrexon** liegen nur wenige Studien mit geringer Teilnehmerzahl vor. In einer Übersichtsarbeit von Roy et al. (2015) wurde in acht von zehn randomisierten Kontrollstudien über eine Verringerung der Häufigkeit von selbstverletzendem Verhalten berichtet; 62 von den über alle Studien aufaddierten 124 Teilnehmenden (50 %) zeigten eine Verbesserung, bei 61 waren sie auch statistisch signifikant. Die Verbesserung war bei Menschen mit schwerer und tief greifender Störung der Intelligenzentwicklung ausgeprägter und wurde nicht durch die Koexistenz einer Autismus-Spektrum-Störung beeinflusst (Roy et al. 2015).

Für die Wirksamkeit von Naltrexon sind verschiedene Grundannahmen zum β-Endorphin-Spiegel bei Menschen mit starkem selbstverletzendem Verhalten maßgeblich:

- Der β-Endorphin-Spiegel ist chronisch (z. B. Kinder mit Autismus) **erniedrigt**.
Hypothese: Durch starke Selbstverletzungen wird versucht, dieses Defizit auszugleichen.
Oder:
- Der β-Endorphin-Spiegel ist bei starkem selbstverletzendem Verhalten **erhöht**.
Hypothese: Das mit hohen β-Endorphin-Spiegeln verbundene positive psychische Zustandsbild wird durch stereotype Selbstverletzungen versucht aufrechtzuerhalten, wobei die Schmerzempfindung durch den erhöhten endogenen Opiatspiegel reduziert ist.

Die Hypothesen sind also immer mit der Annahme verbunden, dass durch das selbstverletzende Verhalten die Aktivierung des endogenen Opiatsystems erfolgt. Das heißt für die Therapie mit Naltrexon (antagonistische Rezeptorblockade), dass eine positive Wirkung für leichtere Formen der Selbstverletzungen, die keine Aktivierung des endogenen Opiatsystems nach sich ziehen, nicht zu erwarten ist. Zukünftige Studien sollten diesem Aspekt mehr Berücksichtigung schenken.

In einigen Fällen – wenn das Problemverhalten sowohl von Umweltvariablen als auch von biologischen Variablen (Dopamin-, Opiathypothese) einschließlich zugrunde liegender psychiatrischer Störungen bestimmt wird – gilt die Kombination von verhaltensbezogenen und pharmakologischen Interventionen als optimal. In einem allgemeinen fachlichen Konsens erfolgt diese Empfehlung, obwohl für den **integrativen Therapieansatz** nur begrenzte Evidenz besteht (Newcomb & Hagopian 2018).

Wie eine 2021 erschienene Übersichtsarbeit von Luiselli et al. zeigt, wurden in den letzten Jahren Menschen mit Autismus-Spektrum-Störungen und massiver Katatonie (agitiertes Spektrum) sowie selbstverletzendem Verhalten erfolgreich mit **Elektrokrampftherapie (EKT)** behandelt. Für die Effektivität dieser Behandlung ist vor allem die bestehende katatone Symptomatik entscheidend (Wachtel et al. 2018; Withane & Dhossche 2019).

ELEKTROKRAMPFTHERAPIE (EKT)

Während die Behandlung schwerer katatoner Symptome bei komorbider Autismus-Spektrum-Störung in den letzten Jahren vermehrt in den fachlichen Fokus gerückt wurde und inzwischen auch einige Erfolg versprechende Studien zu dieser Behandlungsoption erfolgt sind, ist die Renaissance der Elektrokrampftherapie durchaus kritisch zu hinterfragen. Dies umso mehr, da im Zuge der positiven Ergebnisse zur Behandlung von katatonen Störungen auch die Anwendung der EKT für andere Verhaltensprobleme bei Menschen mit Störungen der Intelligenzentwicklung und/oder Autismus-Spektrum-Störungen propagiert wird.

So erweitern Smith et al. (2024) in ihrer retrospektiven Studie über zehn Jahre den Indikationsbereich für EKT bei dieser Personengruppe ganz allgemein auf das gesamte Spektrum psychiatrischer Störungsbilder. Als Argument für die EKT führen sie die angeblich schlechten sonstigen Behandlungsmöglichkeiten von psychischen Störungen bei Menschen mit Störungen der Intelligenzentwicklung und/oder Autismus-Spektrum-Störungen an.

Die Geschichte der Elektrokrampftherapie ist jedoch in vielerlei Hinsicht kompliziert und problematisch, sodass sich ein unkritischer Umgang damit von allein verbietet, da eine Erweiterung des Indikationsbereichs eine klare diagnostische Differenzierung von Verhaltensstörungen und psychiatrischen Störungen erforderlich macht. Die Tatsache, dass dies bei Menschen mit Störungen der Intelligenzentwicklung und/oder Autismus-Spektrum-Störungen schwierig sein kann, durchzieht das vorliegende Buch wie ein roter Faden. Auch muss berücksichtigt werden, dass es sich bei dieser Personengruppe um Menschen handelt, die nur eingeschränkt oder gar nicht einwilligungsfähig sind. Sie können dementsprechend nicht selbst über die Anwendung einer Elektrokrampftherapie entscheiden. Außerdem sind sie aufgrund der häufig begrenzten Kommunikationsfähigkeit nur eingeschränkt oder gar nicht dazu in der Lage, eventuelle Nebenwirkungen zu kommunizieren. Vor allem das Auftreten von kognitiven Beeinträchtigungen nach einer Elektrokrampftherapie ist bei Menschen mit Störungen der Intelligenzentwicklung und/oder Autismus-Spektrum-Störungen sehr schwierig zu verifizieren. Es gibt insofern viele medizinische und ethische Faktoren, die berücksichtigt werden müssen, bevor die Elektrokrampftherapie aus einer fachlich nicht belegbaren, resignativen therapeutischen Haltung heraus in der Behandlung von Menschen mit kognitiven Einschränkungen Fuß fasst (Benson & Seiner 2019).

Psychotherapie
In der psychotherapeutischen Behandlung von selbstverletzendem Verhalten werden bei Kindern, Jugendlichen und Erwachsenen ohne neuronale Entwicklungsstörungen vor allem kognitiv-behaviorale, familientherapeutische und psychodynamische Therapien eingesetzt. Allen gemeinsame Elemente sind das Training von Familienkompetenzen (z. B. Familienkommunikation und Problemlösung), Elternbildung und -training (z. B. Überwachung und Notfallmanagement) sowie individuelles Kompetenztraining (z. B. Emotionsregulation und Problemlösung) (Glenn et al. 2015). In der Behandlung von selbstverletzendem Verhalten bei Borderline-Störung hat sich in den letzten Jahrzehnten die **Dialektisch-Behaviorale Therapie** (DBT) von Marsha Linehan (1993) gut etabliert.

DIALEKTISCH-BEHAVIORALE THERAPIE BEI MENSCHEN MIT STÖRUNGEN DER INTELLIGENZENTWICKLUNG

Das Hauptziel der Dialektisch-Behavioralen Therapie ist es, die emotionale Dysregulation, vor allem aber das suizidale Verhalten und die nichtsuizidalen Selbstverletzungen bei Menschen mit Borderline-Störungen zu reduzieren.
In einer Meta-Analyse fassten DeCou et al. (2019) die Ergebnisse von 18 randomisierten Untersuchungen zusammen. Diese ergaben einen positiven Effekt auf suizidales Verhalten und zeigten eine deutliche Reduktion von erforderlichen psychiatrischen Kriseninterventionen bei den untersuchten Personen.
Nochmals sei erwähnt, dass in den Studien das nichtsuizidale selbstverletzende Verhalten bisher nur unzureichend auf stereotype Ablaufmuster hin untersucht wurde.
Elstner et al. haben 2012 ein deutschsprachiges Therapiemanual für Menschen mit Störungen der Intelligenzentwicklung herausgegeben, das sich an der Dialektisch-Behavioralen Therapie nach Marsha Linehan orientiert. Es hat zum Ziel, Menschen mit Störungen der Intelligenzentwicklung und emotionaler Instabilität mit oder ohne selbstverletzendes Verhalten in gut strukturierten und didaktisch angepassten Settings zu behandeln.
Das zentrale Charakteristikum der Dialektisch-Behavioralen Therapie ist es, betroffene Personen mit selbstverletzendem Verhalten (mit und ohne stereotype Ablaufmuster) dabei zu unterstützen, ihre

inneren Anspannungszustände besser zu erkennen und darüber zu kommunizieren, ihre Gefühle zu regulieren und eine höhere Frustrationstoleranz zu entwickeln. Bisher gibt es jedoch keine Studien über die Evidenz dieser therapeutischen Intervention.

Wie bereits im Kapitel 3.3 »Psychotherapie« geschildert wurde, sind psychotherapeutische Verfahren prinzipiell auch bei Menschen mit Störungen der Intelligenzentwicklung und/oder Autismus-Spektrum-Störungen anwendbar. Es müssen jedoch wegen der kognitiv-adaptiven Einschränkungen dieser Personengruppe bestimmte didaktische und strukturelle Adaptionen erfolgen, was im Fall des DBoP-gB-Manuals (Elstner et al. 20212) exemplarisch gelungen ist. Zusammenfassend kann man in diesem Zusammenhang feststellen, dass der therapeutische Schwerpunkt darauf gelegt werden muss, den Patienten eine funktionale Kommunikation über innere Anspannungszustände bzw. Emotionen zu ermöglichen und ihnen zu vermitteln, wie sie ihre Emotionen besser wahrnehmen und regulieren können, um dadurch langsam die eigene Frustrationstoleranz und Affektregulation zu verbessern. Dies setzt jedoch eine gewisse sozio-emotionale Entwicklung (Entwicklungsalter über 4 Jahre) und kognitive Reife (mittelgradige bis leichte Störungen der Intelligenzentwicklung) voraus.

In einer Übersichtsarbeit von Shawler et al. (2019) wurden die Ergebnisse von durchgeführten Studien zu verhaltensgestützten Maßnahmen bei selbstverletzendem Verhalten bei Menschen mit Störungen der Intelligenzentwicklung zwischen den Jahren 2001 und 2016 auf ihre Evidenz überprüft. Für 78 % der Untersuchungsteilnehmer wurde ein positiver Effekt festgestellt (Erturk et al. 2018). Die meisten Studien liegen zur Personengruppe der Kinder und Jugendlichen mit Autismus-Spektrum-Störungen und selbstverletzendem Verhalten vor.

Zwar wiesen alle Studien auf eine gute Effektivität der durchgeführten Therapien hin; in vielen Untersuchungen wurde aber weder die Stabilität der Symptomreduktion durch Verlaufsstudien nachgewiesen noch überprüft, ob sich die im therapeutischen Setting festgestellten Erfolge auch auf andere natürliche soziale Umfelder (z. B. Familie, Einrichtungen der Behindertenhilfe) übertragen ließen (Shawler et al. 2019).

Zur Wirksamkeit des breiten Angebots **heilpädagogischer und anderer therapeutischer Maßnahmen** (z. B. adaptierte Entspannungstechniken; oberflächengebende Reize durch aufpumpbare Kompressionswesten, Gewichtsdecken, Ganzkörperbäder; basale Stimulation; basale Kommunikation; Unterstützte Kommunikation; soziales Kompetenztraining; Musiktherapie; verschiedene Kreativverfahren; integrierte Körpertherapie; Snoezelen; tiergestützte Therapien; erlebnispädagogische Konzepte) für Menschen mit Störungen der Intelligenzentwicklung und Autismus-Spektrum-Störungen gibt es kaum Studien. Die genannten Therapien dienen vor allem der Verbesserung der individuelle Stressverarbeitung durch alternatives, die innere Anspannung reduzierendes Handeln. Die Maßnahmen werden z. T. durch kognitiv-behavioristische Techniken unterstützt (Löschung, Token-Verfahren, nichtkontingente Belohnung).

Milieutherapeutische Maßnahmen
Neben den bereits geschilderten informierenden und psychoedukativen Ansätzen für Angehörige und Betreuende in der Behindertenhilfe stehen in der Milieutherapie vor allem pädagogische Konzepte, personelle Qualifizierung und räumliche Gestaltung im Vordergrund. Welche Maßnahmen individuell erforderlich sind, orientiert sich dabei unmittelbar an den kognitiv-adaptiven Kompetenzen und vor allem am sozio-emotionalen Entwicklungsstand der jeweiligen Person.

So lassen sich z. B. aus den Ergebnissen einer Erhebung des emotionalen Entwicklungsniveaus anhand der *Skala der Emotionalen Entwicklung – Diagnostik (SEED)* unmittelbare milieugestaltende Empfehlungen sowie stimulierende Maßnahmen für die Entwicklung von Kompetenz- und Bewältigungsstrategien ableiten (Sappok & Zepperitz 2019; Sappok et al. 2022; Zepperitz 2022). Sie ermöglichen eine entwicklungsgerechte Begleitung und Förderung, ohne die betroffenen Personen zu über- oder zu unterfordern, wodurch psychosozialer Stress (häufiger Auslöser von selbstverletzendem Verhalten, vor allem in niedrigen Entwicklungsstufen: SEED 1–3) deutlich reduziert werden kann.

Sollten die geschilderten Maßnahmen nicht bzw. nicht schnell genug Wirksamkeit zeigen, dann sind in besonders schwerwiegenden Fällen von Selbstverletzungen, wie dies z. B. beim Lesch-Nyhan-Syndrom der Fall sein kann, **restriktiv-schützende Maßnahmen** wie Schutzhelme, Mundschutz, Beißschutz, Handschuhe oder teilflexible Armschienen erforderlich. Sie müssen individuell angepasst werden. Des Weiteren sind juristische Fragen der Freiheitseinschränkung zu bedenken und zu beachten. Das Prinzip muss hierbei lauten: So viel Schutz wie nötig, so wenig Freiheitsentzug wie möglich. Mit solchen Schutzmaßnahmen ist dann die Teilhabe am Leben in der Gemeinschaft z. T. erst wieder möglich. Die dadurch ermöglichte bessere Betreubarkeit sollte dafür genutzt werden, andere stressreduzierende Skills oder Techniken individuell zu entwickeln und einzuüben. Ziel sollte stets sein, die restriktiven Maßnahmen allmählich durch weniger freiheitseinschränkende Schritte zu ersetzen oder vielleicht auch komplett auszuschleichen (Sturmey 2018). Restriktiver Schutz muss also immer von weiteren pharmakologischen und nicht-pharmakologischen Therapieverfahren begleitet werden.

Die Wahl der Behandlungsart bei selbstverletzendem Verhalten hängt von der breit gefächerten Ätiologie und den damit verbundenen Komorbiditäten (z. B. Schizophrenie, Depression, Angststörung, ADHS, Epilepsie) ab. Das heißt, dass in der Therapie der Grundsatz gilt: »Die richtige Diagnose weist den Weg zur richtigen Therapie« (Schanze 2013; Shkedy et al. 2019).

TIPPS ZUM UMGANG MIT SELBSTVERLETZENDEM VERHALTEN (SVV) UNTER BESONDERER BERÜCKSICHTIGUNG KÖRPERLICHER BESCHWERDEN (Z. B. SCHMERZ)
(modifiziert nach Summers et al. 2017)

- Achten Sie in der Frühförderung von Kindern mit Störungen der Intelligenzentwicklung und/oder Autismus-Spektrum-Störungen, die ein großes Risiko für die Entwicklung von anhaltendem SVV aufweisen, kontinuierlich auf erste Anzeichen von SVV und greifen Sie so früh wie möglich ein (Erlernen von kommunikativen und spannungsabbauenden Fähigkeiten).
- Berücksichtigen Sie dabei physische Faktoren und Umweltbedingungen, die zu Schmerzen, chronischem Stress und Unwohlsein führen können (Auslöser-Identifikation).
- Behandeln Sie damit verbundene Probleme wie Schlafstörungen oder eine gereizte Stimmung (Häufung des akuten Auftretens und als dauerhafte Veränderung der Stimmungslage), da die Fähigkeiten der Betroffenen, mit Schmerzen (unterschiedlicher Ausprägung) umzugehen, dadurch beeinträchtigt werden könnten.
- Verwenden Sie diagnostische Instrumente und Methoden, die für die jeweilige Personengruppe validiert sind.
- Vermitteln Sie Menschen mit Störungen der Intelligenzentwicklung und/oder Autismus-Spektrum-Störungen Kommuni-

kationstechniken und Bewältigungsstrategien und unterstützen Sie sie dabei, SVV durch funktional gleichwertiges, aber nicht selbstschädigendes Verhalten zu ersetzen.
- Klären Sie die Betreuenden über mögliche Unterschiede in der sozialen Kommunikation auf (z. B. weniger häufige Suche nach Trost, weniger jammerndes Verhalten), um eine Unterschätzung und Unterbehandlung von Schmerzen sowie körperlichem und psychischem Unwohlsein zu vermeiden; schulen Sie sie außerdem im Erkennen und der Dokumentation spezifischer, individueller Schmerzsignale.
- Personen mit einer Autismus-Spektrum-Störung sollten darin gefördert werden, bei medizinischen und diagnostischen Verfahren zu kooperieren, damit Schmerzen oder Stress bzw. Beschwerden identifiziert und deren Ätiologie ermittelt werden kann (gezielte Behandlung).

8.1.7 Fazit

- Bezogen auf die Gesamtbevölkerung beginnen stereotype Bewegungsstörungen typischerweise im frühen Kindesalter (< 3 Jahre).
- Es wird in der ICD-11 zwischen stereotypen Bewegungsstörungen mit und ohne Selbstverletzung unterschieden.
- Ihre Durchführung wird vom sozialen Umfeld häufig als zwanghaft fehlinterpretiert.
- Von den betroffenen Personen werden stereotype Bewegungsstörungen meist als Ich-synton, angenehm und beruhigend empfunden.
- Sie haben deshalb für die Lebensbewältigung der betroffenen Menschen eine positive Bedeutung und bedürfen in der Regel keiner Behandlung.
- Sie können aber auch durch Intensität und Dauer die Fähigkeiten zur Alltagserledigung oder die Möglichkeiten zur sozialen Teilhabe erheblich einschränken.
- Das Vorliegen einer Funktionseinschränkung ist für die Diagnosestellung nach ICD-11 das entscheidende Kriterium.
- Stereotype Selbstverletzungen, physiologisch inkompatible und sozial störende oder beschämende motorische Stereotypien sollte man versuchen zu behandeln.
- Die Therapie von stereotypen Bewegungsstörungen besteht im Wesentlichen im Aufbau alternativer Stressbewältigungsstrategien.
- Eine genaue Analyse der körperlichen und sozio-emotionalen Umgebungsfaktoren (funktionale Analyse) ist für die gezielte Therapie von selbstverletzendem Verhalten unerlässlich.
- Schmerzen und psychisches Unwohlsein können vor allem bei Menschen mit Störungen der Intelligenzentwicklung und/oder Autismus-Spektrum-Störungen sowie eingeschränkter Kommunikationsfähigkeit Ursache selbstverletzenden Verhaltens sein.
- Eine dopaminerge Blockade kann die Symptomatik sowohl verbessern als auch selbst erst hervorrufen bzw. verschlimmern.

CHRISTIAN SCHANZE

8.2 Ticstörungen (ICD-11 8A05.0)

8.2.1 Die Codierung von Ticstörungen in der ICD-11

TICSTÖRUNGEN
- 8A05.0 Primäre Tics und Ticstörungen
  - 8A05.00 Tourette-Syndrom
  - 8A05.01 Chronisch-motorische Ticstörung
  - 8A05.02 Chronisch-phonische Ticstörung
  - 8A05.03 Vorübergehende motorische Tics
  - 8A05.0Y Sonstige näher bezeichnete primäre Tics oder Ticstörungen
  - 8A05.0Z Primäre Tics oder Ticstörungen, nicht näher bezeichnet
- 8A05.1 Sekundäre Tics
  - 8A05.10 Infektiöse oder postinfektiöse Tics
  - 8A05.11 Tics in Zusammenhang mit Entwicklungsstörungen
- 8A05.Y Sonstige näher bezeichnete Ticstörungen
- 8A05.Z Ticstörungen, nicht näher bezeichnet

Die Ticstörungen wurden bislang in der ICD-10 unter dem Kapitel F9 »Störungen mit Beginn in der Kindheit und Jugend« codiert. Mit dem Wegfall des gesamten Kapitels F9 in der ICD-11 und der entwicklungsbezogenen Integration der bislang dort aufgeführten Störungsbilder in das Gesamtspektrum psychischer und neuronaler Störungen werden die Ticstörungen in der ICD-11 zwar noch im Psychiatriekapitel 06 unter »Neuronale Entwicklungsstörungen« genannt, aber lediglich als »grey children« aufgeführt. Das heißt, dass sie originär einem anderen Diagnosebereich zugeordnet sind, und zwar dem Kapitel 08 »Krankheiten des Nervensystems«. Dort werden im Wesentlichen »primäre« und »sekundäre« Tics und Ticstörungen unterschieden.

8.2.2 Definition

Chronische motorische und vokale Tics sind definiert als plötzliche, schnell einschießende, nicht-rhythmische und wiederkehrende Bewegungen bzw. Vokalisationen. Um diagnostiziert werden zu können, müssen Tics mindestens ein Jahr lang bestehen, obwohl sie möglicherweise in dieser Zeit nicht konsistent vorliegen (WHO 2023).

Das **Tourette-Syndrom** ist durch das Vorhandensein von chronischen motorischen und vokalen Tics, die seit mindestens einem Jahr bestehen, definiert. Sie müssen nicht zwingend gleichzeitig oder durchgängig zu beobachten gewesen sein. Das Tourette-Syndrom beginnt zwischen dem vierten und sechsten Lebensjahr mit einem Höhepunkt des Schweregrads des Auftretens zwischen dem achten und zwölften Lebensjahr (WHO 2023).

Aus pragmatischen Gründen wird in der Praxis zusätzlich zu den ICD-11-Kriterien zwischen »einfachen« und »komplexen« Tics unterschieden. Zu den **einfachen motorischen Tics** zählen das Blinzeln, Augenverdrehen, Zucken einzelner Gesichtsmuskeln, der Nase oder des Mundes, Zungenlecken, Kopfwerfen oder auch plötzliche Kontraktionen der Bauchmuskulatur. **Einfache vokale Tics** sind

z. B. Grunzen, Räuspern, Schnüffeln, Zischen, lautes Atmen und Klicklaute von sich geben.

Zur Gruppe der **komplexen motorischen Tics** werden Klopfen, zwanghaft anmutendes Berühren, sich selbst oder andere küssen, Lecken, Spucken, Stampfen, Hüpfen, sich drehen, Springen, Treten oder Schlagen(!) gezählt, aber ebenso Gesten, Mimik und Berührungen mit unwillkürlichem und oft obszönem Inhalt (z. B. an die eigenen oder die Genitalien anderer zu greifen) (Eapen & Usherwood 2021).

Komplexe vokale Tics können in Form von Echolalie oder unwillkürlichem Fluchen vorliegen. Häufig können vokale Tics auch als Koprolalie (wiederholter, zwanghafter Gebrauch von vulgären Begriffen, zumeist aus der Verdauungsregion) vorliegen.

Im Gegensatz zu Zwangsstörungen führen die Tics – trotz des oft zwanghaft anmutenden Vorgefühls bzw. des Drangs, die Tics durchführen zu müssen – zu keiner frontalhirnsensitiven Störung der exekutiven Funktionen.

In den nicht als »grey children« im Kapitel 06 Psychiatrie aufgeführten sekundären Tics (8A05.1) sind Tics, die im Rahmen von oder nach Infektionserkrankungen auftreten können, aufgeführt. Mit der Codierung 8A05.11 werden Ticstörungen definiert, die als **direkte Folge einer Entwicklungsstörung** zu sehen sind. Dazu gehören neuronale Entwicklungsstörungen, die einen hohen Komorbiditätsfaktor mit Tics, chronischen Tics oder dem Tourette-Syndrom (TS) haben, wie das z. B. bei der Aufmerksamkeitsdefizit-Hyperaktivitätsstörung (ADHS) oder der Autismus-Spektrum-Störung der Fall ist.

MERKE
- Vorübergehende Tics bzw. Ticstörungen bestehen weniger als zwölf Monate.
- Chronische motorische oder vokale Tics bzw. Ticstörungen dauern länger als ein Jahr an.
- Das Tourette-Syndrom ist durch multiple motorische und mindestens vokale Tics gekennzeichnet, die beide länger als ein Jahr andauern.
- Tics führen meist zu keiner Störung der frontalhirnsensitiven exekutiven Funktionen.
- Ticstörungen, die als direkte Folge von neuronalen Entwicklungsstörungen auftreten, werden im Unterkapitel sekundäre Tics mit 8A05.11 codiert.

8.2.3 Prävalenz

Bis zu 20 % der neurotypisch entwickelten Kinder zeigen im Rahmen ihrer Entwicklung Tics. Diese haben aber in den allermeisten Fällen einen passageren Charakter und verschwinden nach einigen Wochen oder Monaten wieder (vorübergehende motorische Tics, 8A05.03) (Eapen & Usherwood 2021).

Die Prävalenz von chronischen Tics liegt bei Kindern im Schulalter zwischen 0,3 und 0,8 %, die des Tourette-Syndroms bei ca. 0,5 % (WHO 2023). Das Auftreten ist im Kindesalter bei Jungen drei- bis viermal häufiger als bei Mädchen (Cavanna & Termine 2012).

Mehrere Studien zeigten, dass bei Kindern mit einem Tourette-Syndrom in hohem Maße Lernschwierigkeiten, Entwicklungsverzögerungen, intellektuelle Beeinträchtigungen sowie Sprach- und Sprechprobleme auftreten (Cravedi et al. 2017). Eine große internationale Studie bei Kindern, Jugendlichen und Erwachsenen mit Tourette-Syndrom ergab, dass 22 % Lernschwierigkeiten und 3,4 % eine Störung der Intelligenzentwicklung hatten (Freeman & Tourette Syndrome International Database Consortium 2007).

Die meisten Studien untersuchten das Vorliegen von Komorbiditäten bei diagnostiziertem Tourette-Syndrom. Nur sehr wenige untersuchten jedoch die Population der Menschen mit Störungen der Intelligenzentwicklung auf das komorbide Bestehen von Tics, chronischen Ticstörungen und Tourette-Syndrom.

In einer Studie aus dem Jahr 2001 zeigten 27 % von 341 Schülerinnen und Schülern, die als sonderpädagogisch gefördert eingestuft wurden, Tics. Dies war nur bei 19,7 % von 1255 Schülerinnen und Schülern in Regelschulen der Fall. Die gewichteten Prävalenzschätzungen für Tics betrugen 23,4 % (»Förderschulen bzw. Förderklassen«) bzw. 18,5 % (Regelschulen). 7 % der Schülerinnen und Schüler mit Förderunterricht erfüllten die diagnostischen Kriterien für ein Tourette-Syndrom (Regelschule 3,8 %) (Kurlan et al. 2001).

In einer Studie zur Komorbidität bei Kindern mit Autismus-Spektrum-Störungen gaben Simonoff et al. (2008) die Prävalenz für das Tourette-Syndrom mit 4,8 % und für chronische Tics mit 9 % an.

Der Komorbiditätsfaktor bei Ticstörungen von gleichzeitig bestehender Autismus-Spektrum-Störung liegt zwischen 4 und 5 %; die Komorbidität bei Autismus-Spektrum-Störungen von chronischen Ticstörungen liegt zwischen 9 und 12 % (Kalyva et al. 2016). In der Gruppe der Menschen mit hochfunktionalem Autismus wird die Prävalenz auf bis zu 20 % geschätzt (Kalyva et al. 2016).

Die vorliegenden Angaben zur Prävalenz von chronischen Tics und Tourette-Syndrom bei Menschen mit Störungen der Intelligenzentwicklung bzw. Störungen der Intelligenzentwicklung und Autismus-Spektrum-Störungen werden von einigen Autorinnen und Autoren als zu gering und das Störungsbild insgesamt in diesen beiden Personengruppen als unterdiagnostiziert eingeschätzt. So geben Eapen et al. (2013) für Kinder mit Autismus-Spektrum-Störungen z. B. Prävalenzschätzungen von 20–45 % an.

Hier sind neue Studien mit einer spezifischen Ausrichtung auf Menschen mit Störungen der Intelligenzentwicklung mit und ohne Autismus-Spektrum-Störungen dringend erforderlich.

8.2.4 Ätiologie

Trotz langer Forschungsarbeit ist die Ätiologie des Tourette-Syndroms nach wie vor ungeklärt. Bislang lässt sich lediglich mit Sicherheit sagen, dass es sich beim Tourette-Syndrom um eine familiär gehäuft auftretende neuronale Störung handelt. Zwillingsforschungen haben für monozygote Zwillinge eine Konkordanz von 50–70 % ergeben (Alsobrook & Pauls 1997).

In eine aktuelle dänische Studie (Studienteilnehmende aus der »Danish Twin Registry«, »Psychiatric Central Registry«, »Danish National Patient Registry« und »National Tourette Clinic, Kopenhagen University Hospital, Herlev«) wurden 14 monozygote Zwillingspaare einbezogen: Fünf Zwillingspaare waren diskordant, sieben konkordant für das Tourette-Syndrom, bei zwei Paaren hatte ein Zwilling das Tourette-Syndrom und der andere eine chronische Ticstörung (Pedersen et al. 2022).

Neuere genetische Forschungen haben in den letzten Jahren eine differenziertere genetische Analyse erbracht. Die Fülle der bisherigen komplexen und z. T. auch widersprüchlichen Forschungsergebnisse weist jedoch weiter auf eine multifaktorielle Ätiologie hin (Groth 2018). In ihr wirken neben den genetischen Einflüssen immunologische, umweltbedingte und psychosoziale Faktoren ineinander. Prä- und perinatale Schädigungen wie z. B. Rauchen, Alkohol, schwerer mütterlicher Stress während der Schwangerschaft, Geburtskomplikationen oder niedriger Apgar-Score werden als exogene Einflussfaktoren mit der Ätiologie des Tourette-Syndroms in Verbindung gebracht.

Vor allem das Tourette-Syndrom wird durch seine multiplen Komorbiditäten geprägt; es lassen sich insofern ätiologisch genetische Überlappungen zwischen den jeweiligen Störungsbildern vermuten (Abb. 8-3).

Aus der Aufstellung der Komorbiditäten geht außerdem hervor, dass 6–27 % der Kinder und Jugendlichen mit Tourette-Syndrom schulische Schwierigkeiten haben (Cravedi et al. 2017). Die bislang ermittelten niedrigeren Prävalenzen für das gleichzeitige Bestehen einer Störungen der Intelligenzentwicklung (siehe Abschn. 8.2.3) lässt hier vermuten, dass die psychosoziale Belastung von Schulkindern mit Tourette-Syndrom oder chronischen Ticstörungen aufgrund ihres auffälligen Verhaltens sehr hoch ist, was sich wiederum negativ auf das Lernverhalten im schulischen Bereich auswirken könnte (Eapen & Usherwood 2021).

In der funktionalen Bildgebung zeigten die meisten Studien, dass der kortiko-striato-thalamo-kortikale Schaltkreis an der Entstehung von Tics beteiligt sein könnte. Veränderungen in diesem Schaltkreis scheinen mit der Schwere der Tics zu korrelieren. Bezogen auf die Rezeptoraktivität wurden Anomalien der GABAergen, serotonergen und dopaminergen Neurotransmission festgestellt. Während des Versuchs der Unterdrückung von Tic-Verhalten wurde eine erhöhte Aktivität im inferioren frontalen Gyrus beobachtet (Debes et al. 2017; Martino et al. 2018). Hierbei ist interessant, dass sich die funktionale Bildgebung von Kindern und Erwachsenen mit Tourette-Syndrom deutlich unterscheiden (Hsu et al. 2020). Insgesamt wird in allen Übersichtsarbeiten eine große methodologische Heterogenität beklagt und darauf hingewiesen, dass die Altersstruktur der Studienteilnehmenden sehr viel stärker berücksichtigt werden müsste.

Die Ergebnisse der funktionalen Bildge-

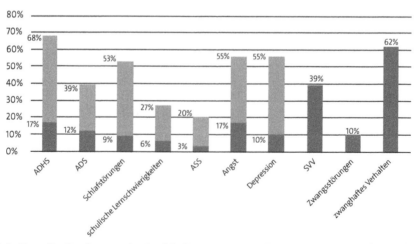

Abb. 8-3: Tourette-Syndrom und seine häufigsten Komorbiditäten; Prävalenzen (dunkel) und Prävalenzbereiche (hell). Nach Cravedi et al. 2017 (1), Gulisano et al. 2020 (2) und Sambrani et al. 2016 (3).

bungsforschung werden auch als Bestätigung der Dopamin-Inhibitions-Modelle von Tics gesehen. Der Grundgedanke hierzu ist die Annahme einer ungenügenden Hemmung bzw. Koordination neuronaler Entladungen in den Basalganglien (Corpus striatum). Diese führen zu einer thalamo-kortikalen oszillatorischen Dysrhythmie, wodurch die neuronale Hemmung des sensomotorischen Kortex nur unzureichend aktiviert wird und es zu einer übermäßigen dopaminergen Aktivierung kommt. Dies führt wiederum zum therapeutischen Gedanken, diese mangelhafte Hemmung durch die Gabe von Neuroleptika (Dopamin-Rezeptorblockade) zu beeinflussen und so zu einer Reduktion der Tic-Aktivität beizutragen.

Neue Ergebnisse weisen jedoch eher auf ein komplexes Zusammenspiel in der neuronalen Transmission der Rezeptorsysteme von Dopamin, GABA und Glutamat hin (Martinez-Ramirez et al. 2018).

Die sehr erfolgreichen verhaltenstherapeutischen Interventionen bei Tourette-Syndrom und chronischen Ticstörungen deuten auch darauf hin, dass Tics eine gewohnheitsmäßige Komponente enthalten. Sie stellen situative Reaktionen dar, die durch negative Verstärkungsmechanismen aufrechterhalten werden (Billnitzer & Jankovic 2020).

8.2.5 Diagnostik

Neunzig Prozent der Kinder mit Tourette-Syndrom haben auch komorbide Erkrankungen wie Aufmerksamkeitsdefizit-Hyperaktivitätsstörung (ADHS), Zwangsstörungen oder Verhaltensstörungen. Diese Störungen verursachen für die Kinder im häuslichen und schulischen Umfeld oft mehr Probleme als das Tourette-Syndrom für sich genommen. Eine korrekte Diagnose und Behandlung von Ticstörungen insgesamt erfordern insofern eine angemessene Erfassung eventuell vorliegender Komorbiditäten (Cohen et al. 2013).

Die *Tourette's Disorder Scale – Clinician Rated (TODS-CR)* von Shytle et al. (2003) erfasst neben spezifischen Symptomen des Tourette-Syndroms auch Symptome häufiger komorbider Störungen.

Für den Kinder- und Jugendbereich ist die *Child Tourette Syndrome Impairment Scale* von Storch et al. (2007) sehr sinnvoll. Sie sollte aber mit einer der Skalen zur Einschätzung des Schweregrads von Tics kombiniert werden (Cohen et al. 2013).

Der Schweregrad der Tics kann durch die bewährte *Yale Global Tic Severity Scale (YGTSS)* von Leckman et al. (1989) oder mit der *Tourette's Syndrome Severity Scale (TSSS)* von Shapiro & Shapiro (1984) erfasst werden. Die *YGTSS* liegt in einer autorisierten Übersetzung von Steinhausen vor und umfasst ein großes Spektrum möglicher Tic-Symptome. Die Skala ist auch aus psychoedukativen Gründen für Familien geeignet, um deren Erkennen von Tic-artigen Verhaltensweisen bei ihren betroffenen Kindern zu schulen. Darüber hinaus gibt es zu dieser Einschätzungsskala Beobachtungsbögen, die eine kontinuierliche Erfassung von Tic-Symptomen möglich machen (Cohen et al. 1985; auch übersetzt und bearbeitet durch Steinhausen).

Döpfner & Görtz-Dorten (2017) haben nach ICD-10-Kriterien die deutschsprachige *Diagnose Checkliste Tics (DCL-TIC)* und den *Fremdbeurteilungsbogen Tics (FBB-TIC)* entwickelt.

In vielen Fällen kann auch ein Rating von Videoaufnahmen des Tic-Verhaltens sehr sinnvoll sein. Allerdings muss hier berücksichtigt werden, dass Tics in Häufigkeit und

Schwere stark schwanken können und eine zeitlich punktuelle Erfassung nur ein ungenügendes Abbild der Häufigkeit und Schwere von Tics ergibt (Cohen et al. 2013).

Für die Diagnostik ist vor allem bei Menschen mit Störungen der Intelligenzentwicklung mit und ohne Autismus-Spektrum-Störungen die Unterscheidung zwischen Tics und anderen unwillkürlichen Bewegungen wichtig (z. B. choreatiforme, athetotische Bewegungen, Dystonie, Stereotypien), die bei dieser Klientel häufig im Rahmen neuronaler Entwicklungsstörungen vorkommen oder als Nebenwirkungen bei der psychopharmakologischen Behandlung von Verhaltensstörungen auftreten können (siehe Abschn. 8.1).

In Tabelle 8-2 sind typische Unterscheidungsmerkmale von Stereotypien und Tics

Charakteristik	Tics	Stereotype Bewegungen
Beginn	meist zwischen dem 6. und 7. Lebensjahr	meist vor dem 3. bis 4. Lebensjahr
Art der Bewegung	kurz, schnell, plötzlich einschießend, oft clusterförmig	rhythmisch, motorisch koordiniert
Betroffene Körperregionen	funktionelle Muskelgruppen, häufig Kopf- und Schulter-Nacken-Region	meistens Extremitäten oder der gesamte Körper
Begleitender Drang zur Durchführung	vorausgehender Drang zur Durchführung der Tics; Drang lässt durch die Durchführung nach	bei einfachen Stereotypien kein Drang zur Durchführung; stereotype Bewegungsstörung (ICD-11): zunehmender Drang
Unterdrückung des Ausführungsdrangs	kann für kurze Zeit unterdrückt werden, dadurch jedoch wachsende innere Anspannung	in der Regel jederzeit unterbrechbar (vor allem Stereotypien ICD-11: 8A07); stereotype Bewegungsstörungen (ICD-11: 6A06); willentliche Unterbrechung zunehmend schwieriger
Ich-Kongruenz	Ich-dyston: nicht im Einklang mit den eigenen Gedanken, Gefühlen und Werten	Ich-synton: im Wesentlichen übereinstimmend mit den eigenen Gedanken, Gefühlen und Werten
Verlauf	Zu- und Abnahme der Intensität und Frequenz der Durchführung; Veränderungen der betroffenen Muskelgruppen im Längsschnitt	gleichförmiger Ablauf; nur geringe Veränderungen im Längsschnitt
Familienanamnese	positive persönliche bzw. Familienanamnese von Zwangsstörungen oder ADHS	positive persönliche bzw. Familienanamnese von Störungen der Intelligenzentwicklung mit und ohne Autismus-Spektrum-Störungen

Tab. 8-2: Unterschiede zwischen Tics und stereotypen Bewegungen (mod. nach Eapen & Usherwood 2021)

zusammengefasst. Dabei können in einigen Fällen auch Mischformen auftreten, die eine diagnostische Unterscheidung schwierig machen. Ihre Differenzierung ist jedoch gerade für Menschen mit Störungen der Intelligenzentwicklung mit und ohne Autismus-Spektrum-Störungen wichtig, da Stereotypien für die betroffenen Personen eine wichtige reiz- und affektmodulierende oder auch selbststimulierende Funktion haben und – vor allem in den Fällen, in denen durch sie keine funktionelle Einschränkung verursacht wird – keiner therapeutischen Intervention bedürfen. Hier besteht eine deutliche Trennlinie zu den oft starke psychosoziale Belastungen (mit Depressivität, sozialem Rückzugsverhalten etc.) und eventuelle physiologische Beeinträchtigungen (körperliche Schädigung, Selbstverletzungen mit körperlichen Schädigungen [SVV]) verursachenden schweren Formen der Ticstörungen.

8.2.6 Verlauf

Chronische Tics nehmen meist in der Adoleszenzphase oder im frühen Erwachsenenalter wieder deutlich ab. Aus einer Übersichtsarbeit von Black et al. aus dem Jahr 2021 geht jedoch hervor, dass die Remissionsrate von chronischen Tics weit weniger gut ist, als bisher angenommen. Dies beruht auf der Beobachtung, dass viele Ticstörungen, die im Kindesalter diagnostiziert wurden, einerseits in abortive Formen übergehen und das wiederkehrende Auftreten den betroffenen Personen nicht bewusst ist. Andererseits wird auch die Unzuverlässigkeit von Beobachtungen im Rahmen von Studien im schulischen Umfeld bemängelt. Nicht immer waren Tics bei den Kindern zu beobachten, für die eine entsprechende Diagnose einer Ticstörung vorlag; zu einem späteren Beobachtungszeitpunkt waren bei diesen Kindern jedoch die Tics wieder aufgetaucht (Black et al. 2021). Insgesamt wurden in dieser Übersichtsarbeit mehrere Untersuchungen aufgeführt, die für ca. 60 % ihrer untersuchten Fälle einen Verlauf ermittelten, der durch immer wiederkehrende Tic-Rückfälle bis ins Erwachsenenalter charakterisiert war (Bruun & Budman 1997; Shapiro et al. 1988). Eapen & Usherwood (2021) geben die Remissionsrate von chronischen Tics entsprechend mit 30–50 % an. Zwanzig Prozent der Fälle zeigen bis ins Erwachsenalter milde Formen von Tics, während 5 % therapierefraktäre Verläufe mit zum Teil erheblichen Beeinträchtigungen der Gesundheit und der Lebensqualität zeigen (Cheung et al. 2007). In der Studie von Cheung et al. (2007) wurde für diese schweren Verlaufsfälle eine positive Korrelation zu prämorbid vorbestehenden Zwangsstörungen festgestellt.

8.2.7 Therapie

Aufgrund der hohen Komorbiditätsrate der chronischen Tics und vor allem des Tourette-Syndroms ist für die Behandlung der Tics oft eine suffiziente Therapie der komorbiden Störungen zielführend (siehe Tab. 8-3). So konnte eine Untersuchung der Tourette Studiengruppe in Rochester (USA) bereits 2002 zeigen, dass die adäquate Behandlung einer komorbid bestehenden Aufmerksamkeitsdefizit-Hyperaktivitätsstörung mit Methylphe-

Hohes Vertrauen in die Evidenz	• behavioristische Therapieverfahren (Comprehensive Behavioral Intervention for Tics, CBIT): SMD 0,56 (95 %-Konfidenzintervall [CI] 0,3–0,82), 2 Klasse-I-Studien; spezifische behavioristische Intervention vs. stützende Therapie
Mäßiges Vertrauen in die Evidenz (Placebo-kontrolliert)	• Haloperidol, SMD 0,59 (95 %-CI 0,11–1,06), 2 Klasse-II-Studien • Risperidon, SMD 0,79 (95 %-CI 0,31–1,27), 2 Klasse-II-Studien • Aripiprazol, SMD 0,64 (95 %-CI 0,31–0,97), 1 Klasse-I- und 1 Klasse-II-Studie (nur Kinder) • Tiaprid, SMD 0,62 (95 %-CI 0,36–0,88), 1 Klasse-I-Studie (nur Kinder) • Clonidin, SMD 0,45 (95 %-CI 0,13–7,77) 1 Klasse-I- und 2 Klasse-II-Studien • Onabotulinumtoxin-A-Injektionen, SMD 1,27 (95 %-CI 0,51–2,03), 1 Klasse-II-Studie; Vertrauenswürdigkeit in die Evidenz wurde aufgrund von Wirkungsgröße erhöht • Ningdong-Granulat*, SMD 0,97 (95 %-CI 0,45–1,49), 1 Klasse-II-Studie (nur Kinder); Vertrauenswürdigkeit in die Evidenz wurde aufgrund von Wirkungsgröße erhöht • 5-Ling-Granulat**, SMD 0,55 (95 %-CI 0,33–76), 1 Klasse-I-Studie (nur Kinder)
Geringes Vertrauen in die Evidenz (Placebo-kontrolliert)	• Pimozid, SMD 0,66 (95 %-CI 0,06–1,25), 3 Klasse-II-Studien; Vertrauenswürdigkeit in die Evidenz herabgestuft • Ziprasidon, SMD 1,14 (95 %-CI 0,32–1,97), 1 Klasse-II-Studie (nur Kinder) • Metoclopramid, SMD 1,14 (95 %-CI 0,33–1,97), 1 Klasse-II-Studie (nur Kinder) • Guanfacin, SMD 0,45 (95 %-CI 0,03–0,87), 1 Klasse-I-, 2 Klasse-II-Studien (nur Kinder); Vertrauenswürdigkeit in die Evidenz wurde heruntergestuft • Topiramat, SMD 0,91 (95 %-CI 0,11–1,71), 1 Klasse-II-Studie • Tetrahydrocannabinol, SMD 0,62 (95 %-CI 0,01–1,22), 1 Klasse-II-, 1 Klasse-III-Studie (nur Erwachsene)
\multicolumn{2}{l}{**Klasse Ia:** Evidenz durch Meta-Analysen von mehreren randomisierten, kontrollierten Studien. **Klasse Ib:** Evidenz aufgrund von mindestens einer randomisierten, kontrollierten Studie. **Klasse IIa:** Evidenz aufgrund von mindestens einer gut angelegten, jedoch nicht randomisierten und kontrollierten Studie. **Klasse IIb:** Evidenz aufgrund von mindestens einer gut angelegten quasi-experimentellen Studie. **Klasse III:** Evidenz aufgrund gut angelegter, nicht-experimenteller deskriptiver Studien wie etwa Vergleichsstudien, Korrelationsstudien oder Fall-Kontroll-Studien. **Klasse IV:** Evidenz aufgrund von Berichten der Experten-Ausschüsse oder Expertenmeinungen bzw. klinischer Erfahrung anerkannter Autoritäten. **Klasse V:** Evidenz aufgrund von Fallserien oder mehrerer Expertenmeinungen.}

* Ningdong-Granulat (nach Zhao): TCM-Rezeptur von Granulaten aus acht verschiedenen chinesischen Kräutern und natürlichen Substanzen, die zur Behandlung des Tourette-Syndroms entwickelt und zusammengestellt wurden.
** 5-Ling-Granulat: Wird meist Fu-Ling-San-Granulat genannt.
TCM-Granulate werden rechtlich als Medikamente eingestuft. Sie sind im deutschsprachigen Raum zugelassen und zertifiziert.
SMD = Standardized Mean Difference

Tab. 8-3: Evidenz therapeutischer Maßnahmen zur Behandlung von chronischen Tics bzw. Tourette-Syndrom (Pringsheim et al. 2019)

nidat die Tic-Häufigkeit und -Intensität reduziert. Der Effekt konnte durch eine Kombinationstherapie mit Clonidin noch gesteigert werden (Tourette's Syndrome Study Group 2002).

Die meisten pharmakologischen Therapieansätze basieren im Wesentlichen auf der Dopamin-Hypothese von Tics. Es gibt jedoch einige andere, z. T. vielversprechende pharmakologische Ansätze wie das Clonidin und das Guanfacin (beides Agonisten an zentralen Alpha$_{2A}$-Rezeptoren) oder pflanzliche Granulate aus der Traditionellen Chinesischen Medizin (TCM), die auch im deutschsprachigen Raum zugelassen sind.

In den internationalen Untersuchungen des letzten Jahrzehnts zeigten intensive behavioristische Trainingsprogramme die größte Effektivität in der Behandlung von Ticstörungen (Fründt et al. 2017; Pringsheim et al. 2019; Wilhelm et al. 2012). Aktuell wird eine Kombination verschiedener behavioristischer und milieugestalterischer Maßnahmen, zusammengefasst als *Comprehensive Behavioral Intervention for Tics (CBIT)*, einem Programm, das aus dem *Habit Reversal Training (HRT)* weiterentwickelt wurde, am häufigsten beforscht.

COMPREHENSIVE BEHAVIORAL INTERVENTION FOR TICS (CBIT)
Die CBIT besteht aus drei wesentlichen Komponenten:
a. Psychoedukation der Betroffenen. Sich seiner Tics und des eigenen Drangs, Tic-Verhalten zuzulassen, bewusster werden.
b. Psychoedukation der Betroffenen. Ein inkompatibles Verhalten durchführen, wenn sie den Drang zur Durchführung von Tics verspüren.
c. Änderung der alltäglichen Aktivitäten in einer Weise, die zur Verringerung der Tics beitragen kann (z. B. allgemeine Stressreduktion, täglich Routinen).

Bestimmte Bestandteile der CBIT haben sich in der Behandlung von Ticstörungen bereits eigenständig etabliert, wie z. B. das *Habit Reversal Training (HRT)* (verhaltenstherapeutisches Training zum Einüben alternativer Verhaltensweisen; Basis der CBIT) oder die *Exposure and response prevention (ERP)* (Unterbrechung des Automatismus, der vom Vorgefühl bei den Patienten zur Durchführung der Tics führt).

In den letzten Jahren wurden Ticstörungen immer häufiger mit einer **repetitiven transkraniellen Magnetstimulation (rTMS)** behandelt. Die meisten Studien ergaben eine signifikante Verbesserung der Symptomatik. Die Übersichtsarbeit von Hsu et al. aus dem Jahr 2018, in der acht Studien in die Meta-Analyse einbezogen wurden, kam dabei zu folgendem Ergebnis: Die rTMS verbesserte signifikant die Tic-Symptomatik (CI: –0,94 bis –0,29) und komorbides zwanghaftes Verhalten (CI: –0,83 bis –0,14) bei Patienten mit Tourette-Syndrom im Vergleich zu den Ausgangswerten. Die rTMS war jedoch im Vergleich zu Placebo (»Pseudo-Stimulationsbehandlung«) nicht effektiver; so ist vermutlich das positive Ergebnis zu großen Teilen auf den Placebo-Effekt zurückzuführen. Darüber hinaus war die Stimulation der bilateralen supplementär-motorischen Areale bei Tic-Symptomen wirksamer als die anderer Areale (Hsu et al. 2018; Kahl et al. 2021).

Insgesamt waren die Ergebnisse bei jüngeren Personen mit Tourette-Syndrom besser als die bei älteren Teilnehmenden der Studie (Hsu et al. 2018). Was die Behandlung mit rTMS angeht, so bedarf es insofern noch weiterer Studien, die auch die altersspezifischen Effektdifferenzen berücksichtigen.

Bei Patienten mit schwerwiegenden Ticstörungen, die bislang auf keine Behandlung angesprochen haben, wurde auch eine **tiefe Hirnstimulation (THS)** durchgeführt. Die diesbezüglichen Ergebnisse sind jedoch sehr heterogen und noch nicht Placebo-kontrolliert. Außerdem hängt der Effekt unter anderem vom Ort der Implantation ab (bessere Ergebnisse bei Stimulation im anterioren Globus pallidus internus im Vergleich zu anderen Regionen) (Martinez-Ramirez et al. 2018). Zudem kam es zum Teil zu erheblichen Nebenwirkungen mit Infektionen der Hardware, Dysarthrien, Parästhesien, Müdigkeit, Apathie, Lethargie und manischen Symptomen (Billnitzer & Jankovic 2020).

Für Menschen mit Störungen der Intelligenzentwicklung mit und ohne Autismus-Spektrum-Störungen, bei denen ein Tourette-Syndrom oder chronische Tics diagnostiziert wurden, gibt es keine speziellen Untersuchungen zur Effektivität von pharmakologischen und nicht-pharmakologischen therapeutischen Interventionen. Es können aber durchaus die Erkenntnisse aus der Behandlung von Kindern, Jugendlichen und Erwachsenen auf diese besondere Personengruppe übertragen werden. Dabei gilt es jedoch – insbesondere bei der pharmakologischen Behandlung – zu beachten, dass bei dieser Klientel eine erhöhte Vulnerabilität für zentrale Nebenwirkungen besteht (siehe Kap. 3.1 Psychopharmakotherapie) und verhaltenstherapeutische Trainingsprogramme sowie die Psychoedukation an die kognitive und sozio-emotionale Entwicklung der jeweiligen Person angepasst werden müssen. Insgesamt müssen die therapeutischen Maßnahmen bei Menschen mit Störungen der Intelligenzentwicklung in ein individuelles Konzept des Managements von Tics eingebettet werden. Hierbei spielen eine entwicklungssensible Diagnostik sowie eine entwicklungslogische Milieugestaltung und Assistenz eine entscheidende Rolle.

STRATEGIEN ZUR UNTERSTÜTZUNG VON MENSCHEN MIT TICSTÖRUNGEN
(modifiziert nach Eapen & Usherwood 2021)

- Psychoedukation der Betroffenen, der Familie, der Mitarbeitenden der Behindertenhilfe.
- Proaktive (nicht reaktive), präventive Unterstützung geben und vorhersehbare tägliche Routinen gemeinsam entwickeln bzw. anbieten.
- Pausen mit Möglichkeiten zur körperlichen Bewegung einplanen (individuelle Bewegungsübungen).
- Festlegung eines sicheren Ortes, an den man sich bei schweren Tics zurückziehen kann, mit einem vorher vereinbarten »Passierschein« oder einem anderen Signal für eine Auszeit (z. B. in der Schule oder der WfbM).
- Bevorzugte Sitzplätze (z. B. in Schule, WfbM: vorn in der Klasse bzw. in der Nähe der Tür) wählen.
- Unterstützende Lernpartner (Schule) bzw. Kolleginnen oder Kollegen suchen und soziale Unterstützung durch Assistenz und Fachdienste installieren (das kann helfen, Mobbing zu verhindern).
- Planung/Management der Kommunikation über Tics (gegenüber der Schule, Gleichaltrigen/Freunden, der WfbM, dem Arbeitgeber) und Tipps zur Selbsthilfe (»Wie reagiere ich, wenn mich jemand zu meinen Tics fragt?«).
- Nutzung von Schreibhilfen/Computer/UK-Geräte, wenn das Schreiben und Sprechen vom Tic-Verhalten betroffen sind.
- Besondere Vorkehrungen für Prüfungen, z. B. Sitzen in einem separaten Raum, zusätzliche Zeit einplanen.
- Auslöser von Tic-Verhalten erkennen und vermeiden; Stress, Angst oder Langeweile reduzieren bzw. Bewältigungsstrategien gemeinsam erarbeiten.

- Das Erlernen von Entspannungsübungen bzw. die Durchführung von entspannenden Aktivitäten anregen; Hobbys fördern, um das Selbstwertgefühl der Patienten zu stärken.
- Empfehlung, sich einer Selbsthilfegruppe anzuschließen, um Erfahrungen mit anderen Betroffenen auszutauschen und an gemeinsamen Aktivitäten oder Veranstaltungen teilzunehmen.
- Für behandelnde Ärztinnen und Ärzte: sorgfältiges Symptom- und Nebenwirkungsmonitoring beim Einsatz von Neuroleptika, z. B. bei der Behandlung von Verhaltensstörungen bei Menschen mit Störungen der Intelligenzentwicklung mit und ohne Autismus-Spektrum-Störungen.

8.2.8 Fazit

- Bei den primären und sekundären Ticstörungen werden motorische, vokale Tics und das Tourette-Syndrom (Kombination von motorischen und vokalen Tics) unterschieden.
- Sie werden in der ICD-11 originär dem Kapitel 08 »Krankheiten des Nervensystems« zugeordnet und im Kapitel 06 »Psychische Störungen, Verhaltensstörungen und neuronale Entwicklungsstörungen« (Psychiatrie) nur als artverwandte Elemente (grey children) zusätzlich genannt.
- Primäre Ticstörungen beginnen im Kindesalter (6–12 Jahre).
- Es gibt kaum wissenschaftliche Studien zu Ticstörungen bei Menschen mit Störungen der Intelligenzentwicklung mit und ohne Autismus-Spektrum-Störungen.
- Ihre Ätiologie ist nach wie vor nicht abschließend geklärt und gilt entsprechend als multifaktoriell.
- In der Therapie zeigen behavioristische Interventionen die höchste Evidenz.
- In der pharmakologischen Behandlung zeigen Haloperidol, Risperidon, Aripiprazol, Clonidin, Tiaprid, Onabotulinumtoxin und zwei Granulat-Rezepturen der Traditionellen Chinesischen Medizin (TCM) aktuell die besten Studienergebnisse.

II.B Psychische Störungen und Verhaltensstörungen

TRINE LISE BAKKEN, HAUKE HERMANN & ARVID NIKOLAI KILDAHL

9 Schizophrenie (ICD-11 6A20)

9.1 Die Codierung von Schizophrenie in der ICD-11

6A20 SCHIZOPHRENIE
- 6A20.0 Schizophrenie, erste Episode
- 6A20.1 Schizophrenie, mehrfache Episoden
- 6A20.2 Schizophrenie, kontinuierlich

9.2 Definition

Schizophrenie ist eine schwere psychische Erkrankung, die Kognition, Emotionen und Verhalten beeinträchtigt. Die Konzeptualisierung von Schizophrenie hat sich seit der ersten Verwendung des Begriffs Anfang des 20. Jahrhunderts erheblich verändert (Valle 2020). Auch die Definition der neuen ICD-11 beinhaltet im Vergleich zu ihrer Vorgängerversion zahlreiche Veränderungen (WHO 2022). Die Schizophrenie wird der neu benannten Gruppe der primären psychotischen Störungen zugeordnet (ICD-11, 6A20-25: Störungsbilder, die in der ICD-10 im Kapitel F2 zusammengefasst waren) und es wird zwischen Ersterkrankung (6A20.0), episodenhaftem (6A20.1) und chronischem (6A20.2) Verlauf unterschieden. Die in der ICD-10 enthaltene Unterteilung der Schizophrenie in verschiedene Subtypen (paranoid-halluzinatorische, hebephrene, katatone Schizophrenie etc.) wurde abgeschafft. Die für die ICD-10 noch prägenden »Schneider'schen Erstrang-Symptome« werden ebenfalls nicht mehr berücksichtigt bzw. in ihrer konzeptuellen Bedeutung deutlich abgeschwächt.

In der nachfolgenden Kriterienliste a.–g. werden wesentliche Symptome der Schizophrenie aufgeführt (ICD-11, diagnostische Anforderungen; https://icd.who.int/browse11; eigene deutsche Übersetzung; Zugriff 21.09. 2023):

a. Anhaltende Wahnvorstellungen (z. B. Größenwahn, Beziehungswahn, Verfolgungswahn).
b. Anhaltende Halluzinationen (am häufigsten auditiv, obwohl sie in jeder sensorischen Modalität auftreten können).
c. Desorganisiertes Denken (formale Denkstörung; z. B. unscharfes und schweifendes Denken und assoziative Lockerung, irrelevante Sprache, Neologismen). Wenn sie schwerwiegend ist, kann die Sprache der Person so inkohärent sein, dass sie unverständlich ist (»Wortsalat«).
d. Erfahrungen von Beeinflussung, Passivität oder Kontrolle (d. h. die Erfahrung,

dass die eigenen Gefühle, Impulse, Handlungen oder Gedanken nicht von einem selbst erzeugt werden, dass sie von anderen in den eigenen Geist hineingebracht oder aus dem eigenen Geist entnommen werden oder dass die eigenen Gedanken von anderen Menschen wahrgenommen werden können).
e. Negative Symptome wie affektive Abflachung, Sprachlosigkeit oder Sprachverarmung, Initiativlosigkeit, sozialer Rückzug und Anhedonie.
f. Grob desorganisiertes Verhalten, das zielgerichtete Aktivitäten behindert (z. B. Verhalten, das bizarr oder zwecklos erscheint; unvorhersehbare oder unangemessene emotionale Reaktionen, die die Fähigkeit beeinträchtigen, Verhalten zu organisieren).
g. Psychomotorische Störungen wie katatone Unruhe oder Agitation, Haltungsanomalien, wächserne Flexibilität, Negativismus, Mutismus oder Benommenheit.

Hinweis: Wenn das vollständige Syndrom der Katatonie im Zusammenhang mit Schizophrenie vorliegt, sollte auch die Diagnose einer Katatonie im Zusammenhang mit einer anderen psychischen Störung gestellt werden (siehe dazu Kap. 10 Katatonie).

> **MERKE**
>
> Für eine Diagnose müssen aus dieser Liste mindestens zwei Kriterien die meiste Zeit während eines Monats oder auch länger vorliegen. Außerdem sollte mindestens ein Kriterium aus den Symptomen a.–d. darunter sein.

Während das Zeitkriterium mit mindestens einem Monat Krankheitsdauer unverändert in der ICD-11 besteht, wurde die sogenannte Prodromalphase auch in der neuen Version nicht berücksichtigt (Gaebel et al. 2020; Lau 2021; Valle 2020). In der Diagnosegruppe der »symptomatischen Manifestationen primärer psychotischer Störungen« (ICD-11 6A25) kann in der ICD-11 die Schizophrenie mit begleitender Symptomatik codiert werden:

- 6A25 Symptomatische Manifestationen primärer psychotischer Störungen
- 6A25.0 Positive Symptome bei primären psychotischen Störungen
- 6A25.1 Negative Symptome bei primären psychotischen Störungen
- 6A25.2 Depressive Stimmungssymptome bei primären psychotischen Störungen
- 6A25.3 Manische Stimmungssymptome bei primären psychotischen Störungen
- 6A25.4 Psychomotorische Symptome bei primären psychotischen Störungen
- 6A25.5 Kognitive Symptome bei primären psychotischen Störungen

Diese zusätzlichen symptomatischen Schwerpunkte lassen sich dann, falls diagnostisch gewünscht, zusätzlich in unterschiedliche Schweregrade einteilen. Dieser »Spezifikator« kann als dreischrittiger Skalenwert (leicht – mittel – schwer) verschiedenen Störungen zugeordnet werden (**Postkoordination**) und unterscheidet sich von der Einteilung der Schweregrade bei den affektiven Störungen. Zusätzlich zu den oben genannten Codes zur symptomatischen Manifestation primär psychotischer Störungen werden folgende Codes angegeben:

- XS5W Leichtgradig
- XS0T Mittelgradig
- XS25 Schwergradig
- XS8H Nichts

In diesem Kapitel wird der aktuelle Wissensstand zur Schizophrenie bei Menschen mit Störungen der Intelligenzentwicklung (SIE) unter Berücksichtigung der Neuerungen des ICD-11-Kapitels 6A20 dargestellt. Da die wissenschaftliche Datenlage in vielen wesentlichen Punkten der behinderungssensiblen

Diagnostik (vor allem differenzialdiagnostische Überlegungen zur Manifestation schizophrener Symptome) und der psychosozialen und medizinischen Interventionen weiterhin sehr gering ist, wird in diesem Kapitel nicht nur auf Fachliteratur, sondern auch auf das Erfahrungswissen des Autoren-Teams zurückgegriffen.

9.3 Prävalenz

Die Lebenszeitprävalenz für eine Schizophrenie in der Allgemeinbevölkerung wird auf etwa 0,5 % geschätzt (Saha et al. 2005; Simeone et al. 2015). Auch wenn es bei Studien zu Schizophrenie und Störungen der Intelligenzentwicklung beträchtliche Unterschiede in Bezug auf die Methodik, das Setting und den Stichprobenumfang gibt, gilt die Prävalenz in diesen Populationen im Vergleich zur Allgemeinbevölkerung als mindestens dreimal so hoch (Aman et al. 2016; Lai et al. 2014; Vaqueriso-Serrano et al. 2022). Personen mit zusätzlicher Autismus-Spektrum-Störung (ASS) scheinen besonders gefährdet zu sein (Lai et al. 2014; Vaqueriso-Serrano et al. 2022). Für die Gruppe der Menschen mit eingeschränkter Kommunikationsfähigkeit bei Störungen der Intelligenzentwicklung bzw. Menschen mit Autismus-Spektrum-Störung und zusätzlicher Intelligenzentwicklungsstörung gibt es jedoch Grenzen in der Diagnostizierbarkeit. Dies erfordert eine kritische Reflexion der vermuteten Häufigkeiten (siehe Abschn. 9.5).

Die Ersterkrankung tritt typischerweise im jungen Erwachsenenalter (zwischen 20 und 30 Jahren) auf, wobei dies bei Menschen mit Störungen der Intelligenzentwicklung immer auch zeitlich verzögert sein kann.

MERKE

- In der ICD-11 gehört die Schizophrenie zur Gruppe der primären psychotischen Störungen.
- Es fallen in der neuen Einteilung die schizophrenen Untergruppen wie z. B. die paranoid-halluzinatorische Schizophrenie oder Hebephrenie weg.
- Bei Menschen mit Störungen der Intelligenzentwicklung liegt die Prävalenz für schizophrene Störungen dreimal so hoch wie in der Allgemeinbevölkerung.
- Menschen mit Autismus-Spektrum-Störungen scheinen besonders gefährdet zu sein.

9.4 Ätiologie

Aktuelle Konzeptualisierungen der Schizophrenie deuten darauf hin, dass sie durch komplexe und heterogene Wechselwirkungen zwischen verschiedenen bio-psycho-sozialen Faktoren, einschließlich genetischer, perinataler, neuroanatomischer, neurochemischer und anderer biologischer Faktoren, verursacht wird (Ayano 2016). Die genetische Komponente ist beträchtlich – mit einer geschätzten Heritabilität von bis zu 80 % (Khavari & Cairns 2020). Zu den Umweltstressoren, die bei der Entwicklung von Schizophrenie eine Rolle spielen, gehören Traumata in der Kindheit, mütterliche Infektionen, Komplikationen bei der Geburt und Cannabiskonsum (Khavari & Cairns 2020). Es wird angenommen, dass sich diese Stressoren über epigenetische Effekte auf die Manifestation der Schizophrenie auswirken (Khavari & Cairns 2020).

Das Erkrankungsrisiko nimmt exponentiell mit der genetischen Verwandtschaft mit einer an Schizophrenie erkrankten Person zu. Verwandte dritten Grades haben im Vergleich zur Allgemeinbevölkerung ein etwa doppelt so hohes Risiko, ebenfalls zu erkranken (Löhrs & Hasan 2019).

Einige genetische Syndrome, wie z. B. das 22q11.2-Deletionssyndrom (auch als DiGeorge-Syndrom bezeichnet), sind mit einem besonders hohen Schizophrenierisiko verbunden (Cleynen et al. 2021). In einer Metaanalyse zur Schizophrenie bei Menschen mit Störungen der Intelligenzentwicklung konzentrierten sich die Untersuchungen zur erblichen Belastung auf Risikogene, die mit neuronalen Entwicklungsstörungen in Verbindung gebracht werden (Singh et al. 2017). In einer großen Genom-Studie von Smeland et al. aus dem Jahr 2020 wurde eine deutliche Überlappung von Genen, die mit schizophrenen Störungen und kognitiven Beeinträchtigungen in Verbindung gebracht werden, entdeckt (Khandaker et al. 2018; Smeland et al. 2020).

9.5 Diagnostik

9.5.1 Assessment

Die Diagnosesicherung einer Schizophrenie ist bei Menschen mit Störungen der Intelligenzentwicklung eine besondere Herausforderung (Bakken et al. 2016; Deb et al. 2022; Helverschou et al. 2020; Rosen et al. 2018; Siegel et al. 2020; Underwood et al. 2015). Häufig haben die Patientinnen und Patienten Schwierigkeiten, ihr innerpsychisches Erleben verbal mitzuteilen. In der Folge kann es auch zu ungewöhnlichen Symptompräsentationen kommen, die nur indirekt auf eventuell bestehendes psychotisches Erleben hinweisen (z. B. Schlagen gegen den Kopf bei akustischen Halluzinationen), was wiederum das Risiko einer Fehldiagnose in sich birgt (Bakken 2021; Deb et al. 2022; Reiss et al. 1982; Siegel et al. 2020; Underwood et al. 2015).

Es gibt Checklisten und Diagnoseinstrumente für das Assessment psychischer Störungen bei Menschen mit Störungen der Intelligenzentwicklung; diese haben jedoch oft unzureichend validierte psychometrische Eigenschaften und basieren vor allem auf fremdanamnestischen Angaben, die sich lediglich aus der Beobachtung von äußerlich sichtbarem Verhalten herleiten (Fletcher et al. 2016; Helverschou et al. 2020).

Zu den Checklisten, die hilfreich sein können, gehören das *Psychiatric Instrument for the Intellectually Disabled Adult* (*SPAID*; Bertelli et al. 2012), die *Diagnostic Assessment for the Severely Handicapped Scale* (*DASH-II*; Matson 1995), die *Psychiatric Assessment Schedule for Adults with Developmental Disabilities* (*PAS-ADD*; Moss et al. 1998) und schließlich die *Psychopathology in Autism Checklist* (*PAC*; Bakken et al. 2010).[33]

---

[33] Für einen vollständigen Überblick über die psychometrischen Eigenschaften der genannten und die Vorstellung weiterer Instrumente siehe Helverschou et al. (2020).

9.5.2 Identifizierung von Kernsymptomen

Dieser Abschnitt befasst sich mit Wahnsymptomen, Wahrnehmungsstörungen, Desorganisation sowie Negativsymptomen und in welcher veränderten Form sie bei Menschen mit Störungen der Intelligenzentwicklung häufig auftreten können.

In einigen klinischen Studien wurde festgestellt, dass Patienten mit Störungen der Intelligenzentwicklung in akuten Phasen einer primär psychotischen Störung ähnlich inkohärente Sprach- und Verhaltensmuster aufweisen wie Personen ohne Intelligenzentwicklungsstörungen (Bakken & Høidal 2014; Bakken et al. 2009). Für Untersuchende, denen die erkrankte Person nicht vertraut ist, kann es schwierig sein, diese Muster von vorbestehenden Beeinträchtigungen der Sprache und des Verhaltens zu unterscheiden. Um hierbei eine adäquate diagnostische Differenzierung von Desorganisation und formalen Denkstörungen vornehmen zu können, ist eine gründliche Fremd- und Entwicklungsanamnese, einschließlich Informationen über mögliche Symptomverläufe und Verhaltensänderungen, unerlässlich (Dalhaug et al. 2022; Deb et al. 2022; Siegel et al. 2020). Oftmals geben die von wichtigen Bezugspersonen beobachteten Änderungen des Verhaltens, des Affekts, aber auch das Verhalten in der Interaktion mit Peers oder eventueller sozialer Rückzug, entscheidende differenzialdiagnostische Hinweise.

Während die meisten an Schizophrenie erkrankten Personen in der Allgemeinbevölkerung in der Lage sind, über »Kernsymptome« wie Wahnvorstellungen und Wahrnehmungsstörungen zu berichten, können Menschen mit Störungen der Intelligenzentwicklung große Schwierigkeiten haben, die produktiv psychotischen Symptome ihres Innenlebens in Worte zu fassen (Cherry et al. 2000; Engebretsen et al. 2019; Kildahl et al. 2017). Das kann sowohl an der eingeschränkten Fähigkeit zur Introspektion (Beschreibung und Reflexion der eigenen Gefühle) liegen als auch am eingeschränkten verbalen Ausdrucksvermögen bei Störungen der Intelligenzentwicklung bzw. einer Intelligenzentwicklungsstörung mit komorbider Autismus-Spektrum-Störung.

Der **Wahn** bei einer Schizophrenie zeichnet sich durch unkorrigierbare, kulturunangemessene Vorstellungen oder Fehlbeurteilungen der Wirklichkeit aus. Kognitive Voraussetzung hierfür sind die Abstraktionsfähigkeit und die Fähigkeit, gedanklich Zusammenhänge herstellen zu können. Entsprechend ist davon auszugehen, dass mit zunehmender kognitiv-adaptiver Beeinträchtigung Wahn als Kernsymptom einer Schizophrenie nicht mehr zu diagnostizieren ist. Wahnsymptome sind oftmals bei Menschen mit Störungen der Intelligenzentwicklung und primär psychotischen Störungen nicht explorierbar. Sie können jedoch manchmal im weiteren Krankheitsverlauf von den Betroffenen beschrieben werden, wenn die subjektive Symptomlast abgenommen hat (Engebretsen et al. 2019; Kildahl et al. 2017).

Bei Personen mit **Störungen der Intelligenzentwicklung und gleichzeitiger Autismus-Spektrum-Störung** kann – bei den ohnehin bestehenden Schwierigkeiten in der sozialen Interaktion und den stereotypen Denk- und Verhaltensmustern – eine primär psychotische Störung schwierig zu diagnostizieren sein (Robinson et al. 2017). So kann es passieren, dass Patientinnen und Patienten, denen ohnehin oftmals ein kognitiver Bezugsrahmen dafür fehlt, was als »normale« oder übliche Denkweise anzusehen ist, unangenehme oder bizarre Gedanken oder Halluzinationen nicht mitteilen (Bakken et al. 2009). Daher ist in der psychiatrischen Begleitung sehr darauf zu achten, dass der kommunikative Kontakt barrierefrei und in einer angstfreien Atmosphäre erfolgen kann. Außerdem müssen die Mitarbeitenden das alltägliche soziale Interaktionsverhalten aufmerksam beobachten, um daran Besonderheiten wie z. B. Verhaltensäquivalente erkennen zu können (Bakken 2014).

Problematische bzw. **herausfordernde Verhaltensweisen** werden bei Menschen mit Störungen der Intelligenzentwicklung oftmals vorschnell mit psychischen Störungen in Verbindung gebracht (z. B. Hausman et al. 2020; Painter et al. 2018). Während früher aggressives Verhalten bei Menschen mit Störungen der Intelligenzentwicklung monokausal als Symptom einer Psychose gesehen wurde (Lund 1985), ist das aktuelle Verständnis der Beziehung zwischen herausfordernden Verhaltensweisen und den Symptomen psychischer Störungen deutlich differenzierter (Melville et al. 2016). Aktuelle Forschungsergebnisse deuten darauf hin, dass Problemverhalten eher als unspezifisches Anzeichen von innerer, seelischer Not oder von körperlichem Unbehagen zu verstehen ist. Dieses Unwohlsein kann zwar auch im Zusammenhang mit einer psychischen Störung auftreten, ist aber für diese nicht allein charakteristisch (Bowring et al. 2019; Melville et al. 2016; Painter et al. 2018; Rittmannsberger et al. 2020). So kann aggressives Verhalten bei Personen mit einem bestimmten emotionalen Entwicklungsstand gehäuft auftreten (Hermann et al. 2022).

Darüber hinaus können Menschen mit Störungen der Intelligenzentwicklung und einer schizophrenen Störung Symptome aufweisen, die den Bezugspersonen nicht besonders auffallen und fremdanamnestisch deshalb nicht berichtet werden. Anstatt sich allein auf problematische Verhaltensweisen zu fokussieren, sollte man deshalb bei der Identifizierung einer Schizophrenie auf andere potenzielle Verhaltensmanifestationen der Kernsymptomatik achten. Sie werden mitunter auch als »Verhaltensäquivalente« bezeichnet (z. B. Bakken 2021).

Zu den beobachtbaren Symptomen der Schizophrenie gehören **desorganisiertes Verhalten**, neu aufgetretene **Sprach- und Sprechbesonderheiten** als Ausdruck formaler Denkstörungen (Bakken 2021; Bakken et al. 2007; Cherry et al. 2000) sowie **Negativsymptome** (Bakken 2021; Bakken et al. 2007; O'Dwyer 2000).

Wahrnehmungsstörungen (Halluzinationen) wiederum können durch ein breites Spektrum an Verhaltensänderungen zum Ausdruck kommen (Bakken et al. 2007; Hurley 2003). Tabelle 9-1 gibt hierbei einen Überblick über mögliche beobachtbare Verhaltensäquivalente, die auf die psycho-pathologischen Kernsymptome der Schizophrenie hinweisen können.

Doch selbst wenn solche Verhaltensäquivalente von Mitarbeitenden der Behindertenhilfe und/oder Angehörigen wahrgenommen und geschildert werden, birgt dies immer die Gefahr einer diagnostischen Fehlbewertung. So kann beispielsweise auffälliges Starren oder Gestikulieren (Verhaltensäquivalent) sowohl auf eine Augenerkrankung als auch auf »Flashbacks« im Rahmen einer Posttraumatischen Belastungsstörung oder auf optische Halluzinationen ätiologisch zurückgeführt werden (Kildahl et al. 2017; Mannion et al. 2019). Sofern Verhaltensäquivalente die Hauptinformationsquelle für die diagnostische Bewertung sind, besteht somit immer eine diagnostische Unschärfe. Deshalb sollten gestellte Diagnosen auch im Krankheitsverlauf, insbesondere bei therapierefraktärer Symptomatik, regelmäßig kritisch hinterfragt werden.

ICD-11-Kriterien		Verhaltensäquivalente
Kriterium A Kernsymptome	Wahnsymptome	kaum beobachtbar, wenn der Patient nicht oder kaum spricht
	Halluzinationen	- indirekte Hinweise im Verhalten, z. B. Anstarren fester Punkte und Schreien, Ohren zuhalten und gleichzeitig seltsame Geräusche von sich geben - Ohrenschmerzen ohne Mittelohrentzündung - Selbstgespräche in voller Lautstärke - direkte Gespräche mit nicht anwesenden Personen - lautes Sprechen - unerklärliche Empfindungen und Behauptung, Dinge zu sehen, die nicht da sind
	Formale Denkstörung	- Inkohärenz/»Wortsalat« - Zerfahrenheit - Wortkargheit bis hin zum Mutismus - sinnlose Antworten (unlogisches Gespräch) - beschleunigtes Sprechen - hoher Rededrang und Echolalie
	Desorganisiertes Verhalten	- Ablenkung bei der Aufgabenbewältigung einschließlich Unterbrechung durch Änderung des Fokus, falsche Reihenfolge, Ziellosigkeit - Schaukeln/repetitives Verhalten - unerwartetes gewalttätiges Verhalten - sinnlose Reaktionen (nonverbal/Gesten) - falsche Verwendung bekannter Objekte (Apraxie) - beeinträchtigte Aufgabenbewältigung bei eigentlich bekannten Aktivitäten
	Negativsymptome	- sozialer Rückzug (mehr als sonst, seltenere Kontaktaufnahme zu Bezugspersonen) - Apathie/Müdigkeit - Mangel an Motivation (weniger Initiativen als sonst) - abgestumpfter Affekt - Mangel an Spontaneität
Funktionsverluste	Bezogen auf Selbstfürsorge, Arbeit und Beziehungen	- Vernachlässigung in Bezug auf die Selbstfürsorge, Arbeit und Beziehungen - normalerweise gelöste Aufgaben werden vernachlässigt
Dauer	Kontinuierliche Zeichen für mindestens 6 Monate	- nicht zutreffend
	Kernsymptome seit mindestens 1 Monat	- wie oben beschrieben

Tab. 9-1: Überblick über Verhaltensäquivalente zu Kernsymptomen einer Schizophrenie (mod. nach Bakken 2021)

MERKE
- Die Identifikation von »Kernsymptomen« der Schizophrenie kann bei Menschen mit Störungen der Intelligenzentwicklung und/oder Autismus-Spektrum-Störung schwierig sein.
- Menschen mit Störungen der Intelligenzentwicklung und/oder Autismus-Spektrum-Störung haben je nach kognitivem und/oder sozio-emotionalem Entwicklungsstand Schwierigkeiten, ihr innerpsychisches Erleben zu erkennen und/oder verbal zu beschreiben.
- Verhaltensäquivalente können Hinweise auf ein eventuell bestehendes psychotisches Erleben geben.

9.5.3 Diagnostisches Vorgehen

Trotz anamnestischer Einschränkungen ist es wichtig, für ein **persönliches Gespräch** (oder eine nonverbale Interaktion) und eine unmittelbare Verhaltensbeobachtung ein ausreichendes Zeitfenster einzuplanen (v. a. bei einer stationären Behandlung im Krankenhaus). Spezifisches Wissen über Psychosen bei Menschen mit Störungen der Intelligenzentwicklung (sowie Intelligenzentwicklungsstörung und Autismus-Spektrum-Störung) ist notwendig, um die komplexen Symptome zu erkennen und angemessen bewerten zu können (Bakken 2021; Helverschou et al. 2020; Kildahl et al. 2017; Rosen et al. 2018).

Neben einer umfänglichen **Fremdanamnese** (z. B. mit Mitarbeitenden sowohl des ersten wie auch des zweiten Lebensbereichs) wird empfohlen, Kranken- und Personenakten von eventuell betreuenden Einrichtungen einzusehen und Informationen von Familienmitgliedern bzw. anderen professionellen Betreuungspersonen (z. B. Ergotherapie, Logopädie) einzuholen. Hierzu gehört auch eine gründliche soziobiografische und Entwicklungsanamnese (emotionale Entwicklungsdiagnostik), insbesondere in Bezug auf Ereignisse oder Lebensabschnitte, die mit dem Verlust von Fähigkeiten oder mit verändertem Verhalten einhergingen (Bakken & Høidal 2014; Dalhaug et al. 2022; Deb et al. 2022; Mannion et al. 2019).

Checklisten und Bewertungsinstrumente sowie klinische Interviews sollten, sofern möglich, erhoben werden (Helverschou et al. 2020).

Um organische Ursachen auszuschließen, sind entsprechend den nationalen Leitlinien bei Erstmanifestation eine eingehende **körperliche und neurologische Untersuchung** notwendig sowie laborchemisch mindestens ein Basislabor inklusive TSH (Thyreoidea-stimulierendes Hormon). Zum Ausschluss einer sekundären organischen Genese sind fakultativ die CK (Creatin-Kinase), ein rheumatologisches Labor, Eisen- und Kupferstoffwechsel, Vitamin B_1, B_6, B_{12} sowie eine Serologie für wichtige Infektionserkrankungen (HIV, Hepatitis, Lues etc.) sowie im Falle vermuteten Substanzkonsums ein Drogenscreening im Urin zu bestimmen. Ebenso sollten in diesem Fall eine zerebrale Bildgebung sowie fakultativ (z. B. bei Verdacht auf eine entzündliche, neurodegenerative oder autoimmune Enzephalopathie) ein EEG und eine Liquorpunktion durchgeführt werden (AWMF 2019).

9.6 Differenzialdiagnostik

Zu den schwierigsten diagnostischen Aufgaben bei Menschen mit Störungen der Intelligenzentwicklung gehört die Unterscheidung einer Schizophrenie-typischen Symptomatik von den Symptomen einer Autismus-Spektrum-Störung sowie von anderen psychischen Erkrankungen wie z. B. Zwangsstörungen, Posttraumatischen Belastungsstörungen, Depressionen und Angststörungen.

Insbesondere bei **untypischem Erkrankungsalter**, assoziierten **fokal-neurologischen Symptomen** oder anderen **somatischen Begleiterkrankungen** sollte zunächst eine organisch wahnhafte Störung differenzialdiagnostisch in Betracht gezogen werden. Hierzu gehören unter anderem Epilepsien, neurodegenerative Erkrankungen (insbesondere Demenzen), zerebrale Tumoren, Autoimmunerkrankungen (Lupus, Morbus Behçet), Infektionen (Herpes simplex, Lues, HIV, Borrelien, chronische Meningoenzephalitiden, Sarkoidose, Morbus Whipple), Stoffwechselstörungen (Hyperthyreose, Vitamin-B$_1$-Mangel) und Autoantikörper-vermittelte Enzephalitiden.

Charakteristische Symptome eines differenzialdiagnostisch ebenso in Betracht zu ziehenden Delirs[34] sind akuter Krankheitsbeginn, eine Trübung des Bewusstseins, ein gestörter Tag-Nacht-Rhythmus und ein fluktuierender Symptomverlauf.

Eine Psychose kann auch bei Personen mit Störungen der Intelligenzentwicklung mit Substanzkonsumstörungen einhergehen (Chapman & Wu 2012) und sollte entsprechend differenzialdiagnostisch mitbedacht werden.

Eine gründliche differenzialdiagnostische Bewertung und der Ausschluss anderer potenzieller Ursachen für schizophrenieartige Symptome sind umso wichtiger, je eingeschränkter die Kommunikationsmöglichkeiten sind. Dies betrifft in besonderem Maße Menschen mit Autismus-Spektrum-Störungen, bei denen eine Schizophrenie-Diagnose wegen der beide Störungsbilder überschneidenden Symptomatik schwierig zu stellen sein kann. Dabei können die ASS-Symptome nicht nur mit den Symptomen der Schizophrenie verwechselt werden, sondern auch umgekehrt. Negativsymptome wie z. B. Apathie, sozialer Rückzug und mangelnde Motivation können bei ungenauer Fremdanamnese (Symptomverlauf!) als klassische ASS-Symptome fehlinterpretiert und die eigentlich schizophrene Symptomatik übersehen werden (Bakken & Høidal 2014; Chandrasekhar et al. 2020; Keller & Bari 2019).

Darüber hinaus können **autistische Spracheigenheiten (Idiosynkrasie)** als formale Denkstörung (Neologismen) oder als Wahnsymptome fehlinterpretiert werden (Bakken & Høidal 2014; Bakken et al. 2009; Keller & Bari 2019). Dies gilt auch für das kognitiv-emotionale »Fragmentieren« bei Menschen mit Autismus-Spektrum-Störungen, wenn sie durch multiple äußere Reize in ihrer sensorischen Verarbeitungskapazität überfordert sind (Bogdashina 2016). Während die Symptomatik bei Menschen mit einer Autismus-Spektrum-Störung durch Reizreduktion (bzw. Reizmodulation) meist remittiert, persistiert die kognitiv-emotionale Desorganisation im Rahmen der Schizophrenie als Produkt anhaltenden psychotischen Erlebens und Empfindens (Wahn, Halluzinationen, psychotische Ich-Störungen). Bei der klinischen Un-

---

34 Durch die häufig bei Menschen mit Störungen der Intelligenzentwicklung verordneten psychomotorisch dämpfenden, niederpotenten Neuroleptika ist die anticholinerge Last bei dieser Personengruppe erhöht und entsprechend kann auch ein erhöhtes Risiko für Delire bestehen (Egberts et al. 2021).

terscheidung hilft insbesondere die **Kenntnis der zeitlichen Entwicklung** der Symptomatik. Auch autistische Kommunikations- und Interaktionsschwierigkeiten können fälschlicherweise mit dem Schizophrenie-typischen, desorganisierten Sprechen und Verhalten verwechselt werden (Chien et al. 2021; Mannion et al. 2019).

Die Symptom-Überschneidungen bei **Zwangsstörungen und der Schizophrenie** sind auch in der Allgemeinbevölkerung beträchtlich (Mawn et al. 2020; Raveendranathan et al. 2012). Dies gilt ebenfalls für Menschen mit Störung der Intelligenzentwicklung, insbesondere bei einer zusätzlichen Autismus-Spektrum-Störung (Dalhaug et al. 2022). Zwangshandlungen (z. B. zwanghaftes Putzen oder Händewaschen) können als klinisches Symptom gut beobachtet werden. Sie können Ausdruck einer Ich-dyston erlebten Zwangsstörung sein, treten aber auch im Rahmen einer Psychose aus dem schizophrenen Formenkreis auf (wie bei Autismus-Spektrum-Störung meist Ich-synton). Zudem können Antipsychotika (z. B. Clozapin) das Auftreten von Zwangshandlungen auslösen. Dalhaug et al. (2022) weisen auf das Risiko hin, dass Schizophrenie-Symptome bei Menschen mit Störungen der Intelligenzentwicklung aufgrund ihrer Ähnlichkeit mit der Symptomatik bei Zwangsstörungen diagnostisch falsch zugeordnet werden. Zwangsgedanken und Wahnsymptome bei Schizophrenie können insbesondere bei Menschen mit einer Störung der Intelligenzentwicklung auf phänomenologischer Ebene kaum zu unterscheiden sein. Mawn et al. (2020) empfahlen, dass Personen, die sowohl zwanghafte als auch Schizophrenie-artige Symptome aufweisen, routinemäßig auf beide Störungen hin untersucht werden sollten.

Menschen mit Störungen der Intelligenzentwicklung sind häufiger potenziell traumatischen Erfahrungen ausgesetzt (Daveney et al. 2019; Mevissen et al. 2016) und haben ein höheres Risiko für Traumafolgestörungen im Sinne einer **Posttraumatischen Belastungsstörung (PTBS)** bzw. **komplexen Posttraumatische Belastungsstörung (kPTBS)** (siehe Kap. 14.6.1 Posttraumatische Belastungsstörung und 14.6.2 Komplexe Posttraumatische Belastungsstörung). Die Erkennung von PTBS-Symptomen kann in dieser Bevölkerungsgruppe jedoch schwierig sein, was zu häufigen Fehlinterpretationen dieser Symptome führt (Kildahl et al. 2019, 2020; Mevissen et al. 2016). Insbesondere sich aufdrängende Erinnerungen oder »Flashbacks« können leicht als Halluzinationen oder Wahnvorstellungen fehlinterpretiert werden (Kildahl et al. 2019). Dies unterstreicht die Bedeutung der standardmäßigen Erfassung einer Trauma-Anamnese (z. B. Kildahl & Jørstad 2022).

Angststörungen können ebenfalls schwierig von Schizophrenien abzugrenzen sein (Rosen et al. 2018), da produktiv psychotische Symptome wie Wahrnehmungsstörungen und Wahn oder auch der Verlust von adaptiven Fähigkeiten oftmals stark angstassoziiert sind. Zudem wirken Ängste bei Personen mit Angststörungen durch ihre subjektive Überbewertung von potenziellen Gründen völlig unverhältnismäßig und sogar unrealistisch, was vor allem bei eingeschränkter Mitteilungsfähigkeit als psychotisch fehlinterpretiert werden kann.

Depressive oder maniforme Symptome können als symptomatische Manifestationen primär psychotischer Störungen (inkl. Schizophrenie) begleiten (siehe ICD-11: 6A25.2 bzw. 6A25.3). Psychotische Symptome (Wahn, Halluzinationen) können wiederum auch im Zusammenhang mit einer schweren affektiven Störung oder depressiven und manischen Episode auftreten (z. B. Hurley 2006, Rosen et al. 2018; Rysstad et al. 2022).

Die Vielzahl der differenzialdiagnostischen Überlegungen, die bei Menschen mit Störungen der Intelligenzentwicklung bzw. mit Intelligenzentwicklungsstörungen und einer Autismus-Spektrum-Störung angestellt werden müssen, verdeutlichen die Komplexität der diagnostischen Bewertungen von Verhalten. Dieses kann allerdings nur von außen beobachtet werden und die diagnostisch eigentlich erforderliche subjektive Schilderung der eigenen Wahrnehmungs- und Empfindungswelt ist für Menschen mit Störungen der Intelligenzentwicklung (und einer Autismus-Spektrum-Störung) häufig introspektiv nicht zugänglich oder kommunizierbar. Sie unterstreicht zudem die Notwendigkeit einer ausführlichen Fremdanamnese, um die Diagnose einer Schizophrenie bzw. einer primär psychotischen Störung verlässlich stellen zu können. Es muss bei diagnostischer Unsicherheit – und das kommt bei diesen beiden Personengruppen doch häufig vor – auch die Bereitschaft bestehen, zunächst nur eine vorläufige diagnostische Einschätzung vorzunehmen. Sie hat dann so lange Bestand, bis der zeitliche Symptomverlauf eine sicherere diagnostische Zuordnung zulässt.

9.7 Interventionen

Interventionen bei Schizophrenie folgen in der Regel einem bio-psycho-sozialen Ansatz, der sowohl Pharmakotherapie als auch psychosoziale Interventionen und gemeindenahe Dienste umfasst. Während die Literatur eine große Menge an forschungsbasierten Interventionen für die Allgemeinbevölkerung enthält (Humphries et al. 2020; Kuipers et al. 2014), ist die Forschung zu Behandlung und Intervention bei Patienten mit Störungen der Intelligenzentwicklung spärlich (Chisholm et al. 2016; Humphries et al. 2020).

9.7.1 Pharmakotherapie

Die medikamentöse Therapie mit Antipsychotika ist die Therapie der Wahl bei klinisch gesicherter Schizophrenie. Die Pharmakotherapie für Menschen *mit* Störungen der Intelligenzentwicklung folgt grundsätzlich den Leitlinien, die für Personen *ohne* Störungen der Intelligenzentwicklung gelten. Dennoch ergeben sich hier Besonderheiten bei der Behandlung (Humphries et al. 2020).

Auch wenn die **partizipative Entscheidungsfindung** durch vorhandene kognitive Einschränkungen vermindert ist, müssen die Patientinnen und Patienten (und in Vertretung die gesetzlich betreuenden Personen) bei der Wahl der Therapie, der Behandlungsplanung und der Beurteilung von unerwünschten Wirkungen einbezogen werden. Falls sich die Diagnose überwiegend auf beobachtete Verhaltensäquivalente (indirekte Kernsymptomatik) stützt, sollte die Behandlung als individueller Heilversuch (*off-label-use*) eingestuft und kommuniziert werden. Die Arbeitshypothese muss dann routinemäßig immer wieder kritisch überprüft werden. Umgekehrt kann in manchen Fällen das positive Ansprechen auf die Medikation einen diagnostischen Verdacht bestätigen.

Entsprechend den Herstellerempfehlungen ist vor dem Beginn einer medikamentösen antipsychotischen Therapie ein Basislabor (inklusive Prolaktin) zu bestimmen, ein EKG abzuleiten und bei Frauen im gebärfähigen Alter eine Schwangerschaft auszuschließen.

Eine antipsychotische Medikation sollte primär als **Monotherapie** und der Wirkstoff unter Risiko-Nutzen-Abwägung ausgewählt werden. Hierzu gehört auch die Wahl der Darreichungsform. So kann bei Personen mit Störungen der Intelligenzentwicklung gegebenenfalls die Adhärenz (Compliance) durch eine flüssige Darreichungsform (z. B. Aripiprazol) oder als Depotpräparat (z. B. Risperidon) verbessert werden.

Da bei Menschen mit Störungen der Intelligenzentwicklung eine erhöhte Vulnerabilität für unerwünschte Wirkungen besteht (Matson & Mahan 2010), ist eine Dosis im niedrigen Bereich und, sofern es die Krankheitsschwere zulässt, eine Initialdosis unterhalb der empfohlenen Startdosis anzustreben. Bei begleitenden, starken assoziierten Ängsten oder katatonen Symptomen (ICD-11: Katatonie 6A40) sollte zusätzlich ein Benzodiazepin (vorzugsweise Lorazepam) verordnet werden.

Wenn sich die Symptome stabilisiert haben, sollte die Medikation auf eine niedrigere Erhaltungsdosis gesenkt werden. Viele Patientinnen und Patienten benötigen eine weitere prophylaktische Behandlung, um das Risiko weiterer Episoden zu verringern (Hui et al. 2018). Für eine Rückfallprophylaxe sollte immer das zuvor erfolgreiche Antipsychotikum angeboten werden. Eine geringe Symptomschwere und anhaltende unerwünschte Arzneimittelwirkungen können Argumente gegen eine Rückfallprophylaxe sein. Im Falle eines Absetzwunsches ist eine schrittweise Dosisreduktion zu empfehlen. Darüber hinaus müssen im Sinne einer Psychoedukation Frühsymptome eines eventuellen Rückfalls gemeinsam erarbeitet und formuliert werden (evtl. mit Unterstützung begleitender Personen).

Ein ausführlicherer Überblick über die Psychopharmazie findet sich in Kapitel 3.1.

9.7.2 Unerwünschte Nebenwirkungen

Im Vordergrund der medikamentösen Behandlung stehen meist Antipsychotika der zweiten Generation, welche häufig zu einem metabolischen Syndrom führen (Benkert & Hippius 2023). Dies ist besonders zu beachten, da Menschen mit Störungen der Intelligenzentwicklung überdurchschnittlich oft bereits an einem metabolischen Syndrom leiden. Die Ursachen hierfür können insbesondere ein ungesunder Ernährungsstil oder reduzierte Aktivität aufgrund körperlicher Einschränkung sein, oder sie sind genetisch bedingt (z. B. bei Prader-Willi-Syndrom, Down-Syndrom). Zudem sind additive Effekte und Wechselwirkungen bei oftmals vorbestehender Multimedikation zu beachten.

Bei deutlicher Gewichtszunahme (> 7 % KG) kann ein Behandlungsversuch mit Metformin zur Gewichtsreduktion erwogen werden. Dies wird in einem aktuellen Review von Shurrab & Arafa (2020) wegen erheblicher potenzieller Nebenwirkungen der Substanz sehr kritisch gesehen. Vor allem bei Menschen mit eingeschränkter Kommunikationsfähigkeit muss eine solche Verordnung durch regelmäßige Laborkontrollen (*drug monitoring*) sorgfältig begleitet werden.

Das aufmerksame Monitoring unerwünschter Wirkungen ist wichtig (Fodstad et al. 2010; Tveter et al. 2016), da Patienten mit Störungen der Intelligenzentwicklung möglicherweise Schwierigkeiten haben, sich entwickelnde Nebenwirkungen (z. B. extrapyramidal motorische Störungen, Akathisie, erhöhte Müdigkeit, Libidoverlust) zu kommunizieren. Beispielsweise treten tardive Dyskinesien bei Menschen mit Intelligenzentwicklungsstörungen häufiger auf (Fodstad et al. 2010) und sind von motorischen Stereotypien schwer zu unterscheiden, die oftmals im Rahmen von Intelligenzentwicklungsstörungen vorkommen. Auch können Merkmale einer Akathisie (Unruhe bzw. Unfähigkeit, sitzen zu bleiben) z. B. mit psychomotorischer Unruhe bei Angst verwechselt werden (Tveter et al. 2016).

Beim Monitoring von unerwünschten Wirkungen sollten zudem auch geschlechtsspezifische Unterschiede berücksichtigt werden. So werden bei Frauen häufiger metabolische Nebenwirkungen und ein Prolaktinanstieg beschrieben; Männer haben häufiger Frühdyskinesien.

Bei der systematischen Auswertung unerwünschter Wirkungen ist ein psychopathologischer Ausgangsbefund ebenso von Bedeutung (Humphries et al. 2020; Tveter et al. 2016) wie die Einbeziehung von Bezugspersonen, welche den Betroffenen und dessen individuelle Verhaltens- und Interaktionsmuster kennen (Rysstad et al. 2022). Als hilfreiches Instrument zur Überwachung potenzieller Nebenwirkungen kann z. B. die *UKU Side Effect rating Scale for Adults with intellectual disabilities* (*UKU SERS ID*; Tveter et al. 2014, 2016) dienen.

9.7.3 Psychosoziale Interventionen

Seit dem Jahr 2000 konnten verschiedene Studien zeigen, dass psychosoziale Interventionen, als Ergänzung zur Pharmakotherapie, insgesamt wirksam sein können (Armando et al. 2015; Faerden et al. 2010; van Os & Kapur 2009). Insbesondere bei Pharmakotherapieresistenten, chronifizierten Krankheitsverläufen mit überwiegenden Negativsymptomen (Faerden et al. 2010) sind psychosoziale Interventionen indiziert (Chisholm et al. 2016; Faerden et al. 2010). Ähnlich wie für die Pharmakotherapie liegen zur Wirkung von psychosozialen Interventionen bei Menschen mit Störungen der Intelligenzentwicklung und primär psychotischen Störungen keine evidenzbasierten Daten vor (Chisholm et al. 2016; Humphries et al. 2020). Einige Fallstudien haben jedoch positive Effekte psychosozialer Interventionen bei dieser speziellen Gruppe beschrieben (Bakken 2021; Bakken & Hoidal 2014; Bakken et al. 2017a). Dazu gehören Familieninterventionen (Bakken et al. 2017a), sensorische Therapie mit dem Ziel, Stress und Angst zu reduzieren (Andersen et al. 2017), und psychiatrische Gesundheitspflege (Bakken et al. 2008; Kildahl et al. 2017; Sommerstad et al. 2021).

9.7.4 Psychotherapie

Zusätzlich ist für ambulante und stationäre Patientinnen und Patienten mit Schizophrenie und leicht- bis mittelgradiger Störung der Intelligenzentwicklung eine Psychotherapie zu empfehlen. Neben psychoedukativen Elementen sind bei vorhandener Fähigkeit zur Reflektion auch Interventionen aus der kognitiven Verhaltenstherapie möglich. Zur Reduktion der Positivsymptomatik sollten Übungen aus dem metakognitiven Training in das Behandlungskonzept integriert werden (AWMF 2019). Entsprechend dem kognitiven Funktionsniveau müssen die psychotherapeutischen Einheiten entsprechend adaptiert und in einfacher Sprache durchgeführt werden. Auch kann es hilfreich sein, eine reduzierte Aufmerksamkeitsspanne bei der zeitlichen Planung zu berücksichtigen, Wiederholungen können das Erarbeitete kognitiv und emotional festigen.

9.7.5 Familieninterventionen

Die Einbeziehung von Familien ist ein wichtiger Aspekt bei der Betreuung von Menschen mit Störungen der Intelligenzentwicklung und psychischen Störungen ganz allgemein (Bakken et al. 2017b; Chester et al. 2020). Die therapeutischen Angebote für Angehörige von Menschen mit Intelligenzentwicklungsstörungen und psychischen Erkrankungen sind im deutschsprachigen Raum jedoch noch sehr wenig entwickelt. Darüber hinaus empfinden viele Familien die Zusammenarbeit mit den spezialisierten psychiatrischen Service-Angeboten oftmals als schwierig (Hellerud & Bakken 2019; Chester et al. 2020). Da die Schizophrenie häufig chronisch verläuft und dann mit erheblichen und umfassenden Funktionseinbußen und Rezidiven einhergeht, sind familiäre Interventionen von großer Bedeutung (Ayano 2016).

Psychoedukative multifamiliäre Gruppen (PMG; McFarlane et al. 2003) müssen für Patientinnen und Patienten mit Störungen der Intelligenzentwicklung und ihre Familien angepasst werden (Bakken et al. 2017b). Die Studie von Bakken et al. untersuchte die Erfahrungen mit letztgenannter Intervention. Teilnehmende, Familienmitglieder und professionelle Betreuende beschrieben die PMG als hilfreich (Bakken et al. 2017b).

9.7.6 Psychiatrische Gesundheitspflege

Eine symptomsensible Pflege der psychischen Gesundheit muss die Wechsel zwischen verschiedenen Krankheitsphasen, plötzliche Veränderungen der Symptombelastung und auch die vielen Tagesschwankungen in akuten Phasen berücksichtigen (Bakken 2021). Personen mit Schizophrenie und Störungen der Intelligenzentwicklung stellen allerdings eine sehr heterogene Gruppe dar, die sich in Bezug auf die Manifestation der Kernsymptome, den Schweregrad der Funktionseinschränkung in der Alltagskompetenz und Selbstversorgung, die Dauer der Krankheitsphasen, das Vorhandensein komorbider körperlicher Erkrankungen und den Grad der kognitiven Beeinträchtigung sehr stark unterscheiden. Das komorbide Vorhandensein einer Autismus-Spektrum-Störung erschwert dieses Bild zusätzlich. Es gibt wenig Forschung zur psychiatrischen Gesundheitspflege bei Patienten mit Störungen der Intelligenzentwicklung und Schizophrenie (Bakken 2014; Bakken et al. 2017a; Sommerstad et al. 2021). In einer Studie von Bakken et al. (2008) konnte jedoch aufgezeigt werden, dass die Mitarbeitenden in der psychiatrischen Versorgung über die spezifischen, Schizophrenie-typischen Symptome von Personen mit Störungen der Intelligenzentwicklung (und Autismus-Spektrum-Störung) Bescheid wissen müssen, um eine effektive und therapeutische Kommunikation zu ermöglichen. Die untersuchten Kommunikationstechniken hatten unterschiedliche Auswirkungen auf desorganisiertes Verhalten und negative Symptome. In Bezug auf desorganisiertes Verhalten schien die klare und situationsbezogene Kommunikation für eine Restrukturierung förderlich zu sein. Im Hinblick auf das Ergreifen von Eigeninitiative durch die betroffene Person bestand die wirksame Kommunikation darin, dass das Personal angemessen den Menschen eingeht und ihm emotionale Unterstützung bietet.

9.7.7 Gemeinschaftsdienste

Personen mit Schizophrenie und Störungen der Intelligenzentwicklung benötigen in der Regel die Unterstützung durch eine Reihe von Fachleuten aus dem Gesundheits- und Sozialwesen, was eine gute Koordination der Versorgung erforderlich macht (Dunn et al. 2020). In Anbetracht des hohen Rezidiv- und Chronifizierungsrisikos bei Schizophrenie sind eine wohnortnahe Versorgung und Nachsorge wichtige Voraussetzungen einer adäquaten sozialpsychiatrischen Begleitung (Franck et al. 2019). Das stationäre Behandlungssetting (v. a. ASS-Kompetenz bei Personal und Behandelnden) für autistische Menschen mit Schizophrenie kann in der psychiatrischen Versorgung eine besonderen Stellenwert einnehmen (Jones et al. 2021). Menschen mit Störungen der Intelligenzentwicklung können jedoch Schwierigkeiten beim Zugang zu einer adäquaten Behandlung haben (Jones et al. 2021). Im deutschsprachigen Raum ist die ambulante und stationäre psychiatrische Versorgung für diesen Personenkreis noch sehr unterschiedlich entwickelt. So gibt es in Deutschland gemäß der Website der Bundesarbeitsgemeinschaft für die medizinische Versorgung von erwachsenen Menschen mit Behinderungen (BAG MZEB) e. V. inzwischen 76 MZEBs.[35] Außerdem bestehen in Deutschland knapp 30 psychiatrische Spezialabteilungen; in Österreich und der Schweiz gibt es bislang nur einzelne Behandlungszentren.

In der Allgemeinpsychiatrie wird insbesondere mangelndes Wissen über Störungen der Intelligenzentwicklung (und Autismus-Spektrum-Störungen) von Klinikern als Hindernis für eine angemessene stationär-psychiatrische Behandlung und Nachsorge dargestellt (Doherty et al. 2020; Jones et al. 2021).

---

35 BAG-MZEB. MZEB finden. Bundesarbeitsgemeinschaft für medizinische Behandlungszentren für Erwachsene mit Behinderung (BAG MZEB) e. V. https://bagmzeb.de/mzeb-finden. Zugriff 06.10.2023.

9.8 Fallbeispiel und abschließende Bemerkungen

Ein Fallbeispiel wird dieses Kapitel abschließen.

FALLBEISPIEL

Sarah ist im Autismusspektrum und hat eine schwere Störung der Intelligenzentwicklung. Sie verfügt für gewöhnlich über einen aktiven und passiven Wortschatz von etwa 20 bis 30 Wörtern. Es wird vermutet, dass sie mindestens zwei Episoden einer Schizophrenie erlebte, bevor sie in eine auf Störungen der Intelligenzentwicklung spezialisierte stationäre Einrichtung eingewiesen wurde. Bei Sarah waren im Verlauf eine schwere Schlafstörung und ein Gewichtsverlust (ein Viertel ihres Körpergewichts) aufgefallen. In der Kommunikation wurde sie zunehmend mutistisch und zeigte neuerdings unerklärbares fremdverletzendes Verhalten. Hierbei wirkte sie zumeist ängstlich. Bezugspersonen beobachteten ein Verhalten, das den Verdacht auf das Bestehen »akustischer Halluzinationen (Verhaltensäquivalente)« nahelegte. So hielt sich Sarah z. B. immer wieder die Ohren zu, während sie gleichzeitig schrie.

Ein primär psychotisches Syndrom wäre höchstwahrscheinlich übersehen worden, wenn nicht ein genauerer diagnostischer Blick weitere wichtige Informationen enthüllt hätte. So wurde hochgradig desorganisiertes Verhalten in der akuten Phase der psychischen Veränderung beobachtet. Diese verblieb für etwa vier bis fünf Monate der auffälligste Hinweis auf das Bestehen einer Psychose. Sarah hatte bei fast allen Tagesaktivitäten Schwierigkeiten, grundlegende Handlungsabläufe beizubehalten, die sie zuvor beherrschte. Immer wieder hielt sie bei Aktivitäten inne, wirkte verwirrt und war nicht in der Lage, ihre Aufmerksamkeit länger als ein paar Sekunden aufrechtzuerhalten. So aß sie beispielsweise sowohl das Essen auf ihrem Teller als auch die Papierservietten.

Dieses Fallbeispiel unterstreicht die Bedeutung einer umfassenden Anamnese und Verhaltensbeobachtung, bei der sowohl die Kernsymptome einer Schizophrenie als auch die Kenntnis über die besonderen Formen der Symptompräsentation bei Menschen mit Störungen der Intelligenzentwicklung beachtet werden müssen. Nur so lassen sich primär psychotische Störungen auch bei Menschen mit eingeschränkten oder fehlenden kommunikativen Fähigkeiten diagnostizieren und man kann ihnen den Zugang zu einer adäquaten, das heißt störungsspezifischen Therapie ermöglichen.

SEBASTIAN WALTHER

10 Katatonie (ICD-11 6A4)

10.1 Die Codierung der Katatonie in der ICD-11

6A4 KATATONIE
- 6A40 Katatonie in Verbindung mit einer anderen psychischen Störung
- 6A41 Katatonie durch Substanzen oder Medikamente
- 6E69 Sekundäres katatones Syndrom
- 6A4Z Katatonie, nicht näher bezeichnet

Die WHO geht in der ICD-11 bei der Katatonie völlig neue Wege. Erstmals erhält das Syndrom eine eigene Kategorie, wie z. B. Schizophrenie oder affektive Erkrankungen (WHO 2022). Daneben werden neuerdings verschiedene potenzielle Ursachen des katatonen Syndroms aufgeführt und Verlaufsvarianten benannt. Prinzipiell können in der ICD-11 katatone Syndrome bei vielen anderen psychischen Störungen, als Folge einer Substanz- oder Medikamentenwirkung, als sekundäre Katatonie bei organischen Hirnveränderungen oder als Katatonie-Syndrom ohne klare Ursache auftreten. Es kann davon ausgegangen werden, dass mit den ICD-11-Kriterien katatone Syndrome wieder deutlich häufiger erkannt und diagnostiziert werden.

VERGLEICH: KATATONIE IN DER ICD-10 UND IM DSM-5®-TR
In der **ICD-10** konnte Katatonie nur als Subtyp der Schizophrenie (katatone Schizophrenie) oder im Rahmen hirnorganischer Störungen (organische Katatonie) diagnostiziert werden. Für die katatone Schizophrenie mussten die Kriterien für die Schizophrenie erfüllt sowie eines von sieben Katatonie-typischen Symptomen über mindestens zwei Wochen dauerhaft vorhanden sein. Für die organische Katatonie sollten entweder Stupor oder Negativismus vorliegen. Die Diagnose einer Katatonie bei Bipolarer Störung oder bei Autismus war formal nicht möglich.
Das **DSM-5®** löste 2013 erstmals die Katatonie von der Zuordnung zur Schizophrenie (Tandon et al. 2013). Auch in der Textrevision kann die Katatonie als »Specifier«[36] bei fünf psychotischen und drei affektiven Erkrankungen diagnostiziert werden. Daneben gibt es die Katatonie als Erkrankung im Rahmen körperlicher Beeinträchtigungen und die unklare Katatonie. Dabei sind die Diagnosekriterien für alle Formen gleich.

---

36 Specifier: Spezifikationsmerkmale differenzieren Krankheitsbilder auf der 5. Codierebene weiter aus und ermöglichen so eine spezifischere Diagnose.

10.2 Definition

Katatonie bezeichnet ein psychomotorisches Syndrom, bei dem sowohl einfache als auch komplexe Bewegungen deutlich verändert sind sowie Störungen der Willensbildung und des Vegetativums auftreten können. Während häufig eine Hemmung der Motorik vorliegt, sind auch agitierte Formen möglich. Gefürchtet sind vegetative Dysregulationen wie Tachykardie, Schwitzen und Hyperthermie, die auf einen besonders ungünstigen Verlauf hinweisen.

Das klinische Bild reicht von leichter Bewegungshemmung bis zur malignen Katatonie, die letal verlaufen kann.

10.3 Prävalenz

Die Prävalenz der Katatonie schwankt zwischen 9 und 20 % in klinischen Kohorten, wobei sie bei Patientinnen und Patienten in akuten Erkrankungsphasen häufiger auftritt als bei chronischen Erkrankungen (Solmi et al. 2018; Walther & Strik 2016; Walther et al. 2019). Die Inzidenz der Katatonie lag in einer großen transdiagnostischen Studie bei 1.2 Episoden pro 10 000 Personenjahren (Rogers et al. 2023). Wenn zum Screening und zur Diagnose spezifische Katatonie-Skalen eingesetzt werden, ist die Prävalenz meist höher als mit ICD-10-Kriterien (Walther & Strik 2016). Mit den neuen ICD-11-Diagnosekriterien ist eine Steigerung der Prävalenz zu erwarten. Deutliche Unterschiede werden auch zwischen den verschiedenen Katatonie-Formen je nach vermuteter Ätiologie angenommen, wobei die Daten zum Teil widersprüchlich sind (Rogers et al. 2023; Walther & Strik 2016). Für Kinder und Jugendliche mit Autismus-Spektrum-Erkrankungen wird eine Katatonie-Prävalenz von 12 bis 17 % beschrieben, daneben gibt es auch Berichte von Katatonie bei Kindern und Jugendlichen mit anderen neuronalen Entwicklungsstörungen (v. a. genetische Syndrome, Störungen der Intelligenzentwicklung) (Dhossche & Wachtel 2010).

10.4 Ätiologie

Die Ätiologie der Katatonie ist heute noch weitestgehend offen. Diskutiert werden Störungen der inhibitorischen (GABAergen) Neurotransmission sowie empfindliche Veränderungen der Balance in motorischen Schaltkreisen und verbundenen Regionen des Frontal- und Parietallappens. Besonders beeindruckend sind Zeichen kortikaler Übererregung in prämotorischen Arealen, der Einfluss des Orbitofrontalkortex auf motorische Schaltkreise und stärkere Organisation in zentralen Faserverbindungen des motorischen Systems wie dem linken kortikospinalen Trakt, über den alle relevanten Bewegungsimpulse von der Hirnrinde in Hirnstamm und Rückenmark geleitet werden (Northoff 2002; Viher et al. 2020; Walther et al. 2017, 2019; Wasserthal et al. 2020). Daneben gibt es Hinweise auf Hirnreifungsstörungen im motorischen System bei Menschen mit Katatonie (Hirjak et al. 2019; Walther et al. 2024). Ausgehend von diesen Veränderungen in motorischen Schaltkreisen werden aktuell Behandlungen mit hemmender transkranieller Magnetstimulation über den prämotorischen Kortex geprüft (Walther et al. 2020).

Alle der heute bekannten Hirnveränderungen bei Katatonie wurden in Untersuchungen an Menschen mit affektiven oder schizophrenen Erkrankungen entdeckt (Hirjak et al. 2020). Studien zur Ätiologie bei Menschen mit Störungen der Intelligenzentwicklung oder mit neuronalen Entwicklungsstörungen gibt es aktuell nicht. Die große Bandbreite von Erkrankungen und Hirnveränderungen, bei denen Katatonie beschrieben wurde, und der variable Verlauf des Syndroms machen eine einzige Ursache enorm unwahrscheinlich. Experten gehen daher von mehreren Ätiologien für die Katatonie aus.

10.5 Diagnostik

Wie bei den meisten psychischen Erkrankungen sind die Symptome der Katatonie formal gleichwertig und aus der Gesamtmenge von Symptomen ist nur eine kleine Anzahl für die Diagnose erforderlich. Das heißt, unter den Erkrankten gibt es enorm viele Kombinationen einzelner Symptome und kein einzelnes Symptom ist hinreichend spezifisch. In der Katatonie-Literatur sind bis zu 40 verschiedene Krankheitszeichen beschrieben worden. Viele davon sind sehr selten und manche treten auch außerhalb der Katatonie auf.

Seit den 1990er-Jahren sind mehrere klinische Skalen zur Erfassung der Katatonie entwickelt worden, z.B. *Bush-Francis Catatonia Rating Scale (BFCRS), Catatonia Rating Scale (CRS), Modified Rogers Scale (MRS)* oder die *Northoff Catatonia Rating Scale (NCRS)*. International hat sich die *BFCRS* als Instrument für die Forschung und Klinik durchgesetzt. Daneben wird viel mit der *NCRS*, die auch auf Deutsch vorliegt, geforscht.

In der Auswahl der relevanten Krankheitszeichen für die Diagnose der Katatonie hat sich das DSM-5® auf große Studien an Patienten mit akuten psychotischen Erkrankungen bzw. unbehandelten Erstpsychosen von Peralta & Cuesta (2001) gestützt, die zeigen konnten, dass Katatonie zuverlässig identifiziert werden konnte, wenn drei von zwölf Kriterien erfüllt sind (Peralta & Cuesta 2001; Peralta et al. 2010; Tandon et al. 2013). In diesen Studien wurde die *Modified Rogers Scale (MRS)* als Instrument genutzt.

MERKE

Nach der ICD-11 liegt eine Katatonie vor, wenn drei von 15 möglichen Symptomen gleichzeitig auftreten (siehe Tab. 10-1). In der Regel dauern die Symptome mehrere Stunden an, für einzelne Symptome wie Stupor, Negativismus oder vegetative Dysfunktion können auch 15 Minuten ausreichen.

Unterschieden werden Symptome mit verminderter psychomotorischer Aktivität, Symptome mit erhöhter psychomotorischer Aktivität und Symptome mit abnormer psychomotorischer Aktivität.

Die Symptomatik beeinträchtigt das tägliche Leben oder kann sogar zu schweren Komplikationen führen; sie sollte durch eine primäre Bewegungsstörung nicht besser erklärbar sein.

	Aktivität	Symptom	Erläuterung
1	vermindert	Starren	starrer Blick, reduziertes Blinzeln, weit geöffnete Augen
2		Ambitendenz	motorisches Verharren in unklarer oder zögerlicher Bewegung
3		Negativismus	Verhalten im Gegensatz zu Anweisungen, z. B. Sich-Wegdrehen von anderen oder Ablehnen von angebotenen Speisen und Getränken
4		Stupor	Immobilität ohne wesentliche psychomotorische Aktivität, kaum Antwort auf externe Reize
5		Mutismus	keine oder sehr geringe verbale Antwort, Sprache kann geflüstert sein (zählt nicht, wenn bereits Sprachstörung anderer Ursache vorlag)
6	gesteigert	Hyperaktivität, Agitation, Kampflust	ungerichtete Bewegungen, unkontrollierte, extreme Emotionen, Impulsivität oder Schlagen gegen andere (mehrere Symptome dieser Gruppe werden nur als *ein* Symptom der Katatonie gewertet)
7	abnorm	Grimassieren	eigenartige oder verzerrte Gesichtsausdrücke, oft unangemessen oder irrelevant in der Situation
8		Manierismen	ungewöhnliche, zielgerichtete Bewegungen, die nicht zum kulturellen Kontext der Person passen, übertriebene Darstellungen normaler Bewegungen
9		Haltungsverharren	spontanes und aktives Einnehmen einer Position gegen die Schwerkraft, langes Sitzen oder Stehen ohne Reaktion
10		Stereotypien	repetitive, nicht-zielgerichtete motorische Aktivität, z. B. Fingerspiel, sich selbst berühren, klopfen oder reiben
11		Rigidität*	Widerstand durch erhöhten Muskeltonus, kann von leicht erhöhtem Tonus bis zur völligen Steifigkeit reichen
12		Echophänomene	Nachahmen der Sprache (Echolalie) oder der Bewegungen (Echopraxie) der untersuchenden Person
13		Verbigeration	ständiges, zielloses Wiederholen von Wörtern, Phrasen oder Sätzen
14		Flexibilitas cerea*	leichter und gleichmäßiger Widerstand gegen das Positionieren durch die untersuchende Person
15		Katalepsie*	passives Herbeiführen einer Körperhaltung, die gegen Schwerkraft gehalten wird (durch die untersuchende Person)

* Symptome, die eine körperliche Untersuchung verlangen

Tab. 10-1: Katatonie-Kriterien nach ICD-11 (WHO 2022)

Für jede der folgenden Möglichkeiten, Katatonie zu klassifizieren, müssen zunächst die Kriterien für die Katatonie erfüllt sein. Die mögliche vegetative Dysregulation wird separat mit einem »Specifier« gekennzeichnet, z. B. Tachykardie (MC81.0) oder unklares Fieber (MG26).

10.5.1 Katatonie in Verbindung mit einer anderen psychischen Störung (ICD-11 6A40)

Psychische Störungen, bei denen eine Katatonie vergleichsweise häufig vorkommt, sind Schizophrenie oder andere psychotische Erkrankungen, affektive Störungen oder Autismus-Spektrum-Störungen. Die Symptome sollen weder durch ein Delir, eine Intoxikation oder Medikation noch durch primäre Bewegungsstörungen erklärt werden.

10.5.2 Katatonie durch Substanzen oder Medikamente (ICD-11 6A41)

Katatonie kann als Folge von Intoxikationen oder Medikamenteneinnahme auftreten und remittiert oft innerhalb von Tagen nach Absetzen der Ursache. Wichtig ist dabei der zeitliche Zusammenhang zwischen Einnahme bzw. Absetzen der Noxen und dem Auftreten der Symptome. Im Verdacht stehen eine Reihe von Substanzen wie Phencyclidin, LSD oder Meskalin sowie Medikamente, z. B. Antipsychotika, Steroide oder Ciprofloxacin. Ausschlusskriterien sind das zentrale Serotonin-Syndrom und das neuroleptische maligne Syndrom (NMS).

10.5.3 Sekundäres katatones Syndrom (ICD-11 6E69)

Viele Erkrankungen und Syndrome können sich mit Katatonie manifestieren. Die ICD-11 nennt eine große Zahl von Syndromen. Hier sei vor allem auf die primären Hirnerkrankungen wie Tumoren, Enzephalitiden, Schlaganfälle und Enzephalopathien hingewiesen. Daneben kommt Katatonie bei einer Vielzahl von Erkrankungen vor, die auch negative Effekte auf die Hirnfunktion haben, z. B. Autoimmunerkrankungen, Infektionen oder Mangelzustände. Schließlich kann Katatonie auch im Rahmen genetischer Veränderungen bei Entwicklungsstörungen wie dem Down-Syndrom oder dem Prader-Willi-Syndrom auftreten. Ähnlich wie bei den Intoxikationen soll das katatone Syndrom einen zeitlichen Zusammenhang mit der Grunderkrankung oder der Verschlechterung derselben aufweisen. Primär psychische Erkrankungen sind ein Ausschlussgrund, dann wäre die Katatonie im Rahmen dieser psychischen Erkrankung zu klassifizieren.

10.5.4 Katatonie, nicht näher bezeichnet (ICD-11 6A4Z)

Hier handelt es sich um eine Restkategorie, die alles erfassen kann, was nicht in die anderen drei Hauptkategorien passt.

10.6 Differenzialdiagnostik

Die akute Form der Katatonie, die neuartige Krankheitszeichen bei einer bestehenden Erkrankung hervorbringt, wird für das Umfeld eher deutlich als chronische Formen mit protrahiertem Beginn (Heckers & Walther 2023). Insbesondere bei neuronalen Entwicklungsstörungen kann es zu Überlappungen von Symptomen kommen.

Die stereotype Bewegungsstörung (ICD-11 6A06) mit repetitiven Bewegungen beginnt in der frühen Entwicklungsphase und persistiert über Monate mit zum Teil selbstverletzendem Charakter (WHO 2022). Bei der Katatonie ist der Beginn meist später und es wird auch mehr als ein Symptom für die Diagnose benötigt. Ähnlichkeiten mit der Katatonie haben der elektive Mutismus oder der depressive Stupor, wobei für die Katatonie drei oder mehr Symptome erforderlich sind. Auch das akinetische Parkinson-Syndrom kann einer gehemmten Katatonie ähneln. Allerdings sind Tremor oder kleinschrittiger Gang keine Katatonie-Zeichen, während Negativismus oder das Verharren in bizarren Körperhaltungen keine Symptome der Parkinson-Erkrankung sind (Fink & Taylor 2003).

Es wird diskutiert, ob bei der seltenen Kombination aus Schizophrenie im Kindesalter, Autismus und Katatonie eventuell drei verschiedene Konzepte die gleiche Symptomatik beschreiben oder gar eine gemeinsame pathophysiologische Grundlage existiert (Shorter & Wachtel 2013). Dagegen gibt es Fälle, in denen sich bei einem früh begonnenen Autismus mit Echolalie und Starren klare Phasen von psychotischen Symptomen (formale Denkstörungen, paranoides Erleben) und Katatonie-Symptomen (Verlangsamung, Mutismus, Agitation, Perseveration) abgrenzen lassen (Leslie & O'Sullivan 2023). Dieses episodische Auftreten einzelner Symptome oder die phasenhafte Verschlechterung anderer Symptome unterstreicht die Notwendigkeit, die Katatonie separat vom Autismus und der Schizophrenie zu diagnostizieren.

10.7 Katatonie bei neuronalen Entwicklungsstörungen in der ICD-11

Zu den Neuerungen in der ICD-11 gehört die Möglichkeit, Katatonie auch im Rahmen von neuronalen Entwicklungsstörungen (ICD-11 6A0) bzw. als sekundäre Katatonie z. B. bei genetischen Erkrankungen zu diagnostizieren. Bei Erkrankungen aus dem Autismus-Spektrum finden sich katatone Syndrome bei bis zu 20 % der Betroffenen (Breen & Hare 2017; Dhossche & Wachtel 2010; Ghaziuddin et al. 2020). Die Mehrheit der beschriebenen Fälle bei Autismus-Spektrum-Störungen entwickelte die Katatonie vor dem 20. Lebensjahr, während Katatonie bei anderen psychischen Erkrankungen häufig erst im Erwachsenenalter auftritt (Ghaziuddin et al. 2020).

Isoliert betrachtet kann die ätiologische Zuordnung einzelner Katatonie-Symptome erschwert sein. Insbesondere Stereotypien, aber auch Verbigerationen, Mutismus und Ambitendenz können zum klinischen Bild des Autismus gehören und sind gleichzeitig Symptome des katatonen Syndroms. Hier hilft die genaue Evaluation der Anamnese und Symptomentwicklung (Smith et al. 2024b).

Neu aufgetretene oder deutlich verstärkte Stereotypien weisen auf die Möglichkeit eines katatonen Syndroms hin. In diesem Fall sollte genau auf weitere mögliche Katatonie-Symptome geachtet werden.

Wie bei allen anderen Katatonie-Fällen ist die gründliche ärztliche Untersuchung notwendig, um sekundäre Katatonie-Formen (z. B. Infektion, metabolische Störungen) oder substanzinduzierte Formen auszuschließen.

Dhossche & Wachtel (2010) beschrieben eine Reihe von pädiatrischen Katatonie-Fällen, die im Rahmen von frühen Schizophrenien oder Autismus (Katatonie bei anderer psychiatrischer Erkrankung), im Rahmen von Autoimmun-Enzephalitiden oder genetisch bedingten Syndromen (sekundäre Katatonie) vorkamen, inklusive schwerster Formen wie der malignen Katatonie. Die Krankheitsformen sind denen der Erwachsenen sehr ähnlich.

So beschrieben Dhossche & Wachtel (2010) den Fall eines 9-Jährigen mit Autismus mit spätem Beginn, der plötzlich Angst, Agitation, psychomotorische Verlangsamung und Negativismus entwickelte. Innerhalb von zwei Wochen kamen Fieber, Stupor und Mutismus hinzu, sodass die Kriterien einer malignen Katatonie erfüllt waren. Ihm konnte schließlich mit Elektrokonvulsionstherapie (EKT) geholfen werden und nach einem halben Jahr erreichte er langsam wieder sein Ausgangsniveau (Dhossche & Wachtel 2010).

Zu den sekundären Katatonie-Formen zählen Katatonien bei Entwicklungsstörungen wie dem 22q11-Deletionssyndrom (LD044 nach ICD-11), dem Prader-Willi-Syndrom (LD90) oder dem Down Syndrom[37] (LD40). Die Dauer und Ausprägung der katatonen Symptomatik kann stark variieren, wie Fallbeispiele zeigen (Butcher et al. 2018; Dhossche & Wachtel 2010; Jap & Ghaziuddin 2011). Daneben sind einige Fälle beschrieben worden, bei denen gleichzeitig mehrere Erkrankungen vorkommen, so z. B. Katatonie bei einer Entwicklungsstörung und gleichzeitiger psychotischer Erkrankung (Butcher et al. 2018; Dhossche & Wachtel 2010). Dann fällt es schwer, die Katatonie klar zuzuordnen, wobei der zeitliche Verlauf von Symptomen maßgebliche Hinweise liefert.

Repetitive Verhaltensweisen mit deutlicher Selbstverletzung werden in der Literatur als katatone Form der Stereotypien gewertet (Ghaziuddin et al. 2020) (siehe Kap. 8.1 Stereotype Bewegungsstörung mit/ohne Selbstverletzung). Dazu gibt es Fallberichte, die von einer positiven Wirkung der Standard-Katatonie-Behandlung auf das selbstverletzende Verhalten berichten.

---

37 Neuere Forschungsergebnisse deuten darauf hin, dass etwa 16–18 % der Kinder mit Down-Syndrom (DS) auch die diagnostischen Kriterien für eine Autismus-Spektrum-Störung (ASD) erfüllen (Warner et al. 2017).

10.8 Therapie

Im Moment liegen keine randomisierten klinischen Studien zur Therapie der Katatonie bei Störungen der Intelligenzentwicklung, Autismus oder bei sekundären Katatonie-Formen vor. Die Empfehlungen zur Behandlung basieren daher ausschließlich auf kleinen randomisiert kontrollierten Studien zur Behandlung der Katatonie bei Schizophrenie sowie auf transdiagnostischen Fallserien und Einzelfallberichten. Demgemäß ist das Evidenzniveau insgesamt noch gering.

10.8.1 Grundprinzipien der Behandlung der Katatonie

Generell wird empfohlen, die Katatonie und deren Schweregrad mittels klinischer Skalen zu erheben. Außerdem sollen Komplikationen unbedingt vermieden werden, weshalb Thromboseprophylaxe, Pneumonieprophylaxe, die Sicherung von Ernährung und Flüssigkeitszufuhr sowie regelmäßige Bewegung (ggf. mit Physiotherapie) notwendig sind (Walther et al. 2019).

Die Therapie der ersten Wahl ist die Gabe von Lorazepam. Bei vegetativer Instabilität oder fehlender Besserung unter Lorazepam ist die Elektrokonvulsionstherapie (EKT) zu prüfen. Bei akuter Katatonie führen Lorazepam und EKT oft zu einer deutlichen Besserung innerhalb weniger Stunden bis Tage. Bei chronischer Katatonie im Rahmen der Schizophrenie zeigte sich dagegen keine Wirkung von Lorazepam im Vergleich zu Placebos (Ungvari et al. 1999).

Die Behandlung der Grunderkrankung ist ebenfalls wichtig, weshalb bei Personen mit Katatonie im Rahmen von Störungen des Schizophrenie-Spektrums oft auch eine antipsychotische Medikation angeboten wird (Heckers & Walther 2021). Vor dem Einsatz von Antipsychotika muss jedoch sicher sein, dass die katatone Symptomatik nicht im Rahmen eines malignen Neuroleptika-Syndroms aufgetreten ist. Differenzialdiagnostisch ist dafür die genaue Anamnese erforderlich.

10.8.2 Spezifische Behandlung bei Störungen der Intelligenzentwicklung

Fallberichte von Katatonien bei Störungen der Intelligenzentwicklung, Autismus oder bei sekundären Katatonie-Formen legen nahe, dass die Betroffenen von ähnlichen Behandlungsschritten wie bei Katatonie im Rahmen von Schizophrenie oder bipolarer Störung profitieren können. Dabei wäre neben den Grundprinzipien der Katatonie-Behandlung zu beachten, dass zunächst Therapien mit geringem Risiko versucht werden. Daher wäre klar in erster Linie Lorazepam einzusetzen. In Abwägung der Bedürfnisse, Dauer der Katatonie, Vorerkrankungen und Vorerfahrungen wären danach atypische Antipsychotika und schließlich die Elektrokonvulsionstherapie zu versuchen. Wegen des unklaren individuellen Ansprechens sollten Medikamente bei fehlender Wirkung wieder abgesetzt werden. So gibt es Hinweise darauf, dass Lorazepam nur bei einer kleinen Gruppe von Katatonie-Erkrankten mit Autismus-Spektrum-Störungen wirkt (Ghaziuddin et al. 2020).

Aus Fallberichten in der Literatur wird deutlich, dass orales Lorazepam bereits ausreichend helfen kann (Dhossche & Wachtel 2010; Jap & Ghaziuddin 2011). In anderen Fällen erwies sich Lorazepam als ungenügend wirksam und weitere Schritte wurden notwendig.

Positive Effekte auf die Katatonie wurden ebenfalls für Antipsychotika und Elektrokonvulsionstherapie berichtet (Butcher et al. 2018; Dhossche & Wachtel 2010; Smith et al. 2024a). Eine junge Frau mit Trisomie 21 benötigte beispielsweise 24 Sitzungen bilateraler EKT bis zur Remission der Katatonie (Jap & Ghaziuddin 2011).

Für viele Betroffene ist unklar, wie lange die Elektrokonvulsionstherapie fortgesetzt werden soll. Aus der eigenen klinischen Erfahrung gibt es Menschen, die zur Modulation einer chronischen Katatonie monatliche Erhaltungs-EKT brauchen. Unterstützt wird das von einer Fallserie katatoner Jugendlicher mit Störungen der Intelligenzentwicklung aus der Zeit der COVID-19-Pandemie, die deutliche Zustandsverschlechterungen innerhalb weniger Wochen zeigten, als die Erhaltungs-EKT reduziert oder gestoppt werden musste. Bei vier der betroffenen Jugendlichen war danach eine stationäre Behandlung notwendig, wovon zwei Jugendliche mittels nasogastraler Sonde ernährt werden mussten (Ghaziuddin et al. 2021). Diese Einzelberichte legen nahe, dass einige Patienten mit chronischer Katatonie über lange Zeit eine Erhaltungs-EKT benötigen.

10.9 Verlauf

Die Katatonie verläuft in verschiedenen Formen. Die meisten akuten Fälle entwickeln sich innerhalb von Minuten bis Tagen zum Vollbild. Die Dauer kann dabei von Tagen bis einigen Wochen reichen. Remissionen, episodische Verläufe oder chronische Symptomatik können auftreten (Walther & Strik 2016). Die genauen Verlaufsformen sind noch nicht umfassend erforscht, aber einige Konstellationen sind wahrscheinlicher als andere. So werden kurze und akute Formen bei Intoxikationen, bei Posttraumatischer Belastungsstörung (PTSD), affektiven Erkrankungen oder akuten psychotischen Erkrankungen gesehen. Die lang anhaltenden Symptome über Monate sind deutlich seltener und treten eher bei Störungen des Schizophrenie-Spektrums oder bei Hirnreifungsstörungen auf. Einzelne Autoren haben chronische Verläufe genauer charakterisiert. So beschrieb Karl Leonhard (1948) sechs verschiedene Katatonie-Formen mit chronischem Verlauf, die häufig einen frühen Beginn in der Adoleszenz aufweisen.

Die ICD-11 (WHO 2022) hat erstmals verschiedene Verlaufstypen für Katatonie bei anderer psychischer Erkrankung beschrieben:

- **Akute Katatonie** tritt innerhalb von Stunden bis Tagen auf und entwickelt rasch das Vollbild. Remission tritt oft innerhalb von Tagen bis wenigen Wochen ein.
- **Wiederkehrende katatone Episoden** von mehreren Wochen Dauer treten bei episodischen Erkrankungen (z. B. Bipolare Störung) auf. Dabei können die katatonen Episoden mit den Episoden der Grunderkrankung zusammenfallen. Erste Anzeichen können Ambitendenz oder psychomotorische Verlangsamung sein.

- **Persistierende Katatonie** tritt eher bei neuronalen Entwicklungsstörungen oder Erkrankungen des Schizophrenie-Spektrums auf. Typischerweise sind Willensstörungen wie Negativismus oder Stereotypien Teil des klinischen Bildes, das über Jahre anhalten und das Leben schwer beeinträchtigen kann.

10.10 Fazit

Zusammenfassend ist die Katatonie ein Syndrom, das bei Störungen der Intelligenzentwicklung vorkommen kann. Die Diagnose wird durch die ICD-11-Kriterien erleichtert. Für die Behandlung stehen keine spezifischen Erkenntnisse für Menschen mit Störungen der Intelligenzentwicklung zur Verfügung. Daher orientiert sich die Therapie an den generellen Empfehlungen zur Behandlung der Katatonie. Alle Behandlungsversuche sind bei dieser zerebral vulnerablen Patientengruppe kritisch auf ihre Wirksamkeit und ihr Nutzen-Risiko-Verhältnis hin zu prüfen.

ANDREW JAHODA, LEEN VEREENOOGHE & PHILIPP SAND

11 Affektive Störungen: bipolare und depressive Störungen

PHILIPP SAND

11.1 Bipolare oder verwandte Störungen (ICD-11 6A6)

11.1.1 Die Codierung von bipolaren oder verwandten Störungen in der ICD-11

6A6 BIPOLARE ODER VERWANDTE STÖRUNGEN
- 6A60 Bipolare Störung Typ I
- 6A61 Bipolare Störung Typ II
- 6A62 Zyklothyme Störung
- 6A6Y Sonstige näher bezeichnete bipolare oder verwandte Störungen
- 6A6Z Bipolare oder verwandte Störungen, nicht näher bezeichnet

11.1.2 Neuerungen in der Definition bipolarer Störungen

DEFINITION
Bipolare Störungen sind typischerweise gekennzeichnet durch eine Kombination aus depressiven und gehobenen Stimmungszuständen, die je nach Ausprägungsgrad als Manie oder Hypomanie imponieren.

Gefordert wird für die Diagnosestellung der **Bipolar-I-Störung (ICD-11 6A60)** wenigstens eine manische oder gemischte Episode, in welcher Stimmung und Aktivitätsniveau deutlich gestört sind. Eine einzelne hypomane Episode ist nicht ausreichend. Der manische Zustand soll mindestens eine Woche andauern, sofern er nicht durch eine therapeutische Intervention verkürzt wird.

Er wird gekennzeichnet durch Euphorie, Reizbarkeit oder expansives Verhalten (1. Hauptkriterium) sowie erhöhte Aktivität oder die subjektive Erfahrung erhöhter Energie (2. Hauptkriterium, neu in der ICD-11). Zu den typischen Begleitsymptomen zählen eine schnelle Sprache oder Rededrang, Ideenflucht, gesteigertes Selbstwertgefühl oder Größenerleben, vermindertes Schlafbedürfnis, Ablenkbarkeit, impulsives oder rücksichtsloses Verhalten sowie Stimmungslabilität. Depressive Episoden sind für die Diagnosestellung nicht obligat.

Im Unterschied zur ICD-10-Klassifikation lassen sich einzelne manische Episoden nicht mehr separat codieren.

Eine weitere Neuerung stellt in der ICD-11 die eigene Kategorie für die **Bipolar-II-Störung (ICD-11 6A61)** dar. Hierunter fallen bipolare Störungen, deren gehobener Stimmungspol in Dauer und Schwere nicht das Vollbild einer Manie erreicht. Zugleich ist aber die Anzahl insbesondere der depressiven Rezidive gegenüber der Bipolar-I-Störung höher. Schließlich wurde in der ICD-11 eine Einschränkung aufgehoben, die eine Diagnosestellung hypomaner Episoden für den Fall ausschloss, dass eine Therapie mit Antidepressiva oder mit nicht-medikamentösen Verfahren (Lichttherapie, Schlafentzug, EKT) der Symptomatik vorausgegangen war.

Zyklothyme Störungen (ICD-11 6A62) umfassen unverändert jene bipolaren Störungen, die sich durch mildere, instabile Störungen der Gemütslage auszeichnen. Ihre Dauer und Schweregrade erfüllen dabei zu keinem Zeitpunkt die Kriterien für eine manische, depressive oder gemischte Episode; gefordert werden ein Verlauf von mindestens zwei Jahren und dass die einzelnen Episoden Stunden bis wenige Tage mit nur kurzen symptomfreien Intervallen währen.

Für die bipolaren Störungen (I & II) können die aktuelle Stimmungslage in der Episode, der Schweregrad, das Vorhandensein psychotischer Symptome sowie der Status der Remission mit zusätzlichen Codes spezifizierend angegeben werden. Für die Codes 6A60. oder 6A61. sind dies die gestaffelten Codes 0 bis 9 nach dem Punkt. Ähnliches gilt für die Codierung der Schweregrade, des Vorhandenseins psychotischer Symptome und des Status der Remission bei der unipolaren Depression.

11.1.3 Prävalenz

Angaben zur Prävalenz bipolarer Störungen bei Menschen mit Störungen der Intelligenzentwicklung bewegen sich zwischen 1,3 % nach ICD-9-Krierien (Morgan et al. 2008) und 2,1 bzw. 2,3 % nach ICD-10- und DSM-IV-Kriterien (Cooper et al. 2007a; El Mrayyan et al. 2019; Pouls et al. 2023). Das Vorkommen liegt somit um den Faktor 2 über entsprechenden Zahlen aus der Allgemeinbevölkerung, in Übereinstimmung mit höheren Inzidenzraten (Cooper et al. 2018). Die in vergangenen Studien zugrunde gelegten DSM-IV-Kennzeichen bipolarer Störungen werden auch für Menschen mit Störungen der Intelligenzentwicklung als valide angesehen (Cain et al. 2003). Offen bleibt, ob reaktive Gemütsäußerungen bei Menschen mit höhergradiger Intelligenzentwicklungsstörung möglicherweise infolge von bestehenden Kommunikationsbarrieren vorschnell als phasenhaft und pathologisch angesehen werden (Pary et al. 1999).

Die Prävalenzrate der Zyklothymie wird nach DSM-IV-Kriterien mit 0,3 % angegeben (Cooper et al. 2007a).

In Bezug auf andere Unterformen bipolarer Störungen, etwa die Verlaufsformen des Rapid Cycling (ICD-11 6A80.5), liegen keine gesicherten epidemiologischen Angaben vor. Allgemein sind bipolar Betroffene mit einer Doppeldiagnose typischerweise jünger und weisen eine längere Verweildauer in der Klinik auf als Patienten mit bipolarer Störung ohne Intelligenzentwicklungsstörungen (Wu et al. 2013).

11.1.4 Ätiologie

Es ist davon auszugehen, dass in vielen Fällen genetische Faktoren das Risiko für bipolare Störungen mitprägen. Aus Zwillingsstudien lässt sich eine Erblichkeit von 60–85 % ableiten (Smoller & Finn 2003), wobei der Einfluss bei der Bipolar-I-Störung deutlicher sein soll als bei der Bipolar-II-Störung (Parker et al. 2013). Bemerkenswert ist unter den Angehörigen Betroffener eine Häufung nicht nur von bipolaren Störungen, sondern ebenfalls von schizophrenen Psychosen und unipolaren Depressionen (Andlauer et al. 2019). Neuere Untersuchungen bestätigen zudem die protektive Wirkung einer Trisomie 21 für Bipolar-I-Störungen (Rivelli et al. 2022).

Umwelteinflüsse konnten bislang nicht eindeutig festgestellt werden. Zwar finden sich bipolare Störungen gehäuft nach traumatischen Kindheitserfahrungen, denkbar ist aber ebenso eine Veranlagung, die gleichermaßen die frühe Resilienz einschränkt und die affektive Stabilität im Erwachsenenalter gefährdet.

11.1.5 Diagnostik

Die Diagnostik bipolarer Störungen zielt auf eine möglichst gute Erfassung des Längsschnitts, das heißt einer genauen Chronologie von Gefühlsäußerungen. Sie steht vor Herausforderungen, wenn sich die Betroffenen kommunikativ nicht gut mitteilen oder zeitliche Abfolgen biografischer Ereignisse nicht mehr sicher rekonstruieren können. In diesen Fällen werden Untersucher ausweichen auf die Messung von **Verhaltensäquivalenten** für Gefühlszustände, wie gestörter Schlafrhythmus und motorische Unruhe. Mögliche Indizien für Hypo-/Hyperaktivität können z. B. die Anzahl von Schaukelbewegungen in einer definierten Zeitspanne darstellen bzw. die Anzahl gelaufener Schritte oder auch die Häufigkeit des Verlassens/Betretens bestimmter Räume (Valdovinons et al. 2019). Als Entsprechung zu einer Logorrhoe bei gehobener Grundstimmung lässt sich unter Umständen ein vermehrtes Lautieren dokumentieren (Pary et al. 1999). Gegebenenfalls können auch aggressive Verhaltensweisen über das Nahen einer manischen Episode Aufschluss geben (Hurley et al. 2003; Tsiouris et al. 2011). Herausforderndes Verhalten sollte dennoch nicht ungeprüft gleichgesetzt werden mit Manie (Painter et al. 2018).

Ergänzend zur klinischen Untersuchung kann für die Diagnostik von bipolaren Gemütserkrankungen auf Instrumente zur Fremdbeurteilung zurückgegriffen werden, um depressive oder maniforme Syndrome zu erfassen. Fragebögen zu begleitenden seelischen Störungen wurden jedoch teilweise nur an einer Stichprobe validiert (Flynn et al. 2017) und viele sind nicht in deutscher Sprache verfügbar.

Die folgenden vier Verfahren können als hinreichend stabil für die Anwendung bei mittel- bis schwergradiger Störung der Intelligenzentwicklung angesehen werden (siehe auch Abschn. 11.2.5, Assessments für Menschen mit Störungen der Intelligenzentwicklung).

- Das *Diagnostic Assessment for the Severely Handicapped-II (DASH-II)* mit insgesamt 84 Items. Anhand der Manie-Subskala ließ sich bei 90 % der Untersuchten mit einer Intelligenzentwicklungsstörung die Manie korrekt zuordnen (Matson & Smiroldo 1997).

- Der *Mood, Interest and Pleasure Questionnaire (MIPQ)* mit 25 Items wurde von den Entwicklern unter anderem bei komorbider, bipolarer Störung eingesetzt und erfasst Gemütsveränderungen in den zwei vorangegangenen Wochen (Ross & Oliver 2003).
- Die *Aberrant Behavior Checklist (ABC)* mit 58 Items liegt auch in einer deutschsprachigen Version vor und misst herausforderndes Verhalten, das auf eine Gemütsstörung hindeuten kann. Das Verfahren kann für mehrere Erhebungen im Verlauf genutzt werden (Zeilinger 2009).
- Die *Psychiatric Assessment Schedule for Adults with Developmental Disabilities (PAS-ADD) Checklist – Revised*. Die deutschsprachige Version kann auch bei leichter Störung der Intelligenzentwicklung eingesetzt werden (Müller et al. 2022).

Neben diesen Werkzeugen, mit denen die Symptome aus beiden affektiven Polen erfragt werden können, existieren weitere, die vornehmlich den depressiven Pol ansprechen, z. B. die *Depression Scale for Severe Disability (DEPRESSED*, 20 Items; Cooper 2007) oder der *Self-Report Depression Questionnaire (SRDQ*, 32 Items; Reynolds & Baker 1988) für mildere Formen von Intelligenzentwicklungsstörungen. Fragebögen, die ausschließlich die Ausprägung des manifornen Pols wiedergeben, sind die *Young Mania Rating Scale (YMRS*; dt. Version: Mühlbacher et al. 2011) oder die *Bech-Rafaelsen Mania Scale (BRMS*; Bech 2002; dt. Version: CIPS 2015) mit jeweils 11 Items.

Schließlich wurden mehrere einfache Fremdbeurteilungsverfahren realisiert, die bei Menschen mit ausgeprägten Störungen der Intelligenzentwicklung Gemütsschwankungen im Verlauf abbilden: Das *Bipolar Mood Tracking Sheet* (Pfadt et al. 2003), die *Bipolar Mood Chart* (Sovner & Hurley 1990) und die *Affective Rating Scale* (Wieseler et al. 1988) zielen jeweils auf das Erstellen von Symptomkurven für Unruhe, Appetit oder Schlafdauer. Angaben zum Ausmaß der Beeinträchtigungen aus dem unmittelbaren Umfeld sollen so gegebenenfalls eine Periodizität und gegenläufige Symptome visualisieren. Vereinfacht wird zugleich das Erkennen möglicher Umwelteinflüsse auf das Verhalten (z. B. Betreuerwechsel, Änderungen am Arbeitsplatz).

11.1.6 Therapie

Pharmakotherapie

Die Behandlung bipolarer Störungen unterscheidet zwischen Akut- und Erhaltungstherapie sowie der Prophylaxe zur Abwendung von neuen Krankheitsepisoden. Zunächst soll eine Remission herbeigeführt und das ursprüngliche psychosoziale Funktionsniveau wieder erreicht werden. Die Pharmakotherapie bildet **bei akuten manifornen Episoden** den Eckpfeiler der Intervention, da meist die Unruhe eine Psychotherapie erschwert. Zugelassen sind Substanzen, die schnell wirken, wie Olanzapin, Quetiapin oder Valproinsäure, aber auch Risperidon, das weniger sedierend ist. Lithium eignet sich aufgrund der Wirklatenz von ca. einer Woche wegen des engen therapeutischen Fensters und der oft unsicheren Adhärenz (z. B. durch Störung des kommunikativen Kontakts, Beeinträchtigungen des kognitiven Verständnisses, Schwierigkeiten bei den erforderlichen Blutabnahmen zur Spiegelbestimmung) nicht zur Initialbehandlung.

Zu beachten ist generell bei der Wahl der Medikamentendosierung, dass bei Menschen mit Störungen der Intelligenzentwicklung vermehrte Hospitalisierungen wegen unerwünschter Arzneimittelwirkungen beschrieben sind (Erickson et al. 2020).

Der Einsatz von Valproinsäure bei Frauen im gebärfähigen Alter birgt Risiken und sollte – wenn überhaupt – erst nach Ausschluss einer Schwangerschaft erfolgen. An diesen Aspekt muss durchaus bei Frauen mit Intelligenzentwicklungsstörungen gedacht werden (evtl. verstärkte sexuelle Aktivität im Rahmen der Manie).

In der **Akutbehandlung gemischter Episoden** kann analog zur Therapie maniformer Episoden verfahren werden (siehe S3-Leitlinie Bipolare Störungen, Bauer et al. 2020).

Zur **Akutbehandlung depressiver Episoden** kann zurückgegriffen werden auf Quetiapin; Lamotrigin kann infolge der schrittweisen Aufdosierungsphase erst nach sechs Wochen seine Wirkung entfalten, auch Lithium bietet keine sofortige Linderung. Beim Einsatz von Antidepressiva ist zu berücksichtigen, dass ein Risiko für den Wechsel depressiver in maniforme Zustandsbilder (Switch) bzw. für eine Akzeleration von Krankheitsphasen besteht. Es wird daher dazu geraten, Antidepressiva gegebenenfalls mit einer Phasenprophylaxe zu kombinieren. Bei Vorliegen einer Rapid Cycling-Verlaufsform mit mindestens vier Episoden pro Jahr ist die Gabe von Antidepressiva kontraindiziert.

Die **Phasenprophylaxe** mit Lithium gilt als Goldstandard bei bipolaren Störungen, kann aber Umsicht erfordern, wenn etwa die regelmäßige Flüssigkeitsaufnahme nicht ausreichend gewährleistet ist oder eine komorbide Epilepsie die Dosisfindung kompliziert. Allgemein ist damit zu rechnen, dass Nebenwirkungen, falls sie auftreten, von den Betroffenen schlechter in Worte gefasst werden können und daher von den Behandlern leichter übersehen oder erst spät wahrgenommen werden. Die Erfordernisse häufiger Plasmaspiegelkontrollen für Stimmungsstabilisatoren mit geringer therapeutischer Breite können im Einzelfall dazu führen, dass auf weniger bewährte Wirkstoffe ausgewichen werden muss, wenn z. B. Blutentnahmen mit großem Aufwand verbunden sind. Gerade für die langfristige Therapie ist ein sorgfältiges Abwägen von Nutzen und Risiko bzgl. unerwünschter metabolischer Begleiteffekte von Substanzen wie Olanzapin und Quetiapin essenziell.

Nicht-pharmakologische Strategien

Als psychotherapeutische Interventionen bieten sich unter anderem an: die Kognitive Verhaltenstherapie (KVT; Graser et al. 2021) und die familienfokussierte Therapie. Zu den nichtmedikamentösen Therapieoptionen zählen die Elektrokonvulsionstherapie (EKT; Reinblatt et al. 2004; Smith et al. 2022) und die Lichttherapie (Bisdounis et al. 2022). Für die repetitive Transkranielle Magnetstimulation (rTMS; Kishi et al. 2023) liegen keine systematischen Beobachtungen zum Einsatz bei Menschen mit Störungen der Intelligenzentwicklung vor; ebenso beschränkt sich die Datenlage zur Off-Label-Ketaminbehandlung derzeit auf wenige, kleine Studien ohne Einschluss von Betroffenen mit Intelligenzentwicklungsstörungen (Bhaji et al. 2021).

11.1.7 Verlauf und Prognose

Das Alter bei Ersterkrankung wird für bipolare Störungen mit 15–24 Jahren angegeben. Grundsätzlich handelt es sich um eine Gruppe remittierender und gut behandelbarer Krankheitsbilder. Im Langzeitverlauf treten manische Episoden deutlich seltener auf und sind im Durchschnitt kürzer als depressive Phasen. Dennoch kann sich die Symptomatik für das soziale Umfeld und die berufliche Entwicklung als sehr belastend erweisen.

Es besteht eine hohe Komorbidität mit Angst- und Suchterkrankungen. Der Konsum von Cannabis und zahlreichen anderen Suchtstoffen erhöht das Rückfallrisiko. Zum anderen sind 15–45 % der als bipolar Diagnostizierten mit kognitiven Einschränkungen behaftet, die auch im symptomfreien Intervall messbar sind (Sankar et al. 2023). Bei der Hälfte der Betroffenen ist mit einem Verlust der Erwerbsfähigkeit nach sechs Jahren zu rechnen (Arvilommi et al. 2022); diese Effekte sind weitgehend unabhängig von der prämorbiden Intelligenz (Schoeyen et al. 2013). Bei Menschen mit Störungen der Intelligenzentwicklung äußert sich eine bipolare Störung zudem gehäuft durch fremdverletzendes Verhalten (Nieuwenhuis et al. 2022), durch längere Klinikaufenthalte und durch eine erschwerte Entlassung aus der stationären Therapie, verglichen mit Betroffenen ohne Intelligenzentwicklungsstörungen (Wu et al. 2013).

Auf den Verlauf bipolarer Störungen kann durch ein Minimieren von emotionalen Belastungen und durch therapeutische Begleitung bei kritischen Lebensereignissen, die Rezidive begünstigen könnten, positiv Einfluss genommen werden. Auch Stressoren, die den Schlaf-Wach-Rhythmus gefährden (Nachtarbeit, Wechselschichten), sollten, soweit möglich, eliminiert werden. Die Diagnose einer bipolaren Störung senkt bereits per se die Lebenserwartung um acht und mehr Jahre (Crump et al. 2013). Mortalitätsraten Betroffener sind weltweit gegenüber der Allgemeinbevölkerung um den Faktor 2 bis 3 erhöht (Chan et al. 2022). Nach der Auswertung von knapp 100 000 Sterbefällen sind dafür neben Suiziden auch komorbide kardiovaskuläre und respiratorische Erkrankungen verantwortlich zu machen. In den meisten Studien wird hierzu nicht zwischen Bipolar-I- und Bipolar-II-Störungen differenziert. Ebenso fehlen noch epidemiologische Daten zur spezifischen Mortalität von Menschen mit Störungen der Intelligenzentwicklung und komorbider bipolarer Erkrankung; es sind aber ungünstige Summationseffekte zu erwarten, da in der Kombination oft weitere mortalitätsrelevante Begleitdiagnosen hinzutreten, etwa verschiedene Formen von Epilepsie.

Bei zyklothymen Störungen sind günstige Verläufe beschrieben und es besteht insbesondere kein erhöhtes Suizidrisiko. Von manchen Autoren wird die Zyklothymie als ein Vorbote anderer bipolarer Störungen aufgefasst; diese Annahmen beruhen jedoch bislang nur auf wenigen, longitudinalen Beobachtungen mit kleinen Fallzahlen.

11.1.8 Fazit

- Die Prävalenz bipolarer Störungen bei Menschen mit Störungen der Intelligenzentwicklung bewegt sich – je nach verwendetem Diagnoseschema – zwischen 1,3 und 2,3 %.
- Zyklothymien treten mit einer Häufigkeit von 0,3 % auf.
- Ätiologisch spielen bei bipolaren Störungen vor allem genetische Faktoren eine Rolle.
- Für eine diagnostische Erfassung von Phasen der bipolaren Störung ist die chronologische Dokumentation von Gefühlszuständen bei Menschen mit Störungen der Intelligenzentwicklung besonders wichtig.
- Können die betroffenen Menschen ihre affektive Befindlichkeit nicht kommunizieren bzw. sind die affektiven Zustände nicht eindeutig erkennbar, so sollte auf die systematische Erhebung von Verhaltensäquivalenten für Gefühlszustände, wie z. B. gestörter Schlafrhythmus und motorische Unruhe, zurückgegriffen werden.
- Für die Diagnosestellung stehen speziell für Menschen mit Störungen der Intelligenzentwicklung entwickelte Erhebungsinstrumente wie das DASH-II und der PAS-ADD zur Verfügung.
- Zur Therapie liegen für Menschen mit Störungen der Intelligenzentwicklung keine speziellen Studien vor.
- Bei der Gabe von Phasenprophylaktika ist auf die Durchführbarkeit regelmäßiger Laborkontrollen zu achten.
- Es gelten die allgemeinen S3-Therapieleitlinien.

FALLBEISPIEL

Anna ist 56 Jahre alt und hat die Sonderschule besucht; es ist eine leichte Störung der Intelligenzentwicklung diagnostiziert. Ungefähr seit ihrem 28. Lebensjahr erlebt sie phasenweise Stimmungseinbrüche sowie auch maniforme Zustandsbilder und hat sich deswegen sechsmal in stationärer Behandlung befunden. Sie lebt in einer betreuten Wohneinrichtung und arbeitet in Teilzeit (20 Std./Wo.) in einer Geschützten Werkstatt. Von ihrem Ehemann hat sie sich infolge von Auseinandersetzungen unmittelbar nach der Hochzeit wieder scheiden lassen. Sie ist seit mehreren Jahren liiert mit einem anderen Bewohner derselben Einrichtung.

Vorgestellt wird sie wegen neu aufgetretener Schlafstörungen, die von ihr selbst dem Wetter zugeordnet werden. Aufgefallen sind auch eine allgemeine Unruhe und Distanzminderung sowie das Tätigen von Einkäufen »für die Seele« (Zimmerdekoration). Anna fällt den Betreuenden ihrer Wohngruppe neuerdings ins Wort.

Zuvor war nach Jahren der Stabilität unter Lithiumtherapie die Prophylaxe wegen eines Übermittlungsfehlers des Lithiumspiegels beendet worden: Aus einem falsch niedrigen Plasmaspiegel wurde gefolgert, dass das Phasenprophylaktikum insgesamt entbehrlich sei. Unmittelbar nach dem Absetzen hatten sich dann die Verhaltensauffälligkeiten manifestiert.

Die Betreuenden in der Wohneinrichtung erkannten sehr schnell die Veränderung: Anders als zuvor habe die Bewohnerin Körperkontakt zu ihrem Gegenüber gesucht, nachts habe sie, anstatt zu schlafen, ihr Zimmer umgeräumt.

Bei Anna wird eine hypomane Episode diagnostiziert, vermutlich begünstigt durch ein Antidepressivum. Die Lithiumbehandlung wird in der ursprünglichen Dosierung wieder aufgenommen, auf das Antidepressivum wird verzichtet. Vier Wochen später ist das Gleichgewicht wiederhergestellt.

ANDREW JAHODA, LEEN VEREENOOGHE & PHILIPP SAND

11.2 Depressive Störungen (ICD-11 6A7)

11.2.1 Die Codierung von depressiven Störungen in der ICD-11

6A7 DEPRESSIVE STÖRUNGEN
- 6A70 Einzelne depressive Episode
- 6A71 Rezidivierende depressive Störung
- 6A72 Dysthyme Störung
- 6A73 Gemischte depressive Störung und Angststörung
- GA34.41 Prämenstruelle dysphorische Störung
- 6A7Y Sonstige näher bezeichnete depressive Störungen
- 6A7Z Depressive Störungen, nicht näher bezeichnet

In der ICD-11 unterscheidet die WHO depressive Störungen von anderen Stimmungsstörungen, wie bipolaren oder substanzbedingten Stimmungsstörungen.

Mit der Aktualisierung der ICD-10 zur ICD-11 kam es zu einem Perspektivwechsel sowie zu einer Verlagerung hin zur Dimensionalität im Diagnoseprozess (Kogan et al. 2021). Das Ziel der Gewinnung dimensionaler Informationen besteht darin, den Entscheidungsprozess für die Behandlung zu unterstützen. Bei depressiven Störungen umfassen die dimensionalen Merkmale das Vorhandensein bestimmter Symptome oder Präsentationen, die als Spezifikatoren (*specifier*) beschrieben werden. Diese Symptome sind das Vorhandensein von Melancholie, Angstzuständen, psychotischen Symptomen und Panikattacken. Die Präsentation betriff das saisonale Muster der depressiven Symptome und die depressiven Episoden. Weitere Möglichkeiten, die Dimensionalität depressiver Störungen zu erweitern, sind Bewertungen des Schweregrades (leicht, mittelschwer oder schwer) und des Remissionsstatus (teilweise oder vollständige Remission) der Störung. In diesem Sinne wird der Schweregrad der depressiven Störung nicht durch das Vorhandensein eines bestimmten Symptoms ermittelt, sondern durch die funktionellen Auswirkungen der Störung.

MERKE ICD-11 6A80 Symptomatik und Erkrankungsverläufe von affektiven Episoden bei affektiven Störungen
- mit ausgeprägten Angstsymptomen (6A80.0)
- mit Panikattacken (6A80.1)
- aktuelle depressive Episode, anhaltend (6A80.2)
- aktuelle depressive Episode mit Melancholie (6A80.3)
- mit saisonalem Muster (6A80.4)
- mit »Rapid Cycling« (6A80.5)

Diese Codes sollten nur als Zusatzcodes zum Primärcode der depressiven Störungen (6A70 bis 73) verwendet werden (WHO 2023; http://id.who.int/icd/entity/496273089; Zugriff 26. 04. 2023).

In einer zweiten Verschiebung konzentriert sich die ICD-11 stärker auf die diagnostischen Merkmale verschiedener Stimmungsstörungen und weniger auf spezifische Episoden. Die ICD-11 unterscheidet dabei zwischen einer einzelnen depressiven Episode und einer rezidivierenden depressiven Störung.

Die gemischte depressive und Angststörung wurde aufgrund ihrer offensichtlichen Ähnlichkeiten mit depressiven Störungen und wegen klinischer Präsentationen in der Primärversorgung von der ICD-10 in eine eigenständige depressive Störung in der ICD-11 umklassifiziert (Das-Munshi et al. 2008).

Weitere Überarbeitungen der ICD-11 umfassen die Streichung der zunehmenden Müdigkeit als wesentliches diagnostisches Kriterium für eine depressive Episode und die Hinzufügung von Hoffnungslosigkeit als mögliches qualifizierendes Symptom (Kogan et al. 2021).

11.2.2 Definition

Eine gedrückte Stimmung oder Freudlosigkeit gelten als die Hauptmerkmale depressiver Störungen und treten neben anderen kognitiven, verhaltensbezogenen oder somatischen (neurovegetativen) Symptomen auf. Eine gedrückte Stimmung kann sich auch als ausgeprägte Niedergeschlagenheit, Gefühllosigkeit oder als ein Gefühl der inneren Leere und Reizbarkeit äußern.

Eine depressive Störung setzt voraus, dass diese Symptome eine erhebliche Auswirkung auf das Funktionieren der Person oder auf die Art und Weise haben, wie sie zurechtkommt (z. B. zu Hause, bei der Arbeit, in der Freizeit).

Eine depressive Störung sollte nicht bei einer Person diagnostiziert werden, die diese Symptome zwar aufweist, zuvor jedoch eine manische, gemischte oder hypomanische Episode erlebt hat. Eine Vorgeschichte mit diesen Symptomen gilt als Hinweis auf eine bipolare Störung.

11.2.3 Prävalenz

Prävalenz über die gesamte Lebensspanne

Kinder und Jugendliche mit einer Störung der Intelligenzentwicklung sind nicht überproportional von schweren depressiven Episoden oder Störungen, Dysthymie oder dysthymen Störungen betroffen (Maïano et al. 2018; Platt et al. 2019). Metaanalytische Daten deuten darauf hin, dass bei Kindern gepoolte Prävalenzschätzungen für dysthyme Störungen bei 2,1 % und für depressive Störungen bei 3,2 % liegen; bei Jugendlichen betragen sie für dysthyme Störungen 6,9 % und für depressive Störungen 5,7 % (Maïano et al. 2018). Es wurde jedoch festgestellt, dass depressive Störungen bei Jugendlichen mit einer leichten Störung der Intelligenzentwicklung (17,1 %) im Vergleich zu Jugendlichen mit einer mittelschweren (3,5 %) oder schweren (2,6 %) Intelligenzentwicklungsstörung häufiger vorkommen. Diese Ergebnisse sind allerdings mit Vorsicht zu interpretieren, da die meisten Prävalenzstudien keine Angaben zur Validität und Zuverlässigkeit ihres diagnostischen Vorgehens machen (Maïano et al. 2018).

Bei einer kleinen Gruppe von Erwachsenen mit schweren Störungen der Intelligenzentwicklung lagen die Prävalenzraten für affektive Störungen, zu denen auch depressive Störungen gehören, zwischen 1,1 %, wenn ein Standarddiagnosehandbuch (DSM-IV-TR; APA 2000) verwendet wurde, und 3,3 %, wenn die Bewertung auf einer Kombination aus klinischer Diagnose und einem diagnostischen Klassifikationssystem speziell für Menschen mit Störungen der Intelligenzentwicklung (DC-LD; Cooper et al. 2007a) beruhte.

Die geschätzten Prävalenzraten depressiver Störungen sind in der Population der Menschen mit Störungen der Intelligenzentwicklung, die psychiatrische Störungen haben, wesentlich höher; sie liegen zwischen 44 % bei Verwendung eines Standarddiagnosehandbuchs (DSM-IV) und 59 % bei Verwendung eines klinischen Instruments zur Befragung von Informanten (Charlot et al. 2007a).

Außerdem wird erwartet, dass autistische Erwachsene mit Störungen der Intelligenzentwicklung ein geringeres Risiko haben, eine Depressionsdiagnose zu erhalten, als autistische Erwachsene ohne Intelligenzentwicklungsstörungen (Rai et al. 2018).

Unter Verwendung eines standardisierten psychiatrischen Interviews fanden Hermans et al. (2013) heraus, dass depressive Symptome mit dem Alter zunehmen, wobei 16,8 % der über 50-Jährigen depressive Symptome aufwiesen.

Schwierigkeiten bei der Prävalenzschätzung depressiver Störungen

Die große Bandbreite an intellektuellen und kommunikativen Fähigkeiten von Menschen mit Störungen der Intelligenzentwicklung bringt zwei wesentliche Herausforderungen für die Schätzung der Prävalenz depressiver Störungen mit sich:

- Menschen mit schwereren Beeinträchtigungen sind möglicherweise nicht in der Lage, über ihren inneren emotionalen Zustand zu berichten.
- Depressive Störungen können sich bei Menschen mit Störungen der Intelligenzentwicklung anders darstellen, was bedeutet, dass standardisierte Diagnosekriterien für die Allgemeinbevölkerung nicht immer angemessen sind.

Menschen mit leichter bis mittelschwerer Störung der Intelligenzentwicklung sind hin und wieder in der Lage, ihre Gedanken und Gefühle zu beschreiben (McBrien 2003; Walton & Kerr 2016). Daher sollte es möglich sein, standardisierte Diagnoseinstrumente wie die ICD-11 bei Menschen mit leichten Intelligenzentwicklungsstörungen anzuwenden (Eaton et al. 2021). Unabhängig vom Schweregrad der Störung der Intelligenzentwicklung werden depressive Störungen jedoch wahrscheinlich unterdiagnostiziert (Lunsky et al. 2008). Selbst Menschen mit leichteren Beeinträchtigungen können Schwierigkeiten haben, komplexere Gefühle und Ideen zu artikulieren, z. B. ein Gefühl der Hoffnungslosigkeit. Die Herausforderungen bei der Diagnose von depressiven Störungen nehmen zu, wenn Menschen mit schwereren Störungen der Intelligenzentwicklung nicht zur Introspektion in der Lage sind oder über ihr Innenleben zu berichten (Maïano et al. 2018).

Darüber hinaus ist die depressive Symptomatik bei Menschen mit Störungen der Intelligenzentwicklung häufig weniger durchgängig im Alltagsverhalten zu beobachten, als dies bei Menschen ohne kognitive Einschränkungen der Fall ist. Da Menschen mit einer Intelligenzentwicklungsstörung, je nach kognitiver bzw. sozio-emotionaler Entwicklungsstufe, weniger dazu in der Lage sind, Vergangenheit, Gegenwart und Zukunft gedanklich zu antizipieren und sie entsprechend sehr viel stärker im »Hier und Jetzt« leben, sind sie meist für kurze Momente aus ihrer depressiven Stimmungslage auslenkbar. Dies kann zur diagnostischen Fehleinschätzung des eigentlichen Gemütszustandes führen. Endet die stimmungsauslenkende Intervention oder Situation nämlich, fallen sie schnell wieder in ihre gedrückte Stimmung zurück. Dies gilt bei dieser Personengruppe nicht nur für Depressionen, sondern auch für Trauerreaktionen allgemein (Haferburg 2023).

Prävalenz der ICD-11-Störungsbilder bei neuronalen Entwicklungsstörungen

Einzelne depressive Episode (ICD-11 6A70)

Die meisten epidemiologischen Studien ergeben, dass die Prävalenz depressiver Störungen bei Menschen mit Störungen der Intelligenzentwicklung ähnlich hoch ist wie in der Allgemeinbevölkerung (Cooper et al. 2022). Eine große Panelstudie von Cooper et al. (2007a) ergab beispielsweise eine Punktprävalenz von 3,8 % unter Verwendung der diagnostischen Kriterien für Lernbehinderungen, während eine Folgestudie eine Inzidenz von 4,1 % ergab (Cooper et al. 2007b). Die verfügbaren epidemiologischen Daten konzentrieren sich jedoch auf depressive Episoden an sich und unterscheiden nicht zwischen den verschiedenen depressiven Störungen gemäß der ICD-11.

Rezidivierende depressive Störung (ICD-11 6A71)

In ihrer Übersicht über die verfügbaren epidemiologischen Daten kamen Cooper et al. (2022) zu dem Schluss, dass depressive Störungen bei Menschen mit Störungen der Intelligenzentwicklung tendenziell chronisch sind. Dies könnte darauf hindeuten, dass rezidivierende depressive Störungen oder Dysthymie in dieser Bevölkerungsgruppe häufiger vorkommen. Cooper et al. (2022) merkten jedoch an, dass die Ergebnisse aufgrund der geringen Anzahl von Teilnehmern mit Störungen der Intelligenzentwicklung in Längsschnittstudien mit Vorsicht zu interpretieren sind. Die Chronizität depressiver Störungen bei Menschen mit Intelligenzentwicklungsstörungen könnte darauf hinweisen, dass mehr von ihnen an rezidivierenden depressiven Störungen leiden als in der Allgemeinbevölkerung, dass depressive Störungen in dieser Gruppe möglicherweise weniger gut behandelt werden oder dass sie mit schwierigeren Lebensereignissen konfrontiert sind als die Allgemeinbevölkerung.

Gemischte depressive und Angststörung (ICD-11 6A73)

Die epidemiologische Evidenz für Menschen mit Störungen der Intelligenzentwicklung unterstützt die spezifische ICD-11-Diagnose einer gemischten depressiven und Angststörung. Wie zu erwarten, treten bei Menschen mit Intelligenzentwicklungsstörungen häufig Angst- und Depressionsprobleme nebeneinander auf (Cooper et al. 2022). In einer kleineren Studie von Tsiouris et al. (2003) wurde außerdem festgestellt, dass 86 % der Personen, bei denen eine depressive Störung diagnostiziert wurde, auch Angstprobleme hatten.

11.2.4 Ätiologie

Die Ätiologie der depressiven Störungen bei Menschen mit Störungen der Intelligenzentwicklung hat die gleichen biopsychosozialen Grundlagen wie in der Allgemeinbevölkerung (Cooper et al. 2022). Es gibt zwar keine genetischen Biomarker für depressive Störungen, jedoch wird vermutet, dass bestimmte genetische Störungen wie das Prader-Willi-Syndrom, das Fragile-X-Syndrom, das Fetale Alkoholsyndrom, das Down-Syndrom und die Phenylketonurie mit einem höheren Risiko für psychische Probleme zusammenhängen könnten (Charlot et al. 2016; Khan et al. 2002; Soni et al. 2008).

Die Entwicklungserfahrungen, die mit einer Störung der Intelligenzentwicklung einhergehen, können die Anfälligkeit für depressive Störungen ebenfalls erhöhen, z. B.

die oft dauerhafte Abhängigkeit von der Unterstützung anderer, die Schwierigkeiten beim Erreichen kulturell geschätzter Normen wie Beschäftigung oder eine Eheschließung (Jahoda et al. 2006). Es wurde festgestellt, dass negative Lebensereignisse und belastende Erfahrungen mit der Diagnose einer depressiven Störung verbunden sind (Hartley & MacLean 2009). Menschen mit Störungen der Intelligenzentwicklung sind auch eine der am stärksten stigmatisierten Gruppen in der Gesellschaft (Scior et al. 2016), psychosoziale Faktoren wie soziale Ausgrenzung, Mobbing und Armut wurden mit der Anfälligkeit für depressive Störungen in Verbindung gebracht (Emerson & Hatton 2007). Entscheidend ist, dass nicht nur negative Erfahrungen mit depressiven Störungen einhergehen, ein Mangel an schützenden Faktoren, wie z. B. zielgerichtete Aktivitäten und vertrauensvolle Beziehungen, kann die Disposition für diese Störungen ebenfalls erhöhen (Jahoda et al. 2006; Lunsky & Benson 2001).

Depressive Störungen können mit chronischen oder schwerwiegenden Gesundheitszuständen einhergehen (Hurley et al. 2022). Sie sind bei Menschen mit Störungen der Intelligenzentwicklung und insbesondere solchen mit schweren und komplexen Bedürfnissen weitverbreitet, die nicht in der Lage sind, über ihre Symptome zu berichten (Cooper et al. 2015). Dies betrifft z. B. Menschen mit sensorischen Beeinträchtigungen oder zerebralparetischen Behinderungssyndromen (Charlot et al. 2007b; Harris 1998).

11.2.5 Diagnostik

Die Diagnose einer depressiven Störung erfordert laut ICD-11 das gleichzeitige Vorhandensein von wenigstens fünf charakteristischen Symptomen, die während eines Zeitraums von mindestens zwei Wochen fast jeden Tag auftreten. Dazu gehören:
- depressive, gedrückte Stimmung
- Freud- und Interessenlosigkeit
- Konzentrationsstörungen
- ein vermindertes Selbstwertgefühl oder übermäßige Schuldgefühle
- Hoffnungslosigkeit
- wiederkehrende Gedanken an den Tod oder Suizidgedanken
- Schlafstörungen und Tagesmüdigkeit
- psychomotorische Hemmung und Antriebslosigkeit
- Agitiertheit
- erhöhte Ermüdbarkeit
- Appetitlosigkeit oder Frustessen

Mindestens ein Symptom aus dem affektiven Bereich (d. h. eine gedrückte Stimmung oder Freudlosigkeit) muss vorhanden sein.

Neuronale Entwicklungsstörungen

Die verfügbaren standardisierten Assessment- und Screeningverfahren sind im Allgemeinen auf die einzelne depressive Episode ausgerichtet. In jedem Fall wird eine weitere klinische Untersuchung als unerlässlich angesehen, um eine der ICD-11-Diagnosen depressiver Störungen zu stellen.

Selbsteinschätzungen und fremdanamnestische Angaben

Mit zunehmenden intellektuellen und kommunikativen Schwierigkeiten steigt auch der Bedarf an Screening- und Diagnoseinstrumenten, die speziell für Menschen mit Störungen der Intelligenzentwicklung konzipiert sind sowie die Beobachtungen und Einschätzungen von Informanten einbeziehen. Solche selbst- und fremdeinschätzungsbasierte Screeninginstrumente können verwendet werden, um weitere klinische Untersuchungen und diagnostische Prozesse anzustoßen (Walton & Kerr 2016).

Bei Menschen mit leichter Störung der Intelligenzentwicklung haben Fragebögen mit Selbst- und Fremdangaben im Allgemeinen eine akzeptable bis gute konvergente Validität und sind in der Lage, diejenigen Personen zu identifizieren, die später die diagnostischen Kriterien für eine depressive Störung erfüllen (Mileviciute & Hartley 2015). Bei der Formulierung der Fragen ist jedoch Vorsicht geboten. Beispielsweise verfügen nur wenige Menschen mit Störungen der Intelligenzentwicklung über die nötigen Lese- und Schreibkenntnisse, um schriftliche Fragebögen auszufüllen, und die Selbstauskunftsfragebögen müssen so gestaltet sein, dass sie im direkten Gegenüber beantwortet werden können.

Menschen mit leichter Störung der Intelligenzentwicklung sind in der Regel in der Lage, über innere Zustände sowie affektive und kognitive Symptome zu berichten, die in Selbsteinschätzungsinstrumenten depressiver Störungen vorkommen (Mileviciute & Hartley 2015). Da es oft schwierig ist, zuverlässige Fremdberichte über die inneren emotionalen Zustände von Menschen mit Störungen der Intelligenzentwicklung zu erhalten, basieren diese fremdanamnestischen Verfahren auf leichter zu beobachtenden somatischen Symptomen wie Schlaf- und Essverhalten sowie Anzeichen von Stress und Unruhe (Mileviciute & Hartley 2015). Beobachtet werden also »Verhaltensäquivalente«, aus denen vor allem bei Menschen mit Störungen der Intelligenzentwicklung und eingeschränkter oder fehlender Sprachfähigkeit auf innere emotionale Zustände geschlossen werden kann.

Assessments für Menschen mit Störungen der Intelligenzentwicklung

Die *Glasgow-Depressionsskala* (*GDS*; Cuthill et al. 2003) ist ein Beispiel für eine Bewertung, die für Menschen mit einer geistigen Behinderung entwickelt wurde. Sie besteht aus 20 Items, wobei die Teilnehmer gebeten werden, den Grad ihrer Zustimmung zu jeder Aussage auf einer Vier-Punkte-Skala anzugeben. Die Aussagen in der Glasgow-Depressionsskala decken die wichtigsten Punkte ab, die für eine ICD-11-Diagnose erforderlich sind, darunter affektive, kognitive und somatische oder neurovegetative Symptome wie Müdigkeit. Die Skala berücksichtigt auch die Tatsache, dass sich depressive Störungen bei Menschen mit Störungen der Intelligenzentwicklung etwas anders äußern können.

Das *Diagnostic Manual – Intellectual Disability* (*DM-ID*; Fletcher et al. 2016) übernimmt den DSM-5-Rahmen für die Diagnose von psychischen Problemen und hebt die Gemeinsamkeiten und Unterschiede bei der Anwendung des Systems auf Menschen mit Störungen der Intelligenzentwicklung hervor. Im Hinblick auf die Diagnose depressiver Störungen wird darauf hingewiesen, dass sich der Leidensdruck der Menschen durch eine depressive oder reizbare Stimmung äußern kann. Es wird auch die Notwendigkeit betont, bei der Betrachtung der Diagnosekriterien sorgfältig zu prüfen, was eine Veränderung darstellt.

Für Personen, die nicht in der Lage sind, über ihr eigenes emotionales Wohlbefinden zu sprechen, sind fremdanamnestische Berichte erforderlich. Hier ist die *Intellectual Disabilities Depression Scale* (Evans et al. 1999) besonders hilfreich. Sie nimmt vor allem beobachtbare Anzeichen depressiver Störungen wie Veränderungen beim Essen, Schlafen und Verlust des Interesses an Aktivitäten in den Fokus der Einschätzung. Der Schwerpunkt liegt auch auf beobachtbaren

Gefühlsäußerungen wie Tränen, da die Zuverlässigkeit von Berichten Dritter über das innere Befinden anderer Menschen nur unzureichend ist (Mileviciute & Hartley 2015). Ohne sensible Bewertungsmaßnahmen, welche die individuellen Bedürfnisse dieser Gruppe auf angemessene Weise berücksichtigen, bleiben depressive Störungen oft unerkannt und unbehandelt (Janowsky & Davis 2005). Der Leitfaden des *Diagnostic Manual – Intellectual Disability* beschreibt, wie die DSM-5-Diagnosekriterien für den Beobachterbericht operationalisiert werden können. Ein vergleichbarer Ansatz für die ICD-11 muss noch entwickelt werden.

Da die meisten Forschungen zur Entwicklung und Evaluation von psychodiagnostischen Instrumenten in angelsächsischen Ländern durchgeführt werden, gibt es nur wenige validierte deutsche Übersetzungen dieser Screening- und Diagnoseinstrumente. Bislang existiert z. B. noch keine veröffentlichte standardisierte und validierte deutsche Version der oben genannten Diagnoseverfahren. Es gibt jedoch andere Diagnoseinstrumente, wie z. B. die *Aberrant Behavior Checklist – Community* (ABC-C; Aman und Singh 1994) und die *Psychiatric Assessment Schedule for Adults with Developmental Disabilities (PAS-ADD) Checklist – Revised* (Moss et al. 1998). Beide wurden in großem Umfang als psychiatrische Screeninginstrumente bei Menschen mit Störungen der Intelligenzentwicklung und depressiven Störungen eingesetzt, jedoch verfügt keines von ihnen über eine spezielle Subskala zur Beurteilung der diagnostischen Kriterien einer einzelnen depressiven Episode. Die geringe Sensitivität der deutschen Mini-PAS-ADD- und der PAS-ADD-Checkliste erfordert ebenfalls eine kritische Würdigung durch den behandelnden Arzt (Müller et al. 2022).

Trotz dieser speziell für die Personengruppe der Menschen mit Störungen der Intelligenzentwicklung entwickelten Assessment-Instrumente kann gerade bei schwerer Intelligenzentwicklungsstörung und eingeschränkter bzw. fehlender Sprachkompetenz die depressive Symptomatik schwierig zu erkennen sein und die Diagnose muss aus dem Vorliegen von Verhaltensäquivalenten (z. B. Störungen des Schlafrhythmus, Motivationsprobleme) geschlossen werden (siehe auch das folgende Fallbeispiel).

FALLBEISPIEL

Heike ist eine 31-jährige Frau mit einer schweren Störung der Intelligenzentwicklung, die an das Team der regionalen psychiatrischen Spezialambulanz für Menschen mit Störungen der Intelligenzentwicklung überwiesen wurde. Sie lebt zu Hause bei ihren Eltern. Diese machten sich wegen der Lustlosigkeit (für nichts zu motivieren) und der Übellaunigkeit ihrer Tochter große Sorgen.

Obwohl sie noch nie sehr mobil war, haben ihre Eltern bemerkt, dass sie sich nicht mehr so sicher bewegt und sich häufiger auf sie stützt. Für längere Fahrten aus dem Haus hat sie immer einen Rollstuhl benutzt, aber jetzt benutzt sie ihn ganz selbstverständlich, wenn sie ausgeht. Auch ihr Schlafrhythmus hat sich in den letzten drei Monaten verändert und mehrmals war Heike während der Nacht inkontinent. Derartige Schwierigkeiten hatte Heike bisher nicht. Ihre Eltern berichteten, dass Heike nicht mehr so oft lächelt und sich aufregt, wenn sie die Tagesstätte verlässt, wobei sie sich manchmal mit der offenen Hand auf den Kopf schlägt.

Auch Heikes Bezugsperson im Tageszentrum hat Veränderungen festgestellt. Sie sagte, dass Heike früher ihre Vorlieben durch Gesten und Deuten angezeigt hat. Heike ist immer noch in der Lage, auf demselben Niveau zu kommunizieren, aber ihre Betreuerin hat den Eindruck, dass sie weniger proaktiv Entscheidungen trifft und sich auf andere verlässt, um Entscheidungen zu treffen, die sie in der Vergangenheit selbst getroffen hätte. Ihr Gewicht ist in Ordnung, aber ihre Betreuerin hat den Eindruck, dass sie ihr Interesse am Essen etwas verloren hat und mehr Ermutigung zum Essen braucht.

Heikes jüngerer Bruder besuchte sie kürzlich und war »schockiert«, als er sie sah. Er beschrieb sie als »einen Schatten ihres früheren Selbst«.

Heike wurde zur psychologischen Betreuung überwiesen, nachdem ihr körperlicher Gesundheitszustand sorgfältig überprüft worden war. In der Vergangenheit war sie nämlich wiederholt gedrückter Stimmung, wenn sie unter Verstopfung litt.

Differenzialdiagnostik

Lebensereignisse

In der ICD-11 wird klargestellt, dass eine depressive Stimmung eine normale Reaktion auf widrige Lebensereignisse, wie z. B. einen Trauerfall, sein kann. Eine depressive Episode unterscheidet sich von diesen verständlichen Reaktionen durch den Schweregrad, die Bandbreite und die Dauer der Symptome. Diese Abgrenzung erfordert jedoch eine sorgfältige Abwägung. Einerseits kann es vorkommen, dass Betreuende, die Menschen an professionelle Servicestellen verweisen, verständliche emotionale Reaktionen auf Lebenserfahrungen wie einen Trauerfall pathologisieren. Andererseits können die emotionalen Schwierigkeiten der Betroffenen fälschlicherweise als typisch für Menschen mit Störungen der Intelligenzentwicklung eingeschätzt werden. Dies wird als diagnostische Überlagerung (diagnostic overshadowing) bezeichnet (Jahoda et al. 2017). Eine zusätzliche Komplikation, die es zu berücksichtigen gilt, ist die Art der Auswirkung, die das Lebensereignis auf die Person hat. Der Verlust einer familiären Betreuungsperson kann auch mit einem plötzlichen Umzug aus dem Elternhaus in eine neue Umgebung mit neuen Betreuungspersonen verbunden sein, wobei sich die regelmäßigen Tagesabläufe und sozialen Aktivitäten ändern. Dies kann dann durchaus zu einer depressiven Verstimmung bzw. Trauerreaktion führen.

Klinische Behandlungswege

Ein weiterer Faktor, der berücksichtigt werden muss, ist der oft durch inadäquate Therapieversuche gekennzeichnete Behandlungsweg, den die betroffenen Personen bis zum Erhalt der richtigen psychiatrischen Diagnose durchleben mussten. Die meisten Menschen mit Störungen der Intelligenzentwicklung werden von anderen (Familienangehörigen, Betreuenden) einer professionellen Hilfe zugeführt. Sie werden also in der Regel dann überwiesen, wenn ihre Schwierigkeiten im Alltag als Problem wahrgenommen werden. Dies kann jedoch dazu führen, dass Menschen mit Störungen der Intelligenzentwicklung eher wegen äußerlich beobachtbarer Verhaltensweisen wie Wut und Aggression, die ihr Leben und das anderer stärker beeinträchtigen, zur Hilfe überwiesen werden. Grundlegende Probleme wie depressive Störungen können dann übersehen werden. Wenn sich Menschen mit Störungen der Intelligenzentwicklung weiterhin angepasst verhalten und sich lediglich sozial zurückziehen, verursachen ihre emotionalen Probleme möglicherweise keine Schwierigkeiten in der alltäglichen Begleitung und die eigentlich bestehende depressive Symptomatik wird übersehen.

11.2.6 Therapie

Es gibt keine eindeutigen Unterschiede bei den therapeutische Maßnahmen, die für »einzelne depressive Episoden«, eine »rezidivierende depressive Störung« oder eine »dysthyme Störung« spezifisch vorgeschlagen werden, da sich die psychologischen Modelle, die den verschiedenen Therapieansätzen zugrunde liegen, für diese unterschiedlichen Diagnosen nicht ändern würden. Wie bereits erwähnt, deuten die epidemiologischen Erkenntnisse jedoch darauf hin, dass Menschen mit Störungen der Intelligenzentwicklung häufiger an chronischen oder anhaltenden depressiven Störungen leiden als die Allgemeinbevölkerung. Dies könnte als Überschneidung der beiden Diagnosen »rezidivierende depressive Störung« und »dysthyme Störung« angesehen werden. Wenn die rezidivierende depressive Störung der Person beispielsweise mit ihren Lebensumständen (z. B. überfordernd, unterfordernd, bevormundend, vernachlässigend) zusammenhängt, könnte eine Komponente der therapeutischen Intervention darauf abzielen, die Person dabei zu unterstützen, ihr Lebensumfeld wirklich zu ändern (Jahoda et al. 2017). Diese umfassende, systemisch-diagnostische Sicht ist für die Wahl des geeigneten Therapiewegs von entscheidender Bedeutung. Die folgenden Therapieansätze sind also immer in eine systemische Gesamtsicht einzubetten.

Kognitive Verhaltenstherapie (KVT)

Dieser Ansatz zielt darauf ab, an den depressiven Denk- und Verhaltensweisen der Menschen zu arbeiten, um ihre Stimmung zu heben und anpassungsfähigere Denk- und Verhaltensmuster zu entwickeln. Es gibt gute Belege für die Anwendung der Kognitiven Verhaltenstherapie bei Menschen mit leichten bis mittleren Störungen der Intelligenzentwicklung und depressive Störungen (Hamers et al. 2018). Da es die Kognitive Verhaltenstherapie erfordert, dass die Menschen über ihre Gedanken, Gefühle und ihr Verhalten in der Lage sind zu sprechen, müssen sie über ausreichende kommunikative und kognitive Fähigkeiten verfügen.

Es wurden Anpassungen vorgeschlagen, um die Kognitive Verhaltenstherapie für Menschen mit Störungen der Intelligenzentwicklung zugänglicher zu machen. Dazu gehören bessere Verfügbarkeit der Therapieangebote und die Möglichkeit, dass wichtige Bezugspersonen an den Therapiesitzungen teilnehmen können (Surley & Dagnan 2019). Die Unterstützung durch die Bezugsperson könnte die Hilfe bei der Erledigung von alltäglichen Aufgaben zwischen den Sitzungen und die Unterstützung bei der Aufrechterhaltung der therapeutischen Erfolge (z. B. durch Memorieren von Lerninhalten und Üben von geeigneten Bewältigungsstrategien) nach Abschluss der Intervention umfassen.

Zwei allgemeine Ansätze der kognitiven Therapie für Menschen mit Störungen der Intelligenzentwicklung wurden als »Defizit« und »Verzerrung« beschrieben (Jahoda et al. 2017). Das **Defizitmodell** konzentriert sich auf die kognitiven Fähigkeiten oder Techniken, die Menschen nutzen können, um die emotionalen Herausforderungen zu bewältigen, denen sie gegenüberstehen. Die zugrunde liegende Annahme ist, dass eine Störung der Intelligenzentwicklung an sich die Wahrscheinlichkeit einer depressiven Störung erhöhen kann. So könnten beispielsweise schlechtere Problemlösungsfähigkeiten dazu führen, dass sich jemand angesichts alltäglicher Herausforderungen eher überfordert, verzweifelt und hoffnungslos fühlt. Daher kann der Schwerpunkt darauf liegen, den Menschen zu helfen, ihre depressiven Symptome zu verstehen und zu lernen, Probleme zu lösen und die Schwierigkeiten zu bewältigen, mit denen sie konfrontiert sind.[38]

Im Gegensatz dazu liegt der Schwerpunkt eines Ansatzes, der auf kognitiven **Verzerrungen** beruht, auf dem Inhalt der kognitiven Vorstellungen der Menschen. Ziel ist es, die kognitiven Verzerrungen, welche die depressive Stimmung einer Person aufrechterhalten, zu beseitigen. So kann jemand z. B. negative automatische Gedanken haben, dass andere Menschen ihn ignorieren oder ihn herabsetzen, untermauert von einem Gefühl der Wertlosigkeit.

In Wirklichkeit ist die Unterscheidung zwischen kognitiven Defiziten und Verzerrungen ziemlich grob, da Veränderungen im Verhalten der Menschen in der Welt wiederum ihre zwischenmenschlichen Wahrnehmungen und ihre Stimmung verändern. Es gibt gute fachliche Belege dafür, wie die Kognitive Verhaltenstherapie für Menschen mit Störungen der Intelligenzentwicklung und depressive Störungen angepasst werden kann (Surley & Dagnan 2019).

Eine wichtige Überlegung bei der Kognitiven Verhaltenstherapie für Menschen mit Intelligenzentwicklungsstörungen, die an einer depressiven Störung leiden, ist, dass ihre Kognitionen möglicherweise nicht verzerrt sind, sondern ihre Gedanken die Realität ihrer Lebenssituation widerspiegeln.

Wenn also jemand in seiner Autonomie eingeschränkt ist und sozial ausgegrenzt wird oder Feindseligkeit von anderen erfährt, können Therapeutinnen oder Therapeuten diese realen Herausforderungen des Lebens nicht als Verzerrungen abtun, sondern sie müssen möglicherweise Faktoren anerkennen, die sich der Kontrolle ihrer Patientinnen und Patienten entziehen, und ihnen helfen, zu erkennen, dass sie ein abgewertetes Selbstverständnis nicht akzeptieren oder verinnerlichen müssen. Neben der individuellen Therapie ist auch das systemische und milieutherapeutische Arbeiten ein wichtiger Bestandteil der Behandlung, um spürbare Veränderungen im Leben der Patientinnen und Patienten anzustoßen (Jahoda et al. 2017).

FALLBEISPIEL

Moritz ist ein 45-jähriger Mann mit einer leichten Störung der Intelligenzentwicklung, der seit dem Tod seiner Mutter vor sechs Jahren allein in einer Wohnung lebt. Er wird jede Woche sechs Stunden lang von bezahlten Mitarbeitenden unterstützt, die ihm vor allem beim Einkaufen und bei der Hausarbeit helfen. Er besucht an drei Tagen in der Woche ein Gartenprojekt und ist Mitglied in einem sozialen Verein für Menschen mit Intelligenzentwicklungsstörungen, der sich jeden Donnerstagabend trifft. Am Wochenende trifft er sich normalerweise mit seinem Bruder auf einen Kaffee. Seine beiden Schwestern leben in einem anderen Teil des Landes und er sieht sie nur zu Weihnachten und im Sommer.

Seinem Betreuer im Gartenbauprojekt ist aufgefallen, dass sich Moritz in den letzten sechs Monaten stark verändert hat. Er scheint weniger Energie zu haben, zeigt kaum Begeisterung für Aktivitäten, die ihm früher Spaß gemacht haben, und ist nicht mehr so gesellig mit Peers. Moritz ist auch emotional labiler geworden; er ist häufig

---

[38] Für einen psychoedukativen Zugang ist das illustrierte Büchlein von Matthew Johnstone »Mein schwarzer Hund – Wie ich meine Depression an die Leine legte« (2008) besonders geeignet. Der Text muss jedoch zur Verwendung in Leichte Sprache übertragen werden. Außerdem sehr geeignet: »Therapie-Tools Depression bei Menschen mit geistiger Behinderung« (Erretkamps et al. 2017). Es enthält verschiedene Arbeitsmaterialien wie Informations- und Arbeitsblätter für Therapeutinnen und Therapeuten, Patientinnen und Patienten (in Leichter Sprache) sowie für Bezugspersonen.

weinerlich und leicht reizbar. Auf die Frage, warum er nicht an Aktivitäten teilnehmen möchte, antwortete Moritz seinem Betreuer, dass »ich in diesen Dingen nicht mehr gut bin«. Auf die Frage, warum er nicht mehr mitmachen wolle, antwortete er einfach: »Ich weiß nicht, ich habe einfach die Nase voll davon.«

Die Betreuenden in Moritz' Wohnung sagten, dass er im letzten Monat, als sie zur Mittagszeit kamen, noch in seinem Bett lag. Dies ist eine bedeutende Veränderung. Außerdem hat er in den vergangenen Monaten an Gewicht verloren. In letzter Zeit gab es eine Reihe von Personalwechseln und ein langjähriger Mitarbeiter von Moritz hat vor etwa acht Monaten seine Stelle aufgegeben. Moritz wusste bis zum Vortag nicht, dass dieser Mitarbeiter seinen Posten verlassen sollte, und wurde wütend, als man ihn darüber informierte. Seitdem hat er nicht mehr über diesen Mitarbeiter gesprochen.

Moritz erledigt weiterhin Aufgaben im Haushalt, wie Staubsaugen und Geschirrspülen; es gibt keine offensichtlichen Einbußen bei seinen Fähigkeiten, auch wenn er sich bei häuslichen Aufgaben eher zurückhaltend verhält. Er scheint keine Schwierigkeiten mit seinem Gedächtnis zu haben, aber seine Konzentrationsfähigkeit ist schlechter als sonst und er sagt, dass er einige seiner Lieblingssendungen im Fernsehen nicht mehr anschaut.

Wir haben begonnen, mit Moritz zu arbeiten. Er hat auf der Glasgow-Depressionsskala (Cuthill et al. 2003) einen klinisch signifikanten Wert von 23 erreicht. Wir werden einen kognitiv-verhaltenstherapeutischen Ansatz wählen, um Moritz dabei zu unterstützen, seine offensichtliche Hoffnungslosigkeit zu überwinden. Die verhaltenstherapeutische Komponente wird sich darauf konzentrieren, Moritz dabei zu helfen, wieder Aktivitäten aufzunehmen, die ihm ein Gefühl von Sinn und Freude vermitteln. Dazu gehört auch die Zusammenarbeit mit seinem Tagesdienst und dem Anbieter der Wohnbetreuung, um sein Betreuungspaket und die ihm zur Verfügung stehenden Möglichkeiten zu überprüfen.

Verhaltensaktivierung

Es gibt therapeutische Ansätze zur Behandlung von depressiven Störungen, bei denen die Veränderung des realen Lebens im Mittelpunkt der Intervention steht. Die Verhaltensaktivierung stützt sich auf Verhaltenstheorien zur Depression, welche die Auswirkungen des Rückzugs von Aktivitäten und des Verlusts von belohnenden Erfahrungen auf die Stimmung der Menschen hervorheben (Lejuez et al. 2011). Das Hauptziel besteht darin, den Menschen dabei zu helfen, wieder eine zielgerichtete Tätigkeit aufzunehmen. Während die zugrunde liegende Theorie relativ einfach erscheint, ist die therapeutische Arbeit zur Unterstützung von Menschen mit depressiven Störungen bei der Steigerung ihrer Aktivität und ihres Engagements nicht so einfach. Dieser Ansatz hat eine solide Evidenzbasis in der Allgemeinbevölkerung; die kurze Verhaltensaktivierung wurde für Menschen mit Störungen der Intelligenzentwicklung angepasst. In einer großen Studie wurde festgestellt, dass dieser manualisierte Ansatz mit guter Therapietreue durchgeführt werden konnte, keine damit verbundenen Schäden verursachte und mit positiven Veränderungen der depressiven Symptome der Betroffenen einherging, die über einen Beobachtungszeitraum von zwölf Monaten aufrechterhalten wurden (Jahoda et al. 2017). Da einige Studienteilnehmer schon seit längerer Zeit unter depressiven Verstimmungen gelitten haben, wäre auch zu diskutieren, ob dieser Therapieansatz nicht nur für rezidivierende Depressionen, sondern auch für dysthyme Störungen geeignet sein könnte (Jahoda et al. 2018).

Bewegungstherapie

Bewegung wirkt sich nachweislich positiv auf die Stimmung von Menschen mit depressiven Störungen aus und ist in der Leitlinie für die Behandlung und das Management von depressiven Störungen bei Erwachsenen enthalten, die vom National Institute for Health and Care Excellence im Vereinigten Königreich erstellt wurde (NICE 2009). Allerdings gibt es auch hier nur begrenzte Erkenntnisse über den Einsatz bei Menschen mit Störungen der Intelligenzentwicklung (Carraro & Gobbi 2014).

Achtsamkeit und Compassion-Focused Therapy (CFT)

Andere kognitive Ansätze wie Achtsamkeits- und Compassion-Focused Therapy (CFT)[39] wurden ebenfalls für Menschen mit Störungen der Intelligenzentwicklung angepasst. Auch hier ist die Evidenzbasis begrenzt und die veröffentlichte Literatur zur Compassion-Focused Therapy konzentriert sich eher auf Traumata. Es wurden jedoch einige sorgfältige Überlegungen zur Anpassung von Achtsamkeit und CFT-Ansätzen für Menschen mit Störungen der Intelligenzentwicklung und depressiven Störungen angestellt (Croom et al. 2021; Idusohan-Moizer et al. 2015).

Weitere Therapieinterventionen

Schließlich gibt es auch neue Erkenntnisse über verschiedene Arten der Durchführung von Interventionen bei depressiven Störungen. So wurde eine randomisierte Kontrollstudie zu einer computergestützten kognitiven Verhaltensintervention durchgeführt, die auf einem Computerspiel namens »Pesky Gnats: the feel good island« (Cooney et al. 2017) basiert. Die Teilnehmenden wiesen Angstzustände, depressive Störungen oder gemischte Angstzustände/depressive Störungen auf. Es gab keine signifikante Veränderung der depressiven Symptome nach der Intervention oder beim Follow-up. Es wurde jedoch ein großer Effekt für eine Verringerung der Angst festgestellt, was auf eine Abnahme der Stresssymptome bei den Teilnehmenden mit gemischten Angst- und Depressionssymptomen hindeutet.

Ein manualisierter Ansatz zur angeleiteten Selbsthilfe bei depressiven Störungen wurde auch für Menschen mit Störungen der Intelligenzentwicklung angepasst und basiert auf einer Reihe von Untersuchungen, die sich mit den Hauptsymptomen der depressiven Störungen befassen (Verständnis der depressiven Störung, körperliche Bewegung, Schlaf, Problemlösung). In einer groß angelegten Studie wurde die Intervention mit einer signifikanten Verringerung der depressiven Symptome in Verbindung gebracht; diese Fortschritte blieben auch nach zwölf Monaten erhalten (Jahoda et al. 2017).

Behandlung von ICD-11-Störungsbildern bei neuronalen Entwicklungsstörungen

Obwohl keine der Interventionen den spezifischen Diagnosen der depressiven Störungen in der ICD-11 zugeordnet werden kann, bedeutet das breite Spektrum an therapeutische Möglichkeiten, dass es möglich ist, eine Intervention auszuwählen, die auf eine be-

---

39 Compassion-Focused Therapy (CFT): Anwendung von Mitgefühl (mit sich und/oder anderen) bei komplexer, schambasierter psychischer Symptomatik. Mittlerweile wird sie auch bei Angst-, Ess- und Traumafolgestörungen oder Psychosen eingesetzt.

stimmte Diagnose ausgerichtet ist. So können z.B. transdiagnostische Interventionen der Kognitiven Verhaltenstherapie (Lindsay et al. 2015) eingesetzt werden, um die Schwierigkeiten zu bewältigen, die bei einer gemischten depressiven und Angststörung auftreten. Bei der Entscheidung über die Art der Intervention können auch die Dimensionalität der ICD-11-Diagnosen und der Schweregrad der Erkrankung berücksichtigt werden.

Pharmakotherapie

In den Nationalen Versorgungsleitlinien (S3) wird einleitend zur pharmakotherapeutischen Behandlung von unipolaren Depressionen darauf hingewiesen, dass bei leichten Depressionen in den wissenschaftlichen Studien zwischen Placebo und Antidepressiva kein statistischer Unterschied ermittelt werden konnte. Es wird weiter ausgeführt, dass entsprechend nur sehr wenige Patienten von einer Therapie mit Antidepressiva profitieren würden (BÄK/KBV/AWMF 2022).

Die Gabe von Antidepressiva bei leichten Depressionen wird insofern nur dann empfohlen, wenn
- die depressive Symptomatik trotz Behandlungsversuchen mit anderen Mitteln fortbesteht,
- eine Chronifizierung droht oder
- sich bereits frühere medikamentöse Behandlungen bewährt haben (BÄK/KBV/AWMF 2022).

Mit zunehmender Schwere der Depression wächst der Stellenwert pharmakologischer Behandlungsansätze gegenüber den rein psychotherapeutischen Strategien; sinnvoll bleibt auch hier die Ergänzung durch körperliche Bewegung und Schlafhygiene (Rezaie et al. 2023).

Bei der **Auswahl des antidepressiven Wirkstoffs** gilt es abzuwägen, ob mehr aktivierende oder mehr sedierende Eigenschaften gewünscht werden. Es hat sich bewährt, bei den meisten Antidepressiva mit einer niedrigen Anfangsdosis zu beginnen, die nach Verträglichkeit in den substanzspezifischen Zielbereich gesteigert wird. Pharmakogenomische Empfehlungen für die antidepressive Behandlung können dagegen auf der bestehenden Datengrundlage noch nicht ausgesprochen werden (Yoshida et al. 2021).

Antidepressiva unterscheiden sich in ihrem Nebenwirkungsprofil, für den Erfolg der Therapie kommt der Psychoedukation daher eine große Bedeutung zu. Wichtig ist einerseits der Hinweis auf eine mögliche Antriebssteigerung zu Behandlungsbeginn, die unter Umständen Suizidalität bahnen kann. Anzusprechen sind andererseits auch mögliche Absetzeffekte von Antidepressiva.

Soweit aus der Vorgeschichte bereits positive Erfahrungen mit bestimmten Präparaten vorliegen wird man an diese anknüpfen.

Eine gemeinsame Eigenschaft von Antidepressiva ist die Wirklatenz von bis zu drei Wochen, die mit neuroplastischen Vorgängen im Gehirn erklärt wird und die unabhängig von der eingesetzten Substanzklasse zu beobachten ist. Von dieser Regel ausgenommen sind antidepressive Effekte von Ketamin (Berman et al. 2000), das off-label intravenös verfügbar ist, aber psychotomimetische Nebenwirkungen aufweist. Seit 2021 ist das Enantiomer S-Ketamin als Nasenspray bei akuter Suizidalität und bei Therapieresistenz zugelassen. Erkenntnisse zu Therapieerfolgen sind allerdings noch unzureichend und dessen langfristiger Nutzen wurde bisher nicht belegt.

Insgesamt sind heute etwa 30 antidepressive Wirkstoffe verfügbar, die verschiedenen Substanzklassen zugeordnet werden (Tab. 11-1). Der Vergleich von Effektstärken in einer aktuellen großen Metaanalyse ergab für die verschiedenen Antidepressiva deutliche Effektunterschiede (Cipriani et al. 2018). Im Vergleich zu Placebo konnte der Therapie-

Substanzklassen	Beispiele
Trizyklische Antidepressiva	Amitriptylin, Clomipramin, Doxepin, Imipramin, Nortriptylin, Trimipramin
Selektive Serotonin-Wiederaufnahmehemmer	Sertralin, Citalopram, Escitalopram, Fluoxetin, Fluvoxamin, Paroxetin
Selektive Serotonin-Noradrenalin-Wiederaufnahmehemmer	Venlafaxin, Duloxetin, Milnacipran
Selektive Noradrenalin-Wiederaufnahmehemmer	Reboxetin
Selektive Noradrenalin-/Dopamin-Wiederaufnahmehemmer	Bupropion
Alpha-2-Rezeptor-Antagonisten	Mirtazapin, Mianserin
Monoaminoxidase(MAO)-Hemmer	Moclobemid, Tranylcypromin
Melatonin-Rezeptor-Agonisten	Agomelatin
Serotonin-5-HT$_{2C}$-Rezeptor-Antagonisten	Trazodon
Andere	Tianeptin, Vortioxetin, Johanniskrautextrakt

Tab. 11-1: Übersicht Antidepressiva

vorteil jedoch nur sehr eingeschränkt nachgewiesen werden, sodass sich die Frage der Effektivität einer reinen Arzneimitteltherapie bei depressiven Störungen weiterhin nicht eindeutig beantworten lässt (Moncrieff et al. 2018). Zu achten ist bei pflanzlichen Wirkstoffen aus Johanniskrautextrakt (auch in Kombination mit Baldrianwurzelextrakt und Passionsblumenkrautextrakt) auf Interaktionen unter anderem mit Antikoagulanzien und hormonellen Kontrazeptiva.

In der **Akutphase** der Therapie wird zunächst eine Vollremission angestrebt. Wichtig sind in diesem Zusammenhang ausreichend hohe Plasmaspiegel im Steady State, also nach fünf Halbwertszeiten. In den therapeutischen Referenzbereich soll schrittweise vorgestoßen werden. Man wird nach Möglichkeit auf eine Monotherapie und im Falle wahnhafter Depressionen auf eine Zweizügeltherapie aus Antidepressivum und Antipsychotikum hinarbeiten. Die Gabe von Benzodiazepinen wird bei leichten bis mittelgradigen Depressionen nicht mehr generell empfohlen und soll sich auf begründete Einzelfälle beschränken. Durch eine Begrenzung der Behandlungsdauer auf maximal vier Wochen soll die Ausbildung einer Gewöhnung an Anxiolytika vermieden werden (BÄK/KBV/AWMF 2022).

Daran schließt sich eine **Erhaltungsphase** an (4–12 Monate), in der ein Rückfall vermieden werden soll. Bei Auftreten unerwünschter Arzneimittelwirkungen kann eine vorsichtige Reduktion der Antidepressivadosis vorgenommen werden. Die Erhaltungstherapie ist am erfolgreichsten, wenn sie eine psychotherapeutische Behandlung einbezieht (Furukawa et al. 2021).

Mit zunehmender Dauer der Pharmakotherapie schwinden positive Effekte auf die Lebensqualität (Almohammed et al. 2022). Ein anhaltendes Ansprechen (mind. 12 Monate) auf antidepressive Medikation bei Menschen mit Störungen der Intelligenzentwicklung wird bei ca. 50 % der Behandelten erzielt (Rai & Kerr 2010). Zur optimalen Dauer der Erhaltungstherapie existieren keine einheitlichen Vorgaben, in der Nationalen VersorgungsLeitlinie werden sechs bis zwölf Monate genannt (BÄK/KBV/AWMF 2022). Zur **Rezidivprophylaxe** kann die Erhaltungstherapie auch darüber hinaus fortgeführt werden, wenn sich Hinweise auf ein erhöhtes Risiko für neue Krankheitsepisoden ergeben. Die Evidenz für eine Langzeitwirksamkeit von Antidepressiva ist – verglichen mit Zahlen zum Erfolg der Akuttherapie – insgesamt schlechter. Dennoch hat in den vergangenen Jahren die Verordnung von Antidepressiva auch im Kontext von Störungen der Intelligenzentwicklung zugenommen (Henderson et al. 2020), ebenso wie die Verordnungsdauer. Aktuelle Erhebungen sehen Antidepressiva inzwischen mancherorts auf den vordersten Plätzen der verschriebenen Psychopharmaka (Branford & Shankar 2022). Einer Metaanalyse zufolge nimmt etwa ein Siebtel der Erwachsenen mit Störungen der Intelligenzentwicklung ein Antidepressivum (Song et al. 2023).

Der Einsatz der **Elektrokonvulsionstherapie (EKT)** wird in der Nationalen Versorgungsleitlinie nicht länger an eine Mindestanzahl von vorangegangenen medikamentösen Therapieversuchen geknüpft (BÄK/KBV/AWMF 2022). Es handelt sich um das mit Abstand wirkungsvollste unter den Stimulationsverfahren, die auch die transkranielle Magnetstimulation, die transkranielle Gleichstromstimulation, die Vagusnervstimulation und die tiefe Hirnstimulation umfassen (Bajbouj & Heuser 2005).

Bei nicht einwilligungsfähigen und nonverbalen Patientinnen und Patienten müssen ethische Überlegungen bei der Entscheidung über eine EKT-Behandlung in besonderem Maße berücksichtigt werden (Porter et al. 2020). Außerdem gibt es bislang noch keine Verlaufsstudien zur Frage, inwiefern Menschen mit Störungen der Intelligenzentwicklung aufgrund der vorbestehenden kognitiven Beeinträchtigung für eventuell auftretende kognitive EKT-Nebenwirkungen besonders vulnerabel sind oder nicht. Wenn also eine EKT in Erwägung gezogen werden muss, dann bedarf es eines genauen kognitiven Monitorings vor und nach der Maßnahme (Porter et al. 2020).

Als **experimentell** gelten schließlich verschiedene, nicht zugelassene Optionen (z. B. Botox, Cannabinoid-Produkte wie CBD-Öl, Lachgas). Diese Anwendungen sind in der Depressionstherapie allesamt off-label. Ihr Einsatz außerhalb klinischer Studien kann zum Teil strafrechtliche Folgen nach sich ziehen, etwa beim Betäubungsmittel Psilocybin, das kürzlich in Australien und einigen US-Bundesstaaten als Antidepressivum legalisiert wurde (Haridy 2023).

11.2.7 Verlauf und Prognose

Sechs kleine Pilotstudien zu psychologischen Interventionen zur Behandlung von depressiven Störungen bei Menschen mit Lernbehinderungen und leichten bis mittleren Störungen der Intelligenzentwicklung haben über die üblichen Behandlungen berichtet (Hartley et al. 2015; Hassiotis et al. 2013; Lindsey et al. 2015; McCabe et al. 2006; McGillivray & Kershaw 2013; McGillivray et al. 2008). Bei den Teilnehmenden, die in allen sechs Studien wie üblich behandelt wurden, gab es praktisch keine Veränderungen der Depressionswerte vom Ausgangswert bis zu den Nachuntersuchungen, einschließlich bis zu elf Monate nach dem Ausgangswert. Diese Ergebnisse stützen die Schlussfolgerung von Cooper et al. (2022), dass die epidemiologische Evidenz darauf hindeutet, dass depressive Störungen bei Menschen mit Störungen der Intelligenzentwicklung eher dazu neigen, als dauerhaftes, das heißt chronisches Zustandsbild aufzutreten. Es gibt jedoch einige Hinweise, dass psychologische Therapien wie die Kognitive Verhaltenstherapie für Menschen mit leichten bis mittelschweren Störungen der Intelligenzentwicklung und depressiven Störungen hilfreich sein können (Tapp et al. 2023).

11.2.8 Fazit

- Die Prävalenzschätzung für Menschen mit Störungen der Intelligenzentwicklung liegt zwischen 1 und 6 %.
- Sie variiert je nach verwendetem Diagnoseschema, dem Grad der Intelligenzentwicklungsstörung, der sozio-emotionalen Entwicklungsstufe und dem Alter zum Teil erheblich.
- Menschen mit schweren Störungen der Intelligenzentwicklung sind oft nicht in der Lage, über ihren inneren emotionalen Zustand zu berichten.
- Depressive Störungen können sich bei Menschen mit Störungen der Intelligenzentwicklung anders darstellen (Verhaltensäquivalente; körperliche Schmerzsymptome).
- Interventionsstudien zur Bewertung der Behandlung depressiver Störungen bei Menschen mit einer Intelligenzentwicklungsstörung weisen deutliche methodologische Mängel auf (unzureichende Berücksichtigung bzw. Gültigkeit von Diagnosekriterien).
- Es gelten in der Therapie die S3-Leitlinien (siehe hierzu DGPPN BÄK et al. 2017).

SAMUEL ELSTNER & CORINNA BONACCURSO

12 Angst- oder furchtbezogene Störungen (ICD-11 6B0)

12.1 Die Codierung von Angst- oder furchtbezogenen Störungen in der ICD-11

6B0 ANGST- ODER FURCHTBEZOGENE STÖRUNGEN
- 6B00 Generalisierte Angststörung
- 6B01 Panikstörung
- 6B02 Agoraphobie
- 6B03 Spezifische Phobie
- 6B04 Soziale Angststörung
- 6B05 Trennungsangststörung
- 6B06 Selektiver Mutismus
- 6B0Y Sonstige näher bezeichnete Angst- oder furchtbezogene Störungen
- 6B0Z Angst- oder furchtbezogene Störungen, nicht näher bezeichnet

In leichterer Ausprägung als zusätzliche Diagnose unter dem Kapitel »Psychische oder verhaltensbezogene Symptome, Anzeichen oder klinische Befunde« codierbar:
- MB23.H Panikattacke
- MB24.3 Angst
- MB24.A Angst
- MB24.H Sorge
- MB26.7 Verfolgungsidee

Ein großer Unterschied der ICD-11 zur ICD-10 besteht in der Auflösung des Kapitels »Neurotische, Belastungs- und somatoforme Störungen«, in welchem die Angststörungen bisher subsumiert waren. Sie sind jetzt unter der ICD-11-Codierung 6B0 in einem eigenen Kapitel aufgelistet. Dieses untergliedert sich in weitere Bereiche, deren Themen generalisierte Angststörung (6B00), Panikstörung (6B01), Agoraphobie (6B02), spezifische Phobie (6B03) und soziale Angststörung (6B04) als bekannte Störungen bereits in der ICD-10 in den Kapiteln F40 und F41 zu finden waren. Bemerkenswert hierbei ist, dass diese Störungen nun nebeneinander als eigene Unterpunkte genannt werden, während die ICD-10 die Störungen in die verschiedenen Unterkapitel »Phobische Störungen« (F40.-) und »Andere Angststörungen« (F41.-) einteilte.

Neu hinzu kommen in diesem Bereich die Trennungsangststörung (6B05) und der selektive Mutismus (6B06). Grund hierfür ist, dass sich die ICD-11 anhand der Lebenszeitachse organisiert und somit die Betrachtung von altersbereichsspezifischen Störungen in getrennten Kapiteln für das Kindes-, Jugend- und Erwachsenenalter entfällt. Die beiden Restkategorien »Sonstige näher bezeichnete Angst- oder furchtbezogene Störungen« (6B0Y) und »Angst- oder furchtbezogene Störungen, nicht näher bezeichnet« (6B0Z) schließen dieses Kapitel.

Hervorzuheben ist hierbei, dass die »Hypochondrie« nun unter der Ziffer 6B23 als Zwangsspektrumsstörung gesehen wird. Ebenso ist auch vorgesehen, dass einzelne Angstsymptome, wie Panikattacke, Angst, Furcht, Sorgen oder paranoide Ängste jetzt zusätzlich gesondert verschlüsselt werden können.

12.2 Definition

Angst ist eine normale und sinnvolle Reaktion zum Schutz und zur Bewältigung belastender oder gefährlicher Situationen. Sie bewirkt durch Vermittlung von verschiedenen Neurotransmittern wie z. B. Serotonin, Adrenalin, Noradrenalin und Gamma-Aminobuttersäure (GABA) (Bandelow et al. 2017; Crestani et al. 1999; Iversen 1984) unter Beteiligung der Amygdala und des medialen präfrontalen Kortex eine systemische Reaktion, die vor allem auf Flucht oder Angriff ausgelegt ist. Pathologisch wird sie, wenn sie sich verselbstständigt und ein beeinträchtigendes Ausmaß annimmt. Dies kann sowohl ein primärer Prozess als auch sekundäre Folge einer anderen psychischen Erkrankung sein, etwa einer Psychose oder einer autistischen Störung. Bei den in diesem Kapitel zu behandelnden Störungen entstehen Angstgefühle ohne objektive Notwendigkeit von Schutz- oder Verteidigungsreaktion. Die Angst wird somit zu einem eigenständigen Störungselement in der praktischen Lebensausgestaltung. Sie überschreitet als Störung eine bestimmte Schwelle, die erhöhte, reiz- und aufgabenunabhängige innere Angespanntheit mit unkoordinierten Reaktionen bewirkt. Somit geht der eigentliche Sinn von Angst verloren, der in seiner Mobilisierung der körperlichen und geistigen Wachheit für organisierte, überdachte Reaktionen in einer Gefahrensituation besteht. Neue klinische Symptome fernab von Angst wie Rückzug, Anspannung, Auto- oder Fremdaggression können plötzlich in den Vordergrund treten.

Dabei sind diese Symptome nicht Ausdruck einer anderen Erkrankung, sondern Folge der Angststörung und bedingen nicht unwesentlich eine Reduktion von Lebensqualität bei den Betroffenen bei gleichzeitig hohem wirtschaftlichem Kostenfaktor im Gesundheitssystem (Cooper et al. 2007).

In zahlreichen Fällen wird auch von Menschen ohne Störung der Intelligenzentwicklung (SIE) die Angst nicht vordergründig empfunden und berichtet. Aus diesem Grund werden derartige Störungen zu selten erkannt, obwohl sie erheblichen Krankheitswert erreichen können, nicht selten Komorbiditäten zeigen (z. B. Depression; Bond et al. 2020; Linden & Zubrägel 2000) und bei frühzeitigem Therapiebeginn gut behandelbar sein können (Linden & Zubrägel 2000).

Interessant ist die Einschätzung von Angstsymptomen im Rahmen einer Autismus-Spektrum-Störung (ASS). Verschiedene Autorinnen und Autoren beschreiben bei dieser Patientengruppe Ängste, die sich als nachgelagerte Folge von ASS-bedingten Stressoren manifestieren können. Möglich ist auch eine gegenseitige Verstärkung von Angst und Autismus-Spektrum-Störung. Einige Autoren gehen sogar so weit, Ängste als Teil des Autismus-Spektrums zu bewerten (Kerns et al. 2014; Wood et al. 2010). Eine klare Abgrenzung ist schwierig und benötigt intensive Verhaltensanalysen optimalerweise unter systemischer Einbeziehung des sozialen Umfelds. Typische physiologische Reaktionen wie Herzrasen, Zittern, Schweißausbrüche bei Panikattacken sind bei Menschen mit Autismus-Spektrum-Störungen nicht regelhaft zu sehen (Helverschou & Martinsen 2011) bzw. es liegen atypische Symptome (z. B. motorische Unruhe, Zunahme stereotyper Verhaltensweisen) vor, wie z. B. soziale Angst ohne konkrete Sorge vor allgemeiner sozialer Ablehnung (Kerns et al. 2014). Komorbide Angststörungen mit einer Prävalenz von 27–50 % werden bei Personen im Autismus-Spektrum mit Störungen der Intelligenzentwicklung beschrieben (Groves et al. 2022). Die exakte Abgrenzung ist oftmals schwierig, liegt doch bei Menschen mit Autismus-Spektrum-Störungen häufig eine »Überempfindlichkeit gegenüber Verunsicherungen« durch sensorische oder psycho-soziale exogene Reize vor (Sáez-Suanes et al. 2020), die ebenfalls klinische Symptome einer Angsterkrankung zeigen kann. Die Differenzialdiagnose bzw. Komorbidität der Angststörung sollte bei Personen mit einer Autismus-Spektrum-Störung immer mitbedacht werden (siehe Kap. 6). Ein einheitliches Diagnostik-Assessment gibt es leider aktuell für diese Personengruppe nicht.

Sofern die diagnostischen Kriterien der Angststörung nicht im vollen Umfang vorliegen, können nun in der ICD-11 auch die einzelnen Angstsymptome beschrieben werden. Für die Codierung lassen sich die Schlüssel MB23/24/26.x als beschreibende Diagnose verwenden.

12.3 Prävalenz

In der Normalbevölkerung gehören Angststörungen mit einer Lebenszeitprävalenz von ca. 20 % zu den **häufigsten psychischen Erkrankungen**. Die häufige Koexistenz von anderen psychischen Erkrankungen wie Suchterkrankung oder Depression unterstreicht die Notwendigkeit der umfassenden Diagnostik und Therapie. Frauen sind nahezu doppelt so häufig betroffen wie Männer, insbesondere bei geringem Sozialstatus und niedrigem Ausbildungsniveau (Linden & Zubrägel 2000).

Die Prävalenz von Angsterkrankungen bei Menschen mit Störungen der Intelligenzentwicklung ist im Vergleich zur Allgemeinbevölkerung deutlich erhöht. Dabei bestehen erhebliche Schwankungen; so werden z. B. bei Menschen mit Down-Syndrom nur in etwa 9 % Angsterkrankungen beobachtet im Vergleich zu über 70 % beim Rett-Syndrom. Je schwerer die Beeinträchtigung durch die Störungen der Intelligenzentwicklung, umso schwieriger ist die exakte Diagnosestellung. Die fehlende oder auch unzureichende Eigenanamnese kann das spezielle Erkennen klarer Angstkriterien verhindern, sodass in diesen Fällen für die bestehenden psychischen Auffälligkeiten fälschlicherweise eher Verhaltensstörungen als Diagnose gestellt werden (Edwards et al. 2022). Die Rate der Angsterkrankungen kann somit in dieser Patientengruppe unterdiagnostiziert sein (Böhmer 2014) und bleibt in letzter Konsequenz nicht eindeutig geklärt (Sappok et al. 2019). Die hohe Prävalenz mancher Autoren von bis zu 8 % (Cooper et al. 2015; Müller et al. 2019) könnte auch an der zum Teil unscharfen Differenzierung der verschiedenen Formen von Angsterkrankungen sowie der unzureichenden Trennung von Angststörungen und dem Symptom »Angst und Unsicherheit« liegen. Es erscheint in jedem Fall wichtig, verschiedene Formen der Angsterkrankung in der Diagnostik in Betracht zu ziehen.

Angststörungen können ab einem psychologischen Entwicklungsalter von mindestens vier Monaten beobachtet werden. Die soziale Phobie und die generalisierte Angststörung bilden eine Ausnahme, sie setzen eine Mentalisierungsfähigkeit und eine beginnende Ausbildung sozialer Emotionen voraus und treten daher erst ab einem entwicklungspsychologischen Referenzalter von circa vier Jahren auf (Sappok et al. 2019).

12.4 Ätiologie

Die Ursachen von Angststörungen sind vielfältig. Man weiß, dass sowohl Umweltfaktoren als auch multiple genetische Varianten an verschiedenen chromosomalen Loki bei der Pathogenese interagieren (López-Ibor et al. 2000). Trotz genetischer Risikofaktorkonstellation können positive Umweltfaktoren wie Bewältigungsstrategien, sichere Bindungsstile und stützende Lernerfahrungen die subjektive Resilienz erhöhen (Ströhle et al. 2018).

Eine sorgfältige Diagnostik der Grunderkrankung ist unumgänglich. Angststörungen können beim Fragilen-X-Syndrom, Cornelia-de-Lange-Syndrom oder auch beim Rett-Syndrom gehäuft auftreten (Edwards et al. 2022; Groves et al. 2022). Typische Komorbiditäten z. B. von spezifischer Phobie und Trennungsangststörungen (bei Fragiles-X-Syndrom oder Cornelia-de-Lange-Syndrom) oder selektivem Mutismus und sozialer Angststörung (bei Cornelia-de-Lange-Syndrom) werden regelhaft beobachtet.

Viele Menschen entwickeln Angststörungen ohne erkennbar vorausgegangen Auslöser. **Tiefenpsychologisch** wird die Angststörung als seelisches und/oder körperliches Symptom aufgrund eines unauflösbar scheinenden und daher unbewusst gewordenen frühkindlichen inneren Konfliktes gesehen. Der Konflikt beinhaltet in der Regel zwei unvereinbare intrapsychische Strebungen. Demnach kann bei entsprechenden äußeren Bedingungen, z. B. einer überbehütenden Bezugsperson, das innere Verlangen nach Autonomie mit der lebensnotwendig erscheinenden Abhängigkeit als unvereinbar erlebt werden mit der Folge eines **Autonomie-Abhängigkeitskonfliktes** (López-Ibor et al. 2000).

Derartige Störungen können auf der **Verhaltensebene** lerntheoretisch unter dem Aspekt von Reiz-Reaktions-Ketten analysiert werden. Angstreaktionen können sich verselbstständigen durch **klassische und operante Konditionierung**, also die Verknüpfung eines unbedingt angstauslösenden Reizes mit einem bedingten Reiz und anschließender Ausbreitung der Angstreaktionen über Vermeidungsverhalten (López-Ibor et al. 2000). Durch diese Lernerfahrungen bilden sich dysfunktionale Gedankenmuster heraus und einfache, ursprünglich unbedenkliche Körpersignale werden angstbesetzt oder eigentlich ungefährliche Situationen neu als mit Gefahr verbunden wahrgenommen.

Bei Menschen mit Störungen der Intelligenzentwicklung wird grundsätzlich eine **erhöhte Vulnerabilität** für psychische Erkrankungen angenommen. Die Ätiologie ist hierbei sehr komplex und die Faktoren, die auf diese Vulnerabilität bzw. Intoleranz gegenüber dem Zustand der Verunsicherung einwirken, sind vielfältig und meist sehr individuell (Böhmer 2014; Sáez-Suanes et al. 2020). Verschiedenste Umweltfaktoren sind hierbei zu beachten, wie z. B. die lebenslang eingeschränkte Selbstbestimmungsmöglichkeit oder erlebte Gewalterfahrungen der Patienten (Schmückle et al. 2017). Psychosoziale Einflussfaktoren, z. B. der Verlust eines nahen Angehörigen, ein Unfallereignis, Krankheit bei Freunden oder Verwandten, aber auch ein Wohnort- oder Werkstattwechsel, werden häufig von den Betroffenen als Überforderung erlebt. Die zur Bewältigung erforderlichen **Kompetenzen und Coping-Strategien** sind nicht immer in ausreichendem Maß vorhanden (Pruijissers et al. 2011). Liegt erschwerend ein ungünstiges Umfeld mit unangemessener Betreuung bzw. Unterstützung vor, ist die individuelle Verarbeitung belastender Lebensereignisse beeinträchtigt. Die Gefahr der Entstehung von affektiven und neurotischen Störungen steigt an (Böhmer 2014).

In der Beobachtung von **Angststörungen im Alter** scheint die Prävalenz von Angststörungen im Vergleich zur Allgemeinbevölkerung etwas rückläufig zu sein. Hierbei muss jedoch beachtet werden, dass möglicherweise durch bereits bestehende polypharmakologische Behandlung (Psychopharmaka, Antikonvulsiva) typische Symptome der älteren Betroffenen verschattet werden (Hermans et al. 2013). Hier fehlen noch spezielle Untersuchungen in der Personengruppe, um psychische Alterserkrankungen bei Menschen mit Störungen der Intelligenzentwicklung besser zu verstehen und einzuordnen.

MERKE

- Die Angststörungen haben in der ICD-11 ein eigenes Kapitel erhalten (ICD-11 6B0).
- Trennungsangst und selektiver Mutismus sind als Störungsbilder neu hinzugekommen.
- Angststörungen sind bei Menschen mit Störungen der Intelligenzentwicklung im Vergleich zur Allgemeinbevölkerung deutlich häufiger anzutreffen.
- Es muss bei Menschen mit Störungen der Intelligenzentwicklung und/oder Autismus-Spektrum-Störungen jedoch zwischen der sehr häufig auftretenden ängstlichen Unsicherheit und wirklichen Angststörungen unterschieden werden.
- Ätiologisch spielen verschiedene genetische Syndrome (z. B. Fragiles-X-Syndrom, Cornelia-de-Lange-Syndrom, Rett-Syndrom) eine Rolle.

12.5 Diagnostik

Die Diagnostik der Angststörung stellt bei Menschen mit Störungen der Intelligenzentwicklung mehrere Herausforderungen dar.

Prinzipiell besteht die Gefahr, die Angst, ihre Auslöser oder ihre Folgen (etwa Vermeidungsverhalten) nicht als solche zu erkennen und damit die subjektive Sinnhaftigkeit des Verhaltens als selbstschützendes Reaktionsmuster zu übersehen. Das Risiko, die Symptomatik nicht als psychiatrisch relevantes Symptom, sondern eher als Bestandteil und Folge der Intelligenzentwicklungsstörung fehlzuinterpretieren, ist in der Literatur als Phänomen des »**diagnostic overshadowing**« gut bekannt (El Mrayyan et al. 2019; Elstner & Diefenbacher 2011; Groves et al. 2022). Erschwert wird dies, wenn eine zielführende Eigenanamnese nicht möglich ist und sich die Diagnostik allein auf fremdanamnestische Angaben stützt. Untersuchungen zeigen, dass die Angstsymptomatik auch vom betreuenden Umfeld oft übersehen wird, was zu einer hohen Nicht-Erfassungsquote von Angststörungen führt (El-Mrayyan et al. 2021; Hermans et al. 2013). Ein spezialisiertes multiprofessionelles Team spielt oftmals eine Schlüsselrolle und erleichtert die Diagnosefindung (Pruijissers et al 2011).

Wichtig ist zu Beginn der Diagnostik, sich mit der Grunderkrankung der Betroffenen auseinanderzusetzen. Bereits hier können sich, z. B. beim Vorliegen **spezieller Syndrome**, Hinweise auf eine erhöhte Wahrscheinlichkeit für das Auftreten einer Angsterkrankung ergeben (z. B. Fragiles-X-Syndrom, Cornelia-de-Lange-Syndrom; Rett-Syndrom). Behandelbare somatische Erkrankungen (beispielsweise Stoffwechselstörungen wie hyperthyreotische Zustände, aber auch Hypothyreose bei Hashimoto-Thyreoiditis) müssen selbstverständlich vorab ausgeschlossen werden (Sappok et al. 2019). Zudem sind die Beeinträchtigungen der kognitiven und sensorischen Leistungen von Menschen mit Störungen der Intelligenzentwicklung bei der Verarbeitung und Bewertung von Umweltreizen genau zu beachten. Bei auffälligen Verhaltensweisen, deren Sinn sich möglicherweise nicht erschließt, hilft eine funktionale Verhaltensanalyse und Fremdanamnese, Fremdinterpretationen zu vermeiden (Böhmer 2014; Schmückle et al. 2017). Ergänzend sollte der emotionale Entwicklungsstand erfasst werden.

Beispiele für **angstäquivalente Symptomäußerungen** bei Menschen mit Störungen der Intelligenzentwicklung sind vielfältig. So können z. B. Schreien, Weinen, Wutausbrüche, innere Unruhe, Festhalten und Anklammern genauso wie Gehemmtheit, Rückzugsverhalten oder Passivität Hinweise für eine Angsterkrankung sein. Auch Schlafstörungen oder Muskelverspannungen können indirekt auf eine solche Erkrankung hindeuten (Böhmer 2014). Insbesondere Verhaltensweisen mit Selbstverletzungen oder Fremdaggressionen dürfen differenzialdiagnostisch die Angsterkrankung nicht vergessen lassen (Allen 1989).

Menschen mit Störungen der Intelligenzentwicklung haben oft eigene Gewalterfahrungen in ihrer Biografie erleben müssen. Dies und die nur eingeschränkten Selbstbestimmungsmöglichkeiten stellen große Risikofaktoren für die Entwicklung von Angsterkrankungen dar (Schmückle et al. 2017). Belastende Lebensereignisse, wie Wohngruppenwechsel, wechselnde Bezugspersonen, schwere Erkrankungen bei Verwandten, Freunden oder der eigenen Person, sind relevante und oft wiederkehrende psychosoziale Einflussfaktoren, die die Entwicklung einer Angststörung ebenfalls beeinflussen können. Eine verminderte Stresstoleranz oder eingeschränkte Fähigkeiten des intellektuellen Lösens von Problemen erhöhen die Gefahr, eine Angststörung zu entwickeln (Böhmer 2014; siehe hierzu auch Kap. 14 Spezifisch Stress-assoziierte Störungen).

Die Anwendung **Leichter Sprache** sowie ausreichend Zeit zur Beobachtung der Betroffenen im Alltag sind notwendig, um individuelle Verhaltensweisen kennenzulernen und verstehen zu können (Edwards et al. 2022). Unterstützend, insbesondere bei Menschen mit leichtgradiger Störung der Intelligenzentwicklung, können Messinstrumente sein, z. B. die *Glasgow-Anxiety-Scale for People with an Intellectual Disability (GAS-ID)* (Bond et al. 2020). Die Skala liegt auch in einer deutschsprachigen Übersetzung von Müller et al. (2019) vor. Für den deutschsprachigen Raum existiert darüber hinaus noch eine aus dem Englischen übersetzte Version der *PAS-ADD Checklist* und des *Mini PAS-ADD Interviews (Psychiatric Assessment Schedule for Adults with Developmental Disabilities*; Zeilinger et al. 2011). Limitierend muss hier angemerkt werden, dass Angst lediglich ein kleiner Teilaspekt des Assessments ist und die Aussagekraft damit eingeschränkt bleibt (Müller et al. 2019).

Die Arbeitsgruppe rund um Frau Dr. Almut Helmes an der Universität Freiburg entwickelt aktuell einen neuen Selbstbeurteilungsfragebogen für Angst und Depression bei Menschen mit geistiger Behinderung (SAD-gB). Dieser wird in Leichter Sprache verfasst und zudem mit Visualisierungen konzipiert sein, sodass zu erwarten ist, ein anwendungsfreundliches Diagnostik-Tool für die alltägliche Praxis zu bekommen (siehe auch Braun et al. 2023).

Aktuell besteht noch ein deutlicher Mangel an adaptierten Messinstrumenten für Menschen mit Störungen der Intelligenzentwicklung in deutscher Sprache. Oftmals ist zudem die Anwendbarkeit nur für einen Teil der Betroffenen möglich; für Menschen mit mittelschweren bis schweren Intelligenzentwicklungsstörungen sind Diagnosemanuale meist nicht einsetzbar.

12.6 Therapie

Sorgfältig diagnostizierte Betroffene können von angepassten Therapie-Maßnahmen besser profitieren. Ziel ist Umsetzung der Forderung der UN-Behindertenrechtskonvention, das Höchstmaß an Gesundheit ohne Diskriminierung auf der Behinderung zu erreichen (Schmückle et al. 2017).

Die Interventionen umfassen gemäß der S3-Leitlinie auch für Menschen mit Störungen der Intelligenzentwicklung das gesamte psychiatrische Behandlungsspektrum von **Psychopharmakologie, Psychotherapie und Soziotherapie**. Sie können ergänzt werden durch **pädagogische Interventionen**, sowie durch **musik-, ergo- oder auch bewegungstherapeutische Ansätze** (Gowdham et al. 2021; Masoomeh et al. 2015). Dabei scheinen Betroffene mit bestehender Fähigkeit, das eigene emotionale Befinden verbalisieren zu können, ein verbessertes Ansprechen auf angstberuhigende Interventionen zu haben (Meyer 2000).

Nach eingeholtem Einverständnis für ein Therapieverfahren ist die Anwendung insbesondere von Psychotherapie vielversprechend. Die ausreichende Motivation ist für die Auseinandersetzung mit den eigenen Angsterfahrungen und damit für den Erfolg der Psychotherapie besonders wichtig. Die alleinige Absprache mit Bezugspersonen ist hierbei nicht ausreichend. Der Einsatz von **Bildmotiven** (z. B. Emotionskarten) kann genutzt werden, um Betroffenen zu helfen, klinische Symptome der Angst beschreiben zu lernen. Erfolgversprechende computergestützte Kognitive Verhaltenstherapie-Manuale werden derzeit in Studien erprobt (Cooney et al. 2018). Auch eignen sich **Rollenspiele** oder der Einsatz von Puppen, um Betroffene durch eine gegenständliche Konkretisierung zu unterstützen und eigene Bedürfnisse und Empfindungen darstellen zu können. Typische Elemente der **Kognitiven Verhaltenstherapie** mit Kompetenztraining, Atem- und Entspannungstechniken oder auch Ausarbeitung von Angsthierarchien können angewendet werden. Dabei ist darauf zu achten, dass **Leichte Sprache** und ein hohes Maß an Geduld und Aufmerksamkeit vonseiten der Behandler notwendig sind. Die schrittweise **Konfrontationstherapie** findet den Einsatz bei spezifischen Phobien oder auch der Agoraphobie. Erfolgreich können individuell angepasste **achtsamkeitsbezogene Übungen** (Meditation, Yoga-Übungen, Atemübungen u. a.) eingesetzt werden (Böhmer 2014). Ein funktionierendes **Krisenmanagement** ähnlich wie im Umgang mit Persönlichkeitsstörungen sollte etabliert werden (Elstner et al. 2012).

Auch hier möchten wir auf die Arbeitsgruppe rund um Frau Helmes an der Universität Freiburg verweisen, die aktuell an einem Buch arbeitet, das die Besonderheiten der Psychotherapie von Angststörungen bei Menschen mit Störungen der Intelligenzentwicklung aufgreift und allgemeine Hinweise für die Gestaltung der Therapiesitzungen gibt.

Medikamentös werden in der Akut-Therapie häufig **Benzodiazepine** aufgrund der anxiolytischen Wirkung eingesetzt (Lorazepam). Die Gefahr der Gewöhnung und **Abhängigkeit** muss mit den Betroffenen und dem betreuenden System wiederholt thematisiert, eine Langzeitgabe vermieden werden. Benzodiazepine können bei Menschen mit hirnorganischen Veränderungen häufiger als bei anderen zu paradoxen Reaktionen führen (Gaedt 1995), wobei die »paradoxe Reaktion« möglicherweise auch ein Zeichen der Unterdosierung darstellt und durch eine Abwehr des sedierenden Effekts erklärt werden kann.

Als langfristige Therapie eigenen sich selektive Serotonin-Wiederaufnahme-Inhibitoren (**SSRI**) oder selektive Serotonin- und Noradrenalin-Wiederaufnahme-Inhibitoren (**SNRI**, beide Empfehlungsgrad A) oder auch **Trizyklika** (Clomipramin bei Panikstörungen, Empfehlungsgrad B) (Benkert & Hippius 2005; Ströhle et al. 2018). **Pregabalin** findet mit einer Tagesdosis von bis zu 600 mg den Einsatz in der Behandlung von generalisierten Angststörungen (Empfehlungsgrad B). Oft werden zur Behandlung auch nichtpsychotischer Ängste Neuroleptika wie z.B. Quetiapin eingesetzt. Der Einsatz erfolgt offlabel, es besteht ein Expertenkonsens, dass, wenn Therapien der Empfehlungskategorien A oder B unwirksam waren oder nicht vertragen wurden, ein Therapieversuch mit Quetiapin oder eskalierend z. B. mit Risperidon oder Olanzapin erfolgen kann (AWMF 2021, S3-Leitlinie Behandlung von Angststörungen).

Bezüglich der Dauer der Medikation sollte das Risiko der **Rückfallraten** bei zu frühem Absetzen nicht vernachlässigt werden und optimalerweise die Reduktion der Medikation nur schrittweise über mehrere Wochen erfolgen (Ströhle et al. 2018).

Allen Therapieansätzen ist die Tatsache gemeinsam, dass die individuelle Behandlung so gut wie nie alleine steht. Das gesamte System sollte optimalerweise im notwendigen Umfang in den therapeutischen Prozess eingebunden werden. Präventionsmaßnahmen sowie barrierefreie Schutz- und Unterstützungsangebote müssen zukünftig mehr in den Fokus rücken (Schmückle et al. 2017). Eine suffiziente Therapie ist notwendig. Studien belegen, dass Angstpatienten ein statistisch signifikant erhöhtes Risiko für somatische Komorbiditäten oder auch ein höheres Risiko für einen letalen Verlauf einer Krebserkrankung haben (Ströhle et al. 2018).

MERKE

- Angst zeigt sich bei Menschen mit Störungen der Intelligenzentwicklung häufig in angstäquivalenten Symptompräsentationen, die diagnostisch als Verhaltensstörungen verkannt werden können.
- Zusätzlich zur Psychopharmakologie, Psychotherapie und Soziotherapie spielen (heil-)pädagogische Interventionen in der Behandlung von Angststörungen eine große Rolle.

12.7 ICD-11-Störungsbilder bei Angst- oder furchtbezogenen Störungen

12.7.1 Generalisierte Angststörung (ICD-11 6B00)

Die Prävalenz der generalisierten Angststörung von Menschen mit Störungen der Intelligenzentwicklung ist im Vergleich mit der der Allgemeinbevölkerung laut einigen Studien etwas häufiger (Böhmer 2014), wobei die Unterscheidung des Schweregrades der Intelligenzentwicklungsstörung relevant erscheint. So ist die Punktprävalenz umgekehrt proportional zum Schweregrad der Störung der Intelligenzentwicklung (leichte Störung der Intelligenzentwicklung: ca. 6%, mittel bis tiefgreifende Störung der Intelligenzentwicklung: 2,4%; Sappok et al. 2019).

Typisch für die generalisierte Angststörung sind die körperlichen Ausdrucksformen der Angst, wie z. B. Zittern, Herzrasen, Schwindel oder Übelkeit. Diese sind in ihrer Ausprägung unspezifisch durch wechselnde Umstände oder Situationen moduliert (»frei flottierend«). Symptomatisch kann sich diese Störung im subjektiven Erleben ständiger Befürchtungen und Sorgen sowie in motorischer Spannung mit unruhigem Verhalten, Zittern, Schlafstörungen, erhöhter Irritabilität, Konzentrationsproblemen und in somatischen Symptomäquivalenten wie Spannungskopfschmerz ausdrücken (Deister 2009). Die Äußerung verstärkter Ängstlichkeit ist ebenfalls vor allem eher unter dem jeweiligen emotionalen Entwicklungsstand zu interpretieren, der die Fähigkeit zur Mentalisierung voraussetzt (emotionales Referenzalter > 4 Jahre).

Neu in der ICD-11 ist, dass zusätzlich zu Befürchtungen in Bezug auf alltägliche Ereignisse und Probleme auch Sorgen diesbezüglich vorliegen können (Vloet & Romanos 2021). Außerdem können verschiedene Angststörungen (Panikstörungen, spezifische Phobie, soziale Angststörungen) oder auch Zwangsstörungen zukünftig gemeinsam mit der generalisierten Angststörung kombiniert werden. Interessant ist die Beobachtung, dass die klinischen Merkmale häufig ähnlich sind wie bei Menschen ohne Störungen der Intelligenzentwicklung, wobei ein höheres Auftreten von somatischen Beschwerden, Schlafstörungen und Grübelneigung bei Menschen mit Intelligenzentwicklungsstörungen und generalisierter Angststörung besteht (Masi et al. 2000).

12.7.2 Panikstörung (ICD-11 6B01)

Die Panikstörung ist durch wiederkehrende unerwartete Panikattacken gekennzeichnet, die nicht auf bestimmte Reize oder Situationen beschränkt sind (WHO 2022). Neben Fallberichten lassen sich kaum zuverlässige Daten zur Prävalenz von Panikstörungen bei Menschen mit Störungen der Intelligenzentwicklung in der Literatur finden. Typische Symptome sind unter anderem Herzklopfen, Brustschmerz, Erstickungsgefühle, Schwindel, Schweißausbrüche und Zittern (Böhmer 2014). Diese sind je nach Ausprägung gut von außen zu beobachten. Komplexere Phänomene, wie Depersonalisations- und Derealisationsgefühl oder auch Angst vor dem bevorstehenden Tod, lassen sich bei Menschen mit Störungen der Intelligenzentwicklung nur schwer eruieren. Ebenso ist die anhaltende Besorgnis über das Wiederauftreten oder die Bedeutung von Panikattacken nicht immer der Eigenanamnese zu entnehmen. Zugehörig zur Panikstörung sind typische Verhaltensweisen, die darauf abzielen, das Wiederauftreten von Panikattacken zu vermeiden und die nicht selten, wie bereits beschrieben, zu erheblichen Beeinträchtigungen in sämtlichen Lebensbereichen führen. Nach Böhmer (2014) macht diese Form der Angststörung den geringsten Anteil bei Menschen mit Störungen der Intelligenzentwicklung aus. In der Diagnostik ist das Augenmerk auf die alltäglichen Aktivitäten oder Gewohnheiten zu richten und hierbei auf beobachtbare Anzeichen wie vermehrte Irritabilität und Ruhelosigkeit, aber auch Rückzug und Vermeidungsverhalten oder unklare somatische Beschwerden wie Übelkeit, abdominelle Beschwerden oder Hitzewallungen zu achten (Böhmer 2014).

12.7.3 Agoraphobie (ICD-11 6B02)

Die Agoraphobie ist gekennzeichnet durch ausgeprägte und übermäßige Angst oder Beklemmung, die als Reaktion auf zahlreiche Situationen auftritt, in denen die Flucht schwierig sein könnte oder keine Hilfe verfügbar ist (WHO 2022). Typische Beispiele sind große Menschenansammlungen oder die Fahrt mit dem Aufzug. Die Betroffenen sind in permanenter Angst vor diesen Situationen, negative Folgen (z. B. Panikattacken, vermehrtes Schwitzen) werden befürchtet und daher aktiv vermieden. Die Symptome halten mindestens mehrere Monate an und verursachen schwerwiegende Beeinträchtigungen in sämtlichen Lebensbereichen. Explizit werden in der ICD-11 auch die Sorgen vor Situationen mit erschwerter Fluchtmöglichkeit bzw. ohne externe Hilfe als Teil des Störungsbildes genannt. Die Agoraphobie kann in der ICD-11 auch koexistent zur Panikstörung verschlüsselt werden (Vloet & Romanos 2021). Das Cornelia-de-Lange-Syndrom und das Fragile-X-Syndrom gehen deutlich gehäuft in bis zu 50–70 % der Fälle mit einer Agoraphobie einher (Groves et al. 2022).

12.7.4 Spezifische Phobie (ICD-11 6B03)

Man geht davon aus, dass phobische Störungen etwa viermal häufiger bei Menschen mit Störungen der Intelligenzentwicklung auftreten als in der gesunden Bevölkerung (Prävalenz 4,4 % vs. 1,1 %; Böhmer 2014). Beim Cornelia-de-Lange-Syndrom wird übermäßig häufig (bis 75 %; Groves et al. 2022) eine spezifische Phobie beobachtet. Beim Williams-Beuren-Syndrom besteht häufig eine Hyperakusis, die zu einer spezifischen Phobie vor Sirenen und Feueralarmen führen kann (Edwards et al. 2022).

Die spezifische Phobie ist gekennzeichnet durch eine ausgeprägte und übermäßige Furcht oder Angst vor umschriebenen Situationen oder Objekten. Dabei ist es irrelevant, ob man diesen tatsächlich ausgesetzt ist oder sie lediglich erwartet bzw. sie aktiv vermeidet. Häufige Phobien betreffen große Tiere, Wasser, Gewitter, aber auch Staubsauger oder

Sirenen sowie unbekannte Situationen und Trennungserwartungen (Böhmer 2014). Die Situationen oder Objekte stehen in keinem Verhältnis zur tatsächlichen Gefahr, sie werden aktiv gemieden oder aber, neu in der ICD-11, mit intensiver Angst oder Furcht ertragen. Die Symptome halten mindestens über mehrere Monate an (Vloet & Romanos 2021).

12.7.5 Soziale Angststörung (ICD-11 6B04)

Verlässliche Prävalenzraten zur sozialen Angststörung liegen in der Literatur nicht vor. Es zeigt sich jedoch ein erhöhtes Auftreten bei speziellen Syndromen, wie z. B. dem Fragilen-X-Syndrom (Groves et al. 2022) oder dem DiGeorge-Syndrom (Edwards et al. 2022) sowie der Autismus-Spektrum-Störung.

Im Mittelpunkt steht die Angst »vor einer prüfenden Betrachtung anderer Menschen« (Deister 2009). Hierdurch kommt es zu aktivem Vermeidungsverhalten oder aber die Situation wird mit intensiver Angst oder Furcht ertragen. Solche Situationen können Unterhaltungen sein, Situationen beim Essen oder Trinken in Gegenwart anderer oder bei Auftritten. Typische klinische Symptome sind insbesondere bei Menschen mit leichtgradiger Störung der Intelligenzentwicklung allgemeine Gehemmtheit, Rückzugsverhalten und Passivität. Bei Menschen mit höherem Grad der Intelligenzentwicklungsstörung zeigen sich aufgrund limitierter Ausdrucksmöglichkeiten hingegen häufiger Verhaltensauffälligkeiten in Form von Schreien, Weinen, Wutausbrüchen, Anklammern, aber auch Schlafstörungen oder Muskelverspannungen (Böhmer 2014). Die Dauer der Symptome muss über mehrere Monate bestehen.

Im Übergang vom Jugend- zum Erwachsenenalter entstehen relevante Umgebungsveränderungen, deren Einordnung für Menschen mit Autismus-Spektrum-Störungen oft schwierig ist. Ziehen sich diese Personen dann zurück, verringern sie die Möglichkeiten zum Üben sozialer Fähigkeiten. Situationen, die Kenntnisse der sozialen Interaktion erfordern, sind so nur schwer zu bewältigen und werden oft vermieden. Bei reinen Angsterkrankungen liegt erschwerend eine tiefgehende Furcht vor Kritik und Negativbewertung durch das soziale Umfeld vor; dies erscheint deutlich stärker als bei Menschen mit Autismus-Spektrum-Störungen. Typisch sind Schwächen in der Emotionserkennung, die anders als bei der Autismus-Spektrum-Störung durch »selektive Wahrnehmung sozialer Hinweisreize« (negative Bewertung wie Ablehnung, Geringschätzung) geprägt sind (Lenhardt et al. 2013). Eine Kombination beider Diagnosen (Autismus-Spektrum-Störung und soziale Angststörung) kann und sollte vergeben werden, wenn die Ausprägung der Symptome besonders stark hervorsticht.

12.7.6 Trennungsangststörung (ICD-11 6B05)

In der ICD-11 wird auch die Trennungsangststörung im Erwachsenenalter erstmals codierbar. In mehreren Publikationen zeigte sich, dass die Angst vor Trennung von speziellen Bezugspersonen (z. B. Eltern, Partner, Betreuende) in allen Lebensphasen auftritt und nicht nur im Kindesalter. Dabei ist auch die Erstmanifestation im Erwachsenenalter möglich (Vloet & Romanos 2021). Klinisch imponieren beispielsweise Gedanken an einen Schaden oder an unangenehme Ereignisse, die der Bezugsperson zustoßen könnten, übermäßiger Kummer bei Trennung oder Abneigung, getrennt von der Bezugsperson zu schlafen. Die Symptome halten über mehrere Monate an und führen zu erheblichen Beeinträchtigungen in sämtlichen Lebensbereichen. Oft werden wegen somatischer Begleitbeschwerden zahlreiche körperliche Untersuchungen durchgeführt. Unbehandelt bzw. bei nicht ausreichender Kooperation des umgebenden Systems ist die Prognose ungünstig. Häufig resultieren erhebliche Kontaktstörungen und Koexistenz weiterer Angststörungen, insbesondere spezifischer Phobien. Therapeutisch liegt der Schwerpunkt in der Systemberatung mit dem Ziel, den Betroffenen Sicherheit und Autonomie zu vermitteln sowie das Selbstbestimmungsrecht zu stärken. Gegebenenfalls kann ein Einüben von Trennungssituationen im Rahmen von verhaltenstherapeutischen Maßnahmen hilfreich sein (Schmidt & Blanz 1991).

Differenzialdiagnostisch muss die Trennungsangststörung bei Menschen mit Störungen der Intelligenzentwicklung vor allem von Verhaltensweisen unterschieden werden, die für einen niedrigen emotionalen Entwicklungsstand typisch sind. So ist eine frühe Phase der Entwicklung (7.–18. Lebensmonat; »Erste Sozialisation«) mit einem ausgeprägten Bindungsbedürfnis der betroffenen Personen verbunden. Menschen mit Störungen der Intelligenzentwicklung neigen in dieser Entwicklungsphase zu starken aversiven Reaktionen auf die Trennung von wichtigen Bezugspersonen. Symptome wie Angst oder Schreien und auch aggressives Verhalten können in diesem Zusammenhang auftreten. Dies stellt jedoch keine psychische Störung dar, sondern ist ein typisches Verhalten der jeweiligen Entwicklungsstufe und muss mit entsprechenden entwicklungsstimulierenden, milieutherapeutischen und kompetenzvermittelnden Maßnahmen unterstützt werden (Zepperitz 2022).

Der selektive Mutismus, die soziale Angststörung oder auch affektive Störungen können nicht mit der Trennungsangststörung in der ICD-11 codiert werden. Aussagekräftige Studien bezüglich der Prävalenz insbesondere bei Menschen mit Störungen der Intelligenzentwicklung liegen aktuell noch nicht vor.

12.7.7 Selektiver Mutismus (ICD-11 6B06)

Die Punktprävalenz für selektiven Mutismus wird im DSM-5® zwischen 0,03 und 1 % angegeben, wobei bei circa einem Drittel die Symptome bis in das Erwachsenenalter hinein bestehen bleiben (Ströhle et al. 2018).

Der Störung ist durch eine anhaltende Selektivität beim Sprechen gekennzeichnet, sodass eine Person in bestimmten sozialen Situationen eine angemessene Sprachkompetenz zeigt, in anderen Situationen aber konsequent nicht spricht. Bislang war der selektive Mutismus eine Erkrankung des Kindesalters, wird in der ICD-11 aber über die gesamte Lebensspanne gesehen. Der Beginn liegt meist im Kindes- und Jugendalter. Die Störung hält mindestens einen Monat lang an und ist so schwerwiegend, dass sie die soziale Kommunikation wie auch schulische Leistungen oder die Arbeitsfähigkeit im Allgemeinen beeinträchtigt. Die Sprachstörung ist nicht auf mangelnde Sprachkenntnisse zurückzuführen. Sie darf auch nicht als »trotziges Willkürverhalten missverstanden und in seiner Bedeutung für die gesamtpersonale Entwicklung unterschätzt« werden (Hartman & Lange 2004).

Vom **totalen Mutismus** spricht man, wenn sämtliche Laute (inklusive Weinen, Lachen, Sprechen in sämtlichen Situationen) komplett eingestellt werden.

Therapeutisch versucht man, ausgehend von Einzelsituationen, die Betroffenen in Kleingruppen zu integrieren. Günstig scheint die Förderung expressiver Tätigkeiten. Betroffene sind oft erstaunlich gut in der Lage, durch Zeichen oder Schreiben mit der Umwelt in Kontakt zu treten.

Im Rahmen von Trennungsängsten kann vorübergehend ein selektiver Mutismus auftreten, der dann jedoch dort unter der 6B05 klassifiziert wird.

Die Studienlage zum selektiven Mutismus ist derzeit noch unzureichend. Aussagekräftige Angaben zu Ätiologie und Prävalenz insbesondere bei Menschen mit Störungen der Intelligenzentwicklung fehlen.

MICHAEL SEIDEL

13 Zwangsstörung oder verwandte Störungen

13.1 Die Codierung der Gruppe Zwangsstörung oder verwandte Störungen in der ICD-11

ZWANGSSTÖRUNG ODER
VERWANDTE STÖRUNGEN

- 6B20 Zwangsstörung
- 6B21 Körperdysmorphe Störung
- 6B22 Eigengeruchswahn
- 6B23 Hypochondrie
- 6B24 Pathologisches Horten
- 6B25 Körperbezogene repetitive Verhaltensstörungen
  – 6B25.0 Trichotillomanie
  – 6B25.1 Skin-Picking-Störung
  – 6B25.Y Sonstige näher bezeichnete Körperbezogene repetitive Verhaltensstörungen
  – 6B25.Z Körperbezogene repetitive Verhaltensstörungen, nicht näher bezeichnet

Die Gruppe *Zwangsstörung oder verwandte Störungsbilder* als Ganzes besitzt keine alphanumerische Codierung. Bei den ersten fünf Kategorien (ICD-11 6B20 bis 6B24) erlaubt die ICD-11 die zusätzliche Differenzierung nach dem Merkmal »*mit mäßiger bis guter Krankheitseinsicht*« (ICD-11 6B2x.1) oder nach dem Merkmal »*mit schlechter bis fehlender Krankheitseinsicht*« (ICD-11 6B2x.2). Außerdem ermöglicht die ICD-11 für die ersten sechs aufgeführten Kategorien (ICD-11 6B20 bis 6B25)

die Verwendung der Restklasse »*nicht näher bezeichnet*« (ICD-11 6B2x.Z), um übrige Fälle einzuordnen.

Die in der Auflistung der ICD-11 folgende Gruppe *Substanzinduzierte Zwangs- oder verwandte Störungen*[40] ist den Störungsbildern vorbehalten, die auf psychoaktive Substanzen zurückgeführt werden können. Die nächste Kategorie *Sekundäres Zwangssyndrom* (sic!) *oder verwandte Syndrome* (ICD-11 6E64) bezieht sich auf Störungsbilder als Folge einer Gesundheitsstörung, die nicht zu den psychischen oder Verhaltensstörungen zählt.

Die beiden Restklassen *Sonstige näher bezeichnete Zwangsstörung oder verwandte Störungen* (ICD-11 6B2Y) und *Zwangsstörung oder verwandte Störungen, nicht näher bezeichnet* (6B2Z) schließen die Aufzählung der ICD-11 ab.

---

40 In der ICD-11 (www.bfarm.de/DE/Kodiersysteme/Klassifikationen/ICD/ICD-11/uebersetzung/_node.html) als sog. *grey children* grau gedruckt. Die Diagnose gehört zu einer anderen Rubrik (*primary parent*) und ist demgemäß zu codieren.

In der ICD-10 gehört die *Zwangsstörung (ICD-10 F42)* zu den *Neurotischen, Belastungs- und somatoformen Störungen* (ICD-10 F40 bis F49).

Die Kategorie *Sekundäres Zwangssyndrom oder verwandte Syndrome* der ICD-11 (ICD-11 6E64) gehört in der ICD-10 zu den *Anderen psychischen Störungen aufgrund einer Schädigung oder Funktionsstörung des Gehirns oder einer körperlichen Erkrankung* (ICD-10 F06).

Die *Substanzinduzierten Zwangs- oder verwandten Störungen* der ICD-11 gehören in der ICD-10 zu den *Psychischen und Verhaltensstörungen durch psychotrope Substanzen* (ICD-10 F1).

13.2 Allgemeines

Die nachstehenden Ausführungen fokussieren auf die ICD-11-Kategorien 6B20 bis 6B25, die oft als **Zwangsspektrumsstörungen**[41] zusammengefasst und als **primäre Störungen** verstanden werden, also nicht durch eine körperliche Ursache oder eine Substanzeinwirkung erklärt werden können.

Anders verhält es sich mit den *Sekundären Zwangssyndromen und verwandten Syndromen* und den *Substanzinduzierten Zwangs- oder verwandten Störungen*, denn sie sind im vorgenannten Sinne nicht als primäre Störungen zu verstehen.

Die erwähnten primären Störungen teilen erscheinungsbildliche Ähnlichkeiten von diagnostischer Relevanz, nämlich verschiedene Zwangsphänomene. Man nimmt an, dass ihnen ähnliche ätiologische oder pathogenetische Mechanismen zugrunde liegen. Ihre Symptomatik verursacht erheblichen Leidensdruck und beeinträchtigt die Aktivitäten in persönlichen, familiären, sozialen, schulischen, beruflichen oder anderen wichtigen Bereichen erheblich.

13.3 ICD-11-Klassifikation Zwangsstörung oder verwandte Störungen

13.3.1 Zwangsstörung (ICD-11 06B20)

Die Zwangsstörung (engl. *Obsessive-Compulsive Disorder, OCD*) ist die häufigste und praktisch bedeutsamste Kategorie. Die Lebenszeitprävalenz beträgt 1,5–3 %, die Punktprävalenz 1–2 % (Voderholzer & Hohagen 2023).

Eine Zwangsstörung ist von anhaltenden Zwangsgedanken oder Zwangshandlungen, zumeist von beidem, gekennzeichnet.

MERKE
- Die Begriffe Zwang und Zwangsstörung sind streng voneinander zu unterscheiden.

---

[41] Kein offizieller klassifikatorischer Terminus der ICD-11.

- **Zwang** ist ein psychopathologisches Symptom, ausgeprägt als Zwangsgedanken, Zwangsimpulse oder Zwangshandlungen. Eine **Zwangsstörung** hingegen ist eine diagnostische Kategorie.
- Eine Zwangsstörung ist von Zwängen in Form von Zwangsgedanken oder Zwangshandlungen als ihren markanten Symptomen gekennzeichnet, manche Autoren erwähnen auch noch die Zwangsimpulse (siehe Seidel 2023).

Diagnostische Merkmale[42]

- Vorhandensein anhaltender Zwangsgedanken und/oder Zwangshandlungen.
  - *Zwangsgedanken* sind wiederholte (repetitive) und anhaltende Gedanken (z. B. Beschmutzung), (innere) Bilder (z. B. gewalttätige Szenen) oder Impulse (z. B. jemanden zu stechen), die als aufdringlich und unerwünscht erlebt sowie üblicherweise von Angst begleitet werden. Betroffene versuchen die Zwangsgedanken zu ignorieren, zu unterdrücken oder durch Zwangshandlungen zu neutralisieren.
  - *Zwangshandlungen* sind repetitive Verhaltensweisen oder Rituale einschließlich wiederholter mentaler Handlungen, zu denen sich der Betroffene durch Zwangsgedanken oder rigide Regeln oder um sich »vollkommen« zu fühlen, getrieben fühlt. Beispiele sind wiederholtes Waschen, Prüfen oder Ordnen von Gegenständen.
  Zu analogen mentalen Handlungen gehören das Wiederholen spezifischer Phrasen, um einen negativen Ausgang zu verhindern, das Überprüfen in der Erinnerung, um sicherzustellen, keinen Schaden verursacht zu haben, und das innere Zählen von Objekten.
  Die Zwangshandlungen sind entweder realistischerweise nicht mit dem befürchteten Ereignis verbunden (z. B. Dinge symmetrisch anzuordnen, um Schaden von einer geliebten Person abzuwenden) oder sind erkennbar exzessiv (z. B. tägliches stundenlanges Duschen, um eine Krankheit zu verhindern).
- Die Zwangsgedanken und Zwangshandlungen beanspruchen viel Zeit (z. B. mehr als eine Stunde pro Tag) oder führen zu erheblichem Stress oder beeinträchtigen die Funktion in persönlichen, familiären, sozialen, schulischen, beruflichen oder in anderen wichtigen Bereichen erheblich. Funktionsfähig zu bleiben, erfordert beträchtliche Anstrengungen.
- Die Symptomatik ist nicht Folge eines anderen medizinischen Zustands oder Folge von Substanzen oder Medikamenten mit zentralnervöser Wirkung einschließlich Entzug.

Der Grad der Einsicht hinsichtlich der Richtigkeit der Vorstellungen, die hinter den Zwangsphänomenen stehen, variiert zwischen den Betroffenen. Manche sehen ein, dass ihre Gedanken oder Verhaltensweisen unzutreffend oder exzessiv sind, andere sehen das nicht ein. Bei einer kleinen Minderheit scheint das Maß der Überzeugtheit oder Festigkeit, mit der daran festgehalten wird, wahnhaft zu sein. Die erwähnte Einsicht kann sogar innerhalb kurzer Zeit schwanken.

Hinsichtlich dieser Unterschiede werden Zwangsstörungen in solche mit mäßiger bis guter Einsicht (ICD-11 6B20.0) oder in solche mit schlechter oder fehlender Einsicht (ICD-11 6B20.1) eingeteilt.

---

[42] Gekürzte Wiedergabe nach der deutschsprachigen ICD-11-Entwurfsfassung (WHO 2023).

Auftreten, Verlauf und Komorbiditäten

Zwangsstörungen treten zumeist in der Adoleszenz erstmals auf. Nahezu die Hälfte der Zwangsstörungen zeigt sich schon in Kindheit oder Adoleszenz mit ersten Symptomen. Im Kindesalter dominiert das männliche Geschlecht, im Erwachsenenalter das weibliche geringfügig. Nach dem 35. Lebensjahr kommt es selten zum Erstauftreten; falls doch, dann oft mit nachweisbarer vorangegangener subklinischer Symptomatik.

Die Symptomatik tritt zumeist schrittweise auf. Plötzliches oder spätes Auftreten erfordert, körperliche Ursachen gründlich abzuklären. Zwangsstörungen zeigen im Allgemeinen über den Verlauf auf- und abschwellende Symptome. Es sind auch Erstmanifestationen oder Symptomverschlechterungen vor oder nach einer Entbindung berichtet worden.

Die Inhalte der Zwangsgedanken wandeln sich über die Lebensspanne. Kindern und jüngeren Jugendlichen drängen sich die Vorstellungen auf, ihren Angehörigen könnte Schlechtes widerfahren. Bei Jugendlichen und Erwachsenen geht es eher um Religiöses oder Sexuelles. Bei Frauen drehen sich die Vorstellungen eher um Schmutz und Reinigung, bei Männern geht es mehr um sexuelle, religiöse oder aggressive Inhalte.

Bei Kindern und Jugendlichen treten nicht selten außerdem weitere psychische Störungen auf: Tourette-Syndrom oder andere Ticstörungen (bevorzugt beim männlichen Geschlecht), Aufmerksamkeitsdefizit-Hyperaktivitätsstörung, Körperdysmorphe Störungen, Pathologisches Horten.

Unter den differenzialdiagnostischen Herausforderungen ist die Abgrenzung der Zwangsstörungen von Merkmalen der **Autismus-Spektrum-Störungen** (ASS) hervorzuheben. Die Diagnose Autismus-Spektrum-Störungen ergibt sich aus dem Gesamtbild, nicht allein aus stereotypen Verhaltensmustern. Personen mit Zwangsstörungen versuchen in der Regel, zumindest zu Beginn der Störung, sich ihren Zwangsimpulsen bewusst zu widersetzen. Menschen mit Autismus-Spektrum-Störungen versuchen ebenfalls manchmal – wenn sie erlernt haben, dass die repetitiven Verhaltensweisen sozial unerwünscht sind –, diese zu unterdrücken. Doch im Allgemeinen distanzieren sich Menschen mit Autismus-Spektrum-Störungen nicht von ihren stereotypen Verhaltensmustern, denn sie leiden für gewöhnlich nicht darunter.

Im Forschungskontext gibt es verschiedene strukturierte und standardisierte Interviews. Für den klinischen Gebrauch, etwa in der Erstuntersuchung, erweisen sich Screening-Instrumente als brauchbar, etwa die *Zohar-Fineberg Obsessive Compulsive Screen* (Fineberg & Roberts 2001; Kühne et al. 2021; Voderholzer et al. 2022), die nur aus fünf Items besteht. Als screeningpositiv gilt bereits eine einzige bejahte Frage (nach Voderholzer et al. 2022, S. 680):

1. Waschen und putzen Sie sehr viel?
2. Kontrollieren Sie sehr viel?
3. Haben Sie quälende Gedanken, die Sie loswerden möchten, aber nicht können?
4. Brauchen Sie für Alltagstätigkeiten sehr lange?
5. Machen Sie sich Gedanken um Ordnung und Symmetrie?

Zwangsstörungen bei Störungen der Intelligenzentwicklung

Menschen mit Störungen der Intelligenzentwicklung haben in Abhängigkeit von der Ausprägungsschwere ihrer kognitiven Beeinträchtigung Mühe bei der Reflexion des »Nicht-Normalen« der Zwangssymptomatik bzw. der Distanzierung von der Zwangssymptomatik und der subjektiven Wahrnehmung der Beeinträchtigung durch die Zwangssymptome. Im *Diagnostic Manual – Intellectual Disability 2* (*DM-ID-2*; Fletcher et al. 2017), der Adaptation des DSM-5 für

Menschen mit Störungen der Intelligenzentwicklung, ist deshalb namentlich für Erwachsene mit schwerer bis schwerster intellektueller Beeinträchtigung hervorgehoben, dass das Merkmal »in bedeutsamer Weise Leiden verursachen« auf sie nicht zutrifft. Auch das Merkmal »die Symptomatik soll mehr als eine Stunde pro Tag auftreten« wird nicht als brauchbar angesehen (Gentile et al. 2017).

Die Erfahrung lehrt, dass in der Eingliederungshilfe häufig der Begriff »Zwang« verwendet wird, wo doch besser von Ritualen und Stereotypien (einschließlich Bewegungsstereotypien) gesprochen werden sollte. Man darf sich also in der psychiatrischen bzw. psychotherapeutischen Versorgung keinesfalls von der Verwendung dieses Begriffs dazu verführen lassen, auf eine gründliche Diagnostik bzw. Differenzialdiagnostik zu verzichten. Vielmehr ist größte Aufmerksamkeit auf eine sorgfältige, ins Detail gehende Diagnostik – oft unter Einbeziehung von Bezugspersonen – einschließlich der Erhebung der funktionellen Aspekte erforderlich.

Schließlich kann manchmal wegen der wiederholten stereotypen Ausführung des Verhaltens sogar ein völlig anders zu interpretierendes Verhaltensmuster einem Zwang im psychopathologischen Sinne ähneln, wie das folgende Fallbeispiel illustriert.

FALLBEISPIEL
Bei Seidel (2023) ist ein plastisches Beispiel beschrieben, bei dem der vermeintliche Waschzwang bei einem jungen Mann in einer Werkstatt für behinderte Menschen nichts anderes war als eine fast spielerisch ausgestaltete Flucht aus einer für ihn unerträglichen Situation in einen Waschraum, um dort ausdauernd mit Wasser zu spielen.

Trotz der Schwierigkeit korrekter (Differenzial-)Diagnostik gibt es in der Literatur Mitteilungen zu Zwangsstörungen bei intellektueller Beeinträchtigung oder bei Autismus-Spektrum-Störungen, wie im Folgenden gezeigt werden kann. Dabei werden nicht allein Prävalenzen mitgeteilt, sondern auch diagnostische Erwägungen.

Zuerst sollen die Mitteilungen zu Zwangsstörungen bei intellektueller Beeinträchtigung bzw. Störungen der Intelligenzentwicklung wiedergegeben werden: Es werden variierende Prävalenzraten zwischen 0,8 und 3,5 %, auch in Abhängigkeit von der Schwere der intellektuellen Beeinträchtigung, angegeben (Cooper et al. 2007; Deb et al. 2001; Lakhan 2013; Mavrogiorgou et al. 2015; Vitiello et al. 1989).

Vitiello et al. (1989) finden unter 283 Personen mit Intelligenzminderung aller Schweregrade nur zehn Personen (3,5 %) mit Zwangshandlungen. Sie sehen Beziehungen zu zerebralen Dysfunktionen, jedoch weder Ego-Dystonie noch Angst.

Cooper et al. (2007) identifizieren nach klinischen Beurteilungskriterien unter 398 Personen mit leichter intellektueller Beeinträchtigung nur 0,8 %, unter 625 Personen mit mittelgradiger bis schwerster intellektueller Beeinträchtigung hingegen sogar nur 0,6 % Fälle von Zwangsstörungen.

Gautam & Bhatia (2015) meinen, Zwangsstörungen seien bei Personen mit Störungen der Intelligenzentwicklung wenigstens so häufig wie bei der Durchschnittsbevölkerung; sie hoben jedoch die Probleme der adäquaten Erkennung und Behandlung hervor.

Gentile et al. (2017) befassen sich ausführlich mit den diagnostischen Problemen bei Personen mit Störungen der Intelligenzentwicklung. Die Autoren unterstreichen namentlich für schwere und schwerste intellektuelle Beeinträchtigung, dass sowohl die Kriterien des bedeutsamen Leidens als auch der zeitlichen Erstreckung über mehr als eine Stunde täglich ungeeignet seien. Auch in Abhängigkeit von der Schwere der intellektuellen Beeinträchtigung werde kaum über Angstsymptome geklagt. Ebenso fehlten Selbstauskünfte über innere Konflikte. Notwendigerweise komme es besonders auf die Beobachtung von Zwangshandlungen an. Eine spezielle Schwierigkeit resultiere aus dem gleichzeitigen Auftreten von repetitiven Verhaltensweisen und repetitiven Sprach- und Lautierungsmustern. Die Diagnostik könne erschwert werden durch gleichzeitige Stereotypien, Tics, Dyskinesien, Athetosen, Dystonien, medikamentös bedingte Akathisie oder selbstverletzendes Verhalten.

Fletcher et al. (2017) weisen bemerkenswerterweise darauf hin, gelegentlich könne hinter aggressiven Handlungen stehen, dass eine Betreuungsperson versucht hat, die Ausführung einer Zwangshandlung zu verhindern. Die Autoren heben hervor, dass sich Personen mit mittelgradiger Störung der Intelligenzentwicklung den Zwangshandlungen nicht zu widersetzen oder sie zu korrigieren versuchen.

Došen (2018) reagiert darauf, dass intellektuell beeinträchtigte Menschen oft nicht unter den Zwangssymptomen leiden, indem er bei ihnen für die Zwangssymptomatik den Begriff *zwanghaftes Verhalten* anwendet. Er führt drei Typen dieses zwanghaften Verhaltens auf: Den *organischen Typ* bringt er mit hirnorganischen Schädigungen oder genetisch determinierten Störungen, beispielsweise dem Prader-Willi-Syndrom, in Verbindung. Für den *neurotischen Typ*, vor allem bei leichter intellektueller Beeinträchtigung auftretend, unterstellt er leicht zu durchschauende, unkomplizierte Formen der Psychodynamik. Der *regulative Typ* finde sich bei mittelgradigen oder schweren intellektuellen Beeinträchtigungen. Die davon betroffenen Personen zeigen ein starkes Ordnungsbedürfnis bezogen auf ihre Umgebung. Das Verhalten trete wohl als Folge von Veränderungen der psychosozialen Funktionsfähigkeit auf und diene offensichtlich dazu, die Angst, den Zugang zur Wirklichkeit zu verlieren, zu lindern sowie die Kontrolle über die Umgebung und die eigenen Aktivitäten zu behalten.

Die Zwangssymptomatik bei Menschen mit Störungen der Intelligenzentwicklung macht nachdrücklich deutlich, dass eine pauschale Häufigkeitsstatistik hinsichtlich der Zwangssymptomatik keinen vertieften Erkenntnisgewinn bringt, denn bei ätiologischer Differenzierung der Störungsbilder treten diesbezüglich erhebliche Unterschiede auf. Gerade bei den genetisch bedingten Störungsbildern – beispielsweise Prader-Willi-Syndrom, Trisomie 21, Fragiles-X-Syndrom, Williams-Syndrom – finden sich besonders viele Zwangssymptome.

Jenseits einer rein deskriptiv-klassifikatorisch interessierten Betrachtungsweise stellt sich angesichts syndromspezifischer Häufung von Zwangsphänomen vor allem die bedeutsame Frage nach der nosologischen Charakterisierung: Handelt es sich in diesen Fällen nicht in der ICD-11-Terminologie um *Sekundäre Zwangssyndrome oder verwandte Syndrome* (ICD-11 6E64), in der ICD-10-Terminologie um *organisch bedingte Zwangsstörungen* (ICD-10 F06)? Es ist nicht einmal grundsätzlich auszuschließen, dass diese Fragestellung nicht überhaupt für die Koexistenz von Zwangssymptomen und intellektueller Beeinträchtigungen gilt. Hier ist noch einmal zu erinnern an den organischen Typ nach Došen (2018).

Zwangsstörungen bei Autismus-Spektrum-Störungen

Im Einklang mit den Ausführungen in der ICD-11 muss mit Nachdruck betont werden, dass Menschen mit Autismus-Spektrum-Störungen kaum unmittelbar unter ihren Stereotypien und repetitiven Verhaltensmustern – die klassischen Merkmale der Autismus-Spektrum-Störungen – leiden, sondern unter den kritischen Reaktionen ihrer Umwelt auf dieselben, eine hinreichende Einsichtsfähigkeit als Ausdruck kognitiver Kompetenzen vorausgesetzt. Auf die obigen Ausführungen zu Zwangsstörungen bei Störungen der Intelligenzentwicklung ist hinzuweisen. Bei Menschen mit Autismus-Spektrum-Störungen ist die Wahrnehmung ihrer eigenen emotionalen Zustände, deren Verbalisierung und Kommunikation zumeist beeinträchtigt. Damit ist – ähnlich wie bei Menschen mit Störungen der Intelligenzentwicklung – die subjektiv erlebte Auswirkung nur begrenzt zu erfassen. Es kommt also parallel mit der objektiven Beeinträchtigung auf eine sorgfältige Beobachtung an.

Wie auch zur Häufigkeit von Zwangssymptomen bzw. Zwangsstörungen bei den Störungen der Intelligenzentwicklung gibt es einige wissenschaftliche Literatur zur Häufigkeit von Zwangssymptomen bzw. Zwangsstörungen bei Autismus-Spektrum-Störungen.

So berichten van Steensel et al. (2011) über erhebliche Zwangsstörungen bei Autismus-Spektrum-Störungen. Bei der Auswertung elektronischer Patientenakten von Patienten im Alter zwischen vier bis 17 Jahren findet sich bei 5 % der Patienten mit Autismus-Spektrum-Störungen auch die Diagnose Zwangsstörung und bei 25 % der Patienten mit Zwangsstörung wurde eine Autismus-Spektrum-Störung diagnostiziert (Martin et al. 2020).

Unter 257 Kindern und Jugendlichen wurde die Symptomatik einer Autismus-Spektrum-Störung mittels *Autismus Spectrum Screening Questionnaire (ASSQ)* und die von Zwangsstörungen mittels *Children's Yale-Brown Obsessive Compulsive Scale (CY-BOCS)* erfasst. Bei Kindern mit Zwangsstörungen zeigen sich gegenüber der gesunden Vergleichsgruppe vermehrt Symptome einer Autismus-Spektrum-Störung. Diese Symptome finden sich in einer Subgruppe von 10–17 %, bei der das männliche Geschlecht überwiegt. Kommunikative und soziale Symptome korrelieren nicht mit der Schwere der Zwangsstörung, repetitive Verhaltensweisen hingegen schon (Arildskov et al. 2016).

Das gleichzeitige Vorkommen von Autismus-Spektrum-Störungen und Zwangsstörungen einerseits und die Schwierigkeit der verlässlichen Unterscheidung andererseits wurden hervorgehoben (Pazuniak & Pekrul 2020).

Im Rahmen der *Stockholm Youth Cohort* zeigen sich unter 4 049 Erwachsenen mit Autismus-Spektrum-Störungen – mit und ohne intellektuelle Beeinträchtigung – in 20,1 % der Fälle Angststörungen, am häufigsten unter jenen ohne intellektuelle Beeinträchtigung. Nahezu alle Angststörungen treten überdurchschnittlich häufig auf, besonders häufig treten Zwangsstörungen und phobische Störungen auf (Nimmo-Smith et al. 2020). Es wurde darauf aufmerksam gemacht, dass Zwangsstörungen und Autismus-Spektrum-Störungen bestimmte Gemeinsamkeiten bezüglich ätiologischer und pathophysiologischer Mechanismen aufweisen (Gothelf et al. 2008).

Sinngemäß gelten die obigen nosologischen Überlegungen im gleichen Sinne im Hinblick auf das Vorliegen von Zwangssymptomen bzw. Zwangsstörungen bei Autismus-Spektrum-Störungen, wenigstens bei genetisch begründbaren Formen von Autismus-Spektrum-Störungen (sog. Syndromaler Autismus). Es würde sich also demgemäß – wenigstens in vielen Fällen – um organische (ICD-10) oder sekundäre (ICD-11) Störungsbilder handeln.

Therapie

Viele Menschen mit Zwangsstörungen nehmen professionelle Hilfe erst spät in Anspruch, vermutlich vor allem aus Scham. Dabei sollte die Therapie doch so früh wie möglich begonnen werden, um eine Chronifizierung zu verhindern.

Zur Behandlung von Zwangsstörungen empfehlen die S3-Leitlinien vorrangig die Kognitive Verhaltenstherapie (KVT), kombiniert mit Exposition (Voderholzer et al. 2022). Psychoanalytische und tiefenpsychologische Verfahren, wie z. B. Gesprächstherapie, Eye Movement Desensitization and Reprocessing (EMDR) oder die Schematherapie, werden mangels Wirksamkeitsnachweisen nicht empfohlen. Menschen mit Störungen der Intelligenzentwicklung und/oder Autismus-Spektrum-Störungen zeigen die bekannten Zugangsprobleme zur Psychotherapie.

Selektive Serotonin-Wiederaufnahmehemmer (SSRI) lindern Zwangssymptome und ergänzen im Bedarfsfall die Psychotherapie. Infrage kommen Escitalopram, Fluoxetin, Fluvoxamin, Paroxetin und Sertralin. Citalopram ist in Deutschland für diese Behandlungsindikation nicht zugelassen, kann also nur Off-Label verordnet werden.

SSRI können auch alternativ zur Psychotherapie verordnet werden, wenn Psychotherapie nicht verfügbar oder nicht anwendbar ist, nicht wirkt oder vom Patienten abgelehnt wird. Die notwendige Dosis der SSRI ist höher und ein Behandlungsversuch mit Psychopharmaka dauert länger als bei antidepressiver Indikation.

Falls die vorrangig einzusetzenden SSRI trotz ausreichend langer Gabe und adäquater Dosierung keine Wirkung zeigen, können Clomipramin, ein Serotonin-Wiederaufnahmehemmer (SRI), oder Venlafaxin, ein selektiver Serotonin-Noradrenalin-Wiederaufnahmehemmer (SSNRI), versucht werden. Kombinationen von SSRI mit Clomipramin oder eine Augmentation mit bestimmten Neuroleptika (Risperidon, Quetiapin) kommen ebenfalls in Betracht. Buspiron, Benzodiazepine, Mirtazapin und andere trizyklische Antidepressiva als Clomipramin sind hingegen wie Neuroleptika allein wirkungslos.

Sollten sich die verordneten Pharmaka nicht als wirksam erweisen, sind sie spätestens nach sechs bis acht Wochen schrittweise – langsam ausschleichend – abzusetzen. Eine offenkundig erfolgreiche Pharmakotherapie ist ausreichend lange fortzusetzen.

CAVE!
Auf die mit serotonerger Medikation verbundene Gefahr eines Serotonin-Syndroms (u. a. Fieber, Reflexsteigerung, Tremor, Übelkeit, Erbrechen, Delir) als lebensgefährliche Komplikation ist zu achten.

Die Behandlung von Zwangsstörungen bei Personen mit Störungen der Intelligenzentwicklung weist keine grundsätzlichen Besonderheiten auf. Jedoch sind dabei die häufig vorliegenden Komorbiditäten (z. B. epileptische Anfälle) und Arzneimittel-Interaktionen insbesondere bei der Polypharmazie sorgfältig zu beachten.

Unter Bezug auf wiederholte Mitteilungen über vermehrte Schlafstörungen einerseits und schlechtere Therapieeffekte bei Schlafstörungen andererseits (Nota et al. 2020; Paterson et al. 2013; Winston & Davis 2023) scheint es geboten, Erkrankte über die Zweckmäßigkeit eines ausreichenden Schlafs zu informieren bzw. instruierte Unterstützungspersonen darauf hinwirken zu lassen. In Zeiten zunehmender exzessiver Nutzung von Internet, Smartphone, sozialen Medien, Online-Spielen etc. auch durch Personen mit Störungen der Intelligenzentwicklung oder Autismus-Spektrum-Störungen und daraus resultierenden Schlafdefiziten besitzt dieser Hinweis unmittelbare praktische und vermutlich wachsende Bedeutung.

Überhaupt muss eine fachgerechte psychiatrische oder psychotherapeutische Behandlung von Menschen mit Störungen der Intelligenzentwicklung oder Zwangsstörungen in der Regel das relevante soziale Umfeld (Angehörige, Assistenten etc.) zu koproduktivem Handeln einbeziehen und auf ein gleichsinniges, unterstützendes Vorgehen orientieren. Im Hinblick auf die Arzneimittelbehandlung gehört auch die Beobachtung von Hinweisen auf mögliche Nebenwirkungen oder gar gefährliche Komplikationen zu den Aufgaben der Alltagsbegleitenden. Dazu bedürfen diese der ärztlichen Instruktion, Erläuterung und Anleitung, zumal im Hilfesystem der Eingliederungshilfe nicht immer medizinisches bzw. pflegerisch qualifiziertes Personal eingesetzt ist.

Pädagogische Interventionen allein haben keine therapeutische Wirkung, sie können eine psychiatrische oder psychotherapeutische Behandlung keinesfalls ersetzen. Darauf muss gegebenenfalls mit Nachdruck hingewiesen werden.

13.3.2 Körperdysmorphe Störung (ICD-11 06B21)

Bei einer *körperdysmorphen* Störung *(engl. body dysmorphic disorder)* beschäftigen sich die betroffenen Personen anhaltend mit vermeintlichen Mängeln oder Fehlern ihres äußeren Erscheinungsbildes, die jedoch von anderen nicht oder kaum wahrgenommen werden. Sie stellen sich vor, andere Menschen könnten abschätzig darüber urteilen etc. Diese Sorgen veranlassen die Betroffenen, wiederholt und exzessiv zu versuchen, diese vermeintlichen Mängel zu überprüfen, zu verbergen oder zu beseitigen. Schließlich werden soziale Begegnungen gemieden. Die Symptomatik bewirkt erheblichen Leidensdruck oder beeinträchtigt persönliche, familiäre, soziale, schulische, berufliche und andere wichtige Funktionsbereiche.

Die Punktprävalenz soll etwa 1,8–2,4 % betragen (Jacobi et al. 2004; Veale et al. 2016), geringfügig höher bei Frauen als bei Männern (APA 2015, S. 333).

Körperdysmorphe Störung bei Störungen der Intelligenzentwicklung

Barnhill (2007) weist auf die schwierige Diagnose der körperdysmorphen Störung bei Menschen mit einer Störung der Intelligenzentwicklung hin, da ihnen oft eine körperliche Selbstaktualisierung kaum oder gar nicht möglich ist. Die Einzelfallbeschreibungen des erwähnten Autors beziehen sich dabei auf Menschen mit leichter kognitiver Beeinträchtigung. Er hält die Diagnose bei dieser Personengruppe prinzipiell für möglich und bislang für zu wenig beachtet.

Körperdysmorphe Störung bei Autismus-Spektrum-Störungen

Über einen jungen Mann mit einer Autismus-Spektrum-Störung wird berichtet, der von der Vorstellung getrieben ist, zu alt und zu groß zu sein (Warren et al. 2010).

Therapie

Die Behandlung entspricht weitestgehend derjenigen bei Zwangsstörungen (siehe Abschn. 13.3.1), nämlich die Kombination von Kognitiver Verhaltenstherapie und serotonerger Pharmakotherapie über ausreichend lange Zeit (Voderholzer & Hohagen 2023; Wilhelm et al. 2019). Es erweist sich zumeist als erforderlich, die Verhaltenstherapie langfristig anzulegen (Greenberg et al. 2022). Für therapieresistente Fälle wurden non-invasive Stimulationstechniken ins Gespräch gebracht (Hong et al. 2019); deren wissenschaftliche Bewertung bleibt abzuwarten.

13.3.3 Eigengeruchswahn (ICD-11 06B22)

Zum Eigengeruchswahn – Voderholzer & Hohagen (2023) verwenden den Begriff *Geruchszwang* oder *Olfaktorische Referenzstörung* (engl. *olfactory reference disorder*) – liegen nur wenige Daten zur Prävalenz vor. Die vorhandenen Schätzungen (Feusner et al. 2014; Schmidt et al. 2017) mögen zu niedrig sein (Sofko et al. 2020).

Bei diesem Störungsbild sind die betroffenen Personen anhaltend davon überzeugt, von ihnen gehe ein unangenehmer bzw. anstößiger Körper- oder Atemgeruch aus. Sie befürchten, andere Personen nähmen den Geruch wahr, sprächen darüber, urteilten negativ etc. Deshalb entfalten die Betroffenen wiederholte und exzessive Aktivitäten, um ihren vermeintlichen Körper- oder Atemgeruch zu prüfen, zu tarnen, durch bestimmte Maßnahmen (z. B. Waschen, Duschen, Mundspülen) zu beseitigen oder zu lindern. Soziale Situationen werden vermieden. Eine Einsicht, dass die Befürchtungen ungerechtfertigt seien, wird bei etwa 7 % der Betroffenen erreicht (Phillips & Menard 2011).

Sowohl beim Eigengeruchswahn als auch bei den körperdysmorphen Störungen können vermehrte soziale Ängste ermittelt werden (Schmidt et al. 2017). Personen mit Eigengeruchswahn leiden zunehmend unter Ekelsensitivität, Ekelempfindlichkeit und Selbstekel (Schmidt & Grocholewski 2019). Die Symptomatik bewirkt erheblichen Leidensdruck oder beeinträchtigt persönliche, familiäre, soziale, schulische, berufliche oder andere wichtige Funktionsbereiche.

Betroffene vermeiden häufig, psychiatrische Hilfe in Anspruch zu nehmen; sie wenden sich vielmehr vornehmlich an Hautärzte (Krooks et al. 2018).

Über die Prävalenz des Eigengeruchswahns bei Menschen mit Störungen der Intelligenzentwicklung oder Autismus-Spektrum-Störungen liegt keine Literatur vor.

Eigengeruchswahn bei Störungen der Intelligenzentwicklung und Autismus-Spektrum-Störungen

Zum Eigengeruchswahn bei Menschen mit Störungen der Intelligenzentwicklung und Autismus-Spektrum-Störungen existieren bisher keine Studien oder Berichte.

Therapie

Es gibt kaum Literatur über die Behandlung des Eigengeruchswahns. Die Psychotherapie umfasst Kognitive Verhaltenstherapie mit kognitiver Umstrukturierung, Verhaltensexperimenten und Expositionen. Über eine erfolgreiche Behandlung mit atypischen Antipsychotika und SSRI wurde berichtet (Michael et al. 2014), ebenso über eine kombinierte Therapie mit Aripiprazol und Sertralin, unter der sich jedoch quälender Schluckauf einstellte (Li et al. 2022). Auch Clomipramin wurde als wirksam beschrieben. Die Behandlung sollte sich an derjenigen der körperdysmorphen Störung (siehe Abschn. 13.3.2) orientieren (Voderholzer & Hohagen 2023).

13.3.4 Hypochondrie (ICD-11 06B23)

Die Hypochondrie (engl. *hypochondriasis*) ist von der ständigen Angst gekennzeichnet, an einer oder mehreren ernsthaften oder auch fortschreitenden Krankheiten zu leiden. Diese beständige Sorge führt zu wiederholten und exzessiven gesundheitsbezogenen

Verhaltensweisen, z.B. die Prüfung möglicher Krankheitshinweise, die zeitaufwendige Suche nach einschlägigen Informationen oder nach Bestätigung der Angst. Allerdings können etwa mit der Vermeidung von Arztbesuchen auch maladaptive Verhaltensweisen zum Nachteil der Gesundheit praktiziert werden. Die Symptomatik erzeugt erheblichen Leidensdruck oder Beeinträchtigungen persönlicher, familiärer, sozialer, schulischer, beruflicher oder anderer bedeutsamer Funktionsbereiche.

Genaue Prävalenzdaten sind nicht zuletzt deshalb schwer zu erheben, weil sich dieses in der ICD-10 den Somatoformen Störungen (F45) zugeordnete Störungsbild mit anderen Störungsbildern dieser Rubrik kombinieren und überlagern kann.

Hypochondrie bei Störungen der Intelligenzentwicklung

Es gibt keine aussagefähige Literatur über Hypochondrie bei Personen mit Störungen der Intelligenzentwicklung. Das schließt die Publikation von Kuwabara et al. (2007) ein. Unter Bezug auf einzelne Veröffentlichungen (Brooke et al. 1996; Pumar & Kumar 2013) ist differenzialdiagnostisch auch an hypochondrisch ausgestaltete Psychosen zu denken.

Es ist allerdings eine häufige Erfahrung in der Praxis, dass Menschen mit Störungen der Intelligenzentwicklung dazu neigen, Ängste und Sorgen durch Klage über körperliche Beschwerden auszudrücken (Somatisierung). Dieses Phänomen ist besonders bei mittelgradiger Ausprägung der intellektuellen Beeinträchtigung zu beobachten. Es korreliert mit dem Rückstand der emotionalen Entwicklung. Bei schweren und schwersten Ausprägungen der Störungen der Intelligenzentwicklung fehlt es an sprachlichen Ausdrucksmöglichkeiten.

Hypochondrie bei Autismus-Spektrum-Störungen

Ähnlich unbefriedigend ist die Literatur zu Hypochondrie bei Autismus-Spektrum-Störungen. Kürzlich wurde von Galvin & Richards (2023) über einen beträchtlichen Anteil von gesundheitsbezogenen Ängsten bei Personen mit Autismus-Spektrum-Störungen berichtet. Gleichwohl lässt sich diese Studie nicht auf die Hypochondrie im engeren Sinne übertragen.

FALLBEISPIEL

Aus eigener Erfahrung kann von einem 30-jährigen Mann mit einer Autismus-Spektrum-Störung berichtet werden, der aus Angst, sein Leib könnte aufplatzen und die Eingeweide könnten heraustreten, allein keine größeren Fußwege mehr unternimmt. Hinweise auf andere psychotische Symptome lassen sich bei ihm nicht finden.

Therapie

Die Behandlung umfasst psychotherapeutische Interventionen (Verhaltenstherapie), eingebunden in eine wertschätzend-ernstnehmende therapeutische Beziehung, Instruktionen und Übungen zur Stressreduktion, Modifikation der Wahrnehmungsfokussierung (weg von körperbezogener Wahrnehmung, hin zu externalen Wahrnehmungen) etc. Zu psychopharmakologischen Interventionen liegen kaum überzeugende Befunde vor, es sei denn, es handelt sich um eine jedenfalls differenzialdiagnostisch zu erwägende hypochondrische Symptomatik auf schizophrener oder depressiver Grundlage.

13.3.5 Pathologisches Horten (ICD-11 6B24)

Das pathologische Horten (engl. *Hoarding disorder*) ist durch das exzessive Anhäufen von Besitztümern geprägt. Für gewöhnlich handelt es sich um Gegenstände, die von Dritten für wertlos oder unsinnig gehalten werden.

Das Anhäufen der Gegenstände schränkt schließlich die Nutzbarkeit oder Sicherheit der Wohnräume ein. Es folgt einerseits dem wiederkehrenden Antrieb, die Gegenstände zu besorgen, anderseits der Schwierigkeit, sich von ihnen zu trennen. Die sich passiv ansammelnden Dinge (z. B. Werbeprospekte, Zeitungen) können nicht weggetan werden, oder sie werden gezielt beschafft. Die Symptomatik bewirkt einen erheblichen Leidensdruck; sie beeinträchtigt persönliche, familiäre, soziale, schulische, berufliche und andere bedeutsame Bereiche. Bemerkenswert ist die Einsicht in das Abnorme der Störung. Hilfen werden beim pathologischen Horten seltener in Anspruch genommen als bei der klassischen Zwangsstörung.

Differenzialdiagnostisch hilfreich ist der deutliche Hinweis im DSM-5 (APA 2015, S. 337), dass die Symptomatik des Hortens gemäß diagnostischem Kriterium E nicht besser durch eine andere somatisch-medizinisch charakterisierbare Erkrankung – wie Gehirnverletzung, zerebrovaskuläre Erkrankungen, Prader-Willi-Syndrom – oder gemäß diagnostischem Kriterium F durch Symptome einer anderen psychischen Erkrankung – Zwangsstörung, affektive Störung, Schizophrenie etc. – erklärt werden kann. Die ICD-11 gibt im Hinblick auf die Abgrenzung zum (nicht pathologischen) Sammeln den Hinweis, dass das Interesse des Sammlers gewöhnlich selektiv auf bestimmte Gegenstände ausgerichtet ist.

Auf der Hand liegt die Nähe des pathologischen Hortens zu dem im Deutschen geläufigen »Messie-Syndrom«, das allerdings weder in ein offizielles Klassifikationssystem aufgenommen wurde noch im englischen Sprachraum verwendet wird. Die Bezeichnung Messie-Syndrom leitet sich her von *mess* (englisch für Chaos). Die von Barocka et al. (2004) zusammengestellten ursächlichen Aspekte zeigen aber, dass – anders als beim pathologischen Horten – die Symptomatik des Messie-Syndroms verschiedenen nosologischen oder ätiologischen Kontexten zugehören kann.

Die Prävalenz liegt geschätzt zwischen 1,5 und 2,5 % (Nordsletten et al. 2013; Postlethwaite et al. 2019; Subramaniam et al. 2014).

Horten bei Störungen der Intelligenzentwicklung

Die Alltagsbeobachtungen lehren, dass Horten bei Menschen mit Störungen der Intelligenzentwicklung – gerade in Form der Messie-Wohnung, des Vermüllens der Wohnung – von großer, nichtsdestotrotz unterschätzter Bedeutung ist.[43]

---

43 Eine noch unveröffentlichte Untersuchung anhand der *Clutter Image Rating Scale* (*CIR*; Frost et al. 2008), des Messie-Interviews in Leichter Sprache (*Hoarding Rating Scale*; Tolin et al. 2010, dtsch. Übersetzung C. Schanze) und von mündlichen Befragungen in Fortbildungskursen bei Mitarbeitenden des ambulant betreuten Wohnens brachten zutage, dass 30–60 % ihrer Betreuten mit Störungen der Intelligenzentwicklung gravierende Probleme mit Unordnung und/oder Horten haben. Die meisten, so die Einschätzung der befragten Teilnehmenden, würden verwahrlosen, bekämen sie nicht immer wieder durch die Assistenz praktische Unterstützung. Zweifellos stellt sich angesichts dieser Ergebnisse auch die Frage nach den Konsequenzen für die bedarfsgerechte Gestaltung der Assistenzleistungen nach SGB IX. [Anm. d. Hrsg. C. Schanze]

Selten berichten betroffene Personen mit Störungen der Intelligenzentwicklung von sich aus über die Problematik. Auf einschlägige Beobachtungen oder Berichte Dritter angesprochen, nehmen sie selten kritisch Stellung dazu, viel seltener als diejenigen Betroffene ohne intellektuelle Beeinträchtigung.

Das verweist darauf, dass die verminderte Kritikfähigkeit wohl nicht nur den Bericht über die Störung beeinflusst, sondern vermutlich auch eine maßgebliche Rolle im Entstehungsgefüge des Störungsbildes spielt. Zugleich müssen im Hinblick auf Personen mit Störungen der Intelligenzentwicklung bei der diagnostischen Bewertung unbedingt das gewöhnlich hinter der Altersnorm zurückgebliebene emotionale Entwicklungsniveau und die damit verbundenen Bedürfnisse beachtet werden. Man kann dann das »Sammelverhalten« von Kindern auf einem entsprechenden Entwicklungsniveau zum Vergleich heranziehen.

In einer Studie (Testa et al. 2011) an 61 Kindern mit Lernschwierigkeiten zeigen 16,4 % der Kinder Hamsterkäufe als ernstes Problem. Bei bestimmten genetisch bedingten Störungsbildern, namentlich beim Prader-Willi-Syndrom, tritt pathologisches Horten – hier bezogen auf Nahrungsmittel – besonders häufig auf. Es erscheint jedoch mehr als fraglich, ob diese Konstellation im engeren Sinne als Komorbidität zu interpretieren ist, denn erstens handelt es sich ausschließlich um die Ansammlung von Nahrungsmitteln, zweitens ist das gemeinte Verhalten Bestandteil des Verhaltensphänotyps des genetisch bedingten Störungsbildes.

Horten bei Autismus-Spektrum-Störungen

Das Ansammeln von Gegenständen, die anderen Menschen wertlos erscheinen, stellt sich unter Bezug auf die spezifischen Interessen von Menschen mit Autismus-Spektrum-Störungen unter Umständen oft anders dar als bei Menschen ohne diese Störung.

FALLBEISPIEL
Aus eigner Beobachtung kann über einen jungen Mann mit einer Autismus-Spektrum-Störung berichtet werden, der aufgrund eines besonderen Interesses an bestimmten planmäßig abgerissenen Bauwerken seiner Heimatstadt Steine, Bruchstücke etc. in seiner Wohnung sammelte, die Sammlung mit Stolz und Freude präsentierte, nicht ohne ausführliche Kommentare zur Bedeutung oder zur Baugeschichte zu geben.

Storch et al. (2016) sehen bei 26 Jugendlichen mit Autismus-Spektrum-Störungen und komorbider Angststörung in 26 % der Fälle deutlich ausgeprägte Symptome des Hortens.

Therapie

Kognitive Verhaltenstherapie mit Exposition und Reaktionsmanagement ist die Methode der ersten Wahl. Das persönliche Umfeld sollte einbezogen werden. Die Psychotherapie kann durch SSRI unterstützt werden. Allerdings ist die psychotherapeutische Behandlung bei dieser Störung oft weniger effektiv als bei typischen Zwangsstörungen. Eine Studie von Kellett et al. (2015) zeigt bei 16 Personen mit leichter Störung der Intelligenzentwicklung die Kognitive Verhaltenstherapie als sichere und wirksame Intervention bei Hamsterkäufen. Unstrittig ist angesichts der praktischen Bedeutung die weitere konzeptionelle Diskussion des Themas und die Forschung zur Wirksamkeit therapeutischer Interventionen notwendig.

13.3.6 Körperbezogene repetitive Verhaltensstörungen (ICD-11 6B25)

Die körperbezogenen repetitiven Störungen (engl. *Body-focused repetitive behaviour disorders*) stellen sich dar als wiederkehrende gewohnheitsmäßige Handlungen, die sich auf den Körper, insbesondere auf die Haut, richten. Folgeschäden an der Haut sowie erfolglose Versuche, das Verhalten zu beherrschen, begleiten die Handlungen. Diese Verhaltensweisen können sich in kurzen, über den Tag verteilten Episoden zeigen, aber auch in weniger häufigen, jedoch länger dauernden Perioden manifestieren. Die Symptome verursachen erheblichen Leidensdruck oder beeinträchtigen persönliche, familiäre, soziale, schulische, berufliche oder andere bedeutsame Funktionsbereiche.

Zu den körperbezogenen repetitiven Störungen gehören die Trichotillomanie (engl. *trichotillomania*) und die Skin-Picking-Störung (oder Dermatillomanie bzw. Exkoriationsstörung; engl. *excoriation disorder*).

MERKE

Mit Nachdruck ist darauf aufmerksam zu machen, dass gemäß ICD-11 bei diesen Störungsbildern Selbstverletzungen oder Selbstschädigungen nicht absichtlich herbeigeführt, also nicht intendiert werden. Vor diesem Hintergrund sollte es künftig obsolet sein, derartige Verhaltensweisen als *selbstverletzendes Verhalten* zu bezeichnen, wie es noch oft geschieht.

Bei der **Trichotillomanie** werden die eigenen Haare (Haupthaar, Augenbrauen, Schambehaarung etc.) wiederholt gezogen, zumeist mit der Folge des Haarverlusts an den betreffenden Stellen.

Besonders problematisch ist die Kombination mit *Trichophagie* (Verschlucken der ausgerissenen Haare) und dem sich daraus entwickelnden folgenreichen *Trichobezoar* (Ballen aus verschluckten Haaren in Magen und Darm), neuerdings auch *Rapunzel-Syndrom* genannt. Trichotillomanie ist eine recht häufige Störung in der Gesamtbevölkerung mit einer Prävalenz zwischen 0,5 und 3 % (Bohn et al. 2022; Grant & Chamberlain 2016).

Bei der **Skin-Picking-Störung** zeigt sich ein ähnliches Verhaltensmuster. Es kommt zum wiederholten Zupfen der eigenen Haut zumeist im Gesicht sowie an den Händen und Armen. Hautläsionen und -infektionen, unter Umständen von erheblicher Schwere, können die Folgen sein. Für Skin-Picking-Störungen werden Prävalenzen von 1,5–5,4 % angegeben (Odlaug & Grant 2010).

Unter 10 169 Erwachsenen zwischen 18 und 69 Jahren berichteten 2,1 % (davon 55,4 % weiblich) über eine aktuelle Skin-Picking-Störung und 3,1 % (davon 54,1 % weiblich) über eine zurückliegende Skin-Picking-Störung (Grant & Chamberlain 2020). Trichotillomanie und Skin-Picking-Störung treten oft kombiniert und gemeinsam mit anderen psychischen Störungen auf (Grant & Chamberlain 2021).

Skin-Picking und Trichotillomanie bei Störungen der Intelligenzentwicklung

Obwohl man Skin-Picking und Trichotillomanie nicht selten bei Menschen mit Störungen der Intelligenzentwicklung sieht, gibt es kaum Studien zur allgemeinen Prävalenz der Skin-Picking-Störung, was wohl auch nur geringen Erkenntniswert hätte. Vielmehr wurde wiederholt auf die große Häufigkeit bei bestimmten genetischen Syndromen (z. B. bei Prader-Willi-Syndrom, Fragiles-X-Syndrom und Smith-Magenis-Syndrom) hingewiesen (Bull et al. 2021; Cooper et al. 2009;

Didden et al. 2007; Edelman et al. 2007; Hiraiwa et al. 2007; Symons et al. 2003). In solchen Fällen gehören die Verhaltensweisen zum jeweiligen Verhaltensphänotyp.

Gleiches gilt für die Trichotillomanie. Man findet die Störung auffällig häufig bei genetisch bedingten Syndromen wie Trisomie 21 und Prader-Willi-Syndrom.

Skin-Picking und Trichotillomanie bei Autismus-Spektrum-Störungen

Bei Menschen mit Störungen der Intelligenzentwicklung ist Trichotillomanie seit Langem bekannt und vielfach beschrieben.

Über das Vorkommen von Trichotillomanie bei Autismus-Spektrum-Störungen gibt es sporadische Berichte. Masiran (2018) berichtet über einen jungen Mann mit einer Autismus-Spektrum-Störung, der eine Trichotillomanie entwickelte. De Sousa (2017) beschreibt die erfolgreiche Behandlung mit Fluvoxamin bei einem 15-Jährigen mit einer Autismus-Spektrum-Störung, der eine Trichotillomanie entwickelt hatte.

Grant & Chamberlain (2016) hingegen stellen sich kritisch zur Zuordnung der Trichotillomanie zum Zwangsspektrum, indem sie ausdrücklich die unzureichende Wirkung der bei Zwangsstörungen üblichen Behandlung betonen.

Therapie

Sani et al. (2019) analysierten kontrollierte Therapiestudien. Sie kamen zu dem Schluss, dass die Pharmakotherapie der Trichotillomanie und der Skin-Picking-Störung noch enttäusche und weiterer Forschung bedürfe.

Jüngst veröffentlichten jedoch Grant et al. (2023) erstaunlich positive Ergebnisse unter dem NMDA-Rezeptorantagonisten Memantin. Es war an 100 Personen mit Trichotillomanie oder Exkoriationsstörung erprobt worden. Nach dem klinischen Gesamteindruck zeigten sich 61 % der Probanden stark oder sehr stark verbessert. Den Autoren zufolge könnte das Glutamatsystem ein geeignetes Ziel für pharmakologische Interventionen gegen derartige Zwangsstörungen sein. Greenberg & Geller (2023) äußerten sich dazu vorsichtig optimistisch.

13.3.7 Sekundäre Zwangs- oder verwandte Störungen (ICD-11 6E64)

Die im Vorstehenden behandelten Störungen werden auch als *primäre* Störungsbilder bezeichnet. Hingegen ist die Kategorie *Sekundäres Zwangssyndrom oder verwandter Syndrome* für die Einordnung solcher Störungsbilder bestimmt, die eine definierbare medizinische Grundlage – anamnestisch oder durch Befunde belegt – besitzen. Infrage kommen unter anderem neurologische Erkrankungen, Hirntumoren, traumatisch oder toxisch bedingte Hirnschäden, infektiöse oder parasitologische sowie endokrine oder metabolische Erkrankungen.

Das *Tourette-Syndrom*, durch chronische motorische und vokale Tics gekennzeichnet, ist allerdings als eigenständige Subkategorie (8A05.00) aufgeführt. Wie der Code zeigt, gehört es zu den Krankheiten des Nervensystems.

Bei zahlreichen Personen mit Störungen der Intelligenzentwicklung beruht deren intellektuelle Beeinträchtigung auf einer genetischen Ursache. Viele solcher genetisch bedingten Störungsbilder bilden Stereotypien, Rituale, Zwangshandlungen etc. aus. Wie schon aufgeführt, gehören bei einigen der häufigsten oder am längsten bekannten Störungsbilder – unter ihnen das Prader-Willi-Syndrom (Butler et al. 2019) oder das Cri-du-chat-Syndrom (Spunton et al. 2019) – die Zwangssymptome zu den Verhaltensphänotypen. Im Falle einer solchen genetischen Grundlage der Zwangssymptomatik sollten diese doch wohl besser dem Formenkreis der sekundären Zwangs- oder verwandten Störungen zugeordnet werden. Allerdings sind in vielen Fällen die genetischen Grundlagen nicht identifiziert.

13.3.8 Substanzinduzierte Zwangs- oder verwandte Störungen

Bei der Gruppe der substanzinduzierten Zwangs- oder verwandten Störungen, mehrere Subkategorien (ICD-11 6C45.72 bis 6C4F.72) umfassend, handelt es sich um Bilder infolge unterschiedlicher psychoaktiver Substanzen, z. B. Kokain oder Stimulanzien.

13.4 Fazit

Die Entstehung von Zwangsstörungen ist noch immer nicht vollständig verstanden, obwohl es eine Vielzahl von Befunden, Modellen und Beobachtungen aus therapeutisch wirksamen Interventionen gibt. Man unterstellt heute ein komplexes Bedingungsgefüge. Genetische, epigenetische, hirnstrukturelle, hirnfunktionelle, neurochemische, psychische und soziale Faktoren spielen darin eine Rolle.

Abschließend sei noch einmal ein Aspekt aufgegriffen, der bereits im vorstehenden Text mehrfach berührt wurde, nämlich inwieweit Zwangsphänomene bei Menschen mit Störungen der Intelligenzentwicklung oder mit Autismus-Spektrum-Störungen, insbesondere im Falle eindeutiger genetischer Grundlagen (z. B. Prader-Willi-Syndrom), nicht besser als *Sekundäre Zwangssyndrome und verwandte Syndrome* (ICD-11 6E64) aufzufassen sind. Zumindest ist fraglich, ob die ätiologischen und pathogenetischen Mechanismen bei ihnen dieselben sind wie bei Menschen ohne eine Störung der Intelligenzentwicklung oder Autismus-Spektrum-Störungen. Hierzu bedarf es einer weiteren Diskussion.

ULRICH ELBING & BIRGIT MAYER

14 Spezifisch Stress-assoziierte Störungen (ICD-11 6B4)

14.1 Die Codierung von spezifisch Stress-assoziierten Störungen in der ICD-11

6B4 STÖRUNGEN, DIE SPEZIFISCH STRESS-ASSOZIIERT SIND
- 6B40 Posttraumatische Belastungsstörung
- 6B41 Komplexe Posttraumatische Belastungsstörung
- 6B42 Anhaltende Trauerstörung
- 6B43 Anpassungsstörung
- 6B44 Reaktive Bindungsstörung
- 6B45 Störung der sozialen Bindung mit enthemmtem Verhalten
- 6B4Y Sonstige näher bezeichnete Störungen, die spezifisch Stress-assoziiert sind
- 6B4Z Störungen, die spezifisch Stress-assoziiert sind, nicht näher bezeichnet

In der ICD-10 waren die Reaktionen auf schwere Belastungen und Anpassungsstörungen (ICD-10 F43) im Oberkapitel »Neurotische, Belastungs- und somatoforme Störungen« subsumiert. In der ICD-11 ist nun dafür ein eigenes Kapitel vorgesehen: »Störungen, die spezifisch Stress-assoziiert sind«. Allen hier aufgeführten Störungsbildern ist ihr ätiologischer Bezug zu Stressereignissen gemeinsam. Neu in der Gruppe sind die »reaktive Bindungsstörung« und die »Störung der sozialen Bindung mit enthemmtem Verhalten«. Beide waren früher im Kapitel »Verhaltens- und emotionale Störungen mit Beginn in der Kindheit und Jugend« aufgeführt, das in der ICD-11 unter dem Entwicklungsaspekt der menschlichen Psyche ganz in den allgemeinen psychiatrischen Störungsbildern aufgegangen ist.

14.2 Definition

Kennzeichnend für diese Gruppe ist das Vorliegen eines oder mehrerer Ereignisse, die belastend oder bedrohlich waren. Ohne ein solches Ereignis treten die Störungen dieser Gruppe nicht auf, auch wenn nicht alle Menschen danach eine Störung entwickeln. Das Ausmaß der Belastung oder Bedrohlichkeit dieser Ereignisse kann dabei eine sehr weite Spanne umfassen; sie reicht von normalen Lebenserfahrungen bis zu extrem bedrohlichen Ereignissen. Die jeweilige Art des belastenden Ereignisses unterscheidet die Störungen dieser Gruppe voneinander (WHO 2022).

14.3 Prävalenz

Weil die belastenden Ereignisse eine sehr große Spanne aufweisen und sich die Störungen, die daraus entstehen, in Art und Ausmaß der Beeinträchtigung ebenfalls stark unterscheiden, sind allgemeine Angaben zur Prävalenz für die Störungen dieser Gruppe nicht sinnvoll. Spezifischer und mit Blick auf das Erleiden von Gewalt und sexualisierter Gewalt besteht in der Fachliteratur schon lange Einigkeit darüber, dass Menschen mit Störungen der Intelligenzentwicklung (SIE) durchweg häufiger davon betroffen sind als Menschen ohne eine Intelligenzentwicklungsstörung. Beispielsweise berichtet Schröttle (2012, 2013) von erzwungenen sexuellen Handlungen im Erwachsenenleben bei 21–43 % der Frauen mit Beeinträchtigungen – bei einem Bevölkerungsdurchschnitt betroffener Frauen von 13 %. Der Weltbericht Behinderung der Weltgesundheitsorganisation stellt ebenfalls eine ähnlich erhöhte Prävalenz von sexueller Gewalt bei Menschen mit Beeinträchtigungen beiderlei Geschlechts fest und weist insbesondere auf die erhöhte Prävalenz in Heimen hin (World Health Organization & The World Bank 2011). Chodan et al. (2014) stellen in ihrem Überblick fest, dass sich die internationalen und die deutschen Prävalenzzahlen in der Größenordnung entsprechen. Dabei weisen sie auf den erschwerenden Umstand hin, dass es sich nachweislich in 48–81 % der Fälle um mehrmalige sexuelle Übergriffe handelt, die über längere Zeit andauern.

Das *National Scientific Council on the Developing Child* in Harvard (2012) weist darauf hin, dass eine gesunde Entwicklung nicht nur durch schädliche Einflüsse, wie körperlicher oder sexueller Missbrauch, negativ beeinflusst werden kann, sondern genauso durch frühe Deprivation und fehlende Ansprechbarkeit der Bezugsperson im Sinne einer Entwicklungstraumatisierung. Unter den mehr als einer halben Million dokumentierten Fälle von Kindesmisshandlung in den USA 2010 sind 78 % auf Vernachlässigung zurückzuführen, deutlich mehr als die Fälle von körperlicher Gewalt (17 %) oder beispielsweise sexuellem Missbrauch (9 %) (Center of the Developing Child 2013). Deprivation und Vernachlässigung können zu Verzögerungen der kognitiven Entwicklung führen, zu Beeinträchtigungen der exekutiven Funktionen und Störungen der körperlichen Stressreaktionen, auch wenn die für das Überleben notwendigen Bedürfnisse wie Ernährung, Wärme und medizinische Versorgung gesichert sind. Auch Vernachlässigung bei Kindern, die im institutionellen Rahmen aufwachsen, führt zu strukturellen Normabweichungen und zu Funktionsbeeinträchtigungen des Gehirns. Der Hirnmetabolismus und die Konnektivität von Hirnarealen, die für integrative Prozesse komplexer Informationen notwendig sind, sind verringert; die kognitive, soziale und emotionale Entwicklung ist beeinträchtigt (McLaughlin et al. 2019).

In der Praxis sind auch in Deutschland und in der Schweiz Menschen mit Störungen der Intelligenzentwicklung bekannt, die Vernachlässigung erlebt haben, sei es durch schwere psychische Erkrankungen der Eltern oder eines Elternteiles, durch schwer vorstellbare Lebensumstände als Straßenkinder vor ihrer Adoption oder durch extreme Armut, in der sie von ihren Müttern bereits als Babys halbtageweise alleine gelassen wurden, weil diese das überlebenswichtige Geld verdienen mussten.

Die Frage, ob feststellbare Störungen der Intelligenzentwicklung durch solche Lebensumstände verursacht oder verstärkt werden können, wurde bislang in Studien nicht eindeutig bestätigt.

14.4 Ätiologie

Eines oder mehrere Stressereignisse in der Anamnese sind nicht nur definierend für diese Störungsgruppe, sondern auch ein zentrales, weil notwendiges Merkmal ihrer Entstehung. Gysi schlägt für einen Teil dieser Gruppe eine Abstufung von Belastungen und Diagnosen nach dem Ausmaß der jeweiligen Belastungen oder Gewalt vor, das als ein erstes Modell zur ätiologischen Orientierung dienen kann (Gysi 2021, S. 53):

- Als mildeste Form der pathologischen Stressreaktion können psychosoziale Stressoren zu Anpassungsstörungen (ICD-11 6B43) führen.
- »Ereignisse oder eine Serie von Ereignissen von außergewöhnlicher Bedrohung oder katastrophalem Ausmaß« können zu einer Posttraumatischen Belastungsstörung (ICD-11 6B40) führen.
- »Tod eines Partners, Elternteils, Kindes oder einer anderen nahestehenden Person« können zu einer anhaltenden Trauerstörung (ICD-11 6B42) führen.
- »Länger anhaltende wiederholte traumatische Erfahrungen, wo ein Entkommen schwierig oder gar unmöglich ist«, können zu einer komplexen Posttraumatischen Belastungsstörung (ICD-11 6B41) führen.

14.5 Diagnostik

Nachdem das Vorliegen eines oder mehrerer belastender Ereignisse das gemeinsame definierende Kriterium aller hier zugeordneten Störungen ist, setzt auch die Darstellung der Diagnostik an diesem gemeinsamen Punkt an.

Zur Erfassung von belastenden Ereignissen, die mit hohem Stress in der Vorgeschichte assoziiert sind, kann bei Menschen mit leichter oder mittelgradiger Störung der Intelligenzentwicklung der *KERF-40-I (Belastende Kindheitserfahrungen (inklusive Zeitleisten)* (Thekkumthala et al. 2022) eingesetzt werden. Bei dem urheberrechtlich geschützten Testverfahren handelt es sich um ein Instrument, das Forschung, Lehre und Praxis dient. Er ist im Open Test Archive verfügbar. Der KERF-40-I basiert auf der *MACE-Skala (Maltreatment and Abuse Chronology of Exposure Scale*; Teicher & Parigger 2011). Er erfasst in Interviewform belastende Erfahrungen in den ersten 18 Lebensjahren und gibt damit gute Hinweise auf erlebte Stressoren, die auslösend für Stress-assoziierte Störungen gewesen sein können.

Für die Diagnostik einer Posttraumatischen Belastungsstörung (PTBS) oder einer komplexen Posttraumatischen Belastungsstörung (kPTBS) reicht er als alleiniges Instrument jedoch nicht aus.

Ist aufgrund der Störung der Intelligenzentwicklung oder einer sehr eingeschränkten oder gar nicht möglichen Kommunikation ein Interview mit betroffenen Menschen nicht möglich, so sollten die zugänglichen oder recherchierbaren Daten der Biografie auf belastende Erlebnisse in der Kindheit und Jugend geprüft werden. Dies können beispielsweise auch langwierige und schmerzhafte Krankenhausaufenthalte nach Operationen sein, frühe Fremdplatzierungen aufgrund von gravierenden Problemen in der Herkunftsfamilie, massive Unterernährung, die auf Hungererfahrungen hindeuten kann, Hinweise auf körperliche oder sexuelle Misshandlungen und Missbrauch, aber auch Fluchterfahrungen.

14.6 ICD-11-Störungsbilder bei spezifisch Stress-assoziierten Störungen

14.6.1 Posttraumatische Belastungsstörung (ICD-11 6B40)

Definition

Die Diagnose einer Posttraumatischen Belastungsstörung (PTBS) kann nach der ICD-11 gestellt werden, wenn drei Bedingungen erfüllt sind (Gysi 2021; WHO 2022):
1. Die Betroffen waren einem **extrem bedrohlichen oder entsetzlichen Ereignis** oder einer Reihe solcher Ereignisse ausgesetzt.
2. Die Betroffenen haben Symptome, die unter dem Begriff »Trauma-Trias« zusammengefasst werden:
   - **»Wiedererleben«** der traumatischen Situation in Form von lebhaften intrusiven Erinnerungen, Flashbacks oder Albträumen, typischerweise begleitet von überflutenden Emotionen und starken körperlichen Empfindungen, die denen in der traumatischen Situation ähneln
   - **Vermeidung** von Gedanken und Erinnerungen oder Aktivitäten, Situationen oder Personen, die an das Ereignis erinnern
   - **Hyperarousal**, das heißt eine anhaltende Wahrnehmung von Bedrohung und erhöhter aktueller Gefahr, die sich durch Überwachsamkeit oder eine erhöhte Schreckreaktion, z. B. bei plötzlichem Lärm oder unerwarteten schnellen Bewegungen, auszeichnet
3. **Beeinträchtigungen**; die Symptome müssen mindestens über mehrere Wochen andauern und zu erheblichen Beeinträchtigungen in persönlichen, familiären, sozialen, schulischen, beruflichen oder anderen wichtigen Funktionsbereichen führen (Gysi 2021).

Prävalenz

Eine breit angelegte Recherche der internationalen Zeitschriftenpublikationen (Elbing et al. 2022) erbrachte keinen Literaturfund explizit zur Prävalenz von Posttraumatischen Belastungsstörungen bei Menschen mit Störungen der Intelligenzentwicklung. Auch der Scoping Review von McNally et al. (2021) erbrachte hierzu keine klaren Angaben.

Die Prävalenz für eine Posttraumatische Belastungsstörung bei Menschen mit Störungen der Intelligenzentwicklung kann derzeit unter Bezugnahme auf die allgemeine Befundlage zur Posttraumatischen Belastungsstörung nur in etwa wie folgt abgeschätzt werden: Einigkeit herrscht in der Fachliteratur darüber, dass Menschen mit Störungen der Intelligenzentwicklung ein erhöhtes Risiko haben, sexueller Gewalt ausgesetzt zu sein und gleichzeitig eine erhöhte psychische Vulnerabilität bei geringeren Kompensationsmöglichkeiten aufweisen (Elbing & Mayer 2018); mit Blick auf belastende Kindheitserfahrungen (*Adverse Childhood Events, ACE*; Felitti et al. 1998) ergibt sich ein vergleichbares Bild. Damit kann sicherlich das Risiko für Menschen mit einer Intelligenzentwicklungsstörung als erhöht gelten, nach traumatischem Stress eine psychische Störung zu entwickeln. Flatten et al. (2013) ermittelten allgemeine epidemiologische Daten zum Auftreten von Posttraumatischen Belastungsstörungen nach sexueller Gewalt (50 %), anderen Gewaltverbrechen (25 %) sowie nach schweren Organerkrankungen (10 %). Sie berichten darüber hinaus, dass die Lebenszeitprävalenz für Posttraumatischen Belastungsstörungen länderspezifische Besonderheiten aufweist und sie zwischen 1 und 7 % (in Deutschland zwischen 1,5 und 2 %) liegt. Bei Berücksichtigung der erhöhten psychischen Vulnerabilität bei Menschen mit Störungen der Intelligenzentwicklung und der klinisch beobachteten Häufung von Belastungsfaktoren lässt sich entsprechend vermuten, dass die Auftretenswahrscheinlichkeit für eine Posttraumatische Belastungsstörung bei dieser Personengruppe sicherlich höher sein dürfte als die von Flatten et al. (2013) für die Normalpopulation festgestellte.

Ätiologie

Van den Brink et al. (2019) berichten, dass sich bei Menschen mit Störungen der Intelligenzentwicklung eine Posttraumatische Belastungsstörung umso wahrscheinlicher im Verhalten zeigt, je niedriger der IQ ist. Dazu gehören fremd- oder selbstverletzende Verhaltensweisen und sozialer Rückzug als mögliche Symptome einer Posttraumatischen Belastungsstörung.

Eine wachsende Anzahl von Studien untersucht den Einfluss traumatischer Erlebnisse und belastender Erfahrungen in der Kindheit auf Menschen mit Störungen der Intelligenzentwicklung und ihre psychische Gesundheit. McNally et al. (2021) fanden hierzu neun Studien; in einer dieser Studien (Catani & Sossalla 2015) wird darauf hingewiesen, dass die Posttraumatische Belastungsstörung häufig von umfassenden körperlichen und psychischen Folgen begleitet wird. Die Befunde stehen im Einklang mit den generellen Befunden zur Posttraumatischen Belastungsstörung (Flatten et al. 2013); sie zeigen, dass eine Posttraumatische Belastungsstörung nur eine der möglichen Störungen als Folge von traumatischem Stress ist und dass zudem bei etwa 80 % der Personen mit einer Posttraumatischen Belastungsstörung komorbide körperliche und psychische Störungen auftreten.

Bereits Felitti et al. (1998) zeigten in ihrer Studie zu widrigen Kindheitserfahrungen (*Adverse Childhood Experiences, ACE*), dass das Erleben mehrerer Arten ACEs mit dem damit verbundenen Stress im Kindesalter nicht nur zu somatischen Erkrankungen bis hin zu einer verkürzten Lebenserwartung führen können, sondern auch zu kognitiven Beeinträchtigungen durch die neuronalen Veränderungen, die im Kontext dieses hohen Stresses entstehen können. Teicher (2002) weist dabei auf die unterschiedlichen Folgen des hohen Stresses hin, der mit traumatischen Erlebnissen verbunden ist, je nach den betroffenen sensitiven Phasen der Hirnentwicklung. Auch McLaughlin et al. betonen 2019 in ihrem Review die Bedeutung dieser neuronalen Entwicklungsbeeinträchtigung.

Diagnostik

In der Praxis der Diagnose-Erstellung finden sich häufig folgende Problemfelder, die einander überlagern können und das Erkennen einer Posttraumatischen Belastungsstörung erschweren:

- Das Problem des »**diagnostic overshadowing**«. Traumasymptome werden als Merkmal der Störung der Intelligenzentwicklung verstanden, deshalb als psychopathologisch irrelevant eingeschätzt und diagnostisch nicht berücksichtigt (Jones et al. 2008; Mayer & Needham 2011). Es gilt: »If we do not look for it, we do not see it« (Kildahl et al. 2020).
- Das Problem von in Arztbriefen und Akten tradierten »**alten« psychiatrischen Diagnosen** wie atypische Psychose, autistische Züge, expansive Verhaltensstörungen, gerne in Kombination und nicht selten einhergehend mit einer eindrucksvollen Geschichte von entsprechenden Medikamentengaben, die ohne erneute Diagnostik jahrelang einfach übernommen werden, ist bekannt und in der Praxis bei Menschen mit Störungen der Intelligenzentwicklung sehr verbreitet (siehe auch Bakken et al. 2014; Mayer 2020).
- Auch heute noch berichten viele Betroffene, dass ein sorgfältiges diagnostisches und anamnestisches Interview mit Ihnen *selbst* noch nie durchgeführt worden ist, sondern dass die Auskünfte von Angehörigen oder Betreuungspersonen (**ausschließliche Fremdanamnese**) die Basis der Diagnosestellung bilden – obwohl die Betroffenen über die nötige kommunikative Kompetenz verfügen (Mayer 2020). Zusätzlich können solchen Angaben defensive Motive unterliegen; im Fall von Traumatisierung durch sexuelle oder häusliche Gewalt ist die Wahrscheinlichkeit nicht gering, dass es die Täter oder den Tätern verpflichtete Personen sind, die dem Diagnostiker die Auskünfte geben.
- Und schließlich gibt es noch das Problem, dass die **sprachliche Mitteilungsfähigkeit** für ein diagnostisches Interview, wie klientengerecht auch immer, nicht ausreichend ist.
- Unabhängig von den genannten Problemen ist zudem damit zu rechnen, dass bei einer Posttraumatischen Belastungsstörung häufig **komorbide Störungen** auftreten, wobei einige Befunde nahelegen, dass die Posttraumatische Belastungsstörung eher andere Störungen nach sich zieht als umgekehrt (Flatten et al. 2013). Bei Menschen mit Störungen der Intelligenzentwicklung wird hier vor allem auch an Störungen der Impulskontrolle (6C73 intermittierende explosive Störung) oder disruptives Verhalten (6C90 folgende) zu denken sein.

MERKE

Im Fall eines Menschen mit einer Intelligenzentwicklungsstörung ohne aktives Sprachvermögen können in der Praxis alle genannten Problemfelder zusammentreffen.

Für das Assessment der Posttraumatischen Belastungsstörung kann das von Bakken et al. (2014) geschilderte Vorgehen, das sie als Antwort auf die oben genannten Probleme entwickelt haben, als **Best Practice-Modell** gelten. Es wurde zwar in einem stationären Setting entwickelt und realisiert; die darin verwirklichte Sorgfalt und die abwägende, verschiedene Quellen und Perspektiven einbeziehende Vorgehensweise ist unabhängig vom konkreten Setting erstrebenswert und (wenn auch aufwendig, so doch) realisierbar.

Zusammenfassend beinhaltet das von Bakken et al. (2014) entwickelte Best Practice-Modell Folgendes:
- bei ausreichendem Sprachvermögen mehrfache Befragung der betroffenen Person im Beisein einer Schutzperson
- umfassende Informationserhebung im persönlichen und professionellen Umfeld mit Befragung und Aktenauswertung
- wenn möglich, sollten standardisierte Fragebögen eingesetzt werden
- sorgfältige und systematische Verhaltensbeobachtung im Behandlungs-Setting
- Abgleich berichteter Traumaerfahrungen mit Informationen aus anderen Quellen
- diagnostische Beurteilung durch ein interdisziplinäres, in der Behandlung von Traumata bei Patienten mit Störungen der Intelligenzentwicklung geschultes Team
- wiederholte diagnostische Beurteilung auch im Behandlungsverlauf

Das Wiedererleben des Traumas und traumaspezifische Re-Inszenierungen können bei Personen mit schwereren Störungen der Intelligenzentwicklung bizarr erscheinen und nach unserer Erfahrung daher mit anderen psychischen Erkrankungen verwechselt werden (Borghus et al. 2020; Tomasulo & Razza 2007), insbesondere mit psychotischen Störungen (Bakken et al. 2014, S. 99). Tomasulo & Razza (2007) weisen zudem darauf hin, dass die Symptome einer Posttraumatischen Belastungsstörung bei Menschen mit Störungen der Intelligenzentwicklung häufig den Traumasymptomen bei Kindern entsprechen. Dazu können Verhaltensauffälligkeiten mit plötzlichen Wutanfällen, selbstverletzendes Verhalten, Rückfall in frühere Entwicklungsphasen, auch mit Einnässen und Einkoten, repetitives Spielen, Schlafstörungen, Schmerzen und ein erhöhtes Erregungsniveau gehören. Borghus et al. (2020) weisen darauf hin, dass traumatisierte Menschen mit Störungen der Intelligenzentwicklung höhere Raten an selbstverletzendem Verhalten zeigen als traumatisierte Menschen ohne eine Intelligenzentwicklungsstörung.

Die Anwesenheit einer Schutzperson bei der diagnostischen oder anamnestischen Befragung, wie von Bakken et al. (2014) gefordert, sollte jedoch nicht kategorisch gelten, sondern nach sorgfältiger Abwägung in jedem Einzelfall und soweit möglich im Dialog mit der betroffenen Person entschieden werden. Zu beachten ist, dass eine vertraute Person auch eine Bedrohung oder ein Täter sein kann und dass schambesetzte Inhalte möglicherweise unter vier Augen leichter zu berichten sind.

Zur Unterstützung des Assessments von Posttraumatischen Belastungsstörungen im Sinne dieses Best Practice-Modells bieten sich die deutschen Versionen der Fragebögen *Lancaster and Northgate Trauma Scale* (*LANTS*; Wigham et al. 2011) und der *Impact of Event Scale – Intellectual Disabilities* (*IES-IDs*; Hall et al. 2014) an. Sie sind mit deutlichem Abstand am besten beforscht (Elbing et al. 2022); beide Instrumente liegen in deutscher Übersetzung vor (Brüseke et al. 2020). Auch wenn ein wirklich belastbarer, evidenzbasierter Nachweis für Nutzen und Wirksamkeit diagnostischer Instrumente noch aussteht, so wird in den internationalen Publikationen die grundsätzliche Realisierbarkeit von Diagnostik und Therapie nicht nur deutlich, sondern es werden in den Studien auch Modifikationen sowohl diagnostischer als auch therapeutischer Vorgehensweisen für die Bedarfe und kommunikativen Besonderheiten des Personenkreises entwickelt und vorgestellt (Elbing et al. 2022). Die Erfahrungen von Bakken et al. (2014) belegen zudem die Nützlichkeit der LANTS zur Korrektur von Fehldiagnosen bei Menschen mit einer schwereren Störung der Intelligenzentwicklung (s. o.). Darüber hinaus legen Kroese et al. (2016) einen ersten Beleg für die Brauchbarkeit von IES-IDs und LANTS zur Veränderungsmessung vor.

Erste Praxiserfahrungen liegen mit der *Posttraumatische-Stress-Skala-10* (*PTSS-10*; Maercker 2003; Weisaeth 1989) vor. Die PTSS-10 erfasst das Vorliegen von zehn der 17 PTBS-Symptome im DSM-IV in den letzten sieben Tagen vor der Befragung. Eine PTBS-Diagnose ist damit zwar nicht möglich, aber eine Verdachtsdiagnose bei einem Ergebnis, das über einem Cut-off-Wert von 35 liegt. Ab einem solchen Wert wird eine ausführliche Abklärung dringend empfohlen (Morina et al. 2019). In einer kleinen Studie (Mayer 2020) konnte die Anwendbarkeit der PTSS-10 bei Menschen mit leichter bis mittelgradiger Störung der Intelligenzentwicklung in einem Wohnheim nachgewiesen werden. Neu liegt die PTSS-10 auch in Leichter Sprache (Bundesministerium für Arbeit und Soziales 2014; Lebenshilfe Bochum 2017; Lebenshilfe Bremen 2013)) vor (Mayer & Elbing 2024), mit einer optisch größeren und dadurch leichter fassbaren siebenstufigen Likert-Skala auf einem separaten Blatt sowie mit einer nichtnumerischen Antwortmöglichkeit in Form von Kuchendiagrammen. Auf beide Antwortmöglichkeiten kann dadurch gut mit dem Finger gezeigt werden. Eine Validierung für Menschen mit Störungen der Intelligenzentwicklung liegt jedoch noch nicht vor.

Ebenfalls neu in Leichter Sprache liegt die *Kurze Screening-Skala für Posttraumatische Belastungsstörungen* vor (*Short Screening Scale for DSM-IV Posttraumatic Stress Disorder*; Breslau et al. 1999; deutsche Version: Siegrist & Maercker 2010; Version in Leichter Sprache: PTSS-10, Kurze Screening Skala für Posttraumatische Belastungsstörungen [Breslau]; Mayer & Elbing 2024). Auch diese Skala ist bei Menschen mit leichter bis mittelgradiger Störung der Intelligenzentwicklung anwendbar, sofern das Sprachniveau dies ermöglicht.

Der *International Trauma Questionnaire (ITQ)* wurde für die Diagnostik der Posttraumatischen Belastungsstörungen wie auch der komplexen Posttraumatischen Belastungsstörungen entwickelt (Mayer & Elbing 2024). Die ersten sieben Fragen erfassen die Symptome einer Posttraumatischen Belastungsstörung, weitere drei Items betreffen Funktionsbeeinträchtigungen durch die Posttraumatische Belastungsstörung (Morina et al. 2019). Weitere 16 Items erfassen die spezifischen Symptome einer komplexen Posttraumatischen Belastungsstörung. Die Validierung der deutschen Version des ITQ erfolgte durch Christen et al. (2021), allerdings bei Menschen ohne Störungen der Intelligenzentwicklung.

Mit dem ITQ (Cloitre et al. 2018; Maercker et al. 2018; deutsche Übersetzung: Lueger-Schuster et al. 2015/2018/2021; siehe auch Christen et al. 2021) liegt ein erstes Instrument nach der ICD-11 vor. Dieses Instrument, das eigentlich als Fragebogen zur Selbstauskunft entwickelt wurde, kann nach unserer Erfahrung bei Menschen mit leichter Störung der Intelligenzentwicklung als klinisches Interview eingesetzt werden. Die Befragung der Betroffenen setzt eine Begleitung durch den Therapeuten bzw. die Therapeutin, ein gutes Sprachverständnis und eine gute Sprachproduktion voraus, ebenso wie eine gute vorhandene Eigenwahrnehmung. Erste positive Praxiserfahrungen mit diesem Instrument für Personen mit leichter Intelligenzentwicklungsstörung liegen vor, bei Menschen mit mittlerer Störung der Intelligenzentwicklung ist es jedoch kaum und mit schwerer Intelligenzentwicklungsstörung nicht anwendbar.

Therapie

In der Traumatherapie wird ein phasengeleitetes Vorgehen empfohlen, bei dem in erster Linie an den Störungen der Affektregulation und in einer weiteren Phase traumafokussiert gearbeitet wird (Cloitre et al. 2012). In der letzten Therapiephase erfolgt die Integration. In der Praxis zeigt sich aber immer wieder, dass teilweise Stabilisierung und Behandlung nicht nacheinander durchführbar sind, sondern ineinandergreifen müssen, auch bei besonders verletzlichen Klienten (van den Brink et al. 2019).

Stabilisierung im Alltag

Grundsätzlich gilt für alle Menschen mit Posttraumatischen Belastungsstörungen, dass in erster Linie Sicherheit im Alltag hergestellt werden muss. Der adäquate Umgang mit Stresssymptomen außerhalb der Therapie im Alltag benötigt Unterstützung und Begleitung. Zudem sollten Re-Traumatisierungen vermieden werden. Ein traumapädagogisches Umfeld bietet hierfür eine gute Basis (Baierl & Frey 2015; Gahleitner et al. 2014).

Die psychische Stabilisierung der von einem Trauma betroffenen Menschen mit Störungen der Intelligenzentwicklung ist gleich aus mehreren Gründen die Maßnahme der ersten Wahl: Eine ausreichende Stabilisierung ist eine wichtige Basis vor der und für die Traumabehandlung. Weiter ist sie notwendig während einer Traumabehandlung, weil die Traumabearbeitung im therapeutischen Rahmen aufwühlend ist und kurzfristig destabilisierend wirken kann. Zudem ist die Stabilisierung im Alltag aufgrund nicht vorhandener oder nicht erreichbarer qualifizierter Therapieangebote mitunter die einzige Möglichkeit, von einem Trauma betroffene Menschen mit Störungen der Intelligenzentwicklung sinnvoll und wirkungsvoll zu unterstützen. Zur Stabilisierung gehört auch das Erlernen von Stressmanagement und das Einüben von Möglichkeiten zur Affektregulation im Alltag.

Auch wenn es für die Anwendung von Stabilisierungsmethoden noch keine publizierten Erfahrungsberichte oder Studien bei Menschen mit Störungen der Intelligenzentwicklung gibt, zeigen sich in der Praxis einzelne Elemente als gut anwendbar. Die folgenden Möglichkeiten sind sicherlich nicht erschöpfend, haben sich jedoch in der Praxis der Autoren und im Austausch mit erfahrenen Kolleginnen und Kollegen als bewährt erwiesen.

Der »Innere Garten« (Reddemann 2001) kann bei Menschen eingesetzt werden, die sich Situationen gut vorstellen können (innere Repräsentation). Gerade Menschen, die über kein gutes Sprachniveau verfügen, können manchmal sehr gut in der Vorstellung mit Bildern arbeiten. Bei dieser Übung erarbeiten sich die Betroffenen angeleitet durch Fragen in ihrer Vorstellung einen **»sicheren Ort«**, an dem man sich in Sicherheit bringen kann. Einige Klientinnen und Klienten haben nach einer solchen Intervention selbstständig diesen »Inneren Garten« gezeichnet und sich gut sichtbar ins Zimmer gehängt, damit sie beim Auftreten von Angst zur Beruhigung darauf schauen können. Ein anderer Klient hat ein »Beschützertier« in der Vorstellung erarbeitet.

FALLBEISPIEL

Der beim Eintritt 21-jährige Klient mit einer Größe von 1,96 m und einem Gewicht von 130 kg wurde von der Akutpsychiatrie angemeldet. Diagnosen waren mittelgradige Störung der Intelligenzentwicklung und Autismus-Spektrum-Störung. In der Akutpsychiatrie wurde er vor dem Eintritt ins Wohnheim zwei Monate lang in einem geschlossenen Teilbereich der Akutstation betreut, wobei die Pflegekräfte zusätzlich durch den Mitarbeiter eines Sicherheitsdienstes unterstützt wurden, nachdem es in der Vorgeschichte zu mehreren massiven Vorfällen gekommen war. Dies waren beispielsweise massive Verletzungen von Betreuungspersonen und ein gelegter Brand in der Klinik. Aktenkundig waren verschiedene, vermutlich Traumata auslösende Ereignisse in der Kindheit und Jugend, vor allem die Scheidung der Eltern, als er fünf Jahre alt war, ein jahrelanger Sorgerechtsstreit, der in mehreren Entführungen auf einen anderen Kontinent und wieder Rück-Entführungen gipfelte, aber auch vermutete Gewalterfahrungen. Der Klient, der sehr verwaschen sprach und sich wie ein kleines Kind ausdrückte, hatte keinerlei Stressbewältigungsstrategien, außer in den Isolier-Raum zu »flüchten«. In Gruppen- und Einzelgesprächen zum Umgang mit Emotionen und dem Erkennen von Risikosituationen, in denen sehr herausforderndes Verhalten auftreten kann, wurden mit ihm verschiedene Möglichkeiten zum Umgang mit seinen Emotionen ausprobiert. Dazu gehörten verschiedene Skills, Körperübungen, die eigenständige Inanspruchnahme von Unterstützung durch betreuende Personen. Gemeinsam wurde eine Rangfolge erstellt und immer wieder ausprobiert:

1. Gespräche mit einer Betreuungsperson, am liebsten mit der Bezugsperson
2. Spaziergänge alleine im Wald
3. Hören von beruhigender Musik (Klassik) oder von Schlagern
4. Lavendel riechen
5. nachts sein Leuchttier drücken (das eigentlich für Babys ist), bis dessen Kopf leuchtet
6. sein Armband anfassen (Übergangsobjekt; seine Bezugsperson trug dasselbe Armband und wenn sie nicht im Dienst war, konnte sich der Klient mit dem Armband beruhigen)

Die wichtigste und von ihm am meisten geschätzte Bewältigungsweise war sein Beschützertier, das er sich in der Imagination erarbeitet hatte: sein Drache. Er war riesengroß, wunderschön und sehr gefährlich.

Nach einem Wochenende bei seinem Vater und der Stiefmutter erzählte er, dass ihm dort etwas furchtbar Angst gemacht hat (was häufig in Eskalationen endete). Er habe seinen Drachen gerufen – aber der kam nicht. Er habe dann gesehen, dass der Drache geschlafen hat. Kurz lächelte er und meinte: »Ich weiß jetzt ja, wie das geht. Ich habe mir noch einen Drachen gemacht. Der hat geholfen. Und jetzt habe ich immer zwei Drachen bei mir und wenn der eine schläft, dann passt der andere auf mich auf.«

Durch alle diese Maßnahmen konnte der Klient immer besser mit seinen Emotionen umgehen und trotz seiner deutlichen Beeinträchtigung selbst Maßnahmen ergreifen, um sich zu beruhigen. Seit einigen Jahren benötigt er deshalb keinen hochstrukturierten Rahmen mehr, sondern er kann in einer weniger eng betreuten Einrichtung leben.

Wichtige Beiträge zur Stabilisierung und zur Entwicklung von Kompetenzen im erfolgreichen Umgang mit Stress und Erregungszuständen sind die Differenzierung der emotionalen Selbstwahrnehmung und Ausdrucksfähigkeit sowie die verbesserte Selbsteinschätzung eigener Gefühle.

Die Vermittlung von Worten für Emotionen kann notwendig sein, da viele Menschen mit einer Störung der Intelligenzentwicklung diese Worte nicht erlernt haben. Vermittelt, eingeübt und gefördert werden häufig nur funktionale Wörter für die Alltagsabläufe. Auch hier ist es wichtig, Lerndefizite nicht mit Behinderung zu verwechseln. Zur Unterstützung bieten sich beispielsweise die

Gefühlsmonster[44] oder die Gefühlsflips der Pro Juventute[45] an.

Das **eigene Befinden einzuschätzen** ist ein wichtiger Übungsschritt, bevor Maßnahmen zur Verhaltensänderung z. B. bei wachsender innerer Anspannung geplant werden können. Für diese Selbsteinschätzung eignen sich Spannungsbarometer aus Holz mit einer Skala zwischen −10 und +10, bei denen man mit einer Holzperle auf einer Schnur die Anzeige selbst verändern kann. Sehr gerne nutzen Menschen mit einer Störung der Intelligenzentwicklung auch die Therapieskalen von Grässer et al. (2016), vor allem die »Vulkanskala« bei Menschen, die zu eher explosiven Verhaltensweisen neigen.

Für den konkreten Umgang mit zu heftigen Emotionen gibt es wenige Veröffentlichungen, aber viele Praxiserfahrungen: Die **Körperübungen** von Claudia Croos-Müller (2011, 2012, 2016) sind hilfreich und machen Spaß, auch den Betreuerinnen und Betreuern, wenn sie diese gemeinsam mit den Klienten üben.

Der Einsatz von **Aromatherapie** wird gerne angenommen und geschätzt. Wichtig ist dabei, dass nur reine Aromaöle (z. B. von Farfalla) verwendet werden, keine synthetischen. Neroli beispielsweise wird das »aromatherapeutische Tavor« genannt, da es schnell das Stresssystem beruhigt. Traumatisierte Menschen mit Störungen der Intelligenzentwicklung berichten von guter Wirkung von Vetiver. Auch Atlaszeder beruhigt (Vorsicht: Nicht anzuwenden bei Hinweisen auf sexuellen Missbrauch, da Rasierwasser häufig Atlaszeder enthält!). Menschen mit Autismus-Spektrum-Störung reagieren oftmals gut auf Lavendel (vor allem wilden Berglavendel), aber nicht alle. Diese Düfte sollte man gemeinsam ausprobieren, da die Reaktionsweisen sehr verschieden sein können. Die Darreichungsform kann direkt auf einem Riechstreifen aus Papier erfolgen oder in Form von Riechstiften, die man selbst befüllen kann. Auch Aromamischungen für Duftlampen werden sehr geschätzt. Die Anwendungsmöglichkeiten sind vielfältig. Der Vorteil von Riechstiften ist, dass Klientinnen und Klienten diese selbst bei sich tragen können und sie sich damit selbstständig beruhigen können. Auch **schwere Therapietiere** aus Stoff, die man auf den Schoss nehmen kann, beruhigen oft schnell, ähnlich wie **schwere Westen** oder **Gewichtsdecken**.

Klassische **Skills**, wie sie im *DBToP-gB* beschrieben werden (an der Dialektisch-Behavioralen Therapie von Marsha Linehan orientiertes »Programm zur Behandlung emotionaler Instabilität bei Menschen mit geistiger Behinderung«; Elstner et al. 2012), sind ebenfalls zu empfehlen. Allerdings ist es ratsam für die Anwendung bei Menschen mit herausforderndem Verhalten solche Übungen auszulassen, bei denen auf etwas geschlagen wird, z. B. mit einem Handtuch, bzw. etwas zerrissen wird, z. B. ein Telefonbuch, da das Üben solcher Tätigkeiten im Stress eventuell hohe Raten an Sachbeschädigungen nach sich ziehen kann. Gute Erfahrungen in der Arbeit mit Skills liegen beispielsweise für die Anwendung von Chili-Gummibärchen, Chili-Eisbonbons, Su-Jok-Ringe (aus der Chinesischen Medizin), Center-Shock-Bonbons oder Cremes, die auf der Haut kalt oder heiß werden, vor. Ziel bei all diesen Maßnahmen ist, dass die Betroffenen lernen, die eigene Erregung in einem mittleren Erregungsniveau zwischen −5 und +5 auf dem Spannungsbarometer zu halten.

---

44 Gefühlsmonster: siehe www.gefuehls monster.de (Zugriff 17. 03. 2024).
45 Gefühlsflips der Pro Juventute: siehe www. projuventute.ch (Zugriff 17. 03. 2024).

Traumatherapie

Aktuell liegen nur wenige Veröffentlichungen zum Thema Traumatherapie bei Menschen mit Störungen der Intelligenzentwicklung vor. Es gibt vor allem Einzelfallberichte zur Anwendung von *Eye Movement and Reprocessing (EMDR)* bei Menschen mit leichter Intelligenzentwicklungsstörung (Elbing et al. 2022). Darunter befindet sich auch eine Studie, die die Anwendung bei vier Klienten mit schwerer Intelligenzentwicklungsstörung beschreibt (Mevissen et al. 2012). Das Autorenteam berichtet unter anderem auch kreative Lösungen, wie die zur Behandlung notwendige Vergegenwärtigung der Traumasituation auch für Menschen mit Störungen der Intelligenzentwicklung erreicht werden kann.

Zur Anwendung der *Narrativen Expositionstherapie (NET)* wurde 2020 eine erste kleine Studie mit einer Kontrollgruppe veröffentlicht (Mayer 2020). Durch ihren hohen Grad an Strukturierung und Visualisierung mit einem Seil als Lebenslinie, Steinen für kritische, belastende Lebensereignisse und Blumen für unterstützende Erlebnisse ist die NET auch für Menschen mit leichter und mittelgradiger Intelligenzentwicklungsstörung gut geeignet, sofern das Sprachniveau eine solche, klassische Therapie überhaupt ermöglicht. Ziel der NET ist es, die »heißen« Gedächtnisinhalte (sensorisch-perzeptuelles Gedächtnis; Amygdala) und die »kalten« Gedächtnisinhalte (explizites Wissen um Kontextinformationen zum traumatischen Ereignis, wie Zeit und Ort; Hippocampus) zu verbinden. Die Lebenslinie wird beginnend bei der Geburt bis zur Gegenwart zuerst in einem Überblick der Ereignisse erarbeitet. In den folgenden Sitzungen wird jedes einzelne traumatische Erlebnis in einer Exposition in sensu durchgearbeitet. Dabei wird ein Narrativ über die gesamte Lebensgeschichte erstellt, verschriftlicht und am Ende der Therapie gemeinsam vom Patienten bzw. der Patientin und Therapeutin bzw. Therapeut unterschrieben. Die Wirksamkeit der NET wurde in verschiedenen Studien belegt (Neuner et al. 2009; Schauer et al. 2006, 2011), 2020 zum ersten Mal für Menschen mit Störungen der Intelligenzentwicklung (Mayer 2020; Mayer et al. 2023). In dieser Studie zeigte sich, dass sich die durchschnittliche Therapiedauer nicht wesentlich von der bei Menschen ohne eine Intelligenzentwicklungsstörung unterscheidet, allerdings mit dem Unterschied, dass nicht mit Doppelstunden gearbeitet werden kann. Bei der Durchführung wurde Leichte Sprache verwendet, wenn das Sprachniveau dies erforderte. Dabei konnte nachgewiesen werden, dass die NET bei Menschen mit Störungen der Intelligenzentwicklung nicht nur protokollgemäß durchführbar ist, sondern auch zu einer signifikanten Reduktion der PTBS-Symptome führte. Diese wurde mit dem PTSS-10 gemessen.

Viele traumatisierte Menschen mit Störungen der Intelligenzentwicklung zeigen herausfordernde Verhaltensweisen und können sich die Ursachen selbst nicht erklären. In der therapeutischen Begleitung gilt es deshalb, vereinfachte Psychoedukation zu vermitteln und die Entstehung des Verhaltens als »normale Reaktion auf abnormale Erlebnisse« zu entpathologisieren. Für die Betroffenen ist diese Erklärung oft sehr entlastend und sie schildern immer wieder, dass sie froh sind, das zu hören, weil sie selbst dachten, dass sie »am Durchdrehen sind«.

Für Menschen mit eingeschränkten sprachlichen Fähigkeiten empfehlen Sansour & Reuner (2018, S. 81) Methoden mit alternativen Ausdrucksmöglichkeiten, wie *Kunst- oder Musiktherapie*, aber auch *tiergestützte Therapie*. Forschungsstudien über die Eignung und Wirksamkeit zur Traumabehandlung bei Menschen mit Störungen der Intelligenzentwicklung liegen auch hier noch nicht vor.

Prognose

Auch wenn die bislang publizierten Studien und die uns bekannten Praxiserfahrungen erste ermutigende Hinweise und Ergebnisse zeigen, so liegt zu den grundsätzlichen Linderungs- oder Heilungsaussichten einer Posttraumatischen Belastungsstörung für Menschen mit Störungen der Intelligenzentwicklung derzeit nichts wissenschaftlich Belastbares vor. Nach Jahren der Forschung und Therapieentwicklung ist die Prognose für Menschen ohne eine Intelligenzentwicklungsstörung bei guter Behandlung inzwischen nachweislich günstig (Schäfer & Deutschsprachige Gesellschaft für Psychotraumatologie 2019).

14.6.2 Komplexe Posttraumatische Belastungsstörung (ICD-11 6B41)

Die komplexe Posttraumatische Belastungsstörung (kPTBS) wurde als neue Diagnose in die ICD-11 aufgenommen. Sie kann durch länger anhaltende und wiederholte traumatische Erlebnisse in der Kindheit, wie z.B. schwerer körperlicher oder sexueller Missbrauch, massive Vernachlässigung, Folter oder Kriegserfahrungen entstehen, aus denen ein Entkommen schwierig oder gar unmöglich ist. Solche traumatischen Erfahrungen können zu erheblichen Beeinträchtigungen in der Affektregulation, der Bindungsfähigkeit, wie auch der persönlichen Grundüberzeugungen führen (Schäfer & Lotzin 2019). Betroffene erleben die eigenen Affekte und Impulse als wenig steuerbar. Menschen ohne eine Intelligenzentwicklungsstörung mit einer komplexen Posttraumatischen Belastungsstörung setzen häufig schädliche Strategien wie z.B. Substanzkonsum zur Beeinflussung der Affekte ein. Erfahrungen aus der Praxis weisen darauf hin, dass Menschen mit komplexer Posttraumatischer Belastungsstörung und Störungen der Intelligenzentwicklung solche Formen der »Selbstmedikation« deutlich seltener zeigen, vermutlich aufgrund fehlender Zugänglichkeit und fehlender finanzieller Mittel.

Definition

Die komplexe Posttraumatische Belastungsstörung zeichnet sich zusätzlich zu den Symptomen der Posttraumatischen Belastungsstörung mit der Trauma-Trias Wiedererleben, Vermeidung und dem Gefühl der andauernden Bedrohung durch drei weitere Symptomcluster aus: durch chronische und anhaltende Beeinträchtigungen in der Affektregulation, in dauerhaften negativen Selbstkonzepten und in Problemen in den Beziehungen zu anderen Menschen (Gysi 2021; Maercker et. al 2022).

Prävalenz

Die Häufigkeit der komplexen Posttraumatischen Belastungsstörung beträgt allgemein zwischen unter 1% in Deutschland und bis zu 8% in Irland, jedoch bis hin zu 50% in psychiatrischen Einrichtungen (Maercker et al. 2022). Kennzahlen für Menschen mit Störungen der Intelligenzentwicklung wurden bisher nicht veröffentlicht. Da die Kennzahlen für die Posttraumatische Belastungsstörung für Menschen mit Intelligenzentwicklungsstörungen im Vergleich zu Menschen ohne eine Intelligenzentwicklungsstörung deutlich erhöht sind, ist davon auszugehen, dass auch die Prävalenz der komplexen Posttraumatischen Belastungsstörung mindestens genauso hoch, wenn nicht noch höher ist.

Ätiologie

Dem Grunde nach gelten die Ausführungen zur Ätiologie der einfachen Posttraumatischen Belastungsstörung (siehe Abschn. 14.6.1) auch hier. Komplexe Traumafolgestörungen liegen ebenfalls traumatische Situationen und Belastungen zugrunde, jedoch waren die Betroffenen solchen Situationen häufig schon in sehr frühem Alter und wiederholt bzw. über lange Zeiträume ausgesetzt (Gysi 2021). Die Ätiologie der komplexen Posttraumatischen Belastungsstörung bei Menschen mit Störungen der Intelligenzentwicklung ist ebenfalls ein noch zu erforschendes Feld; die Biografien insbesondere von Menschen mit einer Intelligenzentwicklungsstörung und sehr herausforderndem Verhalten legen jedoch nicht selten die Vermutung nahe, dass die Häufung und Dauer der erlebten Belastungen zur Entwicklung einer bisher nicht diagnostizierten komplexen Posttraumatischen Belastungsstörung geführt haben.

Diagnostik

Für die Diagnose der komplexen Posttraumatischen Belastungsstörung muss mindestens je ein Symptom aus jedem der beiden oben genannten Symptomcluster vorhanden sein und es muss eine substanzielle Funktionseinschränkung vorliegen. Diese Symptome werden zusammen als »Trias der Selbstorganisationsstörung« bezeichnet. Sie können so prominent auftreten, dass die Trauma-Trias, also die eigentlichen drei Kernsymptome der Posttraumatischen Belastungsstörung, nur subsyndromal zu erkennen sind (Gysi 2021; Maercker et al. 2018).

Die grundsätzlichen Ausführungen zur Diagnostik der Posttraumatischen Belastungsstörung bei Menschen mit Störungen der Intelligenzentwicklung, zu den damit verbundenen Herausforderungen und ihrer Beantwortung im Best Practice-Modell von Bakken et al. (2014; siehe Abschn. 14.6.1) gelten hier in gleicher Weise.

Mit dem *International Trauma Questionnaire (ITQ)* liegt ein erstes Instrument vor, mit dem die Diagnose einer komplexen Posttraumatischen Belastungsstörung nach der ICD-11 erfolgen kann (siehe Abschn. 14.6.1). Allerdings sind die Fragen besonders im zweiten Teil eher komplex und setzen ein gutes Sprachniveau, aber auch eine sehr gute Selbstwahrnehmung voraus, vor allem für die Fragen, die die affektive Dysregulation, das negative Selbstkonzept und die problematischen Beziehungen betreffen. Deshalb kann der ITQ nur in Einzelfällen und bei leichter Störung der Intelligenzentwicklung eingesetzt werden. Hier liegen erste positive Praxiserfahrungen vor.

Sehr herausfordernd und aktuell immer noch kaum lösbar ist die Diagnostik einer komplexen Posttraumatischen Belastungsstörung bei Menschen mit mittlerer bis schwerer Störung der Intelligenzentwicklung.

Therapie

Aufgrund der Komplexität einer komplexen Posttraumatischen Belastungsstörung stellt eine Therapie auch bei Menschen ohne eine Störung der Intelligenzentwicklung eine Herausforderung dar (Schäfer & Lotzin 2019). In der Fachwelt besteht Einigkeit darüber, dass eine erfolgreiche Therapie nur mit einem traumafokussierten Vorgehen möglich ist (Cloitre et al. 2012).

Wichtige Prinzipien in der Behandlung sind – wie auch bei der Posttraumatischen Belastungsstörung – der Fokus auf Sicherheit, die Klärung der Rollen und Verantwortlichkeiten und die Erläuterung von Behandlungsmöglichkeiten. Die Symptome der komplexen Posttraumatischen Belastungsstörung müssen erläutert und die Reaktionen auf die Erlebnisse als normale Reaktionen auf abnormale Erlebnisse erklärt werden. Die Klientinnen und Klienten sollten in ihrer Selbstwirksamkeit bestärkt werden. Die Entscheidung über die Priorisierung der Behandlungsschritte und den Beginn der Traumatherapie kann daher nur in Absprache mit den Betroffenen erfolgen.

Da eine Traumatherapie immer wieder destabilisierend wirkt, darf sie nur in einem möglichst sicheren Setting begonnen werden und auf keinen Fall in einer psychisch sehr instabilen Verfassung der Person.

Für die Stabilisierung und eigentliche Therapie gelten dieselben Ansätze wie bei der einfachen Posttraumatischen Belastungsstörung (siehe Abschn. 14.6.1).

Prognose

Wie bereits bei der einfachen Posttraumatischen Belastungsstörung liegen auch für die komplexe Posttraumatische Belastungsstörung Praxiserfahrungen mit ersten ermutigenden Ergebnissen vor. Aus wissenschaftlicher Sicht jedoch lässt sich über die grundsätzlichen Linderungs- oder Heilungsaussichten einer komplexen Posttraumatischen Belastungsstörung für Menschen mit Störungen der Intelligenzentwicklung derzeit keine belastbare Aussage treffen.

14.6.3 Anhaltende Trauerstörung (ICD-11 6B42)

Neu in der ICD-11 ist die anhaltende Trauerstörung. Sie ist dadurch definiert, dass nach dem Tod einer nahestehenden Person (beispielsweise eines Elternteiles) eine ungewöhnlich langanhaltende und tiefgreifende Trauerreaktion auftritt. Sie ist gekennzeichnet durch Sehnsucht und anhaltende Beschäftigung mit der verstorbenen Person, Schwierigkeiten, den Tod zu akzeptieren, begleitet von intensivem emotionalen Schmerz. Die Trauerreaktion hält über einen atypisch langen Zeitraum an und sie verursacht eine erhebliche Beeinträchtigung in persönlichen, familiären, sozialen, schulischen, beruflichen oder anderen wichtigen Funktionsbereichen.

Es sind uns noch keine Veröffentlichungen im Bereich von Menschen mit Störungen der Intelligenzentwicklung bekannt – was nicht überrascht, weil dieses Störungsbild in der ICD-11 neu eingeführt wurde. Die Diagnose dürfte nicht einfach zu stellen sein, da die Verarbeitungskapazität bei Menschen mit einer Intelligenzentwicklungsstörung eingeschränkt ist und sie häufig Begriffe wie Leben und Tod und vor allem auch die Endgültigkeit des Todes nicht verstehen können. Es wird unseres Erachtens auch – und nicht nur für Menschen mit Störungen der Intelligenzentwicklung – zu bedenken sein, dass der störungsauslösende Verlust eines signifikanten Gegenübers sich nicht nur auf Menschen, sondern auch auf Tiere oder auch auf Gegenstände oder Lebenskontexte beziehen kann.

14.6.4 Anpassungsstörung (ICD-11 6B43)

Eine Anpassungsstörung tritt normalerweise innerhalb eines Monats nach einem identifizierbaren psychosozialen Stressor oder mehreren Stressoren (z. B. Scheidung, Krankheit oder Behinderung, sozioökonomische Probleme, Konflikte zu Hause oder am Arbeitsplatz) auf. Sie ist gekennzeichnet durch die übermäßige Beschäftigung mit dem belastenden Ereignis oder seinen Folgen mit quälenden Sorgen, wiederkehrenden und beunruhigenden Gedanken über den Stressor oder ständigem Grübeln über seine Auswirkungen. Den betroffenen Menschen gelingt die Anpassung an den Stressor anfangs nicht, was erhebliche Beeinträchtigungen in persönlichen, familiären, sozialen, schulischen, beruflichen oder anderen wichtigen Funktionsbereichen verursacht. Die Symptome klingen in der Regel innerhalb von sechs Monaten ab, es sei denn, der Stressor hält länger an (WHO 2022).

Weil Anpassungsstörungen so etwas wie »der Schnupfen der Seele« sind, vermuten wir, dass sie im Alltag von Menschen mit einer Störung der Intelligenzentwicklung meist untergehen, der Behinderung bzw. den begrenzten Bewältigungsmöglichkeiten der Menschen mit einer Intelligenzentwicklungsstörung zugeschrieben werden *(diagnostic overshadowing)* und kaum je zur Vorstellung bei einem Arzt oder zu einer Diagnose führen. Die Diagnosestellung trifft zudem auf das Problem, dass eine hinlänglich genaue und zutreffende Einschätzung der Anpassungsmöglichkeiten vorliegen müsste, über welche die betroffene Person mit einer Intelligenzentwicklungsstörung ansonsten verfügt, um ihre Reaktion auf das Stressereignis als Fehlanpassung im Sinne der Definition von Anpassungsstörung zu erkennen. Dementsprechend sind uns auch keine wissenschaftlichen Studien zur Anpassungsstörung, ihrer Diagnose und Therapie für Menschen mit Störungen der Intelligenzentwicklung bekannt.

Die Diagnosestellung kann der aktuelle Fragebogen *Adjustment Disorder – New Module 8 (ADNM-8)* unterstützen. Er beschreibt eine Liste von Belastungen, die man in den letzten Jahren erlebt hat, und ist gut validiert (Kazlauskas et al. 2018). Allerdings gibt es bisher keine Validierung für Menschen mit Störungen der Intelligenzentwicklung, auch eine Version in Leichter Sprache ist aktuell noch nicht verfügbar.

14.6.5 Reaktive Bindungsstörung (ICD-11 6B44)

Definition

Durch grob unangemessene Betreuung wie schwere Verwahrlosung, schwere Vernachlässigung, emotionale Gewalt oder massive Deprivation kann sich in der Kindheit ein stark abnormes Bindungsverhalten entwickeln. Dies vor allem, wenn die nahen Bezugspersonen, die eigentlich für Schutz, Liebe und Zuwendung für die Säuglinge und Kleinkinder zuständig wären, die Personen sind, die dies vorenthalten, oder sogar bewusst dem Kind Leid zufügen.

Bei der reaktiven Bindungsstörung zeigt das Kind nur selten sicherheitssuchende Verhaltensweisen gegenüber einem Erwachsenen und wendet sich Erwachsenen auch dann nicht zu, wenn ihm Trost angeboten wird. Die Diagnose kann nur bei Kindern gestellt werden, die Merkmale entwickeln sich in den ersten fünf Lebensjahren. Die Diagnose kann nicht vor dem ersten Lebensjahr gegeben werden, da die Fähigkeit zur Bindung (wechselseitige soziale Interaktion) bereits entwickelt sein sollte (WHO 2022). Die ICD-11 schließt die Diagnose auch bei Personen im Autismus-Spektrum aus.

Prävalenz

Der aktuelle systematische Review von Hamadi & Fletcher (2021) zu Bindungsproblemen bei Menschen mit Störungen der Intelligenzentwicklung konnte acht aktuelle Studien einschließen, davon drei Studien, die reaktive Bindungsstörungen untersuchten. Generell ergab sich eine erhöhte Prävalenz von unsicheren und desorganisierten Bindungsmustern wie auch von Symptomen einer Bindungsstörung bei verschiedenen Untergruppen von Menschen mit einer Intelligenzentwicklungsstörung. Zwei aktuelle Studien zu reaktiven Bindungsstörungen (Giltaij et al. 2015, 2017) zeigen mit 36 % der untersuchten Kinder mit leichter Störung der Intelligenzentwicklung eine deutlich erhöhte Prävalenz für eine reaktive Bindungsstörung, in Verbindung mit einer signifikant höheren Prävalenz von Extremen unzureichender Fürsorge für die Kinder.

Ätiologie

Die Definition der reaktiven Bindungsstörung beinhaltet im Kern bereits die Ätiologie als sehr früh in der Kindheit auftretende Störung. Damit sich eine reaktive Bindungsstörung zeigen kann, muss das Bindungsgeschehen bereits sehr früh in der Entwicklung und nachhaltig beeinträchtigt gewesen sein. Die Bindungsforschung hat umfangreiche Erkenntnisse erbracht, unter welchen Bedingungen Kinder eine tragfähige Bindung entwickeln können bzw. welche Umstände dies beeinträchtigen oder verhindern. Erforderlich ist zuvorderst die Verfügbarkeit einer hinreichend verlässlichen und feinfühligen Bezugsperson für das Kind (Brisch & Hellbrügge 2012). Die Entwicklung einer reaktiven Bindungsstörung setzt zumindest voraus, dass die verlässliche und feinfühlige Beantwortung der kleinkindlichen Bedürfnisse nicht erfolgt oder misslungen ist. Dies beinhaltet ein weites Spektrum von »Wollen, aber nicht Können« bis hin zur massiven Vernachlässigung, Verwahrlosung und Misshandlung. Aufgrund der Fülle der Erkenntnisse soll hier stellvertretend nur auf ein Standardwerk verwiesen werden (Brisch 2017). Die reaktive Bindungsstörung steht in der Regel in Zusammenhang mit massiven Formen der Vernachlässigung, Verwahrlosung oder Misshandlung.

Im Falle von Menschen mit einer Intelligenzentwicklungsstörung kommt erschwerend hinzu, dass die für die Bindungsentwicklung zentrale nonverbale und unbewusst gesteuerte Kommunikation mit dem Säugling von Beginn an erschwert oder gestört sein kann. Beide an der Kommunikation beteiligten Parteien können gegebenenfalls die Signale, die zum Gelingen dieser sonst bestens biologisch vorbereiteten und unbewussten Kommunikation erforderlich sind, nur eingeschränkt geben oder empfangen bzw. verarbeiten (Elbing 2014). So kann der Säugling aufgrund von körperlichen oder neurologischen Bedingungen (z. B. Spastik, Beeinträchtigung von Wahrnehmungsverarbeitung und Koordination) die biologisch vorbereiteten und unbewusst erwarteten Signale wie Blickkontakt und Lächeln nur eingeschränkt oder verändert geben. Die Bezugsperson erhält dadurch nicht oder stark verändert die Signale, auf die sie biologisch geprägt ist. Sie erkennt sie deshalb nicht so leicht wie eigentlich nötig und kann sie deshalb im unbewussten Dialog nicht gut erwidern. Bei der Bezugsperson können diese Schwierigkeiten zudem verstärkt werden,

z. B. durch Sorgen wegen der Behinderung des Kindes.

Diagnostik

Giltaij et al. (2015) berichten aus den Niederlanden in ihrer Studie über Kinder mit einer Intelligenzentwicklungsstörung den Einsatz eines *Screening-Interviews mit den Eltern zu Bindungsstörungen und eines Screening-Fragebogens für Lehrer zu symptomatischen Verhaltensweisen* einer massiven Entwicklungsstörung. Eine deutsche Übersetzung ihrer Instrumente liegt uns nicht vor.

Senckel & Luxen (2021) haben mit dem *BEP-KI-k* ein deutschsprachiges Instrument zur Entwicklungsdiagnostik entwickelt (*Befindlichkeitsorientiertes Entwicklungsprofil für normal begabte Kinder und Menschen mit Intelligenzminderung – Kurzform*). Der BEP-KI-k basiert auf dem Konzept der entwicklungsfreundlichen Beziehung (Senckel 1998, 2007) und auf den Erkenntnissen und Konzepten der Entwicklungspsychologie. Ein weiteres Instrument zur Entwicklungsdiagnostik stellt die umfassend validierte *Skala der Emotionalen Entwicklung – Diagnostik* (*SEED*; Sappok et al. 2018) dar (siehe Kap. 2.3). Beide Instrumente sind im Aufbau ähnlich, wobei der BEP-KI-k ein differenzierteres Profil der emotionalen Entwicklung ergibt. Beide Instrumente dienen nicht der unmittelbaren Diagnostik einer reaktiven Bindungsstörung. Aus der Praxis heraus wissen wir jedoch, dass frühe »Lücken« im BEP-KI-k-Profil im Bereich emotionale und soziale Entwicklung darauf hinweisen können, dass frühere Traumatisierungen erfolgt sein könnten, die sich im Erwachsenenalter teilweise als Bindungsstörungen äußern (siehe Fallbeispiel »Bindungsstörung Teil 1«). Dies jedoch nur, wenn das Gesamtergebnis einen höheren Entwicklungsstand aufweist. Auch in diesem Bereich ist dringend weitere Forschung notwendig, da sich dadurch eventuell weitere diagnostische Möglichkeiten ergeben könnten.

FALLBEISPIEL Bindungsstörung Teil 1
Im Jahr 2017 wurde ein 33-jähriger Mann, dessen bisheriger Heimplatz gekündigt wurde, mit den folgenden Diagnosen aufgenommen: leichte Störung der Intelligenzentwicklung F 70.0, Diabetes Typ 2 und Adipositas. Gründe für die Kündigung waren wiederholte Probleme im Bereich Nähe und Distanz, die auch schon zu Anzeigen geführt haben. Zuletzt hatte er einer Mitbewohnerin in die Hose gefasst. Die Gerichtsverfahren wurden aber jeweils aufgrund der Beeinträchtigung eingestellt. Im Erstgespräch mit den Adoptiveltern, beides pädagogische Fachkräfte, berichten diese, dass sie ein vermeintlich hörbehindertes Kind adoptiert hatten. Da die leibliche Mutter ohne Ausweispapiere auf der Straße in einer großen südeuropäischen Stadt gelebt hat und ein 1,5 Jahre zuvor geborenes Geschwisterkind bereits verstorben war, beschloss die Kinderklinik, der Mutter den Jungen nicht auszuhändigen. So verblieb der Säugling die ersten zwei Lebensjahre im Gitterbett auf der Kinderstation und entwickelte früh massive Verhaltensauffälligkeiten. Da er nichts hören konnte, fand für ihn jeglicher pflegende Kontakt vermutlich wie »aus dem Nichts heraus« statt, eher kurzfristig und vor allem um sein somatisches Wohl bemüht. Liebe und Zuwendung blieben auf der Strecke. Bereits im Alter von einem halben Jahr habe er laut Klinikberichten begonnen, sich in die Unterarme zu beißen.
Obwohl er ab dem zweiten Lebensjahr in einem liebevollen Umfeld zusammen mit den drei leiblichen Kindern der Adoptiveltern aufwuchs, habe er nie in den Arm genommen werden wollen. Auch wenn er sich verletzt und geblutet habe, habe er nie geweint, nie Trost gesucht.

Nach einem Dreiradunfall mit Zungenbiss benötigte er im Alter von vier Jahren einen kurzen operativen Eingriff mit Narkose. Danach konnte er überraschenderweise plötzlich hören und auch beinahe altersgerecht sprechen, obwohl er nie eine normale Sprachentwicklung hatte. Er wurde sehr gut heilpädagogisch gefördert und er konnte eine Bäckerlehre (Helferausbildung oder Fachpraktiker- und Werkerausbildung) machen.

Nach diversen Grenzüberschreitungen und »erzieherischen Maßnahmen«, bei denen z. B. auch immer wieder der Kontakt zu den Eltern verboten wurde, stellte die Einrichtung fest, dass ihm solche Maßnahmen völlig gleichgültig schienen und auch Versuche mit Belohnungssystemen scheiterten. Neben herausfordernden Verhaltensweisen zeigten sich immer wieder Autoaggressionen mit Knubbeln an den Händen, Reißen von Hautfetzen, bis hin zum Abreißen der ganzen Lippenhaut. Aufgrund der Gesamtproblematik durfte er nicht mehr alleine mit Bus und Bahn fahren und sich im Gelände nur in Begleitung bewegen. Einige Monate nach dem Eintritt wurde eine Entwicklungsdiagnostik mit dem BEP-KI-k durchgeführt, um die pädagogischen Maßnahmen passgenau durchführen zu können. Im BEP-KI-k Profil zeigten sich zwar Spitzen in der emotionalen Entwicklung für ein Entwicklungsalter zwischen acht und zwölf Jahren, aber auch Entwicklungslücken bereits im ersten und zweiten Lebensjahr. Die Vermutung entstand, dass er unter Stress nicht mehr in der Lage ist, auf die höheren Kompetenzen zurückzugreifen.

Therapie

Vor allem zwei Therapieansätze sind empfehlenswert: die *Integrative Therapy for Attachment and Behaviour (Integrative Therapie für Bindung und Verhalten, ITAB)* von Paula Sterkenburg (2013, 2015; siehe auch Sterkenburg & Veerle 2021), ein innovativer Ansatz für Menschen mit visuellen und schweren intellektuellen Beeinträchtigungen, und das gut erforschte *MOSES*-Konzept von Karl-Heinz Brisch (2017; siehe auch Brisch 2022) für Kinder und Jugendliche, allerdings nicht mit dem Fokus auf Menschen mit einer Störung der Intelligenzentwicklung. Das oben begonnene Fallbeispiel zeigt jedoch in seiner folgenden Weiterführung (Teil 2), was auch unter den Bedingungen einer Wohneinrichtung für Menschen mit Störungen der Intelligenzentwicklung möglich sein kann.

FALLBEISPIEL Bindungsstörung Teil 2
Ziel der Entwicklungsfreundlichen Beziehung nach Senckel (1998, 2007) ist es, den Klienten sichere Bindungserfahrungen zu ermöglichen, Urvertrauen zu entwickeln und damit noch ausstehende Entwicklungsschritte zu ermöglichen. Folgerungen aus der entwicklungsdiagnostischen Einschätzung waren die Einführung einer zweiten Bezugsperson für den oben geschilderten Klienten, die im Dienst dann jeweils auch für ihn zuständig ist. Dreimal am Tag schenkt sie ihm fünf Minuten ungeteilte Aufmerksamkeit (oder einmal am Tag 15 Minuten), wobei er die Inhalte dieser gemeinsamen Zeit selbst bestimmen darf. Unterstützend hatte er alle ein bis zwei Wochen für ca. 30 Minuten Einzelgespräche mit Übungen zur Körperwahrnehmung sowie Psychoedukation in Leichter Sprache zu den möglichen Hintergründen mancher seiner Verhaltensweisen. Erklärt wurde ihm auch das Auftreten von Dissoziationen und weshalb er in solchen Momenten nicht mehr gut funktionieren kann.

Nach zwei Jahren zeigte sich in einer erneuten Einschätzung, dass die Lücken in der emotionalen Entwicklung aus den ersten beiden Lebensjahren komplett geschlossen waren. Der Klient begann, erstmals Empathie zu zeigen (in sehr guter Verfassung), er konnte erstmals in seinem Leben weinen, aber auch von innen heraus lachen. Die Adoptiveltern berichten, dass er ab und zu nach kurzen Umarmungen fragt. Selbstverletzendes Verhalten kommt nur noch sehr selten und in stark verminderter Intensität vor.

Prognose

Auch wenn die vorgestellten therapeutischen Ansätze gute Ergebnisse nachweisen können und auf eine günstige Prognose bei geeigneter Therapie hoffen lassen, so kann zur Übertragbarkeit auf Menschen mit Störungen der Intelligenzentwicklung derzeit keine wissenschaftlich belastbare Aussage gemacht werden, auch wenn Fallberichte wie der oben vorgestellte ermutigend sind.

14.6.6 Störung der sozialen Bindung mit enthemmtem Verhalten (ICD-11 6B45)

Durch grob unangemessene Kinderbetreuung, wie schwere Verwahrlosung, schwere Vernachlässigung, emotionale Gewalt oder massive Deprivation, kann sich ein stark abnormes Bindungsverhalten in der Kindheit entwickeln. Betroffene Kinder wenden sich wahllos Erwachsenen zu, egal ob diese vertraut sind oder nicht. Zurückhaltung fehlt. Sie gehen auch mit unbekannten Erwachsenen weg und verhalten sich gegenüber Fremden übermäßig vertraut. Die Diagnose kann nur bei Kindern diagnostiziert werden; die Merkmale entwickeln sich in den ersten fünf Lebensjahren. Die Diagnose kann nicht vor dem ersten Lebensjahr gegeben werden, da die Fähigkeit zur Bindung erst entwickelt sein sollte.

Die reaktive Bindungsstörung (ICD-11 6B44) und die Störung der sozialen Bindung mit enthemmtem Verhalten sind beim gegenwärtigen Kenntnisstand in der Darstellung von Ätiologie, Prävalenz, Therapie und Prognose bei Menschen mit Störungen der Intelligenzentwicklung nicht sinnvoll differenzierbar, zumal die Ursprungskonstellationen der Störung in jedem Fall eng verwandt sind. Den Schilderungen des MOSES-Projekts ist zu entnehmen, dass in jedem Fall auch Kinder und Jugendliche mit einer Störung der sozialen Bindung mit enthemmtem Verhalten im Rahmen des Projekts behandelt worden sind (Brisch 2017). Wir verweisen daher auf die entsprechenden Ausführungen zur reaktiven Bindungsstörung.

KIM HINKELMANN & SABINE ZEPPERITZ

15 Dissoziative Störungen (ICD-11 6B6)

15.1 Die Codierung von dissoziativen Störungen in der ICD-11

6B6 DISSOZIATIVE STÖRUNGEN
- 6B60 Dissoziative Störung mit neurologischen Symptomen
- 6B61 Dissoziative Amnesie
- 6B62 Trance-Störung
- 6B63 Besessenheits-Trance-Störung
- 6B64 Dissoziative Identitätsstörung
- 6B65 Partielle dissoziative Identitätsstörung
- 6B66 Depersonalisations- oder Derealisationsstörung
- 6B6Y Sonstige näher bezeichnete Dissoziative Störungen
- 6B6Z Dissoziative Störungen, nicht näher bezeichnet

In der neuen Einteilung der dissoziativen Störungen gibt es einige Änderungen im Vergleich zur ICD-10. Die alte Sortierung in »psychische« und »somatische« Dissoziation ist noch zu erkennen, allerdings rücken die wichtigen dissoziativen Störungen mit neurologischen Symptomen an die erste Stelle. So entsteht eine Trennung von dissoziativen körperlichen (6B60.0 bis .8) und nicht-körperlichen Symptomen (6B61 bis 6B66). Auf den Begriff der Konversion wird bewusst verzichtet. Auch ätiologische Zuschreibungen wie ungelöste Konflikte fehlen. Stattdessen wurde sich auf eine rein beschreibende Klassifizierung konzentriert. Mit dem Belassen der funktionellen neurologischen Syndrome in dem Kapitel der dissoziativen Störungen unterscheidet sich die neue ICD-11 auch deutlich vom DSM-5®, in dem diese Symptome unter »Somatische Belastungsstörung« (ehem. somatoforme Störung) zu finden sind.

Unter der dissoziativen Störung mit neurologischen Symptomen finden sich auch die dissoziativen Krampfanfälle wieder, die jetzt als »nichtepileptische Anfälle« bezeichnet werden. Insgesamt erhalten die für Menschen mit Störungen der Intelligenzentwicklung (SIE) relevanten funktionellen neurologischen Syndrome inklusive der nichtepileptischen Anfälle ein starkes Gewicht.

An zweiter Stelle ist in der ICD-11 nun die dissoziative Amnesie zu finden, die ehemalige Diagnose »Dissoziative Fugue« wird hier nur noch als Spezifikation aufgeführt. Neu ist, dass die dissoziative Identitätsstörung eine eigenständige Kategorie erhält, ebenso wie die partielle dissoziative Identitätsstörung. Neu aufgenommen wurden zudem Derealisation und Depersonalisation, welche in der alten ICD-10 noch unter »andere neurotische Störungen« aufgeführt waren.

15.2 Definition

Eine dissoziative Störung ist in der ICD-11 definiert als eine nicht willentliche Unterbrechung der Integration einer oder mehrerer Funktionen wie Identität, Gedächtnis, Affekte, Wahrnehmung, Empfindungen, Erinnerungen, Verhalten oder der Kontrolle motorischer Funktionen. Diese Unterbrechung ist in der Regel partiell, das heißt sie bezieht selten alle Funktionen ein, und ist in der Ausprägung variabel.

15.3 Prävalenz

Epidemiologische Daten zu dissoziativen Störungen sind uneinheitlich und wahrscheinlich auch ungenau, denn methodische Mängel, unterschiedliche Messinstrumente und die Veränderungen der diagnostischen Kriterien in den beiden Klassifikationssystemen über die Zeit machen eine Vergleichbarkeit schwer. So findet sich in den Prävalenzraten eine große Streuung. In der Allgemeinbevölkerung sind leichtere dissoziative Phänomene sehr häufig, insbesondere in belastenden Situationen (Aderibigbe et al. 2001; Michal et al. 2015).

In klinischen Studien finden sich dissoziative Symptome bei vielen psychiatrischen Erkrankungen, insbesondere bei trauma- oder stressassoziierten Erkrankungen (Lyssenko et al. 2018).

Die Prävalenzraten der dissoziativen Identitätsstörung wird bei 1 % (Ross 1991; Sar et al. 2007), die der Depersonalisations-/Derealisationsstörung bei 1–3 % (Hunter et al. 2004; Johnson et al. 2006), die der dissoziativen Amnesie bei 2–3 % (Johnson et al. 2006) und die der Trance-Störung – stark kulturabhängig – bei 0,5–18 % (Hecker et al. 2015) angegeben.

Funktionelle neurologische Störungen erscheinen mit 0,05 % in der Allgemeinbevölkerung zunächst einmal selten (Carson et al. 2012), in klinischen Settings sind sie mit 2–6 % jedoch häufiger anzutreffen (Stone et al. 2010). In Epilepsiezentren finden sich bei bis zu 30 % der Patientinnen und Patienten, die zur Abklärung von unklaren Anfällen kommen, nichtepileptische Anfälle (Brown et al. 2011).

Prävalenzraten zu dissoziativen Störungen bei Menschen mit Störungen der Intelligenzentwicklung existieren nicht, auch nicht für die nichtepileptischen Anfälle, obwohl diese vielfach bei Menschen mit einer Intelligenzentwicklungsstörung beschrieben sind (Neill & Alvarez 1986). Unter den Personen mit nichtepileptischen Anfällen haben 9 % eine Störung der Intelligenzentwicklung (im Vergleich zu 1 % in der Allgemeinbevölkerung; Rawlings et al. 2021), sodass davon ausgegangen werden muss, dass Störungen der Intelligenzentwicklung ein Risikofaktor für die Entwicklung von nichtepileptischen Anfällen darstellt.

Nichtepileptische Anfälle sind bei allen Schweregraden von Störungen der Intelligenzentwicklung nachweisbar, allerdings weniger wahrscheinlich bei Menschen, die schwergradig betroffen sind (Rawlings et al. 2021).

15.4 Ätiologie

Die Ursache dissoziativer Störungen ist ungeklärt. Es wird jedoch eine multifaktorielle Genese angenommen, also ein Zusammenwirken von genetischen, biologischen und biografischen Faktoren. Das *Stress-Diathese-Modell* der Dissoziation versteht das Symptom der Dissoziation als eine Antwort auf Stress, welche in Abhängigkeit von der individuellen Veranlagung (z. B. genetische Faktoren) und frühen traumatischen Erlebnissen gehäuft auftritt und durch dieses häufigere Auftreten wiederum so gebahnt wird, dass später auch Alltagsstress zu Symptomen führen kann (Butler et al. 1996).

ANNAHME DES STRESS-DIATHESE-MODELLS
Je höher die individuelle Dissoziationsneigung ist, desto kleiner kann der Auslöser für die Entstehung dissoziativer Symptome sein.

Dem Symptom der »psychischen« Dissoziation (insbesondere Derealisation/Depersonalisation) wurde in den letzten Jahren vermehrt Aufmerksamkeit gewidmet, der genaue biologische Mechanismus ist jedoch noch unklar. Aufgrund des engen Zusammenhanges zwischen Dissoziation und Stress (Aktivierung der Hypothalamus-Hypophysen-Nebennieren-Achse: endokrinologische Effekte mit Adrenalin-, Noradrenalin-, Cortisol-Ausschüttung) ist neurobiologisch möglicherweise eine Einordnung in die Fight-Flight-Freeze-Reaktion sinnvoll (Loewenstein 2018). Menschen zeigen dissoziative Symptome insbesondere in Zusammenhang mit traumatischem Stress (Marmar et al. 1994). Höheres Stresserleben führt zu stärkerer Derealisation/Depersonalisation (Stiglmayr et al. 2008). Humane Bildgebungsstudien aus der Forschung zu Posttraumatischen Belastungsstörungen (PTBS) bringen dissoziative Symptome bei Menschen in Zusammenhang mit anatomischen Strukturen wie Amygdala und Zentrales Höhlengrau (Nicholson et al. 2017), welche auch im Tierreich mit Freezing-Verhalten in Verbindung stehen (Gross & Canteras 2012). Früher traumatischer Stress ist zudem ein Risikofaktor für spätere dissoziative Symptome (Loewenstein 2018), inklusive der funktionell-neurologischen (Duncan & Oto 2008; Ludwig et al. 2018).

Funktionelle motorische Symptome wie Gangstörungen oder Tremor wurden in Bildgebungsstudien mit Veränderungen in der SMA (*supplementory motor area*) und deren Hyperkonnektivität mit limbischen Strukturen in Verbindung gebracht (Espay et al. 2018). Diese Veränderungen wurden in den Bildgebungsstudien getriggert durch emotionale Stimuli negativer Valenz (Espay et al. 2018).

Zwillingsstudien deuten zudem auf eine genetische Disposition der Dissoziationsneigung hin – bis zur Hälfte der Varianz kann damit erklärt werden (Jang et al. 1998). Wichtig insbesondere in Hinblick auf behebbare Risikofaktoren sind zudem biologische Variablen wie schlechter Schlaf und geringe Trinkmenge (Hoeschel et al. 2008; Selvi et al. 2017).

Das »*Integrative Kognitive Modell*« zur Entstehung von nichtepileptischen Anfällen geht davon aus, dass diese durch ein Zusammenwirken von Stress (akut oder chronisch), erhöhter Vigilanz bezüglich Gefahrenreizen, gestörter Exekutivfunktion (und damit z. B. verminderter Inhibition) sowie modelliert durch subjektive Krankheitsmodelle (z. B. die Vorstellung, wie ein epileptischer Anfall aussieht) zu der Ausprägung der Symptome führen bzw. diese formen (Reuber & Brown 2017).

Bei Menschen mit Störungen der Intelligenzentwicklung gibt es hierzu keine Befunde. Allerdings scheinen zumindest nichtepileptische Anfälle bei Menschen mit einer

Intelligenzentwicklungsstörung in hohem Maße Stress-assoziiert zu sein, Alltagsstressoren sind häufige Auslöser (Duncan & Oto 2008). Frühe traumatische Erfahrungen sind als Risikofaktor seltener dokumentiert bei Menschen mit Störungen der Intelligenzentwicklung und nichtepileptischen Anfällen. Es ist jedoch unklar, ob diese schlicht weniger berichtet werden (Rawlings et al. 2021).

15.5 Diagnostik

Anamnese, psychopathologischer Befund und eine neurologische Untersuchung sind die Basis der Diagnostik. Für die Erfassung psychischer Dissoziation gibt es etablierte Fragebögen, z. B. die *Dissociative Experience Scale* (*FDS-20* in der deutschen Übersetzung; siehe auch Spitzer et al. 2004). Eine Abfassung in Leichter Sprache existiert nicht.

Bei Abklärung von Anfällen unklarer Genese ist ein Video-EEG empfohlen. Klinisch sprechen während des Anfalls geöffnete Augen, erhaltene Reflexe, Opisthotonus sowie Asymmetrie der Bewegungen, Kopfwendungen abwechselnd nach rechts und links, Anfallsdauer von über zwei Minuten und schnelle postiktale Reorientierung für eine nichtepileptische Genese (Espay et al. 2018; LaFrance et al. 2013). Bei Menschen ohne Störungen der Intelligenzentwicklung bieten diese klinischen Kriterien in Zusammenhang mit einem Video-EEG eine hohe diagnostische Sicherheit (LaFrance et al. 2013). Bei Menschen mit Störungen der Intelligenzentwicklung kann die Differenzialdiagnose schwieriger sein, denn eine Epilepsie ist häufiger komorbid vorhanden, stereotypes Verhalten kann sowohl epileptischer als auch nichtepileptischer Genese sein (Rawlings et al. 2021). Auch die Beschreibung der Symptome durch die Betroffenen selbst kann eingeschränkt sein, sodass hier eine sorgfältige Fremdanamnese wichtig ist. Bei allen Personen mit unklaren Anfällen können Handy-Videos des Anfalls eine wertvolle Hilfe für eine ärztliche Einschätzung sein, insbesondere wenn die Symptome seltener auftreten.

Bei der Differenzialdiagnose anderer funktionell-neurologischer Symptome gibt es eine Reihe von Positivzeichen. Diese sind jedoch teils untersucherabhängig und damit eventuell weniger zuverlässig. Für eine funktionelle Lähmung spricht ein positives Hoover-Zeichen (Untersuchung im Liegen, hierbei kompensatorisches Anspannen des gelähmten Beines beim Anheben des gesunden Beines gegen Widerstand) oder ein Absinken im Armhalteversuch ohne Pronation (Espay et al. 2018). Auch ist hier das Muster der Ausfälle nicht mit den anatomischen Gegebenheiten vereinbar (beispielsweise die Angabe einer strumpfförmigen Lähmung).

Bei Dystonien spricht ein plötzlicher Beginn für eine funktionelle Genese, ebenso wie rascher Progress und hoher muskulärer Widerstand bei passiver Bewegung (Espay et al. 2018). Bei Tremorsyndromen sprechen plötzlicher Beginn und Variabilität der Symptome sowie eine Mischung von Aktions-, Ruhe- und posturalem Tremor für eine funktionelle Genese. Zudem kann bei vorgegebener Bewegung für die gesunde Seite eine Kopplung mit der betroffenen Seite beobachtet werden (Entrainment-Zeichen); bei allen funktionell-neurologischen Symptomen verbessern sich die Symptome unter Ablenkung (Espay et al. 2018).

Die Differenzialdiagnose von Tics kann herausfordernd sein. »Echte« Tics beginnen meist in der Kindheit, häufig mit positiver Familienanamnese. Sie lassen sich meist kurze Zeit unterdrücken; zudem versuchen die Betroffenen, sie zu überspielen oder in eine andere Bewegung zu integrieren (Cath et al. 2011). Fehlen diese für die Ticstörung typischen anamnestischen und klinischen Befunde, muss an funktionelle Tics gedacht werden.

15.6 ICD-11-Störungsbilder bei dissoziativen Störungen

15.6.1 Dissoziative Störung mit neurologischen Symptomen (ICD-11 6B60)

Sehstörung (6B60.0)

Bei bis zu 12 % der Personen, die sich mit einem Visusverlust beim Augenarzt vorstellen, werden die Symptome als funktionell gewertet (Miller 2011). Zudem bestehen nicht selten organisch bedingte und funktionelle Symptome gleichzeitig (Scott & Egan 2003). Personen mit funktionellen Sehstörungen berichten Visusverlust auf einem oder beiden Augen oder eine Sehfeldeinschränkung im Sinne eines Tunnelblickes. Es gibt eine ganze Reihe von klinischen Tests, wie den Spiegeltest oder Finger-zu-Finger-Test, die organische von funktionellen Störungen abgrenzen können. Des Weiteren können visuell evozierte Potenziale (VEPs), Elektroretinogramm oder bildgebende Verfahren in der Differenzialdiagnostik hilfreich sein (Miller 2011). Insbesondere bei komorbid bestehenden neurologischen oder ophthalmologischen Erkrankungen empfiehlt sich eine neuroophthalmologische Vorstellung, zumal viele der differenzialdiagnostischen Tests eine gewisse Mitwirkung der Betroffenen voraussetzen. Bei Menschen mit Störungen der Intelligenzentwicklung kann daher die Unterscheidung zwischen funktionell und organisch bedingter Symptomatik deutlich erschwert sein.

Hörstörung (6B60.1)

Funktionelle Hörstörungen umfassen sowohl Hörverlust als auch Klagen über Schwierigkeiten, Sprache zu verstehen, trotz normaler Hörschwellen. Funktioneller Hörverlust im Sinne einer dissoziativen Störung ist insgesamt selten und geht mit inkonsistenten Audiometrie-Ergebnissen einher (Lin & Staecker 2006). Weiterhin können AEPs (*auditory evoked potentials*) eine sinnvolle Zusatzuntersuchung sein. Die Differenzialdiagnose kann jedoch sehr schwierig sein, insbesondere bei Sprachverständnisstörungen in lauter Umgebung, denn dies kann – trotz normalem Audiogramm – eine beginnende cochleare Dysfunktion bedeuten (Lin & Staecker 2006). Zudem kann dies ein Symptom einer APD (*auditory processing disorder*) sein, welche auch bei Entwicklungsstörungen vorkommt (Lin & Staecker 2006).

Schwindel oder Benommenheitsgefühl (6B60.2)

Diese Störung führt zu Drehschwindel oder Benommenheit, unvereinbar mit einer somatischen Erkrankung, und tritt auch nicht ausschließlich während einer anderen dissoziativen Störung auf (WHO 2022). Der phobische Schwankschwindel ist in Abgrenzung dazu unter den chronischen vestibulären Syndromen zu finden (AB32.0) und hat klar definierte Positivkriterien (Schwankschwindel oder Benommenheit, im Laufe des Tages zunehmend, zumeist im Stehen auftretend, Auslöser durch Bewegung oder komplexe visuelle Reize, häufig Folge von akuten vestibulären Symptomen).

Sonstige sensorische Störung (6B60.3)

Hierbei handelt es sich um sensorische Symptome, die nicht in den anderen Kategorien aufgeführt sind, insbesondere taktile Taubheit, Brennen oder Schmerzen.

Nichtepileptischer Anfall (6B60.4)

Der überwiegende Teil der insgesamt spärlichen Literatur bezüglich dissoziativer Störungen bei Menschen mit Störungen der Intelligenzentwicklung beschreibt nichtepileptische Anfälle (Thom et al. 2022). Diese sind auch aus der Erfahrung der Autorinnen die klinisch relevanteste Störung aus diesem Bereich. Nichtepileptische Anfälle sind paroxysmale Ereignisse, die epileptischen Anfällen ähneln (können), sie gehen jedoch nicht mit einer epileptischen Erregungsausbreitung und damit auch nicht mit den epilepsietypischen Potenzialen im EEG einher. Epileptische und nichtepileptische Anfälle sind jedoch nicht selten komorbid vorhanden (Kutlubaev et al. 2018).

Menschen mit Störungen der Intelligenzentwicklung haben ein höheres Risiko sowohl für epileptische (Robertson et al. 2015) als auch nichtepileptische Anfälle (Rawlings et al. 2021). Klinisch sind nichtepileptische Anfälle vielgestaltig und können sowohl mit motorischen Entäußerungen an Extremitäten (ähnlich einem Grand-mal) auftreten, aber auch Absencen- oder Synkopen-ähnlich aussehen; es kann auch bei nichtepileptischen Anfällen eine Amnesie für das Ereignis bestehen. Frauen sind insgesamt häufiger betroffen, wobei dies bei Menschen mit Störungen der Intelligenzentwicklung weniger deutlich ist (Rawlings et al. 2021). In der Regel beginnt die Erkrankung in jüngerem Alter bis zum 30. Lebensjahr, es gibt jedoch auch spätere Manifestationen, insbesondere bei Männern (Rawlings et al. 2021). Bei allen Betroffenen sind komorbid bestehende depressive Störungen, Panikattacken und selbstverletzendes Verhalten häufig (Rawlings et al. 2021). Unmittelbar anfallsauslösend sind bei Menschen mit Störungen der Intelligenzentwicklung häufiger stressbehaftete Ereignisse, wobei diese auch Alltagsstressoren sein können (z.B. kleinere Konflikte mit Werkstattkolleginnen, Wut, Trauer, Überforderung, Langeweile und Übermüdung) (Rawlings et al. 2021; van Ool et al. 2018). Die Anfälle können Minuten, aber auch mehrere Stunden anhalten.

Eine höhere Suggestibilität der Personen mit Störungen der Intelligenzentwicklung sowie die teils eingeschränkte oder fehlende Mitteilungsfähigkeit können die Diagnosestellung deutlich erschweren, sodass neben einer Fremdanamnese auch eine gute somatische Abklärung wichtig ist. Ein Video-EEG sowie insbesondere bei Synkopen auch eine kardiologische Abklärung und EKG sind empfohlen (Rawlings et al. 2021). Bei Änderung der Symptomatik sowie dem Auftreten neuer Anfälle sollte eine erneute Abklärung erwogen werden.

FALLBEISPIEL

Herr T. ist ein 34-jähriger Mann mit einer leichten Störung der Intelligenzentwicklung (IQ 65). Sein emotionaler Entwicklungsstand liegt bei einem Referenzalter von acht bis zwölf Jahren (SEED-Phase 5; Sappok et al. 2018). Er lebt in einer vollstationären Einrichtung, die auf schwer einstellbare Epilepsien ausgerichtet ist. Er hat eine Schreckepilepsie (Startle-Epilepsie), die oft in dissoziative Anfälle übergeht. Dabei verkrampfen und zucken die Gliedmaßen, er weint dann. Die dissoziativen Anfälle dauern bis zu 90 Minuten.

Sprechstörung (6B60.5)

Funktionelle Sprach- und Sprechstörungen sind unter den funktionell-neurologischen Symptomen relativ häufig, nicht selten auch komorbid mit funktionellen Bewegungsstörungen (Hinson & Haren 2006). Dysphonien (Heiserkeit) und Stottern sind mit Abstand die beiden häufigsten Symptome, gefolgt von Artikulationsschwierigkeiten und Auffälligkeiten in Intonation, Sprechrhythmus oder Akzent (Duffy 2016). Für Menschen mit Störungen der Intelligenzentwicklung gibt es hierzu keine Daten. Die Differenzialdiagnose kann insbesondere bei einer komorbiden neurologischen Erkrankung oder auch bei einer Entwicklungsstörung schwierig sein, die häufig auch die Sprachentwicklung beeinträchtigt (Marrus & Hall 2017). Plötzlicher Beginn, Inkonsistenz, Fluktuation und Ablenkbarkeit der Symptome können auf eine funktionelle Genese hinweisen (Duffy 2016). Eine logopädische (Mit-)Behandlung ist dringend empfohlen und – zumindest bei Menschen ohne eine Intelligenzentwicklungsstörung – vielfach auch erfolgreich (Duffy 2016).

Parese oder Muskelschwäche (6B60.6)

Menschen mit funktionellen Lähmungen berichten neben einer Schwäche häufig davon, dass die betroffenen Gliedmaßen nicht zu ihnen gehören; die Betroffenen beklagen zudem meist eine Gefühlsstörung in der betroffenen Region (Stone & Aybek 2016). Klinisch wird das betroffene Bein bei einer funktionellen Genese meist hinterhergezogen (Stone & Aybek 2016). Differenzialdiagnostisch wird bei akutem Beginn zunächst an einen Insult, bei schleichendem Beginn an eine spinale Läsion gedacht, die Ausfallsmuster sind jedoch in der Regel nicht mit peripheren oder zentralen Läsionen vereinbar. Nicht selten findet sich jedoch eine Verletzung (auch Bagatelltraumata) in der Vorgeschichte (Stone et al. 2009). Studien konnten zeigen, dass funktionelle Paresen im fMRT andere Aktivierungsmuster aufweisen als simulierte Paresen (Stone et al. 2007), eine funktionelle Parese hat also nichts mit Simulation zu tun.

Für Menschen mit Störungen der Intelligenzentwicklung existiert ein Fallbericht (Thom et al. 2022): Dieser Patient zeigte eine intermittierende subjektive Schwäche der Beine, deren Episoden unterschiedlich lange anhielten und die im Verlauf zu einer ausgeprägten Angst vor dem Fallen führte. Im Verlauf kamen weitere funktionell-neurologische Symptome (wie grobschlägiger Tremor der Beine) in Verbindung mit Schmerzen hinzu (Thom et al. 2022).

Gangstörung (6B60.7)

Funktionelle Gangstörungen treten häufig in Zusammenhang mit anderen funktionellen Bewegungsstörungen auf (Hinson & Haren 2006). Die Abgrenzung zu organisch bedingten Gangstörungen kann schwierig sein, insbesondere da z.B. Gangstörungen bei Dystonien ebenfalls bizarr aussehen können; Letztere sind jedoch gleichförmig, während funktionelle Gangstörungen variabel und inkonsistent erscheinen (Fung 2016). Auch eine Besserung der Symptome unter Ablenkung weist auf eine funktionelle Genese hin (Hinson & Haren 2006). Gegebenenfalls kann bei fehlender neurologischer Expertise vor Ort das Hinzuziehen der Physiotherapie für eine Einschätzung hilfreich sein.

Bewegungsstörung (6B60.8)

Funktionelle Bewegungsstörungen sind in der klinischen Praxis eine wichtige Differenzialdiagnose. Geschätzt 3 % der Patientinnen und Patienten einer Spezialsprechstunde für Bewegungsstörungen haben eine funktionelle Genese der Symptome (Hinson & Haren 2006). Unter den funktionell-neurologischen Bewegungsstörungen sind Tremorsyndrome sehr häufig (mit ca. 40 %), gefolgt von dystonanmutenden Bewegungsstörungen (ca. 30 %), Bradykinesien und Myoklonus (Hinson & Haren 2006). Hierunter fällt auch die funktionelle Ticstörung. Die funktionellen Bewegungsstörungen sind häufig gepaart mit einer funktionellen Gangstörung oder auch einer funktionellen Sprachstörung; in 10–15 % der Fälle liegt komorbid eine neurologische Erkrankung vor (Hinson & Haren 2006).

Viele genetisch bedingte Entwicklungsstörungen sind mit Bewegungsstörungen assoziiert, sodass die Differenzialdiagnose erschwert sein kann. Das Risiko für ein juveniles Parkinson-Syndrom ist z. B. deutlich erhöht für Menschen mit Fragilem-X-Syndrom oder velokardiofazialem Syndrom (Hickman et al. 2022). Ataktische Bewegungsstörungen sind bei Angelman- oder Rett-Syndrom vielfach beschrieben (Bell et al. 2019). Es muss auch an eine Medikamentennebenwirkung gedacht werden (z. B. extrapyramidalmotorische Nebenwirkungen durch Antipsychotika; Scheifes et al. 2016).

15.6.2 Dissoziative Amnesie (ICD-11 6B61)

Bei der dissoziativen Amnesie handelt es sich um einen partiellen oder vollständigen Erinnerungsverlust, in der Regel bezieht sich dieser auf belastende bzw. traumatische Ereignisse. Dissoziative Amnesien sind retrograd und teilweise reversibel. Selten geht die Amnesie einher mit einem Ortswechsel (Fugue), für die Zeit einer Fugue besteht immer eine (generelle) Amnesie. In der ICD-11 ist die Fugue keine eigenständige Diagnose mehr, sondern gehört zu der Diagnose der dissoziativen Amnesie und ist hier ein »Specifier«, also eine Zusatzinformation.

Differenzialdiagnostisch muss an andere Ursachen für eine Bewusstseinstrübung gedacht werden, insbesondere Intoxikationen, delirante Syndrome oder Transite Globale Amnesie (TGA). In psychotherapeutischen Settings sind mehr oder minder ausgeprägte Amnesien bei traumatisierten Personen häufig anzutreffen. Fugue-Ereignisse sind selten (Coons 1999). Bei dissoziativen Amnesien besteht eine hohe Assoziation zu Trauma-Erfahrungen (Spiegel et al. 2011).

In der Literatur findet sich ein Fallbericht von einer Patientin mit Williams-Beuren-Syndrom und nichtepileptischen Anfällen, die im Verlauf einige Episoden mit Amnesie und Fugue erlebte (Thom et al. 2022).

15.6.3 Trance-Störung (ICD-11 6B62)

Trance bezeichnet eine (deutliche) Änderung des Bewusstseins, einhergehend mit einer Einschränkung der Wahrnehmung äußerer Reize sowie Einschränkung der (motorischen) Reaktion, z. B. starrer Blick. Komplexe Handlungen, wie z. B. im Rahmen einer dissoziativen Amnesie mit Fugue, sind hier untypisch.

Trance-Zustände (Trance-artige Zustände) treten nicht selten im Rahmen von religiösen Handlungen auf, diese sind jedoch nicht als pathologisch zu werten (WHO 2022). Eine Trance-Störung hingegen bedeutet, dass diese Zustände ungewollt und außerhalb des jeweilig kulturell akzeptierten Rahmens auftreten und erhebliches Leiden verursachen. Diese Trance-Episoden sind meist wiederkehrend oder müssen bei einer einzelnen Episode für die Diagnosestellung mehrere Tage anhalten. Die Diagnose kann nur gestellt werden, wenn der Zustand nicht durch andere Faktoren (z. B. Schlafwandeln, Schädel-Hirn-Trauma, Delir) oder beispielsweise medikamentös-toxisch hervorgerufen wird. Auslöser eines Trance-Zustandes ist starker (emotionaler) Stress. Bei der Trance-Störung können oft Frühwarnsysteme herausgearbeitet werden. Treten die Symptome im Rahmen einer Posttraumatischen Belastungsstörung und hier insbesondere im Rahmen von Flashbacks auf, soll keine separate Trance-Störung codiert werden. Die Abgrenzung zur dissoziativen Amnesie und Derealisation/Depersonalisation ist unscharf, diese Symptome können laut ICD-11 Teil der Trance-Störung sein und sollen dann nicht extra codiert werden.

Bei Menschen mit Störungen der Intelligenzentwicklung sind Trance-artige Zustände, wenn nicht epileptischer Genese, bisher wahrscheinlich am ehesten als dissoziative Krampfanfälle gewertet worden, schon allein aufgrund der Ähnlichkeit zu Absencen und des Attacken-artigen Auftretens. Stürze und starrer Blick sind mit der Trance-Störung nach ICD-11 vereinbar, sodass abzuwarten bleibt, wie die Diagnose in Zukunft verwendet werden wird.

15.6.4 Besessenheits-Trance-Störung (ICD-11 6B63)

Bei der Besessenheits-Trance-Störung treten rezidivierende Trance-Zustände auf, die mit dem subjektiven Gefühl einhergehen, dass eine fremde Macht die Kontrolle über den oder die Betroffene erlangt habe. Psychotische Störungen müssen ausgeschlossen sein, sonst darf die Diagnose nicht vergeben werden. Ein kulturell akzeptiertes Auftreten während religiöser Handlungen wird nicht als pathologisch gesehen. Bei der Besessenheits-Trance-Störung treten die Symptome ungewollt und unkontrollierbar auf und verursachen ein relevantes Ausmaß an Leiden. Zumeist besteht eine Amnesie für das Ereignis. Insgesamt ist die Diagnose im westlichen Kulturkreis wenig relevant (During et al. 2011).

15.6.5 Dissoziative Identitätsstörung (ICD-11 6B64) und Partielle dissoziative Identitätsstörung (ICD-11 6B65)

Die dissoziative Identitätsstörung ist konzeptualisiert als eine Traumafolgestörung, die bereits in der frühen Kindheit (vor dem 5.–6. Lebensjahr) und im Rahmen einer komplexen Traumatisierung beginnt (Spiegel et al. 2011). Sie ist gekennzeichnet durch das Vorliegen von zwei oder mehr verschiedenen Persönlichkeitszuständen, die Störung geht mit einer deutlichen Unterbrechung des Selbst- und Handlungsgefühls einher. Jeder Persönlichkeitszustand beinhaltet ein eigenes Muster des Erlebens, der Wahrnehmung und des Verhaltens. Mindestens zwei verschiedene Persönlichkeitszustände übernehmen immer wieder die Kontrolle über das Bewusstsein und die Funktionsweise des Individuums. Veränderungen des Persönlichkeitszustands gehen mit entsprechenden Veränderungen in den Bereichen Empfindung, Wahrnehmung, Affekt, Kognition, Gedächtnis, motorische Kontrolle und Verhalten einher. Typischerweise kommt es zu Episoden von Amnesie (WHO 2022).

In der Literatur wurde wiederholt beklagt, dass die (DSM-)Diagnosekriterien für Kliniker wenig aussagekräftig sind, insbesondere da ein Wechsel der Persönlichkeitszustände während der Anamnese nur selten beobachtet werden kann (Spiegel et al. 2011). Zwei große Studien zu Befunden bei Personen mit dissoziativer Identitätsstörung kamen zu sehr ähnlichen Ergebnissen und fanden Amnesie als das häufigste Symptom (nahezu 100 % der Betroffenen), gefolgt von einem subjektiven Gefühl der Änderung des Selbst sowie andere dissoziative Symptome inklusive Depersonalisation, Trance-Zustände und Stimmen-Hören (Spiegel et al. 2011). Eine Beschreibung dieser Erkrankung bei Menschen mit Störungen der Intelligenzentwicklung findet sich in der Literatur nicht.

15.6.6 Depersonalisations- oder Derealisationsstörung (ICD-11 6B66)

Depersonalisation beschreibt das Gefühl, dass das Selbst fremd oder unwirklich erscheint, oder ein Gefühl von Losgelöst-Sein von sich und dem eigenen Körper, so als beobachte man sich selbst von außen. Derealisation beschreibt das Gefühl, dass die Umwelt fremd oder unwirklich (z. B. traumhaft verändert) erscheint. Bei Depersonalisations- oder Derealisationserfahrungen bleibt die Realitätsprüfung intakt (Spiegel et al. 2011). Die Depersonalisations- oder Derealisationsstörung ist gekennzeichnet durch anhaltende oder wiederkehrende Erfahrungen von Depersonalisation, Derealisation oder beidem.

Derealisation und Depersonalisation sind als Symptome in vielen psychischen Erkrankungen zu finden (Lyssenko et al. 2018), aber insbesondere auch im Rahmen sowie im Nachgang von traumatischem Stress wie Unfällen oder tätlichen Übergriffen (Spiegel et al. 2011).

Kriterien für eine andere psychische Erkrankung, die das Auftreten dieser Symptome besser erklären (z. B. einer Posttraumatischen Belastungsstörung vom dissoziativen Subtyp), dürfen nicht erfüllt sein, auch dürfen die Symptome nicht auf die Wirkung psychotroper Substanzen, Entzug oder eine neurologische Erkrankung zurückzuführen sein. Depersonalisation/Derealisation kann auch epileptischer Genese sein und ist daher bei Menschen mit Störungen der Intelligenzentwicklung von besonderer Bedeutung.

Die Depersonalisations- oder Derealisationsstörung ist sicher unterdiagnostiziert (Michal et al. 2015). Sie beginnt typischerweise in der Jugend (vor dem 25. Lebensjahr; Michal et al. 2016). Die Betroffenen können häufig einen Zeitraum, wann die Störung begann, benennen und vermuten zunächst eine somatische Erkrankung oder fürchten eine Schädigung durch Drogenkonsum (Michal et al. 2016; Simeon 2004). In der Familienanamnese finden sich gehäuft Angststörungen, die Erkrankung ist eher mit emotionalem Missbrauch als z. B. sexuellem Missbrauch assoziiert. Insgesamt ist die Rate an früher Traumatisierung vergleichbar mit der bei Depressionen (Michal et al. 2016). Bei Menschen mit Intelligenzentwicklungsstörungen darf die Erkrankung nicht verwechselt werden mit einer Epilepsie und sollte auch nicht als nichtepileptische Anfälle codiert werden.

15.7 Therapie dissoziativer Störungen bei Menschen mit Störungen der Intelligenzentwicklung

Die therapeutische Behandlung dissoziativer Störungen bei Menschen mit Störungen der Intelligenzentwicklung ist bisher nicht konzeptualisiert beschrieben. Die hier beschriebenen Methoden haben sich im klinischen Setting bewährt, wobei das Ziel der Behandlung nicht in der gänzlichen Vermeidung dissoziativer Symptome liegt. Dies würde bei den Betroffenen hohe Erwartungen auslösen. Vielmehr geht es darum, der Person mit einer Intelligenzentwicklungsstörung psychoedukativ ein Verständnismodell für die Störung zu vermitteln. Sie erlernt Methoden der Spannungsreduktion und das Umfeld wird intensiv einbezogen. Ziel ist es, den subjektiv empfundenen Leidensdruck zu vermindern. Ein Mix aus pädagogischen und psychotherapeutischen Methoden ist erfahrungsgemäß hilfreich, um Personen mit Störungen der Intelligenzentwicklung und ihr Umfeld zu erreichen. Hierbei profitierten sie von Methoden aus der Verhaltenstherapie, Systemischen Therapie, Traumatherapie und Dialektisch-Behavioralen Therapie (DBT) in Verbindung mit Leichter Sprache und bildlichen Modellen, die zum Mitmachen einladen.

Adaptierte Psychotherapiemodelle können bei Menschen mit einer mittelgradigen bis leichten Störung der Intelligenzentwicklung angewendet werden, die entwicklungspsychologisch in der Lage sind, über sich nachzudenken, die Perspektive zu wechseln und zu reflektieren. Die Entwicklung der Mentalisierungsfähigkeit (Theory of Mind) ist hierfür notwendig (Sappok & Zepperitz 2019). Bei Menschen mit schweren Störungen der Intelligenzentwicklung, bei denen diese Fähigkeit nicht ausgeprägt ist, treten dissoziative Störungen nur in Ausnahmefällen auf. Hier steht die Beratung der Betreuungsteams im Umgang mit der Störung im Vordergrund.

Menschen mit Störungen der Intelligenzentwicklung profitieren von Psychoedukation in Leichter Sprache. Dabei haben sich bildliche Erklärungsmodelle bewährt. Zunächst wird der Unterschied zwischen Epilepsie und dissoziativer Störung erklärt. Hierbei wird die Dissoziation validierend als psychische Störung benannt, da häufig die Einstellung besteht, diese Anfälle seien »weniger wert«. In diesem Prozess sollten die betreuenden Systeme mit einbezogen werden, da der Umgang des Umfeldes erheblichen Einfluss auf die Dynamik haben kann (Zepperitz 2022). Im nächsten Schritt wird ein Modell von Anspannung und deren Regulation vermittelt (Hantke & Görges 2012).

FALLBEISPIEL (Fortsetzung)
Mit Herrn T. ist ein sehr anschauliches Arbeiten hilfreich. Hierbei wird sein Gehirn und dessen Funktionen mit seinem Smartphone verglichen, das wir vor uns liegen haben. Bei der Epilepsie ist das Gerät »kaputt« gegangen. Bei der dissoziativen Störung ist die Funktion wichtiger Apps gestört. Anhand eines Arbeitsblattes versteht er den Einfluss von Anspannung auf die Funktion seiner Apps: Im grünen Bereich

läuft alles prima, im roten Bereich schalten Apps wegen »Überspannung« ab.

Im Anschluss werden Methoden zur Emotionsregulation vermittelt: Der Zugang zu Gefühlen und den dazu gehörenden körperlichen Symptomen fällt vielen Menschen mit einer Intelligenzentwicklungsstörung schwer. Sie berichten eher undifferenziert über ihr Gefühlsleben: »Geht mir gut« oder »Ich war schlecht drauf«. Das Zuordnen von Gefühlen zu körperlichen Empfindungen kann durch klare Beobachtungsaufgaben angebahnt werden. Hierbei hilft die bildliche Darstellung. Abgestimmte Angebote wie Körperwahrnehmungsübungen in der Physiotherapie, Darstellung von Gefühlen in der Kunsttherapie oder andere kreativtherapeutische Methoden unterstützen den Prozess. Im nächsten Schritt werden Möglichkeiten zur Spannungsregulation, sogenannte Skills (Elstner et al. 2012), vermittelt. Diese sollten möglichst alltagstauglich und ohne großen Aufwand anzuwenden sein. Es ist ein längerer Prozess, dass diese Methoden selbstständig genutzt werden. Meist müssen die Alltagsassistierenden anleitend unterstützen.

FALLBEISPIEL (Fortsetzung)
Herr T. lernte in spielerischer Form, Emotionen zu erkennen und zu benennen. Wir haben sein Smartphone genutzt, um Fotos zu Gefühlen (Körperhaltungen, Mimik und Gestik) zu machen. In der Physiotherapie erlernte er eine einfache Entspannungsübung (Progressive Muskelrelaxation [PMR] nach Jacobson). In der Kunsttherapie im Gruppensetting zeichnete er mit anderen ein Körperbild mit körperlichen Symptomen, die Gefühle auslösen (bei Wut malte er einen Stachelball im Bauch, bei Angst schlackernde Knie, Schweißausbrüche unter den Achseln, nasse Hände). Es wurde ein Notfallsäckchen genäht, in dem er Material sammelte, das ihn regulierte (ein Fläschchen Tabasco, Knautschbälle, laminierte Karten mit guten Sätzen, eine trockene stachlige Kastanienschale …). Die Anwendung haben wir in verschiedenen Situationen geübt.

Menschen mit Störungen der Intelligenzentwicklung leben meist in betreuten Systemen. Diese können erheblichen Einfluss auf dissoziative Störungen haben. Hierbei sollte immer auch auf die Intensität der Assistenzleistung geachtet werden. Das Einbeziehen des Umfeldes ist essenziell. Erfahrungsgemäß kann es bei unzureichender Hilfe bei der Lebensbewältigung zu Überforderung kommen, was bei Menschen mit Störungen der Intelligenzentwicklung zu dissoziativen Symptomen führen kann. In diesem Fall muss die bedarfsgerechte Unterstützung sichergestellt werden. Der Umzug in eine stärker betreute Wohnform kann stabilisierend wirken. Des Weiteren sollten die Betreuenden in die Therapie auch inhaltlich einbezogen werden. Das Wissen über dissoziative Störungen ist bei pädagogischem Personal nicht unbedingt zu erwarten. Wenn der Mensch mit einer Intelligenzentwicklungsstörung und seine Betreuenden die gleichen Modelle vermittelt bekommen, reden sie eine Sprache und können im Alltag damit arbeiten. Sie können bei Anspannung die Regulation unterstützen, an Methoden erinnern, können in anderen Systemen erklärend und vermittelnd (z. B. bei der Arbeit) auftreten (Zepperitz et al. 2019).

FALLBEISPIEL (Fortsetzung)
Herr T. wollte am Abend mit seinem Betreuer zu einem Rockkonzert gehen. Er war sehr aufgeregt und ahnte schon, dass er dissoziieren würde. So kam es auch: Am späteren Nachmittag begannen die Arme und Beine zu verkrampfen. Er versuchte mit allen Mitteln, einen längeren Anfall zu verhindern, nutzte seine erlernten Metho-

den, leider ohne Erfolg. Der Anfall dauerte schon über eine Stunde. Er forderte seinen Betreuer auf, mit ihm trotz der Symptome ins Taxi zu steigen. Der Betreuer ließ sich darauf ein, ermunterte Herrn T. dazu, sich nicht unterkriegen zu lassen. Auf der Taxifahrt ließen die Symptome dann nach, das Konzert war ein Riesenerfolg und Herr T. lernte, dass ER der »Boss« bei Anfällen ist!

Es empfiehlt sich, zunächst in einem begrenzten stationären Aufenthalt (vier Wochen) die Behandlung zu beginnen. Die Erfahrung hat gezeigt, dass diese Aufenthalte in regelmäßigen Abständen wiederholt werden sollten. Zur Etablierung der Konzepte ist eine regelmäßige ambulante Therapie im Anschluss unbedingt nötig. Je nach Lebenssituation können das wöchentliche Kontakte sein, wenn die Alltagsbetreuung nur stundenweise arbeitet, oder auch längere Abstände, wenn der Mensch in einem stärker unterstützten Setting lebt, in dem die Anwendung der Methoden durch die Betreuenden weiter begleitet wird.

CHRISTIAN SCHANZE

16 Fütter- oder Essstörungen (ICD-11 6B8)

16.1 Die Codierung von Fütter- oder Essstörungen in der ICD-11

6B8 FÜTTER- UND ESSSTÖRUNGEN
- 6B80 Anorexia nervosa
- 6B81 Bulimia nervosa
- 6B82 Binge-eating-Störung
- 6B83 Vermeidend-restriktive Ernährungsstörung (ARFID)
- 6B84 Pica
- 6B85 Ruminations- oder Regurgitationsstörung
- 6B8Y Sonstige näher bezeichnete Fütter- und Essstörungen
- 6B8Z Fütter- und Essstörungen, nicht näher bezeichnet

Die WHO widmet den Essstörungen in der ICD-11 ein eigenes Kapitel: Fütter- oder Essstörungen. Durch die Integration des Begriffs der Fütterstörung wird deutlich, dass in diesem Kapitel problematisches Essverhalten in allen Entwicklungsstufen diagnostisch Berücksichtigung findet.

Fütter- und Essstörungen wurden in der Vergangenheit bei Menschen mit einer Störung der Intelligenzentwicklung (SIE) vor allem unter den Gesichtspunkten des vermehrten Essens (Übergewicht und Adipositas) und des Essens von Dingen, die zum Essen nicht geeignet sind (Pica-Syndrom), thematisiert. Jetzt werden neben den klassischen Störungsbildern wie der Anorexia nervosa und der Bulimia nervosa, die bei Menschen mit Störungen der Intelligenzentwicklung nur selten auftreten, erstmals die »Binge-eating-Störung«, das »Pica-Syndrom« und die »Ruminations- oder Regurgitationsstörung« als diagnostische Kategorien aufgeführt, die bei diesem Personenkreis häufig zu beobachten sind. Auch die »Vermeidend-restriktive Ernährungsstörung (ARFID)« ist neu hinzugekommen, die vor allem bei Menschen mit einer Autismus-Spektrum-Störung (ASS) zu beobachten ist.

Problematisches Essverhalten wie dysfunktionales (z. B. schnelles und hastiges Essen) und selektives Essverhalten (ausgeprägte Vorlieben in Art und Zubereitung von Nahrung), die beide bei Menschen mit Störungen der Intelligenzentwicklung oder vor allem auch mit Autismus-Spektrum-Störungen häufig sind, werden in der ICD-11 nicht explizit aufgeführt. In verschiedenen Studien werden diese Arten des problematischen Essverhaltens nicht klar von den »klassischen« Essstörungen abgegrenzt und ebenfalls unter der Kategorie »Essstörungen« subsumiert. Dies führt zu Ungenauigkeiten in der diagnostischen Zuordnung, in den Angaben zur Prävalenz und somit zu einer eingeschränkten Vergleichbarkeit der Ergebnisse.

Die medikamenteninduzierte Adipositas gehört nicht zu den psychiatrischen Essstörungen. Sie wird in der ICD-11 unter 5B81.1 »Arzneimittelinduzierte Adipositas« codiert und anhand der Höhe des Body-Mass-Index (BMI) in verschiedene Schweregrade eingeteilt. Aufgrund der im Vergleich zur Normalbevölkerung höheren Prävalenz von Verhaltensauffälligkeiten und des damit häufig verbundenen Einsatzes von Psychopharmaka erhält die medikamenteninduzierte Adipositas bei Menschen mit Intelligenzminderung eine besondere Relevanz (Schanze 2014).

16.2 Definition

Während sich Essstörungen begrifflich auf den Prozess der selbstständigen Nahrungsaufnahme und seine damit verbundenen organischen und psychischen Bedingungsfaktoren beziehen, rücken beim Begriff der Fütterstörung die Nahrungsvorbereitung und der interaktive Prozess der Darreichung ins Zentrum der Betrachtung. Letztere Störung ist typisch für das frühe Kindesalter und das hohe Alter. Sie kann aber auch – besonders bei schweren und kombinierten Entwicklungsstörungen – das gesamte Leben überspannen (z. B. bei schweren zerebralparetischen Behinderungssyndromen mit und ohne Störungen der Intelligenzentwicklung).

16.3 Prävalenz

Kinder mit einer Störung der Intelligenzentwicklung zeigen signifikant häufiger **Still- und Fütterungsprobleme** als die Vergleichspopulation ohne Entwicklungsstörungen (Bandini et al. 2019). Bei Kindern mit schwerer Störung der Intelligenzentwicklung und/oder Mehrfachbehinderung treten in bis zu 80 % der Fälle Fütterprobleme auf (Manducchi et al. 2021; Rezaei et al. 2012). Sie können zu Mangelernährung führen und stellen eine erhebliche psychosoziale Belastung dar.

Für **hyper- und hypophage Essstörungen** wurden bei Menschen mit einer Störung der Intelligenzentwicklung in früheren Studien Prävalenzraten von 20–30 % ermittelt (Hove 2004; Taggart et al. 2008). Allerdings sind diese hohen Prävalenzen auf methodologische Mängel der Studien (z. B. geringe Repräsentativität der Untersuchungsstichprobe) sowie auf unzureichende Unterscheidung von körperlichen und psychischen Ursachen der Symptome von Übergewicht und Untergewicht zurückzuführen. Aktuelle repräsentative Studien geben für Erwachsene mit einer Störung der Intelligenzentwicklung geringere Prävalenzen mit 8,1–11,5 % an (siehe z. B. Robertson et al. 2017).

EXKURS Dysfunktionales Essen
Viele Menschen mit einer Störung der Intelligenzentwicklung und Autismus-Spektrum-Störungen zeigen ausgeprägte Störungen des Essverhaltens, die nicht den in der ICD-11 aufgeführten Störungsbildern zuzuordnen sind, wie z. B. **selektives Essen** (Essen nur weniger, in der gleichen Weise zubereiteter Nahrungsmittel) oder

dysfunktionales Essen. Dieses Verhalten bezeichnet und umfasst schnelles und hastiges Essen, das in den Mund-Stopfen von Nahrung sowie das Hinunterwürgen von unzerkauten Nahrungsbrocken. Dabei werden häufig Nahrungsbestandteile längere Zeit im Mundraum angesammelt und später geschluckt. Dies kann erhebliche Probleme wie Aspiration oder Bolus-Verlegungen der Trachea, Aspirationspneumonien und akute Asphyxie verursachen und schlussendlich zum Erstickungstod führen (Landes et al. 2021).

Inzwischen wurden einige Untersuchungen zu dieser Art des problematischen Essverhaltens veröffentlicht. Laut Hove (2007) zeigten 65 % der untersuchten Erwachsenen mit einer Störung der Intelligenzentwicklung ein dysfunktionales Essverhalten, insbesondere schnelles Essen (28 %), Schluckverweigerung (25 %) und Verweigerung von bestimmten Nahrungsmitteln (20 %). Die verschiedenen Symptome traten bei Menschen mit schwerer Beeinträchtigung deutlich häufiger auf als bei Menschen mit leichteren kognitiven Einschränkungen.

Besonders häufig ist dysfunktionales Essverhalten bei Menschen mit Autismus-Spektrum-Störungen zu beobachten (Baraskewich et al. 2021; Dickerson Mayes & Zickgraf 2019), insbesondere Essensverweigerung und selektives Essen (Matson & Fodstad 2009). Die Selektivität ist in diesen Fällen derart ausgeprägt, dass andere Nahrungsmittel strikt verweigert werden. Die Symptomatik ist dann als »Vermeidend-restriktive Ernährungsstörung« (6B83) einzuordnen. Mildere Formen ähneln eher ausgeprägten Vorlieben und sind nicht zwingend mit Essensverweigerung verbunden. Sie können aber zu Fehl- und Mangelernährung führen und wären diagnostisch am ehesten unter »Sonstige näher bezeichnete Fütter- oder Essstörungen« (6B8Y) in der ICD-11 zu codieren.

Das dysfunktionale Essen stellt insgesamt betrachtet die häufigste Problematik des Essverhaltens bei Menschen mit Störungen der Intelligenzentwicklung dar.

16.4 Ätiologie

Ätiologisch ergibt sich bei Menschen mit Störungen der Intelligenzentwicklung ein sehr breit gestreutes Bild der Fütter- oder Essstörungen. So spielen genetische, organische (z. B. Dysphagie bei Zerebralparesen, sensorische Störungen des Mund-Rachen-Raums [Chistol et al. 2018; Engel-Yeger et al. 2016]), entwicklungspsychologische (z. B. niedriger Entwicklungsstand), neuropsychologische (z. B. Störungen der exekutiven Funktionen bei Autismus-Spektrum-Störung) und psychosoziale Faktoren (z. B. psychosoziale Folgen von Fütterstörungen bei schweren Behinderungsformen) eine wichtige Rolle.

Sehr viele Kinder mit schweren Behinderungssyndromen haben postnatal als Säuglinge oder Kleinkinder medizinisch notwendige massive Manipulationen im Mund-Rachen-Raum erlebt. Intubationen zur Beatmung, vorübergehende Nasen-Sonden-Ernährung, aber auch intensive Versuche, die Nahrungsaufnahme zu initiieren oder womöglich zu erzwingen, führen zu Irritationen im Mund-Rachen-Raum. Durch diese aversiven Erlebnisse wehren sich die betroffenen Kinder im Rahmen der Fütterversuche reflexartig durch eine Fluchtreaktion (heftige Kopfwendungen, massives Schreien) und durch Schluckverweigerung gegen das Zuführen von »Fremdkörpern« in ihren Mund (Ziegenhain et al. 2020). In gewisser Weise kann man in diesem Zusammenhang von einer posttraumatischen Fütterstörung sprechen. Hoogewerf et al. (2017) stellten fest, dass die Länge der intensivmedizinischen Maßnahmen mit der Schwere der Fütterstörung zusammenhängt.

Einige genetische Syndrome sind besonders häufig mit Fütterstörungen assoziiert, z. B. das Cornelia-de-Lange-Syndrom (Bergeron et al. 2020; Kline et al. 2018); das Prader-Willi-Syndrom (Driscoll et al. 2017; Juriaans et al. 2022), das Apert-Syndrom (Wenger et al. 2019) und seltenere Syndrome wie das NALCN-Syndrom (»Natrium+ Leak Channel, Non-Selective«; Bramswig et al. 2018), das 3p13p12-Deletions-Syndrom (Mutlu-Albayrak & Karaer 2019) und das Aicardi-Goutières-Syndrom (Adang et al. 2020). Allen Syndromen ist gemeinsam, dass die Kinder postnatal meist intensivmedizinische Versorgung benötigten und intubiert werden mussten.

16.5 Diagnostik

Für das Assessment von Fütter- oder Essstörungen sind verschiedene Instrumente, wie z. B. *EDE* (*Eating Disorder Examination*), FEV (Fragebogen zum Essverhalten), *EDI* (*Eating Disorder Inventory*), oder Screeningverfahren wie die fünf *SCOFF*-Fragen [*Sick Control One stone (14 lbs/6.5 kg) Fat & Food*] verfügbar.

SCOFF-FRAGEBOGEN (FÜNF-FRAGEN-TEST IN LEICHTER SPRACHE)

1. Fühlen Sie sich nach dem Essen oft unangenehm voll? Müssen Sie dann erbrechen/kotzen?
2. Können Sie manchmal mit dem Essen einfach nicht aufhören? Machen Sie sich dann Sorgen, dass Sie zu dick werden?
3. Haben Sie in der letzten Zeit abgenommen? (in 3 Monaten mehr als 3 kg)
4. Sie finden sich dick! Andere Leute sagen aber: Du bist doch dünn!
5. Müssen Sie viel über Essen nachdenken (z. B. über Essen, das dick macht, und wie Sie schlank werden können)?

In der Regel wird die Diagnostik auf fremdanamnestischen Angaben aufbauen müssen. Hierfür sind Beobachtungsprotokolle zur Ernährung und zum Essverhalten oder Fragebögen wie z. B. *The Questionnaire on Eating and Weight Patterns-5* (*QEWP-5*; Yanovski et al. 2015) geeignet.

Für Menschen mit einer Autismus-Spektrum-Störung ohne Störungen der Intelligenzentwicklung gibt es einen Selbsteinschätzungsbogen, das *Swedish Eating Assessment for Autism Spectrum Disorders* (*SWEAA*; Karlsson et al. 2013). In manchen Autismus-Tests wie z. B. der *CASD* (*Checklist for Autism Spectrum Disorder*; Mayes 2012) werden auch Störungen des Essverhaltens erhoben.

MERKE

- Im Kapitel »Fütter- und Essstörungen« werden Störungen der Nahrungsaufnahme in allen Entwicklungsphasen des Menschen zusammengefasst.
- Still- und Fütterprobleme treten bei Menschen mit schweren Störungen der Intelligenzentwicklung häufig auf.
- Sie spielen für Beeinträchtigungen des Essverhaltens im Jugend- und Erwachsenenalter bei Menschen mit Störungen der Intelligenzentwicklung eine wichtige Rolle.

- Das bei Menschen mit Störungen der Intelligenzentwicklung häufig zu beobachtende selektive (essen von nur wenigen Nahrungsprodukten) und dysfunktionale Essen (schnelles, hastiges Essen, Stopfen, Hinunterwürgen von unzerkauten Nahrungsbrocken) wird in der ICD-11 nicht dezidiert aufgeführt.

16.6 ICD-11-Störungsbilder bei Fütter- und Essstörungen

16.6.1 Anorexia nervosa (ICD-11 6B80)

Definition

Menschen mit Anorexia nervosa zeigen über längere Phasen ihrer Entwicklung oder dauerhaft ein signifikantes Untergewicht. Als Maß hierfür wird der Body-Mass-Index (BMI) herangezogen. Die diagnostischen Kriterien gelten als erfüllt, wenn der BMI bei Erwachsenen zwischen 18,5 kg/m² und 14,0 kg/m² oder unter der 5. Perzentile für BMI-for-Age[46] bei Kindern und Jugendlichen liegt (ICD-11, WHO 2023).

Prävalenz

Einzelne Studienergebnisse, die höhere Prävalenzraten für Anorexia nervosa ermittelt haben (z. B. Cooper et al. 2015), differenzieren nur unscharf zwischen Menschen mit und ohne Autismus-Spektrum-Störungen. Die oben geschilderten biologisch-genetischen Ursachen von Untergewicht werden nur unzureichend diagnostisch berücksichtigt.

Ätiologie

Die Anorexie-Patienten bemühen sich permanent, durch körperliches »Reinigungsverhalten« (Abusus von Laxanzien und Diuretika) oder durch erhöhten Kalorienverbrauch (exzessives Sporttreiben) ihr subjektiv als normal empfundenes Untergewicht zu halten bzw. wiederherzustellen. Dies erfordert eine anhaltende, reflexive Beschäftigung mit dem eigenen körperlichen Selbst, seiner wahrgenommenen Form, einer gewünschten »Idealform« und seiner Wirkung auf andere. Die gelebte Nahrungsaskese ist Ausdruck dieser Selbstreflexion und gibt den Betroffenen das Gefühl absoluter Kontrolle und eines überlegenen Willens, was wiederum eine aufrechterhaltende Bedingung für die Essproblematik darstellt. Bei der Anorexia nervosa handelt es sich also um einen komplexen kognitiv-emotionalen Prozess, der die Fähigkeit zur Mentalisierung voraussetzt. Dies gilt auch, wenn dieses Denken auf einer Fehlwahrnehmung des eigenen Körperschemas wie bei der Anorexie beruht (Beckmann et al 2021; Gadsby 2019; Guardia et al. 2012; Pitron et al. 2018). Zu derart selbstreflexiven Überlegungen zum eigenen Körper sind nur Personen mit einem emotionalen Referenzalter über vier Jahren (> SEED-4)[47] fähig. Da die genauen Auslöser, die Motivation und die auf-

---

46 BMI-for-Age = Normwertkurven des Körpergewichts & der Körpergröße für Kinder je Altersgruppe = Perzentilenkurven. Normbereich jeweils zwischen der 5. und 85. Perzentil.

47 SEED = *Short Evaluation of Eating Disorders*

rechterhaltenden Bedingungen im sozialen Umfeld für die Nahrungsverweigerung bzw. Gewichtsreduktion bei Menschen mit Störungen der Intelligenzentwicklung schwer zu eruieren sind, wird das gestörte Essverhalten oft vorschnell als willentlich gesteuert und damit anorektisch fehlinterpretiert.

Oftmals spielen körperliche Begleitsymptome im Rahmen von Mehrfachbehinderungen (z. B. Zerebralparese mit Dysphagie, genetische Syndrome, pharyngeale Missbildungen), somatische Erkrankungen (z. B. gastroösophagealer Reflux, Karies) und Autismus-bedingte Störungen der exekutiven Funktionen eine wichtige Rolle bei der ätiologischen Zuordnung von auffälligem Essverhalten und Untergewicht.

EXKURS Anorexie und Autismus-Spektrum-Störungen

Anorektisches Verhalten tritt bei Menschen mit Autismus-Spektrum-Störungen weit häufiger auf, als dies bislang vermutet wurde (Dickerson Mayes & Zickgraf 2019; Goldschmidt 2018; Inoue et al. 2021; Kerr-Gaffney et al. 2021). Gillberg hat bereits 1983 auf die Ähnlichkeit der Symptomatik bei Patienten mit Autismus-Spektrum-Störungen und Anorexia nervosa hingewiesen und die Hypothese einer engen ätiologischen Verwandtschaft zur Diskussion gestellt. Inzwischen wird dieser Gedanke in der Forschung aufgegriffen und der Zusammenhang von Autismus-Spektrum-Störungen, Anorexie und bestimmten genetischen Syndromen, z. B. die Mikroduplikation 15q11.2BP1-BP2, diskutiert (Chang et al. 2019). In einer japanischen Studie von Inoue et al. (2021) wurden Kinder mit Vermeidend-restriktiver Ernährungsstörung (ARFID) und Anorexia nervosa auf Autismus-Spektrum-Störungen hin untersucht. Die Prävalenz der Autismus-Spektrum-Störung war sowohl bei Anorexie als auch bei ARFID hoch (16 bzw. 13 %). Die Anorexie-Gruppe zeigte auf allen Autismus-Subskalen höhere Werte als eine altersangepasste gesunde Kontrollgruppe. Die autistische Symptomatik scheint bei Menschen mit Anorexia nervosa vor allem in den akuten anorektischen Schüben deutlicher ausgeprägt zu sein. Sie wird bei Abklingen der anorektischen Phase und Gewichtszunahme wieder schwächer. Umgekehrt weist das Auftreten autistischer Verhaltensweisen (Vermeiden sozialer Kontakte, wenig Freunde, obsessives Verhalten) bei Anorexia nervosa bei gleichzeitig schlechtem Ansprechen auf therapeutische Interventionen darauf hin, dass in der Diagnostik eine eventuell komorbid vorliegende Autismus-Spektrum-Störung überprüft werden muss (Dickerson Mayes & Zickgraf 2019; Karjalainen et al. 2019).

Therapie

Es gibt keine Studien zu spezialisierten Behandlungsverfahren für Personen mit Störungen der Intelligenzentwicklung. Das Erfahrungswissen aus Einzelfällen legt nahe, dass hier kognitiv-behavioristische Behandlungsansätze in Kombination mit körpernahen heilpädagogischen Maßnahmen hilfreich sein können. Dabei müssen die kognitiven Verfahren immer an den kognitiv-adaptiven und emotionalen Entwicklungsstand der jeweiligen Person angepasst werden. Therapeutische Maßnahmen sind dann gemäß der jeweiligen Entwicklungsstufe in den Bereichen Milieugestaltung und der Vermittlung von Kompetenzen bzw. Copingstrategien oder Skills individuell zu wählen. Es gilt, in diesen Fällen auch zu prüfen, ob das anorektische Verhalten als Bewältigungsversuch der Person mit einer Störung der Intelligenzentwicklung für schwierige bzw. für sie selbst unlösbare psychosoziale Belastungen zu bewerten ist. Entsprechend wären die therapeutischen Verfahren dann auf die bestehende

Grundproblematik der Verhaltensauffälligkeit auszurichten.

Bezüglich der Therapie von Menschen mit Störungen der Intelligenzentwicklung *und* Autismus-Spektrum-Störungen liegen international keine Untersuchungen vor, die momentan eine wissenschaftliche Aussage zu diesem Themenbereich zuließen. Allerdings gibt es einige Studien, die sich auf Menschen mit Asperger-Syndrom beziehen (Übersichtsarbeiten: Boltri & Sapuppo 2021; Westwood & Tchanturia 2017). Hier erwiesen sich herkömmliche Therapieverfahren, die in spezialisierten Behandlungszentren für Anorexia nervosa angeboten werden, wie z. B. familienbasierte Therapie, Verhaltens- und kognitive Therapie, als unwirksam (Nielsen et al. 2015; Stewart et al. 2017). Tchanturia et al. (2016) differenzieren diese Aussage dahingehend, dass der Therapieerfolg – sie führten mit 35 Probanden eine kognitive Remediationsbehandlung durch und überprüften danach in Selbstbewertungsfragebögen die Veränderung von Anorexie-typischen Denkstilen – vom Ausprägungsgrad der Autismus-Symptomatik abhängt. Eine Untersuchung von Kinnaird et al. (2019) zu den Therapieerwartungen von Menschen mit Autismus-Spektrum-Störungen zeigte, dass weniger Anorexie-spezifische Behandlungen als vielmehr eine Besserung der eigenen autistischen Symptomatik im Fokus ihrer Erwartungen standen.

Prognose

Die Anorexie ist mit einem hohen Risiko an körperlichen Komplikationen und einer deutlich erhöhten Mortalität verbunden. Hierbei sind besonders niedrige BMI-Werte und die Dauer der Zeit, in der die Betroffenen ohne Diagnose und damit auch unbehandelt bleiben, Prädiktoren für eine eher negative Langzeitprognose (Franko et al. 2018; Redgrave et al. 2021).

16.6.2 Bulimia nervosa (ICD-11 6B81)

Definition

Bulimia nervosa ist gekennzeichnet durch häufige, wiederkehrende Essanfälle. Die Episoden von subjektiv als unkontrollierbar empfundenen Essanfällen beziehen sich auf bestimmte Zeiträume. Die betroffen Personen essen in diesen Phasen deutlich mehr oder anders als gewöhnlich. Begleitet werden diese bulimischen Episoden von wiederholten Versuchen, eine Gewichtszunahme durch selbst herbeigeführtes Erbrechen, Missbrauch von Abführmitteln oder Einläufen, anstrengendem Sport etc. zu verhindern. Auch bei Menschen mit einer Bulimia nervosa kreisen die Gedanken um das Gewicht, die Form des eigenen Körpers und seine Wirkung auf andere Menschen, wobei der Realitätsbezug der Selbsteinschätzung stark beeinträchtigt sein kann (WHO 2023).

Es besteht ein ausgeprägter Leidensdruck.

Ätiologie

Zu den prädisponierenden Faktoren zählen eine starke Leistungsorientierung, das in westlichen Ländern geltende Schönheitsideal, chronische Belastungen wie Einsamkeit oder das Gefühl, unausgelastet zu sein, Verlustereignisse, aber auch schwere Traumata in der Biografie.

Die Bedeutung der selbstreflexiven Fähigkeiten, die von der kognitiven und emotionalen Entwicklungsreife abhängen, zeigt sich damit auch bei der Bulimia nervosa. Ihr Auftreten ist daher nur bei leichten kognitiv-adaptiven Beeinträchtigungen und höheren emotionalen Entwicklungsstufen zu erwarten.

Diagnostik und Differenzialdiagnostik

Ist die Diagnostik aufgrund kommunikativer Einschränkungen der Patienten auf fremdanamnestische Schilderungen angewiesen, dann ist »selbstinduziertes Erbrechen« sehr genau von Rumination bzw. automutilitativem Verhalten, das nicht dem Zweck der Gewichtsregulation, sondern der Selbststimulation oder der Modulation von starken Emotionen und Gefühlen dient, und anderen physiologisch bedingten Ruminationssymptomen abzugrenzen. Die beschriebene Symptomatik ist in der ICD-11 im Kapitel »Ruminations- oder Regurgitationsstörung« (6B85) an entsprechender Stelle zu codieren.

Vor allem scheinbar ohne körperliche Ursache bestehendes Erbrechen kann bei gleichzeitig auftretenden Essattacken auch Ausdruck anderer psychiatrischer Störungen, wie z. B. einer Depression oder einer Angststörung, sein. Das Erbrechen tritt hier also im Rahmen von endokrinologisch gesteuerten Stressreaktionen und nicht selbstinduziert auf. Allzu oft wird diese Symptomatik jedoch vom sozialen Umfeld als manipulativ und selbstinduziert fehlinterpretiert.

Geringe kommunikative Fähigkeiten wie Störungen in der Interaktion können ebenfalls auslösende Bedingungen für scheinbar selbstinduziertes Erbrechen sein. Die Häufigkeit steigt hierbei mit dem Grad der kognitiven Beeinträchtigung. Geschieht das ätiologisch unklare Erbrechen aus einem Kommunikationsdefizit heraus, so kann das Verhalten auch als Ausdruck einer inneren Not wie einem nicht kommunizierbaren Bedürfnis oder als Ausdruck von körperlichem oder psychischem Unwohlsein gesehen werden. Das dann oft begleitende zwanghaft wirkende Essverhalten kann in diesem Fall als psycho-physischer Kompensationsversuch interpretiert werden. Das soziale Umfeld verstrickt sich hier leicht mit den Patienten in einer Eskalationsspirale, an deren Ende es zu aggressivem Verhalten kommen kann.

Therapie

Für Menschen mit Störungen der Intelligenzentwicklung sind bislang für die Bulimia nervosa keine spezifischen therapeutischen Maßnahmen entwickelt und evaluiert worden (grundlegende Therapieausrichtung siehe Abschn. 16.6.1, Therapie bei Anorexia nervosa bei Menschen mit Autismus-Spektrum-Störungen und Störungen der Intelligenzentwicklung).

16.6.3 Binge-eating-Störung (ICD-11 6B82)

Definition

Unter Binge-eating versteht man periodisch auftretende Heißhungeranfällen (Essattacken) mit Kontrollverlust. Im Gegensatz zur Bulimie werden anschließend keine Gegenmaßnahmen (Erbrechen, Abusus von Abführmittel etc.) unternommen, sodass es längerfristig meist zu Übergewicht oder Fettleibigkeit kommt. Diese Essstörung tritt in Episoden auf und kann sich auf wenige Stunden pro Tag beschränken, d. h. nicht jede Nahrungsaufnahme bzw. Mahlzeit ist davon betroffen. Oft haben die Patienten es aufgegeben, diese Heißhungeranfälle selbst zu stoppen.

Die Symptome und Verhaltensweisen der Binge-eating-Störung können *nicht* durch andere Erkrankungen (wie z. B. ein Prader-Willi-Syndrom) oder eine andere psychische Störung (z. B. eine depressive Störung) erklärt werden.

Prävalenz

Bei Menschen mit Störungen der Intelligenzentwicklung scheint das Binge-eating die häufigste klassische Essstörung zu sein. Die Symptomatik kann auch reaktiv nach langen Phasen der Fremdbestimmung verstärkt auftreten, z. B. beim Umzug von vollstationären in selbstständige Wohnformen (Schanze 2014). Essattacken sind bei Menschen mit Störungen der Intelligenzentwicklung auch häufig in Versuchungssituationen (»Gelegenheit macht Diebe«) zu beobachten. Die betroffenen Personen zeigen meistens eine schwerere Beeinträchtigung der Intelligenzentwicklung bzw. einen niedrigen emotionalen Entwicklungsstand mit eingeschränktem Regelverständnis. Die Essattacken können dann exzessiv ausfallen und sind von schnellem, hastigem Essen, Stopfen und Hinunterwürgen von Essensbrocken begleitet (dysfunktionales Essverhalten; s. Exkurs »Dysfunktionales Essen« in Abschn. 16.3).

> **EXKURS Übergewicht und Adipositas (ICD-11 5B81)**
>
> In der internationalen Fachliteratur wurde das Thema Übergewicht und Adipositas bei Menschen mit Störungen der Intelligenzentwicklung bereits seit den frühen 1980er-Jahren (Fox & Rotatori 1982) wissenschaftlich beforscht. Fox & Rotatori (1982) stellten fest, dass Menschen mit Störungen der Intelligenzentwicklung im Vergleich zur Normalbevölkerung ein erhöhtes Risiko für eine Adipositas (BMI ≥ 30) haben. Hierbei waren Menschen mit leichteren Störungen der Intelligenzentwicklung sehr viel stärker betroffen als Personen mit einem schwereren Behinderungsgrad.
>
> Viele der folgenden Untersuchungen zu diesem Thema bestätigen bis zur heutigen Zeit übereinstimmend die von Fox & Rotatori (1982) publizierten Daten. Die Prävalenzwerte für Übergewicht schwankten in den verschiedenen Studien zwischen 22 und 38 %, die Werte für Adipositas zwischen 15 und 62 %. Für die zusammengefasste Kategorie »Übergewicht *und* Adipositas« liegt die Prävalenz bei Menschen mit Störungen der Intelligenzentwicklung zwischen 55 und 84 % (Liao et al. 2021; Ranjan et al. 2018; Schanze 2014).
>
> Für die hohe Prävalenz von Adipositas konnten für diesen Personenkreis folgende Risikofaktoren ermittelt werden:
> - weibliches Geschlecht (Amo-Setién et al. 2020; Franke et al. 2018; Schanze 2014)
> - selbstständige Wohnformen (Franke et al. 2018; Schanze 2014)
> - Down-Syndrom (Amo-Setién et al. 2020; Franke et al. 2018)
> - Einnahme von Psychopharmaka (Schanze 2014; van der Esch et al. 2021)
> - leichtere Behinderungsgrade und größere Selbstständigkeit (Franke et al. 2018; Schanze 2014)
> - schwere Verhaltensstörungen, keine Autismus-Spektrum-Störungen, keine Demenz (Franke et al. 2018)
>
> Zum Teil liegt der Adipositas auch eine genetische Störung zugrunde. Das Prader-Willi-Syndrom (PWS) z. B. ist eine genetische Störung mit einem statistisch signifikanten Zusammenhang von impulsiven Essstörungen, Adipositas und Störungen der Intelligenzentwicklung. Deutliche psychiatrische und soziale Probleme ergeben sich durch das Verlangen, Essen in großen

Mengen in sich hineinzuschlingen, sowie durch das fehlende Sättigungsgefühl. Die Patienten horten große Mengen an Nahrungsmitteln und können in Geschäften ihrem Drang, bestimmte und oft unnötige Dinge zu kaufen, nicht widerstehen. Damit geraten sie häufig in Konflikt mit ihrer Umwelt. Andere Verhaltensprobleme wie z. B. selbstverletzendes Verhalten (»Skin-Picking«), fremdverletzendes Verhalten, aber auch psychiatrische Störungen wie ADHS oder Depressionen können neben den vielen endokrinologischen und anderen somatische Symptomen das Bild stark überlagern und in unterschiedlicher Weise klinisch prägen (Butler et al. 2019; Whittington & Holland 2020). Die Kontrolle des Essverhaltens ist bei Patienten mit einem Prader-Willi-Syndrom eines der vorrangigen Therapieziele. Die Patienten benötigen häufig eine dauerhafte externe Kontrolle. Diese beinhaltet z. B., dass Essen für die Betroffenen nicht unmittelbar zugänglich sein sollte, und so müssen Kühlschränke oder andere Räumlichkeiten im familiären Umfeld, in denen Nahrung gelagert wird, versperrt werden. Ein weiterer wesentlicher Punkt in der Versorgung von Menschen mit Prader-Willi-Syndrom besteht in einer sehr regelmäßigen und eventuell auch auf fünf bis sieben Mahlzeiten verteilten Nahrungsaufnahme (Butler et al. 2019).

Weitere genetische Erkrankungen, die eng mit Adipositas korrelieren, sind das Bardet-Biedl-Syndrom, das Alström-Hallgren-Syndrom, das Cohen-Syndrom, das Carpenter-Syndrom und vor allem das Down-Syndrom (Amo-Setién et al. 2020; Schanze 2014).

16.6.4 Vermeidend-restriktive Ernährungsstörung (ICD-11 6B83)

Definition

Die vermeidend-restriktive Ernährungsstörung (ARFID; engl. *Avoidant-restrictive food intake disorder*) ist gekennzeichnet durch Vermeidung oder Einschränkung der Nahrungsaufnahme. Sie führt dazu, dass die Aufnahme von Nahrungsmitteln in Vielfalt und Menge so stark eingeschränkt ist, dass es zu Mangelernährung und Gewichtsverlust kommt.

Außerdem führt die vermeidend-restriktive Ernährungsstörung zu einer signifikanten Beeinträchtigung der Funktionsfähigkeit in persönlichen, familiären, sozialen, schulischen, beruflichen oder anderen wichtigen Bereichen. Das Essverhalten dient dabei nicht der Reduktion des Körpergewichts oder der Veränderung der eigenen Körperform, sondern ist durch selektives Essen sowie durch Vorlieben für Gerüche, Konsistenzen und Texturen gekennzeichnet (WHO 2023).

Diagnostik

Für das Assessment können folgende Instrumente herangezogen werden: der *Nine Item ARFID Screen (NIAS)* (Burton-Murray et al. 2021; Zickgraf & Ellis 2018; siehe Tab. 16-1) und der *Inflexible Eating Questionnaire (IEQ)*.

Komorbide Störungen. Unter japanischen Kindern, die eine ARFID-Diagnose erhalten hatten, liegt der Prozentsatz derer, die zusätzlich eine Autismus-Spektrum-Störung haben, bei über 12 % (Inoue et al. 2021). Umgekehrt liegt die Prävalenz von ARFID bei autistischen Kindern bei ca. 21 % (Tanner-Koomar et al. 2021).

16.6 ICD-11-Störungsbilder bei Fütter- und Essstörungen

	Stimme überhaupt nicht zu	Stimme nicht zu	Stimme eher nicht zu	Stimme ein bisschen zu	Stimme zu	Stimme sehr zu
1. Ich esse nur was mir schmeckt, sonst nichts!						
2. Viele Sachen, die andere gerne essen, mag ich nicht!						
3. Das Essen schmeckt mir meistens nicht. Ich mag nur ganz wenige Sachen zum Essen!						
4. Essen interessiert mich nicht! Ich habe gar keine Lust auf's Essen (kein Appetit)!						
5. Ich muss mich immer zwingen zu essen. Den ganzen Tag. Oft esse ich zu wenig!						
6. Auch wenn ich Sachen esse, die mir wirklich schmecken, esse ich nicht genug!						
7. Beim Essen habe ich Angst, dass ich mich verschlucke oder dass ich erbrechen/kotzen muss!						
8. Ich esse deshalb nur das, was mir wirklich schmeckt! (siehe Frage 7)						
9. Ich esse deshalb auch nur so wenig! (siehe Frage 7)						

Tab. 16-1: Neun Fragen zu vermeidend-restriktivem Essverhalten – Screeningtest (Leichte Sprache) (aus Zickgraf & Ellis 2018; dtsch. Übersetzung C. Schanze)

Dabei dominieren drei Faktoren das vermeidende Essverhalten (Inoue et al. 2021):
- selektives Essen
- geringer Appetit, geringes Interesse an Essen
- Angst (vor Erbrechen)

Das selektive Essverhalten hält bis ins Erwachsenenalter an (Folta et al. 2020), tritt häufig bei verschiedenen anderen neuronalen Entwicklungsstörungen wie z. B. der Zerebralparese auf und kann dann sekundär zu Mangelernährung führen (z. B. Pellagra) (Madan et al. 2019).

Viele der geschilderten ARFID-Symptome spielen auch in der Begleitung von Menschen mit Down-Syndrom und Alzheimer-Demenz eine wichtige Rolle. Nicht selten beginnt die Demenzsymptomatik mit einer unklaren Ess- und Schluckverweigerung und der apraktische und dysphagische Charakter dieser Symptomatik wird erst im weiteren Verlauf der demenziellen Erkrankung deutlicher erkennbar. Anfänglich dominiert der Eindruck einer Verhaltensauffälligkeit (Moriconi et al. 2015) und die Störung wird in ihrer Schwere und prognostischen Dimension unterschätzt.

Therapie

Nach Ausschluss somatischer Ursachen der Nahrungsverweigerung bzw. einer zugrunde liegenden dysphagischen Problematik müssen systemische Ursachen und deren Behandlung im Zentrum der therapeutischen Maßnahmen stehen. Die Symptomatik der betroffenen Patienten kann Ausdruck von interaktionalen Konflikten mit den begleitenden und versorgenden Personen sein und durch milieu- und/oder familientherapeutische Maßnahmen positiv beeinflusst werden. Ein Leidensdruck vonseiten der Betroffenen ist nicht notwendigerweise vorhanden. Umso mehr leidet das Umfeld, das sich gezwungen fühlt, gegen die drohende gesundheitliche Gefährdung durch die sich entwickelnde Gewichtsabnahme bzw. ausbleibende Gewichtszunahme – insbesondere im Rahmen des Heranwachsens – zu intervenieren. Oft ist die Entwicklung dynamisch und die Problematik nimmt zu. Dabei werden mitunter auch Zwangsmaßnahmen ergriffen, um Nahrung bzw. Flüssigkeit in ausreichendem Maße zuführen zu können. Die Folgen sind eine konditionierte Vermeidungsreaktion sowie das Erleben aversiver Emotionen in Verbindung mit dem Essen bzw. der Esseneingabe. Daraus entwickelt sich ein Teufelskreis aus zunehmender Nahrungsverweigerung und verstärkten Zwangsmaßnahmen.

Als erste Stufe der psychotherapeutischen Intervention erfolgt eine sorgfältige Videoanalyse (schriftliche Einwilligung erforderlich!). Das Filmen einer Situation beim Essen soll Aufschluss über die Klarheit im Verhalten der Bezugspersonen hinsichtlich Aufforderung und Instruktionen geben und ermöglicht die Analyse des Verhaltens sowie der Reaktionen des betreuenden Umfelds.

Steht einer oralen Nahrungszufuhr aus körperlichen Gründen nichts im Wege (ausführliche somatische Diagnostik), wird die konditionierte Vermeidungsreaktion an die angstbesetzte Situation gelöscht, indem angenehme Reize wie Kitzeln oder Streicheln gekoppelt werden. Dieses Vorgehen entspricht dem Prinzip der Gegenkonditionierung. Das gewünschte Verhalten wird sofort und kontingent verstärkt. Dieses Vorgehen kann auch bei schwereren Behinderungsgraden eingesetzt werden (Ausnahme SEED-Entwicklungsstufe 1 mit entsprechendem Referenzalter: 0. bis 6. Lebensmonat).

MERKE

- Anorektisches Essverhalten tritt bei Menschen mit Störungen der Intelligenzentwicklung und Autismus-Spektrum-Störungen häufiger auf als bei Menschen

ohne zusätzliche Autismus-Spektrum-Störungen.
- Binge-Eating ist die häufigste hyperphage Essstörung bei Menschen mit Störungen der Intelligenzentwicklung.
- Die Häufigkeit der restriktiv-vermeidenden Ernährungsstörung nimmt mit dem Schweregrad der Intelligenzentwicklungsstörung zu.
- Es wird hierfür ein Zusammenhang mit früh aufgetretenen Still- und Fütterstörungen und der daraus resultierenden künstlichen Ernährung vermutet.

EXKURS Untergewicht bei Erwachsenen (ICD-11 5B54)
Das Problem des Untergewichts wird bei der Personengruppe mit Störungen der Intelligenzentwicklung bislang eher verkannt, jedoch tritt es ca. drei- bis viermal häufiger als in der Allgemeinbevölkerung auf (4,7 vs. 1,7 %; Schanze 2014). Meist sind zusätzliche Behinderungen oder genetische Syndrome ursächlich beteiligt.

Diese Ergebnisse wurden in zwei großen internationalen Studien bestätigt (Lee et al. 2022; McConkey et al. 2019), wobei die Prävalenz des deutlichen Untergewichts bei Männern höher lag als bei Frauen. Darüber hinaus spiegelte sich in den Daten der Reihenuntersuchung bei den Teilnehmenden der Special Olympics in 183 verschiedenen Ländern die Ernährungssituation in den Herkunftsländern der Athleten wider (McConkey et al. 2019). So waren vor allem männliche Jugendliche aus afrikanischen und asiatischen Ländern aus Familien mit niedrigem bis mittlerem Einkommen von Untergewicht betroffen.

Dies macht deutlich, dass bei Maßnahmen gegen Untergewicht bei Menschen mit Störungen der Intelligenzentwicklung nicht nur individuelle behinderungsspezifische und psychische Ätiologien, sondern auch globale und nationale sozioökonomische Aspekte berücksichtigt werden müssen.

16.6.5 Pica (ICD-11 6B84)

Definition

Das Pica-Syndrom (lat. *pica* = Elster) ist durch den regelmäßigen Verzehr von Dingen, die nicht zum Essen geeignet sind, gekennzeichnet. Es handelt sich dabei häufig um Zigarettenkippen, Gips, abgekratzte Wandfarbe, Erde, Sand, Gras, Laub, Papier, Plastikteile oder Kot. Es können aber auch rohe (z. B. Mehl, Salz in größeren Mengen), stark verdorbene oder tiefgefrorene Lebensmittel sein. Das Pica-Syndrom lässt sich demnach in ein Nahrungs- und Nicht-Nahrungs-Pica-Syndrom unterteilen (Sturmey & Williams 2016). Diese Unterscheidung wurde jedoch nicht explizit in die ICD-11 aufgenommen. In einigen Fällen entwickelt sich Pica-Verhalten auf der Basis von physiologischen Mangelzuständen, z. B. bei einer Eisenmangel-Anämie (Borgna-Pignatti & Zanella 2016; Leung & Hon 2019).

Prävalenz

Die Prävalenz von Pica ist in der Gesamtbevölkerung bei Männern und Frauen ähnlich, während sie bei Menschen mit Störungen der Intelligenzentwicklung bei Männern und mit zunehmendem Schweregrad der Behinderung und dem Grad der institutionalisierten Lebensumstände häufiger zu finden ist.

In einer exemplarischen Studie von Fields et al. (2021) in den USA war die Prävalenz des

Pica-Syndroms bei Kindern mit Autismus-Spektrum-Störungen (23,2 %) und mit neuronalen Entwicklungsstörungen (8,4 %) im Vergleich zur bevölkerungsbasierten Kontrollgruppe (3,5 %) erhöht. Lag gleichzeitig eine Störung der Intelligenzentwicklung vor, war die Prävalenz in den Untergruppen deutlich höher. Kinder mit neuronalen Entwicklungsstörungen ohne kognitiv-adaptive Beeinträchtigungen (3,2 %) zeigten hingegen keinen Unterschied im Vergleich zur Kontrollgruppe (3,5 %).

Ätiologie

Tritt das Pica-Syndrom bei einer Person mit einem emotionalen Referenzalter von unter zwei Jahren (SEED-3) auf, in dem noch nicht zwischen essbaren und nicht essbaren Substanzen unterschieden werden kann, sollte das Verhalten diagnostisch berücksichtigt und die Symptomatik als ernst eingestuft werden. Das Pica-Syndrom tritt vor allem bei Personen mit erworbenen Hirnschädigungen, Schizophrenie, Demenz, Borderline-Störungen, Autismus-Spektrum-Störungen und Störungen der Intelligenzentwicklung auf. Pica kann auch als Reaktion auf außergewöhnlichen Stress, Misshandlung, Verwahrlosung oder Deprivation auftreten und ist insgesamt als schwerwiegendes und gefährliches Störungsbild einzuschätzen (Ashworth et al. 2009; Call et al. 2015; Doumbia et al. 2020).

FALLBEISPIEL

Im Nachtdienst werde ich zu einem 32-jährigen Mann mit einer Autismus-Spektrum-Störung ohne funktionale Sprache bei vermuteter mittelgradiger Störung der Intelligenzentwicklung gerufen. Er sei motorisch extrem unruhig und habe erbrochen, heißt es. Die Mitarbeitenden in der Wohngruppe sind sehr um ihn besorgt. In der Wohngruppe sehe ich den Mann hin- und herlaufen, springen und sich drehen. Er lautiert, klatscht in die Hände und lässt sich, obwohl er mich gut kennt, körperlich nicht untersuchen. Eine kurze Palpation des Abdomens im Stehen ergibt eine gespannte, aber nicht bretthart Bauchdecke. Das erbrochene Material ist flüssig und bräunlich tingiert und riecht säuerlich-kotartig.
Mit der Verdachtsdiagnose eines Ileus weise ich ihn ins nahe gelegene Kreiskrankenhaus ein. Dort kann sich der diensthabende Arzt aufgrund der motorischen Unruhe des Patienten keine schwerwiegende gastrointestinale Problematik, insbesondere keinen Ileus vorstellen. Das passe nicht zu den dann zu erwartenden massiven Schmerzen. In der zur Sicherheit durchgeführten radiologischen Abdomen-Übersichtsaufnahme zeigen sich jedoch stehende Darmschlingen mit Spiegelbildung. In der sofort eingeleiteten Operation werden aus dem entfernten Darmsegment drei Plastikhandschuhe, zwei Kronkorken, Baumrinde, Blätter und Zweige entfernt. Der Patient überlebt die Operation und kann später wieder auf seine Wohngruppe zurückkehren. Das Pica-Verhalten war bei ihm zwar bekannt, aber nie in dieser Intensität beobachtet worden. Als Ursache wird eine psychosoziale Belastungssituation mit depressiv-ängstlicher Reaktion vermutet.

Therapie

Die Behandlung des Pica-Syndroms ist schwierig, da es in seiner Gefährlichkeit häufig unterschätzt wird und im Spektrum der möglichen Verhaltensweisen bei Menschen mit kognitiv-adaptiven Entwicklungsstörungen untergeht. Es wird insofern weder speziell diagnostiziert noch behandelt bzw. überhaupt als behandlungsbedürftig identifiziert. Daher basiert die Behandlungsexpertise nur auf wenigen Einzelfallstudien. Zwar haben Williams & McAdam (2012) diese wenigen Erfahrungen in Behandlungsleitlinien zusammengefasst, aber im Weiteren wurden keine größeren Untersuchungen zu den darin vorgeschlagenen therapeutischen Strategien durchgeführt. Dies könnte sich durch die prominente Auflistung des Pica-Syndroms als eigenes Störungsbild in der ICD-11 in den kommenden Jahren ändern.

In allen bisherigen Untersuchungen zur Therapie stehen vor allem kognitiv-behavioristische Behandlungsverfahren im Vordergrund (Call et al. 2015; Sturmey et al. 2016; Williams & McAdam 2012). Auch wenn die Teilnehmerzahlen der Studien meist sehr gering und die methodologische Qualität der Studien sehr unterschiedlich waren, zeigten alle einen guten therapeutischen Effekt. Bei den meisten therapeutischen Maßnahmen wurden verschiedene verhaltenstherapeutische Ansätze kombiniert. Auf der Basis von funktionalen Verhaltensanalysen wurden Skills- und Diskriminationstraining, Verstärkerprogramme und Kommunikationstraining eingesetzt. Die Programme erstreckten sich zum Teil über mehrere Jahre und wurden von milieutherapeutischen Maßnahmen begleitet, wie z. B. der Schaffung von erweiterten sensorischen und sozialen Erfahrungsräumen im Lebensumfeld oder einer Verbesserung des Personalschlüssels (Sturmey et al. 2016). Darüber hinaus wurden nutritive Mangelzustände ausgeglichen und komorbide psychiatrische Störungsbilder wie beispielsweise Depressionen medikamentös behandelt. In der retrospektiven Follow-up-Studie von Williams et al. (2009) konnten bei den 41 Programmteilnehmenden alle mechanischen Fixierungen, die im Rahmen der zunehmenden Symptomatik vorher eingeführt wurden, schrittweise ausgeschlichen werden.

Verlauf

Das Pica-Syndrom kann während der gesamten Lebensspanne auftreten, beginnt aber am häufigsten bereits im Kindesalter. Es kann durch kulturelle Gepflogenheiten (z. B. Essen von Lehm als spirituelle Erfahrung bzw. als Heilmittel bzw. als Ritual der Stammeszugehörigkeit) überformt sein. Es kann episodisch bzw. chronisch oder variabel bzw. gleichförmig (Intensität/Art der konsumierten Substanzen) verlaufen. Wenn es episodisch-variabel auftritt, kann die Exazerbation der Symptomatik mit akut erhöhtem Stress oder mit einer Zunahme an Angst verbunden sein (siehe Fallbeispiel). Pica kann je nach Häufigkeit, Menge und Art erhebliche Gesundheitsschäden und Funktionsstörungen wie z. B. Ileus oder Magen- und Darmperforation verursachen (Coulibaly et al. 2019; Doumbia et al. 2020).

MERKE

- Das Pica-Syndrom tritt bei Menschen mit Störungen der Intelligenzentwicklung mit zunehmendem Schwergrad der kognitiv-adaptiven Beeinträchtigung häufiger auf.
- Bei zusätzlich vorliegender Autismus-Spektrum-Störung nimmt die Häufigkeit des Pica-Syndroms zu.
- Es kann bei Menschen mit Störungen der Intelligenzentwicklung zu schwerwiegenden gesundheitlichen Beeinträchtigungen (z. B. Ileus und Magen-/Darmperforation) führen.

16.6.6 Ruminations- oder Regurgitationsstörung (ICD-11 6B85)

Definition

Das Ruminations-Syndrom ist durch das wiederholte Aufstoßen von Mageninhalt während oder kurz nach dem Essen gekennzeichnet. Danach wird das heraufgewürgte Material erneut gekaut, heruntergeschluckt (Regurgitation) oder ausgespuckt. Das Ruminations-Syndrom wird sowohl als »funktionelle ösophageale oder gastroduodenale Störung« (ICD-11 DD90.6) als auch als »Fütter- und Essstörung« (ICD-11 6B85) klassifiziert.

Diagnostik

Das Ruminations-Syndrom wird oft ungenau diagnostiziert oder sogar übersehen. Dadurch werden lang bestehende und folgenreiche Symptome der Patienten unzureichend berücksichtigt oder nicht behandelt (Murray et al. 2019). Das Ruminations-Regurgitations-Verhalten[48] ist nur dann zu diagnostizieren, wenn die Symptomatik nicht vollständig auf eine andere körperliche oder psychische Störung zurückzuführen ist, wie z.B. Ösophagusstrikturen, neuromuskuläre, dysphagische Störungen, Übelkeit und Erbrechen (z.B. im Rahmen einer Pylorusstenose), Nausea oder vor allem bei Menschen mit Störungen der Intelligenzentwicklung im Rahmen depressiver Störungen. Eine Ruminations-Regurgitations-Störung sollte außerdem nur bei Personen diagnostiziert werden, die ein Entwicklungsalter von mindestens zwei Jahren (entspricht der SEED-Entwicklungsstufe 3) erreicht haben. Damit fallen vor allem Menschen mit schwerer kognitiv-adaptiver Beeinträchtigung und mit dysphagischen Störungen im Rahmen von Zerebralparesen (mit und ohne kognitiv-adaptive Behinderungen) und anderen Störungen des Schluckaktes mit körperlichen Ursachen aus den Diagnosekriterien heraus. Insofern sollte diagnostisch die Ruminations-Symptomatik dieser Personengruppen deskriptiv bei den entsprechenden körperlichen Störungsbildern bzw. bei der Beschreibung des emotionalen Entwicklungsstands aufgeführt werden. Sie sollte aber auf keinen Fall unberücksichtigt bleiben, da die Symptome unbehandelt zu massiven körperlichen Folgebeschwerden, z.B. schwerer Karies oder Aspirationen mit zum Teil tödlichen Folgen, führen können (Murray et al. 2019).

Die **Dysmotilität** des oberen Magen-Darm-Traktes stellt ein schwerwiegendes und komplexes Symptombild bei neuronalen Entwicklungsstörungen dar. Ihr kann eine Fehlfunktion des Magens, des Dünndarms oder des Dickdarms zugrunde liegen. Außerdem muss auch eine Dysmotilität des Ösophagus in Betracht gezogen werden. Zu den chronischen Dysmotilitätsproblemen des oberen Gastrointestinalbereichs gehören Dysphagie (60%), Lungenaspiration (41%), Unterernährung (33%), gastroösophagealer Reflux (32%) und Gastritis (32%) (Curtis et al. 2021).

Differenzialdiagnostik

Refluxbeschwerden können mit Rumination größerer Mengen von Nahrung einhergehen und anschließend wieder regurgitiert und so auch als Ruminations-Regurgitations-Störung verkannt werden oder sich gegenseitig überlagern.

Ruminationen treten bei Menschen mit Störungen der Intelligenzentwicklung auch im Rahmen von psychischen Störungen auf. Vor allem bei Störungsbildern mit einem

---

48 Rumination: Widerkäuen mit Heraufwürgen von Nahrungsbrei.
Regurgitation: Aufstoßen bei pathologischem Rückstrom von Nahrungsbrei in den Ösophagus.

starken Arousal und entsprechender Aktivierung des endokrinen Systems (Hypothalamus-Hypophysen-Nebennieren-Achse) wie bei Angst oder affektiven Störungen kommt es zu unklarem Erbrechen, das differenzialdiagnostisch berücksichtigt werden muss. Sie können aber auch von den Patienten als Selbststimulation und Kompensation von Unterstimulation eingesetzt werden, wodurch ihr potenziell gesundheitsgefährdender Charakter sich zwar abschwächt, aber gleichwohl noch vorhanden ist.

Als problematisch gilt, dass Erbrechen das Erscheinungsbild dominiert und die Symptomatik langwierige, für die Betroffenen verunsichernde und belastende körperliche Untersuchungen nach sich zieht. Eine genauere psychiatrische Diagnostik unterbleibt oft. Wiederum sind körperliche Ursachen vor allem bei Mehrfachbehinderungen sehr häufig und müssen unbedingt abgeklärt werden.

FALLBEISPIEL

Frau R. war die erste Patientin, die ich in meiner psychiatrischen Arbeit nach dem Studium kennengelernt habe. Sie kam auf der Station im Langzeitbereich der Klinik mit kotverschmiertem Mund auf mich zu und griff mit ihren ebenso verschmierten Händen nach meinem Arm. Sie war damals 42 Jahre alt, hatte einen frühkindlichen Autismus ohne funktionale Sprache und man vermutete eine schwere Störung der Intelligenzentwicklung, eine Diagnose, an der ich jedoch – je besser ich sie kennenlernte – meine Zweifel hatte. Vor ihrer Hospitalisierung in der Psychiatrie lebte sie auf dem Bauernhof ihrer Eltern und wurde im Ziegenstall vor der Welt versteckt. Im Rahmen ihres Pica-Verhaltens aß sie vor allem Gras. Koprophagie zeigte sie nur, wenn sie sehr angespannt war. Da sie nicht sprechen konnte, fand sie keinen anderen Weg, ihren Wunsch nach einem heißen Bad zu kommunizieren.

Wenn sie Gras gegessen hatte, saß sie später auf der Station und ruminierte ihren Mageninhalt, zermalmte die Gräser und regurgitierte alles so lange, bis eine einheitliche grüne, pastöse Masse daraus wurde, die sie dann mit zufriedenem Gesichtsausdruck wieder hinunterschluckte. Ihr Ruminationsverhalten hatte sie sich von den Ziegen im Stall, in dem sie – mit einem Strick angebunden – ihre Kindheit und Jugend verbracht hatte, abgeschaut. Das Verhalten diente der Selbststimulation. Sie konnte ansonsten sehr gut zwischen Essbarem und Nicht-Essbarem unterscheiden. Durch den Umzug in eine intensiv betreute, heilpädagogisch ausgerichtete Kleingruppe hat sich ihr Ruminations-Regurgitations-Verhalten im Laufe weniger Jahre deutlich reduziert. Koprophagie ist nie wieder aufgetreten. Noch heute badet sie sehr gerne; sie tut das mehrfach in der Woche und sie muss die Mitarbeitenden nicht mehr durch Kotschmieren auf ihren Wunsch aufmerksam machen.

Therapie

Die Behandlung erfolgt – je nach Ursache – körperlich-medizinisch bzw. psychotherapeutisch-heilpädagogisch. Spielen beim Ruminationsverhalten organische Ursachen, z.B. im Rahmen zusätzlicher Beeinträchtigungssyndrome, eine Rolle, so sind Ruminationsverhalten und Dysphagie häufig miteinander vergesellschaftet. Die diagnostische Abklärung und die daraus resultierenden therapeutischen Maßnahmen erfordern einen interdisziplinären und multimodalen Ansatz.

Die Diagnostik ist gerade bei neuronalen Entwicklungsstörungen sehr komplex und aufgrund der oft bestehenden eingeschränkten Kooperationsfähigkeit in der Durchführung schwierig. Besteht das Ruminieren schon längere Zeit, wird das organisch bedingte Verhalten häufig psychogen überformt und habitualisiert. Verhaltenstherapeutische und heilpädagogisch-therapeutische Maßnahmen müssen – unserer Erfahrung nach – eine körperliche Behandlung stets begleiten, um eine anhaltende Besserung des Ruminationsverhaltens zu gewährleisten.

Bei Menschen mit Störungen der Intelligenzentwicklung werden bei psychogenem Ruminationsverhalten vor allem lerntheoretische Erklärungsmodelle ätiologisch herangezogen. Das Verhalten stellt insofern ein erlerntes und habitualisiertes Verhalten dar, durch das die Patienten versuchen, eventuelle Unterstimulation oder zu geringe soziale Kontaktzeiten durch Selbststimulation zu kompensieren. Daher stehen bei behandlungsbedürftigem Ruminationsverhalten vor allem verhaltenstherapeutische Therapiemethoden wie positive Verstärkung im Mittelpunkt. Dadurch fallen negative Verstärker wie z. B. aversive Emotionen oder Angst weg. In höheren emotionalen und kognitiven Entwicklungsstufen kann versucht werden, mit kognitiv-behavioristischen Methoden eine Besserung zu erreichen. Bei niedrigerem Entwicklungsstand stehen milieutherapeutische Interventionen, tagesstrukturierende Maßnahmen und deren Visualisierung, z.B. mit TEACCH (siehe Kap. 6 Autismus-Spektrum-Störungen, Therapie) und/oder basale Stimulation und/oder basale Kommunikation, als heilpädagogische Techniken im Vordergrund.

Prognose

Unkoordiniertes Schlucken kann zu einer unzureichenden Ernährung und Kalorienzufuhr führen und die Lebensqualität der betroffenen Personen erheblich beeinträchtigen (Chung 2003). Wiederholte kleinere Aspirationen, von denen 80 % still verlaufen, können zu chronischen Lungenerkrankungen führen, was eine der häufigsten Todesursachen bei Menschen mit schwerer Störung der Intelligenzentwicklung und mehrfachbehinderten Menschen darstellt (Curtis et al. 2021; Konarski et al. 1992; O'Loughlin et al. 2009). Chronischer Reflux kann zu einem Barrett-Syndrom und gegebenenfalls zu einem Karzinom der Speiseröhre führen. Die Infektion mit *Helicobacter pylori* ist bei Kindern mit Entwicklungsstörungen, die institutionalisiert leben, höher als in der Allgemeinbevölkerung und kann zu Magengeschwüren und möglicherweise gastralen Adenokarzinomen führen (O'Ryan et al. 2015).

MERKE

- Ruminations- und Regurgitationsstörungen treten bei Menschen mit Störungen der Intelligenzentwicklung häufiger auf.
- Bei schwer-mehrfachbehinderten Menschen können sich dabei psychische und pathophysiologische Ursachen oft überlagern.
- Die Aspiration ist die gravierendste Folgeerscheinung.
- Die Aspirationspneumonie ist die häufigste Todesursache von Menschen mit schwerer Störung der Intelligenzentwicklung.

16.7 Zusammenfassung

- Im Kapitel »Fütter- und Essstörungen« werden Störungen der Nahrungsaufnahme in allen Entwicklungsphasen des Menschen zusammengefasst.
- Die klassischen Essstörungen wie Anorexie oder Bulimie treten bei Menschen mit Störungen der Intelligenzentwicklung seltener auf.
- Binge-Eating, vermeidend-restriktive Ernährungsstörungen, Pica-Syndrom und Ruminations- und Regurgitationsstörungen sind jedoch häufiger anzutreffen.
- Von den Fütter- und Essstörungen der ICD-11 sind selektives und dysfunktionales Essen abzugrenzen.
- In der Therapie kommen je nach kognitiv-adaptivem und psycho-sozialem Entwicklungsstand Adaptionen leitliniengetreuer Maßnahmen zum Einsatz.
- Darüber hinaus spielen die psychoedukative Beratung von begleitenden Personen von Menschen mit Störungen der Intelligenzentwicklung sowie milieugestalterische Maßnahmen eine wichtige Rolle.

JOANNEKE VAN DER NAGEL & SASKIA VAN HORSEN

17 Störungen durch Substanzgebrauch oder Verhaltenssüchte (ICD-11 6C4 und 6C5)

17.1 Die Codierung von Störungen durch Substanzgebrauch oder Verhaltenssüchte in der ICD-11

6C4 STÖRUNGEN DURCH SUBSTANZGEBRAUCH

- 6C40 Störungen durch Alkohol
- 6C41 Störungen durch Cannabis
- 6C42 Störungen durch synthetische Cannabinoide
- 6C43 Störungen durch Opioide
- 6C44 Störungen durch Sedativa, Hypnotika oder Anxiolytika
- 6C45 Störungen durch Kokain
- 6C46 Störungen durch Stimulanzien, einschließlich Amphetamine, Methamphetamine oder Methcathinone
- 6C47 Störungen durch Gebrauch von synthetischen Cathinonen
- 6C48 Störungen durch Koffein
- 6C49 Störungen durch Halluzinogene
- 6C4A Störungen durch Nikotin
- 6C4B Störungen durch volatile Inhalanzien
- 6C4C Störungen durch MDMA oder verwandte Drogen, einschließlich MDA
- 6C4D Störungen durch Dissoziativa, einschließlich Ketamin oder PCP [Phenylcyclidin]
- 6C4E Störungen durch sonstige näher bezeichnete psychoaktive Substanzen, einschließlich Medikamente
- 6C4F Störungen durch multiple näher bezeichnete psychoaktive Substanzen, einschließlich Medikamente
- 6C4G Störungen durch unbekannte oder nicht näher bezeichnete psychoaktive Substanzen
- 6C4H Störungen durch nichtpsychoaktive Substanzen

6C5 STÖRUNGEN DURCH VERHALTENSSÜCHTE

- 6C50 Glücksspielsucht
- 6C51 Computerspielsucht

Das ICD-11-Kapitel Störungen durch Substanzgebrauch oder Verhaltenssüchte umfasst die beiden Hauptgruppen »Störungen durch Substanzgebrauch« und »Störungen durch Verhaltenssüchte«.

In der Gruppe »**Störungen durch Substanzgebrauch**« gibt es 13 Untergruppen von Störungen aufgrund des Konsums bestimmter psychoaktiver Substanzen. Dazu gehören sowohl die Störungen durch Konsum gesellschaftlich akzeptierter Substanzen wie Alkohol und Nikotin als auch diejenigen durch illegale Substanzen wie Cannabis, Kokain und psychoaktive Substanzen. Außerdem werden oft verschreibungspflichtige Medikamente wie Sedativa, Hypnotika oder Anxiolytika konsumiert.

Im Vergleich zur ICD-10 wurden in der ICD-11 eine Reihe wichtiger Änderungen umgesetzt (Heinz et al. 2022). Nach wie vor unterscheidet die ICD-11 zwischen Sucht und schädlichem Gebrauch. Für die Störungen durch Substanzgebrauch werden die bisherigen sechs Diagnosekriterien zu drei Paaren gebündelt, davon muss wenigstens ein Kriterium innerhalb von mindestens zwei der drei Paare erfüllt sein (siehe auch Abschn. 17.6.1).

Was die Störungen durch Substanzgebrauch betrifft, gibt es eine Unterteilung pro Mittel in Subcodierungen. Subcodierungen für Störungen durch Substanzgebrauch sind:[49]

- .1 Schädliches Verhaltensmuster bei Gebrauch
- .2 Abhängigkeit
- .3 Intoxikation
- .4 Entzug
- .5 Induziertes Delir
- .6 Psychotische Störung durch Gebrauch
- .7 Bestimmte näher bezeichnete psychische oder Verhaltensstörungen durch Gebrauch

Diese Subcodes werden nach dem Diagnosecode angefügt, z. B.: Ein alkoholinduziertes Delir erhält den Code 6C40.5.

Um zu viele inhaltliche Überschneidungen zwischen den Diagnosekategorien zu vermeiden, werden im Abschnitt 17.6 die oben genannten Untercodierungen für alle psychoaktiven Substanzen zusammenfassend diskutiert.

In der Gruppe »Störungen durch Verhaltenssüchte« werden zwei Störungstypen unterschieden:
- Glücksspielsucht
- Computerspielsucht

Das pathologische Glücksspiel wird in der ICD-11 also nicht mehr wie bisher den Impulskontrollstörungen zugeordnet, sondern zusammen mit der neuen Kategorie »Computerspielsucht« in der neuen Gruppe »Störungen durch Verhaltenssüchte« unter Suchterkrankungen eingeordnet.

---

[49] **Hinweis:** Nicht alle Suchtmittelgruppen haben Untercodierungen (z. B. 6C48 Störungen durch Koffein: 6C48.0 Episode durch schädlichen Gebrauch von Koffein; 6C48.1 Schädliches Verhaltensmuster bei Gebrauch von Koffein; 6C48.2 Koffeinintoxikation; 6C48.3 Koffeinentzug).

17.2 Definition

Substanzgebrauchsstörungen und Verhaltenssüchte gelten als psychische Störungen, die unter anderem aus einer Störung des Belohnungssystems im Gehirn resultieren. Solche Störungen treten in der Regel nur nach wiederholtem und übermäßigem Konsum auf und sind oft von lang anhaltender Natur, auch nachdem der Substanzkonsum beendet wurde (oder das Muster des Suchtverhaltens durchbrochen worden ist).

MERKE

Substanzgebrauchsstörungen sind nur dann zu diagnostizieren, wenn der wiederholte Konsum von Alkohol, Drogen oder anderen Substanzen klinisch signifikante

Beeinträchtigungen verursacht, wie z. B. Gesundheitsprobleme, Behinderungen im Alltag, im Arbeits- oder Schulleben, und somit wichtige Aufgaben nicht mehr erfüllt werden können.

Ein weiteres wichtiges Merkmal ist, dass Betroffene trotz der nachteiligen Folgen und des Wissens hierüber wenig Kontrolle über den eigenen Konsum haben (sowohl hinsichtlich der Häufigkeit als auch der Menge).

17.3 Prävalenz

Der Konsum psychoaktiver Substanzen ist sehr weit verbreitet und teilweise (sowie für bestimmte Substanzen) legal. Das bedeutet, dass Suchterkrankungen sehr häufig auftreten. Laut einer systematischen Übersicht betrug die altersstandardisierte Prävalenz im Jahr 2016 in der Allgemeinbevölkerung 1320,8 Fälle pro 100 000 Personen für Alkoholabhängigkeit und 289,7 Fälle pro 100 000 Personen für Cannabisabhängigkeit (GBD 2016 Alcohol and Drug Use Collaborators 2018). Offensichtlich ist die Lebenszeitprävalenz von Suchterkrankungen deutlich höher.

Bezüglich der Prävalenz von Substanzgebrauch und Substanzgebrauchsstörungen bei Menschen mit Störungen der Intelligenzentwicklung ist vieles unklar und bislang nur wenig untersucht. Lange Zeit wurde angenommen, dass problematischer Substanzkonsum und Verhaltenssüchte in dieser Gruppe nicht oder kaum vorkommen würden, da sie keinen Zugang zu riskanten Substanzen oder Situationen hätten und oft in einem betreuten Kontext leben. Obwohl diese Annahmen inzwischen überholt sind, fehlt es an umfassender und gezielter Suchtforschung bei Menschen mit Störungen der Intelligenzentwicklung. Hierbei spielt auch deren Heterogenität eine Rolle (van Duijvenbode & van der Nagel 2019). Substanzkonsum und Suchtverhalten scheinen hauptsächlich bei Menschen mit leichter Störung der Intelligenzentwicklung vorzukommen, obwohl Alkoholkonsum und insbesondere Rauchen auch bei Menschen mit mittelgradiger geistiger Beeinträchtigung beobachtet werden. Suchtverhalten ist auch häufiger in Gruppen mit psychiatrischer Komorbidität oder forensischen Problemen anzutreffen. Die Zahl der Alkoholkonsumenten scheint bei Menschen mit Störungen der Intelligenzentwicklung niedriger zu sein als in der Allgemeinbevölkerung, dafür sind Problemkonsumenten proportional stärker vertreten. Darüber hinaus scheint der Tabakkonsum in einigen Untergruppen höher zu sein als in der Allgemeinbevölkerung. In niederländischen Einrichtungen der Behindertenpflege scheinen etwa 62 % der Menschen mit einer leichten geistigen Beeinträchtigung Alkohol zu konsumieren, während 64 % rauchen und 5 % Cannabis konsumieren (van der Nagel et al. 2017). Besonders auffällig ist der hohe Anteil an Rauchern und Cannabiskonsumenten. Eine Screening-Erhebung in den Niederlanden zeigt im Übrigen, dass etwa 35 % der Neuanmeldungen in der Suchthilfe einen niedrigeren IQ (unter 85) haben (van Dijk 2016).

In anderen internationalen Studien wird die Prävalenz von Substanzmissbrauch auf ca. 5 % geschätzt (Rathmann et al. 2023).

In Deutschland zeigen Untersuchungen in verschiedenen Bundesländern in den letzten beiden Jahrzehnten eine deutliche Zunahme der Suchtproblematik bei Menschen mit Störungen der Intelligenzentwicklung, die in Institutionen der Behindertenhilfe leben bzw. durch diese betreut werden: In den 1990er-

Jahren lag die Prävalenz aller in Institutionen betreuten Menschen mit geistiger Beeinträchtigung bei 3–4 % (z. B. Regionalstudie in Niedersachsen 1993, zit. nach BeB 2015). Studien aus den letzten zehn Jahren zeigen eine deutliche Zunahme der Prävalenz, z. B. in Westfalen mit 25 %, in Rheinland-Pfalz mit 11 % (insgesamt: WfbM 18 %, Wohnheime 15 %, betreute Wohngruppen 10 %; BeB 2015).

In einer repräsentativen Erhebung in allen Einrichtungen der Behinderten- und Suchthilfe in Sachsen-Anhalt zum Alkoholkonsum von Menschen mit Störungen der Intelligenzentwicklung in Wohneinrichtungen wurden 6,7 % als »alkoholgefährdet« und 4,2 % als »alkoholabhängig« eingestuft (Schubert & Theunissen 2004).

In einer explorativen Studie im Auftrag des Österreichischen Bundesministeriums für Soziales, Gesundheit, Pflege und Konsumentenschutz wurde in Experteninterviews die Relevanz der Suchtproblematik bei Menschen mit Störungen der Intelligenzentwicklung festgestellt. Als besondere Defizite wurden sowohl fehlende Studien zu dieser Personengruppe als auch spezialisierte Beratungs- und Therapieangebote festgestellt (Strizek et al. 2022).

Auch in der Schweiz ist man sich in den letzten Jahren des Problems bewusst geworden und hat das Pilotprojekt »*Collaboration Handicap et Addictions*« ins Leben gerufen. Die Studienergebnisse sind aktuell noch nicht veröffentlicht.

Störungen durch Verhaltenssüchte, wie z. B. Glücksspielsucht, Kaufsucht, Sexsucht oder Computerspielsucht, kommen bei Menschen mit Störungen der Intelligenzentwicklung gleichfalls vor. Neben den kognitiven und sozio-emotionalen Defiziten können auch hier fehlende oder unzureichende Aufklärung, ein geringes Selbstwertgefühl oder aber fehlende adäquate Assistenz und Begleitung eine Rolle spielen. Hinsichtlich der Prävalenz von Verhaltenssüchten bei Menschen mit Störungen der Intelligenzentwicklung mangelt es an systematischer wissenschaftlicher Forschung. Es entsteht der Eindruck, dass Online-Formen von pathologischem Glücksspiel sowie exzessivem Online-Spielen vor allem bei sozial isolierten jungen Erwachsenen auftreten, aber auch bei Menschen, die in ihrem sozialen Umfeld häufig mit diesen Verhaltensweisen konfrontiert sind.

17.4 Ätiologie

Es gibt verschiedene Ursachen für ein problematisches Suchtverhalten: Experimentieren und *Thrill seeking*, das Bedürfnis, ein höheres Selbstwertgefühl zu erlangen, den Fokus halten und somit mehr leisten zu können, oder das Betäuben von physischen Schmerzen oder negativen Emotionen – dies sind nur einige Ursachen der Sucht. Den Substanzkonsum überschaubar zu halten und somit zu kontrollieren, gelingt nicht vielen Menschen; für Menschen mit einer Störung der Intelli-

genzentwicklung ist das eine noch größere Herausforderung.

Menschen mit einer Intelligenzentwicklungsstörung haben deshalb im Allgemeinen aufgrund ihrer Einschränkungen ein höheres Risiko für einen problematischen Suchtmittelkonsum (van Duijvenbode & van der Nagel 2019). Sie sind oft weniger gut in der Lage, »Nein« zu sagen und Grenzen zu akzeptieren und/oder für sich selbst zu setzen. Eine geringere soziale Widerstandsfähigkeit, mangelnde Kenntnisse über eventuelle Folgen des eigenen (Sucht-)Verhaltens, zudem weniger gut entwickelte Bewältigungsstrategien erhöhen das Risiko und die Gefahr für einen problematischen Konsum. Hinzu kommt, dass Menschen mit einer Störung der Intelligenzentwicklung oft in der Lage sind, ihre Defizite zu verbergen. Aufgrund von Erfahrungen mit Ausgrenzung oder Momenten des Scheiterns, sogenannten *failure moments*, haben viele sich ein anderes Auftreten nach außen hin angeeignet. Ein cooles oder unnahbares Verhalten oder Verschweigen eventueller Probleme lässt das Umfeld der Menschen mit einer Intelligenzentwicklungsstörung noch mehr im Unklaren. Problematischer Konsum wird dadurch oft kaschiert und erst spät sichtbar.

Die Folgen eines Substanzkonsums bei Menschen mit Störungen der Intelligenzentwicklung sind zudem oft schwerwiegender (van der Nagel et al. 2017). Sie reagieren z. B. sowohl körperlich als auch psychisch oft sehr empfindlich auf den Substanzgebrauch. Kleine Mengen Alkohol oder Kokain verursachen oft schon deutlich sichtbare körperliche und geistige Einschränkungen.

Auch scheinen Menschen mit Störungen der Intelligenzentwicklung anfälliger für suchtbestimmte Psychosen, eine Depression oder einen Entzugsanfall zu sein. Des Weiteren kommt es zu Hirnschäden nach initialem Konsum oder einer sich schneller entwickelnden Abhängigkeit durch die oft sensibleren und verletzlicheren Hirnstrukturen bei Menschen mit Intelligenzentwicklungsstörungen. Andere Gefahren bestehen darin, dass diese Menschen oftmals in der Dosierung der Suchtmittel unbewusst großzügiger sind, schneller größere Mengen einnehmen und somit deutlich mehr Risiken eingehen; wenn der gewünschte Effekt des Suchtmittels z. B. nicht sofort spürbar ist, dann wird oft noch eine *extra* Dosis eingenommen. Aber auch der Konsum von verschiedenen Suchtmitteln gleichzeitig findet bei Menschen mit Störungen der Intelligenzentwicklung oft ohne großes Hinterfragen statt. Extremer Konsum ist daher keine Seltenheit, wie die Erfahrungen mit unseren Betroffenen zeigen.

Ist ein problematischer Konsum eingetreten, sind neben den persönlichen auch die gesellschaftlichen Folgen oft ernsthaft und schwerwiegend. Dafür gibt es mehrere Ursachen. Menschen mit Störungen der Intelligenzentwicklung in ambulant betreuten Wohnformen leben z. B. nicht selten in sozialer Isolation, haben ein begrenztes soziales Umfeld und erleben oft wenig Unterstützung aus dem direkten Umfeld. Häufig spielen familiäre Probleme, Armut und ein begrenzter, wenig konstruktiver Zusammenhalt innerhalb der Familie eine Rolle. Die biografisch bereits oft erlebte Rolle des Außenseiters, nicht nur innerhalb des familiären Umfeldes, sondern auch im schulischen Bereich, am Arbeitsplatz oder im restlichen Umfeld, keinem Freundeskreis oder Verein anzugehören – wie verführerisch ist da die Aufmerksamkeit eines Drogendealers oder von Konsumgenossen! Ein teuflischer Kreislauf.

Menschen mit Störungen der Intelligenzentwicklung sind damit auch sehr anfällig für Gefahren von Ausbeutung und Missbrauch. Negative Absichten werden von ihnen kaum hinterfragt, sie sind selten kritisch, dafür oft gutgläubig oder naiv: »Es ist doch nicht schlimm, einem Freund zu helfen und für ihn ein Paar Sachen irgendwo hinzubringen.« Schlechte und traumatische Erfahrungen sind auch hier wieder eine logische Folge. Erneut dreht sich die negative Erlebnisspirale und die Gefahr, mit der Polizei oder der Justiz in Berührung zu kommen, wird zur Realität.

Je nach kognitiven Defiziten und sozialemotionaler Reife können Menschen mit Störungen der Intelligenzentwicklung aber auch deshalb Verhaltenssüchte entwickeln, weil sie aufgrund einer falschen Wahrnehmung ihres Suchtmittelkonsums denken, dadurch ihre Selbstbeherrschung verbessern und ihre negativen Emotionen reduzieren zu können.

Man muss sich in diesem Zusammenhang aber immer wieder auch klarmachen, dass sich nicht alle Menschen mit Störungen der Intelligenzentwicklung und problematischem Suchtmittelkonsum strafbar machen, illegales Verhalten an den Tag legen oder gesellschaftliche Probleme verursachen. Der überdurchschnittliche Teil der problematischen Konsumenten fällt nicht einmal auf und bleibt mit seinen psychischen Problemen allein und unbemerkt. Sie sind die *stillen Trinker*, die sich außerhalb ihrer Wohnung nie auffällig verhalten, oder andere problematische Konsumenten, die sich immer mehr absondern oder sich sogar isolieren.

Schließlich gibt es natürlich auch viele Menschen mit einer geistigen Beeinträchtigung, die zwar möglicherweise einigen Risikofaktoren für einen (problematischen) Substanzkonsum oder Verhaltenssüchten ausgesetzt sind, aber bei denen diese aufgrund guter Unterstützung, Begleitung und Anleitung, sinnvoller Alltagsaktivitäten und angenehmer sozialer Einbettung weder zu problematischem Konsum noch zu problematischem Verhalten führen. Einen Teil unserer Zielgruppe schützt auch die verinnerlichte Botschaft »Alkohol und Drogen sind ungesund« vor experimentellem Verhalten und Substanzkonsum.

MERKE

- In den wenigen vorliegenden internationalen Studien wird die Prävalenz des Substanzmissbrauchs für Menschen mit Störungen der Intelligenzentwicklung auf ca. 5 % eingeschätzt.
- Mit wachsendem Schweregrad der Störung der Intelligenzentwicklung nimmt die Häufigkeit des Substanzmissbrauchs deutlich ab.
- In ambulanten Wohnformen stellt die Vereinsamung der Menschen mit Störungen der Intelligenzentwicklung einen wesentlichen Risikofaktor für die Entwicklung von Suchtverhalten dar.
- Viele Menschen mit Störungen der Intelligenzentwicklung sind sich der Problematik ihres Suchtverhaltens und dessen Folgen nicht bewusst.

17.5 Diagnostik

17.5.1 Anzeichen

Die Signale oder mögliche Anzeichen für einen problematischen Suchtmittelkonsum sind für Menschen mit einer Störung der Intelligenzentwicklung nahezu identisch mit denen für Menschen ohne diese Beeinträchtigung. Wichtig ist, dass begleitende Personen und Versorgende eine gesunde Neugierde entwickeln (fachliches Hinterfragen von auffälligem Verhalten) und anderes, unpassendes oder untypisches Verhalten aufmerksam beobachten. Aber auch Defizite im alltäglichen Funktionieren oder der körperlichen und seelischen Gesundheit können Anzeichen eines problematischen Konsums sein.

In Tabelle 17-1 (siehe Abschn. 17.6.1) werden somatische und psychische Symptome zusammengefasst, die wir an dieser Stelle durch die psychosozialen Anzeichen ergänzen.

PSYCHOSOZIALE SYMPTOME FÜR EINEN PROBLEMATISCHEN SUCHTMITTELKONSUM
(siehe auch Tab. 17-1, Abschn. 17.6.1)

- Häufig(er) betrunken oder berauscht nach Hause kommen
- Veränderungen im Freundeskreis, sich einer neuen Gruppe von Menschen anschließen und/oder alte Freunde meiden
- Probleme in der Beziehung/Partnerschaft (u. a. lügen, sich oft um Kleinigkeiten streiten)
- Den Konsum von Suchtmitteln verherrlichen, ihn als *interessant oder cool* bezeichnen
- Nachlassende Leistungen in der Schule oder auf der Arbeit
- Sich oft nicht an Absprachen und Termine halten
- Auffällige Geldausgaben, Abbuchungen und Geldeingänge (z. B. große Geldbeträge oder mehrmals hintereinander Geld abheben)
- Auffällige Kräuter, Tabletten, Flüssigkeiten oder Puder im Haus bzw. in der Tasche, aber auch die getrockneten Blätter einer Pflanze, kleine Plastiktüten mit Resten von Blättern oder Getränkeflaschen mit untypischem Inhalt
- Sich immer mehr von der Außenwelt isolieren

Diese psychosozialen Auffälligkeiten *können* ein Anzeichen für problematischen Suchtmittelkonsum und pathologisches (Glücks-)Spielverhalten sein. Sie können jedoch auch unabhängig davon auftreten. Wichtig ist es, solche Auffälligkeiten mit Mitarbeitenden oder im Team zu besprechen, sie im Auge zu behalten und je nach Situation mit der betroffenen Person ein Gespräch zu suchen.

17.5.2 Substanzkonsum besprechen

Wenn es Anzeichen oder Bedenken hinsichtlich eines möglichen Substanzkonsums gibt, ist ein offenes und niederschwelliges Gespräch über Suchtmittel im Allgemeinen und das eventuell eigenen Konsumverhalten ein guter und wichtiger Schritt. Mit den üblichen Fragen, wie: »Konsumieren Sie Alkohol? Wie viel, wie oft und unter welchen Umständen?«, sind Menschen mit Störungen der Intelligenzentwicklung oft überfordert. Die Fragen enthalten Konzepte, die für die betreffende Person nicht immer klar sind (z. B. Was versteht man unter alkoholischen Getränken? – für viele ist es nicht selbstverständlich, dass auch Bier in diese Kategorie fällt). Dies unmittelbar anzusprechen ist dann manchmal zu direkt und konfrontativ und stellt eine (zu) große Anforderung an die persönlichen Möglichkeiten einer kritischen Realitätsprüfung und an ihr kognitives Verständnis. Außerdem setzt dies die Fähigkeit und Bereitschaft voraus, offen mit einem möglicherweise tabuisierten Thema selbstreflexiv umgehen zu können (Voraussetzungen: hohe Sprachkompetenz, Verständnis für Regeln, emotionale Selbstreflexivität, Theory of Mind).

Mit den Methoden des *Substance use and misuse in Intellectual Disability – Questionnaire* (SumID-Q) (van der Nagel et al. 2022a) können Probleme auf der Verständnisebene reduziert und so eine Gesprächsatmosphäre geschaffen werden, dass eine maximale Chance besteht, ein offenes Gespräch führen zu können. SumID-Q ist ein semistrukturiertes, diagnostisches Interview zu den Themen Alkohol, Tabak und Drogen für Menschen mit Störungen der Intelligenzentwicklung. Das

Interview mit seiner an die Zielgruppe angepassten Struktur bietet die Möglichkeit, den Substanzgebrauch in einer angenehmen und offenen Atmosphäre zu besprechen. Zudem ist das Interview eine wichtige Basis für mögliche weitere Interventionen. Die SumID-Methode bietet somit einen guten Ausgangspunkt, um über das Thema Sucht zu reden und um aufzuklären, welche Probleme vorhanden sind oder entstehen könnten. Anhand eines Ampelmodells wird das Suchtstadium des Betroffenen eingestuft und, falls nötig, passenden Maßnahmen entwickelt (van der Nagel et al. 2022a). Der SumID-Fragebogen ist auf Niederländisch, Dänisch, Flämisch, Deutsch und Französisch verfügbar.

DER FRAGEBOGEN ZUM SUBSTANZGEBRAUCH (SUMID-Q) BEI STÖRUNGEN DER INTELLIGENZENTWICKLUNG

Der SumID-Q (van der Nagel et al. 2022a) beinhaltet mehrere Strategien zur Reduzierung von Voreingenommenheit:

1. **Anpassung der Artikelstruktur und des Wortlauts.** Der SumID-Q verwendet Leichte Sprache, begrenzte zusammengesetzte Sätze und vermeidet negative Phrasen. Dabei wird den Befragten zunächst die Möglichkeit gegeben, ihre eigene Terminologie für Stoffe zum Ausdruck zu bringen. Hierfür zeigen Sie ein thematisch relevantes Bild mit der begleitenden Frage: »Was ist das?« Diese persönliche Terminologie wird im weiteren Gespräch übernommen.
2. **Verwendung visueller Hilfsmittel.** Der SumID-Q verwendet Bilder von Substanzen und Symbole zur Erleichterung des Interviews.
3. **Ein Schritt-für-Schritt-Ansatz ohne Konfrontation.** Anstatt sich direkt auf die Sucht des Befragten und ihre Konsequenzen zu konzentrieren, beurteilt der SumID-Q zuerst die Vertrautheit mit Stoffen, Substanzwissen und Einstellung sowie Sucht in den sozialen Netzwerken der Befragten.
4. **Flexible Verwaltung.** Durch die Struktur des SumID-Q werden für den Befragten relevante Elemente ausgewählt. Der SumID-Q kann in einer oder in mehreren Sitzungen durchgeführt werden.

Zurzeit gibt es keine Instrumente zu pathologischem Spielverhalten für Menschen mit Störungen der Intelligenzentwicklung. Natürlich ist es wichtig, das tatsächliche Spielverhalten und seine Konsequenzen abzubilden. Aber auch hier sind ein nicht-konfrontatives Vorgehen, die Verbindung zum Betroffenen durch gebräuchliche Worte und Visualisierungen sowie das Einschätzen von Wissen und Einstellung wichtig.

17.5.3 Psychiatrische, psychologische und somatische Diagnostik

Liegen Hinweise auf einen übermäßigen oder problematischen Substanzkonsum vor, ist eine weiterführende ganzheitliche Diagnostik erforderlich. Diese Diagnostik konzentriert sich auf die folgenden Schwerpunkte:

- weitere Details des Substanzkonsums wie Art, Häufigkeit, Menge oder Form der Verabreichung
- Grad der Kontrolle über den Konsum, Intensität des Verlangens, Auftreten von Toleranz (für eine Wirkung wird eine immer höhere Dosis benötigt), Entzugssymptomatik (Gesundheitsprobleme während der Abstinenz)
- Bestandsaufnahme der medizinischen und psychiatrischen Vorgeschichte

- Grad der kognitiv-adaptiven Beeinträchtigung
- Spektrum des Medikamentengebrauchs (sowohl verschreibungspflichtige als auch rezeptfreie Präparate)
- Folgen des Substanzkonsums für die Gesundheit des Konsumenten (psychiatrisch und physisch) und soziale Folgen des Konsums (in beruflichen und privaten Beziehungen)
- verursachende oder beitragende Faktoren für den Beginn oder das Fortbestehen des problematischen Konsums, z. B. negative Einflüsse von Gleichaltrigen, psychiatrische Komorbidität, mangelndes Problembewusstsein, mangelnde Lösungsfähigkeiten, soziale Probleme oder Trauma und Einsamkeit
- unterstützende und schützende Faktoren, die zum Heilungs- und Genesungsprozess beitragen können, z. B. soziale Unterstützung, sinnvolle tägliche Aktivitäten und Beziehungen, starke persönliche Aspekte wie Motivation, Entschlossenheit, Bereitschaft, zu lernen oder sich für jemand anderen anzustrengen

Eine solche Diagnostik erfordert in der Regel folgendes:
- Anamnese (die auch Angaben Dritter beinhalten sollte)
- körperliche Untersuchung (angesichts der Häufigkeit unterbehandelter Komorbiditäten oder Schäden durch den Konsum)
- orientierende Laboruntersuchung und gegebenenfalls EKG

Da Menschen mit Störungen der Intelligenzentwicklung ihr eigenes Suchtverhalten zum Teil schlecht beschreiben und die damit verbundenen Risiken nicht realistisch einschätzen können, ist es möglicherweise erforderlich, den akuten oder chronischen Gebrauch von Alkohol anhand von Labormarkern zu verifizieren.

BIOLOGISCHE MARKER FÜR AKUTEN UND CHRONISCHEN ALKOHOLKONSUM
(Angaben nach Batra et al. 2024)
Direkte Marker
- Ethanol
  Direkter Nachweis von Ethanol in Blut, Serum, Speichel, Atem oder Urin kann einen *akuten Alkoholkonsum* belegen.
- Phosphatidylethanol (PEth)
  Direkter Marker mit hoher Sensitivität (88–100 %) und Spezifität (48–89 %); geeignet für den Nachweis des aktuellen Alkoholkonsums und als Beleg für das Abstinenzverhalten.

Indirekte Marker
- Ethylglucuronid (ETG)
  Alkoholabbauprodukt; Bestimmung des Alkoholkonsums in einem vergangen Zeitraum von mehr als 48 Stunden; gutachterlich verwertbar. Haaranalyse: Abstinenzzeitraum von bis zu drei Monaten beurteilbar.
- Methanol
  Methanolkonzentration weist auf *chronischen Alkoholmissbrauch* hin.
- Carbohydrate Deficient Transferrin (CDT), mittleres korpuskuläres (Erythrozyten-)Volumen (MCV) und Gamma-Glutamyl-Transferase (γ-GT)
  In der Kombination sind diese biochemischen Marker im Serum zum Nachweis des Alkoholmissbrauchs bzw. zur Verlaufskontrolle gut geeignet.

Generell können für die körperliche Untersuchung sowie für Labor- und andere zusätzliche Untersuchungen allgemeine Richtlinien zur Suchtdiagnose herangezogen werden; es sei denn, es liegt ein bestimmtes Syndrom oder eine Komorbidität vor, die zusätzliche Risiken bergen.

Die integrale Diagnostik sollte in der Regel sowohl zu einer diagnostischen Einordnung als auch zu einer deskriptiven Diagnose führen, in die neben dem Problem auch Risiko- und Erhaltungsfaktoren sowie Schutzfaktoren und die Stärken der Person einbezogen werden.

Zurzeit gibt es noch keine evidenzbasierten Diagnosestrategien zur Diagnose von **Glücksspiel** und **problematischem Spielverhalten** bei Menschen mit Störungen der Intelligenzentwicklung. Die beste Grundlage scheinen daher die regelmäßig verwendeten Protokolle zu sein, ergänzt durch eine Auflistung weiterer verursachender und beitragender Faktoren sowie unterstützender und schützender Faktoren bei Menschen mit einer Intelligenzentwicklungsstörung, wie beschrieben.

Obwohl Verhaltensabhängigkeiten weniger direkte körperliche Folgen haben, ist eine körperliche Untersuchung angesichts des allgemeinen Gesundheitszustands der Menschen mit einer Störung der Intelligenzentwicklung und möglicher Vernachlässigung als Folge der Sucht kein unnötiger Luxus.

17.6 ICD-11-Störungsbilder bei Substanzgebrauchsstörungen oder Verhaltenssüchten

In der ICD-11 werden verschiedene Substanzgebrauchsstörungen und Verhaltenssüchte unterschieden. Leider gibt es für Menschen mit einer Störung der Intelligenzentwicklung immer noch wenig spezifische Forschung zur Prävalenz, Ätiologie, Diagnostik und Behandlung der verschiedenen Störungsbilder bei bzw. aufgrund des Substanzkonsums. Daher diskutieren wir hier nur die allgemeinen Diagnosekriterien in Kombination mit den spezifischen Punkten, die bei Menschen mit Störungen der Intelligenzentwicklung zu beachten sind.

MERKE

Für alle Störungsbilder gilt: Die Symptome lassen sich nicht besser durch eine andere psychische Störung erklären (ICD-11, WHO 2023).

17.6.1 Störungen durch Substanzgebrauch – Störungen durch Alkohol (ICD-11 6C40)

Schädliches Verhaltensmuster bei Gebrauch von Alkohol (6C40.1)

Definition
In der ICD-11 sind schädlicher Konsum und Abhängigkeit getrennte Diagnosekategorien, anders als im DSM-5, in dem Substanzmissbrauch und -abhängigkeit zu einer Spektrumsdiagnose (symptomatisches Kontinuum) zusammengefasst werden (APA 2013).

Die ICD-11 definiert schädliches Verhaltensmuster bei Gebrauch folgendermaßen:
»Ein Verhaltensmuster bei Gebrauch von Alkohol, das die körperliche oder geistige Gesundheit einer Person geschädigt hat oder zu einem Verhalten geführt hat, das die Gesundheit anderer schädigt. Das Muster des Alkoholgebrauchs erstreckt sich über einen Zeitraum von mindestens 12 Monaten, wenn der Gebrauch episodisch ist, oder von min-

destens einem Monat, wenn der Gebrauch kontinuierlich ist. Die Gesundheitsschädigung der Person ist auf einen oder mehrere der folgenden Punkte zurückzuführen: (1) Verhalten im Zusammenhang mit der Intoxikation; (2) direkte oder sekundäre toxische Wirkungen auf die Organe und Systeme des Körpers oder (3) eine schädliche Art der Verabreichung. Die Schädigung der Gesundheit anderer umfasst jede Form von körperlicher Schädigung, einschließlich Trauma, oder psychischer Störung, die direkt auf das Verhalten im Zusammenhang mit der Alkoholintoxikation der Person zurückzuführen ist, auf die die Diagnose ›Schädlicher Alkoholgebrauch‹ zutrifft.« (BfArM 2022)

Besondere Aspekte bei Menschen mit Störungen der Intelligenzentwicklung

Obwohl allgemein viele Menschen mit problematischem Substanzkonsum den Zusammenhang zwischen Konsum und den schädlichen Folgen nicht immer erkennen können, gilt dies in besonderem Maße für Menschen mit Störungen der Intelligenzentwicklung. Auch Betreuenden und Beratenden ist die Verbindung zwischen Substanzkonsum (sofern dieser überhaupt klar ist) und den physischen, psychischen oder sozialen Problemen, die daraus erwachsen können, nicht immer klar. Darüber hinaus mangelt es Menschen mit einer Intelligenzentwicklungsstörung oft an der Einsichtsfähigkeit in die Risiken konsumierter, legaler Substanzen wie Alkohol und Personen aus ihrem begleitenden Umfeld haben nicht immer den erforderlichen Einblick in die Art und in das wirkliche Ausmaß des Konsums. Eine gute Anamnese und die Vermittlung fachlichen Wissens (Psychoedukation) des begleitenden Umfelds sind daher von großer Bedeutung, um ein schädliches Verhaltensmuster bei Gebrauch verlässlich klassifizieren zu können.

Alkoholabhängigkeit (6C40.2)

Definition

Während im DSM-5 (APA 2013) der Substanzmissbrauch und die Substanzabhängigkeit zu einer Spektrumdiagnose zusammengefasst wurden, verschlüsselt die WHO in der ICD-11 die Episode des schädlichen Gebrauchs, des schädlichen Verhaltensmusters und der Abhängigkeit in der fünften Stelle (6C4X.0, .1 bzw. .2). Bezüglich der Substanzabhängigkeit werden die bisherigen sechs ICD-10-Diagnosekriterien zu drei Kriterienpaaren (Beeinträchtigte Kontrolle über den Substanzkonsum, Physiologische Merkmale, Priorisierung der Nutzung gegenüber anderen Angelegenheiten) zusammengefasst, von denen zur Diagnosestellung zwei erfüllt sein müssen. Innerhalb der Paare reicht ein bestätigtes Symptom oder ein bestätigter Aspekt aus, damit das Kriterium in Gänze erfüllt ist.

Die ICD-11 definiert eine Abhängigkeit als ein Muster wiederkehrenden episodischen oder kontinuierlichen Alkoholkonsums mit Anzeichen einer gestörten Regulierung des Alkoholkonsums, der sich in zwei oder mehr der folgenden Symptome äußert (WHO 2023; Übers. d. A.):

- beeinträchtigte Kontrolle über den Alkoholkonsum (z. B. Einsetzen, Häufigkeit, Intensität, Dauer, Beendigung, Kontext)
- Priorisierung des Alkoholkonsums gegenüber anderen Aspekten des Lebens einschließlich der Aufrechterhaltung der Gesundheit und der täglichen Aktivitäten und Verantwortlichkeiten, sodass der Alkoholkonsum trotz des Auftretens von Schäden oder negativen Folgen anhält oder eskaliert (z. B. wiederholte Beziehungsstörungen, berufliche oder schulische Folgen, negative Auswirkungen auf die Gesundheit)
- physiologische Merkmale, die auf eine

neuronale Anpassung an die Substanz hinweisen, einschließlich:
1. Toleranz gegenüber den Auswirkungen von Alkohol oder die Notwendigkeit, steigende Mengen Alkohol zu verwenden, um die gleiche Wirkung zu erzielen
2. Entzugssymptome nach Beendigung oder Reduzierung des Alkoholkonsums (siehe Abschn. 17.6.1) oder
3. wiederholte Gebrauch von Alkohol oder pharmakologisch ähnlichen Substanzen zur Verhinderung oder Linderung von Entzugserscheinungen

Besondere Aspekte bei Menschen mit Störungen der Intelligenzentwicklung

Wie bereits erwähnt, erschwert die begrenzte Einsicht in den Konsum und in den Zusammenhang mit den Folgen des Konsums die Diagnose und Klassifizierung von Sucht bei Menschen mit Störungen der Intelligenzentwicklung. Darüber hinaus glauben viele fälschlicherweise, dass nur bei täglichem Konsum und/oder bei Entzugserscheinungen eine Sucht entsteht. Schließlich werden sowohl die Folgen der Sucht als auch die Entzugserscheinungen bei Menschen mit Störungen der Intelligenzentwicklung häufig auf andere Probleme zurückgeführt (siehe Fallbeispiel Teil 1, Abschn. Alkoholentzug).

Alkoholintoxikation (6C40.3)

Definition

Gemäß ICD-11 (WHO 2023) kann eine Intoxikation klassifiziert werden, wenn die folgenden Kriterien erfüllt sind:
- »Vorübergehende und klinisch bedeutsame Störungen des Bewusstseins, der Wahrnehmung, der Affekte, des Verhaltens oder der Koordination, die sich während oder kurz nach dem Konsum oder der Verabreichung von einer Substanz entwickeln.

- Die Symptome müssen mit den bekannten pharmakologischen Wirkungen der Substanz vereinbar sein und ihre Intensität muss in engem Zusammenhang mit der konsumierten Menge stehen.
- Die Intoxikationssymptome sind zeitlich begrenzt und klingen ab, wenn die Substanz aus dem Körper ausgeschieden wird.«

Alternativ:
- »[...] ein klinisch bedeutsamer vorübergehender Zustand, der sich während oder kurz nach dem Substanzgebrauch entwickelt und durch Störungen des Bewusstseins, der Kognition, der Wahrnehmung, des Affekts, des Verhaltens oder der Koordination gekennzeichnet ist.
- Diese Störungen werden durch die bekannten pharmakologischen Wirkungen der Substanz verursacht und ihre Intensität hängt eng mit der konsumierten Substanzmenge zusammen.
- Sie sind zeitlich begrenzt und klingen ab, wenn die Substanz aus dem Körper abgebaut wird.«

Die Symptome entsprechen den in der ICD-11 beschriebenen Bedingungen pro Substanz und unterscheiden sich je nach Substanz (siehe Tab. 17-1).

Besondere Aspekte bei Menschen mit Störungen der Intelligenzentwicklung

Die Schwere einer Intoxikation kann leicht unterschätzt werden, wenn die Vergiftungssymptome noch nicht ihren Höhepunkt erreicht haben, aber auch dann, wenn sie auf eine andere Ursache zurückgeführt werden. »Seltsames« oder störendes Verhalten kann fälschlicherweise auf eine geistige Beeinträchtigung oder eine psychiatrische Komorbidität zurückgeführt werden. Eine solche »diagnostische Überschattung« (*diagnostic overshadowing*: wenn ein relevantes

Substanz	Symptome einer Intoxikation (ICD-11 6C4X.3)	Symptome und typischer Verlauf des Entzugs (ICD-11 6C4X.4)

Alkohol 6C40.X	• beeinträchtigte Aufmerksamkeit
	• unangemessenes oder aggressives Verhalten
	• Labilität der Stimmung und Emotionen
	• beeinträchtigtes Urteilsvermögen
	• schlechte Koordination
	• unsicherer Gang
	• undeutliche Sprache
	
	Bei stärkerer Vergiftung kann es zu Stupor oder Koma kommen.
		• Symptome:
		  – autonome Hyperaktivität (z. B. Tachykardie, Bluthochdruck, Schwitzen)
		  – verstärktes Händezittern
		  – Übelkeit, Würgen oder Erbrechen
		  – Schlaflosigkeit
		  – Angstzustände
		  – psychomotorische Unruhe
		  – depressive/dysphorische Stimmung
		  – vorübergehende visuelle, taktile oder akustische Illusionen
		
		Der Entzugszustand kann durch zerebrale Krampfanfälle erschwert werden.
		• Beginn: typischerweise innerhalb von 6–12 Stunden nach dem letzten Konsum
		
		Die Art, der Schweregrad, der Beginn und die Dauer der Symptome variieren je nach Dauer und Intensität des Alkoholkonsums vor dessen Beendigung oder Reduzierung.

Cannabis 6C41.X	• unangemessene Euphorie
	• beeinträchtigte Aufmerksamkeit
	• beeinträchtigtes Urteilsvermögen
	• Wahrnehmungsveränderungen (z. B. das Gefühl des Schwebens, veränderte Zeitwahrnehmung)
	• Veränderungen in der Geselligkeit
	• gesteigerter Appetit
	• Angst
	• Intensivierung gewöhnlicher Erlebnisse
	• beeinträchtigtes Kurzzeitgedächtnis
	• Trägheit
	
	Zu den körperlichen Anzeichen gehören Bindehautentzündung (rote oder blutunterlaufene Augen), Mundtrockenheit und Tachykardie.
		• Symptome:
		  – Reizbarkeit, Wut oder aggressives Verhalten
		  – Zittern
		  – Schlaflosigkeit
		  – Ruhelosigkeit
		  – Angstzustände
		  – depressive oder dysphorische Stimmung
		  – verminderter Appetit und Gewichtsverlust
		  – Kopfschmerzen
		  – Schwitzen oder Schüttelfrost
		  – Bauchkrämpfe
		  – Muskelschmerzen
		• Beginn: typischerweise zwischen 12 Stunden und 3 Tagen nach Beendigung oder Reduzierung des Konsums
		• Höhepunkt: nach 4–7 Tagen
		• Dauer: kann nach Beendigung der Anwendung 1–3 Wochen anhalten

17.6 ICD-11-Störungsbilder bei Substanzgebrauchsstörungen

Substanz	Symptome einer Intoxikation (ICD-11 6C4X.3)	Symptome und typischer Verlauf des Entzugs (ICD-11 6C4X.4)

Opioide 6C43.X	- Schläfrigkeit, Benommenheit
	- Stimmungsschwankungen (z. B. Euphorie, gefolgt von Apathie und Dysphorie)
	- psychomotorische Retardierung
	- beeinträchtigtes Urteilsvermögen
	- Atemdepression
	- undeutliche Sprache
	- Beeinträchtigung des Gedächtnisses und der Aufmerksamkeit
	
	Bei schwerer Vergiftung kann es zum Koma kommen. Ein charakteristisches körperliches Zeichen ist die Verengung der Pupille. Dieses Zeichen kann jedoch fehlen, wenn die Vergiftung auf synthetische Opioide zurückzuführen ist.
		- Symptome:
		  – in der frühen Phase typischerweise Tränenfluss, Rhinorrhoe und Gähnen
		  – danach folgen Hitze- und Kältewallungen, Muskelschmerzen und Bauchkrämpfe, Übelkeit und Erbrechen sowie Durchfall
		  – Piloerektion und Pupillenerweiterung können auftreten
		  – die spätere Phase wird vom Verlangen nach Opioiden dominiert
		
		Kurz wirksame Opioide (z. B. injiziertes Heroin, Morphin)
		- Beginn: typischerweise innerhalb von 4–12 Stunden nach Beendigung des Konsums
		- Dauer: 4–10 Tage
		
		Länger wirkende Opioide (z. B. Codein und Oxycodon)
		- Beginn: nach 2–4 Tagen
		- Dauer: 1–2 Wochen
		
		Lang wirksame Medikamente (z. B. Methadon)
		- Dauer: kann bis zu 2 Monate nach Beendigung des Konsums anhalten

Beruhigungsmittel, Hypnotika oder Anxiolytika 6C44.X	- Schläfrigkeit
	- beeinträchtigtes Urteilsvermögen
	- unangemessenes Verhalten (einschl. sexuellem Verhalten oder Aggression)
	- undeutliche Sprache
	- beeinträchtigte motorische Koordination
	- unsicherer Gang
	- Stimmungsschwankungen
	- beeinträchtigtes Gedächtnis, Aufmerksamkeit und Konzentration
	- Nystagmus (wiederholte, unkontrollierte Augenbewegungen) ist ein häufiges körperliches Zeichen
	
	In schweren Fällen kann es zu Stupor oder Koma kommen.
		- Symptome:
		  – Angstzustände
		  – psychomotorische Unruhe
		  – Schlaflosigkeit
		  – verstärktes Handzittern
		  – Übelkeit oder Erbrechen
		  – vorübergehende visuelle, taktile oder akustische Illusionen oder Halluzinationen
		  – Anzeichen einer autonomen Hyperaktivität (z. B. Tachykardie, Bluthochdruck, Schweißbildung) oder einer posturalen Hypotonie können auftreten
		  – Entzugszustand kann durch Anfälle erschwert werden
		- Dauer/Schwere: Die Schwere und der zeitliche Verlauf des sedativen, hypnotischen oder anxiolytischen Entzugs hängen von der jeweiligen eingenommenen Substanz, ihrer Halbwertszeit und Wirkungsdauer sowie von Menge, Häufigkeit und Dauer der Einnahme vor der Beendigung oder Reduzierung der Einnahme ab.

Substanz	Symptome einer Intoxikation (ICD-11 6C4X.3)	Symptome und typischer Verlauf des Entzugs (ICD-11 6C4X.4)
Kokain 6C45.X	• Euphorie, Angst, Wut • beeinträchtigte Aufmerksamkeit • Hypervigilanz • psychomotorische Unruhe • paranoide Vorstellungen (manchmal von wahnhafter Intensität) • akustische Halluzinationen • Verwirrung und Veränderungen in der Geselligkeit Es können Schweißausbrüche oder Schüttelfrost, Übelkeit oder Erbrechen sowie Herzklopfen und Brustschmerzen auftreten. Zu den körperlichen Anzeichen können Tachykardie, erhöhter Blutdruck und Pupillenerweiterung gehören.	• Symptome: – depressive oder dysphorische Stimmung – Reizbarkeit – Müdigkeit – psychomotorische Unruhe oder Verzögerung – lebhafte unangenehme Träume – Schlaflosigkeit oder Hypersomnie – gesteigerter Appetit – Angst – Verlangen nach Kokain Zu den ersten Symptomen eines Kokainentzugs gehören ein dysphorischer und energiearmer Zustand, der sich in depressiver oder dysphorischer Stimmung, Reizbarkeit, Müdigkeit, Trägheit und Hypersomnie äußert. In späteren Stadien ist das Verlangen nach Kokain ausgeprägt. • Beginn: typischerweise innerhalb von 6–24 Stunden nach Beendigung des Kokainkonsums • Dauer: bis zu 7 Tage

Tab. 17-1: Vergiftungs- und Entzugserscheinungen bei verschiedenen Substanzen (WHO 2023)

Krankheitssymptom fälschlicherweise diagnostisch einer Störung der Intelligenzentwicklung zugeordnet wird) führt leider häufig dazu, dass notwendige Behandlungen aufgeschoben werden, was bei mittelschwerer oder schwerer Vergiftung zu erheblichen Komplikationen führen kann.

Alkoholentzug in (6C40.4)

Definition

Diagnoseanforderungen in der ICD-11 sind »... das Vorhandensein einer klinisch bedeutsamen Gruppe von Symptomen, Verhaltensweisen und/oder physiologischen Merkmalen, die bei Beendigung oder Verringerung des Konsums bei Personen auftreten, die eine Substanzabhängigkeit entwickelt oder über einen längeren Zeitraum oder in großen Mengen Substanzen konsumiert haben« (WHO 2023; Übers. d. A.).

Die ICD-11-Merkmale eines Entzugssyndroms differieren je nach Substanz. Charakteristische Merkmale des Entzugs unterscheiden sich von den akuten pharmakologischen Wirkungen der Substanz.

Die Symptome entsprechen dem typischen klinischen Erscheinungsbild des Substanzentzugssyndroms (siehe Tab. 17-1).

Besondere Aspekte bei Menschen mit Störungen der Intelligenzentwicklung

Auch hier müssen die Symptome der Störung nicht unbedingt mit dem Konsum zusammenhängen (siehe Fallbeispiel Teil 1). Darüber hinaus kann das Auftreten von Entzugserscheinungen für den Menschen mit einer

Störung der Intelligenzentwicklung eine Rechtfertigung für das Fortsetzen des Konsums darstellen und den Abbruch des Konsums problematisieren.

FALLBEISPIEL Teil 1
Wir hatten Peter bereits zur Aufnahme in unserer Ambulanz gesehen, aufgrund der Ferienzeit verzögerte sich jedoch der erste Behandlungskontakt mit ihm. Als wir uns nach den Ferien endlich sahen, erzählte er uns stolz, dass er seit zwei Wochen nichts mehr getrunken hatte. Wir waren erstaunt, denn während der Aufnahme schien Peter noch wenig Veränderungsbereitschaft zu zeigen, was seinen Alkoholkonsum betraf – sei es in der Form, den Konsum von Alkohol zu reduzieren, geschweige denn überhaupt keinen Alkohol zu konsumieren. Auch die Vor- und Nachteile des Konsums waren nur schwer mit ihm zu besprechen. Tatsächlich wollte Peter uns bei der Aufnahme nicht genau sagen, wie viel und wie oft er Alkohol trank, und es war nicht leicht, mit ihm ein Problembewusstsein zu erarbeiten und ihn motivational »an Bord« zu holen. Und jetzt strahlte er uns freudig an!
Peter sagte, dass ihm das Aufhören tatsächlich sehr leichtgefallen sei. Er war mit einer betreuten Reisegruppe auf dem Land unterwegs und auf dem Campingbauernhof, auf dem sie übernachteten, gab es keinen Alkohol: »Ja, dann geht das doch nicht, oder?« Laut seinem Betreuer war es nur schade, dass Peter in einem Vergnügungspark einen epileptischen Anfall bekam und der Ausflug vorzeitig endete. Glücklicherweise konnten die Sanitäter Peter vor Ort helfen. Mit seinem Besuch in der neurologischen Ambulanz durfte er bis nach den Ferien warten.
Der Termin ist für nächste Woche geplant. Peter deutet an, dass er inzwischen weiß, dass er »problemlos« mit dem Trinken aufhören kann. Er kommt zu dem Schluss: »Dann bin ich auch nicht süchtig.«

Die Analyse wird im Fallbeispiel Teil 2 (siehe Abschn. 17.7.1) dargestellt.

MERKE
- Intoxikations- und Entzugssymptome entsprechen bei Menschen mit Störungen der Intelligenzentwicklung dem klassischen Erscheinungsbild.
- Bereits kleinere Mengen von Alkohol verursachen bei dieser Personengruppe oft schon deutlich sichtbare körperliche und geistige Einschränkungen.
- Die Folgen des Alkoholkonsums und die Entzugserscheinungen werden bei Menschen mit Störungen der Intelligenzentwicklung vom sozialen Umfeld häufig auf andere, psychosozial bedingte Verhaltensstörungen zurückgeführt und so wird die eigentliche Suchtproblematik übersehen.

17.6.2 Störungen durch Verhaltenssüchte

Glücksspielsucht (ICD-11 6C50)

Definition
Die ICD-11 definiert Glücksspielsucht wie folgt (BfArM 2022; Manrique et al. 2023):
»Ein anhaltendes Muster des Glücksspielverhaltens, das überwiegend online (d. h. über das Internet oder ähnliche elektronische Netzwerke; 6C50.0) oder offline (6C50.1) stattfinden kann und sich durch Folgendes manifestiert:

- beeinträchtigte Kontrolle über das Spielverhalten (z. B. Beginn, Häufigkeit, Intensität, Dauer, Beendigung, Kontext)
- zunehmende Priorisierung des Glücksspielverhaltens in dem Maße, dass das Glücksspiel Vorrang vor anderen Lebensinteressen und täglichen Aktivitäten hat
- Fortsetzung oder Eskalation des Glücksspielverhaltens trotz negativer Folgen (z. B. Ehekonflikt aufgrund des Glücksspielverhaltens, wiederholte und erhebliche finanzielle Verluste, negative Auswirkungen auf die Gesundheit)

Das Spielverhaltensmuster kann kontinuierlich oder episodisch und wiederkehrend sein, manifestiert sich jedoch über einen längeren Zeitraum (z. B. zwölf Monate).«

Besondere Aspekte bei Menschen mit Störungen der Intelligenzentwicklung

Auch wenn die klinische Erfahrung bestätigt, dass problematisches Glücksspiel bei Menschen mit Störungen der Intelligenzentwicklung auftritt, gibt es zu diesem Thema nur wenige wissenschaftliche und professionelle Literatur (Pitt et al. 2020; Scheidemantel et al. 2019). Betreuende nehmen oft nur wahr, dass ein Schaden entsteht, wenn sie eindeutig bemerken, dass eine Person eine Spielsucht entwickelt hat (Pitt et al. 2020). Interessanterweise betonen die Betreuenden in den Interviews von Pitt et al. (2020), dass die Autonomie des Einzelnen auch die Freiheit zum Glücksspiel beinhalte, und Scheidemantel et al. (2019) verweisen sogar darauf, dass Glücksspiel im Rahmen eines Verhaltensförderungsprogramms als lohnende Aktivität eingesetzt wird. Dies ist problematisch, insbesondere weil Pitt et al. (2020) herausgefunden haben, dass Menschen mit einer Störung der Intelligenzentwicklung zwar die Risiken und Vorteile des Glücksspiels begreifen können, sich jedoch möglicherweise nicht der persönlichen Risiken bewusst sind und sich in falscher Sicherheit wiegen. Bei vielen Menschen mit einer Störung der Intelligenzentwicklung treten Symptome einer Spielsucht erst dann auf, wenn ernsthafte finanzielle Probleme vorliegen.

Menschen mit Störungen der Intelligenzentwicklung scheinen nach klinischer Erfahrung häufiger riskante Entscheidungen zu treffen und bewegen sich nicht selten auf kriminellen Pfaden, um an zusätzliches Geld zu kommen (z. B. durch Prostitution oder die Teilnahme am Drogenhandel), unabhängig davon, ob sie von Dritten dazu gezwungen werden oder nicht. Eine »schnelle Lösung« zählt, das schnelle Geld lockt, ohne dass über eventuelle spätere Folgen nachgedacht wird. Die sofortige Befriedigung von Bedürfnissen, aber auch durch anderweitige fehlende sozio-emotionale Reife (z. B. »Ich kann doch prima einen Auftrag für einen Freund erledigen«) oder fehlendes kognitives Verständnis lassen sich Menschen mit Störungen der Intelligenzentwicklung schneller auf riskantes Verhalten ein.

Computerspielsucht (ICD-11 6C51)

Definition

Ein anhaltendes Muster des Spielverhaltens (»digitales Spielen« oder »Videospiele«), das überwiegend online (d. h. über das Internet oder ähnliche elektronische Netzwerke) oder offline stattfinden kann und durch Folgendes gekennzeichnet ist:

- beeinträchtigte Kontrolle über das Spielverhalten (z. B. Beginn, Häufigkeit, Intensität, Dauer, Beendigung, Kontext)
- zunehmende Priorisierung des Spielverhaltens in dem Maße, dass das Spielen Vorrang vor anderen Lebensinteressen und täglichen Aktivitäten hat
- Fortsetzung oder Eskalation des Spielverhaltens trotz negativer Folgen (z. B. familiärer Konflikt, negative Auswirkungen auf die Gesundheit)

Das Muster des Spielverhaltens kann kontinuierlich oder episodisch und wiederkehrend sein, manifestiert sich jedoch über einen längeren Zeitraum (z. B. zwölf Monate).

Abgrenzung zur Glücksspielstörung:
»Im Gegensatz zur Spielstörung ist bei der Glücksspielstörung der Einsatz von Geld oder anderen Wertgegenständen erforderlich, in der Hoffnung, etwas von größerem Wert zu erhalten. Wenn sich das Spielverhalten auf Wetteinsätze konzentriert (z. B. Internetpoker), kann eine Glücksspielstörung die angemessenere Diagnose sein.« (WHO 2023; Übers. d. A. mit deepL)

Besondere Aspekte bei Menschen mit Störungen der Intelligenzentwicklung
Die Grenze zwischen Computerspielsucht als angenehme Aktivität und einem krankhaften Spielverhalten ist schwer zu ziehen. Dies ist insbesondere dann der Fall, wenn Menschen mit einer Intelligenzentwicklungsstörung Schwierigkeiten haben, Freundschaften zu schließen oder sinnvolle Freizeitaktivitäten zu finden, wie es bei diesen Personen relativ häufig vorkommt. Zudem führt Gaming in der Regel nicht direkt zu Problemen in der Umwelt. Erst wenn das Spielen so intensiv ist, dass der Schlaf-Wach-Rhythmus und die Selbstfürsorge ernsthaft beeinträchtigt werden, machen sich Verhaltensmuster wie sozialer Rückzug und Zunahme des Spielverhaltens bemerkbar.

MERKE
- Obwohl bekannt ist, dass bei Menschen mit Störungen der Intelligenzentwicklung sowohl Glückspielsucht als auch Computerspielsucht vorkommen können, gibt es dazu bislang keine wissenschaftlichen Studien.
- Menschen mit Störungen der Intelligenzentwicklung neigen dazu, riskante Entscheidungen zu treffen. Kriminelle Handlungen dienen deshalb häufiger zur Finanzierung der Verhaltenssüchte.

17.7 Therapie

Die Behandlung von Suchterkrankungen stellt sich im Allgemeinen als multidisziplinärer, multimodaler Ansatz dar, bei dem die physischen, psychischen und sozialen Komponenten berücksichtigt werden.

Angesichts der hohen Prävalenz somatischer und psychiatrischer Komorbiditäten umfasst die Behandlung von Suchterkrankungen bei Menschen mit einer Störung der Intelligenzentwicklung auch die Strategien für eine ganzheitliche Genesung von diesen Begleiterkrankungen. Die folgende Erläuterung der Behandlung beschränkt sich jedoch der Kürze halber auf die spezifischen Elemente der Suchtbehandlung.

17.7.1 Entgiftung

Bei einer Entgiftung können die allgemein üblichen Behandlungsrichtlinien befolgt werden, allerdings sind bei Menschen mit einer Störung der Intelligenzentwicklung einige Besonderheiten zu beachten:
- Soll eine Entgiftung ambulant oder sta-

tionär durchgeführt werden, müssen neben der Schwere der Sucht, den Komorbiditäten und dem geschätzten Komplikationsrisiko auch die Belastbarkeit der Menschen mit einer Störung der Intelligenzentwicklung und deren Umfeld sowie die Fähigkeit berücksichtigt werden, rechtzeitig weitere Hilfe in Anspruch zu nehmen. Der klinische Entzug hat neben den medizinischen Vorteilen oft auch Nachteile im psychosozialen Sinne, da er diese Menschen aus ihrer gewohnten Umgebung und Struktur herausholt und sie möglicherweise mit den Problemen und Verhaltensweisen anderer Patientinnen und Patienten konfrontiert (erhöhte Suggestibilität von Menschen mit einer Intelligenzentwicklungsstörung). Die Wahl eines geeigneten Ortes für die Entgiftung erfolgt daher am besten in enger Absprache mit den jeweiligen Betroffenen und ihren Betreuenden aus der Familie und/oder der Behindertenhilfe.

- Die Empfindlichkeit gegenüber Entzugserscheinungen und Entzugsmedikamenten ist von Person zu Person sehr unterschiedlich. Sowohl die Überwachung als auch die Titration der Medikamente sollten daher sorgfältig und wiederholt erfolgen.
- Bei Menschen mit einer Störung der Intelligenzentwicklung und Beratenden hält sich hartnäckig das Missverständnis, dass die Suchtprobleme nach der Entgiftung gelöst seien. Daher ist eine angemessene Aufklärung darüber erforderlich, dass ein Entzugsprozess der Beginn und nicht das Ende einer Suchtbehandlung ist.

FALLBEISPIEL Teil 2 – Analyse
(Teil 1 siehe Abschn. 17.6.1, Alkoholentzug)
Peter trank – wie wir schon bei der Aufnahme befürchtet hatten und wie sich später herausstellte – täglich große Mengen Alkohol. Als er sich in den Ferien in einer alkoholfreien Umgebung aufhielt, hörte sein Alkoholkonsum abrupt auf. Aller Wahrscheinlichkeit nach erlitt er dadurch einen Alkoholentzugsanfall.

Hier zeigt sich auch, wie wichtig eine fachliche Aufklärung der betreuenden Personen zu Suchtstörungen und deren Komplikationen wäre, damit diese selbst ein adäquates Problembewusstsein entwickeln können.

Der epileptische Anfall nach Beendigung des Alkoholkonsums wurde von den direkten Beteiligten nicht damit in Verbindung gebracht, dass Peter aufgehört hatte, Alkohol zu trinken. Fälschlicherweise ging man davon aus, dass der Entzug oder besser gesagt das abrupte Einstellen des Alkoholkonsums unkompliziert verlaufen sei.

Der Folgeprozess zur neurologischen Diagnose und Behandlung war bereits in die Wege geleitet. Peter neigte verstärkt dazu, seinen Alkoholkonsum zu bagatellisieren. Glücklicherweise gelang es uns, den möglichen Zusammenhang zwischen dem Absetzen von Alkohol und einem Anfall zu besprechen, und wir einigten uns darauf, dies auch mit dem Neurologen zu diskutieren. Dieser bestätigte unsere Vermutungen, was letztendlich dazu beitrug, dass Peter seinen problematischen Konsum mit anderen Augen sah und professionelle Hilfe in Anspruch nahm.

MERKE
Der Konsum von Substanzen führt häufig unmittelbar zu Problemen für die betroffene Person und zu Belastungen für deren soziales Umfeld. Diese Art von Problemen lässt sich normalerweise relativ leicht mit dem Substanzgebrauch in Verbindung bringen. Bei Langzeitfolgen hingegen, wie den körperlichen und psychischen Beschwerden, die bei chronischem Konsum

auftreten, aber auch bei den durch den Entzug verursachten Beschwerden ist der Zusammenhang mitunter schwieriger festzustellen. Wenn ein geduldiger Klient abrupt aufhört, eine Substanz zu konsumieren, überwiegen im Umfeld oft Erleichterung und Freude gegenüber diesem eigentlich positiven Schritt. Dennoch ist es wichtig, diesen Veränderungsprozess weiterhin genau zu beobachten und gegebenenfalls ärztliche Hilfe zu leisten. Beratung kann im Vorfeld dieser Betreuung eine wichtige Rolle spielen. Aufklärung über die Risiken der Substanzreduzierung und der Entwöhnung sind somit wichtige Aufgaben der Suchthilfe.

17.7.2 Psychotherapie

Eine Psychotherapie bei Suchterkrankungen konzentriert sich in der Regel auf die Stärkung persönlicher Bewältigungsstrategien und die Erhöhung der Widerstandsfähigkeit im Umgang mit Sucht und anderen Risiken des Konsums. Es gibt verschiedene Formen der Suchttherapie, darunter den *Community Reinforcement Approach* (Meyers & Smith 2011), das Zwölf-Stufen-Modell *Less Booze or Drugs* und die Kognitive Verhaltenstherapie. Für Menschen mit einer Störung der Intelligenzentwicklung ist eine kognitiv-verhaltenstherapeutische Therapie eine auch wissenschaftlich erwiesene gute Intervention, die hilft, den Suchtmittelkonsum zu behandeln. Zu diesem Zweck wurden in den Niederlanden eine Reihe von Interventionen entwickelt. Eine von ihnen ist mittlerweile auch in anderen Sprachen (einschließlich Deutsch) verfügbar.

Less Booze or Drugs (*LBoD*; van der Nagel et al. 2022b) ist eine verhaltenstherapeutisch orientierte Intervention mit jeweils zwölf Einzel- und Gruppensitzungen, die darauf abzielt, Einblicke in das Suchtverhalten der Patientinnen und Patienten zu ermöglichen sowie Absichten zur Veränderung des Konsumverhaltens zu erarbeiten. Dabei ist das Einbinden einer Vertrauensperson wichtig, um die Betroffenen beim Erreichen der gewünschten Verhaltensänderung sowie dem Transfer des Erlernten in den Alltag zu unterstützen (van der Nagel et al. 2017).

Im TANDEM-Projekt, einem vom Bundesministerium für Gesundheit geförderten Projekt (BMG 2023), wurden von 2018 bis 2021 bundesweit an drei Modellstandorten Kooperationsprojekte (jeweils eine Einrichtung der Sucht- und eine Einrichtung der Behindertenhilfe) umgesetzt. Eines der erprobten Hilfsangebote ist LBoD; es wurde für dieses Projekt ins Deutsche übersetzt und an die deutschen Verhältnisse und Bedarfe angepasst.

Wichtige Elemente bei LBoD sind die Überschaubarkeit des Konsumgebrauchs, das Trainieren von Selbstkontroll-Techniken, Zielsetzungen und Belohnungen sowie die Rückfallprophylaxe. Zudem gibt es Tipps für die Kommunikation mit Menschen mit Störungen der Intelligenzentwicklung, für das Gespräch über den Konsum, für schriftliche Informationen und für die Begegnungen und Haltung.

MERKE

Diese Intervention richtet sich nur auf den problematischen Suchtmittelkonsum und nicht auf Verhaltenssüchte wie z. B. Spielsucht.

Die Suchthilfe bei Menschen mit einer Störung der Intelligenzentwicklung ist mehr als nur ein speziell an die Bedürfnisse dieser Klientel angepasstes Behandlungsangebot. Sie steht und fällt konzeptuell mit einem stabilen Fundament, wie z. B. einer sicheren Wohnumgebung, einer erfüllten Tagesgestaltung, finanzieller Sicherheit und einem entwicklungslogisch begleitenden, verständnisvollen und unterstützenden sozialen Umfeld. Entscheidend ist hierbei, dass die Betroffenen nicht wegen ihres Konsums abgelehnt werden und immer der Mensch hinter dem Konsumverhalten gesehen wird.

Eine konstruktive Zusammenarbeit in einem Versorgungsnetzwerk von Behinderten- und Suchthilfe ist daher essenziell, um einen bestmöglichen Zugang zu und der Inanspruchnahme von Beratung, Prävention und Therapie zu unterstützen.

17.8 Fazit

- Störungen des Substanzgebrauchs kommen bei Menschen mit Störungen der Intelligenzentwicklung vor.
- Mit wachsendem Schweregrad der Störung der Intelligenzentwicklung nimmt die Häufigkeit des Substanzgebrauchs deutlich ab.
- Außer Alkohol spielt auch der Konsum von anderen psychoaktiven Substanzen bei Menschen mit leichter Störung der Intelligenzentwicklung eine Rolle.
- Soziale Isolation und Vereinsamung stellen einen wesentlichen Risikofaktor für süchtiges Verhalten bei Menschen mit Störungen der Intelligenzentwicklung dar.
- Menschen mit Störungen der Intelligenzentwicklung sind sich sehr oft der Problematik ihres Suchtverhaltens und deren Risiken nicht bewusst.
- Symptome der Abhängigkeit und/oder Entzugssymptome werden bei Menschen mit Störungen der Intelligenzentwicklung vom sozialen Umfeld oft auf andere Verhaltensprobleme zurückgeführt und somit übersehen.
- Psychoedukative Maßnahmen sind sowohl für die betroffenen Personen als auch für das begleitende soziale Umfeld wichtig.
- Für die Personengruppe der Menschen mit einer Störung der Intelligenzentwicklung wurden in den letzten Jahren spezialisierte, verhaltenstherapeutisch orientierte Therapiemaßnahmen entwickelt.

TANJA SAPPOK, HAUKE HERMANN & CHRISTIAN SCHANZE

18 Verhaltensstörungen

18.1 Die Codierung von Verhaltensstörungen in der ICD-11

Bisher waren Verhaltensstörungen bei Menschen mit »Intelligenzminderung« in der ICD-10 unter F7x.1 zu codieren. In dieser Diagnosekategorie wurde eine nur unscharf definierte Gruppe von auffälligen Verhaltensweisen subsumiert, die »Beobachtung oder Behandlung erfordern« (ICD-10, WHO 1996). In der Zeit der Anwendung der ICD-10 wurden dieser Diagnosegruppe in empirischen Studien oft sehr unterschiedliche Verhaltensweisen zugeordnet. Dies führte entsprechend zu breit gestreuten Angaben zur Prävalenz von Verhaltensstörungen, je nachdem, welches Verhalten dazugezählt oder ausgeschlossen wurde.

In der ICD-11 gibt es diese Subgruppe innerhalb der Kategorie der Störungen der Intelligenzentwicklung (6A00) nicht mehr. Stattdessen sind zum Teil neue Diagnosegruppen entstanden, denen impulsives oder aggressives Verhalten, stereotype Bewegungen, selbstverletzendes Verhalten oder spezielles Essverhalten zugeordnet werden können:
- 6A06.0 und 6A06.1 Stereotype Bewegungsstörungen ohne und mit Selbstverletzungen
- 6B25 Körperfokussierte repetitive Verhaltensstörungen (z. B. selbstverletzendes Verhalten)
- 6B80 bis 6B85 Fütter- und Essstörungen (inkl. Essenverweigerung, Regurgitation, Rumination, Pica-Syndrom)
- 6C60 und 6C61 (bzw. 6C90 und 6C91) Störendes Verhalten oder dissoziale Störungen
- 6C70 bis 6C73, 6C50 und 6C51, 6E66 Störungen der Impulskontrolle (inkl. intermittierende explosive Impulskontrollstörung, sekundäres Impulskontrollsyndrom)

In den jeweiligen Diagnosegruppen werden spezifische Kriterien und Differenzialdiagnosen genannt, die sich zum Teil auch auf Menschen mit Störungen der Intelligenzentwicklung und/oder Autismus-Spektrum-Störungen beziehen. Sie sind bei der Diagnostik entsprechend zu berücksichtigen. Drei *differenzialdiagnostische Überlegungen* können jedoch übergreifend genannt werden.

MERKE
Die neu aufgeführten Diagnosen dürfen zusätzlich zur Störung der Intelligenzentwicklung oder zur Störung der Intelligenzentwicklung mit Autismus-Spektrum-Störungen nur dann gegeben werden, wenn
1. das Verhalten *nicht* besser durch die Diagnose »Störung der Intelligenzentwicklung« und/oder »Autismus-Spektrum-Störung« erklärt werden kann (z. B. Unkenntnis und fehlendes Verständnis sozialer Regeln bei Störung der Intelligenzentwicklung).
2. das Verhalten *nicht* durch einen niedri-

gen sozio-emotionalen Entwicklungsstand geprägt wird (z. B. Entwicklung prosozialer emotionaler Fähigkeiten bei dissozialen Störungen).
3. das Verhalten von einer Intensität und Häufigkeit ist, die über die zu erwartenden Symptome im Rahmen einer anderen Störung hinausgehen (z. B. massive stereotype Bewegungsstörungen ohne oder mit Selbstverletzungen bei einer Autismus-Spektrum-Störung).

Die ICD-11 beschreibt im Kapitel 21 »Symptome oder klinische Befunde, anderenorts nicht klassifiziert«. Darunter versteht man »weniger gut definierte Zustände und Symptome, die ohne die notwendige Untersuchung des Falles, um eine endgültige Diagnose zu stellen, als ›anderenorts nicht klassifiziert‹, ›unbekannte Ätiologie‹ oder ›vorübergehend‹ bezeichnet werden können« (BfArM 2023). Diese Kategorien sollten in Verbindung mit einem Code aus einem anderen Kapitel verwendet werden, der den zugrunde liegenden Zustand klassifiziert.

Innerhalb des Kapitels 21, in der ICD-11-Kategorie MB23 »Symptome mit Beteiligung des Erscheinungsbilds oder des Verhaltens«, werden dann unterschiedliche Verhaltensweisen beschrieben, die klinisch relevant werden können. Diese Symptome oder klinischen Befunde können gegebenenfalls zusätzlich zur Störung der Intelligenzentwicklung bzw. einer psychischen Erkrankung verschlüsselt werden und besitzen keinen Krankheitswert im engeren Sinne.

ICD-11 MB23 SYMPTOME MIT BETEILIGUNG DES ERSCHEINUNGSBILDS ODER DES VERHALTENS

- MB23.0 Aggressives Verhalten
- MB23.1 Antisoziales Verhalten
- MB23.2 Vermeidendes Verhalten
- MB23.3 Bradyphrenie
- MB23.4 Zwänge
- MB23.5 Koprolalie
- MB23.6 Desorganisiertes Verhalten
- MB23.7 Ungepflegtes Erscheinungsbild
- MB23.8 Disruptives Verhalten
- MB23.9 Echolalie
- MB23.A Exzessives Weinen im Kindes-, Jugend- oder Erwachsenenalter
- MB23.C Erhöhte Kontaktfreudigkeit
- MB23.D Mutismus
- MB23.E Nichtsuizidale Selbstverletzung
- MB23.F Sonderbares oder merkwürdiges Erscheinungsbild
- MB23.G Sonderbares oder merkwürdiges Verhalten
- MB23.H Panikattacke
- MB23.J Mangelhafte persönliche Hygiene
- MB23.K Sprachverarmung
- MB23.L Sprechen mit Druck
- MB23.M Psychomotorische Unruhe
- MB23.N Psychomotorische Verlangsamung
- MB23.Q Sozialer Rückzug
- MB23.R Suizidversuch
- MB23.S Suizidales Verhalten

In diesem Kapitel wird das Phänomen der Verhaltensstörung noch einmal weit umfassender als in der ICD-11 dargestellt werden, da es in der Behandlung von Menschen mit Störungen der Intelligenzentwicklung sowohl diagnostisch als auch therapeutisch einen zentralen Stellenwert hat. Nach einer – international gebräuchlichen – Definition des Begriffs werden Prävalenzen, Ursachen (u. a. entwicklungsbasierte Verhaltensphänomene) sowie Diagnostikmöglichkeiten aufgeführt werden, insbesondere auch die funktionale Analyse. Therapeutisch werden wir neben den Bestandteilen einer ganzheitlichen Behandlungsplanung auch auf Möglichkeiten der Deeskalation eingehen.

18.2 Definition

Das Royal College of Psychiatrists definiert Verhalten als herausfordernd[50], wenn es von einer solchen Intensität, Häufigkeit oder Dauer ist, dass die Lebensqualität bzw. die körperliche Sicherheit der Person oder anderer gefährdet und restriktive oder aversive Reaktionen bzw. Isolation wahrscheinlich sind (National Collaborating Centre for Mental Health 2015).

> **EXKURS** *Challenging Behaviour – Herausforderndes Verhalten*
> In den letzten Jahren hat sich im deutschen Sprachgebrauch für Verhaltensstörungen immer mehr der Begriff »Herausforderndes Verhalten« als Übersetzung von »*Challenging Behaviour*« durchgesetzt. Dies ist jedoch problematisch, da im Deutschen das Wort »Herausforderung« vor allem »Kampf«, »konkurrierender Wettkampf« und »Provokation« bedeutet.[51]
> Dies ist für das englische Ursprungswort nicht der Fall. Hier meint »*challenge*« in seiner Hauptbedeutung: eine schwierige Aufgabenstellung, die zur Erfüllung körperliche und/oder geistige Anstrengung erfordert und so die Fähigkeiten einer Person testet (»*something that needs great mental or physical effort in order to be done successfully and therefore tests a person's ability*«[52]).
> Die Verwendung der Bezeichnung »Herausforderndes Verhalten« ist also im Deutschen anders konnotiert als im Englischen, was im deutschen Sprachgebrauch zu einer falschen inhaltlichen Zuschreibung im Sinne von »Kampf« und »Provokation« führen kann. Dies ist mit dem Originalbegriff »*Challenging Behaviour*« jedoch keinesfalls gemeint, deshalb muss »Herausforderndes Verhalten« begrifflich immer kritisch hinterfragt werden.

Verhaltensstörungen können vielfältige Formen annehmen, z. B. als verbale, sach- oder fremdaggressive bzw. selbstverletzende Verhaltensweisen. Sie können sich aber auch als stereotypes, rückzügiges oder inaktives Verhalten zeigen (Emerson & Einfeld 2011).

> **FALLBEISPIEL**
> Bei Herrn B. (34 Jahre) besteht eine primäre Störung der Intelligenzentwicklung. Im Erstkontakt sieht er mich zunächst skeptisch an, hält in der Hand einen Plüschaffen fest umschlossen, lacht, als ich ein lustiges Geräusch mache, benennt dessen Namen »Fipsi« und steigt in ein Hallo-Kuckuck-Spiel ein. Dann greift er nach Klick-Klack-Kugeln auf dem Schreibtisch, freut sich über die Geräusche, steigt auf einen Stuhl und fängt an, den Raum zu erkunden.
> Die begleitenden Eltern berichten, sie seien ein eingespieltes Team, dennoch sei es manchmal nicht leicht. Herr B. sei immer umtriebig und neugierig, mache dabei allen möglichen »Quatsch«, so verstopfe er die Toilette mit Papier, drehe den Wasserhahn auf, gehe in Kleidung unter die Dusche, möge eigentlich alles, was mit Wasser zu tun habe. Manchmal werfe er mit Gegenständen. Er greife auch nach den Brillen von anderen und zerbreche diese. Schlimm sei, wenn ihn irgendetwas störe. Das könne plötzlich kommen, dann schlage

---

50 In diesem Kapitel wird synonym zu »herausforderndem Verhalten« der ICD-11-Begriff der »Verhaltensstörung« verwendet. Andere Begriffe wie »Verhaltensauffälligkeiten« und »Problemverhalten« werden außerhalb des ICD-11-Bezuges jedoch ebenfalls synonym gebraucht.
51 *Challenging Behaviour*/Herausforderung: siehe www.duden.de (Zugriff 20. 04. 2023).
52 *Challenge*: siehe https://dictionary.cambridge.org (Zugriff 20. 04. 2023).

er sich mit der Faust auf den Kopf oder beiße sich in die rechte Hand. Im Moment bestünde keine offene Wunde, was ein gutes Zeichen sei. In solchen Situationen gelänge es nur den Eltern sowie dem inzwischen berenteten langjährigen Bezugsbetreuer aus der Tagesbetreuung, ihn zu beruhigen. Leider habe er kürzlich eine der neuen Bezugspersonen fest in den Arm gebissen. Dies sei früher öfter vorgekommen und die Eltern hatten gehofft, diese »Phase« sei vorbei.

Im Allgemeinen kämen die Eltern gut zurecht, sie hätten den Alltag zum Glück immer gut an die Bedürfnisse von Herrn B. anpassen können.

Bis dato habe der Patient im häuslichen Umfeld gelebt, doch allmählich wäre wohl ein Umzug in eine betreute Wohnform sinnvoll. Ihr größtes Ziel bestehe darin, Herrn B. in eine störungsspezifische Wohngruppe zu integrieren, die zu ihm passe. Der erste Versuch sei leider aufgrund der »Beißattacken« beendet worden.

(Beispiel aus dem Medizinischen Zentrum für erwachsene Menschen mit Behinderung, MZEB)

18.3 Epidemiologie

Die Prävalenzen von herausfordernden Verhaltensweisen variieren bei Personen mit einer Störung der Intelligenzentwicklung in Abhängigkeit der Definition, was zu Verhaltensstörungen zu zählen ist (z. B. repetitives und stereotypes Verhalten, Pica-Syndrom, Verhalten im Rahmen der Kernsymptomatik von Autismus-Spektrum-Störungen, Verhalten bei demenziellen Erkrankungen), und der Art der Stichprobe (klinisches Setting, Großeinrichtung, Kleinheim, Familie) stark. Zudem ist die Prävalenz von Verhaltensstörungen im jugendlichen Alter bzw. jungen Erwachsenenalter deutlich höher als in anderen Altersgruppen (Davies & Oliver 2013; Emerson & Einfeld 2011). Oft zitierte, große, bevölkerungsbasierte Studien gehen von einer Häufigkeitsrate von 20 bis 25 % aus (Bowring et al. 2017; Cooper et al. 2007). Trotz der bei unzureichender Behandlung bestehenden Gefahr der Chronifizierung und Generalisierung[53] sinkt die Prävalenz von Verhaltensstörungen mit steigendem Lebensalter (Sappok et al. 2014). Interessanterweise zeigten sich insgesamt keine relevanten Geschlechtsunterschiede, lediglich stereotype Verhaltensweisen waren bei Männern häufiger zu beobachten als bei Frauen. Je schwerer die Störung der Intelligenzentwicklung, desto öfter traten Verhaltensstörungen auf. Eine komorbide Autismus-Spektrum-Störung vervierfacht die Prävalenz von herausfordernden Verhaltensweisen (McCarthy et al. 2010).

MERKE
Verhaltensstörungen werden häufig bei Menschen mit Störungen der Intelligenzentwicklung diagnostiziert (ca. 20–25 %), wobei die Prävalenzen je nach Stichprobe, Diagnosekriterien und Setting stark variieren.

---

53 **Generalisierung:** Ursprünglich situativ begrenzte Verhaltensstörungen; sie weiten sich im Laufe der Zeit auf andere Situationen bzw. Lebensbereiche aus.

18.4 Ätiologie

Verhaltensstörungen können vielfältige Ursachen haben: Sie entstehen oft aus einer Wechselwirkung zwischen individueller Disposition (z.B. Entwicklungsverzögerung), psychischen oder somatischen Stressoren (z.B. Schmerzen) und Umfeld-assoziierten Faktoren (z.B. neues Betreuungspersonal).

Vor diesem Hintergrund ist es stimmig, Verhaltensstörungen nicht als diagnostische Subgruppe von Störungen der Intelligenzentwicklung zu definieren, sondern herausgelöst im Kapitel 21 der ICD-11 als Symptome und klinische Befunde zusammenzufassen, die sich keinem Krankheitsbild im engeren Sinne zuordnen lassen.

An personenimmanenten Ursachen finden sich häufig körperliche Schmerzen, Nebenwirkungen von Medikamenten, Schwierigkeiten mit der Impulskontrolle sowie Temperaments- und Persönlichkeitsmerkmale. Sie beginnen meist bereits in der Kindheit und neigen zur Chronifizierung und Generalisierung. Verhaltensstörungen treten im jungen Erwachsenenalter bei einer zusätzlichen Autismus-Spektrum-Störung bzw. mit zunehmender Schwere der kognitiven Beeinträchtigung vermehrt auf (siehe Abschn. 18.3). Aber auch Umfeld-assoziierte Faktoren wie die Art der Kommunikation und Beziehungsgestaltung, psychische Belastungen wie der Tod einer nahen Bezugsperson, psychosoziale Konflikte oder eine Kombination dieser Faktoren können zu Verhaltensstörungen führen (Hastings et al. 2013; Lowe et al. 2007). Emotionale Entwicklungsverzögerungen sind vermehrt mit herausfordernden Verhaltensweisen assoziiert (Hermann et al. 2022; Sappok et al. 2014). Auffällige Verhaltensweisen können gleichfalls Bestandteile psychischer Erkrankungen sein (z.B. Stereotypien bei Autismus, motorische Unruhe bei Manie oder Stupor bei Katatonie) oder im Rahmen bestimmter genetischer Syndrome auftreten (z.B. Vermeiden von Blickkontakt bei Fragilem-X-Syndrom oder Apraxie der Hände beim Rett-Syndrom) (Hastings et al. 2013).

Verhaltensstörungen waren gemäß ICD-10 bislang eine Ausschlussdiagnose; der Code F7x.1 durfte nicht verwendet werden, wenn das Verhalten im Rahmen einer anderen psychischen Störung auftrat. Dies gilt mit Einschränkungen auch in der ICD-11 (siehe Abschn. 18.1, differenzialdiagnostische Kriterien).

EXKURS Emotionale Entwicklungsverzögerungen bedingen Verhaltensstörungen

Je niedriger der emotionale Entwicklungsstand, desto schwerer ausgeprägt sind die Verhaltensstörungen (Sappok et al. 2014). In Abhängigkeit von der jeweiligen Entwicklungsphase zeigen sich bestimmte Symptomkomplexe von Verhaltensstörungen (Hermann et al. 2022), die in der nachfolgenden Übersicht zusammengefasst sind.
Der emotionale Entwicklungsansatz kann das Störungsverständnis und die diagnostische Einordnung herausfordernder Verhaltensweisen verbessern. Die Berücksichtigung der emotionalen Grundbedürfnisse kann das Wohlbefinden der Person erhöhen und die Persönlichkeitsentwicklung fördern.

	Adaption	Sozialisation	Individuation	Identifikation
Emotionales Referenzalter	0.–6. Monat	7.–18. Monat	18. Monat bis 3. Lebensjahr	4.–7. Lebensjahr
Verhaltensphänomen	Suche nach körperlichem Wohlbefinden	Suche nach Sicherheit	Suche nach Autonomie	Beginnende Suche nach Identität
Charakteristika	1. Stereotype Verhaltensweisen 2. Aggression (ungerichtet, selbstverletzend) 3. Sozialer Rückzug 4. Irritierbarkeit 5. Hyperaktivität 6. Isolation 7. Ungeduld 8. Sensorische Irritierbarkeit	1. Aggression (sach-, selbst-, fremdaggressiv) 2. Irritierbarkeit 3. Wutanfälle 4. Impulsivität 5. Repetitive Sprache 6. Hyperaktivität 7. Rückzug 8. Soziale Irritierbarkeit	1. Aggression (alle Formen inkl. verbal) 2. Impulsivität 3. Trotziges und sozial unangemessenes Verhalten 4. Unterschiedliche Grade kommunikativer Äußerungen 5. Hyperaktivität 6. Ärgerliche Ungeduld 7. Irritierbarkeit und starke Ablenkbarkeit	1. Unangemessene Sprache 2. Verbale Selbstregulation 3. Traurigkeit 4. Reduzierte Motivation 5. Aggression (jetzt zunehmend verbal) 6. Stimmungsschwankungen 7. Ablenkbarkeit

Charakteristische Verhaltensphänomene in Abhängigkeit von der emotionalen Entwicklungsphase

18.5 Diagnostik

Die Diagnostik von Verhaltensauffälligkeiten bei Menschen mit Störungen der Intelligenzentwicklung ist komplex und erfordert Geduld. Sie umfasst die aktuelle Anamnese und Fremdanamnese sowie eine körperliche und psychiatrische Diagnostik inklusive der gegenwärtigen Medikation. Das Assessment sollte insbesondere potenziell belastende Lebensereignisse und Veränderungen im Lebensumfeld beinhalten. Die Person ist nie allein, sondern immer in den gegenwärtigen Beziehungen und Umwelten zu analysieren.

Ein wichtiges Hilfsmittel für ein besseres Verständnis herausfordernder Verhaltensweisen und das Erkennen wiederkehrender Verhaltensmuster ist die *systematische Analyse herausfordernder Situationen*. Dies kann z.B. indirekt via Verhaltensbeobachtungsprotokoll durch Bezugspersonen erfolgen (siehe das folgende Fallbeispiel), wenn es darum geht, die Frequenz, Intensität und zirkadiane Häufungen bestimmter Verhaltensweisen zu erkennen. Zudem kann es hilfreich sein, zusätzlich die in der klinischen Praxis oft übliche bedarfsorientierte Gabe von sedierenden Medikamenten protokollieren zu lassen.

FALLBEISPIEL

Bei Herrn P. (42 Jahre), der unter einer Störung der Intelligenzentwicklung leidet, kommt es wiederholt zu gereizt aggressivem Verhalten mit Türen-Knallen, Werfen von Gegenständen (Mülleimer, Stühle) und ständigem lautstarkem Streit mit immer dem gleichen Mitbewohner.
Im Verhaltensbeobachtungsprotokoll wird über drei Monate dokumentiert, wann, wie oft und in welcher Intensität es zu den genannten Verhaltensweisen kommt. Aus dem Protokoll ergibt sich eine deutliche Häufung nachmittags an Werktagen nach dem Besuch der Werkstatt für behinderte Menschen (WfbM). Das betreuende Bezugssystem ändert die Abläufe und beschließt, dass Herr P. eine halbe Stunde vor den anderen Mitbewohnern aus der WfbM abgeholt wird und sich zunächst bei seiner Lieblingsbeschäftigung (Radiohören) im Zimmer ausruhen darf. Zudem wird er aus der bisherigen Pflicht ausgenommen, bei der Vorbereitung des Abendessens zu unterstützen. Dies führt zu einer deutlichen Reduktion des geschilderten Verhaltens.

Als weiteres verhaltenstherapeutisches Werkzeug können Situationsanalysen nach dem *ABC-Schema* (Auslöser – Bewertung – Konsequenz) oder dem *SORCK-Schema* dienen. Beides setzt allerdings bereits eine entwickelte Fähigkeit zum Erkennen und Differenzieren von Emotionen voraus. Diese Hilfsmittel dienen primär der Analyse schwieriger Situationen gemeinsam mit den Patienten. Sie geben einerseits den Untersuchenden diagnostische Hinweise über die Introspektions- und Empathiefähigkeit der betroffenen Person und können andererseits als Grundlage für die Besprechung von Denkfehlern, dem Erkennen schwieriger Situationen und der Entwicklung alternativer Handlungen dienen. Beide Modelle lassen sich auch indirekt einsetzen, um die Perspektive von Bezugspersonen nachzuvollziehen.

FALLBEISPIEL Disputation inklusive Alternative im Rahmen der stationären verhaltenstherapeutischen Gruppe »Die schwierige Situation« (Beispiel nach dem ABC-Modell)

Frau M. (23 Jahre, leichte Störung der Intelligenzentwicklung) beschreibt eine schwierige Situation vom Vortag.

Frau M.: »Gestern Abend war blöd. Ich war schlecht drauf. Auf Station war es so laut und das hat genervt. Da habe ich die anderen echt schlimm beleidigt, weil die nicht leise sind. Und dann haben die Betreuer gesagt, ich soll mich benehmen, und da bin ich raus.«
T: »Was war denn der blödeste Moment?«
Frau M.: »Als die Betreuer gesagt haben, ich soll mich benehmen.« *[auslösende Situation]*
T: »Was haben Sie dabei gedacht?«
Frau M.: »Die Betreuer verstehen mich eh nicht. Außerdem haben die viel zu tun und keine Zeit für mich.« *[Bewertung/ Gedanke]*
T: »Wie haben Sie sich da gefühlt?«
Frau M.: »Ich war voll genervt und traurig und ärgerlich.« *[Konsequenz/Gefühle]*
T: »Was hat der Körper gemacht?«
Frau M.: »Mein Herz hat gerast.« *[Konsequenz/Körper]*
T: »Und was haben Sie dann gemacht?«
Frau M.: »Ich bin raus zur Schaukel, obwohl es geregnet hat.« *[Konsequenz/Verhalten]*
T: »Ging es Ihnen dann besser?«
Frau M.: »Erst ja *[kurzfristige Konsequenz]*,

aber dann war ich voll nass und noch trauriger und hab geweint.« *[langfristige Konsequenz]*

T: »Was wäre Ihnen denn am liebsten gewesen?«

Frau M.: »Wenn einer von den Betreuern mit mir zum Snoezelraum geht. Aber dann hätte ich die halt fragen müssen. *[gewünschte Konsequenz – Verhalten]* Aber ich habe mich nicht getraut, weil ich dachte, das bringt halt eh nichts. Aber dabei sind die doch eigentlich für mich genauso zuständig, oder?«

T: »Ich finde ja. Was würden Sie denn beim nächsten Mal anders machen wollen, wenn Sie schlecht drauf sind und alle sind laut?«

Frau M.: »Ich würde denken, die Betreuer sind genauso auch für mich da *[alternative Bewertung]*, und ihnen sagen, dass ich schlecht drauf bin und meine Ruhe brauche und fragen, ob sie mir den Snoezelraum aufschließen können.« *[alternative Konsequenz – Reaktion]*

T: »Ginge es Ihnen dann besser?«

Frau M.: »Viel besser. Dann wäre alles gechillt.« *[alternative Konsequenz – Gefühl]*

Eine systematische Verhaltensanalyse ist wichtig, sowohl aus diagnostischen Gründen als auch zum Therapiemonitoring. Dies kann qualitativ im Sinne einer funktionalen ABC-Analyse, aber auch quantitativ mithilfe etablierter Skalen erfolgen.

Die *Checkliste für abweichendes Verhalten*, im Original *Aberrant Behavior Checklist* (*ABC*; Aman et al. 1985), umfasst 58 Fragen zur Beurteilung herausfordernder Verhaltensweisen, die den Domänen *Irritierbarkeit, Lethargie, Stereotypie, Hyperaktivität* und *Sprachauffälligkeiten* zugeordnet sind. Es wurde in einer Reihe von Stichproben mit Erwachsenen, Jugendlichen und Kindern mit Störungen der Intelligenzentwicklung untersucht (Hill et al. 2008). Mehrere Studien haben eine hohe Validität und Reliabilität der *Aberrant Behavior Checklist* nachgewiesen (für eine Zusammenfassung siehe Farmer & Aman 2017, 2020). Sappok et al. konnten zeigen, dass mit jeder emotionalen Entwicklungsphase der Schweregrad der Verhaltensprobleme auf der *Aberrant Behavior Checklist* um durchschnittlich sechs Punkte zunimmt (Sappok et al. 2014).

Die *Modifizierte Skala offensichtlicher Aggressionen* (Schanze et al. 2019), im Original *Modified Overt Aggression Scale* (*MOAS*; Sorgi et al. 1991), bewertet Art und Intensität aggressiven Verhaltens. Vier verschiedene Formen der Aggression werden hierbei unterschieden und gewichtet zu einem Summen-Score addiert: *Verbale Aggression, Objektaggression, Autoaggression* und *Fremdaggression*. In einer Stichprobe von Erwachsenen mit Störungen der Intelligenzentwicklung zeigte sich eine mäßige bis hohe Validität (Oliver et al. 2007).

Ein aktueller open-access Review-Artikel von Reyes-Martin et al. (2022) stellt die Evidenz der verfügbaren Assessmentinstrumente zusammen.

MERKE

Auffällige Verhaltensweisen können auf viele verschiedene Faktoren zurückzuführen sein, z. B. körperliche Beschwerden (Schmerzen, Nebenwirkungen von Medikamenten etc.), psychische Belastungen, Probleme mit dem unmittelbaren Lebensumfeld, eingeschränkte kommunikative Fähigkeiten, Schwierigkeiten mit der Impulskontrolle oder emotionale Entwicklungsverzögerungen.

18.6 Differenzialdiagnostik

Grundsätzlich können sich alle denkbaren körperlichen und psychischen Krankheitsbilder in auffälligen Verhaltensweisen zeigen. Sind diese symptomatischer Bestandteil der körperlichen oder psychischen Erkrankung, sollten sie mit der entsprechenden Diagnose erfasst und eine ursachenspezifische, kausale Behandlung begonnen werden. Ist das Verhalten jedoch nicht hinreichend durch eine andere Erkrankung erklärt, ist ein umfassendes Assessment durchzuführen und entsprechend den ermittelten Fakten bzw. Hypothesen eine ursachengerechte Behandlung zu initiieren.

18.7 Therapie

Verhaltensauffälligkeiten sollten entsprechend der jeweiligen Ursache leitliniengerecht behandelt werden, insbesondere wenn körperliche oder psychische Krankheitsbilder zugrunde liegen. Ist die Verhaltensstörung durch eine emotionale Entwicklungsverzögerung bedingt, stehen heilpädagogische Konzepte und Techniken im Vordergrund mit dem Ziel, eine bedarfsorientierte Umgebung und bedürfnisgerechte Umgangskonzepte zu schaffen. Bei umweltbedingten Ursachen ist eine intensive Arbeit mit den Bezugspersonen zielführend. Ein individueller Behandlungsplan muss aufgestellt werden, der auf evidenzbasierten, pädagogischen und psychotherapeutischen Programmen zur Behandlung von Verhaltensauffälligkeiten beruht (siehe NICE-Leitlinie; National Collaborating Centre for Mental Health 2015). Wichtig sind in jedem Fall die intensive Arbeit mit dem Umfeld, das Einbeziehen der Bezugspersonen sowie die Berücksichtigung von Diversitätsfaktoren wie Alter, Geschlecht, Schweregrad der kognitiven Beeinträchtigung und der emotionale Entwicklungsstand.

Der Veränderung des Settings und des Umgangs mit der Person kommt oft eine Schlüsselrolle zu. Mittlerweile wurden Programme entwickelt, um das Vorgehen zu systematisieren, z. B. das *Hospital Elder Life Program (HELP)* aus Kanada (Green et al. 2018). Zentral ist die Berücksichtigung des emotionalen Entwicklungsstandes, um ein entwicklungsfreundliches Umfeld zu gestalten und entwicklungsgerechte Behandlungskonzepte zu konzipieren. Dabei sollten einerseits die Kommunikation und Interaktion, aber auch die gewählten Interventionen und Techniken auf den jeweiligen Entwicklungsstand angepasst werden. Dies ist umfassend in dem Buch »Das Alter der Gefühle« von Sappok & Zepperitz (2019) beschrieben. Dort werden auch tabellarisch Therapiemöglichkeiten für spezifische Entwicklungsverzögerungen in bestimmten Entwicklungsbereichen aufgeführt.

Häufig werden antipsychotische Medikamente verschrieben, obwohl ihre langfristige Wirksamkeit fraglich ist. Dies wurde bereits Anfang der 2000er-Jahre in einem Cochrane-Review festgestellt (Brylewski & Duggan 2004) und auch in aktuellen Studien bestätigt (Matson & Neal 2009; McQuire et al. 2015).

MERKE

Grundsätzlich wird empfohlen, interdisziplinäre Behandlungsteams einzuschalten, um nach den Ursachen für herausfordernde Verhaltensweisen zu suchen, nichtpharmakologische psychosoziale und verhaltensbezogene Pläne zur Verbesserung dieser Verhaltensweisen zu erstellen und, falls Medikamente verabreicht werden, eine regelmäßige Medikamentenüberwachung durchzuführen, um gegebenenfalls Nebenwirkungen zu erkennen (National Collaborating Centre for Mental Health 2015).

Die Überwachung der Medikation ist wichtig, weil medikamentenbedingte unerwünschte Wirkungen herausfordernde Verhaltensweisen verursachen oder zu ihnen beitragen, die unter Umständen durch eine Dosisreduzierung, das Absetzen von Medikamenten bzw. die Beseitigung von Polypharmazie verbessert werden können (Costello et al. 2022).

In einem Review von 2017 haben Sheehan & Hassiotis die verfügbare Evidenz zu Absetzuntersuchungen zusammengefasst und festgestellt, dass Antipsychotika bei einem erheblichen Teil der Erwachsenen, die sie wegen herausfordernden Verhaltens einnehmen, reduziert oder abgesetzt werden können, allerdings nicht immer ohne unerwünschte Wirkungen. Es gibt eine Gruppe, die bei einer Reduktion der Antipsychotika eine Verhaltensverschlechterung zeigt, die ein Absetzen verhindert; Prädiktoren für ein schlechtes Ansprechen des Absetzversuchs konnten nicht zuverlässig ermittelt werden. In Anbetracht der hierzu vorliegenden, relativ spärlichen Daten und der methodischen Grenzen der verfügbaren Studien konnten keine eindeutigen Schlussfolgerungen gezogen werden, um generelle Empfehlungen auszusprechen. Daher schlussfolgern die Autorinnen, dass antipsychotische Medikamente, die zur Behandlung von Verhaltensstörungen eingesetzt werden, regelmäßig überprüft werden sollten und ein individueller Behandlungsansatz gewählt werden muss.

Aktuelle Studien versuchen, Erkenntnisse darüber zu gewinnen, bei welchen Gruppen und wann ein Absetzversuch erfolgreich ablaufen kann (Beumer et al. 2021; siehe hierzu auch Kap. 3.1 Psychopharmakotherapie).

Trotz fehlender Hinweise auf eine kausale und langfristige Wirksamkeit von Medikamenten gegen aggressive oder störende Verhaltensweisen erhalten weiterhin viele Menschen mit einer Störung der Intelligenzentwicklung langfristig Psychopharmaka. In einer populationsbasierten Untersuchung bei 265 Erwachsenen mit einer Störung der Intelligenzentwicklung erhielten 70,57 % wenigstens eine Medikamentenklasse, durchschnittlich waren es 2,62 Medikamente, Range 0–14 (Bowring et al. 2017). Psychotrope Medikamente wurden von etwa einem Drittel der Teilnehmenden eingenommen (37,73 %), wobei meist Antipsychotika verabreicht wurden (21,89 %). Polypharmazie und hohe Dosen waren häufig. Es zeigte sich ein Zusammenhang zu psychiatrischen Diagnosen, Verhaltensauffälligkeiten, Alter, Wohnform und dem männlichen Geschlecht. Die Medikation wird oft bis ins hohe Alter beibehalten (García-Domínguez et al. 2022). Zum Thema des »Off-Label-Use« siehe Kapitel 3.1.

In einer Meta-Analyse zur psychopharmakologischen Behandlung von Verhaltensstörungen bei Kindern mit einer Störung der Intelligenzentwicklung identifizierten McQuire et al. (2015) 14 Studien mit insgesamt 912 Teilnehmenden. Antipsychotika reduzierten Verhaltensstörungen nur kurzfristig (Effektgröße gemessen mit der *Standardized Mean Difference [SMD]* = –1,09, $p < 0{,}001$ für Risperidon; SMD = –0,64, $p < 0{,}001$ für Aripiprazol). Es zeigten sich signifikante Nebenwirkungen in Bezug auf eine Prolaktin-Werterhöhung (SMD = 3,22, $p < 0{,}001$), Gewichtszunahme (SMD = 0,82, p < 0,001) und Sedation. Die Datenqualität war insgesamt niedrig und Langzeit-Follow-up-Studien fehlten.

Hinzu kommt, dass ein Großteil der Studien den kinder- und jugendpsychiatrischen Bereich betrifft bzw. oftmals Personen mit schwerer Störung der Intelligenzentwicklung ausgeschlossen sind (Sohanpal et al. 2007). Granas et al. (2019) zeigten in ihrer Studie, wie ein Großteil der unerwünschten Wirkungen durch strukturierte Erfassung, begleitete therapeutische Konzepte und interdisziplinäre Fallbesprechungen reduziert werden konnte. Shankar et al. (2019) berichteten von einem erfolgreichen Absetzen der antipsychotischen Medikation bei einem Drittel aller Patienten mit Störungen der Intelligenzentwicklung über einen Zeitraum von drei Jahren. Nabhanizadeh et al. (2019) weisen auf die Notwendigkeit von Medikamentenüberprüfungen hin, um medikamentenassoziierte Probleme bei Personen mit einer Störung der Intelligenzentwicklung zu identifizieren.

Vor diesem Hintergrund wird auch in den britischen NICE-Guidelines zum Umgang mit aggressivem Verhalten bei psychisch Kranken mit Störungen der Intelligenzentwicklung ein kritisches Abwägen, gründliches Monitoring und ein Zeitplan für die Überprüfung der Notwendigkeit von Folgeverordnungen empfohlen (National Collaborating Centre for Mental Health 2015).

Eine durch den National Health Service unterstützte Initiative zur Reduktion der Übermedikation in Großbritannien (*»Stopping over medication of people with learning disability, autism or both«, STOMP*; siehe hierzu auch Kap. 3.1) führte innerhalb von fünf Jahren zu einer Verminderung der Verordnung von Antipsychotika ohne eine Zunahme von Verhaltensstörungen (Deb et al. 2020).

Ergänzend zu individualisierten, pädagogisch-therapeutischen Konzepten können Medikamente gegebenenfalls eingesetzt werden, wenn es sich um sehr schwerwiegende Verhaltensstörungen handelt. Ein längerfristig überzeugender Medikamenteneffekt gegen Verhaltensstörungen konnte bisher nicht gefunden werden (Brylewski & Duggan 2004; Matson & Neal 2009; McQuire et al. 2015).

In Deutschland besteht nur für Risperidon (0,5–1,5 mg/Tag für maximal sechs Wochen) (Deb & Unwin 2007; McCracken et al. 2002; Sharma & Shaw 2012) und Zuclopenthixol (Häßler et al. 2008, 2011) eine Zulassung für die Behandlung aggressiven Verhaltens bei Personen mit Störungen der Intelligenzentwicklung. Aripiprazol besitzt in Deutschland keine Zulassung, allerdings in den USA, und kann gegebenenfalls off-label erwogen werden (Deb et al. 2014; Maneeton et al. 2018).

Weder SSRI noch Valproat führen zu einer nachweislichen Verbesserung von Verhaltensstörungen (Hirota et al. 2014; McQuire et al. 2015). Ihr Einsatz kann daher nicht empfohlen werden.

Im klinischen Alltag werden insbesondere niederpotente Antipsychotika oder Benzodiazepine mit dem Ziel einer schlafanstoßenden, sedierenden und anxiolytischen Wirkung verabreicht, ohne dass es hierfür – außerhalb akut psychiatrischer Erkrankungen – einen Wirksamkeitsnachweis zur Behandlung von Verhaltensstörungen gibt. Solche Verordnungen zielen auf die Abwendung von schweren Erregungszuständen und konsekutiven Zwangsmaßnahmen ab und sind oft ein Ausdruck der Hilflosigkeit des Helfersystems. Bei der Verordnung sind potenziell unerwünschte Wirkungen (z. B. Long-QT-Syndrom, Extrapyramidalmotorisches System [EPMS], Gewichtszunahme, iatrogen induzierte Substanzabhängigkeit) zu beachten und die Betroffenen bzw. deren rechtliche Vertreter dezidiert aufzuklären.

18.8 Fazit

Im Bereich der Diagnostik und Behandlung von Verhaltensstörungen besteht weiterhin ein hoher Forschungsbedarf. Ein individueller Behandlungsplan muss aufgestellt werden, der die jeweiligen Bedingungsvariablen, die zur Verhaltensstörung geführt haben, beachtet und auf evidenzbasierten, pädagogischen und psychotherapeutischen Programmen zur Behandlung von Verhaltensauffälligkeiten beruht. Zentral sind dabei die Berücksichtigung des emotionalen Entwicklungsstandes, die intensive Arbeit mit dem Umfeld und das Einbeziehen der Bezugspersonen sowie Diversitätsfaktoren. Gegenwärtig gibt es keine Evidenz für eine psychopharmalogisch langfristig wirksame Methodik. Medikamente sollten daher zurückhaltend eingesetzt, kritisch geprüft und regelmäßig gemonitort werden.

TANJA SAPPOK, CAROLIN STEUWE, MARLENE TERGEIST & CHRISTIAN SCHANZE

19 Persönlichkeitsstörungen und zugehörige Persönlichkeitsmerkmale (ICD-11 6D10/6D11)

19.1 Die Codierung von Persönlichkeitsstörungen und zugehörigen Persönlichkeitsmerkmalen in der ICD-11

6D10/6D11 PERSÖNLICHKEITS-STÖRUNGEN UND ZUGEHÖRIGE PERSÖNLICHKEITSMERKMALE
- 6D10 Persönlichkeitsstörungen
- 6D11 Ausgeprägte Persönlichkeitsmerkmale oder -muster
- 6E68 Sekundäre Persönlichkeitsänderungen

Die theoretische Konzeptualisierung von Persönlichkeitsstörungen und die daraus resultierenden diagnostischen Kriterien haben sich von der 10. zur 11. Version der *International Classification of Diseases (ICD)* deutlich verändert.

Nach Prüfung allgemeiner Kriterien einer Persönlichkeitsstörung definierte die ICD-10 (Dilling et al. 2013) acht spezifische (z. B. Paranoide Persönlichkeitsstörung) sowie »andere spezifische Persönlichkeitsstörungen« (z. B. Narzisstische Persönlichkeitsstörung) mit Forschungskriterien. An dieser **kategorialen Einteilung** wurde aus verschiedenen Gründen Kritik geübt. Insbesondere war beanstandet worden, dass die allgemeinen Kriterien für die Diagnose einer Persönlichkeitsstörung selten überprüft wurden und die Einteilung hauptsächlich in drei Gruppen erfolgte: Borderline-Persönlichkeitsstörung, Dissoziale Persönlichkeitsstörung und kombinierte oder nicht näher bezeichnete Persönlichkeitsstörungen. Auch war die Schwelle willkürlich, ab wann eine Persönlichkeitsstruktur als pathologisch bezeichnet wurde (Samuel & Griffin 2015). Zudem überschnitten sich die diagnostischen Kriterien unterschiedlicher Persönlichkeitsstörungen teilweise, was die Diagnostik weiter verkomplizierte (Widiger & Crego 2019). Des Weiteren wurde die zeitliche Stabilität der Kriterien (mit Beginn in der späten Kindheit oder Adoleszenz) hinterfragt (Grilo et al. 2014). Da sich zudem große Unterschiede zwischen den offiziell gemeldeten Zahlen diagnostizierter Persönlichkeitsstörungen und Zahlen aus Prävalenzstudien (Tyrer et al. 2019) zeigten, stand neben empirischer Evidenz auch der klinische Nutzen der diagnostischen Klassifikation nach ICD-10 infrage. Es gab somit diverse Gründe, einen Paradigmenwechsel in der Diagnostik von Persönlichkeitsstörungen vorzunehmen hin zu einer **vollständig dimensionalen Klassifikation**.

In der ICD-11 gibt es nun eine einzige Dimension, nämlich den Schweregrad der Beeinträchtigungen durch eine Persönlichkeitsstörung im *Selbst* und in *interpersonellen Funktionen* (WHO 2023). Wie im alten Modell wird hierfür zunächst geprüft, ob die allgemeinen Anforderungen an die Diagnose einer Persönlichkeitsstörung erfüllt sind, wobei die Störung im Unterschied zur ICD-10 nicht in Kindheit und Jugend begonnen haben muss, sondern lediglich länger als zwei Jahre andauern soll (6D10 Persönlichkeitsstörungen).

Im Anschluss wird eine 3-stufige Schweregradeinteilung (leicht-, mittel- und schwergradig) vorgenommen; spezifische Persönlichkeitsstörungen gibt es nicht mehr.

In einem dritten Schritt kann optional der Persönlichkeitsstil mit fünf Persönlichkeitsmerkmalen (Trait-Domänen; 6D11 Ausgeprägte Persönlichkeitsmerkmale oder -muster) beschrieben werden: Negative Affektivität, Dissozialität, Verschlossenheit, Enthemmtheit, Anankasmus (Zwanghaftigkeit). Diese Faktoren basieren auf dem Big-Five-Modell der Persönlichkeit (Offenheit, Gewissenhaftigkeit, Extraversion, Verträglichkeit, Neurotizismus).

Optional kann zudem ein Borderline-Muster als Qualifizierungsmerkmal vergeben werden. Hiermit wurde eine spezifische diagnostische Kategorie aus der ICD-10 erhalten, um die Versorgung durch effektive, störungsspezifische Behandlungsoptionen zu sichern (Herpertz et al. 2022). Die Unterteilung der »Emotional-instabilen Persönlichkeitsstörung« in einen Borderline- und einen impulsiven Typ wurde aufgehoben, da es dafür keine empirischen Belege gab (Whewell et al. 2000). Die Kriterien der ICD-11 für das Borderline-Muster ähneln nun den im amerikanischen Raum verbreiteten DSM-5-Kriterien einer Borderline-Persönlichkeitsstörung.

Zusätzlich können im Kapitel »Sekundäre psychische oder Verhaltenssyndrome bei anderenorts klassifizierten Störungen oder Erkrankungen« (6E6) Persönlichkeitsänderungen codiert werden, die auf eine andere Störung oder Erkrankung zurückgeführt werden können (6E68 Sekundäre Persönlichkeitsänderung).

19.2 Definition

Eine **Persönlichkeitsstörung (ICD-11 6D10)** ist gekennzeichnet durch Probleme in der Funktionsweise von Aspekten des Selbst (z. B. Identität, Selbstwert, Genauigkeit der Selbsteinschätzung, Selbststeuerung) und/oder durch zwischenmenschliche Störungen (wie die Fähigkeit, enge und für beide Seiten befriedigende Beziehungen aufzubauen und aufrechtzuerhalten oder die Sichtweise anderer zu verstehen und mit Konflikten in Beziehungen umzugehen), die über einen längeren Zeitraum (beispielsweise zwei Jahre oder länger) bestehen. Die Störung äußert sich in maladaptiven (z. B. unflexiblen oder schlecht regulierten) Mustern der Kognition, des emotionalen Erlebens, des emotionalen Ausdrucks sowie des Verhaltens und zeigt sich in einer Reihe von persönlichen bzw. sozialen Situationen, das heißt, sie ist nicht auf bestimmte Beziehungen oder soziale Rollen beschränkt. Diese Verhaltensmuster sind entwicklungsmäßig nicht angemessen und können nicht in erster Linie durch soziale oder kulturelle Faktoren, einschließlich sozialpolitischer Konflikte, erklärt werden. Die Störung ist mit erheblichem Stress oder einer signifikanten Beeinträchtigung in persönlichen, familiären, sozialen, schulischen, beruflichen oder anderen wichtigen Funktionsbereichen verbunden (WHO 2023). In Abhängigkeit von der Schwere werden leicht- (6D10.0), mittel- (6D10.1) und schwergradige (6D10.2) Ausprägungen unterschieden. Die Einteilung in die drei Schweregrade der Persönlichkeitsstörung beziehen sich auf das Ausmaß der Dysfunktionalität in den verschiedenen Lebensbereichen, wie Familie, Arbeit und soziale Kontakte.

Unter **ICD-11 6D11** werden qualitative **Persönlichkeitsmerkmale** beschrieben, die auf einem Kontinuum mit normalen Persönlichkeitsmerkmalen liegen. Merkmalsbereiche sind keine diagnostischen Kategorien, sondern stellen Dimensionen dar, die der zugrunde liegenden Persönlichkeitsstruktur entsprechen. Es können so viele Merkmalsbereiche verwendet werden, wie zur Beschreibung der Persönlichkeitsfunktion erforderlich sind. Personen mit einer schwereren Persönlichkeitsstörung weisen in der Regel eine größere Anzahl auffälliger Merkmalsbereiche auf. Bei den qualitativen Merkmalen werden die fünf Dimensionen negative Affektivität (6D11.0), Distanziertheit (6D11.1), Dissozialität (6D11.2), Enthemmung (6D11.3), Anankasmus (6D11.4) und Borderline-Muster (6D11.5) unterschieden.

19.3 ICD-11-Klassifikation Persönlichkeitsstörungen und zugehörige Persönlichkeitsmerkmale

6D10 PERSÖNLICHKEITSSTÖRUNG
- 6D10.0 Leichtgradige Persönlichkeitsstörung
- 6D10.1 Mittelgradige Persönlichkeitsstörung
- 6D10.2 Schwergradige Persönlichkeitsstörung
- 6D10.Z Persönlichkeitsstörung, Schweregrad nicht näher bezeichnet

6D11 AUSGEPRÄGTE PERSÖNLICHKEITSMERKMALE ODER -MUSTER
- 6D11.0 Negative Affektivität bei Persönlichkeitsstörung oder -problematik
- 6D11.1 Distanziertheit bei Persönlichkeitsstörung oder schwieriger Persönlichkeit
- 6D11.2 Dissozialität bei Persönlichkeitsstörung oder schwieriger Persönlichkeit
- 6D11.3 Enthemmung bei Persönlichkeitsstörung oder schwieriger Persönlichkeit
- 6D11.4 Anankasmus bei Persönlichkeitsstörung oder schwieriger Persönlichkeit
- 6D11.5 Borderline-Muster

19.3.1 Persönlichkeitsstörung (ICD-11 6D10)

Für die Diagnose sind die allgemeinen diagnostischen Voraussetzungen für eine Persönlichkeitsstörung zu erfüllen (siehe Abschn. 19.2; WHO 2023).

Leichtgradige Persönlichkeitsstörung (6D10.0)

Bei der leichten Form sind einige Funktionsbereiche der Persönlichkeit beeinträchtigt, andere wiederum nicht (z. B. Probleme mit der Selbststeuerung bei fehlenden Schwierigkeiten mit der Stabilität und Kohärenz der Identität oder des Selbstwerts), und die Dysfunktionalität kann in einigen sozialen Kontexten (kompensierend, unterstützend, ermutigend) unentdeckt bleiben. Es gibt Probleme in vielen zwischenmenschlichen Beziehungen und/oder bei der Erfüllung erwarteter beruflicher und sozialer Rollen, aber einige Beziehungen werden aufrechterhalten und/oder einige Rollen ausgeübt. Die spezifischen Manifestationen der Persönlichkeitsstörung sind im Allgemeinen von geringem Schweregrad. Eine leichte Persönlichkeitsstörung geht in der Regel nicht mit einer erheblichen Selbst- oder Fremdgefährdung einher, kann aber mit großem Leidensdruck oder Beeinträchtigungen in persönlichen, familiären, sozialen, schulischen, beruflichen oder anderen wichtigen Funktionsbereichen verbunden sein, die entweder auf bestimmte Bereiche beschränkt sind (z. B. Liebesbeziehungen, Berufstätigkeit) oder in mehreren Funktionsbereichen, jedoch weniger ausgeprägt, auftreten.

Mittelgradige Persönlichkeitsstörung (6D10.1)

Bei der mittelgradigen Form sind mehrere Bereiche der Persönlichkeitsfunktion betroffen, z. B. Identität oder Selbstwertgefühl, Fähigkeit, intime Beziehungen einzugehen, Fähigkeit zur Impulskontrolle und Verhaltensanpassung. Einige Bereiche der Persönlichkeitsfunktion können jedoch relativ wenig beeinträchtigt sein. In den meisten zwischenmenschlichen Beziehungen treten deutliche Probleme auf und die Erfüllung der meisten erwarteten sozialen und beruflichen Rollen ist zu einem gewissen Grad beeinträchtigt. Die Beziehungen sind wahrscheinlich von Konflikten, Vermeidung, Rückzug oder extremer Abhängigkeit geprägt (z. B. werden nur wenige Freundschaften aufrechterhalten, anhaltende Konflikte in Arbeitsbeziehungen und daraus resultierende berufliche Probleme oder Liebesbeziehungen sind durch ernsthafte Brüche oder unangemessene Unterwürfigkeit gekennzeichnet). Eine mittelschwere Persönlichkeitsstörung geht manchmal mit einer Selbst- oder Fremdgefährdung einher und ist mit einer deutlichen Beeinträchtigung in persönlichen, familiären, sozialen, schulischen, beruflichen oder anderen wichtigen Funktionsbereichen verbunden, auch wenn die Funktionsfähigkeit in umschriebenen Bereichen erhalten bleiben kann.

Schwergradige Persönlichkeitsstörung (6D10.2)

Bei der schwergradigen Form sind Selbstfunktionen schwer gestört, z. B. kann die Selbstwahrnehmung so instabil sein, dass die Personen angeben, kein Gefühl dafür zu haben, wer sie sind, oder sie sind so starr, dass sie sich weigern, an irgendeiner Situation, oder wenn, dann nur an einem extrem engen Spektrum von Situationen, teilzunehmen. Die Selbstwahrnehmung kann durch Selbstverachtung gekennzeichnet bzw. grandios oder höchst exzentrisch sein. Probleme im zwischenmenschlichen Bereich beeinträchtigen praktisch alle Beziehungen ernsthaft. Die Fähigkeit und Bereitschaft, die erwarteten sozialen und beruflichen Aufgaben zu erfüllen, ist nicht vorhanden oder stark beeinträchtigt. Die spezifischen Manifestationen der Persönlichkeitsbeeinträchtigung sind schwerwiegend und betreffen die meisten, wenn nicht gar alle Bereiche der Persönlichkeitsfunktion. Eine schwere Persönlichkeitsstörung geht häufig mit Selbst- oder Fremdgefährdung einher und ist mit deutlichen Beeinträchtigungen in allen oder fast allen Lebensbereichen verbunden, einschließlich persönlicher, familiärer, sozialer, schulischer, beruflicher und anderer wichtiger Funktionsbereiche.

19.3.2 Zugehörige Persönlichkeitsmerkmale (ICD-11 6D11)

Für die qualitative Beschreibung der Persönlichkeitsstörungen werden verschiedene Persönlichkeitsdimensionen herangezogen. Die charakterisierenden Merkmale müssen nicht alle zu einem bestimmten Zeitpunkt vorhanden sein.

Negative Affektivität bei Persönlichkeitsstörung oder -problematik (6D11.0)

Das Hauptmerkmal der negativen Affektivität ist die Tendenz, ein breites Spektrum an negativen Emotionen zu erleben. Häufigkeit und Intensität der negativen Emotionen stehen in keinem Verhältnis zur Situation. Weiterhin finden sich eine emotionale Labilität und schlechte Emotionsregulation, negativistische Einstellungen, ein geringes Selbstwertgefühl und Selbstvertrauen sowie Misstrauen.

Distanziertheit bei Persönlichkeitsstörung oder -problematik (6D11.1)

Das Kernmerkmal der Distanziertheit ist die Tendenz, soziale und emotionale Distanz zu wahren. Die soziale Distanziertheit zeigt sich in einer Vermeidung sozialer Interaktionen, einem Mangel an Freundschaften und der Vermeidung von Intimität. Die emotionale Distanziertheit ist durch Zurückhaltung, Unnahbarkeit sowie eingeschränkten emotionalen Ausdruck und Erfahrung gekennzeichnet.

Dissozialität bei Persönlichkeitsstörung oder -problematik (6D11.2)

Der Merkmalsbereich der Dissozialität ist charakterisiert durch die Missachtung der Rechte und Gefühle anderer. Dies zeigt sich zum einen in Egozentrik – z. B. Anspruchsdenken, Erwartung der Bewunderung anderer, positives oder negatives aufmerksamkeitsheischendes Verhalten, Beschäftigung mit den eigenen Bedürfnissen, Wünschen und dem eigenen Wohlbefinden und nicht mit denen anderer – und umfasst zum anderen mangelnde Empathie – das heißt Gleichgültigkeit gegenüber der Tatsache, dass die eigenen Handlungen anderen Unannehmlichkeiten bereiten, was sich in betrügerischem, manipulativem und ausbeuterischem Verhalten gegenüber anderen, in Gemeinheit und körperlicher Aggression, in Gefühllosigkeit gegenüber dem Leiden anderer und Rücksichtslosigkeit bei der Durchsetzung der eigenen Ziele äußern kann.

Enthemmung bei Persönlichkeitsstörung oder -problematik (6D11.3)

Enthemmung zeigt sich durch die Tendenz, aufgrund unmittelbarer äußerer oder innerer Reize (d.h. Empfindungen, Emotionen, Gedanken) unüberlegt zu handeln, ohne mögliche negative Folgen in Betracht zu ziehen. Dies zeigt sich z. B. in Impulsivität, Ablenkbarkeit, Verantwortungslosigkeit, Rücksichtslosigkeit oder mangelnder Planung.

Anankasmus bei Persönlichkeitsstörung oder -problematik (6D11.4)

Anankasmus ist eine enge Fokussierung auf den eigenen starren Standard von Perfektion und von Richtig und Falsch, auf die Kontrolle des eigenen Verhaltens, des Verhaltens anderer und von Situationen, um die Übereinstimmung mit diesen Standards zu gewährleisten. Zu den häufigen Erscheinungsformen gehören Perfektionismus – z. B. Beschäftigung mit sozialen Regeln, Verpflichtungen und Normen von Richtig und Falsch, akribische Aufmerksamkeit für Details, rigide, systematische, tägliche Routinen, übertriebene Terminplanung und Planmäßigkeit, Betonung von Organisation, Ordnung und Sauberkeit – sowie emotionale und verhaltensbezogene Beschränkungen – z. B. rigide Kontrolle über den Ausdruck von Emotionen, Sturheit und Inflexibilität, Risikovermeidung, Beharrlichkeit und Bedachtsamkeit.

Borderline-Muster (6D11.5)

Das Borderline-Muster kann auf Personen angewandt werden, deren Persönlichkeitsstörung durch ein durchdringendes Muster der Instabilität zwischenmenschlicher Beziehungen, des Selbstbilds und der Affekte sowie durch eine ausgeprägte Impulsivität gekennzeichnet ist, die sich in vielen der folgenden Punkten äußert: verzweifeltes Bemühen, eine tatsächliche oder eingebildete Verlassenheit zu vermeiden; ein Muster instabiler und intensiver zwischenmenschlicher Beziehungen; Identitätsstörung, die sich in einem ausgeprägten und anhaltend instabilen Selbstbild oder Selbstwertgefühl manifestiert; eine Tendenz zu unüberlegtem Handeln in Zuständen starker negativer Affekte, die zu potenziell selbstschädigenden Verhaltensweisen führen; wiederkehrende Episoden von Selbstverletzung; emotionale Instabilität aufgrund ausgeprägter Stimmungsreaktivität; chronische Gefühle der Leere; unangemessen starke Wut oder Schwierigkeiten, die Wut zu kontrollieren; vorübergehende dissoziative Symptome oder Psychose-ähnliche Züge in Situationen hoher affektiver Erregung.

EXKURS Das Konzept der Persönlichkeitsstörungen in Bezug auf die Stufen der emotionalen Entwicklung

Das Konzept der Persönlichkeitsstörung in der ICD-11 bezieht sich auf die charakteristische Art und Weise, wie sich ein Individuum verhält, das Leben erlebt und sich selbst, andere Menschen, Ereignisse und Situationen wahrnimmt und interpretiert. Unberücksichtigt bleibt dabei jedoch, ob sich das Individuum bewusst als handelndes Ich erlebt oder nicht.

In der Entwicklungspsychologie wird die Entstehung eines Ich-Bewusstseins mit dem Erreichen des Alters von eineinhalb Jahren assoziiert. Ab dieser Zeit wird sich das Kind nicht nur punktuell seiner selbst bewusst, sondern generiert aus der Gesamtheit seines Handelns Welterfahrungen, die es als Ich-eigen verlässlich abspeichern kann. Erfahrungen werden jetzt durchgängig personalisiert und das Lernen wird in Bezug auf das Ich erfahrungsgeleitet.

Vom Zeitpunkt des Erlebens wird der Prozess der phänotypischen Ausgestaltung des geerbten Genoms durch das Empfinden und Handeln der Person in der Welt mitbestimmt. Auch ohne Ich-Bewusstsein entwickelt sich Persönliches aus diesem Zusammenwirken von Genetik und Umwelt – zumal epigenetische Prozesse in dieser Entwicklungsphase noch sehr viel unmittelbarer auf die Ausgestaltung des Phänotypus einwirken können (Duncan et al. 2014; Jiang & Logan 2019; Linnér & Almgren 2020).

Ist die Person (Phänotypus) also der »Synthesepunkt« der genotypischen Entfaltung einerseits und des Wirkens der Umwelt andererseits, so entwickelt sich aus diesem Prozess all unsere Individualität und damit auch das, was wir unter »Persönlichkeit« verstehen (Briley & Tucker-Drob 2017; O'Dea et al. 2022).

Eine Störung der Persönlichkeit wird in der ICD-11 als die Summe der Beeinträchtigungen in der Funktion des Individuums gesehen. Zu diesen Funktionen werden z. B. die Entwicklung der Identität, des Selbstwerts und der Fähigkeit zur Selbststeuerung gezählt. Aber auch soziale Funktionen, wie die Entwicklung und Aufrechterhaltung enger Beziehungen, die Fähigkeit zum Perspektivwechsel (*Theory of Mind/ToM*) und der Umgang mit sozialen Konflikten, gehören dazu.

Die Voraussetzung für die Störung ist aber die potenzielle Vollendung dieses Entwicklungsprozesses. Das »Gestörtsein« äußert sich in unflexiblen oder schlecht regulierten Mustern der Kognition, des emotionalen Erlebens, des emotionalen Ausdrucks und des Verhaltens (WHO 2023). Bleibt die kognitive oder sozioemotionale Entwicklung in einer bestimmten Phase stehen, z. B. aufgrund einer neuronalen Entwicklungsstörung, so erreichen diese Personen nicht den Zustand der vollständigen Persönlichkeitsentfaltung. Sie entwickeln zwar viel Persönliches, aber der Erwerb bestimmter Funktionen des Selbst und der sozialen Kompetenzen wie die Entwicklung eines Ich-Bewusstseins, die Fähigkeit zu Empathie oder dazu, sich in andere Menschen hineinversetzen zu können (Mentalisierung und ToM), bleiben ihnen – je nach Grad der Beeinträchtigung der kognitiven und sozio-emotionalen Fähigkeiten – verschlossen.

Die Entwicklung ist also nicht gestört, sondern blockiert oder unvollständig, das heißt behindert.

Ein Mensch mit einer Störung der Intelligenzentwicklung, der z. B. seine sozio-emotionalen Fähigkeiten nur bis zu einem Alter von anderthalb bis drei Jahren entwickeln konnte, hat weder die Fähigkeit, sich verlässlich an Regeln zu halten, noch die Möglichkeit, sich aktiv kognitiv und emotional in einen anderen Menschen hineinzuversetzen. Diese Entwicklungsschritte gehören aber zur Vervollständigung der Persönlichkeitsentfaltung. Die Funktionen sind insofern nicht gestört, sondern sind und waren für diese Person nie vorhanden und verfügbar.

Das Konzept der Persönlichkeitsstörung im herkömmlichen Sinn ist nur für Menschen mit einer Störung der Intelligenzentwicklung mit geringen kognitiven und adaptiven (konzeptuell, praktisch und sozio-emotional) Entwicklungsstörungen anwendbar. Für Menschen mit einem sozio-emotionalen Entwicklungsalter bis sieben Jahre (SEED[54]-Stufen 1 bis 4) sind das emotionale Empfinden sowie das gegenständliche und soziale Handeln durch Charakteristika der jeweiligen Entwicklungsstufe geprägt. Došen (1997, 2010), Hermann et al. (2022) sowie Sappok et al. (2018) haben für das Vorherrschen dieses entwicklungsbezoge-

---

54 Skala der Emotionalen Entwicklung – Diagnostik (siehe Sappok et al. 2018).

nen Verhaltens folgende Verhaltensphänomene beschrieben:

- Entwicklungsalter 0.–6. Lebensmonat (SEED-1) → Suche nach körperlichem Wohlbefinden
- Entwicklungsalter 7.–18. Lebensmonat (SEED-2) → Suche nach Sicherheit
- Entwicklungsalter 1,5–3 Jahre (SEED-3) → Suche nach Autonomie
- Entwicklungsalter 4–7 Jahre (SEED-4) → beginnende Suche nach Identität

Diese Begriffe beziehen sich einerseits auf die in diesem Alter typischen Entwicklungsaufgaben und andererseits auf entwicklungstypische, gegebenenfalls als herausfordernd empfundene Verhaltensweisen. Die Verhaltensphänomene müssen entsprechend von der Persönlichkeitsstörung abgegrenzt werden. Vor allem sollte beim Vorliegen der Entwicklungsstufen 1 bis 3 keine Persönlichkeitsstörung diagnostiziert, sondern eine entwicklungssensible Diagnostik durchgeführt werden (»Welche Entwicklungsstufe ist für das Verhalten prägend?«). Aus den so ermittelten Erkenntnissen lassen sich dann entwicklungslogisch individuelle Maßnahmen zur Stimulation einer weiteren Persönlichkeitsentwicklung ableiten. Dies gilt auch partiell für die frühe Phase der Entwicklungsstufe 4. Hier kommt es vor allem auf den individuellen Grad der Entwicklung der Fähigkeit zu regelkonformem Verhalten, der Fähigkeit zu Empathie und zur Theory of Mind an, deren Vorhandensein wichtige Bausteine zur Vervollständigung der Persönlichkeitsentwicklung darstellen.

19.4 Ätiologie

Das Verständnis der Ätiologie, Pathologie und Behandlung von Persönlichkeitsstörungen wurde durch die Heterogenität innerhalb der diagnostischen Kategorien in der ICD-10 und der Überschneidungen zwischen ihnen erheblich erschwert (Widiger & Crego 2019). Die ätiologischen Grundlagen von Persönlichkeitsstörungen sind daher unterschiedlich gut erforscht. Dies gilt auch für Persönlichkeitsstörungen bei Menschen mit Störungen der Intelligenzentwicklung.

Allen ätiologischen Konzeptionen spezifischer Persönlichkeitsstörungen gemein ist die Annahme eines komplexen Zusammenwirkens genetischer, epigenetischer sowie umweltbedingter und lebensgeschichtlicher Faktoren im Sinne eines Vulnerabilitäts-Stress-Modells. Die Ätiologie der Borderline-Persönlichkeitsstörung, der Dissozialen und der Ängstlich-vermeidenden Persönlichkeitsstörungen sind unter allen spezifischen Persönlichkeitsstörungen am besten untersucht.

Im Folgenden werden Beispiele für Befunde aufgeführt, die für das ätiologische Verständnis einzelner Persönlichkeitsmerkmale/-muster nach der ICD-11 wichtig sind. Die neue Konzeptualisierung von Persönlichkeitsstörungen in der ICD-11 soll die Erforschung der Ätiologie verbessern.

19.4.1 Borderline-Muster (6D11.5)

Eine erste genomweite Assoziationsstudie[55] ergab eine ätiologische Überlappung der Borderline-Persönlichkeitsstörung mit der bipolaren Störung, der Major Depression und Schizophrenie. Dieses Ergebnis spricht gegen einen störungsspezifischen ätiologischen Weg und unterstreicht die Bedeutung von epigenetischen und umweltbedingten Faktoren. Als umweltbedingte Risikofaktoren sind eine strenge oder unsensible Erziehung, emotionale Vernachlässigung, körperliche oder sexuelle Misshandlung und Mobbing sowie Zusammenhänge mit Störungen der exekutiven Funktionen, der Mentalisierung (d. h. der Fähigkeit, mentale Zustände bei sich selbst und anderen zu erkennen), der Emotionsregulation und der Repräsentation des Selbst nachgewiesen worden (Review: Bohus et al. 2021).

19.4.2 Dissozialität (6D11.2)

Auch dissoziale Persönlichkeitsmerkmale haben – Zwillings- und Adoptionsstudien an Kindern und Erwachsenen zufolge – ein genetisches Risiko. In Quer- und Längsschnittstudien wurde zudem ein breites Spektrum von Risikofaktoren ermittelt, darunter pränataler mütterlicher Stress, Misshandlung während der Kindheit und Jugend, strenge elterliche Erziehung während der Kindheit und Jugend, negative elterliche Emotionen, desorganisierte Eltern-Kind-Bindung und ein gestörtes Familienleben. Eine warme, einfühlsame und konsequente elterliche Erziehung hingegen wurde mit einem geringeren Risiko für antisoziales Verhalten und Psychopathie in Verbindung gebracht (Review: De Brito et al. 2021).

19.4.3 Anankasmus (6D11.4)

Die ätiologischen Erkenntnisse zu zwanghaften Persönlichkeitsmerkmalen sind rar. Es wird eine recht hohe Heritabilität angenommen, deren Ausmaß in Studien jedoch variiert. Hypothetisch liegt eine Dysbalance in einem angeborenen, evolutionär selektierten System vor, in dem Mechanismen zum empathischen Verständnis von Intentionen anderen Mechanismen zum Verstehen von Systematiken und Gesetzmäßigkeiten gegenüberstehen. Diese Disposition könnte durch Verhaltensmuster der Eltern verstärkt werden, die die gleiche genetische Veranlagung haben. Dazu passend wird auch ein Erziehungsstil mit hohen moralischen Standards als Risikofaktor angenommen. Zudem werden charakteristische Symptome einer Zwanghaften Persönlichkeitsstörung zumindest teilweise als kompensatorische Strategien zur Regulation kognitiver Defizite eingeordnet (Review: Diedrich & Voderholzer 2015).

---

55 Genomweite Assoziationsstudien sind Untersuchungen der genetischen Variation der Genome eines Organismus. Es wird dabei erforscht, wie bestimmte phänotypische Manifestationen, z. B. somatische oder psychische Krankheiten/Störungen, mit bestimmten Genstrukturen verknüpft bzw. assoziiert sind.

19.4.4 Andere Konzepte der Persönlichkeitsstörungen

Das *Motivorientierte Indikations- und Interventionsmodell (MIIM)* ist ein verhaltenstherapeutisches Modell zur Aufrechterhaltung und Stabilität von charakteristischen Persönlichkeitszügen (ausführlichere Darstellung in Renneberg & Herpertz 2021). Es geht davon aus, dass Menschen mit Persönlichkeitsstörungen aufgrund ihrer Lebenserfahrungen dysfunktionale kognitive Schemata entwickeln, die prägen, wie sie sich und ihre Umwelt wahrnehmen. Diese kognitiven Schemata stehen in engem Zusammenhang mit handlungsleitenden Kernmotiven, die Verhalten und Erleben der Betroffenen ebenfalls beeinflussen. Interaktionelles Verhalten wird folglich durch drei Aspekte erklärt: kognitive Schemata über sich, kognitive Schemata über andere und Kernmotive für interpersonelles Verhalten. Erlebens- und Verhaltensweisen von Menschen mit Persönlichkeitsstörungen werden als Folge dieser Aspekte, also als subjektiv stimmige Interpretations- und Verhaltensmuster in zwischenmenschlichen Situationen, gesehen.

19.5 Diagnostik

Die hohe Variabilität der Prävalenzschätzungen von Persönlichkeitsstörungen bei Menschen mit Störungen der Intelligenzentwicklung (1–91 %; Alexander & Cooray 2003) spiegelt wider, dass die Diagnostik von Persönlichkeitsstörungen in diesem Personenkreis komplex und umstritten ist (APA 2023; Gentile et al. 2022). Insbesondere erschwert das *»diagnostic overshadowing«* mit Störungen der Intelligenzentwicklung und komorbiden Störungen die Diagnosestellung (Moreland et al. 2008): So überlappen sich die Abhängige Persönlichkeitsstörung und Ängstlich (vermeidende) Persönlichkeitsstörung (ehemalige Klassifikation nach ICD-10; Dilling et al. 2013) bei Personen mit Störungen der Intelligenzentwicklung mit realistischen Abhängigkeitsbedürfnissen, sozialer Hemmung und häufigen Gefühlen der Unzulänglichkeit. Auch treten einige der grundlegenden Merkmale des Borderline-Musters wie selbstverletzendes Verhalten, Impulsivität und affektive Labilität häufig bei Personen mit Störungen der Intelligenzentwicklung auf. Zudem ist wegen eines meist niedrigen sozioemotionalen Entwicklungsstands (Sappok et al. 2018) die Diagnose einer Störung des Sozialverhaltens oft passender als die der Dissozialen Persönlichkeitsstörung. Darüber hinaus legen Studien zur Schizoiden Persönlichkeitsstörung und zur Zwanghaften Persönlichkeitsstörung nahe, dass sich einige Kriterien, wie eigenartige Ideen, magisches Denken, soziale Isolation, reduzierte soziale Kontakte und emotionale Ausdruckskraft, mit Symptomen der Autismus-Spektrum-Störung decken, die bei Personen mit Störungen der Intelligenzentwicklung häufig komorbid vorliegt (APA 2013; Fletcher et al. 2018; Schanze 2014; Thompson et al. 2018; Webb 2014).

Neben einer ausführlichen Erhebung der Eigenanamnese kommt der Fremdanamnese bei der diagnostischen Einschätzung von Persönlichkeitsstörungen aufgrund der gegebenenfalls vorliegenden Ich-Syntonie eine besondere Bedeutung zu. Auch die Bewertung der Beeinträchtigung in verschiedenen Lebenskontexten sowie der Dauer und des Verlaufs der Symptomatik profitiert von der

Fremdanamnese. Darüber hinaus sind validierte Selbstbeurteilung und diagnostische Interviews wichtige Bestandteile des diagnostischen Prozesses. Die diagnostischen ICD-11-Kriterien werden bereits durch mehrere diagnostische Instrumente operationalisiert (siehe z. B. Bach et al. 2022). Dabei können Instrumente zur Erfassung der Schwere einer Persönlichkeitsstörung von solchen zur Erfassung von Persönlichkeitsmerkmalen unterschieden werden.

19.5.1 Selbstbeurteilungsmaße

Zur **Erfassung des Schweregrades** wurde das *Standardized Assessment of Severity of Personality Disorder* (*SASPD*; Olajide et al. 2018) ins Deutsche übersetzt (Rek et al. 2020). Dieses Inventar erfasst die Funktionseinschränkungen, die zur Schweregradbeurteilung führen, durch neun Items. Da die Testgütekriterien noch nicht zufriedenstellend sind, kann das Instrument derzeit nur einer ersten diagnostischen Einschätzung dienen. Zudem gibt es bisher lediglich Schwellenwerte für leichte und mittelschwere Persönlichkeitsstörungen, nicht jedoch für eine schwere Persönlichkeitsstörung (Olajide et al. 2018).

Bisher bildet nur die *Personality Disorder Severity-ICD-11 Scale* (*PDS-ICD-11*; Bach et al. 2021) die gesamte Schweregraddefinition nach ICD-11 ab. Die Testgütekriterien der deutschen Version wurden vor Kurzem für zufriedenstellend und vergleichbar mit der englischsprachigen Version erachtet (Zimmermann et al. 2023). Das Inventar untersucht den Schweregrad der Persönlichkeitsstörung durch 14 Items. Die Items beschreiben Beeinträchtigungen in Bezug auf die Fähigkeiten des Selbst (4 Items), in Bezug auf Beziehungen (4 Items) und die Regulierung von Emotionen (1 Item), Kognitionen (1 Item) und Verhalten (3 Items). Ein letztes Item erfasst die allgemeine psychosoziale Beeinträchtigung und den Leidensdruck. Die Befragten werden pro Item gebeten, aus bis zu fünf Beschreibungen eine auszuwählen, die ihr Funktionsniveau am besten beschreibt.

Zur **Erfassung der Persönlichkeitsmerkmale** ist die deutsche Version des *Personality Inventory for ICD-11* (*PiCD*; Oltmanns & Widiger 2018) verfügbar. Diese erfasst die fünf maladaptiven Persönlichkeitsmerkmale durch insgesamt 60 Items, welche den Domänen des ICD-11-Trait-Modells entsprechen (Negative Affektivität, Dissozialität, Distanziertheit, Enthemmung und Anankasmus). Jedes Item wird dabei auf einer Skala von 1 (»stimme überhaupt nicht zu«) bis 5 (»stimme voll und ganz zu«) beantwortet. Die Untersuchung der deutschen Version wies neben zufriedenstellenden Testgütekriterien auf eine Vier-Faktoren-Lösung mit den Domänen Negative Affektivität, Dissozialität, Distanziertheit und einem bipolaren Faktor Enthemmung-Anankasmus hin (Damovsky et al. 2022).

19.5.2 Diagnostische Interviews

Es gibt bisher keine ICD-11-basierten strukturierten oder semi-strukturierten Interviews zur Erfassung von Persönlichkeitsstörungen. Lediglich im Rahmen des verwandten Hybrid-Modells (dimensional-kategorial) des DSM-5 kann derzeit eine dimensionale Beurteilung der fünf Bereiche der pathologischen Persönlichkeitseigenschaften durch diagnostische Interviews vorgenommen werden.

In englischer Sprache verfügbar ist hier das *Structured Clinical Interview for the DSM-5 Alternative Model for Personality Disorders* (*SCID-5-AMPD*; First et al. 2018). Es handelt sich um ein semi-strukturiertes Interview zur Erfassung der Komponenten der Persönlichkeitspathologie im alternativen Modell des DSM-5. Hier können neben der (kategorialen) Bewertung von sechs spezifischen Persönlichkeitsstörungen und der Persönlichkeitsstörung »Trait-Specified« die fünf Bereiche der maladaptiven Persönlichkeitsmerkmale im DSM-5 dimensional eingeschätzt werden.

Ebenfalls auf DSM-5 ausgelegt, aber in deutscher Version verfügbar, ist das *Semi-Structured Interview for Personality Functioning DSM-5* (*STiP-5.1*; Hutsebaut et al. 2017). Das Funktionsniveau der Persönlichkeit mit den Bereichen »Selbst« und »Interpersonelle Beziehungen« wird jeweils mit zwei Domänen erfasst: Identität und Selbststeuerung (Selbst) sowie Empathie und Nähe (interpersonelle Beziehungen). Jede dieser vier Domänen wird durch drei Fähigkeitsbereiche, sogenannte Facetten, abgebildet, sodass sich das STiP-5.1 in zwölf Sektionen gliedert. Um das Interview zeitökonomisch zu gestalten, beginnt jede Sektion mit offenen Fragen, die einen Aspekt des entsprechenden Funktionsbereichs betrachten (z. B. Identität: »Was für eine Person sind Sie?«). Anschließend werden bei Bedarf »trichterförmig« Hilfsfragen gestellt, die spezifische Komponenten der Persönlichkeitsfunktion erkunden (z. B. »Welche Eigenschaften kennzeichnen Sie als Person?«). Die deutsche Version des Interviews wurde als valide und reliabel eingeschätzt (siehe Zettl et al. 2019). Neben der klinischen Diagnostik erlaubt dieses Instrument auch eine Behandlungsplanung.

19.5.3 Diagnostik bei Menschen mit Störungen der Intelligenzentwicklung

Die Diagnosestellung einer Persönlichkeitsstörung bei Personen mit einer Störung der Intelligenzentwicklung ist durch eine reduzierte Introspektions- und Kommunikationsfähigkeit sowie Schwierigkeiten im Verständnis abstrakter Konzepte und zeitlicher Verortung, in Kombination mit fehlenden reliablen und validen Erhebungsverfahren für diesen Personenkreis, erschwert (Gentile et al. 2022; Webb 2014).

Englischsprachige Ansätze zur Anpassung der Kriterien für Persönlichkeitsstörungen bei Menschen mit Störungen der Intelligenzentwicklung umfassen die Anpassung der ICD-10 in der Klassifikation von Krankheiten – Lernbehinderungen (CD-LD; Royal College of Psychiatrists 2001) und die Anpassung des Diagnostischen und Statistischen Handbuchs (DSM-IV) im Diagnostischen Handbuch – Intelligenzminderung (DM-ID-2; Fletcher et al. 2018). Über die Erfüllung der allgemeinen Kriterien für eine Persönlichkeitsstörung und die differenzialdiagnostische Abgrenzung zur Störung der Intelligenzentwicklung, einer tiefgreifenden Entwicklungsstörung oder anderen körperlichen oder psychischen Gesundheitsproblemen hinaus wird vorgeschlagen, dass Personen mit Störungen der Intelligenzentwicklung für eine Diagnosestellung über 21 Jahre alt sein und keine schwere oder schwerste Störung der Intelligenzentwicklung (IQ < 35) haben sollten (Alexander et al. 2010; APA 2013; Webb 2014). Zudem sollte die Diagnose jährlich überprüft werden, um festzustellen, ob die diagnostischen Kriterien durch mögliche Wechsel im Lebensumfeld, soziales Lernen oder eine Behandlung anhaltend erfüllt sind (Webb 2014). Auch sollten im Rahmen der Diagnosestellung multiple Informationen und Quellen, wie eine detaillierte Anamnese, Interviews und Fragebögen in der Selbst- und Fremdbeurteilung durch vertraute Bezugspersonen und eine direkte Verhaltensbeobachtung, erhoben werden und ein konsistentes Bild von weitreichenden Schwierigkeiten abbilden (Fletcher et al. 2018; Thompson et al. 2018). Wegen fehlender standardisierter Erhebungsinstrumente für Persönlichkeitsstörungen bei Menschen mit Störungen der Intelligenzentwicklung müssen Diagnostiker Anpassungen an etablierte Verfahren, z. B. an das Strukturierte Klinische Interview für DSM-5 – Persönlichkeitsstörungen (SCID-5-PD; Beesdo-Baum et al. 2019) selbstständig vornehmen.

Da, wie im Exkurs dargelegt (siehe Abschn. 19.3.2), das Konzept der Persönlichkeitsstörung aus verschiedenen Gründen auf die Mehrzahl der Menschen mit Störungen der Intelligenzentwicklung nicht anwendbar ist, gilt dies natürlich auch für die Verwendung von Erhebungsinstrumenten zur jeweils bestehenden Persönlichkeitsstruktur. Eine Entwicklungsstörung kann eben nicht mit einer Störung der Persönlichkeit gleichgesetzt werden. Obwohl das Verhalten von Menschen mit neuronalen Entwicklungsstörungen sehr viel Persönliches enthält, verfügen viele der Betroffenen nicht über wichtige Entwicklungskompetenzen wie dem Konzept von Emotionserkennung oder der Fähigkeit zur Mentalisierung (Theory of Mind). Ihr Verhalten wird insofern vor allem von der jeweilig erreichten kognitiven und sozio-emotionalen Entwicklungsstufe geprägt; es ist nicht das Produkt einer gestörten, aber prinzipiell möglichen Persönlichkeitsentfaltung, sondern das Verhalten ist in diesem Prozess behindert.

Für eine entwicklungssensible Diagnostik stellt sich die Frage nach dem Vorliegen von Assessment-Instrumenten, die helfen könnten, solche Entwicklungsverzögerungen sowie unvollständige oder gänzlich fehlende Entwicklungsprozesse in verschiedenen Lebensbereichen aufzudecken und zu dokumentieren (siehe Kap. 2.3 Entwicklungsdiagnostik).

MERKE
- Persönlichkeitsstörungen können mit Selbstbeurteilungs- und Fremdbeurteilungsbögen diagnostisch ermittelt werden.
- Einschätzungsinstrumente sind an Menschen *ohne* kognitive und sozio-emotionale Entwicklungsstörungen validiert.
- Bestehende Assessment-Instrumente können aus verschiedenen Gründen nur bei Menschen mit geringen kognitiven und sozio-emotionalen Einschränkungen angewandt werden.
- Zeitlich stabile Beeinträchtigungen des interaktiven Verhaltens und der Repräsentationen des eigenen Selbst sind bei Menschen mit Störungen der Intelligenzentwicklung in der Mehrzahl nicht auf eine Störung der Persönlichkeitsentwicklung zurückzuführen, sondern sind Produkt fehlender, verzögerter oder unvollständiger kognitiver und sozio-emotionaler Entwicklungsprozesse.

- Eine Anwendbarkeit des Konzeptes der Persönlichkeitsstörungen bei Menschen mit Störungen der Intelligenzentwicklung wird insofern in der Fachliteratur bezweifelt.
- Die Einschätzung der sozio-emotionalen Entwicklungsstufe (z. B.: mittels der Instrumente »SEED-2«, oder dem »Befindlichkeitsorientierten EntwicklungsProfil für normal begabte Kinder und Menschen mit Intelligenzminderung« [BEP-KI]) lässt Rückschlüsse über Entstehungsbedingungen, Bedürfnisstrukturen und geeignete Maßnahmen zur Verhaltensstabilisation und Entwicklungsstimulation zu.

19.6 Therapie

Für die Behandlung von Persönlichkeitsstörungen liegen bislang nur unzureichend aussagekräftige Studien mit einem hohen Maß an Heterogenität vor. Die meisten Untersuchungen erfolgten zur Behandlung von Borderline-Störungen. Gemeinsames Element der untersuchten therapeutischen Maßnahmen ist, dass sie vor allem psychologische oder psychosoziale Interventionen als primäre Therapieoption in ihr Behandlungskonzept integrieren. Die Pharmakotherapie wird z. B. in der S3-Leitlinie zur Behandlung von Borderline-Störungen (DGPPN 2022) nur als ergänzende Behandlung (»Add-on-Therapie«) empfohlen.

Forschungen zur Effizienz der Behandlung von Persönlichkeitsstörungen werden sich in der Zukunft nicht nur an der neuen Konzeptualisierung der Persönlichkeitsstörung der ICD-11-Richtlinien orientieren, sondern vor allem die neuen Schweregrade berücksichtigen müssen. Insgesamt wird die geforderte Gradierung der Dysfunktionalität viele Implikationen für die praktische Behandlung und somit auch für zukünftige Studiendesigns mit sich bringen. Das klinische Management, bestehend aus diesen Kriterien der Schweregrade, der begleitenden Psychopathologie und der zu wählenden Behandlungsstrategie, wird auf diese Weise ins Zentrum der Forschung rücken (Bach et al. 2021).

19.6.1 Medikamentöse Therapie

Für die psychopharmakologische Behandlung von Persönlichkeitsstörungen gibt es bislang nur wenige Studien, die eine Evidenz belegen können. Die meisten Effizienzstudien beziehen sich auf die Behandlung der Borderline-Persönlichkeitsstörung. Zwar haben einzelne Untersuchungen einen positiven Effekt ermittelt, aber die Ergebnisse sind heterogen und vor allem die zeitliche Stabilität der erzielten Behandlungserfolge ist bisher kaum erforscht. Darüber hinaus bleiben in den meisten Studien Begleitsymptome wie z. B. Depressivität, Angst oder Depersonalisations-Erleben unberücksichtigt; es wird vermutet, dass eventuelle Behandlungserfolge vor allem auf die Linderung der komorbiden Symptomatik zurückzuführen sind (Bateman et al. 2015). So werden die Medikamente also im Wesentlichen symptomatisch eingesetzt. Vor allem die Verordnung von Neuroleptika erfolgt häufig mit unklarer Indikation und mit der unscharfen Rationale eines Versuchs der Reizabschirmung. Zu den am häufigsten verwendeten Substanzen und Substanzklassen gehören selektive Serotonin-Wiederaufnahmehemmer (SSRI) und Quetiapin.

Die weitverbreitete Verschreibungspraxis von Psychopharmaka erfolgt insofern ohne wissenschaftlichen Nachweis ihrer Effektivität (Stoffers-Winterling et al. 2020). Wie aus dem Review von Stoffers-Winterling et al. (2020) hervorgeht, zeigen neuere Studien, dass z. B. auch Fluoxetin als Behandlungsoption zur Prävention von Suizid und Selbstverletzungen keine Evidenz hat.

Dies gilt gleichfalls für die Verwendung von Lamotrigin (Einsatz als »mood-stabilizer«), für das in der Routineversorgung auch unter Gesichtspunkten der Langzeitwirkung keine positiven Effekte nachgewiesen werden konnten. Diese Studien sind auch in die S3-Leitlinie zur Behandlung von Borderline-Störungen eingegangen (DGPPN 2022).

Die Leitliniengruppe spricht in diesem Zusammenhang eine »starke Empfehlung« aus, dass medikamentöse Interventionen in der Behandlung von Borderline-Störungen nicht die primäre Therapie darstellen sollten. Sie führt weiter aus, dass der Einsatz von Medikamenten für die Psychotherapiefähigkeit förderlich sein kann (z. B. Reduktion von starken Unruhe- und Erregungszuständen, von Angst und schweren dissoziativen Zuständen oder zur Verbesserung der Kontrolle über eigene aggressive Impulse); sie können aber auch durch ihre psychomotorisch dämpfende Wirkung die Psychotherapiefähigkeit gefährden (DGPPN 2022). Diese synergistischen oder antagonistischen Interaktionen von psychotherapeutischen Verfahren und einer medikamentösen Behandlung sind jedoch noch wenig erforscht (Bateman et al. 2015).

Auch für Menschen mit einer leichten Störung der Intelligenzentwicklung und höherem emotionalem Entwicklungsalter – nur bei dieser Personengruppe ist eine Persönlichkeitsstörung prinzipiell diagnostizierbar – gibt es bezüglich der medikamentösen Behandlung bei Persönlichkeitsstörungen keine wissenschaftlichen Untersuchungen.

19.6.2 Psychotherapeutische Behandlung

Obwohl psychotherapeutische und psychosoziale Interventionen als Hauptbehandlung für Persönlichkeitsstörungen bei Menschen mit einer Störung der Intelligenzentwicklung empfohlen werden (APA 2023; Bateman et al. 2015; Sappok 2018), liegen bisher nur wenige Wirksamkeitsstudien von mangelnder Qualität vor (Williams & Rose 2020).

In einem Review über elf Studien zu nichtpharmakologischen Interventionen für Personen mit Störungen der Intelligenzentwicklung und Persönlichkeitsstörungen (Williams & Rose 2020) berichteten die meisten Studien von adaptierten Programmen Dialektisch-Behavioraler Therapie (DBT) im Zusammenhang mit der Borderline-Persönlichkeitsstörung. Drei eingeschlossene Studien beschrieben ein vollständiges DBT-Programm, das die ursprünglich von Linehan (1987) skizzierten Komponenten wie Skills-Gruppentraining, Einzelsitzungen, Skills-Coaching zwischen den Sitzungen, Umgebungsstrukturierung und Therapeutenkonsultationsteams umfasst (Hall et al. 2013; Lew et al. 2006; Morrissey & Ingamells 2011). Adaptierte Dialektisch-Behaviorale Therapiemethoen wie z. B. das *DBT-Skills Sys-*

tem (*DBT-SS*; Ashworth & Bortherton 2018), *Dialektisch-Behaviorale Therapie für spezielle Populationen* (*DBT-SP*; Charlton & Dykstra 2011) sowie das *an der Dialektisch-Behavioralen Therapie orientierte Programm zur Behandlung Emotionaler Instabilität bei Menschen mit geistiger Behinderung* (*DBToP-gB*; Elstner et al. 2012) zeichnen sich darüber hinaus durch einen Fokus auf erlebnisorientierte Übungen, mehr Kreativität und Vielfalt in den Sitzungen, Rollen- und interaktive Spiele, Komplexitätsreduktionen durch weniger Fertigkeiten pro Modul, vereinfachte Verhaltensanalysen und Konzepte, Leichte Sprache, Verzicht auf abstrakte dialektische Strategien und den Einsatz von Metaphern, bildbasierte Handouts und mehr Unterstützung durch Personal, Familie und Therapeuten aus.

Die vorläufigen Wirksamkeitsbelege zeigten, dass adaptierte DBT-Programme bei Menschen mit Störungen der Intelligenzentwicklung positive Effekte auf die erlebte Angst, Depression, Belastung, Denkstörungen und Gesamtpathologie hatten. Auch zeigten sich Zunahmen im Selbstmitgefühl, Selbstwertgefühl, der globalen Funktionalität, im therapeutischen Optimismus, Wissen über Persönlichkeitsstörungen und deren Behandlung, der Identifikation persönlicher Stärken, Bildung positiver Beziehungen, Impulskontrolle und Akzeptanz. Verbesserungen in externalisierenden Faktoren wurden weniger häufig berichtet, umfassten jedoch verringerte Aggression, Sachbeschädigung, Hyperaktivität und Medikation. Studien, die Selbstverletzung maßen, berichteten von einer Reduktion nach der Intervention (Williams & Rose 2020).

Darüber hinaus wurde im Review von integrierten biopsychosozialen Ansätzen mit Pharmakotherapie, psychosozialen und Verhaltensansätzen berichtet (Williams & Rose 2020). Positive Effekte auf Menschen mit Störungen der Intelligenzentwicklung und Persönlichkeitsstörungen wurden individuellen bedürfnisorientierten Interventionen zugeschrieben, die sich durch Mitarbeitertraining und -supervision, Einbindung des gesamten Familien- bzw. Betreuungssystems, konstante Personalbesetzung, wiederholte und vorhersehbare Verhaltenskonsequenzen und strukturierte Ansätze (die angepasste DBT ist derzeit das häufigste Beispiel) auszeichneten (Williams & Rose 2020).

Insgesamt bedarf es weiterer Forschung, um die relative Wirksamkeit verschiedener Programme und Komponenten von Ansätzen zu identifizieren (Webb 2014).

19.7 Fazit

- Persönlichkeitsstörungen und zugehörige Persönlichkeitsmerkmale werden in der ICD-11 dimensional mittels einer Schweregradbeurteilung von Funktionsbeeinträchtigungen und der Ausprägung unterschiedlicher Persönlichkeitsmerkmale klassifiziert. Zusätzlich können Persönlichkeitsänderungen codiert werden, die auf eine andere Störung oder Erkrankung zurückzuführen sind.

- Zeitlich stabile Beeinträchtigungen des interaktiven Verhaltens und der Repräsentationen des eigenen Selbst sind bei Menschen mit Störungen der Intelligenzentwicklung in der Mehrzahl nicht auf eine Störung der Persönlichkeitsentwicklung zurückzuführen, sondern Produkt fehlender, verzögerter oder unvollständiger kognitiver und sozio-emotionaler Entwicklungsprozesse.

- Bei Vorliegen eines emotionalen Referenzalters unter vier Jahren (z.B. Stufen 1 bis 3 im »SEED-2«) sollte keine Persönlichkeitsstörung diagnostiziert, sondern eine entwicklungssensible Diagnostik durchgeführt werden.
- Die Ätiologie von Persönlichkeitsstörungen gilt als komplexes Zusammenwirken genetischer, epigenetischer sowie umweltbedingter und lebensgeschichtlicher Faktoren und ist nach wie vor nicht abschließend geklärt.
- Persönlichkeitsstörungen können mit Selbst- und Fremdbeurteilungsbögen diagnostisch ermittelt werden, wobei Einschätzungsinstrumente an Menschen *ohne* kognitive und sozio-emotionale Entwicklungsstörungen validiert sind.
- In der pharmakologischen Behandlung gehören selektive Serotonin-Wiederaufnahmehemmer (SSRI) und Quetiapin zu den am häufigsten verschriebenen Substanzen und Substanzklassen, obwohl bislang nur wenige Studien eine Evidenz belegen können. Pharmakotherapie wird nur als ergänzende Behandlung zur Linderung von komorbider Symptomatik und zur Herstellung von Psychotherapiefähigkeit empfohlen.
- Obwohl psychotherapeutische und psychosoziale Interventionen als Hauptbehandlung empfohlen werden, liegen bisher nur wenige Wirksamkeitsstudien von mangelnder Qualität vor. Die meisten Wirksamkeitsbelege liegen für adaptierte Programme der Dialektisch-Behavioralen Therapie (DBT) im Zusammenhang mit der Borderline-Persönlichkeitsstörung vor.

II.C Somatische Krankheitsbilder

BJÖRN KRUSE & PEGGY RÖSNER

20 Neurokognitive Störungen (ICD-11 6D7)

20.1 Die Codierung von neurokognitiven Störungen in der ICD-11

6D7 NEUROKOGNITIVE STÖRUNGEN
- 6D70 Delir
- 6D71 Leichte neurokognitive Störung
- 6D72 Amnestische Störung
- 6D80 bis 6D86 Demenz
- 6E67 Sekundäres neurokognitives Syndrom
- 6E0Y Sonstige näher bezeichnete neurokognitive Störungen
- 6E0Z Neurokognitive Störungen, nicht näher bezeichnet

20.2 Definition

Neurokognitive Störungen sind *erworbene Defizite* der kognitiven Funktion, das heißt, die kognitive Beeinträchtigung ist nicht angeboren oder im Entwicklungszeitraum aufgetreten. Letztere werden in die Gruppe der neurologischen Entwicklungsstörungen eingeordnet (WHO 2023).

Bei neurokognitiven Störungen tritt eine Verschlechterung eines zuvor erreichten Funktionsniveaus ein. Obwohl kognitive Defizite bei vielen psychischen Störungen auftreten (z. B. Schizophrenie, bipolare Störungen), werden nur solche Störungen in die Gruppe der neurokognitiven Störungen aufgenommen, deren Hauptmerkmale die Kognition betreffen. In Fällen, in denen die zugrunde liegende Pathologie und Ätiologie neurokognitiver Störungen bestimmt werden können, sollte die identifizierte Ätiologie diagnostisch separat klassifiziert werden.

20.3 ICD-11-Störungsbilder bei neurokognitiven Störungen

20.3.1 Delir (ICD-11 6D70)

6D70 DELIR
- 6D70.0 Delir aufgrund einer anderenorts klassifizierten Krankheit
- 6D70.1 Delir durch psychoaktive Substanzen, einschließlich Medikamente
- 6D70.2 Delir durch multiple ätiologische Faktoren

Das Delir ist durch eine Störung der Aufmerksamkeit, der Orientierung und des Bewusstseins gekennzeichnet, die sich innerhalb eines kurzen Zeitraums entwickelt und sich klinisch typischerweise als erhebliche Verwirrtheit oder globale neurokognitive Beeinträchtigung mit vorübergehenden Symptomen äußert. Die klinische Symptomatik kann je nach zugrunde liegender Ursache oder Ätiologie deutlich schwanken.

Das Delir geht häufig mit Störungen des Verhaltens und der Emotionen einher und kann Beeinträchtigungen in mehreren kognitiven Bereichen umfassen. Eine Störung des Schlaf-Wach-Zyklus, einschließlich reduzierter Weckbereitschaft bei akutem Einsetzen oder völligem Schlafverlust mit Umkehrung des Schlaf-Wach-Zyklus, kann ebenfalls vorliegen.

Die klinische Präsentation des Delirs bei Menschen mit Störungen der Intelligenzentwicklung entspricht der bei Menschen mit einer neurotypischen Entwicklung. Im Einzelfall kann es in Abhängigkeit von vorbestehenden individuellen Verhaltensmustern und auch Symptomen von zugrunde liegenden Erkrankungen schwierig abzugrenzen sein. Hauptunterscheidungsmerkmal ist die akut eingetretene Veränderung zum Vorzustand mit den oben beschriebenen Kernsymptomen.

Das Delir ist keine psychische Störung, Verhaltensstörung oder Störung der neuronalen Entwicklung im engeren Sinne, sondern ein klinisches Syndrom mit psychiatrischen Symptomen bei zugrunde liegender somatischer Erkrankung. Ursachen können z. B. die direkten physiologischen Auswirkungen internistischer Erkrankungen, direkte Auswirkungen einer Substanz oder eines Medikaments, einschließlich des Entzugs, oder mehrere bzw. auch unbekannte ätiologische Faktoren sein.

Das Risiko, delirante Symptome zu entwickeln, ist bei Menschen mit Störungen der Intelligenzentwicklung aufgrund ihrer meist vorhandenen hirnorganischen Beeinträchtigung und der daraus resultierenden zentralen Vulnerabilität (Bhaumik et al. 2015) potenziell erhöht. Dies umso mehr, da bei dieser Personengruppe zur psychomotorischen Dämpfung häufig anticholinerg wirksame Medikamente eingesetzt werden (O'Dwyer et al. 2016; Ward et al. 2021). Wie Ward et al. (2021) in ihrer großen schottischen Studie zeigten, ist die anticholinerge Belastung bei Menschen mit Störungen der Intelligenzentwicklung aller Altersgruppen im Vergleich zur Normalbevölkerung deutlich erhöht; der Zusammenhang zwischen hohen anticholinergen Belastungswerten und dem Risiko des Auftretens einer deliranten Symptomatik gilt als wissenschaftlich gesichert (Egberts et al. 2021; Kiesel et al. 2018). Dies wird jedoch bislang in der pharmakologischen Behandlung von Menschen mit Störungen der Intelligenzentwicklung nur unzureichend berücksichtigt. Es bedarf dringend weiterführender wissenschaftlicher Studien, um die wirkliche Relevanz dieses Themas festzustellen.

20.3.2 Leichte neurokognitive Störung (ICD-11 6D71)

Die leichtgradige neurokognitive Störung ist gekennzeichnet durch eine leichte Beeinträchtigung in einem oder mehreren kognitiven Bereichen im Vergleich zu dem, was angesichts des Alters der Person und des allgemeinen prämorbiden Niveaus der kognitiven Funktionen zu erwarten ist.

Die Diagnose basiert auf den Berichten der Patienten, von Informanten oder klinischer Beobachtung und wird durch den objektiven Nachweis der Beeinträchtigung mittels quantifizierter klinischer Einordnung oder standardisierter kognitiver Tests ergänzt.

Die kognitive Beeinträchtigung ist nicht so schwerwiegend, dass sie die Fähigkeit einer Person, Aktivitäten in Zusammenhang mit der persönlichen, familiären, sozialen, schulischen und/oder beruflichen Funktion oder anderen wichtigen Funktionsbereichen durchzuführen, erheblich beeinträchtigt. Die kognitive Beeinträchtigung ist nicht auf das normale Altern zurückzuführen und kann statisch oder progressiv sein oder sich je nach zugrunde liegender Ursache oder Behandlung auflösen oder verbessern.

Kognitive Beeinträchtigungen können auf eine zugrunde liegende erworbene Erkrankung des Nervensystems, ein Trauma, eine Infektion oder einen anderen Krankheitsprozess, der das Gehirn beeinträchtigt, die Einnahme bestimmter Substanzen oder Medikamente, einen Nährstoffmangel oder die Exposition gegenüber externen Noxen zurückzuführen sein. Die Ätiologie kann aber auch unbestimmt sein. Die Beeinträchtigung ist nicht auf eine aktuelle Substanzintoxikation oder einen Entzug zurückzuführen.

Bei Menschen mit Störungen der Intelligenzentwicklung ist diese Diagnose sehr schwer und nur im Ausnahmefall zu stellen. Normwerte der kognitiven Funktion liegen nicht vor bzw. sind schlecht definiert (siehe Abschn. 20.3.4 Demenz). Die Personen sind nur teilweise oder gar nicht selbstreportfähig und die Einschätzung der klinischen Symptomatik interferiert häufig mit einer Vielzahl von anderen sozialen und medizinischen Faktoren. Eine klare diagnostische Abgrenzung ist daher in der Regel nicht möglich.

20.3.3 Amnestische Störung (ICD-11 6D72)

Die amnestische Störung ist gekennzeichnet durch eine ausgeprägte Gedächtnisstörung im Vergleich zu den Erwartungen für das Alter und das allgemeine prämorbide Niveau der kognitiven Funktionen, ohne dass eine andere signifikante kognitive Beeinträchtigung vorliegt. Sie äußert sich in einem Defizit bei der Aneignung, dem Erlernen und/oder dem Behalten neuer Informationen und kann die Unfähigkeit beinhalten, sich an zuvor gelernte Informationen zu erinnern, ohne dass es zu Bewusstseinsstörungen, einem veränderten mentalen Status oder einem Delirium kommt. Das Kurzzeitgedächtnis ist in der Regel stärker gestört als das Ferngedächtnis. Die Fähigkeit, eine begrenzte Menge an Informationen sofort abzurufen, ist in der Regel relativ gut erhalten.

Die Gedächtnisstörung ist so schwerwiegend, dass sie zu erheblichen Beeinträchtigungen in persönlichen, familiären, sozialen, erzieherischen, beruflichen oder in anderen wichtigen Funktionsbereichen führt.

Es wird vermutet, dass sie auf eine zugrunde liegende erworbene Erkrankung des Nervensystems, ein Trauma, eine Infektion oder einen anderen Krankheitsprozess, der das Gehirn beeinträchtigt, die Einnahme bestimmter Substanzen oder Medikamente, Ernährungsmängel oder die Exposition gegenüber Toxinen zurückzuführen ist. Die Ursache kann auch unklar sein. Die Beeinträchtigung ist nicht auf eine aktuelle Substanzintoxikation oder einen Entzug zurückzuführen.

Fallbeschreibungen zum Auftreten der amnestischen Störung bei Menschen mit Störungen der Intelligenzentwicklung liegen aktuell nicht vor, sodass zur klinischen Symptomatik bei dieser Klientel keine sicheren Aussagen getroffen werden können.

MERKE
- Über das Auftreten von **Delirien, leichten neurokognitiven Störungen und amnestischen Störungen** gibt es bei Menschen mit Störungen der Intelligenzentwicklung kaum gesicherte Informationen.
- Bei Menschen mit Störungen der Intelligenzentwicklung besteht eine erhöhte zentrale Vulnerabilität.
- Die anticholinerge Belastung vor allem durch die häufig verordneten Psychopharmaka ist bei Menschen mit Störungen der Intelligenzentwicklung sehr hoch.

20.3.4 Demenz (ICD-11 6D8x)

Demenz ist durch schleichendes Eintreten einer ausgeprägten Beeinträchtigung in zwei oder mehr kognitiven Bereichen im Vergleich zu dem, was angesichts des Alters der Person und des allgemeinen prämorbiden Niveaus der kognitiven Funktionen zu erwarten ist, gekennzeichnet. Gedächtnisstörungen treten bei den meisten Demenzformen auf, aber die kognitiven Beeinträchtigungen beschränken sich nicht auf das Gedächtnis, das heißt, es gibt auch Beeinträchtigungen in anderen Bereichen wie Exekutivfunktionen, Aufmerksamkeit, Sprache, soziale Wahrnehmung und Urteilsvermögen, psychomotorische Geschwindigkeit, visuell-perzeptive oder visuell-räumliche Fähigkeiten. Auch Verhaltensänderungen können vorhanden sein und bei einigen Formen der Demenz das Hauptsymptom darstellen. Die kognitive Beeinträchtigung ist nicht auf das normale Altern zurückzuführen und ist so schwerwiegend, dass sie die Unabhängigkeit bei den Aktivitäten des täglichen Lebens einer Person erheblich beeinträchtigt. Es wird vermutet, dass die kognitive Beeinträchtigung auf eine erworbene Grunderkrankung des Nervensystems, ein Trauma, eine Infektion oder einen anderen Krankheitsprozess zurückzuführen ist, der das Gehirn beeinträchtigt, oder auf die Einnahme bestimmter Substanzen oder Medikamente, einen Ernährungsmangel oder die Exposition gegenüber externen Noxen, oder die Ätiologie kann unklar sein. Die Beeinträchtigung ist nicht auf eine aktuelle Substanzintoxikation oder einen Entzug zurückzuführen.

ICD-11-KLASSIFIKATION DEMENZ
- **6D80 Demenz durch Alzheimer-Krankheit**
  - 6D80.0 Demenz durch Alzheimer-Krankheit mit frühem Beginn
  - 6D80.1 Demenz durch Alzheimer-Krankheit mit spätem Beginn
  - 6D80.2 Alzheimer-Demenz, gemischter Typ, mit zerebrovaskulärer Krankheit
  - 6D80.3 Alzheimer-Demenz, gemischter Typ, mit sonstiger nichtvaskulärer Ätiologie
  - 6D80.Z Demenz durch Alzheimer-

Krankheit, Beginn unbekannt oder nicht näher bezeichnet
- **6D81 Demenz durch zerebrovaskuläre Krankheit**
- **6D82 Demenz durch Lewy-Körper-Krankheit**
- **6D83 Frontotemporale Demenz**
- **6D84 Demenz durch psychoaktive Substanzen, einschließlich Medikamente**
  - 6D84.0 Demenz durch Alkohol
  - 6D84.1 Demenz durch Sedativa, Hypnotika oder Anxiolytika
  - 6D84.2 Demenz durch flüchtige Inhalanzien
  - 6D84.Y Demenz durch sonstige näher bezeichnete psychoaktive Substanz
- **6D85 Demenz durch anderenorts klassifizierte Krankheiten**
  - 6D85.0 Demenz durch Parkinson-Krankheit
  - 6D85.1 Demenz durch Huntington-Krankheit
  - 6D85.2 Demenz durch Exposition von Schwermetallen oder anderen Toxinen
  - 6D85.3 Demenz durch humanes Immundefizienz-Virus [HIV]
  - 6D85.4 Demenz durch Multiple Sklerose
  - 6D85.5 Demenz durch Prionenerkrankung
  - 6D85.6 Demenz durch Normaldruckhydrozephalus
  - 6D85.7 Demenz durch Kopfverletzung
  - 6D85.8 Demenz durch Pellagra
  - 6D85.9 Demenz durch Down-Syndrom
  - 6D85.Y Demenz durch sonstige näher bezeichnete anderenorts klassifizierte Krankheiten
- **6D86 Verhaltensstörungen oder psychologische Störungen bei Demenz**
  - 6D86.0 Psychotische Symptome bei Demenz
  - 6D86.1 Affektive Symptome bei Demenz
  - 6D86.2 Angstsymptome bei Demenz
  - 6D86.3 Apathie bei Demenz
  - 6D86.4 Agitation oder Aggression bei Demenz
  - 6D86.5 Enthemmung bei Demenz
  - 6D86.6 Umherwandern bei Demenz
  - 6D86.Y Sonstige näher bezeichnete Verhaltensstörungen oder psychische Störungen bei Demenz
  - 6D86.Z Verhaltensstörungen oder psychische Störungen bei Demenz, nicht näher bezeichnet
- **6D8Y Demenz, sonstige näher bezeichnete Ursache**
- **6D8Z Demenz, nicht näher bezeichnete oder unbekannte Ursache**

Ätiologie

Ätiologisch können einer Demenz verschiedene Erkrankungen zugrunde liegen. Die häufigsten Formen sind die Demenz bei Alzheimer-Krankheit (ca. 70 %) und die Demenz durch zerebrovaskuläre Krankheit (ca. 20 %). Der Rest verteilt sich auf weitere Demenzformen wie die Demenz bei Lewy-Körper-Krankheit, die frontotemporale Demenz und andere Formen der Demenz.

Bei Störungen der Intelligenzentwicklung treten Symptome einer neurokognitiven Störung weniger klar definiert zutage. Die Herausforderung ist dabei die Differenzierung zwischen neu aufgetretenen kognitiven Defiziten und prämorbide bestehender Störung intellektueller Leistungen und adaptiven Verhaltens.

Aufgrund der verbesserten Lebenserwartung von Menschen mit Störungen der Intelligenzentwicklung innerhalb der letzten Jahrzehnte (Bittles et al. 2002; Patja et al. 2000) hat sich auch deren Risiko, an einer altersassoziierten Demenz zu erkranken, erhöht. Dabei haben Menschen mit Störungen der Intelligenzentwicklung im Vergleich zur Gesamtbevölkerung ein etwa fünffach erhöhtes Risiko, eine Demenz zu entwickeln

(Strydom et al. 2010, 2013). Des Weiteren zeigt sich bei ihnen ein früherer Erkrankungsbeginn als in der Allgemeinbevölkerung, welcher häufig bereits in der fünften Lebensdekade zu beobachten ist; der Peak der Neuerkrankungen liegt in der siebten Lebensdekade (Strydom et al. 2010, 2013). Strydom et al. (2009) konnten dabei Prävalenzraten für das Auftreten einer Demenz von 13,1 % bei Menschen über 60 Jahren bzw. von 18,3 % bei Menschen über 65 Jahren beobachten.

In einem Review von Dodd et al. (2015) schlussfolgerten die Autoren, dass die Prävalenzraten für die Entwicklung einer Demenz bei Menschen mit Störungen der Intelligenzentwicklung ähnlich sind wie in der Allgemeinbevölkerung, sich jedoch der Erkrankungsbeginn auf jüngere Altersgruppen verschiebt.

Hinsichtlich der Prävalenz in Bezug auf den Schweregrad der Störung der Intelligenzentwicklung scheint es nach gegenwärtigem Kenntnisstand keine Unterschiede zwischen leichter, mittelgradiger und schwerer Störung der Intelligenzentwicklung zu geben (McCarron et al. 2017; Strydom et al. 2009).

EXKURS Sonderform: Alzheimer-Demenz bei Down-Syndrom (ICD-11 6D85.9)
Eine Besonderheit liegt bei Menschen mit einer Störung der Intelligenzentwicklung im Rahmen eines Down-Syndroms (Trisomie 21) vor. Für diese Gruppe besteht ein deutlich erhöhtes Risiko, eine Demenz zu entwickeln, und zwar bereits ab dem 40. Lebensjahr. Die Anzahl an Erkrankten erhöht sich mit steigendem Alter deutlich: Von mehreren Autoren wurde bei mehr als der Hälfte der Menschen mit Down-Syndrom, die älter als 65 Jahre sind, die Diagnose einer Demenz gestellt (Bayen et al. 2018; Lautarescu et al. 2017). Andere Autoren geben Prävalenzraten von 23 % ab einem Alter von 50 Jahren, 45 % ab einem Alter von 55 Jahren und sogar 88 % bei einem Alter von 65 Jahren an (McCarron et al. 2017). Diese Beobachtungen wurden in einer jüngeren Studie von Fortea et al. (2020) mit Prävalenzraten von 90 – 100 % in der Altersgruppe der über Siebzigjährigen mit Down-Syndrom unterstützt. Das mittlere Erkrankungsalter lag dabei bei ca. 55 Jahren (Fortea et al. 2020) mit einem überwiegende Anteil einer Demenz vom Alzheimer-Typ (Margallo-Lana et al. 2009; Startin et al. 2019b).

Ursächlich für das frühe Auftreten einer Demenz vom Alzheimer-Typ bei dieser Personengruppe ist das **genetische Syndrom**: Es ist definiert durch das dreifache Vorhandensein des Chromosom 21, was mit einer Überexprimierung des β-Amyloid-Precursor-Proteins und S100B, einem Zytokin (Mrak & Griffin 2004; Schupf 2002), sowie der Expression von Apolipoprotein Eε4 verbunden ist (Coppus et al. 2008; Percy et al. 2003; Schupf 2002), welche auf diesem Chromosom codiert werden. Dies führt zu einer vorzeitigen Entwicklung der für die Demenz vom Alzheimer-Typ charakteristischen Neuropathologie mit Ablagerung von extrazellulärem β-Amyloid in Plaques sowie der intrazellulären Ansammlung von neurofibrillären Bündeln (Head et al. 2016; Kasai et al. 2017; Mehta et al. 2007; Prasher et al. 2010). In Studien ging dies auch mit erniedrigten Spiegeln von β-Amyloid-42 sowie erhöhten Tau-Protein-Spiegeln vor allem im Liquor einher (Blennow 2004; Fortea et al. 2020).

In einer Querschnitt-Studie von Fortea et al. (2020), die in Zentren in Barcelona (Spanien) von 2013 bis 2019 und in Cambridge (UK) von 2009 bis 2014 durchgeführt wurde, wurden über 18 Jahre alte Erwachsene mit Down-Syndrom untersucht. Dabei zeigte sich, dass bei Menschen mit Down-Syndrom sowohl Veränderungen der demenztypischen Biomarker als auch eine voranschreitende kognitive Verschlechterung sehr frühzeitig beginnen und teils mehr als zwei Jahrzehnte vor dem Auftreten der typischen klinischen Symptome der Alzheimer-Demenz nachzuweisen sind (Fortea et al. 2020).

Symptomatik

Die Differenzierung von kognitiven Beeinträchtigungen im Rahmen der Entwicklungsverzögerung gegenüber den kognitiven Abbauprozessen im Rahmen des demenziellen Syndroms ist herausfordernd. Durch ein von Person zu Person sehr unterschiedliches prämorbides Funktionsniveau gibt es bei Menschen mit Störungen der Intelligenzentwicklung eine größere Variationsbreite im Krankheitsverlauf. Vielfach fallen die »typischen« primären kognitiven Defizite (Lern-, Gedächtnisstörung) gar nicht auf, sondern zuerst die sekundären Symptome wie Desorientiertheit, sozialer Rückzug und Veränderungen im Sozialverhalten oder Schlafstörungen.

Es können neben den kognitiven Beeinträchtigungen auch Veränderungen der Emotionsregulation und sozialer Fähigkeiten sowie des Antriebs beobachtet werden (Adams et al. 2008; Finkel 2001). Weitere Zusatzsymptome können Angst, Schlafstörungen, Agitation, stereotypes Verhalten, Aggressivität oder Apathie sein, die teilweise vor der klinischen Präsentation kognitiver Defizite auffallen (Ball et al. 2006; Dekker et al. 2018).

Im Alltag ist bei Menschen mit Störungen der Intelligenzentwicklung auch bei gründlicher Diagnosestellung eine weitere Zuordnung der Symptomkonstellationen zu einzelnen Demenzformen klinisch herausfordernd, da Symptome weniger klar zuzuordnen sind. Es gibt nach gegenwärtigem Wissensstand nur wenige Untersuchungen, die den zeitlichen Ablauf kognitiver Veränderungen bei Demenz bei diesem Personenkreis genauer untersuchten. Hier ist die Gruppe der Menschen mit Down-Syndrom aufgrund des erhöhten Risikos der Entwicklung einer Demenz vom Alzheimer-Typ noch am besten untersucht (siehe oben, Exkurs).

Ball et al. (2006) beobachteten Verhaltens- und Persönlichkeitsveränderungen in Assoziation mit Störungen exekutiver Funktionen bei Menschen mit Down-Syndrom, welche sich vor dem klinischen Auftreten typischer kognitiver Störungen bei Alzheimer-Demenz zeigten. Verhaltenssymptome können dabei in Form von Irritabilität, Aggressivität, Apathie, Verlangsamung oder Antriebsstörungen hinzukommen (Dekker et al. 2018; Dodd et al. 2015; Lautarescu et al. 2017). Weiterhin scheinen Gedächtnis und Orientierung frühzeitig bei Auftreten einer Demenz gestört zu sein, während Sprach-, apraktische und visuokonstruktive Fähigkeiten erst später im Verlauf der Demenz beeinträchtigt sind (Dodd et al. 2015). Firth et al. (2018) beschrieben Verschlechterungen visuell-räumlicher Funktionen, der Hand-Auge-Koordination sowie der Wortflüssigkeit als frühzeitig auftretende Symptome, die mit dem wahrscheinlichen Auftreten einer Demenz vergesellschaftet sind. Verschlechterungen von Planungsfähigkeit und Regelverständnis treten eher später im Krankheitsverlauf auf (Firth et al. 2018).

Nach aktueller Studienlage ist der Verlauf eines demenziellen Prozesses bei Menschen mit leichter Störung der Intelligenzentwicklung in seinem klinischen Auftreten vergleichbar mit dem der Allgemeinbevölkerung (Strydom et al. 2009). Mit Zunahme der Ausprägung der Störung der Intelligenzentwicklung sind Symptome deutlich unspezifischer und vielfach nicht mehr mit neuropsychologischen Tests zu erfassen. Dies führte bisher dazu, dass neuropsychologische Untersuchungen bei diesem Personenkreis selten im klinischen Alltag eingesetzt werden und die Diagnosestellung entweder verzögert oder nicht erfolgt (Evenhuis 1996, 2018; Margallo-Lana et al. 2009).

MERKE
- Menschen mit Störungen der Intelligenzentwicklung haben ein fünffach erhöhtes Risiko, an einer Demenz zu erkranken.
- Das Risiko steigt ab der fünften Lebensdekade.
- Menschen mit Down-Syndrom (Trisomie 21) erkranken häufig bereits ab der vierten Lebensdekade.
- Ab dem 55. Lebensjahr liegt die Prävalenz einer Demenz vom Alzheimer-Typ für diese Personengruppe bei über 40 %.
- Die Symptomatik einer demenziellen Entwicklung bei Menschen mit Down-Syndrom ist zu Beginn atypisch und vor allem durch affektive Symptome und Verhaltensstörungen gekennzeichnet.

Diagnostik

Die sorgfältige Diagnose einer Demenz ist bei Menschen mit einer Störung der Intelligenzentwicklung essenziell, denn sie ist für eine angepasste und umfassende Behandlung, die Begleitung im Lebensalltag sowie die Beratung des komplementären Systems entscheidend. Jedoch ist die Diagnosestellung gerade bei diesem Personenkreis herausfordernd (Kruse et al. 2018; Kuske et al. 2017; Nieuwenhuis-Mark 2009).

Der diagnostische Prozess umfasst die ausführliche Anamnese mit Erhebung relevanter Vorerkrankungen, medikamentöser Vorbehandlungen sowie eine gründliche körperliche Untersuchung. Weiterhin sollten neben der klinisch-neurologischen Untersuchung auch eine zerebrale Bildgebung, Blutuntersuchungen sowie eine Liquordiagnostik durchgeführt werden (siehe Tab. 20-1).

Wichtig ist im Rahmen der Demenzdiagnostik, behandelbare sekundäre Demenzformen wie Schilddrüsenfunktionsstörungen (z.B. bei Autoimmunthyreoiditis), Hypoparathyreoidismus, Vitaminmangelzustände, zerebrale Tumoren oder Infektionen auszuschließen (Kruse et al. 2019). Weitere wichtige Differenzialdiagnose sind Depressionen, in deren Rahmen kognitive Einschränkungen auftreten und zu einem pseudodemenziellen Bild führen können (siehe Tab. 20-2).

Anamnese	• demenzspezifische Anamneseerhebung und Screening-Fragebögen
Klinische Untersuchung	• allgemeine körperliche, psychiatrische und neurologische Untersuchung zusätzlich außerdem: • Augen- und HNO-ärztliche Untersuchung (siehe Tab. 20-2)
Labordiagnostik	• entsprechend den Leitlinien der DGPPN & DGN (2023): Blutbild, Natrium, Kalium, Calcium, Nüchtern-Blutzucker, TSH, BSG, GOT, γ-GT, Kreatinin, Vitamin B_{12}, Folsäure, HbA_{1c}, TPHA-Serologie • bei klinischem Verdacht: Schilddrüsen-Autoantikörper • Liquordiagnostik bei differenzialdiagnostischer Relevanz
Zerebrale Bildgebung	• zerebrale Computertomografie (cCT) • zerebrale Magnetresonanztomografie (cMRT)
Testpsychologische Diagnostik	• bestehend aus Fremdbeobachtungsverfahren und direkter neuropsychologischer Testung

Tab. 20-1: Empfohlener Prozess zur Demenzdiagnostik (nach Kruse et al. 2019)

Differenzialdiagnose/Erkrankung	Beispiele
Depression	»Pseudodemenz«
Hypothyreose/ Schilddrüsenfunktionsstörung	Hashimoto-Thyreoiditis
Vitaminmangelzustände	Vitamin-B_{12}-Mangel
Hyperkalzämie	
Infektiös-entzündliche Erkrankungen	Borrelien, Syphilis, HIV
Traumatische Erkrankungen	nach Schädel-Hirn-Trauma
Neoplastische Erkrankungen	
Normaldruckhydrozephalus	
Medikamenten-Nebenwirkungen	Digitalis, Antihypertensiva, anticholinerg wirksame Medikamente, Benzodiazepine
Aus der klinischen Praxis auch zu beachten:	
• Visusminderung (z. B. unerkannte Katarakt; Kruse et al. 2021) • Hörminderung (Cerumenpfropf) • Überforderung im Alltag bei unausgeglichenen kognitiven Kompetenzen mit guten sprachlichen Fähigkeiten, aber reduzierten handlungspraktischen Fähigkeiten	

Tab. 20-2: Differenzialdiagnosen bei Demenz

Zur weiteren Objektivierung und Verlaufskontrolle ist zusätzlich eine standardisierte neuropsychologische Testung zu empfehlen, um damit die diagnostische Sicherheit zu erhöhen (Ball et al. 2004; Burt & Aylward 2000; Margallo-Lana et al. 2009).

Eine Besonderheit in der Demenzdiagnostik bei Menschen mit Störungen der Intelligenzentwicklung stellt dabei die Notwendigkeit der wiederholten Untersuchung im zeitlichen Intervall dar. Die starke Leistungsheterogenität der kognitiven Fähigkeiten lässt einen Vergleich mit Normwerten der Allgemeinbevölkerung oder auch einer Gruppe von Menschen mit Intelligenzminderung gegenwärtig noch nicht zu. Die zu erfassenden Veränderungen werden deshalb mit dem individuellen Ausgangsniveau jedes einzelnen Betroffenen verglichen (Margallo-Lana et al. 2009). Die Demenz kann auch aus diesem Grund üblicherweise erst im Verlauf diagnostiziert werden.

MERKE Empfehlung einer regelmäßigen Verlaufstestung
- Für Menschen mit Down-Syndrom ab einem Alter von 40 Jahren.
- Für Menschen ohne Down-Syndrom ab einem Alter von 55 Jahren.

Neuropsychologische und fremdanamnestische Testverfahren

Aufgrund der Heterogenität kognitiver Fähigkeiten sind neuropsychologische Untersuchungen, die individuelle Testergebnisse mit einer standardisierten Norm vergleichen, nicht anwendbar. Über die intraindividuelle Testung im zeitlichen Verlauf hinaus beruht die Erfassung demenzverdächtiger kognitiver Defizite daher zusätzlich auf fremdanamnestischen Angaben, die Auskunft über alltagspraktische Fähigkeiten und adaptives Verhalten geben (Deb et al. 2007; Elliott-King et al. 2016; McKenzie et al. 2018; Startin et al. 2016, 2019a).

Häufig verwendete Fremdbeobachtungsverfahren sind bei diesem Personenkreis beispielsweise die *Checkliste zur Erfassung von demenziellen Entwicklungen bei Menschen mit Intelligenzminderung* (*CEDIM*; Schanze 2011) sowie der *Dementia Questionnaire for People with Learning Disabilities* (*DLD*; Evenhuis 2018), früher publiziert als *Dementia Questionnaire for Mentally Retarded Persons* (*DMR*; Evenhuis 1996).

Ein weiteres, gut etabliertes Fremdbeobachtungsverahren ist der *Dementia Screening Questionnaire for Individuals with Intellectual Disabilities* (*DSQIID*; Deb et al. 2007), welches in der klinischen Praxis gut anzuwenden ist und bereits in andere Früherkennungsverfahren integriert wurde. So wurde der *DSQIID* von der »National Task Group of Intellectual Disabilities and Dementia Practices« 2013 als Bestandteil des *National Task Group – Early Detection Screen for Dementia* (*NTG-EDSD*) aufgenommen (Esralew et al. 2013; Zeilinger et al. 2016).

Die *Dementia Scale for Down Syndrome* (*DSDS*) wird vorrangig zur Diagnose einer Demenz bei Menschen mit schwerer bis schwerster Störung der Intelligenzentwicklung und Trisomie 21 verwendet, ist jedoch auch hilfreich für Menschen mit leichter bis mittelgradiger kognitiver Beeinträchtigung (Jozsvai et al. 2018). Startin et al. (2016) entwickelten ebenso ein Fremdbeobachtungsverfahren, das schwerpunktmäßig kognitive Fähigkeiten bei Menschen mit Trisomie 21 erfasst, die *Cognitive Scale for Down Syndrome* (*CS-DS*; Startin et al. 2016, 2019a).

Zur direkten Erhebung neurokognitiver Defizite werden in der Allgemeinbevölkerung standardisierte normierte Testverfahren wie z. B. die *CERAD*[56]-*Testbatterie* genutzt. Für Menschen mit Störungen der Intelligenzentwicklung wurden ebenfalls neuropsychologische Tests entwickelt, die den kognitiven Abbau objektivieren sollen. Aufgrund der bereits genannten Heterogenität des prämorbiden kognitiven Niveaus der Betroffenen sind intraindividuelle Veränderungen der kognitiven Fähigkeiten über einen definierten Zeitraum entscheidend zur Diagnosestellung. Intraindividuelle Längsschnittuntersuchungen sollten einen Zeitabstand von mindestens sechs Monaten zwischen Erst- und Zweiterfassung einhalten (Aylward et al. 1997; Burt & Aylward 2000).

Etablierte direkte Testverfahren zur Erhebung kognitiver Veränderungen sind beispielsweise die neuropsychologische Testbatterie zur Erfassung kognitiver Funktionen von Burt & Aylward (2000; siehe auch Aylward et al. 1997; Rösner et al. 2021) oder die *Cambridge Examination for Mental Disorders of Older People with Down's Syndrome and Others with Intellectual Disabilities* (*CAMDEX-DS*; Ball et al. 2004). Der *CAMDEX-DS* ist vor allem im englischen Sprachraum verbreitet sowie ebenso auf Spanisch und seit Kurzem auf Deutsch erhältlich (Benejam 2020; Fonseca et al. 2018, 2019; Nübling et al. 2020). Eine im Englischen bereits verfügbare Nachfolgeversion ist seit 2021 veröffentlicht (Beresford-Webb & Zaman 2021).

Zusammenfassend existieren diverse neuropsychologische Testverfahren, die speziell für diesen Personenkreis entwickelt wurden (Elliot-King et al. 2016; Margallo-Lana et al. 2009; McKenzie et al. 2018; Zeilinger et al. 2013). Für den deutschen Sprachraum stehen viele der genannten Erhebungsverfahren nicht in autorisierter deutscher Übersetzung zur Verfügung.

Neuropsychologische Testverfahren im deutschen Sprachraum

In der Gruppe der Fremdbeobachtungsinstrumente liegen die *CEDIM* (Schanze 2011) sowie der *DSQIID* (Deb et al. 2007) in autorisierter deutscher Übersetzung vor. Ebenso wurde der *National Task Group – Early Detection Screen for Dementia (NTG-EDSD)* von Zeilinger et al. (2016) ins Deutsche übertragen und auf seine praktische Anwendbarkeit überprüft. Bezüglich direkter neuropsycho-

---

56 »Consortium to Establish a Registry for Alzheimer's Disease«, 1986 in den USA vom National Institute of Aging gegründet.

logischer Testverfahren existiert die deutsche Übersetzung des *CAMDEX-DS* (Nübling et al. 2020). Weiterhin wurde der *Demenztest für Menschen mit Intelligenzminderung (DTIM*; Kuske et al. 2017) als erstes deutsches Testinstrument entwickelt und publiziert. Der *DTIM* umfasst dabei sowohl eine direkte neuropsychologische Untersuchung als auch die autorisierte deutsche Übersetzung des *DSQIID* als Fremdbeobachtungsbogen.

Hinsichtlich der Auswahl geeigneter Instrumente zur Demenzdiagnostik wurde in einem Review von Margallo-Lana et al. (2009) empfohlen, nicht nur ein einzelnes Testverfahren zu wählen, sondern verschiedene Untersuchungen, die sowohl direkte Testungen der kognitiven Fähigkeiten als auch Fremdbeobachtungverfahren mit Erfassung der alltagspraktischen Funktionen und des adaptiven Verhaltens umfassen.

TESTPSYCHOLOGISCHE DIAGNOSTIK

Unterteilung in:
- Fremdbefragungen naher Bezugspersonen
- mit dem Betroffenen direkt durchgeführte neuropsychologische Untersuchungsverfahren

Mit der Übersetzung des *CAMDEX-DS* (Nübling et al. 2020) und dem *Demenztest für Menschen mit Intelligenzminderung (DTIM*; Kuske et al. 2017) liegen zwei deutschsprachige neuropsychologische Testverfahren vor.

Fremdbeobachtungsverfahren
- *Dementia Screening Questionnaire for Individuals with Intellectual Disabilities (DSQIID)* nach Deb et al. (2007); in deutscher Version nach Müller/Kuske (Kuske et al. 2017)
- *Dementia Questionnaire for People with Learning Disabilities (DLD)* von Evenhuis (2018)
- *Checkliste zur Erfassung von demenziellen Entwicklungen bei Menschen mit Intelligenzminderung (CEDIM)* nach Schanze (2011)
- *Cambridge Examination for Mental Disorders of Older People with Down's Syndrome and Others with Intellectual Disabilities (CAMDEX-DS)* von Ball et al. (2004); deutsche Übersetzung Nübling et al. (2020)
- *Cognitive Scale for Down Syndrome (CS-DS)* (Startin et al. 2016, 2019a).
- *National Task Group – Early Detection Screen for Dementia (NTG-EDSD)* (Esralew et al. 2013)

Neuropsychologische Untersuchungsverfahren
- *Testbatterie für die Diagnostik von Demenzerkrankungen bei Menschen mit Intelligenzminderung* von Burt & Aylward (2000), keine autorisierte deutsche Übersetzung vorliegend (siehe auch Aylward et al. 1997; Rösner et al. 2021)
- *Cambridge Cognitive Examination adapted for individuals with Down Syndrome (CAMCOG-DS)*, als Testbatterie Bestandteil des *CAMDEX-DS* von Ball et al. (2004); deutsche Übersetzung Nübling et al. (2020)
- *Demenztest für Menschen mit Intelligenzminderung (DTIM)* von Kuske et al. (2017), erster deutschsprachiger neuropsychologischer Test für Menschen mit Störungen der Intelligenzentwicklung

Therapie

Die aktuelle Datenlage zur Therapie der Demenz ist sowohl für medikamentöse als auch für nicht-medikamentöse Behandlungsstrategien gering.

Medikamentöse Therapie

Die medikamentöse Behandlung orientiert sich aufgrund der unzureichenden Datenlage für diesen Personenkreis an der S3-Leitlinie Demenzen der Deutschen Gesellschaft für Psychiatrie und Psychotherapie, Psychosomatik und Nervenheilkunde und der Deutschen Gesellschaft für Neurologie (DGPPN & DGN 2023).

Hinsichtlich medikamentöser Strategien sind für die Behandlung der Demenz durch Alzheimer-Krankheit bei leichter bis mittelschwerer Demenz Acetylcholinesterase-Hemmstoffe (Donepezil, Galantamin, Rivastigmin) zugelassen. Bei mittelschwerer bis schwerer Demenz ist der NMDA-Rezeptor-Antagonist Memantin zugelassen. Die Studienlage bei Menschen mit Störungen der Intelligenzentwicklung und Demenz durch Alzheimer-Krankheit ist dazu nur gering und mit divergenten Ergebnissen untersucht. Während Livingstone et al. (2015) unter Donepezil keine eindeutige Besserung kognitiver Fähigkeiten bei leicht erhöhter Nebenwirkungsrate im Vergleich zu Placebo feststellen konnten, beschreiben Eady et al. (2018) einen Benefit für Menschen mit Down-Syndrom bei der Behandlung mit Acetylcholinesterase-Hemmstoffen und Memantin, verlängerte Überlebensraten sowie eine geringere Progredienz kognitiver Defizite im Vergleich zur Kontrollgruppe. Memantin zeigte wenig Einfluss auf Verhalten und kognitive Funktionen bei gleicher Verträglichkeit.

In der klinischen Praxis hingegen sind durchaus Besserungen der Kognition, vor allem bei Menschen mit Down-Syndrom, zu beobachten. Die antidementive Medikation sollte möglichst in niedriger Dosis begonnen und langsam aufdosiert werden. Wichtig ist die Überwachung der Personen hinsichtlich auftretender Nebenwirkungen, vor allem gastrointestinaler und kardialer Nebenwirkungen, die gemäß der leitliniengerechten Psychopharmakotherapie bei Menschen mit einer kognitiven Beeinträchtigung erfolgen sollte (National Guideline Alliance 2016).

Bei vaskulärer Demenz sollten relevante kardiovaskuläre Risikofaktoren wie Bluthochdruck, eine Fettstoffwechselstörung oder Diabetes mellitus konsequent behandelt werden, um eine weitere vaskuläre Schädigung zu verlangsamen oder zu verhindern. Es gibt keine zugelassene oder ausreichend durch Evidenz belegte medikamentöse Behandlung für die Demenz bei zerebrovaskulärer Krankheit (S3-Leitlinie Demenzen; DGPPN & DGN 2023).

VERHALTENS- ODER PSYCHOLOGISCHE STÖRUNGEN BEI DEMENZ

Wie oben beschrieben, stellt die Behandlung von psychiatrischen Begleitsymptomen und Verhaltensstörungen bei Demenzen eine Herausforderung dar. Generell gelten hier wie beim Einsatz von Antidementiva die Grundlagen der Psychopharmakotherapie bei Menschen mit Störungen der Intelligenzentwicklung (National Guideline Alliance 2016).

Vor Beginn einer psychopharmakologischen Medikation sollte eine umfassende Diagnostik erfolgen und alternative, nicht-medikamentöse Maßnahmen eingesetzt werden. Die Person bzw. die rechtliche Vertretung müssen über die Behandlung aufgeklärt und in diese eingewilligt haben. Zu behandelnde Symptome sollten definiert, regelmäßig dokumentiert und überprüft werden. Eine zeitliche Befristung mit regelmäßigen Absetzversuchen ist zu empfehlen. Weiterhin ist eine Monotherapie zu bevorzugen. Unerwünschte Nebenwirkungen müssen überwacht werden inklusive regelmäßiger Labor- und EKG-Untersuchungen. Bei Nicht-Ansprechen auf die medikamentöse Behandlung ist die Medikation zu beenden.

Bei affektiven Symptomen wie Depressionen gibt es Hinweise, dass Antidepressiva wie SSRI wirksam sind. Dabei sollten jedoch trizyklische Antidepressiva aufgrund des anticholinergen Nebenwirkungsprofils und des damit verbundenen Delirrisikos nicht verabreicht werden; Gleiches gilt für Benzodiazepine aufgrund ihres Abhängigkeitspotenzials (S3-Leitlinie Demenzen; DGPPN & DGN 2023). Bei agitiertem Verhalten oder Aggressivität oder bei psychotischen Symptomen wie Wahn und Halluzinationen können Behandlungsversuche symptomorientiert mit Neuroleptika (z. B. Risperidon, Aripiprazol) erfolgen. Antipsychotische Präparate mit anticholinergem Nebenwirkungsprofil wie Olanzapin, Quetiapin oder Trizyklika sind nicht zu empfehlen. Bei schwerer psychomotorischer Unruhe kann ein zeitlich begrenzter Therapieversuch mit Risperidon unternommen werden (S3-Leitlinie Demenzen; DGPPN & DGN 2023).

Nicht-medikamentöse Therapie
In der Behandlung der Demenz sind nicht-medikamentöse Therapien von großer Bedeutung. Bei Menschen mit Störungen der Intelligenzentwicklung und Demenz spielen die Milieugestaltung und die Anpassung des Umfeldes an die Bedürfnisse der Betroffenen in Abhängigkeit von der Kernsymptomatik eine essenzielle Rolle: Bei zielloser Unruhe und Bewegungsdrang sind körperliche Aktivitäten tagsüber, z. B. durch Spaziergänge, zu empfehlen. Eine ausreichende Lichtexposition am Tag und das Vermeiden von Tagesschlaf können bei Schlafstörungen mit Umkehr des Schlaf-Wach-Rhythmus empfohlen werden. Ältere Menschen frieren leicht, daher sollte der Körper am Abend erwärmt werden, z. B. durch ein Bad. Menschen mit Demenz haben häufig ein vermindertes Durstgefühl, sodass regelmäßig kleine Trinkmengen angeboten werden sollten, um Exsikkose oder delirante Symptome zu vermeiden. Schmerzen oder andere körperliche Beschwerden, die Angst und Agitation auslösen können, sollten durch eine regelmäßige ärztliche Basisversorgung vermieden bzw. behandelt werden. Dies umfasst z. B. Zahnprobleme, Wundliegen oder Druckstellen bei Immobilität, Verdauungsstörungen mit Obstipation, Beeinträchtigungen des Sehens oder Hörens sowie Herz-Kreislauf-Erkrankungen.

Nicht genug betont werden kann die Notwendigkeit der konsequenten Umsetzung von Allgemeinmaßnahmen, insbesondere konstante verlässliche Bezugspersonen sowie möglichst ein Verbleib in der gewohnten Umgebung und eine demenzgerechte Milieugestaltung. Hierzu gehören beispielsweise Gedächtnis- und Orientierungshilfen sowie die Gestaltung der Räumlichkeiten: Sie sollten ausreichend hell sein, Wegbegrenzungen können die Orientierung in der Wohneinrichtung erleichtern. Die kontrastreiche Gestaltung von Wegen oder Gegenständen des täglichen Bedarfs (z. B. Toilette und Waschbecken im Bad, Geschirr und Platzset am Esstisch) kann Orientierung geben. Um Stürze zu vermeiden, sollten Gefahrenquellen wie spiegelnde oder unebene Böden beseitigt werden.

Weiterhin sind die Schulung und Aufklärung von Eltern, Familienangehörigen, Wohngruppenbetreuern, gesetzlichen Vertretern über die Erkrankung Demenz zentrale Bestandteile des Behandlungsplans. Mit dem Eintreten der Demenz ist es wichtig, das Fortschreiten der Erkrankung mit progredientem Verlust kognitiver und alltagspraktischer Fähigkeiten zu akzeptieren und damit die Betreuung der Betroffenen vom »Fördern und Fordern« zum »Unterstützen und Begleiten« zu wenden (Kruse et al. 2018).

Die S3-Leitlinie Demenzen (DGPPN & DGN 2023) empfiehlt psychosoziale Intervention als zentralen und notwendigen Bestandteil der Betreuung von Menschen mit Demenz. Es gibt Empfehlungen für die Wirksamkeit von kognitiver Stimulation, Reminiszenzverfahren, Ergotherapie, aktiver und rezeptiver Musiktherapie, die Anwendung von Aromastoffen und Snoezelen sowie körperliche Aktivität, die zu einer Reduktion von Verhaltensstörungen führen können. Dies ist bei Menschen mit Störungen der Intelligenzentwicklung und Demenz deutlich weniger in Studien untersucht (Fonseca et al. 2018).

Allerdings gibt es spezifische Gruppenangebote zum Erhalt der Lebensqualität wie beispielsweise das kreative Geschichtenerfinden (Müller & Aust 2017) oder das Rezitieren von Gedichten (»Weckworte«) (Müller & Vocke 2016), die in der nicht-medikamentösen Behandlung ihren Stellenwert haben.

PETER MARTIN & CORINA SCHNITZLER

21 Schlaf-Wach-Störungen (ICD-11 07)

21.1 Die Codierung von Schlaf-Wach-Störungen in der ICD-11

07 SCHLAF-WACH-STÖRUNGEN
- 7A0 Insomnien
- 7A2 Hypersomnien
- 7A4 Schlafbezogene Atmungsstörungen
- 7A6 Störungen des zirkardianen Schlaf-Wach-Rhythmus
- 7A8 Schlafbezogene Bewegungsstörungen
- 7B0 Parasomnien

21.2 Definition

In der ICD-11 sind Schlaf-Wach-Störungen als eigenes Kapitel 07 zwischen den psychischen (06) und den neurologischen (08) Krankheitsbildern aufgeführt. Damit sind Schlaf-Wach-Störungen erstmals eine eigenständige Krankheitsgruppe und nicht mehr den psychiatrischen Störungen untergeordnet.

DEFINITION
Entsprechend der Internationalen Klassifikation der Schlafstörungen (*International Classification of Sleep Disorders, ICSD-3*; AASM 2014) werden innerhalb der Schlaf-Wach-Störungen verschiedene Entitäten zusammengefasst, die durch folgende Schwierigkeiten gekennzeichnet sind:
- ein- oder durchzuschlafen (Insomnien, ICD-11 7A0)
- übermäßige Schläfrigkeit (Hypersomnien, ICD-11 7A2)
- Atmungsstörungen während des Schlafs (schlafbezogene Atmungsstörungen, ICD-11 7A4)
- Störungen des Schlaf-Wach-Rhythmus (zirkadiane Schlaf-Wach-Störungen, ICD-11 7A6)
- abnorme Bewegungen während des Schlafs (schlafbezogene Bewegungsstörungen, ICD-11 7A8)
- problematische Verhaltensweisen bzw. physiologische Ereignisse, die während des Einschlafens, während des Schlafs oder beim Aufwachen aus dem Schlaf auftreten (Parasomnien, ICD-11 7B0)

21.3 Epidemiologie

Etwa ein Viertel der neurotypisch entwickelten Kinder hat im Vorschulalter schlafbezogene Probleme, während die Prävalenz von Schlafstörungen bei Kindern mit neuronalen Entwicklungsstörungen bis zu 80 % betragen kann. Die Wahrscheinlichkeit für das Auftreten von Schlafstörungen steigt mit dem Grad der Behinderung (Dosier et al. 2017). Die Angaben über die Häufigkeit schwanken zwischen 15 und 90 % (Boyle et al. 2010; Didden & Sigafoos 2001; Tietze et al. 2012). In Studien mit objektiven schlafbezogenen Parametern gingen diese teilweise unterschiedlich in diagnostische Kriterien ein, weshalb Häufigkeitsangaben oft nicht vergleichbar sind (Churchill et al. 2012). Differenzierte diagnostische Kriterien sind nicht erfassbar, wenn Menschen mit schweren Entwicklungsstörungen nicht in der Lage sind, sich einer polysomnografischen Untersuchung zu unterziehen (Walters et al. 2007).

21.4 Ätiologie

Ätiologisch kommen vor allem eine intrinsische und neurologische Pathophysiologie, Verhaltensstörungen, psychiatrische Störungen, Nebenwirkungen von Medikamenten und schlafbezogene Atmungsstörungen in Betracht.

Risikofaktoren, die das Auftreten von Schlafstörungen begünstigen, sind genetische syndromale Faktoren (z. B. beim Down-Syndrom), anatomische Faktoren (bei verschiedenen genetischen Syndromen oder Zerebralparesen), psychologische bzw. psychosoziale Faktoren (beispielsweise Lebensbedingungen in einem Wohnheim) sowie Einflussgrößen, die sich aus Komorbiditäten ergeben (z. B. Epilepsien, psychische Störungen, schmerzhafte Zustände und Erkrankungen, u. a. bei Refluxösophagitis, Zerebralparesen).

Zahlreiche genetische Syndrome mit Störungen der Intelligenzentwicklung zeigen eine besondere Anfälligkeit für die Entwicklung unterschiedlicher Schlafstörungen (wie das Angelman-Syndrom, das Rett-Syndrom, der Tuberöse Sklerose Complex [TSC], das Down-Syndrom oder das Smith-Magenis-Syndrom). Menschen mit Störungen der Intelligenzentwicklung heterogener Ursache haben einen Schlaf mit verminderter Qualität, während bei Menschen mit spezifischen genetischen Erkrankungen und neuronalen Entwicklungsstörungen sowohl die Qualität als auch die Schlafdauer reduziert waren (Surtees et al. 2018).

21.5 Diagnostik

Zur Erfassung von Störungen des Schlafes bei Menschen mit Entwicklungsstörungen sind standardisierte Fragebögen oft nicht geeignet. Zudem kann dieser Personenkreis fast ausnahmslos nicht über seine Symptome berichten (Raskoff et al. 2023). Auch bei subtileren Veränderungen im Verhalten eines Menschen mit einer Störung der Intelligenzentwicklung muss an eine Schlafstörung als mögliche Ursache gedacht werden, z.B. bei vermehrter Tagesmüdigkeit, kognitiver Verschlechterung, vermehrtem Speichelfluss oder einer Häufung von aggressiven Handlungen (Brylewski & Wiggs 1999). Es sollte stets eine exakte somnologische Diagnose/Klassifikation angestrebt werden – mit allen zur Verfügung stehenden Tools und apparativen Mitteln.

21.5.1 Erhebung der Anamnese

Anamnestische Hinweise auf weitere mögliche Ursachen für eine Schlafstörungen sollten erfragt werden, unter anderem körperliche (z.B. Schmerzen, Atemwegserkrankungen, Allergien) oder psychische Erkrankungen (wie Depression, Angststörung, Demenz), die Einnahme von Medikamenten sowie der Konsum von Alkohol, Nikotin und anderen Suchtmitteln.

Die Anamnese sollte darüber hinaus das Verhalten bzw. die Symptome während des Schlafs, nach dem Aufwachen, bei den Aktivitäten tagsüber und vor dem Zubettgehen umfassen. Die genaue zeitliche Abfolge von Schlafphasen während des Tages (z.B. Mittagsschlaf, Schlaf nach Rückkehr von der Werkstatt), das Ess- und Trinkverhalten (z.B. Aufnahme größerer Flüssigkeits- oder Nahrungsmengen vor dem Zubettgehen) und sonstige Aktivitäten am Abend (z.B. körperliche Anstrengung, Beschäftigung mit Computerspielen) sowie Einschlafrituale (Dauer der Vorbereitung auf das Zubettgehen, Zubettgehzeit, Aufwachzeit, Aufstehzeit, ggf. mit Unterschieden zwischen Werktagen und Wochenenden) werden am besten von Angehörigen oder Betreuenden und möglichst über längere Zeit hinweg in Schlaftagebüchern dokumentiert. Die äußeren Umstände des nächtlichen Schlafens sollten ebenfalls genau erfasst werden, beispielsweise Umgebungsgeräusche (Zimmernachbarn, Heizkörper, Rundgänge durch Betreuungspersonen), Lichteinfall, Beheizung oder Beschaffenheit der Matratze.

21.5.2 Fragebögen zur strukturierten Erfassung gestörten Schlafs

Zur möglichst differenzierten und vollständigen Erfassung von Parametern bzw. Symptomen gestörten Schlafs wurden zahlreiche Fragebögen entwickelt, wobei normierte Inventare für das Kindesalter am besten geeignet erscheinen, auch im Erwachsenenalter Schlafstörungen bei Menschen mit Entwicklungsstörungen zu erfassen. Hier sind der *Pediatric Sleep Questionnaire* (*PSQ*; Chervin et al. 2000) oder *The Children's Sleep Habits Questionnaire* (*CSHQ*; Owens et al. 2000) zu nennen.

Eine neuere, an 345 Personen mit Störungen der Intelligenzentwicklung im Alter von einem bis 66 Jahren vorgenommene Studie konnte zeigen, dass der *Sleep Questionnaire* von Simonds & Parraga (*SQ-SP*; 1982) gut geeignet ist, sowohl für wissenschaftliche Studien als auch für den klinischen Alltag verschiedene Arten von Schlafstörungen bei

Menschen mit Störungen der Intelligenzentwicklung zu erfassen (Maas et al. 2011; Simonds & Parraga 1982).

Fragebögen, mit denen in wissenschaftlichen Untersuchungen ein obstruktives Schlafapnoe-Syndrom miterfasst werden sollte, erwiesen sich jedoch auch bei schwer ausgeprägter Symptomatik als nicht ausreichend aussagekräftig (Constantin et al. 2010).

21.5.3 Körperliche und labormedizinische Untersuchungen

Zu den anatomischen Veränderungen und Anomalien, die zu einer Obstruktion der Atemwege führen können, zählen Choanalstenosen und andere nasale Obstruktionen (Polypen, Fremdkörper, Septumdeviation etc.), vermehrtes Fettgewebe im Halsbereich, vergrößerte Gaumen- und Rachenmandeln, Tumoren im oropharyngealen Bereich, relativ vergrößerte Zunge, verkleinerter Ober- oder Unterkiefer, muskuläre Hypotonie oder knorpelige Veränderungen im Bereich von Kehlkopf und Trachea (Rosen 2011; Stores 2001). Diese Veränderungen finden sich hauptsächlich bei folgenden Krankheitsbildern: Down-Syndrom, Apert-Syndrom, Rubinstein-Taybi-Syndrom, CHARGE-Syndrom, Goldenhar-Syndrom, Treacher-Collins-Syndrom, Pfeiffer-Syndrom oder der Pierre-Robin-Sequenz und der Hemifazialen Mikrosomie (Rosen 2011).

Die körperliche Untersuchung und die Labordiagnostik sollten sich dabei auf die Inspektion und Palpation der Mund-, Nasen-, Rachen- und Halsregion, die physikalische Untersuchung der Thoraxorgane und der Kreislaufparameter, die Bestimmung der Schilddrüsenparameter, des Differenzialblutbildes, Eisen, Ferritin, Vitamin B_{12}, Folsäure, C-reaktives Protein (CRP) und die Blutsenkungsgeschwindigkeit (BSG) konzentrieren.

21.5.4 Klinische und apparative Erfassung von Schlafparametern

Um Störungen des Schlafs über die anamnestischen Angaben hinaus detailliert erfassen zu können, ist eine systematische Beobachtung durch geschultes Personal im Rahmen einer stationären Aufnahme sinnvoll. Eine Videodokumentation ist bei Personen mit ausgeprägtem Problemverhalten häufig die einzige durchführbare Diagnostik.

Als ambulante Screeningmethode zur Untersuchung des Schlaf-Wach-Rhythmus bei Menschen mit Störungen der Intelligenzentwicklung kann ein am Handgelenk getragener Aktimeter eingesetzt werden, welcher das Aktivitätsniveau aufzeichnet und anschließend computergestützt analysiert werden kann (Hare et al. 2006; van Dijk et al. 2012; Yavuz-Kodat et al. 2019).

An weiteren ambulanten Screeningmethoden hat sich auch bei Menschen mit Störungen der Intelligenzentwicklung die Polygrafie bewährt, welche – je nach Produkt – Aufzeichnungen über Sauerstoffsättigung, Atemfluss, Atemgeräusche, Brust- und Abdomenbewegungen, Muskelaktivität, Schlafposition, Geräusche und EKG ermöglicht. Goldstandard somnologischer Diagnostik ist jedoch die Polysomnografie, die unter Laborbedingungen mit geschultem Personal und einer Videodokumentation zusätzlich zu in der Polygrafie erhobenen Werten eine sichere Schlafstadieneinteilung durch Elektroenzephalografie (EEG) und Elektrookulografie (EOG) ermöglicht, die jedoch Menschen mit Störungen der Intelligenzentwicklung häufig überfordert. Entscheidend für die Diagnostik von Parasomnien bzw. schlafbezogenen Bewegungsstörungen ist die simultane Aufzeichnung des Videobildes (Patil 2010).

Folgt man den Empfehlungen der Deutschen Gesellschaft für Neurologie (DGN 2012), so kommt neben der spezifischen Anamnese und der Dokumentation durch Schlaffragebögen und Schlaftagebücher und der Polysomnografie auch die Durchführung eines *Multiple Sleep Latency Test (MSLT)* infrage. Am Beispiel von Personen mit Narkolepsie werden typischerweise verkürzte Einschlaflatenzen und vorzeitiger REM-Schlaf *(Sleep Onset REM, SOREM)* gefunden. Der *MSLT*, im Fall einer Narkolepsie mit einer Sensitivität von 80 %, kann jedoch bei Menschen mit Störungen der Intelligenzentwicklung nicht sicher angewandt werden. Besser ist die Bestimmung des Hypocretin-(Orexin-)Spiegels im Liquor, eine HLA-Klasse-II-Typisierung. Zum Ausschluss anderer Hypersomnien empfiehlt die Deutsche Gesellschaft für Neurologie (2012) eine zerebrale Bildgebung. Letztere wird, abhängig von der individuellen Befundkonstellation, auch bei anderen Schlafstörungen von Personen mit einer Störung der Intelligenzentwicklung veranlasst.

21.6 Komorbiditäten

Schlafstörungen sind in der Regel chronisch. Sie können zusätzliche kognitive und Verhaltensschwierigkeiten verursachen und sich erheblich auf die Lebensqualität der Betroffenen sowie deren Familien und des Betreuungspersonals auswirken (Belli et al. 2022). Auch wenn kürzere Schlafdauer nicht mit einer klinischen Problematik gleichgesetzt werden kann, so gibt es Assoziationen von kurzer Schlafdauer und dem Auftreten von Aufmerksamkeitsstörungen bzw. von Verhaltensstörungen bei Menschen mit einer Störung der Intelligenzentwicklung (Brylewski & Wiggs 1999) und erhöhtem elterlichem Stress (Meltzer & Mindell 2007).

21.7 ICD-11-Klassifikation der Schlaf-Wach-Störungen

Die Einteilung der unterschiedlichen Formen gestörten Schlafs sollte sich auch bei Personen mit Entwicklungsstörungen an der Internationalen Klassifikation der Schlafstörungen in ihrer dritten Version (ICSD-3) orientieren (AASM 2014). In diese sind insgesamt 74 unterschiedliche Störungen aufgenommen, die sieben Hauptkategorien (Insomnien, schlafbezogene Atemstörungen, Hypersomnien zentralen Ursprungs, Störungen des zirkadianen Rhythmus, Parasomnien, schlafbezogene Bewegungsstörungen und andere Schlafstörungen) zugeordnet werden. Entsprechend der ICSD-3 werden in der *Interna-*

tional *Classification of Diseases* der WHO (ICD-11; WHO 2023) Schlaf-Wach-Störungen erstmals als eigenständige Krankheitsgruppe erfasst (Kapitel 07) und sind nicht mehr den psychiatrischen Störungen untergeordnet.

Im Folgenden werden die einzelnen Störungsbilder systematisch erläutert und am Ende durch häufig bei Menschen mit Störungen der Intelligenzentwicklung auftretende komorbide Störungsbilder wie Epilepsie, Autismus-Spektrum-Störungen und Zerebralparesen ergänzt.

21.7.1 Insomnien (ICD-11 7A0)

Insomnien treten in der Normalbevölkerung mit einer Prävalenz von 30 % auf, davon sind 10 % **chronische Insomnien (7A00)**. Frauen sind fast doppelt so häufig betroffen (Geoffroy et al. 2018; Morin et al. 2011; Riemann et al. 2017).

Speziell bei Menschen mit Störungen der Intelligenzentwicklung müssen folgende Ursachen einer chronischen Insomnie berücksichtigt werden: psychiatrische Auslöser (Depressionen, Angst), Medikamente (Antikonvulsiva), spezielle Umweltbedingungen (Lärm von Monitorüberwachungs- oder Therapiegeräten, nächtliche Sondenernährung), Veränderungen der Schlafumgebung (zu Hause, im Wohnheim, in der Klinik), Schmerzen (Zerebralparesen, Reflux, Skoliosen), Einschränkungen der Beweglichkeit (Schienen, Korsette, Helme) oder spezielle schlafbezogene Krankheiten (z. B. Schlafapnoe). Schmerzen können oftmals nicht adäquat geäußert werden und bleiben unter Umständen unerkannt. Standardisierte Erhebungen zur Bewertung von Schmerzen und Schmerzempfindlichkeit sind für Menschen mit schweren kognitiven Beeinträchtigungen häufig ungeeignet (Raskoff et al. 2023).

Therapeutisch ist die Evidenz für die Insomnie-spezifische Kognitive Verhaltenstherapie am besten, welche auch Schlafhygienemaßnahmen, Bewegung und sensorische Interventionen berücksichtigt (Heussler 2016).

Die Möglichkeiten einer evidenzbasierten Pharmakotherapie bei Menschen mit Störungen der Intelligenzentwicklung sind begrenzt; viele Wirkstoffe können erhebliche unerwünschte Ereignisse verursachen. Aus diesem Grund sollten klinisch Tätige die Pharmakotherapie nur als einen Teil einer umfassenden Behandlung betrachten und regelmäßig deren Wirkung, unerwünschte Nebenwirkungen und die Möglichkeit einer Dosisreduzierung oder des Absetzens von Medikamenten bewerten (Young Ji & Findling 2016).

Geringe Hinweise auf eine Wirksamkeit liegen für Suvorexant, Eszopiclon, Zolpidem, Triazolam und Temazepam zur Behandlung von Ein- und Durchschlafstörungen sowie Doxepin vor (AASM 2014), wobei die Indikation für Benzodiazepine und Benzodiazepin-Rezeptor-Agonisten streng gestellt und die Substanzen aufgrund ihrer Nebenwirkungsprofile und Abhängigkeitspotenziale vermieden werden sollten. Pflanzliche Präparate sind meist nur wenig wirksam (Hajak et al. 2010). Mit Ausnahme von Baldrian, bei welchem eine geringe schlafanstoßende Wirkung nachgewiesen wurde, gibt es nur wenige empirische Aussagen.

Melatonin wird nur zur Therapie von zirkadianen Rhythmusschwankungen und bei neuronalen Entwicklungsstörungen empfohlen, wo dessen Wirkung mehrfach betont wurde (Takaesu et al. 2012; Wirojanan et al. 2009). Eine Ausnahme scheint der Tuberöse Sklerose Complex (TSC) zu sein, Melatonin konnte hier keinen Effekt auf die Verkürzung der Einschlafzeit erzielen (Schwichtenberg & Malow 2015). Ein frei laufender zirkadianer Rhythmus bei Menschen mit schweren Sehbehinderungen kann mit Melatonin erfolgreich behandelt werden (0,5–10 mg über 4–8 Wochen, beginnend an Tagen mit normalem Verlauf der Melatonin-Plasmakonzentrationen). Häufig lässt sich damit ein konstanter Schlaf-Wach-Rhythmus adjustieren (Lewy et al. 2001, 2002; Lockley et al. 1999, 2000).

Benzodiazepin-Rezeptor-Agonisten einschließlich sogenannter Z-Substanzen (Zolpidem, Zopiclon, Eszopiclon und Zaleplon) sollten nur sparsam und vorübergehend in der Behandlung von Insomnien eingesetzt werden, da es zu einer Entwicklung oder Verstärkung problematischer Verhaltensweisen bei Menschen mit Störungen der Intelligenzentwicklung kommen kann (Kalachnik et al. 2002). Ein langfristiger Gebrauch geht mit dem Risiko einer Toleranz und Abhängigkeit, mit kognitiven Verschlechterungen, vor allem bei älteren Menschen, sowie mit Gangunsicherheiten einher (Puustinen et al. 2012). Bei Personen mit Entwicklungsstörungen wiegen zusätzliche Nebenwirkungen wie Muskelrelaxation mit Sturzgefahr, Atemsuppression und negativ psychotrope Wirkungen sowie vermehrte Tagesmüdigkeit/-schläfrigkeit schwerer. Auch für die Z-Substanzen ist kein grundsätzlich anderes Nebenwirkungsprofil anzunehmen, wobei Studien zur Langzeittherapie geringere Toleranzentwicklung und verringertes Auftreten von Entzugssymptomen unter diesen Substanzen, die eine relativ geringe Halbwertszeit (weniger als sechs Stunden) besitzen, nahelegen (Gulyani et al. 2012; Hajak et al. 2010; Krystal 2009).

21.7.2 Hypersomnien (ICD-11 7A2)

Aktuell gibt es keine Daten zur Häufigkeit von Hypersomnien (z. B. **Narkolepsie Typ 1 [7 A 20.0] und Typ 2 [7A20.1], idiopathische Hypersomnie [7A21], nichtorganische Schläfrigkeit [7A26]**) bei Menschen mit Entwicklungsstörungen.

Hypersomnien treten als Folge einer Grundkrankheit, von Schlafstörungen (Schlafapnoe-Syndrom, zirkadiane Rhythmusschwankungen etc.) oder unerwünschten Medikamentenwirkungen (Psychopharmazie oder Antikonvulsiva) bei schwersten Formen der Störung der Intelligenzentwicklung bzw. bei schweren Mehrfachbehinderungen sehr häufig auf (Shelton & Malow 2021). Eine Hauptursache von Hypersomnien sind Depressionen, welche sich ebenfalls bei Menschen mit Störungen der Intelligenzentwicklung häufiger zeigen (Hudson et al. 2019).

Die beim Prader-Willi-Syndrom oft zu beobachtende exzessive Tagesschläfrigkeit lässt sich vermutlich nicht vollständig auf ein ebenfalls häufig auftretendes Schlafapnoe-Syndrom oder auf Adipositas zurückführen (Cataldi et al. 2021). Zunehmend treten andere Schlafstörungen wie Hypersomnie, Narkolepsie-ähnliche Phänotypen und Insomnie in den Blickpunkt (Duis et al. 2022). Im Tiermodell konnte eine genetische Veränderung der Orexin/Hypocretin-Neuronen im Hypothalamus gezeigt werden, welche im zirkadianen Rhythmus eine wichtige Rolle spielen und auch für Narkolepsie-ähnliche Symptome beim Prader-Willi-Syndrom verantwortlich scheinen (Mendiola & LaSalle 2021). Cataldi et al. (2021) resümierten in einer Meta-Analyse im Vergleich zu Kontrollgruppen signifikant erniedrigte Orexin-Spiegel im Liquor bei Patienten mit Prader-Willi-Syndrom (allerdings signifikant höher als bei Narkolepsie).

In der Therapie der primären Hypersomnien können Amphetamine und Dextroamphetamine eingesetzt werden, welche die Wachheit über die zentrale Hemmung der Wiederaufnahme von Dopamin und Noradrenalin sowie über die direkte Freisetzung von Katecholaminen steigern (Gulyani et al. 2013). Methylphenidat zeigt zusätzlich eine schwache Bindung am Serotonintransporter, wodurch die Effizienz des Nachtschlafs gesteigert wird (Gulyani et al. 2013; Kuczenski & Segal 1997). Amphetamine verkürzen die Einschlafzeit sowie die REM-Latenz und die Gesamt-REM-Schlaf-Dauer (Gulyani et al. 2013).

Modafinil bewirkt über noch nicht vollständig geklärte Mechanismen ebenfalls eine Zunahme der Wachheit (de Cock et al. 2011; Gulyani et al. 2013). Es scheint auch bei vermehrter Tagesmüdigkeit/-schläfrigkeit bei neurologischen und psychischen Erkrankungen wirksam zu sein (de Cock et al. 2011; Talbot et al. 2003). Modafinil führt offenbar weder zu einer Abhängigkeit noch zu einer Toleranzentwicklung und scheint die Schlafarchitektur nicht zu beeinflussen (Beusterien et al. 1999; De Cock et al. 2011; Group UMiNMS 2000).

Zu Einzelheiten in der Behandlung der Narkolepsie sei insbesondere auf die aktuelle europäische Leitlinie verwiesen (Bassetti et al. 2021).

21.7.3 Schlafbezogene Atmungsstörungen (ICD-11 7A4)

Zu den klinischen Zeichen, die auf ein obstruktives Schlafapnoe-Syndrom hinweisen können, zählen nächtliche Symptome wie abnorm beschleunigte, forcierte oder aussetzende Atmung, Schnarchen, Mundatmung, Lippenzyanose, ungewöhnliche Schlafposition, Nachtschweiß, Einnässen oder Ängste. Tagsüber können erschwertes Aufwachen, Kopfschmerzen, Mundtrockenheit, Schläfrigkeit und psychische Auffälligkeiten wie Konzentrations- und Gedächtnisstörungen oder Verhaltensauffälligkeiten Hinweise auf ein Schlafapnoe-Syndrom geben.

Bei **zentralen Schlafapnoe-Syndromen (7A40)** ist der zentrale Atemantrieb intermittierend oder zyklisch reduziert (Thorpy 2012). Sie kommen bei perinatal hypoxisch-ischämischen Gehirnläsionen, bei Gehirnfehlbildungen und bei genetischen Syndromen mit Entwicklungsstörungen vor (Carotenuto et al. 2013; Dosier et al. 2017; Gillett & Perez 2016; Kotagal 2001; Zhang & Spruyt 2022). Auch die Therapie mit Opiaten kann vor allem im Schlaf zu zentraler Hypoventilation und Apnoe führen, wobei eine obstruktive Komponente hinzukommen kann (Macintyre und Schug 2007).

Schlafbezogene Hypoventilation oder Hypoxämie-Störungen (7A42) kommen auch als Folge von neuromuskulären Erkrankungen und Brustwandstörungen bzw. Kyphoskoliosen vor (Alves et al. 2009; Thorpy 2012).

Die **obstruktive Schlafapnoe (7A41)** tritt häufig bei anatomischen Normvarianten und muskulären Störungen im Kopf- und Gesichtsbereich auf, insbesondere beim Down-Syndrom, aber auch bei selteneren genetischen Syndromen mit Entwicklungsstörungen wie dem Apert- oder Rubinstein-Taybi-Syndrom, sowie bei schwereren Formen der Zerebralparesen (Goodman 1998; Hayashi et al. 1990; Kotagal et al. 1994; Rosen 2011). Das mit Apnoe-Phasen verbundene Aufwachen (Arousal), welches gegebenenfalls auch zu ruckartigen Extremitätenbewegungen führt, kann bei disponierten Personen Non-REM-Schlaf-Parasomnien (siehe Abschn. 21.7.6) triggern oder einen Bruxismus verstärken (Guilleminault et al. 2005; Shneerson 2011). Darüber hinaus können obstruktive Schlafapnoen ein klinisches Bild induzieren, das sich von einem Schenck-Syndrom (REM-Schlaf-assoziierte Verhaltensstörung; siehe Abschn. 21.7.6) kaum unterscheiden lässt (Schenck & Mahowald 2002; Shneerson 2011).

Bei Menschen mit Entwicklungsstörungen tritt sehr häufig ein gastroösophagealer Reflux auf, der über eine Adduktion der Stimmbänder zu obstruktiven Schlafapnoen führen kann. Dieser kann durch die veränderten thorakalen und abdominalen Druckverhältnisse noch verstärkt werden. Eine Adipositas kann sich negativ auswirken (Iranzo & Santamaria 2005; Shneerson 2011).

Als Katathrenie bezeichnet man das nächtliche Stöhnen beim Ausatmen. Sie wird in der neuen Klassifikation ICSD-3 unter den schlafbezogenen Atemstörungen eingeteilt (AASM 2014).

Die Therapie der schlafbezogenen Atemstörungen zielt primär auf eine Reduktion der auslösenden Faktoren wie sedierende Medikamente oder Übergewicht. Bei einer lageabhängigen Schlafapnoe kann das Vermeiden der Rückenlage im Schlaf Apnoen und Hypopnoen deutlich reduzieren (Leitlinien HNO; DGHNO-KHC 2015).

Ein gastroösophagealer Reflux, der zu einer reflektorischen Engerstellung der Stimmritze führen kann, sollte behandelt werden.

Wenn nötig, sollte die Möglichkeit einer operativen Erweiterung der oberen Atemwege in Erwägung gezogen werden. Eine postoperative Evaluation sollte bei Menschen mit Entwicklungsstörungen immer erfolgen, um möglicherweise weitere Faktoren, die zu einer Obstruktion der Atemwege führen, ausschließen zu können (Rosen 2011).

Neben Unterkieferprotrusionsschienen (bei milden bis mittelschweren obstruktiven Schlafapnoen) hat sich vor allem die kontinuierliche Überdruckbeatmung im Schlaf (CPAP) als Goldstandard etabliert (DGHNO-KHC 2015).

Bei der CPAP-Beatmung müssen Personen mit Entwicklungsstörungen besonders vorsichtig an das Beatmungsgerät bzw. die Atemmaske gewöhnt werden. Zu Beginn ist eine sorgfältige Titration der Beatmungsparameter notwendig (Kushida et al. 2008). Eine CPAP-Behandlung sollte nicht allein aufgrund der Vermutung, eine Person werde das Beatmungsgerät nicht tolerieren, von vornherein ausgeschlossen werden. Die Therapie kann mit nicht atemdepressiv wirkenden Hypnotika (z.B. Z-Substanzen) eingeleitet werden, um die Toleranz der Maske zu steigern (Eckert et al. 2011; Gulyani et al. 2012).

21.7.4 Störungen des zirkadianen Schlaf-Wach-Rhythmus (ICD-11 7A6)

Die biologische Uhr im suprachiasmatischen Kern im anterioren Hypothalamus steuert die einzelnen zirkadianen Uhrensysteme. Der freilaufende (biologische) zirkadiane Rhythmus, das heißt ohne die Synchronisation durch Licht, ist bei uns Menschen etwas länger als 24 Stunden, genauer 24,2 Stunden (Duffy et al. 2011). Alle metabolischen und physiologischen Funktionen sowie das Verhalten passen sich im Laufe der Zeit an den zirkadianen Rhythmus an.

Die zirkadianen Rhythmen können sich vor allem durch Licht-Dunkelheit-Impulse verändern, aber auch durch körperliche Bewegung oder Medikamente wie Melatonin oder Benzodiazepine (Copinschi et al. 2000).

Störungen des zirkadianen Rhythmus sind sowohl endogen als auch exogen bedingte Fehlausrichtungen der individuellen Schlafperioden in Bezug auf den sozialen 24-Stunden-Rhythmus (Gulyani et al 2012; Morgenthaler et al. 2007; Sack et al. 2007).

Beim Smith-Magenis-Syndrom, das mit einer Störung der Intelligenzentwicklung, schweren Verhaltens- und häufig mit Schlafstörungen sowie zahlreichen somatischen Merkmalen verbunden ist, scheint die Haploinsuffizienz des *RAI1*-Gens und damit die Umkehrung der Melatoninsekretion mit einer diurnalen anstelle der nokturalen Sekretion verantwortlich zu sein (Kaplan et al. 2020).

Bei Personen mit retinalen Sehstörungen, bei denen auch die Zellen mit Melanopsin-Rezeptoren geschädigt sind, ist die Steuerung des Schlaf-Wach-Rhythmus durch Licht beeinträchtigt. Es stellt sich oft ein freilaufender Rhythmus von 24,1 bis 24,8 Stunden ein, wobei sich der Schlaf-Wach-Rhythmus entsprechend verschiebt.

Ein **irregulärer Schlaf-Wach-Rhythmus (7A62)** kann mit normalen Gesamtschlafzeiten verbunden sein, die jedoch nicht einem zirkadianen Rhythmus angepasst sind, sondern in extremen Fällen völlig irregulär über den Tag verteilt auftreten, immer wieder und unregelmäßig unterbrochen von mehr oder weniger langen Wachperioden. Dieses Muster wird vor allem bei Personen mit schweren und schwersten Formen der Störung der Intelligenzentwicklung beobachtet, aber auch bei demenziellen Syndromen (Gulyani et al. 2012).

Beim Syndrom der **verzögerten Schlafphase (7A60)** kann versucht werden, durch verhaltensmodifizierende Maßnahmen bzw. Einführen von Umgebungssignalen (z. B. geringere Beleuchtung, Reduktion von Umgebungsgeräuschen und anderen Stimuli) als Zeitgeber therapeutisch zu intervenieren, u. U. unterstützt durch eine medikamentöse Behandlung mit Melatonin (Gulyani et al. 2012).

Das Syndrom der **vorverlagerten Schlafphase (7A61)** ist vermutlich eher durch das frühe Aufwachen der Betroffenen als durch das vorzeitige Einschlafen problematisch, vor allem in Einrichtungen der Behindertenhilfe. Auch hier können chronotherapeutische Maßnahmen mit Hinauszögern der Einschlafzeit (Lichttherapie oder körperliche und andere Aktivitäten am Abend) und zusätzlicher Verlängerung der Schlafdauer durch Melatonin versucht werden (Gulyani et al. 2012; Hajak et al. 2010; Sack et al. 2007). Ähnliche, multimodale Behandlungsansätze sind auch zur Behandlung des unregelmäßigen Schlaf-Wach-Rhythmus angezeigt.

21.7.5 Schlafbezogene Bewegungsstörungen (ICD-11 7A8)

Restless-Legs-Syndrom (7A80)

Das Restless-Legs-Syndrom (RLS) ist eine häufige Erkrankung mit einer Prävalenz von 1,5–2,7 % (Allen et al. 2011). Frauen sind etwa doppelt so häufig betroffen. Die Prävalenz steigt mit dem Alter (Lavigne & Montplaisir 1994).

Die Diagnose wird klinisch gestellt und basiert auf den Symptomen unangenehmer oder schmerzhafter Sensationen vorwiegend der Beine, einhergehend mit dem unwiderstehlichen Drang, die Gliedmaßen zu bewegen oder umherzulaufen.

Pathophysiologisch geht man von einem regionalen Eisenmangel im Gehirn (Substantia nigra und in geringerem Maße dem Putamen und dem Nucleus caudatus, Thalamus), dem Versagen eines adäquaten Eisentransports über die Blut-Hirn-Schranke und einem Anstieg des striatalen Dopamins aus (Allen 2015). Anomalien in den sensomotorischen Bahnen des Gehirns könnten auf einen Verlust der dopaminergen inhibitorischen Kontrolle auf das Rückenmark hindeuten.

Zur Behandlung des Restless-Legs-Syndroms sollten zunächst gegebenenfalls auslösende oder aggravierende Faktoren gesucht und nach Möglichkeit beseitigt werden (Einnahme von Medikamenten, sitzende Tätigkeit, z. B. Rollstuhlfahrer; Silber et al. 2021). Ein Serum-Ferritin-Spiegel unter 75 µg/ml sollte substituiert werden. Zusätzlich kommen bei einem intermittierenden Restless-Legs-Syndrom Carbidopa/Levodopa, 25 mg/100 mg oder Opioide mit niedriger Potenz wie Codein oder Tramadol zum Einsatz. Bei einem chronischen Restless-Legs-Syndrom werden Alpha-2-Delta-Liganden (Gabapentin, Pregabalin) oder Dopamin-Agonisten (Pramipexol, Ropinirol, Rotigotin-Pflaster) eingesetzt. Bei refraktärer Symptomatik sollte vor allem auf aggravierende Faktoren geachtet werden. Placebokontrollierte Studien zeigen keinen signifikanten Behandlungseffekt von Magnesium (Marshall et al. 2019).

Periodische Extremitätenbewegungen im Schlaf (7A81)

Es handelt sich um unwillkürliche Phänomene stereotyper Bewegungen der Gliedmaßen im Schlaf, die sich periodisch wiederholen (Stefani & Högl 2019). Häufig sind die unteren Extremitäten betroffen, wobei immer wieder von einer typischen Dorsalflexion der Zehen oder auch, seltener, der Fuß-, Knie- oder Hüftgelenke berichtet wird, die dem spinalen Flexionsreflex (Babinski-Zeichen) ähnelt.

Die Prävalenz von periodischen Extremitätenbewegungen im Schlaf liegt bei Erwachsenen zwischen 4 und 11 % und in der pädiatrischen Bevölkerung zwischen 5 und 8 % (Hornyak et al. 2006).

Häufige Komorbiditäten sind andere Schlafstörungen und Erkrankungen wie Herz-Kreislauf-, Leber- und Nierenerkrankungen, Alkoholabhängigkeit, Syringomyelie, Diabetes oder Migräne (Figorilli et al. 2017; Tiseo et al. 2020).

Periodische Extremitätenbewegungen im Schlaf können durch Medikamente und psychoaktive Substanzen wie Antidepressiva und Lithium ausgelöst oder verstärkt werden (Kolla et al. 2018) und nehmen mit dem Alter häufig zu, auch wenn keine Schlafstörung als Begleiterkrankung vorliegt (Drakatos et al. 2021).

Die Diagnose wird mittels Polysomnografie gestellt. Periodische Extremitätenbewegungen im Schlaf sind häufig mit schlafbezogenen Atmungsstörungen assoziiert. Besteht gleichzeitig ein Restless-Legs-Syndrom, wird dieses behandelt. Bei isolierten periodischen Extremitätenbewegungen im Schlaf gibt es derzeit keinen Behandlungskonsens.

Schlafbezogener Bruxismus (7A83)

Der Bruxismus zählt zu den Bewegungsstörungen und stellt sich durch wiederholte Kiefermuskelaktivität wie Kieferpressen und Zähneknirschen dar.

Während die Pathophysiologie noch nicht eindeutig geklärt ist, gehen aktuelle Theorien von einer zentralen Regulierung bestimmter pathophysiologischer oder psychologischer Signalwege mit einer Dysfunktion der Basalganglien aus und sehen ursächlich eine Kombination aus genetischen, epigenetischen und umweltbedingten Faktoren. Verbindungen zu Syndromen, die Stereotypien und kognitive Beeinträchtigungen kombinieren, wie das Rett-Syndrom (97 %), das Down-Syndrom (42 %), Autismus-Spektrum-Störungen (32 %), das Prader-Willi-Syndrom (PWS) oder das Angelman-Syndrom, werden angenommen (Čalić & Peterlin 2015; Ella et al. 2017).

Die Behandlung erfolgt mit Zahnschienen, wobei Personen mit Entwicklungsstörungen möglicherweise solche Hilfen schlecht tolerieren. Dabei sollte man auf die Möglichkeit einer Aspiration achten, insbesondere, wenn zusätzlich schlafgebundene epileptische Anfälle vorliegen. Meist wird man eine medikamentöse Behandlung für nicht notwendig halten oder vermeiden wollen. Für dopaminerge Substanzen (Levodopa, Pergolid) und sowie für Clonidin und Clonazepam konnte eine Wirksamkeit in der Behandlung des Bruxismus gezeigt werden (Gulyani et al. 2013; Hajak et al. 2010; van der Zaag et al. 2007). Es besteht auch die Möglichkeit der Botulinumtoxin-Therapie (Gulyani et al. 2013; Hajak et al. 2010; Lee et al. 2010).

Schlafbezogene rhythmische Bewegungsstörung (7A84)

Periodische Extremitätenbewegungen im Schlaf dürfen nomenklatorisch nicht mit an den Schlaf gebundenen rhythmischen Bewegungen verwechselt werden, welche vorwiegend bei Kleinkindern in der Einschlafphase auftreten. Sie zeigen sich in einem rhythmischen Schlagen des Kopfes auf die Unterlage (Jactatio capitis), Kopfrollen und in rhythmisch-repetitiven schaukelnden Körperbewegungen, welche aus dem Schlaf heraus, oft zu Beginn des Schlafes, auftreten. Rhythmische Bewegungen können durch andere Schlafstörungen verstärkt und insbesondere durch Schlafapnoen getriggert werden (Mayer et al. 2007).

Schlafgebundene rhythmische Bewegungen können, mit Überwiegen des männlichen Geschlechts, bis ins Erwachsenenalter persistieren, wohl häufiger bei Menschen mit Störungen der Intelligenzentwicklung, jedoch auch ohne assoziierte Entwicklungsstörung (Mayer et al. 2007; Newell et al. 1999). In einzelnen Fällen können sie Verletzungen nach sich ziehen. Hier sind Schutzmaßnahmen angezeigt, insbesondere den Kopf betreffend.

Zur medikamentösen Therapie wurden Benzodiazepine und trizyklische Antidepressiva empfohlen (Walters et al. 2007). Maßnahmen während des Tages bzw. vor dem Zubettgehen zur Reduktion von Anspannung oder vermehrte Stimulation und körperliche Aktivität führen möglicherweise auch zu einer positiven Beeinflussung der rhythmischen Bewegungen.

Gutartiger Schlafmyoklonus im Säuglings- und Kleinkindalter (7A85)

Die in dieser Gruppe erwähnten myoklonischen Phänomene bedürfen teilweise einer Differenzierung gegenüber epileptischen Myoklonien, insbesondere bei Personen mit Epilepsien bzw. epileptischen Anfällen in der Vergangenheit.

Einschlafmyoklonien, die keinerlei pathologische Bedeutung haben, jedoch durch Schlafentzug, Stress und Coffein getriggert oder verstärkt werden, sind kurze Zuckungen während des Übergangs in den Schlaf. Sie sind häufig mit einem Gefühl, in die Tiefe zu fallen, verbunden (Thorpy 2012; Walters et al. 2007).

Propriospinaler Myoklonus bei Schlafbeginn (7A86)

Der propriospinale Myoklonus ist ein weniger häufig auftretendes Phänomen mit irregulären myoklonischen Bewegungen im Bereich der Extremitäten, des Nackens sowie der Brust- und vor allem der Bauchwand, das meist im mittleren Lebensalter auftritt. Teilweise lassen sich zervikale oder thorakale Rückenmarkläsionen (z.B. durch degenerative Veränderungen der Halswirbelsäule) finden. Von einem spinalen Generator breitet sich die zu Myoklonien führende Aktivität über langsame, sogenannte propriospinale Bahnen nach rostral und kaudal aus. Der propriospinale Myoklonus gewinnt dann klinische Bedeutung, wenn er zu Einschlafstörungen führt (Roze et al. 2009; Shneerson 2011; Vetrugno et al. 2001). Hier sollte eine ursächliche Behandlung (z.B. einer Rückenmarkskompression) angestrebt werden. Symptomatisch scheint Clonazepam die effektivste Behandlungsmethode zu sein. Auch mit Zonisamid sind in Einzelfällen gute Ergebnisse erzielt worden (Roze et al. 2009).

Exzessiver fragmentierter Myoklonus werden Zuckungen ohne nennenswerten Bewegungseffekt im Bereich der kleinen Muskeln von Händen, Füßen und der Mundwinkel genannt. Sie sind in der Regel nur elektromyografisch fassbar und besitzen meist keinen Krankheitswert, zeigen aber häufig eine Korrelation mit schlafbezogenen Atmungsstörungen (Frauscher et al. 2011; Thorpy 2012; siehe Abschn. 21.7.3).

21.7.6 Parasomnien (ICD-11 7B0)

Die *International Classification of Sleep Disorders (ICSD-3)* definiert Parasomnien als physische Ereignisse oder unangenehme Erfahrungen, die beim Einschlafen oder während des Schlafes auftreten (AASM 2014).

Arousalstörungen aus dem Non-REM-Schlaf (7B00)

Typisch für Parasomnien aus dem Non-REM-Schlaf sind das schreckhafte unvollständige Erwachen, gekoppelt an Verwirrung, teilweise mit Umherwandern und starker Erregung. Sie treten im Allgemeinen aus dem Tiefschlaf (N3) auf – mit Ausnahme der **schlafbezogenen Essstörung (7B00.3)**, die in allen Stadien des Non-REM-Schlafs sowie im REM-Schlaf auftreten kann. Für das Ereignis besteht eine teilweise oder vollständige Amnesie. Unterteilt werden sie in **verwirrtes Erwachen (7B00.0), Schlafwandeln (7B00.1), Pavor nocturnus (7B00.2)**, Sexsomnie, Störungen der Nahrungsaufnahme im Schlaf und parasomnische Erstickungsgefühle (ICSD-3) (AASM 2014; Gulyani et al. 2013; Thorpy 2012).

Zu den Störungen der Arousals aus dem Non-REM-Schlaf, die häufig bei Kindern vorkommen, zählen die Schlaftrunkenheit, das Schlafwandeln (Somnambulismus) und der Pavor nocturnus (Thorpy 2012).

Die Behandlung der Parasomnien zielt in erster Linie auf das Verhüten von Verletzungen der betroffenen Person und ihrer Umgebung. Weiche Bodenbeläge vor dem Bett, geringe Betthöhe, Wegräumen von zerbrechlichen Gegenständen und Sicherung von Fenstern und Türen gehören hier zu den primären Maßnahmen (Hajak et al. 2010; Shneerson 2011).

Schlaftrunkenheit kann mit Stimulanzien (Modafinil, Methylphenidat) behandelt werden (Hajak et al. 2010).

REM-Schlaf-bezogene Parasomnien (7B01)

Bei den **REM-Schlaf-Verhaltensstörungen (7B01.9)** wiederholen sich Episoden mit schlafbezogener Vokalisation oder sogar komplexen motorischen Verhaltensweisen. Dabei ist die Hemmung von Motoneuronen im Hirnstamm und im Rückenmark, die von pontomedullären Kerngebieten ausgeht, gestört (Boeve et al. 2007) und es kommt zu einem heftigen Ausagieren von meist intensiven, unangenehmen, Aggression und Gewalt thematisierenden Träumen mit entsprechender Verletzungsgefahr. REM-Schlafassoziierte Verhaltensstörungen können bei neurodegenerativen Erkrankungen wie dem Morbus Parkinson oder der Lewy Body-Demenz (Alpha-Synucleinopathien) auftreten, aber auch im Rahmen zahlreicher anderer neurologischer Erkrankungen (Boeve et al. 2007; Gulyani et al. 2013). Der Entzug von REM-Schlaf-supprimierenden Substanzen wie z. B. Antidepressiva, Barbiturate oder Alkohol kann akute, vorübergehende REM-Schlaf-Parasomnien induzieren (Gulyani et al. 2013; Shneerson 2011). In der medikamentösen Behandlung haben sich vor allem Benzodiazepine (insbesondere Clonazepam), Z-Substanzen und Melatonin sowie REM-Schlaf supprimierende Medikamente (z. B. Citalopram) bewährt, aber auch verschiedene andere Substanzen wie Pramipexol, Donepezil, Gabapentin, Carbamazepin oder Clonidin (Hajak et al. 2010; Shneerson 2011).

Heftige Arousal-Reaktionen wie beim obstruktiven Schlafapnoe-Syndrom können eine REM-Schlaf-assoziierte Verhaltensstörung imitieren (Gulyani et al. 2013).

Die REM-Schlaf-assoziierte Verhaltensstörung kommt häufig gleichzeitig mit der Narkolepsie vor und kann auch zusammen mit der Störung der periodischen Extremitätenbewegungen oder anderen Schlafstörungen auftreten (Gulyani et al. 2013; Shneerson 2011; Thorpy 2012).

Andere REM-Schlaf-Parasomnien sind die **Albtraumstörung (7B01.2)**, schlafgebundene dissoziative Störung, das Einnässen im Schlaf, das **Syndrom des explodierenden Kopfes (7B02.0)** und die **rezidivierende Schlaflähmung (7B01.1)**, die häufig von **schlafbezogenen Halluzinationen (7B02.1)** begleitet sind (Levin & Fireman 2002; Sharpless & Barber 2011; Thorpy 2012).

21.7.7 Komorbide Störungsbilder

Epilepsie-assoziierte Schlafstörungen

Zwischen Epilepsien und Schlaf besteht ein reziproker Zusammenhang. Während Schlafstörungen bei Menschen mit Epilepsien sehr häufig sind, spielt der Tiefschlaf eine große Rolle bei der Entstehung von Anfällen. Epilepsietypische Potenziale lassen sich vor allem im Schlaf-EEG nachweisen. Ein Schlafdefizit erhöht wiederum die Anfallswahrscheinlichkeit.

Schlafgebunden Epilepsieformen sind die schlafgebundene hypermotorische Epilepsie und die Epilepsie mit centro-temporalen Spikes. Eine Verschlechterung der epilepsietypischen Symptome im Schlaf zeigt sich beim Landau-Kleffner-Syndrom, beim West-Syndrom und beim Lennox-Gastaut-Syndrom. Anfälle in der Aufwachphase sind häufig bei der juvenilen Myoklonusepilepsie und bei der Epilepsie mit isolierten bilateral tonisch-klonischen Anfällen.

Einfluss der Schlafstadien auf die Epileptogenese

Epilepsietypische Potenziale im EEG und epileptische Anfälle selbst sind allgemein vom Schlaf-Wach-Rhythmus abhängig. Sie werden durch Non-REM-Schlaf stärker aktiviert als im Wachzustand und im REM-Schlaf stärker gehemmt als im Non-REM-Schlaf (Grigg-Damberger & Foldvary-Schaefer 2021; Parrino et al. 2012). Während die interiktuale epilepsietypische Aktivität im EEG des Non-

REM-Schlafs mit zunehmender Schlaftiefe zunimmt, treten die meisten schlafgebundenen Anfälle in leichten Schlafphasen auf, insbesondere im Non-REM-Stadium 2 (Herman et al. 2001; Minecan et al. 2002; Sinha et al. 2006).

Schlafgebundene Anfälle
Bei mehreren Epilepsiesyndromen, für die schlafassoziierte Anfälle charakteristisch sind, weisen die Betroffenen eine Störung der Intelligenzentwicklung auf. Dies trifft insbesondere auf das Dravet-Syndrom (*Severe Myoclonic Epilepsy in Infancy, SMEI*) zu, bei dem vor allem Grand-mal- und Hemi-Grand-mal-Anfälle aus dem Schlaf heraus beobachtet werden (Genton et al. 2011). Auch beim Lennox-Gastaut-Syndrom sind schlafassoziierte Anfälle häufig. Sie treten besonders zu Beginn des Schlafs, im Non-REM-Schlaf, auf und sind auch noch im Erwachsenenalter zu beobachten. Dabei handelt es sich um sehr milde tonische Anfälle, die nur mit einer Blickdeviation nach oben einhergehen und zur Serienbildung neigen (Camfiled 2011; Ferlazzo et al. 2010; Gastaut et al. 1974; Tassinari & Ambrosetto 1988).

Etwa 80% aller Epilepsien, bei denen Anfälle nur schlafgebunden auftreten, sind fokale Epilepsien (Yaqub et al. 1997). Besonders die Frontallappenepilepsie bzw. Anfälle mit frontaler Semiologie (kurze Dauer, abrupt beginnend und endend, teilweise mit »wilden«, weit ausgreifenden Bewegungen, Lautgebung und Neigung zur Serienbildung) ereignen sich häufig aus dem Schlaf heraus (Williamson et al. 1985). Sie müssen von Non-REM-Parasomnien sowie von nächtlichen Panikattacken abgegrenzt werden (Derry 2011; Vendrame & Kothare 2011).

Während stereotype Bewegungen, Kopfdrehungen, Kloni und Dystonien mit vollständigem Erwachen am Ende einer eher kurzen Episode vermehrt für epileptische Frontallappenanfälle sprechen, die häufig aus dem Non-REM-Stadium 1 und vor allem dem Non-REM-Stadium 2 auftreten, äußern sich Non-REM-Parasomnien meist durch längere Episoden mit einer Crescendo-Decrescendo-Symptomatik und einem unvollständigen Erwachen am Ende der Episode. Sie treten im Non-REM-Stadium 3 auf.

Anfälle während des Schlafs führen zu einer Weckreaktion, einer Unterbrechung des Schlafs und einer Veränderung der Schlafarchitektur. So wurden beim Lennox-Gastaut-Syndrom eine Verminderung von REM-Schlaf und Non-REM-Stadium 2 sowie eine Zunahme von Non-REM-Stadium 3 gefunden (Eisensehr et al. 2001). Allgemein ist eine Verminderung der REM-Schlafdauer der häufigste Befund in Nächten mit Anfällen. Solche Veränderungen zeigen sich aber auch während des Nachtschlafs nach Anfällen tagsüber aus dem Wachzustand (Bazil et al. 2000; Derry & Duncan 2013).

Wirkung von Antiepileptika auf den Schlaf
Antiepileptika können die Schlafarchitektur normalisieren, aber auch negativ beeinflussen. Es werden sowohl sedierende als auch schlafstörende Wirkungen beschrieben. Unter Behandlung mit Lamotrigin, Levetiracetam oder Felbamat ist eher mit Insomnien zu rechnen, während Phenobarbital, Gabapentin oder Pregabalin meist eine schlafanstoßende Wirkung zeigen.

Schlafbezogene Atemstörungen bei Epilepsie
Bei Menschen mit Epilepsie und Störung der Intelligenzentwicklung, insbesondere einer schweren mehrfachen Behinderung, ist das Zusammentreffen von schwer behandelbaren Epilepsien und schlafbezogenen Atemstörungen besonders häufig, denn bei zahlreichen genetischen Syndromen mit Störungen der Intelligenzentwicklung, Gehirnentwicklungsstörungen oder Zerebralparesen treten zentrale oder obstruktive Schlafapnoen auf.

Epileptische Anfälle selbst können vereinzelt, im Sinne eines iktualen Symptoms, zu isolierten Apnoen führen (Frank & Fröscher 1995). Apnoen und Hypopnoen fragmentieren den Schlaf und führen zu Schlafmangel. Dies beeinflusst die Anfallssituation negativ, wobei die Mechanismen nicht vollständig geklärt sind (Derry & Duncan 2013). Umgekehrt können Antikonvulsiva und offenbar auch Vagusnerv-Stimulatoren ein Schlafapnoe-Syndrom verschlechtern (Ebben et al. 2008; Eriksson 2011).

Autismus-assoziierte Schlafstörungen

Schlafprobleme treten bei Kindern mit Autismus-Spektrum-Störungen deutlich häufiger auf als bei Kindern mit neurotypischer oder verzögerter Entwicklung (50–80 % vs. 9–50 %; Kotagal & Broomall 2012; Richdale 2001), wobei sich sowohl die Gesamtschlafzeit als auch die Non-REM- und REM-Schlafzeit verkürzen (Kotagal & Broomall 2012; Maas et al. 2011; Malow & McGrew 2008; Schenck et al. 1987; Vried et al. 2011).

Menschen mit Autismus-Spektrum-Störungen zeigen vergleichsweise häufiger Ängste vor dem Einschlafen, Fixation auf Ereignisse während des Tages, die mit dem Einschlafen interferieren können, und negative Assoziationen mit dem Einschlafen. Auch Störungen des zirkadianen Rhythmus werden mit Autismus in Verbindung gebracht (Glickman 2010; Kotagal & Broomall 2012).

In den aktuellen Leitlinien für Autismus-Spektrum-Störungen (DGKJP/DGPPN 2021) wird der Einsatz von Melatonin (max. 10 mg abends) bei Schlafstörungen empfohlen.

Zerebralparesen und Schlafstörungen

Zu Schlafstörungen bei Personen mit Zerebralparesen gibt es nur wenige, insbesondere polysomnografische, Untersuchungen. Eine Imbalance des Muskeltonus der oropharyngealen Muskulatur, eine Glossoptosis oder Makroglossie sowie eine Stimmritzenverengung durch gastroösophagealen Reflux kann die oberen Atemwege einengen (Kotagal 2001; Shneerson 2011). Bei einer kleinen Gruppe von Kindern mit schwerer Zerebralparese traten mehr schlafbezogene Hypopnoen und Apnoen auf als bei altersgleichen gesunden Kindern (Kotagal et al. 1994). Möglicherweise haben Hypopnoen bzw. Apnoen bei Personen mit Zerebralparesen nicht nur eine obstruktive, sondern auch eine zentrale Komponente (Kotagal 2001).

Bei Kindern mit Zerebralparesen werden signifikant häufiger psychische bzw. Verhaltensstörungen als in der Allgemeinbevölkerung gefunden. Dies prädisponiert sie für die Entwicklung von Schlafstörungen. Dazu zählen eine erhöhte Irritierbarkeit, Angst, Überaktivität und verminderte Aufmerksamkeit sowie depressive Verstimmungen (Goodman 1998; Goodman & Graham 1996; Kotagal 2001). Bei diesen Kindern fanden sich am häufigsten Ein- und Durchschlafstörungen, Störungen des Schlaf-Wach-Übergangs und schlafbezogene Atemstörungen (Newman et al. 2006). Ein- und Durchschlafstörungen waren bei schweren Formen der Zerebralparese (spastische Tetraparese, dyskinetische Zerebralparese) und bei zusätzlichen Sehstörungen häufiger (Newman et al. 2006). Eine vermehrte Tagesschläfrigkeit und Insomnie-Symptome wirken sich bei Kindern mit Zerebralparesen signifikant auf die physische und psychische Lebensqualität aus (Sandella et al. 2011). In einer Studie zur Behandlung mit Melatonin bei Kindern mit Zerebralparesen und parallel vorliegenden Schlafstörungen konnten die Schlaflatenz und das nächtliche Aufwachen verringert und teilweise auch die Gesamtschlafzeit verlängert werden (Galland et al. 2012).

In einer Studie zur Behandlung mit Melatonin bei Kindern mit Zerebralparesen und parallel vorliegenden Schlafstörungen konnten die Schlaflatenz und das nächtliche Aufwachen verringert und teilweise auch die Gesamtschlafzeit verlängert werden (Galland et al. 2012).

Hypertrophien der perioralen Muskelgruppen können zu einer Protrusion des Oberkiefers, einer Verengung des Zahnbogens und einer Kippung der Zähne führen, welche die Nahrungsaufnahme erschweren. Veränderungen des Gaumenbogens oder eine Glossoptose können zu nächtlichen Ventilationsstörungen beitragen. Hier kann eine kieferorthopädische Behandlung zu einer Verbesserung der obstruktiven Schlafapnoe führen (Tamura et al. 2022).

PETER MARTIN & IANCU BUCURENCIU

22 Epilepsieassoziierte psychische Auffälligkeiten (ICD-11 6E6)

22.1 Die Codierung von sekundären psychischen oder Verhaltenssyndromen bei Epilepsie in der ICD-11

SEKUNDÄRE PSYCHISCHE ODER VERHALTENSSYNDROME BEI ANDERENORTS KLASSIFIZIERTEN STÖRUNGEN ODER ERKRANKUNGEN
- 6E60 Sekundäres neuronales Entwicklungssyndrom
- 6E61 Sekundäres psychotisches Syndrom
- 6E62 Sekundäres affektives Syndrom
- 6E63 Sekundäres Angstsyndrom
- 6E64 Sekundäres Zwangssyndrom oder verwandte Syndrome
- 6E65 Organische emotional- labile asthenische Störung
- 6E66 Sekundäres Impulskontrollsyndrom
- 6E67 Sekundäres neurokognitives Syndrom
- 6E68 Sekundäre Persönlichkeitsänderung
- 6E69 Sekundäres katatones Syndrom

In der ICD-11 können sekundäre psychische oder Verhaltenssyndrome bei Epilepsie im Kapitel 6E6 unter den psychischen Störungen, Verhaltensstörungen oder neuronalen Entwicklungsstörungen (ICD-11 06) codiert werden. Die Epilepsie oder Krampfanfälle werden unter den Krankheiten des Nervensystems (ICD-11 08) unter 8A6 verschlüsselt.

Letztlich verbergen sich darunter eine Vielzahl unterschiedlicher Störungsbilder, die im Zusammenhang mit der Epilepsie bzw. der antiepileptischen Medikation stehen.

Darüber hinaus werden in diesem Kapitel Besonderheiten einzelner psychischer Störungen bei Epilepsiepatientinnen und -patienten dargestellt sowie Interaktionen und Nebenwirkungsprofile von Psychopharmaka bzw. Antiepileptika thematisiert. Unerwünschte Wirkungen bei therapeutischer Anwendung könnten als Zusatzcode X angegeben werden. Zusatzcodes sollten niemals in der primären Klassifizierungscodierung oder Tabellierung verwendet werden. Sie sind als ergänzende oder zusätzliche Codes vorgesehen, um statistische Kategorien, die anderswo klassifiziert sind, detaillierter zu kennzeichnen.

Sogenannte psychogene Anfälle werden unter den Dissoziativen Störungen (ICD-11 6B6) behandelt (siehe Kap. 15 Dissoziative Störungen).

22.2 Definition von sekundären psychischen oder Verhaltenssyndromen

DEFINITION

Diese Gruppierung umfasst nach der Definition der ICD-11 Syndrome, die durch das Vorhandensein ausgeprägter psychischer oder Verhaltenssymptome gekennzeichnet sind und aufgrund der Anamnese, der körperlichen Untersuchung oder der Laborbefunde als direkte pathophysiologische Folgen einer nicht unter psychische und Verhaltensstörungen fallenden Erkrankung, wie z. B. der Epilepsie, angesehen werden. Die Symptome lassen sich nicht auf ein Delirium oder eine andere psychische Störung oder Verhaltensstörung zurückführen und sind keine psychologisch vermittelte Reaktion auf eine schwere Erkrankung (z. B. Anpassungsstörung oder Angstsymptome als Reaktion auf die Diagnose einer lebensbedrohlichen Krankheit). Diese Kategorien sollten *zusätzlich* zur Diagnose der mutmaßlich zugrunde liegenden Störung oder Krankheit verwendet werden, wenn die psychischen und Verhaltenssymptome so schwerwiegend sind, dass sie eine besondere klinische Behandlung rechtfertigen.

Je nachdem, ob psychische Störungen zeitlich an Anfälle gebunden auftreten oder anfallsunabhängig sind, unterscheidet man zwischen peri- und interiktalen Störungen. Erstere werden weiter unterteilt in Störungen, die vor (präiktal), während (iktal) und nach dem Anfall (postiktal) auftreten.

Zusätzlich spricht man von paraiktalen psychischen und kognitiven Störungen, wenn sich über längere Zeit hinweg parallel zu einer sehr aktiven Epilepsie die Denkfunktionen und das Gedächtnis deutlich verschlechtern sowie Verhaltensprobleme auftreten. Besonders kann das bei Kindern beobachtet werden, z. B. bei der frühkindlichen Grand-mal-Epilepsie oder bei fokalen Epilepsien, die auf Gehirnläsionen (z. B. kortikale Dysplasien, Hamartome des Hypothalamus) zurückgehen. Bei der frühkindlichen Grandmal-Epilepsie ist der kausale Zusammenhang zwischen der Epilepsie und der sich entwickelnden psychointellektuellen Einschränkung nicht gesichert.

22.3 Prävalenz

Epilepsien kommen bei Menschen mit Störungen der Intelligenzentwicklung wesentlich häufiger vor als in der Allgemeinbevölkerung und variieren zwischen 6 % bei leichter bis hin zu 50 % bei schwerer Störung der Intelligenzentwicklung. Zusätzliche Behinderungen wie Zerebralparesen erhöhen das Risiko für die Manifestation einer Epilepsie. Die Schwere der Epilepsie scheint mit der Ausprägung der Störung der Intelligenzentwicklung zu korrelieren (D'Amelio et al. 2002; Lhatoo & Sander 2001; Richardson et al. 1981).

Wegen zahlreicher methodischer Schwierigkeiten ist es nicht einfach, den Zusammenhang zwischen psychischer Störung und Epilepsien nachzuweisen. Besonders gilt das für psychische Störungen, die unabhängig von einzelnen Anfällen auftreten (interiktale Störungen).

Interiktale Psychosen oder schizophrenieartige Psychosen bei Epilepsie sind aufgrund ihres Erscheinungsbildes nicht eindeutig von Psychosen zu differenzieren, die bei Personen ohne Epilepsie auftreten. Möglicherweise können bei interiktalen Psychosen der Epilepsien weniger häufig katatone Zustandsbilder und auch seltener schwere Ausprägungen schizophrenieartiger Psychosen bzw. weniger Negativsymptomatik beobachtet werden. Einige Autoren betonen die nur subtilen Unterschiede, vertreten jedoch die Auffassung, dass schizophrenieartige Psychosen besonders an Temporallappenepilepsien bzw. an den linken Schläfenlappen gebunden sind (Ettinger & Steinberg 2001; Hauser & Hesdorffer 2001; Torta & Keller 1999; Trimble 1991a; Trimble & Schmitz 1997). Auch die Existenz der häufig diskutierten »epileptischen Persönlichkeitszüge« als epilepsiespezifische Entität ist empirisch nicht sicher zu belegen. Dies erschwert eine zuverlässige Angabe der Prävalenzen von epilepsieassoziierten psychischen Auffälligkeiten.

Die Häufigkeit psychischer Störungen bei Menschen mit Epilepsie in Epilepsiezentren wird mit 25–50 % beziffert; deutlich geringer sind die Zahlen in populationsbezogenen Studien (Stevens 1988).

Aufmerksamkeitsdefizit-Hyperaktivitätsstörungen treten bei Kindern mit Epilepsie, insbesondere mit schweren Verlaufsformen, in 20–40 % der Fälle und deutlich häufiger als bei gesunden Gleichaltrigen oder bei Kindern mit Herzerkrankungen auf (Dunn 2001; Hempel et al. 1995; McDermott et al. 1995; Semrud-Clikeman & Wical 1999).

Die Häufigkeit von Epilepsien bei Menschen mit **Autismus-Spektrum-Störungen** wird mit 5–40 % angegeben und liegt über dem zu erwartenden Wert und korreliert mit der Schwere der Störung der Intelligenzentwicklung (Gillberg & Coleman 2000; Steffenburg et al. 2003; Tuchman u. Rapin 2002; siehe auch Kap. 6 Autismus-Spektrum-Störungen).

22.4 Ätiologie

22.4.1 Anfallsgebundene Störungen

Die **periiktalen Störungen** sind zeitlich an das Anfallsgeschehen gekoppelt. Bei den **iktalen psychischen Störungen** handelt es sich um unmittelbare Anfallssymptome, die direkt durch die epileptische Aktivität hervorgerufen werden. Im Rahmen eines nonkonvulsiven Status epilepticus können paranoid-halluzinatorische Symptome auftreten, die mit Störungen des Bewusstseins bzw. Desorientiertheit und affektiven Symptomen einhergehen. Ausgeprägte isolierte iktale Angstzustände und Depressionen können im Rahmen fokaler Anfälle vorkommen, neben dem noch bekannteren Derealisationserleben als Aurasymptomatik (z. B. Déjà-vu) (Gibbs et al. 1948; Trimble & Schmitz 1997; Weil 1956).

Präiktale Störungen, häufig als Gereiztheit, Aggressivität, Zurückgezogenheit oder auffallende Umtriebigkeit in Erscheinung tretend, können Stunden bis wenige Tage vor dem Anfall beobachtet werden. Ihre neurophysiologischen bzw. neurochemischen Ursachen sind noch nicht geklärt.

Postiktale psychische Symptome treten als psychotisches sekundäres Syndrom häufig nach vorausgehender Anfallshäufung und mit Latenzzeiten zum letzten Anfall von bis zu mehreren Tagen auf. Paranoid-halluzinatorische Symptomatik, Verwirrtheit, aber auch Angst, Depression oder Manie kennzeichnen das klinische Bild. Die Symptomatik hält in der Regel nur wenige Stunden oder Tage an und lässt sich mit Benzodiazepinen und/oder Neuroleptika gut beeinflussen.

Eine Suizidgefährdung ist aufgrund der meist abrupt und mit längerem Abstand zum letzten Anfall einsetzenden Symptomatik nicht immer leicht zu erfassen (Kanemoto et al. 1999; Longsdail & Toone 1988; Savard et al. 1991).

22.4.2 Anfallsunabhängige Störungen

Interiktale psychische Störungen zeigen keinen zeitlichen Bezug zum epileptischen Anfall. Ihr kausaler Bezug zur Epilepsie kann in unterschiedlicher Weise bestehen. Hierzu zählen auch Störungen, die möglicherweise unabhängig von einer gleichzeitig vorhandenen Epilepsie sind.

Gelegentlich ist zu beobachten, dass sich parallel zu einer gebesserten Anfallssituation das psychische Zustandsbild bis hin zu einer sich ausbildenden paranoid-halluzinatorischen Symptomatik verschlechtert. Man spricht von einer **Alternativpsychose**. Ihre Entsprechung im EEG (geringere oder keine epilepsietypische Aktivität) wird als **forcierte Normalisierung** bezeichnet (Landolt 1958; Trimble 1991b). Die Alternativpsychose ist eine griffige und häufig gesuchte diagnostische Kategorie, die jedoch insbesondere bei Menschen mit einer Störung der Intelligenzentwicklung nicht leicht zu erkennen ist und vermutlich nicht sehr oft vorkommt. Möglicherweise ist sie durch die neuen antikonvulsiv wirksamen Substanzen seltener geworden.

Allerdings kann die Unterbrechung eines Dämmerzustandes, z. B. im Rahmen einer durch Antikonvulsiva a bedingten Enzephalopathie, Verhaltensauffälligkeiten bei Personen mit einer Störung der Intelligenzentwicklung demaskieren, die sich im Dämmerzustand weniger deutlich zeigen konnten.

Wesentlich häufiger ist zu beobachten, dass Verhaltensauffälligkeiten und emotionale Störungen mit einer Verschlechterung der Anfallssituation zunehmen. Nicht selten spielen **Schlafstörungen** (siehe Kap. 21 Schlaf-Wach-Störungen) eine Rolle, die bei Epilepsiepatienten und -patientinnen – insbesondere bei schlechter Anfallssituation – in bis zu 50 % der Fälle vorkommen (Vaughn et al. 1996).

22.4.3 Gehirnstrukturelle und genetische Ursachen

Bei strukturellen Veränderungen oder Normabweichungen des Gehirns (Fehlbildungen, frühe hypoxisch-ischämische, entzündliche und traumatische Schädigungen etc.) können die Epilepsie, die Störung der Intelligenzentwicklung und auch die psychischen Störungen auf eine gemeinsame Ursache zurückgehen. Zutreffen könnte dies ebenfalls für verschiedene Stoffwechselerkrankungen des Gehirns bzw. bei genetischen Syndromen (Stoffwechselerkrankungen und Gehirnentwicklungsstörungen haben meist eine genetische Ursache). Eine Sicherung des kausalen Bezugs zwischen gehirnstrukturellen Befunden und psychischen Störungen ist jedoch kaum möglich.

22.4.4 Psychosoziale Faktoren

Epilepsien – mit ihren unberechenbar auftretenden, zu Bewusstseinsstörungen, unwillkürlichen motorischen Entäußerungen und Stürzen führenden Anfällen – rufen bei Betroffenen Gefühle der Abhängigkeit, des Ausgeliefertseins bzw. der Ohnmacht hervor, die zur unmittelbaren Angst vor einem Anfall und dessen Folgen hinzukommen. **Vermeidungsverhalten** der Patientinnen und Patienten mit Epilepsie sowie **Einschränkungen** durch Angehörige und Betreuende führen zum Teil zu erheblichen Begrenzungen der Alltagsaktivitäten und -fähigkeiten. Die **Stigmatisierung** erzeugt Insuffizienzgefühle und soziale Isolierung. Daraus lassen sich Selbstunsicherheit, Unzufriedenheit und depressive Verstimmungen ableiten (Hermann & Whitman 1991; Jacoby et al. 1996).

Bei Menschen mit schweren Störungen der Intelligenzentwicklung konnte mehrfach gezeigt werden, dass bei Epilepsiepatientinnen und -patienten soziale Kompetenz und Alltagsfähigkeiten geringer ausgeprägt sind, Verhaltensstörungen und psychische Auffälligkeiten jedoch statistisch nicht häufiger vorkommen (Lewis et al. 2000; Matson et al. 1999).

22.5 Antiepileptika-induzierte Enzephalopathie

Bei Menschen mit kognitiver, insbesondere mit schwerer oder mehrfacher Behinderung ist es nicht immer leicht, Nebenwirkungen von Medikamenten zu erfassen, die sich im Nervensystem manifestieren. Unter verschiedenen älteren Antikonvulsiva wie Phenytoin oder Phenobarbital und Primidon, aber auch bei den neueren Substanzen wie Vigabatrin sind sowohl akute als auch chronische enzephalotoxische bzw. enzephalopathische Bilder bekannt (Bruni 1995; Reynolds & Travers 1974; Sharief et al. 1993; Trimble & Reynolds 1984; Trimble & Thompson 1985).

Die wichtigste Substanz in diesem Zusammenhang ist Valproat. Unter Valproat ist eine akute von einer chronischen Enzephalopathie zu unterscheiden. Für die Diagnose beider Erkrankungsverläufe erschwerend ist die Tatsache, dass die Bestimmung der Serumspiegel meist nicht weiterhilft, da sie sich im therapeutischen Bereich befinden, und auch andere Laborparameter keine diagnostische Sicherheit geben. Gerade deshalb ist es wichtig, die klinischen Bilder zu kennen und bei entsprechender Symptomatik das Vorliegen einer **Valproat-Enzephalopathie** zu erwägen. Tabelle 22-1 zeigt die Unterschiede zwischen akuter und chronischer Valproat-Enzephalopathie.

22.5.1 Akute Valproat-Enzephalopathie

Die akute Valproat-Enzephalopathie zeigt sich klinisch in rasch zunehmender Konzentrationsstörung, Desorientiertheit, Verlangsamung und Vigilanzminderung – bis hin zum Koma. Dazu kommen neurologisch Tremor und fortgesetztes zuckungsartiges Herabfallen der ausgestreckten Hände bzw. Arme (Asterixis). Zudem können Dysarthrie und Inkontinenz sowie eine Verstärkung vorbestehender neurologischer Symptome und

	Akute Form	**Chronische Form**
Beginn	rasch einsetzend; in der Regel in den ersten Tagen nach Beginn der Behandlung/Dosissteigerung	schleichend; Wochen bis Monate nach Beginn der Behandlung
Hauptsymptome	rasch zunehmende Konzentrationsstörungen, Desorientiertheit, Verlangsamung und Vigilanzminderung	langsame Verschlechterung der kognitiv-mnestischen Funktionen; Demenz
Zusätzliche neurologische Symptome	Tremor, Asterixis, Dysarthrie, Inkontinenz	Parkinson-Syndrom, Ataxie, Dystonie
Anfallsaktivität	Zunahme der Anfallsfrequenz	keine Änderung der Anfallsaktivität
EEG	allgemeine Verlangsamung; vermehrte bisynchrone paroxysmale Abläufe mit epilepsietypischen Potenzialen	keine richtungweisenden Befunde
Magnetresonanztomografie	keine richtungweisenden Befunde	innere und äußere Atrophie von Großhirn und Kleinhirn (reversibel!)
Serumspiegel	Valproat-Serumspiegel meist im therapeutischen Bereich	Valproat-Serumspiegel meist im therapeutischen Bereich
Labor	z. T. Serum-Ammoniak erhöht; sonst keine richtungweisenden Befunde	keine richtungweisenden Befunde
Therapie	Absetzen von Valproat; zusätzlich u. U. Gabe von Clobazam	Absetzen von Valproat

Tab. 22-1: Diagnostische Anhaltspunkte der akuten und chronischen Valproat-Enzephalopathie

eine Zunahme der Anfallsfrequenz beobachtet werden. Übelkeit, Erbrechen und Fieber können ebenfalls vorliegen. Im EEG zeigt sich in der Regel eine allgemeine Verlangsamung der Grundaktivität, bilateral treten höheramplitudige Gruppen langsamer Wellen mit eingelagerten sharp waves auf.

Die akute Valproat-Enzephalopathie kann sowohl unter Mono- als auch unter Kombinationstherapie vorkommen. Sie entwickelt sich nach Beginn einer Valproat-Behandlung in der Regel rasch, zum Teil auch nach Dosiserhöhung dieses Medikamentes – überwiegend in den ersten Tagen der Behandlung bzw. nach Dosissteigerung. Nach Absetzen von Valproat ist die Symptomatik meist innerhalb von Tagen rückläufig, bei einem kleinen Teil der Betroffenen dauert es bis zu vier Wochen (Bauer & Elger 1993; Rimpau 2002).

Die Ursachen sind unklar. Häufig wurde eine Hyperammonämie als ursächlich angeschuldigt oder die Komedikation mit Phenobarbital. Beides ist jedoch keine notwendige Bedingung für das Auftreten dieser Enzephalopathie (Bauer & Elger 1993). Große Vorsicht ist geboten, wenn Enzymdefekte des Harnstoffzyklus (Ornithintranscarbamylase-Mangel) vorliegen: Hier kann Valproat zu einer Hyperammonämie mit starkem Anstieg eines vorbestehend erhöhten Ammoniakspiegels und zu einer schweren Enzephalopathie führen (Oechsner et al. 1998).

Die Therapie besteht in einem Absetzen des Valproat. Obwohl immer wieder argumentiert wird, dass Benzodiazepine die Symptomatik – insbesondere die Bewusstseinsstörung – noch verstärken, hat sich die vorübergehende Gabe des Benzodiazepins Clobazam in der Behandlung bewährt und führt meist zu einer raschen Beruhigung der Anfallssituation.

22.5.2 Chronische Valproat-Enzephalopathie

Ein sehr viel schwerer zu erfassendes klinisches Bild zeigt die chronische Valproat-Enzephalopathie. Die sich sehr langsam entwickelnden Symptome werden klinisch insbesondere bei Menschen mit einer Störung der Intelligenzentwicklung oftmals nicht oder erst mit großer Verspätung erfasst bzw. diagnostisch falsch zugeordnet.

Eine progressive Verschlechterung der kognitiv-intellektuellen und der Gedächtnisfunktionen ist das Leitsymptom dieser Störung, die klinisch von einer demenziellen Entwicklung anderer Ursache nicht zu unterscheiden ist. Hinzu kommen zentrale Bewegungsstörungen im Sinne eines Parkinson-Syndroms, einer Dystonie oder einer Ataxie (Armon et al. 1996; Guerrini et al. 1998; Schöndienst 1988). In Einzelfällen können die motorischen Symptome das klinische Bild dominieren.

Das EEG ist in der Regel nicht pathologisch verändert bzw. zeigt keine zunehmenden Abnormitäten. Die Valproat-Serumspiegel liegen im therapeutischen Bereich und auch andere Laborparameter weichen, bei sonst fehlender Pathologie, nicht von der Norm ab. Bemerkenswert ist jedoch, dass in bildgebenden Untersuchungen des Gehirns (Computer- oder Kernspintomografie) eine äußere und innere Atrophie des Großhirns und auch des Kleinhirns feststellbar sind. Diese und die klinischen Symptome bilden sich nach Absetzen des Valproats vollständig zurück – man spricht deshalb auch von einer Pseudoatrophie (Armon et al. 1996; Guerrini et al. 1998; Schöndienst 1988).

22.6 Epilepsie und psychische Störungen

22.6.1 Psychische Störungen

Einige psychiatrische Krankheits- und Störungsbilder kommen bei Epilepsien überzufällig häufig vor. Vor allem sind das **Depressionen** (siehe Kap. 11 Affektive Störungen: bipolare und depressive Störungen), **Angststörungen** (siehe Kap. 12 Angst- oder furchtbezogene Störungen) sowie **Hyperaktivität** (siehe Kap. 7 Aufmerksamkeitsdefizit- und Hyperaktivitätsstörung) und **Autismus-Spektrum-Störungen** (siehe Abschn. 22.6.2 und Kap. 6 Autismus-Spektrum-Störungen).

Die Angaben zur Häufigkeit von Depressionen bei Menschen mit Epilepsie schwanken und werden mit Prävalenzraten zwischen 4 und 50 % (interiktale Depressionen) beziffert. Depressionen kommen assoziiert mit Epilepsien signifikant häufiger und in schwererer Ausprägung vor als bei anderen chronischen neurologischen Erkrankungen (Lambert & Robertson 1999).

Die **Suizidraten** sind in Kollektiven von Menschen mit Epilepsie um das Fünf- bis Zehnfache erhöht. Epilepsiepatientinnen und -patienten unternehmen häufiger Suizidversuche, auffallend oft wiederholt. Unter Suiziden bei neurologischen Erkrankungen sind Epilepsien die Gruppe mit dem größten Anteil (Barraclough 1987; Hawton et al. 1980; Robertson 1997).

Angstsymptome stellen mit 30 % die häufigste berichtete Aurasymptomatik (iktale Angst) dar. Bei Epilepsiepatientinnen und -patienten werden interiktale Angststörungen bei bis zu 66 % angetroffen; deutlich häufiger bei schlechter Anfallsituation (Jacoby et al. 1996; Scheepers & Kerr 2003; Torta & Keller 1999). Wie im klinischen Alltag immer wieder deutlich wird, können sich Angststörungen als nichtepileptische Phänomene aus zunächst iktaler epileptischer (Aura-)Symptomatik entwickeln (siehe auch Kap. 12).

22.6.2 Autismus-Spektrum-Störungen

Autismus-Spektrum-Störungen, die im Wesentlichen durch Besonderheiten und Defizite im sozialen Kontakt (reziproke Beziehungen), im Bereich der Kommunikation sowie durch eingeschränkte Interessen und repetitives Verhalten gekennzeichnet sind, stehen in enger Beziehung zu Störungen der Intelligenzentwicklung und Epilepsien.

Der **Epilepsiebeginn** bei Menschen mit Autismus-Spektrum-Störungen weist ein zweigipfeliges Muster auf, mit einem ersten Maximum vor dem sechsten und einem zweiten nach dem zehnten Lebensjahr. Alle Anfallsarten und Verlaufsformen der Epilepsien können vorkommen (Olsson et al. 1988; Rapin 1995; Steffenburg et al. 2003; Volkmar & Nelson 1990).

Fast als Modellerkrankung für das Zusammentreffen von Autismus, Epilepsie und Störungen der Intelligenzentwicklung ist der **Tuberöse Sklerose-Komplex** (TSC) anzusehen. Es handelt sich dabei um ein neurokutanes Syndrom mit Hamartien und Hamartomen in unterschiedlichen Organsystemen, vor allem im Bereich des Gehirns, der Haut (u. a. Adenoma sebaceum), der Nieren und des Herzens. Diese Erkrankung wird autosomal-dominant vererbt und kommt mit einer Prävalenz von etwa 1 : 30 000 (Geburtsinzidenz 1 : 6000) vor (Osborne et al. 1991; Shepherd 1999). 50–60 % der Personen mit TSC zeigen eine Störung der Intelligenzentwicklung, häufig schwer. Bei 84 % besteht eine Epilepsie; bei TSC-Patientinnen und -patienten mit Störungen der Intelligenzentwicklung fehlen epileptische Anfälle fast nie. Bei 40–50 % der vom TSC Betroffenen finden sich eine Autismus-Spektrum-Störung. Wenn eine Störung der Intelligenzentwicklung vorliegt, zeigen 76 % der TSC-Patientinnen und -patienten eine Autismus-Spektrum-Störung (24 % bei normaler Intelligenz). Umgekehrt sind 1–5 % der Personen mit Autismus-Spektrum-Störungen und 14 % derer mit Autismus und Epilepsie von einem TSC betroffen (Asato & Hardan 2004; Gillberg 1991; Gillberg et al. 1994; Hunt 1999; Smalley et al. 1992).

Die **kausalen Beziehungen** zwischen **Epilepsie, Autismus-Spektrum-Störungen** und **Störungen der Intelligenzentwicklung** sind nicht bekannt. Diskutiert wurden das Auftreten von infantilen Spasmen (BNS-Krämpfe, West-Syndrom), die Lokalisation von strukturellen und funktionellen Gehirnveränderungen im Temporallappen und genetische Faktoren, insbesondere auch beim TSC (Asano et al. 2001; Bolton et al. 2002; Hunt 1999; Nordin & Gillberg 1996).

Viele, wenn nicht die Mehrheit der beschriebenen genetischen Mutationen bei syndromalem Autismus – wie z. B. Mutationen in den *MEF2C-*, *FMR1-*, *NF1-*, *PTEN-*, *SYNGAP1-*, *EIF4E-* und *CYFIP1*-Genen – führen zu einer erhöhten Gentranskription und mRNA-Translation. Solche Effekte auf Transkription und Translation können auch bei erhöhter neuronaler Aktivität beobachtet werden.

Diese Mutationen könnten zu einer abnormalen Zunahme der Stärke und/oder Anzahl von exzitatorischen Synapsen innerhalb bestimmter neuronaler Netzwerke führen (Bourgeron 2015). Die kortikale Hyperexzitabilität ist eine der neurofunktionellen Theorien von Autismus-Spektrum-Störungen (Takarae & Sweeney 2017). Dies könnte teilweise auch das höhere Risiko für Epilepsie bei Personen mit syndromalem Autismus erklären (siehe auch Kap. 6 Autismus-Spektrum-Störungen).

22.6.3 Verhaltensstörungen

Häufig stellt sich die Frage, ob aggressives Verhalten seine Ursache in der Epilepsie bzw. in epileptischen Anfällen oder in deren medikamentöser Behandlung hat. Wegen des oft anfallsartigen Ablaufs ist immer wieder über den Zusammenhang zwischen Epilepsie und aggressiven Verhaltensweisen spekuliert worden, auch weil durch elektrische Stimulation limbischer und hypothalamischer Strukturen sowohl bei Tieren als auch beim Menschen aggressives Verhalten ausgelöst werden kann (Treiman 1991).

Aggressionen im Anfall (**iktale Aggressionen**) sind äußerst selten. Heftige ungestüme Automatismen kommen aber vor allem bei Frontallappenanfällen recht häufig vor. Sie treten hauptsächlich in der Anfangsphase eines psychomotorischen (komplex-partiellen) Anfalls als stereotyp ungerichtetes Verhalten auf, verbunden mit einer Beeinträchtigung des Bewusstseins und mit fehlender oder nur geringer Beeinflussbarkeit von außen. Sie sind bei ein und derselben Person in der Regel bei jedem Anfall in gleicher stereotyper Weise zu beobachten. Es gibt keine gesicherten Fälle, in denen iktale Aggressionen als organisiertes, zielgerichtetes Angreifen einer anderen Person nachgewiesen sind (Schachter 2001; Treiman 1991).

Zeitlich an Anfälle gekoppeltes aggressives Verhalten im Vorfeld, das nicht Symptom eines epileptischen Anfalls ist, zeigt sich oft und insbesondere auch bei Menschen mit Epilepsie und einer Störung der Intelligenzentwicklung. Man spricht dann von **präiktalen Aggressionen**, die als prodromale Symptomatik zu verstehen sind, häufig verbunden mit Unruhe und Reizbarkeit (Blanchet & Frommer 1986).

Die häufigste Form von anfallsgebundenen Aggressionen tritt nach dem Anfall als **postiktales Verhalten** auf. Diese Aggressionen haben einen abwehrenden Charakter und werden durch Beschränkung und (gewaltsames) Zurückhalten der Person in der postiktalen Verwirrtheit nach einem komplexpartiellen oder generalisiert tonisch-klonischen (Grand-mal-)Anfall ausgelöst (Schachter 2001; Treiman & Delgado-Escueta 1981). Entsprechend sind sie vermeidbar, wenn der Betroffene nach dem Anfall nicht verbal oder körperlich bedrängt (z. B. zum Hinlegen oder Setzen gezwungen wird) und er ohne viele Worte ruhig und geduldig begleitet wird.

Auch im Rahmen von postiktalen Psychosen kommen aggressive Handlungen in gut einem Viertel der psychotischen Episoden vor (Kanemoto et al. 1999; siehe auch Kap. 18 Verhaltensstörungen).

Anfallsunabhängige Aggressionen können bei Menschen mit Epilepsie in sehr vielfältiger Weise entstehen und auftreten. Die Frage nach dem ursächlichen Zusammenhang (z. B. Gehirnläsion, die sowohl zu Anfällen wie auch zu aggressivem Problemverhalten führt) lässt sich oft nicht klären. Bei Epilepsiepatientinnen und -patienten mit einer Störung der Intelligenzentwicklung scheint das Risiko für das Auftreten von Aggressionen erhöht zu sein (Mendez et al. 1993).

Therapieabhängige Veränderungen des aggressiven Verhaltens zeigen sich bei Menschen mit Epilepsie insbesondere unter antikonvulsiver Behandlung. Von den älteren **Antikonvulsiva** löst vor allem Phenobarbital (und Primidon, das im Körper zu Phenobarbital umgewandelt wird) aggressives Verhalten aus (Kalachnik & Hanzel 2001; siehe auch Abschn. 22.7).

Vermehrte Aggressivität als Persönlichkeitsmerkmal wurde bei Menschen mit Epilepsie immer wieder diskutiert. Waxman & Geschwind (1975) sowie Bear & Fedio (1977) schreiben Menschen mit Epilepsien, insbesondere bei Temporallappenepilepsien, aggressives Verhalten neben anderen Persönlichkeitszügen (z. B. Umständlichkeit, Viskosität, vermehrte Religiosität und Humorarmut) zu. Diese interiktalen Züge konnten jedoch bisher nicht zweifelsfrei einer epileptischen Persönlichkeitsstruktur zugeordnet werden (Ritaccio & Devinsky 2001).

Neben den die Epilepsie und deren Behandlung betreffenden (möglichen) Ursachen für aggressives Verhalten muss im Einzelfall, gerade bei einer Störung der Intelligenzentwicklung und beeinträchtigter Kommunikation, unbedingt an andere Gründe für die Aggressivität gedacht werden, die von psychischen Belastungssituationen über somatische Schmerzen bis zu Depressionen, Angststörungen und auch Schlafstörungen reichen. Natürlich können auch diese zum Teil im Zusammenhang mit der Epilepsie auftreten. Nachfolgend werden die verschiedenen Aspekte zu aggressiven Verhaltensweisen bei Menschen mit Störungen der Intelligenzentwicklung und Epilepsie zusammengefasst.

AGGRESSIONEN BEI MENSCHEN MIT STÖRUNGEN DER INTELLIGENZENTWICKLUNG UND EPILEPSIE

- Gezielte Aggressionen kommen im Anfall nicht vor
- Aggressionen im Rahmen einer dysphorischen Prodromalsymptomatik vor dem Anfall sind häufig
- Aggressionen nach dem Anfall (in der postiktalen Verwirrtheit), wenn die Person von außen bedrängt wird
- Aggressionen im Rahmen von postiktalen Psychosen
- Gehirnstrukturelle Veränderungen, die sowohl zu Aggressionen als auch zu Epilepsie führen (?)
- Aggressionen durch die antikonvulsive Medikation (vor allem Phenobarbital)
- **Stets an Aggressionen denken, die unabhängig von der Epilepsie oder der antikonvulsiven Medikation auftreten!**

22.7 Medikamenteneffekte

Angesichts der Häufigkeit, mit der psychische Störungen und Verhaltensauffälligkeiten bei Menschen mit Epilepsie und Störungen der Intelligenzentwicklung auftreten, sind **Wechselwirkungen** zwischen Antikonvulsiva und Antidepressiva bzw. Neuroleptika zu bedenken. Berücksichtigt werden müssen auch die Auswirkungen der antiepileptischen Therapie auf das **psychische Zustandsbild** einerseits und der psychopharmakologischen Therapie auf die **Anfallssituation** andererseits.

Die größte klinische Bedeutung haben pharmakokinetische Interaktionen zwischen den Substanzklassen, psychische Effekte der Antikonvulsiva sowie additive Nebenwirkungen von Antiepileptika und Psychopharmaka. Die prokonvulsive Wirkung von Antidepressiva und Neuroleptika wird meist überschätzt.

Entscheidend für das Verständnis der pharmakokinetischen Wechselwirkungen zwischen Antikonvulsiva und Antidepressiva bzw. Neuroleptika ist der mögliche Einfluss der jeweiligen Substanz auf das System der Cytochrom-P450(CYP)-multifunktionellen Oxidasen (Medikamenteninteraktionen siehe Kap. 3.1.4 Unterschiede in der Pharmakokinetik).

22.7.1 Medikamenteninteraktionen

Unter den **Antikonvulsiva** sind Phenytoin, Phenobarbital und Primidon (wird zu Phenobarbital metabolisiert), Carbamazepin und, in deutlich geringerem Umfang, Oxcarbazepin die wichtigsten Enzyminduktoren. Entsprechend erniedrigen sie die Serumkonzentrationen zahlreicher Medikamente, vor allem der Antipsychotika. Valproat ist der bedeutendste Enzyminhibitor unter den antiepileptisch wirksamen Substanzen. Dies bedeutet jedoch nicht, dass Valproat in jedem Fall die Serumspiegel der Neuroleptika und Antidepressiva anhebt (Besag & Berry 2006). Das neu eingeführte Antikonvulsivum Cannabidiol für Menschen mit Lennox-Gastaut- und Dravet-Syndrom hat ebenfalls einen starken enzyminhibitorischen Effekt.

Neuroleptika inhibieren in geringem Umfang den Abbau von Antikonvulsiva. So ist unter Thioridazin ein Anstieg der Serumkonzentration von Phenobarbital und Phenytoin bekannt, unter Quetiapin ein Anstieg der Serumspiegel des Oxcarbazepin sowie des aktiven Carbamazepin-Metaboliten 10,11-Epoxid. Neuere (atypische) Neuroleptika interagieren insgesamt eher weniger (Barker et al. 2004; Fitzgerald & Okos 2002).

Unter den **Antidepressiva** steigern vor allem die selektiven Serotonin-Wiederaufnahmehemmer Fluoxetin, Fluvoxamin und Trazodon den Carbamazepin-Serumspiegel. Unter Sertralin sind erhöhte Valproat- und Lamotrigin-Serumkonzentrationen und unter Viloxazin erhöhte Phenytoin- und Carbamazepin-Serumspiegel beobachtet worden (Monaco & Cicolin 1999; Spina & Perucca 2002).

22.7.2 Nebenwirkungen von Antiepileptika

Jedes gebräuchliche Antikonvulsivum **verändert** in unterschiedlicher Häufigkeit und mehr oder weniger großem Umfang die **Stimmung und das Verhalten**. Depressionen treten besonders bei Barbituraten (Phenobarbital) auf, auch bei Benzodiazepinen, Topiramat, Vigabatrin, Tiagabin, Gabapentin sowie Levetiracetam und selten bei Carbamazepin (hier auch vereinzelt Manien) (Huber 2002; Martin & Guth 2002; Matthes & Schneble 1999; Schmitz 1999).

Zu **Aggressionen** (einschließlich selbstaggressivem Verhalten) kommt es häufig unter der Gabe von Phenobarbital, Vigabatrin und Topiramat, seltener bei Lamotrigin und – vor allem bei Kindern und Menschen mit Störungen der Intelligenzentwicklung – bei Levetiracetam, Gabapentin und Perampanel (Brodie et al. 2016; Ettinger & Steinberg 2001; Huber 2002; Woodhams et al. 1994). Möglicherweise sind negative psychotrope Effekte des Lamotrigin in der sehr gut wirksamen Kombination mit Valproat geringer als bei Monotherapie oder in Kombination mit anderen Substanzen. In der Regel hängen Verhaltensauffälligkeiten deutlich von der Effektivität der medikamentösen Therapie und damit von der Anfallssituation ab. Ist diese schlecht, tritt Problemverhalten häufiger und ausgeprägter auf und umgekehrt (Devinsky 1995; Schmitz 1999). Dies ist aber nicht immer der Fall; so kann Levetiracetam durchaus eine sehr gute Anfallskontrolle bewirken, aber gleichzeitig ausgeprägtes aggressives Verhalten hervorrufen (Martin & Guth 2002). **Paranoid-halluzinatorische Psychosen** werden (insgesamt selten) unter Ethosuximid (Alternativpsychosen), Topiramat, Lamotrigin, Felbamat, vereinzelt auch unter Brom, Zonisamid und, bei toxischer Dosierung, unter Phenytoin beobachtet (Huber 2002; Matthes & Schneble 1999; Schmitz 1999). **Schlafstörungen** kommen vor allem bei Lamotrigin, Felbamat und Ethosuximid vor. Natürlich können im Einzelfall psychische Störungen verschiedener Art auch bei Gabe eines Antikonvulsivums auftreten, das hier nicht genannt wurde.

RISIKOFAKTOREN FÜR DAS AUFTRETEN PSYCHISCHER STÖRUNGEN

Als Risikofaktoren für das Auftreten von psychischen Störungen unter antikonvulsiver Medikation können angesehen werden (Schmitz 1999):
- eine schwer verlaufende Epilepsie
- die Behandlung mit mehreren Substanzen gleichzeitig
- zu rasches Eindosieren der Antikonvulsiva
- sehr hohe Dosierungen bzw. Serumspiegel
- vorausgehende psychische Erkrankungen
- eine familiäre Belastung mit psychischen Störungen

Unter Phenobarbital aufgetretene Verhaltensstörungen (insbesondere Aggressionen und psychomotorische Unruhe) und Depressionen bilden sich nach dem Absetzen sehr gut zurück. Gleichzeitig verbessern sich meist die kognitiv-mnestischen Funktionen, im Allgemeinen ohne eine Verschlechterung der Anfallssituation (Poindexter et al. 1993). Setzt man Phenobarbital ab, ist eine vorübergehende Anfallshäufung zu erwarten, die durch die intermittierende Gabe eines Benzodiazepins (z. B. Clobazam) aufgefangen werden kann oder eine stationäre Behandlung notwendig macht.

Das neu eingeführte antikonvulsive Präparat Cenobamat zeigte in den Phasen 2 und 3 der Zulassungsstudien nur milde bis moderate kognitive und psychiatrische Nebenwirkungen. Die häufigste Nebenwirkung war bei

2,5 % der Probanden ein Verwirrtheitszustand (Krauss et al. 2022). Real-life-Studien bei Menschen mit Störungen der Intelligenzentwicklung stehen noch aus.

In einer Studie mit mehreren neueren Antikonvulsiva mit unterschiedlichen Wirkmechanismen (Topiramat, Levetiracetam, Pregabalin, Zonisamid, Lacosamid, Eslicarbazepinacetat, Retigabin) zeigte sich, dass Personen, die eine Behandlung mit Antikonvulsiva aus der Gruppe der Natrium-Kanalblocker bekamen, statistisch weniger wahrscheinlich intolerable psychiatrische Probleme entwickelten im Vergleich zu denen, die mit Antikonvulsiva mit anderen Wirkmechanismen behandelt wurden (Stephen et al. 2017). Die Depression war das häufigste Problem, das zur Unterbrechung bzw. einem Wechsel der antikonvulsiven Behandlung führte.

Carbamazepin und Valproat, aber auch Lamotrigin (in der letzten Zeit auch Topiramat) werden in der Behandlung affektiver Psychosen, vor allem in der Phasenprophylaxe von bipolaren Affekterkrankungen, eingesetzt. Für Gabapentin und Pregabalin wurde eine angstlösende Wirkung berichtet (Beydoun & Passaro 2001; Schmitz 1999). Kritisch muss in Bezug auf die positiv psychotrope Wirksamkeit von Antikonvulsiva angemerkt werden, dass sie bei Epilepsiepatientinnen und -patienten zum Teil weniger deutlich ist als bei Menschen ohne Epilepsie (Dodrill 1991).

Ausdrücklich zu erwähnen ist, dass sich bei Menschen mit einer Störung der Intelligenzentwicklung die Kombinationsbehandlung mit Lamotrigin und Valproat sehr gut bewährt hat, sowohl im Hinblick auf eine durchgreifende und anhaltende Besserung der Anfallssituation als auch hinsichtlich des Antriebs und der kognitiven Fähigkeiten (Torta & Monaco 2002).

Es gibt aktuell nicht genügend hochqualitative Studien, die einen klinischen positiven Effekt beim Einsatz von Cannabidiol zur Behandlung unterschiedlicher psychischer Erkrankungen nachweisen (Kirkland et al. 2022).

Ebenso wenig hat sich die Behandlung mit Everolimus bei Kindern mit dem Tuberöse-Sklerose-Komplex (TSC) bewährt. Der mTOR-Inhibitor führte in einer placebokontrollierten Studie zu keiner signifikanten Besserung der Kognition oder des Verhaltens (Krueger et al. 2017).

22.7.3 Nebenwirkungen von Psychopharmaka

Zu den pharmakodynamischen Interaktionen zählen die prokonvulsiven Effekte der Antidepressiva und Neuroleptika. Häufig wird vergessen, dass – zumindest für einzelne Substanzen und unter bestimmten Bedingungen – auch antikonvulsive Effekte erkennbar sind.

Zur Einschätzung des prokonvulsiven Risikos ist es wichtig, zu wissen, dass die jährliche Inzidenz eines ersten Anfalls in der Allgemeinbevölkerung 0,086 % beträgt (Rosenstein et al. 1993). Für Epilepsiepatientinnen und -patienten liegen keine Vergleichszahlen zu anfallsauslösenden Effekten von Psychopharmaka vor. Auch für Menschen ohne Epilepsien lassen sich die Ergebnisse zum prokonvulsiven Risiko nicht ohne Weiteres vergleichen, da unterschiedliche Dosierungen bzw. Aufdosierungsgeschwindigkeiten gewählt wurden.

Veränderungen des EEG sind unter Psychopharmakotherapie sehr viel häufiger als das Auftreten von Anfällen; auch sie sagen wenig über das Anfallsrisiko aus (Pisani et al. 1999). Orientierend lässt sich feststellen, dass unter Antidepressiva insgesamt eine **Anfalls-**

inzidenz von 0,1–4,0 % gesehen wurde; für Neuroleptika liegen die Zahlenangaben in einem ähnlichen Bereich (Hemmer et al. 2001; Pisani et al. 1999; Torta & Monaco 2002). Selektive Serotonin-Wiederaufnahmehemmer (SSRI), MAO-Hemmer und vermutlich auch noradrenerge bzw. spezifisch serotonerge Antidepressiva (z. B. Mirtazapin) haben ein sehr geringes prokonvulsives Risiko. Auch bei trizyklischen Antidepressiva werden für die meisten Einzelsubstanzen nur Werte bis zu 0,6 % angegeben. Deutlich höhere Zahlen finden sich für die Anfallsinzidenz unter Maprotilin (bis 15,6 %) und Clomipramin (bis 3,0 %), weswegen von der Verwendung dieser beiden Substanzen bei komorbider Epilepsie abzuraten ist. Für einzelne Antidepressiva (SSRI, Doxepin) wurde zum Teil eine Reduktion der Anfallshäufigkeit bei Epilepsie berichtet (Barry & Huynh 2002; Ojemann et al. 1983; Pisani et al. 1999; Schmitz 2002).

Um das Anfallsrisiko unter antidepressiver Medikation möglichst gering zu halten, ist es erforderlich, zu hohe Dosierungen, zu hohe Serumspiegel bzw. zu rasches Aufdosieren zu vermeiden, da der **Effekt** sehr stark **dosisabhängig** ist (Barry & Huynh 2002). In diesem Zusammenhang muss auch an genetische Varianten der abbauenden Enzyme gedacht werden (*slow metabolizer*), die bei üblichen Dosierungen zu sehr hohen Serumspiegeln führen können (Steimer et al. 2001).

Für den therapeutischen Erfolg ist es sehr wichtig, nicht aus unberechtigter Angst mit zu niedrigen Dosen (Trizyklika < 150 mg täglich) oder zu kurze Zeit (< 6 Monate nach Abklingen der Symptomatik) zu behandeln.

Unter den **Neuroleptika** besitzen die Butyrophenone ein geringeres prokonvulsives Risiko als die trizyklischen Substanzen (Phenothiazine, Thioxanthene). Auch hier hängt das Anfallsrisiko stark von der Dosis ab. Besonders gut konnte das für Clozapin gezeigt werden. Clozapin ist das Neuroleptikum mit dem insgesamt höchsten prokonvulsiven Risiko. Die Anfallswahrscheinlichkeit beträgt in einem Dosisbereich von 600–900 mg/Tag 4,4 %, bei 300–600 mg 2,7 %, aber bei Tagesdosen unter 300 mg nur noch 1,0 % (Alldredge 1999; Koch-Stöcker 2002). Für die meisten in den letzten Jahren zugelassenen **atypischen Neuroleptika** wird ein niedriges prokonvulsives Risiko angegeben (Risperdal und Olanzapin 0,2–0,3 %, Amisulprid sehr niedrig, Quetiapin 0,4 %); nur für Zotepin fanden sich Anfallsinzidenzen über 7 %, vor allem bei höherer Dosierung (Koch-Stöcker 2002).

Bei der medikamentösen Therapie von Menschen mit Epilepsie und psychischen Störungen ist es wichtig, stets mögliche additive Nebenwirkungen im Auge zu behalten, wie die depressionsfördernde Wirkung von Phenobarbital und Neuroleptika oder die Erzeugung eines metabolischen Syndroms sowohl unter Valproat als auch unter Olanzapin, bzw. hämatologische Nebenwirkungen, die unter Carbamazepin ebenso auftreten können wie unter Clozapin.

22.8 Fallbeispiel

FALLBEISPIEL

Der Patient B. kam im Alter von 21 Jahren aufgrund der unbefriedigend behandelten Epilepsie und seines ausgeprägten Problemverhaltens zur Untersuchung.

Anamnese: Mit vier Jahren waren erstmals Anfälle aufgetreten. Eine Epilepsie mit vorwiegend komplex-partiellen (psychomotorischen), oberkörperbetont tonischen- sowie früher beschriebenen myoklonisch-

astatischen Nickanfällen und fraglich generalisiert tonisch-klonischen Anfällen wurde diagnostiziert. Daneben bestand eine ausgeprägte psychomotorische Unruhe bei frühkindlichem Autismus. Bei den komplex-partiellen Anfällen zeigte B. ein initiales Würgen, starken Speichelfluss, ein Verkrampfen des Gesichts und kurzzeitige Bewegungsunruhe. Die Anfälle dauerten jeweils nur rund zehn Sekunden, traten aber täglich, oftmals in kurzer Folge, auf. Die tonischen Anfälle zeigten sich in einem Verkrampfen der Arme und des Oberkörpers, teilweise auch des gesamten Körpers (dann auch mit Stürzen). Sie dauerten ebenfalls etwa zehn Sekunden und traten auch täglich auf. Im Schlaf wurden wiederholt Myoklonieschauer beobachtet, die entweder nur das Gesicht oder aber den ganzen Körper betrafen. Daneben bestand eine ausgeprägte Bewegungsunruhe des Patienten, der seine Aufmerksamkeit kaum fokussieren konnte und ständige Überwachung benötigte, da er sonst scheinbar wahllos Gegenstände zerstört hätte. Deshalb war der Verbleib im Wohnheim, in dem er lebte, infrage gestellt. Das Problemverhalten machte jegliche Förderung unmöglich.
Die Schwangerschaft der Mutter war durch eine drohende Fehlgeburt ab der zehnten Schwangerschaftswoche gefährdet. Sie musste mit Benzodiazepinen, Wehenhemmern und Cerclage behandelt werden. Es traten ein Hydramnion und nach der Geburt ein Icterus neonatorum auf.
Die frühkindliche Entwicklung vollzog sich verzögert, wobei B. erst mit elf Monaten frei sitzen konnte, dann aber statomotorisch deutliche Fortschritte machte, sodass später nur noch ein plumpes Gangbild auffällig war. Das Sprechen erlernte er nie. Er machte sich durch Lautieren verständlich und konnte nur einfachen Aufforderungen entsprechen. Daran änderte sich bis ins Erwachsenenalter nichts.

Als B. etwa sechs Monate alt war, fiel seinen Eltern sein eigenartiges Kontaktverhalten auf, vor allem der fehlende bzw. geringe Blickkontakt. Er sei sehr unruhig gewesen und habe häufig geschrien. Verhaltensauffälligkeiten hätten sich mit Beginn der Epilepsie weiter verstärkt. Schon früh zeigte B. spezielle Interessen und Tendenzen, sich immer in gleicher Weise zu beschäftigen. So konnte er, im Sandkasten sitzend, Flüssigkeit von einem Becher in einen anderen umfüllen. Häufig und sehr ausdauernd habe er auch Zeitschriften zerrissen.
Im Alter von vier Jahren besuchte B. einen Sonderkindergarten und ab dem achten Lebensjahr eine Sonderschule für geistig behinderte Schüler. Seit seinem 14. Lebensjahr lebt er in einem Wohnheim.

Familienanamnese: körperliche Behinderung bei einer Cousine (»Bewegungsstörung«); zwei gesunde Brüder (zwei Jahre jünger bzw. älter); keine neuropsychiatrischen Erkrankungen in der Familie bekannt.

Untersuchung: Bei der ersten Untersuchung zeigte B. kaum Anteilnahme an seiner Umgebung. Er spielte fast ununterbrochen mit leeren Briefcouverts, die er mitgebracht hatte. Immer wieder blickte er kurz auf und griff schnell nach Gegenständen (v. a. nach Stiften), die er im Untersuchungszimmer fand. Er zeigte auffallend wenige mimische Ausdrucksbewegungen. Seinen Mund hielt er leicht geöffnet und gab wiederholt, meist ohne von außen erkennbaren situativen Bezug, Laute von sich.
Neurologisch: undifferenziertes leicht stampfendes Gangbild mit etwas flektierten Kniegelenken.
Zytogenetische und molekulargenetische Analyse: normaler Karyotyp (46,XY), unauffällige Subtelomer-FISH-Untersuchung;

keine Hinweise auf Fragiles-X-Syndrom bzw. Anlageträgerschaft.

Kernspintomografie: frontal betonte Gehirnvolumenminderung und unregelmäßiges Windungsrelief, jedoch nicht im Sinne einer definierten Gyrierungsstörung; mäßig ausgeprägte Kleinhirnatrophie.

Nachdem B. in den Jahren seit Beginn seiner Epilepsie mit zahlreichen unterschiedlichen Antikonvulsiva, meist in Kombination, behandelt worden war, erhielt er zum Zeitpunkt der Erstuntersuchung eine Dreifachtherapie mit Phenobarbital, Brom und Lamotrigin.

Therapie: Kombinationsbehandlung von Lamotrigin und Valproat; es zeigte sich jedoch, dass (nachdem Brom bereits abgesetzt und Valproat eindosiert worden war) die Umstellung nicht ambulant erfolgen konnte, da unter Dosisreduktion von Phenobarbital vermehrt Anfälle auftraten. Während eines achtwöchigen stationären Aufenthaltes in einer Spezialklinik konnte Phenobarbital unter vorübergehendem Clobazam-Schutz vollständig aus der Behandlung herausgenommen werden. Problemlos wurde die angestrebte Kombination aus Valproat und Lamotrigin erreicht. Während zu Beginn der stationären Behandlung wegen der sehr starken Unruhe von B. zeitweise eine intensivste (1:1-)Betreuung notwendig war, gelang es mit klarer Tagesstrukturierung, eindeutigen und für den Patienten verständlichen Vorgaben sowie zahlreichen Rückzugsmöglichkeiten, B. in den Stationsalltag zu integrieren. Er wurde auch, trotz Beibehaltens seiner einseitigen Interessen, zu einem größeren Spektrum von Beschäftigungen motivierbar.

Bei der letzten Kontrolluntersuchung, acht Monate nach dem Klinikaufenthalt, war zu erfahren, dass der Patient unter unveränderter Therapie mit Lamotrigin und Valproat nach der Entlassung durchgehend anfallsfrei geblieben war. Ein Verbleib in der Wohngruppe musste nicht mehr infrage gestellt werden. Er verhielt sich in der Untersuchungssituation deutlich ruhiger als vor der zuletzt vorgenommenen Änderung der Medikation. Dabei wirkte er freundlich sowie auch konzentriert und aufmerksam.

JOHANNES FELLINGER & PAULA MORITZ

23 Hörbeeinträchtigungen mit und ohne Sehbeeinträchtigung

23.1 Die Codierung der Krankheiten mit Beeinträchtigung des Hörvermögens und Sehbeeinträchtigung in der ICD-11

AB5 KRANKHEITEN MIT BEEINTRÄCHTIGUNG DES HÖRVERMÖGENS

- AB50 Angeborene Beeinträchtigung des Hörvermögens
- AB51 Erworbene Beeinträchtigung des Hörvermögens
- AB52 Taubheit o. n. A.
- AB53 Ototoxischer Hörverlust
- AB54 Presbyakusis
- AB55 Idiopathischer Hörsturz
- AB56 Vererbter Hörverlust
- AB57 Auditorische Synaptopathie oder Neuropathie
- **9D9 Sehbeeinträchtigung**
- 9D90 Sehbeeinträchtigung, einschließlich Blindheit
- 9D92 Näher bezeichnete visuelle Dysfunktionen
- 9D93 Komplexe visuell bedingte Dysfunktionen
- 9D94 Beeinträchtigung der vorhandenen Sehschärfe
- 9D95 Beeinträchtigung der bestkorrigierten Sehschärfe
- 9D96 Beeinträchtigung der unkorrigierten Sehschärfe

Sinnesbeeinträchtigungen bleiben bei Menschen mit Störungen der Intelligenzentwicklung (SIE) und/oder Mehrfachbeeinträchtigung oft unerkannt, was dazu führt, dass Abweichungen oder Verzögerungen der Informationsverarbeitung und im Verhalten oft ausschließlich auf kognitive Defizite zurückgeführt werden. Diese »Überschattung« führt zu einer hohen Dunkelziffer sensorischer Beeinträchtigungen in dieser Personengruppe.

Dieses Kapitel gibt einen Überblick über die Prävalenzraten von Hör- und Sehbeeinträchtigungen bei Menschen mit Störungen der Intelligenzentwicklung. Im Folgenden werden Erhebungsinstrumente und therapeutische Implikationen vorgestellt, wobei ein besonderer Fokus auf Maßnahmen zur Förderung der Kommunikationsfähigkeit liegt. Ebenso werden herausforderndes Verhalten, Autismus-Spektrum-Störungen (ASS) und komorbid auftretende psychiatrische Störungen erörtert und Möglichkeiten der Umgebungsgestaltung aufgezeigt, die den Bedürfnissen von Menschen mit Hörbeeinträchtigungen und Störungen der Intelligenzentwicklung gerecht werden. Das Kapitel schließt mit praktischen Aspekten zur Förderung der Kommunikation.

23.2 Prävalenz

In der Vergangenheit haben verschiedene Studien die Prävalenzraten von Hörbeeinträchtigungen mit und ohne Sehbeeinträchtigung bei Störungen der Intelligenzentwicklung untersucht. Dabei variieren die berichteten Prävalenzraten je nach angewandter Methodik und der zugrunde liegenden Definition der sensorischen Beeinträchtigungen. Studien, die Fragebögen zur Erfassung sensorischer Beeinträchtigungen verwenden, können durch subjektive Angaben von Familienmitgliedern oder Betreuungspersonen beeinflusst und somit verzerrt sein (Carvill 2001).

23.3 Multidimensionale Diagnostik

Das Zusammenspiel von Gehörlosigkeit, kognitiven Funktionen und Zugang zu spezifischer Bildung, die auf der Erfüllung von Kommunikationsbedürfnissen sowie gesellschaftlicher Einstellungen beruht, trägt zu einer großen Heterogenität von Entwicklungsprofilen bei gehörlosen Personen mit Störungen der Intelligenzentwicklung bei. Dies wird in der Arbeit von Eisinger et al. (2022) veranschaulicht – in ca. 75 % der untersuchten Fälle von gehörlosen Erwachsenen mit leichter Störung der Intelligenzentwicklung lagen heterogene Entwicklungsprofile vor. Hervorzuheben ist hierbei die relative Stärke der intellektuellen Funktionsfähigkeit und die relative Schwäche sozialer Fähigkeiten innerhalb der Profile. Da hörbeeinträchtigte Personen mit Störungen der Intelligenzentwicklung oft Schwierigkeiten haben, an der auf gesprochener Sprache basierenden Sprachumgebung teilzuhaben, müssen Umfang und Qualität des vorhandenen sozialen Netzwerks gründlich erfasst werden.

Um die individuellen Entwicklungsprofile von hörbeeinträchtigten Personen mit Störungen der Intelligenzentwicklung zu verstehen, ist die multidimensionale Diagnostik unerlässlich. Diese umfasst:

- Bestimmung des Schweregrads der Störung der Intelligenzentwicklung
- adaptive Fähigkeiten in verschiedenen Dimensionen
- auditive und visuelle Funktionen
- die bevorzugte Form der Kommunikation (z. B. gesprochen, visuell, taktil)
- expressive und rezeptive Sprachkompetenz
- soziale Kommunikationsfähigkeit

Letztere kann durch den *Social Communication Questionnaire for People with Intellectual Disability (QSC-ID)* gescreent werden (Weber et al. 2021).

23.4 Störungen der Intelligenzentwicklung und Hörbeeinträchtigungen

23.4.1 Definition

Nach Kiani & Miller (2010) wird zwischen vier verschiedenen Abstufungen der Hörbeeinträchtigung unterschieden: leicht (20–30 dB), mittelgradig (bis 69 dB), schwer (bis 94 dB), hochgradig (ab 94 dB). Leichte bis hochgradige Hörbeeinträchtigungen bezeichnet man auch als Schwerhörigkeit. Mit dem Begriff »gehörlos« wird nicht nur eine an Taubheit grenzende Hörbeeinträchtigung bezeichnet, sondern vielmehr auch eine kulturelle Identität durch die Verwendung von Gebärdensprache und die Zugehörigkeit zur Gehörlosenkultur.

Laut Weltgesundheitsorganisation ist eine Hörbeeinträchtigung ab 35 dB auf dem besseren Ohr als eine »behindernde« Hörbeeinträchtigung einzustufen (WHO 2021). Hörbeeinträchtigungen können sowohl angeborene (AB50) als auch erworbene (AB51) Ursachen haben. Angeborene Hörbeeinträchtigungen treten bereits während der Schwangerschaft oder kurz nach der Geburt auf. Die weltweit häufigsten Ursachen dafür sind Rötelerkrankungen in der Schwangerschaft, ein niedriges Geburtsgewicht oder Sauerstoffunterversorgung bei der Geburt. Erworbene Hörbeeinträchtigungen können hingegen in jedem Alter auftreten. Zu den verbreitetsten Ursachen gehören hier Infektionskrankheiten, chronische Ohrinfektionen, übermäßige Lärmexposition sowie fortschreitendes Alter der Mutter. Insbesondere bei Kindern und Jugendlichen sind chronische Mittelohrentzündungen eine weitverbreitete Ursache.

23.4.2 Prävalenz

Laut Metropolitan Atlanta Registry, einem der wenigen populationsbezogenen Register zur Erfassung von Menschen mit Beeinträchtigungen, lag die Prävalenzrate von mittel- bis hochgradiger Hörbeeinträchtigung in den Jahren 1991 bis 2010 bei 1,4 pro 1000 Kindern mit einer durchschnittlichen Veränderung von 0,93 % pro Jahr (van Naarden Braun et al. 2015). 47 % der Kinder hatten eine mittelgradige, 23 % eine schwere und 31 % hochgradige Hörbeeinträchtigung. Die Prävalenzrate war im berichteten Zeitraum über die Schweregrade hinweg stabil und eine zusätzlich Störung der Intelligenzentwicklung war mit 23 % die am häufigsten auftretende komorbide Entwicklungsstörung. Andersherum betrachtet: 3 % aller 8-jährigen Kinder mit Intelligenzentwicklungsstörungen hatten zusätzlich eine Hörbeeinträchtigung.

Bei Erwachsenen variiert die berichtete Prävalenzrate je nach angewandter Methodik der Studie. Meuwese-Jongejeugd et al. (2006) berichteten aus einem niederländischen Sample mit knapp 1600 eingeschlossenen Erwachsenen mit Störungen der Intelligenzentwicklung eine Prävalenz von 35,8 %. **In etwa der Hälfte der Fälle (47,6 %) war die Hörbeeinträchtigung zuvor unerkannt.** Einen Zusammenhang zwischen den Schweregraden von Intelligenzentwicklungsstörungen und Hörbeeinträchtigung hat das Autorenteam nicht festgestellt. Die gewichtete Prävalenz von Hörbeeinträchtigungen bei Störungen der Intelligenzentwicklung lag mit 30,3 %

etwa doppelt so hoch wie in der Allgemeinbevölkerung (16–17 %). Zu noch drastischeren Ergebnissen kommt eine österreichische Studie aus dem Jahr 2009. Von 224 Erwachsenen mit Störungen der Intelligenzentwicklung aus einer betreuten Wohnform hatten 46 % eine Hörbeeinträchtigung, die in 72,8 % der Fälle (75 von 103) zuvor unbekannt war (Fellinger et al. 2009). Beide Studien weisen auf die hohe Anzahl nicht diagnostizierter Hörbeeinträchtigungen und die Bedeutsamkeit systematischer Untersuchung bei Menschen mit Störungen der Intelligenzentwicklung hin.

Timehin und Timehin (2004) berichteten eine Prävalenzrate von 9,2 % für Hörbeeinträchtigungen bei Menschen mit Störungen der Intelligenzentwicklung. 70 % der untersuchten Bewohnerinnen und Bewohner von Einrichtungen des NHS Trust wurden im Laufe ihres Lebens zu irgendeinem Zeitpunkt durch die Audiologie betreut. Hingegen wurden lediglich 24 % regelmäßig untersucht und erhielten eine Wartung ihrer Hörgeräte.

23.4.3 Hördiagnostik und Hörgeräte

Als ideale Screening-Methode für Menschen mit Störungen der Intelligenzentwicklung hat sich die Überprüfung **otoakustischer Emissionen** erwiesen. Um diese verlässlich durchführen zu können, ist zuvor häufig eine Reinigung der äußeren Gehörgänge von Cerumen notwendig (Evenhuis 1996; Gorga et al. 1993). Bei entsprechender Compliance können auch **Verhaltens-, Reinton- und Sprachaudiometrie** zur Diagnostik von Hörbeeinträchtigungen angewandt werden. Zeigt die Zielgruppe keine Compliance, ist als letzte Möglichkeit auch eine **Hirnstammaudiometrie unter Vollnarkose** möglich.

Ist eine Hörbeeinträchtigung festgestellt, sollten Hörgeräte angepasst werden. Bei Menschen mit Störungen der Intelligenzentwicklung findet dieser Prozess jedoch oft nicht statt oder scheitert, da man annimmt, sie würden Hörgeräte nicht ohne Weiteres akzeptieren (Meuwese-Jongejeugd et al. 2006). Es bedarf daher stetiger Bemühungen und eines sorgfältigen Anpassungsprozesses, um Menschen mit Intelligenzentwicklungsstörungen zur Nutzung von Hörgeräten zu motivieren (Yeates 1995).

Eine niederländische Studie hat die Akzeptanz von Hörgeräten in einer Stichprobe von 16 Personen mit leichter bis mittelgradiger Störung der Intelligenzentwicklung untersucht (Meuwese-Jongejeugd et al. 2007). Die Teilnehmenden wurden vor und sechs Monate nach Anpassung der Hörgeräte zu Themen wie Nutzen, Kosmetik und Selbstbild, Klangqualität, Komfort, Benutzer-Freundlichkeit und Service befragt. Ein Großteil der Teilnehmenden war sich ihrer Hörbeeinträchtigung bewusst und verstand, warum sie Hörgeräte erhalten hatten. Ähnlich wie in der Allgemeinbevölkerung spielte der wahrgenommene Nutzen eine wichtige Rolle bei der Akzeptanz der Hörgeräte. Das Autorenteam kam zu dem Schluss, dass Menschen mit leichten und mittelgradigen Störungen der Intelligenzentwicklung ihre Meinung und Erfahrung mit Hörgeräten ausdrücken können, wenn ihnen leicht verständliche Fragen gestellt werden.

Die Versorgung mit Hörgeräten ist jedoch nur ein wichtiger Aspekt in der Therapie von Hörbeeinträchtigungen. Zentrale Themen wie die Förderung der Kommunikation und die Umfeldgestaltung werden zu einem späteren Zeitpunkt ausführlicher behandelt.

MERKE

- Ca. 40 % der Menschen mit Störungen der Intelligenzentwicklung haben eine Hörbeeinträchtigung, bei ca. 75 % war diese vor einer systematischen Untersuchung nicht bekannt.
- Der Schweregrad einer Störung der Intelligenzentwicklung und der Schweregrad der Hörbeeinträchtigung korrelieren nicht miteinander.
- Die Messung otoakustischer Emissionen ist ein geeignetes Screening-Verfahren.
- Die Verwendung von Hörgeräten erfordert ständige Bemühungen hinsichtlich der Compliance.

23.5 Störungen der Intelligenzentwicklung und die kombinierte Hör- und Sehbeeinträchtigung

23.5.1 Definition

2004 stufte das europäische Parlament die kombinierte Hör- und Sehbeeinträchtigung als eine eigenständige Behinderung ein, die durch eine Kombination aus Seh- und Hörbeeinträchtigung zu Schwierigkeiten beim Zugang zu Informationen, Kommunikation und Mobilität führt (Declaration of the European Parliament on the rights of deafblind people 2004). Es ist hervorzuheben, dass in dieser Definition nicht nur der Begriff »taubblind« verwendet, sondern auch Menschen mit mittelgradigen Beeinträchtigungen des Sehens und Hörens eingeschlossen werden. Auf diese Weise findet der Umstand Berücksichtigung, dass eine kombinierte sensorische Beeinträchtigung einen höheren Grad an Behinderung verursacht als die Summe der einzelnen Beeinträchtigungen (Interaktion der Beeinträchtigungen). Dies wirkt sich neben der kommunikativen und sozialen Entwicklung auch massiv auf die Lebensqualität betroffener Personen aus (Knoors & Vervloed 2011). Eine Person gilt dann als »taubblind«, wenn der Hörverlust auf dem besseren Ohr mehr als 35 dB und das Sehvermögen auf dem besseren Auge weniger als 0,3 beträgt. Evenhuis (1996) schlägt mit einem Hörverlust von 25 dB bei Menschen mit Störungen der Intelligenzentwicklung eine konservativere Definition vor.

23.5.2 Prävalenz

Eine niederländische Querschnittsstudie mit knapp 1600 eingeschlossenen Personen mit Störungen der Intelligenzentwicklung konnte eine Prävalenzrate von 12 % (gewichtet 5 %) für kombinierte Sinnesbeeinträchtigungen feststellen (Meuwese-Jongejeugd et al. 2008). Besonders häufig traten diese ab einem Alter von 50 Jahren, bei Personen mit schweren Formen der Intelligenzentwicklungsstörung oder Personen mit Down-Syndrom auf. Letzteres gilt inzwischen als spezifischer Risikofaktor für kombinierte Sinnesbeeinträchtigungen (Dammeyer 2010; Fellinger et al. 2009; Meuwese-Jongejeugd et al. 2008).

Eine österreichische Arbeit basierend auf Daten von Bewohnerinnen und Bewohnern einer Einrichtung für Menschen mit Mehrfachbeeinträchtigungen kommt zu einer wesentlich höheren Prävalenzschätzung und stellte kombinierte Sinnesbeeinträchtigungen in 21,4 % der untersuchten Fälle fest (Fellinger et al. 2009). Diese Zahl entspricht nahezu der Prävalenzrate von 20 %, die 2001 in einer großen niederländischen Einrichtung für eine Gruppe von Menschen mit schwerer und schwerster Störung der Intelligenzentwicklung berichtet wurde (Evenhuis et al. 2001). Ein Zusammenhang zwischen der Ausprägung der kombinierten Sinnesbeeinträchtigung und dem Grad der Störung der Intelligenzentwicklung wurde nicht berichtet, jedoch wurden kombinierte Sinnesbeeinträchtigungen häufiger bei Personen mit schweren Formen der Intelligenzentwicklungsstörung festgestellt. Das Autorenteam stellte zudem fest, dass die kombinierte Sinnesbeeinträchtigung in vielen Fällen zuvor unbekannt war und schwerere Ausprägungen besser erkannt werden als leichtere. Die Rate nicht diagnostizierter kombinierter Sinnesbeeinträchtigungen bei Menschen mit einer Störung der Intelligenzentwicklung ist hoch und betrifft Personen mit schweren Intelligenzentwicklungsstörungen in besonderem Ausmaß. Dies unterstreicht die Notwendigkeit der Sensibilisierung von begleitenden Personen und den Bedarf an geeigneten Diagnostika (Fellinger et al. 2009).

MERKE

- Die kombinierte Sinnesbeeinträchtigung ist eine eigenständige Behinderung und wird als Kombination von Seh- und Hörbeeinträchtigung definiert.
- Ca. 20 % der Menschen mit einer Störung der Intelligenzentwicklung haben eine kombinierte Sinnesbeeinträchtigung.
- Schwerere Störungen der Intelligenzentwicklung sind mit einer erhöhten Prävalenz kombinierter Sinnesbeeinträchtigungen assoziiert.
- Trisomie 21 gilt als spezifischer Risikofaktor für kombinierte Sinnesbeeinträchtigungen

23.6 Störungen der Intelligenzentwicklung, Hörbeeinträchtigungen und Autismus-Spektrum-Störungen

23.6.1 Prävalenz

Bei Menschen mit sensorischen Beeinträchtigungen wird immer wieder eine erhöhte Prävalenz von komorbid vorliegenden Autismus-Spektrum-Störungen (ASS) diskutiert. Genaue Daten liegen hierzu jedoch nicht vor. Bekannt ist aber die hohe Koinzidenz von sensorischen Beeinträchtigungen und schweren Graden von Intelligenzentwicklungsstörungen. Bei Menschen mit Autismus-Spektrum-Störungen tritt in etwa in 30–40 % der Fälle ebenfalls eine Störung der Intelligenzentwicklung auf (AWMF 2016; Baio et al. 2018). Bei der Symptomatik stellt sich die Frage, ob diese mit Autismus-Spektrum-Störungen oder mit den schwergradigen Störungen der Intelligenzentwicklung und der damit verbunden hirnorganischen Schädigung zusammenhängen.

Die vorhandene Literatur schlägt insofern zwei verschiedene Erklärungen für das er-

höhte Auftreten von Autismus-Spektrum-Störungen bei Menschen mit Hörbeeinträchtigungen vor:
1. Es besteht ein Zusammenhang zwischen Autismus-Spektrum-Störungen, Störung der Intelligenzentwicklung und sensorischen Beeinträchtigungen.
2. Es gibt eine Überschneidung von Symptomen, die zu einer erhöhten Rate falsch positiver Diagnosen führen und somit die Prävalenz von Autismus-Spektrum-Störungen in dieser Personengruppe verzerren.

23.6.2 Differenzialdiagnostik

Das Risiko des Übersehens oder des fälschlichen Diagnostizierens von Autismus-Spektrum-Störungen bei einer Störung der Intelligenzentwicklung und sensorischen Beeinträchtigungen lässt sich auf die Ähnlichkeit des gezeigten Verhaltens zurückführen. Die in der ICD-11 formulierten Kriterien für Autismus-Spektrum-Störungen (qualitative Beeinträchtigung der sozialen Interaktion; qualitative Beeinträchtigung der Kommunikation; eingeschränkte Verhaltensmuster, Interessen, Aktivitäten) ähneln oft dem Verhalten von Personen mit Störungen der Intelligenzentwicklung und sensorischen Beeinträchtigungen, äußern sich jedoch auf verschiedene Art und Weise. Schwierigkeiten in den Bereichen Reziprozität und Beziehungen zu Gleichaltrigen, verbales und nonverbales Sozialverhalten, geteilte Aufmerksamkeit und Theory of Mind, Gesprächsführung, Sprache, Nachahmung, symbolisches Spiel, stereotype Verwendung von Objekten und Selbststimulation treten bei Personen mit Autismus-Spektrum-Störungen ebenso auf wie bei Personen mit Störungen der Intelligenzentwicklung und sensorischen Beeinträchtigungen. Die Ursachen für dieses Verhalten sind hingegen unterschiedlich. Um die richtige Diagnose zu stellen, ist es daher wichtig, sich auf die kleinen Unterschiede der Art und Weise zu konzentrieren, wie sich die Symptome äußern (z.B. die Qualität, wie Nähe gesucht und Aufmerksamkeit geteilt wird). Diese Unterschiede sind jedoch so fein, dass sie sich kaum quantifizieren lassen. Relevant ist an dieser Stelle, ob die Person feinste Anzeichen der Kontaktaufnahme zeigt oder nicht. Um dies feststellen zu können, sind eine gewisse Vertrautheit mit der Person und eine Sensibilität für kleinste kommunikative Annäherungsversuche notwendig.

Die Bedeutsamkeit der richtigen Diagnose kann nicht genug betont werden, da sich die Behandlungspläne, je nachdem, ob eine Autismus-Spektrum-Störung vorliegt oder nicht, deutlich voneinander unterscheiden.

23.6.3 Die zusätzliche Sehstörung

Der aktuelle Wissensstand zeigt einen positiven Zusammenhang zwischen kombinierten Sinnesbeeinträchtigungen, Störungen der Intelligenzentwicklung und Autismus-Spektrum-Störungen (Carvill 2001; Cass 1998; DeBildt et al. 2005). Man nimmt daher ein erhöhtes Risiko für Autismus-Spektrum-Störungen bei kombinierter Sinnesbeeinträchtigung an. Ähnlich wie bei Störungen der Intelligenzentwicklung und singulären sensorischen Beeinträchtigungen ist auch bei kombinierten sensorischen Beeinträchtigungen ein Risiko falsch positiver Diagnosen aufgrund der überlappenden Symptomatik anzunehmen (de Vaan et al. 2013; Hoevenaars-van den Boom et al. 2009). Personen mit Seh- und Hörstörungen zeigen in Bezug auf die soziale Interaktion häufig Verhaltensweisen, die denen von Menschen mit Autismus-Spektrum-Störungen ähneln. Der Mangel an sozialer Interaktion bei diesem Personenkreis ist häufig eine Konsequenz ihrer Abhängigkeit von der Initiative anderer. Für sie sind solche Situationen oft beängstigend, da ihnen wichtige Kontextinformationen fehlen. Auch qualitative Kommunikationsbeeinträchtigungen sind bei diesem Personenkreis zu beobachten. Ähnlich wie Personen mit Autismus-Spektrum-Störungen haben sie Probleme, nonverbale Kommunikation zu erkennen und zu verstehen. Viele Personen mit Autismus-Spektrum-Störungen zeigen Verzögerungen oder ein Fehlen der Lautsprache. Bei Personen mit kombinierten Sinnesbeeinträchtigungen ist das Fehlen der Lautsprache oft auf die Hörbeeinträchtigung zurückzuführen; zudem können sie häufig nur mit Personen kommunizieren, die in der taktilen Gebärdensprache geschult sind, was die Größe ihres sozialen Umfelds deutlich reduziert. Sowohl Personen mit Autismus-Spektrum-Störungen als auch Personen mit kombinierten Sinnesbeeinträchtigungen können stereotypes und repetitives Verhalten zeigen. Bei Letzteren nimmt dieses jedoch mit zunehmendem Alter und mehr Kommunikationsmöglichkeiten ab (Hoevenaars-van den Boom et al. 2009).

Die Frage, ob das beobachtete Verhalten durch Autismus-Spektrum-Störungen (ASS) oder die sensorische Beeinträchtigung hervorgerufen wird, ist von immenser Bedeutung. Bei kombiniert sinnesbeeinträchtigten Personen wird beispielsweise angenommen, dass repetitives und stereotypes Verhalten durch sensorische und soziale Deprivation (Selbststimulation) verursacht wird, während es bei Autismus-Spektrum-Störungen als eine Art der Bewältigung von Überstimulation oder als Modulationsversuch emotionaler Befindlichkeit angesehen wird. Die unterschiedlichen Ursachen der Symptome verdeutlichen die Bedeutsamkeit der richtigen Diagnose für einen passenden Behandlungsplan (DeBildt et al. 2005).

Derzeit stehen nur wenig geeignete Instrumente zur **Diagnostik** von Autismus-Spektrum-Störungen bei Störungen der Intelligenzentwicklung und sensorischen Beeinträchtigungen zur Verfügung. Holzinger et al. (2021) haben die Module 1, 2 und 3 des *Autism Observation Schedule 2nd Edition* (*ADOS-2*; Lord et al. 2012), der als Goldstandard zur ASS-Diagnostik gilt, für Personen mit Störungen der Intelligenzentwicklung und Hörbeeinträchtigung adaptiert. Eine erste Erprobung der angepassten Version an 56 hauptsächlich visuell kommunizierenden Erwachsenen mit einer Störung der Intelligenzentwicklung und Hörbeeinträchtigung zeigte gute psychometrische Eigenschaften. Diese Ergebnisse weisen darauf hin, dass Autismus-Spektrum-Störungen bei Personen mit Störungen der Intelligenzentwicklung und Hörbeeinträchtigung mithilfe dieser angepassten Version unter Voraussetzung entsprechender Fachkenntnisse und Gebärdensprachkompetenz der untersuchenden Person(en) reliabel festgestellt werden kann.

Für die ASS-Diagnostik bei Personen mit kombinierter Sinnesbeeinträchtigung und Störungen der Intelligenzentwicklung steht seit 2009 mit dem *Observation of Characteristics of Autism in Persons with Deafblindness* (*O-ADB*; Hoevenaars-van den Boom et al. 2009) ein halbstandardisiertes Beobachtungsinstrument zur Identifikation der Kompetenzen und Skills zur Verfügung. Das Instrument bewertet die Qualität und Häufigkeit des Zielverhaltens und wurde in einer Studie mit zehn Personen mit Störungen der Intelligenzentwicklung, kombinierter Sinnesbeeinträchtigung, mit und ohne Autismus-Spektrum-Störungen getestet (Hoevenaars-van den Boom et al. 2009). Die Ergebnisse zeigen, dass der O-ADB insbesondere in den Domänen Offenheit für Kontakt und Reziprozität im Kontakt (einschließlich geteilter Aufmerksamkeit und kommunikativer Funktionen) zur Differenzierung von Personen mit und ohne Autismus-Spektrum-Störungen geeignet ist. Personen mit Autismus-Spektrum-Störungen wurden signifikant schlechter bewertet als Personen ohne Autismus-Spektrum-Störungen. In den Domänen Explorations-, Spiel- und Problemlöseverhalten sowie stereotypes Verhalten wurden keine Unterschiede festgestellt. Diese Domänen eignen sich aufgrund hoher Baseline-Werte nicht, um zwischen Personen mit kombinierter Sinnesbeeinträchtigung mit und ohne Autismus-Spektrum-Störungen zu differenzieren. Das bedeutet, dass die Prävalenz in diesen Bereichen auch bei diesem Personenkreis sehr hoch ist.

MERKE

- Autismus-Spektrum-Störungen treten bei Störungen der Intelligenzentwicklung und singulären/kombinierten Sinnesbeeinträchtigungen häufiger auf als in der Allgemeinbevölkerung.
- Es gibt eine starke Symptomüberlappung zwischen Autismus-Spektrum-Störungen und Störungen der Intelligenzentwicklung und singulären/kombinierten Sinnesbeeinträchtigungen.
- Diagnostik von Autismus-Spektrum-Störungen bei Störungen der Intelligenzentwicklung und Hörbeeinträchtigung ist über eine adaptierte Version des ADOS-2, bei Intelligenzentwicklungsstörungen und kombinierten Sinnesbeeinträchtigungen mit dem O-ADB möglich.

23.7 Störungen der Intelligenzentwicklung, Hörbeeinträchtigung und herausforderndes Verhalten

Reduziertes Verständnis geht mit einem erhöhten relativen Risiko für aggressiv-destruktives Verhalten einher, wie aus einer Erhebung an Personen mit Störungen der Intelligenzentwicklung in Jersey, Großbritannien hervorgeht (Bowring et al. 2017). Eine Metaanalyse von McClintock et al. (2003) ermittelte Marker, die mit herausforderndem Verhalten bei Störungen der Intelligenzentwicklung in Verbindung stehen. Schwierigkeiten in der rezeptiven und expressiven Kommunikation waren signifikant mit Selbstverletzungen korreliert; zudem waren Schwierigkeiten in der expressiven Kommunikation zusätzlich signifikant mit fremdaggressivem Verhalten assoziiert. Diese Erkenntnisse umreißen indirekt die Problematik von Menschen mit Störungen der Intelligenzentwicklung und Sinnesbeeinträchtigungen (insbesondere, wenn das Gehör betroffen ist), da diese häufig unter Kommunikationsproblemen leiden.

Timehin & Timehin (2004) zeigten in einer Stichprobe von 543 Personen, die in Einrichtungen des *Lifecare NHS Trust* leben, dass 9,2 % der Stichprobe eine Hörbeeinträchtigung hatten und von diesen 42 % komplett gehörlos waren. Die Prävalenzrate herausfordernden Verhaltens lag bei 62 %, darunter 34 % selbstverletzendes Verhalten. Das Autorenteam wies darauf hin, dass Hörbeeinträchtigungen nicht immer erkannt würden und herausforderndes Verhalten als eine Form der Kommunikation von Menschen mit eingeschränkten sprachlichen Fähigkeiten verstanden werden könne. Neuere Arbeiten bestätigen diese Annahme.

In einer Studie mit 21 gehörlosen Personen mit einer Störung der Intelligenzentwicklung haben Buskermolen et al. (2016) kommunikative Fähigkeiten, intellektuelles Funktionsniveau, Ausmaß sozialer Unabhängigkeit und herausforderndes Verhalten erhoben. Während der einjährigen Studienlaufzeit zeigten alle Teilnehmenden herausforderndes Verhalten. Die durchschnittliche Prävalenzrate betrug 28,9 %, wies mit 1,8–77,3 % jedoch eine hohe Streubreite auf. Die Autorinnen und Autoren berichteten eine signifikant negative Korrelation zwischen herausforderndem Verhalten, Alter, Ausmaß sozialer Unabhängigkeit und kommunikativer Entwicklung. Demnach zeigten ältere Personen, die sozial unabhängiger waren und über bessere kommunikative Fähigkeiten verfügten, seltener herausforderndes Verhalten.

Auswertungen routinemäßiger Erhebungen intellektueller Funktionsfähigkeit, adaptiver sowie sprachlicher Fähigkeiten von 61 Bewohnerinnen und Bewohnern von drei spezialisierten therapeutischen Lebensgemeinschaften für Gehörlose mit einer Störung der Intelligenzentwicklung in Österreich (»Lebenswelten«) zeigten hochsignifikante, negative Zusammenhänge zwischen herausforderndem Verhalten und kommunikativen und sozialen Fähigkeiten (Fellinger et al. 2022). Höhere Ausprägungen der sprachlichen und sozialen Kommunikation gingen mit geringeren Ausprägungen herausfordernden Verhaltens einher. Weiter zeigte sich, dass sprachliche und soziale Kommunikationsfähigkeit 15 % der Gesamtvarianz herausforderndes Verhaltens erklären konnten. Ein Zusammenhang zwischen intellektuellem Referenzalter und herausforderndem Verhalten wurde nicht festgestellt. Auffällig waren zudem die mit 41 % deutlich erhöhte Prävalenzrate herausfordernden Verhaltens sowie der ca. drei Jahre betragende Unterschied zwischen dem Referenzalter sprachlicher (durchschnittlich 3,5 Jahre) und intellektueller Entwicklung (durchschnittlich 6,5 Jahre). Diese festgestellte Diskrepanz weist auf das Vorliegen heterogener Entwicklungsprofile bei Gehörlosen mit Störungen der Intelligenzentwicklung hin. Eine zweite Studie untersuchte die adaptiven Profile von 29 Bewohnerinnen und Bewohnern der »Lebenswelten« mit leichter Störung der Intelligenzentwicklung genauer und stellte dabei in ca. 75 % der Fälle heterogene Entwicklungsprofile fest (Eisinger et al. 2022). Die intellektuelle Funktionsfähigkeit erwies sich dabei als die relative Stärke der Profile, während die sozialen Fähigkeiten durchschnittlich am geringsten ausgeprägt waren. Etwa zwei Drittel der Profile wiesen Diskrepanzen von etwa einer Standardabweichung zwischen intellektueller Funktion und den praktischen und sozialen Komponenten adaptiven Verhaltens auf. Die kommunikativen Fähigkeiten waren bei standardisierter Erhebung der adaptiven Fähigkeiten so gering, dass sie aufgrund von Bodeneffekten nicht einbezogen werden konnten. Auffällig war insbesondere, dass in der Hälfte der Fälle die adaptiven Fähigkeiten nicht dem Niveau der intellektuellen Entwicklung entsprachen. Besonders hervorstechend war dabei die relative Schwäche der sozialen Fähigkeiten im Vergleich zum intellektuellen Funktionsniveau; 41 % der Stichprobe wiesen hier schwere Defizite auf. Zudem zeigte sich, dass eine signifikante Diskrepanz von intellektueller Funktionsfähigkeit und sozialen Fähigkeiten vermehrt mit internalisiertem herausforderndem Verhalten einherging. Die Zusammenschau beider Studien zeigt die intellektuelle Entwicklung bei gehörlosen Erwachsenen mit Störungen der Intelligenzentwicklung als relative Stärke, während Sprachverständnis, soziale Kommunikation und Sozialverhalten relative Schwächen darstellen, was herausforderndes Verhalten begünstigt.

23.8 Störungen der Intelligenzentwicklung, kombinierte Sinnesbeeinträchtigung und herausforderndes Verhalten

23.8.1 Prävalenz

Menschen mit kombinierten Sinnesbeeinträchtigungen haben ein erhöhtes Risiko für die Entwicklung herausfordernden Verhaltens und das Auftreten psychischer Störungen (Carvill 2001). 2002 führten Carvill & Marston eine Fallserie mit 18 Personen mit Störungen der Intelligenzentwicklung und kombinierten Sinnesbeeinträchtigungen durch, um herausforderndes Verhalten in dieser Personengruppe zu untersuchen. Die meisten Studienteilnehmenden wurden der Psychiatrie in South Birmingham aufgrund von herausforderndem Verhalten überwiesen. In zehn der 18 Fälle konnte aufgrund der ungewöhnlichen Verhaltensweisen oder des Schweregrads der Beeinträchtigung keine ICD-10-Diagnose gestellt werden. In 15 Fällen wurden tiefgreifende Entwicklungsstörungen diagnostiziert. Das Autorenteam schlussfolgerte, dass die Feststellung psychiatrischer Störungen bei Menschen mit kombinierten Sinnesbeeinträchtigungen problematisch sei und Verhaltensauffälligkeiten mit zunehmendem Schweregrad der Intelligenzentwicklungsstörung zunähmen. Sie empfahlen, detaillierte Informationen aus verschiedenen Quellen zu sammeln. In Bezug auf herausforderndes Verhalten wurde *diagnostic overshadowing* als Grund großer Verzögerungen richtiger Diagnosen und passender Behandlung hervorgehoben.

Eine Arbeit von Dammeyer (2011) zeigt, dass von 95 untersuchten Personen mit kombinierter Sinnesbeeinträchtigung, von denen 34 % eine Störung der Intelligenzentwicklung hatten, 74 % psychiatrische und/oder Verhaltensauffälligkeiten aufwiesen.

Um den Bedürfnissen von Menschen mit Störungen der Intelligenzentwicklung und (kombinierten) sensorischen Beeinträchtigungen, die herausforderndes Verhalten zeigen, gerecht werden zu können, betonen verschiedene Autorinnen und Autoren die Bedeutsamkeit der gesicherten Kommunikation, einen sensiblen Umgang mit externen Informationsquellen sowie Erfahrung mit Menschen mit Sinnesbeeinträchtigungen und Störungen der Intelligenzentwicklung (Carvill 2001; Eisinger et al. 2022; Fellinger et al. 2009, 2022).

23.8.2 Diagnostik

Buskermolen et al. (2013) entwickelten mit der *Individual Behaviour Observation and Recording Scale* ein neues Instrument, um herausforderndes Verhalten bei Menschen mit Störungen der Intelligenzentwicklung und Hörbeeinträchtigungen erfassen zu können. Die von ihnen entwickelte Skala umfasst acht Verhaltensdimensionen (Lautäußerungen, Fortbewegung, Gesichtsausdruck, Objektmanipulation, Körpermanipulation, Konzentration, expressive Kommunikation und rezeptive Kommunikation) und fünf Verhaltensstufen (Entspannung, leichte Unruhe, Anspannung, Bedrohung und Kontrollverlust). Die Aufzeichnung findet mehrmals täglich statt und sollte durch professionell Betreuende erfolgen.

Zusätzlich weisen die Arbeiten von Eisinger et al. (2022) und Fellinger et al. (2022) auf die Verwendbarkeit der *Vineland-II Scales* (Sparrow et al. 2005) als Instrument zur Erhebung herausfordernden Verhaltens bei gehörlosen Erwachsenen mit Störungen der Intelligenzentwicklung hin, insbesondere unter der Berücksichtigung der drei Dimensionen internalisierendes, externalisierendes und anderes Verhalten.

MERKE

- Herausforderndes Verhalten steht häufig im Zusammenhang mit Kommunikationsproblemen, woraus sich die Bedeutsamkeit gesicherter Kommunikation ableitet.
- Die Prävalenzrate für herausforderndes Verhalten bei Menschen mit Störungen der Intelligenzentwicklung und sensorischen Beeinträchtigungen ist hoch.
- Mit der *Individual Behavior Observation Scale* und den *Vineland-II Scales* stehen geeignete Instrumente zur Erhebung herausfordernden Verhaltens zur Verfügung.

23.9 Störungen der Intelligenzentwicklung, Gehörlosigkeit und psychiatrische Störungen

23.9.1 Prävalenz

Herausforderndes Verhalten tritt häufig als Konsequenz von Kommunikationsproblemen und damit verbundenen psychologischen und/oder umweltbezogenen Faktoren auf, kann aber auch auf das Vorliegen einer psychiatrischen Störung zurückzuführen sein. Prävalenzstudien zu psychiatrischen Störungen bei Menschen mit Intelligenzentwicklungsstörungen und Hörbeeinträchtigungen sind rar und selten populationsbezogen. Aus Studien an gehörlosen Populationen ohne eine Störung der Intelligenzentwicklung lassen sich erhöhte Prävalenzraten depressiver und somatoformer Störungen auch bei hörbeeinträchtigten Personen mit Störungen der Intelligenzentwicklung ableiten (Fellinger et al. 2012). Es wird berichtet, dass Personen mit **angeborener Rötelerkrankung** eine um das Fünffache erhöhte Wahrscheinlichkeit für eine schizophrene Psychose aufweisen. In einer gemischten Stichprobe aus Gehörlosen und Hörenden konnte gezeigt werden, dass die Röteinfektion und nicht die Gehörlosigkeit den relevanten Faktor für die erhöhte Prävalenz darstellt (Brown et al. 2000). Neben Röteinfektionen im ersten Trimenon ist das **Usher-Syndrom** mit einer Prävalenz von 3 bis 5 pro 100 000 eine der häufigsten genetischen Ätiologien für kombinierte Sinnesbeeinträchtigungen. Verschiedene Subtypen zeichnen sich durch Retinitis pigmentosa, sensorineuralen Gehörverlust und Balanceprobleme aus. 1959 berichtete Hallgren einen Zusammenhang von Usher-Syndrom und Psychose in 23 % der untersuchten Fälle. Neuere Studien gehen hingegen von einer Prävalenzrate von etwa 4 % aus, was im Vergleich zur Allgemeinbevölkerung noch immer um das Vierfache erhöht ist (Dammeyer 2012; Grøndahl & Mjøen 1986; Nuutila 1970). Für andere mit kombinierter Sinnesbeeinträchtigung assoziierte Syndrome wie dem **CHARGE-Syndrom** oder dem **Wolfram-Syndrom** wird ebenfalls eine erhöhte Prävalenz psychiatrischer Störungen berichtet.

23.9.2 Diagnostik und Behandlung

Insbesondere bei prälingual gehörlosen Personen mit Sprachdefiziten kann die Erhebung des psychopathologischen Status für mit Gehörlosen unerfahrene Klinikerinnen und Klinikern eine Herausforderung darstellen (Glickman 2007). Wichtige Aspekte der Untersuchung des psychopathologischen Status bei Menschen mit Hörbeeinträchtigungen sind der Tabelle 23-1 zu entnehmen.

Nach Feststellung einer Psychopathologie muss der Behandlungsplan die spezifischen Kommunikationsbedürfnisse von hörbeeinträchtigten Menschen mit Störungen der Intelligenzentwicklung berücksichtigen. Der Einbezug von Expertinnen und Experten für Gebärdensprache oder Gebärdensprachdolmetschende bei der Behandlung ist unerlässlich. Auch bei gehörlosen psychiatrischen Person mit geringen Gebärdensprachkenntnissen ist die Unterstützung durch professionelles gebärdensprachkompetentes Personal sehr zu empfehlen (Glickman 2007). Bei der medikamentösen Behandlung ist besondere Vorsicht geboten im Hinblick auf extra-pyramidale Nebenwirkungen, die das Sehvermögen oder die Kommunikation in Gebärdensprache beeinträchtigen können (DuFeu 2014). In manchen Ländern sind psychiatrische Abteilungen für Gehörlose auch für Gehörlose mit Störungen der Intelligenzentwicklung zugänglich, einschließlich derjenigen, die ein forensisches Setting benötigen.

MERKE

- Es gibt eine erhöhte Prävalenz psychiatrischer Störung bei Menschen mit Störungen der Intelligenzentwicklung und Hörbeeinträchtigungen, dies betrifft insbesondere depressive und somatoforme Störungen.
- Der psychopathologische Befund sollte durch gebärdensprachkompetente Kliniker erhoben werden und die Behandlung Gebärdensprachdolmetscher einbeziehen.
- Der Einsatz von Psychopharmaka ist aufgrund möglicher extrapyramidaler Nebenwirkungen kritisch zu reflektieren.

Erscheinungsbild	Gehörlose Personen, die visuell kommunizieren (Gebärdensprache, Gesten), können den Eindruck erwecken, agitiert zu sein. Andere können zurückgezogen oder ängstlich erscheinen. Dies ist möglicherweise eine Reaktion darauf, nicht mit dem medizinischen Personal kommunizieren zu können und ist nicht ohne Weiteres als Symptom einer psychischen Störung zu bewerten.
Affekt	In der Gebärdensprache stellt die Mimik nicht nur Emotionen dar, sondern hat auch spezifische sprachliche Funktionen. Einige Probleme wie Antriebsschwäche können dadurch verdeutlicht werden, dass die Kliniker die Symptome nachahmen, z. B. indem sie lustlos und apathisch wirken. Die Beurteilung, ob die Person einen dem besprochenen Thema entsprechenden Affekt zeigt, kann durch schlechte Kommunikation behindert sein.
Gedanken	Unflüssige Sprache kann fälschlicherweise als Folge einer Denkstörung verstanden werden. Es gibt Hinweise darauf, dass sich Denkstörungen oft in einer bizarren Qualität der Gebärdensprache oder einer sinnlosen Wiederholung von Gebärden äußern. Gebärden zu sich selbst können ein Hinweis auf eine schizophrene Psychose sein.
Kognition	Viele gehörlose Menschen haben einen eingeschränkten Zugang zu Informationen. Unzureichende Kenntnisse sollten daher nicht ohne angemessene Prüfung auf einen niedrigen IQ zurückgeführt werden. In vielen Fällen sind Informationen aus externen Quellen über Verhaltens- und Sprachfunktionen hilfreich. Derartige Informationen sollten die Personen nicht daran hindern, sich selbst auszudrücken.

Tab. 23-1: Wichtige Aspekte bei der Erhebung des psychopathologischen Status bei Menschen mit Hörbeeinträchtigungen (mod. nach Fellinger et al. 2012)

23.10 Therapie

23.10.1 Allgemeine Aspekte von Förderung und Betreuung

Personen mit Hörbeeinträchtigungen und Störungen der Intelligenzentwicklung sind massiven Stressbelastungen ausgesetzt, wobei Kommunikationsprobleme einen spezifischen Risikofaktor darstellen. Die nachfolgenden Maßnahmen zielen darauf ab, unnötigen Stress durch Anpassung der Umgebung an die spezifischen Bedürfnisse von Menschen mit Hörbeeinträchtigung und einer Störung der Intelligenzentwicklung zu reduzieren.

Akustische Umgebungsgestaltung

Eine angemessene Umgebungsgestaltung entsprechend den Bedürfnissen von Menschen mit Hörbeeinträchtigung und einer Störung der Intelligenzentwicklung ist eine bedeutsame Voraussetzung zur Stressreduktion und die Grundlage erfolgreicher Kommunikation. Beispielsweise vereinfacht die Reduktion von Hintergrundgeräuschen die Wahrnehmung von Zielgeräuschen. Die Akustik eines Raumes ist von besonderer Bedeutung und sollte hinsichtlich der Bedürfnisse von hörbeeinträchtigten Personen mit Intelligenzentwicklungsstörungen angepasst werden. Hier empfiehlt sich eine enge Zusammenarbeit mit Expertinnen und Experten. Bei der Gestaltung neuer Wohn- und Arbeitsbereiche für Menschen mit Störungen der Intelligenzentwicklung sollte generell berücksichtigt werden, dass knapp die Hälfte dieser Personengruppe zusätzliche Hörbeeinträchtigungen hat. Da Menschen mit Hörbeeinträchtigungen und Störungen der Intelligenzentwicklung leicht durch »visuellen Lärm« ablenkbar sind, sollte zudem visuelle Beunruhigung wie eingeschaltete Bildschirme vermieden werden.

Ankündigungsstrategien

Ereignisse, die ohne Vorankündigungen eintreten, lösen in der Regel massive Stressreaktionen aus. Menschen mit Sinnesbeeinträchtigungen machen diese Erfahrungen sehr oft (Janssen et al. 2002). Angemessene Ankündigungen, die auf die funktionalen Sinne abzielen, sind daher von entscheidender Bedeutung, um Überraschungen durch unerwartete externe Reize zu vermeiden. In der Wohn- und Arbeitsumgebung angebrachte Bildtafeln zur Veranschaulichung des Tagesablaufes können eine Struktur geben und laden dazu ein, sie selbstständig zu nutzen, um künftige Ereignisse zu planen. Im Einrichtungskontext hat sich beispielsweise die Verwendung von Bildkarten zur Visualisierung der in der Schicht diensthabenden Mitarbeitenden als sinnvoll erwiesen. Das Anlegen von persönlichen Fototagebüchern ist eine Möglichkeit, vergangene Erfahrungen zugänglich zu machen und gibt zudem die Möglichkeit, die eigene Lebensgeschichte mit anderen zu teilen. Im Falle von kombinierten Sinnesbeeinträchtigungen lassen sich die hier umschriebenen Möglichkeiten um haptische Elemente ergänzen.

23.10.2 Förderung der sozialen Kommunikationsfähigkeit

Bedeutsamer noch als die Schaffung einer optimierten Umgebung ist der permanente Fokus auf die Qualität der zwischenmenschlichen Kommunikation innerhalb des sozialen Umfelds, in dem hörbeeinträchtigte Menschen mit einer Störung der Intelligenzentwicklung leben und arbeiten.

Interaktion mit Personen mit Hörbeeinträchtigung im Alltag

Die folgenden Punkte beleuchten einige praktische Aspekte zur Verbesserung der Kommunikation mit Personen mit Hörbeeinträchtigung (Fellinger et al. 2012):
- Fragen Sie aktiv nach der bevorzugten Form der Kommunikation. Handelt es sich dabei um Gebärdensprache, kann das Hinzuziehen von Gebärdensprachdolmetschern sinnvoll sein.
- Stellen Sie Blickkontakt her und halten Sie diesen so lange wie möglich aufrecht.
- Kommunizieren Sie auf eine warmherzige, leicht verständliche und direkte Art und Weise. Vermeiden Sie Fachbegriffe und komplexe grammatikalische Strukturen.
- Beziehen Sie visuelle Elemente in die Kommunikation mit ein (z. B. Gesten, handschriftliche Notizen, Zeichnungen)
- Stellen Sie sicher, dass Ihr Gegenüber uneingeschränkte Sicht auf Ihre Mimik und Gestik hat. Achten Sie auf eine vollständige Ausleuchtung Ihres Gesichts.

- Vermeiden Sie parallele Kommunikation und Handlung. Erst kommunizieren, dann handeln.
- Planen Sie ausreichend Zeit für die Kommunikation ein.
- Bitten Sie Ihr Gegenüber, die wichtigsten Punkte Ihres Gesprächs zusammenzufassen. So stellen Sie sicher, dass Sie verstanden wurden.

EXKURS Gebärdensprache

Für viele Personen mit Hörbeeinträchtigungen ist die Gebärdensprache die bevorzugte Form der Kommunikation und essenziell für den Aufbau und Erhalt sozialer Beziehungen. Es ist daher wichtig, dass auch das soziale Umfeld der Person in Gebärdensprache kommuniziert, um soziale Kommunikation im Alltag gewährleisten zu können. Auch hörbeeinträchtigte Personen mit einer Störung der Intelligenzentwicklung, die in der Kindheit keinen Zugang zu Gebärdensprache hatten, können von Gebärden und vor allem von einem sozialen »Gebärdensprachbad« profitieren.

Interaktion mit Menschen mit kombinierten Sinnesbeeinträchtigungen

Auch Menschen mit kombinierten Sinnesbeeinträchtigungen können je nach deren Ausprägung von vereinfachter Gebärdensprache oder taktilen Orientierungshilfen profitieren. Ist die Beeinträchtigung in beiden Sinnesmodalitäten mittelgradig bis hoch ausgeprägt, bieten taktile Reize und haptische Hilfen eine gute Möglichkeit zur Kommunikation, z. B. das Berühren der Unterlippe mit einem Löffel vor der Essenseingabe. Es ist wichtig, der Person ausreichend Zeit zu geben, auf den taktilen Reiz mit Zustimmung oder Ablehnung zu reagieren. Darüber hinaus können aus dem Alltag bekannte Referenzobjekte nützlich sein, um bevorstehende Aktivitäten oder Veränderungen anzukündigen (z. B. ein Schwamm, der die Badezeit ankündigt). Menschen mit Vorkenntnissen in Gebärdensprache können von taktilen Gebärden profitieren, das heißt von Zeichen, die Hand über Hand ausgeführt werden. Dabei ist es wichtig, die Zeichen zu kommunizieren, indem man die Hände der betroffenen Person von unten berührt, auf ihre Führung reagiert bzw. selbst führt. Auf diese Weise hat die Person mit Beeinträchtigung genügend Raum für eine unabhängige Reaktion. Leicht verständliche Zeichen wie die Hand zum Mund beim Essen werden in der Regel auch von Menschen ohne Vorkenntnisse in einer Gebärdensprache verstanden.

Interaktionsstil, der kommunikative Fähigkeiten fördert

Man kann davon ausgehen, dass Menschen mit Hörbeeinträchtigungen und Störungen der Intelligenzentwicklung aufgrund mangelnden Zugangs zu Kommunikation in der Kindheit sprachdepriviert sind. Fehlender Zugang zu gesicherter Kommunikation wirkt sich oft drastisch auf die sprachliche und sozio-emotionale Entwicklung aus und kann weitreichende Folgen bis in das Erwachsenenalter betroffener Personen haben (Kushalnagar et al. 2020). Um die kommunikativen Fähigkeiten von Menschen mit Hörbeeinträchtigung und einer Störung der Intelligenzentwicklung zu verbessern, ist ein hohes Maß an Sensibilität für die konkrete Person zu entwickeln, in dem man ihr ausreichend Gelegenheit gibt, Kommunikation zu initiieren und aktiv zu gestalten. In der konkreten Interaktion ist es wichtig, auf die Signale des Gegenübers zu reagieren, um die Reziprozität zu verbessern, und das Gespräch nicht zu dominieren, indem man dem Gegenüber genügend Zeit gibt, die Informationen zu verarbeiten und zu antworten.

23.10.3 Modell der therapeutischen Lebensgemeinschaft

Basierend auf den Erfahrungen einer 1991 gegründeten Ambulanz für Menschen mit Hörbeeinträchtigungen in Linz, wurde 1999 im Kern eines oberösterreichischen Dorfes die erste therapeutische Lebensgemeinschaft (»Lebenswelt«) für Menschen mit Hörbeeinträchtigungen und zusätzlichen Behinderungen gegründet. Grundprinzip der »Lebenswelt« ist, Menschen mit Hörbeeinträchtigungen und zusätzlichen Behinderungen durch einen permanenten Zugang zu visueller Kommunikation ein selbstbestimmtes Leben zu ermöglichen. Alle Mitarbeitenden, von denen 25 % selbst gehörlos sind, beherrschen die Gebärdensprache fließend und verwenden ein sprachliches Niveau, das an die kommunikativen Bedürfnisse der Bewohner angepasst ist. Der Schwerpunkt des »Lebenswelten«-Konzepts liegt dabei auf der gezielten Weiterentwicklung kommunikativer Fähigkeiten im Alltag und orientiert sich an den Grundsätzen der Teilnehmer-geleiteten Kommunikation, wobei Initiative und Kontrolle der Kommunikation bei den Bewohnerinnen und Bewohner liegen. Mittlerweile gibt es drei dieser therapeutischen Lebensgemeinschaften, und eine vierte ist in Planung. In den drei bestehenden »Lebenswelten« werden derzeit 70 Personen mit Hörbeeinträchtigungen und zusätzlichen Beeinträchtigungen begleitet. Der Grad an Störungen der Intelligenzentwicklung reicht von leichter bis tiefgreifender Intelligenzentwicklungsstörung und mehr als die Hälfte der Bewohner zeigt herausforderndes Verhalten. Die Mission der »Lebenswelten« besteht darin, ein therapeutisches Lebensumfeld zu schaffen, das Personen mit Hörbeeinträchtigungen und Störungen der Intelligenzentwicklung dabei unterstützt, sich sozial, geistig, emotional, spirituell und körperlich so weiterzuentwickeln, dass sie ihr volles Potenzial erreichen können. Die folgenden Aspekte sind dabei wegweisend.

- **Möglichkeiten, soziale Beziehungen aufzubauen:** Gehörlose und hörende Mitarbeitende kommunizieren ständig in Gebärdensprache und garantieren so ein ausreichend großes Netzwerk (zumindest ein Dutzend bis drei Dutzend Personen) an Kommunikationspartnerinnen und -partnern (Gerich & Fellinger 2012). Darüber hinaus werden je nach Bedarf Elemente Unterstützter Kommunikation angewandt. Spezielle Trainingsprogramme für Angehörige oder Mitarbeitende zur Förderung der sozialen Kommunikation dienen der Qualitätssicherung.
- **Atmosphäre bedingungsloser Wertschätzung, gegenseitigen Verzeihens und Vertrauens:** Eine solche Atmosphäre ist Voraussetzung für den Aufbau dauerhafter sozialer Beziehungen und den therapeutischen Prozess, bei dem sich sowohl die Bewohner als auch die Mitarbeitenden als gleichberechtigte Teilnehmende verstehen, einander unterstützen und voneinander lernen.
- **Einbindung der »Lebenswelt« in das soziale Leben der Dorfgemeinschaft:** Die Lage der Wohn- und Arbeitseinrichtung mitten im Ortskern und die Bereitschaft der Dorfbewohner für gebärdensprachliche Kommunikation bieten den Bewohnern der »Lebenswelten« die Möglichkeit, sich einzubringen. Der Inklusion in den Ort wird durch den Namen z. B. »Lebenswelt Schenkenfelden« Ausdruck verliehen.
- **Sinnstiftende Tätigkeiten:** Die Entwicklung einer arbeitsbezogenen Identität wird in den Werkstätten und Arbeitsfeldern in und außerhalb der Lebensgemeinschaften gefördert.

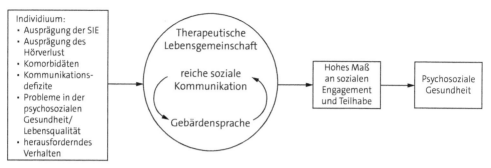

Abb. 23-1: Modell der sozialen Kommunikation (Fellinger et al. 2021b)

Abbildung 23-1 stellt die Grundprinzipien der »Lebenswelten« vereinfacht dar.

In den ersten beiden Jahrzehnten der »Lebenswelt« konnten positive Auswirkungen auf die Entwicklung der sozialen Kommunikation, der sozialen Beziehungen und das Wohlbefinden der Bewohner festgestellt werden. Eine Verlaufsbeobachtung der ersten acht Bewohnerinnen und Bewohner der »Lebenswelt« zeigt zudem positive Entwicklungen in den adaptiven Profilen (Fellinger et al. 2020). Über einen Zeitraum von zwölf Jahren verbesserten sich insbesondere das soziale Bewusstsein und das Leben in der Gemeinschaft. Zusätzlich konnte eine Abnahme herausfordernden Verhaltens beobachtet werden. Eine vor Kurzem durchgeführte Studie zur Lebensqualität der »Lebenswelt«-Bewohnerinnen zeigt, dass diese mit einer leicht verständlichen Gebärdensprachversion des EUROHIS-QOL-8 ihre Lebensqualität selbst einschätzen können (Fellinger et al. 2021a). Zusätzlich zur Selbsteinschätzung wurden auch Mitarbeitende um ihre Einschätzungen gebeten, um das Instrument zu validieren. Die Ergebnisse weisen insgesamt auf eine hohe Lebensqualität hin, wobei die Selbsteinschätzung der Personen nochmals höhere Werte aufweist als die Fremdeinschätzung durch die Mitarbeitenden.

MERKE

- Viele Menschen mit Hörbeeinträchtigungen und Störungen der Intelligenzentwicklung haben heterogene Entwicklungsprofile. Um den individuellen Unterstützungsbedarf festzustellen, ist multidimensionale Diagnostik notwendig.
- Zugang zu gesicherter Kommunikation ist essenziell, um sprachlicher und sozialer Deprivation zu begegnen und Selbstbestimmung zu ermöglichen.
- Das Modell der »Lebenswelt« stellt eine exemplarische Möglichkeit dar, wie ein Lebensumfeld an die Bedürfnisse von Menschen mit Hörbeeinträchtigungen und Störungen der Intelligenzentwicklung angepasst werden kann.

23.11 Universales Recht auf Kommunikation

Menschen mit Hörbeeinträchtigungen, gegebenenfalls zusätzlicher Sehbeeinträchtigungen und Störung der Intelligenzentwicklung stoßen auf große Hürden bei der Teilhabe an einem sozialen Umfeld, das ihre kommunikativen Bedürfnisse nicht berücksichtigt. Für diese Menschen besteht ohne die Möglichkeit, mit anderen zu kommunizieren und soziale Beziehungen aufzubauen, ein hohes Risiko, isoliert zu sein und sich eingesperrt zu fühlen. Menschen mit sensorischen Beeinträchtigungen und Störungen der Intelligenzentwicklung sind besonders vulnerabel und laufen Gefahr, übersehen, an den Rand gedrängt und von grundlegenden Menschenrechten ausgeschlossen zu werden. Dabei ist Kommunikation sowohl ein Grundbedürfnis als auch ein Grundrecht eines jeden Menschen und auf Grundlage von Artikel 19 der *Allgemeinen Menschenrechte* zu gewährleisten. Artikel 21 der *UN-Konvention über die Rechte von Menschen mit Behinderungen* (UN-BRK) weist ebenfalls auf das volle Recht auf Zugang zu Informationen für Menschen mit Beeinträchtigungen hin und erwähnt in diesem Zusammenhang die Verwendung von Gebärdensprache explizit. Zusätzlich verweist Artikel 19 der UN-BRK auf das Recht der uneingeschränkten Teilhabe an der Gemeinschaft. Unter sozialer Inklusion wird normalerweise die Eingliederung einzelner Personen mit Beeinträchtigungen in die Mehrheitsgesellschaft verstanden. Dieser Ansatz schließt trotz großen Bemühens das Risiko der sozialen Isolation in der Gemeinschaft nicht aus. Die Erfahrung der therapeutischen Lebensgemeinschaften zeigt hingegen, dass die Integration einer Gemeinschaft in das soziale Umfeld eines Dorfes möglich ist und dadurch der gesellschaftlichen Isolation entgegengewirkt werden kann. Die Integration ist somit für diese Personengruppe der Schlüssel zu Inklusion. Zugängliche Kommunikation in einem größeren sozialen Netzwerk ermöglicht soziale Inklusion und wirkt sich langfristig auch positiv auf die psychische Gesundheit aus. Die Verbesserung der sozialen Kommunikation sollte daher in Unterstützungsstrukturen und bei der Entwicklung des Umfelds von Menschen mit Hörbeeinträchtigungen und Störungen der Intelligenzentwicklung verstärkt im Fokus stehen. Das Recht auf Kommunikation gilt für alle. Öffentliche Akteure sind daher verpflichtet, Menschen mit Hörbeeinträchtigungen und Intelligenzentwicklungsstörung in ihrem Menschenrecht auf Kommunikation uneingeschränkt zu unterstützen.

JÖRG STOCKMANN

24 Schmerzen bei Menschen mit neuronalen Entwicklungsstörungen (ICD-11 MG30, MG31)

24.1 Die Codierung von Schmerzen in der ICD-11

MG30 CHRONISCHE SCHMERZEN
- MG30.0 Chronische primäre Schmerzen
- MG30.1 Chronische tumorassoziierte Schmerzen
- MG30.2 Chronische postoperative oder posttraumatische Schmerzen
- MG30.3 Chronische sekundäre muskuloskelettale Schmerzen
- MG30.4 Chronische sekundäre viszerale Schmerzen
- MG30.5 Chronische neuropathische Schmerzen
- MG30.6 Chronische sekundäre Kopfschmerzen oder orofaziale Schmerzen
- MG30.Y Sonstige näher bezeichnete chronische Schmerzen
- MG30.Z Chronische Schmerzen, nicht näher bezeichnet

MG31 AKUTE SCHMERZEN
- MG31.0 Akute Gesichtsschmerzen, anderenorts nicht klassifiziert
- MG31.1 Akute Kopfschmerzen, anderenorts nicht klassifiziert
- MG31.2 Akute postoperative Schmerzen, anderenorts nicht klassifiziert
- MG31.Y Sonstige näher bezeichnete akute Schmerzen
- MG31.Z Akute Schmerzen, nicht näher bezeichnet
- MG3Z Schmerzen, nicht näher bezeichnet

In der bislang in Deutschland verwendeten ICD-10 ist der Begriff »Schmerz« über sehr viele Kapitel verteilt. Ab 2012 erarbeitete eine Arbeitsgruppe der »International Association for the Study of Pain« (IASP) erstmals eine systematische Klassifikation aller chronischen Schmerzsyndrome auf Basis der publizierten Literatur (Treede et al. 2019), die von der WHO in die ICD-11 als eigenes Kapitel übernommen wurde.

Die ICD-11 bietet nun erstmals eine systematische Klassifikation des *chronischen* Schmerzes. Auch dem *akuten* Schmerz ist ein kurzes eigenes Kapitel gewidmet. Mit der ICD-11 ist eine neue Sicht auf die Schmerzmedizin verbunden. Kritikpunkte an der alten ICD-10-Einteilung waren die streng organbezogene Sicht auf Schmerz und die Zuordnung bestimmter Schmerzsyndrome zu den psychischen Störungen (z. B. F45.40 = anhaltende somatoforme Schmerzstörung), die manche Patientinnen und Patienten als stigmatisierend empfinden.

Hilfreich ist in der neuen ICD-11-Klassifikation aus der Perspektive von Menschen mit Störungen der Intelligenzentwicklung die Orientierung an Körperregionen (z. B. muskuloskelettaler oder viszeraler Schmerz) und an sekundären Schmerzursachen bzw. bestimmten Entstehungsarten von Schmerz (z. B. postoperativer oder posttraumatischer Schmerz).

Es gibt neben der Einteilung in der neuen ICD-11 auch eine andere, weitverbreitete Einteilungsmöglichkeit, die im Alltag hilfreich sein kann (Thienhaus & Cole 2002). Hier erfolgt die Darstellung unter folgenden Gesichtspunkten:
- pathophysiologischer Mechanismus (Nozizeptor/neuropathischer Schmerz)
- Schmerzdauer (akuter oder chronischer Schmerz, Durchbruchschmerz)
- Schmerzursache (malignombedingt, nicht-malignombedingt)
- Schmerzlokalisation

Dass in einem Lehrbuch für psychiatrische Störungen dem Thema Schmerz ein ganzes Kapitel gewidmet wird, hat gute Gründe. Insbesondere Menschen mit gestörter oder fehlender aktiver Sprachproduktion haben große Probleme, sich zu ihren Bedürfnissen, Emotionen oder zu Schmerzen so mitzuteilen, dass Bezugspersonen oder Mitarbeitende im Gesundheitssystem die entsprechenden Signale verstehen. Eine Folge ist das Übersehen von Schmerz (McGuire et al 2010).

Dieses Kapitel soll dafür werben, dass sich alle Professionellen, die Menschen mit Störungen der Intelligenzentwicklung betreuen oder behandeln, für das Thema Schmerz öffnen und verantwortlich fühlen, auch wenn die Differenzierung der Genese einer Verhaltensauffälligkeit zwischen Schmerz (mit möglicher somatischer Genese) und psychischen Auslösern selbst erfahrenen Ärztinnen und Ärzten große Probleme bereitet.

24.2 Hintergrund

Es gibt mittlerweile eine Vielzahl von Literatur, die sich mit dem Thema Schmerz bei Menschen mit Störungen der Intelligenzentwicklung befasst. Beispielsweise liefern die Suchstrings »*pain intellectual developmental disorder*« oder »*pain mental retardation*« bei PubMed aktuell seit 1953 ca. 1100–1400 Ergebnisse. Insgesamt sind die Forschungsaktivitäten im Vergleich zu Schmerzstudien bei Menschen ohne Entwicklungsstörungen jedoch erheblich unterrepräsentiert. So ermittelten Barney et al. (2020) für den Zeitraum 2014–2019 nur 33 Arbeiten, die sich mit dem Thema Schmerz bei neuronaler Entwicklungsstörung befassen, während mit den Suchbegriffen »Schmerz« und »Mensch« *(pain, human)* im selben Zeitraum 134 000 Publikationen zu finden waren.

Die gegenwärtige Forschung zum Thema weist nicht nur quantitative Limitierungen auf. Sie stammt zu einem großen Teil aus der Pädiatrie oder den Pflegewissenschaften, was sie nur eingeschränkt auf die hier betrachtete Gruppe übertragbar macht bzw. ärztliche Aspekte zu wenig repräsentiert. Sie fokussiert zudem oft auf Schmerz im Kontext mit bestimmten genetischen Syndromen wie Down-Syndrom (Shaik et al. 2023), Rett-Syndrom (Barney et al. 2015), Fragiles-X-Syndrom (Johnson et al. 2022) oder Cornelia-de-Lange-Syndrom (Kline et al. 2018). Nur wenige Arbeiten beschäftigen sich mit allgemeinen Aspekten oder mit als sinnvoll erachteten diagnostischen Strategien. Die Forschungsansätze spiegeln nur teilweise die Lebenswirklichkeit von Menschen mit neuronalen Entwicklungsstörungen und die der sie versorgenden Personen (pflegerisch, pädagogisch, ärztlich) wider.

Dargestellt werden sollen hier Überlegungen des Autors, die auf praktischen Erfahrungen einer internistisch-allgemeinmedizinischen Tätigkeit beruhen, welche über viele Jahre in spezialisierten Krankenhausabteilungen für Menschen mit Störungen der Intelligenzentwicklung und in medizinischen Behandlungszentren für Erwachsene mit Behinderung (MZEB) gesammelt wurden.

24.3 Definition

Die IASP (International Association for the Study of Pain) veröffentlichte 1979 die erste Definition für den Begriff des Schmerzes:

DEFINITION 1
»Schmerz ist ein unangenehmes Sinnes- oder Gefühlserlebnis, das mit tatsächlicher oder potenzieller Gewebeschädigung einhergeht oder von betroffenen Personen so beschrieben wird, als wäre eine solche Gewebeschädigung die Ursache.«

Eine Unterscheidung zwischen akutem und chronischem Schmerz wird in dieser Definition nicht vorgenommen. Von **chronischem Schmerz** spricht man, wenn dieser über einen Zeitraum von mindestens drei Monaten besteht. Chronischer Schmerz ist einer der häufigsten Gründe, warum Erwachsene einen Arzt aufsuchen. Chronischer Schmerz führt häufig zu Einschränkungen der Mobilität, der täglichen Aktivitäten, der Abhängigkeit von Opioiden, zu Angstzuständen und Depressionen und eingeschränkter Lebensqualität (Cohen et al. 2021).

Einer der Kritikpunkte an der bis 2020 gültigen Definition der IASP lautete, dass den von Personen selbst berichteten Schmerzen ein eindeutiger Vorrang gegenüber nonverbalen Mitteilungen oder Verhaltensweisen von Menschen mit eingeschränkter Kognition oder Sprachfähigkeit eingeräumt wurde (Raja et al. 2020).

Darum arbeitete eine Taskforce der IASP ab 2018 an einer neuen Definition des Schmerzbegriffes, die 2020 veröffentlicht wurde und nun so lautet:

DEFINITION 2
»Ein unangenehmes Sinnes- und Gefühlserlebnis, das mit einer tatsächlichen oder potenziellen Gewebeschädigung einhergeht oder einer solchen ähnelt« (IASP 2020).

Die Taskforce formulierte außerdem sechs ergänzende Kernaussagen (Wörz et al. 2022), von denen drei als für die Gruppe der hier betrachteten Personen genauer berücksichtigt werden sollen:
1. Schmerz und Nozizeption sind verschiedene Phänomene. Schmerz kann nicht allein aus der Aktivität sensorischer Neuronen abgeleitet werden.
2. Die verbale Beschreibung ist nur eine von mehreren Verhaltensweisen, Schmerz auszudrücken. Die Unfähigkeit zur Kommunikation schließt die Möglichkeit nicht aus, dass ein Mensch Schmerz erlebt.
3. Der Bericht einer Person über ein Schmerzerlebnis sollte respektiert werden.

Aus der neuen Definition und den oben zitierten Kernsätzen ergeben sich spezifische Schlussfolgerungen für den professionellen

Umgang mit dem Thema Schmerz bei Menschen mit Störungen der Intelligenzentwicklung.

Schmerzen, die nicht auf einer Gewebeschädigung beruhen, führen meist zu unauffälligen Ergebnissen bei Labordiagnostik oder bildgebenden Verfahren. Insbesondere **neuropathische Schmerzen** stellen bei fehlender aktiver Sprache eines der größten diagnostischen Probleme dar. Bei der Suche nach möglichem Schmerz und dessen Ursache(n) mittels apparativer und Labordiagnostik sind unauffällige Untersuchungsergebnisse nicht als ausreichender Beleg für die Abwesenheit von Schmerz zu interpretieren. Auffälliges Verhalten sollte in der Betreuung kontinuierlich Beachtung geschenkt werden und Schmerz als Auslöser mitbedacht werden.

Die verbale Schilderung von Schmerzen durch die betroffene Person, das betont die IASP jetzt ausdrücklich, ist nicht die einzige Möglichkeit, Schmerzen mitzuteilen. Menschen mit Störungen der Intelligenzentwicklung teilen dies überwiegend über ihr Verhalten mit, wozu auch selbst- oder fremdverletzendes Verhalten zählen kann. Diesem Aspekt wird sich der Beitrag ausführlich widmen.

Auch der explizite Hinweis der IASP, dass die Schilderungen von Personen zu ihren Schmerzen ernst zu nehmen sind, verdient besondere Aufmerksamkeit. Verbale Schilderungen ihrer Beschwerden sind Menschen mit Störungen der Intelligenzentwicklung nur eingeschränkt oder gar nicht möglich. In die Anamnese müssen insofern Hilfsmittel der Unterstützten Kommunikation (UK) integriert werden und eine ausführliche und spezifische Fremdanamnese muss ergänzend zu den »Angaben« der betroffenen Personen hinzutreten. Will man Schmerzen nicht übersehen, sind diese Fremdanamnesen sehr sorgfältig zu berücksichtigen, auch wenn sie manchmal widersprüchlich erscheinen.

24.4 Prävalenz

Schätzungen zur Prävalenz chronischer Schmerzen bei Erwachsenen in den USA beispielsweise reichen von 11 bis 40 %, mit erheblichen Schwankungen in Untergruppen der Bevölkerung (Dahlhamer et al. 2018). In den meisten Untersuchungen über verschiedene Länder und Kontinente hinweg wird eine Prävalenz von ca. 30 % in der Allgemeinbevölkerung angegeben. Frauen sind in der Regel häufiger betroffen (Cohen et al. 2021).

Bei Menschen mit Störungen der Intelligenzentwicklung liegen chronische Schmerzen vermutlich häufiger als in der Allgemeinbevölkerung vor, weil sie überdurchschnittlich von chronischen Erkrankungen und damit verbundenen Gesundheitsproblemen betroffen sind (van Timmeren et al. 2017). Eine Untersuchung bei 280 Kindern mit Zerebralparese kommt zu dem Ergebnis, dass zum Untersuchungszeitpunkt 67,1 % der befragten Kinder unter akuten und 31,4 % unter chronischen Schmerzen litten. 42 % der Kinder, die zum Befragungszeitpunkt akute Schmerzen erlebten, berichteten, auch unter chronischem Schmerz zu leiden. In dieser Untersuchung wurden bei den nicht sprachfähigen Kindern auch die Eltern einbezogen (Ostojic et al. 2020).

Befragt man die Betreuungspersonen von Menschen mit Störungen der Intelligenzentwicklung, ergeben sich im Kontrast zu dieser und den oben zitierten Untersuchungen viel niedrigere Werte für die Prävalenz von Schmerzen. Eine erhebliche Unterschätzung durch das betreuende Personal wird hierbei deutlich. So kommt eine Studie zu dem Ergebnis, dass die geschätzte Schmerzprävalenz bei Menschen mit Störungen der Intelligenzentwicklung von den sie betreuenden Personen 15,3 % betrug (Walsh et al. 2011). Eine andere Arbeit aus Irland ermittelte eine Prävalenz von 13 % (McGuire et al. 2010). In einer Untersuchung der Caritas Augsburg wurden mehr als 3000 Mitarbeitende im Betreuungsdienst nach ihrer Einschätzung zu Schmerzen bei den von ihnen betreuten Menschen mit Störungen der Intelligenzentwicklung befragt; hier wurde eine Prävalenz von ca. 7 % ermittelt (Fricke et al. 2018). Das weist darauf hin, dass die Lücke zwischen vorhandenem und nicht erkanntem Schmerz groß ist.

Als widerlegt darf die oft bestehende Meinung gelten, dass Menschen mit Störungen der Intelligenzentwicklung eine geringeres Schmerzempfinden aufweisen (Barney et al. 2020). Für einzelne Syndrome, wie das Phelan-McDermid-Syndrom, soll ein reduziertes Schmerzempfinden aber zutreffen (Phelan et al. 2005).

24.5 Risikofaktoren

Es gibt allgemeine Risikofaktoren, die mit der Entwicklung von chronischem Schmerz in Verbindung gebracht werden (Tab. 24-1). Die gesamte Gruppe der Menschen mit Störun-

Demografisch	- Alter - Geschlecht - ethnische Zugehörigkeit und kultureller Hintergrund - sozioökonomischer Hintergrund - Beschäftigungsstatus und berufliche Faktoren
Lebensstil und Verhaltensweisen	- Rauchen - Alkoholkonsum - körperliche Aktivität - Ernährung - Sonnenschein und Vitamin D
Klinisch	- Schmerzen - Multimorbidität und Sterblichkeit - psychische Gesundheit - chirurgische und medizinische Eingriffe - Gewicht - Schlafstörungen - Genetik
Andere	- Einstellungen und Überzeugungen zu Schmerzen - Vorgeschichte von gewaltsamen Verletzungen, Missbrauch oder zwischenmenschlicher Gewalt

Tab. 24-1: Faktoren, die mit der Entwicklung von chronischen Schmerzen assoziiert sind (nach Mills et al. 2019)

gen der Intelligenzentwicklung ist außerdem von zusätzlichen, für diese Gruppe recht spezifischen Risikofaktoren für Schmerzen betroffen, wie z.B. Osteoporose, chronische Obstipation, Refluxerkrankung, Hüftluxation, Spastik oder Verletzungen durch Stürze.

EXKURS **Genetisches Risikoprofil**
Das individuelle Risiko für Schmerz wird vermutlich auch durch sehr spezifische, genetische Ursachen bestimmt (z. B. Reflux beim Cornelia-de-Lange-Syndrom). Zur Einschätzung des individuellen Risikos kann darum eine humangenetische Untersuchung sinnvoll sein. Für die nicht syndromale, klinisch unspezifische Form einer Entwicklungsstörung können nach einer neueren Arbeit genetische Ursachen in ca. 35 % der Fälle nachgewiesen werden (Levchenko et al. 2022). Diese Quote könnte in Zukunft mit Ausbau der Datenbanken und Einführung der routinemäßigen Genomsequenzierung noch höher ausfallen.

24.6 Folgen des Übersehens von Schmerz und Schmerzursachen

Eine der größten Herausforderungen in der Betreuung von Menschen mit Störungen der Intelligenzentwicklung ist die Frage, ob überhaupt Schmerz vorliegt, um welche Art von Schmerz es sich gegebenenfalls handelt und wo dieser lokalisiert sein könnte. Des Weiteren sind die Betroffenen im Hinblick auf medizinische Untersuchungen häufig nur eingeschränkt oder nicht ohne Sedierung untersuchbar. Diese Schwierigkeiten bedingen oft ein Unterlassen notweniger Diagnostik.

MERKE
Das Übersehen von Schmerzen hat für die Betroffenen erhebliche Konsequenzen in mindestens zweierlei Hinsicht:
- Verschlechterung und Fortschreiten einer zugrunde liegenden Erkrankung (z. B. Tumorerkrankung oder akute Morbidität beispielsweise bei Herzinfarkt oder Appendizitis)
- Entwicklung von chronischem Schmerz als eigenständiges Krankheitsbild

Untersuchungen aus England bei Personen mit intellektueller Beeinträchtigung haben eine mehr als doppelt so hohe Rate an vermeidbaren Todesfällen im Vergleich zur Allgemeinbevölkerung nachgewiesen (Heslop et al. 2014). Eine Studie aus Australien kam zu einem ähnlichen Ergebnis (Trollor et al. 2017). Man darf vermuten, dass ein bedeutsamer Teil der Betroffenen aufgrund von übersehenen Schmerzen, gleichbedeutend mit übersehenen Erkrankungen, verstorben ist. Auch wenn die Daten aus unterschiedlichen Gesundheitssystemen nicht ohne Weiteres übertragbar sind, kann unterstellt werden, dass auch in Deutschland eine nicht unerhebliche Anzahl von Menschen mit Störungen der Intelligenzentwicklung versterben, weil Schmerzen und dazugehörige Diagnosen übersehen werden.

Vollständig vermeidbar ist ein Irrtum oder eine Fehldeutung der Signale Betroffener nicht. Um die Anzahl von Fehleinschätzungen möglichst gering zu halten, ist eine systematische Strategie hilfreich, die im Folgenden beschrieben wird.

24.7 Mögliche Strategien zur Unterscheidung von Schmerz und alternativen Ursachen einer Verhaltensauffälligkeit

24.7.1 Die Reflexion der eigenen Haltung

Nach These des Autors kommen schmerzbedingte Verhaltensauffälligkeiten oder -änderungen häufig vor. Es gibt leider nur wenige systematischen Analysen, mit denen diese These belegt werden kann (z.B. de Winter et al. 2011). Akzeptiert man sie als zutreffend, ist eine wichtige Voraussetzung geschaffen, um zu einer bestimmten Haltung zu kommen. Es geht zunächst darum, den eigenen Blick zu weiten, über die Grenzen des eigenen Fachgebietes hinaus zu denken und Verantwortung auch für »Fachfremdes« zu übernehmen. Bei der Behandlung von Menschen mit intellektueller Beeinträchtigung ist von jeder Ärztin und jedem Arzt stets das gesamte Spektrum von Erkrankungen zu berücksichtigen, ähnlich wie es in der hausärztlichen Medizin praktiziert wird. Ein wichtiger Teil einer verantwortungsvollen Haltung besteht z.B. darin, nicht von vornherein die diagnostischen Schwierigkeiten als unüberwindbare Barriere zu sehen. Die Planung und praktische Organisation einer umfassenden, vielleicht nur in Sedierung oder Narkose möglichen Schmerzdiagnostik ist Aufgabe eines MZEB bzw. eines Krankenhauses und nicht die einer Haus- oder Facharztpraxis. Dort können wichtige Weichen gestellt und die Initiative zur körperlichen Diagnostik ergriffen werden.

MERKE

An Schmerz zu denken, ihn in die eigenen Überlegungen stets mit einzubeziehen, ist der erste wichtige Schritt, um Menschen mit Störungen der Intelligenzentwicklung den Zugang zu einer Schmerzdiagnostik zu ermöglichen.

24.7.2 Intuition als wichtige Voraussetzung

Intuition spielt bei der Wahrnehmung von Schmerzen eine große Rolle.

Was verstehen wir grundsätzlich unter Intuition?

DEFINITION

»Intuition (von mittellateinisch *intuitio* ›unmittelbare Anschauung‹, zu lateinisch *intueri* ›genau hinsehen, anschauen‹) ist die Fähigkeit, Einsichten in Sachverhalte, Sichtweisen, Gesetzmäßigkeiten oder die subjektive Stimmigkeit von Entscheidungen zu erlangen, ohne diskursiven Gebrauch des Verstandes, also etwa ohne bewusste Schlussfolgerungen.« (Quelle: Wikipedia®)[57].

Intuition in der Medizin setzt ein gewisses Maß an Erfahrung voraus und kann systematisches ärztliches Denken auf Basis von wissenschaftlichen Erkenntnissen nur ergänzen. Diese Ergänzung ist aber besonders dann wichtig, wenn es an klaren objektiven Daten, Studienergebnissen und im Falle von Patientinnen und Patienten ohne aktive Sprache

---

[57] https://de.wikipedia.org/wiki/Intuition. Zugriff 16.02.2024.

auch an verlässlichen subjektiven Informationen fehlt. Intuition in diesem Sinne kann als »Bauchgefühl« aufgefasst werden, welches ärztlich Verantwortlichen den Eindruck von möglicherweise vorliegendem Schmerz vermittelt oder eben nicht. Es kann sich sehr lohnen, über eine spontane Intuition während eines Patientenkontaktes systematisch nachzudenken: Was genau löst in mir als Arzt oder Ärztin das Gefühl aus, hier könne Schmerz vorhanden oder eher unwahrscheinlich sein? Oft sind es die Mimik, die Körpersprache, die Art und Weise des Patienten bzw. der Patientin, sich zu bewegen oder auf Berührungen zu reagieren. Manchmal ist es auch der abrupte Wechsel von »gequält wirken« zu »unbeschwert erscheinen«, der irritiert und Schmerzen intuitiv wenig wahrscheinlich erscheinen lässt. Es ist hilfreich, auch die Intuitionen wichtiger Bezugspersonen oder des Pflegepersonals zu berücksichtigen sowie Gemeinsamkeiten und Unterschieden in den intuitiven Wahrnehmungen auf den Grund zu gehen.

24.7.3 Unterscheidung von akutem und chronischem Schmerz

Ein erster wichtiger Schritt, wenn Schmerz erwogen wird, ist die gedankliche Unterscheidung zwischen akutem und chronischem Schmerz.

Akuter Schmerz hat oft (und häufiger als chronischer Schmerz) eine einzelne, prinzipiell durch Untersuchungen aufdeckbare Ursache. Er entsteht nicht aus sich heraus und ist nicht als eigenständiges Krankheitsbild anzusehen. Meist finden sich in der Anamnese oder bei der klinischen Untersuchung schmerzauslösende Ereignisse oder Noxen. Die zugrunde liegende jeweilige Ursache kann harmlos sein (z. B. Prellung, Distorsion, akute Gastritis), aber durchaus auch bedrohlichen Charakter haben (z. B. akute Cholezystitis, instabile Wirbelkörperfraktur). Wenn akuter Schmerz vermutet wird, sollte eine Diagnostik in Abhängigkeit vom klinischen Befund möglichst rasch erfolgen. Ist dies nicht möglich, sollte so bald wie möglich ein weiterer Kontakt angeboten und gegebenenfalls Diagnostik in Sedierung oder Narkose vorbereitet werden.

Chronische Schmerzen bei Menschen mit Störungen der Intelligenzentwicklung werden häufig durch orthopädische, neuroorthopädische (z. B. chronische Hüftluxation mit Arthrose), gastrointestinale (Reflux, Obstipation) oder zahnmedizinische Probleme verursacht. Chronischer Schmerz kann sich bei entsprechend langer Dauer verselbstständigen und als eigenständiges Krankheitsbild die eigentliche Ursache überlagern.

Eine Schwierigkeit bei der Diagnostik mittels bildgebender Verfahren besteht darin, dass die häufig deutlichen strukturellen Veränderungen des Bewegungsapparates (Skoliose, Luxation etc.) nicht automatisch als schmerzverursachend eingeordnet werden können. Hierfür müssen die jeweiligen Befunde differenziert betrachtet werden. Bei einer chronischen Hüftluxation kann beispielsweise eine fachgerecht durchgeführte lokale Injektion von Kortikoiden mit anschließendem Rückgang der Verhaltensauffälligkeiten einen sehr plausiblen Beleg liefern, auf der richtigen Spur zu sein. Bei der ausgeprägten Torsionsskoliose wird es deutlich schwieriger, die These der Schmerzverursachung belegen zu können. Hier kann eine genaue Überprüfung der vorhandenen Hilfsmittel (z. B. Sitzschale des Rollstuhls) die These »Rückenschmerzen« untermauern, wenn die Hilfsmittel angepasst werden und

Verhaltensauffälligkeiten anschließend rückläufig sind.

Beim mutmaßlich chronischen Schmerz ist zügiges Handeln nicht erforderlich. Wohl aber sollte den Betroffenen der Weg für eine Schmerzdiagnostik und -therapie eröffnet werden (z. B. durch Überweisung an ein MZEB).

MERKE
Die richtige Diagnose weist den Weg zur richtigen Therapie.

24.7.4 Schmerzassessment im Team

Um bislang unbekannte Ursachen von vermuteten Schmerzen aufzudecken, muss Schmerz überhaupt in Betracht gezogen werden. Das setzt zunächst ein Bewusstsein für das Problem und eine Sensibilität bei allen Bezugspersonen voraus. Hier kommt der Begriff der **Schmerzempathie** ins Spiel. Das zugrunde liegende Konstrukt ist so komplex, dass eine differenzierte Auseinandersetzung den Rahmen an dieser Stelle sprengen würde. Nur so viel sei gesagt: Schmerzempathie ist unter anderem von Berufserfahrung, Geschlecht (sowohl der mitfühlenden Person wie auch den Betroffenen selbst) und eigenen Erfahrungen mit Schmerz abhängig (Gleichgerrcht & Decety 2014).

Schmerzassessmentinstrumente können auch helfen, unentdeckte Schmerzen zu erfassen. Damit wird idealerweise das gesamte Betreuungsteam einbezogen. Wiederholte, längerfristige und multiprofessionelle Erfassung von möglichen Schmerzäußerungen oder Hinweisen auf Schmerz sind der entscheidende Vorteil gegenüber Berichten von Einzelpersonen. Insbesondere in Wohnformen, in denen viele und wechselnde Personen die Betroffenen versorgen, können diese Instrumente helfen, Schmerzen aufzudecken. Wichtig ist ein Austausch über die Ergebnisse und Eindrücke im Team, ob z. B. der Blick auf bestimmte Symptome oder Verhaltensweisen zu ähnlichen Interpretationen und (Be-)Wertungen führt. Die meisten Evaluationsinstrumente unterliegen einem großen individuellen Interpretationsspielraum und gewährleisten keineswegs Objektivität. Die breite Palette reicht von einfachen visuellen, verbalen oder numerischen Analogskalen bis zu umfangreichen Instrumenten. Deren systematische Anwendung ist im Alltag durch den teilweise erforderlichen Zeitaufwand allerdings begrenzt.

Alle Instrumente weisen eine große Ähnlichkeit auf. Sie erfassen unter anderem Mimik, vegetative Reaktionen (z. B. Schwitzen, Herzfrequenz), etwaige Schonhaltungen, Lautieren oder die Reaktion auf Trost. Sie gelten teilweise als evaluiert, können aber selbst bei vorhandenen Cut-off-Werten, deren Überschreitung Schmerz sehr wahrscheinlich machen soll, Schmerz weder beweisen noch ausschließen.

Viele Instrumente wurden ursprünglich für die Schmerzdiagnostik bei Säuglingen und Kleinkindern entwickelt (Übersicht siehe Beltrami et al. 2017). Später kamen solche für Menschen mit Demenz hinzu (Übersicht siehe Lichtner et al. 2014). In den letzten Jahren erschienen auch einige Instrumente für Personen mit intellektueller Beeinträchtigung (Übersicht siehe Lotan & Icht 2023). Für fast alle genannten Instrumente liegt keine vor- und rückübersetzte deutsche Version vor, was deren Verwendung einschränkt (Tab. 24-2).

Eines dieser Instrumente, die ins Deutsche übersetzte *Evaluation de l'Expression de la Douleur chez l'Adolescent ou l'Adulte Poly-*

Instrumente für Menschen mit Störungen der Intelligenzentwicklung	Instrumente für Menschen mit Demenz
• Evaluation de l'Expression de la Douleur chez l'Adolescent ou l'Adulte Polyhandicapé (EDAAP) • Chronic Pain Scale for Nonverbal Adults With Intellectual Disabilities (CPS-NAID) • Non-Communication Adult Pain Checklist (NCAPC) • Facial Action Coding System (FACS) • Non-Communicating Children's Pain Checklist (NCCPC) • Pain Indicator for Communicatively Impaired Children (PICIC) • The Paediatric Pain Profile (PPP) • Pain and Discomfort Scale (PADS; Bodfish et al. 2001) • Non-Communicating Adult Pain Checklist (NCAPC)	• Beobachtungsinstrument für das Schmerzassessment bei alten Menschen mit Demenz (BISAD) (L'échelle Comportementale pour Personnes Agées, ECPA) • Beurteilung von Schmerz bei Demenz (BESD) (Pain Assessment in Advanced Dementia, PAINAD) • Echelle comportementale de la douleur pour personnes âgées non communicantes (ECPA)

Tab. 24-2: Schmerzevaluationsbögen

handicapé (*EDAAP*; Belot et al. 2009), kurz EDAAP-Skala, erfasst sowohl den als normal beurteilten Zustand des betroffenen Menschen und evaluiert erneut, wenn Schmerzen vermutet werden. Damit sollen insbesondere Änderungen des Verhaltens im Hinblick auf möglichen Schmerz objektiviert werden.

Einige Einrichtungen der Eingliederungshilfe setzten ein solches Instrument regelhaft ein (z. B. Verwendung des EDAAP im Blindeninstitut Würzburg). Insgesamt scheint dadurch generell die Aufmerksamkeit für das Thema bei vielen Menschen im Betreuungsteam zu steigen und kann so auch eine Kultur der Schmerzempathie schaffen.

Ganz interessant scheinen neuere technische Entwicklungen, z. B. eine App, bei der die Mimik, mittels Smartphone-Kamera aufgenommen und anschließend analysiert wird (PainChek®, PainChek Limited, Sydney, Australien). Diese ist allerdings für Menschen mit Demenz entwickelt.

Auch gibt es Untersuchungen zur Erfassung vegetativer Daten (Herzfrequenz, Atmung, Körpertemperatur, Schweiß, Atembewegungen) mittels sogenannter Smart Wearable Shirts, die z. B. bei Menschen mit Autismus untersucht wurden (Lotan & Icht 2023). Ein weiterer Ansatz besteht in der Analyse des Frequenzspektrums von Lautäußerungen bei mutmaßlichem Schmerz Betroffener (Icht et al. 2021). Möglicherweise lassen sich auch diese einsetzen, um Schmerz zu detektieren. Die Forschung hierzu ist noch nicht so weit fortgeschritten, dass eine Anwendung in der Praxis demnächst zu erwarten ist.

Schmerz zu erwägen, wahrzunehmen und die eigenen Hypothesen durch möglichst genaue Beobachtung zu überprüfen, ist, wie bereits angedeutet, nicht allein ärztliche Aufgabe, sondern die eines großen (virtuellen) Teams, das sich über die individuellen Beobachtungen austauschen sollte. Jedes einzelne Teammitglied steht hier in der Verantwortung. Zu den wichtigsten ärztlichen Aufgaben zählen die Zusammenführung der Beobachtungen und gegebenenfalls die Initiierung eines diagnostischen Prozesses. Schmerzerfassungsinstrumente geben dem Team dabei eine konkrete Anleitung.

> **MERKE**
> Berufserfahrene oder mit der betroffenen Person gut vertraute Menschen (z. B. Angehörige) empfinden die Instrumente nach Erfahrung des Autors häufig als nicht hilfreich und vertrauen eher den eigenen Intuitionen.

24.7.5 Individuelle Vorerfahrungen mit Schmerzreaktionen der Betroffenen berücksichtigen

Eine Rolle bei der Fremdbeurteilung von Schmerzen spielen auch frühere Ereignisse, bei denen Schmerzen wahrscheinlich aufgetreten sind, und wie die damaligen Reaktionen der betroffenen Person beschrieben wurden. Zu solchen Ereignissen zählen z. B. körperliche Traumata, insbesondere Frakturen, Operationen, Zahnprobleme, oder auch die patientenindividuellen Reaktionen auf eine Blutabnahme oder eine Impfung. Eltern, Geschwister oder langjährige Bezugspersonen haben auf Basis dieser Beobachtungen häufig Fähigkeiten entwickelt, mit denen sie intuitiv »Stimmungen« von Schmerzempfindungen besser abgrenzen können.

Für Menschen mit Entwicklungsstörungen gibt es Hinweise, dass deren Reaktionen einen sehr individuellen Charakter aufweisen können, der vor allem langjährigen Bezugspersonen (meist Angehörigen) bekannt ist, während fremde Personen (z. B. in einer Krankenhausambulanz) diese sogenannten idiosynkratischen Verhaltensmuster nicht als Schmerz identifizieren können (Foley & McCutcheon 2004).

Erwähnenswert ist die Beobachtung, dass einzelne Betroffene auch bei schwerwiegenden Verletzungen kaum Reaktionen zeigen, die an Schmerzen erinnern.

24.7.6 Systematische Suche nach möglichen Schmerzauslösern

Um Schmerzursachen einzugrenzen, hat es sich bewährt, gezielt nach möglichen schmerzauslösenden Ereignissen zu fragen. Da häufig nur die Fremdanamnese aussagekräftig ist, sollten die unterschiedlichen Lebenswelten der Betroffenen unbedingt berücksichtigt werden (z. B. Wohnheim, Werkstatt, Besuch bei der Familie am Wochenende, Transporte zwischen den jeweiligen Orten). Ein nicht mitgeteilter Sturz in der Werkstatt oder während des Transportes oder ein unbeobachtetes Trauma sollten erwogen werden, insbesondere wenn die Mobilität plötzlich reduziert ist.

Bei Erhebung der Anamnese ist gleichfalls das **individuelle Risikoprofil** zu berücksichtigen. So können bei Personen mit bekannter Osteoporose pathologische Frakturen schon bei einem Transfer von Bett in den Rollstuhl entstehen. Bei Personen, die mit einem ventrikulo-peritonealen Shuntsystem versorgt sind, ist die Entwicklung peritonealer Zysten oder eine Shuntdysfunktion denkbar, was jeweils mit deutlichen Schmerzen einhergehen kann. Eine Koprostase muss nicht, kann aber erhebliche abdominelle Beschwerden verursachen.

Zum individuellen Risikoprofil gehört

auch ein gegebenenfalls bekanntes **genetisches Syndrom**. So weiß man, dass beim Cornelia-de-Lange-Syndrom eine Refluxösophagitis häufig vorkommt. Es ist Aufgabe aller Ärztinnen und Ärzte, sich mit den spezifischen Besonderheiten des jeweils vorliegenden Syndroms vertraut zu machen.

PRAXISTIPP

Da immer noch in vielen Fällen eine genetisch bedingte Ursache des Behinderungsbildes fälschlicherweise als »frühkindliche Hirnschädigung« klassifiziert wurde, macht es auch im Kontext einer Schmerzdiagnostik Sinn, sich mit der Indikation zur humangenetischen Untersuchung auseinanderzusetzen.

Besondere Reaktionen der Betroffenen in bestimmten Kontexten (Nahrungsaufnahme, Mobilisation, längeres Sitzen im Rollstuhl, Zähneputzen etc.) geben manchmal Hinweise auf die Genese des vermuteten Schmerzes.

Allein die Beschaffung wichtiger individueller Vorinformationen (Krankengeschichte, Fremdbeobachtung an unterschiedlichen Orten) kann eine große Herausforderung darstellen. Sie ist nicht allein ärztliche Aufgabe. Alle Betreuenden sollten ihren Beitrag leisten, wobei gerade Bezugsmitarbeitenden in der Eingliederungshilfe eine große Bedeutung zukommt. Erfahrungsgemäß übernehmen diese Menschen diese Aufgabe gerne und zuverlässig, wenn sie wissen, welche Informationen aus ärztlicher Sicht wichtig sind.

24.7.7 Untersuchung in einer ruhigen Atmosphäre

Die gründliche klinische Beobachtung und Untersuchung sind im Alltag immer wieder eine Herausforderung. Erschwert wird dies durch Folgendes:
- Angst mit Abwehr der Untersuchung (z. B. bei Autismus-Spektrum-Störung)
- fehlende technische oder personelle Unterstützung in der Untersuchungssituation (Personenlifter, Personal)
- Patientenfaktoren wie ausgeprägte Spastik, Skoliose, hohes Körpergewicht, nur schlecht ablegbare Bekleidung
- Zeitmangel
- ungünstige Räumlichkeiten (Platz, Ruhe, Beleuchtung)

Die Schaffung entsprechender Voraussetzungen ist ein wichtiger Baustein in der Schmerzdiagnostik.

Zunächst kann vor einer körperlichen Untersuchung die einfache klinische Beobachtung schon Hinweise auf Schmerzen geben. Diese sollte nach ausreichender Adaptation in ruhiger Atmosphäre erfolgen:
- Wie wirkt der Patient bzw. die Patientin (entspannt oder gequält?)
- Wie ist die Mimik?
- Ist die Atmung beschleunigt?
- Wird eine Schonhaltung eingenommen?
- Drängt sich intuitiv das Gefühl von Schmerz auf?

24.7.8 Probatorische (diagnostische) Analgetikagabe

Eine Analgetikagabe aus diagnostischen Gründen kann in bestimmten Situationen erwogen werden, z. B. wenn eine apparative Abklärung wegen fehlender Kooperationsfähigkeit nur schwer durchführbar ist und kein Verdacht auf ein bedrohliches Krankheitsbild besteht. Die Entscheidung ist auch von der individuellen medizinischen Vorgeschichte, den mutmaßlichen oder tatsächlichen Patientenwünschen sowie der Vorstellung des gesetzlichen Vertreters abhängig.

In der Realität wird aus Unsicherheit, ob tatsächlich Schmerzen situativ oder dauerhaft vorhanden sind, oft eine Bedarfsmedikation in niedriger Dosierung verordnet. Die Verantwortung für den konkreten Einsatz der Medikamente wird so auf das Umfeld, auf Angehörige oder Mitarbeitende in der Eingliederungshilfe verlagert. Ob dann tatsächlich ein Schmerzmittel zum Einsatz kommt, scheint mehr von der jeweils betreuenden Person als vom Zustand der Betroffenen abhängig.

Bei der Auswahl eines Medikamentes kann man sich an der mutmaßlichen Ursache orientieren. Viszeraler Schmerz spricht auf Metamizol (Novaminsulfon) oft gut an, während neuroorthopädischer Schmerz besser mit einem nichtsteroidalen Antirheumatikum behandelt werden kann. Bei neuropathischem Schmerz wiederum sind Substanzen wie Pregabalin, Gabapentin oder Amitriptylin geeigneter. Die Dosierung sollte wenigstens im mittleren Bereich liegen. Hilfreich ist eine Orientierung am Stufenschema der WHO, welches ja auch eine Ergänzung um weitere Substanzen vorsieht, wenn auf Stufe I keine Verbesserung eintritt. Individuelle Nebenwirkungen und Kontraindikationen sind zu beachten. Zu Metamizol liegt eine Warnung des Bundesinstituts für Arzneimittel und Medizinprodukte vor (Rote-Hand-Brief), die sich auf eine mögliche Agranulozytose bezieht und 2020 um die Warnung vor einer akuten Leberschädigung ergänzt wurde (BfArM 2020).

Es empfiehlt sich, eine probatorische Schmerztherapie durch eine systematische Evaluation mit einem Schmerzerfassungsinstrument zu begleiten. Möglichst viele Betreuungspersonen sollten sich an der Beobachtung beteiligen. Initial sollten die Zustände des Patienten bzw. der Patientin definiert werden, die für Schmerz gehalten und durch die Medikation beeinflusst werden sollen, z. B. Verbesserung der Schlafqualität, Rückgang von Lautieren oder Einnahme einer entspannten Sitzposition im Rollstuhl.

24.8 Ausgewählte Schmerzsyndrome

24.8.1 Chronische tumorassoziierte Schmerzen (ICD-11 MG30.1)

Es gibt Hinweise darauf, dass tumorassoziierte Schmerzen bei Menschen mit Störungen der Intelligenzentwicklung im Vergleich zur Allgemeinbevölkerung seltener behandelt werden. Im Vergleich zur Normalbevölkerung erhielten sie laut einer schwedischen Untersuchung weniger oft COX-Inhibitoren und schwache Opioide. Stattdessen wurden ihnen häufiger Paracetamol, Antidepressiva, Benzodiazepine und Neuroleptika verschrieben (Segerlantz et al. 2019). Vermutlich scheuen sich Ärztinnen und Ärzte, im Hinblick auf

Nebenwirkungen und Interaktionen bei ohnehin oft umfangreicher Vormedikation weitere Substanzgruppen wie Analgetika einzusetzen.

Hier kann die Einbeziehung eines Palliativdienstes sehr wertvoll sein. Grundsätzlich sollte die Behandlung genauso wie bei jeder anderen Person mit tumorassoziierten Schmerzen erfolgen.

24.8.2 Chronische postoperative oder posttraumatische Schmerzen (ICD-11 MG30.2)

Insbesondere bei Menschen ohne aktive Sprache wird dieser Schmerztyp häufig unterschätzt. Auch kleinere operative Eingriffe können deutliche Schmerzen verursachen. Nicht behandelte postoperative Schmerzen erhöhen das Risiko für körperliche Anspannung bis hin zu Erregungszuständen, die wiederum das Operationsergebnis negativ beeinträchtigen können. Das gilt erfahrungsgemäß vor allem für viszeral- oder gefäßchirurgische Eingriffe (z.B. Fundoplikatio, Bauchwandhernien, Gefäß-Bypass), wo die Stabilität von Nähten von extrem hoher Bedeutung ist. Aber auch die Anlage einer PEG kann deutliche Schmerzen verursachen.

Bei der OP-Planung sollte die postoperative Schmerztherapie prospektiv festgelegt werden, am besten in Form einer regelmäßigen Analgetikagabe für einige Tage. Die Anordnung »bei Bedarf« führt meist zu einer mangelnden Schmerzkontrolle.

FALLBEISPIEL

Ein junger Mann wurde mir vor etwa einem Jahr vorgestellt. Vorausgegangen war ein Anruf der verzweifelten Mutter. Ihr 20-jähriger Sohn, von einer komplexen Beeinträchtigung nach Frühgeburtlichkeit mit ausgedehnter Hirnblutung betroffen, war zehn Tage zuvor mit dem Rollstuhl eine Treppe hinuntergestürzt. Man sei im Krankenhaus, in das der Patient gebracht wurde, ihrer mehrfachen Bitte, das linke Bein zu untersuchen, nicht nachgekommen. Für sie als Mutter sei es offensichtlich, dass der Sohn unter Schmerzen leide. Bei jedem Transfer zeige er durch Mimik und Lautgebung an, dass er Schmerzen verspüre.

Bei der klinischen Untersuchung fand sich eine Schwellung des distalen linken Oberschenkels. Die Diagnostik (Röntgen und CT) in Sedierung ergab eine deutlich dislozierte distale Oberschenkelfraktur mit bereits einsetzender Kallusbildung, was auf eine schon vor dem Treppensturz erfolgte Fraktur hinwies. Außerdem fand sich eine deutliche Entkalkung der Knochenstruktur.

Die Mutter bestätigte, dass schon vor dem Treppensturz Schmerzen vermutet wurden. Es sei zu insgesamt vier Besuchen in unterschiedlichen Arztpraxen gekommen (Hausarzt, Orthopäde, zwei radiologologische Praxen). Die Absicht, ein Röntgenbild zu erstellen, sei gescheitert, weil entweder kein Fahrstuhl verfügbar war oder die Kooperation des Sohnes als unzureichend eingeschätzt wurde.

Nach mittlerweile erfolgter Osteosynthese ist der Patient schmerzfrei und kann sich wieder eigenständig mit dem Rollstuhl fortbewegen.

24.8.3 Chronische sekundäre muskuloskelettale Schmerzen (ICD-11 MG30.3)

Menschen mit Störungen der Intelligenzentwicklung sind überdurchschnittlich häufig von neuromuskulären bzw. neuro-orthopädischen Problemen betroffen (u.a. Spastik, Kontraktur, Skoliose, Gelenkluxation, Spinalkanalstenosen, degenerativen Gelenkerkrankungen, Osteoporose).

Zu einer Abklärung bei Verdacht auf Schmerzen gehört demzufolge auch immer eine gründliche neuro-orthopädische Untersuchung, welche die Beurteilung der verwendeten Hilfsmittel (Rollstuhl, Orthesen, Lagerungsmittel etc.) stets einschließen sollte. Gerade die Hilfsmittelversorgung stellt ein großes Problem dar, weil Menschen ohne aktive Sprache keine Rückmeldung zu verordneten Hilfsmitteln und deren Wirksamkeit bzw. Nebenwirkungen im Hinblick auf Schmerzen geben können. Auch ist die Verfügbarkeit von neuro-orthopädisch erfahrenen Ärztinnen und Ärzten sehr begrenzt. Diese sind meist ausgebildete Kinder-Orthopäden und arbeiten häufig in spezialisierten Zentren.

In einigen orthopädischen Kliniken und MZEB steht für die Beurteilung der neuro-orthopädischen Krankheitsbilder ein multiprofessionelles Team, bestehend aus Orthopäden, Neurologen, Orthopädietechnikern und Physiotherapeuten, zur Verfügung. Bei Verdacht auf eine neuro-orthopädische Schmerzursache sollte die Überweisung an eine solche Stelle erfolgen.

24.8.4 Chronische sekundäre viszerale Schmerzen (ICD-11 MG30.4)

Mutmaßliche Bauchschmerzen beispielsweise sind einer der häufigsten Gründe, Menschen mit Störungen der Intelligenzentwicklung im MZEB internistisch vorzustellen. In nicht wenigen Fällen findet sich bei weiteren Untersuchungen auch ein möglicher Grund. Es gelingt jedoch oft nicht, einen von der Norm abweichenden Befund als schmerzauslösend einzuordnen. In einigen Fällen zeigt die ursächliche Therapie dann tatsächlich eine überzeugende Besserung des Verhaltens, das zuvor als Schmerzreaktion gedeutet wurde.

Beispiele für Erkrankungen, die häufig vorkommen und chronischen oder chronisch rezidivierenden viszeralen Schmerz verursachen, zeigt die folgende Auflistung:
- chronische Obstipation/Koprostase
- Reizdarm
- *Helicobacter pylori*-Gastritis
- Refluxerkrankung
- Cholezystolithiasis
- Harnverhalt
- rezidivierende Harnblasenentzündung
- Nephrolithiasis
- perimenstruelles Syndrom

Zu berücksichtigen sind auch ausstrahlende Schmerzen aus anderen Organen und Regionen (Thorax, Rücken).

Die technischen Möglichkeiten, viszerale Schmerzen bei eingeschränkter Kooperationsfähigkeit abzuklären, sind begrenzt. Neben Labor- und Stuhluntersuchungen beschränkt sich die Untersuchung auf Sonografie, Computertomografie (CT) und Endoskopie. Viele Funktionstests (z.B. Atemtest) sind nicht durchführbar.

FALLBEISPIEL

Ein junger Mann (23 Jahre) mit Down-Syndrom und Autismus-Spektrum-Störung wurde vor zwei Jahren erstmals in unserem MZEB vorgestellt. Er verfügte nicht über aktive Sprache. Nach Schilderungen der begleitenden Mitarbeiterin leide er schon seit vielen Jahren unter Problemen mit der Verdauung, die sich in einem Wechsel von Durchfall und Verstopfung äußern. Zum Teil, so vermute man, treten auch krampfartige Bauchschmerzen auf. Dabei beuge sich der Patient im Sitzen nach vorne und lautiere etwas. Körperliche Diagnostik sei nicht möglich. Der Patient lasse sich nicht berühren und eine Blutentnahme sei seit Jahren deswegen nicht erfolgt. Hier vermute man als Ursache frühere Gewalterfahrungen im Elternhaus. Therapeutisch werde seit Längerem ein Probiotikum eingesetzt, gelegentlich werde auch mit Abführmitteln gearbeitet.

Wir verabredeten eine ausführliche Untersuchung in Sedierung. Sonografisch fanden sich ein Nierenstau und Hinweise auf eine deutliche Koprostase. Das CT bestätigte diese Befunde. Es fand sich eine massive Koprostase im Rektum mit Harnstau beidseits und Verdrängung der Harnblase nach kranial. Ein Tumor konnte weitgehend ausgeschlossen werden. Nachfolgend erhielt der Patient regelmäßig Abführmittel.

Die beobachteten Schmerzzustände treten nur noch sehr selten auf. Die Lebensqualität hat erkennbar zugenommen.

24.8.5 Chronische neuropathische Schmerzen (ICD-11 MG30.5)

Wegen des oft fehlenden Nachweises makroskopisch sichtbarer struktureller Veränderungen stellt der neuropathische Schmerz diagnostisch eine besondere Herausforderung dar. Bildgebende Verfahren geben in der Regel keine direkten Hinweise auf die Ursache von vermutetem Schmerz. Eher ist es die umfassende Anamnese zu früheren und aktuellen Erkrankungen, die auf einen neuropathischen Schmerz hinweisen kann. In einigen Fällen ist möglicherweise die klinische Dynamik sich entwickelnder Schmerzen (plötzlich, einschießend) hinweisgebend. Unmittelbar oder durch Berührung auftretende Verhaltensänderungen können ein Hinweis auf neuropathischen Schmerz sein. Die Ursachen von neuropathischem Schmerz sind sehr unterschiedlich, die klinischen Bilder oft ähnlich.

Die Diagnose stützt sich laut Leitlinie der Deutschen Gesellschaft für Neurologie (DGN 2022) auf die Kombination von sogenannten Minus- und Plussymptomen (Minussymptome: sensible Defizite wie Hypästhesie, Hypalgesie; Plussymptome: brennende Schmerzen, insbesondere in Ruhe, einschießende Schmerzattacken, Allodynie, Hyperalgesie).

Einteilen lässt sich der neuropathische Schmerz unter den Aspekten der Lokalisation (fokal, multifokal, zentral) oder ausgehend vom Pathomechanismus. Klinische Aspekte einer Einteilung zielen auf die subjektiven Symptome (Schmerzempfinden, Sensibilität).

Tabelle 24-3 gibt einen Überblick über die Einteilung und Ursachen von neuropathischem Schmerz. Hieraus wird deutlich, dass bei fehlender Eigenanamnese weniger das klinische Bild die These eines neuropathischen Schmerzes stützt, sondern eher die jeweils zugrunde liegende Erkrankung einen Hinweis geben kann.

Periphere fokale oder multifokale Neuropathien	- akuter Herpes zoster, postzosterische Neuralgie - Post-Mastektomie-Schmerz, Post-Thorakotomie-Schmerz, Narbenschmerz - Phantomschmerz, Stumpfschmerz, Schmerzen nach Nervenverletzung (komplett/inkomplett) - Posttraumatische Neuropathie (territoriales neuropathisches Schmerzsyndrom) - Trigeminusneuralgie, Glossopharyngeusneuralgie, Okzipitalisneuralgie - Akute und chronische Radikulopathien, Postdiskektomie-Syndrom, Ischialgie (Bandscheibenvorfall, degenerative Wirbelsäulenveränderungen) - Engpasssyndrome - Diabetische Mononeuropathie - Morton-Neuralgie - Ischämische Neuropathie - Bannwarth-Syndrom (Borrelien-Infektion) - Neuralgische Schulteramyotrophie, Plexusläsion nach Bestrahlung - Plexusinfiltration durch Tumor
Periphere generalisierte Neuropathien	- Metabolisch/ernährungsbedingt (Diabetes mellitus, Hypothyreose, Vitamin-B$_{12}$-Mangel) - Medikamente (u. a. Chemotherapeutika, z. B. Cisplatin, Antibiotika, z. B. Metronidazol) - Toxine (z. B. Alkohol, Acrylamid) - Hereditär (z. B. Amyloidose, Morbus Fabry, Morbus Charcot-Marie-Tooth Typ 2B und 5, hereditäre sensibel-autonome Neuropathien [HSAN] Typ 1 und 1B, primäre Erythromelalgie) - Malignome (paraneoplastisch, insbesondere Bronchialkarzinom, multiples Myelom) - Infektiös oder postinfektiös, autoimmunologisch (z. B. Guillain-Barré-Syndrom, vaskulitische Neuropathie)
Zentrale Ursachen neuropathischer Schmerzen	- vaskuläre Läsionen (Hirninfarkte, insbesondere Insula, Thalamus und Hirnstamm, Blutungen, vaskuläre Malformationen) - entzündliche Erkrankungen (Multiple Sklerose, Abszesse, Myelitis) - traumatisch (Rückenmarkverletzungen, Schädel-Hirn-Traumata) - Tumoren - Syringomyelie/Syringobulbie
»Mixed Pain«-Syndrome	- chronische Rückenschmerzen - Tumorschmerzen (bei Infiltration von neuronalen Strukturen)

Tab. 24-3: Einteilung und Ursachen von neuropathischem Schmerz (nach DGN 2022, S. 13–15; siehe auch Colloca et al. 2017)

24.8.6 Chronische sekundäre Kopfschmerzen oder orofaziale Schmerzen (ICD-11 MG30.6)

Selbstverletzungen am Kopf oder im Gesicht geben häufig Anlass, über Schmerzen in diesem Bereich nachzudenken. Einerseits besteht die Frage, ob das selbstverletzende Verhalten Ausdruck von Schmerzen im Kopfbereich ist, andererseits werden traumatische Folgen (z. B. intrazerebrale Blutung) befürchtet.

Zu den häufigen Schmerzursachen in dieser Körperregion bei Menschen mit Störungen der Intelligenzentwicklung gehören nach Erfahrung des Autors Zahn-, Ohren- und Kopfschmerzen. Aber auch schmerzhafte Erkrankungen des Auges (z. B. Hornhautverletzung, Phthisis bulbi, Glaukom), des Kiefers (Gelenkluxation) oder der Speicheldrüsen kommen vor.

Mutmaßliche Schmerzen in diesem Bereich lassen sich bei fehlender Kooperationsfähigkeit nur schwer abklären. Immer besser werden die Möglichkeiten, den Zahnstatus in Narkose zu untersuchen und gegebenenfalls Behandlungen durchzuführen. Viel schwieriger ist die Evaluation von Schmerzen im Augen- bzw. HNO-ärztlichen Fachgebiet. Diese Fachdisziplinen sind für korrekte Diagnosen von technischen Voraussetzungen (z. B. Mikroskop, Spaltlampe) abhängig. Die Ausstattung ist zwar in Praxen vorhanden, setzt aber Kooperationsfähigkeit voraus. Narkoseuntersuchungen sind flächendeckend nicht verfügbar. Selbst die einfache Spiegelung des Trommelfells kann bei nicht kooperationsfähigen Patienten scheitern. Bei starkem Verdacht auf ein lokal ausgelöstes Schmerzsyndrom in den genannten Fachgebieten bleibt nur die Überweisung an eine entsprechende Fachabteilung zwecks Untersuchung in Narkose.

PRAXISTIPP
Sedierungssituationen können und sollten genutzt werden, um wenigstens einfache Untersuchungen unabhängig von der Verfügbarkeit der genannten Fachabteilungen durchzuführen. So kann die Mundhöhle bei einer Gastroskopie orientierend inspiziert werden. Mit einem einfachen Ohrenspiegel können rasch äußerer Gehörgang und Trommelfell eingesehen werden. Wenn eine craniale Computertomografie (CCT) zum Ausschluss von Blutung, Raumforderung oder Shuntdysfunktion nur in Sedierung möglich ist, kann man den Untersuchungsgang erweitern und gleichzeitig ein Dental-CT anfertigen, um den Zahnstatus mitbeurteilen zu können.

Wünschenswert sind regelmäßige Untersuchungen von Zähnen, Ohren und Augen im Sinne einer Prophylaxe und Frühdiagnostik von Erkrankungen, die mit Schmerzen einhergehen können. Dabei ist das individuelle Risiko der Patienten für bestimmte Erkrankungen zu berücksichtigen. So bilden z. B. Menschen mit Down-Syndrom überproportional viel Cerumen aus.

Noch schwieriger ist die Evaluation von Kopfschmerzen, die in der Gesamtbevölkerung eine hohe Prävalenz aufweisen. So wird die weltweite Häufigkeit von relevantem Kopfschmerz mit 52 % angegeben, die der Migräne mit 14 % (Stovner et al. 2022).

Es gibt die Vermutung, dass es eine pathophysiologische Korrelation zwischen Autismus-Spektrum-Störung und Migräne gibt, die sich in einer überdurchschnittlichen Inzidenz von Migräne-Kopfschmerz bei dieser Patientengruppe niederschlagen soll. Diese Hypothese ist jedoch kaum untersucht (Vetri 2020).

Wegen der hohen Prävalenz von Autismus-Spektrum-Störungen bei Menschen mit Störungen der Intelligenzentwicklung kann unterstellt werden, dass ein nicht geringer Anteil dieser Menschen unter rezidivierenden Kopfschmerzen leidet und diese Diagnose unbedingt berücksichtigt werden sollte.

24.9 Labor- und apparative Untersuchungen zur Schmerzdiagnostik

Grundsätzlich sinnvoll bei der Erstellung eines Untersuchungsprogramms ist die Orientierung an allgemeinen medizinischen Aspekten. Vorhandene Empfehlungen zur Früherkennung und Check-up-Untersuchungen der Allgemeinbevölkerung sollten auch für Menschen mit Störungen der Intelligenzentwicklung berücksichtigt werden (Gemeinsamer Bundesausschuss 2021).

Ein gezieltes Untersuchungsprogramm sollte aber auch folgende wichtige individuelle Faktoren berücksichtigen:
- mutmaßliche Stärke der Symptome
- Alter
- ein möglicherweise zugrunde liegendes genetisches Syndrom
- bekannte Vorerkrankungen
- anamnestische Hinweise auf eine bestimmte Körperregion
- Kooperationsfähigkeit

PRAXISTIPP

Es empfiehlt sich, insbesondere bei mangelnder Kooperationsfähigkeit und erforderlicher Sedierung mehrere Untersuchungen zu kombinieren und bildgebende Diagnostik eher großzügig einzusetzen. Das folgende Programm ist als orientierender Vorschlag zu verstehen:

- Labor
  - Blutbild, Differenzialblutbild, Kreatinin, GOT, GPT, γ-GT, Alkalische Phosphatase, Bilirubin, Lipase, CK, LDH, CRP, BSG, Serumeiweiß-Elektrophorese, Blutzucker, HbA_{1c}, Elektrolyte, Schilddrüsenwerte
  - Urinstatus
- Apparative Untersuchungen
  - Abdomen-Sonografie
  - Röntgen: Thorax, Abdomen, Wirbelsäule, große Gelenke
  - CT: Kopf, Abdomen, Becken
  - Gastroskopie
- Fachärztliche Untersuchungen je nach vermutetem Schmerzort

In der gelungenen Zusammenarbeit verschiedener Fachdisziplinen und Berufsgruppen mit den betroffenen Personen und ihren Bezugssystemen können eine effektive Schmerzdiagnostik und zielgerichtete Therapie gelingen. Wichtig ist vor allem, überhaupt an Schmerzen als Ursachen für Verhaltensänderungen zu denken und sich auch durch die zum Teil herausfordernde Abklärung nicht entmutigen zu lassen.

SAMUEL TROMANS, RATNARAJ VAIDYA, EMMA POYNTON-SMITH,
LANCE WATKINS, TANJA SAPPOK & ROHIT SHANKAR

25 Auswirkungen der COVID-19-Pandemie auf die psychische Gesundheit von Menschen mit Störungen der Intelligenzentwicklung

25.1 Einleitung

COVID-19, durch ein Coronavirus 2 des schweren akuten respiratorischen Syndroms (SARS-CoV-2) verursacht, wurde erstmals Ende 2019 in Wuhan, China, festgestellt und führte zu einer weltweiten Pandemie von Atemwegsinfektionen, die eine erhebliche Morbidität und Mortalität verursachte (Yang et al. 2020). Bis Mitte Februar 2023 wurden der Weltgesundheitsorganisation 756 135 075 bestätigte Fälle von COVID-19 sowie über 6,8 Millionen Todesfälle gemeldet (WHO 2023).

Menschen mit einer Störung der Intelligenzentwicklung stellen eine gefährdete Gruppe dar, die unverhältnismäßig stark von der COVID-19-Pandemie betroffen ist (Courtenay & Perera 2020; Perera et al. 2020).

Eine Querschnittsstudie mit 64 858 460 nordamerikanischen Personen ergab, dass eine Störung der Intelligenzentwicklung der stärkste unabhängige Risikofaktor für eine COVID-19-Diagnose und der zweitstärkste (nach dem Alter) für die COVID-19-bedingte Sterblichkeit ist (Gleason et al. 2021). Daten aus England aus dem Jahr 2020 zeigen ebenfalls eine unverhältnismäßig hohe COVID-19-bedingte Sterblichkeit bei Menschen mit einer Störung der Intelligenzentwicklung, wobei COVID-19 die führende Todesursache in dieser Gruppe ist und mit 22 % aller Todesfälle in Verbindung gebracht wird (verglichen mit 12 % der Todesfälle in der Allgemeinbevölkerung; White et al. 2022).

Während die Auswirkungen der COVID-19-Pandemie auf die körperliche Gesundheit von Menschen mit Störungen der Intelligenzentwicklung kaum zu überschätzen sind, haben diese Patientengruppe und diejenigen, die sie betreuen, auch unbestreitbar psychische Belastungen zu erleiden. Ihre psychische Gesundheit dürfte durch die Beeinträchtigung der körperlichen Gesundheit infolge einer COVID-19-Infektion, durch den eingeschränkten Zugang zu sozialen Aktivitäten, an denen sie normalerweise teilgenommen hätten, die Unterbrechung der Routine vor der Pandemie und durch die Veränderungen aufseiten ihrer Pflegepersonen beeinflusst worden sein.

Letzteres schließt den Verlust von regelmäßigen Pflegepersonen und die erhöhte Belastung der Pflegepersonen durch die Herausforderungen der Pandemie ein (Tromans et al. 2020).

Darüber hinaus mussten die klinischen Dienste weltweit als Reaktion auf die Pandemie angepasst werden, was zeitweise nicht einfach war (Courtenay & Perera 2020). Dies kann dazu geführt haben, dass Menschen mit Störungen der Intelligenzentwicklung Schwierigkeiten beim Zugang zu ihrer gewohnten klinischen Versorgung hatten (Tromans et al. 2020).

In diesem Kapitel werden wir die Auswirkungen der COVID-19-Pandemie auf die psychische Gesundheit von Menschen mit Störungen der Intelligenzentwicklung näher untersuchen, einschließlich der Ergebnisse einschlägiger Forschungsstudien, einer kritischen Bewertung der aktuellen Forschungsergebnisse und der Lehren, die aus der Pandemie gezogen werden können.

25.2 Epidemiologie sozialer Einschränkungen im Kontext von COVID-19

Das *Learning Disabilities Mortality Review (LeDeR)*-Programm ist ein System zur Meldung von Todesfällen bei Menschen mit Störungen der Intelligenzentwicklung und Autismus-Spektrum-Störungen in England (NHS 2023). Mit dessen Hilfe können die Umstände des Todes überprüft und entsprechende Lehren zum Nutzen Betroffener gezogen werden. Im LeDeR-Bericht für das Jahr 2021 wurde festgestellt, dass die Zahl der überzähligen Todesfälle bei Menschen mit einer Lernbehinderung 21,5 % (95 %-Konfidenzintervall [KI]: 19,9–23,1) betrug und damit mehr als doppelt so hoch war wie in der Allgemeinbevölkerung (10,4 %; 95 %-KI: 10,35–10,53; White et al. 2022). Das Review ergab auch, dass von den Menschen mit einer Störung der Intelligenzentwicklung, die an einer COVID-19-Infektion starben, fünf (3,5 %) vollständig geimpft und 42 (28,2 %) nicht geimpft waren (Odds Ratio: 8,12; 95 %-KI: 3,31–19,94).

Abgesehen von der deutlich höheren Sterblichkeitsrate im Vergleich zur Allgemeinbevölkerung hatte die COVID-19-Pandemie weitreichende Auswirkungen auf das Leben von Menschen mit Beeinträchtigungen. Der LeDeR-Bericht für 2020 stellte fest, dass mehr als ein Fünftel der abgeschlossenen Überprüfungen von COVID-19-Todesfällen (insgesamt n = 80) spezifische Herausforderungen beim Zugang zu Unterstützung durch spezialisierte Dienste aufzeigten (Heslop et al. 2021). In den Berichten über COVID-19-Todesfälle werden zentrale Probleme hervorgehoben, darunter Einschränkungen bei persönlichen Besuchen oder Kontakten, Verzögerungen bei der Krankenhausversorgung und fehlende Sozialfürsorge, die Auswirkungen der Pandemie auf die körperliche und geistige Gesundheit von Menschen mit Störungen der Intelligenzentwicklung sowie die schlechte Qualität der Trauerbegleitung.

Ein großes Problem für Menschen mit Störungen der Intelligenzentwicklung ist nach wie vor die Überbewertung von Diagnosen (d.h. die Zuordnung von Symptomen zur Lernbehinderung ohne ausreichende Berücksichtigung anderer möglicher Ursachen), die zu Verzögerungen bei der Diagnose und Behandlung führt. Bei den Todesfällen, die auf eine COVID-19-Infektion zurückgeführt wurden, waren bei Menschen mit Störungen der Intelligenzentwicklung Verzögerungen bei der Betreuung oder Behandlung, die sich nachteilig auswirkten, häufiger (16 %; n = 75) als bei Menschen, die aus anderen Gründen starben (11 %; n = 149). In den Berichten, für die Daten verfügbar waren (64 %; n = 306), waren Husten, Fieber und Atembeschwerden die häufigsten Symptome. Allerdings wurde bei fast der Hälfte der untersuchten Todesfälle nur eines dieser Symptome angegeben (47 %; n = 143). Weitere häufige unspezifische Symptome waren Lethargie oder Müdigkeit und Magen-Darm-Beschwerden.

Um ein gewisses Verständnis für die Auswirkungen der sozialen Einschränkungen während der Pandemie zu bekommen, können wir eine kleine Querschnittsstudie unter Eltern und/oder Betreuern von Kindern und jungen Erwachsenen mit körperlichen und/oder kognitiven Beeinträchtigungen (n = 125) im Vereinigten Königreich betrachten. Bei fast allen Kindern wurde eine mittelschwere oder schwere Störung der Intelligenzentwicklung nachgewiesen (97,9 %). Die Online-Umfrage konzentrierte sich auf körperliche Aktivität, es können jedoch auch andere Auswirkungen auf das Leben der Betroffenen festgestellt werden. Insgesamt berichteten 61 % der Befragten über negative Auswirkungen auf die körperliche Aktivität und 90 % über negative Auswirkungen auf die psychische Gesundheit (Theis et al. 2021). 65 % der Befragten gaben an, dass sich die psychische Gesundheit ihres Kindes während der Einschränkungen verschlechterte. Der häufigste Faktor, der sich sowohl auf die körperliche als auch auf die psychische Gesundheit auswirkte, war der fehlende Zugang zu gewohnten Routinen und Einrichtungen. Die Ergebnisse müssen vor dem Hintergrund der methodischen Herausforderungen eines solchen Erhebungsdesigns betrachtet werden, zu denen Stichproben-, Berichts-, Beobachter- und Erinnerungsverzerrungen gehören. Die Beobachtungen beruhen auf der Meinung einer Pflegeperson im Namen einer anderen Person unter Verwendung willkürlicher, nicht-validierter Likert-Skalen zu einem bestimmten Zeitpunkt. Es handelt sich jedoch um authentische Meinungen, welche eine Momentaufnahme darstellen und die zu weiteren eingehenden Untersuchungen über die Auswirkungen sozialer Einschränkungen auf Menschen mit einer Beeinträchtigung anregen können.

Eine qualitative Studie an neun Erwachsenen mit kognitiven Beeinträchtigungen nutzte virtuelle, halbstrukturierte Interviews, um Daten zu sammeln, in denen die Auswirkungen der COVID-19-Pandemie vertieft wurden (Lake et al. 2021). Die drei Hauptthemen waren:

- negative Auswirkungen auf die allgemeine Gesundheit und das Wohlbefinden
- das Gefühl der Isolation und Auswirkungen auf die psychische Gesundheit
- die Schwierigkeit, Unterstützung bei psychischen Problemen zu erhalten, einschließlich der Herausforderungen, die der Einsatz von Technologie bei der virtuellen Arbeit mit sich bringt

Ausführlichere Rückmeldungen von Menschen mit Störungen der Intelligenzentwicklung geben Aufschluss darüber, wie sich soziale Einschränkungen auf Einzelpersonen ausgewirkt haben. Es ist jedoch schwierig, allgemeingültige Schlussfolgerungen zu ziehen, nicht nur wegen der geringen Stichprobengröße, sondern auch wegen der sehr begrenzten Stichprobe. Bei den Teilnehmenden handelt es sich ausschließlich um junge Menschen, die unabhängig leben, mit der Informationstechnologie vertraut sind, in derselben Region wohnen und bereits früher Zugang zu virtuellen Gesundheitsressourcen hatten. Diese Untersuchung liefert uns jedoch ein Muster dafür, wie wir mit einer bestimmten Bevölkerungsgruppe umgehen sollten.

Ausgehend von diesen kleineren Studienpopulationen wurden in einer Längsschnittstudie, in welcher 2020 (n = 100; 40 % der Zielpopulation) und 2021 (n = 127; 51 % der Zielpopulation) Menschen mit Störungen der Intelligenzentwicklung und ihre Betreuenden (Zielpopulation n = 250) befragt wurden, die Auswirkungen der Pandemie in zwei Abständen untersucht (Gabrielsson et al. 2023). Es handelte sich um eine ausgewählte Stichprobe von Personen, die einer Reihe spezialisierter Gesundheitsdienste für Menschen mit Störungen der Intelligenzentwicklung in England bekannt waren. Die Autoren verfolgten einen inklusiven Ansatz, indem sie mit fachlicher Unterstützung zugängliche Informationen entwickelten. Die Umfrage richtete sich sowohl an Menschen mit Störungen der Intelligenzentwicklung als auch an deren Angehörige/Betreuende. In dieser Studie wurden sowohl quantitative als auch qualitative Daten erhoben. Die quantitativen Daten zeigten, dass Menschen mit Störungen der Intelligenzentwicklung besorgt waren, sich mit COVID-19 anzustecken (2020: n = 41, 44 %; 2021: n = 45, 36 %). Sie machten sich jedoch auch Sorgen darüber, dass die Menschen in ihrem Umfeld krank werden könnten (2020: n = 44, 47 %; 2021: n = 57, 46 %). Menschen mit Störungen der Intelligenzentwicklung waren lieber draußen, wenn weniger Menschen um sie herum waren (2020: n = 68; 2021: n = 87). Allerdings gaben sie an, weniger Freude an der zusätzlichen Zeit zu haben, die sie zu Hause verbringen (2020: n = 36, 38 %; 2021: n = 41, 33 %). Was das allgemeine Wohlbefinden betrifft, so fühlten sich fast zwei Drittel der Befragten im Jahr 2020 (n = 61; 64 %) unzufriedener als vor den Beschränkungen; ähnliche Ergebnisse wurden 2021 (n = 71; 65 %) erzielt.

Unter den Familienangehörigen und Pflegepersonen war fast die Hälfte (n = 45; 46 %) der Meinung, dass die von ihnen betreute Person im Jahr 2020 stärker gestresst war als sonst, was sich im Jahr 2021 noch erhöhte (n = 63; 52 %). Die Familien und Pflegepersonen berichteten auch, dass die Medikation erhöht wurde, um die von ihnen betreute Person bei der Bewältigung der Pandemie zu unterstützen (n = 25; 20 %). Die Autoren haben jedoch keine Daten für eine Vergleichsgruppe vorgelegt, das heißt weder für Personen mit einer Störung der Intelligenzentwicklung, die keine speziellen Dienste in Anspruch nahmen, noch für Personen ohne Beeinträchtigungen. Interessanterweise gab es einen statistisch signifikanten Unterschied zwischen dem Empfinden Betroffener und der Interpretation durch ihre Betreuenden. Dazu gehört, ob sich die Person mit einer Störung der Intelligenzentwicklung beunruhigt/aufgeregt (p < 0,001) oder entspannt (p < 0,001) fühlte.

Die qualitativen Daten, die nur von einer kleinen Anzahl Betreuender erhoben wurden (2020: n = 17, 17 %; 2021: n = 12, 9,5 %), ergaben die folgenden vier Hauptthemen:
1. Bedürfnis nach regelmäßigen, strukturierten Aktivitäten, die für die Person von Bedeutung sind
2. allgemeine Unterstützungsstrukturen bei Angstzuständen für Menschen mit Störungen der Intelligenzentwicklung und ihre Betreuenden
3. Aufrechterhalten des Kontakts mit den Diensten und Rückkehr zu persönlichen Kontakten
4. Aufklärung und Information von Fachdiensten über die Pandemie für Menschen mit Störungen der Intelligenzentwicklung

Leider wurden die Antworten aus den Jahren 2020 und 2021 nicht zu Vergleichszwecken zusammengeführt, sodass wir keinen direkten Vergleich anstellen können. Außerdem müssen wir bei der Verallgemeinerung der Ergebnisse vorsichtig sein, da die Auswahl derjenigen, die den Gesundheitsteams bekannt sind, und jener, die Zugang zur Umfrage haben, sowie die geringe Zahl der qualitativen Antworten verzerrt sind. Bei diesem Design bleiben auch die verschiedenen »unsichtbaren« Bevölkerungsgruppen unberücksichtigt, die möglicherweise besonders gefährdet sind und nur begrenzten Zugang zu Dienstleistungen haben. Dazu gehören beispielsweise ethnische Minderheiten, Obdachlose oder Menschen in Haft.

Die *Coronavirus and People with Learning Disabilities Study* (Flynn et al. 2021) ist die größte und erste mehrstufige Evaluierung von Auswirkungen der COVID-19-Pandemie auf die Gesundheit von Menschen mit Störungen der Intelligenzentwicklung und ihren Familien oder Betreuern im Vereinigten Königreich. Die Forschenden sammelten Daten in vier Phasen mit direkten Befragungen, um die Erfahrungen von Menschen mit Störungen der Intelligenzentwicklung mit der COVID-19-Pandemie im Laufe der Zeit systematisch zu untersuchen. Ein wichtiger Aspekt dieser Studie war, von Anfang an Menschen mit Beeinträchtigungen und weitere Gruppen einzubeziehen, einschließlich Interessenvertretungen und repräsentative Organisationen. Alle Partnerinnen und Partner waren an der Gestaltung des Interviewplans und der Umfrage beteiligt; mit ihnen führten die Forschenden eine Reihe von Konsultationen durch, um den Interviewplan zu entwickeln sowie mit jeder Phase zu verfeinern und anzupassen, um die Relevanz für Menschen mit Störungen der Intelligenzentwicklung sicherzustellen. Die Teilnehmenden wurden über Netzwerke der Behindertenhilfe, mit Unterstützung von Kooperationspartnern und über die sozialen Medien rekrutiert.

Wenn wir die erste Phase betrachten, erhalten wir einen Überblick über deren anfängliche Erfahrungen mit der Pandemie. An der Studie nahm eine Kohorte von 621 Menschen mit Störungen der Intelligenzentwicklung teil, gemeinsam mit einer zweiten Kohorte von 321 Familienangehörigen, die diese Menschen pflegen oder unterstützen. Mehr als die Hälfte der Teilnehmenden beider Kohorten nannte Gesundheitszustände (bei der Person mit einer Störung der Intelligenzentwicklung), die sie beunruhigten, sich mit COVID-19 zu infizieren. Die am häufigsten vorkommenden Erkrankungen waren Asthma und Epilepsie. Acht der Teilnehmenden in Kohorte 1, die glaubten, COVID-19 zu haben (16 %), wurden ins Krankenhaus eingeliefert. Diejenigen, die ins Krankenhaus eingeliefert wurden, berichteten durchweg, dass der Krankenhausaufenthalt angstauslösend und isolierend gewesen sei. Auch wenn dies ein allgemeiner Befund sein mag, handelt es sich um eine sehr kleine Stichprobe, aus der sich nur schwer Schlussfolgerungen ziehen lassen. Die Verwendung von persönlichen Schutzausrüstungen (PSA) hatte große Auswirkungen auf Menschen mit einer Beeinträchtigung: 27 % der Pflegekräfte (n = 48 von 179) gaben an, dass sich das Tragen von Gesichtsmasken und anderen PSA negativ auf ihre Beziehung zu der Person mit einer Intelligenzentwicklungsstörung auswirkte. Vier von fünf Menschen mit Störungen der Intelligenzentwicklung (80 %) waren besorgt, dass ihre Freunde oder Familienangehörigen sich mit COVID-19 anstecken könnten, wobei die Hälfte (48 %) zu besorgt war, um das Haus zu verlassen. Die Umfrageergebnisse ergaben, dass das allgemeine Wohlbefinden von Menschen mit einer Störung der Intelligenzentwicklung gering ist: 65 % fühlten sich in einem Zeitraum von vier Wochen wütend, traurig, frustriert oder ängstlich.

Die Antworten aus der Umfrage ergaben eine Reihe von Risikofaktoren, die sich negativ auf die psychische Gesundheit auswirken.

Diese Faktoren stimmten mit den Hauptbedenken aus LeDeR (Heslop et al. 2021) überein. 98 der 621 Teilnehmenden mit Störungen der Intelligenzentwicklung (16 %) hatten den Tod einer ihnen nahestehenden Person aufgrund von COVID-19 erlebt. In beiden Kohorten (insgesamt n = 942) gingen etwa 60 % der Teilnehmenden, die zuvor regelmäßig eine medizinische Fachkraft aufgesucht hatten (hausärztliche, psychologische, psychiatrische oder pflegerische), während der ersten Welle der Pandemie überhaupt nicht zu einer medizinischen Fachkraft. Vereinbarte medizinische Tests oder Eingriffe wurden bei 20–40 % abgesagt und 46 % beider Kohorten, die normalerweise eine jährliche Gesundheitsuntersuchung in der Primärversorgung durchführen ließen, erhielten keine solche Untersuchung.

In der vierten Phase wurden 355 Erwachsene mit Störungen der Intelligenzentwicklung eingeladen, die an der dritten Phase teilgenommen hatten (Kohorte 1), gemeinsam mit 192 Familienangehörigen oder Pflegepersonen aus der dritten Phase (Kohorte 2) (Hatton et al. 2023). Wie bei der ersten Phase bestand Kohorte 1 aus Personen, die unabhängiger lebten; Kohorte 2 setzte sich aus Menschen zusammen, die Unterstützung bei der Befragung benötigten, mit einem hohen Anteil an Menschen mit schweren und mehrfachen Behinderungen (45 %), wodurch sich die Populationen deutlich unterschieden.

In der vierten Phase änderte sich die Sichtweise der Menschen mit Störungen der Intelligenzentwicklung im Vergleich zu den ersten drei Phasen: Sie waren weniger an Informationen über COVID-19 interessiert. In dieser Phase hatte fast ein Viertel der Teilnehmenden der Kohorte 1 (24 %) das Gefühl, dass sich bestehende (nicht COVID-bedingte) Gesundheitsprobleme in den letzten vier Wochen verschlimmert hatten, verglichen mit 19 % in der dritten Phase. In Kohorte 2 war der Prozentsatz der Befragten, bei denen sich der Gesundheitszustand in den letzten vier Wochen verschlechtert hatte, jedoch geringer als in Phase 3 (26 vs. 28 %). In der vierten Phase suchten viele Menschen mit Störungen der Intelligenzentwicklung ihren Hausarzt immer noch nicht regelmäßig persönlich auf (Kohorte 1: 23 %; Kohorte 2: 15 %), der Hauptkontakt erfolgte telefonisch und nicht über virtuelle Konsultationen. Die Mehrheit der Befragten wollte ihren Hausarzt bzw. ihre Hausärztin persönlich sehen (Kohorte 1: 88 %; Kohorte 2: 52 %). Weniger als die Hälfte der Befragten fand es einfach, mit dem Hausarzt oder der Hausärztin in Kontakt zu treten (Kohorte 1: 42 % Kohorte 2: 47 %).

Menschen mit Störungen der Intelligenzentwicklung hatten in Phase 4 auch weiterhin weniger Kontakt zu Fachkräften des Gesundheitswesens im weiteren Sinne, einschließlich Gemeindeschwestern, als vor der Pandemie. In Kohorte 1 gaben 20 % an, vor der Pandemie regelmäßig Kontakt mit einer psychosozialen Fachkraft gehabt zu haben, in Phase 4 waren es nur noch 10 %. In Kohorte 2 berichteten 23 % über regelmäßigen Kontakt mit einer psychosozialen Fachkraft vor der Pandemie, aber nur 7 % berichteten über einen solchen Kontakt in Phase 4.

Die Forscher verwendeten eine angepasste Version der *Pandemic Anxiety Scale* (McElroy et al. 2020) für Kohorte 1 über alle Phasen hinweg. Selbst in der vierten Phase sorgten sich die Menschen mit Störungen der Intelligenzentwicklung weiterhin darum, dass ihre Familien oder Pflegepersonen COVID-19 bekommen könnten. 74 % machten sich große Sorgen und 23 % machten sich ein wenige Sorgen. Die im Interviewplan verwendeten Indikatoren für das Wohlbefinden verbesserten sich bei Kohorte 1 mit jeder Phase. Allerdings fühlten sich die Menschen immer noch zumindest manchmal einsam (39 %), ängstlich (61 %), traurig oder niedergeschlagen (60 %) und wütend oder frustriert (54 %). Bei Kohorte 2 waren die objektiven Antworten ausgeprägter: Drei Viertel der Befragten fühlten sich manchmal ängstlich, ein Viertel ständig. Die meisten gaben an, sich zumindest manchmal traurig oder niedergeschlagen (69 %) und wütend/frustriert (74 %) zu fühlen.

Diese umfangreiche und eingehende Studie mit gutem Engagement bietet sehr nützliche Einblicke in die Perspektiven und Herausforderungen, mit denen Menschen mit einer Störung der Intelligenzentwicklung konfrontiert sind. Die Forscher haben sich bemüht, eine vielfältige Stichprobe dieser heterogenen Bevölkerungsgruppe einzubeziehen. Dazu gehören auch unterstützte Interviews mit geschulten Fachleuten, die den Menschen helfen, sich virtuell zu beteiligen. Allerdings gibt es nach wie vor eine Verzerrung der Stichprobe in Bezug auf den Zugang zur Technologie und die Interaktion mit der Gemeinschaft und den Diensten. Das vielleicht größte Problem ist der relative Mangel an Antworten aus schwarzen und ethnischen Minderheiten. Fast alle Befragten in beiden Kohorten waren weiße Britinnen und Briten (90 % in Phase 4), was eine verzerrte Stichprobe ergibt, die wahrscheinlich nicht repräsentativ für die breitere Gemeinschaft ist, wenn man bedenkt, dass die Volkszählungsdaten für England und Wales aus dem Jahr 2021 besagen, dass 82 % der Menschen in England und Wales weiß sind und 18 % einer schwarzen, asiatischen, gemischten oder anderen ethnischen Gruppe angehören (gov.uk 2021). Dies muss bei künftigen Untersuchungen berücksichtigt werden.

Eine Umfrage zum Verständnis der Veränderungen bei den lokalen Diensten und der Erfahrungen der klinisch Tätigen wurde an Krankenhäuser in sieben Ländern mit hohem Einkommen verschickt, die mit Menschen mit Störungen der Intelligenzentwicklung arbeiten (Howkins et al. 2022). Von den 139 Befragten, zumeist leitende Ärztinnen und Ärzte, berichteten mehr als drei Viertel über eine erhöhte Belastung. Darüber hinaus wurde von einer höheren Zahl von Überweisungen (53 %), einer Zunahme des Leidensdrucks der Patientinnen und Patienten (> 70 %), der Isolation der Personen (73 %) und der Belastung der Betreuenden (89 %) sowie einer geringeren Beteiligung der Patientinnen und Patienten an den täglichen Aktivitäten (86 %) berichtet. Ein Drittel berichtete von einer erhöhten Verschreibungsrate von Psychopharmaka.

25.3 Verschreibung von Psychopharmaka während der Pandemie

Nur wenige Studien haben speziell die Verschreibung von Psychopharmaka, insbesondere von Antipsychotika, zur Bewältigung der Bedürfnisse der Pandemie und ihres Einflusses auf Menschen mit Störungen der Intelligenzentwicklung untersucht.

Eine retrospektive Kohortenstudie, die die Plattform OpenSAFELY nutzte, untersuchte Primärversorgungsdaten von 59 Millionen Patienten im Vereinigten Königreich (MacDonald et al. 2023). Menschen mit Störungen der Intelligenzentwicklung waren eine von fünf untersuchten Risikogruppen. Die monatliche Prävalenz und Inzidenz neuer Verschreibungen von Antipsychotika von Januar 2019 bis Dezember 2021 wurde extrahiert. Bei Menschen mit Störungen der Intelligenzentwicklung ging die durchschnittliche monatliche Verschreibungsrate im Studienzeitraum kontinuierlich zurück. Eine spezielle Studie, die die Unterschiede bei der Verschreibung in einem städtischen und einem ländlichen Umfeld im Vereinigten Königreich untersuchte, zeigte jedoch, dass die Pandemie einen Anstieg der Verschreibung von Psychopharmaka mit sich brachte, abhängig vom Schweregrad des Lockdowns und dem städtischen Umfeld (Naqvi et al. 2021).

25.4 Auswirkungen der Pandemie auf Pflegekräfte

Zusätzlich zu den Herausforderungen, mit denen Menschen mit Störungen der Intelligenzentwicklung während der COVID-19-Pandemie konfrontiert waren, wurden von mehreren Forschungsgruppen die Auswirkungen der Pandemie auf diejenigen untersucht, die sich um diese Menschen kümmern. Das Pflegegesetz von 2014 (Department of Health 2014) definiert eine Pflegeperson als »einen Erwachsenen, der einen anderen Erwachsenen pflegt oder zu pflegen beabsichtigt«.

Unabhängig von der Pandemie können pflegende Angehörige von Menschen mit Störungen der Intelligenzentwicklung Stress, Burnout und ein erhöhtes Maß an psychischen Erkrankungen erleben (Murphy et al. 2007). Schutz vor diesen potenziellen Folgeerscheinungen bieten Strukturen der sozialen Unterstützung (George et al. 2020). Diese können formale Ansätze, wie Erholungsurlaub, Zugang zu Fachleuten und Wohltätigkeitsorganisationen, als auch informelle Formen der Unterstützung umfassen, wie z. B. den Kontakt zu Familie und Freunden. Die formalen und informellen Unterstützungsstrukturen wurden durch die COVID-19-Pandemie erheblich beeinträchtigt (Giebel et al. 2021).

Neben dem bereits erwähnten Stress und Burnout haben Eltern, die ihre erwachsenen Kinder, welche unter einer Störung der Intelligenzentwicklung litten, betreuen, ihre Besorgnis über die Auswirkungen der Pandemie auf ihre Kinder zum Ausdruck gebracht. In einer Studie wurden 19 Eltern südkoreanischer Erwachsener mit Störungen der Intelligenzentwicklung befragt, die aufgrund der Pandemie nicht mehr in der Lage waren, gemeindenahe Dienste zu nutzen (Kim et al. 2021). Die betreuenden Eltern berichteten von ihren Ängsten, dass ihre Kinder mit COVID-19 infiziert werden könnten und dass sie Schwierigkeiten hätten, die Beschränkungen der öffentlichen Gesundheit einzuhalten. Umgekehrt betonten Mütter von Kindern mit Störungen der Intelligenzentwicklung in den Niederlanden ihre eigene Gesundheit als familiäre Priorität während der Pandemie (Embregts et al. 2021). Sie berichteten, dass sie aufgrund der Anfälligkeit ihres Kindes Präventivmaßnahmen ergreifen wollten, um ihr eigenes Infektionsrisiko und das ihres Kindes zu verringern.

Zusätzlich zu den Themen rund um die körperliche Gesundheit wurde in einer Studie die psychische Gesundheit informell Pflegender anhand mehrerer Beurteilungen bewertet, darunter ein angepasster Fragebogen zu Bewältigungsstrategien (Hatton & Emerson 1995), die *Family Support Scale* (Dunst et al. 1984), das *Generalised Anxiety Disorder Assessment 7* (*GAD-7*; Spitzer et al. 2006), der *Patient Health Questionnaire 9* (*PHQ-9*; Kroenke et al. 2001) und die *Short Defeat and*

Entrapment Scale (Griffiths et al. 2015; Willner et al. 2020). Die Ergebnisse der Betreuenden von Menschen mit Störungen der Intelligenzentwicklung wurden mit den Ergebnissen einer Kontrollgruppe von Betreuenden von Menschen ohne Intelligenzentwicklungsstörung verglichen. Die Ergebnisse dieser Studie zeigten einen fünffachen Anstieg der Angstwerte und einen vier- bis zehnfachen Anstieg der Depressionswerte im Vergleich zu Eltern von Kindern ohne Beeinträchtigung. Eine der von den Autoren eingeräumten Einschränkungen besteht jedoch darin, dass der Fragebogen erst mehrere Wochen nach Beginn des Lockdowns erstellt wurde, sodass die durch die Pandemie verursachten Veränderungen nicht berücksichtigt werden, da es sich um eine Momentaufnahme der psychischen Gesundheit der Betreuenden in der Anfangsphase des Lockdowns selbst handelt.

Ähnliche Ergebnisse wurden auch von anderen Forschenden berichtet. In einer Studie wurden acht Eltern von Erwachsenen mit Störungen der Intelligenzentwicklung zu ihren Erfahrungen mit dem ersten Lockdown befragt (Patel et al. 2021). Die qualitative Inhaltsanalyse bezog sich zwar nicht speziell auf psychische Erkrankungen bei den Betreuenden, zeigte jedoch vier Schlüsselthemen: Machtlosigkeit, Bewältigung der Isolation, Unterstützung (und deren Fehlen) sowie die Auswirkungen der Isolation auf das Wohlbefinden. Das Gefühl der Machtlosigkeit rührte von einem gewissen Grad an Unsicherheit und mangelnder Kontrolle über die Situation her, welches durch das fehlende Bewusstsein anderer für die Herausforderungen, mit denen sie konfrontiert waren, noch verstärkt wurde. Hinzu kam ein Mangel an Unterstützung für Angehörige mit Beeinträchtigungen; ein Betreuer wurde mit den Worten zitiert: »Menschen wie ich sind völlig auf sich allein gestellt.«

Trotzdem berichteten einige Pflegende positiv über die Rolle von Technologie und darüber, wie sie eine alternative Methode für den Zugang zu Unterstützungsnetzen bieten kann (Linden et al. 2022). Dies unterstreicht, wie die Nutzung von Telekonferenzplattformen in Lockdown-Situationen dazu beitragen kann, die Isolation der Pflegenden zu mildern und einen sozialen Schutzfaktor zu bieten.

In einer weiteren Studie wurde nachgewiesen, dass »Hoffnungsbewusstsein« ein positiver Prädiktor für das Wohlbefinden von Pflegenden ist (Onwumere et al. 2021). Folglich kann eine Kombination aus intrinsischen Persönlichkeitsmerkmalen und extrinsischer Unterstützung in Form von Technologie dazu beitragen, die Herausforderungen der Pandemie zu mildern.

Eine der Einschränkungen, auf die in den genannten Veröffentlichungen hingewiesen wird, liegt jedoch in ihrer Verallgemeinerbarkeit. Pflegende Angehörige, die sich das Internet und die Technologie zur Kommunikation leisten können, stellen möglicherweise eine wohlhabendere Bevölkerungsgruppe dar. Eine Studie räumte ein, dass die Mehrheit der Befragten »professionelle oder Angestelltenberufe« hatte (Willner et al. 2020). Dadurch wurden die Herausforderungen für die psychische Gesundheit von pflegenden Angehörigen in finanziell weniger stabilen Positionen möglicherweise unterschätzt, da wirtschaftlich benachteiligte Menschen gegebenenfalls keinen Zugang zum Internet haben und ihre Situation daher nicht angemessen berücksichtigt wird. Künftige Forschungsarbeiten sollten daher darauf abzielen, Menschen aus allen sozioökonomischen Schichten einzubeziehen, um sicherzustellen, dass auch die Ansichten von schwerer erreichbaren Gruppen berücksichtigt werden.

Ein erhöhtes Stressniveau wird auch bei bezahlten Betreuenden von Menschen mit

Störungen der Intelligenzentwicklung festgestellt (White et al. 2006). Beschäftigte im Gesundheitswesen erlebten während der Pandemie im Allgemeinen eine erhöhte Prävalenz von Depressionen und Angstsymptomen (Pappa et al. 2020). So berichteten 47,15 % (n = 26 210) der Beschäftigten im Gesundheitswesen über eine Zunahme der Angstzustände und 39,95 % (n = 22 208) der Personen über eine Verschlechterung der depressiven Stimmung (Fountoulakis et al. 2023).

Die Auswirkungen der Pandemie auf Arbeitnehmende, die erwachsene Menschen mit Störungen der Intelligenzentwicklung betreuen, sind jedoch weniger gut erforscht als die Auswirkungen auf ihre Kolleginnen und Kollegen im Gesundheitswesen (Lunsky et al. 2021). Eine Umfrage unter Kanadiern, die mit Menschen mit Beeinträchtigungen arbeiten, ergab 838 gültige Antworten (Lunsky et al. 2021). Die Screening-Kriterien für Angstzustände und Depressionen im *Patient Health Questionnaire 4* (Kroenke et al. 2009) wurden von einem Drittel bzw. einem Fünftel der Teilnehmenden erfüllt. Im Gegensatz zu einigen anderen Arbeitskräften im Gesundheitswesen haben bezahlte Betreuende von Menschen mit Störungen der Intelligenzentwicklung nachweislich vermehrt Aggressionen gegen sich erlebt, was möglicherweise zu einem erhöhten Risiko für die Entwicklung psychischer Probleme beiträgt (Schuengel et al. 2020).

Untersucht wurden auch die pandemiebedingten Herausforderungen für bezahlte Betreuende. Es wurden halbstrukturierte Interviews mit 13 Mitarbeitenden geführt, die während der Pandemie in Irland mit Menschen mit Störungen der Intelligenzentwicklung arbeiteten (Sheerin et al. 2023). Die Mitarbeitenden berichteten von Herausforderungen, die sich aus aufeinanderfolgenden Perioden mit raschen Änderungen der Vorschriften ergaben, von Schwierigkeiten, angemessenen Urlaub zu nehmen, und von der Notwendigkeit, zusätzliche Stunden zu arbeiten. Infolgedessen wiesen bezahlte Betreuende von Menschen mit Störungen der Intelligenzentwicklung ähnliche Raten psychischer Erkrankungen auf wie Beschäftigte im Gesundheitswesen in anderen Bereichen, einschließlich Akutkrankenhäusern und Pflegeheimen.

Diese Forschung berührt auch Bereiche, die verbessert werden können: Bewältigungsstrategien einschließlich des Zugangs zu strukturierter psychosozialer Unterstützung und informeller Unterstützung durch Gleichaltrige und Führungskräfte. Zu den Empfehlungen gehören eine klare, rechtzeitige Kommunikation mit dem Personal und angemessene Ressourcen wie persönliche Schutzausrüstung (Lunsky et al. 2021). In der Studie wurde auch die Anwendung des Modells der beruflichen Belastung auf bezahlte Betreuende von Menschen mit Störungen der Intelligenzentwicklung hervorgehoben, wobei betont wurde, dass Arbeitnehmende mit geringer Autonomie und hohen Anforderungen das höchste Risiko einer beruflichen Belastung aufweisen (Karasek 1979). Durch die Förderung der Autonomie, die Steuerung der Arbeitsbelastung mithilfe von Ressourcen und einer angemessenen Personalausstattung sowie durch eine offene und rasche Kommunikation bei Veränderungen können die Arbeitnehmenden daher besser vor den schädlichen Auswirkungen der Pandemie auf die psychische Gesundheit geschützt werden.

25.5 Internationale Effekte der Pandemie

Bereits in der Anfangsphase der Pandemie wurde international anerkannt, dass ein besonderes Risiko für die psychische Gesundheit von Menschen mit Beeinträchtigungen besteht (Gulati et al. 2021; Lake et al. 2021; Rose et al. 2022). In Anbetracht der Tatsache, dass Menschen mit Störungen der Intelligenzentwicklung bereits in höherem Maße von psychischen Problemen betroffen sind – etwa ein Drittel der Menschen mit Störungen der Intelligenzentwicklung (Mazza et al. 2020) –, wurde die Sorge geäußert, dass dies durch Schwierigkeiten beim Zugang zu psychosozialen Diensten, Einschränkungen während des Lockdowns, eingeschränkte Verfügbarkeit von Unterstützung, Isolation, finanzielle Schwierigkeiten, Pandemie-/Medienangst, kognitive Herausforderungen beim Verstehen von Risiken und Einschränkungen, Veränderungen der Routine und den Verlust von nicht-medikamentösen Unterstützungsstrategien noch verstärkt werden könnte (Lake et al. 2021; Tromans et al. 2020). Die Auswirkungen solcher Faktoren variieren geografisch, sowohl im Hinblick auf kulturelle Unterschiede in den Betreuungsarrangements als auch aufgrund der sehr unterschiedlichen Einschränkungen der Länder bei der Reaktion auf die Pandemie.

25.5.1 Effekte auf das Sozialleben

Die weltweiten Einschränkungen durch die Pandemie trugen zur sozialen Isolation bei, was besonders besorgniserregend ist, da Menschen mit einer Störung der Intelligenzentwicklung bereits anfälliger für eine solche Isolation sind (Rumball et al. 2020), die zu Angst, Depression und Trauma führen kann (Pellicano & Stears 2020). Während viele Menschen während der Pandemie ihre soziale Isolation durch Online-Kontakte überwunden haben, sehen sich Menschen mit Störungen der Intelligenzentwicklung mit Barrieren in Form von digitaler Ausgrenzung und/oder sozioökonomischer Benachteiligung konfrontiert – sie verfügen häufig nicht über die Fähigkeiten oder die Unterstützung, die für den Zugang zu dieser Form der Kommunikation erforderlich sind (Chadwick et al. 2022). Es wird davon ausgegangen, dass die Auswirkungen in Ländern mit geringerer technologischer Kompetenz/geringerem Zugang größer sind, aber die derzeitigen Erkenntnisse sind in dieser Hinsicht begrenzt.

Umgekehrt fanden einige autistische Personen mit einer Störung der Intelligenzentwicklung, wie in einem Beitrag über die Perspektive der lokalen Behinderten-Dienste im Vereinigten Königreich erörtert (Hughes & Anderson 2022), dass der verringerte soziale Druck ihre psychische Gesundheit verbesserte, was dazu führte, dass sie sich wohler fühlten. Eine größere qualitative Studie in Schweden kam zu ähnlichen Ergebnissen, wobei die Verringerung der sozialen und alltäglichen Anforderungen zu mehr Energie und einem geringeren Stressniveau führte – insbesondere berichteten die Teilnehmenden über eine positive Auswirkung der größeren Auswahl und Flexibilität bei der Frage, wie und mit wem sie soziale Kontakte pflegen (Fridell et al. 2022).

Insgesamt gibt es nur begrenzte direkte Belege für geografische Unterschiede in Bezug auf die Auswirkungen der sozialen Isolation während der COVID-19-Pandemie: Es ist denkbar, dass die Auswirkungen der Isolation innerhalb eines Landes stärker variierten als zwischen den Ländern, da alle Länder einige Einschränkungen oder Empfehlungen einführten, die die Isolation von Menschen mit Störungen der Intelligenzentwicklung verstärken könnten. Einzelne Studien lassen sich jedoch nur schwer vergleichen und es ist wahrscheinlich, dass es für die Forschenden schwierig war, Zugang zu den sozial am stärksten isolierten Menschen mit Störungen der Intelligenzentwicklung zu erhalten, was in der Natur der Sache liegt – die meisten Stichproben wurden opportunistisch gezogen, z.B. durch E-Mails an Personen, die an früheren Gesundheitsprogrammen teilgenommen oder Dienstleistungen für Menschen mit Störung der Intelligenzentwicklung in Anspruch genommen hatten (Hughes & Anderson 2022; Lake et al. 2021), sowie durch Werbung über soziale Medien und Interessensverbände (Fridell et al. 2022). Es ist daher wahrscheinlich, dass wir die Auswirkungen der sozialen Isolation unterschätzen. Außerdem stammen alle oben genannten Erkenntnisse aus Ländern mit hohem Einkommen, sodass es an Belegen für einen Vergleich mit Gebieten mit niedrigem und mittlerem Einkommen mangelt.

25.5.2 Effekte auf das Alltagsleben

Neben den sozialen Netzwerken können die täglichen Aktivitäten eine Quelle der Resilienz bei Menschen mit Störungen der Intelligenzentwicklung sein (Scheffers et al. 2020). Weltweit wurden die Muster des täglichen Lebens der Menschen durch die sich ständig ändernden Anforderungen der COVID-19-Pandemie in ein unvorhersehbares Chaos gestürzt (den Houting 2020; Fridell et al. 2022). Vor allem Menschen mit Störungen der Intelligenzentwicklung, die gleichzeitig an Autismus-Spektrum-Störungen oder an einer Aufmerksamkeitsdefizit-Hyperaktivitätsstörung (ADHS) leiden, können besonders empfindlich auf die Auswirkungen auf die psychische Gesundheit (wie Angst und Depression) reagieren, wenn sich ihre Routinen aufgrund von Einschränkungen in ihrem physischen Umfeld ändern (Baribeau et al. 2020; Narzisi 2020).

In der oben genannten kanadischen qualitativen interpretativen Interviewstudie mit neun Menschen mit Störungen der Intelligenzentwicklung wurden die Auswirkungen von COVID-19 auf das tägliche Leben und das Wohlbefinden als ein zentrales Thema identifiziert (Lake et al. 2021). Auch eine große Fragebogenstudie mit 527 Eltern und Erziehungsberechtigten autistischer Kinder in Italien zu Beginn der Pandemie zeigte, dass etwa drei Viertel der Familien (75,7 %) über zunehmende Schwierigkeiten bei der Bewältigung des Alltags, insbesondere der Freizeit und strukturierter Aktivitäten, berichteten, wobei mehr als ein Drittel der Kinder im Vergleich zur Zeit vor der Pandemie intensivere (35,5 %) und häufigere (41,5 %) herausfordernde Verhaltensweisen zeigten (Colizzi et al. 2020). Dies könnte auf einen negativen Einfluss auf die psychische Gesundheit und das Wohlbefinden autistischer Kinder hindeuten: Da sich die Studie jedoch auf die Erfahrungen der Eltern konzentrierte und die psychische Gesundheit oder das Wohlbefinden nicht speziell gemessen wurden, ist der Zusammenhang indirekt; außerdem gab es zwar Überschneidungen mit Autismus, aber die beteiligten Kinder hatten nicht alle eine kognitive Beeinträchtigung. Die externe Validität der Studie ist daher in diesem Zusammenhang begrenzt.

Wenn die internationalen Unterschiede in der psychischen Gesundheit mit den Beschränkungen des Freiheitsentzugs zusammenhängen, wäre zu erwarten, dass in Ländern wie Schweden und Bulgarien, wo man sich weitgehend auf freiwillige Maßnahmen mit vergleichsweise wenigen obligatorischen Beschränkungen stützte (Ding et al. 2021; Kivi et al. 2021), geringere Raten von Depressionen, Angstzuständen und psychischen Problemen gemeldet werden würden. Obwohl dies bei Personen mit Störungen der Intelligenzentwicklung nicht untersucht wurde, berichteten die Menschen in Schweden über relativ niedrige Raten von Depressionen und Angstzuständen (8 % der fast 12 000 Befragten), gemessen anhand eines Fragebogens, der die wahrgenommenen Symptome von Angstzuständen und Depressionen untersucht (Blom et al. 2021). Eine umfassende Überprüfung der psychischen Gesundheit als Reaktion auf die Pandemie (Nochaiwong et al. 2021) ergab eine erhebliche Heterogenität zwischen den Studien: Während die globalen Schätzungen für Angst und Depression bei 28 % bzw. 27 % lagen, waren die Raten für Depression, Angst, Posttraumatische Belastungsstörung und psychische Probleme in Ländern mit niedrigem und mittlerem Einkommen deutlich höher. In Bezug auf alle psychischen Gesundheitsprobleme wurden die höchsten Raten in Studien aus Brasilien, China und Bangladesch festgestellt: Insbesondere in Brasilien und China galten sehr strenge staatliche Beschränkungen (Ding et al. 2021) und auch in Bangladesch gab es zu Beginn der Pandemie erhebliche Restriktionen (Chowdhury et al. 2020). Der kausale Charakter dieses Zusammenhangs ist jedoch nicht erwiesen und die Zahl der Fälle sowie das Risiko einer COVID-19-Infektion in den verschiedenen Ländern könnten eine Störvariable sein. Außerdem wurde dieser Zusammenhang nicht speziell bei Menschen mit Störungen der Intelligenzentwicklung untersucht, die sich in dieser Hinsicht von der Allgemeinbevölkerung unterscheiden könnten.

25.5.3 Information und Kommunikationspolitik

Während der besonders wechselhaften Anfangszeit der Pandemie war es für alle schwierig, mit den aktuellen Leitlinien und Informationen zu COVID Schritt zu halten: Dieser Mangel an Klarheit kann sich negativ auf die psychische Gesundheit auswirken (Brooks et al. 2020; Schoultz et al. 2021). Darüber hinaus dürfte sich dies unverhältnismäßig stark auf die psychische Gesundheit von Menschen mit Störungen der Intelligenzentwicklung auswirken, da der Zugang zu diesen Informationen schwierig ist. In einem irischen Artikel wurde festgestellt, dass Informationen über COVID-Beschränkungen Menschen mit Beeinträchtigungen möglicherweise nicht in einer zugänglichen Art und Weise vermittelt werden, insbesondere Menschen, die in Gemeinschaftseinrichtungen leben (Courtenay & Perera 2020).

Diese Auswirkung wird durch die Tatsache gestützt, dass die Teilnehmenden einer kanadischen Interviewstudie über die Auswirkungen der überwältigenden negativen (und oft ungenauen oder widersprüchlichen) Informationen über die Pandemie und die Schwierigkeiten bei der Anpassung an die sich ändernden Einschränkungen (wie das Tragen von Masken) auf ihr Wohlbefinden sprachen (Lake et al. 2021). Der relative Mangel an zugänglichen Informationen für Menschen mit Störungen der Intelligenzentwicklung wurde von Nichtregierungsorganisationen auf der ganzen Welt festgestellt, wie z.B. MENCAP im Vereinigten Königreich (MENCAP 2020), die daraufhin zugängliche Informationen verbreiteten; dies führte jedoch manchmal zu einem Überangebot an Informationen und es wurde vorgeschlagen, diesen Prozess nach Möglichkeit auf eine einzige Informationsquelle zu konzentrieren (Chadwick et al. 2022; Courtenay & Perera 2020). Allerdings gibt es derzeit keine spezifischen Studien, die über die Auswirkungen der Bereitstellung von Informationen für Menschen mit einer Beeinträchtigung im Vergleich zwischen verschiedenen geografischen Regionen berichten, sodass wir nur begrenzte Schlussfolgerungen ziehen können.

25.5.4 Zugang zu psychosozialen Dienstleistungen

In einer kanadischen qualitativen Interviewstudie mit neun Menschen mit Störungen der Intelligenzentwicklung wurde auf Schwierigkeiten beim Zugang zu psychosozialen Diensten hingewiesen: Einige psychosoziale Unterstützungsdienste wurden virtuell angeboten, während andere nicht mehr existierten. Fast alle Teilnehmenden äußerten den Wunsch nach mehr Unterstützung im Bereich der psychischen Gesundheit, idealerweise virtuell (obwohl der Zugang zur Technologie für einige auch ein Hindernis darstellen könnte) (Lake et al. 2021). Dies deckt sich mit Berichten aus dem Vereinigten Königreich, die bestätigten, dass sich ein Mangel an psychosozialer Unterstützung während der Pandemie negativ auf die psychische Gesundheit von Kindern mit Störungen der Intelligenzentwicklung auswirkte: Wichtige Termine und Beurteilungen wurden verschoben, neu angesetzt, abgesagt oder online verlegt, wobei ältere Kinder aufgrund von Einschränkungen manchmal alleine zu Terminen gehen mussten und etwa die Hälfte der Kinder keine Unterstützung von Diensten für psychische Gesundheit in Anspruch nahm (Kirkby et al. 2021).

In einer internationalen Studie wurde berichtet, dass etwa die Hälfte der Teilnehmenden mit Störungen der Intelligenzentwicklung in Chile (51,6 %, n = 64) und den USA (41,3 %; n = 404) über zunehmende psychische Probleme berichteten, die mit Isolation, Unsicherheit und Schwierigkeiten beim Zugang zu Unterstützungsdiensten zusammenhingen (Rosencrans et al. 2021).

25.5.5 Effekte auf das Bildungswesen

Die einzelnen Länder reagierten unterschiedlich auf die Pandemie, was die Schließung von Schulen anbelangt: Einem UNICEF-Bericht zufolge erhielten ein Drittel bis drei Viertel der gefährdeten Kinder (vor allem diejenigen, die schwer zu erreichen sind oder keinen Zugang zum Online-Unterricht haben) in den Industrieländern aufgrund der Schließung von Schulen in der ersten Reaktion auf die Pandemie keine formale Bildung (UNICEF 2020). Dies verheißt nichts Gutes für die Sonderpädagogik und die komplexen Unterstützungssysteme, die für eine gute psychische Gesundheit von Kindern mit Störungen der Intelligenzentwicklung erforderlich sind (Pellicano & Stears 2020). Am häufigsten wurden Schulen in Lateinamerika, der Karibik und Südasien vollständig geschlossen, während die Schließungsquote in Europa und Ostasien am niedrigsten war und in Nordamerika die Schulen nur teilweise geschlossen wurden (UNICEF 2021).

Wenige Monate nach der Pandemie in England ergab eine Querschnittsstudie mit Fragebogen (Theis et al. 2021), dass bei einer Stichprobe von 125 Eltern beeinträchtigter Kinder (von denen 76 % eine Störung der Intelligenzentwicklung hatten; n = 95) 65 % der Eltern angaben, dass sich die psychische Gesundheit ihres Kindes im Vergleich zu vor der COVID-19-Sperre verschlechtert hatte, darunter 42 %, die angaben, dass sie sehr viel schlechter war. Dies hing mit dem mangelnden Zugang zur Schule, zu speziellen Einrichtungen und Klassen sowie zu Spiel und Bewegung im Freien zusammen (Theis et al. 2021). Darüber hinaus deutet eine Übersichtsarbeit in England darauf hin, dass sich das Eindringen von Schule und Arbeit in das häusliche Umfeld negativ auf das Wohlbefinden der Kinder auswirkt (Canning & Robinson 2021); Eltern in den USA und im Vereinigten Königreich berichteten sowohl in qualitativen als auch in quantitativen Studien über vermehrte Verhaltensweisen, die auf Stress (Schreien, Nervenzusammenbrüche) bei ihren Kindern hinweisen (Averett 2021; Dobosz et al. 2023; Greenway & Eaton-Thomas 2020).

Umgekehrt gab es einige positive Auswirkungen der Heimbeschulung von Kindern mit Störungen der Intelligenzentwicklung. Eine kleine Interviewstudie im Vereinigten Königreich hob die Vorteile der gemeinsam verbrachten Zeit hervor und sechs der acht Eltern (75 %) berichteten auch über eine Verringerung der schwierigen Verhaltensweisen ihres Kindes (Rogers et al. 2021). In ähnlicher Weise berichteten Eltern in Indien, die ihre Kinder mit sonderpädagogischem Förderbedarf zu Hause unterrichteten, über eine positive Veränderung in der Zeit, die sie gemeinsam verbringen konnten, was sich entsprechend auf das Wohlbefinden der Kinder auswirkte (Vincent et al. 2021).

Dies könnte mit den veränderten Anforderungen einiger typischer Tätigkeitsübergänge für Menschen mit Autismus zusammenhängen, z. B. eine geringere Vorbereitung auf die Schule oder das Arbeiten von zu Hause aus, eine größere Kontrolle über die sensorische Umgebung (Fridell et al. 2022) sowie die Möglichkeit für Kinder mit Intelligenzminderung, Arbeiten in ihrem eigenen Tempo und auf ihre eigene Art und Weise zu erledigen, ohne mit anderen Kindern zu konkurrieren (Ameis et al. 2020; Canning & Robinson 2021). Dies deutet darauf hin, dass sich der fehlende persönliche Schulbesuch in verschiedenen Ländern positiv auf junge Menschen mit Störungen der Intelligenzentwicklung ausgewirkt haben könnte, indem ihr Selbstvertrauen gestärkt und die Belastung durch sensorische Stressfaktoren verringert wurde.

25.5.6 Effekte auf das Privatleben

Das Fehlen einer vollzeitschulischen Ausbildung hat auch erhebliche Auswirkungen auf die Eltern von Kindern mit Beeinträchtigungen, da die Schule in der Regel eine Pause von der Vollzeitbetreuung bietet (Kirkby et al. 2021). Da Eltern von Kindern mit einer Störung der Intelligenzentwicklung ein höheres Stressniveau und eine höhere Scheidungsrate aufweisen (Namkung et al. 2015; Rivard et al. 2014), kann die Belastung durch wechselnde Arbeitsverhältnisse, Unsicherheit, finanzielle Stressfaktoren und fehlende Unterstützung die Herausforderungen erhöhen (Aishworiya & Kang 2021).

Im Vereinigten Königreich lebende Eltern von Kindern mit Störungen der Intelligenzentwicklung berichteten während der Pandemie über Schwierigkeiten, ihre eigene Arbeit mit dem Heimunterricht ihrer Kinder in Einklang zu bringen, über Überlastung und mangelnde Unterstützung (Dobosz et al. 2023): 41 % der Eltern gaben an, sich gestresst zu fühlen, und 21 % fühlten sich müde und erschöpft (Greenway & Eaton-Thomas 2020). Dies scheint international ein durchgängiges Problem zu sein (Rogers et al. 2021; Rosencrans et al. 2021).

In Anbetracht der Tatsache, dass Kinder mit Beeinträchtigungen bekanntermaßen ein höheres Risiko für häusliche Gewalt haben (Hibbard et al. 2007), besteht die Sorge, dass häusliche Stressfaktoren sowohl bei Kindern als auch bei Erwachsenen mit Störungen der Intelligenzentwicklung zu einem Anstieg der häuslichen Gewalt geführt haben könnten, was mit dem internationalen Anstieg von häuslicher Gewalt in der Allgemeinbevölkerung übereinstimmt (Barchielli et al. 2021; Carrington et al. 2021; Jesus et al. 2021; Pellicano & Stears 2020). Allerdings gibt es derzeit keine Forschungsarbeiten, die diese potenziellen Auswirkungen auf Menschen mit einer Beeinträchtigung direkt untersuchen.

25.5.7 Schlussfolgerung

Insgesamt gibt es nur wenige Daten, die einen direkten Vergleich der Auswirkungen der COVID-19-Pandemie auf die psychische Gesundheit von Personen mit Beeinträchtigungen auf internationaler Ebene ermöglichen. Aus den verfügbaren Informationen geht jedoch hervor, dass die psychische Gesundheit von Menschen mit Störungen der Intelligenzentwicklung durch Veränderungen im täglichen Leben, in der Bildung, durch Isolation, in der Verfügbarkeit von Informationen und im Zugang zu Unterstützungsdiensten wahrscheinlich stark beeinträchtigt wurde. Aufgrund der Heterogenität auf individueller Ebene und des Mangels an umfassender Forschung von hoher Qualität ist es schwierig, die Faktoren, welche die Unterschiede zwischen den Ländern beeinflussen, zu entschlüsseln.

25.6 Fazit

In diesem Kapitel werden die Auswirkungen der COVID-19-Pandemie auf Menschen mit Beeinträchtigungen und ihre Betreuenden erörtert, mit besonderem Augenmerk auf ihre psychische Gesundheit. Daten aus England zeigen, dass Menschen mit einer Störung der Intelligenzentwicklung während der Pandemie deutlich häufiger starben als Gleichaltrige ohne Störungen der Intelligenz-

entwicklung, wobei ein ungeimpfter Status das Sterberisiko deutlich erhöhte. Darüber hinaus scheint sich die COVID-19-Pandemie sowohl auf die körperliche Aktivität als auch auf die psychische Gesundheit von Menschen mit einer Störung der Intelligenzentwicklung negativ ausgewirkt zu haben. Außerdem gab es in dieser Zeit weitverbreitete Schwierigkeiten beim Zugang zu Gesundheits- und Sozialfürsorgediensten, was diese Probleme wahrscheinlich noch verschärft hat.

Verständlicherweise gibt es Belege für die allgemeine Besorgnis von Menschen mit Beeinträchtigungen, sich mit COVID-19 anzustecken, und auch pflegende Angehörige beschrieben Angstzustände und depressive Symptome. Pflegende Angehörige berichteten, dass sie sich isoliert und machtlos fühlten; viele von ihnen waren aufgrund des relativen Mangels an Unterstützungsdiensten im Vergleich zu den Zeiten vor der Pandemie wahrscheinlich einem erhöhten Risiko ausgesetzt, als Pflegeperson überlastet zu sein. Darüber hinaus wurde von einer zunehmenden Aggression von Menschen mit Störungen der Intelligenzentwicklung gegenüber bezahlten Pflegekräften berichtet, was die Belastung der Pflegekräfte wahrscheinlich noch weiter erhöht und die Sicherheit sowohl der Menschen mit Störungen der Intelligenzentwicklung als auch der Pflegekräfte gefährdet.

Während viele Menschen ohne Störungen der Intelligenzentwicklung während der Pandemie das Internet nutzten, sowohl als Mittel für den Zugang zu relevanten Informationen als auch für die Kommunikation mit Angehörigen, sahen sich Menschen mit Störungen der Intelligenzentwicklung von solchen digitalen Aktivitäten ausgeschlossen, was sowohl mit dem Niveau ihrer neurologischen Entwicklung als auch mit der sozioökonomischen Benachteiligung dieser Gruppe zusammenhing.

Die COVID-19-Forschungsarbeiten über Menschen mit Störungen der Intelligenzentwicklung und ihre Betreuenden geben uns wertvolle Einblicke in ihre Erfahrungen und Lehren, die sowohl für künftige Pandemien als auch für die künftige Bereitstellung von Pflege im Allgemeinen gezogen werden können.

Die meisten recherchierten Forschungsarbeiten stammen aus westlichen Gesellschaften, sodass die entsprechenden Ergebnisse nicht unbedingt auf die nicht-westliche Welt zutreffen. Die Literaturrecherche der Autorinnen und Autoren beschränkte sich weiterhin auf englischsprachige Arbeiten, was das Ergebnis ebenfalls beeinflusst haben könnte.

III. Sozialpolitische Aspekte

CHRISTIAN SCHANZE & TANJA SAPPOK

26 Psychiatrische Versorgung in Deutschland

26.1 Länderhintergrund

26.1.1 Demografische Daten und kulturelle Wahrnehmung

Demografische Daten

Deutschland ist ein föderaler, freiheitlich-demokratischer Staat mit rund 83,2 Millionen Einwohnern (2019) und liegt beim »Index der menschlichen Entwicklung« (Wohlstandsindikator) weltweit auf Platz 6. Deutschland besteht aus 16 teilsouveränen Bundesländern. Die Bundesländer haben eigene Legitimität, Rechte und Kompetenzen, die sich auf die Landesverfassung des jeweiligen Bundeslandes stützen. Die Umsetzung der bundesweit durch den Bund erlassenen Gesetze kann insofern von Bundesland zu Bundesland bis zu einem gewissen Grad (vor allem organisatorisch und in der Ausdeutung bestimmter gesetzlicher Details) unterschiedlich ausfallen. 2019 hatten in Deutschland 7,9 Millionen Menschen offiziell den Status »schwerbehindert«. Laut SGB IX (Sozialgesetzbuch) werden die funktionellen und sozialen Auswirkungen einer Behinderung auf die Teilhabe am Leben in der Gesellschaft numerisch (20–100) abgestuft, und so wird der Grad der Behinderung festgestellt. In den Statistiken der Bundesagentur für Arbeit sowie im SGB IX, Teil 2 (Schwerbehindertenrecht) gilt als »schwerbehindert«, wer einen Grad der Behinderung von 50 und mehr aufweist. Die Behinderungsart wird nach der schwersten Behinderung festgelegt. Im Jahr 2019 fielen 311 027 Personen unter die Kategorie »Störungen der geistigen Entwicklung (z. B. Lernbehinderung, geistige Behinderung)« (Statistisches Bundesamt 2020). Davon haben 47 770 zusätzlich noch eine oder mehrere weitere Behinderungen (15,4 %), bei 129 379 Personen (41,6 %) gilt die Behinderung als »angeboren«.

Allerdings wird in der offiziellen Schwerbehindertenstatistik nur die jeweils schwerste Behinderung gezählt, und die muss bei Menschen mit Störungen der Intelligenzentwicklung nicht unbedingt die kognitiv-adaptive Beeinträchtigung sein. Es kann sich dabei auch um eine Epilepsie, eine Zerebralparese oder eine weitere körperliche oder psychische Störung handeln. Als zweitschwerste bzw. drittschwerste Behinderungsart trifft die Kategorie »Störungen der geistigen Entwicklung (z. B. Lernbehinderung, geistige Behinderung)« auf weitere 17 306 Schwerbehinderte zu. Damit sind in der Schwerbehindertenstatistik insgesamt 348 333 Personen mit Störungen der Intelligenzentwicklung erfasst.

Kulturelle Wahrnehmung von Störungen der Intelligenzentwicklung

Gesetzliche Voraussetzungen

Am 26. März 2009 trat in Deutschland das 2006 von der UNO-Generalversammlung in New York verabschiedete Übereinkommen über die Rechte von Menschen mit Behinderungen (UN-Behindertenrechtskonvention, BRK) in Kraft. Seither wurden von gesetzgeberischer Seite zahlreiche Bemühungen unternommen, den in der UN-BRK festgelegten Grundsätzen mit dem Bundesteilhabegesetz (BTHG) eine gesetzliche Basis zu verschaffen und den Inklusionsgedanken bundesweit zu etablieren. Dies bedeutet einen Paradigmenwechsel vom Fürsorgegedanken zu einem Leistungsrecht.

Öffentliche Wahrnehmung von Menschen mit Behinderung in den Medien

Die Schwierigkeiten bei der Umsetzung des Inklusionsgedanken zeigen unter anderem auch die zuletzt kontrovers geführte Diskussion zum Gesetzentwurf für die Zuteilung knapper medizinischer Ressourcen (Triage) z. B. bei schwerwiegenden Covid-19-Infektionen und eingeschränkter Verfügbarkeit von Beatmungsgeräten. Erst nach massiven Protesten durch Menschen mit Behinderungen, Interessensverbänden, Trägern der Behindertenhilfe und verschiedenen Parteien ist eine öffentliche Diskussion in Gang gekommen. Das Bundesverfassungsgericht hat inzwischen deutlich darauf hingewiesen, dass bei der Zuteilung intensivmedizinischer Ressourcen und einer entsprechenden gesetzlichen Regelung dazu der Schutz von Menschen mit Behinderung unbedingt Berücksichtigung finden muss (Az: 1 BvR 1541/20).[58]

Dies muss in einem Land, in dem die Tötung von Menschen mit Behinderung mit dem Euthanasieerlass 1939 und der darauffolgenden Aktion T4 systematisch betrieben wurde, von absolutem Vorrang sein (Cranach et al. 2018). Im Jahr 2017 wurde im deutschen Bundestag am 27. Januar, dem Tag des Gedenkens an die Opfer des Nationalsozialismus, in einer Feier erstmals der mehr als 200 000 Opfer der Euthanasie gedacht (siehe dazu auch Kap. 31 Die NS-Verbrechen an Menschen mit psychischen Erkrankungen oder geistiger Behinderung unter maßgeblicher ärztlicher Mitverantwortung).

Artikel 8 der UN-BRK verlangt von den Unterzeichnerstaaten, das Bewusstsein der gesamten Gesellschaft für die Belange von Menschen mit Behinderung zu schärfen.

In Film, Funk und Fernsehen sind Menschen mit Behinderung und das Thema der Inklusion in Deutschland nach wie vor unterrepräsentiert. Hierbei sind Menschen mit Störungen der Intelligenzentwicklung noch weniger präsent als diejenigen mit körperlichen oder seelischen Behinderungen (Frömmer 2022). Von wenigen Ausnahmen abgesehen wird ihnen in Filmen vor allem die Rolle des schutzbedürftigen Opfers oder des »unberechenbaren Übeltäters« zugeschrieben.

Trotz zahlreicher Bemühungen in verschiedenen Bereichen, wie z. B. in Form von Ausstellungen oder Dokumentarfilmen, gemeinsamen kommunalen Veranstaltungen, Nachbarschaftsinitiativen und vielerlei regionalen inklusiven Projekten hat sich in der Öffentlichkeit das Bild des Menschen mit Behinderung – und vor allem das des Menschen mit Störungen der Intelligenzentwicklung – in den letzten Jahren nur wenig gewandelt.

---

58 Bundesverfassungsgericht, Leitsätze zum Beschluss des Ersten Senats vom 16. Dezember 2021. www.bundesverfassungsgericht.de/SharedDocs/Entscheidungen/DE/2021/12/rs20211216_1bvr154120.html (Zugriff 27.03.2024).

26.1.2 Prävalenz, Identifizierung und frühe Interventionen

Prävalenz

Bei einer weltweit im wissenschaftlichen Diskurs angenommenen Prävalenz von ca. 1 % von Menschen mit Störungen der Intelligenzentwicklung würden in Deutschland mit seinen 83,2 Millionen Einwohnern (2019) also ca. 832 000 Menschen mit Störungen der Intelligenzentwicklung leben (GBD 2018). Diese Zahl liegt deutlich höher als die Zahl der Menschen mit Störungen der geistigen Entwicklung in der Schwerbehindertenstatistik (348 333), aus der sich für diesen Personenkreis eine Prävalenz von lediglich 0,42 % ergäbe.

Die Schwerbehindertenstatistik ist für die Berechnung der Prävalenz allerdings wenig aussagekräftig, weil die Menschen mit schweren Störungen der geistigen Entwicklung nur einen kleinen Teil der Personen mit Störungen der intellektuellen Entwicklung ausmachen. Auch wenn es hierzu keine aktuellen Studiendaten gibt, wird in der Literatur davon ausgegangen, dass zwei Drittel der Menschen mit Störungen der Intelligenzentwicklung lediglich leichte kognitive Beeinträchtigungen aufweisen (ICD-11 6A00; Patel et al. 2020; WHO 2023). Da leichte Störungen der Intelligenzentwicklung ohne ausgeprägte körperliche oder soziale Funktionseinschränkung gesetzlich nicht unter die Gruppe der Schwerbehinderten fallen, tauchen sie nur unzureichend bzw. gar nicht in den offiziellen Statistiken auf. Unter Einbeziehung aller Schweregrade der Störungen der geistigen Entwicklung läge die Prävalenz demzufolge deutlich höher als die statistisch erfassten 0,42 %, allerdings fehlen hierzu die offiziellen Daten.

Trotz dieser einschränkenden Faktoren könnte die international angenommene Prävalenz von 1 % für hochindustrialisierte Länder wie Deutschland eventuell auch zu hoch angesetzt sein. Das »Institute for Health Metrics and Evaluation« (IHME) gibt den Streuungsbereich für die Prävalenz entsprechend auch mit 0,55–1,4 % an (GBD 2018; siehe auch Emerson & Llewellyn 2021; McConkey et al. 2019; Patel et al. 2018). Eine Analyse der ambulanten Abrechnungsdaten von gesetzlich Versicherten in Deutschland aus dem Jahr 2018 zeigte eine Prävalenz von 0,55 % (324 428 Personen), wobei auch in diesen Daten nicht alle Betroffenen erfasst wurden (Weih et al. 2022).

Identifizierung

Kinderärzte identifizieren Kindern mit einer Störungen der Intelligenzentwicklung. Von den insgesamt über 385 000 Ärztinnen und Ärzten in Deutschland arbeiteten im Jahre 2017 laut Bundesärztekammer 14 703 als Fachärztin bzw. Facharzt für Kinder- und Jugendmedizin. Von ihnen waren 7357 als ambulante Ärztinnen und Ärzte in eigener Praxis oder angestellt in einer Praxis tätig; 6089 arbeiteten stationär (Kliniken, Sozialpädiatrische Zentren etc.).

Gleich nach der Geburt eines Kindes erhalten die Eltern in Deutschland ein Untersuchungsheft, in dem die notwendigen Untersuchungen im Krankenhaus (Geburtsklinik) oder bei den niedergelassenen Kinderärztinnen und Kinderärzten aufgelistet werden. Diese Gesundheits-Checks sollen zur Früherkennung von Entwicklungsauffälligkeiten und Krankheiten bei Kindern beitragen. Sie werden bis zum Abschluss des 18. Lebensjahrs von den Krankenkassen finanziert. Dabei werden sowohl körperliche und geistige als auch psychische Funktionen der Kinder und Jugendlichen überprüft. Die durchzuführenden Untersuchungen werden von einem bundesweiten Gremium (Gemeinsamer Bundesausschuss, G-BA) festgelegt. In Bayern, Baden-Württemberg und Hessen sind diese Untersuchungen seit 2008 bzw. 2009 bis zum 6. Lebensjahr der Kinder verpflichtend. In den übrigen 13 Bundesländern besteht keine Verpflichtung, diese Untersuchungen durchführen zu lassen (Bundesministerium für Gesundheit 2023).

Zeigt ein Kind bei diesen Untersuchungen Entwicklungsauffälligkeiten, werden die Eltern angewiesen, für ihre Kinder eine weiterführende medizinische Diagnostik und Therapie zu organisieren und soziale Hilfen bei den zuständigen Ämtern und Behörden zu beantragen. Die finanziellen Hilfen bzw. Entlastungen sind ein Mix aus verschiedenen Leistungen unterschiedlicher Träger (z. B. Jugendämter, Sozialhilfeträger, Kranken- und Pflegekassen, Kindergeld aus den Familienkassen, steuerliche Entlastungen). Die versorgenden Institutionen beraten die Eltern, an welche Stellen sie sich für ihre Antragstellungen wenden sollen.

Frühe Interventionen

Neben den finanziellen Hilfen und Entlastungen steht vor allem die Frühförderung im Zentrum der empfohlenen Maßnahmen. In der Frühförderung unterscheidet man zwischen der allgemeinen und der speziellen Förderung. Erstere bezieht sich auf Kinder mit Störungen der Intelligenzentwicklung, die zweite, spezielle Förderung auf Kinder mit speziellen körperlichen oder sensorischen Behinderungen wie z.B. Blindheit oder Hörbeeinträchtigungen. In der Regel bestehen die Hilfen jedoch aus einem Komplex interdisziplinärer Verfahren wie der Kombination von Heilpädagogik, Krankengymnastik, Ergotherapie oder Logopädie. Diese Komplexleistungen pädagogischer und medizinisch-therapeutischer Maßnahmen werden in speziellen Frühförderzentren (interdisziplinäre Teams mit heilpädagogischem Schwerpunkt; Förderung in den ersten Lebensjahren des Kindes) und Sozialpädiatrischen Zentren (SPZ; Schwerpunkt auf der medizinischen Diagnostik und Behandlung; Förderung vom Kindes- bis ins Jugendalter) erbracht.

Sozialpädiatrische Zentren

Die Sozialpädiatrischen Zentren (SPZ) sind nach § 119 SGB V (im 5. Sozialgesetzbuch werden in Deutschland die Bestimmungen und Regelungen zu den gesetzlichen Krankenkassen zusammengefasst) eine institutionelle Sonderform interdisziplinärer ambulanter Krankenbehandlung und werden entsprechend von den Krankenkassen finanziert. Zum Behandlungsspektrum gehören körperliche, geistige und psychische Störungen, die die weitere kindliche Entwicklung beeinträchtigen können. Die SPZs unterscheiden sich entsprechend ihren medizinischen Schwerpunkten (Orthopädie, Neurologie, Psychiatrie, Endokrinologie, Humangenetik etc.).

Allen gemeinsam sind jedoch folgende konzeptionelle Grundsätze:
- Interdisziplinarität
- hoher Anteil an psychotherapeutischen/ psychosozialen und rehabilitativen Interventionen
- Einbeziehung der Familie in die Therapie als konzeptioneller Schwerpunkt
- organmedizinisch orientierte und medizinisch-technische Interventionen nicht im Vordergrund
- kindheitslange Betreuung bis ins Jugendalter
- Schnittstelle zwischen klinischer Pädiatrie, pädiatrischer Rehabilitation und öffentlichem Gesundheitsdienst
- Vernetzung mit nicht-ärztlichen Diensten in großem Umfang, Erfordernis eines hohen Organisationsaufwands

26.1.3 Status der sozialen Eingliederung

Schulische Bildung

Das aus Art. 24 der UN-BRK abgeleitete Recht auf ein integratives Schulsystem wird sowohl von den Schulbehörden als auch von den Lehrerinnen und Lehrern und den Eltern in Deutschland sehr kontrovers diskutiert. Von der wissenschaftlich-pädagogischen Seite werden ebenfalls kritische Anmerkungen dazu gemacht,

- da die Inklusion von Menschen mit Störungen der Intelligenzentwicklung in die Regelschulen nur unzureichend durch eine entsprechende Qualifizierung der Lehrkräfte oder zusätzliches Fachpersonal begleitet wurde und wird.
- da die Finanzierung des erforderlichen personellen Mehraufwands bildungspolitisch nicht abschließend geklärt ist. Dies wird derzeit vor allem bezogen auf die Personengruppe der Menschen mit Autismus-Spektrum-Störungen (mit und ohne Störungen der Intelligenzentwicklung) intensiv diskutiert.

Diese Defizite führen unweigerlich – so die Befürchtungen – zu einem Wegfall qualifizierter individueller Förderangebote für Menschen mit Lernschwierigkeiten, wie sie vor allem in Förderschulen angeboten werden. Mittelfristig resultiert daraus eine Unterqualifizierung der Personengruppe mit Störungen der Intelligenzentwicklung und führt damit zu mehr Exklusion statt zu mehr Inklusion. Im Jahr 2022 wies der Präsident des Deutschen Lehrerverbands darauf hin, dass bis zu 40 000 Lehrkräfte in Deutschland fehlen würden (siehe z. B. ZEIT ONLINE 2022).

In Deutschland wurden über viele Jahrzehnte Kinder mit Störungen der Intelligenzentwicklung in besonderen, nicht-inklusiven Förderschulen beschult. Mit der Ratifizierung der UN-BRK im Jahr 2009 hat sich Deutschland jedoch zu einem integrativen Schulsystem verpflichtet (Art. 24 der UN-BRK). Die Anzahl dieser Förderschulen ist inzwischen von 3487 im Jahr 2002 auf 2806 im Jahr 2022 gesunken (Statista 2022).

Im Schuljahr 2018/19 lag der Anteil der Schülerinnen und Schüler, bei denen in der Primar- und Sekundarstufe I (International Standard Classification of Education, ISCED Stufe 1 & 2) ein zusätzlicher Förderbedarf festgestellt wurde (beinhaltet: Teilleistungsschwächen wie Legasthenie, Dyskalkulie und ADHS, sprachlicher Förderbedarf bei Migrationshintergrund, Störungen der Intelligenzentwicklung), bei 7,6 % (Förderquote 2018/19). Der Anteil der Schülerinnen und Schüler mit Förderbedarf, die eine spezielle Förderschule besuchten und somit in der Primarstufe I nicht inklusiv beschult wurden (vor allem Kinder mit Störungen der Intelligenzentwicklung), betrug 4,4 % (Exklusionsquote 2018/19). Der Anteil der Schülerinnen und Schüler mit Förderbedarf, die in der Primar- und Sekundarstufe I eine Regelschule besuchten, betrug 3,2 % (Inklusionsquote 2018/19) (siehe Abb. 26-1).

Berufsausbildung

Nach den neun Pflichtschuljahren (inklusiv in den Primarstufen oder in den speziellen, nicht-inklusiven Förderschulen) stehen den Schulabgängerinnen und Schulabgängern mit Störungen der Intelligenzentwicklung in Deutschland – wenn sie keine reguläre Berufsausbildung absolvieren können – berufsvorbereitende Maßnahmen zur Verfügung. Nach Abschluss dieser meist einjährigen staatlichen Fördermaßnahmen (Berufsvorbereitende Bildungsmaßnahme – BvB) und der damit erfüllten Berufsschulpflicht erfolgt der Übergang zu einem zweijährigen Berufsbildungsbereich. Nach dessen Abschluss

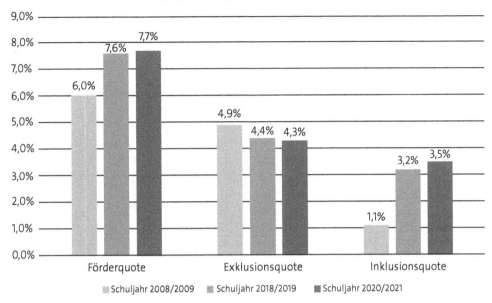

Abb. 26-1: Inklusion an Schulen: Förderquoten, Exklusionsquoten und Inklusionsquoten in Deutschland für die Schuljahre 2008/09, 2018/19 und 2020/2021 (Aktion Mensch 2022)

wird gemeinsam von Vertretenden der Ausbildungsstätte und des zuständigen Arbeitsamtes mit der jeweiligen Person und seinen gesetzlichen Vertretenden (Eltern oder gesetzliche Betreuende) besprochen und darüber entschieden, ob eine weitere spezielle Berufsausbildung (Fachpraktiker- bzw. Fachwerker-Ausbildung) oder die Integration in eine beschützte Werkstatt (WfbM) erfolgen soll.

Als Reaktion auf das am 26. März 2009 für die Bundesrepublik Deutschland ratifizierte UN-BRK entstand in verschiedenen beruflichen Sektoren (z. B. Serviceleistungen im sozialen Bereich, Küchenbereich, Hauswirtschaft, Bürokommunikation, Industriemechanik, Maler- oder Bäckerhandwerk, Elektrobereich, Holzverarbeitung) die Berufsausbildung zum Fachpraktiker bzw. Fachwerker. Die Ausbildungsinhalte orientieren sich an anerkannten Ausbildungsberufen, erfordern jedoch einen geringeren Umfang an theoretischen Kenntnissen. Die Ausbildung soll Menschen mit Störungen der Intelligenzentwicklung eine anschließende Beschäftigung auf dem ersten Arbeitsmarkt ermöglichen. Sie ist gesetzlich in § 66 des Berufsbildungsgesetzes sowie in § 42r der Handwerksordnung (HwO) verankert.

Im Jahr 2021 wurden bundesweit 6969 solche Ausbildungsverträge abgeschlossen. Dies entspricht einem Anteil von 1,5 % der in Deutschland mit Schulabgängern abgeschlossenen Ausbildungsverträgen (Bundesinstitut für Berufsbildung/BIBB: Berufsbildungsbericht 2022).

Arbeitsmarkt

Um die Entwicklung der Inklusionsbedingungen für Menschen mit Behinderung (alle Behinderungsformen) auf dem Arbeitsmarkt einschätzen zu können, wird ein statistischer Wert berechnet, der als Indikator für Inklusion dient. In diesem sogenannten Inklusionsbarometer werden jährlich zehn gleich gewichtete Faktoren der Arbeitsmarktentwicklung erhoben und der Fünf-Jahres-Durchschnitt in Indexpunkten abgebildet. Als Referenzgröße wird der Indexpunkte-Durchschnitt aus den Jahren 2006–2010 herangezogen. Werte über 100 stehen proportional für eher günstiger werdende Bedingungen für die Inklusion im Vergleich zu den Referenzjahren. Werte unter 100 weisen auf eine negative Entwicklung hin.

Im Jahr 2021 lag der Gesamtwert des »Inklusionsbarometers Arbeit« bei 106,4 Indexpunkten (siehe Abb. 26-2). Dies bedeutet eine langfristige Verbesserung der Lage für Menschen mit Behinderung auf dem Arbeitsmarkt (im Vergleich zum Basiswert 2006–2010). Der beste Wert mit 107,7 wurde jedoch in den beiden Jahren zuvor erreicht (Aktion Mensch 2022).

Durch die Corona-Pandemie hat sich seit 2020 die Situation für Menschen mit Behinderung auf dem Arbeitsmarkt verschlechtert. Die Arbeitslosenquote liegt damit 2021 auf dem Stand von 2016 (Aktion Mensch 2020).

Die seit 2016 erzielten Fortschritte sind also durch die Corona-Pandemie und die damit verbundene Arbeitsmarkt-Krise weitgehend zunichte gemacht worden. Allerdings stieg der Anteil der arbeitslosen Menschen mit Behinderungen gemessen an der Zahl der Arbeitslosen insgesamt weniger stark als bei den nicht-behinderten Beschäftigten (Aktion Mensch 2020).

Integrationsunternehmen, -betriebe, -abteilungen sind Bestandteil des ersten Arbeitsmarktes. Sie verfolgen das Ziel der Wirtschaftlichkeit und beschäftigen gleichzeitig zu einem großen Teil (30 % bis 50 %) Mitarbeiterinnen und Mitarbeiter mit Behinderungen. Integrationsunternehmen sind dabei selbstständig, während Integrationsbetriebe und Integrationsabteilungen Teile einer Organisation, öffentlicher Institutionen oder eines größeren Unternehmens sein können.

2020 gab es in Deutschland über 1000 Integrationsunternehmen, Integrationsbetriebe und Integrationsabteilungen. Sie erhalten staatliche Nachteilsausgleiche für den

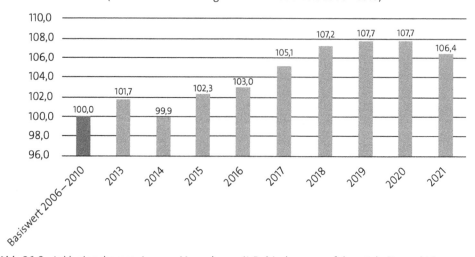

Abb. 26-2: Inklusionsbarometer von Menschen mit Behinderung auf dem Arbeitsmarkt in Deutschland 2013–2021 (Aktion Mensch 2022)

besonderen Aufwand, der mit der Beschäftigung eines hohen Anteils an Menschen mit Behinderung verbunden ist. Die Entlohnung erfolgt auf tariflicher Basis oder bei unbefristeten Arbeitsverträgen mit einer ortsüblichen Bezahlung (SGB IX §§ 215 ff). Neben regulären Arbeitsplätzen bieten einige Inklusionsbetriebe auch geringfügige Beschäftigungsmöglichkeiten als Zuverdienst an.

Die gesetzlichen Bestimmungen sind so formuliert, dass beschützte Werkstätten (WfbM) dazu motiviert werden sollen, ergänzend Integrationsbetriebe aufzubauen und auf diese Weise die Integration von Menschen mit Störungen der Intelligenzentwicklung auf dem ersten Arbeitsmarkt voranzubringen. Es gibt aktuell ca. 90 solcher Integrationsbetriebe bzw. -firmen, die an WfbMs angegliedert sind (Werkstätten im Netz 2020).

Insgesamt waren 2020 knapp 27 000 Menschen mit dem Status der Schwerbehinderung in Inklusionsfirmen beschäftigt. Der Anteil der Menschen mit Störungen der Intelligenzentwicklung hat seit 2005 erfreulicherweise kontinuierlich um ca. 16 % zugenommen (siehe Abb. 26-3).

Wie bereits im Inklusionsbarometer 2015 in einer speziellen Befragung unter den schwerbehinderten Beschäftigten festgestellt und kommentiert wurde, haben Menschen mit Störungen der Intelligenzentwicklung die geringsten Chancen, einen Arbeitsplatz auf dem ersten Arbeitsmarkt zu erhalten. Nur 1 % der Befragten gaben an, eine Intelligenzentwicklungsstörung zu haben. So ist der Erfolg der Inklusion auf dem deutschen Arbeitsmarkt im Besonderen auf die Integration von Menschen mit körperlichen Behinderungen zurückzuführen. Die Inklusion ist also von der Art der Behinderung abhängig, und Menschen mit Störungen der Intelligenzentwicklung finden dabei auf dem Arbeitsmarkt die geringste Berücksichtigung (Aktion Mensch 2015).

Werkstätten für behinderte Menschen (WfbM)

Die große Mehrheit der Menschen mit Störungen der Intelligenzentwicklung arbeitet in Deutschland in beschützten Einrichtungen, die von Trägern der Behindertenhilfe in den letzten Jahrzehnten aufgebaut wurden, den sogenannten »Werkstätten für behinderte Menschen« (WfbM; 734 im Jahr 2019). In ihnen gibt es, in den Bundesländern unterschiedlich organisiert, sogenannte Förderbereiche für Menschen mit schweren Störungen der Intelligenzentwicklung oder schwe-

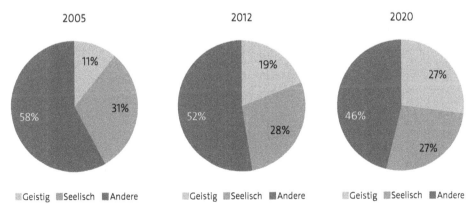

Abb. 26-3: Behinderungsarten in allen Integrationsunternehmen (Bundesarbeitsgemeinschaft Inklusionsfirmen 2020)

ren Formen von Mehrfachbehinderungen. In diesen speziellen Förderbereichen sind die Arbeitenden nicht sozialversichert, das heißt sie erhalten im Alter keine Rentenzahlungen. Ihre Versorgung wird lebenslang allein durch die Sozialhilfe finanziert. Es erwachsen ihnen dadurch jedoch keine Nachteile gegenüber den Werkstattbesuchenden, die sozialversichert waren. Nur die WfbM-Beschäftigten, die im Alter selbstständig leben und nicht in oder durch Einrichtungen der Behindertenhilfe versorgt werden, bekommen ihre Rente auch ausgezahlt.

Die Bundesarbeitsgemeinschaft der WfbMs hat 2021 ermittelt, dass zu diesem Zeitpunkt ca. 315 680 Menschen mit Behinderung beschäftigt waren. Die Hauptgruppe der behinderten Mitarbeitenden sind mit 75 % Menschen mit Störungen der Intelligenzentwicklung, gefolgt von der Gruppe der Menschen mit psychischen Störungen (seelische Behinderung) mit 21 % und den Menschen mit körperlicher Behinderung mit 4 % (siehe Tab. 26-1 und Abb. 26-4).

Art des Arbeitsbereichs	Anzahl der Beschäftigten
Eingangsverfahren und Berufsbildungsbereich	29 315
Arbeitsbereich	266 821
Förderbereich ohne Sozialversicherung	19 544
Gesamtzahl der Beschäftigten mit Behinderung	315 680

Tab. 26-1: Art des Arbeitsbereichs und Anzahl der Beschäftigten in Werkstätten für behinderte Menschen (WfbM) (Bundesarbeitsgemeinschaft:der Werkstätten für behinderte Menschen Stand 2023[59])

---

59 Bundesarbeitsgemeinschaft der Werkstätten für behinderte Menschen e. V. (2023). www.bagwfbm.de. Zugriff 01.08.2023.

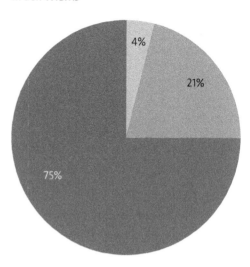

Abb. 26-4: Anteil der Werkstattbeschäftigten mit bestimmten Behinderungsarten zum 17.06.2021 (Bundesarbeitsgemeinschaft der Werkstätten für behinderte Menschen Stand 2023)

Gemäß §59 SGB IX erhalten Menschen mit Behinderung, die in beschützten Werkstätten (WfbM) arbeiten, zusätzlich zu ihrem Verdienst ein staatliches Arbeitsförderungsgeld (AFöG) von 52 €, wenn ihr Verdienst nicht höher als 351 € beträgt. Die Entlohnung liegt im Bundesdurchschnitt bei 211 € (inklusive des staatlichen Arbeitsförderungsgeldes; BMAS 2022).

Freizeit und Sport

Inklusive Freizeitangebote werden regional in sehr unterschiedlicher Quantität und Qualität von Kommunen oder Wohlfahrtsverbänden organisiert und auch von privaten Reiseveranstaltern angeboten. Menschen mit

Störungen der Intelligenzentwicklung werden kaum berücksichtigt. Für sie haben sich regional kleine, private Reiseveranstalter mit speziellen Angeboten entwickelt, die aber nur zu einem kleinen Teil inklusiven Charakter haben und ihre Angebote zumeist allein auf die Personengruppe der Menschen mit kognitiv-adaptiven Entwicklungsstörungen ausrichten.

Der Deutsche Behindertensportverband (DBS)[60] hat sich das Ziel gesetzt, Behindertensport als Mittel der gesellschaftlichen Integration und Rehabilitation einzusetzen und zu fördern. Dabei steht der Rehabilitationssport im Zentrum der Bemühungen. Das Angebot zielt besonders auf Menschen ab, die von Behinderung bedroht sind, sowie auf Menschen mit gesundheitlichen Einschränkungen. Als Zielgruppe werden bislang vor allem Menschen mit körperlichen Behinderungen gesehen, Menschen mit Störungen der Intelligenzentwicklung werden kaum angesprochen.

Für Menschen mit Störungen der Intelligenzentwicklung veranstaltet die Organisation »Special Olympics Deutschland« regionale und nationale Wettkämpfe. Die inklusive Teilhabe an Angeboten von Sportvereinen ist in Deutschland jedoch noch sehr wenig entwickelt. »Special Olympics Deutschland« hat deshalb das Projekt »Wir gehören dazu – Menschen mit geistiger Behinderung im Sportverein« ins Leben gerufen und erhält aus den Erlösen der Soziallotterie »Aktion Mensch« finanzielle Unterstützung. Ziel ist es, bis 2024 ca. 6000 Menschen mit Störungen der Intelligenzentwicklung den Zugang zu einem Sportverein zu ermöglichen. Insgesamt sollen durch die Unterstützung der Projektkoordinatoren bundesweit mindestens 100 Sportvereine inklusive Strukturen schaffen. Für 40 Projektstandorte sollen 300 Übungsleitende qualifiziert werden. Das Projekt wird durch das »Forschungsinstitut für Inklusion durch Bewegung und Sport« an der Deutschen Sporthochschule in Köln evaluiert.

---

60 Deutscher Behindertensportverband (2024). www.dbs-npc.de/. Zugriff 27.03.2024.

26.2 Psychosoziale Belastungen und aktuelle Versorgungsangebote

In der 2014 veröffentlichten *MEMENTA*-Studie (*Mental Healthcare Provision for Adults with Intellectual Disability and a Mental Disorder*) hatten in zwei repräsentativen Regionen Deutschlands 10,8 % der untersuchten Menschen mit Störungen der Intelligenzentwicklung eine psychische Störung, und 45,3 % zeigten Verhaltensauffälligkeiten. In internationalen Studien wird bei Menschen mit Störungen der Intelligenzentwicklung von einem Anteil von ca. 20 % ausgegangen, bei denen psychische Störungen diagnostiziert werden, und von einem Anteil von 25 %, bei denen schwerwiegende Verhaltensauffälligkeiten auftreten (Platt et al. 2019; Sheehan et al. 2015).

In der PINO-Studie (Projekt Intensivwohnen Netzwerk Oberbayern) der Ludwig-Maximilian-Universität München wurde die Gruppe der Menschen mit Störungen der Intelligenzentwicklung und aggressivem Verhalten in Bayern genauer untersucht. Dabei stellte sich heraus, dass von den 325 Personen, die aufgrund ihres aggressiven Verhaltens vom Kostenträger einen intensiv betreuten Wohnplatz (spezialisiertes Wohnangebot mit geringerer Gruppengröße und höherem Personalschlüssel) finanziert bekommen hatten, bei 51 % der Personen zugleich eine psychiatrische Störung diagnostiziert worden war und 23 % aggressives Verhalten allein im Rahmen von Verhaltensauffälligkeiten zeigten. Zu einem hohen Anteil erfolgten die Verlegungen auf diese Intensivwohnplätze aus der Psychiatrie (Markowetz et al. 2021).

26.2.1 Kinder und Heranwachsende

Der Berufsverband für Kinder- und Jugendpsychiatrie, Psychosomatik und Psychotherapie in Deutschland gibt aktuell an, dass von ca. 2200 Fachärztinnen und Fachärzten für Kinder- und Jugendpsychiatrie und -psychotherapie (KJPP) derzeit mehr als die Hälfte in der ambulanten Versorgung tätig sind. Kinder und Jugendliche mit Störungen der Intelligenzentwicklung und psychischen Auffälligkeiten werden zunächst von den behandelnden Fachärztinnen und Fachärzten für Pädiatrie in dieses ambulante medizinische Versorgungssystem (KJPP) überwiesen. Bislang gibt es in Deutschland keine spezielle ärztliche Qualifizierung für die Diagnostik und Therapie von Kindern und Jugendlichen mit Störungen der Intelligenzentwicklung. Zwar spielt in der Ausbildung die Entwicklungspsychologie eine besondere Rolle, aber zum Thema der kognitiven Behinderung werden nur Basisinformationen vermittelt.

Für die stationäre Behandlung standen Kindern und Jugendlichen gemäß der Bundesarbeitsgemeinschaft für Kinder- und Jugendpsychiatrie und Psychotherapie im Jahr 2021 in Deutschland insgesamt ca. 155 Kliniken (6702 Betten) zur Verfügung (Schepker & Kölch 2023).

In einer Befragung der Kliniken zur psychiatrischen Versorgungsqualität von Kindern und Jugendlichen mit Störungen der Intelligenzentwicklung schätzten 54 % die stationären Angebote in Deutschland als mangelhaft bis ungenügend ein, 43 % bewerteten die ambulante Versorgung ähnlich schlecht (Häßler et al. 2020).

Der durchschnittliche Anteil psychiatrisch stationär versorgter Kinder und Jugendlicher mit Störungen der Intelligenzentwicklung lag bei 6,6 % der Aufnahmen, tagesklinisch bei 7,9 % und ambulant bei 3,0 %. Aufgrund des mangelhaften diagnostischen Spezialwissens und der geringen Erfahrung im Bereich von Therapie und Pflege von jungen Menschen mit Störungen der Intelligenzentwicklung in der allgemeinen psychiatrischen Versorgung wurden in Deutschland in den letzten Jahren spezialisierte Angebote für diese Patientengruppe aufgebaut. Acht Kinder- und Jugendpsychiatrische Kliniken verfügten 2019 entweder über ein spezialisiertes ambulantes oder stationäres Angebot, drei Kliniken über beides (Häßler et al. 2020).

26.2.2 Erwachsene

Ein ähnliches Bild ergibt sich für die psychiatrische Versorgung erwachsener Menschen mit Störungen der Intelligenzentwicklung und psychischen Auffälligkeiten. Hier wird die primäre Behandlung von niedergelassenen Fachärztinnen und Fachärzten für Psychiatrie und Psychotherapie oder von Nervenärztinnen und Nervenärzten durchgeführt, die jedoch in ihrer Ausbildung nicht speziell qualifiziert wurden und deshalb nur über geringes fachliches Wissen zur Patientengruppe der Menschen mit Störungen der Intelligenzentwicklung verfügen. Darüber hinaus können sie aufgrund der standardisierten Abrechnungsvorgaben der Krankenkassen den erhöhten zeitlichen Aufwand für Diagnostik und Therapie, der für diese Gruppe erforderlich ist, nicht gewährleisten.

Von der stationären Versorgung fühlen sich die ca. 360 psychiatrischen Kliniken und Abteilungen an Krankenhäusern meist überfordert und nicht qualifiziert genug. So wurde bereits in den 80er-Jahren des letzten Jahrhunderts begonnen, Spezialbereiche in den Kliniken aufzubauen. Aktuell gibt es 27 Spezialbereiche für Menschen mit Störungen der Intelligenzentwicklung und psychischen Auffälligkeiten in Deutschland (eigene Recherchen 2022 auf der Basis der Daten von Schanze & Schmitt 2007). Diese spezialisierten Behandlungsbereiche sind im Durchschnitt mit 18 Betten ausgestattet und nehmen insgesamt zwischen 2500 und 3500 Patienten mit Störungen der Intelligenzentwicklung und psychischen Auffälligkeiten pro Jahr zur Diagnostik und Therapie auf (Datenberechnung wie oben). Diese Spezialisierung hat über die Jahre zu einer Mehrung von Wissen zu den psychischen Störungsbildern bei Menschen mit Störungen der Intelligenzentwicklung beigetragen. Es hat aber auch dazu geführt, dass sich die Allgemeinpsychiatrie dort, wo es Spezialbereiche für diese Patientengruppe gibt, kaum noch fachlich mit diesem Personenkreis auseinandersetzt. Dies weist darauf hin, dass es den Spezialbereichen bislang auch noch nicht gelungen ist, ihr Wissen in die medizinischen Ausbildungsbereiche (Medizinstudium und Facharztausbildung) zu integrieren. Die Verbesserung der Versorgungsqualität durch die Berücksichtigung der besonderen medizinischen und sozialen Aspekte von Behinderung trägt zur Verbesserung bzw. zum Erhalt der seelischen Gesundheit der Menschen mit Störungen der Intelligenzentwicklung bei. Sie hat insofern eine sozial inklusive Ausrichtung. Aber dieses besondere Wissen muss zu einem festen Bestandteil der medizinischen Aus- und Weiterbildung werden, denn anderenfalls wäre zu befürchten, dass die Spezialisierung zu einer Exklusion aus dem allgemeinen medizinischen Versorgungssystem führen könnte.

Nach vielen Protesten von Menschen mit Behinderungen, Verbänden und von Ärztinnen und Ärzten, die die allgemeine medizinische Versorgung von Menschen mit Behinderung in Deutschland für unzureichend hielten, hat die Regierung in ihrem Koalitionsvertrag 2013–2017 einen Auftrag zur Verbesserung der medizinischen Versorgung an die Kostenträger (Krankenkassen) formuliert. Nach langer Diskussion wurde die Empfehlung ausgesprochen, gemäß § 119c SGB V ein Netzwerk ambulanter Medizinischer Behandlungszentren für Erwachsene Menschen mit Behinderung (MZEB) aufzubauen. Inzwischen bestehen in Deutschland über 50 solcher Zentren, in denen – mit regional unterschiedlichen fachlichen Schwerpunkten – eine multidisziplinäre und multiprofessionelle gesundheitliche Beratung und Behandlung für Menschen mit ätiologisch unterschiedlichen Behinderungen angeboten wird. Die dortige Diagnostik und Therapie erfordert die Überweisung durch eine Fach- oder Hausärztin bzw. -arzt und wird über die Krankenkassen finanziert. Sie kann nur wahrgenommen werden, wenn aufgrund der Schwere, der Art und Komplexität der Behinderung bzw. Erkrankung eine besondere und individuell ausgerichtete ambulante Behandlung erforderlich ist, die nicht im Rahmen der regulären medizinischen Versorgung gewährleistet werden kann. Zu den dort versorgten Personengruppen gehören auch Menschen mit Störungen der Intelligenzentwicklung und deutlichen psychischen Auffälligkeiten oder anderen zusätzlichen körperlichen Beeinträchtigungen wie z. B. Zerebralparesen oder Epilepsie. Problematisch ist, dass die Kostenträger in vielen Fällen nur die Diagnostik und Vermittlung therapeutischer Leistungen finanzieren wollen und die eigentliche Behandlung in den MZEBs nicht erwünscht ist.

26.2.3 Herausforderungen in der personenzentrierten Pflege

Die in den verschiedenen Bundesländern unterschiedlich organisierte Umsetzung der Sozialgesetzgebung und der finanziellen Ausgleichzahlungen bzw. finanzielle Entlastungen auf verschiedene Institutionen (Jugendämter, kommunale und überregionale Sozialhilfeträger, Finanzämter etc.) machen das Antragsverfahren für Menschen mit Behinderung sehr schwierig und unübersichtlich. Diese »Über-Bürokratisierung« und die schwer zu überblickende Vielzahl der ambulanten und stationären Versorgungsangebote behindern effektive, personenzentrierte Hilfen. Der Gesetzgeber versucht, in Zusammenarbeit mit Verbänden, Interessengruppen und Trägern der Behindertenhilfe, durch eine schrittweise Ausdifferenzierung des Bundesteilhabegesetzes (BTHG) zu einer effektiveren Gestaltung der Unterstützung von Menschen mit Behinderung beizutragen. So wurden in den letzten Jahren zunehmend Inklusionslotsen in verschiedenen Lebensbereichen etabliert. Sie werden je nach Bereich von verschiedenen Ministerien (Joblotsen, z. B. durch das BMAS), durch Kommunen oder Förderinstitutionen wie z. B. die Aktion Mensch eingesetzt. Sie sollen Menschen mit Behinderung helfen, sich in dem bürokratischen Dickicht der Antragstellung auf finanzielle Unterstützung und der Wahl der geeigneten Hilfemaßnahmen zu orientieren. Das BMAS setzt diese positive Entwicklung mit der Verordnung zur »Weiterführung der Ergänzenden unabhängigen Teilhabeberatung (EUTBV)« ab 2023 gesetzlich um. Dafür stehen ab 2023 jährlich 65 Mio. € zur Verfügung (§ 32 SGB IX).

26.3 Prioritäten setzen

26.3.1 Medizinische Ausbildung

Bislang spielt das Thema »Behinderung« – insbesondere die Störung der Intelligenzentwicklung – keine besondere Rolle in der medizinischen Ausbildung. Es sollte in den nächsten Jahren nicht nur versucht werden, das Thema »Störungen der Intelligenzentwicklung« im Medizinstudium zu implementieren, sondern die Studierenden auch für die besonderen psychosozialen Aspekte der Inklusion von Menschen mit Behinderung insgesamt zu sensibilisieren.

Wichtige, erste Impulse zur Implementierung dieses speziellen Wissens in das Medizinstudium werden von der Schaffung des ersten Lehrstuhls »Medizin für Menschen mit Behinderung, Schwerpunkt: psychische Gesundheit« an der Medizinischen Fakultät der Universität Bielefeld im Jahr 2023 ausgehen.

26.3.2 Klinische Postgraduiertenausbildung und interdisziplinäre Ausbildung

Im Jahr 2007 wurde das Thema Störungen der Intelligenzentwicklung in den Prüfungskatalog zum Facharzt für Psychiatrie und Psychotherapie aufgenommen. Es gibt jedoch weder für den Kinder- noch für den Erwachsenenbereich einen speziellen fachärztlichen Zusatztitel mit strukturierter Qualifizierung.

Seit dem Jahr 2008 gibt es eine curriculare Fortbildung »Medizin für Menschen mit geistiger und mehrfacher Behinderung«, die von der Bundesärztekammer anerkannt wird. Ärztinnen und Ärzte, die in einem Medizinischen Behandlungszentrum für Erwachsene mit Behinderung (MZEB) arbeiten wollen, sind verpflichtet, an dieser Fortbildung teilzunehmen.

Die Fortbildung umfasst 100 Unterrichtsstunden und eine einwöchige Hospitation in einer medizinischen Einrichtung für Menschen mit Störungen der Intelligenzentwicklung (Bundesärztekammer, Arbeitsgemeinschaft der deutschen Ärztekammern, 2020). Die psychische Gesundheit spielt dabei – neben dem medizinischen Faktenwissen – eine wichtige Rolle. Eine curriculare Fortbildung speziell zur psychiatrischen Diagnostik und Therapie bei Menschen mit Störungen der Intelligenzentwicklung gibt es in Deutschland für Ärztinnen und Ärzte nicht.

26.3.3 Forschung und Ausbildungsmöglichkeiten in der Forschung

Zur psychiatrischen Diagnostik und Therapie bei Menschen mit Störungen der Intelligenzentwicklung und psychischen Auffälligkeiten gibt es bislang keinen medizinischen Lehrstuhl. Das Thema der Störung der Intelligenzentwicklung ist an den Universitäten bislang nur in den pädagogischen Fachbereichen vertreten. Die bisherigen medizinischen bzw. psychiatrischen Akteure auf diesem Gebiet sind von der praktischen Versorgungsarbeit zeitlich gebunden und haben wenig Ressourcen für Versorgungsforschung. Mit der Schaffung des oben genannten Lehrstuhls »Medizin für Menschen mit Behinderung, Schwerpunkt: psychische Gesundheit« an der Universität Bielefeld im Jahr 2023 wird die wissenschaftliche Arbeit zu diesem Themenbereich stimuliert werden.

Die Finanzierung von Forschungsprojekten ist durch verschiedene Stiftungen, der Deutschen Forschungsgesellschaft (DFG) und in den vergangenen Jahren auch durch Gelder des europäischen Forschungsprojekts Horizon 2020 möglich. Aber auch das Bundesministerium für Bildung und Forschung hat z. B. das MEMENTA-Forschungsprojekt »Psychische Gesundheit und Hilfebedarf von Menschen mit intellektueller Behinderung« mit Drittmitteln finanziert. Im Investitionsfond des Gemeinsamen Bundesausschusses

(GBA) werden seit einigen Jahren Versorgungsforschungsprojekte zur Verbesserung der Gesundheitsangebote von bisher zu wenig berücksichtigten Bevölkerungsgruppen ausgeschrieben.

26.3.4 Möglichkeiten zum Handeln

Durch den diskursiven Prozess der Formulierung und Umsetzung des Bundesteilhabegesetzes (BTHG) sind in den letzten Jahren bundesweit und regional bzw. kommunal Initiativen entstanden, die sich für die Implementierung der Grundsätze der UN-BRK engagieren. Eine besondere Rolle spielt hierbei die »Aktion Mensch e. V.«, die bundesweit vor allem Inklusionsprojekte durch die Erlöse einer Soziallotterie unterstützt. Sie wurde ursprünglich durch das »Zweite Deutsche Fernsehen« (ZDF) ins Leben gerufen und hat durch ihre Integration in bundesweit ausgestrahlten Unterhaltungssendungen eine große Popularität erlangt. Heute gehören außer dem ZDF noch sechs Wohlfahrtverbände (Arbeiterwohlfahrt, Deutscher Caritasverband, Deutsches Rotes Kreuz, Diakonisches Werk der Evangelischen Kirche, Deutscher Paritätischer Wohlfahrtsverband und die Zentralwohlfahrtsstelle der Juden in Deutschland) diesem Verein an. Die »Aktion Mensch e. V.« tritt nicht nur als Finanzier inklusiver Projekte auf, sondern initiiert selbst praktische Inklusionsaktionen und Forschungsprojekte. Sie ist zu einer Art Gütesiegel geworden, die für Inklusion und Gleichstellung in der Gesellschaft steht. Sie verbindet kleinste und bundesweite Inklusionsprojekte zu einem großen Ganzen und ist heute aus dem gesellschaftlichen Leben in Deutschland nicht mehr wegzudenken.

FALLBEISPIEL Projekt Intensivwohnen Netzwerk Oberbayern (PINO)
Nach dem Bekanntwerden eines massiven Versorgungsnotstands, bezogen auf geeignete Wohnplätze für Menschen mit Störungen der Intelligenzentwicklung und herausforderndem Verhalten in Oberbayern, wurde im April 2020 das Projekt »Intensivwohnen Netzwerk Oberbayern (PINO)« ins Leben gerufen. In einer gemeinsamen Anstrengung haben sich eine Forschungsgruppe der Ludwig-Maximilians-Universität in München (Lehrstuhl »Pädagogik bei Verhaltensstörungen und Autismus, einschließlich inklusiver Pädagogik«), Vertreterinnen und Vertreter der Einrichtungen der Behindertenhilfe und der Kostenträger (Bezirk Oberbayern) für dieses Projekt zusammengefunden. Nach einer bayernweiten empirischen Untersuchung zur Lebenssituation von Menschen mit Störungen der Intelligenzentwicklung, die wegen ihres ausgeprägten aggressiven Verhaltens in intensiv betreuten Wohngruppen (kleinere Gruppengröße, höherer Personalschlüssel) der verschiedenen Träger der Behindertenhilfe versorgt werden, wurden in Arbeitskreisen und Expertengesprächen die Standards für eine pädagogisch adäquate Versorgung dieser Personengruppe erarbeitet. Die Strukturen des Intensivwohnens sollten eine nachhaltige Lösung darstellen, die von den Kostenträgern auch verlässlich finanziert werden können und die Möglichkeiten inklusiver Beschäftigungs- und Freizeitangebote mitberücksichtigen. Dabei wurde darauf geachtet, dass die besonderen Angebote dieser Wohnform nicht zur »Versorgungssackgasse« werden, sondern durchlässig sind, und dass unkompliziert auf die individuel-

len Entwicklungsfortschritte mit einer Änderung des Wohnumfelds reagiert werden kann. Um den produktiven Trialog zwischen Universität, Behindertenhilfe und Kostenträger zu fördern, wurde für die bayerische Teilregion Oberbayern ein Netzwerk gegründet, in dem Träger des Intensivwohnens und Vertreterinnen und Vertreter der pädagogischen Forschung sich austauschen, ihr Konzept laufend reflektieren und so Impulse für die Weiterentwicklung geben können. Die daraus abgeleiteten praktischen pädagogischen Richtlinien für die 170 intensiv betreuten Wohnplätze in Oberbayern (das sind 17 % der vollstationären Wohnplätze für Menschen mit Störungen der Intelligenzentwicklung in Oberbayern) wurden in den vergangenen drei Jahren und werden auch zukünftig bei besonderen Fragestellungen durch wissenschaftliche Studien begleitet und anhand der Ergebnisse im Austausch mit Experten beraten.

Dieses Beispiel zeigt, dass im Bereich der Betreuung von Menschen mit Störungen der Intelligenzentwicklung und aggressivem Verhalten in vielen Regionen Deutschlands ein erhebliches Versorgungsproblem besteht und dass durch eine Kooperation von Forschung und Versorgungspraxis zukunftsweisende Handlungskonzepte entwickelt und umgesetzt werden können, um diese Situation zu verbessern.

26.3.5 Kooperationen und Partnerschaften

Deutsche Gesellschaft für seelische Gesundheit bei Menschen mit geistiger Behinderung e. V. Die Deutsche Gesellschaft für seelische Gesundheit bei Menschen mit geistiger Behinderung e. V. (DGSGB) setzt sich seit vielen Jahren für Verbesserungen der Gesundheitsversorgung von Menschen mit Störungen der Intelligenzentwicklung ein, insbesondere im Bereich der seelischen Gesundheit.

Deutsche Gesellschaft für Medizin für Menschen mit geistiger oder mehrfacher Behinderung. Die Deutsche Gesellschaft für Medizin für Menschen mit geistiger oder mehrfacher Behinderung (DGMGB) ist ein Zusammenschluss von Ärztinnen und Ärzten, die schwerpunktmäßig für Menschen mit geistiger oder mehrfacher Behinderung tätig sind oder an der Thematik interessiert sind. Sie setzt sich für die gesundheitlichen Belange von Menschen mit geistiger oder mehrfacher Behinderung ein, um die medizinische Versorgung zu verbessern und ein Leben in weitestgehender Autonomie und Würde zu ermöglichen.

D_A_CH e. V. (Deutschland, Österreich und Schweiz). Schwerpunkte des Vereins sind die Information, Koordination und ergänzende Organisation von deutschsprachigen Weiterbildungs- und Fortbildungsangeboten über Medizin bei Menschen mit schweren Entwicklungsstörungen, Intelligenzminderung oder Mehrfachbehinderungen.

Arbeitskreis »Geistige Behinderung« der Bundesdirektorenkonferenz. Arbeitskreis von Mitarbeitenden der Spezialbereiche für Menschen mit geistiger Behinderung und psychischen Störungen.

Bundesarbeitsgemeinschaft der Medizinischen Behandlungszentren für Erwachsene mit Behinderung. Die BAG-MZEB möchte die Entwicklung und Arbeit der Medizinischen Behandlungszentren für Erwachsene mit Behinderung (MZEB) fördern und diese bei ihrer Arbeit unterstützen.

Arbeitskreis »Inklusive Gesundheit«. Der AKIG ist ein Verbund unabhängiger Fachgesellschaften, deren Zweck die Förderung der Gesundheit von Personen mit einer Störung der Intelligenzentwicklung ist. Übergeordnetes Ziel des AKIG ist die Verbesserung der psychischen und körperlichen Gesundheit des Personenkreises durch eine unverbindliche Koordination und Abstimmung der unabhängig arbeitenden Fachgesellschaften in den Bereichen Gesundheitspolitik, Wissenschaft und Bildung.

Lehrstuhl »Medizin für Menschen mit Behinderung, Schwerpunkt: psychische Gesundheit«. Der Lehrstuhl wurde 2023 an der Medizinischen Fakultät der Universität Bielefeld eingerichtet.

Lehrstuhl für die Medizinische Versorgung von Menschen mit Behinderung und Teilhabebeschränkungen. 2024 neu eingerichteter Lehrstuhl an der Universität Augsburg.

26.4 Fazit

Die Einführung des Bundesteilhabegesetzes (BTHG) hat gezeigt, wie die gesetzgeberische Seite im Geiste der UN-BRK im Zusammenschluss mit Menschen mit Behinderung, ihren Interessenverbänden und den Trägern der Behindertenhilfe zu einer produktiven Zusammenarbeit gelangen kann. Die Inklusion wird insofern künftig nicht nur durch das Gesetz selbst, sondern hoffentlich auch durch diesen Prozess der Gestaltung und Umsetzung des BTHG in Deutschland geprägt sein. Im Sinne des Artikels 8 der UN-BRK muss die produktive Kraft aus diesem erkämpften Miteinander in die Gesellschaft getragen werden, um zu einer Veränderung der Haltung gegenüber Menschen mit Behinderung beizutragen. Den Medien kommt hier eine wichtige Rolle zu: In Film, Funk und Fernsehen muss sich nicht nur die quantitative Präsenz von Menschen mit Behinderung erhöhen, sondern in der Darstellung ihrer gesellschaftlichen Rolle und ihres kulturellen Beitrags muss die überkommene Sicht der caritativen Fürsorge überwunden werden. Menschen mit Behinderung müssen als selbstbewusste Akteure zur Kenntnis genommen und dargestellt werden. So wird ein wichtiger Beitrag zur Änderung der gesellschaftlichen Haltung gegenüber Menschen mit Behinderung geleistet.

Der Aufbau spezialisierter psychiatrischer Abteilungen für Menschen mit Störungen der Intelligenzentwicklung war ein wichtiger Schritt zur Verbesserung der Versorgungsqualität. Die Gründung der Medizinischen Behandlungszentren für Erwachsene mit Behinderung (MZEB) ergänzt diese neu hinzugewonnene Fachlichkeit auf gesamtmedizinischer Ebene. Von diesen Institutionen müssen zukünftig noch verstärkter berufspolitische, wissenschaftliche und behandlungspraktische Impulse ausgehen, die auf eine Integration des spezialisierten Wissens und der praktischen Erfahrung in die medizinische Ausbildung und damit wiederum in die allgemeine medizinische Behandlungspraxis hinwirken.

Bislang fehlte der noch unzureichend fachlich vernetzten Behandlungspraxis ein komplementärer, wissenschaftlicher Bezugspunkt als Orientierung. Der neugeschaffene Lehrstuhl an der Universität Bielefeld kann hier zum Kristallisationspunkt werden und relevante theoretische und praktische Themen beforschen. Schließlich sollten künftig sowohl evidenzbasierte Erkenntnisse wie auch praktische Erfahrungen und Expertenmeinungen aus den Spezialbereichen und den MZEBs in die medizinische Ausbildung integriert werden.

Ein Land wie Deutschland, in dessen Geschichte die Schuld der systematischen Vernichtung von Menschen mit Behinderung niedergeschrieben ist, trägt für den gesellschaftlichen Umgang mit Menschen mit Behinderungen eine besondere Verantwortung. Es muss Verhältnisse schaffen, die die Teilhabe aller Menschen am Leben der Gemeinschaft ohne Ausnahmen gewährleisten. An diesen Zielen müssen die heutigen gesellschaftlichen Bemühungen in Deutschland gemessen werden.

JOHANNES FELLINGER, PAULA MORITZ & GERMAIN WEBER

27 Psychiatrische Versorgung in Österreich

27.1 Länderhintergrund

27.1.1 Demografische Daten und kulturelle Wahrnehmung

Österreich ist eine föderale Republik, bestehend aus neun Bundesländern und einer Gesamtbevölkerung von 8,9 Millionen Einwohnern (Statistik Austria 2022). Das Land ist relativ wohlhabend und bietet einen hohen Lebensstandard, was sich in internationalen Rankings widerspiegelt: im *World Happiness Report* belegt Österreich Platz 11 (Helliwell et al. 2022) und im *Human Development Report* Platz 18 (United Nations Development Programme 2020). Darüber hinaus wurde die Hauptstadt Wien im Sommer 2022 aufgrund ihrer guten Infrastruktur, der hochwertigen Gesundheitsversorgung sowie des reichen Kultur- und Freizeitangebots erneut zur lebenswertesten Stadt der Welt gekürt (Economist Intelligence Unit 2022).

Der Anteil der Menschen mit Störungen der Intelligenzentwicklung (SIE) wird auf etwa 1% der österreichischen Bevölkerung geschätzt, was ca. 89 000 Menschen entspricht (Griebler et al. 2021). Heute, fast 15 Jahre nach der Ratifizierung der UN-Konvention über die Rechte von Menschen mit Behinderungen (UN-BRK), ist noch immer nur wenig über den Gesundheitszustand und die gesundheitliche Situation dieser Bevölkerungsgruppe bekannt, da kaum offizielle Daten vorhanden sind.

Um die heutigen Strukturen der Behindertenhilfe und die Ausrichtung der Inklusionspolitik in Österreich besser zu verstehen, lohnt es sich, sowohl den politischen Rahmen als auch den historischen Kontext zu berücksichtigen. Vor und nach dem Zweiten Weltkrieg wurde die Betreuung von Menschen mit Behinderungen hauptsächlich in großen, isolierten, staatlich oder religiös geführten Einrichtungen organisiert, die den Bewohnern nur begrenzte Möglichkeiten zur Selbstbestimmung ließen. Viele Menschen mit Störungen der Intelligenzentwicklung lebten von der frühen Kindheit bis ins hohe Alter in diesen Einrichtungen. In der Nachkriegszeit wurden ausgehend von Elterninitiativen erste gemeindenahe Werkstätten für Menschen mit Behinderungen eingerichtet, denen kurz darauf erste Wohngruppen folgten. Nach einer umfassenden Reform der Psychiatrie ab den 1980er-Jahren wurden Menschen mit Störungen der Intelligenzentwicklung aus psychiatrischen Krankenhäusern in gemeindenahe Einrichtungen übersiedelt. Dieser Prozess dauerte bis in die 2000er-Jahre an. Heute wird das institutionelle Modell der Betreuung von Menschen mit Störungen der Intelligenzentwicklung weitgehend abgelehnt. Es liegt nahe, dass dies im

Zusammenhang mit der Tatsache steht, dass Institutionen, Psychiater und psychiatrische Krankenpfleger während des T4-Proramms der Nazis aktiv an der systematischen Tötung von Menschen mit Störungen der Intelligenzentwicklung beteiligt waren (siehe dazu auch Kap. 31).

In den letzten Jahrzehnten hat sich die nationale und regionale Politik für Menschen mit Behinderungen an einem menschenrechtsbasierten Ansatz orientiert. Seit Ratifizierung der UN-BRK im Jahr 2008 hat die österreichische Regierung 2011 den ersten Nationalen Aktionsplan (NAP) für Menschen mit Behinderungen verabschiedet, dem im Juli 2022 ein zweiter für die Jahre 2022 bis 2030 nachfolgte. Als eine der ersten Konsequenzen dieses neuen NAP soll in den kommenden Jahren der bereits erwähnte Mangel an registergestützten Daten über Menschen mit Behinderungen und deren Lebensqualität von der Statistik Austria, der österreichischen Bundesanstalt für Statistik, behoben werden. Die Umsetzung der im NAP formulierten Maßnahmen stellt insgesamt betrachtet jedoch eine Herausforderung dar, da die formulierten Indikatoren oft nur vage sind und es an der Bereitstellung ausreichender finanzieller Mittel mangelt. Darüber hinaus fallen die Bereiche Gesundheit, Bildung und Sozialgesetzgebung in die Zuständigkeit der Bundesländer, was zu einer Dekonzentration von Verantwortung, unterschiedlichen Zuständigkeiten und großen Unterschieden im Status quo auf Länderebene führt.

Terminologie

In den letzten Jahrzehnten hat sich in Österreich der Begriff *intellektuelle Behinderungen* durchgesetzt, während der früher verwendete Begriff *geistige Behinderung* aufgrund seiner Ungenauigkeit und diskriminierenden Konnotationen aufgegeben wurde (Griebler et al. 2021; Zeilinger & Schossleitner 2019). Menschen mit Störungen der Intelligenzentwicklung ziehen es hingegen vor, als *Menschen mit Lernschwierigkeiten* bezeichnet zu werden, auch wenn dieser Begriff fachlich-technisch nicht korrekt ist. Derzeit werden Anstrengungen unternommen, um die vorgeschlagene deutsche Übersetzung des ICD-11-Begriffs *Störungen der Intelligenzentwicklung* zu fördern.

Kulturelle Wahrnehmung und gesellschaftliche Teilhabe

Menschen mit Störungen der Intelligenzentwicklung sind in Österreich bisher noch kein gleichberechtigter Teil des öffentlichen Diskurses, da es der Mehrheitsgesellschaft noch oft an sozialem Bewusstsein für Behinderungen mangelt (BMSGPK 2020; Mayrhofer et al. 2019). Die Wahrnehmung von Behinderungen ist noch immer hauptsächlich von körperlichen oder sensorischen Behinderungen geprägt, was Menschen mit Störungen der Intelligenzentwicklung außerhalb des Fokus lässt. Anstrengungen für Sensibilisierungskampagnen werden nur in geringem Maße unternommen. Stattdessen ist die Darstellung von Menschen mit Behinderungen in den Medien vornehmlich defizitorientiert und wird von Wohltätigkeit dominiert (Media Affairs 2023; Monitoringausschuss 2020; Redaktion andererseits 2022), wodurch eher das medizinische als das soziale Modell von Behinderung begünstigt wird. Darüber hinaus ist die eugenische Indikation für einen Schwangerschaftsabbruch nach wie vor geltendes Recht in Österreich und erlaubt einen straffreien Abbruch jenseits der Zwölf-Wochen-Schwelle, wenn »eine ernste Gefahr besteht, dass das Kind geistig oder körperlich schwer geschädigt sein werde« (§ 97 Satz 1 Nr. 2 StGB). Dies steht im Widerspruch zur UN-BRK und wurde bei den Staatenprüfungen Österreichs 2013 und 2023 von den Vereinten Nationen als Verstoß gegen die Konvention gewertet. Sowohl dieser Umstand als auch die bis heute fehlende offizielle Stellungnahme der Ärztekammer zur Verwicklung der Ärzteschaft in das NS-Euthanasieprogramm schwächen das Vertrauen von Angehörigen und Trägern der Behindertenhilfe in das medizinische und insbesondere das psychiatrische System.

Trotz dieser bestehenden sozialen und strukturellen Barrieren gibt es Bemühungen, eine selbstbestimmte und auf den Menschenrechten basierende Sichtweise von Behinderung zu fördern. Verschiedene Bereiche des öffentlichen Lebens haben begonnen, Barrierefreiheit als ein über physische Barrieren hinausgehendes Konzept zu verstehen. So wurden in jüngster Zeit beispielsweise Parlamentsaussendungen in Leichter Sprache und Webauftritte von Gemeinden barrierefrei zugänglich gemacht. Auch der Kultur- und Freizeitbereich wird zunehmend inklusiver und bietet vermehrt Möglichkeiten zur Teilhabe wie inklusives Theater, Tanz- und Sportveranstaltungen.

Darüber hinaus wird das Thema Barrierefreiheit durch die 2008 in Wien gegründete *Essl Foundation* umfassend gefördert. Ziel der Essl Foundation ist es, die Umsetzung der UN-BRK global zu unterstützen. Mit dem *Zero Project* setzt sie sich weltweit für Barrierefreiheit ein und vergibt Preise für innovative Praktiken und Maßnahmen (Die Essl Foundation 2022). Auf nationaler Ebene zeichnet die *Lebenshilfe Österreich*, Österreichs führende Nichtregierungsorganisation (NGO) im Bereich Menschen mit Störungen der Intelligenzentwicklung, inklusive Projekte und soziale Innovationen mit dem Österreichischen Inklusionspreis aus (Lebenshilfe Österreich 2022). Vergleichbare staatliche Bemühungen zur Förderung inklusiver Projekte gibt es bisher nicht.

27.1.2 Identifikation und frühe Intervention

Österreich bietet mit dem Mutter-Kind-Pass einen freiwilligen, kostenlosen Baby-Check als Gesundheitsvorsorge für junge Familien an. Der Mutter-Kind-Pass dokumentiert die Ergebnisse von Untersuchungen während der Schwangerschaft und der ersten Lebensjahre des Kindes. Es besteht jedoch keine Verpflichtung zur Verwendung standardisierter Instrumente, um die allgemeinen Entwicklungsschritte des Kindes zu beurteilen. Hinsichtlich Entwicklungsverzögerungen beschränkt sich der diagnostische Prozess häufig auf Intelligenzdiagnostik, während adaptive Fertigkeiten nur selten standardisiert beurteilt werden. Um eine umfassende Diagnose zu erhalten, können spezialisierte Diagnostikzentren konsultiert werden. Es gibt allerdings nur wenige solcher Zentren und ihre Leistungen werden nicht immer von den Krankenkassen übernommen, was eine zusätzliche finanzielle Belastung für betroffene Familien darstellen kann. Besteht der Verdacht einer Entwicklungsverzögerung, kann Frühförderung durch das Sozialsystem beantragt werden, wobei die gegenwärtige Praxis einige Hürden aufweist: Termine für Identifikation und Frühförderung gehen in der Regel mit langen Wartezeiten einher. Bereits im Jahr 2012 stellte der Monitoringausschuss fest, dass Familien von Kindern mit einer vermuteten Behinderung oft mehrere Monate warten, bis sie eine Erstdiagnose erhalten. Diese lange Wartezeit hat sich durch die Covid-19-Pandemie noch einmal zusätzlich verschärft. Frühförderprogramme fallen in den Zuständigkeitsbereich der Bundesländer, was zu Unterschieden in den Ansätzen und dem Umfang der verfügbaren Interventionen führt. Dies hat zur Folge, dass die Frühförderprogramme unspezifisch sind und es keine bundeseinheitlichen Standards gibt. Trotz einiger bundesländerspezifischer Broschüren und vereinzelter regionaler Koordinationsstellen gibt es deutliche Lücken in der Information über Frühförderung.

27.1.3 Zugang zu Schule, Ausbildung und Arbeit

Entgegen früheren Annahmen wird heute prinzipiell jedem Kind Bildungsfähigkeit zugeschrieben. Kinder mit Störungen der Intelligenzentwicklung werden von klein auf in inklusiven Bildungseinrichtungen gefördert, die bestehende sonderpädagogische Einrichtungen ergänzen und letztlich ersetzen sollen. Seit 2016 ist der Erwerb inklusiver Bildungskompetenz integraler Bestandteil der universitären Lehrerausbildung und öffnet hiermit Wege zu einem individuell zugeschnittenen und lernzieldifferenzierten Unterricht. Nach Ende der neunjährigen Schulpflicht erfolgt für Schulabgänger oft ein Bruch, da es in Österreich keinen Rechtsanspruch auf weiterführende Bildung für Menschen mit Störungen der Intelligenzentwicklung nach Beendigung der Pflichtschule gibt. Da nur wenige berufliche Ausbildungsmöglichkeiten für Menschen mit Störungen der Intelligenzentwicklung zur Verfügung stehen und diese zusätzlich Sondergenehmigungen voraussetzen, wechseln viele Jugendliche nach Ende der Pflichtschuljahre in Werkstätten für Menschen mit Behinderungen. Diese sind von offizieller Seite als fähigkeitsorientierte Aktivität im Sinne einer Beschäftigungstherapie definiert. Wer in einer Werkstatt für Menschen mit Behinderungen arbeitet, erhält kein Gehalt, sondern ein sogenanntes Taschengeld und gilt in der Regel als dauerhaft arbeitsunfähig. In den meisten Fällen gestaltet sich der Übergang von einer Werkstatt auf den freien Arbeitsmarkt als schwierig. Eine aktuelle Studie der Caritas Österreich zeigt jedoch, dass 58 % der Menschen mit Störungen der Intelligenzentwicklung oder Mehrfachbehinderungen gerne auf dem ersten Arbeitsmarkt arbeiten würden, sofern sie am Arbeitsplatz ausreichende Unterstützung erhielten (Pateisky et al. 2022).

Derzeit werden von staatlichen Stellen Anstrengungen unternommen, das Taschengeldmodell in ein Gehaltsmodell mit entsprechenden Sozialleistungen (z. B. Sozialversicherungsanspruch) umzuwandeln, mit dem Ziel der vollen Teilhabe am Arbeitsleben.

27.2 Psychosoziale Belastungen und aktuelle Versorgungsangebote

Abbildung 27-1, die ursprünglich für *The Lancet* entworfen wurde, veranschaulicht die enorme psychische Belastung gehörloser Menschen, symbolisiert durch große Rucksäcke, und den gleichzeitig nur sehr begrenzten Zugang zu angemessener Gesundheitsversorgung. Dieses Bild gilt nicht nur für Gehörlose, sondern auch für Menschen mit

Abb. 27-1: Die psychische Belastung von Menschen mit Behinderungen und der unzureichende Zugang zur psychosozialen Gesundheitsversorgung (Fellinger et al. 2012)

Störungen der Intelligenzentwicklung in Österreich und im Allgemeinen.

Wie bereits angeführt, gibt es derzeit nur wenige Informationen über den Gesundheitszustand von Menschen mit Störungen der Intelligenzentwicklung in Österreich. Auch im nationalen Gesundheitsprogramm sind keine etablierten Gesundheitsindikatoren für diese Bevölkerungsgruppe vorhanden (Griebler et al. 2021), was insbesondere für den Bereich der psychischen Gesundheit gilt. Zeilinger et al. (2011) berichteten eine Prävalenz psychischer Störungen bei Personen mit Störungen der Intelligenzentwicklung von 11,5 % in einer deutsch-österreichischen Stichprobe. Unseres Wissens ist dies die aktuelle Prävalenzschätzung für Österreich. Sie liegt damit unter dem Wert von ca. 30 % aus internationalen Untersuchungen.

Im Allgemeinen besteht ein Mangel an Bewusstsein für die psychischen Belastungen von Menschen mit Störungen der Intelligenzentwicklung. Psychosoziale Fachkräfte haben wenige bis gar keine Kenntnisse über die psychische Gesundheit von Menschen mit Behinderungen, da diese Personen in ihren Lehrplänen nicht angemessen oder gar nicht vertreten sind. Ausbildung in diesem Bereich findet bisher lediglich punktuell statt. Klinische Psychologen und Psychiater erhalten durchaus eine Ausbildung in Entwicklungspsychologie und psychischer Gesundheit bei Kindern mit Behinderungen, eine vertiefte Ausbildung zu Störungen der Intelligenzentwicklung ist hingegen nicht gesetzlich festgeschrieben (Weber 2008; Weber et al. 2022). Studierende der kürzlich gegründeten Medizinischen Universität in Linz haben im Rahmen des regulären Curriculums mehrere Einheiten zu entwicklungsmedizinischen Inhalten und Themen aus der Gesundheitsversorgung von Menschen mit Behinderungen, während Medizinstudierende in Wien lediglich Wahlfächer zu Medizin für Menschen mit Behinderungen belegen können. Insgesamt sind das Wissen und die praktische Ausbildung zu psychischer Gesundheit von Erwachsenen mit Störungen der Intelligenzentwicklung jedoch gering, da es nur wenige spezifische Ausbildungsmöglichkeiten gibt. Entsprechend niedrig schätzt der aktuelle Schattenbericht des Monitoringausschusses (2020) die Kenntnisse der UN-BRK in den Gesundheitsberufen ein.

Auch im Bereich der Fachmedizin fehlen spezifische Kenntnisse: Im Gegensatz zu den Niederlanden oder Deutschland gibt es in Österreich kein Postgraduierten-Diplom in Inklusiver Medizin. Folglich mangelt es an Wissen und Erfahrung bei Hausärztinnen oder Hausärzten und Psychiatern, die mit dieser Personengruppe arbeiten. Dies gilt auch für Klinische und Gesundheitspsychologen sowie Psychotherapeuten (Anmerkung: in Österreich verschiedene Berufsbilder), denen keine postgradualen Ausbildungsmöglichkeiten zur Spezialisierung auf diese Personengruppe zur Verfügung stehen. Um dieses Defizit zu beheben, hat der Dachverband Wiener Sozialeinrichtungen (2017) Fortbildungsmodule für medizinisches Fachpersonal zur Versorgung und Unterstützung von Menschen mit Behinderungen entwickelt. Diese sind in der Fachwelt noch weitgehend unbekannt und werden nicht flächendeckend angeboten, was zu einer geringen Inanspruchnahme führt. Auch das zur Verfügung gestellte e-Learning mit Punkteanerkennung durch die Ärztekammer wird kaum genutzt. Darüber hinaus bietet die Österreichische Akademie für Psychologie gelegentlich Seminare zur klinischen Gesprächsführung und Beratung mit Fokus auf Menschen mit Störungen der Intelligenzentwicklung an.

Obwohl das allgemeine Bewusstsein für die psychischen Belastungen von Menschen mit Störungen der Intelligenzentwicklung gering ist, entwickeln sich interdisziplinäre Netzwerke, darunter ein deutsch-österreichisch-schweizerischer Verein für Inklusive Medizin (DACH Inklusive Medizin 2023) und eine kürzlich gegründete Arbeitsgruppe zu Störungen der Intelligenzentwicklung innerhalb der Österreichischen Gesellschaft für Psychiatrie, Psychotherapie und Psychosomatik.

EXKURS Umfrage unter psychosozialen Fachkräften zu »Psychischen Belastungen von Menschen mit Störungen der Intelligenzentwicklung«
In Vorbereitung dieses Kapitels haben wir eine Online-Umfrage unter allen Angehörigen der psychosozialen Gesundheitsberufe in Österreich (Psychiater/-innen, Klinische und Gesundheitspsychologinnen/-psychologen, Psychotherapeutinnen/-therapeuten) über die psychischen Belastungen von Menschen mit Störungen der Intelligenzentwicklung und die verfügbaren spezialisierten Gesundheitsangebote durchgeführt. Die Analyse zeigt, dass die Prävalenz psychischer Störungen in dieser Personengruppe auf etwa 50 % geschätzt wird, wobei diese Schätzung einer hohen Variabilität (5–100 %) unterliegt. Aggression und sozialer Rückzug wurden dabei als Hauptindikatoren für psychische Probleme bei Menschen mit Störungen der Intelligenzentwicklung genannt. Die Rate nicht diagnostizierter psychischer Störungen wird ebenfalls auf etwa 50 % geschätzt (Range 5–90 %). Trotz eines sehr niedrigen Rücklaufs (N = 46 von über 1000 angeschriebenen Personen) gaben über 70 % der Befragten an, Erfahrung in der Behandlung von Menschen mit Störungen der Intelligenzentwicklung zu haben.

27.2.1 Kinder und Jugendliche

Im Allgemeinen fällt die Gesundheitsversorgung von Kindern und Jugendlichen mit Störungen der Intelligenzentwicklung in den Bereich der Pädiatrie. Innerhalb dieses Fachgebiets befassen sich die Sozialpädiatrie und die Neuropädiatrie am ehesten mit dem Thema Störungen der Intelligenzentwicklung. Eine systematische Ausbildung für die gesundheitlichen Bedürfnisse von Kindern und Jugendlichen mit Störungen der Intelligenzentwicklung ist allerdings noch nicht etabliert.

Infolge der Covid-19-Pandemie wurde die psychische Gesundheit von Kindern und Jugendlichen verstärkt in den öffentlichen Fokus gerückt mit dem Resultat, dass Psychotherapieplätze für diese Zielgruppe schneller und leichter zugänglich gemacht wurden. Junge Menschen mit Störungen der Intelligenzentwicklung wurden dabei jedoch nicht berücksichtigt. Die Prävalenzrate psychischer Probleme bei Kindern und Jugendlichen mit Störungen der Intelligenzentwicklung ist nicht bekannt, da bisher keine nationalen Prävalenzstudien vorliegen. Erschwerend kommt hinzu, dass die Diagnose *Störung der Intelligenzentwicklung* häufig vermieden und oft erst spät im Diagnoseprozess gestellt wird, da diese Diagnose noch immer tabuisiert wird und häufig Ängste bei Angehörigen auslöst. So haben Kinder und Jugendliche mit Störungen der Intelligenzentwicklung und zusätzlichen psychischen Problemen derzeit nur eingeschränkte Möglichkeiten, Hilfsangebote in Anspruch zu nehmen.

Interventionen sind oft unspezifisch und konzentrieren sich in jüngeren Jahren vornehmlich auf Frühförderung und später auf Erziehungsberatung, Ergotherapie oder allgemeine Interventionen der Jugendhilfe. In Österreich gibt es somit keine Struktur, die auf die psychischen Bedürfnisse junger Menschen mit Störungen der Intelligenzentwicklung spezialisiert ist. Zwar gibt es einige auf diesen Bereich spezialisierte Fachkräfte, jedoch reicht deren Anzahl nicht aus, um den Bedarf zu decken.

27.2.2 Erwachsene

Wie im Falle von Kindern und Jugendlichen gibt es in Österreich keinen landesweiten Rahmen, der auf die psychischen Bedürfnisse von Erwachsenen mit Störungen der Intelligenzentwicklung spezialisiert ist. Im Allgemeinen sind die öffentlichen Krankenhäuser dazu verpflichtet, akute psychiatrische Zustände abzudecken, was auch die psychischen Bedürfnisse von Menschen mit Störungen der Intelligenzentwicklung einschließt. Mangels qualifizierter Fachkräfte finden sich in psychiatrischen Abteilungen in der Regel keine angemessenen Angebote für diese Zielgruppe.

Es gibt jedoch einige Ausnahmen wie beispielsweise die spezialisierte psychiatrische Station im Krankenhaus Hietzing in Wien (Wiener Gesundheitsverbund 2022). Die Station verfolgt einen interdisziplinären Ansatz mit einem Team, bestehend aus Psychiatern, psychiatrischen Krankenpflegern, Klinischen Psychologen und Pädagogen. Neben den klassischen psychiatrischen Ansätzen wird ein breites Spektrum an Therapiemöglichkeiten (z. B. Musiktherapie, Ergotherapie, Physiotherapie, Hippotherapie und Gartentherapie) angeboten (Harmankaya & Beharic 2022). Der Schwerpunkt dieser Station auf

Patientinnen und Patienten mit Störungen der Intelligenzentwicklung ist in Österreich einmalig und führt zu einem weiten Einzugsgebiet. Aufgrund der sorgfältigen Patientenauswahl und der begrenzten Bettenkapazität sind Aufnahmen in Krisenfällen häufig nicht möglich.

Im ambulanten Bereich bietet die Wiener Sozialpsychiatrie für Menschen mit Behinderungen mit angegliedertem Autismuszentrum (SOMBA; Psychosoziale Dienste Wien 2022) spezialisierte medizinische und therapeutische Leistungen an. Diese umfassen auch psychologische Testungen, Beratungsangebote, qualifizierte Unterstützung durch Sozialarbeiter und in besonderen Fällen auch zeitlich begrenzte Psychotherapien. Anfang 2022 wurde SOMBA zu SOMBA+ erweitert, die als Triage-Ambulanz fungiert und eine Lotsenfunktion im Gesundheitssystem innehat.

Außerhalb von Wien gibt es kaum spezialisierte psychiatrische Angebote für Erwachsene mit Störungen der Intelligenzentwicklung. Bestehende Einrichtungen wie die Ambulanz für Inklusive Medizin in Linz mit einem zusätzlichen neurologischen Schwerpunkt (AIM; Konventhospital der Barmherzigen Brüder Linz 2022), die Med-Inklusions-Ambulanz in Melk (MIA; Landesklinikum Melk 2022) oder das Institut für Inklusive Medizin in Kainbach (IIM; Konventhospital der Barmherzigen Brüder Steiermark 2022) zeichnen sich durch den persönlichen Einsatz einiger weniger engagierter Menschen aus (siehe Abb. 27-2). Im niedergelassenen Bereich gibt es nur wenige Spezialisten, was dazu führt, dass der Bedarf an Diagnostik, Beratung und Behandlung für Menschen mit Störungen der Intelligenzentwicklung und zusätzlichen psychischen Problemen nicht gedeckt ist. Die offiziellen Therapeuten-Suchmaschinen ermöglichen zwar die Suche nach den Schlagworten »Behinderung« oder »Autismus«, bieten aber nur in wenigen Fällen die Option »Störungen der Intelligenzentwicklung« an. Einige Dienstleistungsanbieter für Menschen mit Behinderungen haben damit begonnen, spezialisierte Psychotherapeuten aufzulisten. Diese Listen konzentrieren sich

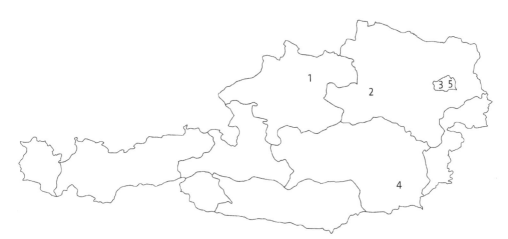

Abb. 27-2: Karte von Österreich mit den Standorten der spezialisierten stationären und ambulanten Dienste für Erwachsene mit Störungen der Intelligenzentwicklung.
1 = Ambulanz für Inklusive Medizin in Linz (Oberösterreich), 2 = Med-Inklusions-Ambulanz in Melk (Niederösterreich), 3 = SOMBA, SOMBA+ und Ambulanz für Inklusive Medizin in Wien, 4 = Institut für Inklusive Medizin in Kainbach (Steiermark), 5 = spezialisierte psychiatrische Station im Krankenhaus Hietzing (Wien)

vornehmlich auf die Hauptstadtregion und sind in vielen Fällen nicht frei zugänglich. Hinzu kommt, dass Psychotherapie oder Klinisch-psychologische Behandlung für Menschen mit Störungen der Intelligenzentwicklung oft nicht bezahlbar ist (Buchner 2012).

27.2.3 Herausforderungen bei der Umsetzung personenzentrierter Versorgung

In Vorbereitung dieses Kapitels haben wir Selbstvertreterinnen/-vertreter der Lebenshilfe Österreich zu psychischer Gesundheit und den Herausforderungen beim Zugang zu professionellen psychiatrischen Versorgungsangeboten befragt.

»Viele Fachkräfte im Bereich psychische Gesundheit wissen überhaupt nicht, wie sie mit Menschen mit Lernschwierigkeiten umgehen sollen. Sie sind nicht informiert.«

Die von einer Selbstvertreterin formulierte Schwierigkeit, geeignete psychosoziale Fachkräfte zu finden, war in Diskussionen ein wiederkehrendes Thema. Darüber hinaus berichteten die Selbstvertreter, dass psychosoziale Fachkräfte oft nur wenig über die Bedürfnisse von Menschen mit Störungen der Intelligenzentwicklung wüssten. Sie kritisierten die Verwendung von Fachbegriffen und das Fehlen von Erklärungen in Leichter Sprache. Als weitere Herausforderungen nannten sie lange Wartezeiten, die hohen Kosten für Psychotherapie und Übermedikation. Diese Kritikpunkte der Selbstvertreter werden auch von den Angehörigen von Menschen mit einer Intelligenzentwicklungsstörung geteilt (Lebenshilfe Österreich 2019).

Barrieren innerhalb des Gesundheitssystems erschweren Menschen mit Behinderungen den Zugang zu spezialisierter Versorgung. In den letzten Jahren sind vermehrt physische Barrieren abgebaut worden, strukturelle, soziale und kommunikative Barrieren blieben jedoch in vielen Fällen bestehen, sodass noch immer zahlreiche Angebote im Gesundheitswesen für Menschen mit verschiedenen Behinderungsformen nicht barrierefrei zugänglich sind. Auf struktureller Ebene gibt es in Österreich nur eine geringe Anzahl spezialisierter Angebote und Spezialisten für die (psychischen) Gesundheitsbedürfnisse von Menschen mit Störungen der Intelligenzentwicklung. Dies führt folglich zu einer hohen Nachfrage und langen Wartezeiten. Limitierte finanzielle Ressourcen und der Einfluss des ökonomischen anstelle eines sozialen Ansatzes im Gesundheitswesen erschweren die personenzentrierte Versorgung.

Aufgrund der unzureichenden Zusammenarbeit und Koordination zwischen dem Gesundheits- und dem Sozialsektor hat sich die Umsetzung einer qualitativ hochwertigen psychosozialen Versorgung für Menschen mit Störungen der Intelligenzentwicklung in der Vergangenheit als schwierig erwiesen. Dies betrifft vor allem Momente des Übergangs wie beispielsweise zwischen Jugend- und Erwachsenenalter. Darüber hinaus sind psychosoziale Fachkräfte nicht ausreichend geschult, um den Bedürfnissen von Menschen mit Störungen der Intelligenzentwicklung im Bereich der psychischen Gesundheit gerecht zu werden.

Das österreichische Gesundheitssystem hat sich bisher nicht ausreichend um Gesundheitsförderung und Gesundheitskompetenz bemüht, insbesondere wenn es um Aspekte psychischer Gesundheit geht. Darüber hinaus gibt es wenig Forschungsinteresse an den (Gesundheits-)Bedürfnissen von Menschen mit Behinderungen und folglich einen Mangel an Daten und Wissen. Es gibt jedoch einige Forschungseinrichtungen, die sich mit den gesundheitlichen Bedürfnissen von Menschen mit Behinderungen in Österreich befassen (z. B. das Forschungsinstitut für Entwicklungsmedizin an der Johannes Kepler Universität in Linz, RID) und die Arbeitsgruppe Intellektuelle Beeinträchtigungen am Institut für Klinische und Gesundheitspsychologie der Universität Wien.

27.2.4 Möglichkeiten zum Handeln

Aus den obigen Ausführungen wird ersichtlich, dass ein Wandel in Bezug auf die psychosoziale Versorgung von Menschen mit Störungen der Intelligenzentwicklung in Österreich notwendig ist. Insbesondere sind Fort- und Weiterbildungsmöglichkeiten zu den psychischen Bedürfnissen von Menschen mit Störungen der Intelligenzentwicklung erforderlich, um dem bestehenden Mangel an spezialisierten psychosozialen Angeboten entgegenzuwirken. Die Selbstvertreter der Lebenshilfe Österreich schlagen Folgendes vor:

1. »Es sollte Experten für psychische Gesundheit geben, die für die Arbeit mit Menschen mit Lernschwierigkeiten ausgebildet sind. Ich wünsche mir eine spezielle Ausbildung für Menschen mit Lernschwierigkeiten.«
2. »Vielleicht sollte es auch Peer-Berater geben – Menschen mit Lernschwierigkeiten, die auf psychische Gesundheit spezialisiert sind. Das ermöglicht Kommunikation auf Augenhöhe. Das könnte ein Lösungsvorschlag für die Zukunft sein.«

Die Verbesserung der psychischen Gesundheitssituation von Menschen mit Störungen der Intelligenzentwicklung liegt jedoch nicht allein im Ausbau und in der Verbesserung der bestehenden psychosozialen Dienste. Da psychische Gesundheit in hohem Maße mit den sozialen Bedingungen zusammenhängt, sind auch auf gesellschaftlicher Ebene Veränderungen erforderlich. Das meint vor allem Sensibilisierungs- und Begegnungsmöglichkeiten für Menschen mit und ohne Behinderungen, um Stigmatisierung und Berührungsängste abzubauen. Seit über 20 Jahren bemüht sich das Konventhospital der Barmherzigen Brüder in Linz, diesen ganzheitlichen Ansatz psychischer Gesundheit durch therapeutische Wohngemeinschaften für gehörlose Menschen mit Störungen der Intelligenzentwicklung und anderen neurodegenerativen oder psychiatrischen Erkrankungen umzusetzen.

FALLBEISPIEL Ein besonderer Fokus auf gehörlose Menschen mit Störungen der Intelligenzentwicklung in Österreich
Obwohl Hörverlust bei Menschen mit Störungen der Intelligenzentwicklung mit einer Prävalenzrate von etwa 40 % eine häufige Komorbidität darstellt, bleiben Hörbehinderungen in dieser Personengruppe weitgehend unerkannt (Fellinger et al. 2009; van Splunder et al. 2006). In den letzten Jahrzehnten wurden spezielle Angebote für gehörlose Menschen mit Störungen der Intelligenzentwicklung entwickelt. Die Idee für spezialisierte therapeutische Gemeinschaften für gehörlose Menschen mit Störungen der Intelligenzentwicklung oder Mehrfachbehinderungen entstand 1991 aus einer Ambulanz für Ge-

hörlose in Linz, die einen direkten Zugang zu gebärdensprachkompetenten Fachleuten für allgemeine, psychische und soziale Gesundheit ermöglichte. Gehörlose Patienten mit Störungen der Intelligenzentwicklung wurden meist nach Vorfällen herausfordernden Verhaltens vorgestellt. Die meisten von ihnen kamen aus einem sozialen Umfeld, das keine zugängliche visuelle Kommunikation ermöglichte. Diese Beobachtungen führten zur Einrichtung eines speziellen Lebensumfelds, das eine ständige zugängliche Kommunikation, hauptsächlich in Form von Gebärdensprache, ermöglicht. Die erste therapeutische Lebensgemeinschaft wurde 1999 im Zentrum eines oberösterreichischen Dorfes eingerichtet. Seither gibt es drei therapeutische Lebensgemeinschaften (Lebenswelt Schenkenfelden, Lebenswelt Pinsdorf und Lebenswelt Wallsee), die sich zum Ziel gesetzt haben, gehörlosen Menschen mit Störungen der Intelligenzentwicklung und ausgeprägter erlebter Sprachdeprivation ein therapeutisches Umfeld zu bieten, in dem sie ihr menschliches Potenzial entfalten können, insbesondere durch die Förderung ihrer kommunikativen Fähigkeiten und ihrer Fähigkeit, soziale Beziehungen aufzubauen. Eine therapeutische Gemeinschaft besteht aus zwölf bis 24 Bewohnerinnen und Bewohnern mit Gehörlosigkeit und Störungen der Intelligenzentwicklung und den jeweiligen Mitarbeitenden, die alle gebärdensprachlich kommunizieren können und von denen 25 % selbst gehörlos sind.

Lehren aus den therapeutischen Lebensgemeinschaften
- Gesicherte Kommunikation und bedingungslose Akzeptanz sind der Schlüssel zu sinnvollen Beziehungen und persönlicher Entwicklung.
- Der personenorientierte Ansatz konzentriert sich auf die Bedürfnisse und Stärken des Einzelnen und nicht auf seine Schwächen und ermöglicht so persönliches Wachstum.
- Einbindung in lokale Gemeinschaften und Sozialraumorientierung ermöglichen Begegnung auf Augenhöhe und soziale Teilhabe.
- Sinnvolle Arbeit bietet Anerkennung und soziale Inklusion.

Inklusion und Spezialisierung sind kein Widerspruch, wie das Beispiel der therapeutischen Lebensgemeinschaften zeigt. Es besteht ein Bedarf an spezialisierten Angeboten für gehörlose Menschen mit Störungen der Intelligenzentwicklung. Die Gewährleistung einer zugänglichen Kommunikation (z. B. Gebärdensprache) innerhalb eines größeren sozialen Netzwerks ist ein wesentliches Menschenrecht, nicht nur für Gehörlose, sondern

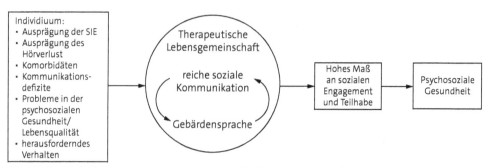

Abb. 27-3: Modell der sozialen Kommunikation (Fellinger et al. 2021)

für alle Menschen. Soziale Kommunikation versteht alle kommunikativen Handlungen, die sich an andere Personen richten, um Informationen, Gedanken und Ideen zu teilen (Mundy et al. 1986) und so miteinander in Kontakt zu treten (siehe Abb. 27-3).

Die Entwicklung und Verbesserung sozialer Kommunikationsfähigkeiten ist für alle Menschen von Bedeutung, da sie eine Kommunikation auf dem individuell höchstmöglichen Niveau ermöglicht, die soziale Eingebundenheit und die gesellschaftliche Teilhabe verbessert und sich in Folge positiv auf die psychische Gesundheit auswirkt. Die vorhandenen Erfahrungen und Erkenntnisse aus den therapeutischen Wohngemeinschaften regen zur Multiplikation und weiteren Forschung an.

27.3 Prioritäten setzen

Um dem fehlenden Bewusstsein für die psychischen Belastungen und dem bestehenden Mangel an psychosozialen Angeboten für Menschen mit Störungen der Intelligenzentwicklung in Österreich zu begegnen, wurden aus Aussagen von Selbstvertretern, Angehörigen von Menschen mit Störungen der Intelligenzentwicklung, Dienstleistern der Behindertenhilfe und im Feld tätigen psychosozialen Fachkräften (Lebenshilfe Österreich 2021; Weber 2008, 2018; Zeilinger & Schossleitner 2019) die folgenden Empfehlungen abgeleitet und zusammengefasst:

- **Medizinische Ausbildung**
  - Aufnahme des Themenkomplexes Inklusive Gesundheit in die Lehrpläne von Universitäten, Fachhochschulen und Pflegeschulen
  - Inklusive Medizin und Inklusive Psychologie als Pflichtfächer in entsprechenden Studiengängen
  - Aufnahme von Fragen zu Menschen mit Störungen der Intelligenzentwicklung und ihren (psychischen) Gesundheitsbedürfnissen in den Prüfungskatalog der Facharzt-Prüfung Psychiatrie
- **Klinische Postgraduiertenausbildung**
  - Etablierung einer formalen, postgradualen Ausbildung im Bereich Störungen der Intelligenzentwicklung für Psychiater, Allgemeinmediziner, Klinische und Gesundheitspsychologen und Psychotherapeuten
  - Schulungs-, Fort- und Weiterbildungsmöglichkeiten zum Thema psychische Gesundheit bei Störung der Intelligenzentwicklung durch die Berufsverbände
- **Forschung**
  - Einführung einer offiziellen Datenbank zur (psychischen) Gesundheitssituation von Menschen mit Störungen der Intelligenzentwicklung in Österreich, um effektive Planung und Bereitstellung koordinierter und nachhaltiger psychischer Gesundheitsangebote für Menschen mit Störungen der Intelligenzentwicklung zu gewährleisten
  - Mehr partizipative Forschung über gesundheitliche Bedürfnisse von Menschen mit Störungen der Intelligenzentwicklung, insbesondere im Bereich der psychischen Gesundheit
  - Förderung partizipativer Gesundheitsforschung in Österreich
  - Mehr Möglichkeiten für Menschen mit Störungen der Intelligenzentwicklung, als Co-Forschende und Experts by Experience zur Forschung beizutragen
- **Kooperationen und Partnerschaften**
  - Stärkung und Ausbau des Netzwerks bestehender Strukturen zur Förderung

der psychischen Gesundheit von Menschen mit Störungen der Intelligenzentwicklung
- Reguläre und koordinierte Zusammenarbeit zwischen Unterstützungsorganisationen, Dienstleistern, nationalen und regionalen Behörden, Experten, Selbstvertretern und Angehörigen

27.4 Fazit

Trotz des relativen Wohlstands und hohen Lebensstandards macht Österreich nur langsame Fortschritte auf dem Weg zur Inklusion. Dies gilt auch für die Bemühungen auf dem Gebiet der psychischen Gesundheit von Menschen mit Störungen der Intelligenzentwicklung: Psychosoziale Fachkräfte sind häufig nicht ausreichend für die Bedürfnisse von Menschen mit Störungen der Intelligenzentwicklung geschult und die wenigen engagierten Experten und spezialisierten Angebote reichen nicht aus, um den Bedarf zu decken. Die Notwendigkeit einer Änderung ist offensichtlich. Neben dem Einbezug spezifischen Wissens zu Störungen der Intelligenzentwicklung in die Aus-, Fort- und Weiterbildung von psychosozialen Fachkräften ist eine systematische Struktur der stufenweisen (psychosozialen) Gesundheitsversorgung für Menschen mit Störungen der Intelligenzentwicklung erforderlich, die sowohl allgemeine als auch spezialisierte Angebote umfasst. Spezialisierung und Inklusion schließen einander nicht aus, sondern bedingen sich zu einem gewissen Grad gegenseitig, wie die Beispiele der therapeutischen Wohngemeinschaften für gehörlose Menschen mit Störungen der Intelligenzentwicklung und der Inklusiven Ambulanzen zeigen. Um eine Gesundheitsversorgung auf höchstem Niveau zu erreichen, ist eine Spezialisierung notwendig. Es erscheint daher sinnvoll, Spezialambulanzen wie die in Linz, Melk, Kainbach und Wien österreichweit auszubauen.

Der Bedarf an Veränderungen betrifft jedoch nicht nur den Bereich der (psychischen) Gesundheit. Vielmehr ist eine enge Zusammenarbeit zwischen allen Akteuren im Bereich der Behindertenhilfe erforderlich. Es bedarf einer gemeinsamen Austauschplattform von Gesundheits-, Sozial- und Bildungsbereich, um die Unterstützung von Menschen mit Behinderungen multiperspektivisch zu betrachten und bestehende strukturelle Barrieren und Verantwortungsdiffusion zu reduzieren.

Zusätzlich sollten Menschen mit Behinderungen und ihre Angehörigen sowohl auf individueller als auch auf struktureller Ebene aktiver in Entscheidungs- und Planungsprozesse einbezogen werden. In diesem Zusammenhang ist es Aufgabe der psychosozialen Fachkräfte, die historisch begründete Angst vor der Psychiatrie abzubauen und das Vertrauen in das psychosoziale System wiederherzustellen. Es bedarf eines Schulterschlusses zwischen Menschen mit Störungen der Intelligenzentwicklung, ihren Angehörigen und psychosozialen Fachkräften, um einander auf Augenhöhe zu begegnen. Gegenseitige Anerkennung und Respekt für alle Beteiligten sind notwendig, um die Situation von Menschen mit Störungen der Intelligenzentwicklung in Österreich nachhaltig zu verbessern.

Soziale Inklusion versteht den einzelnen Menschen als Individuum, als Teil der Mehrheitsgesellschaft. Dieser Ansatz schließt das Risiko der Isolation in Gemeinschaft nicht aus. Die Erfahrung der therapeutischen

Wohngemeinschaften zeigt, dass die soziale Inklusion einer Gruppe von gehörlosen Menschen mit Störungen der Intelligenzentwicklung in das soziale Umfeld eines Dorfes möglich ist und der gesellschaftlichen Isolation entgegenwirkt. Zugängliche Kommunikation in einem größeren sozialen Netzwerk ist der Schlüssel zur sozialen Teilhabe und wirkt sich langfristig positiv auf die psychische Gesundheit aus. Die Verbesserung der sozialen Kommunikation sollte daher in den Unterstützungsstrukturen und bei der Entwicklung des Umfeldes von Menschen mit Behinderungen verstärkt berücksichtigt werden. Es ist eine Verpflichtung für alle öffentlichen Akteure, Menschen mit Störungen der Intelligenzentwicklung bei der Verwirklichung ihres Menschenrechts auf Kommunikation zu unterstützen und eine Haltung des aktiven und intensiven Zuhörens gegenüber ihren Äußerungen zu fördern.

DAN GEORGESCU, EUGENIO ABELA & MARKUS KOSEL

28 Psychiatrische Versorgung in der Schweiz

28.1 Länderhintergrund

28.1.1 Demografische Daten und kulturelle Wahrnehmung

Einleitung

In diesem Kapitel wird die psychiatrische Versorgung von Menschen mit Störungen der Intelligenzentwicklung in der Schweiz beschrieben. Die Schweiz hat sich, wie zahlreiche andere Staaten auch, mit der Ratifizierung der UN-Behindertenrechtskonvention (UN-BRK) dazu verpflichtet, Menschen mit Störungen der Intelligenzentwicklung eine »erschwingliche Gesundheitsversorgung in derselben Bandbreite, von derselben Qualität und auf demselben Standard […] wie anderen Menschen« zur Verfügung zu stellen (Art. 25 UN-BRK, lit. a). Um zu verstehen, wo das Land in dieser Hinsicht heute steht, sind zunächst einige Bemerkungen zu den politischen und ökonomischen Rahmenbedingungen und zur Organisation des Gesundheitswesens in der Schweiz notwendig. Eine ausführliche Darstellung der psychiatrischen Versorgung von Menschen mit Störungen der Intelligenzentwicklung in der Schweiz wurde 2018 veröffentlicht (Georgescu & Styp von Rekowski 2018).

Politische und ökonomische Rahmenbedingungen

Die Schweiz ist eine föderalistische Republik in Mitteleuropa. Sie erstreckt sich über eine Fläche von 41 287 km^2 und hatte im Jahr 2022 laut Bundesamt für Statistik (BFS) eine Bevölkerung von ca. 8,8 Mio. Einwohnern (Bundesamt für Statistik 2023). Im selben Jahr betrug das Bruttoinlandsprodukt (BIP) der Schweiz 82 390 US-Dollar/Kopf, womit die Schweiz zu den hochentwickelten Ländern der *Organisation for Economic Co-operation and Development (OECD)* gehörte (OECD 2023). Im internationalen Vergleich schneidet die Schweiz auch bei den Bürgerrechten, der Pressefreiheit und der Rechtsstaatlichkeit sehr gut ab (Vasquéz et al. 2022).

Die Schweiz ist ein multikulturelles Land mit vier Amtssprachen (Deutsch, Französisch, Italienisch und Rätoromanisch). Sie besteht aus 26 Bundes- oder Gliedstaaten, die als Kantone bezeichnet werden. Sie sind wiederum unterteilt in politische Gemeinden, welche die kleinste Einheit der politischen Struktur bilden (Vatter 2020). Die Kantone sind in allen Angelegenheiten souverän, mit Ausnahme jener, welche die Bundesverfassung festlegt. Nach dem Subsidiaritätsprinzip werden Befugnisse so weit wie möglich auf die unterste Regierungsebene übertragen. In diesem System verfügen die Kantone über weitreichenden Handlungsspielraum. Dazu gehören beispielsweise das kantonale Staats- und Verwaltungsorganisationsrecht, das Schulwesen, die Sozialhilfe, das Baurecht, das Polizeiwesen, das Steuerrecht und in weiten Teilen auch das Gesundheitswesen. Die Kantone regeln auch, wie Menschen mit Behinderungen unterstützt und wie diese Angebote finanziert werden (siehe beispielsweise das »Betreuungsgesetz« des Kantons Aargau; Kanton Aargau 2007). Die Kantone haben dementsprechend eine wesentliche Bedeutung dafür, wie die Lebensbedingungen und die Gesundheitsversorgung von Menschen mit Störungen der Intelligenzentwicklung gestaltet werden.

Neben dem Föderalismus sind die Instrumente der direkten Demokratie für die Schweiz fundamental: Die Stimmbürgerinnen und Stimmbürger können mit Initiativen neue Gesetze vorschlagen oder mit Referenden über Gesetzesvorlagen von Bund, Kantonen oder Gemeinden abstimmen (Moeckli 1994). Für Menschen mit Störungen der Intelligenzentwicklung wird z. B. die Abstimmung um die »Inklusionsinitiative« wichtig sein, die im März 2023 lanciert wurde: Das Initiativkomitee fordert unter anderem mehr Assistenz für Menschen mit Behinderung, damit Inklusion im Alltag besser gelingen kann und Menschen mit Behinderung ihre Wohnform selber wählen können (www.inklusions-initiative.ch). Dies ist ein Beispiel dafür, wie in der Schweiz übergeordnete Rahmenbedingungen (hier die UN-BRK) durch basisdemokratische Prozesse mitgestaltet werden können (siehe Abschn. 28.2.4).

Föderalismus, direkte Demokratie und das Ringen um ihre Ausgestaltung bilden die Grundlage für die Entwicklung der schweizerischen Bundesverfassung und damit für das nationale Selbstverständnis der Schweiz

(Freiburghaus & Buchli 2003). Sie tragen zur langjährigen Stabilität der Schweiz bei, die aufgrund ihrer Multikulturalität auf eine gute innenpolitische Balance achten muss. Den Vorteilen des direktdemokratischen, föderalen Systems stehen auch gewisse Nachteile gegenüber: Es ist langwierig, kohärente nationale Strategien zu entwickeln und zu implementieren und zwischen den teilweise divergierenden Interessen aller Akteure zu vermitteln. Bund, Kantone und Gemeinden sehen sich – gerade bei der Ausgestaltung des Gesundheitswesens – häufig mit Interessenkonflikten und konkurrierenden Zuständigkeiten konfrontiert (Schaltegger 2001; Zanoni & Berchtold 2018).

Das schweizerische Gesundheitswesen

Laut OECD und WHO ist das Schweizer Gesundheitssystem qualitativ hochstehend. Die Lebenserwartung ist im internationalen Vergleich hoch, ebenso die Versorgungsdichte mit Spitälern und die Verfügbarkeit von Ärztinnen und Ärzten und Pflegefachleuten. Das System basiert auf Versicherern und Leistungserbringern und verfügt über stark dezentralisierte Entscheidungsstrukturen (OECD 2023; WHO 2018; Widrig 2015). Der starke Wettbewerb sowohl zwischen den Leistungserbringern als auch zwischen den Versicherern in Verbindung mit der Förderung der Eigenverantwortung bedeutet, dass jeder Einzelne eine relativ große Auswahl an Leistungserbringern und Versicherern hat. Gesundheitsleistungen sind breit verfügbar und grundsätzlich leicht zugänglich.

Unabhängig von den unmittelbaren Leistungen des Gesundheitssystems wirkt sich die hohe Präsenz einer dynamischen Pharmaindustrie und die damit verbundenen Forschungsaktivitäten in der Schweiz als innovative Kraft aus und hat somit Einfluss auf die medizinische Versorgungsqualität.

Relevant für die psychiatrische Versorgung von Menschen mit Störungen der Intelligenzentwicklung ist, wie oben erwähnt, dass der Föderalismus – und damit einhergehend auch eine starke Fragmentierung – und das Subsidiaritätsprinzip auch das schweizerische Gesundheitswesen entscheidend prägt (Georgescu & Styp von Rekowski 2018; Widrig 2015). Die Kantone fördern die ambulante, möglichst gemeindenahe medizinische Versorgung, die größtenteils von den Krankenkassen finanziert und nur punktuell (z. B. bei der dezentralen psychiatrischen Grundversorgung mit Notfall- und sozialpsychiatrischen Angeboten) von den Kantonen subventioniert wird. Die stationären Pflegetage sollen entsprechend reduziert werden (Bundesamt für Gesundheit 2016), zumal die Kantone laut Bundesgesetz über die Krankenversicherung (KVG) mindestens 55 % der Spitalkosten übernehmen, die Krankenkassen nur höchstens 45 %. Die Kantone sind Eigentümer eines Teils der Krankenhäuser und sind auch für die Spitalplanung verantwortlich, was gelegentlich zu Interessenkonflikten führen kann. Das KVG wurde mehrmals revidiert, die letzte größere Revision betrifft insbesondere die neue Spitalfinanzierung (in Kraft seit 01.01.2012). Zu diesem Zeitpunkt wurden die diagnosebezogenen Fallpauschalen (DRG) eingeführt, die duale Finanzierung der Spitalbehandlung (siehe auch Abschn. 28.2.4) und die freie Spitalwahl für Patientinnen und Patienten. Infolge neuer Regulierungen auf nationaler und kantonaler Ebene und einer weiteren Überarbeitung des KVG (»Qualitätsartikel«, Art. 58 ff., in Kraft seit 01.04.2021) wurden neue Anforderungen an die Gesundheitsversorger gestellt. Die Ziele dieser Veränderungen sind im Einklang mit der neuen Qualitätsstrategie des Schweizerischen Bundesrates und sollen die Behandlungsqualität und die Patientensicherheit verbessern.

Das KVG regelt nicht nur die Krankenversicherung und die Kostenübernahme, sondern auch andere Bereiche im Gesundheitswesen. Es ist somit das wichtigste Gesetz im Gesundheitswesen, zumal ein »Gesundheitsgesetz« auf nationaler Ebene nicht existiert. Alle in der Schweiz wohnhaften Personen müssen sich für die Krankenpflege versichern (Obligatorische Krankenpflegeversicherung, OKP), was so im KVG geregelt ist. Das KVG regelt auch, welche Grundleistungen bei Krankheit, Unfall und Mutterschaft die Krankenkassen in der Grundversicherung zu erbringen haben. Ein zentrales Ziel des KVG ist es, alle Bevölkerungsschichten im Krankheitsfall finanziell abzusichern. Kosten für die zahnmedizinischen Behandlungen werden weitgehend *nicht* von den OKP gedeckt.

Für Menschen mit Störungen der Intelligenzentwicklung sind neben der Finanzierung im Rahmen des KVG auch andere Sozialversicherungen relevant. Wichtigster Pfeiler ist die Invalidenversicherung (IV; siehe auch Bundesgesetz über die Invalidenversicherung, IVG). Als »invalid« werden diejenigen Personen bezeichnet, die wegen gesundheitlicher Probleme wirtschaftlichen Schaden erleiden und diesen trotz medizinischer Behandlung und beruflichen Eingliederungsmaßnahmen nicht wieder kompensieren können. Bei Menschen, die von Geburt an mit einer Behinderung oder Krankheit leben, spricht die Invalidenversicherung von »Geburtsgebrechen«. In diesem Fall finanziert die IV die medizinische Behandlung bis zum 20. Geburtstag, danach übernimmt die OKP. Außerdem verhilft die IV zu einer Ausbildung oder Umschulung und bezahlt Hilfsmittel wie Rollstühle oder Hörgeräte. Zur Sicherung der Existenzgrundlage bezahlt die IV im Fall eines »Geburtsgebrechens« auch »außerordentliche Renten«, die um ein Drittel höher sind als die ordentlichen Renten. Weitere Finanzierungsinstrumente der IV sind die Hilflosenentschädigung, wenn fremde Hilfe bei Einschränkungen in den

Aktivitäten des täglichen Lebens nötig ist, die Assistenzbeiträge zur Unterstützung des selbstständigen Wohnens und die Ergänzungsleistungen, falls die IV-Rente nicht alle Kosten deckt.

Es ist allerdings anzumerken, dass die Intelligenzminderung selbst kein Geburtsgebrechen im Sinne der IV darstellt. Nur schwere Verhaltensstörungen bei Menschen mit einer angeborenen Intelligenzminderung erfüllen diese Kriterien, sofern eine Therapie notwendig ist (www.newsd.admin. ch/newsd/message/attachments/64305.pdf).

28.1.2 Prävalenz, Identifizierung und frühzeitige Interventionen

Prävalenz

Statistische Daten zur Gesundheit der Bevölkerung werden in der Schweiz sowohl vom Bundesamt für Statistik (BFS) als auch von kantonalen Statistikämtern und Institutionen erhoben, auch für Menschen mit einer Behinderung. Die Datenlage ist jedoch je nach Behinderungsart, Altersgruppe und institutionellem Setting noch sehr heterogen.

Das BFS veröffentlicht jährlich Zahlen zur Gleichstellung von Menschen mit Behinderungen in der Schweiz. Die Definition von Behinderung ist dabei breit gefasst und stützt sich auf das Behindertengleichstellungsgesetz (BehiG), welches einen Menschen mit Behinderungen definiert als »eine Person, der es eine voraussichtlich dauernde körperliche, geistige oder psychische Beeinträchtigung erschwert oder verunmöglicht, alltägliche Verrichtungen vorzunehmen, soziale Kontakte zu pflegen, sich fortzubewegen, sich aus- und weiterzubilden oder eine Erwerbstätigkeit auszuüben«. Gemäß dieser Definition und den Schätzungen des BFS lebten im Jahr 2019 rund 22 % oder ca. 1,8 Mio. Menschen in der Schweiz mit Behinderung im weitesten Sinne. Aus den Statistiken des BFS für das Jahr 2012 lässt sich ableiten, dass ca. 154 500 Menschen in betreuten Wohneinrichtungen lebten (sowohl in spezifischen Institutionen für Menschen mit Behinderung als auch in Alters- und Pflegeheimen) und dass ca. 55 % davon eine »geistige Behinderung« hatten – insgesamt also ca. 84 700 Menschen. Bei einer Bevölkerung von damals knapp 8 Mio. kommt diese Zahl der in der Literatur geschätzten Prävalenz der Störungen der Intelligenzentwicklung von ca. 1 % sehr nahe (Maulik et al. 2011; Westerinen et al. 2007).

Leider sind aktuellere Zahlen nicht verfügbar. Zudem fehlen wichtige Angaben und Differenzierungen, wie z. B. nach dem Schweregrad der Störungen der Intelligenzentwicklung, nach der Ätiologie, dem Vorhandensein somatischer und psychischer Komorbiditäten, der Lebensqualität etc. Ein zentrales Register oder andere Formen der kantonalen oder nationalen Datenerhebung zu Menschen mit Störungen der Intelligenzentwicklung wären für die zukünftige Planung der medizinischen Versorgung notwendig.

Identifizierung und frühe Interventionen

Die Diagnose einer Störung der Intelligenzentwicklung wird in der Schweiz in den meisten Fällen bereits im Rahmen der kinderärztlichen Vorsorgeuntersuchungen im Neugeborenen- oder Kindesalter gestellt. Da die Entwicklungspädiatrie in der Schweiz innerhalb der Kinderheilkunde einen hohen Stellenwert genießt, sind das Wissen um die Meilensteine der kindlichen Entwicklung und die Methoden ihrer Dokumentation klinisch und wissenschaftlich sehr gut verankert (Jenni et al. 2013; Wehrle et al. 2020). Interessierte Pädiaterinnen und Pädiater können auch nach Abschluss ihrer Facharztweiterbildung einen Schwerpunkttitel Entwicklungspädiatrie erwerben, was die Professionalität und Standardisierung der Abklärungen weiter erhöht.

Weniger klar strukturiert ist die Versorgung nach der Diagnosestellung, vor allem wenn psychiatrische Komorbiditäten vorliegen. Hier mangelt es vor allem an kinder- und jugendpsychiatrischem Fachpersonal (Gutmann 2022). Gerade für Menschen mit Störungen der Intelligenzentwicklung und komorbider Autismus-Spektrum-Störung, einer häufigen und herausfordernden klinischen Konstellation, ist der Bedarf an spezialisierter Diagnostik, Therapie und Beratungsangeboten für Familien und Fachpersonen nach wie vor hoch. Ein jüngst erschienener Bericht des Bundesrates hat diese Versorgungslücke klar benannt und aufgezeigt, wie für diesen Bereich finanzielle Ressourcen mobilisiert werden könnten (Künzi 2018; Schweizerischer Bundesrat 2018).

Als besonders herausfordernd erweist sich die Finanzierung der interdisziplinären Frühförderung, weil die geltenden gesetzlichen Bestimmungen (noch) nicht darauf ausgerichtet sind. Da die Interdisziplinarität ein zentrales Element dieser Methode ist, werden die Behandlungen von Fachpersonen aus verschiedenen Disziplinen (z. B. Medizin, Psychologie, Heil- und Sozialpädagogik, Ergotherapie) durchgeführt (Corsello 2005; Pasco 2018). Während die Leistungen einiger dieser Fachpersonen von der IV übernommen werden können (medizinische Maßnahmen), fallen andere in die Zuständigkeit der Kantone (pädagogische Maßnahmen). Dementsprechend kommt es bei der Finanzierung immer wieder zu Kompetenzkonflikten. Durch den Anstoß des Bundesrates könnten hier in Zukunft einfachere Finanzierungsmodelle entwickelt werden.

Status der sozialen Eingliederung

Wie oben erwähnt, verpflichtet die Ratifizierung der UN-BRK die Schweiz dazu, Menschen mit Behinderung nicht nur eine ausgezeichnete Gesundheitsversorgung zukommen zu lassen, sondern sie auch in anderen Lebensbereichen einzugliedern (bspw. dem Bildungswesen, der Berufsausbildung und dem Zugang zum Arbeitsmarkt). Da die Forderungen der UN-BRK sehr weitreichend sind, wäre eine nationale Strategie zur konsequenten Implementierung notwendig. Diese ist aber erst in Ansätzen erkennbar, wie ein aktueller Schattenbericht zur Umsetzung der UN-BRK in der Schweiz dokumentiert (Hess-Klein & Scheibler 2022). Die Autorinnen halten unter anderem fest, dass »eine systematische Überprüfung der Rechtsgrundlagen im Lichte der UN-BRK [...] bisher nicht stattgefunden« habe und kritisieren, dass das schweizerische Rechtssystem von »einem defizitorientierten Verständnis von Behinderung« ausgehe, was nicht der Haltung der UN-BRK entspreche.

Hier sind sicher vertiefte Debatten notwendig, um die Umsetzung zu koordinieren und Handlungsfelder zu priorisieren. Dabei wird es vor allem wichtig sein, die Betroffenen und ihre Familien anzuhören, um genau zu verstehen, was Eingliederung im individuellen Fall bedeutet und wie die Gesellschaft auf diese Bedürfnisse antworten kann. Neben der Verbesserung der medizinischen Versorgung sind sicher der Zugang zu sinnvoller Beschäftigung, zu angepasster Berufsbildung und zum Arbeitsmarkt wichtig. In diesen Bereichen mangelt es jedoch an Ressourcen und Personal, um Menschen mit Störungen der Intelligenzentwicklung Selbstwirksamkeit zu vermitteln und sie näher an die Gesellschaft heranzuführen.

28.2 Psychosoziale Belastungen und aktuelle Versorgungsangebote

Wie oben erwähnt, besteht noch keine umfangreiche Datengrundlage zur Gesundheit von Menschen mit Störungen der Intelligenzentwicklung in der Schweiz. Allerdings ist unbestritten, dass sich die psychiatrische Versorgungssituation grundsätzlich gewandelt hat. Noch in den 1980er-Jahren waren viele Menschen mit einer Intelligenzentwicklungsstörung in Langzeitstationen psychiatrischer Kliniken hospitalisiert; historisch gesehen ein Ausläufer der Heil- und Pflegeanstalten des 19. Jahrhunderts. Im Verlauf der 1990er-Jahre erfolgte, auch im Zuge der Modernisierung der psychiatrischen Kliniken, eine »Entpsychiatrisierung« von Menschen mit Störungen der Intelligenzentwicklung und eine Ausgliederung ihrer Versorgung in spezialisierte sozialpädagogische Einrichtungen (Georgescu & Styp von Rekowski 2023).

Diese aus soziologischer und medizinischer Perspektive wichtige Entwicklung hatte einerseits die begrüßenswerte Konsequenz, dass neben den inhaltlichen Anforderungen (z. B. Normalisierung, Teilhabe und Selbstbestimmung) auch ressourcenorientierte Ansätze in einem bis dahin defizitorientierten Versorgungsmodell integriert wurden. Andererseits führte sie zu einem Verlust an medizinisch-psychiatrischer Kompetenz in der Diagnostik, Behandlung und Betreuung von Menschen mit Störungen der Intelligenzentwicklung und komorbider psychiatrischer Krankheiten. Seit etwa einem Jahrzehnt ist eine Gegenbewegung festzustellen, die neue, spezialisierte Versorgungsstrukturen entstehen ließ (siehe dazu auch Georgescu & Styp von Rekowski 2018, 2023). Einige Beispiele werden in den folgenden Abschnitten dargestellt.

28.2.1 Kinder und Heranwachsende

Interdisziplinäre Angebote mit Fokus auf neurologisch-somatische Erkrankungen finden sich beispielsweise am Universitäts-Kinderspital beider Basel (UKBB) und am Universitäts-Kinderspital Zürich. Das UKBB bietet eine interdisziplinäre Sprechstunde für Patientinnen und Patienten mit Trisomie 21 an, die sich insbesondere der frühzeitigen Vernetzung von Bezugspersonen und Spezialisten sowie der frühzeitigen Diagnostik spezifischer Komorbiditäten widmet. Am Kinderspital Zürich besteht an der Poliklinik für Entwicklungspädiatrie ein umfassendes Angebot zur Abklärung von Entwicklungsverzögerungen der Motorik, der Sprache und der Intelligenz sowie unter anderem zur Diagnostik von Autismus-Spektrum-Störungen.

Unter den kinder- und jugendpsychiatrischen Angeboten, die sich an Menschen mit Störungen der Intelligenzentwicklung richten, ist die Fachstelle für Entwicklungspsychiatrie der Psychiatrischen Universitätsklinik Zürich hervorzuheben. Diese bietet unter anderem Abklärungen unter Einbezug des emotionalen Entwicklungsstandes mit diagnostischen Besuchen zu Hause, in der Schule und/oder in Institutionen, aber auch Konsile und Fallbesprechungen.

Spezifische neuropädiatrische- und Autismus-Sprechstunden zu Diagnostik und Therapie werden außerdem an den universitären Zentren in Lausanne und Genf angeboten.

28.2.2 Erwachsene

Das Zentrum für Entwicklungs- und Neuropsychiatrie (ZEN) der Psychiatrischen Dienste Aargau AG (PDAG) hat seinen Sitz in Windisch und ist zuständig für Menschen mit Störungen der Intelligenzentwicklung und psychischen Störungen, die im Kanton Aargau leben. Es besteht aus einem Ambulatorium und einem Konsiliar- und Liaisondienst zur Unterstützung der Wohneinrichtungen im Kanton. Seit 2018 betreibt das ZEN zudem eine Spezialstation mit 13 Betten, die Akutbehandlungen, spezialisierte Diagnostik und Psychotherapien anbietet. Schwerpunkte in der Behandlung liegen neben der psychopharmakologischen Therapie in psychotherapeutischen und systemischen Ansätzen mit Einbindung des Bezugssystems (spezialisierte Institutionen, Heil- und Sozialpädagoginnen und -pädagogen, Familienangehörige) in den gesamten Behandlungsprozess.

Die Abteilung für Psychiatrie der geistigen Entwicklung *(Unité de psychiatrie du développement mental, UPDM)* der Genfer Universitätsspitäler (HUG) bietet Menschen mit Störungen der Intelligenzentwicklung und/oder Autismus-Spektrum-Störungen ambulante und stationäre Abklärungen und Behandlungen an. Sie verfügt über eine Ambulanz, eine Station mit 16 Betten und drei klinischen Therapieangeboten sowie ein mobiles Pflegeteam. Sie bietet zusammen mit den *Etablissements publics pour l'intégration (EPI)* zwei Wohneinheiten mit insgesamt 13 Wohnplätzen für Menschen mit einer Störung der Intelligenzentwicklung an. Das multidisziplinäre Team besteht aus Fachkräften für Psychiatrie, Psychologie, Heilpädagogik, Krankenpflege, Physiotherapie, Logopädie und Soziale Arbeit.

Das kantonale Autismuszentrum und die Sektion für Psychiatrie der geistigen Entwicklung gehören zum Universitätsspital Lausanne (CHUV). Das Zentrum bietet ambulante Diagnostik und Behandlung sowie Aufklärung und Information an und organisiert Selbsthilfegruppen. Drei multidisziplinäre und regionale mobile Teams bieten Liaisondienste für psychiatrische Kliniken, für spezialisierte Einrichtungen sowie für Menschen mit Behinderungen, die zu Hause leben. Die Angebote dieses Zentrums richten sich an Patienten sowohl im Kindes- als auch im Erwachsenenalter. Ein Forschungszentrum ist ebenfalls angegliedert.

Das Kompetenzzentrum für Menschen mit geistiger Beeinträchtigung (KogB) des Psychiatriezentrums Münsingen (PZM) bietet professionelle Krisenintervention und Behandlung von Menschen mit einer Störung der Intelligenzentwicklung, die psychisch erkrankt sind und/oder schwere Verhaltensstörungen zeigen. Neben der spezialisierten Akutstation mit zehn Betten bietet sie auch ambulante Krisenintervention und Liaisondienste an, die von einem multidisziplinären Team erbracht werden.

Die Heilpädagogisch-Psychiatrische Fachstelle der Luzerner Psychiatrie (LUPS) verfügt über ein Team aus Fachkräften für Psychiatrie und Sonderpädagogik, welche das Pflegepersonal in den Wohnheimen des Kantons Luzern unterstützen. Da die Psychiatrische Klinik über keine Spezialabteilung für Menschen mit Behinderung verfügt, ist das Team auch in die stationäre Behandlung auf der allgemeinen Akutstation eingebunden. Die Psychiatrischen Dienste St. Gallen haben im Jahr 2016 ein Pilotprojekt gestartet. Sie bieten im ganzen Kanton St. Gallen psychiatrisch-pädagogische Liaisonarbeit in Wohnheimen für Menschen mit Behinderung sowie ambulante Behandlungen an. Pflegefachpersonen begleiten Patientinnen und Patienten mit Intelligenzentwicklungsstörungen bei stationären Aufenthalten.

Das Forio-Institut mit Standorten in Frauenfeld (Kanton Thurgau, Hauptsitz), Zug und Zürich bietet ein auf sexuelle Übergriffe und andere verletzende Verhaltensweisen spezialisiertes ambulantes Behandlungsprogramm für Menschen mit Störungen der Intelligenzentwicklung sowie Expertisen zu diesem Thema an. Der multidisziplinäre Ansatz kombiniert pädagogischen, psychiatrischen, psychologischen und forensischen Input.

An der Schnittstelle zur Neurologie ist das Schweizerische Epilepsie-Zentrum an der Klinik Lengg in Zürich hervorzuheben. Sie bietet ambulant und stationär angepasste Diagnostik und Behandlung für Menschen mit Störungen der Intelligenzentwicklung und komorbider Epilepsie an. Ihr Angebot umfasst unter anderem die Differenzialdiagnostik bei erstem epileptischem Anfall, komplizierte medikamentöse Umstellungen sowie Beratung in sozialmedizinischen Fragen.

Neben diesen institutionellen Diensten gibt es einzelne, insbesondere psychiatrische Fachärztinnen und Fachärzte, die auf die Behandlung dieser besonderen Patientengruppe in ihrer Region spezialisiert sind und mit spezialisierten stationären Einrichtungen zusammenarbeiten.

28.2.3 Herausforderungen in der personenzentrierten Pflege

Der Fachkräftemangel und der zunehmende Kostendruck im Gesundheitswesen stellen derzeit die größten Herausforderungen für die Verbesserung der Versorgung und Behandlung von Menschen mit Störungen der Intelligenzentwicklung in der Schweiz dar. Die bestehenden Behandlungsangebote sind noch zu wenig vernetzt und dem medizinischen und pflegerischen Fachpersonal fehlen oft die Kompetenzen im Umgang mit Menschen mit Intelligenzentwicklungsstörungen. Schwierigkeiten in der Kommunikation, Zeitdruck und die fehlende Anpassung der diagnostischen und therapeutischen Prozesse stellen zusätzliche Barrieren dar. Es fehlt auch der Fokus auf Prävention, der bei Menschen mit einer Störung der Intelligenzentwicklung mit ihrer häufigen somatischen und psychischen Multimorbidität dringend notwendig wäre (Espadas et al. 2020; McCarron et al. 2013). Schließlich wird die Partizipation von Menschen mit Störungen der Intelligenzentwicklung und ihren Familien bei der Planung von Gesundheitsdienstleistungen bislang zu wenig berücksichtigt. Deren Perspektive müsste bei der Anpassung bestehender und Planung künftiger Angebote wichtiger werden.

28.2.4 Möglichkeiten zum Handeln

Das basisdemokratische politische System der Schweiz erlaubt glücklicherweise multiple Ansatzpunkte, um die Versorgung von Menschen mit Störungen der Intelligenzentwicklung zu verbessern. Politische Veränderungen gehen häufig von den Betroffenen und der Bevölkerung aus. Die vor Kurzem gestartete Inklusions-Initiative beispielsweise, getragen von multiplen Interessengruppen und Verbänden, strebt ein Ende der Diskriminierung von Menschen mit Behinderung an, insbesondere in Bezug auf die Wahl der Wohnform, aber auch bezüglich des Zuganges zu Dienstleistungen und zum Arbeitsmarkt (www.inklusions-initiative.ch). Einen sehr wichtigen Beitrag leisten national organisierte Dachorganisationen von betroffenen Personen und deren Angehörigen, wie Insieme (https://insieme.ch), Autismus deutsche Schweiz (www.autismus.ch), Autismus Suisse romande (www.autisme.ch/autisme-suisse-romande/association), die Vereinigung Cerebral Schweiz (www.vereinigung-cerebral.ch/de) oder Inclusion Handicap (Dachverband der Behindertenorganisationen; www.inclusion-handicap.ch/de/inclusion-handicap-dachverband-der-behindertenorganisationen-schweiz-1.html). Diese gut organisierten Organisationen können sowohl politisch aktiv sein und Verbesserungen im Gesundheitsbereich bewirken. Sie sind auch lokal tätig und organisieren z. B. Konferenzen und Weiterbildungen oder Freizeitangebote (Urlaube für Menschen mit einer Intelligenzentwicklungsstörung). Verschiedene Stiftungen und Trägerschaften für spezialisierte Institutionen für Menschen mit Störungen der Intelligenzentwicklung wurden ebenfalls von Betroffenen-Organisationen ins Leben gerufen. Diese umfassen mehr oder weniger gut ausgestaltete Angebote oder Betreuung im Gesundheitsbereich.

In der Medizin sind ebenfalls vor allem Anstöße aus den Berufsorganisationen und Fachgremien selbst und weniger von Bund und Kantonen zu erwarten. Ein vielversprechender Ansatz im Bereich des Gesundheitswesens wird beispielsweise am Universitätsspital Genf in Form des *Programme Handicap* umgesetzt (www.hug.ch/programme-handicap). Das Programm ist darauf ausgerichtet, die medizinischen Dienstleistungen des Universitätsspitals mit angepassten Prozessen zugänglich zu machen. Die Koordination wird von einem interdisziplinären Team aus einer Neurologin und mehreren spezialisierten Pflegefachpersonen übernommen. Auf übergeordneter Ebene engagiert sich die *Swiss Society for Health in Intellectual Disability* (SSHID; www.sshid.info) für die Vernetzung von medizinischen, psychologischen und pädagogischen Fachpersonen, die sich um die Gesundheit von Menschen mit Störungen der Intelligenzentwicklung kümmern. Die SSHID erarbeitet auch Leitlinien und Standards, um die Diagnostik und die Behandlungsqualität bei Menschen mit Störungen der Intelligenzentwicklung zu verbessern, sowie spezifische Weiterbildungsbildungsprogramme für Ärztinnen und Ärzte, um deren Kompetenzen in der inklusiven Medizin zu stärken.

Um eine nachhaltige Finanzierung der psychiatrischen Versorgung zu gewährleisten, engagiert sich die SSHID zudem bei der Entwicklung der medizinischen Tarifsysteme. Als Fallbeispiel kann hier die Ergänzung der Schweizerischen Operationsklassifikation (CHOP) dienen, die durch Einsatz der SSHID durch spezifische Codes für das Assessment und die Komplexbehandlung von Menschen bei Störungen der Intelligenzentwicklung erweitert wurde. CHOP-Codes dienen in der Schweiz der statistischen Erfassung von Diagnosen und Behandlungen in den Spitälern. Durch die Einführung von CHOP-Codes für die Behandlung von Menschen mit einer Störung der Intelligenzentwicklung kann nun der Aufwand für ihre Spitalbehandlung korrekt erfasst und bei der Weiterentwicklung der Tarife sachgerecht abgebildet werden.

28.3 Prioritäten setzen

28.3.1 Medizinische Ausbildung

Im Grundstudium der Medizin werden die medizinischen Besonderheiten von Menschen mit Störungen der Intelligenzentwicklung nur am Rande behandelt (Schweizerische Medizinische Interfakultätskommission, SMIFK). In der universitären Ausbildung in Psychologie ist die Situation ähnlich unbefriedigend.

28.3.2 Klinische Postgraduiertenausbildung und interdisziplinäre Ausbildung

In der ärztlichen postgradualen Weiterbildung bleiben Epidemiologie, Ätiologie, Diagnostik und Behandlung psychischer Störungen bei Menschen mit Störungen der Intelligenzentwicklung meistens marginal. Lediglich in der Pädiatrie und in den beiden psychiatrischen Weiterbildungsprogrammen (Erwachsene bzw. Kinder und Jugendliche) wird das Thema etwas ausführlicher behandelt (Georgescu & Styp von Rekowski 2023). An der Universitätsklinik Genf werden in der postgradualen Weiterbildung für Psychiatrie und Psychotherapie Aspekte zur Behandlung von Störungen der Intelligenzentwicklung bereits umfassend vermittelt, die anderen regionalen Zentren für postgradualen Unterricht werden allmählich folgen.

Nur das Schwerpunktprogramm in Entwicklungspädiatrie vermittelt interessierten Kinderärztinnen und -ärzten vertiefte Kenntnisse und Kompetenzen zur Behandlung von Menschen mit Störungen der Intelligenzentwicklung. Auch bei der im Jahr 2016 erfolgten Revision des Schwerpunktprogramms Konsiliar- und Liaisonpsychiatrie wurden entsprechende Lernziele eingefügt (Georgescu & Styp von Rekowski 2023).

Die SSHID hat in einer interdisziplinär aufgestellten Arbeitsgruppe ein solches Curriculum entworfen (Fähigkeitsprogramm *Inklusive Medizin*), welches aktuell (Stand Mai 2023) den relevanten Stakeholdern vorgelegt wurde. Es kann angenommen werden, dass der Fähigkeitsausweis *Inklusive Medizin* im Jahr 2024 vom Schweizerischen Institut für ärztliche Weiter- und Fortbildung (SIWF) in Kraft gesetzt wird. Bei der »Inklusiven Medizin« handelt es sich um ein Querschnittfach, welches sich an Fachärztinnen und Fachärzte verschiedener Disziplinen richtet, die regelmäßig Menschen mit Störungen der Intelligenzentwicklung behandeln. Das Curriculum sieht eine zweijährige klinische Tätigkeit an anerkannten spezialisierten Institutionen vor oder eine dreijährige Tätigkeit in der spezialisierten Langzeitversorgung. Außerdem müssen 60 Credits (1 Credit = 45–60 min.) sehr breit angelegte theoretische Weiterbildung sowie 40 Credits Supervision mit Vorstellung von mindestens zehn eigenen Fällen nachgewiesen werden. Darüber hinaus haben die Weiterzubildenden eine zweiteilige Prüfung zu bestehen.

Bei der Spezialisierung von Psychologinnen und Psychologen besteht mindestens ein ebenso großer Entwicklungsbedarf. Nur wenige Psychologinnen und Psychologen sind an der Arbeit mit Menschen mit Störungen der Intelligenzentwicklung interessiert oder verfügen über entsprechende Fachkenntnisse. Diese Arbeit erfordert neben der Weiterbildung in Psychotherapie (ggf. auch zusätzliche Supervisoren-Ausbildung), Entwicklungspsychologie und Neuropsychologie auch eine solide klinisch-psychiatrische Erfahrung. Die validierten diagnostischen Verfahren und (psycho-)therapeutischen Ansätze sowie Materialien und Methoden müssen für diese recht heterogene Patientengruppe und auf die konkreten Bedingungen angepasst werden. Zurzeit können die notwendigen Fachkenntnisse vor allem über kombinierte Ausbildungen in Neuropsychologie und Psychotherapie sowie durch die klinische Arbeit in spezialisierten psychiatrischen Zentren erworben werden (Georgescu & Styp von Rekowski 2023).

Es ist davon auszugehen, dass die sozial- bzw. heilpädagogischen Curricula zunehmend von den Verhaltenswissenschaften und den klinischen Neurofächern beeinflusst werden, sowohl in den wissenschaftlichen Zugängen als auch in den Handlungspraxen.

28.3.3 Forschung und Ausbildungsmöglichkeiten in der Forschung

Die Schweiz verfügt über international renommierte Forschungsinstitutionen und ein gut dotiertes Forschungsbudget. Die universitären Hochschulen der Schweiz belegen in internationalen Rankings gute bis sehr gute Platzierungen. Das wichtigste Instrument des Bundes zur Förderung der Forschung und des wissenschaftlichen Nachwuchses ist der Schweizerische Nationalfonds zur Förderung der wissenschaftlichen Forschung (SNF), der jährlich Bundesmittel in Milliardenhöhe erhält (4,6 Mrd. CHF für die Jahre 2021–2024).

Dies sind sehr gute Voraussetzungen, um Forschungsprojekte für Menschen mit Störungen der Intelligenzentwicklung zu initiieren. Hier gibt es noch viel Potenzial, denn sowohl die Grundlagenforschung als auch die klinische Forschung zu Intelligenzentwicklungsstörungen führen in der Forschungsförderung des SNF ein Schattendasein: In der aktuellen Projektdatenbank des SNF finden sich unter den geförderten Projekten nur 22 Projekte zu relevanten Themen (z. B. zur Genetik schwerer epileptischer Enzephalopathien, zu den molekularbiologischen Grundlagen sozialer Defizite bei Autismus-Spektrum-Störungen oder zu chromosomalen Mikrodeletionen). Im Vergleich zu anderen Bereichen der Medizin und Psychologie, in denen in der Schweiz international anerkannte Forschung betrieben wird, besteht hier Nachholbedarf. Hervorzuheben ist die im Mai 2023 lancierte Forschungsplattform *Synapsy Centre for Neuroscience and Mental Health Research* der Universität Genf, die schwerpunktmäßig interdisziplinäre Forschung (von der Gen-Expression zum Verhalten) im Bereich neuro-psychiatrischer Entwicklungsstörungen verfolgt (www.unige.ch/medecine/synapsycentre/en/center).

Ein wichtiges Thema in der Schweiz wird mittelfristig vor allem die Versorgungsforschung sein, gerade im Hinblick auf das Fehlen verlässlicher epidemiologischer Daten. Zentrale praktische Probleme, die in diesem Themenbereich intensiver beleuchtet werden sollten, sind

1. die oft inadäquate, übermäßige Rezeptierung von Psychopharmaka bei Menschen mit Störungen der Intelligenzentwicklung (Lonchampt et al. 2021),
2. der häufige Einsatz von freiheitsbeschränkenden Maßnahmen (Büschi et al. 2020; O'Dwyer et al. 2018) und
3. die Belastung von Angehörigen und Betreuungspersonen, die sich um erwach-

sene Menschen mit einer Störung der Intelligenzentwicklung und psychiatrischen Störungen kümmern (*caregiver burden*; Alkrenawi et al. 2011; Maes et al. 2003).

Ebenfalls noch zu wenig erforscht ist der breitere Einsatz von genetischer Diagnostik zur Klärung der Ätiologie der Störungen der Intelligenzentwicklung im Erwachsenenalter (Rauch 2010) oder der Zusammenhang zwischen epileptischen Anfällen, Störung der Intelligenzentwicklung und demenzieller Entwicklung (Galovic et al. 2019; Kang & Barnes 2013).

28.3.4 Kooperationen und Partnerschaften

Auf nationaler Ebene bestehen verschiedene Organisationen und Fachgremien. Aus fachlicher, medizinisch-psychologischer Sicht ist die Fachgesellschaft Swiss Society for Health in Intellectual Disability (SSHID, www.sshid.ch) die wichtigste Organisation. Diese wurde unter dem Namen »Schweizerische Arbeitsgemeinschaft von Ärzten für Menschen mit geistiger und/oder Mehrfachbehinderung (SAGB)« im Jahre 2007 gegründet und im Jahre 2018 in eine interprofessionelle Fachgesellschaft umgewandelt. Die SSHID hat sich zum Ziel gesetzt, Fachleute aus Medizin, Psychologie, Sozialpädagogik und anderen gesundheitsrelevanten Berufsgruppen zu vernetzen und ihre Aktivitäten zu koordinieren, um insbesondere die Entwicklung bei den Qualitätsstandards, der Weiterbildung, der Tarifsysteme und somit der Finanzierung voranzutreiben.

Die SSHID hat in den letzten Jahren eine intensive Vernetzungsarbeit betrieben und sich auf die Zusammenarbeit mit den relevantesten Stakeholdern fokussiert. Diese sind aus Sicht der Gesundheitsversorgung das Bundesamt für Gesundheit (BAG), das Schweizerische Institut für ärztliche Weiter- und Fortbildung (SIWF), der Nationale Verein für Qualitätsentwicklung in Spitälern und Kliniken (ANQ), die SwissDRG AG (Organisation der Leistungserbringer, Versicherer und Spitäler, verantwortlich für die Einführung, Weiterentwicklung und Pflege der stationären Tarifstrukturen), die Schweizerische Akademie der Medizinischen Wissenschaften (SAMW) und Inclusion Handicap (Dachverband der Behindertenorganisationen). Die SSHID konnte Delegierte in verschiedenen Arbeits- und Expertengruppen entsenden und bei der Entwicklung verschiedener schweizweit relevanter Empfehlungen und Richtlinien (z.B. innerhalb der nationalen Arbeitsgruppe zur Gesundheitlichen Vorausplanung GVP) sowie beim Schattenbericht von Inclusion Handicap mitwirken, der dem UNO-Behindertenrechtsausschusses vorgelegt wurde. Auch mit der Schweizerischen Gesellschaft für Psychiatrie und Psychotherapie (SGPP), der Schweizerischen Neurologischen Gesellschaft (SNG) und anderen medizinischen Fachgesellschaften soll die Vernetzung verstärkt werden.

Für die nachhaltige Weiterentwicklung der psychiatrischen Versorgung von Menschen mit Störungen der Intelligenzentwicklung sind Qualitätsstandards und eine sichere Finanzierung prioritär. Die SSHID hat erreicht, dass der ANQ eine eigene Expertengruppe für die Messung der Qualität in der psychiatrischen Versorgung von Menschen mit Störungen der Intelligenzentwicklung eingesetzt hat. Qualitätsmessungen erlauben einen guten Einblick in die aktuelle Versorgungslage und bieten so die dringend notwendige Datengrundlage für die Planung der weiteren Versorgung. Bezüglich der Finanzierung arbeitet die SSHID aktiv daran, die Tarifstrukturen mitzugestalten, welche die Vergütung psychiatrischer Leistungen definieren. Die Tarifstruktur, welche die stationären Leistungen abbildet, wird durch SwissDRG AG entwickelt und im ein- bis zweijährlichen Rhythmus datenbasiert angepasst.

Auf internationaler Ebene bestehen verschiedene Kollaborationen und Vernetzungen. Die wichtigste Partnerschaft verbindet die SSHID mit der European Association for Mental Health in Intellectual Disability (EAMHID). In diesem Rahmen ist das Network of Europeans on Emotional Development (NEED) entstanden, welches auch Schweizer Experten umfasst. Weitere punktuelle Kollaborationen finden innerhalb der wissenschaftlichen Sektion Mental Health and Intellectual Disabilities (MHID) der European Psychiatric Association (EPA) sowie mit der Deutschen Gesellschaft für Medizin für Menschen mit geistiger oder mehrfacher Behinderung (DGMGB) und mit der Deutschen Gesellschaft für seelische Gesundheit bei Menschen mit geistiger Behinderung (DGSGB) statt. Außerdem wirken Schweizer Experten und Vertreter der SSHID bei den Aktivitäten des Vereins D-A-CH Inklusive Medizin (https://d-a-ch-inklusivemedizin.org/) und des Arbeitskreises Inklusive Gesundheit (AKIG) mit. Es bestehen auch verschiedene Formen der grenzüberschreitenden Zusammenarbeit (insbesondere Wissenstransfer von Deutschland in die Schweiz) zwischen den spezialisierten Kliniken, z.B. zwischen der Psychiatrischen Dienste Aargau AG und dem Evangelischen Krankenhaus Königin Elisabeth Herzberge in Berlin.

28.4 Fazit

Die inklusive Medizin und insbesondere die entwicklungs- und neuropsychiatrische Versorgung von Menschen mit Störungen der Intelligenzentwicklung hat in der Schweiz noch deutliches Entwicklungspotenzial. Es braucht mehr Fachärztinnen und Fachärzte sowie Psychologinnen und Psychologen, die in diesem Bereich tätig sind, mehr Aus- und Weiterbildungsstätten und mehr spezialisierte psychiatrische Dienste, sowohl stationär als auch ambulant. Die Versorgungsstrukturen sind regional sehr unterschiedlich – stationäre spezialisierte Einrichtungen gibt es z.B. bisher nur in der Genferseeregion und in den Kantonen Bern und Aargau. Eine überkantonale Koordination der Angebote fehlt weitgehend. Ein flächendeckendes, spezialisiertes psychiatrisches Versorgungssystem für Menschen mit Störungen der Intelligenzentwicklung muss erst noch aufgebaut werden.

Der Nachholbedarf bietet auch Raum für Kreativität und Innovation auf allen Ebenen. Es hat sich dabei bewährt, stark auf lokale Bottom-up-Initiativen zu setzen und nicht auf einen von zentralen Stellen initiierten Top-down-Prozess zu warten – ganz im Einklang mit den basisdemokratischen und föderalistischen Prinzipien der Schweizer Politik. Weiter ist es wichtig, an systemrelevanten Schalt- und Schnittstellen auf nationaler und kantonaler Ebene Einfluss zu nehmen (z.B. bei der Entwicklung von Tarifsystemen). Außerdem sind Vernetzung und Koordination essenziell, da viele verschiedene Akteure an der Versorgung von Menschen mit Störungen der Intelligenzentwicklung beteiligt sind, was die Gefahr von Zersplitterung und Redundanz birgt. Last but not least wird für die weitere Entwicklung adäquater Versorgungsstrukturen mehr Versorgungsforschung und vor allem eine breitere epidemiologische Datenbasis notwendig sein.

In der Schweiz brauchen Veränderungsprozesse erfahrungsgemäß längere Zeit, führen jedoch meistens zum Ziel. Für die Weiterentwicklung der psychiatrischen Versorgung von Menschen mit Störungen der Intelligenzentwicklung dürfte der Prozess auch langsam verlaufen. Es ist zu erwarten, dass sich die Situation auf nationaler Ebene innerhalb der nächsten Jahre verbessern wird und eine qualitativ hochstehende Versorgung flächendeckend angeboten werden kann.

DAGMAR BROSEY & KNUT HOFFMANN

29 Rechtliche Aspekte

29.1 Einleitung

Dieses Kapitel fokussiert den rechtlichen Rahmen von, mit und für Menschen mit psychischen Erkrankungen und Störungen der Intelligenzentwicklung. Schwerpunkt bilden dabei die Einwilligungsfähigkeit, die Möglichkeiten und Folgen von Vorausverfügungen wie Patientenverfügung, Behandlungsvereinbarungen sowie die Rolle von rechtlichen Vertretern (Betreuerinnen/Betreuer, Bevollmächtigte). Diese rechtlichen Instrumente zielen sowohl auf die Selbstbestimmung als auch auf den Schutz vor erheblichen Eigengefährdungen ab, die die Personen trotz unterstützter Entscheidungsfindung aufgrund ihrer Erkrankung oder Behinderung nicht erkennen. Rechtliche Aspekte im Falle von Fremdgefährdungen werden abschließend aufgegriffen.

29.2 Grundlegendes zum rechtlichen Handeln und Entscheiden

29.2.1 Die UN-Behindertenrechtskonvention

Die UN-Behindertenrechtskonvention (UN-BRK) wurde 2009 ratifiziert und hat seitdem Gesetzeskraft. Der zentrale Gedanke, dass Menschen mit Beeinträchtigungen ihre rechtliche Handlungsfähigkeit selbst ausüben können, wird bei Menschen mit psychiatrischen Diagnosen, insbesondere auch Störungen der Intelligenzentwicklung, immer wieder infrage gestellt. Die Handlungsfähigkeit bezieht sich auf alle Formen rechtlichen Handelns, die in unserem Rechtssystem unter anderem in Geschäftsfähigkeit, Deliktsfähigkeit, Einwilligungsfähigkeit, Ehefähigkeit und Testierfähigkeit unterteilt werden. Die UN-BRK will die Ausübung der eigenen Handlungsfähigkeit durch das Konzept der unterstützten Entscheidungsfindung sichern (*supported decision making*). Damit soll die ersetzende Entscheidung (*substitute decision making*) eines Dritten im vermeintlichen besten Interesse des Menschen mit Beeinträchtigung abgeschafft werden. Eine unterstützte Entscheidungsfindung baut Barrieren ab und berücksichtigt den Willen, die Wünsche und die Präferenzen von Betroffenen. In den Fällen, in denen Entscheidungsfähigkeit eingeschränkt oder aufgehoben ist, haben sich Entscheidungen, an dem in einer antizipierten Erklärung verfügten Willen (Patientenverfügung) oder hilfsweise an dem mutmaßlichen Willen zu orientieren, so wie es das Bürgerliche Gesetzbuch (BGB) in § 1827 verlangt. Die UN-BRK hat maßgeblich zur aktuellen Reform des Betreuungsrechts beigetragen. Das reformierte Gesetz ist am 01.01.2023 in Kraft getreten.

29.2.2 Die Bedeutung des Grundgesetzes

Das Grundgesetz (GG) garantiert in Art. 1 die Unantastbarkeit menschlicher Würde. Zusammen mit den verschiedenen Freiheitsgarantien des Art. 2 GG folgt aus dem GG auch, dass jede Person bei einem Höchstmaß an Gleichbehandlung (Art. 3 GG) durch den Staat die Achtung der Fortbewegungsfreiheit, des Rechts auf Unversehrtheit des Körpers und der Persönlichkeit genießt und selbst darüber entscheiden darf, wann und in welchem Maße sie Hilfe in Anspruch nehmen will oder nicht – jeder Mensch hat Abwehrrechte. Gleichzeitig hat jeder Mensch einen Anspruch auf Unterstützung und Schutz und der Staat die Pflicht, diesen Schutz zu gewährleisten. Aus Art. 2 Abs. 2 Satz 1 GG folgt die Schutzpflicht des Staates, für nicht einsichtsfähige Betreute bei drohenden erheblichen gesundheitlichen Beeinträchtigungen unter strengen Voraussetzungen eine ärztliche Behandlung als letztes Mittel auch gegen ihren natürlichen Willen vorzusehen (BVerfG: 1 BvL 8/15).

Jede Beschränkung der Fortbewegungsfreiheit und jede ärztliche Behandlungsmaßnahme gegen oder ohne den Willen einer Person stellen erhebliche Eingriffe in deren Grundrechte dar und benötigen daher rechtliche Grundlagen und eine begründete und verhältnismäßige Entscheidung im Einzelfall.

Wegen der Bedeutung dieser Grundrechte und der Intensität solcher Grundrechtseingriffe stehen freiheitsentziehende Maßnahmen zusätzlich unter der Kontrolle der Gerichte (Art. 104 GG). Das heißt, um eine Freiheitsentziehung oder eine Zwangsbehandlung zu legitimieren, ist eine gerichtliche Entscheidung – durch das Betreuungsgericht – herbeizuführen (§ 312 ff. FamFG[61]).

29.3 Rechtsrahmen einer ärztlichen Behandlung

29.3.1 Ärztliche Aufklärung

Der ärztliche Behandlungsvertrag ist durch das Patientenrechtegesetz in den §§ 630a–h des Bürgerlichen Gesetzbuchs (BGB) geregelt. Alle Personen haben vor einer Behandlung ein Recht auf eine verständliche umfassende und medizinische Aufklärung (§ 630e BGB), auf deren Basis sie eine wohlinformierte Zustimmung erteilen oder verweigern können. Durch die Aufklärung sollen Patientinnen und Patienten zur selbstbe-

---

61 »Gesetz über das Verfahren in Familiensachen und in den Angelegenheiten der freiwilligen Gerichtsbarkeit«; www.gesetze-im-internet.de/famfg/BJNR258700008.html

stimmten Entscheidung befähigt werden und so einen *informed consent* abgeben können. Um dies zu erreichen, hat der Arzt bzw. die Ärztin gegebenenfalls bei Menschen mit Störungen der Intelligenzentwicklung z. B. Leichte Sprache oder Unterstützung mit Piktogrammen zu verwenden, um Verständnisbarrieren abzubauen. Auch technische Hilfsmittel wie ein Talker oder Hilfspersonen wie Dolmetscher für Gebärdensprache oder Vertrauenspersonen können und müssen herangezogen werden, um dem Patienten bzw. der Patientin das Verstehen bzw. das Nachfragen zu ermöglichen (Grüneberg 2023; § 630e BGB Rn. 11). Eine bestellte rechtliche Betreuung lässt die Aufklärung gegenüber der betroffenen Person nicht entfallen, solange diese ansprechbar ist.

29.3.2 Einwilligungsfähigkeit

Zu einer wirksamen Einwilligung gehört neben der medizinischen und verständlichen Aufklärung auch die Fähigkeit des Patienten bzw. der Patientin, die Art, Bedeutung und Tragweite (Risiken von Behandlung und Nichtbehandlung) der ärztlichen Maßnahme zu erfassen und eine einsichtige Entscheidung zu treffen. Bei jedem bzw. jeder Volljährigen wird diese Fähigkeit immer vermutet. Eine Ausnahme ergibt sich nur, wenn es in einer spezifischen Situation konkrete Anhaltspunkte dafür gibt, dass eine Einschränkung dieser Fähigkeit vorliegt. Können Betroffene aufgrund des aktuellen Zustands die Aufklärung nicht verstehen und in dem Moment keine eigenverantwortliche Entscheidung treffen, so bedarf es in der Regel der Entscheidung eines Berechtigten (Betreuenden oder Bevollmächtigten). Es ist die fachliche Aufgabe der behandelnden Ärztinnen und Ärzte, die Einwilligungsunfähigkeit festzustellen und dies medizinisch zu begründen (siehe dazu Scholten et al. 2022). Nur wenn der Patient bzw. die Patientin selbst einwilligungsunfähig ist, ist der Betreuende bzw. Bevollmächtigte zur stellvertretenden Einwilligung befugt. Bei erheblichen Zweifeln an der Einwilligungsfähigkeit sollten sowohl Patient bzw. Patientin als auch die Vertretung die Einwilligung nach Aufklärung beider erteilen.

Nur im Falle von erheblichen Gefahren für Leben oder Gesundheit der Person und nur, wenn eine Mitwirkung von Vertretenden nicht rechtzeitig erfolgen kann, kann der Arzt auf der Basis einer Patientenverfügung (§ 1827 BGB) oder – wenn nicht vorhanden – auf der Basis des mutmaßlichen Willens des oder der Betroffenen die Maßnahme vornehmen (§ 630d BGB).

MERKE

Weder aus der Tatsache, dass es eine Betreuung mit dem Aufgabenbereich der Gesundheitssorge gibt, noch aus einer psychiatrischen Diagnose, noch allein aus einer Gefährdungslage heraus darf allein der Schluss gezogen werden, die betroffene Person sei einwilligungsunfähig. Die Fähigkeit zum Verstehen und zum Treffen von Entscheidungen kann auch durch den Umgang mit der Person und eine barrierefreie »Sprache auf Augenhöhe« beeinflusst werden (Scholten et al. 2022; ZEKO 2016).

29.4 Vertretungsbedarf und Vorsorgemöglichkeiten

Um die Selbstbestimmung für den Fall eigener Einwilligungsunfähigkeit so weit wie möglich zu wahren, hat der Gesetzgeber unter anderem folgende Instrumente geschaffen, die Patientinnen und Patienten vorsorglich nutzen können, um sich Unterstützung bei Entscheidungen und bei der Durchsetzung ihrer Entscheidungen zu sichern:
- die Patientenverfügung
- die Vorsorgevollmacht
- die Betreuungsverfügung

Seit dem 01.01.2023 sieht das BGB zudem ein gesetzliches Vertretungsrecht der Ehegatten in Notfällen vor. Der Umfang ist in § 1358 BGB definiert und sowohl zeitlich als auch inhaltlich beschränkt. Die Vertretungsbefugnis gilt nur für die Gesundheitssorge und damit verbundene Angelegenheiten und für maximal sechs Monate.

29.4.1 Patientenverfügung

Mit einer schriftlichen Patientenverfügung können volljährige Personen für den Fall ihrer Einwilligungsunfähigkeit in medizinischen Angelegenheiten vorsorglich festlegen, dass in einer bestimmten Situation bestimmte medizinische Maßnahmen durchzuführen oder zu unterlassen sind. Damit wird sichergestellt, dass ihr Wille umgesetzt wird, auch wenn er in der aktuellen Situation nicht mehr geäußert werden kann. Diese Möglichkeit schließt auch Vorsorgemöglichkeiten für Menschen mit psychischen Erkrankungen und Störung der Intelligenzentwicklung ein, denn Patientenverfügungen gelten unabhängig von Art und Stadium einer Erkrankung (§ 1827 BGB). Aber auch wenn keine Patientenverfügung im engeren Sinne vorliegt, weil diese eher allgemeine Beschreibungen enthält, oder wenn die Festlegungen einer Patientenverfügung nicht auf die aktuelle Lebens- und Behandlungssituation zutreffen, hat der bzw. die Betreuende/Bevollmächtigte die Behandlungswünsche oder den mutmaßlichen Willen des oder der Betreuten festzustellen und auf dieser Grundlage zu entscheiden, ob er in eine ärztliche Maßnahme einwilligt oder sie untersagt. Schriftliche oder mündliche Äußerungen sind in diesem Zusammenhang zu berücksichtigen, denn der mutmaßliche Wille ist aufgrund konkreter Anhaltspunkte zu ermitteln. Zu berücksichtigen sind insbesondere frühere mündliche oder schriftliche Äußerungen, ethische oder religiöse Überzeugungen und sonstige persönliche Wertvorstellungen des bzw. der Betreuten. Gleiches gilt auch für den Bevollmächtigten und den seit 01.01.2023 eingeführten Ehegatten(not)vertreter nach § 1358 BGB.

29.4.2 Vorsorgevollmacht

Mit einer Vollmacht kann selbst eine Vertrauensperson mit der rechtlichen Vertretung der Patienteninteressen beauftragt werden. Diese ist stets vorrangig. Eine Vollmacht kann sich auf alle Angelegenheiten erstrecken – von Vermögens- und Behördenfragen bis zur Unterbringung und Heilbehandlung. Personen, die eine Vollmacht erstellen möchten, wird dringend empfohlen, sich vorab sorgfältig zu informieren und beraten zu lassen, z.B. bei einem Betreuungsverein, und anschließend die Vollmacht schriftlich niederzulegen oder gar notariell beurkunden zu lassen. Eine Beglaubigung bei der Betreuungsbehörde ist ebenfalls möglich.

Vorsorgevollmachten und Patientenverfügungen können im Zentralen Vorsorgeregister der Bundesnotarkammer eintragen werden (www.vorsorgeregister.de). Ärztinnen und Ärzte können auf das Zentrale Vorsorgeregister seit dem Jahr 2023 zugreifen. Vollmachten sind auch möglich für Menschen mit psychischen Erkrankungen und Störung der Intelligenzentwicklung. Beim Bundesministerium der Justiz gibt es auch besondere Formulare in Leichter Sprache (BMJ 2022).

29.5 Betreuungsrecht

In diesem Abschnitt geht es um die rechtliche Betreuung, ihre Voraussetzungen und ihre Unterstützungsfunktion. In diesem Zusammenhang werden neben der Funktion des Instituts der rechtlichen Betreuung auch die Aufgabenbereiche, Pflichten und Befugnisse der Betreuenden mit Blick auf Gesundheitssorge, aber auch beim Schutz vor Eigengefährdungen skizziert.

Rechtliche Betreuende haben die Selbstbestimmung und Partizipation der betreuten Menschen zu beachten, auch wenn es um deren Schutz vor erheblichen Schädigungen geht.

Menschen mit psychischen Erkrankungen bzw. solche mit Störungen der Intelligenzentwicklung können vielfältige Unterstützungsbedarfe von unterschiedlicher Intensität oder Dauer haben. Können Menschen mit Erkrankungen oder Behinderungen ihre Angelegenheiten ganz oder teilweise nicht besorgen, kommt als Unterstützung die Bestellung einer rechtlichen Betreuerin bzw. eines rechtlichen Betreuers durch das Betreuungsgericht in Betracht. Vorrangig dazu kann auch mit einer Vorsorgevollmacht eine Vertrauensperson als rechtliche Vertretung bestellt werden.

Beide Formen der Vertretung sollen vorrangig beim rechtlichen Entscheiden und Handeln unterstützen. Zur Vertretung soll es nur kommen, soweit dies im Einzelfall nötig ist. Beide Instrumente können durch die Vertretungsmacht Entscheidungsbefugnisse haben, die geschlossene Unterbringung, freiheitsentziehende Maßnahmen oder die Zwangsbehandlung betreffen. An die Verwendung solcher Zwangsbefugnisse stellt das Gesetz strenge Anforderungen, die auch die Genehmigung des Betreuungsgerichts erfordern.

Vor allem Menschen mit sogenannter geistiger Behinderung fühlten sich in der eigenen rechtlichen Betreuung oftmals nicht als selbstbestimmtes Individuum wahrgenommen – sowohl von den rechtlichen Betreuenden als auch von den zuständigen Systemen und Behörden. Es wurde angegeben, dass häufig über sie und nicht mit ihnen gesprochen wurde, beispielsweise bei Aufklärungsgesprächen bei Ärztinnen und Ärzten sowie bei behördlichen Angelegenheiten. Sobald bekannt wird, dass sie eine rechtliche Betreuung haben, beklagten Menschen mit rechtlicher Vertretung immer wieder eine Stigmatisierung (Rosenow & Meints 2023).

29.5.1 Das neue Betreuungsrecht 2023

Für Menschen mit Behinderungen oder Erkrankungen, die mehr oder weniger umfangreiche Unterstützungsbedarfe beim rechtlichen Handeln haben, bestellen seit 1992 die Amtsgerichte (Abteilung Betreuungsgericht) eine rechtliche Betreuung. Mit der Reform 2023 wurde das Ziel verfolgt, das Selbstbestimmungsrecht rechtlich betreuter Menschen zu stärken und den Paradigmenwechsel in der Betreuungspraxis weiter zu forcieren. Dazu werden die Rechtsgrundsätze zur Verbindlichkeit von Wünschen der betreuten Menschen für Betreuende, aber auch für die aufsichtführenden Betreuungsgerichte präzisiert. Wichtig ist auch die Schärfung des Erforderlichkeitsprinzips vor und im Rahmen einer rechtlichen Betreuung. Das Betreuungsorganisationsgesetz (BtOG) ersetzt das bestehende Betreuungsbehördengesetz und erweitert dies. Dort werden künftig unter anderem Funktionen und Aufgaben der Betreuungsbehörden und Betreuungsvereine sowie Anforderungen an berufliche Betreuende geregelt (Brosey et al. 2022).

29.5.2 Bevor es zu einer rechtlichen Betreuung kommt

Menschen mit Unterstützungsbedarf konnten schon immer selbst eine Betreuung beantragen und Wünsche äußern, wer Betreuer oder Betreuerin werden soll oder wer nicht. Eine betreuende Person darf gegen den Wunsch nur im sehr engen Ausnahmefall vom Gericht bestellt werden. Gegen den freien Willen ist dies unzulässig. Dabei sind die entscheidenden Kriterien die Einsichtsfähigkeit des bzw. der Betroffenen und die Fähigkeit, nach dieser Einsicht zu handeln (BGH Az: XII ZB 455/15). Der bzw. die Betroffene müsse Grund, Bedeutung und Tragweite einer Betreuung intellektuell erfassen können. Dies setzt voraus, dass er bzw. sie die Defizite im Wesentlichen zutreffend einschätzen und auf der Grundlage dieser Einschätzung die für oder gegen eine Betreuung sprechenden Gesichtspunkte gegeneinander abwägen könne. Ist der bzw. die Betroffene zur Bildung eines klaren Urteils zur Problematik der Betreuerbestellung in der Lage, muss es ihm nach Auffassung des BGH weiter möglich sein, nach diesem Urteil zu handeln und sich dabei von den Einflüssen Dritter abzugrenzen (BGH XII ZB 455/15).

Die Betroffenen sind über Alternativen zur rechtlichen Betreuung zu informieren. Dazu gehört zunächst die Vorsorgevollmacht, die allerdings voraussetzt, dass eine Person als Bevollmächtigte zur Verfügung steht. Die Betreuungsbehörde, die im Betreuungsverfahren einen Sozialbericht (§ 11 BtOG) über den Betreuungsbedarf erstellt, hat auch andere Hilfen in den Blick zu nehmen. Andere Hilfen sind Beratungs- und Unterstützungsleistungen des Sozialen Hilfesystems, die gegebenenfalls den Bedarf der

Person decken können, wie z. B. Assistenzleistungen aus dem SGB IX. Die Behörde hat hier die Betroffenen bei einer Antragsstellung zu unterstützen, und es gibt auch die Möglichkeit weitergehender Maßnahmen nach der erweiterten Unterstützung (§ 8 Abs. 2 BtOG). Diese erweiterte Unterstützung wird zunächst in Modelversuchen in den Bundesländern erprobt werden.

29.5.3 Betreuerbestellung durch das Betreuungsgericht

Nach § 1814 BGB bestellt das Betreuungsgericht einen rechtlichen Betreuer bzw. eine rechtliche Betreuerin für Volljährige, soweit diese ihre Angelegenheiten ganz oder teilweise rechtlich nicht besorgen können und dies auf einer Krankheit oder Behinderung beruht. Verzichtet wird auf die Begriffe der »psychischen« Krankheit und der »geistigen oder seelischen« Behinderung. Eine Bestellung ist ausgeschlossen, wenn diese nicht mit dem Erforderlichkeitsgrundsatz im Einklang steht (§ 1814 Abs. 3 BGB), also eine bevollmächtigte Person vorhanden ist, die die Angelegenheiten gleichermaßen besorgen kann, oder durch die bereits erwähnten anderen Hilfen, bei denen keine gesetzliche Vertretung bestellt wird, insbesondere durch solche Unterstützung, die auf sozialen Rechten oder anderen Vorschriften beruht.

Das Betreuungsgericht hat die Wünsche der Betroffenen im Hinblick auf das Ob und Wie der Betreuung sowie auf die Auswahl des Betreuers bzw. der Betreuerin im Bestellungsverfahren konsequent zu ermitteln und zu berücksichtigen; damit soll die verfahrensrechtliche Position der Betroffenen insgesamt gestärkt werden. Dazu gehört künftig auch, dass betroffene Menschen nach § 275 Abs. 2 FamFG gleich bei Einleitung des Verfahrens in adressatengerechter Weise über die Aufgaben eines Betreuers, den möglichen Verlauf des Verfahrens sowie über mögliche Kosten zu unterrichten sind, um sie in die Lage zu versetzen, ihre Rechte möglichst selbstbestimmt in das Verfahren einzubringen.

Auch für den erforderlichen Umfang der Betreuung ergeben sich in § 1815 BGB Neuerungen. Danach besteht künftig der Aufgabenkreis des Betreuers aus einem oder mehreren Aufgabenbereichen. Eine Bestellung als Betreuung in »allen Angelegenheiten« ist damit künftig unzulässig. Auch werden hier einige potenziell eingreifende Bereiche, wie Freiheitsentziehungen oder Umgangsbestimmung, einer ausdrücklichen Anordnung unterworfen (§ 1815 Abs. 2 BGB).

29.5.4 Rechte von betreuten Menschen und Pflichten der Betreuenden

Die Betreuerin bzw. der Betreuer »unterstützt den Betreuten dabei, seine Angelegenheiten rechtlich selbst zu besorgen, und macht von seiner Vertretungsmacht nach § 1823 BGB nur Gebrauch, soweit dies erforderlich ist«. Entsprechend dem aus Art. 12 Abs. 3 UN-BRK hergeleiteten Unterstützungsprinzip stellt die rechtliche Betreuung für die Betreuten ein Instrument der Unterstützung zur Ausübung ihrer rechtlichen

Handlungsfähigkeit dar. Die betreuten Menschen werden durch Betreuende darin unterstützt, selbst eigene Entscheidungen zu treffen und diese durch eigenes Handeln auch nach außen umzusetzen (Unterstützte Entscheidungsfindung). Soweit eine stellvertretende Handlung oder Erklärung des Betreuenden für die betreute Person erforderlich ist, regelt das neue Recht den Handlungsmaßstab deutlich.

§ 1821 BGB normiert den Vorrang der Wünsche der Betreuten als zentralen Maßstab des Betreuungsrechts, der gleichermaßen für das Betreuerhandeln, die Eignung des Betreuers bzw. der Betreuerin und die Wahrnehmung der gerichtlichen Aufsicht, insbesondere auch bei der Vermögenssorge und im Rahmen von Genehmigungsverfahren, gilt.

§ 1821 Abs. 2 BGB schreibt die Bedeutung der Wünsche des bzw. der Betreuten fest und verpflichtet den Betreuenden ausdrücklich, diese festzustellen und ihnen zu entsprechen. Der Wunsch als zentraler Anknüpfungsbegriff ist umfassend gemeint und umfasst sowohl solche Äußerungen, die auf einem freien Willen beruhen, als auch solche, denen kein freier Wille (mehr) zu Grunde liegt (Deutscher Bundestag 2020, S. 250). Der Regierungsentwurf stellt dazu klar: »Maßgebliche Orientierung bilden vielmehr die Wünsche des Betreuten. Dabei kommt es nicht darauf an, ob der Wunsch auf einer rationalen Grundlage zustande gekommen ist, ob der Betreute geschäftsfähig ist oder nicht, oder ob der Wunsch nach objektiven Maßstäben vernünftig ist.« (Deutscher Bundestag 2020, S. 252)

Nur im Ausnahmefall des § 1821 Abs. 3 BGB hat die betreuende Person den Wünschen des bzw. der Betreuten nicht zu entsprechen und zwar soweit die betreute Person oder deren Vermögen hierdurch erheblich gefährdet würde und diese Gefahr aufgrund ihrer Krankheit oder Behinderung nicht erkennen oder nicht nach dieser Einsicht handeln kann oder dies dem bzw. der Betreuenden nicht zuzumuten ist. Für die rechtlich Betreuenden besteht auch die Pflicht zum persönlichen Kontakt und die Pflicht zur regelmäßigen Verschaffung eines persönlichen Eindrucks, sowie die Pflicht zur Besprechung der Angelegenheiten und die Pflicht Möglichkeiten zu nutzen, um Fähigkeiten des bzw. der Betreuten, die eigenen Angelegenheiten zu besorgen, wiederherzustellen oder zu verbessern.

Sofern die betreuende Person die Wünsche der betreuten Person nicht feststellen kann oder ihnen nach § 1821 Abs. 3 BGB nicht entsprechen darf, ist hilfsweise der mutmaßliche Willen zu ermitteln und zur Basis von Entscheidungen zu machen. Damit soll die Betreuung eine Entscheidung treffen, die die Betreuten treffen würden, wenn sie in dieser Situation entscheiden könnten. Die Schranke für die Befolgung der Wünsche ist nun klarer geregelt und regelt zugleich die Leitlinie der Betreuung für eine vertretende Entscheidung, die sich eben an dem bzw. der Betroffenen und deren mutmaßlichen Willen auszurichten hat.

29.5.5 Aufsicht und Handeln bei Gefährdung der Betreuten

Das Betreuungsgericht bestellt eine rechtliche Person und ist zudem für die Einhaltung der Pflichten der Betreuenden zuständig. Das Gericht hat bei Pflichtwidrigkeiten durch geeignete Maßnahmen einzuschreiten und kann gegebenenfalls den Betreuer bzw. die Betreuerin entlassen. Der bzw. die Betreute kann auch selbst einen Betreuerwechsel und die Beendigung der Betreuung beantragen.

Werden im Rahmen einer Behandlung gewichtige Anhaltspunkte für eine Gefährdung der Person des oder der Betreuten bekannt, so besteht nach § 31 BtOG eine Pflicht zum Handeln für Ärztinnen und Ärzte oder Angehörige eines anderen Heilberufes aus der Psychologie, Sozialen Arbeit oder Pädagogik. Die gesetzliche Schweigepflicht tritt dann hinter diese gesetzliche Mitteilungspflicht zurück. Allerdings ist auch zu berücksichtigen, dass die Gefährdungslage durch Arzt bzw. Ärztin mit der betreuenden Person erörtert wird und dass sie, soweit erforderlich, auf die Inanspruchnahme von Hilfen hinwirken, soweit hierdurch der wirksame Schutz des bzw. der Betreuten nicht infrage gestellt wird. Hierzu haben sie auch Anspruch auf Beratung durch die Betreuungsbehörde und sind gegebenenfalls befugt, Informationen an das Betreuungsgericht zu übermitteln.

29.6 Aufgaben im Zusammenhang mit Unterbringung und freiheitsentziehenden Maßnahmen

Für eine Unterbringung und freiheitsentziehende Maßnahmen (FEM) sieht das Gesetz auch künftig besonders strenge Anforderungen vor. Soweit die Person einen Fortbewegungswillen bilden kann, also nicht z. B. im Koma liegt, stellt sich die Frage, ob diese der Legitimation durch die Person selbst oder eine entscheidungsberechtigte Vertretung benötigen.

29.6.1 Entscheidungszuständigkeit der Betroffenen

Für die Einwilligung in eine Freiheitsentziehung kommt es immer auf die situative *Einwilligungsfähigkeit* der Betroffenen an, die so lange anzunehmen ist, bis Einwilligungsunfähigkeit festgestellt ist. Können Betroffene selbst auch nach unterstützter Entscheidungsfindung nicht rechtswirksam einwilligen oder wollen es nicht, so ergeben sich die weiteren Voraussetzungen für die Zulässigkeit der Betreuerentscheidung. Will aber die einwilligungsfähige betreute Person nicht einwilligen, sondern lehnt eine Maßnahme ab, so ist dieser Wille zu beachten. Es gibt betreuungsrechtlich keine Möglichkeit der Legitimation einer Maßnahme zur Abwehr einer Selbstgefährdung gegen einen zur freien Willensbildung fähigen Menschen (§ 1832 BGB).

29.6.2 Entscheidungsberechtigte Vertretung

Ein Betreuer oder eine Betreuerin kann den Aufgabenbereich vom Betreuungsgericht übertragen bekommen und muss dann für jeden Einzelfall prüfen, ob bzw. wie ein Handeln erforderlich ist. Im reformierten Recht gibt es zur Übertragung von Aufgabenbereichen Neuerungen.

§ 1815 Abs. 2 Nr. 1 und 2 BGB sehen vor, dass als Aufgabenbereich eine mit Freiheitsentziehung verbundene Unterbringung (§ 1831 Abs. 1 BGB) oder eine FEM (§ 1831 Abs. 4 BGB) ausdrücklich angeordnet werden muss.

Das Aufenthaltsbestimmungsrecht reicht damit nach nicht mehr aus, um über Freiheitsentziehungen zu entscheiden.

Die Befugnis zur Entscheidung über Freiheitsentziehungen kann auch im Wege der Vollmacht an einen Bevollmächtigten übertragen werden. Dazu verlangt § 1820 Abs. 2 Nr. 2 BGB, dass die Vollmacht schriftlich erteilt wurde und die Einwilligung in Maßnahmen nach § 1831 Abs. 1 bzw. 4 BGB ausdrücklich umfasst sind.

29.6.3 Kriterien für eine Entscheidung von Betreuenden

Zunächst hat der Betreuer bzw. die Betreuerin entsprechend § 1821 BGB die Betreuten zu unterstützen. Er bzw. sie hat eine Besprechungspflicht und muss die Wünsche der Betreuten mit Blick auf die fragliche Entscheidung über Unterbringung oder FEM feststellen. Grundsätzlich hat der Betreuende den Wünschen zu entsprechen. Nach § 1821 Abs. 3 BGB hat er bzw. sie den Wünschen der Betreuten allerdings nicht zu entsprechen, soweit die betreute Person hierdurch erheblich gefährdet würde und diese Gefahr aufgrund einer Krankheit oder Behinderung nicht erkennen oder nicht nach dieser Einsicht handeln kann. Des Weiteren ist § 1831 BGB heranzuziehen, denn hier sind weitere Voraussetzungen normiert. Unterbringung/FEM sind nur zulässig, solange sie erforderlich sind, weil aufgrund einer psychischen Krankheit oder geistigen oder seelischen Behinderung der betreuten Person die Gefahr besteht, dass diese sich selbst tötet oder erheblichen gesundheitlichen Schaden zufügt (§ 1831 Abs. 1 BGB) oder behandlungsbedürftig ist (§ 1831 Abs. 2 BGB). Weiter ist zu prüfen, ob die Entscheidung über die Unterbringung/FEM den Voraussetzungen des § 1821 Abs. 4 BGB entspricht. Danach hat der bzw. die Betreuende den mutmaßlichen Willen des bzw. der Betreuten aufgrund konkreter Anhaltspunkte zu ermitteln und ihm Geltung zu verschaffen. Zu berücksichtigen sind insbesondere frühere Äußerungen, ethische oder religiöse Überzeugungen und sonstige persönliche Wertvorstellungen des bzw. der Betreuten. Bei der Feststellung des mutmaßlichen Willens soll nahen Angehörigen und sonstigen Vertrauenspersonen des bzw. der Betreuten Gelegenheit zur Äußerung gegeben werden (Marschner & Brosey 2022).

29.6.4 Die gerichtliche Genehmigung

Das Genehmigungserfordernis bleibt mit § 1831 Abs. 2 BGB bestehen, sodass die übertragene Befugnis für Betreuende von der vorherigen Genehmigung des Betreuungsgerichts abhängig gemacht wird. Es handelt sich hierbei um eine präventive Schutzvorschrift, nach der das Gericht die Voraussetzungen dieses Rechtseingriffs in einem in §§ 312 ff. FamFG geregelten Verfahren unter Einbeziehung weiterer Akteure prüft.

Genehmigung bedeutet, dass der Betreuer bzw. die Betreuerin die Entscheidung trifft und das Gericht diesem bzw. dieser lediglich dazu die Erlaubnis gibt. Der bzw. die Betreuende trägt die Verantwortung im Zeitraum der Genehmigung. Er entscheidet im Zusammenwirken mit Ärztinnen und Ärzten, ob von der Genehmigung im Einzelfall Gebrauch gemacht werden muss, oder ob Alternativen bestehen. Ohne die Genehmigung ist die Unterbringung/FEM nur zulässig, wenn mit dem Aufschub Gefahr verbunden ist; die Genehmigung ist unverzüglich nachzuholen (§ 1831 Abs. 2 BGB). Ist der Betreuer bzw. die Betreuerin nicht erreichbar, kann aber das Betreuungsgericht – in engen Grenzen – Entscheidungen im Wege der einstweiligen Maßregel treffen (§ 1867 BGB).

Die betreuungsgerichtlichen Genehmigungen können nach § 329 FamFG eine recht lange Dauer haben, denn diese endet spätestens mit Ablauf eines Jahres, bei offensichtlich langer Unterbringungsbedürftigkeit spätestens mit Ablauf von zwei Jahren, wenn sie nicht vorher verlängert wird. Das bedeutet, dass der bzw. die Betreuende/Bevollmächtige für diesen Zeitraum die Einwilligung erteilen darf in Freiheitsentziehungen, die durch die Leistungsanbieter durchgeführt werden. Nach Genehmigung liegt die Verantwortung für das Vorliegen der Voraussetzungen der eingreifenden Maßnahme aber auch bei dem bzw. der Betreuenden bzw. Bevollmächtigten. § 1831 Abs. 3 BGB regelt dazu, dass die betreuende Person die Unterbringung/FEM zu beenden hat, wenn ihre Voraussetzungen weggefallen sind.

Der Gesetzgeber hat bislang davon abgesehen, weitere Vorschriften über den Vollzug der zivilrechtlichen Unterbringung zu erlassen. Anders als im öffentlichen Unterbringungsrecht liegen daher alle Maßnahmen während einer Unterbringung (Besuch, Ausgang, Schriftverkehr, medizinische Behandlungen, FEM) in der ausschließlichen Verantwortung des bzw. der Betreuenden, soweit diesem bzw. dieser der entsprechende Aufgabenbereich zugewiesen ist.

29.6.5 Verantwortung von Betreuenden

Betreuende haben die Unterbringung/FEM zu beenden, wenn ihre Voraussetzungen nach § 1831 Abs. 3 BGB weggefallen sind. Das Vorliegen aller Voraussetzungen der Maßnahme ist fortwährend zu prüfen. Eine Beendigung der Unterbringung oder FEM ist geboten, wenn

- der bzw. die Betroffene (wieder) zur freien Willensbestimmung fähig ist oder
- keine erhebliche Gefahr mehr vorliegt oder
- die erhebliche Gefahr durch mildere Mittel abgewendet werden kann oder
- die Unterbringung sich als ungeeignet erweist, die Gefahr abzuwenden, bzw.

- der Nutzen der Unterbringung – entgegen der bisherigen Erwartung – die Beeinträchtigungen durch die Unterbringung nicht überwiegt, diese Erwartung sich also sich nicht erfüllt hat.

29.7 Zwangsbehandlung und rechtliche Betreuung

Grundsätzlich sind auch Zwangsbehandlungen auf Grundlage des Betreuungsrechts möglich. Dies setzt voraus, dass die Betreuenden einer konkreten Behandlung gegen den natürlichen Willen zustimmen und dies vorher vom Betreuungsgericht genehmigt wurde. Die entsprechende Rechtsvorschrift ist nun § 1832 BGB. An diese Entscheidung gegen den »natürlichen Willen« sind sieben Voraussetzungen geknüpft:

1. Die ärztliche Zwangsmaßnahme ist notwendig, um einen drohenden erheblichen gesundheitlichen Schaden abzuwenden.
2. Der bzw. die Betreute kann aufgrund einer psychischen Krankheit oder einer geistigen oder seelischen Behinderung die Notwendigkeit der ärztlichen Maßnahme nicht erkennen oder nicht nach dieser Einsicht handeln.
3. Die ärztliche Zwangsmaßnahme entspricht dem nach § 1827 zu beachtenden Willen des bzw. der Betreuten.
4. Zuvor wurde ernsthaft versucht, mit dem nötigen Zeitaufwand und ohne Ausübung unzulässigen Drucks, den bzw. die Betreute von der Notwendigkeit der ärztlichen Maßnahme zu überzeugen.
5. Der drohende erhebliche gesundheitliche Schaden kann durch keine andere, den Betreuten weniger belastende Maßnahme abgewendet werden.
6. Der zu erwartende Nutzen der ärztlichen Zwangsmaßnahme überwiegt die zu erwartenden Beeinträchtigungen deutlich.
7. Die ärztliche Zwangsmaßnahme im Rahmen eines stationären Aufenthalts wird in einem Krankenhaus durchgeführt, in dem die gebotene medizinische Versorgung des oder der Betreuten einschließlich einer erforderlichen Nachbehandlung sichergestellt ist.

Im gerichtlichen Verfahren zur Genehmigung der ärztlichen Zwangsmaßnahme werden ein Verfahrenspfleger und ein Sachverständiger hinzugezogen.

29.8 Hilfe und Fremdgefährdungen und die Psychisch-Kranken-(Hilfe-)Gesetze der Länder

Als wesentliches Unterscheidungsmerkmal im Vergleich zu den bisher angeführten Rechtsnormen handelt es sich bei den Psychisch-Kranken-(Hilfe-)Gesetzen (PsychK[H]G) um Landesgesetze. Das heißt, in jedem Bundesland gelten, zumindest leichtgradig, unterschiedliche Rechtsvorschriften, und die Gültigkeit von Beschlüssen auf Rechtsgrundlage eines Psychisch-Kranken-Gesetzes (PsychKG) endet auch an der jeweiligen Landesgrenze, was manchmal bei notwendigen Verlegungen/Transporten über Landesgrenzen hinweg zu erheblichen Schwierigkeiten führen kann (siehe Übersicht der DGPPN 2018: www.dgppn.de/schwerpunkte/menschenrechte/uebersicht-psychKGs/uebersicht-nach-regelung.html). Ähnlich wie bei betreuungsrechtlichen Maßnahmen gab es auch bei den jeweiligen PsychK(H)G in den letzten Jahren erhebliche Änderungen, nachdem durch den BGH und das BVerfG erhebliche Mängel angemahnt worden waren. Gemein ist allen Landesvorschriften, dass sie sich als Hilfe für psychisch erkrankte Menschen verstehen, so lautet in NRW der vollständige Gesetzestitel: *Gesetz über Hilfen und Schutzmaßnahmen bei psychischen Erkrankungen*. Insgesamt ist über die Jahre der Aspekt der öffentlichen Ordnung weiter in den Hintergrund getreten. In der Folge sollen nur einige grundlegende Inhalte wiedergegeben werden, eine differentielle Aufführung der Unterschiede der Gesetze der einzelnen Bundesländer würde an dieser Stelle zu weit führen.

Ein weiterer Unterschied zu anderen genannten Rechtsvorschriften ist der Ort der Durchführung von Maßnahmen. Diese dürfen nur in spezialisierten Einrichtungen (psychiatrisches Fachkrankenhaus, psychiatrische Abteilung, psychiatrische Universitätsklinik) durchgeführt werden, eine Anwendung in einem Wohnheim o. Ä. ist nicht möglich. Über praktisch daraus folgende Schwierigkeiten wird später noch eingegangen.

Grundsätzlich sind an Maßnahmen nach dem PsychK(H)G stets mehrere Akteure beteiligt. Es muss immer ein ärztliches Zeugnis über die Notwendigkeit der Maßnahmen samt Begründung vorliegen. Im Allgemein wird darauf verwiesen, dass dieses Zeugnis durch einen »in der Psychiatrie erfahrenen Arzt« ausgestellt werden muss, wobei die inhaltliche Definition hier unterschiedlich weit gefasst wird und im Einzelfall auch Notärztinnen und Notärzte sowie Allgemeinmediziner/-innen einschließt. Es wäre allerdings auch unrealistisch, hierfür einen Facharztstandard zu fordern, da schlichtweg nicht genügend Fachärztinnen und Fachärzte in Deutschland dafür zur Verfügung stehen würden. Die Anträge werden an die jeweils zuständige Ordnungsbehörde, im Allgemeinen das Ordnungsamt, gestellt. Außerhalb ihrer Dienstzeiten wird diese Aufgabe meist von der Berufsfeuerwehr übernommen. In dem Verfahren ist eine richterliche Anhörung zwingend, wobei hier das Problem der fehlenden 24-Stunden-Verfügbarkeit eines richterlichen Notdienstes auftreten kann. Diesbezüglich hat sich allerdings jüngst das Bundesverfassungsgericht mit Bezug auf Art. 2 Abs. 1, Art. 104 Abs. 2 GG kritisch geäußert (2 BvR 356/21, 378/21). Weiterhin ist obligat die Beiordnung eines Verfahrenspflegers bzw. -pflegerin. Die beantragten und gegebenenfalls genehmigten Maßnahmen sollen nach Art, Umfang und Dauer möglichst exakt benannt werden. Mögliche Maßnahmen wären z. B. die Unterbringung in einem psychiatrischen Krankenhaus, weitere Freiheitseinschränkungen wie Isolierung oder Fixierung oder auch therapeutische Maßnahmen wie Zwangsmedikation. Voraussetzung ist immer eine akute und konkrete Eigen- oder Fremdgefährdung, das heißt, eine abstrakte Gefährdung wie z. B. »könnte weglaufen und sich verirren oder erfrieren« ist nicht ausreichend. Das bloße Vorhandensein von lebensmüden oder Suizidgedanken ist ebenfalls in den meisten Fällen nicht ausreichend, es müssen diesbezüglich konkrete Gefährdungsaspekte, wie z. B. eine eindeutige mangelnde Absprachefähigkeit vorliegen. Gleiches gilt für die Fremdgefährdung; das bloße Vorliegen von fremdaggressivem Verhalten in der Vergangenheit oder das Gefühl der Bedrohung sind nicht ausreichend für die Anordnung derartiger Maßnahmen, die juristischen Formulierungen gebrauchen hier meist den Terminus »erheblich« zur Quantifizierung der Schwere. Die Gefährdung muss kausal mit einer psychischen Störung/Erkrankung/Behinderung zusammenhängen. In der Praxis kommt es nämlich doch häufig dazu, dass insbesondere die Polizei versucht, die Psychiatrie als »Ordnungsinstitution« zu missbrauchen, um störendes Verhalten aus der Öffentlichkeit zu entfernen. Zur Not findet sich dann immer ein (Polizei-)Arzt oder eine (Polizei-)Ärztin, um das Zeugnis für die Unterbringung auszustellen.

Eine Durchführung von Maßnahmen vor dem formalen Erlass eines entsprechenden Beschlusses ist nur bei unmittelbarer Lebensgefahr statthaft. Bei Unterbringung ist umgehend eine Untersuchung durchzuführen und ein Behandlungsplan aufzustellen. Für den Fall der Anordnung von Maßnahmen nach dem PsychKG ist deren regelmäßige und engmaschige Überprüfung durch die behandelnden Ärztinnen und Ärzte notwendig; es wird hier von einer täglichen Überprüfung ausgegangen, bei invasiveren Maßnahmen wie Fixierungen deutlich höher frequenter, die Empfehlung verschiedener Leitlinien oder Standards (Gather et al. 2017) liegt hier bei vier Stunden. Wenn die Voraussetzungen der Unterbringung nicht mehr vorliegen, ist umgehend die Aufhebung der Unterbringung bzw. weiterer Maßnahmen zu veranlassen. Die Aufhebung kann allerdings nur durch das veranlassende Gericht beschlossen werden. Üblich ist aber im Vorfeld die Möglichkeit der Beurlaubung aus der Unterbringung bei gleichzeitiger Benachrichtigung des Gerichts. Als innovativ muss das PsychKG des Landes NRW bezeichnet werden, dass in §10 Abs. 2 Satz 3 eine Durchführung der Maßnahmen möglichst unter offenen Bedingungen, also nicht auf einer geschlossenen Station, nahelegt.

Ein gewisses Problem stellt die in den meisten PsychKGs verankerte Einbeziehung des Sozialpsychiatrischen Dienstes (SpDi) dar, der informiert werden muss. Hier kann es durchaus Konflikte mit der ärztlichen Schweigepflicht geben.

Die Einhaltung der Vorschriften und Regeln wird üblicherweise durch staatliche Besuchskommissionen überwacht. Das sind multiprofessionell besetze Gremien, welche in regelmäßigen Abständen unangekündigt die durchführenden Einrichtungen aufsuchen und die Einhaltung überprüfen. Je nach Bundesland nehmen diese auch die Rechte nach BGB Untergebrachter (Hamburg, Niedersachsen) und von im Maßregelvollzug (NRW) untergebrachten Personen in den Blick.

Genannt werden soll hier noch das Problem für den Fall, dass freiheitsentziehende Maßnahmen auch außerhalb einer psychiatrischen Institution aufgrund von Fremdgefährdung notwendig sein sollten. Diesbezüglich gibt es aktuell keine Rechtsgrundlage (Ausnahme: Maßregelvollzug; siehe Kap. 30 Straffällige Menschen mit Störungen der Intelligenzentwicklung). Da Maßnahmen auf Rechtsgrundlage des BGB nur aufgrund von Eigengefährdung möglich sind und Maßnahmen auf Grundlage des PsychK(H)G nur in psychiatrischen Kliniken durchgeführt werden können, ist die Durchführung einer Maßnahme in einer Einrichtung der Eingliederungshilfe oder auch im häuslichen Rahmen ausgeschlossen.

29.9 Handeln im medizinischen Notfall

Ein medizinischer Notfall ist zunächst ein Zustand, der einen unmittelbaren Handlungszwang zur Abwendung von Lebensgefahr oder von anderen schwerwiegenden Folgen des Patienten mit sich bringt. Ein schnelles Handeln kann aber auch notwendig werden, weil die Person Dritte akut gefährdet.

Aus einem Notfall entsteht zunächst eine Hilfspflicht und eine Garantenstellung der beteiligten Ärztinnen und Ärzte und je nach Ort des Notfalls auch anderer Beteiligter, z. B. am Unfallort bzw. der Pflegenden im Krankenhaus. Die rechtliche Grundlage für die Behandlungsmaßnahme im Notfall bildet bei nicht einwilligungsfähigen Personen die *Geschäftsführung ohne Auftrag* (§§ 677 ff. BGB) bzw., soweit es um den Eingriff in die körperliche Integrität geht, die *mutmaßliche Einwilligung*. Auch der Notfall verlangt stets eine medizinische Indikation für ärztliche und/oder pflegerische Maßnahmen sowie eine vorherige Aufklärung der Betroffenen. Zu beachten ist dabei, dass auch eine vitale oder absolute Indikation keineswegs schlechthin von den Aufklärungspflichten entbindet, sondern nur den Genauigkeitsgrad und die Intensität der Aufklärung im Einzelfall verringert. Zur Abwendung der Gefahr durch Dritte kann auch der rechtfertigende Notstand nach § 34 Strafgesetzbuch (StGB) dienen. Diese setzt auch voraus, dass das geschützte Interesse das beeinträchtigte wesentlich überwiegt und dass die drohenden Gefahren es rechtfertigen, ein angemessenes Mittel anzuwenden, um die Gefahr abzuwenden.

DANIELA CALVANO & TATJANA VOSS

30 Straffällige Menschen mit Störungen der Intelligenzentwicklung

30.1 Einleitung

Noch Anfang des 20. Jahrhunderts galt ein Zusammenhang zwischen Störungen der Intelligenzentwicklung (SIE) und Kriminalität als evident (Häßler & Häßler 2005). Menschen mit Störungen der Intelligenzentwicklung wurden daher häufig abgesondert, ohne dass diese Annahme durch Tatsachen oder empirische Forschung belegt worden wäre.

Bis in die Gegenwart wird bei Menschen mit Bildungsversagen und psychischen Auffälligkeiten häufig eine »Behinderung« angenommen, ohne dass die dazu notwendigen klassifikatorischen Kriterien ausreichend überprüft oder berücksichtigt werden (McCarthy et al. 2022). So wird straffälliges Verhalten von Menschen mit Störungen der Intelligenzentwicklung in Einrichtungen der Eingliederungshilfe unter Umständen gar nicht zur Anzeige gebracht. Andererseits werden Menschen mit aggressiv-herausforderndem Verhalten im Sinne von schweren Verhaltensauffälligkeiten in teils fragwürdiger Weise kriminalisiert. Werden delinquente Entwicklungen im Hilfesystem nicht oder erst dann bekannt, wenn sich schwerwiegende Delikte bereits ereignet haben, können wirksame Behandlungen in der Folge erst sehr spät bzw. zu spät eingeleitet werden.

Nach wie vor bestehen methodische Probleme bei Untersuchungen zum Zusammenhang zwischen Intelligenzentwicklungsstörung und Straffälligkeit. Grundsätzlich kann man davon ausgehen, dass bei Menschen mit Störungen der Intelligenzentwicklung dieselben Risikofaktoren für Delinquenz bestehen wie in der Allgemeinbevölkerung: junges Alter, männliches Geschlecht, erhebliche psychosoziale Belastungen in Kindheit und Jugend mit Straffälligkeit und/oder Gewalttätigkeit, Suchterkrankungen sowie Inkonstanz der Bezugspersonen (Chaplin et al. 2022). Die Betroffenen weisen frühzeitig Verhaltensprobleme mit Schulversagen, Bildungsunfähigkeit und Arbeitslosigkeit auf. So kommt es häufig zu Interventionen im Hilfesystem (z. B. in Erziehungsberatungsstellen, psychologischen Diensten oder im Krankenhaus), die jedoch teils nicht aufeinander abgestimmt sind.

Menschen mit Störungen der Intelligenzentwicklung vereinigen also eine ganze Reihe von ungünstigen Risikofaktoren für psychische Krankheiten und Straffälligkeit (siehe Tab. 30-1; Trofimovs et al. 2022). Sie verfügen über geringe Bildung, niedriges Einkommen und hohe Raten von Arbeitslosigkeit. Zudem haben sie ein hohes Risiko für substanzbezogene Störungen, insbesondere bei Vorliegen einer Lernbehinderung, also einem IQ zwischen 70 und 84. Zusätzlich zu einer hohen Bedürfnisspannung und geringen Flexibilität in der Bedürfnislenkung ver-

Biografische Faktoren
• Psychosoziale Belastungen in Kindheit und Jugend (*broken home*) • Frühe delinquente Entwicklung • Frühe Entwicklung von Verhaltensauffälligkeiten
Soziale Faktoren
• Geringe Bildung, Arbeitslosigkeit • Niedriges Einkommen bzw. geringe finanzielle Mittel • Einsamkeit, soziale Isolierung
Personelle Faktoren
• Kommunikationsdefizite • Affektregulationsstörungen • Hohe Bedürfnisspannung • Eingeschränkte Antizipationsfähigkeit • Geringe Umstellungsfähigkeit • Empathiedefizite • Suchterkrankungen und/oder andere psychiatrische Komorbiditäten

Tab. 30-1: Risikofaktoren für Delinquenz bei Menschen mit Störung der Intelligenzentwicklung

fügen Menschen mit Störungen der Intelligenzentwicklung nur über eingeschränkte Möglichkeiten, ihre Bedürfnisse auf sozial zulässige Art zu befriedigen und zudem sich selbst auf zulässige Weise zu verteidigen. Aufgrund intellektueller Defizite besteht bei ihnen eine geringe Umstellungsfähigkeit und nicht zuletzt ein mangelnder Überblick über den Zusammenhang von Handlungsfolgen (Lindsay 2011).

Die Enthospitalisierung von Menschen mit Störungen der Intelligenzentwicklung und ihre Integration in die Gemeindeversorgung wurde zwar zunächst als Fortschritt begrüßt, brachte die Betroffenen jedoch – ohne die eigentlich erforderliche, ambulante Betreuung und Unterstützung – in Berührung mit psychiatrischen Einrichtungen, in Obdachlosigkeit und/oder mit dem Gesetz in Konflikt. Insgesamt sind Personen mit einer Störung der Intelligenzentwicklung sowohl häufiger Opfer von Gewalttaten als auch im System der Strafverfolgung als Täter und Täterinnen überrepräsentiert (Bastert et al. 2012; McCarthy et al. 2022). Adoleszenten mit Intelligenzentwicklungsstörungen zeigen dreimal häufiger schwere Verhaltensprobleme als Jugendliche ohne Intelligenzminderung (Einfeld et al. 2011; Emerson et al. 2001). Zudem weisen sie ein erhöhtes Risiko auf, Straftaten zu begehen, rückfällig zu werden und mit dem Justizsystem in Kontakt zu kommen; aktuelle Studiendaten gehen davon aus, dass 10–30 % der Inhaftierten in Jugendstrafanstalten eine Störung der Intelligenzentwicklung aufweisen (Thompson & Morris 2016). Ohne geeignete sozio- und psychotherapeutische Intervention persistieren dabei die hierfür charakteristischen Verhaltensprobleme (Einfeld et al. 2011).

Im Strafverfahren wird bei straffällig gewordenen Menschen mit Störungen der Intelligenzentwicklung je nach gutachterlicher Einschätzung und Ermessen des Gerichts frühzeitig eine Freiheitsstrafe oder eine Unterbringung im Maßregelvollzug angeordnet. Oftmals wird aber auch versucht, die Betroffenen nicht unterzubringen bzw. zu verurteilen, dies auch wegen des erhöhten Risikos einer Retraumatisierung oder Viktimisierung im Vollzug (Boer et al. 2016; Hyun et al. 2013; Leotti & Slayter 2022). Über die Behandlung und Prognose von Straftätern mit Störungen der Intelligenzentwicklung im Maßregelvollzug fehlen in Deutschland bis heute – trotz zahlreicher Appelle – kontrollierte systematische Studien. Infolge der Heterogenität und Komplexität der Störungsbilder bestehen nach wie vor grundlegende methodische Schwierigkeiten in der Diagnostik, der Beurteilung des Bedingungsgefüges straffälligen Verhaltens bei Störungen der Intelligenzentwicklung, der Definition von z. B. Verhaltensauffälligkeiten und hinsichtlich der Frage nach dem möglichen Vorliegen von besonderen Persönlichkeitsmerkmalen oder anderen psychischen Störungsbildern bei dieser Personengruppe.

Laut einer Studie von Kestel (2010) liegt der Anteil der nach § 63 StGB im Maßregelvollzug untergebrachten Menschen mit Störungen der Intelligenzentwicklung in Deutschland bei 7–8 %. Bis zu 80 % dieser Personen scheinen dabei eine komorbide Substanzproblematik aufzuweisen. Die Unterbringungsdauer von Straftätern mit Störungen der Intelligenzentwicklung in der forensischen Psychiatrie ist dabei überdurchschnittlich hoch (Raina & Lunsky 2010). Dies ist einerseits den diagnostischen Schwierigkeiten bei der Beurteilung des Störungsbilds der Intelligenzentwicklungsstörungen mit dissozialen Verhaltensauffälligkeiten respektive Dissozialer Persönlichkeitsstörung zuzuschreiben, andererseits aber auch den fehlenden psycho- und milieutherapeutischen Behandlungsangeboten für diese Personengruppe einschließlich fehlender Entlassungsperspektiven nach dem Aufenthalt in den Kliniken des Maßregelvollzugs (siehe auch Seidel 2019, aktualisiertes DGPPN-Positionspapier). In der üblichen Straftäternachsorge zeigen sich die entlassenen Menschen mit einer Störung der Intelligenzentwicklung in der Regel überfordert; in der Eingliederungshilfe sind es hingegen die Betreuenden, die mit Überforderung reagieren.

Die Vernachlässigung kontextueller Faktoren bei Menschen mit Störungen der Intelligenzentwicklung und straffälligem Verhalten ist nach wie vor ein Manko in der forensischen Behandlung und Nachsorge dieser Personen. So lassen sich Verhaltensauffälligkeiten auch mit einer Anpassung der Umgebung an die Erfordernisse bessern (Nice Guideline 2015; Tanwar et al. 2016). Deshalb bedarf es im forensischen Kontext einer verbesserten Qualifikation von Betreuern und Betreuerinnen sowie einer besseren vor allem personellen Ausstattung der entsprechenden Wohn-, Betreuungs- und Beschäftigungsangebote für Menschen mit Störungen der Intelligenzentwicklung und straffälligem Verhalten (Hassiotis et al. 2018).

FAZIT 1
Menschen mit Störungen der Intelligenzentwicklung sind auf der einen Seite deutlich häufiger Opfer von sozialen Verhältnissen inklusive Ohnmachts- und Gewalterfahrungen (Baladerian et al. 2013). Auf der anderen Seite sind sie im System der Strafverfolgung überrepräsentiert. Dabei ist unklar, ob sie tatsächlich mehr Verbrechen begehen als nicht-behinderte Menschen.

Das straffällige Verhalten eines Menschen steht in enger Korrelation zu seiner soziomoralischen Entwicklungsstufe, wie im Folgenden gezeigt werden soll. Deren Kenntnis ist daher von Bedeutung bei der Begutachtung im Strafverfahren, in der Prognose sowie Diagnostik und Therapie der einzelnen Störungsbilder.

30.2 Soziomoralische Entwicklung

Die moralische Entwicklung eines Menschen ist eng an seine kognitiven Fähigkeiten geknüpft und findet in der Regel im Jugendalter einen Höhepunkt in der Auseinandersetzung mit moralischen Werten und Normen. Das gesteigerte Interesse von Jugendlichen an ethischen Fragestellungen und Anschauungen hat neben kognitiven und sozialen auch intim-emotionale Aspekte.

Während in der vorschulischen Entwicklungsphase stark vereinfachte, präkonventionelle Denkweisen vorherrschend sind, erreichen Jugendliche in der Voradoleszenz eine konventionelle Stufe, die des »braven Jungens« oder »braven Mädchens«.

- Die **präkonventionelle Phase** ist gekennzeichnet durch Zentrierung auf nur *eine* Dimension, nämlich die eigene aktuelle Denkweise. Dieser »Egozentrismus« in der Theorie der kognitiven Entwicklung nach Piaget zeichnet sich dadurch aus, dass die betreffende Person ihre aktuelle Sicht für die einzig mögliche und nicht als eine unter vielen ansieht. Diese Stufe entspricht in etwa dem kognitiven Intelligenzniveau einer mittelgradigen Störung der Intelligenzentwicklung.
- In der nachfolgenden **konventionellen Phase** (vorpubertäre Entwicklungsphase) kann eine Person bereits Situationen von mehreren Seiten aus betrachten, Systeme bilden und Widersprüche erkennen. Dies entspricht in etwa dem kognitiven Niveau eines Menschen mit leichter Störung der Intelligenzentwicklung.
- Erst mit der beschleunigten kognitiven Entwicklung in der Pubertät entwickelt der Mensch dann in der **postkonventionellen Phase** autonom eigene Moralprinzipien, wobei er oder sie sich verstärkt nach innen hin zu eigenen, persönlichen Ansichten über ethische Werte, Vorstellungen und Normen wendet.

Das Erreichen einer adäquaten kognitiven Entwicklungsstufe ist demnach eine notwendige, jedoch keine ausreichende Voraussetzung für das Erlangen einer ethisch-moralischen Reife. Da die Fähigkeit, beispielsweise zwischen zwei gleichwertigen Regeln einen Ausgleich zu schaffen, voraussetzt, dass übergeordnete Regeln als Maßstab kognitiv erfasst werden können, gelingt ein hierarchischer Normenaufbau zur Bewertung und Beurteilung moralischer Konflikte erst mit entsprechender kognitiver Kompetenz. Wechselseitige Rollenübernahmen und Perspektivwechsel, aber auch die Fähigkeit zur Regulierung von direkten und indirekten sozialen Kontakten, werden als moralisches Vermögen bezeichnet.

In Anlehnung an Piaget und dessen sechsstufiges Modell der Moralentwicklung erfolgt nach Kohlberg (1996) die moralische Entwicklung eines Menschen als Ausdruck sozialer Intelligenz im Wesentlichen auf drei Ebenen (siehe Tab. 30-2; Kröber 2011). Auf der ersten Ebene werden Regeln zur Vermeidung

Ebene I	Prämoralische Phase
Stufe 1	Orientierung an Strafe und Gehorsam
Stufe 2	Naiver instrumenteller Hedonismus
Ebene II	**Moral der konventionellen Rollenkonformität**
Stufe 3	Moral des guten Kindes, das gute Beziehungen aufrechterhält und die Anerkennung der anderen sucht
Stufe 4	Moral der Aufrechterhaltung der Autorität
Ebene III	**Moral der selbstakzeptierten moralischen Prinzipien**
Stufe 5	Moral des Vertrags, der individuellen Rechte und des demokratisch anerkannten Gesetzes bzw. Rechtssystems
Stufe 6	Moral der individuellen Gewissensprinzipien

Tab. 30-2: Modell der Moralentwicklung in Anlehnung an Kohlberg (Kröber 2011)

von Strafe oder zum Erhalt von Belohnung befolgt. Auf der zweiten Ebene entwickelt sich eine konventionelle Rollenkonformität, um Missbilligung und Schuldgefühle zu vermeiden. Auf der dritten Ebene schließlich wird das eigene Handeln von Treue zu den selbst überprüften und akzeptierten moralischen Prinzipien geleitet. Während es auf Ebene 1 (Stufen 1 und 2 nach Kohlberg 1996) um eine Orientierung an Strafe und Belohnung, also um Gehorsam und Ungehorsam geht, findet sich auf Ebene 2 (Stufen 3 und 4 nach Kohlberg 1996) die »Moral des guten Kindes«, das gute Beziehungen aufrechterhalten möchte, die Anerkennung anderer sucht und sich dabei nach den Regeln und Werten von Autoritäten richtet (Kröber 2011).

In Analogie zum Modell der emotionalen Entwicklung (SEO »Schema der emotionalen Entwicklung« nach Došen 2010; bzw. SEED, »Skala der Emotionalen Entwicklung – Diagnostik«, Sappok et al. 2018) ist zu postulieren, dass Menschen mit Störungen der Intelligenzentwicklung dieselben moralischen Entwicklungsstufen wie Normalbegabte durchlaufen, jedoch langsamer und mit jeweils spezifischen Blockaden bzw. Abbrüchen. Gemäß diesem Modell wäre ein Mensch mit mittelgradiger Intelligenzminderung, also mit einem emotionalen Entwicklungsalter vom 4.–7. Lebensjahr, stark abhängig von der Anwesenheit wichtiger Bezugspersonen, um sich bei bestehendem Bewusstsein um Regeln und Normen auch diesen entsprechend verhalten zu können. Moral wird in diesem Entwicklungsstadium wörtlich und autoritär verstanden. Die Regeln sind bekannt und werden angewandt, wenn sie eine positive Konsequenz haben.

Erst in der nächsten Entwicklungsphase (SEED-5, 8.–12. Lebensjahr), in der Phase des Realitätsbewusstseins, entwickelt sich ein eigenständiges Gewissen mit einem inneren Werte- und Normensystem. Der Mensch macht sich soziale Regeln zu eigen und ist in der Lage, sich zunehmend in einen anderen hineinzuversetzen bzw. andere Menschen zu verstehen (Proctor & Beail 2007). Er oder sie kann die jeweiligen Regeln »richtig« oder »falsch«, »gut« oder »schlecht« anwenden. Diese Stufe der moralischen Entwicklung wird von Menschen mit leicht- wie mittelgradiger Intelligenzentwicklungsstörung in der Regel nicht erreicht.

Der Berücksichtigung der soziomoralischen Entwicklung von Menschen mit einer Störung der Intelligenzentwicklung kommt neben der diagnostischen und therapeutischen Arbeit vor allem im Bereich strafrechtlicher Fragestellungen ein hoher Stellenwert zu.

30.3 Strafrechtliche Aspekte bei Menschen mit Störungen der Intelligenzentwicklung

30.3.1 Beurteilung der Schuldfähigkeit

Eine Störung der Intelligenzentwicklung ist als »Intelligenzaufbaustörung« (Lammel 2010) in der ICD-11 per Definition neben den kognitiven Einbußen durch sozioemotionale Entwicklungsverzögerung und Anpassungsstörungen in der Alltagsgestaltung gekennzeichnet. In der Rechts- und Begutachtungspraxis ist die Gefahr gegeben, dass die bloße Orientierung auf den »klinischen Eindruck« zu der Annahme führt, dass die/der Betroffene »wusste, was er oder sie tat«. Das kann fälschlicherweise die Einordnung als »schuldunfähig« verhindern; das hat dann zur Folge, dass Menschen mit Störungen der Intelligenzentwicklung und ganz eindeutigen Biografien einschließlich Schulversagen, Bildungsunfähigkeit und dauerndem Unterstützungsbedarf nach entsprechender Zuschreibung von Schuldfähigkeit im Strafvollzug anzutreffen sind. Dort fehlen dann weitestgehend diagnostische, therapeutische und resozialisierende Aspekte der Inhaftierung (Wooster et al. 2018). Die Anwendung standardisierter testpsychologischer Verfahren, vor allem bei typischen biografischen Verläufen, ist daher im Rahmen von forensischen Fragestellungen und Begutachtungen essenziell, um eine möglicherweise bestehende Störung der Intelligenzentwicklung sicher zu erkennen (Lange 2020).

Das Untersuchungssetting von Menschen mit einer Störung der Intelligenzentwicklung stellt in mehrfacher Hinsicht besondere Anforderungen an die Sachverständigen. So ist ein Überforderungserleben der zu untersuchenden Person im Rahmen der Begutachtung zu vermeiden und gegebenenfalls mehr Zeit für den Vertrauensaufbau notwendig. Neben der Gestaltung adäquater Rahmenbedingungen, wie z. B. durch mehrfache Pausen, ist auf die Vermeidung suggestiver Fragen und die Verwendung einer einfachen Sprache zu achten.

Die Begutachtung zur Frage der Schuldfähigkeit erfolgt immer in einem zweistufigen Prozess. Zunächst ist die Frage zu klären, ob bei der untersuchten Person eine psychische Störung vorliegt, die einem der in § 20 StGB genannten juristischen Eingangskriterien (krankhafte seelische Störung, tiefgreifende Bewusstseinsstörung, Intelligenzminderung, schwere andere seelische Störung) zugeordnet werden kann. Hier stellt sich bei Vorliegen einer Störung der Intelligenzentwicklung die zentrale Frage, ob eine organische Ursache für diese Störung eruiert werden kann. Ist die Ätiologie der Störung bekannt, wie z. B. Gendefekte, pränatale Alkoholexposition durch die Mutter oder postnatale Infektionen, dann wird die Intelligenzentwicklungsstörung dem ersten juristischen Eingangsmerkmal der »krankhaften seelischen Störung« zugeordnet. Liegt bei der untersuchten Person jedoch eine Intelligenzentwicklungsstörung ohne organisch fassbare Ursache vor, wird diese dem dritten juristischen Eingangsmerkmal der »Intelligenzminderung« zugeordnet.[62]

Erst im zweiten Schritt erfolgen die Erörterung und Beurteilung der Auswirkungen der Störung auf die Einsichts- und Steuerungsfähigkeit. Für eine differenzierte Beurteilung dürfen hierbei einzelne IQ-Werte nicht isoliert betrachtet und darauf aufbauend pauschalisierend Einschränkungen bejaht oder verneint werden. Versteht man eine Störung der Intelligenzentwicklung nicht nur als intellektuelles Entwicklungsdefizit, sondern auch als Störung sozioemotionaler Fähigkeiten, dann müssen diese Defizite – wie auch eventuell vorhandene Fertigkeiten – in Bezug auf die vorgeworfene Straftat eingehend diskutiert werden. Diese Sichtweise erfordert zwingend eine entsprechende Auseinandersetzung und umfassende Betrachtung der Person und ihres Umfelds im juristischen Kontext.

Zunächst ist die Auswirkung der psychischen Störung auf die Einsichtsfähigkeit zu

---

62 Seit dem 01.01.2021 ist die stigmatisierende juristische Bezeichnung »Schwachsinn« als drittes Eingangskriterium in die §§ 20 f. StGB durch »Intelligenzminderung« als Begriff für eine »angeborene, medizinisch nicht identifizierbare Intelligenzminderung mit einem IQ unter 70 Punkte« ersetzt worden.

diskutieren – also inwiefern die Person wusste, dass ihr Handeln verboten war. Eine differenzierte Betrachtung des Tatablaufs in Bezug auf die vorhandenen Defizite und Fähigkeiten ist unumgänglich, um eine Aussage zur Einsichtsfähigkeit »im Hinblick auf die konkrete Tatbestandsverwirklichung« treffen zu können. Die Einsichtsfähigkeit ist bei höheren, schwerer ausgeprägten Graden von Störung der Intelligenzentwicklung in der Regel gemindert, wobei es im Strafrecht aus psychiatrischer Sicht die unrechtsbezogene Einsichtsfähigkeit und aus juristischer Sicht die konkret gegebene Einsicht zu beurteilen gilt (Lammel 2010).

Weitaus häufiger wird hier aber in der Regel zu diskutieren sein, inwieweit die Person in der Lage war, »nach dieser Einsicht zu handeln«. Dabei sind die Entwicklungsbedingungen, die situativen Einflüsse, eventuelle psychiatrische Komorbiditäten und das soziale Umfeld umfassend zu berücksichtigen. Insbesondere der sozioemotionale Entwicklungsstand und die daraus resultierenden Defizite bezüglich Empathiefähigkeit, Affektkontrolle, Realitätswahrnehmung und Kommunikation können zu einer erheblichen Einschränkung oder gar Aufhebung der Steuerungsfähigkeit führen (Lange 2020). Aus gutachterlicher Sicht ist daher oftmals allein schon aufgrund der im Syndrom »Intelligenzentwicklungsstörung« verankerten Anpassungsstörungen das Vorliegen einer tatzeitbezogenen Verminderung der Steuerungsfähigkeit im Rahmen der Schuldfähigkeitsbeurteilung nicht von der Hand zu weisen. Die Bezeichnung »Anpassungsstörung« ist dabei nicht gleichzusetzen mit »Verhaltensauffälligkeiten (siehe Kap. 18 Verhaltensstörungen) welche zusätzlich im Sinne einer Komorbidität zur Störung der Intelligenzentwicklung hinzutreten können.

Die Steuerungsfähigkeit von Menschen mit einem IQ zwischen 70 und 84 Punkten, also mit einer »Lernbehinderung«, ist hingegen – fehlt es an weiteren Komorbiditäten oder konstellativen Faktoren – in der Regel als ungestört zu beurteilen.

30.3.2 Beurteilung der Legalprognose

Bisher existieren nur wenige Untersuchungen zur Anwendbarkeit standardisierter Prognoseverfahren bei Straftätern mit Störungen der Intelligenzentwicklung. Statische Prognoseinstrumente wie die *HCR-20 (Historical, Clinical, and Risk Management-20)* oder der *VRAG (Violence Risk Appraisal Guide)* erscheinen für eine zuverlässige Kriminalprognose bei Straftätern mit einer Störung der Intelligenzentwicklung hinsichtlich des Risikos erneuter Gewaltstraftaten geeignet (Gray et al. 2007; O'Shea et al. 2015). In einer Studie von Lofthouse et al. (2012) ließ sich mit der Kombination von dynamischen und statischen Prognoseinstrumenten (*VRAG, Emotional Problems Scale [EPS-BRS]* und *Short Dynamic Risk Scale [SDRS]*) die Vorhersagbarkeit von einschlägigen Rückfällen bei Straftätern mit Störungen der Intelligenzentwicklung nachweisen. Für den *Static-99* und *Stable-2007* gibt es erste Belege für eine ausreichende Vorhersagekraft hinsichtlich erneuter Sexualstraftaten auch bei Menschen mit Störungen der Intelligenzentwicklung (Delforterie et al. 2019; Hanson et al. 2007, 2013). Insbesondere der *Static-99* scheint Rückfälle in Sexualstraftaten mit ausreichender Effektstärke prognostizieren zu können (Taylor et al. 2008). Allerdings scheinen beide Prognoseverfahren tendenziell ein fälschlicherweise erhöhtes Rückfallrisiko zu messen, wenn charakteristische psychopatholosche Merkmale der Störung der Intelligenzentwicklung, wie z. B. Impulsivität, kriminogenen Faktoren gleichgestellt werden (Delforterie et al. 2019). Die Folgen defizitärer intellektueller und adaptiver Fähigkeiten bei Vorliegen einer Störung der Intelligenzentwicklung dürfen nicht mit dynamischen Risikofaktoren gleichgesetzt werden. Die Notwendigkeit zur weiteren Anpassung der Prognoseinstrumente an Menschen mit Störung der Intelligenzentwicklung besteht daher nach wie vor.

Seit 2004 existiert ein erstes Prognoseinstrument explizit für Menschen mit Störungen der Intelligenzentwicklung. Der *ARMIDILO-S* (*Assessment of Risk and Management ability for Individuals with Developmental and Intellectual Limitations who Offend Sexually*; Boer et al. 2004) wurde speziell für Straftäter entwickelt, die aufgrund sexuell missbräuchlichem und übergriffigem Verhalten verurteilt wurden. Das Instrument ist nicht nur zur Kriminalprognose bei Straftätern mit einem IQ unter 70, sondern auch im Grenzbereich kognitiver Leistung (IQ zwischen 70 und 84) geeignet. Hatton und Rettenberger veröffentlichten 2022 eine deutsche Übersetzung des ARMIDILO-S, womit die Anzahl deutschsprachiger kriminalprognostischer Instrumente erweitert wurde (Hatton & Rettenberger 2022).

30.4 Diagnostik und Therapie einzelner Störungsbilder

Hinsichtlich delinquenten Verhaltens dominieren bei Menschen mit Störungen der Intelligenzentwicklung einerseits Gewalt- und Sexualstraftaten, andererseits Brandstiftung (King & Murphy 2014). Liegen bei dieser Personengruppe komorbid noch weitere psychiatrische Störungen vor – beispielsweise Aufmerksamkeitsdefizit-Hyperaktivitätsstörung (ADHS), Autismus-Spektrum-Störung und/oder Suchterkrankungen (Melville et al. 2016) –, scheint die Gefahr für die Entwicklung von delinquenten Handlungen besonders hoch zu sein (Alexander et al. 2015; Edberg et al. 2022; Latava et al. 2022; Matheson et al. 2022; McCarthy et al. 2016; McGillivray & Moore 2001; Plant et al. 2011).

30.4.1 Störungen der Intelligenzentwicklung und Sexualstraftaten

Personen mit Störungen der Intelligenzentwicklung weisen ein erhöhtes Risiko auf, Sexualstraftaten zu begehen (Verheijen et al. 2021). Insgesamt zeigen etwa 6 % der Männer mit einer Störung der Intelligenzentwicklung sexuell missbräuchliches und übergriffiges Verhalten (Thompson & Brown 1997). Die Gründe für das erhöhte Vorkommen von sexueller Devianz sind dabei vielfältig und komplex.

Sexualität, Partnerschaft und Beziehung sind wesentliche Grundbedürfnisse eines jeden Menschen und tragen als wichtiger Bestandteil zur Gesundheit bei (WHO 2006). Dennoch sind diese Themen bis heute für Menschen mit Störungen der Intelligenzentwicklung tabuisiert und bringen sowohl im familiären als auch im professionellen Setting Unsicherheiten im Umgang mit sich. Zahlreiche Studien haben gezeigt, dass Menschen mit Störungen der Intelligenzentwicklung immer noch schlechter sexuell aufgeklärt sind und im Vergleich zu Jugendlichen ohne eine Störung der Intelligenzentwicklung über weniger sexuelle Erfahrungen verfügen (Borawska-Charko et al. 2016; Jahoda & Pownall 2013; Murphy & O'Callaghan 2004; Svae et al. 2022). Darüber hinaus mangelt es ihnen an Fähigkeiten in der Partnersuche, der Aufrechterhaltung intimer Beziehungen und der sexuellen Entscheidungsfindung (Brown & McCann 2018; Kijak 2011; McGuire & Bayley 2011). Menschen mit Störungen der Intelligenzentwicklung werden zudem selber oft Opfer sexuellen Missbrauchs (Lindsay & Michie 2013; Tomsa et al. 2021). Die Kombination aus mangelnden Kommunikationsfähigkeiten und Beziehungskompetenzen, Diskrepanzen zwischen körperlichem Reifegrad und psychosexuellem Leistungsstand sowie einem eingeschränkten soziosexuellen Wissen über Intimität und Grenzen können dabei sexuell deviantes Verhalten fördern (Griffith et al. 2007, 2013).

Hier sind es oft weniger die intellektuellen Defizite, die einer angemessenen Situationsbewältigung entgegenstehen, als vielmehr biografische Erfahrungen und sozioemotionale Defizite. So stellen eine hohe Bedürfnisspannung durch vielfache Zurücksetzungen, Misserfolge und Beziehungsenttäuschungen, eine geringe Flexibilität der Bedürfnislenkung und beschränkte Fähigkeiten, Bedürfnisse auf sozial zulässige Weise zu befriedigen oder sich auf zulässige Weise, z. B. verbal, zu verteidigen, Risikofaktoren für delinquente Handlungen dar (Lammel 2010). Darüber hinaus erweisen sich emotionale Missbrauchserfahrungen sowie Vernachlässigung in der Kindheit, familiäre Dysfunktion, Verhaltensprobleme in der Kindheit und ein selbst erlebter sexueller Missbrauch als unabhängige Risikofaktoren für Sexualdelikte (Lee et al. 2002).

Unbehandelte psychiatrische Komorbiditäten – insbesondere Suchterkrankungen, sexuelle Verhaltensauffälligkeiten und paraphile Störungen – sind weitere Risikofaktoren für die Begehung von Sexualstraftaten (Edberg et al. 2022, Lindsay & Michie 2013). Mit dem Begriff *counterfeit deviance* (versteckte Störung) wird ein wissenschaftliches Konzept beschrieben, demzufolge deviante sexuelle Handlungen an Kindern durch Menschen mit Störungen der Intelligenzentwicklung nicht in erster Linie auf deren sexuell abweichende Fantasien oder Interessen zurückzuführen sind, sondern auf ihre fehlende Fähigkeit, bedeutsame sexuelle Beziehungen zu Erwachsenen aufzubauen (siehe Tab. 30-3; Griffith et al. 2013).

In der psychiatrischen Begutachtung und therapeutischen Behandlung ist daher eine genaue individuelle Analyse des Bedingungsgefüges der Sexualdelinquenz mit Identifizierung und Gewichtung von biografischen und situativen Faktoren, Fertigkeiten und Defiziten im Rahmen der Intelligenzentwicklungsstörung sowie im engeren Sinne psychiatrischen und paraphilen Komponenten nötig. Behandlung und Rehabilitation von Menschen mit einer Störung der Intelligenz-

Mögliche Gründe für *counterfeit deviance* (*versteckte Störung*)

- Geringe Kenntnisse über Sexualität
- Eigener sexueller Missbrauch in der Vorgeschichte
- Erhöhte Impulsivität
- Erhöhtes Risiko für psychiatrische Komorbiditäten
- Behandlungsbedürftige Verhaltensauffälligkeiten
- Fehlende soziale Möglichkeiten
- Komorbide pädophile Störungen

Tab. 30-3: Gründe für das erhöhte Vorkommen von sexuellen Missbrauchshandlungen bei Menschen mit einer Störung der Intelligenzentwicklung

entwicklung, die Sexualstraftaten begangen haben, müssen daher mehrdimensional sein und die verschiedenen Risikofaktoren adäquat adressieren (Wooster et al. 2018).

Es gibt einige *Behandlungsprogramme*, die erfolgreich bei Menschen mit Störungen der Intelligenzentwicklung evaluiert wurden. Sie enthalten überwiegend personenzentrierte und kognitiv-verhaltenstherapeutische Ansätze (Blasingame & York 2020; Taylor et al. 2008). Im deutschsprachigen Raum gibt es ein stationäres Behandlungsmanual speziell für Menschen mit Lernbehinderung *(Behandlungsprogramm für Sexualstraftäter, revidiertes Manual [BPS-R])* sowie ein ambulantes Therapieprogramm nach einem psychodynamischen und deliktorientierten Konzept (*forio*; Hollomotz & Caviezel Schmitz 2018; Wischka et al. 2018). Diese beiden Programme fokussieren auf das Vermögen von Menschen mit Störungen der Intelligenzentwicklung, sozioemotional nachzureifen, wobei ihre eingeschränkten kognitiven Fähigkeiten berücksichtigt und die Lebensumstände miteinbezogen werden.

Erfolgt eine Behandlung aus der Sicht des Risikomanagements nach dem *Risk-Need-Responsitivity Model* (RNR), dann besagt das Risikoprinzip (»R«), dass die höchste Intensität von Intervention und Überwachung auf Straftäter mit dem höchsten Rückfallrisiko angewandt werden sollte. In der Behandlung von Menschen mit Störungen der Intelligenzentwicklung kommen vor allem dem »N« (»Need«) und dem »R« (»Responsivity«) eine hohe Bedeutung zu. Nach dem Bedürfnisprinzip sollen vor allem kriminogene, risikorelevante Probleme wie antisoziale Einflüsse von Gleichaltrigen, Probleme im schulischen oder beruflichen Umfeld, Auswirkungen negativer Kindheitserfahrungen und Defizite in der Beziehungsfähigkeit adressiert werden (Blasingame & York 2020; Lindsay et al. 2012). Das Prinzip der Responsivität zielt auf eine Anpassung des therapeutischen Ansatzes durch die Behandelnden, sodass die Betroffenen motiviert werden und sich in der Folge mit höherer Wahrscheinlichkeit auf den Veränderungsprozess einlassen können (Andrews & Bonta 2006).

Ergänzend sollte das *Good-Life Model* nach Ward (Ward & Brown 2004) im Behandlungs- und Rehabilitationsplan von Menschen mit Störungen der Intelligenzentwicklung Anwendung finden (Aust 2010), da es diesen hilft, wichtige Lebensziele zu erkennen und Fähigkeiten zu entwickeln, wichtige Primärgüter wie z. B. Nähe oder Selbstwirksamkeit zu erreichen und ein zufriedenstellendes Leben zu führen. Menschen mit Störungen der Intelligenzentwicklung sind sozial schlechter integriert und verfügen meist über keine oder nur wenige sozial bedeutsame Beziehungen, was häufig einen deliktrelevanten Zusammenhang darstellt (Hauser et al. 2014; Wheeler et al. 2013). Dabei sind sie überdurchschnittlich oft belastenden Lebensumständen ausgesetzt mit negativen Kindheitserfahrungen, Arbeitslosigkeit, Isolation, Suchtmittelmissbrauch, fehlender Anerkennung und mangelnden tragfähigen Beziehungen, was soziotherapeutisch adressiert werden sollte.

FAZIT 2

Für die Erstellung einer individuellen Delikthypothese müssen die psychosexuelle Entwicklung der Person mit einer Störung der Intelligenzentwicklung, ihre Bedürfnisse und Fertigkeiten sowie die Interaktion in ihrem Umfeld berücksichtigt werden, um eine *counterfeit deviance* zu entdecken, adäquat zu beachten und zu adressieren.

30.4.2 Störungen der Intelligenzentwicklung und paraphile Störungen

Die Entstehung von Störungen der Sexualpräferenz (Paraphilien) ist weiterhin Gegenstand aktueller Forschung (Schiffer et al. 2017). Sie sind als »Paraphile Störungen« in der ICD-11 unter anderem in die folgenden Unterformen unterteilt:
- 6D30 Exhibitionistische Störung
- 6D31 Voyeuristische Störung
- 6D32 Pädophile Störung
- 6D33 Sexuell-sadistische Störung unter Ausübung von Zwang
- 6D34 Frotteuristische Störung
- 6D35 Sonstige paraphile Störung mit nicht einwilligenden Individuen

Neben biologischer Vulnerabilität und strukturellen Veränderungen in der Hirnentwicklung werden hormonelle und genetische Faktoren diskutiert sowie entwicklungsbedingte Einflüsse mit frühen Bindungs- und Beziehungsstörungen, ferner eigene Missbrauchserfahrungen (Seto & Lalumière 2010, Thibaut et al. 2020).

Die **Behandlung** von Menschen mit Störungen der Intelligenzentwicklung und paraphilen Störungen sollte in einen umfassenden Behandlungsplan integriert sein (siehe Abb. 30-1). Neben der gezielten Therapie der paraphilen Störung sollten Delinquenz begünstigende Entstehungsbedingungen einbezogen und vor allem auch weitere psychiatrische Komorbiditäten adäquat mitbehandelt werden. Grundlage der Behandlung stellen psychotherapeutische Verfahren dar. Studien haben gezeigt, dass unter Anwendung sexualpädagogischer Elemente sowie Arbeit an kognitiven Verzerrungen und gezielter Verbesserung der emotionalen und sozialen Kompetenzen der Betroffenen deren Beziehungsfähigkeit gesteigert werden kann (Heaton & Murphy 2013; Hollomotz & Caviezel Schmitz 2018). In Abhängigkeit von der Intensität der paraphilen Störung, dem Rückfallrisiko und der Schwere des Delikts kann zur Psychotherapie jedoch eine begleitende medikamentöse Therapie indiziert sein.

Bei Vorliegen einer Störung der Intelligenzentwicklung in Kombination mit einer paraphilen Störung orientiert sich die **medikamentöse Behandlung** leitliniengemäß an den Empfehlungen und dem Algorithmus der *World Federation of Societies of Biological Psychiatry* (WFSBP; Thibaut et al. 2020). Mit Zunahme des Schweregrads der paraphilen Störung erfolgt die Behandlung mittels selektiven Serotonin-Wiederaufnahmehemmern (SSRI), Antiandrogenen (z. B. Cyproteronacetat), Gonadotropin-Releasing-Hormon(GnRH)-Agonisten oder bei besonders schwer ausgeprägten Störungen mittels einer Kombination der genannten Medikamente. Dabei begründet das Bestehen einer pädophilen Störung oder eines sexuellen Sadismus fast immer die Behandlung mit einem GnRH-Agonisten (Thibaut et al. 2020).

Die Gabe von Antiandrogenen stellt neben der begleitenden Psychotherapie eine wirksame Behandlungsmethode zur Senkung des Rückfallrisikos dar. Ziel einer antiandrogenen Therapie ist das Absinken des Testosteronwerts bis in den Kastrationsbereich und dadurch die Reduktion und Kontrolle von paraphilen sexuellen Fantasien, Impulsen und Verhaltensweisen (Jordan et al. 2011). Der Rückgang dranghafter sexueller Impulse, aber auch die affektmodulierende Wirkung der antiandrogenen Medikation kann des Weiteren zu einer besseren therapeutischen Ansprechbarkeit führen.

Die Behandlung mit Antiandrogenen erfolgt in einem medizinischen und ethischen Spannungsfeld. Voraussetzung ist die Zustimmung des Betroffenen zu dieser Maßnahme. Hier sollte bei der ärztlichen Aufklärung des Patienten und gegebenenfalls seines gesetzlichen Betreuers auf eine einfache Sprache zurückgegriffen und diese medikamentös-therapeutische Option als Teil eines langfristigen Gesamtbehandlungsplans nachvollziehbar erläutert werden. Des Weiteren sollte vor Beginn einer antiandrogenen Therapie ein initialer Status der Sexualhormone erhoben werden, um eine somatische Ursache auszuschließen bzw. im Bestätigungsfall alternative Behandlungen zu initiieren (Thibaut et al. 2020).

Aufgrund der Vielzahl von Nebenwirkungen unter einer dauerhaften antiandrogenen Therapie kommt insbesondere dem Risikomanagement eine große Bedeutung zu, um unerwünschte Wirkungen frühzeitig erkennen und behandeln zu können. Mögliche Nebenwirkungen sind beispielsweise schnelle Ermüdung, Kopfschmerzen, Schlafstörungen, Gynäkomastie, Hitzewallungen, depressive Stimmung und metabolische Veränderungen. Besondere Bedeutung kommt dem erhöhten Risiko für eine Osteopenie bzw. Osteoporose zu, da Menschen mit Störungen der Intelligenzentwicklung oft weitere Risikofaktoren wie Bewegungsmangel, Nikotingenuss etc. aufweisen (Nguyen et al. 2015; Thibaut et al. 2020). Aufbauend auf umfangreichen Erfahrungen in der Behandlung des Prostatakarzinoms mit Antiandrogenen (Kasperk 2010) sollten zudem eine begleitende Basistherapie mit Calcium und Vitamin D, ein gesunder Lebensstil und regelmäßige Kontrolluntersuchungen verordnet werden. Im Falle einer Abnahme der Knochendichte wären dann die erforderlichen weiteren medikamentösen Therapieoptionen auszuschöpfen.

Eine antiandrogene Behandlung als Teil des Gesamtbehandlungsplans hat sich bei Menschen mit Störungen der Intelligenzentwicklung und paraphilen Störungen als effektiv und wirksam dargestellt. Durch eine supportive Therapie, die gezielt auf das Risikoprofil von paraphilen Störungen abzielt, können das Rückfallrisiko und Gefahrenpotenzial derart gesenkt werden, dass vollzugsöffnende Maßnahmen möglich werden. Eine Integration in gemeindepsychiatrische Strukturen, die kontrollierend und betreuend wirken, ist dann realisierbar. Es konnte gezeigt werden, dass durch eine komplexe Nachsorgebehandlung mit Psychotherapie, medikamentöser Behandlung und (professioneller) sozialer Integration, die bei Menschen mit Störungen der Intelligenzentwicklung und paraphilen Störungen stets indiziert ist, kriminalprognostische Bereiche wie Arbeit, soziale Beziehungen, Lebenszufriedenheit, erfüllende Aktivitäten und innerer Frieden gemäß dem Good-Life Model (Ward & Brown 2004) deutlich verbessert werden können (Voß et al. 2021). Da es sich bei der antiandrogenen Therapie prinzipiell um eine reversible Behandlung handelt, kann in begründeten Fällen bei positiver kriminalprognostischer Beurteilung ein Auslassversuch unternommen werden.

Leitliniengerecht muss neben einer antiandrogenen Medikation eine psychotherapeutische Behandlung erfolgen. Die frühere Annahme, dass Menschen mit Störungen der Intelligenzentwicklung nicht von einer Psychotherapie profitieren, wurde in der Zwischenzeit vielfach widerlegt (Beail 2003; Didden et al. 1997; Sakdalan et al. 2010). Neben der Vermittlung von sexualpädagogischen Inhalten und Wissen stehen hier auch das Erkennen eigener und fremder Grenzen und Regeln sowie Stressmanagement und Verbesserung der Selbststeuerung und Impulskontrolle im Fokus (Hollomotz & Caviezel Schmitz 2018). Dabei muss das therapeutische Vorgehen an das kognitiv-adaptive Entwicklungsniveau der Betroffenen adaptiert werden. Kürzere therapeutische Einheiten mit dafür insgesamt längerer Therapieplanung, das Benutzen Leichter Sprache und

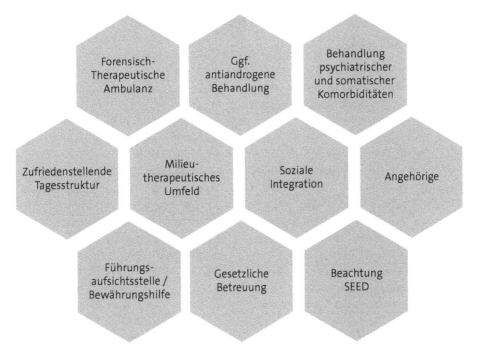

Abb. 30-1: Elemente der forensischen Nachsorge bei Menschen mit einer Störung der Intelligenzentwicklung und Paraphilien (SEED: emotionale Entwicklungsdiagnostik)

die visuelle Darstellung von Therapieinhalten stellen hier gute Möglichkeiten dar (Sappok et al. 2010). Neben den therapeutischen Inhalten sollte jedoch auch die Bedeutsamkeit weiterer psychotherapeutischer Effekte, wie beispielsweise eine Stabilisierung des Selbstwertgefühls, nicht unterschätzt werden. Eine offene, unvoreingenommene therapeutische Haltung, das Entgegenbringen von ehrlichem Interesse ohne Ent- und Bewertung sind wichtige Erfahrungen für Menschen mit einer Störung der Intelligenzentwicklung. Darüber hinaus können vor allem im gruppentherapeutischen Setting wichtige kommunikative Fertigkeiten wie Zuhören, gegenseitige Rücksichtnahme und Umgang mit Feedbacks trainiert werden.

Allein durch psychotherapeutische Einzel- und Gruppengespräche sowie Verbesserung des sozialen Lebensraums scheint die Rückfälligkeit in erneute Sexualstraftaten nicht ausreichend beherrschbar und kontrollierbar zu sein (Voß et al. 2021). Nach aktuellem Wissensstand ist es bei komplex gestörten Menschen mit einer Störung der Intelligenzentwicklung und paraphilen Störungen nur unter dem Schutz einer zusätzlichen antiandrogenen Medikation möglich, sie in stabile Lebenssituationen forensisch zu rehabilitieren. Daher ist eine gute Kenntnis des Nebenwirkungsprofils und -managements der antiandrogenen Therapie bei dieser Gruppe von entscheidender Bedeutung.

30.4.3 Störungen der Intelligenzentwicklung und herausforderndes Verhalten

Emerson et al. (2001) hatten bereits 2001 bei 10–15 % der Menschen mit Störungen der Intelligenzentwicklung Verhaltensauffälligkeiten beschrieben (siehe Kap. 18 Verhaltensstörungen). Eine vergleichbare Häufigkeit konnte in zahlreichen Folgestudien bestätigt werden, z. B. durch Lowe et al. (2007) und Lundqvist (2013). Am häufigsten beschrieb Emerson »andere Verhaltensstörungen« wie Wutausbrüche, Schreien, Weglaufen, Hyperaktivität, fehlende Mitarbeit/Non-Compliance, Stehlen und sexuell unangemessenes Verhalten. In 7 % der Fälle lagen Aggressionen, bei 4–5 % Sachbeschädigung und bei 4 % Selbstverletzungsverhalten vor. Bei 5–10 % der von Emerson untersuchten Probanden wurde eine »schwere Verhaltensstörung« *(More Demanding Challenging Behaviour)* beschrieben, in dem Sinne, dass das Problemverhalten mindestens einmal täglich auftrat, die Fähigkeit zur Teilhabe erheblich beeinträchtigte und körperliche Interventionen der Betreuungspersonen notwendig machte oder zu krankenhausbehandlungsbedürftigen Verletzungen führte. Eine aktuelle Studie von Bowring et al. (2017) bestätigte die Prävalenz von CB mit 18,1 %, in Verbindung mit auto- oder fremdaggressivem Verhalten in 7,5 % bzw. 8,3 % der Fälle sowie mit Stereotypien in 10,9 %.

Herausfordernde Verhaltensweisen weisen meist auf ein unbefriedigtes unmittelbares Bedürfnis oder kommunikatives Defizit hin (siehe NICE Guideline 2015, 2018; Tanwar et al. 2016). Das Verständnis des interaktionellen Charakters des Verhaltens macht daher einen kombinatorischen Mehr-Ebenen-Ansatz mit Schwerpunkt auf dem Interaktionsproblem zwischen den Betroffenen und ihrer Umgebung unabdingbar (Brylewski & Duggan 2001; Iemmi et al. 2016; Lloyd & Kennedy 2014). Therapeutische Maßnahmen sollten die Betroffenen unterstützen und helfen, ungünstige Milieufaktoren zu beseitigen (Heyvaert et al. 2010; Matson et al. 2012; Morrissey et al. 2017).

Forensisch relevant werden schwere expansive, aggressive und/oder impulsive Verhaltensauffälligkeiten, wenn sie als kriminell eingestuft und zur Anzeige gebracht werden (Van den Bogaard 2019). Bei einer Anklage und etwaiger sich anschließender Unterbringung im Maßregelvollzug nach § 63 StGB sind die Kliniken dann mit sehr komplexen, oft seit der Kindheit habitualisierten und eingeschliffenen und vor allem umweltabhängigen Störungsmustern als »Verhaltensauffälligkeiten« konfrontiert, zu deren Behandlung ihnen oftmals die diagnostischen Möglichkeiten, das heilpädagogische Personal, vor allem aber das erforderliche Umgebungsmilieu fehlen (Chester et al. 2018; Gormez et al. 2014). Alleinige medikamentöse Behandlungsansätze führen hier zu keiner nachhaltigen Verbesserung der Symptomatik (McGill et al. 2018).

30.4.4 Störungen der Intelligenzentwicklung und Brandstiftung

Die Diagnose Pyromanie (6C70) findet sich in der ICD-11 unter dem Kapitel »Störungen der Impulskontrolle«. Betrachtet man die aktuellen Diagnosekriterien, dann wird unter anderem ausgeführt, dass der Brand ohne offensichtliches Motiv gelegt wurde. Des Weiteren wird explizit formuliert, dass das Verhalten sich nicht durch eine intellektuelle Beeinträchtigung erklären lässt, sodass diese Diagnose bei Menschen mit Störungen der Intelligenzentwicklung nicht gestellt werden kann.

Neben Sexualstraftaten und Körperverletzung stellt Brandstiftung mit etwa 10–20 % eine wesentliche Deliktform bei Menschen mit Störungen der Intelligenzentwicklung dar (Alexander et al. 2015; Leonard et al. 2016; Seifert 2015). Man geht jedoch davon aus, dass Brandstiftungsdelikte bei diesen Personen nicht immer angezeigt oder strafrechtlich verfolgt werden, da die Grenzen zwischen delinquentem Verhalten und Brandstiftung im Rahmen von Problemverhalten verschwommen sind (Holland et al. 2002).

Wiederholt wurde in der Vergangenheit das isolierte Auftreten von Pyromanie infrage gestellt und empfohlen, diese Verhaltensweise als Symptom anderer psychischer Störungen zu verstehen (Kröber 2015, Leygraf 2009). Zudem wurde mehrfach versucht, Brandstiftungsdelikte anhand verschiedener Kriterien zu klassifizieren, was sich jedoch aufgrund der Heterogenität dieser Straftaten als schwierig erwies. Fineman (1995) grenzte in seiner Typologie Menschen mit Störungen der Intelligenzentwicklung bzw. Lernbehinderung von anderen Personengruppen, die Feuer legen, ab. Hierbei verwies er unter anderem auf den Aspekt, dass es dieser Gruppe nicht primär darum gehe, personellen oder Sachschaden zu verursachen. Das Legen von Feuer wird bei Menschen, die in ihrer Kommunikations- und Durchsetzungsfähigkeit eingeschränkt sind, als maladaptiver Prozess verstanden (Harris & Rice 1984; Smith & Short 1995). Negative Affekte und bedeutsame Ereignisse wie z. B. Enttäuschung, Vermeidung, Wut oder Stress können durch Brandstiftung in einer personell nicht konfrontativen und einer schnellen, dramatischen Handlung ausgelebt werden (Bumpass et al. 1983). Zwischenmenschliche Probleme, eine nicht zufriedenstellende Lebenssituation, mangelnde Kompetenzen in der Affektregulation und Defizite in der Fähigkeit zur Konfliktlösung führen bei Personen mit Störungen der Intelligenzentwicklung zu dem Versuch, durch Brandstiftung eine Veränderung der Lebensbedingungen herbeizuführen, wenn sich alternative Verhaltensweisen als unwirksam erwiesen haben oder als unwirksam empfunden werden (Dickens et al. 2008; Jackson et al. 1987). Neben ungünstigen Wechselwirkungen zwischen Menschen mit einer Störung der Intelligenzentwicklung und ihrem Umfeld können des Weiteren auch Lernerfahrungen, die die Betroffenen als positiv wahrnehmen, wie z. B. Beachtung oder Aufmerksamkeit durch die Brandstiftung, das maladaptive Verhalten weiter fördern (Jackson et al. 1987).

Internationale Studien haben gezeigt, dass vor allem Menschen mit einer Störung der Intelligenzentwicklung, die komorbid an Persönlichkeitsstörungen, schizophrenen Psychosen, Suchterkrankungen und Autismus-Spektrum-Störungen leiden, vermehrt Brandstiftungen begehen (Alexander et al. 2015; Barnett & Spitzer 1994). Daher bedarf es einer genauen Analyse, welche Psychopathologie und welche auslösenden Faktoren mit dem Problemverhalten assoziiert sind und welche Zielsymptomatik in der Therapieplanung adressiert werden muss. In der Behandlung werden vor allem einzel- und gruppentherapeutische Interventionen aus der kognitiven Verhaltenstherapie angewendet, wobei es im deutschsprachigen Raum diesbezüglich noch keine spezifischen Behandlungsmanuale für Menschen mit einer Störung der Intelligenzentwicklung gibt (Chaplin & Ry 2015; Taylor et al. 2002; Tyler et al. 2018). Neben edukativen Elementen in Bezug auf die Gefährlichkeit von Feuer werden in der internationalen Literatur als zentrale Elemente der therapeutischen Arbeit die Verbesserung der Kommunikations- und Durchsetzungsfähigkeit, die Regulierung negativer

Affekte wie Wut, das Erlernen von Selbstmanagement-Strategien und die Verbesserung des Selbstbewusstseins genannt (Lindsay et al. 2004).

30.4.5 Fallbeispiel

FALLBEISPIEL

Die frühe Biografie von Herrn M. verläuft infolge mehrerer Einflussfaktoren äußerst ungünstig. Beide Eltern leiden an einer Störung der Intelligenzentwicklung. Er selbst wächst in einem Heim auf, zeigt schon früh einen allgemeinen Entwicklungsrückstand und muss als Kleinkind mehrfach aufgrund einer Ernährungsstörung stationär behandelt werden. Während der Heimunterbringung wird Herr M. selbst mehrfach Opfer sexuellen Missbrauchs durch einen Erzieher, welcher unentdeckt bleibt. In der späteren Pflegefamilie wird Herr M. als ruhig und gutmütig beschrieben; er habe jedoch viel Anleitung im Alltag benötigt. Eigene pädophile Interessen bemerkt Herr M. erstmalig im Alter von zwölf Jahren, als er seine Nichte wickelt und eine Erektion bekommt. In der folgenden Zeit begeht er mehrfach einen sexuellen Missbrauch an ihr.

Mit 21 Jahren zieht er in eine betreute Wohngruppe; es treten erste Schwierigkeiten im Umgang mit ihm auf. Herr M. spielt stundenlang am PC und es stellt sich bei ihm ein gestörter Schlafrhythmus ein. Auf der Arbeit reagiert er mit Überforderungserleben, es kommt zu einer Reihe von Fehltagen und letztendlich verliert er die Arbeitsstelle wegen »mangelnder Mitwirkungsbereitschaft«. Er vernachlässigt seine Pflichten und zeigt erste Verwahrlosungstendenzen im Alltag. In Internetforen konsumiert Herr M., der zum Tatzeitpunkt sozial zurückgezogen und ohne Tagesstruktur lebt, deviantes Material zur sexuellen Stimulation. Ebenfalls über das Internet sucht er Mütter und bittet sie – mit dem Versprechen einer Gegenleistung von Geld – um Übersendung von Nacktfotos ihrer Töchter. Dabei missbraucht er zwei Mädchen (2 Jahre und 7 Jahre) sexuell.

Im Hauptverfahren wird ein Gutachten nach Aktenlage erstellt. Der Sachverständige diagnostiziert eine Intelligenzminderung aufgrund einer aktenanamnestischen Leistungstestung im Jahr 2003, welche einen IQ im Bereich 60 bis 70 ergeben hatte. Der Gutachter konstatiert jedoch aufgrund der zielvollen Planung über einen langen Zeitraum und wegen des manipulativen Verhaltens die volle Schuldfähigkeit. Sozioemotionale Aspekte oder die damaligen Lebensumstände werden in der Beurteilung der Schuldfähigkeit nicht berücksichtigt. Herr M. kommt in den Strafvollzug und verbüßt eine Freiheitsstrafe von vier Jahren. Er wird in die Sozialtherapeutische Anstalt aufgenommen und nimmt an einer Gruppentherapie für Sexualstraftäter teil. Während der Behandlung in der JVA zeigt sich Herr M. zwar einerseits durchaus therapiebereit und -motiviert; gleichzeitig stellt sein sozioemotionaler Entwicklungsstand mit weiterhin hoher sexueller Dranghaftigkeit, Impulsivität, egozentrischen Erlebens- und Verhaltensweisen eine große therapeutische Herausforderung dar. Deviante Gedanken werden verheimlicht, um diese ungestört ausleben zu können. Nach einem Lockerungsmissbrauch mit deliktnahem Verhalten stimmt Herr M. einer medikamentösen Therapie mit einem SSRI zu. Darunter berichtet er von einem Rückgang seiner devianten Fantasien, wenn auch das Thema Sexualität weiterhin einen wichtigen Stellenwert in seinem Leben einnimmt.

Nach Vollverbüßung seiner Haftstrafe wird Herr M. in eine störungsspezifische Wohngruppe entlassen. Neben den Wohnbetreuern, dem gesetzlichen Betreuer, der WfbM, den Pflegeeltern und dem Bewährungshelfer erfolgt die Nachsorge durch die Forensisch-Therapeutische Ambulanz. Herr M. zeigt nach der Haftentlassung zunächst Anpassungsschwierigkeiten mit Rückzug und Unzufriedenheit. Es kommt mehrfach zu Weisungsverstößen durch deliktnahes Verhalten in Form von Handybeschaffung und Kontaktaufnahmen, welche jedoch zeitnah durch das soziale Umfeld entdeckt werden können. Unter Druck stimmt Herr M. einer medikamentösen Umstellung auf ein antiandrogenes Medikament zu. Trotz wiederholter Rückschläge gelingt es, Herrn M. im therapeutischen Kontakt zu halten. Er erhält tägliche Reflexionsgespräche und kann zunehmend besser sein Verhalten an verinnerlichten Normen orientieren.

Der Beginn einer für ihn zufriedenstellenden Partnerschaft trotz aktueller antiandrogener Behandlung erfüllt weitgehend sein Bedürfnis nach Nähe und Anerkennung. Doch auch weiterhin wird Herr M. enge Kontroll- und Betreuungsmaßnahmen benötigen, um ihn in Lebenskrisen zu begleiten und seine sozioemotionalen Fertigkeiten weiter nachreifen zu lassen.

MICHAEL SEIDEL

31 Die NS-Verbrechen an Menschen mit psychischen Erkrankungen oder geistiger Behinderung unter maßgeblicher ärztlicher Mitverantwortung

Es fällt schwer, eine angemessene Sprache zu finden, um ein so ungeheuerliches Geschehen in Worte zu fassen, Definitionen, Klassifikationen und Interpretationsmodelle zu bilden, um einem Erklären oder gar einem Verstehen näher zu kommen, rechtliche Normen und moralische Kategorien zu entwickeln, um Massenmorde angemessen zu beurteilen und zu bestrafen.
(H. W. Schmuhl 2020, S. 437)

31.1 Einleitung

Menschen mit psychischer Erkrankung oder geistiger Behinderung – im Einklang mit der deutschsprachigen Fachliteratur zu den Verbrechen der NS-Zeit wird hier der zumeist verwendete Begriff *geistige Behinderung* benutzt – wurden in der NS-Zeit in unvorstellbarem Umfang Opfer von Verbrechen. An deren ideeller Vorbereitung, Planung, Organisation und Durchführung waren Angehörige des ärztlichen Berufs maßgeblich beteiligt. Daraus erwachsen heute und in Zukunft allen Ärztinnen und Ärzten besondere Verpflichtungen gegenüber Menschen mit psychischer Krankheit oder geistiger Behinderung. Dies umfasst sowohl die kompetente fachliche Versorgung und den respektvollen Umgang mit diesen Mitbürgerinnen und Mitbürgern als auch die sorgfältigste Beachtung juristischer und ethischer Aspekte. Allen heutigen und zukünftigen Angriffen auf deren Menschenwürde ist entschlossen entgegenzutreten, auch wenn sie als zwangsläufige Folge wirtschaftlicher Notwendigkeiten dargestellt werden.

Die erwähnten Verbrechen können folgenden Komplexen zugeordnet werden:
1. die *Zwangssterilisationen* auf der Grundlage des nationalsozialistischen *Gesetzes zur Verhütung erbkranken Nachwuchses* vom 14. 07. 1933, in Kraft ab Januar 1934
2. mehrere unterscheidbare *Mordaktionen* an psychisch Kranken und Menschen mit Behinderung
3. unfreiwillige *medizinische Experimente*,

denen neben KZ-Häftlingen und anderen entrechteten Randgruppen auch Menschen mit psychischer Krankheit oder geistiger Behinderung unterworfen wurden

Alle drei Komplexe verbindet, dass ihren Opfern der Wert ihres Lebens abgesprochen und sie zur Verfügungsmasse für fremde Interessen herabgewürdigt wurden. Doch standen jeweils unterschiedliche Ziele im Vordergrund. Die Zwangssterilisierungen verfolgten vor allem eugenische und bevölkerungspolitische Intentionen; sie sollten die Belastungen künftiger Generationen durch erbliche Krankheiten vermindern und den deutschen »Volkskörper« von derartigen Belastungen befreien. Die Mordaktionen galten dem Ziel, als »lebensunwert« eingestufte »Ballastexistenzen« ohne wirtschaftliche Brauchbarkeit, für die die »Volksgemeinschaft« erhebliche personelle, finanzielle und andere Ressourcen aufzubringen hatte, zu beseitigen oder die erwähnten Ressourcen anderweitig nutzen zu können, etwa im Kontext des militärischen Eroberungszuges. Die verbrecherischen Experimente standen im Dienst wissenschaftlicher Forschung einerseits, individueller Karrieren der Täterinnen und Täter sowie der Interessen der Industrie andererseits (siehe Klee 2001b).

In der Nachkriegszeit wurde die Legende verbreitet, die erwähnten Verbrechen seien Taten weniger irregeleiteter und politisch fanatischer Personen gewesen, oft unzureichend ausgebildet und fachlich wenig kompetent. Heute wissen wir, dass einflussreiche Personen aus Wissenschaft, Wissenschaftspolitik und medizinischer Versorgung sowie akademische Lehrende aus unterschiedlichen Gründen bereitwillig mit dem NS-System zusammenarbeiteten: aus fachlicher Überzeugung, aus politischer Gefolgschaft, aus Karrierismus etc. Einige waren Mitläuferinnen und Mitläufer, viele duldeten, förderten oder wirkten aktiv mit (siehe Schmuhl 2016; Schott & Tölle 2006).

31.2 Historischer Hintergrund

Die Zwangssterilisationen und die Ermordung (»Euthanasie«) von Menschen mit Behinderung und psychischen Erkrankungen haben eine komplexe Vorgeschichte, die hier nur knapp skizziert werden kann. Es kann auf eine umfangreiche Literatur und auf unterschiedlich ausführliche Übersichtsdarstellungen (z.B. Benzenhöfer 1999; v. Cranach & Siemen 2012; Nowak 1984; Schmuhl 1987, 2016; Schneider & Lutz 2014; Schott & Tölle 2006) hingewiesen werden.

Die Verbrechen wurzeln maßgeblich in den eugenischen bzw. rassenhygienischen Vorstellungen des späten 19. Jahrhunderts und des ersten Teils des 20. Jahrhunderts. Diese hatten ihren Ausgang unter anderem bei dem britischen Gelehrten Francis Galton genommen. Unter der Annahme, die meisten körperlichen, geistigen und moralischen Eigenschaften einer Person würden vererbt, meinte er, der Fortschritt der Menschheit hänge von der gezielten Selektion erblich vermittelter Fähigkeiten ab. Der von ihm 1883 geprägte Begriff *Eugenik* meinte die Verbesserung des Menschen.

Die Diskurse zur Sterilisierung und zur Tötung (»Euthanasie«) sind nicht streng zu trennen. Die Sterilisationsdebatte, entstanden im Kontext der eugenisch-rassenhygienischen Bewegung auf dem Hintergrund wissenschaftlicher, sozialpolitischer und kultureller Faktoren (Roelcke 2002), fand in Deutschland breite Zustimmung über alle politischen Lager hinweg, auch bei den Kirchen (Bock 1986, 2010; Nowak 1984). Dissens bestand vor allem hinsichtlich des Zwangs, übrigens auch weniger wegen grundsätzlicher moralischer Bedenken, eher angesichts noch ungeklärter psychiatrischer und erbbiologischer Fragestellungen.

Die Ermordung von Menschen mit psychischer Krankheit oder geistiger Behinderung wurde auch in Hitlers Deutschland nie auf gesetzliche Grundlagen gestellt. Doch Ärztinnen und Ärzte und Pflegekräfte, darunter gerade vormals reformpsychiatrisch engagierte Akteure wie Hermann Paul Nitsche oder Valentin Faltlhauser – um nur zwei Beispiele zu nennen –, stellten sich für Planung und Durchführung der Mordaktionen zur Verfügung. Sie verstießen damit wissentlich gegen geltendes Recht und gegen die ärztliche Ethik. Die prekäre Situation der Psychiatrie jener Zeit – Überfüllung der psychiatrischen Krankenhäuser sowie erheblicher wirtschaftlicher und fachlicher Rechtfertigungsdruck – trägt zur Erklärung bei. Zu Beginn des NS-Regimes stieg die Belegung psychiatrischer Heil- und Pflegeanstalten auf rund 340 000 an (Schmuhl 2001, S. 298); trotz der Zwangssterilisierungen gab es nicht die in Aussicht gestellte Entlassungswelle aus den Krankenhäusern. Die daraufhin verminderten Pflegesätze beschränkten die (Be-)Handlungsmöglichkeiten beträchtlich. Dadurch entstand ein wachsendes Spannungsfeld zwischen den prekären Bedingungen des Alltags in den Krankenhäusern und seiner Hinterfragung einerseits, andererseits den Möglichkeiten neuer therapeutischer Ansätze – aktivere Krankenbehandlung (Simon 1929) oder neue somatotherapeutische Verfahren wie Cardiazolkrampf- und Insulinkomabehandlung, Elektrokonvulsionsbehandlung –, die doch hoffen ließen, die jahrzehntelange therapeutische Stagnation zu durchbrechen.

Unter Bezug auf weitverbreitete Sympathien für die Abwertung schwerstkranker, unheilbarer und behinderter Menschen als »Ballastexistenzen«, deren Leben seinen Wert verloren habe, lag der die ethische Grenze überschreitende Schluss nahe, sie zu »erlösen« und freie Kapazitäten zu gewinnen zugunsten der »Heilbaren«. Der politische bzw. administrative Druck auf die Psychiatrie dürfte als Brandbeschleuniger bei der Radikalisierung eines beträchtlichen Teils der dort Tätigen, vor allem der Verantwortlichen, gewirkt haben.

31.3 Die Zwangssterilisationen auf der Grundlage des Gesetzes zur Verhütung erbkranken Nachwuchses von 1933

Namhafte deutsche Eugeniker hatten bereits 1932 einen Gesetzentwurf zur freiwilligen Sterilisierung vorgelegt (Bock 2010, S. 42). Er fand breite Unterstützung über alle politischen, ideologischen und religiösen Lager hinweg. Doch infolge der labilen politischen Situation jener Zeit wurde er nicht im Reichstag verabschiedet. Bald nach Hitlers Machtübernahme, nämlich schon am 14. Juli 1933 wurde das nationalsozialistische *Gesetz zur Verhütung erbkranken Nachwuchses* (1933) verabschiedet. Es trat ab Januar 1934 in Kraft und erfuhr in den folgenden Jahren einige Änderungen.

Bei der Verabschiedung des Gesetzes wies die nationalsozialistische Regierung auf ausländische Sterilisationsgesetze hin. Ausländische Eugeniker – beispielsweise Popenoe (1934) – lobten das deutsche Gesetz.

Die Gesetzesbegründung hob die eugenische Zielsetzung deutlich hervor: »So soll die Unfruchtbarmachung eine allmähliche Reinigung des Volkskörpers und die Ausmerzung von krankhaften Erbanlagen bewirken« (zit. n. Deutscher Bundestag 2006). Bald nach der Verabschiedung des Gesetzes veröffentlichten der Psychiater Ernst Rüdin sowie die Juristen Arthur Gütt und Falk Ruttke den maßgeblichen Gesetzeskommentar (Gütt et al. 1934).

Das NS-Gesetz von 1933 bestimmte die Zwangssterilisation aller Personen, die an folgenden als erblich aufgefassten Störungen leiden:
1. angeborener Schwachsinn
2. Schizophrenie
3. zirkuläres (manisch-depressives) Irresein
4. erbliche Fallsucht
5. erblicher Veitstanz (Huntington'sche Chorea)
6. erbliche Blindheit
7. erbliche Taubheit
8. schwere erbliche körperliche Missbildung

Des Weiteren konnte sterilisiert werden, wer an schwerem Alkoholismus leidet.

Das Gesetz verpflichtete Ärztinnen und Ärzte sowie Verantwortliche in Wohlfahrtsinstitutionen oder Krankenhäusern dazu, jede Person, die die Kriterien des Gesetzes erfüllt, auch Verdachtsfälle, den Erbgesundheitsgerichten bei den Amtsgerichten zu melden. Die Erbgesundheitsgerichte bestanden aus einem Amtsrichter (Vorsitz), einem beamteten Arzt und einem weiteren, mit der Erbgesundheitslehre besonders vertrauten Arzt. Jeden einzelnen Fall mussten die Erbgesundheitsgerichte nach den Kriterien des Gesetzes bewerten und mit Mehrheit entscheiden. In strittigen, unklaren oder in Berufungsfällen oblag die endgültige Entscheidung dem an das Oberlandesgericht angegliederten Erbgesundheitsobergericht. Jede gerichtlich beschlossene Sterilisation war, gegebenenfalls unter Gewaltanwendung, in ausgewählten Krankenhäusern – auch solchen in kirchlicher Trägerschaft – auszuführen.

Die Erbgesundheitsgerichte entschieden in etwa 300 000–400 000 oder mehr Fällen zugunsten der Zwangssterilisation. Die meisten Sterilisationen erfolgten bei Menschen mit geistiger Behinderung – »Schwachsinn« in der damaligen Diktion – und Menschen mit Schizophrenie. Viele starben an den Folgen des Eingriffs (Bock 1986, 2010). Mit Kriegsbeginn wurden die Zwangssterilisierungen reduziert.

Die Häufigkeit der Sterilisationsentscheidungen variierte von Region zu Region. Die exakte Anzahl der Sterilisationen nach den Bestimmungen des Gesetzes sowie die Anzahl von Sterilisationen ohne strikte Anwendung der gesetzlichen Vorschriften sind aus verschiedenen Gründen nicht bekannt (Bock 2010, S. 248). Das Reichsinnenministerium verbot die Veröffentlichung von Statistiken ab 1936, da es in der ausländischen Presse zu Hochrechnungen der Sterilisationszahlen gekommen war, die international Anstoß erregten. Zudem erfolgten die Sterilisationen nicht nur im Gebiet des Deutschen Reichs, sondern später auch in annektierten oder militärisch besetzten Gebieten. Unter Kriegseinwirkungen gingen viele Archive verloren oder wurden zerstört.

31.4 Die Massenmordaktionen an Menschen mit psychischen Erkrankungen oder geistiger Behinderung

Ungefähr 260000 psychisch Kranke und Menschen mit geistiger Behinderung fielen den Massenmordaktionen in den Jahren 1939 bis 1945 im Deutschen Reich zum Opfer. Zählt man die Ermordeten in den besetzten und annektieren Gebieten hinzu, erhöht sich die Zahl auf rund 300000 Menschen (Osterloh et al. 2022). In der wissenschaftlichen Literatur, noch weit entfernt von einem Konsens (Schmuhl 2010, S. 66), wurden verschiedene Erklärungen für diese Verbrechen herangezogen: eugenische, rassenhygienische, bevölkerungspolitische, wirtschaftliche und kriegswirtschaftliche Motive. Vermutlich handelt es sich um eine Kombination derselben, wobei im Laufe der Zeit wohl die Schwerpunkte wechselten.

Schon 1929 hatte Hitler auf dem NSDAP-Reichsparteitag erklärt, die Beseitigung der Schwächsten unter den Neugeborenen steigere die Kräfte der Nation. Noch auf dem Reichsparteitag 1935 hatte er die Umsetzung solcher Pläne hinausgezögert, da ihm erst späteres Handeln im Kriegsfall ratsam schien. Tatsächlich stehen die später verwirklichten Mordaktionen nicht nur in engem zeitlichem, sondern auch inhaltlichem Zusammenhang mit dem Beginn des Zweiten Weltkrieges.

Die wichtigsten einigermaßen abgrenzbaren Mordaktionen, die allerdings einige Überschneidungen aufweisen, sind:
- die Ermordung von Kindern in der Kinder-»Euthanasie« an den Kinderfachabteilungen (1939–1945)
- die zentral organisierte Ermordung von Erwachsenen in der *Aktion T4* (1940–1941)
- die dezentralisierte Fortsetzung der Morde (»Wilde Euthanasie«) (1941–1945)
- die Ermordung kranker oder behinderter Häftlinge in Konzentrationslagern in der *Aktion 14f13* (1941–1944)
- die Ermordung von Menschen mit psychischen Erkrankungen oder Behinderungen in annektierten und besetzten Gebieten (1939–1945)

31.4.1 Die Kinder-»Euthanasie« in den Kinderfachabteilungen

Planungszentrum auf dem Gebiet der Rassenhygiene und Bevölkerungspolitik war der *Reichsausschuss zur wissenschaftlichen Erfassung von erb- und anlagebedingten schweren Leiden*. Dessen politische Steuerung lag bei der *Kanzlei des Führers (KdF)* unter Reichsleiter Philipp Bouhler, einer unmittelbar Hitler unterstellten Parteidienststelle der Nationalsozialistischen Deutschen Arbeiterpartei (NSDAP) (siehe z. B. Klee 2010).

Der Reichsausschuss, zu dessen Entstehung es unterschiedliche Aussagen der Beteiligten gibt (Benzenhöfer 2020), bildete sich um die Jahreswende 1938/39 herum (Schmuhl 2001, S. 300 f.).

Der Leipziger Kinderarzt Prof. Werner Catel, Reichsausschussmitglied, empfahl 1939 den Eltern eines schwerstbehinderten Kindes, Hitler um die Erlaubnis zur Tötung ihres Kindes – eine strafbare Handlung – zu ersuchen. Hitler übertrug die Prüfung des Falles seinem Begleitarzt Karl Brandt, der im Juli 1939 die Tötung des Kindes veranlasste. Hitler ermächtigte sodann Brandt und Bouhler auf mündlichem Wege, in ähnlichen Fällen in gleicher Weise zu verfahren. Maßgebliche Planungs- und Leitungsinstanz der Aktivitäten blieb der Reichsausschuss (Topp 2004).

Weil die geplante Kinder-»Euthanasie« vornehmlich auf Kinder außerhalb von Anstalten zielte, war es notwendig, die Gesundheitsämter einzubeziehen. Ein streng vertraulicher Runderlass des Reichsministers des Innern vom 18. August 1939 verpflichtete Ärzte, Hebammen, Entbindungskliniken etc., die Gesundheitsämter mittels eines Formblatts über Neugeborene und Kinder unter drei Jahren mit sogenannter Idiotie, Mongolismus, Mikrozephalie, Hydrozephalus, Missbildungen und Zerebralparese zu informieren. Später wurden die Altersgrenzen angehoben sowie auch Kinder und Jugendliche aus Anstalten einbezogen. Das benutzte Formblatt suggerierte, eine besondere Fürsorge für die Kinder sei beabsichtigt. Die Gesundheitsämter hatten die eingereichten Formulare an den Reichsausschuss weiterzuleiten.

Nach Aussortierung der Mehrzahl der Fälle durch zwei KdF-Funktionäre, die über keinerlei medizinische Ausbildung verfügten, wurden die verbleibenden rund 20 000 Fälle ohne jede persönliche klinische Untersuchung allein auf der Grundlage der Formulare von nur drei medizinischen Experten beurteilt: Prof. Werner Catel (Direktor der Universitätskinderklinik Leipzig), Dr. Hans Heinze (Direktor der Landesanstalt Brandenburg-Görden) und Dr. Ernst Wentzler (Direktor einer privaten Kinderklinik in Berlin-Frohnau).

Die zur »Euthanasie« bestimmten Kinder kamen in eine der 30 *Kinderfachabteilungen* (Hohendorf 2022), eingerichtet in Krankenhäusern, Kinderkliniken und an Universitätskliniken in Deutschland und Österreich. Die euphemistische Bezeichnung täuschte Eltern und Öffentlichkeit über deren Aufgaben. Den Eltern erklärte man, ihr Kind werde dort nach gründlicher ärztlicher Beurteilung, bei gutem Essen und Versorgung eine Sonderbehandlung erhalten. Manche Eltern ahnten wohl, was geschehen würde, und verweigerten die Zustimmung. Manche renitenten Eltern wurden auf verschiedene Weise zur Zustimmung gezwungen, etwa mit der Drohung des Sorgerechtsentzugs.

Die in Kinderfachabteilungen aufgenommenen Kinder wurden entweder sofort ermordet oder zunächst als Objekte wissenschaftlicher Forschung und Experimente missbraucht. In diesem Fall wurden klinische Befunde, Verhaltensbesonderheiten und andere Aspekte sorgfältig beobachtet und dokumentiert. Manche Kinderfachabteilungen (Brandenburg, Heidelberg) hatten eigene Forschungsabteilungen. Nach einigen Wochen des Aufenthalts wurden die Kinder getötet, zumeist durch Medikamentenüberdosierung, Nahrungsreduktion oder Unterlassen der Behandlung von Krankheiten. Die Eltern wurden über den Tod informiert, aber nicht über dessen wahre Ursachen.

Die getöteten Kinder wurden obduziert. Die Gehirne wurden von den Ärzten der Kinderfachabteilungen untersucht, oft in Zusammenarbeit mit namhaften wissenschaftlichen Instituten bzw. dorthin geschickt. Das Kaiser-Wilhelm-Institut für Hirnforschung in Berlin-Buch unter der Leitung von Prof. Julius Hallervorden war die wichtigste wissenschaftliche Einrichtung, die »Material« aus den Tötungsanstalten erhielt (Aly 1987; Schmuhl 2002).

Die beschriebene Mordaktion an Kindern und Jugendlichen mit Behinderung begann 1939. Bis zum Ende des Krieges wurden sicher mehr als 5000 Kinder ermordet, wahrscheinlich sogar 8000 bis 10 000 (Hohendorf 2022, S. 50 f.). Andere Minderjährige fielen weiteren Mordaktionen, namentlich der »Aktion T4« und der dezentral ausgeführten »Wilden Euthanasie« (siehe Abschn. 31.4.3) zum Opfer.

31.4.2 Die zentral gesteuerte Aktion T4

Diese Phase des Mordes an psychisch kranken und behinderten Menschen – hauptsächlich im Erwachsenenalter – kostete zwischen Januar 1940 und August 1941 rund 70 000 Menschen aus Heil- und Pflegeanstalten des Deutschen Reiches und der annektierten Gebiete das Leben. Mit euphemistischen Begriffen wie *Aktion Gnadentod* – ein Begriff, der schon von Binding & Hoche (1920) benutzt worden war – oder *Euthanasie-Aktion* getarnt, wurde sie von der Kanzlei des Führers (KdF) gesteuert. Zur Verschleierung dessen wurde die Zentraldienststelle in der Berliner Tiergartenstraße 4 eingerichtet. Die heute übliche Bezeichnung *Aktion T4* oder *T4-Aktion* kam unter Bezug auf die Adresse der Zentrale in der Berliner Tiergartenstraße 4 erst nach dem Krieg auf.

Im Juli 1939 beriet Hitler mit Leonardo Conti (Reichsgesundheitsführer), Hans Heinrich Lammers (Chef der Reichskanzlei) und Martin Bormann (Leiter der NSDAP-Parteikanzlei) über die Ausweitung der mit der Kinder-»Euthanasie« begonnenen Vernichtung lebensunwerten Lebens. Bouhler als Chef der KdF besprach sich am 10. August 1939 mit Karl Brandt, Leonardo Conti, Herbert Linden (Reichsministerium des Innern), Viktor Brack (Leiter des Hauptamtes II der KdF), Hans Hefelmann (Leiter des Amtes IIb der KdF) und einer Reihe von Ärzten, die zur Mitwirkung gewonnen werden sollten. Bouhler erklärte offen, die Tötung sogenannter Geisteskranker könne Raum- und Personalkapazitäten für Militärkrankenhäuser schaffen (Klee 2010, S. 84). Prof. Werner Heyde (Universität Würzburg) und Prof. Hermann Paul Nitsche (Pirna-Sonnenstein) wurden zu medizinischen Leitern der *T4-Aktion* berufen, der Kreis ihrer Mitarbeitenden wurde später noch ausgedehnt.

Die Ärzte für den operativen Teil des Vernichtungsprogramms wurden unter dem Gesichtspunkt ihrer politischen Zuverlässigkeit, ihres beruflichen Ansehens und ihrer Sympathie für radikale Maßnahmen ausgewählt. Neben Prof. Heyde und Prof. Nitsche sind vor allem Prof. Carl Schneider (Universität Heidelberg) und Prof. Maximilian de Crinis (Charité Berlin) zu nennen.

Die Vernichtung lebensunwerten Lebens gesetzlich zu regeln, hatte Hitler mehrfach abgelehnt. Doch im Oktober 1939, kurz nach dem Überfall auf Polen und rückdatiert auf den 1. September 1939 – das Datum des Kriegsbeginns –, ermächtigte er Brandt und Bouhler mit einem knappen maschinenschriftlichen Text auf seinem privaten Briefpapier: »Reichsleiter Bouhler und Dr. med. Brandt sind unter Verantwortung beauftragt, die Befugnisse namentlich zu bestimmender Ärzte so zu erweitern, dass nach menschlichem Ermessen unheilbar Kranken bei kritischster Beurteilung ihres Krankheitszustandes der Gnadentod gewährt werden kann.« Dieser Text, nur von Hitler unterschrieben und von keinem Minister gegengezeichnet, war nur einem kleinen Personenkreis bekannt, denn die Ermordung kranker und behinderter Menschen war strafbar.

Die zentrale Steuerung durch die KdF erfolgte, wie schon dargelegt, über die T4-Zentrale in Berlin. Als einzige staatliche Behörde war das Reichsinnenministerium beteiligt. Die T4-Zentraldienststelle trat in Form von Tarnorganisationen nach außen in Erscheinung:

- *Reichsarbeitsgemeinschaft Heil- und Pflegeanstalten.* Sie bestand seit Ende 1939 innerhalb des Hauptamtes II der KdF und erfasste mit der medizinischen Abteilung unter Heyde und Nitsche sowie der Verwaltungsabteilung die Opfer der Mordaktion.
- *Gemeinnützige Krankentransport GmbH (Gekrat).* Ihr oblag der Transport der

Opfer in die Zwischen- bzw. Tötungsanstalten.
- *Gemeinnützige Stiftung für Anstaltspflege.* Sie war der offizielle Arbeitgeber der etwa 400 Mitarbeiter der *T4-Aktion*.
- *Zentralverrechnungsstelle Heil- und Pflegeanstalten.* Sie wickelte die finanziellen Angelegenheiten mit den Anstaltsträgern ab. Betrügerische Abrechnungen, Unterschlagung der Hinterlassenschaften der Ermordeten zugunsten der SS und anderes gehörten zu ihren Aktivitäten.

Ab Herbst 1939 versandte das Reichsinnenministerium Formulare an psychiatrische Krankenhäuser, Behinderteneinrichtungen, Pflegeheime, Altenheime etc. Alle Personen, die dort seit fünf oder mehr Jahren untergebracht oder als »kriminell geisteskrank« eingestuft oder »nicht-arischer Rasse« waren oder bestimmte Erkrankungen wie Schizophrenie, Epilepsie, Chorea Huntington, Syphilis, senile Demenz, Lähmungen, Enzephalitis und fortgeschrittene neurologische Erkrankungen hatten, sollten gemeldet werden. In die übersandten Formulare waren Informationen zu folgenden Aspekten einzutragen: Diagnosen, Symptome, Dauer des Aufenthalts, Verhaltensauffälligkeiten, Arbeitsfähigkeit, Familienkontakte, rassische Aspekte, Straffälligkeit etc. Nicht kooperierende Einrichtungen wurden von T4-Ärzten (oder Medizinstudierenden) aufgesucht, die dann die Listen zusammenstellten.

Zu Beginn der *Aktion T4* glaubten manche Ärztinnen, Ärzte und Verwaltungschefs noch, die Vorgänge könnten dazu dienen, für den Arbeitsdienst geeignete Personen zu identifizieren. In der Absicht, sie vor dieser Inanspruchnahme zu schützen, übertrieben sie manchmal die Beschreibung der Beeinträchtigungen. Später, als die Wahrheit bekannt geworden war, empfahlen einige den Familien, ihre kranken oder behinderten Angehörigen nach Hause zu holen und so vor der Ermordung zu bewahren.

Die von den Krankenhäusern, Anstalten, Heimen etc. oder auch von den Ärztekommissionen ausgefüllten Meldebogen wurden durch die Registratur der T4-Zentraldienststelle in einer Zentralakte (Z-Akte) eines jeden Opfers abgelegt. In der Zentralakte wurden neben dem originalen Meldebogen die Meldebogen-Kopien mit den Entscheidungen der drei Gutachter abgelegt. Nach Rücklauf der Meldebogen-Kopien wurden die gutachterlichen Entscheidungen auf den originalen Meldebogen übertragen. Der derart ergänzte Meldebogen wurde einem der Obergutachter zur abschließenden Entscheidung vorgelegt.

Etwa vierzig Ärzte (eine Liste von 39 Gutachtern und zwei Obergutachtern mit Kurzbiografien findet sich bei Harms [2010]) – zumeist psychiatrische oder neurologische Fachleute – arbeiteten heimlich und freiwillig neben ihrer üblichen beruflichen Tätigkeit als Gutachter für die *T4-Aktion*. Sie sahen jeden einzelnen Meldebogen durch, dokumentierten ihre Entscheidung zur Tötung durch ein rotes Plus-Zeichen und unterschrieben den Meldebogen. Manchmal überprüften sie Hunderte von Meldebogen in kürzester Zeit. Eine ärztliche Untersuchung fand nicht statt. Anschließend wurden die Transportlisten der zur Tötung ausgewählten Opfer zusammengestellt und den Krankenhäusern, Anstalten und Heimen nebst genauen Instruktionen zur Vorbereitung der Verlegung übersandt.

Ab Frühsommer 1940 erfolgte der Transport nicht mehr unmittelbar in die Tötungsanstalten, sondern zunächst in Zwischenanstalten, um die Spuren der Opfer zu verwischen und die wahren Absichten zu verschleiern. Der Transport mit den anfänglich rot, später grau lackierten Bussen oblag der eigens dafür gegründeten *Gemeinnützigen Krankentransportgesellschaft (Gekrat).* Weder die zur Tötung bestimmten Patientinnen und Patienten noch deren Angehörige waren über die tödliche Entscheidung informiert worden. Doch viele Opfer wussten um ihr bevorstehendes Schicksal oder erahnten es. Voller Angst erwarteten sie die Ankunft der Busse.

Die Familien erhielten Briefe mit gefälschten Erklärungen für die Verlegung in die Zwischenanstalten. Man teilte ihnen mit, aufgrund kriegsbedingter Bestimmungen sei es nicht möglich, die kranken oder behinderten Verwandten dort zu besuchen. Einige Angehörige interpretierten die Verlegung als Hinweis auf den drohenden Tod. Manchen gelang es noch, ihre Angehörigen aus den Zwischenanstalten herauszuholen. Nach einiger Zeit wurden die Opfer durch die Gekrat aus den Zwischenanstalten abgeholt und in eine der fünf Tötungsanstalten in Deutschland (Bernburg, Brandenburg, Hadamar, Grafeneck, Pirna-Sonnenstein) oder eine in Österreich (Hartheim bei Linz) gebracht. Die Krankenakten und der persönliche Besitz der Opfer wurden in die Tötungsanstalten mitgegeben.

Nach Ankunft in den Tötungsanstalten wurden die Opfer aufgefordert, sich völlig zu entkleiden. Bei einer oberflächlichen ärztlichen Untersuchung wurde einerseits nach Anzeichen körperlicher Erkrankungen gesucht, um eine einigermaßen glaubwürdige Diagnose für die Sterbeurkunde zu finden, andererseits nach Zahngold, das den Leichen vor der Einäscherung zugunsten der SS noch herausgebrochen werden würde. Manche Opfer wurden zu Forschungszwecken noch vor ihrer Ermordung fotografiert (Sandner 1999, S. 393).

Nach der ärztlichen Untersuchung schickte man die Opfer in einen vorgeblichen Duschraum; in Wirklichkeit handelte es sich um eine Gaskammer. Deren Türen wurden geschlossen und Kohlenmonoxid eingeleitet. Nach schrecklichem Todeskampf, der bis zu zwanzig Minuten dauern konnte, waren alle in der Gaskammer qualvoll erstickt. Anschließend verbrannte man die Leichen in den Krematorien der Tötungsanstalten. Die gesammelte Asche vieler Opfer wurde in Urnen gefüllt. Neben den Urnen und manchmal dem Nachlass der Opfer schickte man vorbereitete Benachrichtigungen mit gefälschten Angaben über Todesursache, -ort und -zeit an die Familien der Opfer etc. Manchmal gab man die Akten der Ermordeten auch zur weiteren administrativen Bearbeitung an andere, unter Umständen weit entfernte Anstalten, um auffällige Ballungen von Mitteilungen aus einer bestimmten Anstalt oder Region zu vermeiden (Hinz-Wessels 2010; Sandner 1999, S. 393).

Die Tötungsanstalten sandten sodann die Namenslisten der Ermordeten als *Desinfektionslisten* an die Registratur bei der T4-Zentraldienststelle in Berlin. Diese markierte die jeweiligen Z-Akten mit dem Todeszeichen und archivierte sie.

Die Analyse einer Stichprobe von T4-Akten aus dem Aktenbestand R 179 des Bundesarchivs Berlin, der aus dem nach der deutschen Wiedervereinigung gefundenen Bestand des Ministeriums für Staatssicherheit der DDR stammte (Sandner 1999), erlaubte tiefe Einblicke in die Logik des Verbrechens. Man verglich die Merkmale derer, die im Ergebnis der Begutachtungen ermordet wurden, mit den Merkmalen derer, die überlebten. Nur rund die Hälfte der untersuchten Akten enthielt überhaupt Angaben zum Merkmal Erblichkeit; zwischen Opfern und Überlebenden gab es bezüglich des dokumentierten Merkmals Erblichkeit keinen nennenswerten Häufigkeitsunterschied. Doch nahezu doppelt so viele der Überlebenden (30,5 %) wie der Ermordeten (18,0 %) waren sterilisiert worden. Die statistische Auswertung belegte vor allem die schicksalsentscheidende Bedeutung der Meldebogen-Angaben zum Verhalten und zur wirtschaftlichen Verwertbarkeit der Arbeitsleistungen in der Anstalt. Die Beurteilung als gefährlich oder störend erhöhte das Risiko, ermordet zu werden, erheblich. Gleiches gilt für hohen Pflegeaufwand. Mit hochsignifikanter statistischer Differenz zwischen Opfern und Überlebenden erwies sich die Arbeitsleistung in der Anstalt als wichtigstes Selektionskriterium. Unter den Ermordeten (2 261 Akten) waren 73,2 % als »wenig brauchbar« oder »ohne Arbeitsleistung« eingeschätzt worden, unter den Überlebenden (453 Akten) hingegen nur 30,0 %. Als »produktiv« oder »mittelmäßig produktiv« galten nur 26,7 % der Ermordeten, hingegen 70 % der Überlebenden. Die Bedeutung der wirtschaftlichen Brauchbarkeit der zu Begutachtenden spiegelt sich auch in der zunehmend genaueren Abfrage der T4-Zentrale in den eingesetzten Versionen der Meldebogen wider. Die Auswahl der zur Ermordung bestimmten Menschen sollte also immer zielgenauer erfolgen (Rotzoll 2010; Rotzoll et al. 2010). Die aufgeführten Fakten belegen eindrücklich, dass die *Aktion T4* nicht hauptsächlich rassenhygienische Ziele verfolgte, sondern der Beseitigung von »Ballastexistenzen«, von »nutzlosen Essern« diente.

Adolf Hitler verfügte die Beendigung der *T4-Aktion* am 21. August 1941. Vermutlich spielten mehrere Gründe dafür eine Rolle. Die ursprünglich geplante Zahl von 70 000 Opfern war offenkundig erreicht. Betroffene Familien waren besorgt über den Tod kranker oder behinderter Verwandter, manchmal auch wegen unglaubwürdiger Angaben zur Todesursache. Die britische Luftwaffe hatte Flugblätter mit Information über die Krankenmorde über Deutschland abgeworfen. Neben grundsätzlicher Zustimmung oder stillschweigender Billigung gab es in der Bevölkerung auch Unruhe und Kritik an den Krankenmorden (Stöckle 2010). Es kam sogar zu Unmutsbekundungen vor den Toren von Anstalten, aus denen die Opfer abgeholt werden sollten (Schmuhl 2001).

Erheblichen Einfluss hatten wohl besonders die öffentlichkeitswirksamen Äußerungen einiger Geistlicher, vor allem die mutigen Predigten des Münsteraner Bischofs und späteren Kardinals Graf von Galen. Die auf vertraulichem Wege vorgebrachten Proteste der evangelischen Pfarrer Fritz von Bodelschwingh (Bethel) und Paul Gerhard Braune (Lobetal) (Aly 1987; Klee 2010; Nowak 1984; v. Hase 1964) hatten seinerzeit wohl kaum öffentliche Wirkung, wurden aber nach dem Krieg zu Recht vielfach für ihren Mut gewürdigt. Zusammenfassend muss man annehmen, dass Hitler unter den Bedingungen des Krieges keine Unruhe im Reich wollte.

Die Generalstaatsanwälte und Oberlandesgerichtspräsidenten waren vergleichsweise spät, nämlich im April 1941, über die Aktion informiert und aufgefordert worden, juristische Vorgehensweisen zu unterdrücken. Ohnehin brachten nur wenige Anwälte und Richter den Mut auf, sich gegen die gesetzeswidrigen Mordaktionen zu stemmen.

Eine als Hartheim-Statistik bezeichnete Aufstellung der Opfer, nach dem Krieg von US-Truppen in der Tötungsanstalt Hartheim bei Linz gefunden, gibt die Gesamtzahl der in den sechs Tötungsanstalten Ermordeten bis August 1941 mit 70 273 an; darunter etwa 4 500 Minderjährige (Fuchs et al. 2004; Kay 2023, S. 38).

31.4.3 Die dezentrale Fortsetzung der Mordaktionen

Hitlers Befehl, die *Aktion T4* einzustellen, stoppte das Töten von Menschen mit geistiger Behinderung oder psychischen Erkrankungen nicht wirklich, denn die »Euthanasie« wurde ab Sommer 1941 in dezentraler Form unter der Verantwortung von Krankenhausdirektorien, Anstaltsleitungen, lokalen Behörden etc. in Deutschland und Österreich fortgesetzt. So wurde »vor Ort« über Leben und Tod entschieden. Ärztliches und Pflegepersonal in Deutschland und Österreich setzten die Mordaktivitäten bis zum Ende der Nazi-Herrschaft fort.

Am Anfang der wissenschaftlichen Beschäftigung mit den NS-Mordaktionen dominierte die Vorstellung, es habe sich um spontane, nahezu chaotische Abläufe gehandelt, deshalb auch die irreführende Bezeichnung »Wilde Euthanasie« für die dezentralen Mordaktionen. Zahlreiche Studien zu einzelnen Anstalten, Krankenhäusern etc. belegen mittlerweile, dass weiterhin vor allem für Arbeit unbrauchbare, schwierige oder lästige Patientinnen und Patienten ums Leben gebracht wurden, ähnlich wie bei der *Aktion T4*. Die Ermordung erfolgte beispielsweise mit tödlichen Injektionen, Überdosierungen von Barbituraten, Behandlungsverzicht bei Fieber oder akuten Krankheiten. Tausende und Abertausende wurden systematisch einer Mangelernährung ausgesetzt. Diese in Kombination mit gegebenenfalls nur leicht erhöhten Medikamentendosen führte langsam, aber einigermaßen unauffällig zum Tod.

Die Zunahme alliierter Luftangriffe auf Deutschland in den Jahren 1942/43 schien die Wiederaufnahme der »Euthanasie« zu ermöglichen, denn es wurden Hilfs- und Ausweichkrankenhäuser gebraucht und sollten von den Behörden zur Verfügung gestellt werden (Schmuhl 2001). Die Verwirklichung dieses Vorhabens litt erheblich unter der Konkurrenz der militärischen und zivilen Akteure. Deshalb erhielten Karl Brandt und Albert Speer im Jahr 1942 den Auftrag, reichsweit weitere Ausweichkrankenhäuser zu erschließen. Dieses Projekt, als *Aktion Brandt* bekannt, führte zur Räumung zahlreicher Heil- und Pflegeanstalten. Selbst wenn die *Aktion Brandt* nicht unmittelbar der Fortsetzung der Massenmorde gewidmet war, entfaltete sie eine gleichsinnige Wirkung. Patientinnen und Patienten wurden dorthin verlegt, wo Plätze durch Krankenmorde frei geworden waren. Es bildeten sich typische Verlegungswege heraus. Die Länder und die preußischen Provinzen im Norden und Westen Deutschlands gaben Kranke ab; Mitteldeutschland, Nordostdeutschland, Süddeutschland sowie angegliederte und besetzte Gebiete übernahmen diese aus den abgebenden Regionen.

Nitsche als ärztlicher Leiter der T4-Zentraldienststelle erlangte 1943 Brandts Zustimmung zum Versuch, die »Euthanasie« zu reaktivieren sowie eine zentrale Verlegungssteuerung und überdosierte Medikamentengaben durchzusetzen. Doch nur in begrenztem Maße dürfte ihm unter den obwaltenden Bedingungen gelungen sein, diese Absichten zu verwirklichen.

In den Jahren 1943/44 wurden die Patientenmorde in einer Reihe von Anstalten, darunter Hadamar, Großschweidnitz und Meseritz-Obrawalde, intensiviert (Faulstich 1998). Später wurden immer weitere Kreise von Menschen in die Mordaktionen einbezogen: psychotraumatisierte Menschen aus bombardierten Städten, aus Altersheimen, sogenannte Kriegszitterer, kranke ausländische Zwangsarbeitende etc.

Die genaue Opferzahl der dezentralen Mordaktionen ist nicht bekannt. Mancherorts kamen nach 1941 mehr Menschen um als während der *Aktion T4*. Einige Schätzungen gehen von mehr als 30 000 ermordeten Menschen aus. Schätzungsweise fielen neben den mehr als 70 000 Opfern der *T4-Aktion* insgesamt etwa 117 000 Menschen aus Heil- und Pflegeanstalten des Reichsgebietes und annektierter Gebiete der »Euthanasie« zum Opfer. Hinzuzurechnen sind noch schätzungsweise 80 000 Tote in polnischen, französischen und sowjetischen Einrichtungen (Faulstich 1998, S. 582).

31.4.4 Die Aktion 14f13

Im Frühjahr 1941 hatte der Reichsführer SS Heinrich Himmler die *Aktion 14f13* (auch *Sonderbehandlung 14f13* genannt) zur Tötung kranker, gebrechlicher oder alter KZ-Häftlinge angeordnet und mit deren Durchführung die Berliner T4-Zentrale beauftragt. Die Aktion fand von April 1941 bis 1943/1944 statt; sie wurde später auf weitere in den Konzentrationslagern internierte Personengruppen, etwa politisch oder anderweitig missliebige Personen, Juden, Sinti und Roma, sogenannte Asoziale etc., erweitert. Die Richtlinien verlangten, diejenigen KZ-Häftlinge, die längere Zeit oder dauerhaft nicht wieder »arbeitsverwendungsfähig« werden würden, auf der Grundlage der Vorauswahl des Lagerkommandanten listenmäßig zu erfassen und den anreisenden Ärztekommissionen – besetzt mit bewährten Gutachtern der T4-Zentrale – vorzustellen. Lediglich auf der Grundlage des Meldebogens – ähnlich dem der *T4-Aktion* –, also ohne ärztliche Untersuchung, wurde entschieden, ob der jeweilige Häftling getötet werden sollte oder nicht.

Die Opfer der Aktion 14f13 wurden in der ersten Phase in den Tötungsanstalten Bernburg, Pirna-Sonnenstein und Hartheim vergast. Die administrative Abwicklung entsprach weitestgehend dem bei der *T4-Aktion* geübten Prozedere. Doch schon im März 1942 verlangte die *Inspektion der Konzentrationslager* Zurückhaltung bei der Auswahl der zur Vernichtung bestimmten Personen, um für die Rüstungsindustrie genügend Arbeitskräfte in den KZ zu behalten; ab März 1943 waren nur noch »geisteskranke Häftlinge« den Ärztekommissionen vorzustellen. Anderweitig kranke oder behinderte Häftlinge sollten ausgenommen werden. Selbst bettlägerige Häftlinge sollten geeignete Arbeitsaufträge bekommen.

Unterschiedliche Auffassungen gibt es, wann die *Aktion 14f13* endete, ob also die Opfer der später allein durch die SS verantworteten Morde der *Aktion 14f14* zugerechnet werden müssen oder nicht, denn es wurde schließlich auf Meldebogen und Begutachtung durch Ärztekommissionen verzichtet. Vielmehr wählten allein die SS-Lagerverwaltungen – in der Regel die Lagerärzte – die Opfer aus, und diese wurden in den Konzentrationslagern ermordet. Ley (2022) nannte unter Ausschluss dieser Aktivitäten den Monat April 1943 als Ende der *Aktion 14f13*.

Die Gesamtzahl der Opfer der *Aktion 14f13* ist unbekannt. Schätzungen nennen Opferzahlen zwischen 15 000 und 20 000 für die erste Phase (Aly 1987; Grode 1987). Weindling (2022b, S. 357) ging für das Großdeutsche Reich von 100 000 Opfern aus.

31.4.5 Die Ermordung von Menschen mit psychischen Erkrankungen oder Behinderung in annektierten und besetzten Gebieten

Deutschland überfiel am 1. September 1939 sein Nachbarland Polen. Unverzüglich vollzogen SS-Einheiten, Sonderkommandos und Einsatzgruppen des Sicherheitsdienstes der SS umfangreiche Mordaktionen an Menschen mit geistiger Behinderung oder psychischen Krankheiten in den östlichen Provinzen und dem besetzten Polen. Wehrmacht, SS und andere beanspruchten die Gebäude leer zu räumender Heil- und Pflegeanstalten. Ab 22. September 1939, noch bevor die *Aktion T4* begonnen hatte, wurden etwa 2000 Menschen mit geistiger Behinderung aus der Anstalt Kocborowo (Konradstein) nahe Danzig durch eine Hilfspolizeieinheit unter SS-Sturmbannführer Eimann ermordet. Diese Einheit ermordete in den letzten Monaten des Jahres 1939 rund 1400 behinderte Menschen aus verschiedenen psychiatrischen Anstalten der preußischen Provinz Pommern, wo die Ärzte die Opfer auswählten. Die Opfer wurden in einem Wald erschossen und vergraben (Klee 2010). Die leeren Anstalten übernahm die SS oder sie wurden als Wehrmachtslazarett genutzt.

Im Herbst 1939 wurden im Fort VII in Poznan (Posen) – Teil der früheren Festung Posen, in der NS-Zeit Polizeigefängnis, Übergangslager und KZ Posen – mehrere hundert psychiatrische Patientinnen und Patienten mittels Kohlenmonoxid in Gaskammern getötet. Diese Aktionen gelten heute in der historischen Forschung als Erprobung der Mordmethode; sie werden als *Probevergasungen* bezeichnet. Himmler, Reichsführer der SS und Chef der Deutschen Polizei, wohnte im Dezember 1939 einer solchen *Probevergasung* bei.

Zwischen September 1939 und Frühjahr 1940 wurden in Danzig-Westpreußen, Pommern, im Reichsgau Wartheland und Ostpreußen insgesamt 7700 polnische und deutsche psychisch kranke Menschen ermordet (Kay 2023, S. 42). Auch Patientinnen und Patienten aus Einrichtungen des sogenannten Generalgouvernements wurden ermordet. So wurden im Januar 1940 alle Kranken der Anstalt Chełm mit Maschinengewehren erschossen. Auf diese und ähnliche Weise wurden in Polen über 16 000 Personen (Kay 2023, S. 44; Weindling 2022b, S. 344) ermordet, weitere 10 000 verhungerten (Jaroszewski 1993). Deutsche Pathologen entnahmen den an Fleckfieber Verstorbenen die Gehirne für das Kaiser-Wilhelm-Institut für Hirnforschung in Berlin-Buch (Weindling 2022b). Im Reichsgau Sudetenland wurden in Verantwortung von T4- und Protektoratsdienststellen 876 Personen ermordet.

Der Einmarsch der Wehrmacht in die Sowjetunion am 22. Juni 1941 gab den Einsatzgruppen freie Hand für ihre mörderischen Aktionen z. B. im Baltikum, in der Ukraine oder in Weißrussland. Ihnen fielen neben Juden, kommunistischen Funktionären, Partisanen etc. auch psychisch Kranke zum Opfer. Auf sowjetischem Territorium war die Beteiligung der Wehrmacht an den Mordaktionen größer als in Polen. Einsatzgruppen der Sicherheitspolizei und einheimisches Anstaltspersonal wurden für die Vernichtungsaktionen herangezogen.

Mitte August 1941 hatte Himmler auf einer Inspektionsreise auf sowjetischem Gebiet Massenerschießungen von Juden und Partisanen beobachtet. Er verlangte, Personen mit psychischer Erkrankung zu ermorden (Kay 2023, S. 129). Der mit der Durchführung beauftragte SS-Mann und Reichskriminaldirektor Arthur Nebe führte die Verwendung von Auspuffgas der zu fahrbaren Gaskammern umgebauten Lastwagen ein. Es wurden auch Giftinjektionen eingesetzt.

Im Baltikum, ab 21. Juli 1941 von der Sowjetunion usurpiert, tötete der Sicherheitsdienst der SS mehr als 4600 Opfer zumeist durch Erschießen. Im Reichskommissariat Ukraine fielen rund 8500 Menschen der Wehrmacht und der SS zum Opfer, im Generalkommissariat Weißruthenien rund 2000 (Weindling 2022b, S. 353). Über die Mordaktionen auf übrigem sowjetischem Territorium gibt es kein verlässliches statistisches Material. Auf sowjetischem Gebiet wurden mindestens 17 000 Psychiatriepatientinnen und -patienten ermordet (Kay 2023, S. 135). Offensichtlich begründeten unter anderem der dringende Bedarf an Krankenhauskapazitäten und die Beseitigung »nutzloser Esser« die Vernichtungsaktionen.

Auch auf anderen militärisch besetzten Territorien wie Elsass, Lothringen, Belgien, Frankreich, Luxemburg, Niederlande, Italien oder Slowenien fielen Psychiatriepatientinnen und -patienten, vor allem jüdischer Herkunft, den Deportationen und Tötungen, nicht zuletzt durch Hunger, zum Opfer (Weindling 2022b, S. 340 ff.).

31.5 Die Aktion T4 als Vorbereitung des Holocaust

Die massenhafte Ermordung psychisch kranker und geistig behinderter Menschen und der Holocaust, der nationalsozialistische Massenmord an den deutschen und europäischen Juden, sind auf organisatorischer, logistischer, technischer und personeller Ebene eng verflochten (ausführlich bei Schmuhl 2001, S. 316 ff.). Zwei Aspekte sollen näher betrachtet werden.

Unter den etwa 340 000 psychisch kranken und behinderten Menschen, die sich im Jahre 1939 in Heil- und Pflegeanstalten im Deutschen Reich befanden, waren schätzungsweise 2000 bis 5000 Juden (Schmuhl 2001, S. 317). Das Reichsinnenministerium verfügte im Juni 1938 die gesonderte Unterbringung jüdischer Personen. Im Sommer 1940 wurde angeordnet, deutsche, polnische und staatenlose »Volljuden« in mehreren Sammelanstalten (Andernach, Berlin-Buch, Düsseldorf-Grafenberg, Eglfing-Haar, Gießen, Heppenheim, Hamburg-Langenhorn und Wunstorf) zu konzentrieren. Zu gleicher Zeit beschloss man, untergebrachte Juden ohne die übliche Begutachtung zu ermorden. Akten durften darüber nicht geführt werden. Die Abtransporte aus den Sammelanstalten und die Zielorte der Transporte wurden streng geheim gehalten. Jüdische Patientinnen und Patienten aus Berlin-Buch und aus Hamburg-Langenhorn wurden in der Tötungsanstalt Brandenburg umgebracht. Die Hinterbliebenen erhielten postalische Nachricht vom Tod ihres Angehörigen aus einer vorgeblichen – tatsächlich jedoch nicht (mehr) existenten – Anstalt Cholm bei Lublin. Die T4-Zentrale konnte durch systematischen Betrug kräftige Gewinne erschwindeln, indem sie den kostenzuständigen Behörden Pflegetage weit über das Todesdatum hinaus in Rechnung stellte.

So wurde im Rahmen der *T4-Aktion* 1940, also noch vor der systematischen Deportation deutscher Juden in die Vernichtungslager im Osten ab Oktober 1941, ein großer Teil der jüdischen Insassen der Heil- und Pflegeanstalten ermordet; sie fielen dem ersten systematischen Massenmord an deutschen Juden zum Opfer (Schmuhl 2001). Die Übriggebliebenen wurden später in die Vernichtungslager im Osten transportiert. Außerdem wurden nach Ende der *T4-Aktion* im August 1941 bei der *Sonderaktion 14f13* viele jüdische Häftlinge ermordet. Bei ihnen wurde nicht einmal eine ärztliche Begutachtung durchgeführt. In der Vernichtung jüdischer KZ-Häftlinge überschnitten sich zwei Teilkomplexe der nationalsozialistischen Genozid-Politik: die Judenverfolgung und die Ausmerzung der »Gemeinschaftsfremden« (Schmuhl 2001, S. 323).

Der zweite wichtige Aspekt des Zusammenhangs zwischen der »Euthanasie« und der »Endlösung der Judenfrage« besteht darin, dass Erkenntnisse und Erfahrungen aus den Massenmordaktionen an Menschen mit geistiger Behinderung oder psychischen Erkrankungen in die organisatorische, logistische und technische Vorbereitung der Vernichtung der europäischen Juden durch die

Nationalsozialisten übernommen wurden (z. B. Berger 2013; Schulte 2022). Nach Beendigung der *Aktion T4* im August 1941 transferierte man leitendes und anderes Personal, Techniker sowie auch die Vergasungstechnik in die Konzentrationslager, die zur Vernichtung von Juden, Roma und anderen Gruppen bestimmt waren. Erfahrenes T4-Personal übernahm Schlüsselfunktionen bei der Durchführung der »Endlösung« im sogenannten Generalgouvernement und später auch anderswo (Heberer 2011; Schmuhl 2001). »Die Ursprünge der Gaskammern, die zum Signum der fabrikmäßigen Massenvernichtung der europäischen Judenheit geworden sind, reichen zurück in die nationalsozialistische ›Euthanasie‹-Aktion.« (Schmuhl 2001, S. 328)

31.6 Verbrecherische Menschenversuche an unfreiwilligen Opfern

Bei allen nationalsozialistischen Verbrechen an psychisch kranken und geistig behinderten Menschen spielten – wenngleich in verschiedener Form, in unterschiedlichem Ausmaß und aus unterschiedlicher Motivation – ärztliches und Pflegepersonal sowie andere Akteure des Gesundheitswesens eine Rolle. Deswegen ist ein weiterer Komplex der Verbrechen unbedingt zu erwähnen: die brutalen medizinischen Experimente, die sowohl rechtlichen als auch ethischen Prinzipien widersprachen. Die unfreiwilligen Testpersonen starben entweder an den Folgen der brutalen Versuche, trugen schwerwiegende lebenslange Folgen davon oder wurden zur Vertuschung der Versuche schließlich ermordet. Bei vielen Versuchen wurden medizintechnische Geräte deutscher Industrieunternehmen sowie Medikamente oder Substanzen deutscher Chemie- und Pharmaunternehmen eingesetzt oder erprobt.

Die Humanexperimente begannen im eugenischen Forschungskontext in der Mitte der 1930er-Jahre (siehe Weindling 2008), nahmen langsam zu und intensivierten sich um 1942/43 sowohl im Hinblick auf die Anzahl der Experimente als auch der Opferzahlen. Die größten Versuchsserien bezogen sich auf Infektionskrankheiten. Von den tödlichen Zwillingsforschungen Josef Mengeles, vor allem an jüdischen und Roma-Kindern, sind bislang 618 Opfer bekannt. Männer waren fast doppelt so häufig wie Frauen Opfer. Die Opfer gehörten vielen Nationalitäten an. Die häufigsten Opfer kamen aus Polen, die zweithäufigsten aus Jugoslawien, die dritthäufigsten aus Deutschland. Der Auswertung von als bestätigt angesehenen 4120 Opfern zufolge starben 383 an den experimentellen Prozeduren, 781 starben oder wurden nach dem Experiment ermordet. Von 2956 Opfern der »Euthanasie« bzw. der Justiz wurden Körperteile in der Forschung verwertet. Von den 27 759 Opfern der Experimente überlebten 24 010, viele mit schwersten gesundheitlichen Folgen (Weindling et al. 2016). Mittlerweile sind 28 655 Opfer, darunter 2078 Kinder, von insgesamt 359 verschiedenen Experimenten namentlich bekannt. Sie sind erfasst in der Datenbank *Victims of Biomedical Research under NS. Collaborative Database of Medical Victims*, die der weiteren Forschung dienen soll (Weindling 2022a).

Als unethisch gelten Humanexperimente, wenn die Teilnahme erzwungen wurde oder sie dort stattfanden, wo sich jemand zwangsweise befand (Weindling et al. 2016). Die Humanexperimente in Konzentrationslagern, Kriegsgefangenenlagern, psychiatrischen Anstalten etc. erfüllen zweifellos die Kriterien unethischer Versuche. Ihnen wird auch die wissenschaftliche Verwertung von Körperteilen der Opfer der »Euthanasie«-Aktionen oder Hingerichteter der NS-Justiz zugerechnet, ebenso anthropologische Untersuchungen beispielsweise von Ghetto- oder KZ-Insassen. Hier wird aufs Neue die Schnittmenge der unethischen medizinischen Humanversuche mit den anderen Komplexen nationalsozialistischer Verbrechen deutlich.

Keineswegs dürfen die verbrecherischen Humanexperimente pauschal als pseudowissenschaftlich abgetan werden. Viele Forschende verfolgten seinerzeit relevante und etwa im Kontext der Militärmedizin bedeutsame Fragestellungen und sie gingen dabei hemmungslos über Recht und Ethik hinweg. Sie folgten der Logik ihrer wissenschaftlichen Disziplinen. Sie nutzten bar jeden moralischen Skrupels die Gelegenheit unbegrenzten Zugriffs auf Probanden.

Diese Erkenntnisse zwingen zur ethischen Auseinandersetzung mit aktuellen Herausforderungen medizinischer Forschung, zumal viele Handlungsweisen und Haltungen nicht spezifisch für die NS-Zeit sind (z. B. Roelcke 2010).

Ein Teil dieser Humanversuche wurde neben ersten Erkenntnissen über die »Euthanasie«-Aktionen und über die Sammlung von Skeletten jüdischer Opfer für das Anatomische Institut der Reichsuniversität Straßburg schon Gegenstand des Nürnberger Ärzteprozesses, der vom 9. Dezember 1946 bis zum 20. August 1947 als erster der zwölf Nürnberger Prozesse gegen Verantwortliche des NS-Regimes stattfand (Taylor 1996). Vor dem Gericht in Nürnberg standen 19 Ärzte, eine Ärztin, ein Jurist und zwei Verwaltungsfachleute. Sieben Angeklagte wurden zum Tode verurteilt, fünf zu lebenslangen Haftstrafen und vier zu Haftstrafen zwischen zehn und 20 Jahren, sieben Angeklagte wurden freigesprochen. Seit dem Nürnberger Ärzteprozess sind viele weitere verbrecherische, unethische Versuche der NS-Zeit bekannt geworden.

Auf dem Hintergrund der Erkenntnisse des Nürnberger Ärzteprozesses erarbeitete der aus Deutschland stammende US-amerikanische Psychiater Leo Alexander, Berater des US-amerikanischen Chefanklägers Telford Taylor beim Nürnberger Ärzteprozess, den bis heute richtungsweisenden *Nürnberger Kodex* (Maio 2012; Weisleder 2022). Dieser medizinethische Kodex verlangt die freiwillige Zustimmung einer jeden Versuchsperson als unbedingte Voraussetzung medizinischer Versuche am Menschen. Dem Kodex zufolge muss die Versuchsperson – unbeeinflusst durch Drohung, Vorteilsversprechen, Täuschung etc. – fähig sein, vom eigenen Urteilsvermögen Gebrauch zu machen und ihre freiwillige Einwilligung zu geben. Dafür muss sie über die den Versuch betreffenden Fragestellungen, das Vorgehen, die Risiken etc. informiert sein, um eine verständige und informierte Entscheidung (*informed consent*) treffen zu können (Maio 2012).

31.7 Die Auseinandersetzungen in der Nachkriegszeit

Nach dem Sieg der Alliierten über das NS-Regime im Mai 1945 benutzten viele Täterinnen und Täter, einflussreiche Psychiater und andere medizinische Autoritäten unter anderem die internationale Debatte und Praxis um Sterilisation und andere eugenisch motivierte Maßnahmen zur eigenen Entlastung. So stellte der Berliner Psychiater Karl Bonhoeffer (1949a), persönlich zweifellos über jeden Verdacht nationalsozialistischer Sympathien erhaben, in der ersten Nachkriegsausgabe der Fachzeitschrift *Der Nervenarzt* die Sterilisationsgesetzgebung relativierend in einen solchen internationalen Kontext, übrigens ohne eine ins Grundsätzliche gehende Ablehnung der Eugenik. Außerdem trug Bonhoeffer mit seiner fachlichen und moralischen Autorität – und wenn auch nur unabsichtlich – bei zur Herausbildung des lange wirksamen, heute widerlegten Narrativs, nur wenige fanatische nationalsozialistisch gesinnte Ärzte hätten die Verbrechen zu verantworten, als er sich 1949 in diesem Sinne in seiner Einführung zum ersten Heft der späteren DDR-Fachzeitschrift *Psychiatrie, Neurologie und medizinische Psychologie* äußerte, während er den nationalsozialistischen Geist als Auftakt zu den tausendfachen Morden an psychisch Kranken benannte (Bonhoeffer 1949b; Seidel & Neumärker 1989).

Viele Täter versuchten, ihre eigene Rolle bezüglich der Verbrechen herunterzuspielen, bezeugten wahrheitswidrig untereinander aufrechtes und über Kritik erhabenes Verhalten während des NS-Regimes. Sie bescheinigten einander unbedenkliches, manchmal sogar ehrenhaftes Verhalten, die sogenannten Persilscheine (Klee 1986, 2001a; Schmuhl 2016). Viele Täter und Helfershelfer waren ins Ausland geflohen oder hatten sich eine gefälschte Identität zugelegt.

Im Nachkriegsdeutschland, in Ost und West, wurden nach dem Nürnberger Prozess noch mehrere Gerichtsprozesse gegen Verantwortliche der NS-Verbrechen an psychisch kranken und geistig behinderten Menschen geführt. Einige Prozesse erregten große öffentliche Aufmerksamkeit, so der Prozess gegen Prof. Werner Heyde alias Dr. Fritz Sawade, dem sich der Angeklagte, einer der Hauptverantwortlichen in der T4-Aktion, allerdings kurz vor Prozessbeginn durch Suizid entzog.

Über den Nürnberger Ärzteprozess und die darin enthüllten Verbrechen unter ärztlicher Mitwirkung verfasste eine Ärztekommission unter Alexander Mitscherlich im Auftrag der deutschen Ärztekammern einen ausführlichen Bericht. Er erschien in drei Auflagen unter verschiedenem Titel (Mitscherlich & Mielke 1947, 1949, 1960). Er sollte die deutsche Ärzteschaft und die Öffentlichkeit informieren. Das Interesse der Ärzteschaft war indes gering. Es gab auch Widerstand und sogar juristische Angriffe einflussreicher medizinischer Kreise auf die Publikation der Dokumentation. Die Veröffentlichung erreichte immerhin das seinerzeitige Ziel der ärztlichen Standesvertretungen, die deutsche Ärzteschaft vom Vorwurf der Kollektivschuld zu befreien und auf internationalem Parkett wieder handlungsfähig zu machen (siehe Gerst 1994). Das Interesse am Thema selbst erlahmte bald. Wie der Dokumentation von Mitscherlich und Mielke, bis heute ein unverzichtbares Standardwerk, erging es dem Buch *Die Tötung Geisteskranker in Deutschland* von Alice von Platen-Hallermund (1948) oder den Untersuchungsergebnissen von Gerhard Schmidt, die erst 1965 veröffentlicht werden konnten (Schmidt 1965). Schmidt, 1945 von der US-Militärbehörde eingesetzt, war wegen seines unermüdlichen und akribischen Aufklärungswillens im Jahre 1946 seiner Leitungsfunktion in der Anstalt München-Haar auf Betreiben enthoben und durch Anton Edler von Braunmühl, der schon zu NS-Zeiten in leitender Funktion daselbst tätig gewesen war, ersetzt worden. Im Jahr 2023 ehrten Gemeinderat und das heutige Isar-Amper-Klinikum Gerhard Schmidt mit der Benennung eines Platzes auf dem Klinikgelände.

Die Ärzteschaft, die ärztlichen Standesorganisationen und die Fachgesellschaften schoben in den Jahrzehnten nach 1945 das Thema lange beiseite, nicht zuletzt im gesellschaftlichen Konsens des Schweigekartells zu den NS-Verbrechen in der Nachkriegsgesellschaft. Die politischen Gegebenheiten des Kalten Krieges taten ihr Übriges. Die Behandlung des Themas in Fachpublikationen, medizinischen Lehrbüchern etc. blieb ungeachtet des Engagements einiger Persönlichkeiten in der DDR – beispielsweise des Juristen Prof. Friedrich Karl Kaul, des Psychiaters Helmut F. Späte oder des Philosophen und Medizinhistorikers Achim Thom – selbst in der sich immerzu antifaschistisch gerierenden DDR lange eher marginal (siehe Topp 2013). Bei einer vertieften Beschäftigung mit dem Thema wäre wohl auch zutage getreten, dass das Primat unantastbarer Persönlichkeitsrechte in der Perspektive universeller Menschenrechte im krassen Widerspruch stand zum mit der Diktatur des Proletariats begründeten Herrschaftsanspruch der Partei- und Staatsführung, dem alles unterzuordnen war. Wenigstens erwähnt werden soll, dass die DDR-Oberen nur geringe Leidenschaft entfalteten, die Verwicklungen prominenter Mediziner in die Medizinverbrechen der NS-Zeit strafrechtlich zu ahnden. Ein Beispiel ist die Nachkriegskarriere des Gynäkologen Heinrich Eufinger (Schwiegervater des Malers Gerhard Richter), in der Nazi-Zeit ambitionierter Sterilisationsarzt und nationalsozialistischer Ärztefunktionär in Dresden, nach Entlassung aus dem sowjetischen Speziallager Mühlberg wieder in Dresden, danach in Burgstädt bei Chemnitz in leitender Stellung tätig. Im Jahr 1956 ging er in die Bundesrepublik und wurde bei Wilhelmshaven Chefarzt. Nach seinem Tod 1988 würdigte ein hochtönender Nachruf in der Fachzeitschrift *Der Frauenarzt* seine tiefe humanistische Bildung (Schreiber 2005).

Erst seit den 1980er-Jahren wurden im In- und Ausland mehr und mehr Untersuchungen durchgeführt, die sich mit den NS-Medizinverbrechen im Allgemeinen oder in bestimmten Institutionen oder Regionen befassten. Viele Krankenhäuser und Institutionen untersuchten ihre Verwicklung in die nationalsozialistischen Verbrechen; sie errichteten Mahnmale, richteten Museen oder Ausstellungen ein. Seit dem Jahr 2014 existiert nahe der Berliner Philharmonie, am Standort der im Krieg zerstörten T4-Zentrale, der Gedenk- und Informationsort für die Opfer der nationalsozialistischen »Euthanasie«-Morde. Mittlerweile gibt es vor allem eine riesige wissenschaftliche Literatur. Dennoch harren noch immer viele Fragen der endgültigen Beantwortung durch die Forschung.

Die *Deutsche Gesellschaft für Psychiatrie, Psychotherapie, Psychosomatik und Nervenheilkunde (DGPPN)*, die *Deutsche Gesellschaft für Neurologie (DGN)* und andere Fachgesellschaften setzten sich mit der Beteiligung deutscher psychiatrischer und neurologischer Fachleute sowie ihrer Fachgesellschaft an den Verbrechen des NS-Regimes auseinander. Sie griffen dabei auch auf die Vorarbeiten vieler ihrer Mitglieder zurück.

Unter dem Motto »Psychiatrie im Nationalsozialismus – Erinnerung und Verantwortung« widmeten sich mehrere Veranstaltungen beim DGPPN-Kongress 2010 den Verbrechen und den Opfern. Am 26. November 2011 fand eine DGPPN-Veranstaltung zum Gedenken an alle Menschen statt, die unter Mitwirkung psychiatrischer Einrichtungen sowie von Psychiatern und Psychiaterinnen unter der nationalsozialistischen Herrschaft ihr Leben lassen oder leiden mussten. Die

DGPPN bat die Opfer und ihre Angehörigen um Vergebung für den Schmerz und das Unrecht, das ihnen durch in der Psychiatrie und Neurologie Tätige zugefügt worden war, und für das Schweigen, die Verharmlosung und Verleugnung, die die Psychiatrie im Nachkriegsdeutschland viel zu lange prägten.

Im Auftrag der Fachgesellschaft wurde die Wanderausstellung »Registriert, verfolgt, vernichtet: Kranke und Behinderte im Nationalsozialismus« mit einem instruktiven Ausstellungskatalog (Schneider & Lutz 2014) zusammengestellt. Sie wurde viele Jahre lang erfolgreich in Deutschland und in anderen Ländern innerhalb und außerhalb Europas gezeigt (Schneider 2019).

31.8 Fazit

An den Verbrechen gegen Menschen mit geistiger Behinderung und psychischen Erkrankungen unter dem NS-Regime wirkten Ärzte und auch Ärztinnen aktiv mit. Viele Verbrechen waren von ihnen initiiert, geplant, organisiert, legitimiert und durchgeführt. Sie alle verletzten in fundamentaler Weise ihren ärztlichen Eid und ihren beruflichen Auftrag. Sie stellten sich in den Dienst verbrecherischer politischer Ziele, nutzten ohne Rücksicht auf rechtliche und ethische Normen die Chancen, die ihnen das NS-Regime bot, im Interesse eigener Karriere, Einfluss- und Forschungsmöglichkeiten.

Eine lange Geschichte der ideologischen Vorbereitung von Abwertung und Verachtung von behinderten und unheilbar kranken Menschen, die jahrzehntelange Einübung einer utilitaristischen Perspektive unter intensiver Mitwirkung prominenter Angehöriger des ärztlichen Berufsstandes wie August Forel, Robert Gaupp, Ernst Haeckel, Alfred Hoche, Alfred Ploetz, Wilhelm Schallmayer, Wilhelm Weygandt – um nur einige Namen zu nennen – wirkte sich tödlich aus.

Die Schlussfolgerung, die es im Hinblick auf aktuelle und auf zukünftige Herausforderungen energisch zu beherzigen gilt, besteht darin, die Würde aller Menschen ohne Ausnahmen überall und jederzeit zu schützen. Diese Erkenntnis muss vorbehaltlos und uneingeschränkt auf das ärztlich-praktische und das medizinisch-wissenschaftliche Handeln angewendet werden. Kein wissenschaftliches Anliegen und kein politisches Ziel rechtfertigen die Verfügung über Menschen. Die Würde des Menschen ist unantastbar. In einer Zeit bedrohlicher gesellschaftlicher Radikalisierungen und zunehmender Kommerzialisierung der Gesundheitsversorgung steht viel auf dem Spiel.

Sachverzeichnis

A

ABA (Applied Behaviour Analysis)
– Autismus-Spektrum-Störungen 213
ABC (Aberrant Behavior Checklist) 422
ABC-Schema 421
– Verhaltensstörungen 421
Aberrant Behavior Checklist (ABC) 293, 422
– Subskala Hyperaktivität 224
Aberrant Behavior Checklist – Community (ABC-C) 303
Abgrenzung 126
Abhängige Persönlichkeitsstörung 436
Abhängigkeit
– Alkohol 397
– Substanzgebrauch 404
Abweichendes Verhalten 422
Achtsamkeit, innere 105
Achtsamkeitsübungen, Angststörungen 319
Achtsamkeits- und Compassion-Focused Therapy (CFT), depressive Störungen 308
ACMG (American College of Medical Genetics), Klassifikationssystem 68
Active Cognitive Treatment-(IBT-ACT-)Modell 155
Adaptation, Fähigkeit 176
Adaption 52, 112, 127, 420
Adaptive Möglichkeiten, Beeinträchtigungen 35
Adaptives Verhalten 112
– Dimension 49
– Erfassung 48
ADHS Siehe Aufmerksamkeitsdefizit-Hyperaktivitätsstörung
Adipositas 74, 383
– durch Antipsychotika 77
– durch Psychopharmaka 84
– medikamenteninduzierte 375
– Prävalenz 383
– Schlafapnoe-Syndrom 466
ADI-R (Diagnostisches Interview für Autismus – Revidiert) 208
Adjustment Disorder – New Module 8 (ADNM-8) 357
ADNM-8 (Adjustment Disorder – New Module 8) 357
Adoleszentengespräche 98
Adverse Childhood Events 346
Adverse Childhood Experiences 346

Affective Rating Scale 293
Affektive Psychosen 489
Affektive Störungen 36, 39, 60, 290
– Aufmerksamkeitsdefizit-Hyperaktivitätsstörung 226
– Autismus-Spektrum-Störung 209
– Demenz 450
– Differenzialdiagnostik 226
– Funktionsverschlechterung 137
– Horten, pathologisches 337
– Katatonie 284
– Prävalenz 298
– Rapid Cycling 297
Affektivität, negative 428, 431
– Persönlichkeitsstörungen 431, 437
Affektregulation 50, 52, 248
– Energie-Entladung 124
– externe 124
– Referenzalter 123
– unreife 123 f.
Affektregulationsstörung
– Brandstiftung 625
– Delinquenz 612
– komplexe Posttraumatische Belastungsstörung 354
– sozio-emotionale Entwicklung 617
Affektverflachung, psychopharmakabedingte 120
Aggression/aggressives Verhalten 38, 135, 157, 304, 416, 422, 624
– anfallsunabhängige 486
– Antipsychotika 74
– Arousal 158
– Aufmerksamkeitsdefizit-Hyperaktivitätsstörung 226
– Autismus-Spektrum-Störung 210
– bipolare Störungen 292
– Demenz 450
– durch Antiepileptika 488
– Epilepsie 486
– expansives 39
– iktales 485
– Management 169
– präiktales 485
– Stresshormone 158
– therapeutische Ansätze 159
– Verlauf 158

Aggressiver Durchbruch 170
– phasenhafter Verlauf 158
Aggressiv-herausforderndes Verhalten 611
Agitation, Demenz 450
Agomelatin
– Cytochrom-P450-Isoenzyme 88
– depressive Störungen 310
– Kontrolluntersuchungen 79
Agoraphobie 313, 322
Aicardi-Goutières-Syndrom, Fütterstörungen 378
Akathisie 85 f.
– durch Metformin 276
– medikamentös bedingte 331
Akkommodationsstörungen, durch Psychopharmaka 83
Akquieszenz (Zustimmungsneigung unabhängig vom Inhalt) 44
Aktion 14f13 639
Aktion Brand in der NS-Zeit 638
Aktion Gnadentod 634
Aktion Mensch e. V. 564
Aktion T4 in der NS-Zeit 637
– Deportationen 641
– Holocaust, Vorbereitung 641
Aktivierungstechniken, Psychotherapie 105
Akzeptanz 97
– psychische Gesundheitspflege 143
Akzeptanzstörungen, soziale 44
Albtraumstörung 473
Alkohol, Substanzgebrauchsstörungen 403
Alkoholabhängigkeit 404
– Definition 404
– ICD-11 404
Alkoholentzug 408
– Definition 408
– Fallbeispiel 409
– Substanzgebrauch 408
Alkoholintoxikation 405
– Definition 405
– Substanzgebrauch 405
Alkoholkonsum/-missbrauch 397, 404
– akuter/chronischer, biologische Marker 402
– Demenz 450
– Entzug/Intoxikation 406
Alkoholsyndrom, fetales 300
Allgemeine Menschenrechte 511
Alltagspraktische Fähigkeiten 176
Alpha-2-Rezeptor-Antagonisten, depressive Störungen 310
Alpha-Synucleinopathien 473
Alström-Hallgren-Syndrom, Adipositas 384
Altenhilfe, Validation 143
Alternativpsychose 480, 488

Alzheimer-Demenz 449 f.
– Down-Syndrom 451
– vermeidend-restriktive Ernährungsstörung (ARFID) 386
Ambulanz für integrative Medizin (AIM) in Linz 575
AMDP (Arbeitsgemeinschaft für medizinische Dokumentation in der Psychiatrie) 56
AMDP-System 56
– Antriebs- und psychomotorische Störungen 60
– Aufmerksamkeits- und Gedächtnisstörungen 57
– Befürchtungen oder Zwänge 58
– Bewusstseinsstörungen 57
– formale Denkstörungen 58
– Ich-Störungen 59
– Merkmalsbereiche 57
– Orientierungsstörungen 57
– Sinnestäuschungen 59
– Störungen der Affektivität 60
– Wahn 58
Amisulprid
– Gewichtszunahme 84
– prokonvulsives Risiko 490
Amitriptylin
– Cytochrom-P450-Isoenzyme 88
– depressive Störungen 310
Amnesie 446, 448
– dissoziative 363, 369, 371
– transiente globale (TGA) 369
Amphetamine, Hypersomnien 467
Analgetika, Schmerzen 524
Anankasmus 428, 435
– Persönlichkeitsstörungen 432, 437
Anerkennung, psychische Gesundheitspflege 143
Anfälle, schlafgebundene 474
Anfallsunabhängige Aggressionen 486
Angehörige, Kommunikation 92
Angelman-Syndrom 61, 64, 67, 200, 219
– Bewegungsstörungen, funktionelle 369
– Bruxismus, schlafbezogener 471
– Schlafstörungen 461
Anger Management, kognitiv-behavioristisches 121
Ängstlich-vermeidende Persönlichkeitsstörung 434, 436
Angststörungen 36, 138, 219, 297, 313, 332
– Ätiologie 316
– Aufmerksamkeitsdefizit-Hyperaktivitätsstörung 226 f.
– ausgeprägte 297
– Autismus-Spektrum-Störungen 212, 314, 317

- Benzodiazepine 320
- Bildmotive 319
- bipolare Störungen 295
- Bulimia nervosa 382
- Coping-Strategien/Kompetenzen 317
- COVID-19-Pandemie 540, 543
- Definition 314
- Demenz 450, 452
- Depersonalisation/Derealisation 371
- diagnostic overshadowing 317
- Diagnostik 317
- Differenzialdiagnostik 209, 273
- Epilepsie 483
- gemischte 300
- generalisierte 313, 321
  - Mentalisierungsfähigkeit 316
  - Pregabalin 320
- iktale 479, 484
- im Alter 317
- Komorbidität 315
- Konditionierung, klassische/operante 316
- Konflikt, innerer, frühkindlicher 316
- körperbezogene 58
- Krisenmanagement 319
- Leichte Sprache 318 f.
- Messinstrumente 318
- Neurotransmitter 314
- Prävalenz 315
- psychische Erkrankungen 316
- Resilienz 316
- Rollenspiele 319
- Schmerzen 514
- sensorische Überempfindlichkeit 140
- somatische Komorbiditäten 320
- soziale 313, 315, 321, 323
- SSRI/SNRI 320
- Stresstoleranz, verminderte 318
- Symptomäußerungen 318
- Symptome 314
- Syndrome, spezielle 318
- Therapie 319
- Therapie-Tools 106
- Vulnerabilität, erhöhte 316

Angst und Unsicherheit 315
Anhedonie, Schizophrenie 265
Anorexia nervosa 375, 379
- Ätiologie 379
- Autismus-Spektrum-Störungen 380
- körperliche Begleitsymptome 380
- Therapie 380

Anpassungsstörungen 96, 342, 357, 478, 615, 617
- diagnostic overshadowing 357

- soziale 44
- Stressoren, psychosoziale 344

Anpassungsverhalten 157
Anspannung, innere 94, 161
- Reduktion 162

Antiandrogene, Paraphilien 621
Anticholinerges Syndrom
- peripheres 83
- zentrales 83

Antidementiva 457
Antidepressiva 76
- Anfallsinzidenz 489
- Bewegungsstörungen, schlafbezogene, rhythmische 471
- Demenz 457
- depressive Störungen 309 f.
- Extremitätenbewegungen, periodische 470
- Kontrolluntersuchungen 79
- Medikamenteninteraktionen 487
- prokonvulsives Risiko 490
- psychotomimetische Nebenwirkungen 309
- REM-Schlaf-Parasomnien 473
- trizyklische
  - Cytochrom-P450-Isoenzyme 88
  - depressive Störungen 310
  - Obstipation 82
- Wechselwirkungen 487

Antiepileptika 83, 89
- Nebenwirkungen 488
- Obstipation 82
- Schlafarchitektur 474
- Schlafstörungen 488
- Verhaltensstörungen 89

Antiepileptika-induzierte Enzephalopathie 481
Antikonvulsiva
- Enzephalopathie 480
- Medikamenteninteraktionen 487
- psychische Störungen 488
- Wechselwirkungen 487

Anti-NMDA-Rezeptor-Enzephalitis 238
Antipsychotika 74
- aggressives Verhalten 74
- extrapyramidal-motorische Nebenwirkungen 369
- Gewichtszunahme 84 f.
- Indikationen 75
- Katatonie 284, 287
- Kontrolluntersuchungen 79
- Nebenwirkungen 275
- Schizophrenie 274
- stereotype Bewegungsstörungen 244
- stereotype Selbstverletzungen 245
- Übermedikation 425

- Verhaltensstörungen 423
- Verordnungshäufigkeit 74, 76
- Zwangshandlungen, induzierte 273

Antisoziale Persönlichkeitsstörung 210
Antisoziales Verhalten 416
Antizipationsfähigkeit, eingeschränkte, Delinquenz 612
Antriebsstörungen 60
- Demenz 452

Anverwandlung 117
- Spielräume 129

Anxiolytika 76
- Demenz 450
- Entzug/Intoxikation 407
- Pregabalin 89

Apathie, Demenz 450, 452
APD (auditory processing disorder) 366
Apert-Syndrom
- Fütterstörungen 378
- Schlafapnoe, obstruktive 467
- Schlafstörungen 463

Applied Behaviour Analysis (ABA), Autismus-Spektrum-Störungen 213
Apraxie
- Demenz 452
- Rett-Syndrom 419
- verbale 187
- vermeidend-restriktive Ernährungsstörung (ARFID) 386

Arbeitsgedächtnis 185
Arbeitsgemeinschaft für medizinische Dokumentation in der Psychiatrie (AMDP) 56
Arbeitskreis
- Geistige Behinderung der Bundesdirektorenkonferenz 565
- inklusive Gesundheit 566

Arbeitslosigkeit 611
- Delinquenz 612

Arbeitsmarkt 555
ARFID (Vermeidend-restriktive Ernährungsstörung) 375, 384
Aripiprazol
- Autismus-Spektrum-Störungen 214
- Cytochrom-P450-Isoenzyme 88
- Demenz 458
- Gewichtszunahme 84
- Schizophrenie 275
- Tics 258

ARMIDILO-S (Assessment of Risk and Manageability for Individuals with Developmental and Intellectual Limitations who Offend Sexually) 618

Aromatherapie, Posttraumatische Belastungsstörung 352
Arousal, aggressives Verhalten 158
Arousalstörungen, Non-REM-Schlaf 472
Artikulationsschwierigkeiten 368
Artikulationstherapie 189
Arzneimittelinduzierte Adipositas 376
Arzneimittelwirkungen, unerwünschte 87
Ärztliche Aufklärung 597
Ärztliche Behandlung, Rechtsrahmen 597
Ärztliches Zeugnis 608
Asenapin, Gewichtszunahme 85
Asperger-Syndrom 199, 204, 381
- Diagnose 203
- Marburger Beurteilungsskala (MBAS) 207

Assessment of Risk and Manageability for Individuals with Developmental and Intellectual Limitations who Offend Sexually (ARMIDILO-S) 618
Asterixis, Valproat-Enzephalopathie 481
Ataxie, Valproat-Enzephalopathie 483
Atemstörungen, schlafbezogene 460, 464, 467
- Epilepsie 474

Athetosen 331
Athetotische Bewegungen 256
Atomoxetin, Aufmerksamkeitsdefizit-Hyperaktivitätsstörung 227 ff.
Atypika, Dyskinesien, tardive 81
Auditives Integrationstraining 150
Aufenthaltsbestimmungsrecht 605
Auffälliges Verhalten 135
Auffassungsstörungen 57
Aufklärung, ärztliche 597
Aufmerksamkeit, gemeinsame (joint attention) 191
Aufmerksamkeitsdefizit-Hyperaktivitätsstörung 48, 209, 222, 255
- Ätiologie 224
- Atomoxetin 227 ff.
- Autismus-Spektrum-Störung 211
- COVID-19-Pandemie 542
- Definition 222
- Dexamfetamin 227
- Dexamfetamin/Lisdexamfetamin 227
- Differenzialdiagnostik 225
- EEG 224
- emotionale Entwicklung 226
- Epilepsie 479
- Ergotherapie/heilpädagogische Förderung 230
- Exekutivfunktionen, Unterstützung 230
- Guanfacin 228 f.
- Intelligenztest, verbaler/nonverbaler 225
- Komorbiditäten 226, 252

- Kunsttherapie 146
- Lisdexamfetamin 227
- Methylphenidat 227 f.
- nicht-medikamentöse Therapie 229
- Prävalenz 223
- Prognose/Verlauf 230
- Psychoedukation 227, 229
- Psychopharmaka 227
- Risperidon 228
- Therapie 227

Aufmerksamkeitsstörungen 57, 61
- Delir 447

Aufmerksamkeits- und Gedächtnisstörungen 57

Ausbildung
- integrative, in der Schweiz 591
- interdisziplinäre 563
- medizinische
  - in der Schweiz 591
  - in Österreich 579
- Möglichkeiten in der Forschung, in Deutschland 563

Ausscheidungsstörungen 211

Autism Diagnostic Observation Scale (ADOS) 242

Autism Observation Schedule 2nd Edition (ADOS-2) 500

Autismus 160, 419, 575
- atypischer 199
- deutsche Schweiz 590
- emotionale Entwicklung 218
- frühkindlicher 199
- genetische Faktoren 200
- hochfunktionaler 209
- motorische Beeinträchtigungen 153
- Musikbasierte Skala zur Diagnostik (MUSAD) 151
- Proteintranskription/-translation 201
- single-nucleotid-Varianten 200
- Spiegelneuronensystem, Aktivität, abnorme 150
- Suisse romande 590
- syndromaler 200, 217, 332
- Überkonnektivität 151
- Zentrum, kantonales 588

Autismus-Checkliste (ACL) 215

Autismus-Screening, Fremdbeurteilungsfragebögen DiBAS-R 195

Autismus Spectrum Screening Questionnaire (ASSQ) 332

Autismus-Spektrum-Quotient (AQ) 207

Autismus-Spektrum-Störungen 38, 61, 73, 100, 120, 192, 199, 222, 225 f.
- affektive Störungen 209
- Aggression 210

- aggressives Verhalten 135
- Angststörungen 314, 317, 323
- Anorexia nervosa 380
- Aripiprazol 214
- Aromatherapie 352
- auffälliges Verhalten 135
- Aufmerksamkeitsdefizit-Hyperaktivitätsstörung 209, 211
- Ausschluss 187
- bei Frauen/bei Männern 204
- Bewältigungsstrategien 250
- Bewegungsstörungen 241
  - Videoaufzeichnungen 242
- Brandstiftung 625
- Bruxismus, schlafbezogener 471
- Camouflage-Hypothese 204
- COVID-19-Pandemie 542
- Default-Mode-Netzwerk 201
- Definition 200, 203, 214
- Diagnostik 201, 205, 215, 587
- Diagnostikinstrumente 500
- Differenzialdiagnostik 205, 208, 217, 499
- Eigengeruchswahn 335
- Elektrokrampftherapie (EKT) 246
- emotionale Ansteckungsfähigkeit 214
- Epilepsie 479, 483 f.
- Essen, dysfunktionales 377
- exekutive Störungen 236
- Exekutivfunktionen 201
- Fallbeispiel 350
- Fehldiagnosen/Verzerrungen 202
- Festhaltetherapie 213
- Fütter-/Essstörungen 377
- Gehirnaktivität, rhythmogene Prozesse 241
- genetische Syndrome 219
- gestützte Kommunikation (Facilitated Communication, FC) 213
- herausforderndes Verhalten 418
- Hirnregionen, Hypo-/Hyperkonnektivität 201
- Hörbeeinträchtigung 493, 498
- Horten, pathologisches 338
- Hypochondrie 336
- im Erwachsenenalter 206
- im Kindes-, Jugend- und Erwachsenenalter, S3-Leitlinie 212
- im Klein-/Vorschulkindalter 212
- Irlen-Brillen 213
- Katatonie 284, 286
- kognitiver Stil 218
- kognitives Leistungsprofil 202
- Kohärenz, zentrale 201
- Kommunikationstechniken 250
- Komorbiditäten 211, 219, 252 f.

- Kompetenztraining 156
- körperdysmorphe Störung 334
- Kortisolspiegel 241
- kreativtherapeutische Verfahren 220
- Kunsttherapie 146
- Learning Disabilities Mortality Review (LeDeR)-Programm 532
- Leistungstests 203
- Lorazepam 288
- mit Störungen der Intelligenzentwicklung 214
- motorische Einschränkungen 209
- Musiktherapie 149 f.
- Musikwahrnehmung 150
- ohne Störungen der Intelligenzentwicklung 203
- Pica-Syndrom 388
- Prävalenz 203, 215, 253
- Prognose 214, 220
- Pruningdefizite 201
- psychische Störungen 202
- Psychopharmaka 244
- Risperidon 214
- Schizophrenie 266, 268
- Schlafstörungen 475
- Schmerzen 523
  - untypische 242
- Schmerzhyposensitivität 242
- Screeninginstrumente 202, 206
- Selbstverletzungen 214
  - stereotype 239
- sensorische Überempfindlichkeit 140
- Sinnesbeeinträchtigungen 501
- So-tun-als-ob-Spiel 205
- soziale Defizite 592
- soziales Lächeln 205
- sozio-emotionale Schwierigkeiten 209
- Spielqualität 214
- Sprache, fehlende/eingeschränkte 218
- Spracherwerb, fehlender/verzögerter 208
- Sprachförderung 220
- stereotype Verhaltensweisen 232
- Stereotypien 237, 239, 241 f.
- Subgruppen 199
- Tanz-/Bewegungstherapie 153
- Theory of Mind 201, 208
- Therapie 212, 219
- Trichotillomanie 340
- Tuberöser Sklerose Complex 484
- Umgebungsfaktoren, Anpassung 212
- Verhaltensstörungen 415, 418 f.
- Verhaltenstherapie 220
- Verhaltensweisen, repetitive/restriktive 201
- Verlauf 214, 220

- Vermeidend-restriktive Ernährungsstörung (ARFID) 375
- Wahrnehmungsverarbeitung, sensorische, dysfunktionale 139
- Zwangsstörungen 329, 331 f., 341
Autistische Spracheigenheiten, Schizophrenie 272
Autoaggression 422, 624
- Angststörungen 314
Autoimmun-Enzephalitis, Katatonie 286
Automutilatives Verhalten, Bulimia nervosa 382
Autonomie-Abhängigkeitskonflikt 316
Aversive Maßnahmen 157
Avoidant-restrictive food intake disorder (ARFID) 384

B

Babysprache, Vokalisation, protoverbale 144
Baldrianwurzelextrakt, depressive Störungen 310
Bardet-Biedl-Syndrom, Adipositas 384
Barrett-Syndrom 392
Baseline exaggeration 44, 136
Bauchschmerzen 526
Beatalk-Technik, Sprachförderung 150
Bech-Rafaelsen Mania Scale (BRMS) 293
Beeinträchtigung, sexuelle Gewalt 343
Befindlichkeitsorientiertes EntwicklungsProfil für normal begabte Kinder und Menschen mit Intelligenzminderung (BEP-KI) 440
- Bindungsstörung, reaktive 359
- Kompakt (BEP-Ki-k) 164
- Kurzform 359
Befunderhebung, methodische Besonderheiten 55
Befürchtungen 58
Behandlungsprogramm für Sexualstraftäter, revidiertes Manual (BPS-R) 620
Behavior Problems Inventory (BPI) 242 f.
Behindertenarbeit, offene 99
Behindertengleichstellungsgesetz (BehiG) 585
Behindertenhilfe 95
- Betreuungsansätze, nicht-aversive/nichtkonfrontative 161
- in Österreich 568
- leichte Sprache 93
- Mitarbeitende, Kommunikation 92
- Träger 564
Behinderung 575
- Ermordung in annektierten und besetzten Gebieten 639
- medizinische Versorgung, allgemeine 561
- öffentliche Wahrnehmung in den Medien 551

Belastungsstörungen 39, 327
Belohnung, nicht-kontingente 248
Benommenheit 366
Benzodiazepine
– Abhängigkeit 320
– Abhängigkeitspotenzial 458
– Anfallshäufung nach Phenobarbitalabsetzung 488
– Angststörungen 320
– Bewegungsstörungen, schlafbezogene, rhythmische 471
– Depression 488
– Insomnien 465
– Obstipation 82
– REM-Schlaf-Verhaltensstörungen 473
– Schlaf-Wach-Rhythmusstörungen, zirkadiane 469
– Verhaltensstörungen 425
Beobachtungsinstrument für das Schmerzassessment bei alten Menschen mit Demenz (BISAD) 521
Beobachtungsmerkmale 57
Beobachtungsskalen 50
BEP-KI-k (Befindlichkeitsorientiertes Entwicklungsprofil für normal begabte Menschen mit Intelligenzminderung – kompakt 164
Beratungsgespräch 98
Berufliche Fertigkeiten 50
Berufsausbildung 554
Berufsbildungsgesetz 555
Berufsordnung (BO) für Psychotherapeuten 107
Berufsrecht, Psychotherapeuten 107
Berührungsängste
– Psychiatrie 91
– Psychotherapeuten 101
Besessenheits-Trance-Störung 370
Besonderungs-Begriff 119
Best Practice-Modell 348
Betreuende
– Entscheidungskriterien 605
– gesetzliche, Kommunikation 92
– Pflichten 602
– Verantwortung 606
Betreuerbestellung 602
Betreute
– Aufsicht bei Gefährdung 603
– Rechte 602
Betreuung
– entscheidungsberechtigte Vertretung 605
– Genehmigungserfordernis 606
– rechtliche 601
   – Zwangsbehandlungen 607

Betreuungsgericht 597, 603
– Betreuerbestellung 602
Betreuungsrecht 600
– neues 2023 601
Beurteilungsbogen Schweregrad der Intelligenzminderung 50
Beurteilung von Schmerz bei Demenz (BESD) 521
Bewegungsstörungen 368
– Angelman-Syndrom 369
– ataktische 369
– Autismus-Spektrum-Störungen 241 f.
– dissoziative Störungen 368
– dyston-anmutende 369
– funktionelle 368
– näher bezeichnete 238
– Rett-Syndrom 369
– schlafbezogene 460, 464, 469, 471
   Siehe auch Schlafbezogene Bewegungsstörungen
– stereotype 211, 415
   Siehe auch Stereotype Bewegungsstörungen
– velokardiofaziales Syndrom 369
Bewegungstherapie 152
– depressive Störungen 308
Bewusstseinsstörungen 57
– qualitative 57
– quantitative 57
– tiefgreifende 616
Beziehungen
– resonante 130 f.
– Resonanztheorie 130
Beziehungsstörungen
– Alkoholkonsum/-missbrauch 404
– komplexe Posttraumatische Belastungsstörung 354
Bezugsperson 357
– Ansprechbarkeit, fehlende 343
– Bindungsstörungen 358
Bildungsunfähigkeit 611, 616
Bindungsstörungen 211, 226
– Autismus-Spektrum-Störung 212
– BEP-KI-k 359
– Diagnostik 359
– Differenzialdiagnostik 226
– Fallbeispiel 359 f.
– Integrative Therapy for Attachment and Behaviour (ITAB) 360
– Moses-Konzept 360
– reaktive 342, 357 f., 361
– Screening-Interviews 359
– soziale, enthemmtes Verhalten 361
Bindungssystem, Aktivierung 124
Binge-eating-Störung 375, 382

Biografische Informationen 40
Bio-psycho-soziale Diagnostik 40
Biperiden 87
Bipolar-I-Störung 290 f., 295
– Trisomie 21 292
Bipolar-II-Störung 295
Bipolare Störungen 290, 435, 446
– aggressive Verhaltensweisen 292
– Ätiologie 292
– Autismus-Spektrum-Störung 212
– Definition 290
– depressive Episoden 294
– Diagnostik 292
– Elektrokonvulsionstherapie (EKT) 294
– Fallbeispiel 296
– familienfokussierte Therapie 294
– Fremdbeurteilung 292
– Gefühlszustände, Verhaltensäquivalente 292
– gemischte, Akutbehandlung 294
– Hypo-/Hyperaktivität 292
– ICD-11 291
– Kognitive Verhaltenstherapie 294
– Komorbidität 295
– Lithium 294, 296
– manische Episoden 293, 295
– nicht-pharmakologische Strategien 294
– Off-Label-Ketaminbehandlung 294
– Pharmakotherapie 293
– Phasenprophylaxe 294
– Prävalenz 291
– Prognose 295
– Psychotherapie 294
– psychotische Symptome 291
– Risperidon 293
– Schlafstörungen 296
– Stressoren 295
– Verlauf 295
– Zwillingsstudien 292
Bipolar Mood Chart 293
Bipolar Mood Tracking Sheet 293
Blickkontakt 208
– fehlender 205
– unmodulierter 209
– vermeidender 209
– Vermeiden-Wollen 56
Blindheit, erbliche, Zwangssterilisation in der NS-Zeit 631
Body dysmorphic disorder
  Siehe Körperdysmorphe Störung
Body-focused repetitive behaviour disorders
  Siehe Körperbezogene repetitive Verhaltensstörungen

Borderline-Muster, Persönlichkeitsstörungen 428, 432, 435
Borderline-Persönlichkeitsstörung 210, 427, 434 f.
– Dialektisch-Behaviorale Therapie 247, 441
– Fehldiagnose 210
– Lamotrigin 441
– Neuroleptika 441
– Pica-Syndrom 388
– selbstverletzendes Verhalten, nichtsuizidales 240
– Therapie 440
Bradyphrenie 416
Brandstiftung 618, 624
Brexpiprazol, Gewichtszunahme 85
Brown ADD Scale 224
Bruxismus 233, 468
– schlafbezogener 470
Bulimia nervosa 375, 381
– automutilatives Verhalten 382
– Leistungsorientierung 381
– Ruminations-/Regurgitationsstörung 382
Bundesarbeitsgemeinschaft
– der Medizinischen Behandlungszentren für Erwachsene mit Behinderung (BAG-MZEBS) 565
– der Werkstätten für behinderte Menschen 558
– für die medizinische Versorgung von erwachsenen Menschen mit Behinderungen e. V. (BAG MZEB) 278
– für Kinder- und Jugendpsychiatrie und Psychotherapie 560
– Inklusionsfirmen 557
Bundesgesetz
– über die Invalidenversicherung (IVG) 584
– über genetische Untersuchungen beim Menschen (GUMG) in der Schweiz 71
Bundesteilhabegesetz (BTHG) 551, 562, 564
Bupropion, depressive Störungen 310
Bush-Francis Catatonia Rating Scale (BFCRS) 282
Butyrophenone, prokonvulsives Risiko 490

C
Cambridge Cognitive Examination adapted for individuals with Down Syndrome (CAMCOG-DS) 456
Cambridge Examination for Mental Disorders of Older People with Down's Syndrome and Others with Intellectual Disabilities (CAMDEX-DS) 455 f.
Cannabidiol 487
– psychische Störungen 489
Cannabinoide 394
Cannabinoid-Produkte, depressive Störungen 311

Cannabis 394
- Entzug/Intoxikation 406
Carbamazepin 490
- affektive Psychose 489
- Cytochrom-P450-Isoenzyme 88
- Medikamenteninteraktionen 487
- REM-Schlaf-Parasomnien 473
Carbidopa, Restless-Legs-Syndrom 470
Carbohydrate Deficient Transferrin (CDT), Alkoholmissbrauch 402
Caregiver burden 593
Cariprazin, Gewichtszunahme 85
Carpenter-Syndrom, Adipositas 384
Catatonia Rating Scale (CRS) 282
CBD-Öl, depressive Störungen 311
CERAD-Testbatterie 455
CFT-20-R Grundintelligenztest Skala 2 – Revision 48
Challenging Behaviour 40, 417
Challenging Behavior Interview (CBI) 243
CHARGE-Syndrom 219, 505
- Schlafstörungen 463
Checkliste
- für abweichendes Verhalten 422
- Triple C 49
- zur Erfassung von demenziellen Entwicklungen bei Menschen mit Intelligenzminderung (CEDIM) 454 ff.
Checklist for Autism Spectrum Disorder (CASD) 378
Children's Inventory of Anger (ChIA) 169
Children's Yale-Brown Obsessive Compulsive Scale (CY-BOCS) 332
Child Tourette Syndrome Impairment Scale 255
Chlorpromazin
- anticholinerge Wirkung 81
- Cytochrom-P450-Isoenzyme 88
- Gewichtszunahme 84
Chlorprothixen 80
- anticholinerge Wirkung 81, 83
Chorea Huntington 635
- Zwangssterilisation in der NS-Zeit 631
Choreatiforme Bewegungen 256
Chromosomenaberrationen
- Deletion 62
- Duplikation 62
- numerische 62, 182
- strukturelle 62, 182
- submikroskopische 182
    - Kopiezahlveränderungen 63
- Translokationen 62
Chromosomenanalyse 64

Chronic Pain Scale for Nonverbal Adults With Intellectual Disabilities (CPS-NAID) 521
Ciprofloxacin, Katatonie 284
Citalopram
- Cytochrom-P450-Isoenzyme 88
- depressive Störungen 310
- REM-Schlaf-Parasomnien 473
- Zwangsstörungen 333
Cloak of competence 44
Clomipramin
- Cytochrom-P450-Isoenzyme 88
- depressive Störungen 310
- Panikstörungen 320
- Zwangsstörungen 333
Clonazepam
- Bruxismus, schlafbezogener 471
- Myoklonus, propriospinaler 472
- REM-Schlaf-Parasomnien 473
Clonidin
- Bruxismus, schlafbezogener 471
- REM-Schlaf-Parasomnien 473
- Tics 258 f.
Clozapin
- Cytochrom-P450-Isoenzyme 88
- Gewichtszunahme 84
- Kontrolluntersuchungen 79
- Nebenwirkungen 490
- Obstipation 82
- Zwangshandlungen, induzierte 273
Cluster-A/B-Persönlichkeitsstörungen 210
Clutter Image Rating Scale (CIR) 337
Coffin-Siris-Syndrom 62
Cognitive disintegration 44
Cognitive Scale for Down Syndrome (CS-DS) 455 f.
Cohen-Syndrom 200, 219
- Adipositas 384
Collaboration Handicap et Addictions 397
Communicative musicality 144
Community Reinforcement Approach
- Suchterkrankungen 413
Comprehensive Behavioral Intervention for Tics (CBIT) 258 f.
Computerspielsucht 395, 410
Conners' Adult ADHD Rating Scale (CAARS) 224
Containment 142
Copingstrategien, verminderte 101
Copy number variations (CNVs) 63
Cornelia-de-Lange-Syndrom 64, 219, 241
- Agoraphobie 322
- Angststörungen 316 ff.
- Fütterstörungen 378

– Phobie 322
– Schmerzen 513
Coronavirus and People with Learning Disabilities Study 535
Cotard-Syndrom 59
Counterfeit deviance (versteckte Störung) 619 f.
COVID-19-Infektion/-Pandemie 531
– Auswirkungen 535, 546
  – auf Pflegekräfte 538
– Bildungszugang/Online-Unterricht 544
– Fragebogen zu Bewältigungsstrategien 538
– Gesundheitszustände 535
– Informationen, Kommunikationspolitik 543
– internationale Effekte 541
– Pandemic Anxiety Scale 536
– Phasen 535
– Privatleben, Auswirkungen 545
– psychische Gesundheit 532, 535, 539
– Psychopharmaka, Verschreibung 537
– psychosoziale Dienstleistungen, Zugang 544
– psychosoziale Unterstützung 540
– Schutzausrüstungen 535
– soziale Einschränkungen 532
– soziale Isolation/sozialer Druck 541
– sozioökonomische Benachteiligung 541
– Sterblichkeitsrate 532
– Studienpopulationen 534
– Symptome 532
– tägliches Leben, Veränderungen 542
– Telekonferenzplattformen 539
– Todesfälle 532
– Wohlbefinden 532
Cri-du-chat-Syndrom 63, 182, 241
– Zwangsstörungen 341
Cyproteronacetat, Paraphilien 621
Cytochrom-P450-Isoenzyme, Psychopharmaka 88

D

d2-R Aufmerksamkeits- und Konzentrationstest 46, 48
D_A_CH e. V. (Deutschland, Österreich, Schweiz) 565
Darmverschluss 82
DAS (Disability Assessment Scale) 50
DBoP-gB-Manual 248
DBT Siehe Dialektisch-Behaviorale Therapie
DBToP-gB-Manual für die Gruppenarbeit 105
DBT-Skills System (DBT-SS) 442
Deeskalation 157
– behinderungsspezifische 164
– kommunikative 162
– körperliche Techniken 163

– Low-Arousal-Ansatz 160
– selbstreflektierende Grundhaltung 161
– Techniken 160
– Training 159
Deeskalationstraining und Krisenmanagement bei Menschen mit Intelligenzminderung (DEKIM®) 160
Defizitmodell, depressive Störungen 305
Defizitorientierte Betreuungskonzepte 129
Defizitorientierung 110, 122, 133
Delinquente Entwicklung 611
Delinquentes Verhalten, Aufmerksamkeitsdefizit-Hyperaktivitätsstörung 227
Delinquenz
– Entwicklung 618
– Paraphilien 621
– Risikofaktoren 612
Delir 446 f.
– alkoholinduziertes 395
– anticholinerges Syndrom, zentrales 83
– Differenzialdiagnostik 226
– durch Psychopharmaka 83
– Substanzgebrauch 395
Dementia Questionnaire for Mentally Retarded Persons (DMR) 455
Dementia Questionnaire for People with Learning Disabilities (DLD) 454, 456
Dementia Scale for Down Syndrome (DSDS) 455
Dementia Screening Questionnaire for Individuals with Intellectual Disabilities (DSQIID) 455 f.
Demenz 36, 446, 449
– altersassoziierte 450
– Alzheimer-Krankheit 449
– Antidepressiva 457
– Ätiologie 450
– Beeinträchtigungen 449
– Diagnostik 453
– Differenzialdiagnostik 226, 454
– Down-Syndrom 454
– Formen, sekundäre 453
– Fremdbeobachtungsverfahren 454, 456
– frontotemporale 450
– Krankheiten, klassifizierte 450
– Liquordiagnostik 453
– neuropsychologische Testverfahren 454 ff.
– nicht-medikamentöse Therapien 458
– Parkinson-Syndrom 450
– Pharmakotherapie 457
– Pica-Syndrom 388
– Prävalenz 451
– psychosoziale Intervention 458
– Schlaf-Wach-Rhythmus, irregulärer 469
– senile 635

- Symptomatik 452
- Therapie 456
- vaskuläre 457
- Verhaltensstörungen 457
- vom Alzheimer-Typ Siehe Alzheimer-Demenz

Demenztest für Menschen mit Intelligenzminderung (DTIM) 456

Demografische Daten
- in der Schweiz 582
- in Deutschland 550
- in Österreich 568

Denken
- desorganisiertes, Schizophrenie 264
- exzentrisches 210
- magisches 436
- operationales 59

Denkstörungen 218
- formale 58
  - Antipsychotika 75
  - Fehlinterpretation 272
  - Schizophrenie 264
- Gebärdensprache 506
- inhaltliche 58

Depersonalisation 321, 362 ff., 371
- Ich-Störungen 59

Depression/depressive Störung 136, 297, 299
- Achtsamkeits- und Compassion-Focused Therapy (CFT) 308
- Adipositas 384
- aktuelle
  - anhaltend 297
  - mit Melancholie 297
- Akutphase der Therapie 310
- Anfälle, fokale 479
- Antidepressiva 309
- Ätiologie 300
- Aufmerksamkeitsdefizit-Hyperaktivitätsstörung 227
- Autismus-Spektrum-Störung 212
- Bewegungstherapie 308
- Bulimia nervosa 382
- Computerspiel, Pesky Gnats – the feel good island 308
- COVID-19-Pandemie 540, 543
- Definition 298
- Defizitmodell 305
- Diagnostik 301
- diagnostische Überlagerung (diagnostic overshadowing) 304
- Differenzialdiagnostik 273, 304, 453
- durch Antiepileptika 488
- Elektrokonvulsionstherapie (EKT) 311
- Epilepsie 483
- Erhaltungsphase der Therapie 310
- Fallbeispiel 303, 306
- gemischte 300
- Gesundheitszustände, chronische/schwerwiegende 301
- Hoffnungslosigkeit 299
- Hörbeeinträchtigungen 505
- Hypersomnie 466
- ICD-11 301
- Insomnien 465
- interiktale 483
- klinische Behandlungswege 304
- Kognitive Verhaltenstherapie 305
- Lebensereignisse 304
- neuronale Entwicklungsstörungen 301, 308
- nichtepileptische Anfälle 367
- pharmakogene 87
- Pharmakotherapie 309
- Pica-Syndrom 389
- Prävalenz 298
- Prognose 311
- Psychoedukation 309
- psychologische Interventionen 311
- rezidivierende 300, 305
- Rezidivprophylaxe 311
- Schizophrenie 265
- Schlafhygiene 309
- Schmerzen 514
- Screeninginstrumente, selbst-/fremdeinschätzende 302
- Selbsthilfe 308
- Sprachkompetenz, eingeschränkte/fehlende 303
- Symptome 301
- Therapie 305
- Therapie-Tools 105
- Verhaltensaktivierung 307
- Verlauf 311
- Verzerrungen 306

Depression Scale for Severe Disability (DEPRESSED) 293

Depressive Episoden 304
- Akutbehandlung 294
- bipolare Störungen 290
- einzelne 300, 305

Deprivation 218, 343, 357, 361
- Aufmerksamkeitsdefizit-Hyperaktivitätsstörung 224
- Pica-Syndrom 388
- soziale 500

Derealisation 321, 362 ff., 371
- Aurasymptomatik 479
- Ich-Störungen 59

Dermatillomanie 339
Desorganisiertes Verhalten 416
- psychische Störungen 138
- Schizophrenie 265, 269
Desorientiertheit
- anticholinerges Syndrom, zentrales 83
- Demenz 452
Deutsche Gesellschaft
- für Medizin für Menschen mit geistiger oder mehrfacher Behinderung (DGMGB) 565
- für Neurologie (DGN) 645
- für Psychiatrie, Psychotherapie, Psychosomatik und Nervenheilkunde (DGPPN) 645
- für seelische Gesundheit bei Menschen mit geistiger Behinderung e. V. (DGSGB) 565
Deutscher Behindertensportverband (DBS) 559
Developmental Behaviour Checklist 242
Developmental inappropriation 44
Deviante sexuelle Handlungen 619
Dexamfetamin, Aufmerksamkeitsdefizit-Hyperaktivitätsstörung 227
Dextroamphetamine, Hypersomnien 467
Diagnosebezogene Fallpauschalen (DRG) 584
Diagnose Checkliste Tics (DCL-TIC) 255
Diagnostic Assessment for the Severely Handicapped-II (DASH-II) 292
Diagnostic Assessment for the Severely Handicapped Scale (DASH-II) 267
Diagnostic Criteria for Use with Adults with Learning Disabilities/Mental Retardation (DC-LD) 101
Diagnostic Manual – Intellectual Disability (DM-ID) 302 f.
Diagnostic Manual – Intellectual Disability 2 (DM-ID-2) 100, 329
Diagnostic overshadowing 44, 85, 100
- Angststörungen 317
- Anpassungsstörungen 357
- Autismus-Spektrum-Störungen 202
- Persönlichkeitsstörungen 436
- Posttraumatische Belastungsstörung 347
Diagnostik 44
- Aufmerksamkeitsdefizit-Hyperaktivitätsstörung 224
- bio-psycho-soziale 40
- Entwicklungs- 51
- entwicklungssensible 41
- genetische 61
- humangenetische 64, 69 f.
- Leistungs- 45
- multiprofessionelle 91
- psychopathologische 53

Diagnostische Beobachtungsskala für autistische Störungen 2 (ADOS-2) 208, 216
Diagnostischer Beobachtungsbogen für Autismus-Spektrum-Störungen – Revidiert (DiBAS-R) 216
Diagnostisches Interview für Autismus – Revidiert (ADI-R) 208, 216
Dialektisch-Behaviorale Therapie 247, 352
- Borderline-Persönlichkeitsstörung 441
- dissoziative Störungen 372
- für spezielle Populationen (DBT-SP) 442
- orientiertes Programm zur Behandlung Emotionaler Instabilität bei Menschen mit geistiger Behinderung (DBToP-gB) 442
- selbstverletzendes Verhalten 247
- Therapiematerialien 105
DiBAS-R 195
DiGeorge-Syndrom 63, 67, 182
- Angststörung, soziale 323
Disability Assessment Scale (DAS) 50
Disomie, Uniparenterale 65
Disorder of Intellectual Development (DID/IDD) 34
Disruptives Verhalten 416
Dissociative Experience Scale (FDS-20) 365
Dissoziale Persönlichkeitsstörung 226, 427, 431, 434 f., 613
Dissozialität 428, 435
- Persönlichkeitsstörungen 431, 437
Dissoziation
- Hypothalamus-Hypophysen-Nebennieren-Achse 364
- Stress-Diathese-Modell 364
Dissoziative Amnesie 363, 369
Dissoziative Fugue 362, 369
Dissoziative Identitätsstörung 370
- partielle 362, 370
Dissoziative Störungen 362, 366, 477
- Ätiologie 364
- Bewegungsstörungen 368
- Definition 363
- Diagnostik 365
- Dialektisch-Behaviorale Therapie 372
- Emotionsregulation 373
- Fallbeispiel 367, 372 f.
- Gangstörungen 368
- Hörstörungen 366
- ICD-11/DSM-5 362
- Lähmungen 368
- Mentalisierungsfähigkeit 372
- neurologische Symptome 362
- Prävalenz 363
- Psychoedukation 372

- schlafgebundene 473
- Schwäche 368
- Schwindel 366
- Sehstörungen 366
- Sinnesstörungen 367
- Skills 373
- Sprach-/Sprechstörungen 368
- Therapie 372
- Video-EEG 365

Distanziertheit, Persönlichkeitsstörungen 431, 437
Distanzierung 136
Distanzlosigkeit 136
Donepezil
- Demenz 457
- REM-Schlaf-Parasomnien 473

Dopaminrezeptoren, kognitive Entwicklung 81
Down-Syndrom 61 f., 182, 219, 286, 292
- Adipositas 383 f.
- Alzheimer-Demenz 451
- Angsterkrankungen 315
- Aufmerksamkeitsdefizit-Hyperaktivitätsstörung 223
- Bipolar-I-Störung 292
- Bruxismus, schlafbezogener 471
- Demenz 450, 452, 454, 457
- Guanfacin 229
- Katatonie 284, 286
- Musiktherapie 149
- psychische Störungen 300
- Schlafapnoe, obstruktive 467
- Schlafstörungen 461, 463
- Schmerzen 513
- Sprachenwicklung 186
- sprechrhythmische Probleme 188
- Trichotillomanie 340
- vermeidend-restriktive Ernährungsstörung (ARFID) 386
- Zwangsstörungen 331

Doxepin
- Cytochrom-P450-Isoenzyme 88
- depressive Störungen 310
- Insomnien 465

Dramatherapie 154
- Lubliner Teatroterapia – Workshop 155

Dravet-Syndrom 474
- Cannabidiol 487

Drehschwindel 366
Drug-Monitoring, Psychopharmaka 78
Duchenne-Muskeldystrophie, Aufmerksamkeitsdefizit-Hyperaktivitätsstörung 226

Duloxetin
- Cytochrom-P450-Isoenzyme 88
- depressive Störungen 310

Durchschlafstörungen 465
- Zerebralparese 475

Durchstreichtest 47
Dysarthrie 55, 187 f.
- anticholinerges Syndrom, zentrales 83

Dyskalkulie 554
Dyskinesien 331
- tardive
  - durch Atypika 81
  - durch Metformin 276

Dysmorphologische Auffälligkeiten 69
Dysmotilität, Magen-Darm-Trakt 390
Dysphagie 377, 390
- Ruminations-Regurgitations-Verhalten 390
- Zerebralparese 377

Dysthymie 298, 305
Dystonien 54, 256, 331, 365
- Valproat-Enzephalopathie 483

E

Eating Disorder Examination (EDE) 378
Eating Disorder Inventory (EDI) 378
Echelle comportementale de la douleur pour personnes âgées non communicantes (ECPA) 521
Echolalie 208, 218, 416
- Autismus 285

Echophänomene, Katatonie 283
EDAAP (Evaluation de l'Expression de la Douleur chez l'Adolescent ou l'Adulte Polyhandicapé) 521
EDAAP-Skala 521
EDE (Eating Disorder Examination) 378
EDI (Eating Disorder Inventory) 378
Egozentrismus, kognitive Entwicklung 614
Eigengeruchswahn 326, 335
Eingliederungshilfe 102
Einkoten 348
Einnässen 348
- Aufmerksamkeitsdefizit-Hyperaktivitätsstörung 226

Einschlafstörungen
- Myoklonus, propriospinaler 472
- Zerebralparese 475

Einsichtsfähigkeit 616 f.
- unrechtsbezogene 617

Einwilligungsfähige Patienten, eingeschränkte, Umgang 108
Einwilligungsfähigkeit 598
- Freiheitsentziehung 604

Einzeltherapie, psychische Störungen 139
Elektrokrampftherapie (EKT) 246
- Autismus-Spektrum-Störungen 246

- bipolare Störungen 294
- depressive Störungen 311
- Katatonie 246, 286 f.
- kognitive Beeinträchtigungen 247

EMDR (Eye Movement Desensitization and Reprocessing)
- Posttraumatische Belastungsstörung 353
- Zwangsstörungen 333

Emotionale Distanziertheit 431
Emotionale Dysregulation 142
- Dialektisch-Behaviorale Therapie 247

Emotionale Entwicklung 135 f., 249, 433, 615
- Aufmerksamkeitsdefizit-Hyperaktivitätsstörung 226
- Autismus 218
- Persönlichkeitsstörungen 432
- psychische Störungen 140
- Referenzalter 52
- Trennungsangststörung 324

Emotionale Entwicklungsverzögerungen 419, 422
- Verhaltensstörungen 419

Emotionale Gewalt 357, 361
Emotionale Kompetenzen 52
Emotionaler Entwicklungsstand 164
Emotionaler Missbrauch
- Depersonalisation/Derealisation 371
- Sexualdelikte 619

Emotionales Klima, psychische Störungen 142
Emotionales Referenzalter 40
Emotionale Störungen 61
Emotional-instabile Persönlichkeitsstörung 428
Emotional Problems Scale (EPS-BRS) 617
Emotionen 248
Emotionsdifferenzierung 52
Emotionserkennung 37
Emotionsregulation 105
- dissoziative Störungen 373

Emotionsregulationsstörung, Demenz 452
Empathie 97
Empathiedefizite
- Delinquenz 612
- sozio-emotionale Entwicklung 617

Empathiefähigkeit 37, 421
- eingeschränkte 210
- Förderung 144

Empowerment 132
Encephalitis lethargica 238
Energie-Entladung, Affektmodulation 124
Entgiftung 411
- Fallbeispiel 412
- Substanzgebrauchsstörungen 411

Enthemmtes Verhalten, soziale Bindungsstörung 361

Enthemmung 60, 428
- Demenz 450
- Persönlichkeitsstörungen 432

Enthospitalisierung 612
Entpsychiatrisierung 587
Entrainment-Zeichen 365
Entscheidung
- eigenverantwortliche 598
- ersetzende 596
- informierte (informed consent) 643
- selbstbestimmte 598
- unterstützende (substitute decision making) 596

Entscheidungsfindung, Unterstützung 141
Entscheidungsunfähigkeit, Selbstbestimmung 599
Entwicklung
- bio-psycho-soziale Anforderungen 113
- delinquente 611
- frühkindliche 131
- Ressourcen 113
- vorpubertäre 614
- vorschulische 614

Entwicklungsdiagnostik 50 f.
Entwicklungslogik 114, 132
Entwicklungslogische Therapie 42
Entwicklungsniveau 49
Entwicklungsprofil, Ermittlung 129
Entwicklungssensible Diagnostik 41
Entwicklungsstand 41
Entwicklungsverzögerungen, Tourette-Syndrom 252
Entzug
- Alkoholmissbrauch 406
- Substanzgebrauch 409

Entzugssyndrom 408
Enuresis 348
- Aufmerksamkeitsdefizit-Hyperaktivitätsstörung 226

Enzephalitis 635
Enzephalopathie
- Antiepileptika-induzierte 481
- Antikonvulsiva-bedingte 480
- Valproat 481 f.

Epilepsie 36, 61, 219, 372, 477, 635
- anfallsgebundene Störungen 479
- anfallsunabhängige Störungen 480
- Angststörungen 483
- Atemstörungen, schlafbezogene 474
- Aufmerksamkeitsdefizit-Hyperaktivitätsstörung 226, 479
- Autismus-Spektrum-Störungen 479, 483 f.
- Depression 483

- Differenzialdiagnostik 226, 272
- Einschränkungen 481
- Fallbeispiel 490
- gehirnstrukturelle/genetische Ursachen 480
- Hyperaktivität 483
- hypermotorische, schlafbezogene 473
- Katatonie 479
- Medikamenteninteraktionen 487
- nächtliche, subklinische 225
- peri- und interiktale Störungen 478
- Prävalenz 478
- psychische Störungen 477, 483
- psychosoziale Faktoren 481
- Schlafstadien 473
- Schlafstörungen 461, 473, 480
- Stigmatisierung 481
- Suizidalität 484
- Tuberöser Sklerose Complex 484
- Verhaltensstörungen 478
  - Medikamenteneffekte 487
- Vermeidungsverhalten 481
- Zerebralparese 478

Epilepsieassoziierte psychische Auffälligkeiten 477
Epileptische Anfälle 367
Epileptogenese 473
Erbgesundheitsgerichte in der NS-Zeit 631
Erblindung, Stereotypien 233
Ergotherapie 553
Erleben
- multisensorisches 42
- subjektives 54

Erlebnismerkmale 57
Erlebnisräume, resonante, Gestaltung 132
Ernährungsstörung, vermeidend-restriktive (ARFID) 380, 384
Erscheinungsbild
- sonderbares/merkwürdiges 416
- ungepflegtes 416

Erste Sozialisation 191
Erstickungsgefühle, parasomnische 472
Erwachen, verwirrtes 472
Erwachsene
- psychiatrische Versorgung
  - in Österreich 574

Erwachsene, psychiatrische Versorgung
- in der Schweiz 588
- in Deutschland 560

Es 116
Escitalopram
- Cytochrom-P450-Isoenzyme 88
- depressive Störungen 310
- Zwangsstörungen 333

Eskalation
- Bewusstwerdung 170
- krisenhafte 157
- Prävention 158

Eskalationsmodell 159
Essl Foundation 570
Essstörungen 36, 211, 375, 415
- Ätiologie 377
- Autismus-Sektrum-Störung 211
- Definition 376
- Diagnostik 378
- hyperphage 376
- hypophage 376
- Prävalenz 376
- schlafbezogene 472

Essverhalten
- dysfunktionales 376 f., 383
- problematisches 375
- selektives 375 f., 386

Eszopiclon, Insomnien 465 f.
Etablissements publics pour l'intégration (EPI) 588
Ethanol, Nachweis, Alkoholkonsum, akuter 402
Ethylglucuronid (ETG), Nachweis, Alkoholkonsum, akuter 402
Euphorie, Manie 290
European Association for Mental Health in Intellectual Disability (EAMHID) 594
European Psychiatric Association (EPA) 594
Euthanasie 629, 637 f.
- dezentrale 638
- in der NS-Zeit 629
- Körperteile, wissenschaftliche Verwertung 643
- wilde 632 f., 638

Euthanasie-Aktion 634
Evaluation de l'Expression de la Douleur chez l'Adolescent ou l'Adulte Polyhandicapé (EDAAP) 521
Everolimus, Aufmerksamkeitsdefizit-Hyperaktivitätsstörung 229
Exekutive Funktionen 185
Exhibitionistische Störungen 621
Exklusion 554
Exkoriationsstörung 339
Exom-Sequenzierung 65
- primäre 70

Expansiv-aggressives Verhalten 39
Expansives Verhalten, Manie 290
Exposure and response prevention (ERP), Tics 259
Expressive kunstbasierte Intervention (EABI) 156
Expressivsprache, Verlust 217

Extrapyramidale Störungen 85
– durch Neuroleptika, atypische 81
– durch Psychopharmaka 80, 87
Extrapyramidale Symptome 233
Extremitätenbewegungen, periodische, im Schlaf 470 f.

F
Face2gene (KI-basiertes Werkzeug zur Syndromdiagnose) 72
Facial Action Coding System (FACS) 521
Fähigkeitsprogramm Inklusive Medizin in der Schweiz 591
Failure moments 398
Fallmanagement, ressourcenorientiertes 45
Familienfokussierte Therapie, bipolare Störungen 294
Family Support Scale 538
FASD Siehe Fetale Alkoholspektrumstörung
Fehlangepasstes Verhalten, Hörbeeinträchtigungen 502
Felbamat, Insomnien 474
Festhaltetherapie, Autismus-Spektrum-Störungen 213
Fetale Alkoholspektrumstörung 45, 48
– Aufmerksamkeitsdefizit-Hyperaktivitätsstörung 223
Fetales Alkoholsyndrom 300
FEV (Fragebogen zum Essverhalten) 378
Fight-or-flight-Reaktion 123, 161
FISH (Fluoreszenz-in-situ-Hybridisierung) 67
Fixierung 608
Flashbacks
– Posttraumatische Belastungsstörung 269
– Trance-Störung 370
Flexibilitas cerea, Katatonie 283
Fluoreszenz-in-situ-Hybridisierung (FISH) 67
Fluoxetin
– Cytochrom-P450-Isoenzyme 88
– depressive Störungen 310
– Suizid-/Selbstverletzungen, Prävention 441
– Zwangsstörungen 333
Fluphenazin
– Cytochrom-P450-Isoenzyme 88
– Gewichtszunahme 84
Fluvoxamin
– Cytochrom-P450-Isoenzyme 88
– depressive Störungen 310
– Trichotillomanie 340
– Zwangsstörungen 333
Förderrahmenbedingungen 51
Förderschulen, nicht-inklusive 554
Forschung

– in der Schweiz 592
– in Österreich 579
Forschungsausbildung
– in der Schweiz 592
– in Deutschland 563
Forschungsinstitut für Inklusion durch Bewegung und Sport 559
Fortbildungsmodule für medizinisches Fachpersonal in Österreich 573
Fragebogen zum Essverhalten (FEV) 378
Fragebogen zur Sozialen Kommunikation (FSK) 215
– Autismus-Spektrum-Störungen 206
Fragiles-X-Syndrom 61, 64, 66 f., 200, 217, 219, 300
– Agoraphobie 322
– Angststörungen 316 ff.
– soziale 323
– Aufmerksamkeitsdefizit-Hyperaktivitätsstörung 223
– Bewegungsstörungen 369
– Blickkontakt, vermeidender 419
– Schmerzen 513
– Skin-Picking-Störung 339
– Sprachentwicklung 186
– Zwangsstörungen 331
Frameshift-Variante, Gene 63
Frankfurter Aufmerksamkeits-Inventar (FAIR-2) 48
Freezing-Verhalten 364
Freiheitseinschränkungen 608
Freiheitsentziehende Maßnahmen 157
Freiheitsentziehung 597, 604, 606
– Aufgaben 604
– Einwilligungsfähigkeit der Betroffenen 604
Freizeit 558
Fremdaggression 422, 624
– Angststörungen 314
– Differenzialdiagnose 318
Fremdbeurteilung 57
Fremdbeurteilungsbogen Tics (FBB-TIC) 255
Fremdbeurteilungsskalen 50
Fremddifferenzierung 131
Fremdeln 58
Fremdgefährdung 430, 607
Fremdverletzendes Verhalten 158, 165
– bipolare Störungen 295
Frontallappenepilepsie 474
Frotteuristische Störung 621
Frühförderung, in Deutschland 553
Frühkindliche Verhaltensmuster, Aktivierung 164

Frustrationstoleranz 248
Fugue, dissoziative 362, 369
Functional Assessment of Self-Mutilation (FASM) 243
Furchtbezogene Störungen 313
Furcht, vor Situationen 209
Fütterstörungen 211, 375, 415
– Ätiologie 377
– aversive Erlebnisse 377
– Definition 376
– Diagnostik 378
– posttraumatische 378
– Prävalenz 376
– psychosoziale Folgen 377

G

Gabapentin
– affektive Psychose 489
– Aggression 488
– Insomnien 474
– REM-Schlaf-Parasomnien 473
Galantamin, Demenz 457
Gamma-Glutamyl-Transferase (γ-GT), Alkoholmissbrauch 402
Gangstörungen 364, 368
– dissoziative Störungen 368
– funktionelle 368
GAS-ID (Glasgow-Anxiety-Scale for People with an Intellectual Disability) 318
Gastroösophagealer Reflux 390, 468
Gebärdensprache 505 f., 578
– Denkstörungen 506
– Hörbeeinträchtigungen 508
– Sinnesbeeinträchtigungen 508
Gedächtnis
– Inhalte, heiße/kalte 353
– sensorisch-perzeptuelles 353
Gedächtnisstörungen 57
– Amnesie 448
– Demenz 452
Gedächtnistests 47
Gedankenabreißen 58
Gehirn, vulnerables 139
Gehörlosigkeit 218
– prälinguale, mit Sprachdefiziten 505
– Stereotypien 233
Gehörverlust, sensorineuraler 505
Geistige Beeinträchtigung, syndromaler Charakter 61
Geistige Behinderung 112, 550, 569
– in der NS-Zeit 628
– Massenmordaktionen 632
Geistige Entwicklungsstörungen 550

Gemeinnützige
– Krankentransport GmbH (Gekrat) 634
– Stiftung für Anstaltspflege 635
Gemeinschaftsfremde, Ausmerzung 641
Gemütszustand, Fehleinschätzung 299
Gendiagnostikgesetz (GenDG) in Deutschland 70
Gene
– Missense-Varianten 67
– Mosaike 64
– Multigen-Panel-Sequenzierung 66
– Sequenzierung, gezielte 66
– Varianten 63, 68
– Veränderungen, pathogene 64
Genehmigungserfordernis, Betreuung 606
Generalised Anxiety Disorder Assessment 7 (GAD-7) 538
GeneReviews 71
Genetische Diagnostik 61
Genetische Veränderungen, kausale, Formen 62
Genomsequenzierung 65, 70
Genozid-Politik 641
Gentechnikgesetz (GTG) in Österreich 71
Geruchszwang 335
Geschlechtschromosomen
– Tetra-/Pentasomien 62
– Trisomie 62
Gesellschaftliche Teilhabe
– in Österreich 569
Gesetz
– über Hilfen und Schutzmaßnahmen bei psychischen Erkrankungen 608
– zur Verhütung erbkranken Nachwuchses 630
Gesetzliche Voraussetzungen
– in Deutschland 551
Gesichtsschmerzen 529
– akute 512
Gesprächstherapie
– Autonomiemöglichkeiten 100
– Beratungsgespräch 98
– Einzelsitzungen 98
– Intelligenzentwicklungsstörungen 99
– klientenzentrierte 97
– personzentrierte 90, 97
– themenzentrierte 98
Gestützte Kommunikation (Facilitated Communication, FC), Autismus-Spektrum-Störungen 213
Gesundheitsfürsorge, behinderungssensible 132
Gesundheitssystem, schweizerisches 583
Gesundheitsversorgung
– in Österreich 568
Gesundheitszustand 111

Gewalterfahrungen
- Angststörungen 316
- Straffälligkeit 613
Gewaltstraftaten 618
Gewalttätigkeit 611
Gewaltverbrechen, Posttraumatische Belastungsstörung 346
Gewohnheiten 236
Glasgow-Anxiety-Scale for People with an Intellectual Disability (GAS-ID) 318
Glasgow-Depressionsskala (GDS) 302
Gleichstromstimulation, transkranielle, depressive Störungen 311
Glücksspielstörung 411
Glücksspielsucht 395, 409
Goldenhar-Syndrom, Schlafstörungen 463
Gonadotropin-Releasing-Hormon(GnRH)-Agonisten, Paraphilien 621
Good-Life Model nach Ward 620
Grammatikerwerb 196
Grand-mal-Anfall 367
Grand-mal-Epilepsie 474
Grey children 251 f., 261
Grimassieren, Katatonie 283
Größenwahn 60
Grübelneigung, Angststörungen, generalisierte 321
Grundgesetz (GG), Bedeutung 597
Grundintelligenztest Skala 2 – Revision (CFT-20-R) 48
Gruppenarbeit, DBToP-gB-Manual 105
Guanfacin
- Aufmerksamkeitsdefizit-Hyperaktivitätsstörung 228 f.
- Tics 258

H

Habit Reversal Training (HRT) 259
Habitualisierung 236
Häftlinge, behinderte/kranke, Ermordung in Konzentrationslagern 632
Halluzinationen
- akustische 59, 86
- anticholinerges Syndrom, zentrales 83
- Antipsychotika 75
- Demenz 458
- Fehlinterpretation 273
- komplexe 59
- optische 269
- Schizophrenie 264, 267, 269
- schlafbezogene 473
Halluzinatorisches Erleben 38

Haloperidol
- Cytochrom-P450-Isoenzyme 88
- Gewichtszunahme 84
- Tics 258
Haltungsverharren, Katatonie 283
hamet® Handwerklich motorischer Eignungstest 49
Handbeißen 234
Handelndes Hervorbringen (enacting) 236
Handlungsmöglichkeiten
- in der Schweiz 589
- in Deutschland 564
Handlungsorganisation und Tagesplanung (HOTAP) 49
- Test 46
Handlungsorientierte Therapie (H.O.T.), Sprachentwicklungsstörungen 196
Handlungsplanung/-steuerung 52
Handstereotypien 217
Handwerklich motorischer Eignungstest hamet® 49
Handwerksordnung (HwO) 555
Harnverhalt 526
- anticholinerges Syndrom, peripheres 83
- durch Psychopharmaka 83
Hashimoto-Thyroiditis, Angststörungen 318
Hebephrenie 266
Heilpädagogik 109
- Intelligenzentwicklungsstörungen 553
- ökologisch-reflexive 119
Heilpädagogisch-Psychiatrische Fachstelle der Luzerner Psychiatrie (LUPS) 588
Heil- und Pflegeanstalten
- in der NS-Zeit 641
- Reichsarbeitsgemeinschaft 634
- Zentralverrechnungsstelle 635
Hemifaziale Mikrosomie, Schlafstörungen 463
Hemi-Grand-mal-Anfälle 474
Hemi-Megalenzephalie 64
Heranwachsende, psychiatrische Versorgung
- in der Schweiz 587
- in Deutschland 560
Herausforderndes Verhalten 417 f., 624
- Hörbeeinträchtigung 493, 501
- Individual Behaviour Observation and Recording Scale 504
- Prävalenz 504
- psychiatrische Störung 504
- Schizophrenie 269
- Sinnesbeeinträchtigungen 503
- Vineland-II Scales 504
Herpes-simplex-Enzephalitis 238
Hirnreifungsstörungen, Katatonie 281, 288

Hirnstimulation, tiefe (THS)
– depressive Störungen 311
– Ticstörungen 259
Historical, Clinical, and Risk Management-20 (HCR-20) 617
Histrionische Persönlichkeitsstörung 210
Hoarding disorder Siehe Horten, pathologisches
Hoarding Rating Scale 337
Holocaust, Vorbereitung, Aktion T4 641
Hoover-Zeichen, Lähmung, funktionelle 365
Hörbeeinträchtigungen 493
– akustische Umgebungsgestaltung 506
– Ankündigungsstrategien 507
– auditive/visuelle Funktionen 494
– Autismus-Spektrum-Störungen 498
– Betreuung/Förderung 506
– Definition 495
– depressive Störungen 505
– Diagnostik 494, 500
– Differenzialdiagnostik 499
– Gebärdensprache 508
– herausforderndes Verhalten 501
– Hirnstammaudiometrie unter Vollnarkose 496
– intellektuelle Funktionsfähigkeit 502
– Interaktion im Alltag 507
– Interaktionsstil 508
– Kommunikation, Recht, universales 510
– kommunikative Fähigkeiten 508
– Lautsprache, fehlende 500
– Modell der therapeutischen Lebensgemeinschaft 509
– otoakustische Emissionen 496
– Prävalenz 493 ff., 501
– psychiatrische Störungen 504
– psychopathologischer Status 506
– Rötelnerkrankung in der Schwangerschaft 495
– Schweregrade 495
– Sehbeeinträchtigung 493, 497
– selbstverletzendes Verhalten 502
– somatoforme Störungen 505
– soziale Beziehungen, Aufbau 509
– soziale Fähigkeiten 502
– soziale Interaktion 500
– soziale Kommunikation 507, 510
– und Sehbeeinträchtigung 499
– Verhaltens-, Reinton- und Sprachaudiometrie 496
Hörbehinderung
– Ambulanz für Gehörlose in Linz 577
Hördiagnostik 496
Hörgeräte 496
Hörminderung, Demenz 454

Hörstörungen 193, 366
– AEPs (auditory evoked potentials) 366
– dissoziative Störungen 366
Horten, pathologisches 326, 337
– Autismus-Spektrum-Störungen 338
– Fallbeispiel 338
– Kognitive Verhaltenstherapie 338
Hörverlust 36
Hörverständnisfragebogen – LittlEARS 194
Hospital Elder Life Program (HELP) 423
Hospitalisierung 118
Hospitalismus 218
HOTAP (Handlungsorganisation und Tagesplanung) 49
HPO (Human Phenotype Ontology) 67, 71
Human Development Report 568
Humanexperimente in der NS-Zeit 642 f.
Humangenetische Diagnostik 64
– Datenbanken und Online-Ressourcen 71
– gesetzliche Bestimmungen 70
– Indikation 69 f.
Humangenetischer Befundbericht 68
Human Phenotype Ontology (HPO) 67, 71
Huntington-Krankheit, Demenz 450
Hygiene, persönliche, mangelhafte 416
Hypalgesie 527
Hypästhesie 527
Hyperaktives Verhalten 158
Hyperaktivität
– Aufmerksamkeitsdefizit-Hyperaktivitätsstörung 223
– Epilepsie 483
Hyperakusis, Williams-Beuren-Syndrom 322
Hyperalgesie 527
Hyperarousal 161 f., 165
– Posttraumatische Belastungsstörung 345
Hypericin, Cytochrom-P450-Isoenzyme 88
Hypersomnien 460, 466
– idiopathische 466
Hyperthermie, anticholinerges Syndrom, peripheres 83
Hyperthyreose, Angststörungen 318
Hypnotika 76
– Demenz 450
– Entzug/Intoxikation 407
Hypochondrie 314, 326, 335 f.
– Autismus-Spektrum-Störungen 336
– Fallbeispiel 336
Hypomanie 290
Hypothyreose, Angststörungen 318
Hypoventilation, schlafbezogene 467
Hypoxämie-Störungen, schlafbezogene 467

I

ICD-11 34
- Paradigmenwechsel 111
- Störungsbilder 173
Ich 116
Ich-Bewusstsein 433
- Entwicklung 433
ICH-Bücher 194
Ich-Entwicklung 115 f.
- psychische Störungen 121
Ich-Erleben 59
Ich-Funktionsstörungen 120
Ich-Störungen 59
- psychotische 272
IDA (Instrumentarium zur Diagnostik von Arbeitsfähigkeiten) 49
Ideenflüchtigkeit 58
Identifikation 52, 128, 420
Identifizierung, in der Schweiz 585
Identität 116
Idiosynkrasie, Schizophrenie 272
IES-IDs (Impact of Event Scale – Intellectual Disabilities) 348
Iktale Aggressionen 485
Iktale Angststörungen 484
Iktale psychische Störungen 479
Ileus, durch Psychopharmaka 82
Illusionäre Verkennungen 59
Imipramin
- Cytochrom-P450-Isoenzyme 88
- depressive Störungen 310
Imitation 191
- fehlende, Autismus-Spektrum-Störungen 205
Impact of Event Scale – Intellectual Disabilities (IES-IDs) 348
Imprinting, genomisches 64
Impulsivität, Aufmerksamkeitsdefizit-Hyperaktivitätsstörung 223, 226
Impulskontrolle 52
- Paraphilien 622
Impulskontrollstörungen 347, 415, 422
- Autismus-Spektrum-Störung 212
- intermittierende, explosive 415
- Risperidon 228
Inclusion Handicap (Dachverband der Behindertenorganisationen) 590, 593
In-der-Welt-Sein 116
Individual Behaviour Observation and Recording Scale 504
Individuation 52, 420
- erste 127
- soziale 128
Inflexible Eating Questionnaire (IEQ) 384

Informationsreliabilität 55
Informationsvalidität 55
Informed consent 598
Inhalanzien, Demenz 450
Inklusion 551
- Arbeitsmarkt 555
- Bildungseinrichtungen in Österreich 571
- in der Schweiz 583
- in Österreich 568, 578
- Schule 554
Inklusionsbarometer Arbeitsmarkt 556
Inklusive Medizin, Fähigkeitsausweis 591
Innere Haltung, Therapeuten 97
Insomnien 460, 465
- Kognitive Verhaltenstherapie 465
- Zerebralparese 475
Institute for Health Metrics and Evaluation (IHME) 552
Institut für Inklusive Medizin in Kainbach (IIM) 575
Institut für professionelles Deeskalationsmanagement (ProDeMa®) 160
Instrumentarium zur Diagnostik von Arbeitsfähigkeiten IDA 49
Integrationsunternehmen, -betriebe, -abteilungen 556
Integratives Kognitives Modell 364
Integrative Therapy for Attachment and Behaviour (ITAB), Bindungsstörung, reaktive 360
Intellectual and Developmental Disorder (IDD) 111
Intellectual Disabilities Depression Scale 302
Intellectual Disability (ID) 34, 111, 176
Intellektuelle Beeinträchtigung 34
Intellektuelle Behinderungen 569
Intellektuelle Entwicklungsstörung 217 f.
Intellektuelle Fähigkeiten 112, 176
- Beeinträchtigungen 35, 117
Intellektuelles Niveau 49
Intelligenz
- fluide 47 f.
- nonverbale 47
- verbale 47
Intelligenzaufbaustörung 615
Intelligenzentwicklungsstörungen 34, 46, 51, 54, 111, 617
- adaptive Fähigkeiten, Beeinträchtigungen 117
- Arbeitsmarkt 555
- Assessments 302
- Ätiologie 181
- Ausbildung, medizinische/interdisziplinäre 562 f.
- Bedürfnisse, komplexe, multiple 142

- Berufsausbildung 554
- Definition 178
- Diagnostik 112
- Diagnostik/Testverfahren 182
- entwicklungsdynamische Ausrichtung 112
- Erwachsene 560
  - in Österreich 574
- Fachlichkeit, adäquate, multidisziplinäre 114
- Förderbedarf 554
- Förderschulen, nicht-inklusive 554
- Freizeit/Sport 558
- genetisch bedingte 61
- genetische Diagnostik 61
- genetische Ursachen 69
- genetische Veränderungen 182
- gesetzliche Voraussetzungen 551
- Gesprächstherapie 99
- Gesundheitsbedürfnisse 576
- Handlungsmöglichkeiten
  - in Österreich 577
- Heilpädagogik 553
- heilpädagogische Maßnahmen 248
- ICD-11 34, 182
- Identifizierung 552
- Inklusions-/Exklusionsquote 555
- Integrationsunternehmen, -betriebe, -abteilungen 556
- Interventionen, frühe 553
- Kinder/Heranwachsende 560
- Kinder/Jugendliche 574
- leichte 306
- leicht-, mittel-, schwergradige und tiefgreifende 181
- Lese-/Schreibkenntnisse 302
- Pflege, personenzentrierte
  - in Österreich 576
- Prävalenz 181, 552
- psychosoziale Belastungen 559
- psychosoziale Faktoren 301
- schulische Bildung 554
- Schwellenwert, diagnostischer 178
- Schweregrade 50, 113, 177 f., 180
- Sozialhilfe 558
- syndromale Formen 69
- Systematik 177
- therapeutische Maßnahmen 248
- Ursachen 182
Intelligenzminderung 34, 176, 438, 616, 626
- angeborene, medizinisch nicht identifizierbare 616
- DSM-5 199
- ICD-11 199

- Leitlinien, aktuelle 47
- Sprech-/Sprachstörungen 185
Intelligenztest 46
- nonverbaler 47
Interactive-Behavioral Therapy 155
Interiktale psychische Störungen 480
International Association for the Study of Pain (IASP) 512
International Classification of Functioning, Disability and Health (ICF) 111
International Standard Classification of Education (ISCED) 554
International Trauma Questionnaire (ITQ) 349, 355
Interpersonelle Kompetenzen 105
Interventionen, frühe
- in der Schweiz 585
- in Österreich 570
Intoxikation
- Alkoholmissbrauch 406
- Substanzgebrauch 409
Introspektion 135
Introspektionsfähigkeit 55, 99, 421
Intuition 518
- Schmerzen 518
Invalidenversicherung (IV) 584
Inventar für Verhaltensprobleme (IVP) 242 f.
Inventar zur funktionellen Erfassung selbstverletzenden Verhaltens bei Menschen mit intellektueller Beeinträchtigung (IfES) 243
IQ-Tests, standardisierte 113
Irlen-Brillen, Autismus-Spektrum-Störungen 213
Isolierung 608
ITQ (International Trauma Questionnaire) 349
- komplexe Posttraumatische Belastungsstörung 355

J
Jactatio
- capitis 232, 471
- corporis 232
Johanniskraut, Cytochrom-P450-Isoenzyme 88
Johanniskrautextrakt, depressive Störungen 310
Judenverfolgung 641
Jugendliche
- psychiatrische Versorgung
  - in Österreich 574

K
Kabuki-Syndrom 64
Katalepsie, Katatonie 283
Katathrenie 468

Katatonie 280
- akute 288
- Antipsychotika 287
- Ätiologie 281
- Autismus-Spektrum-Störungen 286
- Definition 281
- Diagnostik 282
- Differenzialdiagnostik 285
- DSM-5 280
- Elektrokrampftherapie 246, 286 f.
- Epilepsie 479
- Episoden, wiederkehrende 288
- Hirnerkrankungen 284
- Hirnreifungsstörungen 281, 288
- ICD-10 280
- ICD-11-Kriterien 283
- Intoxikationen/Medikamenteneinnahme 284
- Lorazepam 287
- maligne 281, 286
- neuronale Entwicklungsstörungen 285
- nicht näher bezeichnet 285
- organische 280
- pädiatrische 286
- persistierende 289
- Prävalenz 281
- psychische Störungen 284
- Schizophrenie 265, 275, 285
- sekundäre 284, 286
- Specifier 284
- Stupor 419
- Symptome 282
- Therapie 287
- vegetative Dysregulation 281 f., 284
- Verlauf 288
Kaufman Assessment Battery for Children (KABC-II) 47
KBG-Syndrom 62
KERF-40-I (Belastende Kindheitserfahrungen, inklusive Zeitleisten) 344
Kinder-Euthanasie 634
- in den Kinderfachabteilungen der NS 632
Kinder, psychiatrische Versorgung
- in der Schweiz 587
- in Deutschland 560
- in Österreich 574
Kinder- und Jugendpsychiatrie und -psychotherapie (KJPP) 560
Kinder-Wechsler-Tests (WISC-V, WPPSI-IV) 47
Kindesalter, neurokognitive Entwicklungsstörungen 236
Kindheitserfahrungen, belastende 346
Klinefelter-Syndrom 62, 182
Klinik Lengg in Zürich 589

Kognition 112
Kognitiv-adaptive Beeinträchtigungen 99
- Validation 143
Kognitiv-adaptive Entwicklung 115
Kognitiv-adaptive Fähigkeiten 40, 142
Kognitiv-adaptiver Entwicklungsstand 41
Kognitiv-behavioristisches Anger Management 121
Kognitiv-behavioristische Techniken 248
Kognitiv-behavioristische Therapie, Wut-Management-Training 168
Kognitive Beeinträchtigungen 164, 446, 448
- COVID-19-Pandemie 533
- Demenz 449
- durch Elektrokrampftherapie (EKT) 247
- leichte 552
- Schizophrenie 265
- Verhaltenstherapie 106
Kognitive Entwicklung
- Dopaminrezeptoren 81
- konventionelle Phase 614
- niedrige 121
- postkonventionelle Phase 614
- präkonventionelle Phase 614
Kognitive Fähigkeiten 104
- moralische Entwicklung 613
Kognitive Kompetenzen, Vermittlung 129
Kognitive Leistungsfähigkeit 54
Kognitive Störungen, paraiktale 478
Kognitive Überlastung 140, 142
Kognitive Verarbeitungsstörungen 236
Kognitive Verhaltenstherapie
- Angststörungen 319
- bipolare Störungen 294
- depressive Störungen 305
- Horten, pathologisches 338
- Insomnien 465
- körperdysmorphe Störung 334
- Zwangsstörungen 333
Kognitive Zusammenbrüche (Meltdowns) 140
Kohärenz, zentrale, Autismus-Spektrum-Störungen 201
Kokainentzug/-intoxikation 408
Koma 57
- anticholinerges Syndrom. zentrales 83
Kommunikation 92
- Angehörige 92
- Beeinträchtigung 98
- Begrüßung, Aufwärmphase bzw. Exploration 94
- Behindertenhilfe, Mitarbeitende 92
- Betreuende, gesetzliche 92
- Effektivierung 92

- Einschränkungen 55
- expressive 191, 193
- funktionale, aktive 184
- Hilfen 141
- idiosynkratische 137
- intentionale 192
- psychiatrische Pflege 137
- rezeptive 191
- Schizophrenie 137
- soziale 192, 195, 494, 502
- sprachliche 502
- symmetrische 163
- unterstützende 141
- Unterstützte 42, 192
- verbale 93

Kommunikationsbeeinträchtigungen, Hör- und Sehbeeinträchtigung 500
Kommunikationsentwicklung 189, 192, 195 ff.
- Stufenmodell 191, 193
Kommunikationsfähigkeiten, psychiatrische Pflege 135
Kommunikationsstörungen
- Delinquenz 612
- Diagnostik 185
- sozio-emotionale Entwicklung 617
Kommunikative Deeskalation 162
- Grundlagen 162
Kommunikative Fertigkeiten 54
Kommunikative Kompetenz 54
Komorbide Situationen, chronische 54
Komorbide Störungen 80
Komorbiditäten 36
Kompetenzförderung 130
Komplexe Posttraumatische Belastungsstörung 273, 342, 344, 354
- Ätiologie 355
- Definition 354
- Diagnostik 355
- Differenzialdiagnostik 226
- ITQ 355
- Prävalenz 354
- Prognose 356
- Selbstkonzept, negatives 354
- Therapie 355
- traumafokussiertes Vorgehen 355
Konflikte, moralische 614
Konfliktlösungsdefizite, Brandstiftung 625
Konfrontationstherapie, Angststörungen 319
Konfrontationsübungen 103
Kongruenz 97
Konsanguinität, elterliche 69
Konsulentendienste 102
Kontaktbedürfnisse, körpernahe, soziale 124

Kontaktfreudigkeit, erhöhte 416
Konzeptionelle Fähigkeiten 49
Konzeptualisierungsfähigkeiten 176
Kooperationen
- in der Schweiz 593
- in Deutschland 565
- in Österreich 579
Koordinationsstörung, entwicklungsbezogene, isolierte 209
Kopfschlagen 234
Kopfschmerzen 529
- akute 512
Koprolalie 416
Koprophagie 391
Koprostase 522, 526 f.
Körperbezogene repetitive Verhaltensstörungen 326, 339
Körperbild 152
Körperdysmorphe Störung 326, 334
- Autismus-Spektrum-Störungen 334
Körper, Entwicklung 115
Körperliche Beschwerden 41
Körperliche Deeskalation 163
- Ressourcen 164
Körperliche Funktionseinschränkung 552
Körperliche Gewalt 343
Körperübungen, Posttraumatische Belastungsstörung 352
Körperwahrnehmungsübungen, dissoziative Störungen 373
Krampfanfälle 477
- dissoziative 362
- Trance-Störung 370
- zerebrale
  - Alkoholentzug 406
  - anticholinerges Syndrom, zentrales 83
  - durch Psychopharmaka 83
  - frontolobuläre 242
Krankengymnastik 553
Krankenpflegeversicherung, obligatorische (OKP), in der Schweiz 584
Kreativität 144
Kreativtherapeutische Verfahren, Autismus-Spektrum-Störungen 220
Krebsdispositionen, genetisch bedingte 68
Kreistänze 144
Kriminalität 611
Krisenmanagement 165
- Bedarfsmedikation 167
- dialogische Zusammenarbeit 166
- Pläne, individuelle 166
- Schritte 170
Krisenplan 166, 168, 170

Krisensituationen 159
- Prävention 158
- Therapie- und Betreuungskonzept, individuelles, multidimensionales 166

Kulturelle Wahrnehmung
- in Deutschland 551
- in Österreich 568 f.

Künstlerische Therapien 144 f.
- psychische Störungen 145

Kunsttherapie 145
- autismustypische Gestaltungsmerkmale 147
- bildnerische Gestaltung 146
- eklektische Ansätze 155
- Impulsivität, Verringerung 146
- Posttraumatische Belastungsstörung 353
- Themen 146

Kurze Screening-Skala für Posttraumatische Belastungsstörungen 349

KVT Siehe Kognitive Verhaltenstherapie

L

L'échelle Comportementale pour Personnes Agées (ECPA) 521
Lächeln, soziales 191
- Autismus-Spektrum-Störungen 205
Lachen, stimmhaftes 191
Lachgas, depressive Störungen 311
Lähmungen 635
- dissoziative Störungen 368
- funktionelle 368
  - Hoover-Zeichen 365

Lamotrigin
- affektive Psychose 489
- Borderline-Störungen 441
- Insomnien 474

Lancaster and Northgate Trauma Scale (LANTS) 348
Landau-Kleffner-Syndrom, epilepsietypische Symptome im Schlaf 473
LANTS (Lancaster and Northgate Trauma Scale) 348
Lautbildungsstörungen 186 f.
Learning Disabilities Mortality Review (LeDeR)-Programm 532
Lebensereignisse (Life Events) 40
Lebenserwartung in der Schweiz 583
Lebensgemeinschaften
- therapeutische in Österreich 578

Lebenshilfe Österreich 577
Lebensunwertes Leben, Vernichtung in der NS-Zeit 634
Leeregefühl, chronisches 432
Legasthenie 554

Leg Stereotypy Syndrome Questionnaire 242
Lehrstuhl Medizin für Menschen mit Behinderung, Schwerpunkt psychische Gesundheit 566
Leiblichkeit 115
Leichte Sprache 42, 90, 93, 353, 622
- Angststörungen 318 f.
- Deeskalation 162
- Posttraumatische-Stress-Skala-10 (PTSS-10) 349
- SumID-Q 401
- Wut-Management 121

Leistungsdiagnostik 45
- Bodeneffekte 54
- kognitive 50

Leistungsfähigkeit
- intellektuelle 46, 48
- kognitive 54

Leistungstests 45, 48
- Gestaltungshinweise 45

Lennox-Gastaut-Syndrom 474
- Cannabidiol 487
- epilepsietypische Symptome im Schlaf 473
- schlafassoziierte Anfälle 474

Lernbehinderung 50, 98, 438, 532, 550
- Steuerungsfähigkeit 617
- Straffälligkeit 611

Lernen, multisensorisches 42
Lernschwierigkeiten 569
- Praxishandbuch 106
- Tourette-Syndrom 252

Lernstörungen
- Tanz-/Bewegungstherapie 152
- umschriebene 185

Lesch-Nyhan-Syndrom 241
- restriktiv-schützende Maßnahmen 249

Less Booze or Drugs (LBoD), Suchterkrankungen 413

Levetiracetam
- Aggression 488
- Insomnien 474

Levodopa
- Bruxismus, schlafbezogener 471
- Restless-Legs-Syndrom 470

Levomepromazin 76, 80
- anticholinerge Wirkung 81, 83
- Cytochrom-P450-Isoenzyme 88

Lewy-Körperchen-Demenz 450, 473
Liaisondienste
- in der Schweiz 588
- psychiatrisch-pädagogische, im Kanton St. Gallen 588

Lisdexamfetamin, Aufmerksamkeitsdefizit-Hyperaktivitätsstörung 227
Lissenzephalie 63
Lithium
– bipolare Störungen 294, 296
– Extremitätenbewegungen, periodische 470
LittlEARS – Hörverständnisfragebogen 194
Logopädie 553
Long-Read-Genomsequenzierung 66
Lorazepam, Katatonie 287
Löschung 248
Losgelöst-Seins-Gefühl 371
Loslösung 126
Lubliner Teatroterapia – dramatherapeutischer Workshop 155
Lurasidon, Gewichtszunahme 84 f.
Luzerner Psychiatrie (LUPS), Heilpädagogisch-Psychiatrische Fachstelle 588

M

MACE-Skala (Maltreatment and Abuse Chronology of Exposure Scale) 344
Magen-Darm-Trakt, Dysmotilität 390
Magnesium, Restless-Legs-Syndrom 470
Magnetstimulation, transkranielle, repetitive (rTMS)
– bipolare Störungen 294
– depressive Störungen 311
– Ticstörungen 259
Major Depression 435
Maltreatment and Abuse Chronology of Exposure Scale (MACE-Skala) 344
Manie 290, 419, 480
– Differenzialdiagnose 273
– motorische Unruhe 419
– Schizophrenie 265
Manierismen
– Katatonie 283
– Sprechflussstörungen 188
MAO-Hemmer, prokonvulsives Risiko 490
Marburger Beurteilungsskala zum Asperger-Syndrom (MBAS) 207
Massenerschießungen in der NS-Zeit 640
Massenmordaktionen in der NS-Zeit 632
– zentral gesteuerte T4 634
Maßregelvollzug, Straffälligkeit 612
M-CHAT-R/F (Modified Checklist for Autism in Toddlers, Revised with Follow-Up) 206
MCV (mittleres korpuskuläres Volumen), Alkoholmissbrauch 402
Med-Inklusions-Ambulanz in Melk (MIA) 575
Medizinische Behandlungszentren für Erwachsene Menschen mit Behinderung (MZEB) 561
Medizinische Experimente in der NS-Zeit 629
Medizinischer Notfall 610
Megalenzephalie 64
Mehrfachbehinderungen 558
Melancholie 297
Melatonin
– Insomnien 465
– REM-Schlaf-Parasomnien 473
– Schlafphase, verzögerte 469
– Schlafstörungen 475
– Schlaf-Wach-Rhythmusstörungen, zirkadiane 469
– Zerebralparese 475
Melatonin-Rezeptor-Agonisten, depressive Störungen 310
MELBA (Merkmale zur Eingliederung Leistungsgewandelter und Behinderter in Arbeit) 49
Melperon 76
Memantin
– Demenz 457
– Trichotillomanie 340
MEMENTA-Studie (Mental Healthcare Provision for Adults with Intellectual Disability and a Mental Disorder) 559, 563
Menschenversuche, verbrecherische, an unfreiwilligen Opfern 642
Mensch zuerst – Netzwerk People First Deutschland e. V. 55
Mental Health and Intellectual Disabilities (MHID) 594
Mental Healthcare Provision for Adults with Intellectual Disability and a Mental Disorder 559
Mentalisierung 135
Mentalisierungsfähigkeit 52, 99
– Angststörungen, generalisierte 316
– Anorexia nervosa 379
– dissoziative Störungen 372
– Dramatherapie 154
Merkfähigkeitsstörungen 58
– durch Psychopharmaka 83
Merkmale zur Eingliederung Leistungsgewandelter und Behinderter in Arbeit MELBA 49
Metacom 55
Metamizol, Schmerzen, viszerale 524
Metformin 275
Methanol, Nachweis, Alkoholkonsum, akuter 402
Methylphenidat
– Aufmerksamkeitsdefizit-Hyperaktivitätsstörung 228
– Hypersomnien 467
– Tics 259
Metoclopramid, Tics 258

Mianserin, depressive Störungen 310
Microarray-Analyse 64, 70
– Zufallsbefunde 68
Migrationshintergrund 554
Mikrodeletionen 63
Mikroduplikationen 63
Milieugestaltung, psychiatrische Pflege 138
Milieutherapie 122, 129
– selbstverletzendes Verhalten 248
Miller-Dieker-Syndrom 63
Milnacipran, depressive Störungen 310
Mini PAS-ADD Interview 318
Mirtazapin
– Cytochrom-P450-Isoenzyme 88
– depressive Störungen 310
– prokonvulsives Risiko 490
– Zwangsstörungen 333
Missbrauch 166
– emotionaler
  – Sexualdelikte 619
– Erfahrungen, eigene 621
– sexueller 619
Missbrauchserfahrungen 218
Missense-Variante, Gene 63, 67
Misshandlung 166
Missidentifikationssyndrome, wahnhafte 59
Mixed-Pain-Syndrome 528
MLPA (multiplex-ligation-dependent probe amplification) 66
MOAS (Modified Overt Aggression Scale) 157 f., 234, 422
Moclobemid, depressive Störungen 310
Modafinil, Hypersomnien 467
Modell der therapeutischen Lebensgemeinschaft 509
Modified Checklist for Autism in Toddlers, Revised with Follow-Up (M-CHAT-R/F) 206
Modified Overt Aggression Scale (MOAS) 157 f., 234, 422
Modified Rogers Scale (MRS) 282
Modifizierte Skala für Offensichtliche Aggressionen, deutsche Version (MOAS-D) 234
Modifizierte Skala offensichtlicher Aggressionen 422
Modul zur Einschätzung von Entwicklungsalter und -differenzen bei Menschen mit geistiger oder Lernbehinderung (MEED) 50
Molekulargenetische Untersuchungen 70
Monoaminoxidase(MAO)-Hemmer, depressive Störungen 310
Monosomie 62
– des X-Chromosoms 62
– gonosomale 182

– partielle 62
– partielle 5p 182
Monosomie 22q11.2 182, 219
– Aufmerksamkeitsdefizit-Hyperaktivitätsstörung 223
– Katatonie 286
Mood, Interest and Pleasure Questionnaire (MIPQ) 293
Moralische Entwicklung 50
– kognitive Fähigkeiten 613
– Modell 614
– Sechsstufenmodell 614
– soziale Intelligenz 614
More Demanding Challenging Behaviour (schwere Verhaltensstörung) 624
Mosaike, Gene 64
Mosaik-Test 47
Moses-Konzept, Bindungsstörung, reaktive 360
Motivorientiertes Indikations- und Interventionsmodell (MIIM), Persönlichkeitsstörungen 436
Motorische Bewegungen, repetitive 243
Motorische Fähigkeiten 164
Motorische Fertigkeiten 54
Motorische Stereotypien 238
– Beurteilungsskalen 242
– Bewältigungsstrategien, alternative 244
Motorisches Verhalten, mit/ohne Selbstverletzungen 232
Multigen-Panel-Sequenzierung, Gene 66
Multimorbidität 36
Multiple Sklerose, Demenz 450
Multiple Sleep Latency Test (MSLT) 464
Multiplex-ligation-dependent probe amplification (MLPA) 66
Multisensorisches Lernen 42
Mundschmerzen 529
Mundtrockenheit, durch Psychopharmaka 83
Musikbasierte Skala zur Autismusdiagnostik (MUSAD) 151, 216
– Kurzversion (MUSAD-Short) 216
Musiktheaterprogramm, schulisches 154
Musiktherapie 147
– Autismus-Spektrum-Störungen 150
– Biomarker 150
– improvisationsbasierte 149, 151
– Komponenten 149
– Konnektivitätsmuster 151
– Posttraumatische Belastungsstörung 353
– Studienergebnisse 148
– vibroakustische Stimulation 148
– Ziele 148
Muskelschwäche 368
Muskuloskelettale Schmerzen 512 f., 526

Mutismus 60
- elektiver 285
- Katatonie 283, 286
- selektiver 187, 209, 313, 317, 324
- totaler 325
Mydriasis, anticholinerges Syndrom, peripheres 83
Myoklonusepilepsie, juvenile 473
Myoklonus, propriospinaler bei Schlafbeginn 471
Myotone Dystrophie 64

N

Nach-Krisen-Depression 158
Nähe-Distanz-Regulation, Tanz-/Bewegungstherapie 152
NALCN-Syndrom, Fütterstörungen 378
Naltrexon, stereotype Selbstverletzungen 245
Narkolepsie 464, 466
- Prader-Willi-Syndrom 466
Narrative Expositionstherapie (NET), Posttraumatische Belastungsstörung 353
Narzisstische Persönlichkeitsstörung 210, 427
National Institute for Health and Care Excellence (NICE), Guidelines 42
National Organization for Rare Disorders (NORD) 71
National Scientific Council on the Developing Child 343
National Task Group – Early Detection Screen for Dementia (NTG-EDSD) 455 f.
National Task Group of Intellectual Disabilities and Dementia Practices 455
NCCPC-R (Non-communicating Children's Pain Checklist – Revised) 242
NEED (Network of Europeans on Emotional Development) 165
Nefazodon, Cytochrom-P450-Isoenzyme 88
Negativismus, Katatonie 282, 286
Negativsymptome, Schizophrenie 211, 264 f., 269, 272
Neologismen 58, 208
- Fehlinterpretation 272
- Schizophrenie 264
NET (Narrative Expositionstherapie), Posttraumatische Belastungsstörung 353
Network of Europeans on Emotional Development (NEED) 140, 165, 594
Neunmonatsrevolution 191
Neurodegenerative Erkrankungen, Differenzialdiagnostik 272
Neurodevelopmental Disorders 176
Neurofibromatose Typ 1 219

Neurokognitive Entwicklungsstörungen, Kindesalter 236
Neurokognitive Störungen 446
- leichte 448
Neuroleptika 86
- anticholinerg wirkende 83
- atypische 76, 84
  - extrapyramidale Nebenwirkungen 81
  - Rezeptoraffinität 89
- Borderline-Persönlichkeitsstörung 441
- Cytochrom-P450-Isoenzyme 88
- D2-Bindungskapazität 81
- depressionsfördernde Wirkung 490
- Interaktionspotenzial 89
- Medikamenteninteraktionen 487
- prokonvulsives Risiko 490
- Ticstörungen 261
Neuroleptisches Syndrom, malignes 284
Neurologische Entwicklungsstörungen 199, 211, 446
- Störungsbilder 203
Neurologische Störungen, dissoziative Störungen 362
Neuronale Entwicklungsstörungen 38, 111, 175 f., 199, 231, 251 f.
- depressive Störungen 301, 308
- Dramatherapie 154
- Epilepsie 477
- Fütter-/Essstörungen 379
- ICD-11-Störungsbilder 300
- Katatonie 285
- Musiktherapie 151
- Pica-Syndrom 388
- Schmerzen 512
- Wahrnehmungsverarbeitung, sensorische, dysfunktionale 139
Neuropathien
- multifokale 527
- periphere, fokale/generalisierte 527
Neuropathische Schmerzen 515, 527
- Analgetikagabe, probatorische 524
- chronische 512
Neuropsychologische Entwicklungsstörungen 61, 63
- genetische Ursachen 69
Neurotische Störungen 39, 327, 342
- andere 362
Next generation sequencing (NGS) 65
NGS (next generation sequencing) 65
Nicht einwilligungsfähige Personen, Geschäftsführung ohne Auftrag 610
Nichtepileptische Anfälle 362 f., 367
- EEG 367

- Integratives Kognitives Modell 364
- Video-EEG 365
Nicht-Geschlechtschromosomen 62
Nichtsuizidale Selbstverletzungen 416
Nichtsuizidales selbstverletzendes Verhalten (NSSV) 240, 242
Nicht-wahnhafte Denkstörungen 58
Nine Item ARFID Screen (NIAS) 384
Ningdong-Granulat, Tics 258
Nisonger Child Behavior Rating Form 225
Non-Communicating Adult Pain Checklist (NCAPC) 521
Non-Communicating Children's Pain Checklist (NCCPC) 521
Non-communicating Children's Pain Checklist – Revised (NCCPC-R) 242
Non-REM-Parasomnien 468, 474
Non-REM-Schlaf, Arousalstörungen 472
Nonsense-Variante, Gene 63
Noonan-Syndrom 219
Noradrenalin-/Dopamin-Wiederaufnahmehemmer, selektive, depressive Störungen 310
Noradrenalin-Wiederaufnahmehemmer, selektive, depressive Störungen 310
NORD (National Organization for Rare Disorders) 71
Normalintelligenz 142
Normalität, intraindividuelle 41
Normalitätskonzept 119
- Fehlinterpretation 119
Northoff Catatonia Rating Scale (NCRS) 282
Nortriptylin, depressive Störungen 310
Notstand, rechtfertigender 163
Notwehr 163
Novaco-Anger-Scale 169
Nozizeption 514
NS-Mordaktionen 638
NS-Verbrechen 645
- Auseinandersetzungen in der Nachkriegszeit 644
- psychische Störungen 628
Nukleotid-Repeat-Verlängerungen 64
Nürnberger Ärzteprozess 643 f.
Nürnberger Kodex 643

O

Obdachlosigkeit 612
Objektaggression 422
Obligatorische Krankenpflegeversicherung (OKP) in der Schweiz 584
Observation of Characteristics of Autism in Persons with Deafblindness (O-ADB) 500

Obsessive-Compulsive Disorder (OCD) Siehe Zwangsstörungen
Obstipation 36
- anticholinerges Syndrom, peripheres 83
- durch Psychopharmaka 82
Off-Label-Ketaminbehandlung, bipolare Störungen 294
OGM (optical genome mapping) 66
Ohnmachtserfahrungen, Straffälligkeit 613
Ohrenschmerzen 529
Olanzapin
- Angststörungen 320
- bipolare Störungen 293
- Cytochrom-P450-Isoenzyme 88
- Demenz 458
- Gewichtszunahme 84 f.
- metabolisches Syndrom 490
- prokonvulsives Risiko 490
Olfaktorische Referenzstörung (olfactory reference disorder) 335
OMIM (Online Mendelian Inheritance in Man) 71
Onabotulinumtoxin-A-Injektion, Tics 258
Online Mendelian Inheritance in Man (OMIM) 71
Opioide, Entzug/Intoxikation 407
Oppositionelle Störungen 210
Oppositionelle Verhaltensstörungen 226
Optical genome mapping (OGM) 66
Orientierungsstörungen 57
- Demenz 452
Ornithintranscarbamylase-Mangel 482
Orphanet 71
Ösophageale oder gastroduodenale Störung, funktionelle 390
Otoakustische Emissionen (OAE-Screening), Sprachstörungen 193
Oxcarbazepin, Medikamenteninteraktionen 487

P

Pädagogik 109
- soziales Umfeld, Sensibilisierung 124
- und Psychiatrie, Zusammenarbeit 133
Pädagogisches Arbeiten 129
Pädophile Störungen 621
Pain and Discomfort Scale (PADS) 521
Pain Assessment in Advanced Dementia (PAINAD) 521
PainChek® 521
PainChek Limited 521
Pain Indicator for Communicatively Impaired Children (PICIC) 521
Pain intellectual developmental disorder 513
Pain mental retardation 513
Paliperidon, Gewichtszunahme 84

Pandemic Anxiety Scale 536
Panikattacken 58, 297, 313, 416
– nichtepileptische Anfälle 367
Panikstörungen 313, 321
– Agoraphobie 322
– Clomipramin 320
– physiologische Reaktionen 315
Paradigmenwechsel, ICD-11 111
Paraiktale kognitive Störungen 478
Paraiktale Störungen 478
Paranoide Persönlichkeitsstörung 210, 427
Paranoid-halluzinatorische Psychose 479 f., 488
Paraphilien 621
– Antiandrogene 621
– GnRH-Agonisten 621
– medikamentöse Behandlung 621
– Nachsorgebehandlung 622
– Nachsorge, forensische 623
– Psychotherapie 622
– sexualpädagogische Elemente 621
Parasomnien 460, 464, 472
– REM-Schlaf-bezogene 472
Parasomnische Erstickungsgefühle 472
Parese 368
– funktionelle 368
Parkinsonoid 87
Parkinson-Syndrom
– akinetisches 285
– Demenz 450
– juveniles 369
– REM-Schlaf-Verhaltensstörungen 473
– Valproat-Enzephalopathie 483
Paroxetin
– Cytochrom-P450-Isoenzyme 88
– depressive Störungen 310
– Zwangsstörungen 333
Partnerschaften
– in der Schweiz 593
– in Deutschland 565
– in Österreich 579
PAS-ADD Checklist 318
PAS-ADD (Psychiatric Assessment Schedule for Adults with Developmental Disabilities) 318
Passionsblumenkrautextrakt, depressive Störungen 310
Patientenkontakt
– Distanz 56
– Praxistipp 55
Patientenverfügung 599
Patient Health Questionnaire 4 (PHQ-4) 540
Patient Health Questionnaire 9 (PHQ-9) 538
Patient-Reported Outcome Measures (PROM) 141
Pavor nocturnus 472

Peabody Picture Vocabulary Test (PPVT-4) 194
Pediatric Sleep Questionnaire (PSQ) 462
Pentasomien 62
Perampanel, Aggression 488
Perazin, Cytochrom-P450-Isoenzyme 88
Pergolid, Bruxismus, schlafbezogener 471
Periiktale Störungen 479
Perimenstruelles Syndrom 526
Perseverationen 58
Persilscheine 644
Person 115
Personality Disorder Severity-ICD-11 Scale (PDS-ICD-11) 437
Personality Inventory for ICD-11 (PiCD) 437
Persönlichkeit 433
Persönlichkeitsentwicklung 37
Persönlichkeitsmerkmale 428 f.
– Aggressivität, vermehrte 486
– epileptische 479
– Erfassung 437
– maladaptive 438
– Persönlichkeitsstörungen 431
Persönlichkeitsstörungen 39, 210, 427
– Affektivität, negative 431, 437
– Anankasmus 432, 435, 437
– Ätiologie 434
– Autismus-Spektrum-Störungen 218
– Big-Five-Modell 428
– Borderline-Muster 428, 432, 435
– Brandstiftung 625
– Definition 428
– diagnostic overshadowing 436
– Diagnostik 436, 438
– diagnostische Interviews 438
– Dissozialität 431, 437
– Distanziertheit 431, 437
– emotionale Entwicklung 432
– Enthemmung 432
– Erhebungsinstrumente 439
– ICD-11 430, 433
– impulsiver Typ 428
– im Selbst 428
– in interpersonellen Funktionen 428
– kategoriale Einteilung 427
– leichtgradige 430, 437
– mittelgradige 430, 437
– mood-stabilizer 441
– Motivorientiertes Indikations- und Interventionsmodell (MIIM) 436
– nicht näher bezeichnet 427
– Persönlichkeitsmerkmale 431
– Pharmakotherapie 440
– Psychotherapie 441

- Quetiapin 441
- schwergradige 430
- Selbstbeurteilungsmaße 437
- Selbst- oder Fremdgefährdung 430
- Selbst- und Fremdbeurteilungsbögen 439
- Therapie 440
Perspektivwechsel 130
Pfeiffer-Syndrom, Schlafstörungen 463
Pflege, personenzentrierte
- in der Schweiz 589
- in Deutschland 562
- in Österreich 576
Phänotypisierung 70
Pharmakodynamik 79
Pharmakokinetik 79, 87
Phasenprophylaktika 89
Phelan-McDermid-Syndrom 200
Phenobarbital 80
- depressionsfördernde Wirkung 490
- Insomnien 474
- Medikamenteninteraktionen 487
- Verhaltensstörungen 488
Phenomizer (digitales Werkzeug für die Suche nach klinischen Differenzialdiagnosen auf der Basis phänotypischer Merkmale) 71
Phenothiazine, Obstipation 82
Phenylketonurie 300
Phenytoin, Medikamenteninteraktionen 487
Phobien 58, 332
- Cornelia-de-Lange-Syndrom 322
- soziale 209, 316
- spezifische 313, 322
Phosphatidylethanol (PEth), Nachweis, Alkoholkonsum, akuter 402
Pica-Syndrom 375, 387, 415, 418
- Fallbeispiel 388
- Therapie 388
Pierre-Robin-Sequenz, Schlafstörungen 463
Pimozid, Tics 258
PINO (Projekt Intensivwohnen Netzwerk Oberbayern) 559, 564
Pipamperon 76
Point-of-no-Return 158, 162 f.
Poltern 186, 188
Polymikrogyrie 64
Polypharmazie 74, 80, 87
Positivsymptome, Schizophrenie 211, 265
Postgraduiertenausbildung
- in der Schweiz 591
- in Deutschland 562 f.
- in Österreich 579
Postiktale psychische Störungen 479
Postiktales Verhalten 485

Posttraumatische Belastungsstörung 40, 218, 273, 342, 344 f.
- Aromatherapie 352
- Ätiologie 346
- Beeinträchtigungen 345
- Befinden, eigenes, Einschätzung 352
- Beschützertier 350
- Definition 345
- diagnostic overshadowing 347
- Diagnostik 347
- dissoziative Symptome 364, 371
- EMDR (Eye Movement Desensitization and Reprocessing) 353
- Flashbacks 269
- Fragebögen 348
- Fremdanamnese 347
- Gewichtsdecken/Westen, schwere 352
- Hyperarousal 345
- Innerer Garten 350
- Körperübungen 352
- Kunst-, Musik- und tiergestützte Therapie 353
- NET (Narrative Expositionstherapie) 353
- Prävalenz 345
- Prognose 354
- psychiatrische Diagnosen, alte 347
- selbstverletzendes Verhalten 348
- sicherer Ort, Übung 350
- Skills 352
- sprachliche Mitteilungsfähigkeit 347
- Stabilisierung im Alltag 350
- Therapie 350
- Therapietiere 352
- Trance-Störung 370
- Traumatherapie 353
- Traumatrias 345
- Verhaltensbeobachtung 348
- Vermeidung 345
- Wiedererleben 345
Posttraumatische-Stress-Skala-10 (PTSS-10) 349
PPVT-4 (Peabody Picture Vocabulary Test) 194
Prader-Willi-Syndrom 64, 67, 300
- Adipositas 383
- Binge-eating-Störung 383
- Bruxismus, schlafbezogener 471
- Essverhalten, Kontrolle 384
- Fütterstörungen 378
- Horten, pathologisches 337
- Katatonie 284, 286
- Narkolepsie 466
- Skin-Picking-Störung 339
- Tagesschläfrigkeit, exzessive 466
- Zwangsstörungen 331
Präiktale Aggressionen 485

Praktische Fähigkeiten 49
Pramipexol
– REM-Schlaf-Parasomnien 473
– Restless-Legs-Syndrom 470
Prämorbide Vulnerabilität 37
Pregabalin
– affektive Psychose 489
– Angststörungen, generalisierte 320
– anxiolytische Wirkung 89
– Insomnien 474
Primidon, Medikamenteninteraktionen 487
Professional Assault Response Training (PART®) 160
Programme Handicap am Universitätsspital Genf 590
Programm zur Behandlung emotionaler Instabilität bei Menschen mit geistiger Behinderung 352
Projekt Intensivwohnen Netzwerk Oberbayern (PINO) 559, 564
Propriospinaler Myoklonus 471
Prosodie 144
Provocation Inventory 169
Pseudoatrophie, Valproat-Enzephalopathie 483
Pseudodemenz 453
Psychiatric Assessment Schedule for Adults with Developmental Disabilities (PAS-ADD) 267, 318
Psychiatric Assessment Schedule for Adults with Developmental Disabilities (PAS-ADD) Checklist – Revised 293, 303
Psychiatric Instrument for the Intellectually Disabled Adult (SPAID) 267
Psychiatrie 109
– Berührungsängste 91
– forensische 613
– im Nationalsozialismus 645
– soziales Umfeld, Sensibilisierung 124
Psychiatrische Arbeit, Aufgabe 120
Psychiatrische Diagnostik, multiprofessionelle 91
Psychiatrische Pflege
– Eins-zu-Eins-Interaktion 143
– Kommunikation 137
– Milieugestaltung 138
– Validation 143
Psychiatrische Störungen, selbstschädigende Verhaltensweisen, nichtsuizidale 241
Psychiatrische Versorgung
– in der Schweiz 582
– in Deutschland 550, 560
– in Österreich 568
Psychiatry of Intellectual Disability, Praxisleitlinien 42
Psychische Auffälligkeiten 39

Psychische Dissoziation 364 f.
Psychische Erkrankungen 41
Psychische Gesundheit 134, 572, 577
– COVID-19-Infektion/-Pandemie 532, 535, 539
– Online-Umfrage 573
Psychische Störungen 101, 134, 263, 561
– Autismus-Spektrum-Störungen 202
– Cannabidiol 489
– Defizitorientierung 122
– desorganisiertes Verhalten 138
– durch Antikonvulsiva 488
– Einzeltherapie 139
– emotionale Entwicklung 140
– Entwicklung 115
– Epilepsie 477, 483
– Ermordung in annektierten und besetzten Gebieten 639
– Fehlbetreuung 136
– Grenzsetzungen 137
– Hörbeeinträchtigung 493, 504
– Ich-Entwicklung 121
– Ich-Funktionsstörungen 120
– iktale 479
– interiktale 480
– Katatonie 284
– kognitiv-adaptive Beeinträchtigung 137
– kognitive Überlastung 140
– Kommunikation, symptomsensitive 137
– komorbide 100
– künstlerische Therapien 145
– leib-seelische Ebene 122
– Massenmordaktionen 632
– NS-Verbrechen 628
– organisch bedingte 39
– paraiktale 478
– Patientenperspektive 141
– postiktale 479
– Prävalenz 572
– Recovery 132
– Referenzalter 122
– selbstverletzendes Verhalten 136
– sozio-emotionale Entwicklung 137
– Stationsatmosphäre 142
– Straffälligkeit 616
– Stress-bezogene 345
– Symptomlast 134
– Verhaltensstörungen 157
– Vulnerabilitätskonzept 37
– wertschätzender Umgang 141
Psychische Störungsbilder 36
Psychisch-Kranken-Gesetz (PsychKG) 607
Psychisch-Kranken-(Hilfe-)Gesetze (PsychK[H]G) der Länder 607

Psychoaktive Substanzen, Demenz 450
Psychoedukation
- Aufmerksamkeitsdefizit-Hyperaktivitäts-
  störung 227, 229
- depressive Störungen 309
- dissoziative Störungen 372
Psychoedukative multifamiliäre Gruppen (PMG),
  Schizophrenie 277
Psychogene Anfälle 477
Psychomotorische Dämpfung, Delir 447
Psychomotorische Störungen 60
- Schizophrenie 265
Psychomotorische Unruhe 416
- Manie 419
Psychomotorische Verlangsamung 416
Psychopathologie 53
- AMDP-System 56
- Befunderhebung 53, 56
- Diagnostik 53
Psychopathology in Autism Checklist (PAC) 267
Psychopharmaka 73
- additive Effekte 82
- Adipositas 84, 383
- anticholinerge Last 81
- Arzneimittelwirkungen, unerwünschte 80
- COVID-19-Pandemie 537
- Cytochrom-P450-Isoenzyme 88
- Demenz 457
- Doppelverschreibungen 75
- Drug-Monitoring 78
- EEG-Veränderungen 489
- Handlungsempfehlungen, Richtlinienbasis 77
- Ileus 82
- Interaktionsprobleme 87 f.
- Komorbiditäten 82
- Leitlinienkonzepte 77
- Nebenwirkungen 78, 81 f., 489
- Obstipation 82
- Off-Label-Use 75, 244
- pour metabolizer 89
- stereotype Bewegungsstörungen ohne Selbst-
  verletzungen 244
- Symptomverschlechterung 87
- Übergewicht 84
- Übermedikation 76
- verbal nicht kommunikationsfähige Menschen
  85
- Verhaltensstörungen 80
- Verordnungs-/Behandlungspraxis 75
- Verordnungshäufigkeit 73
Psychose 211
- affektive 489
- atypische 347

- interiktale 478
- paranoid-halluzinatorische 479 f., 488
- postiktale 486
- schizophrene 504
  - Brandstiftung 625
- schizophrenieartige 479
Psychosexuelle Entwicklung 620
Psychosocial masking 44
Psychosoziale Behinderung 112
Psychosoziale Belastungen 41, 559
- Gewalttätigkeit 611
- in der Schweiz 587
- in Deutschland 559
- in Kindheit und Jugend (broken home),
  Delinquenz 612
- in Österreich 571
- Straffälligkeit 611
Psychosoziale Dienste
- in Österreich 579
Psychosoziale Entwicklung 50, 54
Psychosoziale Fachkräfte 102
Psychosoziale Gesundheit, künstlerische
  Therapien 145
Psychotherapeuten
- Berufsrecht 107
- Berührungsängste 101
Psychotherapie 100
- aktivierende Elemente 105
- Aktivierungstechniken 105
- ambulante 103
- berufs-/sozialrechtliche Rahmenbedingungen
  107
- bipolare Störungen 294
- Entwicklung im sozialen Umfeld 99
- Flexibilität 105
- kassenfinanzierte 102
- Paraphilien 622
- Persönlichkeitsstörungen 441
- Richtlinien 101
- Schizophrenie 276
- Schweigepflicht 107
- selbstverletzendes Verhalten 247
- Sitzungsdauer 104
- soziales Umfeld, Einbindung 106
- Sozialrecht 108
- Sprachanpassung 104
- Suchterkrankungen 413
- Technikanpassung 103, 105
- Versorgungsstrukturen 102
- Weiterbildung in der Schweiz 591
- Zwangsstörungen 333
Psychotische Störungen, Schizophrenie 265
Psychotische Unruhezustände, Antipsychotika 75

Psychotrope Substanzen, Verordnungshäufigkeit 75
PTBS Siehe Posttraumatische Belastungsstörungen
Pyromanie 624

Q

Quetiapin
– Angststörungen 320
– bipolare Störungen 293 f.
– Demenz 458
– Gewichtszunahme 84
– Persönlichkeitsstörungen 441
– prokonvulsives Risiko 490
– Zwangsstörungen 333
Quetiapin XR, Gewichtszunahme 84 f.

R

Rapid Cycling, affektive Störungen 297
Rapunzel-Syndrom 339
Rassenhygiene in der NS-Zeit 632
Räumlich-konstruktive Fähigkeiten, Mosaik-Test 47
Raven's Progressive Matrices 2 48
Realitätsbewusstsein 52, 128
Realitätswahrnehmung, sozio-emotionale Entwicklung 617
Re-Arousal 165
Reboxetin, depressive Störungen 310
Rechen-Untertest 47
Rechtfertigender Notstand 163
Rechtliche Aspekte 596
Recovery 132
Reflexverhalten, angeborenes 235
Refluxbeschwerden 390
Regurgitation 415
Regurgitationsstörung 375, 390
– Bulimia nervosa 382
Rehabilitationssport 559
Reichsarbeitsgemeinschaft Heil- und Pflegeanstalten 634
Reichsausschuss zur wissenschaftlichen Erfassung von erb- und anlagebedingten schweren Leiden 632
Re-Inszenierungen, traumaspezifische 348
Reizbarkeit, Manie 290
Reizverarbeitungsstörung, autismusspezifische 209
REM-Schlaf-assoziierte Verhaltensstörungen 468, 472
REM-Schlaf-Parasomnien 472 f.
Repeat-Expansionen, pathogene 67
Repetitive Bewegungen 236

Repetitives Verhalten 233, 500
Re-Sequenzierung 70
Resonanztheorie, Beziehungsaspekte 130
Ressourcen 117
– Entwicklung 113
– körperliche Deeskalation 164
Ressourcenorientierung 110
Restless-Legs-Syndrom 233, 469
Retinitis pigmentosa 505
Re-Traumatisierungen 164
– im Maßregelvollzug 612
Rett-Syndrom 61, 64, 66, 199, 217, 219
– Angststörungen 315 ff.
– Apraxie 419
– Bewegungsstörungen 369
– Bruxismus, schlafbezogener 471
– Schlafstörungen 461
– Schmerzen 513
Reverse phenotyping 68
Reynolds Intellectual Assessment Scales and Screening (RIAS) 47
Rhythmic Relating 153
Rigidität, Katatonie 283
Rigor 87
Risk-Need-Responsivity Model (RNR) 620
Risperidon 76
– aggressives Verhalten 76
– Angststörungen 320
– Aufmerksamkeitsdefizit-Hyperaktivitätsstörung 228
– Autismus-Spektrum-Störungen 214
– bipolare Störungen 293
– Cytochrom-P450-Isoenzyme 88
– Demenz 458
– Gewichtszunahme 84 f.
– Impulskontrollstörungen 228
– prokonvulsives Risiko 490
– Schizophrenie 275
– Tics 258
– Zwangsstörungen 333
Ritalin Siehe Methylphenidat
Rivastigmin, Demenz 457
Rollenspiele 105
– Angststörungen 319
Ropinirol, Restless-Legs-Syndrom 470
Rötelnerkrankung, angeborene 504
Rotigotin-Pflaster, Restless-Legs-Syndrom 470
Rubinstein-Taybi-Syndrom
– Schlafapnoe, obstruktive 467
– Schlafstörungen 463
Rücksichtslosigkeit 431
Rückwärtsbuchstabieren 58

Rumination 375, 382, 390, 415
- Bulimia nervosa 382
- Fallbeispiel 391
- Therapie 391

S

Sachaggressives Verhalten 158
Sadismus, sexueller 621
- Zwangsstörungen 621
Sammelverhalten 338
Scale of Attention in Intellectual Disability (SAID) 224
Schema der emotionalen Entwicklung (SEO) 615
Schematherapie, Zwangsstörungen 333
Schilddrüsenerkrankungen 36
Schizoide Persönlichkeitsstörung 210, 436
Schizophrene Psychose 504
Schizophrenie 39, 264, 435, 446, 635
- Antipsychotika 274
   - Nebenwirkungen 275
- Aripiprazol 275
- Assessment 267
- Ätiologie 266
- Autismus-Spektrum-Störungen 212, 266, 268
- autistische Spracheigenheiten 272
- Bewertungsinstrumente/Checklisten 271
- Definition 264
- desorganisiertes Verhalten 269
- Diagnostik 267, 271
- Differenzialdiagnostik 218, 226, 272
- Erkrankungsalter, untypisches 272
- Ersterkrankung 266
- Erstrang-Symptome 264
- Familieninterventionen 277
- fokal-neurologische Symptome 272
- Fremdanamnese 271
- Funktionsverschlechterung 137
- Gemeinschaftsdienste 278
- Gesundheitspflege, psychiatrische 277
- Halluzinationen 266, 269
- herausforderndes Verhalten 269
- Horten, pathologisches 337
- Idiosynkrasie 272
- Interventionen 274
- katatone 280, 284 f.
- Katatonie 265, 275
- Kernsymptome 268, 270 f.
- Kommunikation 137
- Negativsymptome 211, 264 f., 269, 272
- paranoid-halluzinatorische 86
- Pharmakotherapie 274
- Pica-Syndrom 388
- Positivsymptome 211, 265
- Prävalenz 266
- Problemverhalten 269
- Psychoedukative multifamiliäre Gruppen (PMG) 277
- psychomotorische Störungen 265
- psychosoziale Interventionen 276
- Psychotherapie 276
- psychotische Störungen 265
- Rezidiv- und Chronifizierungsrisiko 278
- Risperidon 275
- somatische Begleiterkrankungen 272
- Sprachbesonderheiten 269
- Sprechbesonderheiten 269
- Subtypen 264
- Symptome 264
- Verhaltensäquivalente 269
- Verhaltensbeobachtung 279
- Wahnstörungen 268
- Wahrnehmungsstörungen 269
- Zwangssterilisation in der NS-Zeit 631
- Zwangsstörungen 273
Schizotypische Persönlichkeitsstörung 210
Schlafapnoe-Syndrom 466
- Adipositas 466
- obstruktives 463, 467
   - Therapie 468
- zentrales 467
Schlafbezogene Bewegungsstörungen 233, 469
- rhythmische 471
Schlafbezogene Essstörung 472
Schlafbezogene Hypoventilation 467
Schlafbezogene Hypoxämie-Störungen 467
Schlafbezogener Bruxismus 470
Schlafgebundene Anfälle 474
Schlafhygiene, depressive Störungen 309
Schlaflähmung, rezidivierende 473
Schlafmyoklonus, gutartiger, im Säuglings- und Kleinkindalter 471
Schlafphase
- verzögerte 469
- vorverlagerte 469
Schläfrigkeit, nichtorganische 466
Schlafstadien, Epilepsie 473
Schlafstörungen 323
- ADHS-Pharmaka 229
- Anamnese 462
- Angststörungen 318, 321
- Ätiologie 461
- Aufmerksamkeitsdefizit-Hyperaktivitätsstörung 226
- Autismus-Spektrum-Störungen 211, 219, 475
- bipolare Störungen 296
- Demenz 452

- Diagnostik 461
- Differenzialdiagnostik 226
- durch Antiepileptika 488
- Elektroenzephalografie (EEG)/Elektrookulografie (EOG) 464
- Epidemiologie 461
- Epilepsie 473, 480
- Erfassungsparameter, klinische/apparative 463
- Fragebögen zur strukturierten Erfassung 462
- Komorbiditäten 464
- körperliche/labormedizinische Untersuchungen 463
- selbstverletzendes Verhalten 249
- stereotype Verhaltensweisen 232
- Zerebralparese 475
- Zwangsstörungen 333

Schlaf-supprimierende Substanzen 473
Schlaf-Wach-Rhythmus, irregulärer 469
Schlaf-Wach-Rhythmusstörungen 460
- ICD-11 464
- zirkadiane 460, 468

Schlaf-Wach-Störungen 460
Schlaf-Wach-Zyklus, Störungen, Delir 447
Schlafwandeln 370, 472
Schmerzeinschätzungsskalen 242
Schmerzempathie 520
Schmerzen 512
- akute 512, 519
- Analgetikagabe, probatorische (diagnostisch) 524
- apparative Untersuchungen/Laboruntersuchungen 530
- Assessment im Team 520
- Assessmentinstrumente 520
- atypische, Autismus-Spektrum-Störungen 242
- chronische 512, 514 ff., 519
- Definition 514
- Entstehungsarten 513
- Evaluationsbögen 521
- Fallbeispiel 525, 527
- Fremdbeurteilung 522
- genetisches Risikoprofil 517
- genetisches Syndrom 523
- ICD-11 513
- Intuition 518
- muskuloskelettale 513, 526
- neuropathische 512, 515, 527 f.
  - Analgetikagabe, probatorische 524
- postoperative 512, 525
- posttraumatische 512, 525
- Prävalenz 515
- Reaktionen, Vorerfahrungen, individuelle 522

- Risikofaktoren 516
- selbstverletzendes Verhalten 241, 249
- Therapie, probatorische 524
- tumorassoziierte 512, 524
- übersehene 517
- Untersuchung in ruhiger Atmosphäre 523
- Ursachen 517, 522
- verbale Schilderung 515
- Verhaltensstörungen 518
- viszerale 513, 526
  - Metamizol 524
- Zerebralparese 515

Schreckepilepsie 367
Schuldfähigkeit
- Begutachtung 616
- Beurteilung 615

Schulische Bildung 554
Schulleistungstests, normierte 49
Schulversagen 611, 616
Schwäche, dissoziative Störungen 368
Schwachsinn Siehe Intelligenzminderung, angeborene, medizinisch nicht identifizierbare
Schwankschwindel, phobischer 366
Schweigepflicht, Psychotherapie 107
Schweizer Gesundheitssystem 583
Schweizerische
- Akademie der Medizinischen Wissenschaften (SAMW) 593
- Arbeitsgemeinschaft von Ärzten für Menschen mit geistiger und/oder Mehrfachbehinderung (SAGB) 593
- Epilepsie-Klinik 589
- Gesellschaft für Psychiatrie und Psychotherapie (SGPP) 593
- Medizinische Interfakultätskommission (SMIFK) 591
- Neurologische Gesellschaft (SNG) 593
- Operationsklassifikation (CHOP) 590

Schweizerisches Institut für ärztliche Weiter- und Fortbildung (SIWF) 593
Schwerbehindertenstatistik 550, 552
Schwindel 366
- dissoziative Störungen 366

SCOFF-Fragebogen (Fünf-Fragen-Test in Leichter Sprache) 378
Sedativa, Demenz 450
SEED-5 615
SEED (Short Evaluation of Eating Disorders), Anorexia nervosa 379
SEED (Skala der Emotionalen Entwicklung – Diagnostik) 50, 52, 118, 122, 165, 216, 249
- Bindungsstörung, reaktive 359

Seelische Störung, krankhafte 616

Segregationsanalyse 68
Sehbeeinträchtigungen 493, 499
– Kommunikation, Recht, universales 510
– soziale Interaktion 500
– und Hörbeeinträchtigungen 497, 499
Sehbehinderung 36, 218
Sehstörungen 366
– dissoziative Störungen 366
– Elektroretinogramm 366
Selbst 116
– Aktualisierung 118
– leibhaftes 116
Selbstaktualisierung 97, 116
Selbstbestimmung, Entscheidungsunfähigkeit 599
Selbstbestimmungsmöglichkeit, eingeschränkte, Angststörungen 316
Selbstbeurteilung 57
Selbstbeurteilungsfragebogen für Angst und Depression bei Menschen mit geistiger Behinderung (SAD-gB) 319
Selbstbezogenheit 123
Selbstdifferenzierung 131
Selbsteinschätzungsinstrumente, depressive Störungen 302
Selbstfunktionen, gestörte 430
Selbstfürsorge 112
– Computerspielsucht 411
Selbstgefährdung 430
Selbstgespräche 38
Selbstgewissheit 120
Selbsthilfe, depressive Störungen 308
Selbstkontrolle, aggressives Verhalten 159
Selbstkontrollkompetenz, aggressives Verhalten 160
Selbstmord 120
Selbstreflexion 115, 118
– Anorexia nervosa 379
– Ich-Störungen 60
Selbstschädigende Verhaltensweisen 432
Selbststeuerung 433
– Paraphilien 622
Selbststimulation 500
Selbstüberschätzung 120
Selbstverachtung, Persönlichkeitsstörungen 430
Selbstverletzendes Verhalten 136, 158, 240, 331
– Adipositas 384
– Dialektisch-Behaviorale Therapie 247
– Hörbeeinträchtigungen 502
– körperliche Beschwerden, Umgang 249
– milieutherapeutische Maßnahmen 248
– nichtepileptische Anfälle 367
– nichtsuizidales (NSSV) 242
– Posttraumatische Belastungsstörung 348

– psychosoziale Belastungen 245
– Psychotherapie 247
– restriktiv-schützende Maßnahmen 249
– Schweregrade 234
– stereotypes 232, 245
Selbstverletzungen 86, 232, 234, 624
– Autismus-Spektrum-Störungen 214
– Dialektisch-Behaviorale Therapie 247
– Differenzialdiagnose 318
– Katatonie 286
– mit körperlichen Schädigungen 257
– nichtsuizidale 234, 240, 416
– Schmerzen 529
– stereotype 233, 239, 241
– β-Endorphin-Spiegel 246
Selbstverstärkender Funktionskreis 236
Selbstwahrnehmung 120
– Persönlichkeitsstörungen 430
Selbstwertgefühl 101, 120, 433
Selbstzerstörung 120
Selbstzweifel 120
Selektiver Mutismus Siehe Mutismus, selektiver
Self-Injurious Thoughts and Behaviors Interview (SITBI-Short) 243
Self-Report Depression Questionnaire (SRDQ) 293
Semi-Structured Interview for Personality Functioning DSM-5 (STiP-5.1) 438
Sensorische Beeinträchtigungen 159, 164, 499
– Diagnostikinstrumente 500
Sensorische Desintegration 139
Sensorische Einschränkungen 218, 236
– Autismus-Spektrum-Störung 200
– Tanz-/Bewegungstherapie 153
Sensorische Überempfindlichkeit, Angstreaktionen 140
Sensorische Wahrnehmungsverarbeitung, dysfunktionale 139
SEO (Schema der emotionalen Entwicklung) 615
SEO-Skala (Schaal voor Emotionele Ontwikkeling) 118
Sequenzierung, gezielte, Gene 66
Serotonin-5-HT$_{2C}$-Rezeptor-Antagonisten, depressive Störungen 310
Serotonin-Noradrenalin-Wiederaufnahmehemmer, selektive, depressive Störungen 310
Serotonin-Noradrenalin-Wiederaufnahmehemmer (SNRI), Angststörungen 320
Serotonin-Syndrom 333
– zentrales, Ausschlusskriterien 284
Serotonin-Wiederaufnahmehemmer, selektive (SSRI)
– Angststörungen 320
– depressive Störungen 310

– Paraphilien 621
– prokonvulsives Risiko 490
– Zwangsstörungen 333
Sertindol
– Cytochrom-P450-Isoenzyme 88
– Gewichtszunahme 84
Sertralin
– Cytochrom-P450-Isoenzyme 88
– depressive Störungen 310
– Zwangsstörungen 333
Severe Myoclonic Epilepsy in Infancy (SMEI) 474
Sexsomnie 472
Sexualisierte Gewalt 40, 343
Sexualpräferenz, Störungen 621
Sexualstraftaten 617 f.
Sexuelle Devianz 619
– Sexualstraftaten 618
Sexuelle Entscheidungsfindung 619
Sexuelle Erfahrungen 619
Sexuelle Gewalt, Posttraumatische Belastungsstörung 346
Sexueller Missbrauch 619
Sexuell unangemessenes Verhalten 624
Short Defeat and Entrapment Scale 539
Short Dynamic Risk Scale (SDRS) 617
Short-Read-Genomsequenzierung 66
Short Screening Scale for DSM-IV Posttraumatic Stress Disorder 349
Sicherer-Ort-Übung, Posttraumatische Belastungsstörung 350
Sich-zurecht-Finden 57
SimulConsult (KI-unterstütztes digitales Diagnose-Werkzeug) 72
Single nucleotide variant (SNV) 63
Sinnesbeeinträchtigungen 493
– Autismus-Spektrum-Störung 501
– diagnostic overshadowing 503
– Diagnostik 500
– Gebärdensprache 508
– herausforderndes Verhalten 503
– kombinierte 497, 499
– Interaktion 508
– Orientierungshilfen, taktile 508
Sinnesbehinderungen 164
Sinnesstörungen
– dissoziative Störungen 367
– stereotype Bewegungsstörungen 233
Sinnestäuschungen 59
Sinustachykardie, durch Psychopharmaka 83
Skala
– der Emotionalen Entwicklung – Diagnostik (SEED) 50, 52, 118, 122, 165, 216, 249, 615
– Bindungsstörung, reaktive 359

– Kommunikation 49
– Soziale Fertigkeiten 49
– zur Erfassung von Autismusspektrumstörungen bei Minderbegabten (SEAS-M) 215
– zur Sozialen Reaktivität 2 (SRS-2)
– Autismus-Spektrum-Störungen 207
– zur Sozialen Reaktivität (SRS)
– Autismus-Spektrum-Störungen 207
S-Ketamin, Suizidalität 309
Skills, dissoziative Störungen 373
Skin-Picking 234
Skin-Picking-Störung 326, 339
Sleep Onset REM (SOREM) 464
Sleep Questionnaire (SQ-SP) 462
SMA (supplementory motor area) 364
Smith-Lemli-Opitz-Syndrom 200
Smith-Magenis-Syndrom 241
– Aufmerksamkeitsdefizit-Hyperaktivitätsstörung 223
– Schlafstörungen 461
– Schlaf-Wach-Rhythmusstörungen, zirkadiane 469
– Skin-Picking-Störung 339
Snijders-Oomen Non-verbaler Intelligenztest (SON-R) 46 f.
SOAS-R-ID (Staff Observation Aggression Scale – Revised, adapted for people with Intellectual Disabilities) 157
Social Communication Questionnaire for Adults with ID (SCQ-AID) 215
Social Communication Questionnaire for People with Intellectual Disability (QSC-ID) 494
Somatische Belastungsstörung 362
Somatische Erkrankungen, Differenzialdiagnostik 226
Somatische Krankheitsbilder 445
Somatoforme Störungen 36, 39, 327, 342, 362
– Hörbeeinträchtigungen 505
SOMBA – Zentrum für Autismus in Österreich 575
Somnambulismus 472
Somnolenz 57
– anticholinerges Syndrom, zentrales 83
Sonderaktion 14f13 641
Sonderbares/merkwürdiges Verhalten 416
Sonderbehandlung 14f13 in der NS-Zeit 639
Sonderpädagogik 109
– Musiktherapie 149
SON-R 2-8 Snijders-Oomen Non-verbaler Intelligenztext 47
SON-R 6-40 Snijders-Oomen Non-verbaler Intelligenztext 47
SORKC-Schema 243
– Verhaltensstörungen 421

So-tun-als-ob-Spiel
- Autismus-Spektrum-Störungen 205
- mit Gegenständen 144
Soziale Angststörung Siehe Angststörungen, soziale
Soziale Beeinträchtigung, autismusassoziierte 200
Soziale Bindungsstörung, enthemmtes Verhalten 342, 361
Soziale Deprivation 500
Soziale Fähigkeiten 49, 176
Soziale Fertigkeiten 54
- Training, Autismus-Spektrum-Störungen 213
Soziale Funktionseinschränkung 552
Soziale Individuation 52
Soziale Isolation 436
Soziale Kognition 185
Soziale Kommunikation 195
- Hörbeeinträchtigungen 507
- Modell 578
Soziale Kommunikationsfähigkeit 494
Soziale Kompetenz
- Förderung 144
- im frühen Schulalter 187
Soziale Phobie 209, 316
Sozialer Eingliederungsstatus
- in der Schweiz 586
- in Deutschland 554
Sozialer Rückzug 416
- Demenz 452
- Schizophrenie 265
Soziales Lächeln 191
- Autismus-Spektrum-Störungen 205
Soziale Störungen 61
Soziales Umfeld, Einbindung 106
Sozialhilfe 558, 583
Sozialisation 52, 55, 420
- erste 127, 191
Sozialpädiatrische Zentren (SPZ) 553
Sozialpolitische Aspekte 549
Sozialräume 132
Sozialrecht, Psychotherapie 108
Sozialverhalten, verbales/nonverbales 499
Sozialverhaltensstörungen 39, 210, 436
- Demenz 452
Sozio-emotionale Entwicklung 104, 117 f., 433, 439, 617, 626
- Ermittlung 129
- niedrige 121
- psychische Störungen 137
- Referenzalter 122, 125 f., 128
- Stufen, Bedeutung für das psychiatrische Arbeiten 122
- Verzögerung 615

Sozio-emotionale Entwicklungsdiagnostik 113
Sozio-emotionale Fähigkeiten 433
- Förderung im Kindesalter 154
Sozio-emotionale Fertigkeiten 52
Sozio-emotionale Kompetenzen, Vermittlung 129
Sozio-emotionaler Entwicklungsstand 41
Soziomoralische Entwicklung 613
Soziosexuelles Wissen, eingeschränktes 619
Special Olympics Deutschland 559
Spezialambulanzen
- in Österreich 580
Spiegeln 191, 195
Spital
- Behandlung, Finanzierung, duale 584
- Wahl, freie 584
Sport 558
Sprachanpassung, Psychotherapie 104
Sprachbesonderheiten, Schizophrenie 269
Sprache
- autistische Eigenheiten, Schizophrenie 272
- deskriptive 194
- expressive 184, 186, 193 f.
- Verlust 217
- fehlende/eingeschränkte, Autismus-Spektrum-Störungen 218
- funktionale 199
- irrelevante, Schizophrenie 264
- kommunikative 144
- leichte 42, 90, 93, 318 f., 349, 353, 401, 622
- Wut-Management 121
- rezeptive 193
- Stereotypien 208
Sprachentwicklung 54, 155
- Stufenmodell 191, 193
Sprachentwicklungsstörungen 184, 189
- expressive 189, 191
- genetische Grunderkrankung 186
- Handlungsorientierte Therapie (H.O.T.) 196
- pragmatische 184, 186, 191 ff.
- repressive 191
- rezeptive 192, 196
Sprachentwicklungsverzögerungen 214
Spracherwerb, fehlender/verzögerter 208
Sprachförderung
- Autismus-Spektrum-Störungen 220
- Beatalk-Technik 150
Sprachkompetenz
- eingeschränkte 100
- expressive 494
- rezeptive 494
Sprachliche Ausdrucksfähigkeit 54
Sprachliche Fähigkeiten 104

Sprachstörungen
– Demenz 452
– Diagnostik 192
– dissoziative Störungen 368
– Entwicklungsverläufe, nachteilige 186
– funktionelle 369
– ICD-11-Klassifikation 186
– Intelligenzminderung 185
– organische Erkrankungen 185, 192
– otoakustische Emissionen (OAE-Screening) 193
– Prävalenz 185
– rezeptive 186, 189
– Symbole, Einsatz 195
– unterstützende Maßnahmen 195
Sprachverarmung 416
Sprachvermögen 347
Sprachverstehen 184, 194
– Erhebung 194
– Störungen 186, 197
Sprechangst und -vermeidung 188
Sprechapraxie 188
Sprechbesonderheiten, Schizophrenie 269
Sprechen mit Druck 416
Sprechentwicklungsstörungen 184
Sprechflussstörungen 186 ff.
Sprechmotorische Verzögerungen 188
Sprech- oder Sprachsyndrom, sekundäres 185
Sprechrhythmische Probleme 188
Sprechstörungen 368
– dissoziative Störungen 368
– Entwicklungsverläufe, nachteilige 186
– ICD-11-Klassifikation 186
– Intelligenzminderung 185
– motorische 188
– organische Erkrankungen 185
– Prävalenz 185
– Symbole, Einsatz 195
– unterstützende Maßnahmen 195
Sprech- und Sprachstörungen, Klassifikation 186
Sprechverständlichkeit, eingeschränkte 188
Stable-2007 617
Staff Observation Aggression Scale –
 Revised, adapted for people with Intellectual
 Disabilities (SOAS-R-ID) 157
Standardized Assessment of Severity of
 Personality Disorder (SASPD) 437
Standardized Mean Difference (SMD) 424
Starren, Autismus 285
Startle-Epilepsie 367
Static-99 617
Stationsatmosphäre 142
Status epilepticus, nonkonvulsiver 479
Stehlen 624

Stereotype Bewegungsstörungen 211, 231 f., 236, 238, 256, 415
– Ätiologie/Pathogenese 240
– Charakteristik 257
– Definition 231
– Diagnostik 242
– Differenzialdiagnostik 233
– DSM-5 231
– ICD-11 231, 233
– komplexe 238
– nächtliche 232
– ohne Selbstverletzungen 238, 240, 243
– Psychopharmaka 244
– Selbstberuhigungsstrategien 244
– Therapie 243
– Ursachen 233
Stereotype Handlungsmuster 232
Stereotype Selbstverletzungen 233, 239, 241, 245
– Antipsychotika 245
– Assessment-Instrumente 242
– Naltrexon 245
– Neurotransmitter-Systeme 241
Stereotype Verhaltensweisen 232
Stereotypien 44, 123, 157, 237, 256, 331, 419, 500, 624
– Autismus-Spektrum-Störungen 237
– Defizite/Hemmnisse 237
– funktionelle 235
– Katatonie 283, 286
– motorische 85, 217, 238
– Prävalenz 239
– primäre 233, 235, 238
– sekundäre 233, 238
– Unterscheidungsmerkmale 256
Sterilisation in der NS-Zeit 636
Steuerungsfähigkeit 616
Still- und Fütterungsprobleme 376
Stimmungslabilität, bipolare Störungen 290
Stimmungsreaktivität 432
Stimmungsstabilisatoren (mood-stabilizer) 76, 89
Stockholm Youth Cohort 332
Stöhnen, nächtliches, beim Ausatmen 468
STOMP (Stopping over medication of people
 with a learning disability, autism or both) 76
Stopping over medication of people with lear-
 ning disability, autism or both (STOMP) 425
Storytelling 155
– visuelles 146
Stottern 186, 188
Straffälligkeit 611
– biografische Verläufe 616
– Maßregelvollzug, Unterbringung 612
– Schuldfähigkeit, Beurteilung 615
Strafrechtliche Aspekte 615

Straftäter
- Legalprognose, Beurteilung 617
- Nachsorge 613
- Rückfallrisiko 617

Stress
- anhaltender 161
- Verarbeitungskompetenz 160

Stress-assoziierte Erkrankungen
- dissoziative Störungen 363

Stress-assoziierte Störungen 342
- Ätiologie 344
- Definiton 342
- Diagnostik 344
- Prävalenz 343

Stress-Diathese-Modell, Dissoziation 364
Stressmanagement, Paraphilien 622
Stressoren, bipolare Störungen 295
Stressreaktion, Physiologie 161
Stresstoleranz 105
Structured Clinical Interview for the DSM-5 Alternative Model for Personality Disorders (SCID-5-AMPD) 438

Stupor 60
- depressiver 285
- Katatonie 282 f., 419

Subjekt-Welt-Beziehung 115
Subscala Hyperaktivität der Aberrant Behavior Checklist (ABC) 224
Subsidiaritätsprinzip in der Schweiz 583
Substance use and misuse in Intellectual Disability – Questionnaire (SumID-Q) 400
Substanzabhängigkeit, iatrogen induzierte 425
Substanzgebrauch 396
Substanzgebrauchsstörungen 394, 396
- Abhängigkeit 404
- Alkohol 403
    - Definition 403
    - -entzug 408
    - -intoxikation 405
- Anzeichen/Signale 399
- Ätiologie 397
- Definition 395
- Diagnostik 399
    - psychiatrische, psychologische und somatische 401
- Entgiftung 411
- Fragebogen 401
- ICD-11 403
- Prävalenz 396
- Psychotherapie 413
- Substanzkonsum, Besprechung 400
- Therapie 411

Substanzinduzierte Zwangsstörungen 341

Substanzkonsum 395 f., 399, 404
- Besprechung 400
- Diagnostik, psychiatrische, psychologische und somatische 401

Substanzmissbrauch, Aufmerksamkeitsdefizit-Hyperaktivitätsstörung 226
Substanzstörungen 272
Suchterkrankungen 36, 395
- bipolare Störungen 295
- Brandstiftung 625
- Community Reinforcement Approach 413
- Delinquenz 612
- Less Booze or Drugs (LBoD) 413
- Psychotherapie 413
- Sexualdelikte 619
- Therapie 411

Suchtmittelkonsum 400
- problematischer 399
- psychosoziale Symptome 400

Suchtverhalten 396
- Ätiologie 397
- Diagnostik 399

Suizidales Verhalten 416
- Dialektisch-Behaviorale Therapie 247

Suizidalität 60, 480
- depressive Störungen 309
- Epilepsie 484
- S-Ketamin 309

Suizidversuch 416
SumID-Q (Substance use and misuse in Intellectual Disability – Questionnaire) 400 f.
Suvorexant, Insomnien 465
Swedish Eating Assessment for Autism Spectrum Disorders (SWEAA) 378
SwissDRG AG 593 f.
Swiss Society for Health in Intellectual Disability (SSHID) 590, 593
Symbolverständnis 196 f.
Symbolverwendung 192
Symmetrische Kommunikation 163
Symptomenkomplexe 53
Synapsy Centre for Neuroscience and Mental Health Research der Universität Genf 592
Syndromaler Autismus 200
Syndrom des explodierenden Kopfes 473
Syndrome 53

T

Tachykardie, anticholinerges Syndrom, peripheres 83
Tagesmüdigkeit/-schläfrigkeit 467
- exzessive 466
- Zerebralparese 475

Tänzerische Aktivität 144
Tanztherapie 152
Taubblindheit 497
Taubheit
– erbliche, Zwangssterilisation in der NS-Zeit 631
– taktile 367
TEACCH-Ansatz, Autismus-Spektrum-Störungen 213
Teilleistungsschwächen 554
– Tanz-/Bewegungstherapie 152
Temazepam, Insomnien 465
Temporallappenepilepsie 479, 486
Testbatterie für die Diagnostik von Demenzerkrankungen bei Menschen mit Intelligenzminderung 456
Testergebnisse, Rückmeldung 51
Testverfahren 47
– Alternativen 47
Test zur Überprüfung des Grammatikverständnisses (TROG-D) 195
Tetrahydrocannabinol, Tics 258
Tetrasomien 62
Teufelskreis der Angst 103
Theatertherapie 154
The Children's Sleep Habits Questionnaire (CSHQ) 462
Theory of Mind 37, 59, 117, 126, 433, 439, 499
– Autismus-Spektrum-Störungen 201, 208
– Defizite 210
– dissoziative Störungen 372
The Paediatric Pain Profile (PPP) 521
The Questionnaire on Eating and Weight Patterns-5 (QEWP-5) 378
Therapeuten
– Anpassungsfähigkeit 105
– innere Haltung 97
Therapeutisches Arbeiten 129
Therapeutisches Milieu, Komponenten 142
Therapie
– Abläufe, Ritualisierung 42
– entwicklungslogische 42
Therapiebuch 105
Thioridazin 80
– aggressives Verhalten 82
– anticholinerge Wirkung 81, 83
– Gewichtszunahme 84
– Nebenwirkungen 82
Thrill seeking 397
Tianeptin, depressive Störungen 310
Tiaprid, Tics 258
Tics 233, 256, 331
– bei Schulkindern 252
– Charakteristik 257

– chronische 252, 257 f.
– chronische motorische 251
– Clonidin 259
– Comprehensive Behavioral Intervention for Tics (CBIT) 259
– einfache motorische 251
– einfache vokale 251
– Exposure and response prevention (ERP) 259
– funktionelle 365
– Habit Reversal Training (HRT) 259
– infektiöse oder postinfektiöse 251
– in Zusammenhang mit Entwicklungsstörungen 251
– Komorbidität 257
– komplexe motorische 252
– komplexe vokale 252
– kortiko-striato-thalamo-kortikaler Schaltkreis 254
– Methylphenidat 259
– motorische 242
– Pharmakotherapie 259
– Prävalenz 252
– primäre 251
– Rückfälle 257
– sekundäre 251 f.
– thalamo-kortikale oszillatorische Dysrhythmie 255
– Traditionelle Chinesische Medizin 259
– Unterscheidungsmerkmale 256
– vokale 251, 340
– vorübergehende 252
– vorübergehende motorische 251
Ticstörungen 188, 233, 251, 331
– Ätiologie 253
– Aufmerksamkeitsdefizit-Hyperaktivitätsstörung 226
– chronische 255
– chronisch-motorische 251
– chronisch-phonische 251
– Definition 251
– Diagnostik 255
– Differenzialdiagnostik 226
– Entspannungsübungen 261
– funktionelle 369
– Hirnstimulation, tiefe (THS) 259
– ICD-11 251
– Komorbidität 253
– Magnetstimulation, transkranielle, repetitive (rTMS) 259
– Neuroleptika 261
– nicht näher bezeichnet 251
– Selbsthilfegruppe 261
– sonstige näher bezeichnete 251

– Therapie 257
– Unterstützungsstrategien 260
– Verlauf 257
– Zwangsstörungen 329
Tiergestützte Therapie, Posttraumatische Belastungsstörung 353
Token-Verfahren 248
Topiramat
– affektive Psychosen 489
– Tics 258
Torsade-de-Pointes-Tachykardie, durch Thioridazin 82
Tötungen, dezentrale, in der NS-Zeit 637
Tötungsanstalten in der NS-Zeit 637, 639
Tourette's Disorder Scale – Clinician Rated (TODS-CR) 255
Tourette's Syndrome Severity Scale (TSSS) 255
Tourette-Syndrom 233, 251 f., 254, 257 ff.
– Ätiologie 253
– Diagnostik 255
– Komorbiditäten 254
– Magnetstimulation, transkranielle, repetitive (rTMS) 259
– psychosoziale Belastung 254
– Zwangsstörungen 329, 340
Traditionelle Chinesische Medizin, Tics 259
Trance-Störung 363, 369
Transite Globale Amnesie (TGA) 369
Tranylcypromin, depressive Störungen 310
Trauerreaktionen 299
Trauerstörung, anhaltende 342, 356
Traumatherapie, Posttraumatische Belastungsstörung 353
Traumatische Erfahrungen, frühe, dissoziative Störungen 365
Traumatisierungen 40
Trauma- und Belastungsstörungen 40
Trazodon
– Cytochrom-P450-Isoenzyme 88
– depressive Störungen 310
Treacher-Collins-Syndrom, Schlafstörungen 463
Tremor 364 f.
– grobschlägiger, der Beine 368
– posturaler 365
– Valproat-Enzephalopathie 481
Trennungsängste 58
Trennungsangststörung 313, 316 f., 323 f.
– emotionale Entwicklung 324
– somatische Begleitbeschwerden 324
Triazolam, Insomnien 465
Trichobezoar 339
Trichophagie 339

Trichotillomanie 326, 339
– Autismus-Spektrum-Störungen 340
Trimipramin, depressive Störungen 310
Triple-X-Syndrom 62
Trisomie 62
– partielle 62
Trisomie 21 61 f., 182, 292, 451
  Siehe auch Down-Syndrom
TROG-D (Test zur Überprüfung des Grammatikverständnisses) 195
Trugwahrnehmungen 59
TSC Siehe Tuberöse Sklerose Complex
Tuberöse Sklerose 200 f., 217, 219
– Autismus-Spektrum-Störungen 484
– Epilepsie 484
– Everolimus 229
Tuberöse Sklerose Complex
– Insomnien 465
– Schlafstörungen 461
Tumorassoziierte Schmerzen 512, 524
Turner-Syndrom 182

U

Übergewicht 74, 383
– durch Psychopharmaka 84
Über-Ich 116
UKU Side Effect rating Scale for Adults with intellectual disabilities (UKU SERS ID) 276
Ullrich-Turner-Syndrom 62
Unaufmerksamkeit, Aufmerksamkeitsdefizit-Hyperaktivitätsstörung 222
UN-Behindertenrechtskonvention (UN-BRK) 132, 134, 582, 596
Under reporting 44
Uniparentale Disomie 65
Unité de psychiatrie du développement mental (UPDM) der Genfer Universitätsspitäler 588
Universitäts-Kinderspital
– beider Basel (UKBB) 587
– Zürich 587
UN-Konvention über die Rechte von Menschen mit Behinderungen 511, 568
Unterbringung 608
– Aufgaben 604
Untergewicht 387
Unterstützte Kommunikation (UK) 42, 49, 192
Unwohlsein, psycho-physiologisches 123
Usher-Syndrom 505

V

Vagusnervstimulation, depressive Störungen 311
Validation, Altenhilfe 143

Sachverzeichnis   **689**

Valproat
- affektive Psychose 489
- bipolare Störungen 293
- Medikamenteninteraktionen 487
- metabolisches Syndrom 490
- Verhaltensstörungen 425

Valproat-Enzephalopathie 481 f.
- akute 481
- chronische 483

Variante unklarer Signifikanz (variant of uncertain significance, VUS) 68

Veitstanz Siehe Chorea Huntington

Velokardiofaziales Syndrom, Bewegungsstörungen 369

Venlafaxin
- Cytochrom-P450-Isoenzyme 88
- depressive Störungen 310
- Zwangsstörungen 333

Veränderungsangst 209, 218

Verbale Aggression 422

Verbale Fähigkeiten, stark eingeschränkte 102

Verbaler Lern- und Merkfähigkeitstest (VLMT) 46, 48

Verbalisationsfähigkeit 99

Verbal nicht kommunikationsfähige Menschen, Psychopharmaka 85

Verbigeration, Katatonie 283, 286

Verfolgungsidee 313

Verhaltensaktivierung, depressive Störungen 307

Verhaltensanalyse 422

Verhaltensäquivalente 38, 123, 135
- Schizophrenie 269

Verhaltensauffälligkeiten 136, 140, 423, 559
- schwere 611

Verhaltensbeschreibungen 50

Verhaltensfragebogen bei Entwicklungsstörungen (VFE) 242

Verhaltenshemmung, soziale 209

Verhaltensmerkmale 57

Verhaltensstörungen 37, 77, 100, 110, 118, 157, 255, 263, 415, 624
- ABC-Schema 421
- Antiepileptika 89
- Antipsychotika 423
- Ätiologie 419
- Aufmerksamkeitsdefizit-Hyperaktivitätsstörung 226
- Delir 447
- Demenz 450, 457
- Diagnostik 420
- DSM-5 40
- emotionale Entwicklungsverzögerung 419
- Epidemiologie 418
- Epilepsie 478
  - Medikamenteneffekte 487
- expansive 347
- Fallbeispiel 417, 421
- Fehldiagnose 315
- Formen 417
- ICD-11 40, 415 f.
- körperfokussierte, repetitive 415
- Psychopharmaka 80
- REM-Schlaf-assoziierte 468
- schmerzbedingte 518
- SORKC-Schema 421
- Therapie 423
- Zerebralparese 475

Verhaltenssüchte 394 ff., 409
- Computerspielsucht 410
- Definition 395
- Glücksspielsucht 409
- ICD-11 403

Verhaltenstherapie
- Autismus-Spektrum-Störungen 220
- kognitive Einschränkungen 106

Verhaltensweisen
- repetitive 209
- ritualisierte 218
- stereotype 218

Verkörperung (embodiment), stereotype Verhaltensweisen 232

Vermeidend-restriktive Ernährungsstörung (ARFID) 375, 380, 384
- Gegenkonditionierung 386
- komorbide Störungen/Faktoren 384
- Therapie 386

Vermeidung, Posttraumatische Belastungsstörung 345

Vermeidungsverhalten 416
- Angststörungen 316
- Epilepsie 481

Vernachlässigung 118, 166, 343, 357, 361
- Aufmerksamkeitsdefizit-Hyperaktivitätsstörung 224
- Sexualdelikte 619
- Straffälligkeit 613

Vernichtung lebensunwerten Lebens in der NS-Zeit 634

Verordnung über genetische Untersuchungen beim Menschen (GUMV) in der Schweiz 71

Versagensängste 209

Verschlossenheit 428

Versorgungsangebote, aktuelle 559
- in der Schweiz 587
- in Deutschland 559
- in Österreich 571

Verunsicherungen, Überempfindlichkeit 315
Verwahrlosung 357, 361
– Pica-Syndrom 388
Verzerrungen, depressive Störungen 306
Vestibuläre Syndrome 367
Vibroakustische Stimulation 148
Victims of Biomedical Research under NS. Collaborative Database of Medical Victims – Datenbank 642
Vigilanzstörungen 57
Viktimisierung, im Maßregelvollzug 612
Vineland Adaptive Behavior Scale 49
– Scale 3 113
Vineland-Skala 113
Vineland-II Scales 504
Violence Risk Appraisal Guide (VRAG) 617
Visualisierungsmittel 104
Visusverlust, dissoziative Störungen 366
Voices Together® 149
Vokalisationen, unangemessene, Aufmerksamkeitsdefizit-Hyperaktivitätsstörung 226
Vokalverzerrungen 188
Volition 60
Vorsorgevollmacht 600
Vortioxetin, depressive Störungen 310
Voyeuristische Störungen 621
Vulnerabilitätskonzept 37
Vulnerabilitäts-Stress-Modell 101
VUS (variant of uncertain significance) 68

W
Wahn 58, 218
– Antipsychotika 75
– Demenz 458
Wahnhafte Denkstörungen 58
Wahnhafte Missidentifikationssyndrome 59
Wahnstörungen 59
– Fehlinterpretation 272 f.
– Schizophrenie 264, 268, 273
Wahrnehmung
– kulturelle
  – in Deutschland 551
  – in Österreich 568
– öffentliche, Menschen mit Behinderung in den Medien 551
Wahrnehmungsstörungen
– komplexe 59
– Schizophrenie 268 f.
Wahrnehmungsverarbeitung, sensorische, dysfunktionale 139
Wechsler Adult Intelligence Scale (WAIS-IV) 46, 54
Wechsler-Intelligenztest 46 f.
Weinen, exzessives 416

Weltbeziehung 124
Welt-Subjekt-Beziehung 115
Wender Utah Rating Scale (WURS) 224
Werdenfelser Testbatterie (WTB) 46, 48
Werkstätten für behinderte Menschen (WfbM) 557
WES-Daten 67
West-Syndrom, epilepsietypische Symptome im Schlaf 473
WES (whole exome sequencing) 65
WGS-Daten 67
WGS (whole genome sequencing) 65
Whole exome sequencing (WES) 65
Whole genome sequencing (WGS) 65
Wiedemann-Steiner-Syndrom 62
Williams-Beuren-Syndrom 63, 67
– Amnesie, dissoziative 369
– Hyperakusis 322
Williams-Syndrom 219, 229
– Aufmerksamkeitsdefizit-Hyperaktivitätsstörung 223
– Musiktherapie 149
– Sprachentwicklung 186
– Zwangsstörungen 331
Wirk- und Merkmale, Wahrnehmung 236
Wohlfahrtsverbände 558, 564
Wohngemeinschaften
– für Menschen mit Gehörlosigkeit 577
– therapeutische in Österreich 580
Wohnheimbetreuende, Kommunikation 93
Wolf-Hirschhorn-Syndrom 63
Wolfram-Syndrom 505
World Federation of Societies of Biological Psychiatry (WFSBP) 621
World Happiness Report 568
Wortschatztest 47, 49
Wortvermeidungen 188
Wortverständnis 194
Wut 304
– Assessment 169
Wutanfälle 348
Wut-Arousal-Modell 169
Wutausbrüche 141
Wut-Management 98, 157, 160, 168 ff.
– kognitiv-behavioristische Therapieansätze 168
– Sprache, Leichte 121

Y
Yale Global Tic Severity Scale (YGTSS) 255
Young Mania Rating Scale (YMRS) 293

Z

Zahnradphänomen 87
Zahnschmerzen 529
Zaleplon, Insomnien 466
Zentralverrechnungsstelle Heil- und Pflegeanstalten 635
Zentrum, Entwicklungs- und Neuropsychiatrie (ZEN) der Psychiatrischen Dienste Aargau AG (PDAG) 588
Zerebrale Anfälle, frontolobuläre 242
Zerebralparese 164
– Apnoe/Hypopnoe, schlafbezogene 475
– Behinderungssyndrome 301
– dyskinetische 475
– Dysphagie 377, 390
– Epilepsie 478
– Glossoptose 475 f.
– Insomnien 465
– Schlafapnoe, obstruktive 467
– Schlafstörungen 475
– Schmerzen 515
– Verhaltensstörungen 475
Zerebrovaskuläre Krankheit, Demenz 450, 457
Zerfahrenheit 58
Ziprasidon
– Gewichtszunahme 84
– Tics 258
Zohar-Fineberg Obsessive Compulsive Screen 329
Zolpidem, Insomnien 465 f.
Zonisamid, Myoklonus, propriospinaler 472
Zopiclon, Insomnien 466
Zotepin, prokonvulsives Risiko 490
Z-Substanzen, Insomnien 466
Zuclopenthixol 76
– aggressives Verhalten 76
– Cytochrom-P450-Isoenzyme 88
Zufallsbefunde (incidental findings) 68
Zugang zu Schule, Ausbildung, Arbeit
– in Österreich 571
Zwang 328, 330, 416
Zwanghafte Persönlichkeitsstörung 435 f.
Zwanghaftigkeit 428
Zwangsbehandlungen 597
– Betreuung, rechtliche 607
Zwangsgedanken 328 f.
– Schizophrenie 273

Zwangshandlungen 328, 330, 340
– durch Antipsychotika 273
Zwangsimpulse 328
Zwangsmaßnahmen, ärztliche 607
Zwangsmedikation 608
Zwangsspektrumsstörungen 314, 327
Zwangssterilisationen 628 f., 631
– Gesetz zur Verhütung erbkranken Nachwuchses von 1933 630
Zwangsstörungen 58, 210, 255, 326, 328 ff., 332 ff.
– Angststörungen, generalisierte 321
– Auftreten/Verlauf 329
– Autismus-Spektrum-Störungen 212, 329, 331 f.
– Differenzialdiagnostik 226
– Einsicht 328
– Eye Movement Desensitization and Reprocessing (EMDR) 333
– Fallbeispiel 330
– intellektuelle Beeinträchtigung 330
– Interviews 329
– Kindesalter 332
– Kognitive Verhaltenstherapie 333
– Komorbiditäten 329, 333
– Krankheitseinsicht 326
– neurotischer, organischer bzw. regulativer Typ 331
– organisch bedingte 331
– Prävalenz 330
– Psychotherapie 333
– repetitives Verhalten 233
– Sadismus, sexueller 621
– Schematherapie 333
– Schizophrenie 273
– Schlafstörungen 333
– Stockholm Youth Cohort 332
– substanzinduzierte 327, 341
– Symptome 329, 332
– Syndrome, verwandte 340
– Therapie 332
Zwangssyndrom, sekundäres 326, 340
Zwillingsstudien, bipolare Störungen 292
Zwischenmenschliche Fertigkeiten 50
Zyklothymie 291, 295
– DSM-IV-Kriterien 291

www.klett-cotta.de/schattauer

Brigitte Gerhards-Sommer
Verhaltenstherapeutische Methoden in der Pferdegestützten Therapie
Das Praxishandbuch
224 Seiten, broschiert, mit zahlreichen Abbildungen
ISBN 978-3-608-40157-8

Von Achtsamkeit bis Zeitprojektion

Der Effekt einer einzigen Therapiestunde mit dem Co-Therapeuten Pferd kann viele Sitzungen im Setting einer Praxis ersetzen. In der Pferdegestützten Therapie werden Möglichkeiten eröffnet, die zwischen Therapeut:in und Klient:in sonst so nicht gegeben wären. In schwierigen oder festgefahrenen Situationen kann die Arbeit mit dem Pferd neue Zugänge und therapeutische Wege aufzeigen – und dies auf fast spielerische, angenehme und erfüllende Weise. Dieses Buch bietet eine Sammlung von konkreten verhaltenstherapeutischen Interventionen mit den entsprechenden Übungen, in die der Co-Therapeut Pferd einbezogen wird.

www.klett-cotta.de/fachbuch

Karl Heinz Brisch
Bindungsstörungen
Von der Bindungstheorie zur Beratung und Therapie
440 Seiten, gebunden
ISBN 978-3-608-94937-7

Der Bestseller vollständig überarbeitet und erweitert

Karl Heinz Brisch zeigt auf, wie psychische Störungen von Säuglingen, Kindern, Jugendlichen und Erwachsenen aus Bindungssicht verstanden und klassifiziert werden können. Die von ihm entwickelte bindungsbasierte Psychotherapie eröffnet neue Wege, sogar schwerste Störungen erfolgreich zu behandeln. Dabei berücksichtigt er stationäre, ambulante sowie Einzel- und Gruppensettings. Neueste Erkenntnisse aus den Neurowissenschaften, der Epigenetik und der Psychoneuroimmunologie haben in diese Neuauflage Eingang gefunden.

www.klett-cotta.de/schattauer

Martin Sack
Individualisierte Psychotherapie
Ein methodenübergreifendes Behandlungskonzept
192 Seiten, gebunden
ISBN 978-3-608-43192-6

Die Anleitung für eine maßgeschneiderte Psychotherapie

Individualisierte Psychotherapie ist ein therapieschulen- und methodenübergreifendes Konzept, das sich grundsätzlich auf die spezifischen Bedürfnisse des Patienten ausrichtet. Martin Sack erklärt in diesem Buch anschaulich, wie eine solche Behandlung Schritt für Schritt geplant und praktisch umgesetzt werden kann: Welche Rahmenbedingungen sind im Setting zu beachten? Wie funktioniert eine therapiebezogene Diagnostik? Wie können individuelle Behandlungsbedürfnisse erkannt werden? Dabei spielt der therapeutische Background – ob Kognitive Verhaltenstherapie, Psychodynamische Psychotherapie oder Psychoanalyse – keine entscheidende Rolle.